Graf

BGH-Rechtsprechung Strafrecht 2014

BGH-Rechtsprechung Strafrecht 2014

Die wichtigsten Entscheidungen mit Erläuterungen und Praxishinweisen

von

Dr. Jürgen P. Graf
Richter am Bundesgerichtshof,
Lehrbeauftragter an der Julius-Maximilians-Universität Würzburg

De Gruyter

ISBN 978-3-11-035542-0
e-ISBN 978-3-11-035581-9

Bibliografische Information der Deutschen Nationalbibliothek

Die Deutsche Nationalbibliothek verzeichnet diese Publikation in der Deutschen Nationalbibliografie; detaillierte bibliografische Daten sind im Internet über http://dnb.dnb.de abrufbar.

Datenkonvertierung/Satz: WERKSATZ Schmidt & Schulz GmbH, Gräfenhainichen
Druck: CPI buch bücher.de GmbH, Birkach

♾ Gedruckt auf säurefreiem Papier

Printed in Germany

www.degruyter.com

Vorwort zur Ausgabe 2014

Die nachstehenden Ausführungen des Vorworts zur Erstausgabe der Rechtsprechungsübersicht des Bundesgerichtshofs für Straf- und Strafprozessrecht des Jahres 2010 gelten unverändert fort:

Gerade aber die Fülle der auf diesem Weg nunmehr ständig und jederzeit abrufbaren Entscheidungen macht es für den Anwender schwierig, die für seine praktische Arbeit und die jeweiligen Interessen wichtigen Erkenntnisse herauszufinden und dann nachzuvollziehen. Selbst wenn man die erforderliche Zeit hierfür aufwenden kann, gestaltet es sich mehr als freudlos, zahlreiche nur durch das Aktenzeichen und das Datum gekennzeichnete Dateien aufzurufen, um dann möglicherweise erst nach mehreren Minuten des Lesens feststellen zu können, ob die Entscheidung für die eigene Arbeit tatsächlich wichtig ist oder eher nicht.

Auch die Aufarbeitung der Rechtsprechung mittels Fachzeitschriften stellt für sich allein keine geeignete Lösung dar. Zum einen werden viele Urteile und Beschlüsse erst mit einem zeitlichen Abstand von bis zu 18 Monaten publiziert, zum anderen sind zahlreiche Entscheidungen gerade nicht in allen Zeitschriften einer Fachrichtung veröffentlicht, so dass der interessierte Praktiker mindestens drei oder mehr Zeitschriften gleichzeitig lesen müsste. Nicht eingerechnet sind dabei Urteile und Beschlüsse, welche überhaupt nicht abgedruckt werden, sondern nur online verfügbar sind.

Aber auch Studenten und Referendare, welche sich zur Vorbereitung für das jeweilige Examen über die aktuellsten Entscheidungen der letzten Monate informieren wollen, stehen vor einem ähnlichen Problem, zumal in dieser Phase meist ohnehin viel zu wenig Zeit zur Verfügung steht, um auch nur annähernd gründlich wenigstens einige Fachzeitschriften durchzusehen. Mit der üblichen Ausbildungsliteratur kommt man nicht weiter; denn für Strafrecht und Strafprozessrecht wird regelmäßig nur eine kleine Besprechungsauswahl aktueller Entscheidungen angeboten, und das meistens mit einer durch die Bearbeitung bedingten erheblichen zeitlichen Verzögerung.

Somit lag es nahe, die wesentlichen Entscheidungen im Strafrecht, Nebenstrafrecht und im Strafprozessrecht von Bundesgerichtshof und Bundesverfassungsgericht für den aktuell zurückliegenden Zeitraum zusammenzustellen und mit erklärenden Anmerkungen hinsichtlich einzelner Entscheidung zu versehen.

Ausgangspunkt für die hiermit vorgelegte neue Zusammenstellung 2013/14 ist das zurückliegende Jahr 2013, wobei einige Entscheidungen zwar noch ein Datum des Jahres 2012 tragen, dennoch aber erst zum Jahreswechsel oder später veröffentlicht wurden. Insgesamt habe ich erneut mehr als 1.200 Entscheidungen des Bundesgerichtshofes und über 100 Entscheidungen des Bundesverfassungsgerichts gesichtet und darunter etwa 630 Urteile und Beschlüsse ausgewählt, welche mir für die tägliche Praxis und die Fortentwicklung der Rechtsprechung insgesamt als bedeutsam erschienen. Die Entscheidungen, welche jeder am Straf- und Strafprozessrecht Interessierte unbedingt kennen sollte, wurden zusätzlich als „Topentscheidung" gekennzeichnet; ein „Muss" auch für Examenskandidaten! Wichtige und wegweisende Entscheidungen wurden außerdem in ihrer konkreten Bedeutung für die Praxis erläutert und teilweise auch mit „Praxistipps" oder Hinweisen zur „Praxisbedeutung" versehen.

Um dem Leser ein mühsames Heraussuchen und Nachlesen der zitierten Erkenntnisse zu ersparen, sind wie bereits schon in den Vorausgaben die wesentlichen Ausführungen der Entscheidungen und überwiegend mit den autorisierten Randnummern des Gerichts auszugsweise mitabgedruckt, so dass der Benutzer alle wichtigen Informationen auf einen Blick erhält und die Entscheidungsauszüge zugleich auch zitierfähig sind. Besteht danach zusätzlicher Bedarf, eine Entscheidung in ihrer Gesamtheit zu lesen, sind Datum und Aktenzeichen verzeichnet, so dass eine Recherche über die Webseiten der einzelnen Gerichte (s.o.) ebenso möglich ist wie der Abruf über die verschiedenen Online-Datenbanken der Juristischen Fachverlage oder das Datenbanksystem Juris.

Die systematische Einordnung der Entscheidungen in Tatbestände und Tatbestandsgruppen soll zusätzlich die Möglichkeit geben, sich im Wege einer eigenen Fortbildung in aktuelle Problemfragen bestimmter Tatbestände einzuarbeiten und die daraus resultierenden Lösungen der Rechtsprechung in die tägliche Arbeit als Richter, Staatsanwalt oder Rechtsanwalt einfließen zu lassen. Die überragende Bedeutung solchen Wissens gerade für Strafverteidiger braucht nicht näher dargelegt zu werden, zumal die Unkenntnis höchstrichterlicher Rechtsprechung keine Verhinderung im Sinne des § 44 Satz 1 StPO darstellt![1]

Um schließlich auch konkrete Einzelfragen nach aktuellen Rechtsprechungslösungen überprüfen zu können, sind die abgedruckten Entscheidungen auch über ein umfangreiches Stichwortverzeichnis auffindbar. Ergänzt wird dies durch eine nach Aktenzeichen geordnete Aufstellung der enthaltenen Entscheidungen.

Im Übrigen bitte ich die Nutzer und Leser um Anregungen und Hinweise für künftige Zusammenstellungen, gerade auch hinsichtlich des Umfangs der Darstellungen und Wiedergabe der Entscheidungen, oder auch eventuell vermisster Sachgebiete. In diesem Zusammenhang bedanke ich mich auch für die zahlreichen positiven Besprechungen der letzten beiden Jahre, welche Verbesserungsvorschläge enthalten haben, denen ich gern nachgekommen bin.

Karlsruhe, Januar 2014

Jürgen Graf

---

[1] BGH, Beschlüsse vom 31.7.2012 – 4 StR 238/12 – und vom 22.1.2013 – 1 StR 557/12; bereits auch schon BGH, Urteil v. 1.4.2010 – 4 StR 637/09.

Inhaltsverzeichnis

Abkürzungsverzeichnis

a.A.	anderer Auffassung
a.F.	alte(r) Fassung
a.M.	anderer Meinung
aaO	am angegebenen Ort
abgedr.	abgedruckt
abl.	ablehnend
Alt.	Alternative
Anh.	Anhang
Anm.	Anmerkung
AnwK	AnwaltKommentar
AO	Abgabenordnung
Aufl.	Auflage
b.u.v.	beschlossen und verkündet
BayObLG	Bayerisches Oberstes Landesgericht
BeckOK	Beck'scher Online-Kommentar
Begr.	Begründung
Beschl.	Beschluss
BGBl.	Bundesgesetzblatt
BGH	Bundesgerichtshof
BGHR	Entscheidungen des BGH (systematische Sammlung)
BGHSt	Entscheidungen des BGH in Strafsachen
Bl.	Blatt
BR	Bundesrat
BT	Bundestag
BtM	Betäubungsmittel
BtMG	Betäubungsmittelgesetz
BVerfG	Bundesverfassungsgericht
BVerfGK	Kammerentscheidungen des BVerfG
BVerwG	Bundesverwaltungsgericht
BVerwGE	Entscheidungen des Bundesverwaltungsgerichts
BZRG	Bundeszentralregistergesetz
DBAG	Deutsche Bahn Aktiengesellschaft
ders.	derselbe
DNeuG	Dienstrechtsneuordnungsgesetz
Drucks., Drs.	Drucksache
DStR	Deutsches Steuerrecht (Zeitschrift)
DStZ	Deutsche Steuer-Zeitung
EGMR	Europäischer Gerichtshof für Menschenrechte
EGStGB	Einführungsgesetz zum Strafgesetzbuch
Einl.	Einleitung
EMRK	Europäische Menschenrechtskonvention
entspr.	entsprechend
ESchG	Embryonenschutzgesetz

EuGRZ	Europäische Grundrechte-Zeitschrift
f., ff.	folgende
Fn.	Fußnote
GenDG	Gendiagnostikgesetz
GG	Grundgesetz
ggf(s).	gegebenenfalls
GwG	Geldwäschegesetz
h.L.	herrschende Lehre
h.M.	herrschende Meinung
Halbs.	Halbsatz
i.d.F.	in der Fassung
i.S.d.	im Sinne des/der
i.S.v.	im Sinne von
i.V.m.	in Verbindung mit
jew.	jeweils
JGG	Jugendgerichtsgesetz
JR	Juristische Rundschau (Zeitschrift)
JuS	Juristische Schulung (Zeitschrift)
JZ	JuristenZeitung
KMR	Kommentar zur StPO, begründet von Kleinknecht/Müller/Reitberger
KritJ	Kritische Justiz (Zeitschrift)
Lfg.	Lieferung
LG	Landgericht
lit.	litera (Buchstabe)
LK	Leipziger Kommentar zum StGB
m.N.	mit Nachweisen
m.w.N.	mit weiteren Nachweisen
MDR	Monatsschrift für Deutsches Recht
MedR	Medizinrecht (Zeitschrift)
MMR	Multimedia und Recht
MRK	Menschenrechtskonvention
MschrKrim	Monatsschrift für Kriminologie und Strafrechtsreform
MünchKomm, MüKo	Münchener Kommentar
n.F.	neue(r) Fassung
N/Sch/W	Niemöller/Schlothauer/Wieder (Kommentar zum VerstG)
NJW	Neue Juristische Wochenschrift
Nr.	Nummer
NStZ	Neue Zeitschrift für Strafrecht
NStZ-RR	Neue Zeitschrift für Strafrecht – Rechtsprechungsreport
NVwZ	Neue Zeitschrift für Verwaltungsrecht
OLG	Oberlandesgericht
PID	Präimplantationsdiagnostik

RAbgO	Reichsabgabenordnung
RE	Regierungsentwurf
RG	Reichsgericht
RGSt	Entscheidungen des Reichsgerichts in Strafsachen
Rn., Rdn., Rdnr.	Randnummer
S.	Seite
s.o.	siehe oben
SK-StGB	Systematischer Kommentar zum Strafgesetzbuch
SSW-StGB	Satzger/Schmitt/Widmaier, Strafgesetzbuch, Kommentar
st. Rspr.	ständige Rechtsprechung
StA	Staatsanwaltschaft
StGB	Strafgesetzbuch
StPO	Strafprozessordnung
StraBEG	Gesetz über die strafbefreiende Erklärung
StraFo	Strafverteidiger Forum (Zeitschrift)
StrÄndG	Strafrechtsänderungsgesetz
StRG	Strafrechtsreformgesetz
StV	Strafverteidiger (Zeitschrift)
ThUG	Therapieunterbringungsgesetz
TKG	Telekommunikationsgesetz
Tz.	Textziffer
u.ä.	und ähnliche
UA	Untersuchungsakte
Urt.	Urteil
v.	vom
Var.	Variante
VerstG	Gesetz zur Regelung der Verständigung im Strafverfahren
vgl.	vergleiche
VO	Verordnung
Vorbem.	Vorbemerkung
VStGB	Völkerstrafgesetzbuch
wistra	Zeitschrift für Wirtschafts- und Steuerstrafrecht
WPflG	Wehrpflichtgesetz
z.B.	zum Beispiel
ZDG	Zivildienstgesetz
ZevKR	Zeitschrift für evangelisches Kirchenrecht
ZfL	Zeitschrift für Lebensrecht
ZGR	Zeitschrift für Unternehmens- und Gesellschaftsrecht
ZStW	Zeitschrift für die gesamte Strafrechtswissenschaft

Benutzungshinweis

Die Originalzitate aus den jeweiligen Entscheidungen folgen den einführenden Bemerkungen einer Randnummer jeweils in *Kursivschrift*.

A. StGB – Allgemeiner Teil

I. Grundsätzliches

1. Überblick

Auch in der **neuesten Rechtsprechung** des BGH zum **Allgemeinen Teil** des **StGB** machten Urteile und Beschlüsse zu Fragen der anfänglichen, vorbehaltenen oder nachträglichen Sicherungsverwahrung zusammen mit anderen Rechtsfragen zu sonstigen Maßregeln der Besserung und Sicherung nahezu die Hälfte aller Entscheidungen aus, welche Themen des Allgemeinen Teils des StGB betreffen. Mit veranlasst war diese Entwicklung durch weitere Entscheidungen des EGMR zum Institut der nachträglichen Sicherungsverwahrung sowie das maßgebliche Urteil des Bundesverfassungsgerichts vom 4.5.2011[2] und die als Folge des letztgenannten Urteils entstandenen gesetzliche Neuregelungen in Bund und Ländern. Nach dem Inkrafttreten dieser Regelungen zum 1.6.2013 dürften zumindest noch vorübergehend zahlreiche weitere Entscheidungen anstehen, bis eine gesicherte Praxis für künftige Fälle geschaffen sein wird. 1

Zahlreich waren erneut Entscheidungen, welche sich mit **Fragen der Strafzumessung** befassen,[3] wobei zu bemerken ist, dass hierauf sich beziehende Revisionen von Angeklagten weitaus erfolgversprechender sein können, als dies allgemein behauptet oder erwartet wird. Insoweit geht es allerdings nur teilweise um gedankliche Fehler der Subsumption, oftmals dagegen um reine Flüchtigkeitsfehler in den Formulierungen der Tatrichter. 2

Zahlreiche Entscheidungen sind – wie auch bereits in den Berichtsjahren 2010 bis 2012 – zur Frage ergangen, ob im jeweiligen Einzelfall noch ein **unbeendeter** oder bereits ein **beendeter Versuch** vorlag.[4] Diese Problematik ist nicht nur theoretischer Natur, sondern hat dann erhebliche praktische Auswirkungen, wenn es um die Frage geht, ob ein Täter bspw. durch bloßes Verlassen des Tatorts **wirksam zurückgetreten** ist oder nicht. Insbesondere bei versuchten Tötungshandlungen kann dies entweder eine mehrjährige Freiheitsstrafe bedeuten oder aber nur eine regelmäßig erheblich geringere Strafe wegen einer nach dem Rücktritt vom Tötungsdelikt dann noch verbleibenden Körperverletzungstat. 3

Daneben überwiegen die Entscheidungen zu den „klassischen" Rechtsfehlern oder Flüchtigkeitsfehlern, die Tatgerichten unterlaufen sind, also etwa 4

---

[2] BVerfG, Urteil v. 4.5.2011 – 2 BvR 2365/09, 740/10, 2333/08, 1152/10, 571/10, NJW 2011, 1931.

[3] Vgl. auch Rn. 47 ff. m. weit. Nachweisen.

[4] Vgl. hierzu Rn. 24 ff.

- zum Vorliegen von **Notwehr**lagen,[5]
- zu den Voraussetzungen einer Tatbeteiligung als **Gehilfe** bzw. **Zurechnungsfragen** hinsichtlich **persönlicher Merkmale** oder überhaupt zur Abgrenzung **von Mittäterschaft und Beihilfe,**[6]
- zu Fragen der **Strafzumessung**, insbesondere dem **Verbot der Doppelverwertung** von Strafzumessungstatsachen und des **Täter-Opfer-Ausgleichs,**[7]
- zur Abgrenzung von **Tateinheit** und **Tatmehrheit** und hinsichtlich der speziellen Problematik bei mehreren Tätern mit unterschiedlicher Beteiligung und
- zur anfänglichen sowie nachträglichen **Gesamtstrafenbildung.**[8]

2. Ausblick

5 Die Durchsicht der Entscheidungen des Berichtsjahres zeigt, dass es – wie auch schon in den vergangenen Jahren – derzeit **keine grundlegenden Probleme** in der Rechtsprechung im Hinblick auf Fragen des Allgemeinen Teils des StGB gibt. Vielmehr ging es vornehmlich darum, **Einzelfragen** weiter zu **klären,** welche vielfach aber auch von dem jeweiligen konkreten Sachverhalt abhingen.

6 Wichtige Entscheidungen grundsätzlicher Natur sind in der nächsten Zeit aus jetziger Sicht nicht zu erwarten.

7 Mit der neuen Bundesregierung und dem Wechsel in der Leitung des Bundesjustizministeriums ist für die nächsten Jahre allerdings wieder eher auch mit Reformen im Strafrecht zu rechnen, deren Umfang aktuell noch nicht absehbar ist.

---

5 Vgl. hierzu Rn. 44 ff.
6 Rn. 36 ff.
7 Vgl. hierzu Rn. 71 ff.
8 Rn. 81 ff.

II. Neuere höchstrichterliche Rechtsprechung zu Einzelfragen des StGB Allgemeiner Teil

1. Begehung durch Unterlassen – § 13 StGB

Eine **Garantenstellung aus vorangegangenem Tun**, die hier allein in Betracht kommt, setzt voraus, dass ein Vorverhalten die **nahe Gefahr** eines Eintritts gerade des **tatbestandmäßigen Erfolges** herbeigeführt hat. Dagegen würde der Angeklagte für einen Exzess des Fahrers, der nicht durch sein Vorverhalten bestärkt worden ist, nicht als Ingerent haften. Auch muss der Vorsatz bei unechten Unterlassungsdelikten die tatsächlichen Umstände umfassen, welche die Garantenpflicht begründen.[9] 8

[4] 2. Der Schuldspruch hält sachlich-rechtlicher Überprüfung nicht stand.

[5] a) Die Strafkammer wertet ohne Begründung die „Zurverfügungstellung von Handschuhen und Sturmhaube" als Beihilfehandlung. Dabei hat sie nicht bedacht, dass nach den Feststellungen dem Angeklagten der Sache nach ein Unterlassen, nämlich die unterlassene Mitnahme der späteren Tatmittel, vorzuwerfen ist. Zwar handelt es sich bei dem Verlassen des Fahrzeugs um ein aktives Tun, hierdurch hätte der Angeklagte für sich genommen aber die nachfolgende Tatbegehung nicht gefördert.

[6] b) Die insoweit lückenhaften Feststellungen belegen die Voraussetzungen einer Strafbarkeit wegen Beihilfe durch Unterlassen nicht.

[7] Eine Garantenstellung aus vorangegangenem Tun, die hier allein in Betracht kommt, setzt voraus, dass ein Vorverhalten die nahe Gefahr eines Eintritts gerade des tatbestandmäßigen Erfolges herbeigeführt hat. Dagegen würde der Angeklagte für einen Exzess des Fahrers, der nicht durch sein Vorverhalten bestärkt worden ist, nicht als Ingerent haften (vgl. BGH, Beschluss vom 12. Februar 2012 – 3 StR 446/11, NStZ 2012, 379, 380 m.w.N.). Auch muss der Vorsatz bei unechten Unterlassungsdelikten die tatsächlichen Umstände umfassen, welche die Garantenpflicht begründen (vgl. BGH, Großer Senat für Strafsachen, Beschluss vom 29. Mai 1961 – GSSt 1/61, BGHSt 16, 155, 158; Fischer, StGB, 60. Aufl., § 13 Rn. 87; Sternberg-Lieben in Schönke/Schröder, StGB, 28. Aufl., § 15 Rn. 96). An der gebotenen Erörterung dieser Umstände hat es die Strafkammer fehlen lassen. Aus den Feststellungen ergibt sich nicht, auf Grund welcher konkreten Umstände der Angeklagte den – hier nicht auf der Hand liegenden – Schluss gezogen haben könnte, der ihm unbekannte und mit den örtlichen Begebenheiten nicht vertraute Fahrer selbst werde nun möglicherweise den Überfall unter Verwendung der vom Angeklagten zurückgelassenen Handschuhen und Sturmhaube begehen.

---

[9] BGH, Urteil vom 4.6.2013 – 2 StR 4/13.

2. Vorsätzliches und fahrlässiges Handeln – § 15 StGB

9 **Bedingt vorsätzliches Handeln** setzt voraus, dass der Täter den Eintritt des tatbestandlichen Erfolges als möglich und nicht ganz fern liegend erkennt, weiter, dass er ihn billigt oder sich um des erstrebten Zieles willen mit der Tatbestandsverwirklichung zumindest abfindet. Da die Schuldformen des bedingten Vorsatzes und der **bewussten Fahrlässigkeit** im Grenzbereich eng beieinander liegen, müssen vor der Annahme bedingten Vorsatzes beide Elemente der inneren Tatseite, also sowohl das Wissens- als auch das Willenselement, umfassend geprüft und gegebenenfalls durch tatsächliche Feststellungen belegt werden. Hierzu bedarf es einer Gesamtschau aller objektiven und subjektiven Tatumstände des Einzelfalles, in welche vor allem die **objektive Gefährlichkeit** der Tathandlung, die **konkrete Angriffsweise des Täters**, seine psychische Verfassung bei der Tatbegehung und seine Motivationslage mit einzubeziehen sind.[10]

3. Irrtum über Tatumstände, Verbotsirrtum – §§ 16, 17 StGB

10 Die **Unvermeidbarkeit** eines **Verbotsirrtums** setzt voraus, dass der Täter alle seine geistigen Erkenntniskräfte eingesetzt und etwa aufkommende Zweifel durch Nachdenken oder erforderlichenfalls durch Einholung verlässlichen und sachkundigen Rechtsrats beseitigt hat. Dabei müssen sowohl die **Auskunftsperson** als auch die **Auskunft** aus der **Sicht des Täters verlässlich** sein; die Auskunft selbst muss zudem einen unrechtsverneinenden Inhalt haben. Eine Auskunft ist in diesem Sinne nur dann verlässlich, wenn sie objektiv, sorgfältig, verantwortungsbewusst und insbesondere nach pflichtgemäßer Prüfung der Sach- und Rechtslage erteilt worden ist. Bei der Auskunftsperson ist dies der Fall, wenn sie die Gewähr für eine diesen Anforderungen entsprechende Auskunftserteilung bietet. Hinzu kommt, dass der Täter nicht vorschnell auf die Richtigkeit eines ihm günstigen Standpunkts vertrauen und seine Augen nicht vor gegenteiligen Ansichten und Entscheidungen verschließen darf. Maßgebend sind die jeweils konkreten Umstände, insbesondere seine Verhältnisse und Persönlichkeit; daher sind zum Beispiel sein Bildungsstand, seine Erfahrung und seine berufliche Stellung zu berücksichtigen.

Das Vertrauen auf eingeholten **rechtsanwaltlichen Rat** vermag somit nicht in jedem Fall einen unvermeidbaren Verbotsirrtum des Täters zu begründen. Wendet sich dieser an einen auf dem betreffenden Rechtsgebiet versierten Anwalt, so hat er damit zwar vielfach das zunächst Gebotene getan. Jedoch ist weiter erforderlich, dass der **Täter auf die Richtigkeit der Auskunft** nach den für ihn **erkennbaren Umständen vertrauen** darf. Dies ist nicht der Fall, wenn die Unerlaubtheit des Tuns für ihn bei auch nur mäßiger Anspannung von Verstand und Gewissen leicht erkennbar ist oder er nicht mehr als eine Hoffnung haben kann, das ihm bekannte Strafgesetz greife hier noch nicht ein.[11]

---

[10] BGH, Urteil vom 4.4.2013 – 3 StR 37/13; vgl. auch BGH, Beschluss vom 13.8.2013 – 2 StR 180/13 sowie Urteil vom 17.7.2013 – 2 StR 139/13.

[11] BGH, Urteil vom 4.4.2013 – 3 StR 521/12.

PRAXISBEDEUTUNG ■

Die vorstehende Entscheidung macht deutlich, dass eingeholte Rechtsgutachten eines insoweit als Fachmann ausgewiesenen Rechtsanwalts das strafrechtliche Risiko eines Mandanten enorm verringen können, wenn er sich danach verhält. Umgekehrt ergibt sich aber auch, dass sog. Gefälligkeitsgutachten, welche zur oberflächlichen „Absicherung" bestellt und geliefert werden, diesen Zweck nicht erfüllen können. Erst recht scheitert die Berufung auf einen solchermaßen begründeten Verbotsirtum dann, wenn der Mandant aus eigener Kenntnis die Strafbarkeit seiner Handlung verkennt oder erkennen musste!

4. Schuldunfähigkeit, verminderte Schuldfähigkeit – §§ 20, 21 StGB

Auch im Berichtszeitraum ließ sich die Kontroverse zwischen dem 5. Strafsenat, welcher wie in den achtziger und neunziger Jahren vermehrt schon auf den bloßen **BAK-Wert** im Hinblick auf die (**eingeschränkte**) **Schuldfähigkeit** abstellen möchte,[12] und dem 1. Strafsenat, der weiter vor allem auf aussagekräftige psychodiagnostische Beweisanzeichen abstellt,[13] nicht auflösen, wie sich auch aus der nachstehenden Entscheidung ergibt. Vermittelnd äußert sich hierzu der 4. Strafsenat.[14] Nur aus der Betrachtungsweise des 5. Strafsenats heraus sind die besonderen Anforderungen an die Sachverhaltsdarstellung im Urteil zu erklären, wie sie nachstehend gefordert werden: **11**

Teilt der Tatrichter zwar das Gewicht des Angeklagten, den Trinkbeginn, die Tatzeit und die Anzahl der ausgetrunkenen Rotweinflaschen mit, nicht aber den Alkoholgehalt und die Menge des konsumierten Rotweins, vermag der Senat unter diesen Umständen und mangels weiterer Anhaltspunkte den vom Tatgericht zugrunde gelegten Alkoholisierungsgrad, der mit 2,2 ‰ deutlich über 2,0 ‰ liegt, mit Blick auf die **Annahme uneingeschränkter Schuldfähigkeit** nicht nachzuvollziehen.[15] **12**

[3] a) Das Tatgericht hat den Angeklagten mit sachverständiger Hilfe für uneingeschränkt schuldfähig gehalten und dies bei einer zugrunde gelegten (wahrscheinlichen) Alkoholisierung von 2,2 ‰ vornehmlich damit begründet, der Angeklagte habe nur geringe Ausfall- und keine Entzugserscheinungen gehabt. Überdies sei er morgens auch nicht angetrunken gewesen. Zudem sprächen Wucht und Zielgerichtetheit der Schläge gegen Koordinationsstörungen. Diese Einschätzung werde durch eine Rückrechnung bei einer festgestellten Atemalkoholkonzentration von „0,99 ‰" gestützt. Diese Bewertung des Landgerichts ist nicht tragfähig.

[4] Die Strafkammer ist bei der Ermittlung des Alkoholisierungsgrades einem Sachverständigengutachten gefolgt. Dabei hat sie wohl das Gewicht des Angeklagten, den Trinkbeginn, die Tatzeit und die Anzahl der ausgetrunkenen Rotweinflaschen mitgeteilt, nicht aber den Alkoholgehalt und die Menge des konsumierten Rotweins. Der Senat vermag unter diesen Umständen und mangels weiterer Anhaltspunkte schon

---

12 BGH, Beschluss vom 10.1.2012 – 5 StR 517/11.

13 BGH, Beschluss vom 29.5.2012 – 1 StR 59/12.

14 BGH, Beschluss vom 13.2.2013 – 4 StR 557/12.

15 BGH, Beschluss vom 11.4.2013 – 5 StR 113/13; vgl. hierzu auch BGH, Beschluss vom 20.8.2013 – 5 StR 352/13.

den vom Tatgericht zugrunde gelegten Alkoholisierungsgrad, der mit 2,2 ‰ deutlich über 2,0 ‰ liegt, mit Blick auf die Annahme uneingeschränkter Schuldfähigkeit nicht nachzuvollziehen. Die Feststellung vollends vorhandener Schuldfähigkeit wird darüber hinaus umso fragwürdiger, als das Tatgericht – gewissermaßen als Kontrolle – den Einklang seiner Annahme auf Grund der festgestellten Atemalkoholkonzentration von „0,99 ‰" festzustellen glaubt, freilich ohne das näher zu belegen. Abgesehen von der Unsicherheit eines Atemalkoholkonzentrationswertes (vgl. dazu BGH, Beschluss vom 3. April 2001 – 4 StR 507/00, BGHSt 46, 358), ergibt sich bei einem angenommenen (Indiz-)Wert (vgl. BGH, Urteil vom 1. November 1994 – 5 StR 276/94, NStZ 1995, 96, 97) von „0,99 ‰" und einer vorzunehmenden Rückrechnung zur acht Stunden zurückliegenden Tatzeit einschließlich des Sicherheitszuschlags schon ein Alkoholisierungsgrad von 2,79 ‰. Unter diesen Umständen sind die vom Tatgericht aufgeführten psychodiagnostischen Anzeichen einer neuen Bewertung zuzuführen (vgl. BGH, Beschluss vom 14. November 2007 – 2 StR 465/07, BGHR StGB § 21 Blutalkoholkonzentration 39). Dies gilt umso mehr als die vom Landgericht festgestellte Äußerung des Angeklagten „Bruder, verzeih mir" (UA S. 6) wie auch derart heftige Schläge gegen den Kopf des Opfers, dass der Zeuge C. den Geschädigten lediglich an dessen Jacke erkannte (UA S. 6), eher den Schluss auf eine rauschbedingte Vorgehensweise nahe legen.

13 Es gibt **keinen Rechts- oder Erfahrungssatz**, wonach **ab einer bestimmten Höhe der Blutalkoholkonzentration die Schuldfähigkeit regelmäßig aufgehoben** ist; Entsprechendes gilt für die Annahme erheblich verminderter Schuldfähigkeit. So ist es dem Tatrichter auch nicht verwehrt, die Alkoholgewöhnung des Täters bei der Bewertung der festgestellten Tatzeit-Blutalkoholkonzentration zu berücksichtigen. Gleichwohl hat diese insofern Bedeutung, als sie – unter Beachtung des Zweifelssatzes – Aufschluss über die Stärke der alkoholischen Beeinflussung gibt und in diesem Sinne ein zwar nicht allgemein gültiges, aber gewichtiges Beweisanzeichen neben anderen ist. Zwar kann die **Schuldfähigkeit** auch bei Werten, die **deutlich über 3 ‰ liegen**, insbesondere bei Straftaten gegen das Leben und die körperliche Unversehrtheit noch (möglicherweise eingeschränkt) **erhalten geblieben sein**. In einem solchen Fall ist jedoch regelmäßig die **Prüfung einer Aufhebung der Schuldfähigkeit** veranlasst. Die Bewertung und Gewichtung der dafür entscheidungserheblichen Indizien im Rahmen der Gesamtwürdigung des Beweisstoffes ist im Wesentlichen Aufgabe des Tatrichters. Das Revisionsgericht kann in diese Würdigung nur eingreifen, wenn sie auf fehlerhaften Erwägungen oder Vorstellungen beruht.[16]

14 Das Merkmal der **schweren anderen seelischen Abartigkeit** erfasst gerade solche Veränderungen in der Persönlichkeit, die nicht pathologisch bedingt sind, also gerade keine krankhaften seelischen Störungen darstellen. Dementsprechend ist das Abstellen darauf ab, dass es nach Darlegung des Sachverständigen keine über die Pädophilie als solche hinausgehende Persönlichkeitsstörung pathologischen Ausmaßes gebe, rechtlich nicht tragfähig, da es unerheblich ist, ob die Persönlichkeitsveränderung „Krankheitswert" erreicht.[17]

15 Das Gericht hat bei einer im Zustand erheblich verminderter Schuldfähigkeit begangenen Tat zu prüfen, ob eine Strafmilderung nach §§ 21, 49 Abs. 1 StGB vorzunehmen ist oder der Übergang in den milderen Strafrahmen deshalb zu unterblei-

[16] BGH, Beschluss vom 13.2.2013 – 4 StR 557/12.
[17] BGH, Beschluss vom 10.9.2013 – 2 StR 321/13.

ben hat, weil die geringere Schuld des Täters infolge seiner erheblich verminderten Schuldfähigkeit auf der anderen Seite durch **schulderhöhende Elemente wieder derart aufgewogen wird,** dass nur die vom Gesetz vorgesehene Regelstrafe schuldangemessen ist.[18]

Als stoffgebundene Suchterkrankung kann die **Abhängigkeit von Drogen** wegen der **16**
Vielzahl möglicher Ursachen, Ausprägungen sowie körperlicher und psychischer Folgen sowohl die Voraussetzungen des Eingangsmerkmals der schweren anderen seelischen Abartigkeit im Sinne des § 20 StGB als auch – vor allem bei körperlicher Abhängigkeit – jene einer krankhaften seelischen Störung erfüllen. Unabhängig von dieser Einordnung begründet die Abhängigkeit von Betäubungsmitteln für sich allein **noch nicht eine erhebliche Verminderung der Steuerungsfähigkeit.** Diese Folge ist bei einem Rauschgiftabhängigen nur ausnahmsweise gegeben, etwa dann, wenn langjähriger Betäubungsmittelkonsum zu schwersten Persönlichkeitsveränderungen geführt hat, der Täter unter starken Entzugserscheinungen leidet und durch sie dazu getrieben wird, sich mittels einer Straftat Drogen zu verschaffen, ferner unter Umständen dann, wenn er die Tat im Zustand eines akuten Rausches verübt.[19]

[6] 1. Zur Schuldfähigkeit des Angeklagten hat sich die Strafkammer sachverständig beraten lassen und angenommen, dass der Angeklagte bei der Begehung der abgeurteilten Taten einerseits unter einem Syndrom der Abhängigkeit von Stimulanzien und Cannabinoiden und andererseits unter einer kombinierten Persönlichkeitsstörung vom Borderline-Typ mit emotional instabilen, dissozialen und narzisstischen Anteilen litt. Das Abhängigkeitssyndrom habe indes nicht zu einer „derart erheblichen krankhaften seelischen Störung" geführt, dass die „psychische Befindlichkeit" des Angeklagten dadurch wesentlich beeinträchtigt worden sei. Eine „andere schwere seelische" Abartigkeit liege insoweit nicht vor, weil das Syndrom keine tatdeterminierenden Konsequenzen gehabt habe und eine Persönlichkeitsdepravation, ein Verfall oder eine Verwahrlosung des Angeklagten ebenso wenig festgestellt werden könne wie eine akute Intoxikationspsychose zu den jeweiligen Tatzeitpunkten. Auch die beim Angeklagten diagnostizierte Persönlichkeitsstörung habe nicht das Gewicht einer „schweren anderen seelischen Abartigkeit", da sie weder mit schweren überdauernden Störungen der Affektregulation einhergegangen sei, noch zu einer Stereotypisierung des Verhaltens des Angeklagten geführt habe und schwere Störungen des Selbstwertgefühls sowie der sozialen Bindungsfähigkeit ebenfalls nicht festzustellen seien. Der Angeklagte sei daher bei Begehung aller Taten uneingeschränkt schuldfähig gewesen. Den Darlegungen des Sachverständigen hat sich das Landgericht angeschlossen; seine Würdigung hat es dabei auf die Bemerkung beschränkt, sie seien überzeugend. Dies hält hier rechtlicher Nachprüfung nicht stand.

[7] a) Als stoffgebundene Suchterkrankung kann die Abhängigkeit von Drogen wegen der Vielzahl möglicher Ursachen, Ausprägungen sowie körperlicher und psychischer Folgen sowohl die Voraussetzungen des Eingangsmerkmals der schweren anderen seelischen Abartigkeit im Sinne des § 20 StGB als auch – vor allem bei körperlicher Abhängigkeit – jene einer krankhaften seelischen Störung erfüllen (SSW-StGB/Schöch, § 20 Rn. 46; vgl. auch Fischer, StGB, 60. Aufl., § 20 Rn. 41). Unabhängig von dieser Einordnung begründet die Abhängigkeit von Betäubungsmitteln

---

[18] BGH, Urteil vom 22.8.2013 – 3 StR 163/13.

[19] BGH, Beschluss vom 12.3.2013 – 4 StR 42/13.

nach ständiger Rechtsprechung des Bundesgerichtshofs für sich allein noch nicht eine erhebliche Verminderung der Steuerungsfähigkeit. Diese Folge ist bei einem Rauschgiftabhängigen nur ausnahmsweise gegeben, etwa dann, wenn langjähriger Betäubungsmittelkonsum zu schwersten Persönlichkeitsveränderungen geführt hat, der Täter unter starken Entzugserscheinungen leidet und durch sie dazu getrieben wird, sich mittels einer Straftat Drogen zu verschaffen, ferner unter Umständen dann, wenn er die Tat im Zustand eines akuten Rausches verübt (vgl. nur BGH, Urteil vom 7. August 2001 – 1 StR 470/00, NJW 2002, 150, 152 m.w.N.). Dabei erfolgt die richterliche Entscheidung, ob die Fähigkeit des Täters, das Unrecht seiner Tat einzusehen oder nach dieser Einsicht zu handeln, erheblich vermindert war, in einem aus mehreren Schritten bestehenden Verfahren (vgl. im Einzelnen Boetticher/Nedopil/Bosinski/Saß, NStZ 2005, 57). Zuerst ist die Feststellung erforderlich, dass beim Angeklagten eine psychische Störung vorliegt, die ein solches Ausmaß erreicht hat, dass sie unter eines der psychopathologischen Eingangsmerkmale des § 20 StGB zu subsumieren ist. Sodann sind der Ausprägungsgrad der Störung und deren Einfluss auf die soziale Anpassungsfähigkeit des Täters zu untersuchen. Durch die festgestellten psychopathologischen Verhaltensmuster muss die psychische Funktionsfähigkeit des Täters bei der Tatbegehung beeinträchtigt worden sein. Haben bei der Tat mehrere Faktoren zusammengewirkt und kommen daher mehrere Eingangsmerkmale gleichzeitig in Betracht, so dürfen diese nicht isoliert abgehandelt werden; erforderlich ist in solchen Fällen vielmehr eine umfassende Gesamtbetrachtung (BGH, Beschluss vom 23. August 2000 – 2 StR 281/00, BGHR StGB § 21 Ursachen, mehrere 14; Beschluss vom 3. September 2004 – 1 StR 359/04, NStZ-RR 2004, 360). Der Tatrichter hat bei der Entscheidung über die Bejahung eines der Eingangsmerkmale des § 20 StGB und bei der Annahme eingeschränkter Schuldfähigkeit nicht nur die Darlegungen des medizinischen Sachverständigen eigenständig zu überprüfen; er ist auch verpflichtet, seine Entscheidung in einer für das Revisionsgericht nachprüfbaren Weise zu begründen (BGH, Beschluss vom 7. März 2006 – 3 StR 52/06, NStZ-RR 2007, 74). Das abschließende Urteil über die Erheblichkeit der Verminderung von Einsichts- oder Steuerungsfähigkeit ist als Rechtsfrage ausschließlich Sache des Richters (BGH, Urteil vom 17. April 2012 – 1 StR 15/12; Beschluss vom 22. August 2012 – 4 StR 308/12, jeweils m.w.N.).

[8] b) Gemessen daran sind die im angefochtenen Urteil wiedergegebenen Ausführungen des Sachverständigen schon für sich genommen nicht bedenkenfrei, soweit eine erhebliche Beeinträchtigung der Steuerungsfähigkeit ausgeschlossen wird.

[9] aa) So legen die Urteilsgründe schon nicht dar, ob der Sachverständige beim Angeklagten die allgemeinen psychiatrischen Kriterien einer Substanzabhängigkeit gemäß ICD-10 oder DSM-IV als erfüllt angesehen hat. Zwar besagt das Vorliegen eines bestimmten Zustandsbildes nach einer der beiden Klassifikationen noch nichts über das Ausmaß drogeninduzierter Störungen. Gleichwohl weist eine solche Zuordnung in der Regel auf eine nicht ganz geringfügige Beeinträchtigung hin, der der Tatrichter mit Hilfe des Sachverständigen nachgehen muss (vgl. BGH, Urteil vom 19. September 2000 – 1 StR 310/00, NStZ 2001, 83, 84 m.w.N.). Die Urteilsgründe beschränken sich in diesem Zusammenhang auf die Wiedergabe der Ausführungen des medizinischen Sachverständigen, wonach beim Angeklagten ein Abhängigkeitssyndrom vorliege, die drogeninduzierte Beeinflussung aber nicht zu einer wesentlichen Beeinträchtigung der „psychischen Befindlichkeit" des Angeklagten geführt habe. Der Senat kann daher nicht nachprüfen, ob sich der Tatrichter insoweit von einem zutreffenden rechtlichen Maßstab hat leiten lassen.

[10] bb) Die Urteilsgründe lassen ferner besorgen, dass die Strafkammer die für das Eingangsmerkmal der schweren anderen seelischen Abartigkeit einerseits und der krankhaften seelischen Störung andererseits erforderlichen unterschiedlichen Voraussetzungen und deren Verhältnis zueinander nicht hinreichend in den Blick genommen hat; dies kann die Beurteilung der Schuldfähigkeit hier zum Nachteil des Angeklagten beeinflusst haben. So erörtert die Strafkammer vor dem Hintergrund der entsprechenden Ausführungen des medizinischen Sachverständigen das Vorliegen einer akuten Intoxikationspsychose in unmittelbarem Zusammenhang mit der Prüfung des Eingangsmerkmals der schweren anderen seelischen Abartigkeit, nicht aber in Bezug auf eine mögliche krankhafte seelische Störung, was näher liegt. Ob das Landgericht die Vernachlässigung anderer Interessen durch den Angeklagten neben seinem starken Wunsch nach Betäubungsmittelkonsum zutreffend als Anzeichen einer schweren anderen seelischen Abartigkeit eingeordnet hat (vgl. Fischer aaO), vermögen die Urteilsgründe ebenfalls nicht zu vermitteln; Erwähnung findet dieser Gesichtspunkt bei der Erörterung des Eingangsmerkmals der krankhaften seelischen Störung.

[11] c) Die Erörterung der Frage der Schuldfähigkeit des Angeklagten erweist sich zudem als lückenhaft.

[12] So findet der Umstand, dass der Angeklagte, wie vom Landgericht ausdrücklich festgestellt (UA S. 4), während einer auf eigene Initiative durchgeführten Entgiftung im April 2011, also zu Beginn des verfahrensgegenständlichen Tatzeitraums, unter intensiven und quälenden akustischen Halluzinationen litt und erst zwei bis drei Wochen vor der letzten Tat seinen Rauschgiftkonsum wieder aufnahm, bei der Erörterung der Eingangsmerkmale des § 20 StGB keine Erwähnung. Der Senat kann daher nicht überprüfen, ob der Sachverständige diesen gewichtigen Umstand bei seiner Begutachtung berücksichtigt und in welcher Weise die Strafkammer dessen Äußerungen bewertet hat. Die bloße Erwähnung eines zeitlich nicht näher eingegrenzten Entzugssyndroms (UA S. 9) ist in diesem Zusammenhang unzureichend. Die Urteilsgründe lassen ferner nicht erkennen, ob die Strafkammer in einer umfassenden Gesamtwürdigung berücksichtigt hat, dass der Sachverständige neben dem Abhängigkeitssyndrom beim Angeklagten auch eine kombinierte Persönlichkeitsstörung diagnostiziert hat. Dies lässt besorgen, dass diese Prüfung hier nicht oder nur unzureichend vorgenommen wurde und das Landgericht seine Beurteilung lediglich isoliert auf die vom Sachverständigen angesprochenen Gesichtspunkte gestützt hat.

„Pathologisches Spielen" stellt – wovon das Landgericht im Ansatz zutreffend aus- **17**
geht – für sich genommen keine die Schuldfähigkeit erheblich einschränkende oder ausschließende krankhafte seelische Störung oder schwere andere seelische Abartigkeit dar. Bei der Spielsucht kann aber eine erhebliche Verminderung der Steuerungsfähigkeit angenommen werden, wenn diese zu **schwersten Persönlichkeitsveränderungen geführt** oder der Täter bei den Beschaffungstaten unter **starken Entzugserscheinungen** gelitten hat. Diese Persönlichkeitsveränderungen müssen in ihrem Schweregrad einer krankhaften seelischen Störung gleichwertig sein.

Spielsucht kann unter dem Gesichtspunkt einer Verminderung der Schuldfähigkeit nur dann beachtlich sein, wenn die begangenen **Straftaten der Fortsetzung des Spielens dienen.**[20]

---

20 BGH, Urteil vom 7.11.2013 – 5 StR 377/13.

[5] 2. Die Begründung, mit der das Landgericht von einer erheblichen Verminderung der Schuldfähigkeit des Angeklagten ausgegangen ist, hält revisionsgerichtlicher Überprüfung nicht stand.

[6] a) „Pathologisches Spielen" stellt – wovon das Landgericht im Ansatz zutreffend ausgeht – für sich genommen keine die Schuldfähigkeit erheblich einschränkende oder ausschließende krankhafte seelische Störung oder schwere andere seelische Abartigkeit dar (BGH, Urteil vom 25. November 2004 – 5 StR 411/04, BGHSt 49, 365, 369; Beschlüsse vom 8. November 1988 – 1 StR 544/88, BGHR § 21 StGB Seelische Abartigkeit 8, und vom 22. Juli 2003 – 4 StR 199/03, NStZ 2004, 31). Allerdings können in schweren Fällen psychische Defekte und Persönlichkeitsveränderungen auftreten, die eine ähnliche Struktur und Schwere wie bei stoffgebundenen Suchterkrankungen aufweisen, und es kann zu massiven Entzugserscheinungen kommen (vgl. BGH, Urteil vom 6. März 2013 – 5 StR 597/12, BGHSt 58, 192 m.w.N.). Wie bei der Substanzabhängigkeit kann deshalb auch bei der Spielsucht eine erhebliche Verminderung der Steuerungsfähigkeit angenommen werden, wenn diese zu schwersten Persönlichkeitsveränderungen geführt oder der Täter bei den Beschaffungstaten unter starken Entzugserscheinungen gelitten hat. Diese Persönlichkeitsveränderungen müssen in ihrem Schweregrad einer krankhaften seelischen Störung gleichwertig sein (vgl. BGH, Urteile vom 25. November 2004 und vom 6. März 2013 sowie Beschlüsse vom 22. Juli 2003 und vom 8. November 1988, jeweils aaO).

[7] Diesen Maßstäben wird das angefochtene Urteil nicht gerecht. Es ist bereits höchst zweifelhaft, ob die im Urteil wiedergegebenen, von der Schwurgerichtskammer im Einklang mit dem Sachverständigen als Anhaltspunkte für gravierende Persönlichkeitsänderungen genannten Verhaltensweisen des Angeklagten solche überhaupt belegen. Jedenfalls setzt sich das Landgericht an keiner Stelle ausdrücklich damit auseinander, ob die angenommenen Veränderungen als andere seelische Abartigkeit in ihrem Schweregrad den krankhaften seelischen Störungen gleichwertig sind.

[8] b) Das Landgericht hat sich darüber hinaus auch nicht ausreichend mit der Frage befasst, inwieweit sich die Spielsucht bei dem Angeklagten in der konkreten Tatsituation ausgewirkt hat.

[9] aa) Spielsucht kann unter dem Gesichtspunkt einer Verminderung der Schuldfähigkeit nur dann beachtlich sein, wenn die begangenen Straftaten der Fortsetzung des Spielens dienen (vgl. BGH, Beschlüsse vom 18. Mai 1994 – 5 StR 78/94, NStZ 1994, 501, und vom 8. Juni 2011 – 1 StR 122/11). Das angefochtene Urteil geht demgegenüber – allerdings entgegen der Einlassung des Angeklagten (UA S. 19) und den Annahmen des Sachverständigen (UA S. 29) – in seinen Feststellungen davon aus, dass es dem Angeklagten bei der Planung der Straftat zum Nachteil der später Getöteten darum ging, Geldmittel zum Schuldenabbau zu beschaffen (UA S. 8). Dies kann darauf hindeuten, dass beim Angeklagten keine völlige Einengung seines Verhaltensspielraums auf das Glücksspiel besteht (vgl. Leygraf, Handbuch der Forensischen Psychiatrie, Bd. 2, 2010, 514, 527).

[10] bb) Darüber hinaus ist Folgendes zu bedenken: Die überlegten, zeitaufwendigen Vorbereitungen der Vortat sprechen gegen eine erhebliche Verminderung der Steuerungsfähigkeit. Ferner ist bei Taten höchster Schwere bei der Zubilligung der Voraussetzungen erheblich verminderter Steuerungsfähigkeit wegen der hohen Hemmschwelle besondere Zurückhaltung geboten (vgl. BGH, Urteil vom 21. Januar 2004 – 1 StR 346/03, BGHSt 49, 45, 53; LK/Schöch, 12. Aufl., § 20 Rn. 184 f. m.w.N.).

Bei der Entscheidung über die Voraussetzungen der verminderten Schuldfähigkeit findet der **Grundsatz „in dubio pro reo“** Anwendung, wenn nicht behebbare tatsächliche Zweifel bestehen, die sich auf Art und Grad des psychischen Ausnahmezustandes beziehen.[21] 18

5. Versuch und Vollendung – §§ 22 ff. StGB

a) Vorbereitungshandlung und Versuch

Eine nicht unerhebliche Fehlerquelle bei Entscheidungen ist die oftmals bereits im Rahmen der Feststellungen schwierige und dann bei der darauf beruhenden rechtlichen Subsumption nicht einfachere Frage, ob einer bestimmten Tathandlung in Abgrenzung zur bloßen Vorbereitung bereits eine **Versuchsstrafbarkeit** zugrunde liegt, und ob gegebenenfalls der Tatrichter darüber hinaus von einem **Rücktritt** auszugehen hat. In gleicher Weise gilt dies für die zuweilen schwierige Frage, ob nach der Tathandlung bereits ein beendeter Versuch vorlag. 19

Hat derjenige, der einen Raubüberfall begehen will, die Vorstellung, dass er in das Haus des vorgesehenen Geschädigten nur dann eindringen will, wenn dessen Kind nicht anwesend ist, könnte es sich insoweit um einen **Vorbehalt** handeln, der dazu führen kann, dass die **Schwelle zum Versuch** nach der Tätervorstellung **noch nicht überschritten** ist.[22] 20

[3] Nach den Feststellungen des Landgerichts wollten die Angeklagten D., G. und S. den Zeugen Sc. überfallen, um ihm die Herausgabe eines Laptop abzunötigen, auf dem sie kinderpornographische Bilddateien vermuteten, mit denen sie den Zeugen später zu Geldzahlungen erpressen wollten. Sie wollten sich mit Sturmhauben maskieren und D. mit einer Gaspistole, die anderen Mittäter mit Messern bewaffnen. Während die Angeklagten D. und S. sich in der Nähe des Hauses hinter einer Hecke verstecken sollten, sollte der Angeklagte G. an der Haustür des Zeugen Sc. klingeln und diesen mit einem Messer bedrohen, sobald dieser die Tür öffnen würde. Dazu kam es nicht, weil der Angeklagte G. meinte, er habe nach dem Klingeln an der Haustür einen Hund bellen hören und ein Kind hinter der Türverglasung gesehen. Daher nahm er von der weiteren Tatausführung Abstand und wandte sich zum Gehen. Unmittelbar danach wurden die Angeklagten durch Polizeibeamte festgenommen, die sie observiert hatten.

[4] Bei dieser Sachlage bleibt offen, ob die Mittäter bereits nach ihrer Vorstellung zur Begehung der Tat unmittelbar angesetzt haben (§ 22 StGB). Das Landgericht hat die Einlassung des Angeklagten G. nicht für widerlegt gehalten, dass es unter den Mittätern vereinbart gewesen sei, sie hätten nicht in das Haus des Zeugen Sc. eindringen wollen, wenn ein Kind anwesend sei. Daraus könnte sich ein Vorbehalt ergeben, der dazu geführt hätte, dass die Schwelle zum Versuch nach der Tätervorstellung noch nicht überschritten war (vgl. BGH, Urteil vom 22. April 1999 – 4 StR 76/99, NStZ 1999, 395, 396; Beschluss vom 20. August 2004 – 2 StR 281/04, BGHR StGB, § 22 Ansetzen 33). Nähere Feststellungen zu diesem Teil des Tatplans hat das Landgericht nicht getroffen. Das kann sich auf die Beurteilung des Ver-

[21] BGH, Beschluss vom 5.3.2013 – 5 StR 25/13.

[22] BGH, Beschluss vom 18.6.2013 – 2 StR 75/13.

suchsbeginns für alle Mittäter ausgewirkt haben (vgl. BGH, Urteil vom 2. Juni 1993 – 2 StR 158/93, BGHSt 39, 236, 237 f.).

21 Setzt ein Täter **mehrfach zur Tat** an, ist Voraussetzung für die **Annahme eines Versuchs**, dass die vorausgegangenen, erfolglos gebliebenen Teilakte mit dem neuen Anlauf, auf den der Täter schließlich verzichtet hat, einen einheitlichen Lebensvorgang bilden. Dabei ist ein räumlicher und zeitlicher Zusammenhang zwischen den einzelnen Versuchshandlungen erforderlich.[23]

b) Die Verurteilung wegen versuchten Betrugs in zwei Fällen hält ebenfalls rechtlicher Nachprüfung nicht stand, weil die Strafkammer die Möglichkeit eines strafbefreienden Rücktritts vom Versuch (§ 24 Abs. 1 Satz 1 StGB) nicht erörtert hat.

aa) Den Urteilsgründen ist schon nicht zu entnehmen, warum die vom Landgericht als selbständig bewerteten Betrugsversuche nicht die Annahme eines einzigen Versuchs rechtfertigen, da der Angeklagte seinen ursprünglichen Tatplan, unberechtigt Versicherungsleistungen geltend zu machen, weiter verfolgt hat (vgl. auch BGH, Beschluss vom 21. Juli 1998 – 4 StR 274/98, NStZ-RR 1999, 110). Setzt der Täter mehrfach zur Tat an, ist Voraussetzung für die Annahme eines Versuchs, dass die vorausgegangenen, erfolglos gebliebenen Teilakte mit dem neuen Anlauf, auf den der Täter schließlich verzichtet hat, einen einheitlichen Lebensvorgang bilden. Dabei ist ein räumlicher und zeitlicher Zusammenhang zwischen den einzelnen Versuchshandlungen erforderlich (vgl. BGH, Beschluss vom 18. Juli 2013 – 4 StR 168/13, insoweit in NJW 2013, 3383 nicht abgedruckt; Urteil vom 30. November 1995 – 5 StR 465/95, NJW 1996, 936, 937; Urteil vom 1. März 1994 – 1 StR 33/94, BGHSt 40, 75, 77; Fischer aaO § 24 Rn. 17 m.w.N.). Ob hier ein solcher einheitlicher Lebensvorgang gegeben ist, hat das Landgericht nicht geprüft.

bb) Die Strafkammer erörtert nicht, welches Vorstellungsbild der Angeklagte nach Abschluss der letzten von ihm vorgenommenen Ausführungshandlung(en) gehabt hat. Nach dem Vorstellungsbild des Täters bestimmt sich indes nicht nur die Abgrenzung zwischen beendetem und unbeendetem Versuch (vgl. nur Fischer aaO § 24 Rn. 14 m.w.N.); die Sicht des Täters nach Abschluss der letzten Ausführungshandlung ist auch für die Frage entscheidend, ob ein Versuch fehlgeschlagen ist (vgl. nur BGH, Urteil vom 25. Oktober 2012 – 4 StR 346/12, NStZ 2013, 156, 157 f. m.w.N.). Schließlich ist das Vorstellungsbild des Täters gegebenenfalls auch für die Beurteilung der Freiwilligkeit eines Rücktritts von Bedeutung (vgl. BGH, Urteil vom 15. September 2005 – 4 StR 216/05, NStZ-RR 2006, 168, 169 m.w.N.). Liegt – wie hier vom Landgericht angenommen – eine Zäsur vor, müssen zudem die Vorstellungen des Angeklagten jeweils nach der (vorläufig) letzten Ausführungshandlung dargetan werden (vgl. nur BGH, Urteil vom 19. März 2013 – 1 StR 647/12, NStZ-RR 2013, 273, 274).

Lässt sich – wie hier – den Urteilsfeststellungen das entsprechende Vorstellungsbild des Angeklagten nicht (hinreichend) entnehmen, hält das Urteil sachlich-rechtlicher Nachprüfung nicht stand (vgl. u.a. BGH, Urteil vom 19. März 2013 – 1 StR 647/12, NStZ-RR 2013, 273, 274; Beschluss vom 13. November 2012 – 3 StR 411/12 Rn. 5 juris).

23 BGH, Beschluss vom 10.10.2013 – 2 StR 64/13.

Die rechtsfehlerfreie Anwendung des **§ 23 Abs. 2 StGB** verlangt eine **Gesamtschau**, die neben der Persönlichkeit des Täters die Tatumstände im weitesten Sinne und dabei insbesondere auch die versuchsbezogenen Gesichtspunkte wie Nähe zur Tatvollendung, Gefährlichkeit des Versuchs und eingesetzte kriminelle Energie einbezieht. Eine sorgfältige **Abwägung dieser Umstände**, auch soweit sie für den Täter sprechen, ist namentlich dann geboten, wenn von der Entschließung über die versuchsbedingte Milderung die Verhängung lebenslanger Freiheitsstrafe abhängt.[24] **22**

[8] 2. Die wirksam auf den Strafausspruch beschränkte Revision der Staatsanwaltschaft (vgl. BGHR StPO § 344 Abs. 1 Antrag 3) ist ebenfalls unbegründet.

[9] Dass die Strafkammer hier eine Strafrahmenverschiebung gemäß § 23 Abs. 2, § 49 Abs. 1 StGB vorgenommen und eine zeitige Freiheitsstrafe von vierzehn Jahren verhängt hat, ist im Ergebnis revisionsrechtlich nicht zu beanstanden.

[10] Dem Revisionsführer ist darin zuzustimmen, dass die rechtsfehlerfreie Anwendung des § 23 Abs. 2 StGB eine Gesamtschau verlangt, die neben der Persönlichkeit des Täters die Tatumstände im weitesten Sinne und dabei insbesondere auch die versuchsbezogenen Gesichtspunkte wie Nähe zur Tatvollendung, Gefährlichkeit des Versuchs und eingesetzte kriminelle Energie einbezieht. Eine sorgfältige Abwägung dieser Umstände, auch soweit sie für den Täter sprechen, ist namentlich dann geboten, wenn von der Entschließung über die versuchsbedingte Milderung die Verhängung lebenslanger Freiheitsstrafe abhängt (BGH NStZ 2004, 620).

[11] Diesen Anforderungen genügt die vom Landgericht vorgenommene Gesamtabwägung im Ergebnis [noch]. Die Revision beanstandet, die Strafkammer habe bei der Abwägung, ob eine Strafrahmenmilderung vorzunehmen ist, als für den Angeklagten sprechenden Umstand gewertet, dass „die Tat im Hinblick auf den Tatbestand des Mordes unvollendet blieb". Eine solche Erwägung lässt für sich genommen befürchten, die Strafkammer habe verkannt, dass die Nichtvollendung der Tat Grundvoraussetzung für die Eröffnung des Ermessensspielraums des Tatrichters ist und keinen ermessensbestimmenden Faktor innerhalb der vorzunehmenden Gesamtwürdigung darstellt. Ob dieser Formulierung tatsächlich ein solch rechtsfehlerhaftes Verständnis seitens des Landgerichts zugrundeliegt, kann hier jedoch dahinstehen. Jedenfalls schließt der Senat ein Beruhen des Urteils auf dieser Erwägung aus. Das Landgericht hat ausdrücklich in seine Abwägung einbezogen, dass „das Erfolgsunrecht der Tat sehr nah an dasjenige des vollendeten Mordes heranreicht." Gleichzeitig hat es jedoch auch eine Vielzahl gravierender, zu Gunsten des Angeklagten sprechender Umstände festgestellt. So ist der Angeklagte nicht vorbestraft und hat ein sozial integriertes Leben geführt. Es handelte sich um eine Spontantat mit geringer Beute, bei der der Angeklagte infolge seiner Spielsucht zwar nicht erheblich in seiner Steuerungsfähigkeit eingeschränkt, wohl aber enthemmt war. Nach der Tat hat er sich der Polizei gestellt und ein von Reue und Einsicht getragenes umfassendes Geständnis auch zur subjektiven Seite abgelegt. Schließlich hat er sich in der Hauptverhandlung entschuldigt und zur Wiedergutmachung die Zahlung eines nicht unerheblichen Geldbetrages angeboten.

[12] Auch soweit die Strafkammer bei der Strafzumessung im engeren Sinne nochmals – mit gemindertem Gewicht – zu Gunsten des Angeklagten gewertet hat, dass die Tat unvollendet blieb, führt dies nicht zur Aufhebung des Strafausspruchs.

[24] BGH, Urteil vom 11.9.2013 – 2 StR 287/13.

Zwar kann innerhalb eines Strafrahmens, der wegen Versuchs gemildert worden ist, allein der Umstand, dass ein Versuch vorliegt, keine Bedeutung für die Findung der angemessenen Strafe entfalten (BGH NStZ 1990, 30). Allerdings schließt der Senat im Hinblick auf die bereits geschilderten, auch hier zu Gunsten des Angeklagten sprechenden gravierenden Milderungsgründe aus, dass die Strafkammer innerhalb des bis zu 15 Jahren Freiheitsstrafe reichenden Strafrahmens eine höhere Freiheitsstrafe als 14 Jahre verhängt hätte.

23 Gemäß § 24 Abs. 2 Satz 1 StGB werden bei Tatbeteiligung mehrerer diejenigen Beteiligten nicht wegen Versuchs bestraft, die **freiwillig die Tatvollendung verhindern**. Hierfür kann es **genügen**, wenn Mittäter im Falle eines unbeendeten Versuchs **einvernehmlich nicht mehr weiterhandeln**, obwohl sie dies tun könnten. Im Falle einer versuchten räuberischen Erpressung bzw. einer versuchten Nötigung ist es insoweit ausreichend, wenn die Täter freiwillig davon absehen, ihr Nötigungs- bzw. Erpressungsziel weiter mit den tatbestandlichen Nötigungsmitteln zu verfolgen. Nicht erforderlich ist es hingegen, dass sie ganz darauf verzichten, den angestrebten Nötigungs- bzw. Erpressungserfolg, die Handlung, Duldung oder Unterlassung, die zu einem Vermögensnachteil führt, herbeizuführen.[25]

[2] Die Überprüfung des Schuldspruchs hält hinsichtlich beider Angeklagter rechtlicher Nachprüfung nicht stand. Die Erwägungen, mit denen das Landgericht einen strafbefreienden Rücktritt vom Versuch abgelehnt hat, begegnen durchgreifenden rechtlichen Bedenken.

[3] Gemäß § 24 Abs. 2 Satz 1 StGB werden bei Tatbeteiligung mehrerer diejenigen Beteiligten nicht wegen Versuchs bestraft, die freiwillig die Tatvollendung verhindern. Hierfür kann es genügen, wenn Mittäter im Falle eines unbeendeten Versuchs einvernehmlich nicht mehr weiterhandeln, obwohl sie dies tun könnten (vgl. BGHSt 42, 158, 162; 44, 204, 208, BGH NStZ 2007, 91, 92). Im Falle einer versuchten räuberischen Erpressung bzw. einer versuchten Nötigung ist es insoweit ausreichend, wenn die Täter freiwillig davon absehen, ihr Nötigungs- bzw. Erpressungsziel weiter mit den tatbestandlichen Nötigungsmitteln zu verfolgen. Nicht erforderlich ist es hingegen, dass sie ganz darauf verzichten, den angestrebten Nötigungs- bzw. Erpressungserfolg, die Handlung, Duldung oder Unterlassung, die zu einem Vermögensnachteil führt, herbeizuführen.

[4] Dies hat das Landgericht übersehen. Es hat bei der Prüfung des § 24 StGB allein darauf abgestellt, dass der Angeklagte T. auf die Geltendmachung der 750 €, die er von dem Zeugen N. erpressen wollte, nicht endgültig verzichtet hat (UA S. 21/22, 26); nicht geprüft hat es hingegen, ob die Angeklagten – ohne auf die Forderung selbst zu verzichten – jedenfalls ihre Durchsetzung mit Nötigungsmitteln endgültig und freiwillig nicht weiter verfolgen. Dazu hätte auch Anlass bestanden. Denn der Angeklagte T. rief dem Mitangeklagten K.zu, es „sei schon o.k.“, woraufhin dieser, nachdem er zuvor in seine Jacke gegriffen hatte, (in der sich ein Tierabwehrspray und ein Taschenmesser befanden), davon absah, in das Geschehen einzugreifen (UA S. 13). Ob darin, nachdem der Angeklagte dem Zeugen weitere Schläge zur Erlangung der 750 € angedroht hatte und zwischenzeitlich die Lebensgefährtin des Zeugen hinzugekommen war und gedroht hatte, die Polizei zu rufen, ein freiwil-

[25] BGH, Beschluss vom 17.1.2013 – 2 StR 396/12; vgl. hierzu auch BGH, Beschluss vom 5.11.2013 – 2 StR 388/13.

liges Abstandnehmen vom Tatentschluss liegt, hätte das Landgericht prüfen müssen. Dabei wäre zu erörtern gewesen, ob der Versuch des Angeklagten, von dem Zeugen 750 € zu erpressen, angesichts des Erscheinens seiner Lebensgefährtin fehlgeschlagen ist oder ob sie gleichwohl weiter davon ausgingen, die Tat könne noch mit anderen nahe liegenden und zur Verfügung stehenden Mitteln vollbracht werden. Zu den danach maßgeblichen Vorstellungen des Angeklagten nach Misslingen des zunächst ins Auge gefassten Tatablaufs teilt das Urteil nichts mit. Zwar könnte das Erscheinen der Lebensgefährtin des bedrohten Tatopfers dazu geführt haben, dass den Angeklagten aufgrund der veränderten Handlungssituation das Erreichen ihres Ziels nicht mehr möglich erschien. Dass die Angeklagten keine weitere Handlungsalternative mehr sahen, mit der die Tatvollendung im unmittelbaren Fortgang erreicht werden konnte, versteht sich schon angesichts des Griffs in die Jacke aber nicht von selbst. Aus diesem Grund kann der Senat nicht ausschließen, dass eine Prüfung der Voraussetzungen des § 24 StGB zur Annahme eines strafbefreienden Rücktritts geführt hätte.

b) Beendeter oder unbeendeter Versuch

Ein **beendeter** Versuch, von dem nur unter den erschwerten Voraussetzungen des **24**
§ 24 Abs. 1 S. 1 Fall 2, S. 2 StGB zurückgetreten werden kann, kann nach der Rechtsprechung des Bundesgerichtshofs auch dann vorliegen, wenn sich der Täter im Augenblick des Verzichts auf eine mögliche Weiterführung der Tat keine Vorstellung von den Folgen seines bisherigen Verhaltens macht.[26]

[5] 2. Das angefochtene Urteil weist einen durchgreifenden sachlich-rechtlichen Mangel auf, weil die Erwägungen, mit denen das Landgericht zur Annahme eines beendeten Versuchs gelangt ist und daran anknüpfend einen strafbefreienden Rücktritt verneint hat, an einem Erörterungsmangel leiden und deshalb revisionsrechtlicher Überprüfung nicht standhalten.

[6] a) Zwar ist das Landgericht im Ansatz zutreffend davon ausgegangen, dass ein beendeter Versuch, von dem nur unter den erschwerten Voraussetzungen des § 24 Abs. 1 Satz 1 Fall 2, Satz 2 StGB zurückgetreten werden kann, nach der Rechtsprechung des Bundesgerichtshofs auch dann vorliegt, wenn sich der Täter im Augenblick des Verzichts auf eine mögliche Weiterführung der Tat keine Vorstellung von den Folgen seines bisherigen Verhaltens macht (BGH, Urteil vom 3. Juni 2008 – 1 StR 59/08, NStZ 2009, 264 Tz. 9; Beschluss vom 3. Februar 1999 – 2 StR 540/98, NStZ 1999, 299; Urteil vom 10. Februar 1999 – 3 StR 618/98, NStZ 1999, 300, 301; Beschluss vom 12. April 1995 – 2 StR 105/95, MDR bei Holtz 1995, 878, 879; Urteil vom 2. November 1994 – 2 StR 449/94, BGHSt 40, 304, 306; SSW-StGB/Kudlich/Schuhr, § 24 Rn. 37). Als innere Tatsache muss diese gedankliche Indifferenz des Täters gegenüber den von ihm bis dahin angestrebten oder doch zumindest in Kauf genommenen Konsequenzen aber positiv festgestellt werden; hierzu bedarf es einer zusammenfassenden Würdigung aller maßgeblichen objektiven Umstände (Senatsurteil vom 13. März 2008 – 4 StR 610/07, Tz. 13 m.w.N.).

[7] b) Diesen Anforderungen werden die Darlegungen in den Urteilsgründen nicht gerecht. Zwar trifft es zu, dass der Zweifelssatz nicht dazu nötigt, (innere) Tatsachen

---

[26] BGH, Beschluss vom 14.8.2013 – 4 StR 308/13.

zugunsten des Angeklagten zu unterstellen, für die es keine Anhaltspunkte gibt (Senatsbeschluss vom 22. Mai 2013 – 4 StR 170/13; BGH, Urteil vom 3. Juni 2008 – 1 StR 59/08, NStZ 2009, 264, Tz. 14). Auch kann in Fällen, in denen sich aus den objektiven Umständen kein Hinweis auf das konkrete Vorstellungsbild des Täters im Zeitpunkt des Abbruchs der Tötungshandlung ergibt, die Annahme gerechtfertigt sein, dass bei ihm die der Tatbegehung zu Grunde liegende Folgeneinschätzung fortbestanden hat oder ihm die Folgen gleichgültig sind (Senatsbeschluss vom 22. Mai 2013 aaO).

[8] aa) Im vorliegenden Fall gab es jedoch (weitere) konkrete Umstände unmittelbar nach der Tat, die Rückschlüsse auf das Vorstellungsbild des Angeklagten zuließen, vom Landgericht im Rahmen der gebotenen Gesamtwürdigung aber keine Berücksichtigung gefunden haben:

[9] Nach den Feststellungen lagen die beiden Messerstichverletzungen in der Bauchregion, wobei der zweite Stich nur oberflächlich war und im subkutanen Gewebe endete (UA S. 8). Dem Angeklagten war auch bewusst, dass eine rettungsbereite Person in Gestalt des Zeugen T. anwesend war, der unmittelbar nach der Tat Maßnahmen ergriff, um die Blutung zu stoppen, und den Notarzt sowie die Polizei alarmieren ließ. Bei dieser Sachlage wäre zu erörtern gewesen, ob aus Sicht des Angeklagten Grund für die Annahme bestand, die mit bedingtem Tötungsvorsatz geführten Stiche würden tatsächlich keine lebensbedrohlichen Folgen haben.

[10] bb) Schon mit Blick auf diesen Erörterungsmangel erweist sich die Erwägung des Landgerichts, aus dem Umstand, dass keine Feststellungen zum Vorstellungsbild des Angeklagten zum Erfolgseintritt getroffen werden konnten, sei auf ein Fehlen derartiger Vorstellungen zu schließen, als nicht tragfähig. Die Erwägung ist im Übrigen auch für sich genommen in dieser allgemeinen Form rechtlich bedenklich. Denn die (positive) Feststellung, dass sich der Täter keine Gedanken über den Erfolgseintritt gemacht hat, darf mit dem Fall, dass zu diesen Gedanken keine Feststellungen getroffen werden können, nicht gleichgesetzt werden, da es in dem letztgenannten Fall noch Raum für die Anwendung des Zweifelssatzes gibt (Senatsbeschluss aaO; SSW-StGB/Kudlich/Schuhr, § 24 Rn. 37).

■ TOPENTSCHEIDUNG

25 Die **Abgrenzung zwischen unbeendetem und beendeten Versuch** bestimmt sich nach dem **Vorstellungsbild des Täters** nach dem Abschluss der letzten von ihm vorgenommenen Ausführungshandlung, dem sogenannten Rücktrittshorizont. Bei einem Tötungsdelikt liegt demgemäß ein unbeendeter Versuch vor, bei dem allein der Abbruch der begonnenen Tathandlung zum strafbefreienden Rücktritt vom Versuch führt, wenn der Täter zu diesem Zeitpunkt noch nicht alles getan hat, was nach seiner Vorstellung zur Herbeiführung des Todes erforderlich oder zumindest ausreichend ist.

Ein **beendeter Tötungsversuch**, bei dem der Täter für einen strafbefreienden Rücktritt vom Versuch den Tod des Opfers durch eigene Rettungsbemühungen verhindern oder sich darum zumindest freiwillig und ernsthaft bemühen muss, ist hingegen anzunehmen, wenn er den Eintritt des Todes bereits für möglich hält oder sich keine Vorstellungen über die Folgen seines Tuns macht.[27]

[27] BGH, Urteil vom 19.3.2013 – 1 StR 647/12.

[23] Das angefochtene Urteil leidet an durchgreifenden materiell-rechtlichen Fehlern.

[24] 1. Insbesondere ist den getroffenen Feststellungen nicht das Vorstellungsbild des Täters nach Abschluss der letzten von ihm vorgenommenen Ausführungshandlung, der sogenannte Rücktrittshorizont, zu entnehmen. Bei Vorliegen einer Zäsur müssen zudem die Vorstellungen des Angeklagten jeweils nach der (vorläufig) letzten Ausführungshandlung dargetan werden.

[25] Auf den Rücktrittshorizont des Angeklagten kann hier nicht aus dem Urteil in seiner Gesamtheit geschlossen werden, wenn auch im Rahmen der Beweiswürdigung (III. 6 = UA S. 10–12) und der rechtlichen Würdigung (IV. 1 = UA S. 12) rudimentär Rücktrittselemente angesprochen werden. Hier wird jeweils in erster Linie mitgeteilt, was nicht festgestellt werden konnte, ohne dass – ergänzend heranzuziehende – klare und eindeutige Feststellungen zum Vorstellungsbild des Angeklagten nach den verschiedenen Tathandlungen getroffen wurden. Ohnehin konnte N. zum jeweiligen Vorstellungsbild des Angeklagten schon deshalb keine Angaben machen, weil er sich hierzu nicht geäußert hat. Die entsprechenden Feststellungen sind aber unerlässlich; denn auf den Rücktrittshorizont kommt es bei der Beurteilung, ob ein freiwilliger Rücktritt vom Versuch vorliegt, entscheidend an.

[26] Das ergibt sich aus Folgendem:

[27] Die Abgrenzung zwischen unbeendetem und beendeten Versuch bestimmt sich nach dem Vorstellungsbild des Täters nach dem Abschluss der letzten von ihm vorgenommenen Ausführungshandlung, dem sogenannten Rücktrittshorizont. Bei einem Tötungsdelikt liegt demgemäß ein <u>unbeendeter</u> Versuch vor, bei dem allein der Abbruch der begonnenen Tathandlung zum strafbefreienden Rücktritt vom Versuch führt, wenn der Täter zu diesem Zeitpunkt noch nicht alles getan hat, was nach seiner Vorstellung zur Herbeiführung des Todes erforderlich oder zumindest ausreichend ist.

[28] Ein <u>beendeter</u> Tötungsversuch, bei dem der Täter für einen strafbefreienden Rücktritt vom Versuch den Tod des Opfers durch eigene Rettungsbemühungen verhindern oder sich darum zumindest freiwillig und ernsthaft bemühen muss, ist hingegen anzunehmen, wenn er den Eintritt des Todes bereits für möglich hält oder sich keine Vorstellungen über die Folgen seines Tuns macht.

[29] Eine Korrektur des Rücktrittshorizonts ist in engen Grenzen möglich. Der Versuch eines Tötungsdelikts ist daher nicht beendet, wenn der Täter zunächst irrtümlich den Eintritt des Todes für möglich hält, aber nach alsbaldiger Erkenntnis seines Irrtums von weiteren Ausführungshandlungen Abstand nimmt.

[30] Rechnet der Täter dagegen zunächst nicht mit einem tödlichen Ausgang, so liegt eine umgekehrte Korrektur des Rücktrittshorizonts vor, wenn er unmittelbar darauf erkennt, dass er sich insoweit geirrt hat.

[31] In diesem Fall ist ein beendeter Versuch gegeben, wenn sich die Vorstellung des Täters bei fortbestehender Handlungsmöglichkeit sogleich nach der letzten Tathandlung in engstem räumlichen und zeitlichen Zusammenhang mit dieser ändert (st. Rspr. vgl. u.a. BGH, Urteil vom 1. Dezember 2011 – 3 StR 337/11 mit zahlreichen Rechtsprechungsnachweisen; BGH, Urteil vom 2. Februar 2012 – 3 StR 401/11; BGH, Urteil vom 8. Mai 2012 – 5 StR 528/11).

[32] <u>Fehlgeschlagen</u> ist ein Versuch, wenn die Tat nach Misslingen des zunächst vorgestellten Tatablaufs mit den bereits eingesetzten oder anderen nahe liegenden Mitteln objektiv nicht mehr vollendet werden kann und der Täter dies erkennt oder

wenn er subjektiv die Vollendung nicht mehr für möglich hält. Dabei kommt es auf die Sicht des Täters nach Abschluss der letzten Ausführungshandlung an (Rücktrittshorizont). Wenn der Täter zu diesem Zeitpunkt erkennt oder die subjektive Vorstellung hat, dass es zur Herbeiführung des Erfolgs eines erneuten Aussetzens bedürfte, etwa mit der Folge einer zeitlichen Zäsur und einer Unterbrechung des unmittelbaren Handlungsfortgangs, liegt ein Fehlschlag vor (st. Rspr. vgl. nur BGH, Urteil vom 25. Oktober 2012 – 4 StR 346/12 mit zahlreichen weiteren Nachweisen).

[33] Liegt ein Fehlschlag vor, scheidet ein Rücktritt vom Versuch nach allen Varianten des § 24 Abs. 1 oder Abs. 2 StGB aus; umgekehrt kommt es nur dann, wenn ein Fehlschlag nicht gegeben ist, auf die Unterscheidung zwischen unbeendetem und beendetem Versuch an, die für die vom Täter zu erbringende Rücktrittsleistung in Fällen des § 24 Abs. 1 StGB stets, in solchen des § 24 Abs. 2 StGB mittelbar dann von Bedeutung ist, wenn sich die (gemeinsame) Verhinderungsleistung von Versuchsbeteiligten in einem einverständlichen Unterlassen des Weiterhandelns erschöpfen kann (vgl. nur BGH, Urteil vom 19. Mai 2010 – 2 StR 278/09 m.w.N.).

[34] Allen Fällen ist gemeinsam, dass es auf das Vorstellungsbild des Täters im entscheidungserheblichen Zeitpunkt ankommt. Diese Vorstellung ist gegebenenfalls auch für die Beurteilung der Freiwilligkeit eines Rücktritts von Bedeutung (vgl. BGH, Urteil vom 15. September 2005 – 4 StR 216/05 m.w.N.).

[35] Lässt sich den Urteilsfeststellungen das entsprechende Vorstellungsbild des Angeklagten, das zur revisionsrechtlichen Prüfung des Vorliegens eines freiwilligen Rücktritts vom Versuch unerlässlich ist, nicht hinreichend entnehmen, hält das Urteil sachlich-rechtlicher Nachprüfung nicht stand (vgl. u.a. BGH, Beschluss vom 13. November 2012 – 3 StR 411/12; BGH, Beschluss vom 29. September 2011 – 3 StR 298/11; BGH, Beschluss vom 11. Februar 2003 – 4 StR 8/03).

[36] Dies gilt im vorliegenden Fall umso mehr, weil es sich um ein mehrstündiges und mehraktiges Tatgeschehen handelt und auch die Prüfung der Annahme nur einer Tat im Rechtssinne vorzunehmen ist. Denn würde man, was hier nicht fern liegt, eine oder mehrere Zäsuren (hinsichtlich der abschließenden versuchten Nötigung ist der Tatrichter selbst davon ausgegangen [UA S. 13]) annehmen, ist die Mitteilung des Vorstellungsbildes des Angeklagten nach der jeweils letzten Ausführungshandlung geboten.

[37] Die Annahme des Landgerichts, das Dauerdelikt der (einfachen) Freiheitsberaubung verklammere auch gefährliche Körperverletzungen (die konkrete Fesselung kann ebenfalls eine gefährliche Körperverletzung gemäß § 224 Abs. 1 Nr. 2 StGB darstellen; vgl. u.a. BGH, Urteil vom 21. Januar 2004 – 1 StR 364/03 m.w.N.; Fischer, StGB, 60. Aufl., Rn. 9b zu § 224), begegnet rechtlichen Bedenken; denn das im Strafrahmen des § 224 StGB zum Ausdruck kommende Gewicht übersteigt das des Dauerdelikts (§ 239 StGB) erheblich (vgl. Fischer aaO Rn. 32 vor § 52).

[38] Zu denken ist aber an eine natürliche Handlungseinheit. Eine solche und damit eine Tat im materiell-rechtlichen Sinne liegt bei einer Mehrheit gleichartiger strafrechtlich erheblicher Verhaltensweisen nach der Rechtsprechung nur dann vor, wenn die einzelne Betätigungsakte durch ein gemeinsames subjektives Element verbunden sind <u>und</u> zwischen ihnen ein derart unmittelbarer räumlicher und zeitlicher Zusammenhang besteht, dass das gesamte Handeln des Täters objektiv auch für einen Dritten als ein einheitliches zusammengehöriges Tun erscheint.

[39] Für die Beurteilung einzelner Versuchshandlungen als eine natürliche Handlungseinheit ist deshalb eine solche Gesamtbetrachtung vorzunehmen. Dabei begründet der Wechsel eines Angriffsmittels nicht ohne Weiteres eine die Annahme

einer Handlungseinheit ausschließende Zäsur. Eine tatbestandliche Handlungseinheit endet jedoch mit dem Fehlschlagen des Versuchs (vgl. u.a. BGH, Urteil vom 25. November 2004 – 4 StR 326/04 m.w.N.).

[40] Auch für die Beurteilung, ob die einzelnen Betätigungsakte durch ein gemeinsames subjektives Element verbunden sind, ist die (jeweils rechtsfehlerfreie) Feststellung der subjektiven Tatseite erforderlich.

[41] An all diesem fehlt es hier.

[42] Die Urteilsgründe lassen weiter nicht eindeutig erkennen, ob der Angeklagte durchgehend davon ausging, den Tod der N. (als außertatbestandliches Ziel) als Unfall darstellen zu können oder nur noch ihren gewaltsamen Tod erstrebte, obwohl dafür das Risiko für ihn größer wurde, als Täter in Verdacht zu geraten und deshalb die Versicherungssumme nicht ausbezahlt zu erhalten. Denn es ist naheliegend, dass bei einem offensichtlich gewaltsamen Tod der N. in der Wohnung des Angeklagten kurz nach Abschluss einer entsprechenden Lebensversicherung und bei einem möglichen Sorgerechtsstreit (UA S. 7) der Tatverdacht auf den Angeklagten fallen würde.

[43] Die Urteilsgründe lassen offen, ob der Angeklagte möglicherweise nur noch weiterhandelte, um seine vorausgehende Tat zu verdecken.

[44] Das Fehlen entsprechender Feststellungen und Erörterungen lässt eine abschließende Prüfung durch das Revisionsgericht nicht zu.

[45] Die Rechtsfehler führen zur Aufhebung des Urteils im angefochtenen Umfang.

[46] Die zugrundeliegenden Feststellungen waren ebenfalls aufzuheben, da der Senat nicht ausschließen kann, dass auch insoweit neue Feststellungen getroffen werden können, die sich auf das Vorstellungsbild des Angeklagten im jeweiligen rechtserheblichen Zeitpunkt ausgewirkt haben.

PRAXISBEDEUTUNG ■

Die vorliegende Entscheidung macht praktisch lehrbuchartig deutlich, unter welchen Voraussetzungen von einem unbeendeten und wann von einem beendeten Versuch auszugehen ist. Besondere Bedeutung hat diese Entscheidung bei versuchten Tötungsdelikten, insbes. des Mordes, in denen in Rücktrittsfällen die Straferwartungen ganz besonders unterschiedlich sein können. Dies gilt vor allem deshalb, weil gerade bei Tötungsversuchen in Anwesenheit nur des Täters und des Opfers objektive Zeugen fehlen und das Vorstellungsbild des Täters oft nur mittels Randtatsachen und Indizien geklärt werden kann, zuweilen aber auch offen bleiben muss.

Ein **fehlgeschlagener Tötungsversuch** ist gegeben, wenn der Täter die Tat, wie er weiß, mit den bereits eingesetzten oder den zur Hand liegenden einsatzbereiten Mitteln ohne zeitliche Zäsur nicht mehr vollenden kann.[28] **26**

[9] 2. Die Ausführungen, mit denen die Schwurgerichtskammer einen fehlgeschlagenen Versuch abgelehnt und einen Rücktritt vom unbeendeten Mordversuch im Sinne des § 24 Abs. 1 Satz 1 StGB angenommen hat, halten revisionsgerichtlicher Nachprüfung stand.

---

28 BGH, Urteil vom 22.10.2013 – 5 StR 229/13.

[10] a) Die Schwurgerichtskammer hat ihrer Prüfung des Fehlschlags des Tötungsversuchs zutreffende rechtliche Maßstäbe zugrunde gelegt, nach denen ein solcher gegeben ist, wenn der Täter die Tat, wie er weiß, mit den bereits eingesetzten oder den zur Hand liegenden einsatzbereiten Mitteln ohne zeitliche Zäsur nicht mehr vollenden kann (st. Rspr.; vgl. etwa BGH, Urteil vom 19. März 2013 – 1 StR 647/12, NStZ-RR 2013, 273 Rn. 32 m.w.N.). Unter Würdigung sämtlicher relevanter Gesichtspunkte (insbesondere: der Angeklagte hielt das Messer weiter in der Hand, Nähe zum Nebenkläger, sehr rascher Geschehensablauf) hat sie die weitere Vollendbarkeit aus der maßgeblichen Tätersicht zumindest nicht ausschließen können. Auch mit dem durch die Revision hervorgehobenen Aspekt der körperlichen Überlegenheit des Nebenklägers hat sie sich befasst und ihn vertretbar gewürdigt (UA S. 30). Soweit die Beschwerdeführerin hiergegen anführt, der Tatplan des Angeklagten sei zwingend auf einen Angriff auf den Nebenkläger in schutzloser Lage beschränkt gewesen und nach dessen erfolgloser Durchführung endgültig gescheitert, ermangelt es für eine solche Annahme einer tragfähigen Grundlage in den tatgerichtlichen Feststellungen. Die Beschwerdeführerin setzt vielmehr ihre eigene Beweiswürdigung an die Stelle derjenigen des Tatgerichts. Damit kann sie im Revisionsverfahren nicht gehört werden.

[11] b) Die Annahme eines unbeendeten Versuchs wegen Korrektur des Rücktrittshorizonts ist hier im Hinblick auf das Fehlen jeglicher erkennbarer Beeinträchtigung beim Nebenkläger nach Ausführung des Stichs ungeachtet des gesetzten Treffers rechtsfehlerfrei. Dies gilt auch für die weitere Annahme des Landgerichts, der Rücktritt sei freiwillig erfolgt. Freiwilligkeit liegt nach ständiger Rechtsprechung des Bundesgerichtshofs vor, wenn der Täter „Herr seiner Entschlüsse“ geblieben ist und die Ausführung seines Verbrechensplans noch für möglich gehalten hat, er also weder durch eine äußere Zwangslage daran gehindert noch durch seelischen Druck unfähig geworden ist, die Tat zu vollbringen (vgl. BGH, Beschlüsse vom 24. Juni 1992 – 3 StR 187/92, BGHR StGB § 24 Abs. 1 Satz 1 Freiwilligkeit 16 m.w.N., und vom 8. August 2013 – 5 StR 316/13 Rn. 2). Dabei ist maßgebliche Beurteilungsgrundlage nicht die objektive Sachlage, sondern die Vorstellung des Täters hiervon; die äußeren Gegebenheiten sind jedoch, was die Beschwerdeführerin zu verkennen scheint, insoweit von Bedeutung, als sie Rückschlüsse auf die innere Einstellung des Täters ermöglichen (vgl. BGH, Beschlüsse vom 24. Juni 1992 – 3 StR 187/92, aaO, und vom 22. Mai 2013 – 4 StR 170/13, StraFo 2013, 342 Rn. 9).

[12] Das Landgericht hat aus dem Umstand, dass sich der noch immer das Messer haltende Angeklagte und der Nebenkläger vor der Sparkasse nahe gegenüberstanden, die Möglichkeit abgeleitet, dass der Angeklagte unschwer ein weiteres Mal hätte zustechen können, davon aber aus autonomen Gründen Abstand genommen haben kann. Dieser Schluss ist möglich und daher vom Revisionsgericht hinzunehmen. Soweit die Beschwerdeführerin rügt, die Schwurgerichtskammer habe sich mit einer für den Angeklagten als letztlich unvertretbar darstellenden Risikoerhöhung nicht befasst, sind den Feststellungen keine hinreichenden Anhaltspunkte in diese Richtung zu entnehmen (zu den Anforderungen vgl. BGH, Beschlüsse vom 24. Juni 1992 – 3 StR 187/92, aaO, und vom 19. Dezember 2006 – 4 StR 537/06, NStZ 2007, 265, 266). Der bloße Hinweis des Nebenklägers auf die Sparkasse und auf Kameras genügt hierfür nicht, zumal – allgemein bekannt – weite Bereiche von U-Bahnhöfen ohnehin videoüberwacht sind. Entsprechendes gilt für die Hilferufe des Nebenklägers. Dass sich etwa – unter Umständen eingreifbereite – Passanten oder Sicherheitskräfte in der Nähe befanden, findet in den Feststellungen keinen Niederschlag. Die Beschwerdeführerin trägt auch nicht vor, dass sie insoweit Beweisanträge gestellt hat; eine Aufklärungsrüge hat sie nicht erhoben.

Die Annahme eines **fehlgeschlagenen Versuchs** „wegen sinnlos gewordenen Tatplans“ oder fehlender Freiwilligkeit setzte jedenfalls voraus, dass der Angeklagte den Tötungsvorsatz nicht bereits vor der Aufdeckung der Tat aufgegeben hatte.[29] **27**

[4] Das Landgericht ist davon ausgegangen, dass es dem Angeklagten im ersten Tatkomplex lediglich darauf angekommen sei, das Geld zurück zu erlangen. Die beiden späteren Schläge habe er sodann mit Tötungsvorsatz ausgeführt, um das vorangegangene Tatgeschehen zu verdecken. Von dem Versuch des Mordes sei der Angeklagte nicht zurückgetreten. Das Landgericht hat offen gelassen, „ob der zu beurteilende Tötungsversuch wegen ‚sinnlos gewordenen Tatplans' als fehlgeschlagen betrachtet oder aber wegen unterbleibender Tataufgabe und/oder fehlender Freiwilligkeit als untauglicher Versuch des Rücktritts vom unbeendeten Versuch zu qualifizieren ist“. Ein strafbefreiender Rücktritt sei jedenfalls deshalb zu verneinen, weil der Angeklagte bis zum Erscheinen seiner Ehefrau am Tatort und seiner Entdeckung als Täter von der weiteren Tatausführung keinen Abstand genommen habe und das sich anschließende Verlassen der Wohnung nicht als freiwilliger Rücktritt gewertet werden könne.

[5] 2. Die Verneinung des Rücktritts vom Versuch des Mordes im Fall 2 der Urteilsgründe hält der rechtlichen Nachprüfung nicht stand. Die Annahme eines fehlgeschlagenen Versuchs „wegen sinnlos gewordenen Tatplans“ oder fehlender Freiwilligkeit setzte jedenfalls voraus, dass der Angeklagte den Tötungsvorsatz nicht bereits vor der Aufdeckung der Tat durch seine Ehefrau aufgegeben hatte. Die Überzeugung des Tatrichters, dass der Angeklagte bis zum Erscheinen seiner Ehefrau das Tötungsvorhaben weiterverfolgt habe (vgl. BGH, Urteil vom 1. April 2009 – 2 StR 571/08, NStZ 2009, 501 f.; Beschluss vom 19. Januar 2010 – 4 StR 605/09, NStZ 2010, 384), findet in den Feststellungen und in der Beweiswürdigung keine hinreichende Grundlage.

[6] Das Landgericht hat keine Feststellungen zur inneren Tatseite bzw. zum sogenannten Rücktrittshorizont im Zeitpunkt nach den beiden Schlägen im Wohnzimmer getroffen. Es geht zwar einerseits von einem unbeendeten Versuch aus, hält es aber andererseits für möglich, dass der Angeklagte habe sehen wollen, ob der Nebenkläger im weiteren Verlauf des Geschehens versterbe. Tragfähige Anknüpfungspunkte dafür, dass der Angeklagte den Todeseintritt für möglich hielt und für den Fall, dass der Nebenkläger nicht versterbe, weitere Tötungshandlungen vornehmen wollte, hat das Landgericht aber nicht festgestellt. Der Umstand, dass der Angeklagte den Nebenkläger fesselte, nachdem er seinen Puls überprüft hatte, belegt für sich ebenso wenig einen fortbestehenden Tötungsvorsatz wie die Tatsache, dass er versuchte, seine Ehefrau von einer Anzeigeerstattung abzuhalten. Zudem hat das Landgericht eine Auseinandersetzung mit der nahe liegenden Möglichkeit versäumt, dass der Angeklagte weiterhin mit der Situation überfordert und unschlüssig war, wie er sich weiter verhalten sollte, wovon es selbst für den vorangegangenen Zeitabschnitt nach dem ersten Niederschlagen des Nebenklägers ausgegangen ist. Anhaltspunkte dafür, dass der Angeklagte nach den zur Verhinderung der Flucht des Nebenklägers ausgeführten Schlägen im Wohnzimmer weiter dessen Tod anstrebte, lassen sich den Urteilsgründen nicht entnehmen.

---

[29] BGH, Beschluss vom 27.2.2013 – 4 StR 13/13.

[7] Die Feststellungen zum äußeren Tatgeschehen sind von dem Wertungsfehler nicht betroffen und können bestehen bleiben. Der neue Tatrichter kann ergänzende Feststellungen treffen, die zu den bestehen bleibenden nicht im Widerspruch stehen dürfen.

28 Ein **beendeter Versuch** liegt auch dann vor, wenn sich der Täter im Augenblick des Verzichts auf eine mögliche Weiterführung der Tat **keine Vorstellung von den Folgen** seines bisherigen Verhaltens macht. Diese gedankliche Indifferenz des Täters gegenüber den von ihm bis dahin angestrebten oder doch zumindest in Kauf genommenen Konsequenzen ist eine innere Tatsache, die positiv festgestellt werden muss. Hierzu bedarf es in der Regel einer **zusammenfassenden Würdigung aller maßgeblichen objektiven Umstände**. Können keine eindeutigen Feststellungen getroffen werden, ist der **Zweifelsgrundsatz** anzuwenden.[30]

[6] Die Revision des Angeklagten hat Erfolg, weil die Erwägungen, mit denen das Landgericht zur Annahme eines beendeten Versuches gelangt ist und daran anknüpfend einen strafbefreienden Rücktritt verneint hat, an einem Erörterungsmangel leiden (§ 261 StPO) und deshalb revisionsrechtlicher Überprüfung nicht standhalten.

[7] 1. Im Ansatzpunkt zutreffend ist das Landgericht davon ausgegangen, dass ein beendeter Versuch, von dem nur unter den erschwerten Voraussetzungen des § 24 Abs. 1 Satz 1 Alt. 2, Satz 2 StGB zurückgetreten werden kann, auch dann vorliegt, wenn sich der Täter im Augenblick des Verzichts auf eine mögliche Weiterführung der Tat keine Vorstellung von den Folgen seines bisherigen Verhaltens macht (BGH, Urteil vom 3. Juni 2008 – 1 StR 59/08, NStZ 2009, 264 Rn. 9; Beschluss vom 3. Februar 1999 – 2 StR 540/98, NStZ 1999, 299; Urteil vom 10. Februar 1999 – 3 StR 618/98, NStZ 1999, 300, 301; Beschluss vom 12. April 1995 – 2 StR 105/95, MDR 1995, 878, 879 bei Holtz; Urteil vom 2. November 1994 – 2 StR 449/94, BGHSt 40, 304, 306; Fischer, StGB, 60. Aufl., § 24 Rn. 15; SSW-StGB/Kudlich/Schuhr, § 24 Rn. 37). Diese gedankliche Indifferenz des Täters gegenüber den von ihm bis dahin angestrebten oder doch zumindest in Kauf genommenen Konsequenzen ist eine innere Tatsache, die positiv festgestellt werden muss. Hierzu bedarf es in der Regel einer zusammenfassenden Würdigung aller maßgeblichen objektiven Umstände. Können keine eindeutigen Feststellungen getroffen werden, ist der Zweifelsgrundsatz anzuwenden (BGH, Urteil vom 3. Juni 2008 – 1 StR 59/08, NStZ 2009, 264 Rn. 14; Urteil vom 13. März 2008 – 4 StR 610/07, Rn. 13 m.w.N.).

[8] Diesen Anforderungen werden die Darlegungen in den Urteilsgründen nicht gerecht. Soweit das Landgericht dem von dem Angeklagten wahrgenommenen „Weglaufen“ des Geschädigten nach dem Messerstich jegliche Indizwirkung für ein Ausbleiben tödlicher Folgen abgesprochen hat, erschöpft sich die Begründung in dem allgemeinen Hinweis, dass bei Messerstichen ein Tod durch Verbluten auch noch mit zeitlicher Verzögerung eintreten könne. Dies ist zwar zutreffend, doch hätte sich das Landgericht an dieser Stelle näher mit den von ihm festgestellten weiteren Umständen des Geschehens bei und unmittelbar nach der Tat auseinandersetzen und diese zusammenfassend würdigen müssen. Der Messerstich wurde im Dunkeln geführt. Erst nachdem sich der Geschädigte von dem Angeklagten gelöst hatte und ins Licht gelangt war, sah er die klaffende Wunde an seinem linken Arm. Bei dieser Sachlage wäre zu erörtern gewesen, ob für den unter gleichen Sichtverhältnis-

[30] BGH, Beschluss vom 22.5.2013 – 4 StR 170/13.

sen agierenden Angeklagten nur diese nicht naheliegend als lebensgefährlich anzusehende Verletzung als Auswirkung des Messerstichs erkennbar war und deshalb aus seiner Sicht – auch mit Blick auf das nachfolgende Verhalten seines Bruders (Zurückstoßen des Angeklagten, erfolgreich bestandene Rangelei, Verlassen des Hauses durch die anschließend wieder verschlossene Terrassentür, Weg durch den Garten usw.) – Grund für die Annahme bestand, der mit bedingtem Tötungsvorsatz geführte Stich werde tatsächlich keine lebensbedrohlichen Folgen haben.

[9] Auch ist es rechtlich bedenklich, dass das Landgericht aus der Tatsache, dass es keine Feststellungen zu den Vorstellungen des Angeklagten in Bezug auf den Erfolgseintritt treffen konnte, auf ein Fehlen derartiger Vorstellungen geschlossen hat (SSW-StGB/Kudlich/Schuhr, § 24 Rn. 37). Zwar trifft es zu, dass der Zweifelssatz nicht dazu nötigt, (innere) Tatsachen zugunsten des Angeklagten zu unterstellen, für die es keine Anhaltspunkte gibt (BGH, Urteil vom 3. Juni 2008 – 1 StR 59/08, NStZ 2009, 264 Rn. 14; Urteil vom 13. März 2008 – 4 StR 610/07, Rn. 13 m.w.N.), doch rechtfertigt dies für sich genommen noch nicht den vom Landgericht gezogenen Schluss. Allerdings kann in Fällen, in denen sich aus den objektiven Umständen kein Hinweis auf das konkrete Vorstellungsbild des Täters im Zeitpunkt des Abbruchs der Tathandlung ergibt, die Annahme gerechtfertigt sein, dass bei ihm die der Tatbegehung zugrunde liegende Folgeneinschätzung fortbestanden hat; maßgeblich ist indes auch dann sein „Rücktrittshorizont" nach der letzten Ausführungshandlung (vgl. dazu auch BGH, Beschluss vom 1. Dezember 2011 – 3 StR 337/11).

Ein Versuch ist **fehlgeschlagen** und damit ein strafbefreiender Rücktritt nicht mehr möglich, wenn der Täter nach der letzten Ausführungshandlung entweder erkennt, dass der erstrebte Taterfolg im unmittelbaren Handlungsfortgang unter Einsatz der zur Hand liegenden Tatmittel objektiv nicht mehr erreicht werden kann, oder wenn er dies zumindest subjektiv nicht mehr für möglich hält. Ein fehlgeschlagener Versuch liegt **dagegen nicht** vor, wenn der Täter nach anfänglichem Misslingen des vorgestellten Tatablaufes unmittelbar zu der Annahme gelangt, er könne ohne zeitliche Zäsur mit den bereits eingesetzten oder anderen bereitstehenden Mitteln die Tat noch vollenden.[31] **29**

[5] Im Fall B I. 5. der Urteilsgründe überfielen der Angeklagte und zwei Tatgenossen einen Imbiss. Nachdem der Angeklagte zwei Gäste des Lokals vergeblich mit einer ungeladenen Selbstladepistole bedroht hatte, einer der beiden auf seine Forderung: „Geld her" nicht wie gewollt reagiert und der Imbissbetreiber die drei Täter mit den Worten „raus" und „ihr habt wohl ne Macke" angeherrscht hatte, verließen die Täter das Lokal und rannten davon.

[6] b) In beiden Fällen hat das Landgericht einen fehlgeschlagenen Versuch angenommen. Dies lässt bei einer Gesamtschau der Urteilsgründe keinen durchgreifenden Rechtsfehler zum Nachteil des Angeklagten erkennen.

[7] Ein Versuch ist fehlgeschlagen und damit ein strafbefreiender Rücktritt nicht mehr möglich, wenn der Täter nach der letzten Ausführungshandlung entweder erkennt, dass der erstrebte Taterfolg im unmittelbaren Handlungsfortgang unter Einsatz der zur Hand liegenden Tatmittel objektiv nicht mehr erreicht werden kann, oder wenn er dies zumindest subjektiv nicht mehr für möglich hält. Ein fehlgeschlagener Versuch liegt dagegen nicht vor, wenn der Täter nach anfänglichem Misslingen

---

31 BGH, Beschluss vom 23.7.2013 – 3 StR 205/13.

des vorgestellten Tatablaufes unmittelbar zu der Annahme gelangt, er könne ohne zeitliche Zäsur mit den bereits eingesetzten oder anderen bereitstehenden Mitteln die Tat noch vollenden (s. nur BGH, Beschluss vom 19. Mai 1993 – GSSt 1/93, BGHSt 39, 221, 228 m.w.N.). Entscheidend ist danach nicht, ob der Angeklagte seinen ursprünglichen Tatplan nicht verwirklichen konnte, sondern ob ihm – infolge einer Veränderung der Handlungssituation oder aufkommender innerer Hemmungen – das Erreichen seines Zieles nicht mehr möglich erschien (vgl. BGH, aaO). War der Angeklagte aber noch „Herr seiner Entschlüsse", hielt er die Ausführung der Tat – wenn auch mit anderen Mitteln – noch für möglich, dann ist der Verzicht auf ein Weiterhandeln als freiwilliger Rücktritt vom unbeendeten Versuch zu bewerten (vgl. BGH, Beschluss vom 26. September 2006 – 4 StR 347/06, NStZ 2007, 91). Der Tatplan kann daher nur insoweit eine Rolle spielen, als eine vom Täter nach dem Scheitern seiner bisherigen Bemühungen erkannte Notwendigkeit, Tathandlung und -ablauf grundlegend zu ändern oder ein ganz anderes als das bisher verwendete Tatmittel einzusetzen, die Annahme eines Fehlschlags nahe legt (vgl. BGH, Beschluss vom 2. November 2007 – 2 StR 336/07, NStZ 2008, 393).

[8] Diesen Maßstäben wird das Landgericht letztlich gerecht. Zwar hat es seine Feststellung, der Angeklagte und seine jeweiligen Mittäter hätten ihr Vorhaben in beiden Fällen als fehlgeschlagen erachtet, wesentlich damit unterlegt, dass die als Drohmittel verwendeten ungeladenen Pistolen ihre beabsichtigte Wirkung verfehlt hätten, es der Tatplanung entsprochen habe, die Beute nur durch Drohung mit den Pistolen zu erlangen, und zur Überwindung etwaigen Widerstands deren anderweitiger Einsatz, etwa als Schlaginstrument, genauso wenig vorgesehen gewesen sei wie die Anwendung sonstiger Gewalt oder anderweitiger Drohung. Indes wird aus der rechtlichen Würdigung des Landgerichts hinreichend deutlich, dass es damit keinen falschen rechtlichen Maßstab zugrunde gelegt und den Fehlschlag der beiden Versuchstaten allein aus dem Misslingen des jeweiligen ursprünglichen Tatplans abgeleitet hat; denn es hat sich ausdrücklich auf das Urteil des 2. Strafsenats des Bundesgerichtshofs vom 19. Mai 2010 (2 StR 278/09, NStZ 2010, 690, 691) bezogen, dem die oben zitierte (neuere) Rechtsprechung des Bundesgerichtshofs zugrunde liegt. Daraus erhellt hinreichend, dass die Darlegungen des Landgerichts zum Misslingen des jeweiligen Tatplans nicht das allein tragende Element für die Annahme fehlgeschlagener Versuche benennen, sondern lediglich die nähere Begründung dafür liefern, warum den Tätern das Scheitern des Vorhabens klar war (UA S. 21) bzw. sie sofort erkannten, dass es „hier nichts zu holen gab" (UA S. 24), nämlich weil ihnen – zumindest nach ihrer Vorstellung und subjektiven Handlungsmöglichkeiten – keine anderen Tatmittel zur Verfügung standen, die die Erlangung der erstrebten Beute noch ermöglicht hätten.

30 Zur **Beurteilung eines möglichen Fehlschlags** des Versuchs ist der **Moment** ausschlaggebend, in welchem der Angeklagte das Messer noch in der Hand hatte und es auf die Geschädigte richtete. In dieser Situation standen ihm noch **alle Handlungsoptionen**, nämlich die weitere Durchführung der Tat oder die Aufgabe, zur Verfügung.[32]

[3] 2. Die Strafkammer hat aufgrund dieser Feststellungen einen strafbefreienden Rücktritt vom Versuch der Vergewaltigung verneint. Im Rahmen der rechtlichen

[32] BGH, Beschluss vom 2.7.2013 – 2 StR 91/13.

Würdigung hat sie ausgeführt, die weitere Tatausführung sei daran gescheitert, dass die Geschädigte dem Angeklagten das Messer weggenommen, es gegen ihn gerichtet und ihn aufgefordert habe zu gehen. Dadurch sei sowohl objektiv als auch aus Sicht des Angeklagten eine Erreichung des Taterfolges mit den bereits eingesetzten oder den zur Hand liegenden Mitteln nicht mehr möglich gewesen.

[4] 3. Dies hält rechtlicher Nachprüfung nicht stand. Zwar liegt ein fehlgeschlagener Versuch, von dem die Kammer bei ihrer rechtlichen Würdigung offenbar ausgeht, vor, wenn der Täter nach anfänglichem Misslingen des vorgestellten Tatablaufs nicht mehr glaubt, mit den bereits eingesetzten oder anderen bereitstehenden Mitteln die Tat noch vollenden zu können (BGHSt GSSt 39, 221, 228; Fischer, StGB, 60. Aufl., § 24 Rn. 7 m.w.N.). Entgegen der Auffassung der Strafkammer kam es hier jedoch nicht auf den Zeitpunkt an, in dem die Geschädigte dem Angeklagten das Messer bereits abgenommen und ihn zum Gehen aufgefordert hatte. Vielmehr ist zur Beurteilung eines möglichen Fehlschlags des Versuchs der Moment ausschlaggebend, indem der Angeklagte das Messer noch in der Hand hatte und es auf die Geschädigte richtete. In dieser Situation standen ihm noch alle Handlungsoptionen, nämlich die weitere Durchführung der Tat oder ihr Aufgeben, zur Verfügung. Dass er sich aufgrund des Verhaltens und der Äußerungen der Geschädigten das Messer aus der Hand nehmen ließ, begründet für sich allein kein Misslingen seines Tatplanes im Sinne eines fehlgeschlagenen Versuchs, sondern ist allenfalls unter dem Gesichtspunkt der Freiwilligkeit des Rücktritts zu prüfen. Denn der Grund, die Wegnahme des Nötigungsmittels zu dulden, kann sowohl ein Motiv autonomer wie nicht autonomer Natur gewesen sein. Die Urteilsgründe verhalten sich hierzu nicht.

[5] Bezogen auf den für die rechtliche Bewertung eines Rücktritts vom Versuch maßgeblichen Zeitpunkt fehlt es in den Urteilsgründen allerdings an einer Auseinandersetzung mit der Frage, ob der Angeklagte die weitere Ausführung der Tat freiwillig aufgegeben hat. Entgegen der Ansicht des Generalbundesanwalts kann der Senat den Feststellungen auch nicht ohne weiteres entnehmen, dass die Freiwilligkeit zu verneinen ist. Voraussetzung ist nach ständiger Rechtsprechung, dass der Täter die Ausführung seines Tatplans noch für möglich hält und nicht durch eine äußere Zwangslage an der Tatvollendung gehindert ist, die Tatvollendung aber gleichwohl aus selbstgesetzten Motiven nicht mehr erreichen will (vgl. Fischer, StGB, 60. Aufl., § 24 Rn. 19 mN z. Rspr.).

[6] Mit Rücksicht darauf, dass sich das Geschehen in der Wohnung der Geschädigten abspielte, liegt es nicht nahe, dass der mit einem Messer bewaffnete Angeklagte sich durch den Hinweis der Geschädigten auf die „vielen Nachbarn" an der Tatvollendung gehindert gesehen haben könnte. Dass der Angeklagte sich durch die Äußerung: „Ernsthaft, du willst mich jetzt mit dem Messer bedrohen", so „überraschen" ließ, dass die Geschädigte ihm langsam das Messer aus der Hand nehmen konnte, spricht ebenfalls nicht dafür, dass er keine andere Möglichkeit mehr sah, als von der Tat Abstand zu nehmen. Insoweit ist nicht ersichtlich, warum der Angeklagte nicht in der Lage gewesen sein sollte, das Messer in der Hand zu behalten und die Geschädigte weiter zu bedrohen, wenn er die Tat noch hätte vollenden wollen. Dass er sich das Messer – wenn er auch „dagegen hielt" – langsam und ohne einen Kampf oder ein Gerangel abnehmen ließ, lässt vielmehr die Möglichkeit offen, dass die Äußerungen der Geschädigten ihm Anlass zum Umdenken gegeben hatten. Dies würde für die Freiwilligkeit des Rücktritts sprechen (vgl. BGHSt 7, 299; NStZ-RR 2010, 366 f.). Dass der Angeklagte durch die Reaktion der Geschädigten „zur Besinnung" gekommen sein könnte, ist auch vor dem Hintergrund seiner schon

zuvor gezeigten schwankenden Gemütsverfassung sowie der anschließenden Entschuldigung bei der Zeugin zumindest denkbar.

[7] Der Senat kann auf der Grundlage der landgerichtlichen Feststellungen insgesamt nicht ausschließen, dass der Angeklagte aus autonomen Motiven und damit freiwillig die weitere Ausführung der Tat aufgegeben hat.

31 Ein **beendeter Versuch**, von dem nur unter den erschwerten Voraussetzungen des § 24 Abs. 1 S. 1 Alt. 2, S. 2 StGB zurückgetreten werden kann, kann auch dann vorliegen, wenn sich der Täter im Augenblick des Verzichts auf eine mögliche Weiterführung der Tat **keine Vorstellung von den Folgen** seines bisherigen Verhaltens macht. Diese **gedankliche Indifferenz** des Täters gegenüber den von ihm bis dahin angestrebten oder doch zumindest in Kauf genommenen Konsequenzen ist eine innere Tatsache, die positiv festgestellt werden muss. Hierzu bedarf es in der Regel einer zusammenfassenden Würdigung aller maßgeblichen objektiven Umstände. Können keine eindeutigen Feststellungen getroffen werden, ist der Zweifelsgrundsatz anzuwenden.[33]

[6] Die Revision des Angeklagten hat Erfolg, weil die Erwägungen, mit denen das Landgericht zur Annahme eines beendeten Versuches gelangt ist und daran anknüpfend einen strafbefreienden Rücktritt verneint hat, an einem Erörterungsmangel leiden (§ 261 StPO) und deshalb revisionsrechtlicher Überprüfung nicht standhalten.

[7] 1. Im Ansatzpunkt zutreffend ist das Landgericht davon ausgegangen, dass ein beendeter Versuch, von dem nur unter den erschwerten Voraussetzungen des § 24 Abs. 1 Satz 1 Alt. 2, Satz 2 StGB zurückgetreten werden kann, auch dann vorliegt, wenn sich der Täter im Augenblick des Verzichts auf eine mögliche Weiterführung der Tat keine Vorstellung von den Folgen seines bisherigen Verhaltens macht (BGH, Urteil vom 3. Juni 2008 – 1 StR 59/08, NStZ 2009, 264 Rn. 9; Beschluss vom 3. Februar 1999 – 2 StR 540/98, NStZ 1999, 299; Urteil vom 10. Februar 1999 – 3 StR 618/98, NStZ 1999, 300, 301; Beschluss vom 12. April 1995 – 2 StR 105/95, MDR 1995, 878, 879 bei Holtz; Urteil vom 2. November 1994 – 2 StR 449/94, BGHSt 40, 304, 306; Fischer, StGB, 60. Aufl., § 24 Rn. 15; SSW-StGB/Kudlich/Schuhr, § 24 Rn. 37). Diese gedankliche Indifferenz des Täters gegenüber den von ihm bis dahin angestrebten oder doch zumindest in Kauf genommenen Konsequenzen ist eine innere Tatsache, die positiv festgestellt werden muss. Hierzu bedarf es in der Regel einer zusammenfassenden Würdigung aller maßgeblichen objektiven Umstände. Können keine eindeutigen Feststellungen getroffen werden, ist der Zweifelsgrundsatz anzuwenden (BGH, Urteil vom 3. Juni 2008 – 1 StR 59/08, NStZ 2009, 264 Rn. 14; Urteil vom 13. März 2008 – 4 StR 610/07, Rn. 13 m.w.N.).

[8] Diesen Anforderungen werden die Darlegungen in den Urteilsgründen nicht gerecht. Soweit das Landgericht dem von dem Angeklagten wahrgenommenen „Weglaufen" des Geschädigten nach dem Messerstich jegliche Indizwirkung für ein Ausbleiben tödlicher Folgen abgesprochen hat, erschöpft sich die Begründung in dem allgemeinen Hinweis, dass bei Messerstichen ein Tod durch Verbluten auch noch mit zeitlicher Verzögerung eintreten könne. Dies ist zwar zutreffend, doch hätte sich das Landgericht an dieser Stelle näher mit den von ihm festgestellten weiteren Umständen des Geschehens bei und unmittelbar nach der Tat auseinandersetzen und diese zusammenfassend würdigen müssen. Der Messerstich wurde im Dun-

[33] BGH, Beschluss vom 22.5.2013 – 4 StR 170/13.

keln geführt. Erst nachdem sich der Geschädigte von dem Angeklagten gelöst hatte und ins Licht gelangt war, sah er die klaffende Wunde an seinem linken Arm. Bei dieser Sachlage wäre zu erörtern gewesen, ob für den unter gleichen Sichtverhältnissen agierenden Angeklagten nur diese nicht naheliegend als lebensgefährlich anzusehende Verletzung als Auswirkung des Messerstichs erkennbar war und deshalb aus seiner Sicht – auch mit Blick auf das nachfolgende Verhalten seines Bruders (Zurückstoßen des Angeklagten, erfolgreich bestandene Rangelei, Verlassen des Hauses durch die anschließend wieder verschlossene Terrassentür, Weg durch den Garten usw.) – Grund für die Annahme bestand, der mit bedingtem Tötungsvorsatz geführte Stich werde tatsächlich keine lebensbedrohlichen Folgen haben.

[9] Auch ist es rechtlich bedenklich, dass das Landgericht aus der Tatsache, dass es keine Feststellungen zu den Vorstellungen des Angeklagten in Bezug auf den Erfolgseintritt treffen konnte, auf ein Fehlen derartiger Vorstellungen geschlossen hat (SSW-StGB/Kudlich/Schuhr, § 24 Rn. 37). Zwar trifft es zu, dass der Zweifelssatz nicht dazu nötigt, (innere) Tatsachen zugunsten des Angeklagten zu unterstellen, für die es keine Anhaltspunkte gibt (BGH, Urteil vom 3. Juni 2008 – 1 StR 59/08, NStZ 2009, 264 Rn. 14; Urteil vom 13. März 2008 – 4 StR 610/07, Rn. 13 m.w.N.), doch rechtfertigt dies für sich genommen noch nicht den vom Landgericht gezogenen Schluss. Allerdings kann in Fällen, in denen sich aus den objektiven Umständen kein Hinweis auf das konkrete Vorstellungsbild des Täters im Zeitpunkt des Abbruchs der Tathandlung ergibt, die Annahme gerechtfertigt sein, dass bei ihm die der Tatbegehung zugrunde liegende Folgeneinschätzung fortbestanden hat; maßgeblich ist indes auch dann sein „Rücktrittshorizont" nach der letzten Ausführungshandlung (vgl. dazu auch BGH, Beschluss vom 1. Dezember 2011 – 3 StR 337/11).

PRAXISBEDEUTUNG ■

Allzu häufig findet man in Entscheidungen die Schlussfolgerung, dass ein Täter keine Absichten oder Vorstellungen hatte, sofern solche nicht festgestellt werden konnten. Dass solche Annahmen keinesfalls zwingend sind, muss kaum diskutiert werden. Schwieriger ist es allerdings, in solchen Fällen dennoch zu einer überzeugenden Feststellung zu kommen, was möglicherweise allein unter Heranziehung des Zweifelgrundsatzes erfolgen kann. Dies muss dann jedoch deutlich herausgearbeitet werden!

c) Rücktritt

Scheitert ein Versuch, so kommt es darauf an, ob der Täter nach anfänglichem Misslingens des vorgestellten Tatablaufs sogleich zu der Annahme gelangt, er könne ohne zeitliche Zäsur mit den bereits eingesetzten oder bereitstehenden Mittel die Tat noch vollenden. Nur dann liegt kein fehlgeschlagener, sondern ein unbeendeter Versuch vor, von dem der Täter noch durch freiwillige Aufgabe der weiteren Tatausführung zurücktreten kann. Da die **Freiwilligkeit** des Rücktritts eine **autonom getroffene Willensentscheidung des Täters** voraussetzt, darf diese dem Täter nicht durch die äußeren Umstände aufgezwungen worden sein.[34] **32**

[34] BGH, Beschluss vom 10.7.2013– 2 StR 289/13.

[3] 2. Die Feststellungen des Landgerichts tragen zwar die Annahme eines versuchten Totschlags durch den Angeklagten, nicht aber den Ausschluss eines strafbefreienden Rücktritts von diesem Versuch.

[4] a) Nach § 24 Abs. 1 Satz 1 erste Alternative StGB wird wegen Versuchs nicht bestraft, wer freiwillig die weitere Ausführung der Tat aufgibt. Voraussetzung ist zunächst, dass der Täter zu diesem Zeitpunkt (Rücktrittshorizont) noch nicht mit einem Eintritt des tatbestandsmäßigen Erfolgs rechnet (unbeendeter Versuch), seine Herbeiführung aber noch für möglich hält (BGH, Beschluss vom 19. Mai 1993 – GSSt 1/93, BGHSt 39, 221, 227 f.). Scheitert – wie vorliegend – der Versuch, so kommt es darauf an, ob der Täter nach anfänglichem Misslingens des vorgestellten Tatablaufs sogleich zu der Annahme gelangt, er könne ohne zeitliche Zäsur mit den bereits eingesetzten oder bereitstehenden Mittel die Tat noch vollenden. Nur dann liegt kein fehlgeschlagener, sondern ein unbeendeter Versuch vor, von dem der Täter noch durch freiwillige Aufgabe der weiteren Tatausführung zurücktreten kann (BGH, Beschluss vom 13. Juni 2006 – 4 StR 67/06, NStZ 2006, 685 m.w.N.). Da die Freiwilligkeit des Rücktritts eine autonom getroffene Willensentscheidung des Täters voraussetzt, darf diese dem Täter zwar nicht durch die äußeren Umstände aufgezwungen worden sein (vgl. BGH, Urteil vom 17. Dezember 1992 – 4 StR 532/92, NStZ 1993, 279; Urteil vom 8. Februar 2007 – 3 StR 470/06, NStZ 2007, 399, 400). Die Tatsache aber, dass der Anstoß zum Umdenken von außen kommt oder die Abstandnahme von der Tat erst nach dem Einwirken eines Dritten erfolgt, stellt für sich genommen die Autonomie der Entscheidung des Täters ebenso wenig in Frage (vgl. BGH, Urteil vom 10. November 1987 – 5 StR 534/87, NStZ 1988, 69, 70; Urteil vom 14. April 1955 – 4 StR 16/55, BGHSt 7, 296, 299) wie der Umstand, dass ein Täter zunächst von dem Tatopfer weggezogen werden muss (vgl. BGH, Beschluss vom 2. November 2007 – 2 StR 336/07, NStZ 2008, 393). Maßgebend ist auch in diesen Fällen, ob der Täter trotz des Eingreifens oder der Anwesenheit Dritter noch „aus freien Stücken" handelt oder aber ob Umstände vorliegen, die zu einer ihn an der Tatausführung hindernden äußeren Zwangslage oder inneren Unfähigkeit einer Tatvollendung führen (BGH, Beschluss vom 27. August 2009 – 4 StR 306/09, NStZ-RR 2009, 366, 367).

[5] b) Unter Zugrundlegung dieses rechtlichen Maßstabs tragen die Feststellungen des Landgerichts den Ausschluss eines strafbefreienden Rücktritts des Angeklagten nicht.

[6] Das Landgericht hat insoweit lediglich festgestellt, dass der Angeklagte von einem unbekannten Dritten von dem Geschädigten „weggezogen" wurde. Ob aber schon allein dieser Umstand eine äußere Zwangslage schaffte, die den Angeklagten tatsächlich hinderte, die Tat fortzusetzten – weil sich etwa der unbekannte Dritte ihm weiterhin eingriffsbereit und präsent gegenüberstellte –, lässt sich den insoweit dürftigen Feststellungen des Landgerichts nicht entnehmen. Es ist nach den Feststellungen ebenso wenig ausgeschlossen, dass es dem Angeklagten – etwa aufgrund körperlicher Überlegenheit oder weil sich der Dritte sogleich entfernte – möglich gewesen wäre, die Tat fortzusetzen, er davon aber – durch das Eingreifen des Dritten motiviert – nunmehr aus freien Stücken abgesehen hat. Auch soweit das Landgericht im Rahmen seiner rechtlichen Würdigung erwähnt hat, der Angeklagte sei von einer unbekannten Person von weiteren Tathandlungen abgehalten und aus der Auseinandersetzung herausgezogen worden, bleibt offen, ob ein „Abhalten" auch noch in der Situation nach dem „Herausziehen" stattfand.

[7] Bei dieser Sachlage wäre es erforderlich gewesen, weitere Feststellungen insbesondere auch zum Vorstellungsbild des Angeklagten zu treffen.

Freiwilligkeit liegt vor, wenn der Täter „Herr seiner Entschlüsse" geblieben ist und die Ausführung seines Verbrechensplans noch für möglich gehalten hat, er also weder aufgrund äußerer noch innerer Zwangslage unfähig geworden ist, die Tat zu vollbringen; maßgebliche Beurteilungsgrundlage ist die Vorstellung des Täters, wobei aber die äußeren Gegebenheiten insoweit von Bedeutung sind, als sie Rückschlüsse auf die innere Einstellung ermöglichen.[35] 33

[2] Der Schuldspruch wegen versuchten Totschlags hat keinen Bestand, weil die Erwägungen, mit denen das Landgericht einen strafbefreienden Rücktritt mangels Freiwilligkeit der Tataufgabe (§ 24 Abs. 1 StGB) verneint hat, durchgreifenden rechtlichen Bedenken unterliegen. Freiwilligkeit liegt nach ständiger Rechtsprechung des Bundesgerichtshofs vor, wenn der Täter „Herr seiner Entschlüsse" geblieben ist und die Ausführung seines Verbrechensplans noch für möglich gehalten hat, er also weder aufgrund äußerer noch innerer Zwangslage unfähig geworden ist, die Tat zu vollbringen; maßgebliche Beurteilungsgrundlage ist die Vorstellung des Täters, wobei aber die äußeren Gegebenheiten insoweit von Bedeutung sind, als sie Rückschlüsse auf die innere Einstellung ermöglichen (vgl. BGH, Beschluss vom 24. Juni 1992 – 3 StR 187/92, BGHR StGB § 24 Abs. 1 Satz 1 Freiwilligkeit 16 m.w.N.). Dass es der Angeklagte nach diesen Maßstäben aus als zwanghaft empfundenen Gründen unterlassen hat, den Geschädigten weiter zu verfolgen und dann zu erstechen, ist bisher nicht hinreichend dargetan.

[3] Die Schwurgerichtskammer hat angenommen, der Angeklagte habe die Verfolgung abgebrochen, weil ihm bewusst gewesen sei, dass er die Tat innerhalb des Parks nicht mehr würde vollenden können und dass außerhalb des Parks – wie alljährlich in Berlin in der Nacht vom 1. auf den 2. Mai – zahlreiche Polizeibeamte postiert gewesen seien, was dortiger Vollendung aus Tätersicht entgegengestanden habe. Damit hat sie den im Grundsatz relevanten Gesichtspunkt einer sich dem Täter als letztlich unvertretbar darstellenden Risikoerhöhung herangezogen (vgl. etwa BGH, Beschlüsse vom 24. Juni 1992 – 3 StR 187/92, aaO, und vom 19. Dezember 2006 – 4 StR 537/06, NStZ 2007, 265 Rn. 5). Indessen bedarf es in einem solchen Fall genauer Darlegung der Umstände, aus denen die für den Täter nicht mehr hinnehmbare Risikosteigerung gefolgert wird. Daran fehlt es hier. Nicht zu Unrecht rügt die Revision, dass die Urteilsgründe namentlich keine Angaben dazu enthalten, wie weit das Opfer vom Ausgang entfernt war, als der ihm in unmittelbarer Nähe hinterherlaufende und währenddessen weitere Stichbewegungen vollführende Angeklagte die Verfolgung aufgab. Diesbezügliche Ausführungen wären aber unabdingbar gewesen, um die Prüfung der Freiwilligkeit der Tataufgabe durch das Revisionsgericht zu ermöglichen.

Wenn ein Angeklagter nicht weiter auf sein Opfer schiesst, obwohl er erkannt hatte, dass er ihn getroffen hatte, und ihm die Abgabe weiterer Schüsse möglich gewesen wäre, dürfte es **fern liegen**, dass der Angeklagte davon ausgegangen sein könnte, die Tat mit den bereits eingesetzten Mitteln nicht mehr vollenden zu können, der **Versuch** aus seiner Sicht mithin **fehlgeschlagen** war.[36] 34

35 BGH, Beschluss vom 8.8.2013 – 5 StR 316/13.

36 BGH, Beschluss vom 26.9.2013 – 2 StR 324/13.

[1] Das Landgericht hat den Angeklagten wegen versuchten Totschlags sowie wegen versuchter gefährlicher Körperverletzung zu einer Gesamtfreiheitsstrafe von drei Jahren verurteilt. Seine hiergegen gerichtete, auf die Verletzung förmlichen und sachlichen Rechts gestützte Revision hat mit der Sachrüge Erfolg.

[2] I. Das Landgericht hat folgendes festgestellt: Der an einer schweren depressiven Erkrankung leidende Angeklagte wollte sich selbst töten. Da er jedoch aufgrund vorangegangener gescheiterter Suizidversuche zweifelte, ob ihm dies gelingen würde, fasste er den Plan, Polizeibeamte zu seinem Büro zu locken und sodann mit Nägeln aus einem Druckluftnagler zu beschießen. Diese sollten ihn daraufhin zum Eigenschutz gezielt mit ihren Dienstwaffen beschießen und töten. Bei einem Druckluftnagler handelt es sich um ein pneumatisches Werkzeug, mit dem Nägel verschossen und in verschiedene Materialien getrieben werden können. Bei einer Schussentfernung von einem Meter dringt der Nagel ca. 7 cm tief in menschliches Weichteilgewebe ein. Beim Auftreffen im Augen- oder Schläfenbereich kann ein aus dieser Entfernung verschossener Nagel schwere und unter Umständen tödliche Verletzungen hervorrufen. Grundsätzlich gilt das auch für eine Entfernung von drei bis vier Metern, wenn der Nagel – was jedoch nicht sicher ist – mit der Spitze voraus auftrifft. Die Wirkungsweise des Druckluftnaglers war dem Angeklagten bewusst.

[3] Nachdem er seine von ihm getrennt lebende Ehefrau unter einem Vorwand zu seinem Büro gelockt hatte, begab er sich zum geöffneten Fenster, hielt sich den Druckluftnagler an den Kopf und brüllte: „Schaut her, wie ich mich umbringe". Die daraufhin von Dritten verständigten Polizeibeamten konnten bei ihrem Eintreffen die Lage nicht überblicken, da der Angeklagte zwischenzeitlich die Rollläden heruntergelassen hatte. Als die Zeugen PK M. und POK P. den Rollladen eines der Außenfenster zum Büro ca. 1 Meter hochschoben, schoss der Angeklagte aus einer Entfernung von maximal 2 Metern gezielt einen Nagel in Richtung Oberkörper des Zeugen M. Dabei hoffte er entsprechend seinem Plan, dieser werde aufgrund der vermeintlich unklaren Lage zum Eigenschutz sofort Gebrauch von seiner Dienstwaffe machen. Allerdings prallte der Nagel an der Scheibe ab, ohne sie zu durchschlagen. Der Zeuge M. ließ den Rollladen dadurch erschrocken zunächst fallen, schob ihn nach kurzer Zeit jedoch wieder hoch. Der Angeklagte schoss nunmehr aus einer Entfernung von maximal 1,2 Metern mehrere Nägel gezielt in Richtung des Zeugen. Er nahm dabei „zumindest billigend in Kauf, dass aufgrund der geringeren Entfernung die Nägel die Fensterscheibe durchdringen und Verletzungen bei dem Zeugen M. verursachen könnten" (UA S. 12). Auch diese Nägel durchschlugen jedoch die Glasscheibe nicht, sondern führten lediglich zu Rissen im Glas. Der Angeklagte hielt sich nunmehr unter den Blicken der Polizeibeamten M. und D. die Nagelpistole an die rechte Schläfe und drückte ab, worauf er zusammensackte und hinter dem Schreibtisch zu Boden fiel.

[4] Der Polizeibeamte D. zerstörte daraufhin die Gitterverglasung an der Eingangstür und erlangte so Zutritt zum Gebäude. PK M. schlug seinerseits die Fensterscheibe zum Büroraum ein, um dem Angeklagten erste Hilfe zu leisten. Als die Scheibe großflächig eingeschlagen war, richtete sich der Angeklagte plötzlich wieder auf und schoss jetzt aus einer Entfernung von maximal 1,2 Metern auf den nunmehr nicht mehr durch die Fensterscheibe geschützten Zeugen M., wobei er einen tödlichen Ausgang zumindest billigend in Kauf nahm. Er verfehlte den Zeugen jedoch knapp. Daraufhin zog der Zeuge M. seine Dienstwaffe und zielte auf den Angeklagten, steckte die Waffe jedoch wieder zurück, da der Angeklagte sich nunmehr dem von

der anderen Seite nähernden Beamten P. zuwandte und auf ihn aus einer Entfernung von etwa 1,2 Metern gezielt schoss, ihn jedoch ebenfalls verfehlte. PK M. setzte nun Pfefferspray gegen den Angeklagten ein, der sich daraufhin in die hintere Ecke des Büros zurückzog. Nachdem ballistische Schutzdecken zum Einsatzort gebracht worden waren, stellte sich die PK'in B. mit einer Schutzdecke vor PK M. Der Angeklagte schoss gezielt auf PK M. und PK'in B., die die Schutzdecke hielt, an der die Nägel abprallten. Gleichzeitig begaben sich die Beamten P. und D., gleichfalls von einer Schutzdecke abgeschirmt, durch die Eingangstür in das Büro. Der Angeklagte schoss auch auf sie. Als keine Nägel mehr im Magazin waren, wurde der Angeklagte von den Beamten überwältigt.

[5] II. Das Landgericht hat angenommen, dass der Angeklagte sich der versuchten gefährlichen Körperverletzung (§§ 223, 224 Abs. 1 Nr. 2, 22, 23 StGB) schuldig gemacht habe, indem er bei noch geschlossenem Fenster mit dem Druckluftnagler auf den Polizeibeamten M. schoss. Den Tatbestand der versuchten Tötung (§§ 212, 22, 23 StGB) habe er erfüllt, als er durch die mittlerweile zerstörte Scheibe des Fensters gezielt auf den Oberkörper des Zeugen schoss, diesen jedoch verfehlte.

[6] III. Dies hält rechtlicher Überprüfung nicht stand.

[7] 1. Die Annahme des Landgerichts, dass der Angeklagte sich – auch – einer versuchten gefährlichen Körperverletzung strafbar gemacht hat, unterliegt durchgreifenden rechtlichen Bedenken. Nach den Feststellungen erfolgten die Schüsse des Angeklagten auf PK M. in Verfolgung des Entschlusses des Angeklagten, die Beamten zum – nach der Vorstellung des Angeklagten tödlichen – Einsatz ihrer Dienstwaffen gegen ihn zu veranlassen. Insofern lag die Annahme nahe, dass die Angriffe auf PK M. ein einheitliches Geschehen im Sinne natürlicher Handlungseinheit darstellen. In diesem Fall wäre die abgeurteilte versuchte gefährliche Körperverletzung zu seinem Nachteil lediglich als Durchgangsstadium zu dem vom Landgericht angenommenen versuchten Totschlag (dazu noch anschließend 2.) zu werten und träte gegenüber diesem als subsidiär zurück.

[8] 2. Die Annahme des Landgerichts, der Angeklagte habe einen versuchten Totschlag zum Nachteil des Zeugen M. begangen, ist ebenfalls nicht frei von Rechtsfehlern. Zwar unterliegt es keinen rechtlichen Bedenken, dass das Landgericht bei seinen gezielten Schüssen aus maximal 1,2 Metern Entfernung auf den nicht mehr durch die Fensterscheibe geschützten Zeugen einen bedingten Tötungsvorsatz angenommen hat. Das Landgericht hat sich jedoch rechtsfehlerhaft nicht mit der Frage auseinandergesetzt, ob der Angeklagte vom Versuch der Tötung des Zeugen strafbefreiend zurückgetreten ist. Dazu bestand aber nach den Feststellungen Anlass. Denn der Angeklagte schoss nicht weiter auf den Zeugen, obwohl er erkannt hatte, dass er ihn nicht getroffen hatte. Den Feststellungen ist insoweit nicht zu entnehmen, dass es dem Angeklagten in dieser Situation nach seiner Einschätzung nicht mehr möglich gewesen sein soll, noch weitere Schüsse auf PK M. abzugeben. Es liegt auch fern, dass der Angeklagte davon ausgegangen sein könnte, die Tat mit den bereits eingesetzten Mitteln nicht mehr vollenden zu können, der Versuch aus seiner Sicht mithin fehlgeschlagen war. Wie das weitere Geschehen zeigt, standen ihm zu diesem Zeitpunkt noch eine Vielzahl von Nägeln im Magazin zur Verfügung, die er verschießen konnte. Dass PK M. zwischenzeitlich die Waffe auf ihn gerichtet hatte, spricht hier ebenfalls nicht für einen Fehlschlag des Versuchs, da es gerade das Ziel des Angeklagten war, mit seinen Attacken den Einsatz der Dienstwaffe zu provozieren. Auch ist nicht festgestellt – und liegt auch nicht nahe –, dass der Angeklagte bei seinen später abgegebenen Schüssen auf den nunmehr mit einer Schutzdecke ge-

schützten Beamten davon ausging, diesen möglicherweise tödlich zu verletzen, und dass er dies billigend in Kauf nahm. ...

[10] 3. Für die neue Hauptverhandlung weist der Senat auf Folgendes hin: Sollte die Strafkammer zu dem Ergebnis gelangen, dass der Angeklagte vom Tötungsversuch zum Nachteil des Zeugen PK M. strafbefreiend zurückgetreten ist, wäre insoweit eine versuchte gefährliche Körperverletzung in Betracht zu ziehen. Hinsichtlich einer denkbaren Strafbarkeit wegen versuchten Totschlags zum Nachteil des Zeugen P. wäre die Frage zu prüfen, ob der Angeklagte (auch) hiervon strafbefreiend zurückgetreten ist. Dabei ist zu berücksichtigen, dass PK M. unmittelbar nach diesem Angriff Pfefferspray gegen den Angeklagten eingesetzt hat, woraufhin dieser sich in die hintere Ecke des Büros zurückzog.

■ PRAXISBEDEUTUNG

Der Sachverhalt ist verwickelt, zeigt aber deutlich die Probleme bei der Erfassung des Tabestandes auf. Ob der Tötungsvorsatz tatsächlich angesichts des gegebenen Selbstmordversuchs bejaht werden kann, mag dahinstehen. Jedenfalls sollte die Überprüfung der Voraussetzungen des Rücktritts gemäß den Ausführungen des BGH eher zu einer Ablehnung führen, da mit der verwendeten Waffe offenbar eine Tötung anderer in der konkreten Situation nicht durchführbar war.

d) Strafzumessungsfragen

35 Haben Versuchstaten in ihrer Ausführung bereits eine große **Nähe zur Tatvollendung** erreicht, kann dieser Umstand bei der erforderlichen Gesamtwürdigung zur Strafrahmenwahl zu Lasten eines Angeklagten straferschwerend berücksichtigt werden.[37]

6. Mittäterschaft / Beihilfe – §§ 25, 27 StGB

36 Die Beurteilung des Konkurrenzverhältnisses zwischen verschiedenen Straftaten richtet sich bei der **Mitwirkung mehrerer Tatbeteiligter** zunächst für jeden Beteiligten danach, welche Tathandlungen er selbst vorgenommen hat. Ob bei der akzessorischen Beihilfe Tateinheit oder Tatmehrheit anzunehmen ist, hängt aber sowohl von der Anzahl der Beihilfehandlungen als auch von der Zahl der vom Gehilfen geförderten Haupttaten ab. Tatmehrheit ist danach nur anzunehmen, wenn durch **mehrere Hilfeleistungen mehrere selbständige Taten unterstützt** werden. Dagegen liegt **eine einzige Beihilfe** vor, wenn der Gehilfe **mit einer Unterstützungshandlung zu mehreren Haupttaten** eines Anderen Hilfe leistet. Handlungseinheit liegt ferner vor, wenn sich mehrere Unterstützungshandlungen auf dieselbe Haupttat beziehen. Die Akzessorietät der Beihilfe gilt schließlich auch in Fällen einer Bewertungseinheit, so dass mehrere an sich selbständige Beihilfehandlungen zu einer Tat im Rechtssinne zusammengefasst werden, wenn dies nach den Grundsätzen der Bewer-

[37] BGH, Beschluss vom 2.10.2012 – 3 StR 374/12.

tungseinheit auch bei den Haupttaten der Fall ist, zu denen Beihilfe geleistet wurde.[38]

Bei einer **Beteiligung mehrerer Personen**, von denen nicht jede sämtliche Tatbestandsmerkmale verwirklicht, handelt nur derjenige mittäterschaftlich im Sinne von § 25 Abs. 2 StGB, der seinen eigenen Tatbeitrag so in die Tat einfügt, dass er als Teil der Handlung eines anderen Beteiligten und umgekehrt dessen Handeln als Ergänzung des eigenen Tatanteils erscheint. Ob danach Mittäterschaft anzunehmen ist, hat der Tatrichter aufgrund einer wertenden Gesamtbetrachtung aller festgestellten Umstände zu prüfen; maßgebliche Kriterien sind der **Grad des eigenen Interesses an der Tat**, der **Umfang der Tatbeteiligung** und die **Tatherrschaft** oder wenigstens der Wille dazu, so dass die Durchführung und der Ausgang der Tat maßgeblich auch vom Willen des Betreffenden abhängen. Mittäterschaft erfordert dabei zwar nicht zwingend eine Mitwirkung am Kerngeschehen selbst; ausreichen kann auch ein die Tatbestandsverwirklichung fördernder Beitrag, der sich auf eine Vorbereitungs- oder Unterstützungshandlung beschränkt. Stets muss sich diese Mitwirkung aber nach der Willensrichtung des sich Beteiligenden **als Teil der Tätigkeit aller darstellen**. Erschöpft sich demgegenüber die Mitwirkung nach seiner Vorstellung in einer bloßen Förderung fremden Handelns, so stellt seine Tatbeteiligung Beihilfe (§ 27 Abs. 1 StGB) dar.[39] 37

Sukzessive Mittäterschaft ist zwar auch noch nach Vollendung der Tat möglich, nicht mehr aber nach Beendigung der Tat.[40] 38

[4] Die Annahme sukzessiver Mittäterschaft hinsichtlich der Verwendung eines gefährlichen Gegenstands als Schlagwerkzeug hält rechtlicher Nachprüfung nicht stand. Sukzessive Mittäterschaft ist zwar auch noch nach Vollendung der Tat möglich, nicht mehr aber nach Beendigung der Tat (BGH, Beschluss vom 10. Juni 1997 – 1 StR 236/97).

[5] Bei der vorliegenden Sachlage war der Raub mit dem Verlassen des Bürocontainers, in dem R. den Geschädigten niedergeschlagen und ihm dann die Geldbörse aus der Jacke genommen hatte, spätestens aber mit dem Verlassen des Verkaufsgeländes vor dem Einsteigen in den wartenden Pkw beendet. Mit dem Verlassen des Containers hatte R. – schon wegen fehlender möglicher Verfolger – den Gewahrsam an der Beute gefestigt und gesichert und damit bereits eine ausreichend sichere Verfügungsgewalt über die Beute erlangt (vgl. BGHSt 20, 194, 196; BGHR StGB § 52 Abs. 1, Handlung, dieselbe 31).

[6] Somit verbleibt es allein bei der Zurechnung der Handlungen R.s entsprechend dem zuvor vereinbarten Tatplan.

Gehilfenvorsatz setzt voraus, dass der Gehilfe die Haupttat in ihren wesentlichen Merkmalen kennt und darüber hinaus in dem Bewusstsein handelt, durch sein Verhalten das Vorhaben des Haupttäters zu fördern. Das Vorliegen dieser Voraussetzungen ist umso eingehender zu prüfen, je untergeordneter sich der Beitrag in Bezug auf die Haupttat darstellt; Bedenken gegen die Annahme eines Gehilfenvorsatzes bestehen insbesondere, wenn der Beitrag des „Gehilfen“ für diesen erkennbar für 39

---

[38] BGH, Beschluss vom 5.12.2012 – 2 StR 117/12.

[39] BGH, Beschluss vom 20.8.2013 – 3 StR 192/13.

[40] BGH, Beschluss vom 5.12.2012 – 1 StR 569/12.

das Gelingen der Tat nicht erforderlich und auch für die Art der Tatausführung ohne Bedeutung war.[41]

40 **Sukzessive Mittäterschaft** ist zwar auch noch nach Vollendung der Tat möglich, **nicht** mehr aber **nach Beendigung** der Tat.[42]

Die Annahme sukzessiver Mittäterschaft hinsichtlich der Verwendung eines gefährlichen Gegenstands als Schlagwerkzeug hält rechtlicher Nachprüfung nicht stand. Sukzessive Mittäterschaft ist zwar auch noch nach Vollendung der Tat möglich, nicht mehr aber nach Beendigung der Tat (BGH, Beschluss vom 10. Juni 1997 – 1 StR 236/97).

Bei der vorliegenden Sachlage war der Raub mit dem Verlassen des Bürocontainers, in dem R. den Geschädigten niedergeschlagen hatte und ihm dann die Geldbörse aus der Jacke genommen hatte, spätestens aber mit dem Verlassen des Verkaufsgeländes vor dem Einsteigen in den wartenden Pkw, beendet. Mit dem Verlassen des Containers hatte R. – schon wegen fehlender möglicher Verfolger – den Gewahrsam an der Beute gefestigt und gesichert und damit bereits eine ausreichend sichere Verfügungsgewalt über die Beute erlangt (vgl. BGHSt 20, 194, 196; BGHR StGB § 52 Abs. 1, Handlung, dieselbe 31).

7. Anstiftung – § 26 StGB

41 Kann die Möglichkeit nicht ausgeschlossen werden, dass der Täter zur Tatbegehung bereits entschlossen war und von einem Dritten nur in seinem Tatentschluss bestärkt sowie in der konkreten Tatausführung unterstützt wurde, ist bezüglich des Dritten nur von Beihilfe auszugehen.[43]

[18] 4. Die Verurteilung des Angeklagten B. wegen Anstiftung zur Untreue begegnet in Fall 6 der Urteilsgründe durchgreifenden Bedenken.

[19] a) Nach den Feststellungen des Landgerichts suchte der Gesellschafter und Geschäftsführer der notleidenden C. GmbH Ha. den anwaltlichen Rat des Angeklagten B.. Er bedauerte ihm gegenüber, „die Firma samt ihrem Kundenstamm und dem Anlage- und Umlaufvermögen", insbesondere dem Warenlager aufgeben zu müssen, und äußerte, „wie schön es doch wäre, die Firma fortzuführen und diese Werte weiter zu nutzen. Gedanken über eine – legale oder illegale – Möglichkeit, diese Wünsche zu realisieren", habe sich der Zeuge nicht gemacht (UA S. 50 f.).

[20] Das Landgericht ist in seiner rechtlichen Würdigung davon ausgegangen, dass der Angeklagte B. bei dem gesondert verfolgten Ha. den – von ihm auch umgesetzten – Tatentschluss hervorgerufen hat, der C. GmbH mittels fingierter Urkunden Anlagevermögen zu entziehen und dieses sukzessive durch eine neu gegründete GmbH zu verbrauchen. Er habe Ha. empfohlen, „den alten GmbH-Mantel abzustoßen und einen neuen überzuwerfen", und habe ihn im Einzelnen dabei beraten (vgl. UA S. 51, 112).

---

41 BGH, Beschluss vom 15.11.2012 – 3 StR 355/12.

42 BGH, Beschluss vom 5.12.2012 – 1 StR 569/12.

43 BGH, Beschluss vom 30.5.2013 – 5 StR 309/12.

[21] b) Zwar stellt das Landgericht fest, dass dem Zeugen Ha. daran gelegen gewesen wäre, das umfangreiche Anlage- und Umlaufvermögen der Gesellschaft auf legalem Weg vor einem Zugriff der Gläubiger zu retten (UA S. 50). Nach den Urteilsgründen kann die Möglichkeit jedoch nicht ausgeschlossen werden, dass Ha. zur Tatbegehung bereits entschlossen war und von dem Angeklagten B. nur in seinem Tatentschluss bestärkt sowie in der konkreten Tatausführung unterstützt wurde (sogenannter omnimodo facturus: vgl. BGH, Beschlüsse vom 20. November 1987 – 3 StR 503/87, und vom 8. August 1995 – 1 StR 377/95, BGHR StGB § 26 Bestimmen 1 und 3). Denn der geschäftlich erfahrene Zeuge Ha. war bereits von Dritten auf seine Pflicht zur Stellung eines Insolvenzantrags für die Gesellschaft hingewiesen worden. Es ist auch nicht erkennbar, in welcher Form es auf legale Weise hätte erreicht werden sollen, dass das Betriebsvermögen der überschuldeten Gesellschaft weiter ungeschmälert dem Gesellschafter zur Verfügung steht. In dieser Situation suchte der Zeuge Ha. den Angeklagten B. mit einer konkreten Zielvorstellung auf, die ersichtlich nur durch eine kriminelle Handlung zu realisieren war. Dass der Angeklagte B., vorliegend, anders als in den übrigen Fällen der „professionellen Firmenbestattung", einen gänzlich unentschlossenen und gutgläubigen Geschäftsführer zu einer Untreuehandlung bestimmt hat, die im Übrigen dessen Anliegen voll entsprach, ist vom Landgericht nicht nur unerörtert geblieben; es erscheint nach dem Zusammenhang der Urteilsgründe ganz fernliegend.

[22] Der Senat schließt aus, dass ein neues Tatgericht weitere die Verurteilung wegen Anstiftung zweifelsfrei tragende Feststellungen treffen kann und ändert den Schuldspruch entsprechend ab.

[23] 5. Der Rechtsfolgenausspruch, den Angeklagten B. betreffend, hat insgesamt keinen Bestand und bedarf auch in den nicht der Aufhebung (oben 1.) und Schuldspruchänderung (oben 4.) unterliegenden Fällen neuer tatgerichtlicher Prüfung. Denn das Landgericht hat in sämtlichen Fällen die Anwendung des Strafmilderungsgrundes nach § 28 Abs. 1, § 49 Abs. 1 StGB unerörtert gelassen. Der Senat hebt deshalb neben den Einzelstrafen und der Gesamtstrafe – wie vom Generalbundesanwalt beantragt – auch den Maßregelausspruch auf, um dem neuen Tatgericht eine in sich stimmige Rechtsfolgenentscheidung zu ermöglichen.

8. Besondere persönliche Merkmale – § 28 StGB

Bei der Vorschrift des § 283 StGB handelt es sich um ein **echtes Sonderdelikt**. Täter, Mittäter oder mittelbarer Täter kann daher grundsätzlich nur die Person sein, die für die Erfüllung der Verbindlichkeit haftet; dies gilt sowohl für die Begehungsweise des Abs. 1 als auch für die des Abs. 2 der Norm. Bei der **Pflichtenstellung** handelt es sich um eine solche höchstpersönlicher Art und mithin um ein **besonderes persönliches Merkmal gemäß § 28 Abs. 1 StGB.**[44] **42**

Leistet ein **Bandenmitglied** keinen eigenen für das Gelingen einer Bandentat (Fälschungsdelikt) **wesentlichen oder für deren Begehung förderlichen Beitrag,** so wird er nicht schon dadurch zu deren Täter oder Teilnehmer, dass er mittels der Bandenabrede mit den Handelnden verbunden ist, denn die Bandenmitgliedschaft als besonderes persönliches Merkmal im Sinne des § 28 Abs. 2 StGB und die Beteili- **43**

---

44 BGH, Beschluss vom 15.5.2012 – 3 StR 118/11.

gung an Bandentaten sind begrifflich voneinander zu trennen und unabhängig voneinander zu beurteilen.[45]

[8] b) Das Landgericht hat dem Angeklagten Z. in den genannten Fällen jeweils das von anderen Beteiligten durch Gebrauch falscher Identitätsnachweise anlässlich der Kontoeröffnung begangene Fälschungsdelikt als Mittäter zugerechnet. Dies begegnet durchgreifenden rechtlichen Bedenken, denn ein eigener Beitrag des Angeklagten Z., durch den er diese Taten noch vor deren Beendigung gefördert hätte, ist nicht festgestellt. Anhaltspunkte dafür, dass er jeweils auf das konkrete Tatgeschehen, insbesondere auf die Fälschung der Papiere oder auf die Auswahl der Bank Einfluss genommen hätte, bestehen nicht. Es bleibt vielmehr allein die im Rahmen der Bandenabrede erklärte allgemeine Bereitschaft des Angeklagte Z., gegebenenfalls Mitteilungen über die Daten eines auf diese Weise ohne sein Zutun eröffneten Kontos entgegenzunehmen und sodann an die Hintermänner weiterzugeben. Wie sich dies auf die Begehung konkreter Fälschungsdelikte fördernd ausgewirkt haben könnte, wird nicht ersichtlich. Leistet ein Bandenmitglied aber keinen eigenen für das Gelingen einer Bandentat wesentlichen oder für deren Begehung förderlichen Beitrag, so wird er nicht schon dadurch zu deren Täter oder Teilnehmer, dass er mittels der Bandenabrede mit den Handelnden verbunden ist, denn die Bandenmitgliedschaft als besonderes persönliches Merkmal im Sinne des § 28 Abs. 2 StGB und die Beteiligung an Bandentaten sind begrifflich voneinander zu trennen und unabhängig voneinander zu beurteilen (vgl. BGH, Beschlüsse vom 15. Januar 2002 – 4 StR 499/01, BGHSt 47, 214, 216; vom 13. Juni 2007 – 3 StR 162/07, NStZ-RR 2007, 307, 308; Fischer, StGB, 60. Aufl., § 244 Rn. 39).

9. Notwehr

■ TOPENTSCHEIDUNG

44 Eine in einer **objektiven Notwehrlage** verübte Tat ist nach § 32 Abs. 2 StGB gerechtfertigt, wenn sie zu einer **sofortigen und endgültigen Abwehr des Angriffs** führt und es sich bei ihr um das mildeste Abwehrmittel handelt, das dem Angegriffenen in der konkreten Situation zur Verfügung stand. Ob dies der Fall ist, muss auf der Grundlage einer objektiven ex-ante-Betrachtung entschieden werden. Dabei kommt es auf die tatsächlichen Verhältnisse im Zeitpunkt der Verteidigungshandlung an.[46]

I.

[1] Das Landgericht hat den Angeklagten wegen Körperverletzung mit Todesfolge zu einer Freiheitsstrafe von drei Jahren und sechs Monaten verurteilt. Hiergegen richtet sich die auf die Sachrüge gestützte Revision des Angeklagten. Das Rechtsmittel führt zur Aufhebung des Urteils.

[2] 1. Am 22. Mai 2012 wollte der Geschädigte S., 176 cm groß und ca. 72 kg schwer, der zu diesem Zeitpunkt bereits erheblich alkoholisiert war, gegen 19:00 Uhr

---

[45] BGH, Beschluss vom 5.2.2013 – 3 StR 499/12.

[46] BGH, Urteil vom 21.08.2013 – 1 StR 449/13.

Sc. in K. besuchen. Er hatte eine Flasche Wodka besorgt, welche er mit Sc. zusammen trinken wollte. Als dieser die Wohnungstüre nicht öffnete, begab sich der Geschädigte S. im selben Haus ein Stockwerk höher zur Wohnung des Angeklagten, den er einige Tage zuvor in der Wohnung des Sc. kennengelernt hatte. Der Angeklagte, 180cm groß und 80kg schwer, ließ ihn ein und man trank zusammen Wodka mit Eistee, bis die Flasche leer war. Kurz vor 22:00 Uhr wollte der Angeklagte zu Bett gehen und bot dem erheblich betrunkenen Geschädigten S. an, er könne auf seiner Couch übernachten. Als er ins Schlafzimmer gehen wollte, zog der Geschädigte S., der zu diesem Zeitpunkt eine Blutalkoholkonzentration von 2,76 Promille aufwies, den Angeklagten, der mit maximal 2,02 Promille ebenfalls nicht unerheblich alkoholisiert war, kräftig und ruckartig auf die Couch zurück. Gleichzeitig sagte der Geschädigte S., der nicht damit einverstanden war, dass der Abend nun beendet werden sollte, in strengem Ton: „Sitzen!" Der Angeklagte wiederholte, dass er jetzt müde sei und schlafen gehen möchte. Er stand erneut von der Couch auf, wurde jedoch wiederum vom Geschädigten S. zurückgezogen. Zudem versetzte der Geschädigte S. dem Angeklagten einen kräftigen Schlag mit der Faust gegen den Kopf oberhalb des linken Ohres. Als er dann noch ein weiteres Mal auf den Gesichtsbereich des Angeklagten einschlagen wollte, konnte dieser dem Schlag reflexartig ausweichen. Obgleich der Angeklagte nun dem Geschädigten S. eindringlich sagte, dass er damit aufhören solle und dass jetzt Schluss sei, ließ dieser sich nicht beruhigen, war weiterhin aggressiv und wollte abermals mit den Fäusten auf den Angeklagten einschlagen. Diese Schlagversuche konnte der Angeklagte jedoch abwehren, wobei er den Geschädigten S. seinerseits mit der Faust und mit erheblicher Wucht im Gesicht traf. Obgleich er nun wiederholt äußerte, der Geschädigte S. solle aufhören, ließ sich dieser weder hiervon, noch von den eingesteckten Treffern abhalten. Er versuchte weiter, auf den Angeklagten einzuschlagen. Schließlich konnte der Angeklagte, welcher in jungen Jahren Judo und Karate als Wettkampfsport betrieben, allerdings seit langem nicht mehr aktiv trainiert hatte, bei dem Geschädigten S. einen Armhebel ansetzen und dessen rechte Hand rücklings auf den Rücken drehen. Solchermaßen fixiert wollte er ihn aus der Wohnung werfen, was aber nicht gelang, da der Geschädigte S. versuchte, sich aus dem Armhaltegriff herauszudrehen. Der Angeklagte befürchtete nun, dass der Geschädigte S., wenn er sich befreien könnte, erneut auf ihn losgehen und auf ihn einschlagen werde. Um dies zu verhindern, nahm er den Geschädigten S. von hinten stehend mit seinem linken Arm in den Schwitzkasten bzw. Würgegriff und drückte zu. Als der Geschädigte S. nach einer nicht genau feststellbaren Zeitspanne dadurch schwächer wurde, konnte der Angeklagte ihn immer noch im Schwitzkasten haltend zu Boden bringen. Um den Angriff zu beenden, hielt der Angeklagte den Geschädigten S. weiter über einen Zeitraum von jedenfalls einer Minute fest im Schwitzkasten, wobei er wusste, dass dies grundsätzlich eine das Leben gefährdende Behandlung darstellt und es etwa durch ein Abdrücken beider Halsschlagadern zu einer tödlich verlaufenden Sauerstoffunterversorgung des Gehirns kommen kann. Obwohl der Geschädigte S. sich nicht mehr wehrte, hielt ihn der Angeklagte weiter fest im Würgegriff, da er nicht sicher war, ob der Geschädigte S. lediglich simulierte. Noch während er den Geschädigten S. auf diese Weise hielt, rief der Angeklagte, der zu diesem Zeitpunkt leicht schwerfällig atmete, den Notruf der Polizei an, um deren Hilfe herbeizurufen. Nachdem er diesen Anruf nach einer Minute und 19 Sekunden beendet hatte, bemerkte der Angeklagte, dass der Geschädigte S. nicht mehr atmete. Er rief daraufhin zunächst einen Bekannten an, um mit ihm zu besprechen, was er nun tun solle. Entsprechend dem Rat des Bekannten rief er dann die Rettungsleitstelle an, um weitere Hilfe her-

beizurufen. Zu diesem Zeitpunkt trafen bereits die herbeigerufene Polizei und kurze Zeit später der Notarzt ein. Der Notarzt konnte den Geschädigten S. nicht mehr reanimieren. Dieser war aufgrund einer Sauerstoffunterversorgung des Gehirns infolge eines beidseitigen Abdrückens der Halsschlagader bereits tot.

[3] 2. Die Strafkammer ist aufgrund dieser Feststellungen davon ausgegangen, dass der Angeklagte zunächst in Notwehr handelte, als er die Schläge des Geschädigten S. abwehrte, und es dabei auch noch von der Erforderlichkeit im Sinne von § 32 Abs. 2 StGB gedeckt war, den Angreifer von hinten in den Würgegriff bzw. Schwitzkasten zu nehmen und zu Boden zu bringen. Nach Auffassung der Strafkammer sei jedoch aufgrund der konkreten Kampfsituation der fortdauernde Würgegriff am Boden nicht mehr erforderlich gewesen, um den Angriff zu beenden. Der Umstand, dass der Angeklagte befürchtete, der Angreifer könne simulieren, könne ihn nicht entlasten. Vielmehr habe der Angeklagte den am Boden liegenden Geschädigten S. nun lediglich in einen Haltegriff nehmen und am Boden fixieren können.

II.

[4] Das angefochtene Urteil kann keinen Bestand haben, weil die Feststellungen des Landgerichts eine Verurteilung wegen vorsätzlicher Körperverletzung mit Todesfolge nicht tragen. Denn das Schwurgericht hat sich nicht mit der Frage eines Erlaubnistatbestandsirrtums des Angeklagten auseinandergesetzt und diesbezüglich auch dessen Vorstellungsbild nicht umfassend geprüft.

[5] 1. Zutreffend geht allerdings das Landgericht davon aus, dass der Angeklagte zunächst in Notwehr gehandelt hat, als er den Geschädigten S. in den „Schwitzkasten" genommen hat.

[6] a) Eine in einer objektiven Notwehrlage verübte Tat ist nach § 32 Abs. 2 StGB gerechtfertigt, wenn sie zu einer sofortigen und endgültigen Abwehr des Angriffs führt und es sich bei ihr um das mildeste Abwehrmittel handelt, das dem Angegriffenen in der konkreten Situation zur Verfügung stand (st. Rspr.; vgl. BGH, Urteil vom 21. März 1996 – 5 StR 432/95, BGHSt 42, 97, 100 m.w.N.). Ob dies der Fall ist, muss auf der Grundlage einer objektiven ex-ante-Betrachtung entschieden werden (BGH, Urteil vom 24. Juni 1998 – 3 StR 186/98, BGHR StGB § 32 Abs. 2 Erforderlichkeit 14). Dabei kommt es auf die tatsächlichen Verhältnisse im Zeitpunkt der Verteidigungshandlung an (BGH, Urteil vom 28. Februar 1989 – 1 StR 741/88, NJW 1989, 3027; Beschluss vom 5. November 1982 – 3 StR 375/82, NStZ 1983, 117).

[7] b) Für den Angeklagten gab es in der Situation hier zum – lediglich mit Körperverletzungswillen vorgenommenen – Anlegen des Würgegriffs (jedenfalls zunächst) keine mildere Handlungsalternative: Auf die mehrfache Aufforderung zu Beginn der auch vom Angeklagten gegenüber seinem gewaltbereiten Gegner mit bloßer Körperkraft ausgetragenen Auseinandersetzung, mit seinen Angriffen aufzuhören, ist dieser nämlich nicht eingegangen (vgl. hierzu BGH, Urteil vom 11. September 1995 – 4 StR 294/95, NStZ 1996, 29).

[8] c) Die Notwehrsituation ist allerdings jedenfalls dann beendet gewesen, als der Geschädigte S. kampfunfähig zu Boden gebracht wurde. Die Rechtfertigung des Würgegriffs entfiel objektiv, als der Geschädigte S. am Boden liegend schwächer wurde, ruhig war und sich nicht mehr wehrte.

[9] 2. Demgegenüber begegnet die Annahme des Landgerichts, dass die weitere Aufrechterhaltung des „Schwitzkastens" eine vorsätzliche Körperverletzung im Sinne der §§ 223 ff. StGB darstellt, durchgreifenden Bedenken. Es übersieht, dass

die Frage des Vorliegens einer vorsätzlichen Körperverletzung nach dem subjektiven Vorstellungsbild des Angeklagten zu entscheiden ist. Hätte der Angeklagte nämlich nicht erkannt, dass die Notwehrlage infolge der eingetretenen Kampfunfähigkeit des Geschädigten S. entfallen war, dann läge ein Irrtum im Sinne des § 16 StGB vor. Denn die irrige Annahme eines rechtfertigenden Sachverhalts wäre wie ein den Vorsatz ausschließender Irrtum über Tatumstände nach § 16 Abs. 1 Satz 1 StGB zu bewerten (st. Rspr.; BGH, Urteile vom 10. März 1983 – 4 StR 375/82, BGHSt 31, 264, 286 f.; vom 10. Februar 2000 – 4 StR 558/99, BGHSt 45, 378, 383 f.; und vom 29. Juni 1995 – 4 StR 760/94, NStZ 1996, 34, 35), so dass der Vorwurf (vorsätzlicher) Körperverletzung mit Todesfolge entfiele.

[10] a) Das Landgericht hat nicht mit Tatsachen belegt, weshalb der Angeklagte habe erkennen müssen, dass es ausreichte, den Geschädigten S. nur noch mit einem Haltegriff festzuhalten, als er mit dem Angeklagten auf dem Boden lag. Dies hätte besonderer Erörterung auch daher bedurft, weil der Geschädigte S. sich bereits zuvor aus einem solchen Haltegriff zu befreien versucht hatte (UA S. 7). Die Ausführungen des Schwurgerichts beschränken sich auf die Feststellung, dass in der gesamten Wohnung keine erheblichen Kampfspuren festgestellt wurden, was aber gerade deswegen wenig verwunderlich ist, weil sich das Geschehen letztlich im Wesentlichen nur dort zugetragen hat, wo die Kontrahenten zu Fall kamen.

[11] b) Die getroffenen Feststellungen, insbesondere der Gesprächsablauf und die Äußerungen des Angeklagten beim ersten Notruf bei der Polizei, legen die Annahme nahe, dass der Angeklagte auch noch beim Fixieren des Geschädigten S. im „Schwitzkasten" auf dem Boden liegend davon ausging, dass seine Handlung erforderlich sei, um zu verhindern, dass der Geschädigte S. erneut auf ihn losgeht und ihn schlägt. Das Schwurgericht hat hierzu festgestellt, dass der Angeklagte zu diesem Zeitpunkt nicht sicher war, ob der Geschädigte S. lediglich simuliere. Wenn der Angeklagte tatsächlich glaubte, dass der Geschädigte S. sich nur deswegen nicht mehr wehrte, um freizukommen und seine unberechtigten Angriffe gegen den Angeklagten fortzusetzen, wäre der Angeklagte von einer noch andauernden Notwehrsituation ausgegangen, auch wenn diese tatsächlich nicht mehr gegeben war.

[12] c) Soweit das Landgericht ohne weitere Begründung davon ausgegangen ist, es könne den Angeklagten nicht entlasten, dass er befürchtete, „der Angreifer könne simulieren", legt das nahe, dass es von unzutreffenden Anforderungen an eine Putativnotwehrlage ausgegangen ist. Denn auf der Grundlage der Feststellungen, dass sich der Angeklagte – nach dem rechtsfehlerfrei festgestellten vorausgegangenen provozierenden und aggressiven Verhalten des Geschädigten S. – beim Loslassen des Geschädigten S. einen erneut bevorstehenden Angriff vorstellte, wäre er einem entsprechenden Irrtum unterlegen.

[13] Dieser Irrtum des Angeklagten könnte aber auf einer Außerachtlassung der gebotenen und ihm persönlich zuzumutenden Sorgfalt beruhen, so dass er wegen fahrlässiger Tötung zu bestrafen wäre (§ 16 Abs. 1 Satz 2 StGB; vgl.BGH, Urteile vom 10. Februar 2000 – 4 StR 558/99, BGHSt 45, 378, 384 f.; und vom 18. September 1991 – 2 StR 288/91, NJW 1992, 516, 517), wobei in diesem Zusammenhang insbesondere zu berücksichtigen wäre, dass ihm die Gefährlichkeit des Würgegriffs bekannt war.

[14] 3. Die rechtsfehlerfrei getroffenen Feststellungen zum objektiven Tatgeschehen können aufrechterhalten bleiben (§ 349 Abs. 2 StPO).

■ PRAXISBEDEUTUNG

Der vorliegende Sachverhalt ist deswegen von den üblichen Fällen abweichend, weil nach den Feststellungen des Tatrichters ursprünglich jedenfalls eine Notwehrlage gegeben war, deren Voraussetzungen im Verlauf der Handlung weggefallen waren. Insoweit war zu entscheiden, welche rechtlichen Auswirkungen davon ausgehen und welcher Sorgfaltsmaßstab insoweit anzuwenden ist.

■ TOPENTSCHEIDUNG

45 Eine Entschuldigung wegen einer **Überschreitung der Grenzen der Notwehr** nach § 33 StGB setzt voraus, dass der Täter in einer objektiv gegebenen Notwehrlage (§ 32 Abs. 2 StGB) bei der Angriffsabwehr die Grenzen des Erforderlichen aus Verwirrung, Furcht oder Schrecken überschritten hat. Von einer **Angriffsabwehr** kann dabei nur die Rede sein, wenn der Täter nicht nur in Kenntnis der die Notwehrlage begründenden Umstände, sondern auch mit **Verteidigungswillen** gehandelt hat. Wird von dem Angegriffenen in einer Notwehrlage ein Gegenangriff auf Rechtsgüter der Angreifer geführt (sog. Trutzwehr), kann darin nur dann eine Angriffsabwehr gesehen werden, wenn in diesem Vorgehen auch tatsächlich der **Wille zum Ausdruck kommt, der drohenden Rechtsverletzung entgegenzutreten.** Dazu reicht allein die Feststellung, dass dem Angegriffenen die Notwehrlage bekannt war, nicht aus. Die subjektiven Voraussetzungen der Notwehr sind erst dann erfüllt, wenn der Gegenangriff zumindest auch zu dem Zweck geführt wurde, den vorangehenden Angriff abzuwehren.[47]

[14] Die gegen den Freispruch gerichteten Revisionen der Nebenkläger und die zu Ungunsten des Angeklagten eingelegte Revision der Staatsanwaltschaft haben schon deshalb Erfolg, weil die Annahme des Landgerichts, der Angeklagte habe aufgrund eines Notwehrexzesses im Sinne des § 33 StGB ohne Schuld gehandelt, nicht tragfähig begründet ist.

[15] 1. Eine Entschuldigung wegen einer Überschreitung der Grenzen der Notwehr nach § 33 StGB setzt voraus, dass der Täter in einer objektiv gegebenen Notwehrlage (§ 32 Abs. 2 StGB) bei der Angriffsabwehr die Grenzen des Erforderlichen aus Verwirrung, Furcht oder Schrecken überschritten hat (vgl. BGH, Urteil vom 31. Januar 2003 – 4 StR 267/02, NStZ 2003, 599, 600 m.w.N.). Von einer Angriffsabwehr kann dabei nur die Rede sein, wenn der Täter nicht nur in Kenntnis der die Notwehrlage begründenden Umstände, sondern auch mit Verteidigungswillen gehandelt hat (BGH, Urteil vom 1. Juli 1952 – 1 StR 119/52, BGHSt 3, 194, 198; LK/Zieschang, StGB, 12. Aufl., § 33 Rn. 48; Heinrich, Strafrecht Allgemeiner Teil, 3. Aufl., Rn. 590; Kühl, Strafrecht Allgemeiner Teil, 6. Aufl., § 12 Rn. 149a).

[16] a) Das Landgericht ist zutreffend davon ausgegangen, dass der Angeklagte im Zeitpunkt des Anfahrens des Nebenklägers K. und des Beinahe-Zusammenstoßes mit den Nebenklägern P. und S. einem gegenwärtigen rechtswidrigen Angriff ausgesetzt war und sich deshalb objektiv in einer Notwehrlage befand (§ 32 Abs. 2 StGB).

---

47 BGH, Urteil vom 25.4.2013 – 4 StR 551/12.

[17] Ein Angriff ist bereits dann gegenwärtig, wenn sich die durch das Verhalten der Angreifer begründete Gefahr so verdichtet hat, dass ein Hinausschieben der Abwehrhandlung unter den gegebenen Umständen entweder deren Erfolg gefährden oder den Verteidiger zusätzlicher nicht mehr hinnehmbarer Risiken aussetzen würde (vgl. BGH, Beschluss vom 8. März 2000 – 3 StR 67/00, NStZ 2000, 365; Beschluss vom 11. Dezember 1991 – 2 StR 535/91, BGHR StGB § 32 Abs. 2 Angriff 5; Urteil vom 26. August 1987 – 3 StR 303/ 87, BGHR StGB § 32 Abs. 2 Angriff 1). Nach den Feststellungen waren die Nebenkläger und ihre Begleiter im Begriff, den Angeklagten in seinem Fahrzeug körperlich anzugreifen. Dazu bewegten sie sich schnellen Schrittes auf ihn zu und hatten nur noch wenige Meter zu überwinden. Angesichts der zahlenmäßigen Überlegenheit der Angreifer und ihrer Bewaffnung (Reizgas, präparierte Handschuhe) hätte ein Zuwarten den Angeklagten der Gefahr ausgesetzt, nicht mehr rechtzeitig reagieren zu können oder wichtige Handlungsoptionen zu verlieren.

[18] Da der Angriff der Nebenkläger und ihrer Begleiter auf den Angeklagten in Widerspruch zur Rechtsordnung stand, war er auch rechtswidrig (BGH, Urteil vom 23. September 1997 – 1 StR 446/97, NJW 1998, 1000).

[19] b) Dagegen ist die Annahme des Landgerichts, der Angeklagte habe sich mit dem Zufahren auf die Nebenkläger gegen deren Angriff verteidigt, nicht rechtsfehlerfrei begründet. Aufgrund seiner Feststellungen zur Tatvorgeschichte hätte sich das Landgericht an dieser Stelle mit der Frage auseinandersetzen müssen, ob das Vorgehen des Angeklagten auch von dem erforderlichen Verteidigungswillen getragen war.

[20] aa) Wird von dem Angegriffenen in einer Notwehrlage ein Gegenangriff auf Rechtsgüter der Angreifer geführt (sog. Trutzwehr), kann darin nur dann eine Angriffsabwehr gesehen werden, wenn in diesem Vorgehen auch tatsächlich der Wille zum Ausdruck kommt, der drohenden Rechtsverletzung entgegenzutreten (BGH, Urteil vom 2. Oktober 1953 – 3 StR 151/53, BGHSt 5, 245, 247; Urteil vom 19. März 1968 – 1 StR 648/67, MDR 1969, 15, 16 bei Dallinger; Fischer, StGB, 60. Aufl., § 32 Rn. 25; Schmidhäuser, GA 1991, 91, 132; ders., JZ 1991, 937, 939; Schünemann, GA 1985, 341, 371; Welzel, Das deutsche Strafrecht, 11. Aufl., S. 86; vgl. Alwart, GA 1983, 433, 448 ff.). Dazu reicht allein die Feststellung, dass dem Angegriffenen die Notwehrlage bekannt war, nicht aus. Die subjektiven Voraussetzungen der Notwehr sind erst dann erfüllt, wenn der Gegenangriff zumindest auch zu dem Zweck geführt wurde, den vorangehenden Angriff abzuwehren. Dabei ist ein Verteidigungswille auch dann noch als relevantes Handlungsmotiv anzuerkennen, wenn andere Beweggründe (Vergeltung für frühere Angriffe, Feindschaft etc.) hinzutreten. Erst wenn diese anderen Beweggründe so dominant sind, dass hinter ihnen der Wille das Recht zu wahren ganz in den Hintergrund tritt, kann von einem Abwehrverhalten keine Rede mehr sein (vgl. BGH, Urteil vom 9. November 2011 – 5 StR 328/11, NStZ-RR 2012, 84, 86; Urteil vom 31. Januar 2007 – 1 StR 429/06, NStZ 2007, 325, 326; Urteil vom 12. Februar 2003 – 1 StR 403/02; NJW 2003, 1955, 1957 f.; Beschluss vom 8. März 2000 – 3 StR 67/00, NStZ 2000, 365, 366; Beschluss vom 23. August 1991 – 2 StR 360/91, BGHR StGB § 32 Abs. 2 Verteidigungswille 1; Beschluss vom 5. November 1982 – 3 StR 375/82, NStZ 1983, 117; Urteil vom 4. September 1979 – 5 StR 461/79, GA 1980, 67, 68; Urteil vom 1. Juli 1952 – 1 StR 119/52, BGHSt 3, 194, 198). Hieran ist trotz in der Literatur geäußerter Kritik (vgl. LK/Rönnau/Hohn, StGB, 12. Aufl., § 32 Rn. 266; Matt/Renzikowski/Engländer, StGB, § 32 Rn. 63; MünchKommStGB/Erb, 2. Aufl., § 32 Rn. 241; Perron in Schönke/Schröder, StGB, 28. Aufl., § 32 Rn. 63; Prittwitz, GA 1980,

381 ff.; Rath, Das subjektive Rechtfertigungselement, 2002, S. 241 f.; Waider, Die Bedeutung der Lehre von den subjektiven Rechtfertigungselementen für Methodologie und Systematik des Strafrechts, 1970, S. 91 ff.) festzuhalten.

[21] bb) Die Äußerungen des Angeklagten im Vorfeld der Geschehnisse, wonach er nur darauf warte, „dass einer mal angreift" und er den dann „endlich mal die Klinge fressen lassen" könne, wie auch das damit verbundene begeisterte Ausmalen eines Szenarios, in dem es zur Tötung eines politischen Gegners („Zecke") in einer Notwehrsituation kommt, lassen es nicht als fernliegend erscheinen, dass er den Angriff der Nebenkläger lediglich zum Anlass genommen hat, gegen sie Gewalt zu üben. Dem entspricht es, dass es das Landgericht an anderer Stelle im Zusammenhang mit diesen Äußerungen selbst für möglich gehalten hat, dass der Angeklagte auf die Nebenkläger und ihre Begleiter zugefahren ist, um sie unter Inkaufnahme von Verletzungen „springen" zu lassen (UA 39). Vor diesem Hintergrund konnte das Landgericht nicht ohne nähere Begründung davon ausgehen, dass der Angeklagte bei seinem Vorgehen gegen die Nebenkläger zumindest auch von dem Willen geleitet war, das Recht zu wahren. Die ausführliche Bewertung der Äußerungen des Angeklagten vom 28. September 2011 und seiner daraus abzuleitenden Haltung gegenüber den Nebenklägern im Zusammenhang mit der Prüfung eines bedingten Tötungsvorsatzes (UA 36) kann die fehlenden Ausführungen zum Verteidigungswillen nicht ersetzen.

■ PRAXISBEDEUTUNG

Die vorstehende Entscheidung macht deutlich, dass in einer behaupteten Notwehrlage immer geprüft werden muss, ob der Gegenangriff auch tatsächlich mit Verteidigungswillen geführt oder nur eine „günstige Gelegenheit" zu einem Angriff genutzt wurde. Allein die Kenntnis, in einer objektiv gegebenen Notwehrlage zu handeln, reicht nicht hin, um straflos zu bleiben!

10. Einwilligung

46 Auch wenn die zu einer Operation von dem Geschädigten abgegebene **Einwilligungserklärung objektiv unwirksam** war, weil er jedenfalls nicht hinreichend über den potenziellen Nutzen der „Neulandmethode" aufgeklärt worden war, ist eine Strafbarkeit nicht gegeben, wenn vom Vorliegen einer **hypothetischen Einwilligung** ausgegangen werden kann, d.h. die Strafkammer sich keine Überzeugung dahingehend hat bilden können, dass der Geschädigte bei vollständiger Aufklärung die Einwilligung in den Eingriff verweigert hätte.[48]

[17] Der Freispruch vom Vorwurf der Körperverletzung mit Todesfolge in Tateinheit mit gefährlicher Körperverletzung ist revisionsrechtlich nicht zu beanstanden.

[18] 1. Ohne Rechtsfehler ist die Strafkammer – ausgehend von einer nicht zu beanstandenden Einordnung der Operation als ärztlicher Heileingriff – zu der Bewertung gelangt, dass die von dem Geschädigten abgegebene Einwilligungserklärung

[48] BGH, Urteil vom 20.2.2013 – 1 StR 320/12.

objektiv unwirksam war, weil er jedenfalls nicht hinreichend über den potenziellen Nutzen der „Neulandmethode“ aufgeklärt worden war.

[19] 2. Sodann hat die Strafkammer die Strafbarkeit des Vorgehens der Angeklagten wegen des Vorliegens einer hypothetischen Einwilligung verneint (zu dieser Rechtsfigur vgl. BGH, Urteil vom 11. Oktober 2011 – 1 StR 134/11, NStZ 2012, 205 f.; Beschluss vom 15. Oktober 2003 – 1 StR 300/03, NStZ-RR 2004, 16 m.w.N.; Urteile vom 20. Januar 2004 – 1 StR 319/03, NStZ 2004, 442, und vom 29. Juni 1995 – 4 StR 760/94, NStZ 1996, 34 f.; weit. Nw. bei Sowada NStZ 2012, 1 ff.; vgl. auch BGH, Urteile vom 23. Oktober 2007 – 1 StR 238/07 und vom 5. Juli 2007 – 4 StR 549/06, NStZ-RR 2007, 340, 341). Deren – strenge – Voraussetzungen hat sie im vorliegenden Einzelfall ohne revisiblen Rechtsfehler festgestellt.

[20] Ihre Auffassung, der Geschädigte würde nicht ausschließbar auch bei vollständiger Aufklärung in den Eingriff eingewilligt haben, hat sie durch konkrete Feststellungen untermauert: Der Geschädigte habe eine Lebertransplantation nicht mehr gewollt (UA S. 6, 16), weil ihm hiervon bereits 2006 abgeraten worden war (UA S. 6, 15), weil er das Tragen fremder Organe grundsätzlich ablehnte (UA S. 6, 10, 15), und weil er infolge seiner Furcht vor weiteren lebensbedrohlichen Schüben seiner Erkrankung die (erneute) Aufnahme in eine Warteliste für eine Lebertransplantation befürchtete (UA S. 6, 10). Seine unbedingte Bereitschaft, sich „trotz der geringen Erfahrungswerte“ der neuartigen Behandlungsmethode zu unterziehen („letzter Rettungsanker“), hatte der Geschädigte auch gegenüber dem Angeklagten Dr. S. klar und deutlich geäußert (UA S. 7).

[21] Ihre Feststellungen hat die Strafkammer in revisionsrechtlich nicht zu beanstandender Weise neben der Einlassung des Angeklagten Dr. S. vor allem auf die Angaben der Witwe des Geschädigten gestützt (UA S. 13, 15).

[22] Es ist von Rechts wegen nicht zu beanstanden, dass die Strafkammer sich bei dieser besonderen, durch Tatsachen fundierten Sachlage keine Überzeugung dahingehend hat bilden können, dass der Geschädigte bei vollständiger Aufklärung die Einwilligung in den Eingriff verweigert hätte, oder dass die Angeklagten mit einer solchen Verweigerung gerechnet hätten (vgl. zur Anwendung des Zweifelssatzes BGH, Urteil vom 11. Oktober 2011 – 1 StR 134/11, NStZ 2012, 205; Beschluss vom 15. Oktober 2003 – 1 StR 300/03, NStZ-RR 2004, 16, 17 m.w.N.; Urteil vom 29. Juni 1995 – 4 StR 760/94, NStZ 1996, 34, 35).

[23] Mit dem weiteren Vorbringen, es sei nicht ersichtlich, warum der Geschädigte „sich auf ein hochexperimentelles Verfahren hätte einlassen sollen“, zeigt die Revision lediglich eine abweichende Beweiswürdigung auf; hiermit kann sie indes im Revisionsverfahren nicht gehört werden.

[24] 3. Eine andere Bewertung hätte sich ergeben können, wenn die Angeklagten den Geschädigten gezielt über die mangelnden validen Erfolgsaussichten der Behandlung getäuscht hätten (vgl. z.B. BGH, Beschluss vom 15. Oktober 2003 – 1 StR 300/03, NStZ-RR 2004, 16, 17). Die Urteilsgründe ergeben hierfür jedoch keine Anhaltspunkte. Die Verfahrensrügen, mit denen die Staatsanwaltschaft die Feststellung weiterer bzw. vertiefter Aufklärungsverstöße erstrebt, die im Ergebnis eine vorsätzliche Täuschung des Geschädigten durch die Angeklagten nahelegen und eine hypothetische Einwilligung ausschließen würden, haben keinen Erfolg.

■ **PRAXISBEDEUTUNG**

Auch wenn im vorliegenden Sachverhalt der Arzt letztlich freigesprochen wurde, muss dennoch festgehalten werden, dass Behandlungen mit „Neulandmethoden" auch weiterhin nicht unproblematisch sind, selbst wenn der Patient eine solche Behandlung „überlebt". Ob nämlich eine hypothetische Zustimmung angenommen werden kann, hängt von vielen Unwägbarkeiten ab; denn eine solche ist – mit Ausnahme von Notoperationen – eher abzulehnen.

11. Strafzumessung – §§ 46 ff. StGB

47 Auffällig war auch in diesem Berichtszeitraum die relativ hohe Zahl von Revisionsentscheidungen, welche auf Fehlern in den Strafzumessungserwägungen des Tatrichters beruhten. Somit ist die bisher von Verteidigern vielfach geäußerte Meinung, Strafmaßrevisionen seien eher aussichtslos, erneut widerlegt worden. Vielmehr waren **zweifelhafte** oder sogar ersichtlich **fehlerhafte Formulierungen** eines Landgerichts bei seinen Ausführungen zur Strafzumessung durchaus Grund für zahlreiche Aufhebungen von Urteilen zumindest bezüglich des Strafausspruches.

48 Für die Strafzumessung und deren rechtliche Überprüfung ist grundsätzlich die **Kenntnis vom Werdegang und den Lebensverhältnissen** des Angeklagten wesentlich. Nur so kann das Revisionsgericht überprüfen, ob die Zumessung der verhängten Freiheitsstrafe auf der gebotenen wertenden Gesamtschau des Tatgeschehens sowie des Täters und der für seine Persönlichkeit, sein Vorleben und sein Nachtatverhalten aussagekräftigen Umstände beruht.[49]

[5] 2. Das Landgericht teilt im angefochtenen Urteil lediglich die den drei Vorstrafen des Angeklagten zugrunde liegenden tatsächlichen Feststellungen zum Tatgeschehen mit und verweist im Übrigen darauf, dass Feststellungen zu den persönlichen Verhältnissen und zum Werdegang des Angeklagten nicht getroffen werden konnten, da dieser „hierzu in der Hauptverhandlung keine Angaben machte". Damit durfte sich die Strafkammer hier jedoch nicht begnügen. Sie war vielmehr gehalten, auf andere Weise Näheres über seine Person in Erfahrung zu bringen, etwa durch Verlesung der Feststellungen zur Person in den Vorverurteilungen. Im Hinblick auf das Urteil des Amtsgerichts Iserlohn vom 25. Februar 2011 zu einer Freiheitsstrafe von sechs Monaten, deren Vollstreckung zur Bewährung ausgesetzt wurde, wäre ferner die Vernehmung des damaligen Bewährungshelfers in Betracht gekommen.

49 Der Umstand, dass ein Angeklagter straffällig geworden ist, statt sich gesetzestreu zu verhalten, ist **Voraussetzung für** seine **Strafbarkeit**, aber **kein schulderhöhender Umstand**. Für Vergleiche mit der Strafzumessung in anderen Urteilen bei Tatbeteiligten – etwa den Mitgliedern derselben Bande – ist regelmäßig kein Raum. Für allgemeine Vergleiche mit nur gedachten Fällen gegen unbekannte Angeklagte wegen unbekannter Taten kann erst recht nichts anderes gelten.[50]

---

49 BGH, Beschluss vom 9.4.2013 – 4 StR 102/13.
50 BGH, Urteil vom 5.11.2013 – 1 StR 387/13.

[8] a) Die Staatsanwaltschaft bemängelt, die Strafkammer habe nicht berücksichtigt, dass die Angeklagte die Bank nicht auf deren Versehen (vgl. oben 1.) hingewiesen, sondern stattdessen die abgeurteilten Taten begangen hat. Damit ist verkannt, dass der Umstand, dass ein Angeklagter straffällig geworden ist, statt sich gesetzestreu zu verhalten, Voraussetzung für seine Strafbarkeit, aber kein schulderhöhender Umstand ist (BGH, Beschluss vom 9. November 2010 – 4 StR 532/10 m.w.N.).

[9] b) Die Staatsanwaltschaft meint, „man (käme) nicht umhin, vergleichbare Strafen" – damit dürfte wohl die Höhe sonst verhängter Strafen gemeint sein – „bei vergleichbar hohen Schäden und vergleichbar angewandter krimineller Energie heranzuziehen." Dies verkennt, dass für Vergleiche mit der Strafzumessung in anderen Urteilen bei Tatbeteiligten – etwa den Mitgliedern derselben Bande – regelmäßig kein Raum ist (BGH, Beschluss vom 28. Juni 2011 – 1 StR 282/11, BGHSt 56, 262, 263). Für allgemeine Vergleiche mit nur gedachten Fällen gegen unbekannte Angeklagte wegen unbekannter Taten kann erst recht nichts anderes gelten.

a) Strafzumessung im engeren Sinn – § 46 StGB

Die strafschärfende Erwägung, die der Verurteilung zugrunde liegenden Taten stellten **lediglich einen Bruchteil der** im Tatzeitraum vom Angeklagten **begangenen Straftaten** dar, beinhaltet keinen Rechtsfehler.[51] 50

[4] 2. Entgegen der Ansicht der Revision beinhaltet es keinen Rechtsfehler, dass das Landgericht strafschärfend erwogen hat, die der Verurteilung zugrunde liegenden Taten stellten lediglich einen Bruchteil der im Tatzeitraum vom Angeklagten begangenen Straftaten dar. Es ist zulässig, bei der Strafzumessung zu berücksichtigen, dass der Angeklagte noch sonstige – bisher nicht abgeurteilte – Straftaten begangen hat; dies gilt allerdings nur, wenn diese Taten prozessordnungsgemäß und so bestimmt festgestellt sind, dass sie in ihrem wesentlichen Unrechtsgehalt abzuschätzen sind und eine unzulässige Berücksichtigung des bloßen Verdachts weiterer Straftaten ausgeschlossen werden kann (BGH, Beschluss vom 2. Juli 2009 – 3 StR 251/09, NStZ-RR 2009, 306 m.w.N.). Diese Voraussetzungen sind erfüllt; denn die Kammer hat aufgrund der geständigen Einlassung des Angeklagten rechtsfehlerfrei ausreichend festgestellt, dass er im Zeitraum von April bis Oktober 2012 mehrere Beschaffungsfahrten in die Niederlande unternahm und dort jeweils 5 Gramm bis 20 Gramm Kokain erwarb, das er anschließend in Deutschland weiterverkaufte.

Die **Art der Tatausführung** darf einem Angeklagten nur dann ohne Abstriche strafschärfend zur Last gelegt werden, wenn sie in vollem Umfang vorwerfbar ist, nicht aber, wenn ihre Ursache in einer von ihm nicht oder nur eingeschränkt zu vertretenen **geistig-seelischen Beeinträchtigung** liegt. Ob den Angeklagten die ihnen vorgeworfene „besondere Brutalität" ihres Vorgehens trotz ihrer Rauschzustände, die ihre erheblich verminderte Steuerungsfähigkeit begründet haben, uneingeschränkt vorwerfbar ist, ist im Urteil nachprüfbar darzulegen.[52] 51

---

[51] BGH, Beschluss vom 6.8.2013 – 3 StR 234/13.

[52] BGH, Beschluss vom 18.6.2013 – 2 StR 104/13; vgl. hierzu auch BGH, Urteil vom 14.8.2013 – 2 StR 574/12.

[3] Die – sachverständig beratene – Schwurgerichtskammer ist davon ausgegangen, dass beide Angeklagte aufgrund ihrer Alkoholisierung (Blutalkoholkonzentration zur Tatzeit von 3,39 ‰ bzw. 3,50 ‰) in ihrer Steuerungsfähigkeit erheblich vermindert waren (§ 21 StGB). In der Strafzumessung hat sie zu Lasten beider Angeklagten gewertet, dass sie besonders brutal vorgegangen seien.

[4] 2. Diese Strafzumessungserwägung begegnet unter den hier gegebenen Umständen durchgreifenden rechtlichen Bedenken.

[5] Nach ständiger Rechtsprechung darf die Art der Tatausführung einem Angeklagten nur dann ohne Abstriche strafschärfend zur Last gelegt werden, wenn sie in vollem Umfang vorwerfbar ist, nicht aber, wenn ihre Ursache in einer von ihm nicht oder nur eingeschränkt zu vertretenen geistig-seelischen Beeinträchtigung liegt (BGH, Beschluss vom 29. Juni 2000 – 1 StR 223/00, StV 2001, 615; Urteil vom 17. Juli 2003 – 4 StR 105/03, NStZ-RR 2003, 294; Beschluss vom 8. Oktober 2002 – 5 StR 365/02, NStZ-RR 2003, 104; Beschluss vom 31. Januar 2012 – 3 StR 453/11, NStZ-RR 2012, 169; Fischer, StGB, 60. Aufl., § 46 Rn. 32). Damit, ob den Angeklagten die ihnen vorgeworfene „besondere Brutalität" ihres Vorgehens trotz ihrer Rauschzustände, die ihre erheblich verminderte Steuerungsfähigkeit begründet haben, uneingeschränkt vorwerfbar ist, setzt sich das Urteil indes nicht auseinander. Sie kann jeweils auch Ausdruck der verminderten Schuldfähigkeit gewesen sein. Dass das Landgericht diese Möglichkeit bei der strafschärfenden Berücksichtigung der Art der Tatausführung übersehen oder aus den Augen verloren haben könnte, lässt sich hier auch aus der Gesamtschau der Strafzumessungserwägungen nicht ausschließen.

52 Der Tatrichter ist nicht gehindert, das **strafmildernde Gewicht** einer geständigen Einlassung **geringer zu bewerten,** wenn es von prozesstaktischen Erwägungen bestimmt ist. Das gilt auch in dem Fall, in dem der Angeklagte nur das einräumt, was durch die Beweisaufnahme ohnehin schon zur Überzeugung des Gerichts feststeht. Dem würde allerdings entgegenstehen, dass das Landgericht an anderer Stelle ausführt, die tatsächlichen Feststellungen zu der abgeurteilten Tat beruhten im Wesentlichen auf den geständigen und glaubhaften Angaben der beiden Angeklagten. Vor diesem Hintergrund würde die Einschätzung des Geständnisses des Angeklagten als strafzumessungsrechtlich unerheblich näherer Erläuterung bedürfen, zumal wenn die Strafkammer das ebenfalls in der Hauptverhandlung abgelegte Geständnis des Mitangeklagten diesem ausdrücklich strafmildernd zugute hält.[53]

53 Insbesondere in Fällen von Serienstraftaten zum Nachteil desselben Geschädigten ist es grundsätzlich zulässig, bei der Strafzumessung zu berücksichtigen, dass der Angeklagte **noch sonstige Straftaten begangen** hat; dies gilt allerdings nur, wenn diese Taten **prozessordnungsgemäß und so bestimmt festgestellt** sind, dass sie in ihrem wesentlichen Unrechtsgehalt abzuschätzen sind.[54]

[2] 1. Nach den Feststellungen kam es von Juni 2004 bis Oktober 2005 und zu Ostern 2010 oder 2011 an nicht näher bestimmbaren Tagen zu sexuellen Übergriffen des Angeklagten auf seine am 21. Februar 2001 geborene Enkelin G., von denen drei individualisierbar waren; diese Taten, die dem Angeklagten mit der Anklage

[53] BGH, Beschluss vom 9.10.2013 – 4 StR 414/13.
[54] BGH, Beschluss vom 22.5.2013 – 2 StR 68/13.

vom 30. März 2012 zur Last gelegt worden waren, sind Gegenstand der Verurteilung. Soweit dem Angeklagten mit der Anklage vom 20. Juli 2012 daneben zur Last gelegt worden war, in weiteren zwölf Fällen auch seine Enkeltochter W. ben, hat das Landgericht den Angeklagten freigesprochen; gleichwohl hat es festgestellt, dass es zum Nachteil dieser Enkeltochter in der Zeit von Januar 1993 bis Juni 1997 zu einer Vielzahl sexueller Übergriffe durch den Angeklagten gekommen sei, ohne dass sich konkrete Fälle hätten individualisieren lassen. Im Rahmen der Strafzumessung hat das Landgericht bei den Einzelstrafen zu Lasten des Angeklagten als „erheblich strafschärfend" auch den festgestellten sexuellen Missbrauch zum Nachteil seiner Enkeltochter W. gewertet.

[3] 2. Diese straferschwerende Erwägung begegnet durchgreifenden rechtlichen Bedenken.

[4] Zwar hat es die Rechtsprechung etwa in Fällen von Serienstraftaten zum Nachteil desselben Geschädigten als grundsätzlich zulässig angesehen, bei der Strafzumessung zu berücksichtigen, dass der Angeklagte noch sonstige Straftaten begangen hat; dies gilt allerdings nur, wenn diese Taten prozessordnungsgemäß und so bestimmt festgestellt sind, dass sie in ihrem wesentlichen Unrechtsgehalt abzuschätzen sind (vgl. BGH, Beschlüsse vom 12. Mai 1995 – 3 StR 179/95, BGHR StGB § 54 Serienstraftaten 2; vom 9. Oktober 2003 – 4 StR 359/03, BGH NStZ-RR 2004, 359 Nr. 37; vom 2. Juli 2009 – 3 StR 251/09, NStZ-RR 2009, 306; Senat, Urteil vom 16. März 2005 – 2 StR 487/04; Fischer, StGB, 60. Aufl., § 46 Rn. 41a).

[5] Hier vermochte das Landgericht jedoch Sexualstraftaten des Angeklagten zum Nachteil seiner Enkeltochter W. gerade nicht näher zu konkretisieren. Es hat die Angaben dieser Geschädigten zu jeder der angeklagten Taten nicht als zuverlässig angesehen und auch ein „Herunterkürzen" der Aussage auf einen vorhandenen konstanten Kern der belastenden Angaben als nicht möglich angesehen. Das Landgericht hat den Angeklagten dementsprechend von dem mit der diesbezüglichen Anklage erhobenen Schuldvorwurf freigesprochen. Es durfte deshalb auch nicht bei der Strafzumessung eine pauschale Feststellung sexueller Übergriffe zum Nachteil von W. berücksichtigen und zu Lasten des Angeklagten von einem hierdurch erhöhten Schuldumfang ausgehen.

Der Umstand, dass ein Angeklagter keine fremde Hilfe angenommen und damit zur „Entstehung der Tat" beigetragen hat, kann ihm allenfalls dann schuldsteigernd angelastet werden, wenn sich **daraus ein die Schuld des Angeklagten beeinflussender Faktor** ergeben würde. Zudem müssen solche strafschärfenden Erwägungen von den Feststellungen getragen werden.[55] **54**

[1] Das Landgericht hat den Angeklagten wegen Totschlags zu einer Freiheitsstrafe von zwei Jahren und sechs Monaten verurteilt. Zur Kompensation einer rechtsstaatswidrigen Verfahrensverzögerung hat es von der Freiheitsstrafe drei Monate für vollstreckt erklärt. Gegen dieses Urteil wendet sich der Angeklagte mit seiner auf die Sachrüge gestützten Revision. Diese hat den aus der Beschlussformel ersichtlichen Teilerfolg.

[2] Die Strafkammer hat rechtsfehlerfrei die Voraussetzungen des § 216 StGB ausgeschlossen und den Angeklagten wegen Totschlags verurteilt.

---

[55] BGH, Beschluss vom 8.1.2013 – 1 StR 641/12.

[3] Bei der Strafzumessung ist sie unter Verbrauch des vertypten Milderungsgrundes des § 21 StGB vom Strafrahmen des § 213 Alt. 2 StGB ausgegangen. Diese Strafrahmenwahl hält sachlich-rechtlicher Prüfung nicht stand, da zu besorgen ist, dass sie von fehlerhaften Erwägungen beeinflusst war.

[4] Neben zahlreichen Strafmilderungsgründen wird dem Angeklagten schuldsteigernd angelastet, keine fremde Hilfe angenommen und damit zur „Entstehung der Tat" beigetragen sowie sich nicht zeitnah um die Beschaffung der Medikamente gekümmert zu haben. Diese strafschärfenden Erwägungen werden von den Feststellungen jedoch nicht getragen. Danach scheiterte nämlich die einzige sich bietende Abhilfemöglichkeit – die vom Hausarzt empfohlene Kurzzeitpflege – an der Weigerung der Geschädigten, während der Angeklagte dem „aufgeschlossen gegenüberstand". Ein die Schuld des Angeklagten beeinflussender Faktor ergibt sich daraus nicht. Dies gilt auch für die Erwägung, der Angeklagte habe die Medikamente nicht zeitnah beschafft. Nach den Feststellungen haben der Angeklagte und die Geschädigte vier Tage lang auf die Urlaubsrückkehr ihres Hausarztes gewartet, um sich von diesem die nicht lebensnotwendigen Medikamente verschreiben zu lassen. Deren Nichterhalt für vier Tage hatte keine nachteilhaften gesundheitlichen Folgen, vielmehr führten die letztlich erhaltenen Medikamente zu einer weiteren Verschlechterung des Wohlbefindens der Geschädigten. Es ist nicht ersichtlich, inwieweit das Zuwarten auf die Rückkehr des Arztes das individuelle Maß des Vorwurfs, der dem Angeklagten wegen der Tat zu machen ist, erhöht. Dies gilt zumal, da festgestellt ist, dass der Angeklagte nicht etwa nachlässig mit den Leiden seiner Ehefrau umging, sondern sie liebevoll pflegte.

[5] Angesichts dessen kann der Senat trotz der maßvollen Strafe letztlich nicht ausschließen, dass die Schwurgerichtskammer ohne Berücksichtigung der zu beanstandenden Erwägungen ihrer Strafzumessung den gemäß § 21, § 49 Abs. 1 StGB gemilderten Strafrahmen des § 213 StGB zugrunde gelegt und auf eine noch mildere Strafe erkannt hätte.

55 Eine **Wertung des Umstandes** zum Nachteil des Angeklagten, dass **sein Bruder Polizeibeamter** sei und „von daher hätte erwartet werden können, dass der Angeklagte für andere Polizeibeamte, die pflichtgemäß das tun, was ihnen befohlen wird, etwas Verständnis aufbringt", ist rechtsfehlerhaft, weil sich aus dem Umstand, dass der Bruder des Angeklagten ebenso Polizeibeamter ist wie die vom Angeklagten angegriffenen Geschädigten, keine gesteigerten Pflichten des Angeklagten für das verletzte Rechtsgut ergeben und sich dieser daher auf das Maß der der Tat innewohnenden Pflichtwidrigkeit nicht auswirkt.[56]

[5] Der Strafausspruch hält der sachlich-rechtlichen Prüfung jedoch nicht stand. Bei der Bemessung der verhängten Jugendstrafe hat das Landgericht zum Nachteil des Angeklagten gewertet, dass sein Bruder Polizeibeamter sei und „von daher hätte erwartet werden können, dass der Angeklagte für andere Polizeibeamte, die pflichtgemäß das tun, was ihnen befohlen wird, etwas Verständnis aufbringt". Diese Erwägung erweist sich als rechtsfehlerhaft, weil sich aus dem Umstand, dass der Bruder des Angeklagten ebenso Polizeibeamter ist wie die vom Angeklagten angegriffenen Geschädigten, keine gesteigerten Pflichten des Angeklagten für das ver-

[56] BGH, Beschluss vom 14.5.2013 – 1 StR 122/13.

letzte Rechtsgut ergeben und sich dieser daher auf das Maß der der Tat innewohnenden Pflichtwidrigkeit nicht auswirkt (vgl. BGH, Beschluss vom 28. September 2010 – 4 StR 371/10, NStZ-RR 2011, 5).

Moralisierende Wertungen sind rechtlich bedenklich; rechtsfehlerhaft sind Wertungen, die von den Feststellungen des Tatrichters nicht getragen werden.[57] **56**

[2] 1. Der Strafausspruch hält rechtlicher Nachprüfung nicht stand.

[3] Das Landgericht hat im Rahmen der Strafzumessung zu Lasten des Angeklagten als besonders verwerflich berücksichtigt, der Angeklagte habe mit dem lebensgefährlich verlaufenen Überfall nicht etwa einer ihm völlig fremden Person erhebliches Leid zugefügt, sondern einem Menschen, der ihm einmal nahe gestanden und ihm vertraut habe, bei dem er zuvor Jahre lang mit Unterbrechungen gearbeitet habe, der ihm im Haus seiner Schwester eine Wohnung vermittelt habe, der ihm beim Umzug behilflich gewesen sei, der ihm jederzeit seinen Hof und sein Werkzeug zur Verfügung gestellt und zu keinem Zeitpunkt mit ihm Streit gehabt habe. Der Angeklagte habe durch die Tat in beispielloser Weise das Vertrauensverhältnis zwischen ihm und seinem Opfer ausgenutzt, das trotz der zwischenzeitlichen Abkühlung des ehemals freundschaftlichen Verhältnisses noch immer fortbestanden habe (UA S. 42). Diese schon für sich bedenklich moralisierende Wertung wird von den (an anderer Stelle getroffenen) Feststellungen der Strafkammer nicht getragen.

Aus dem Umstand, dass der Angeklagte sein Opfer unter erheblichem Kraftaufwand erwürgt hat, lässt sich der **Vorwurf gesteigerter Brutalität** nicht ohne weiteres ableiten. Die zur Tötung erforderliche Gewalt darf mit Blick auf den § 46 Abs. 3 StGB grundsätzlich nicht straferschwerend berücksichtigt werden. Es ist damit nicht mehr beschrieben als die Erfüllung des Tatbestands mit direktem Vorsatz.[58] **57**

[4] Der Strafausspruch hat hingegen keinen Bestand.

[5] Das Landgericht hat zu Lasten des Angeklagten, der sich weder zur Person noch zur Sache eingelassen hatte, unter anderem die „von ihm an den Tag gelegte Brutalität bei der Tatausführung" berücksichtigt. Der Angeklagte habe eine solche Gewalt angewandt, dass der Halsumfang der Getöteten auf 6,5 bis 7 cm reduziert gewesen sei. Darüber hinaus sei sein Nachtatverhalten strafschärfend zu werten, da er der Tat völlig emotionslos gegenüberstehe.

[6] Beide – nicht näher erläuterten – Erwägungen unterliegen durchgreifenden rechtlichen Bedenken.

[7] 1. Aus dem Umstand, dass der Angeklagte sein Opfer unter erheblichem Kraftaufwand erwürgt hat, lässt sich der Vorwurf gesteigerter Brutalität nicht ohne weiteres ableiten. Die zur Tötung erforderliche Gewalt darf mit Blick auf den § 46 Abs. 3 StGB grundsätzlich nicht straferschwerend berücksichtigt werden. Es ist damit nicht mehr beschrieben als die Erfüllung des Tatbestands mit direktem Vorsatz. Zudem verlor das Opfer nach den Feststellungen aufgrund der Intensität des Drosselvorgangs bereits spätestens nach 15 Sekunden das Bewusstsein und verstarb nach höchstens drei Minuten.

---

[57] BGH, Beschluss vom 12.2.2013 – 2 StR 596/13.

[58] BGH, Beschluss vom 19.6.2013 – 2 StR 117/13.

[8] 2. Worin das Landgericht das emotionslose Nachtatverhalten des zum Tatvorwurf schweigenden Angeklagten sieht, wird in den Urteilsgründen nicht näher ausgeführt, so dass dem Revisionsgericht eine Nachprüfung nicht möglich ist. Ein besonders schulderschwerender Gesichtspunkt ergibt sich jedenfalls nicht daraus, dass der Angeklagte die Leiche in den Main warf, um eine Entdeckung zu verhindern. Er ist insoweit nicht über Maßnahmen der Sicherung und Verschleierung hinausgegangen (vgl. BGH NStZ 2009, 260).

■ TOPENTSCHEIDUNG

58 Die **Wertung zugunsten des Angeklagten,** weil dieser „auf die **Rückgabe der Asservate verzichtet** hat", ist durch das Revisionsgericht nur überprüfbar, sofern zugleich mitgeteilt wird, welche Gegenstände im Verfahren asserviert worden sind, wem diese zustehen und welchen Wert sie haben. Soweit es sich allerdings um sichergestellte Betäubungsmittel und Waffen nebst Munition handelt, wäre deren Einziehung ohnehin möglich – und unerlässlich – gewesen (§ 33 Abs. 2 Satz 1 BtMG, § 54 Abs. 1 Nr. 1 WaffG). Eine daneben oder selbstständig vorgenommene **strafmildernde Berücksichtigung** der **erlittenen Untersuchungshaft** ist regelmäßig für die Strafzumessung ohne Bedeutung, denn sie wird nach § 51 Abs. 1 Satz 1 StGB grundsätzlich auf die zu vollstreckende Strafe angerechnet. Aber auch wenn eine Freiheitsstrafe deshalb zur Bewährung ausgesetzt wird, weil der Angeklagte durch den **Vollzug der Untersuchungshaft hinreichend beeindruckt** ist und besondere Umstände im Sinne des § 56 Abs. 2 StGB bejaht werden, verbietet sich eine zusätzliche mildernde Berücksichtigung bei der Bemessung der Strafhöhe.[59]

[2] 1. Der Strafausspruch hält rechtlicher Prüfung nicht stand. Das Landgericht hat bei der Wahl der Strafrahmen, der Bemessung der Einzelstrafen sowie der Bildung der Gesamtstrafe zugunsten des Angeklagten gewertet, dass dieser „auf die Rückgabe der Asservate verzichtet hat" (UA S. 20, 21 und 23). Dem Senat ist die Prüfung verwehrt, ob der genannte Umstand als bestimmender Milderungsgrund angesehen werden durfte. Denn das Urteil teilt nicht mit, welche Gegenstände im Verfahren asserviert worden sind, wem diese zustehen und welchen Wert sie haben. Soweit es sich dabei um das sichergestellte Marihuana sowie den Revolver nebst Munition gehandelt haben sollte, wäre deren Einziehung ohnehin möglich – und unerlässlich – gewesen (§ 33 Abs. 2 Satz 1 BtMG, § 54 Abs. 1 Nr. 1 WaffG).

[3] In gleicher Weise hat das Landgericht die erlittene Untersuchungshaft für sich genommen strafmildernd berücksichtigt. Eine solche ist jedoch regelmäßig für die Strafzumessung ohne Bedeutung, denn sie wird nach § 51 Abs. 1 Satz 1 StGB grundsätzlich auf die zu vollstreckende Strafe angerechnet (vgl. BGH, Urteil vom 19. Mai 2010 – 2 StR 102/10, NStZ 2011, 100). Aber auch wenn – wie hier – eine Freiheitsstrafe deshalb zur Bewährung ausgesetzt wird, weil der Angeklagte durch den Vollzug der Untersuchungshaft hinreichend beeindruckt ist und besondere Umstände im Sinne des § 56 Abs. 2 StGB bejaht werden, verbietet sich eine zusätzliche mildernde Berücksichtigung bei der Bemessung der Strafhöhe (vgl. BGH, Urteil vom 14. Juni 2006 – 2 StR 34/06, NJW 2006, 2645; Schäfer/Sander/van Gemmeren, Praxis der Strafzumessung, 5. Aufl., Rn. 742 Fn. 475). Zusätzliche, den Angeklagten

---

[59] BGH, Urteil vom 20.8.2013 – 5 StR 248/13.

besonders beschwerende Umstände des Haftvollzuges, die zu dessen Gunsten hätten gewertet werden dürfen, lassen sich dem Urteil nicht entnehmen (vgl. hierzu BGH, Urteil vom 29. Oktober 2008 – 5 StR 456/08, StV 2009, 80).

[4] 2. Der Senat kann nicht ausschließen (§ 337 Abs. 1 StPO), dass das Landgericht bei rechtsfehlerfreiem Vorgehen andere Strafen festgesetzt hätte. Die danach erforderliche Aufhebung der Einzelstrafen zieht diejenige des Gesamtstrafenausspruchs nach sich.

PRAXISBEDEUTUNG ■

Die Entscheidung legt deutlich dar, dass viele Begründungen für eine mildere Strafe als solche nicht tauglich sind. Im Regelfall müssen hierfür besondere Anhaltspunkte vorliegen, welche sich nicht darin erschöpfen dürfen, dass gesetzliche Folgen mehr oder weniger freiwillig hingenommen werden!

Eine **wahrheitswidrige Notwehrbehauptung** kann straferschwerend gewertet werden, wenn Umstände hinzukommen, nach denen sich dieses Verteidigungsverhalten als **Ausdruck einer zu missbilligenden Einstellung** darstellt. **59**

Die straferschwerende **Berücksichtigung eines Messereinsatzes** ist rechtsfehlerhaft, weil diese bereits zur Begründung einer Strafbarkeit gemäß § 224 Abs. 1 Nr. 2 StGB herangezogen wurde.[60]

[5] 1. Die beiden verhängten Einzelstrafen können nicht bestehen bleiben, weil das Landgericht jeweils sowohl im Rahmen der Prüfung eines minderschweren Falls gemäß § 224 Abs. 1 letzter Halbsatz StGB, als auch bei der konkreten Strafzumessung ein zulässiges Verteidigungsverhalten zum Nachteil des Angeklagten gewertet hat.

[6] a) Der Angeklagte hat in der Hauptverhandlung zum Tatvorwurf im Fall II. 2a erklärt, den Zeugen H. geschlagen zu haben, als dieser nach einer zunächst verbal geführten Auseinandersetzung eine Teleskopstange mit einem kleinen Ball an der Spitze in die Hand nehmen wollte (UA 16). Im Fall II. 2b habe ihn die Zeugin B. mit einer Handtasche geschlagen. Er habe gesehen, dass er an der rechten Hand geblutet habe und ein Messer in der linken Hand der Zeugin wahrgenommen. Dieses Messer habe er ihr wegnehmen wollen. Schließlich habe er sie an der linken Schulter ergriffen und „herumgewirbelt". Auch glaube er um sich geschlagen zu haben, weil er das Gefühl hatte, sich wehren zu müssen (UA 17). Das Landgericht hat in diesen Einlassungen einen schulderhöhenden Umstand gesehen, weil der Angeklagte den Zeugen H. und die Zeugin B. verdächtigt habe, sich ihm gegenüber der versuchten bzw. der vollendeten Körperverletzung schuldig gemacht zu haben (UA 31). Dies ist rechtsfehlerhaft.

[7] b) Grundsätzlich ist es einem Angeklagten nicht verwehrt, sich gegen den Vorwurf der Körperverletzung mit der Behauptung zu verteidigen, er habe in Notwehr gehandelt. Soweit damit Anschuldigungen gegen Dritte verbunden sind, werden die Grenzen eines zulässigen Verteidigungsverhaltens dadurch nicht überschritten (BGH, Beschluss vom 6. Juli 2010 – 3 StR 219/10, NStZ 2010, 692; MükoStGB/

[60] BGH, Beschluss vom 29.1.2013 – 4 StR 532/12.

Miebach, 2. Aufl., § 46 Rn. 129). Eine wahrheitswidrige Notwehrbehauptung kann erst dann straferschwerend gewertet werden, wenn Umstände hinzukommen, nach denen sich dieses Verteidigungsverhalten als Ausdruck einer zu missbilligenden Einstellung darstellt (vgl. BGH, Beschluss vom 22. März 2007 – 4 StR 60/07, NStZ 2007, 463; Beschluss vom 27. April 1989 – 1 StR 10/89, BGHR StGB § 46 Abs. 2 Verteidigungsverhalten 4; SSW-StGB/Eschelbach, § 46 Rn. 124). Dies ist hier nicht der Fall. Der Angeklagte hat sich auf die wahrheitswidrige Behauptung eines drohenden (Fall II. 2a der Urteilsgründe) bzw. eines bereits eingeleiteten Angriffs (Fall II. 2b der Urteilsgründe) der Zeugen beschränkt. Darüber hinausgehende Verleumdungen oder Herabwürdigungen (vgl. BGH, Beschluss vom 25. April 1990 – 3 StR 85/90, BGHR StGB § 46 Abs. 2 Verteidigungsverhalten 8; Beschluss vom 11. Mai 1989 – 1 StR 184/89, BGHR StGB § 46 Abs. 2 Verteidigungsverhalten 5), die eine straferschwerende Bewertung rechtfertigen könnten, sind in seinem Vorbringen nicht enthalten. Auch hat der Angeklagte die Zeugen nicht einer besonders verwerflichen Handlung bezichtigt (vgl. BGH, Urteil vom 14. November 1990 – 3 StR 160/90, BGHR StGB § 46 Abs. 2 Verteidigungsverhalten 10), sodass nicht angenommen werden kann, dass es ihm darum ging, ihr Ansehen über das verfolgte Verteidigungsziel hinaus zu beschädigen (vgl. BGH, Beschluss vom 29. März 1994 – 1 StR 71/94, BGHR StGB § 46 Abs. 2 Verteidigungsverhalten 13).

[8] 2. Die Bemessung der Einzelstrafe im Fall II. 2b der Urteilsgründe (Tat zum Nachteil der Zeugin B.) ist auch deshalb rechtsfehlerhaft, weil das Landgericht straferschwerend berücksichtigt hat, dass es zum Einsatz eines Messers kam (UA 31). Hierin liegt ein Verstoß gegen § 46 Abs. 3 StGB, da die Verwendung des Messers bereits zur Begründung der Strafbarkeit des Angeklagten nach § 224 Abs. 1 Nr. 2 StGB herangezogen worden ist. Soweit das Landgericht in diesem Zusammenhang darauf abgehoben hat, dass es mit dem Messereinsatz zu einer Steigerung der Übergriffe des Angeklagten auf die Zeugin gekommen ist, wird damit nicht lediglich das Vortatverhalten des Angeklagten gewürdigt, sondern auch die Verwendung des Messers mit negativem Vorzeichen in die Bewertung einbezogen.

60 Das Abstellen auf das **Fehlen einer „Not- oder Konfliktlage“** des Täters in den Strafzumessungserwägungen lässt besorgen, dass es sich bei dieser Formulierung um eine eigenständige – für den Angeklagten nachteilige – Wertung handelt, gegen welche rechtliche Bedenken dahingehend bestehen, dass sich der Tatrichter nicht mehr auf die von ihm festgestellten Tatsachen beschränkt und stattdessen die Tatmotivation des Angeklagten an einem hypothetischen Sachverhalt gemessen wird. Letztlich wird damit dem Angeklagten das **Fehlen eines Strafmilderungsgrundes zur Last gelegt.**

Rechtlich bedenklich ist es auch, wenn bei der Bestimmung der Einzelstrafen für Betrugstaten und den Diebstahl straferhöhend berücksichtigt wird, dass der Angeklagte weder eine schulische und berufliche Ausbildung noch eine regelmäßige Erwerbstätigkeit angestrebt hat; denn **Umstände, die zur allgemeinen Art der Lebensführung des Täters gehören,** dürfen ihm bei der Strafzumessung indes **nur dann zur Last gelegt werden,** wenn sie eine Beziehung zu der abgeurteilten Tat haben und sich daraus eine höhere Tatschuld ergibt.

Das **Schlechterstellungsverbot** (§ 358 Abs. 2 Satz 1 StPO) gilt sowohl für die Bestimmung der Einzelstrafen, als auch für die Bildung der Gesamtstrafe.[61]

---

[61] BGH, Beschluss vom 13.8.2013 – 4 StR 288/13.

Im Rahmen der Strafzumessung kann der Tatrichter bei einer versuchten Tat nicht allein auf die eingetretene **„Vollendungsnähe"** abstellen, vielmehr ist jedenfalls auch die nach der Rechtsprechung erforderliche **Gesamtwürdigung** vorzunehmen.[62] 61

Bei **Mittätern** ist die Strafe für jeden einzelnen Tatbeteiligten nach dem **Maß seiner individuellen Schuld**, d.h. dem jeweils ihm zurechenbaren Erfolgs- und Handlungsunwert, zu bestimmen. Eine Zurechnung von Strafschärfungsgründen findet nicht statt; sie sind nur bei den Mittätern zu berücksichtigen, in deren Person sie vorliegen.[63] 62

Bei der Strafzumessung bzgl. **Mittätern** ist die **Unterschiedlichkeit von Tatbeiträgen** zu berücksichtigen, vor allem auch dann, wenn ein Angeklagter an ihm zugerechneten Tathandlungen nicht konkret beteiligt war und/oder sein Beitrag sich bspw. in einem im Wesentlichen folgenlosen Angriff auf ein anderes Mitglied einer Gruppe im Rahmen einer Schlägerei erschöpfte.[64] 63

Untersuchungshaft ist, jedenfalls bei Verhängung einer zu verbüßenden Freiheitsstrafe, kein Strafmilderungsgrund, es sei denn, mit ihrem Vollzug wären ungewöhnliche, über die üblichen deutlich hinausgehende Beschwernisse verbunden.[65] 64

[24] Zu Recht beanstandet die Beschwerdeführerin in diesem Zusammenhang auch die Erwägung des Landgerichts, zu Gunsten des Angeklagten sei zu berücksichtigen, dass dieser bei den Taten gegenüber den Opfern unmaskiert aufgetreten sei. Damit wird der zu Lasten des Angeklagten berücksichtigte Umstand, er sei bei diesen Taten jeweils raffiniert und planvoll vorgegangen, nicht nur in widersprüchlicher und daher kaum nachvollziehbarer Weise relativiert (vgl. dazu BGH, Beschluss vom 22. Oktober 1986 – 2 StR 516/86, BGHR StGB § 46 Abs. 2 Wertungsfehler 4). Die Formulierung lässt auch besorgen, dass sich die Strafkammer den Blick dafür verstellt hat, dass die fehlende Maskierung gerade Bestandteil des mit erheblicher krimineller Energie erdachten Tatplanes war, wonach die jeweils Geschädigten zunächst durch Vortäuschen von Kaufabsicht in Sicherheit gewiegt werden sollten, um die anschließende Tatausführung unter Ausnutzung des Überraschungsmoments zu erleichtern.

[25] b) Sowohl bei der Wahl der Strafrahmen als auch bei der Festsetzung der Einzelstrafen hat das Landgericht jeweils zu Gunsten des Angeklagten die vollzogene Untersuchungshaft berücksichtigt. Untersuchungshaft ist indes, jedenfalls bei Verhängung einer zu verbüßenden Freiheitsstrafe, kein Strafmilderungsgrund, es sei denn, mit ihrem Vollzug wären ungewöhnliche, über die üblichen deutlich hinausgehende Beschwernisse verbunden (vgl. BGH, Beschluss vom 13. Oktober 2011 – 1 StR 407/11, NStZ 2012, 147; Urteil vom 19. Mai 2010 – 2 StR 102/10, NStZ 2011, 100; Urteil vom 19. Dezember 2002 – 3 StR 401/02, NStZ-RR 2003, 110, 111). Will der Tatrichter wegen besonderer Nachteile für den Angeklagten den Vollzug der Untersuchungshaft bei der Strafzumessung mildernd berücksichtigen, müssen diese Nachteile in den Urteilsgründen dargelegt werden (BGH, Urteil vom 14. Juni 2006 – 2 StR 34/06, NJW 2006, 2645). Daran fehlt es hier, zumal die persönlichen Verhältnisse des Angeklagten im Wesentlichen seit der Vollstreckung der letzten Jugendstrafe unverändert geblieben sind.

---

62 BGH, Beschluss vom 10.9.2013 – 2 StR 353/13.
63 BGH, Beschluss vom 23.4.2013 – 2 StR 610/12.
64 BGH, Beschluss vom 12.9.2013 – 2 StR 226/13.
65 BGH, Beschluss vom 28.3.2013 – 4 StR 467/12.

[26] c) Soweit das Landgericht den Angeklagten wegen vorsätzlicher Gefährdung des Straßenverkehrs in Tateinheit mit fahrlässiger Körperverletzung und vorsätlichem Fahren ohne Fahrerlaubnis verurteilt hat (Fall II. 12 der Urteilsgründe), muss die Rechtsfolge ebenfalls neu zugemessen werden.

[27] Die verhängte Einzelstrafe von einem Jahr und zwei Monaten lässt besorgen, dass die Strafkammer dem Maß der persönlichen Schuld des Angeklagten sowie dem Unrechtsgehalt und der Gefährlichkeit der Tat nicht hinreichend Rechnung getragen hat.

[28] Das Landgericht hat bei der Festsetzung dieser Strafe eine Reihe von Umständen zu Lasten des Angeklagten berücksichtigt, von denen bereits jeder für sich genommen in erheblichem Maße straferhöhend ins Gewicht fällt. Es hat insbesondere darauf abgestellt, dass der Angeklagte bereits mehrfach einschlägig strafrechtlich in Erscheinung getreten ist und die einer Vorverurteilung zu Grunde liegende Tat „erschreckende Ähnlichkeit" mit der abgeurteilten Tat aufweist. Auch habe der Angeklagte bei Tatbegehung unter laufender Bewährung gestanden und mehrere Straftatbestände tateinheitlich verwirklicht. „Ganz erheblich strafschärfend" müsse sich ferner auswirken, dass der Geschädigte „in überdurchschnittlicher Weise unter den Tatfolgen leidet" und sich weiterhin umfangreichen ärztlichen und therapeutischen Behandlungen unterziehen müsse. Vor dem Hintergrund dieser Erwägungen ist zu besorgen, dass die Strafkammer mit der Verhängung einer Einzelstrafe im unteren Bereich des zur Verfügung stehenden Strafrahmens unter Verkennung von Tatunrecht und -schuld den dem Tatrichter eingeräumten Beurteilungsrahmen unterschritten hat.

[29] d) Zu Recht wendet sich die Beschwerdeführerin auch gegen die Erwägungen, die den Gesamtstrafausspruch des angefochtenen Urteils tragen.

[30] Allerdings kann nach der Rechtsprechung des Bundesgerichtshofs bei der Bildung einer Gesamtstrafe strafmildernd ins Gewicht fallen, dass zwischen den einzelnen Taten ein enger zeitlicher, sachlicher und situativer Zusammenhang besteht (vgl. BGH, Urteil vom 18. September 1995 – 1 StR 463/95, BGHR StGB § 54 Serienstraftaten 3 m.w.N.). Auch bei der Bemessung einer Gesamtstrafe gilt jedoch, dass das Gesetz bei der Strafzumessung „von jedem Schematismus …" weit entfernt ist (vgl. BGH, Beschluss vom 10. April 1987 – GSSt 1/86, BGHSt 34, 345, 351). Vielmehr richtet es sich nach den Umständen des Einzelfalles, ob der genannte enge Zusammenhang bei der Gesamtstrafenbildung als bestimmender Strafzumessungsgrund im Sinne von § 267 Abs. 3 Satz 1 StPO maßgeblich zu Gunsten des Täters zu werten und daher ausdrücklich zu erwägen ist oder nicht (BGH, Urteil vom 18. September 1995 aaO). Die strafmildernde Bedeutung dieses Umstandes beruht – etwa im Bereich von Sexualdelikten – darauf, dass die wiederholte Verwirklichung gleichartiger, gegen dasselbe Opfer gerichteter, einer persönlichen Beziehung entspringenden Taten nicht notwendig Ausdruck einer sich steigernden rechtsfeindlichen Einstellung sein muss; vielmehr kann die Hemmschwelle für die späteren Taten von Tat zu Tat niedriger geworden sein (vgl. BGH, Urteil vom 18. September 1995 aaO).

[31] Vor dem Hintergrund der insbesondere zu den Taten des Raubes und der besonders schweren räuberischen Erpressung getroffenen Feststellungen lässt die Auffassung des Landgerichts, wegen des engen zeitlichen und situativen Zusammenhangs dieser (und anderer) Taten sei ein besonders straffer Zusammenzug aller verhängten Einzelstrafen vorzunehmen, hier jedoch einen weiteren Wertungsfehler besorgen. Der Angeklagte hat innerhalb eines sehr kurzen Tatzeitraums, in den Fällen II. 4, 5 und 6 an drei aufeinanderfolgenden Tagen, im bewussten und gewollten

Zusammenwirken mit unterschiedlichen Mittätern insgesamt drei verschiedene Tatobjekte zur Begehung von Raubüberfällen ausgekundschaftet, die Taten unter Berücksichtigung der jeweils gegebenen Umstände vor Ort geplant und in kurzer Folge ausgeführt. Danach liegt die Annahme, gerade diese Taten seien nicht der Ausdruck einer bei dem Angeklagten vorliegenden, sich steigernden rechtsfeindlichen Einstellung, auch angesichts seiner strafrechtlichen Vorbelastung und seines Bewährungsversagens fern.

Die **beruflichen Nebenwirkungen** einer strafrechtlichen Verurteilung auf das Leben des Täters sind jedenfalls dann (als bestimmender Strafzumessungsgrund) ausdrücklich anzuführen, wenn dieser durch sie seine berufliche oder wirtschaftliche Basis verliert (hier drohende anwaltsgerichtliche Sanktionen).[66] **65**

b) Verbot der Doppelverwertung

Das **Verbot der Doppelverwertung von Strafzumessungstatsachen** wird in dem Bemühen, die gegen einen Angeklagten ausgesprochene Strafe zumeist mit vielen Argumenten zu begründen, nicht selten verletzt, indem Merkmale des Tatbestandes, einer Qualifikation oder von Regelbeispielen als besonders ausdruckstarke Darstellungsmöglichkeiten auch im Rahmen des Strafzumessung mit herangezogen werden, was jedoch nach § 46 Abs. 3 StGB strikt untersagt ist. Besonders deutlich wird dies bei den nachstehenden Entscheidungen: **66**

Ein Verstoß gegen § 46 Abs. 3 StGB ist nicht zu besorgen, indem das Landgericht zu Lasten des Angeklagten erwogen hat, er habe als **Initiator die Taten mit hoher Professionalität begangen** und ein „florierendes Wirtschaftsunternehmen" geschaffen, jedenfalls vor dem Hintergrund der festgestellten Aktivitäten des Angeklagten nach Art, Umfang und Zeitdauer auch im Hinblick auf die rechtsfehlerfrei angenommene bandenmäßige Begehungsweise.[67] **67**

Wird bei Verneinung eines minder schweren Falles der gefährlichen Körperverletzung u.a. **strafschärfend** gewertet, dass der Tat eine **„hohe Gefährlichkeit"** innewohnte, lässt dies einen Verstoß gegen § 46 Abs. 3 StGB besorgen.[68] **68**

[9] 2. Der Schuldspruch hält rechtlicher Nachprüfung stand (§ 349 Abs. 2 StPO). Der Strafausspruch weist hingegen einen Rechtsfehler auf (§ 349 Abs. 4 StPO).

[10] Das Landgericht hat bei der Verneinung eines minder schweren Falles der gefährlichen Körperverletzung (§ 224 Abs. 1 a.E. StGB) u.a. strafschärfend gewertet, dass der Tathandlung „eine hohe Gefährlichkeit" innewohnte (UA S. 55). Dies lässt einen Verstoß gegen § 46 Abs. 3 StGB besorgen.

[11] Die vom Landgericht rechtsfehlerfrei angenommene Tatbegehung mittels einer das Leben gefährdenden Behandlung (§ 224 Abs. 1 Nr. 5 StGB) beinhaltet eine hohe Gefährlichkeit der Tathandlung. Eine konkrete Gefährdung kann das Landgericht nicht gemeint haben, weil diese im vorliegenden Fall nicht eingetreten war. Es kommt daher als Überlegung des Landgerichts nur eine abstrakte Gefährdung in Betracht. Diese wird aber gerade von § 224 Abs. 1 Nr. 5 StGB erfasst.

---

[66] BGH, Beschluss vom 11.4.2013 – 2 StR 506/12.
[67] BGH, Beschluss vom 18.7.2013 – 4 StR 171/13.
[68] BGH, Beschluss vom 21.3.2013 – 1 StR 667/12.

[12] Es kann deshalb hier offen bleiben, ob „eine hohe Gefährlichkeit" grundsätzlich bereits durch die ebenfalls verwirklichte Alternative des § 224 Abs. 1 Nr. 2 StGB (mittels eines anderen gefährlichen Werkzeugs) gegeben ist.

69 Ebenso wie der Tötungsvorsatz als solcher darf die **Anwendung der zur Tötung erforderlichen Gewalt nicht straferschwerend** gewertet werden. Solche Strafzumessungserwägungen verstoßen gegen das Doppelverwertungsverbot des § 46 Abs. 3 StGB.[69]

[12] 3. Dagegen kann der Strafausspruch nicht bestehen bleiben.

[13] a) Bei der konkreten Strafzumessung hat das Schwurgericht zu Lasten des Angeklagten berücksichtigt, dass die Tatausführung von massiver Gewalt geprägt sei und durch das heftige Würgen eine besondere Brutalität aufweise. Weitere straferschwerende Umstände führt das Urteil nicht an.

[14] Diese Strafzumessungserwägungen verstoßen gegen das Doppelverwertungsverbot des § 46 Abs. 3 StGB. Ebenso wie der Tötungsvorsatz als solcher darf die Anwendung der zur Tötung erforderlichen Gewalt nicht straferschwerend gewertet werden (st. Rspr.; vgl. nur BGH, Beschlüsse vom 12. Januar 1988 – 5 StR 657/87, BGHR StGB § 46 Abs. 3 Tötungsvorsatz 2; vom 28. September 1995 – 4 StR 561/95, BGHR StGB § 46 Abs. 3 Tötungsvorsatz 6; vom 24. März 1998 – 4 StR 34/98, StV 1998, 657). Diese Grundsätze hat das Landgericht nicht beachtet. Denn der Angeklagte hat, indem er das Tatopfer über einen Zeitraum von mindestens 30 Sekunden heftig würgte, lediglich die Gewalt angewendet, die erforderlich war, um den tatbestandsmäßigen Erfolg herbeizuführen. Auch aus dem Gesamtzusammenhang der Urteilsgründe kann nicht entnommen werden, dass er das zur Tötung seiner Lebensgefährtin erforderliche Maß an Gewalt überschritten hat.

[15] Auf diesem Rechtsfehler beruht der Strafausspruch, da das Landgericht die massive Gewaltanwendung als erheblich ins Gewicht fallend gewertet hat (UA S. 25)

[16] b) Darüber hinaus begegnet die Begründung, mit welcher das Schwurgericht einen minder schweren Fall des Totschlags nach § 213 StGB abgelehnt hat, durchgreifenden rechtlichen Bedenken.

[17] aa) Es wird nicht deutlich, welche Alternative des § 213 StGB das Schwurgericht seiner Prüfung zugrunde gelegt hat. Das Landgericht hätte die erste Alternative des § 213 StGB ausdrücklich erörtern müssen, weil es auf Grund des festgestellten Geschehensablaufs nicht fernliegend war, dass der Angeklagte durch eine vom späteren Tatopfer verübte Misshandlung provoziert worden ist (vgl. BGH, Beschlüsse vom 14. Mai 2002 – 5 StR 119/02, Rn. 3 f.; vom 24. Oktober 2012 – 5 StR 472/12, Rn. 5; Fischer, StGB, 60. Aufl., § 213 Rn. 2 und 12). In diesem Zusammenhang hätte das Schwurgericht auch die Zuspitzung der Situation nach der fristlosen Kündigung des Angeklagten (Verlust des Arbeitsplatzes und der Unterkunft) in den Blick nehmen und prüfen müssen, ob hierdurch und die damit verbundenen Vorhaltungen und Tätlichkeiten des Tatopfers eine Situation herbeigeführt wurde, die das „Fass zum Überlaufen" gebracht hat (vgl. BGH, Beschluss vom 21. Dezember 2010 – 3 StR 454/10, NStZ 2011, 339, 340). Dabei wäre auch die Alkoholisierung des Tatopfers und des Angeklagten, deren Schweregrad das Schwurgericht zudem ver-

---

[69] BGH, Beschluss vom 4.7.2013 – 4 StR 213/13.

kannt hat, in die Betrachtung einzubeziehen gewesen (Fischer, StGB, 60. Aufl., § 213 Rn. 6). Die Wertung, der Angeklagte sei nur leicht enthemmt gewesen, geht von einem unzutreffenden Maß der Alkoholisierung (1,17 Promille um 05.13 Uhr) aus. Die zur Feststellung der Tatzeit-BAK erforderliche Rückrechnung ist unterblieben. Bei Zugrundelegung eines stündlichen Abbauwerts von 0,2 Promille und eines einmaligen Sicherheitszuschlags von 0,2 Promille ergibt sich zur Tatzeit (03.00 Uhr) ein Blutalkoholgehalt von mindestens 1,81 Promille (vgl. Fischer, StGB, 60. Aufl., § 20 Rn. 13).

Das Doppelverwertungsverbot des § 46 Abs. 3 StGB ist auch im Rahmen einer **Strafrahmenverschiebung** nach § 23 Abs. 2, § 49 StGB zu berücksichtigen.[70] **70**

[3] 2. Der Strafausspruch kann jedoch keinen Bestand haben. Das Landgericht hat bei der Prüfung einer Strafrahmenverschiebung nach § 23 Abs. 2, § 49 Abs. 1 StGB das „Fehlen von Rücktrittsbemühungen" bzw. das „Fehlen von Rettungsbemühungen" zum Nachteil des Angeklagten gewertet. Diese Erwägungen halten rechtlicher Nachprüfung nicht stand. Sie stellen im Ergebnis nur die Feststellung dar, dass der Angeklagte vom Versuch nicht strafbefreiend zurückgetreten ist, was jedoch erst die Strafbarkeit wegen versuchten Totschlags begründet und daher im Hinblick auf das Doppelverwertungsverbot des § 46 Abs. 3 StGB einer Strafrahmenmilderung nicht entgegenstehen kann (BGH, Beschluss vom 27. Oktober 2000 – 2 StR 381/00, BGHR StGB § 23 Abs. 2 Strafrahmenverschiebung 13, vgl. auch BGH, Beschluss vom 15. Oktober 2003 – 2 StR 332/03).

[4] Zwar hat das Landgericht die Verschiebung des Strafrahmens wegen Versuchs letztlich vorgenommen. Da es im Rahmen der konkreten Strafzumessung u.a. die „vorbenannten Strafzumessungsgesichtspunkte" berücksichtigt hat, kann der Senat aber dennoch nicht ausschließen, dass es ohne Berücksichtigung der zu beanstandenden Erwägungen zu einer milderen Strafe gelangt wäre.

[5] Der Strafausspruch bedarf daher einer erneuten tatrichterlichen Prüfung und Entscheidung. Bei dieser sind strafschärfende Erwägungen, dass der Geschädigte die Tat nicht veranlasst habe, zu vermeiden. Diese sind geeignet, die Besorgnis zu wecken, dass dem Angeklagten das Fehlen eines Strafmilderungsgrundes zur Last gelegt wird (vgl. BGH, Beschlüsse vom 24. September 2009 – 3 StR 294/09, NStZ-RR 2010, 24 f.; vom 13. August 2013 – 4 StR 288/13).

12. Täter-Opfer-Ausgleich, Schadenswiedergutmachung – § 46a StGB

Sind naheliegende **straferschwerende Gesichtspunkte nicht berücksichtigt**, kann die Annahme minderschwerer Fälle nicht rechtsfehlerfrei begründet sein. Dies gilt auch für die Annahme eines vertypten Milderungsgrunds gemäß § 46a StGB, wenn schon ein Hinweis darauf fehlt, nach welchem der beiden Tatbestände des § 46a StGB die Milderung erfolgt ist. Soweit § 46a Nr. 1 StGB gemeint ist, ist darzulegen, ob ein **kommunikativer Prozess** stattgefunden hat. Das **Angebot eines Vergleichs**, welches vom Geschädigten sogleich zurückgewiesen wurde, kann dabei nicht als ausreichende Bemühung angesehen werden.[71] **71**

[70] BGH, Beschluss vom 6.11.2013 – 1 StR 525/13.

[71] BGH, Urteil vom 13.3.2013 – 2 StR 440/12.

[13] 4. Die Revision der Staatsanwaltschaft, die sich mit der Sachrüge nur gegen die Strafaussprüche hinsichtlich beider Angeklagter wendet, ist in vollem Umfang begründet. Die Annahme minderschwerer Fälle im Sinne von § 213, 2. Variante StGB ist vom Landgericht nicht rechtsfehlerfrei begründet. Es fehlt bei den Erwägungen des Landgerichts schon jeder Hinweis auf – nahe liegende – straferschwerende Gesichtspunkte, etwa die einschlägige Vorverurteilung des Angeklagten S.S. sowie die Vollendungsnähe bei dem Angeklagten T.S.; auch eine Gesamtabwägung, die belastende und entlastende Gesichtspunkte gegenüberstellt, ist nicht erkennbar. Bedenken begegnet im Übrigen auch die Annahme eines vertypten Milderungsgrunds gemäß § 46a StGB. Insoweit fehlt schon ein Hinweis darauf, nach welchem der beiden Tatbestände des § 46a StGB die Milderung erfolgt ist; ihre Voraussetzungen überschneiden sich zwar, sind aber zu unterscheiden. Soweit – was nahe liegt – § 46a Nr. 1 StGB gemeint ist, hat ein kommunikativer Prozess ersichtlich nicht stattgefunden. Das Angebot eines Vergleichs, das vom Geschädigten sogleich zurückgewiesen wurde, kann hier nicht als ausreichende Bemühung angesehen werden. Denn weder konnte von dem Geschädigten erwartet werden, dass er seinerseits zunächst eine Vor- oder Gegenleistung erbrachte, noch kann seine Weigerung, den zivilrechtlichen Vergleich abzuschließen, als rechtsmissbräuchlich angesehen werden. Auf der Grundlage der Feststellungen kann auch nicht angenommen werden, dass das Angebot der Angeklagten als Ausdruck der Übernahme von Verantwortung anzusehen war.

■ PRAXISBEDEUTUNG

Es kommt immer wieder vor, dass ein Angeklagter (oder sein Verteidiger?) glaubt, dass er die Vorteile eines Täter-Opfer-Ausgleichs schon dadurch erreichen kann, dass kurzfristig während der Hauptverhandlung eine Geldsumme oder auch nur der Abschluss eines Vergleichs angeboten werden, ohne dass konkrete Angaben zur Leistungsfähigkeit des Angeklagten oder auch seiner Zahlungsbereitschaft gemacht werden. Insoweit bestätigt die vorstehende Entscheidung die ständige Rechtsprechung, dass derartige Angebote regelmäßig nicht ausreichend sind, erst Recht, wenn diese sogleich vom Geschädigten zurückgewiesen werden.

72 Die Bestimmung des § 46a Nr. 1 StGB verlangt, dass der Täter in dem Bemühen, einen Ausgleich mit dem Opfer zu erreichen, die Tat „ganz oder zum überwiegenden Teil“ wiedergutgemacht hat, wobei es aber auch ausreichend sein kann, dass der Täter dieses Ziel ernsthaft erstrebt. Das Bemühen des Täters setzt grundsätzlich einen **kommunikativen Prozess** zwischen Täter und Opfer voraus, der auf einen **umfassenden, friedensstiftenden Ausgleich** der durch die Straftat verursachten Folgen angelegt und „Ausdruck der Übernahme von Verantwortung“ sein muss. Daran fehlt es jedenfalls schon dann, wenn die Angeklagten die ihnen zur Last gelegte gravierende Gewalttat als Verteidigungshandlung gegen einen rechtswidrigen Angriff des Tatopfers hingestellt und somit schon die Opfer-Rolle des Geschädigten bestritten haben. Eine **Übernahme von Verantwortung** kann hierin nicht gesehen werden.[72]

---

[72] BGH, Urteil vom 23.5.2013 – 4 StR 109/13.

[10] a) Das Landgericht hat bei der Bemessung der Strafe zu Gunsten der Angeklagten berücksichtigt, dass sie sich ausdrücklich bei dem Nebenkläger entschuldigt, den geltend gemachten Schmerzensgeldanspruch dem Grunde nach anerkannt und in ihrem letzten Wort ihr Bedauern über die Tat zum Ausdruck gebracht haben. Dass das Landgericht von der weiter gehenden Prüfung abgesehen hat, ob aus diesen Gründen der anzuwendende Strafrahmen nach § 46a Nr. 1 StGB zu mildern ist, stellt keinen Rechtsfehler dar, denn die Voraussetzungen dieser Vorschrift liegen ersichtlich nicht vor.

[11] b) Die Bestimmung des § 46a Nr. 1 StGB verlangt, dass der Täter in dem Bemühen, einen Ausgleich mit dem Opfer zu erreichen, die Tat „ganz oder zum überwiegenden Teil" wiedergutgemacht hat, wobei es aber auch ausreichend sein kann, dass der Täter dieses Ziel ernsthaft erstrebt. Das Bemühen des Täters setzt grundsätzlich einen kommunikativen Prozess zwischen Täter und Opfer voraus, der auf einen umfassenden, friedensstiftenden Ausgleich der durch die Straftat verursachten Folgen angelegt und „Ausdruck der Übernahme von Verantwortung" sein muss (BGH, Urteile vom 19. Dezember 2002 – 1 StR 405/02, BGHSt 48, 134, 139, 141; vom 12. Januar 2012 – 4 StR 290/11, NStZ 2012, 439; vom 8. August 2012 – 2 StR 526/11, NStZ 2013, 33, 34). Daran fehlt es hier. Denn die Angeklagten haben die ihnen zur Last gelegte gravierende Gewalttat als Verteidigungshandlung gegen einen rechtswidrigen Angriff des Tatopfers hingestellt und somit schon die Opfer-Rolle des Geschädigten bestritten. Eine Übernahme von Verantwortung kann hierin nicht gesehen werden (BGH, Beschluss vom 25. Juni 2008 – 2 StR 217/08, NStZ-RR 2008, 304; Urteil vom 10. Februar 2010 – 2 StR 391/09, NStZ-RR 2010, 175; Urteil vom 25. Februar 2010 – 4 StR 575/09, NStZ-RR 2010, 176).

[12] Die Urteilsgründe belegen darüber hinaus, dass ein kommunikativer „friedensstiftender" Prozess zwischen den Angeklagten und dem Nebenkläger nicht einmal ansatzweise stattgefunden hat. Die Angeklagten haben hinsichtlich des geltend gemachten Schmerzensgeldanspruchs lediglich ein prozessuales Anerkenntnis „dem Grunde nach" gegenüber dem Gericht erklärt. Vom Nebenkläger als friedensstiftenden Ausgleich akzeptierte Leistungen haben sie nicht erbracht (vgl. Senatsbeschluss vom 12. Januar 2012 – 4 StR 290/11, NStZ 2012, 439, 440). Angesichts der Schwere der begangenen Tat und der erheblichen Verletzungsfolgen bei dem Nebenkläger war eine bloße Entschuldigung völlig unzureichend, zumal weiterhin erhebliche Spannungen zwischen den Familien der Angeklagten und dem Tatopfer bestehen (vgl. BGH, Urteile vom 28. Februar 2013 – 4 StR 430/12, Rn. 14, und vom 27. März 2013 – 2 StR 384/12, Rn. 10).

Wenn durch eine Straftat **mehrere Opfer** betroffen sind, muss hinsichtlich jedes Geschädigten zumindest eine Alternative des § 46a StGB erfüllt sein.[73] **73**

[8] 4. Für die neue Hauptverhandlung weist der Senat darauf hin, dass die Staatsanwaltschaft zu Recht die Strafmilderung wegen des vertypten Milderungsgrunds des § 46a StGB beanstandet. Wenn – wovon das Landgericht ausgegangen ist – durch eine Straftat mehrere Opfer betroffen sind, muss hinsichtlich jedes Geschädigten zumindest eine Alternative des § 46a StGB erfüllt sein (BGH, Urteil vom 25. Mai 2001 – 2 StR 78/01, NStZ 2002, 364, 365; Urteil vom 12. Januar 2012 –

[73] BGH, Urteil vom 11.9.2013 – 2 StR 131/13.

4 StR 290/11, NStZ 2012, 439, 440). Zwar ist die Anwendung des § 46a Nr. 1 StGB hinsichtlich des Nebenklägers ohne Rechtsfehler. Die Annahme eines erfolgreichen Täter-Opfer-Ausgleichs im Verhältnis zu der Geschädigten H. begegnet jedoch durchgreifenden rechtlichen Bedenken. Den Urteilsgründen ist nichts dafür zu entnehmen, dass – wie erforderlich – ein kommunikativer Prozess im Sinne des § 46a Nr. 1 StGB zwischen der Geschädigten H. und dem Angeklagten stattgefunden hat. Entgegen der Auffassung des Landgerichts genügte der bloße Verzicht des Angeklagten auf Rückgabe der bei ihm sichergestellten 150 Euro auch nicht den Anforderungen an eine Schadenswiedergutmachung im Sinne von § 46a Nr. 2 StGB. Aus den Feststellungen ergibt sich weder, dass dies – was ohnehin fern liegt – für den Angeklagten eine erhebliche persönliche Leistung oder einen persönlichen Verzicht im Sinne der Vorschrift bedeutete, noch, dass sein Verhalten Ausdruck der Übernahme von Verantwortung war (vgl. BGH, Urteil vom 25. Mai 2001 – 2 StR 78/01, NStZ 2002, 364, 365). Eine rein rechnerische Kompensation erlittenen materiellen Schadens ist hierfür nicht ausreichend (vgl. BGHSt 48, 134, 144). Auch ist den Urteilsgründen nicht zu entnehmen, dass die Geschädigte H. in irgendeiner Weise in einen Prozess der möglichen Wiedergutmachung im Sinne von § 46a Nr. 2 StGB einbezogen wurde. Allein aus der Tatsache, dass der Angeklagte auf die Rückgabe des sichergestellten Betrages zugunsten der Zeugen H. verzichtet hat, folgt nicht, dass die Geschädigte diese „Leistung" auch als friedensstiftenden Ausgleich akzeptiert hat (vgl. BGH, Urteil vom 6. Februar 2008 – 2 StR 561/07, BGHR StGB § 46a Voraussetzungen 1; Urteil vom 12. Januar 2012 – 4 StR 290/11, NStZ 2012, 439, 440). Hiergegen spricht im Übrigen, dass „ein formeller Ausgleich nicht auch mit der Zeugin H. gefunden wurde" (UA 20).

13. Aufklärungshilfe – § 46b StGB

74 **Anlasstat im Sinne von § 46b StGB** muss keine Katalogtat gem. § 100a Abs. 2 StPO sein; vielmehr reicht es aus, dass die Straftat mit einer im Mindestmaß erhöhten Freiheitsstrafe bedroht ist.[74]

[2] 1. Der Strafausspruch hält rechtlicher Nachprüfung nicht stand, weil das Landgericht von einem falschen Strafrahmen ausgegangen ist. Zwar hat es hinsichtlich des gewerbsmäßig begangenen Computerbetrugs in 71 Fällen wegen Vorliegens der Voraussetzungen des § 46b StGB einen gemäß § 49 Abs. 1 StGB reduzierten Strafrahmen von einem Monat bis zu sieben Jahren und sechs Monaten für anwendbar gehalten. Eine ebensolche Strafrahmenverschiebung hinsichtlich des jeweils tateinheitlich gewerbsmäßig begangenen Untreuetatbestands hat es jedoch abgelehnt mit der Begründung, insoweit handele es sich nicht um eine Katalogtat im Sinne von § 46b Abs. 1 Satz 1 Nr. 1 StGB in Verbindung mit § 100a Abs. 2 StPO. Der Generalbundesanwalt hat dazu ausgeführt:

> *„Indes beanstandet die Beschwerdeführerin zu Recht, dass das Landgericht eine Strafrahmenverschiebung nach §§ 46b, 49 Abs. 1 StGB – anders als im Fall des jeweils tateinheitlich begangenen Computerbetrugs – ausgeschlossen hat, weil es sich bei dem Untreuetatbestand nicht um eine Katalogtat im Sinne von § 46b Abs. 1 Satz 1 Nr. 1 StGB i.V.m. § 100a Abs. 2 StPO handele (vgl. UA S. 12).*

---

[74] BGH, Beschluss vom 25.4.2013 – 2 StR 37/13.

Die Strafkammer hat dabei übersehen, dass die Anlasstat keine Katalogtat sein muss, es vielmehr genügt, dass diese – wie vorliegend – mit einer im Mindestmaß erhöhten Freiheitsstrafe bedroht ist. Nach den Feststellungen hat die Angeklagte bereits bei ihrer polizeilichen Vernehmung die Zeugin M. glaubhaft als Mitwisserin und teilweise begünstigte Mittäterin – Fälle 1, 8, 11, 19, 27, 32, 37, 47, 64, 69, 78 – benannt, worauf diese ihre Tatbeteiligung eingestanden hat. Computerbetrug unter den in § 263 Abs. 3 Satz 2 StGB genannten Voraussetzungen stellt eine Katalogtat im Sinne des § 100a Abs. 2 Nr. 1n) StPO dar. Für Täterschaft und Teilnahme gelten die allgemeinen Grundsätze (vgl. Wohlers in MünchKomm StGB § 263a Rn. 71), weshalb die Annahme von Mittäterschaft der Zeugin M. nahe liegt. Gleiches gilt – unbeschadet der konkurrenzrechtlichen Einordnung der Taten (vgl. BGH NStZ-RR 2006, 106) – vor dem Hintergrund der häufigen Zahlungen auch für das Vorliegen des Merkmals der Gewerbsmäßigkeit. All dies hat das Landgericht nicht geprüft."

[3] 2. Dem schließt sich der Senat an und weist ergänzend darauf hin, dass die Strafkammer darüber hinaus hätte prüfen müssen, ob – bei Vorliegen der Voraussetzungen des § 46b StGB – statt des Strafrahmens für besonders schwere Fälle der Strafrahmen der §§ 263a Abs. 1, 266 Abs. 1 StGB – Geldstrafe oder Freiheitsstrafe bis zu fünf Jahren – angemessen gewesen wäre.

Für § 46b StGB kann es ausreichend sein, wenn die Angaben des Täters eine **sicherere Grundlage für den Nachweis der betreffenden Tat** der belasteten Person schaffen, also dessen Überführung erleichtern, etwa indem den Ermittlungsbehörden bereits vorliegende Erkenntnisse durch die Angaben des Täters weiter bestätigt werden.[75] 75

[3] 2. Unbeschadet dessen haben beide Einzelstrafen (und die Gesamtstrafe) keinen Bestand, weil das Landgericht bei der Prüfung der Voraussetzungen des § 46b StGB einen unzutreffenden Maßstab angelegt hat. Es hat eine Aufklärungshilfe allein deswegen verneint, „da der Angeklagte mit seinem frühen Geständnis ... lediglich die bereits durch die Ermittlungen bestehenden Erkenntnisse bestätigt hat", ohne hierzu Näheres mitzuteilen. Es ist jedoch anerkannt, dass es für § 46b StGB ausreichend sein kann, wenn die Angaben des Täters eine sicherere Grundlage für den Nachweis der betreffenden Tat der belasteten Person schaffen, also dessen Überführung erleichtern (vgl. BGH, Beschluss vom 23. November 2010 – 3 StR 403/10, wistra 2011, 99), etwa indem den Ermittlungsbehörden bereits vorliegende Erkenntnisse durch die Angaben des Täters weiter bestätigt werden (BGH, Beschluss vom 3. Februar 2005 – 5 StR 476/04, StraFo 2005, 169).

§ 46b StGB ist auch dann anwendbar, wenn zwischen der jeweils zu beurteilenden Tat und derjenigen, zu der der Täter einen **Aufklärungsbeitrag** erbracht hat, **kein Zusammenhang** besteht. Daher ist, wenn dem Täter mehrere Delikte zur Last liegen, die mit einer im Mindestmaß erhöhten Freiheitstrafe oder mit lebenslanger Freiheitsstrafe bedroht sind (§ 46b Abs. 1 Satz 1 StGB), für alle Taten abzuwägen, ob eine Strafrahmenverschiebung gerechtfertigt ist, auch wenn sich die Aufklärungshilfe nur auf eine dieser Taten bezieht.[76] 76

---

[75] BGH, Beschluss vom 12.2.2013 – 5 StR 27/13.
[76] BGH, Beschluss vom 17.9.2013 – 3 StR 209/13.

77 Die Voraussetzungen des § 46b Abs. 1 Nr. 1 StGB können zwar **auch bei Offenbarung von Wissen vorliegen, das lediglich auf Hinweisen vom Hörensagen** beruht, sofern hierdurch ein wesentlicher Beitrag zur Aufklärung einer Tat nach § 100a Abs. 2 StPO geleistet wird. Auch verlangt § 46b StGB weder ein umfassendes Geständnis noch eine Offenlegung des gesamten Wissens des Täters. Jedoch trägt der Aufklärungsgehilfe das Risiko, dass ein Aufklärungserfolg nicht eintritt.[77]

14. Besondere gesetzlicher Milderungsgründe – § 49 StGB

78 Sieht das das Gesetz bei einer Straftat einen **minder schweren Fall** vor und ist im Einzelfall ein gesetzlicher Milderungsgrund nach § 49 StGB gegeben, ist bei der **Strafrahmenwahl** vorrangig zu prüfen, ob ein minder schwerer Fall vorliegt. Ist nach einer Abwägung aller allgemeinen Strafzumessungsumstände das Vorliegen eines minder schweren Falls abzulehnen, sind bei der weitergehenden Prüfung, ob der mildere Sonderstrafrahmen zur Anwendung kommt, gesetzlich vertypte Strafmilderungsgründe zusätzlich heranzuziehen. Erst wenn der Tatrichter danach weiterhin keinen minder schweren Fall für gerechtfertigt hält, darf er seiner konkreten Strafzumessung den (allein) wegen des gegebenen gesetzlich vertypten Milderungsgrunds gemilderten Regelstrafrahmen zugrunde legen.[78]

15. Tateinheit, Tatmehrheit, Gesamtstrafenbildung – §§ 52 ff. StGB

a) Tateinheit, Tatmehrheit – §§ 52, 53 StGB

79 Bei einer durch mehrere Personen begangenen Deliktsserie ist die Frage, ob **Handlungseinheit** besteht oder **Tatmehrheit** gegeben ist, für **jeden der Beteiligten gesondert zu prüfen** und zu entscheiden. Erbringt der Mittäter einer solchen Serie lediglich in deren Vorfeld oder in deren weiterem Verlauf einen einheitlichen, mehrere der Einzeltaten fördernden Beitrag, ohne sich im Weiteren an der Ausführung dieser Einzeltaten zu beteiligen, so sind ihm die so gleichzeitig geförderten Einzeltaten nicht als jeweils rechtlich selbständig, sondern als in gleichartiger Tateinheit begangen zuzurechnen, denn sie werden in seiner Person durch den einheitlichen Tatbeitrag zu einer Handlung im Sinne des § 52 Abs. 1 StGB verknüpft. Als rechtlich selbständige Taten können dem Mittäter – soweit keine natürliche Handlungseinheit vorliegt – nur solche Einzeltaten der Serie zugerechnet werden, für die er einen individuellen, nur je diese fördernden Tatbeitrag leistet. Ob andere Mittäter die einzelnen Delikte tatmehrheitlich begangen haben, bleibt ohne Belang.[79]

80 *Anfragebeschluss:* Die **Annahme von Tateinheit** kommt in Betracht, wenn mehrere Tatbestandsverwirklichungen dergestalt objektiv zusammentreffen, dass die **Ausführungshandlungen** in einem für sämtliche Tatbestandsverwirklichungen notwendigen Teil **zumindest teilweise identisch** sind. Dagegen reichen ein einheitliches

[77] BGH, Beschluss vom 12.2.2013 – 4 StR 553/12.
[78] BGH, Beschluss vom 19.11.2013 – 2 StR 494/13.
[79] BGH, Beschluss vom 17.9.2013 – 3 StR 259/13; vgl. hierzu auch BGH, Beschluss vom 23.5.2013 – 2 StR 555/12.

Motiv, die Gleichzeitigkeit von Geschehensabläufen, die Verfolgung eines Endzwecks, eine Mittel-Zweck-Verknüpfung oder eine Grund-Folge-Beziehung nicht aus, Tateinheit zu begründen.[80]

b) Gesamtstrafenbildung – §§ 54, 55 StGB

Im Fall der Nichteinbeziehung von **mehreren nicht erledigten Geldstrafen** in eine Gesamtstrafe gemäß § 53 Abs. 1 Satz 2 1. Halbsatz StGB ist auch im Verfahren nach § 55 Abs. 1 Satz 1 StGB insoweit gemäß § 53 Abs. 2 Satz 2 2. Halbsatz StGB auf eine Gesamtgeldstrafe zu erkennen ist, sofern die erforderlichen Voraussetzungen dafür vorliegen. Für die Nachvollziehbarkeit der hierzu getroffenen Entscheidungen bedarf es der Mitteilung des Vollstreckungsstands und der jeweiligen Tatzeiten.[81] **81**

Die **Festsetzung der Gesamtstrafe** innerhalb der durch § 54 Abs. 1 Satz 2, Abs. 2 StGB gezogenen Grenzen ist ein **eigenständiger Strafzumessungsvorgang**, der den allgemeinen **Grundsätzen des § 46 StGB unterliegt**. Eine Schärfung der Strafe allein aus den vom Gesetzgeber bei der Festlegung des Strafrahmens angestellten Erwägungen allgemeiner Art ist daher auch hier aus den Gründen des § 46 Abs. 3 StGB nicht zulässig.[82] **82**

Die Vorschrift des **§ 55 StGB** soll ihrem Grundgedanken nach sicherstellen, dass Taten, die bei gemeinsamer Aburteilung nach §§ 53, 54 StGB behandelt worden wären, auch bei getrennter Aburteilung dieselbe Behandlung erfahren, so dass der Täter im Ergebnis weder besser noch schlechter gestellt ist. Die **Anwendung des** § 55 StGB ist für den Tatrichter **zwingend**. Er darf daher die Entscheidung über eine nachträglich zu bildende Gesamtstrafe grundsätzlich nicht dem Beschlussverfahren nach § 460 StPO überlassen.[83] **83**

Bei der Einbeziehung der Strafen aus früheren Urteilen in eine Gesamtstrafe ist es grundsätzlich erforderlich, die **einzelnen Taten** und die **verhängten Einzelstrafen konkret zu bezeichnen**.[84] **84**

Eine **Beschränkung der Revision** auf die **Anfechtung der Gesamtstrafe** ist prinzipiell möglich. § 54 Abs. 1 Satz 3 StGB enthält eigene, über § 46 StGB hinausgehende Bewertungsgrundsätze, so dass die **Gesamtstrafenbildung** grundsätzlich einen **gesonderten Strafzumessungsvorgang** erfordert. Innerhalb des Rechtsfolgenausspruchs ist die Gesamtstrafenbildung als Beschwerdepunkt von dem nicht angegriffenen Teil des Strafausspruchs hinsichtlich der Einzelstrafen einer getrennten und umfassenden Überprüfung und Beurteilung durch das Revisionsgericht und den neuen Tatrichter jedenfalls dann zugänglich, wenn bei der Bildung der Gesamtstrafe nicht zur Vermeidung von Wiederholungen auf die zur Festsetzung der Einzelstrafen niedergelegten Erwägungen Bezug genommen wird.[85] **85**

Nach **Aufhebung einer Gesamtstrafe und Zurückverweisung** der Sache an das Tatgericht hat die (erneute) **Bildung einer Gesamtstrafe** gemäß § 55 Abs. 1 Satz 1 **86**

---

[80] BGH, Beschluss vom 31.7.2013 – 4 StR 223/13.
[81] BGH, Beschluss vom 19.11.2013 – 4 StR 464/13.
[82] BGH, Beschluss vom 31.7.2013 – 4 StR 217/13.
[83] BGH, Beschluss vom 17.9.2013 – 1 StR 370/13.
[84] BGH, Beschluss vom 12.9.2013 – 2 StR 258/13.
[85] BGH, Beschluss vom 28.2.2013 – 4 StR 537/12.

StGB grundsätzlich **nach Maßgabe der Vollstreckungssituation** zum **Zeitpunkt der ersten Entscheidung** zu erfolgen. Dies gilt nicht nur in dem Fall, in dem die Urteilsaufhebung gerade wegen fehlerhaft unterbliebener nachträglicher Gesamtstrafenbildung erfolgt ist. Vielmehr ist regelmäßig auch in anderen Fällen der Gesamtstrafenaufhebung so zu verfahren. Weiter gilt nichts anderes, wenn – wie hier – das erste Urteil nicht allein auf die Revision des Angeklagten, sondern auch auf die der Staatsanwaltschaft aufgehoben worden ist. Denn auch in diesem Fall soll einem Revisionsführer der durch eine nachträgliche Gesamtstrafenbildung erlangte Rechtsvorteil nicht durch sein Rechtsmittel genommen werden.[86]

16. Strafaussetzung zur Bewährung – §§ 56 ff. StGB

87 Das **Bestreben**, einem Angeklagten Strafaussetzung zur Bewährung zu bewilligen, darf nicht dazu führen, dass die schuldangemessene Strafe unterschritten wird.[87]

■ TOPENTSCHEIDUNG

88 Der **Verhältnismäßigkeitsgrundsatz** muss auch im Rahmen der Prüfung der **Aussetzung des Strafrestes zur Bewährung** (§ 57 Abs 1 StGB) berücksichtigt werden.[88]

[25] c) Der Grundsatz der Verhältnismäßigkeit ist auch im Rahmen der Prüfung der Aussetzung des Strafrests zur Bewährung gemäß § 57 Abs. 1 StGB zu berücksichtigen (vgl. BVerfG, Beschluss der 2. Kammer des Zweiten Senats vom 22. Juni 2012 – 2 BvR 22/12 –, NStZ-RR 2012, S. 385 <386>). Anders als bei Maßregeln ist zwar bei Strafen bereits im Strafurteil über die Verhältnismäßigkeit der zu vollstreckenden Strafe grundsätzlich entschieden worden. Doch auch bezüglich der Strafaussetzung bei lebenslanger Freiheitsstrafe gemäß § 57a StGB – der auf § 57 Abs. 1 StGB verweist – hat das Bundesverfassungsgericht in ständiger Rechtsprechung bereits betont, dass die Regelung der Aussetzung einen Ausgleich zwischen dem Resozialisierungsanspruch und dem Freiheitsgrundrecht des zu lebenslanger Freiheitsstrafe Verurteilten einerseits und dem Sicherungsinteresse der Allgemeinheit andererseits schafft (vgl. BVerfGE 117, 71 <112>; BVerfGK 15, 390 <396>; 16, 44 <47 f.>). Die bei der Entscheidung über die Aussetzung zu berücksichtigenden Umstände werden dabei durch § 57 Abs. 1 Satz 2 StGB konkretisiert (BVerfGE 117, 71 <112>). Für die Strafaussetzung bei zeitigen Freiheitsstrafen kann nichts anderes gelten. Auch insoweit ist ein Ausgleich zwischen dem Freiheitsrecht des Einzelnen und den Sicherungsinteressen der Allgemeinheit geboten. Bei der nach § 57 Abs. 1 Satz 2 StGB gebotenen Berücksichtigung der individuellen Lebensumstände des Verurteilten kann die Dauer einer Freiheitsentziehung als notwendige Bedingung des Maßregelvollzugs aus Anlass der Tat nicht außer Betracht bleiben, auch wenn sie gemäß § 67 Abs. 4 StGB in verfassungsrechtlich nicht zu beanstandender Weise nur auf zwei Drittel der Strafe angerechnet wird. Je länger der Freiheitsentzug insge-

---

[86] BGH, Beschluss vom 22.8.2013 – 3 StR 141/13.

[87] BGH, Beschluss vom 18.9.2013 – 5 StR 375/13.

[88] BVerfG, Kammerbeschluss v. 6.11.2013 – 2 BvR 1066/13; vgl. auch BVerfG, Kammerbeschluss vom 10.6.2013 – 2 BvR 1541/12 – sowie BVerfG, Kammerbeschluss vom 16.5.2013 – 2 BvR 2671/11.

samt dauert, umso strenger sind die Voraussetzungen für dessen Verhältnismäßigkeit (vgl. BVerfGE 70, 297 <315>; BVerfGK 15, 390 <397>; 16, 44 <48>).

[26] Da es sich insoweit um eine wertende Entscheidung handelt, kann das Bundesverfassungsgericht im Rahmen der Verfassungsbeschwerde nur prüfen, ob eine Abwägung überhaupt stattgefunden hat und ob die dabei zugrundegelegten Bewertungsmaßstäbe der Verfassung entsprechen und insbesondere Inhalt und Tragweite des Grundsatzes der Verhältnismäßigkeit nicht verkennen (vgl. BVerfGE 70, 297 <315>).

[27] 2. Nach diesem Maßstab verletzen die angegriffenen Beschlüsse den Beschwerdeführer in seinem Grundrecht aus Art. 2 Abs. 2 Satz 2 in Verbindung mit Art. 20 Abs. 3 GG.

Einer **ausdrücklichen Erörterung** der zu **erwartenden Wirkungen** einer spezial- 89
präventiv ausgestalteten **Strafaussetzung** durch die Erteilung von Auflagen und Weisungen (§ 56b, § 56c StGB) bedarf es jedenfalls dann nicht, soweit Anhaltspunkte gegeben sind, dass Auflagen und Weisungen anders als bei den früheren jugendrichterlichen Ahndungen den Angeklagten von weiteren Straftaten abhalten könnten. Berücksichtigung kann finden, dass gegen den Angeklagten erstmals eine Freiheitsstrafe verhängt wird und er demnach das erste Mal der Warnwirkung der Strafaussetzung zur Bewährung mit dem Druck eines möglichen Bewährungswiderrufs ausgesetzt wäre.[89]

[2] 1. Die gemäß § 56 Abs. 1 StGB getroffene negative Prognoseentscheidung des Landgerichts hält rechtlicher Nachprüfung stand. Den Umstand, dass der Angeklagte bisher wegen einer Vielzahl auch einschlägiger Vortaten (Diebstahl, Raub, räuberische Erpressung) bis zum Schluss nur mit milden jugendstrafrechtlichen Maßnahmen belegt wurde, hat die Strafkammer ausdrücklich erwogen. Bei der Strafzumessung ist zudem ausdrücklich zu Gunsten des Angeklagten berücksichtigt worden, dass er erstmals als Erwachsener strafrechtlich zur Verantwortung gezogen wird. Dass das Landgericht diesen Umstand dann bei der Bewährungsprognose nicht berücksichtigt haben könnte, schließt der Senat aus. Die Strafkammer hat nach alledem auch nicht verkannt, dass gegen den Angeklagten erstmals eine Freiheitsstrafe verhängt wird und er demnach das erste Mal der Warnwirkung der Strafaussetzung zur Bewährung mit dem Druck eines möglichen Bewährungswiderrufs ausgesetzt wäre. Einer ausdrücklichen Erörterung der zu erwartenden Wirkungen einer spezialpräventiv ausgestalteten Strafaussetzung durch die Erteilung von Auflagen und Weisungen (§ 56b, § 56c StGB) bedurfte es hier nicht, da Anhaltspunkte dafür, dass Auflagen und Weisungen nunmehr anders als bei den früheren jugendrichterlichen Ahndungen den Angeklagten von weiteren Straftaten abhalten könnten, nicht erkennbar sind.

[3] Die Darstellung der Vortaten und Vorstrafen im angefochtenen Urteil weist keinen durchgreifenden Rechtsfehler auf. Schon eine detailgetreue Wiedergabe des Bundeszentralregisterauszugs bei den Feststellungen zum Lebenslauf des Angeklagten ist im Regelfall untunlich (BGH, Urteil vom 30. Juni 2011 – 3 StR 39/11). Es genügt, wie hier, die Vorstrafen gestrafft und zusammengefasst darzulegen. Einer Sachverhaltsschilderung oder gar der Darlegung der vom früheren Richter oder Staatsanwalt angestellten Strafzumessungs- bzw. Entscheidungserwägungen bedarf es nur bei

[89] BGH, Beschluss vom 23.5.2013 – 4 StR 70/13.

der Bildung einer neuen Einheitsjugendstrafe (BGH, Beschlüsse vom 14. April 1988 – 1 StR 139/88, StV 1989, 307; vom 20. März 1996 – 3 StR 10/96, StV 1998, 344 und vom 25. Mai 2008 – 2 StR 162/08, NStZ 2009, 43) oder einer nachträglichen Gesamtstrafe (BGH, Beschlüsse vom 11. Juni 1997 – 2 StR 134/97; vom 8. Februar 2011 – 4 StR 658/10; Fischer, StGB, 60. Aufl., § 55 Rn. 17 und 34), ansonsten nur in den wenigen Ausnahmefällen, in denen – anders als hier – die früher festgestellten Taten oder Entscheidungserwägungen auch für den jetzigen Tatrichter entscheidungserheblich sind.

[4] Die Überzeugung der Strafkammer, die erlittene Untersuchungshaft habe zur Einwirkung auf den Angeklagten nicht ausgereicht, ist revisionsrechtlich nicht zu beanstanden. Soweit die Revision diesem Umstand ein höheres Gewicht beimisst, kann sie damit im Revisionsverfahren nicht gehört werden.

[5] Auch die Erwägung der Strafkammer, der Angeklagte habe mangels einer abgeschlossenen Ausbildung keine konkreten Aussichten, selbst für seinen Lebensunterhalt zu sorgen, und er habe bisher auch keine Anstrengungen unternommen, seine Chancen auf dem Arbeitsmarkt zu verbessern, begegnet keinen durchgreifenden Bedenken. Die Strafkammer stellt ersichtlich nicht auf eine „Lebensführungsschuld" des Angeklagten ab, sondern darauf, dass er auch in Zukunft keine Möglichkeit hat, seinen unverändert praktizierten Lebensstil mit Drogenkonsum, Diskotheken- und Partybesuchen sowie teurer Markenkleidung mit legalen Einkünften zu finanzieren.

90 Die **Missachtung zeitlicher Beschränkungen für den Widerruf** gem § 56f StGB kann zur Verletzung des verfassungsrechtlich gesicherten Vertrauensschutzes führen. Diese Anforderungen sind auch beim Widerruf einer gnadenweise erfolgten Aussetzungsentscheidung zu beachten.

Zwar muss der Betroffene bei einem bewährungsbrüchigen Verhalten grundsätzlich mit einem Widerruf der Strafaussetzung rechnen. Ist jedoch die **Bewährungszeit abgelaufen**, so muss der Widerruf binnen einer angemessenen Frist erfolgen. Die Angemessenheit der Frist im konkreten Fall bestimmt sich nach den Umständen des Einzelfalls.

Verzögert sich eine Entscheidung über den Widerruf wegen Abwartens der Rechtskraft der Verurteilung, so erscheint zwar ein Hinweis auf das Abwarten nicht schon von Verfassungs wegen geboten. Wo allerdings ein solcher Hinweis erwartet werden kann, kann bei seinem Fehlen **Vertrauen entstehen.**[90]

[21] 1. a) Entscheidungen über den Widerruf der Aussetzung der Strafvollstreckung zur Bewährung sind an Art. 2 Abs. 2 Satz 2 GG in Verbindung mit dem Vertrauensschutz des Rechtsstaatsprinzips (Art. 20 Abs. 3 GG) zu messen (BVerfG, Beschluss der 2. Kammer des Zweiten Senats vom 10. Februar 1995 – 2 BvR 168/95 –, NStZ 1995, S. 437, zu § 56f Abs. 1 Nr. 1 StGB; vgl. auch BVerfGE 63, 215 <223 f.>, zum Auslieferungsverfahren). Danach kann sich der Verurteilte, dessen Freiheitsstrafe zur Bewährung ausgesetzt worden ist, darauf verlassen, dass die mit abgeschlossenen Tatbeständen verknüpfte Rechtsfolge anerkannt bleibt, mithin seine durch Bewährung erlangte Rechtsposition nicht für ihn unvorhersehbar aufgehoben wird (BVerfG, Beschluss der 2. Kammer des Zweiten Senats vom 10. Februar 1995 – 2 BvR 168/95 –, NStZ 1995, S. 437; Beschluss der 3. Kammer des Zweiten

[90] BVerfG, Kammerbeschluss vom 20.3.2013 – 2 BvR 2595/12.

Senats vom 8. Juni 2009 – 2 BvR 847/09 –, StV 2010, S. 312; vgl. auch BVerfGE 63, 215 <223 f.>). Er kann sich grundsätzlich darauf verlassen, dass ein Widerruf nur in den gesetzlich vorgesehenen Grenzen erfolgt. So kann die Missachtung zeitlicher Beschränkungen für den Widerruf zur Verletzung des verfassungsrechtlich gesicherten Vertrauensschutzes führen (BVerfG, Beschluss der 3. Kammer des Zweiten Senats vom 8. Juni 2009 – 2 BvR 847/09 –, StV 2010, S. 312). Die Anforderungen aus dem verfassungsmäßigen Gebot des Vertrauensschutzes, die für einen Widerruf nach § 56f StGB gelten, sind auch beim Widerruf einer gnadenweise erfolgten Aussetzungsentscheidung zu beachten (zur Übertragung der für § 56g StGB geltenden Grundsätze auf den Widerruf einer gnadenweisen Strafaussetzung zur Bewährung vgl. KG, Beschluss vom 2. Juli 2001 – 4 VAs 18/01 –, juris Rn. 4; OLG Hamburg, Beschluss vom 29. September 2003 – 1 VAs 7/03 –, NJW 2003, S. 3574 <3575>; Beschluss vom 10. Februar 2004 – 2 VAs 15/03 –, NStZ-RR 2004, S. 223 <224>). Durch den Ausspruch eines Gnadenerweises werden dem Verurteilten Freiheitsrechte eingeräumt, auf deren Fortbestand er grundsätzlich vertrauen kann (vgl. BVerfGE 30, 108 <110 f.>; siehe auch BVerfG, Beschluss der 2. Kammer des Zweiten Senats vom 21. Dezember 1994 – 2 BvR 213/92 –, NStZ 1995, S. 205). Der einem Verurteilten im Gnadenwege gewährte Freiheitsraum unterliegt nicht mehr der freien Verfügung der Exekutive. Anders als die Ablehnung eines Gnadenerweises, auf den ein Anspruch nicht besteht, ist der Widerruf einer Gnadenentscheidung ein rechtlich gebundener Akt (vgl. BVerfGE 30, 108 <111>).

*[**22**] b) Schon mit dem Begriff „Bewährung" verbindet jedermann die sichere Vorstellung, ab sofort keine Straftat mehr begehen zu dürfen, ohne mit Konsequenzen für die Bewährung rechnen zu müssen (vgl. BVerfG, Beschluss der 2. Kammer des Zweiten Senats vom 27. Januar 1992 – 2 BvR 294/91 –, NJW 1992, S. 2877). Bei einem bewährungsbrüchigen Verhalten muss der Betroffene daher grundsätzlich mit einem Widerruf der Strafaussetzung rechnen (vgl. BVerfG, Beschluss der 2. Kammer des Zweiten Senats vom 12. April 1989 – 2 BvR 355/89 –; Beschluss der 2. Kammer des Zweiten Senats vom 10. Februar 1995 – 2 BvR 168/95 –, NStZ 1995, S. 437). Erfolgt ein Widerruf nach Ablauf der Bewährungszeit, so hat er jedoch – auch, wenn einfachgesetzlich keine Frist vorgesehen ist – insbesondere aus Gründen des Vertrauensschutzes binnen einer angemessenen Frist zu erfolgen. Dafür, welche Frist im konkreten Fall noch angemessen ist, kommt es nach der verfassungsrechtlich nicht zu beanstandenden Rechtsprechung der Fachgerichte auf die Umstände des Einzelfalls an. Neben dem Zeitablauf als solchem ist maßgebend, ob das Verfahren ungebührlich verschleppt worden ist, so dass der Verurteilte mit dem Widerruf nicht mehr zu rechnen brauchte. Für die Frage der Schutzwürdigkeit eines etwaigen Vertrauens des Verurteilten sind auch Art, Schwere und Häufigkeit der neuerlichen Taten zu berücksichtigen (zu allem vgl. OLG Koblenz, Beschluss vom 21. Juni 2006 – 1 Ws 379/06 –, juris Rn. 12; KG, Beschluss vom 13. März 2003 – 5 Ws 90/03 –, NJW 2003, S. 2468 <2469>; OLG Köln, Beschluss vom 25. Juni 1999 – 2 Ws 335/99 –, StV 2001, S. 412; OLG Rostock, Beschluss vom 21. Januar 2004 – I Ws 18/04 –, juris Rn. 13 ff.; OLG Frankfurt, Beschluss vom 15. April 2003 – 3 Ws 361/03 –, juris Rn. 9 f.; OLG Saarbrücken, Beschluss vom 27. Mai 2008 – 1 Ws 100/08 –, NStZ-RR 2009, S. 95 <95>; Fischer, StGB, 59. Aufl. 2012, § 56f Rn. 19a; Groß, in: Münchener Kommentar zum StGB, 2. Aufl. 2012, § 56f StGB Rn. 38; Hubrach, in: Leipziger Kommentar, 12. Aufl. 2008, § 56f StGB Rn. 50; Stree/Kinzig, in: Schönke/Schröder, StGB, 28. Aufl. 2010, § 56f Rn. 13; jeweils m.w.N.).*

17. Maßregeln der Besserung und Sicherung

a) Unterbringung in einem psychiatrischen Krankenhaus – § 63 StGB

91 Eine Unterbringung nach § 63 StGB kommt nur in Betracht, wenn eine **Wahrscheinlichkeit höheren Grades** dafür besteht, dass der **Täter infolge seines Zustands in Zukunft Taten begehen** wird, die eine **schwere Störung des Rechtsfriedens zur Folge** haben. Ob eine zu erwartende Straftat zu einer schweren Störung des Rechtsfriedens führt, muss anhand der konkreten Umstände des Einzelfalls entschieden werden. Sind die zu erwartenden Delikte nicht **wenigstens dem Bereich der mittleren Kriminalität** zuzuordnen, ist die Annahme einer schweren Störung des Rechtsfriedens nur in Ausnahmefällen begründbar. Die erforderliche Prognose ist auf der Grundlage einer umfassenden Würdigung der Persönlichkeit des Täters, seines Vorlebens und der von ihm begangenen Anlasstaten zu entwickeln.[91]

[21] b) Die Erwägungen mit denen das Landgericht eine die Unterbringung nach § 63 StGB *rechtfertigende Gefährlichkeitsprognose verneint hat, halten rechtlicher Überprüfung stand.*

[22] aa) Eine Unterbringung nach § 63 StGB *kommt nur in Betracht, wenn eine Wahrscheinlichkeit höheren Grades dafür besteht, dass der Täter infolge seines Zustands in Zukunft Taten begehen wird, die eine schwere Störung des Rechtsfriedens zur Folge haben. Ob eine zu erwartende Straftat zu einer schweren Störung des Rechtsfriedens führt, muss anhand der konkreten Umstände des Einzelfalls entschieden werden. Sind die zu erwartenden Delikte nicht wenigstens dem Bereich der mittleren Kriminalität zuzuordnen, ist die Annahme einer schweren Störung des Rechtsfriedens nur in Ausnahmefällen begründbar* (BGH, Beschluss vom 18. Juli 2013 – 4 StR 168/13, Rn. 43). *Die erforderliche Prognose ist auf der Grundlage einer umfassenden Würdigung der Persönlichkeit des Täters, seines Vorlebens und der von ihm begangenen Anlasstaten zu entwickeln* (BGH, Beschluss vom 18. Juli 2013 – 4 StR 168/13, Rn. 44*; Beschluss vom 16. Januar 2013* – 4 StR 520/12, NStZ-RR 2013, 141, 142*; Beschluss vom 26. September 2012* – 4 StR 348/12, Rn. 10 *m.w.N.*).

[23] bb) Das sachverständig beratene Landgericht hat nicht auszuschließen vermocht, dass es bei dem Beschuldigten zu erneuten Exazerbationen seiner paranoiden Schizophrenie kommt und er seine Reaktionen deshalb auch künftig nicht angemessen zu kontrollieren vermag. Es konnte aber nicht feststellen, dass von ihm deswegen in Zukunft erhebliche rechtswidrige Taten zu erwarten sind. Die Anlasstat sei aufgrund der geringen Intensität der Körperverletzungshandlung und des durch die beiderseitige Erkrankung geprägten schwierigen Verhältnisses zwischen dem Beschuldigten und der Zeugin nicht dem Bereich der mittleren Kriminalität zuzuordnen. Eine während der vorläufigen Unterbringung gegenüber Klinikmitarbeitern ausgesprochene Todesdrohung erfülle diese Voraussetzungen ebenfalls nicht, weil diese Äußerung von der besonderen Unterbringungssituation abhängig gewesen sei. Hinsichtlich der eingestellten Ermittlungsverfahren lasse sich nicht sicher sagen, ob der Beschuldigte die ihm vorgeworfenen Taten überhaupt begangen habe. Als prognosegünstig sei zu bewerten, dass der Beschuldigte trotz sich wiederholender Exa-

---

[91] BGH, Urteil v. 10.10.2013 – 4 StR 135/13; vgl. hierzu auch BGH, Beschluss vom 15.10.2013 – 3 StR 215/13.

zerbationen seiner Erkrankung seit 2001 nicht mehr straffällig und die Anlasstat maßgeblich von dem speziellen Verhältnis zu der Geschädigten mitbestimmt worden sei. Die Wahrscheinlichkeit, dass der Beschuldigte in Zukunft Taten begehen werde, die den bisher begangenen Taten entsprechen, sei deshalb als gering zu bewerten. Schließlich bestehe auch kein Anlass zu der Annahme, dass der Beschuldigte in Zukunft Brandstiftungstaten begehen werde.

[24] cc) Diese Ausführungen lassen keinen Rechtsfehler erkennen. Entgegen der Auffassung der Revision ist das Landgericht bei der Beurteilung des Zustands des Beschuldigten und der zu erwartenden Entwicklung seiner Erkrankung dem Sachverständigen gefolgt, dann aber aufgrund der allein ihm obliegenden rechtlichen Bewertung der Ergebnisse des Gutachtens (vgl. BGH, Beschluss vom 7. März 2006 – 3 StR 52/06, NStZ-RR 2007, 74; Urteil vom 24. Juni 2004 – 5 StR 306/03, NJW 2004, 3051, 3055; Urteil vom 26. April 1955 – 5 StR 86/55, BGHSt 8, 113, 117 f. jeweils zu §§ 20, 21 StGB) zu der Überzeugung gelangt, dass von dem Beschuldigten nicht mit der erforderlichen Wahrscheinlichkeit defektbedingte Taten von Gewicht zu erwarten sind. Dabei hat es hinsichtlich der Bedrohung zu Recht auf die durch die vorläufige Unterbringung begründete Ausnahmesituation abgehoben (BGH, Beschluss vom 17. Februar 2009 – 3 StR 27/09, NStZ-RR 2009, 169, 170; MüKoStGB/ van Gemmeren, 2. Aufl., § 63 Rn. 63 m.w.N.) und der länger währenden Straffreiheit des Beschuldigten trotz bestehenden Defekts eine erhebliche prognosegünstige Bedeutung beigemessen (vgl. BGH, Beschluss vom 16. Januar 2013 – 4 StR 520/12, NStZ-RR 2013, 141, 143; Schöch in: LK-StGB, 12. Aufl., § 63 Rn. 74 m.w.N.). Entgegen der Meinung der Revision hat es auch nicht verkannt, dass schon die erste Straftat eine Gefährlichkeit des Täters begründen kann. Eines Eingehens auf die Frage, ob auch die Gefahr fahrlässiger Brandstiftungen eine Unterbringung nach § 63 StGB zu rechtfertigen vermag, bedurfte es nicht, weil das Landgericht dafür keine Anhaltspunkte gesehen hat. Angesichts der nur geringen Wahrscheinlichkeit für zukünftige mit der Anlasstat vergleichbare Taten, kann es dahinstehen, ob die Bewertung des Landgerichts, bei der Körperverletzung zum Nachteil der über 80 Jahre alten, als klein und gebrechlich beschriebenen Zeugin R. W. handele es sich nicht um eine der mittleren Kriminalität zuzuordnende Straftat, vertretbar ist (vgl. BGH, Beschluss vom 6. März 2013 – 1 StR 654/12, NStZ-RR 2013, 303, 304 f.; MüKoStGB/van Gemmeren, 2. Aufl., § 63 Rn. 54 m.w.N.).

Die Anordnung der Unterbringung in einem psychiatrischen Krankenhaus setzt zwar nicht grundsätzlich voraus, dass die **Anlasstaten** selbst erheblich sind. Ist dies nicht der Fall, bedarf jedoch die **Gefährlichkeitsprognose** besonders sorgfältiger Darlegung.[92] **92**

Die Unterbringung in einem psychiatrischen Krankenhaus nach § 63 StGB darf nur angeordnet werden, wenn **zweifelsfrei feststeht**, dass der Unterzubringende bei der Begehung der Anlasstat(en) **aufgrund eines psychischen Defekts schuldunfähig oder vermindert schuldfähig** war und die Tatbegehung hierauf beruht. Dieser Zustand muss, um eine **Gefährlichkeitsprognose tragen** zu können, von längerer Dauer sein.[93] **93**

---

[92] BGH, Beschl. v. 9.4.2013 – 5 StR 120/13.

[93] BGH, Beschl. v. 27.8.2013 – 4 StR 311/13.Vgl hierzu auch BGH, Beschlüsse vom 16.1.2013 – 4 StR 520/12, vom 19.12.2012 – 4 StR 94/12 – sowie vom 5.6.2013 – 2 StR 94/13.

[9] a) Die Unterbringung in einem psychiatrischen Krankenhaus nach § 63 StGB darf nur angeordnet werden, wenn zweifelsfrei feststeht, dass der Unterzubringende bei der Begehung der Anlasstat(en) aufgrund eines psychischen Defekts schuldunfähig oder vermindert schuldfähig war und die Tatbegehung hierauf beruht (vgl. BGH, Beschluss vom 11. März 2009 – 2 StR 42/09, NStZ-RR 2009, 198; Beschluss vom 8. April 2003 – 3 StR 79/03, NStZ-RR 2003, 232). Dieser Zustand muss, um eine Gefährlichkeitsprognose tragen zu können, von längerer Dauer sein (Senatsbeschluss vom 29. August 2012 – 4 StR 205/12, NStZ-RR 2012, 367; BGH, Senatsurteil vom 6. März 1986 – 4 StR 40/86, BGHSt 34, 22, 27). …

[12] 3. Im Hinblick auf die Ausführungen des Landgerichts zur Gefährlichkeitsprognose weist der Senat für die neue Verhandlung und Entscheidung auf Folgendes hin:

[13] Eine Unterbringung nach § 63 StGB kommt nur in Betracht, wenn eine Wahrscheinlichkeit höheren Grades dafür besteht, dass der Täter infolge seines Zustandes in Zukunft Taten begehen wird, die eine schwere Störung des Rechtsfriedens zur Folge haben (BGH, Urteil vom 2. März 2011 – 2 StR 550/10, NStZ-RR 2011, 240, 241; Beschluss vom 22. Februar 2011 – 4 StR 635/10, NStZ-RR 2011, 202). Dies hat der Tatrichter anhand der konkreten Umstände des Einzelfalles zu entscheiden (Senatsbeschluss vom 22. Februar 2011 aaO; vgl. auch Senatsbeschluss vom 26. April 2001 – 4 StR 538/00, StV 2002, 477 f.). Sind die zu erwartenden Delikte nicht wenigstens dem Bereich der mittleren Kriminalität zuzuordnen, ist diese Voraussetzung nur in Ausnahmefällen begründbar (Senatsbeschlüsse vom 18. März 2008 – 4 StR 6/08; vom 18. Februar 1992 – 4 StR 27/92, BGHR StGB § 63 Gefährlichkeit 16; und vom 28. Juni 2005 – 4 StR 223/05, NStZ-RR 2005, 303, 304). Die erforderliche Prognose ist auf der Grundlage einer umfassenden Würdigung der Persönlichkeit des Täters, seines Vorlebens und der von ihm begangenen Anlasstat(en) zu entwickeln (Senatsbeschluss vom 26. September 2012 – 4 StR 348/12, Tz. 10; BGH, Urteil vom 17. November 1999 – 2 StR 453/99, BGHR StGB § 63 Gefährlichkeit 27). An diese Darlegungen sind umso höhere Anforderungen zu stellen, je mehr es sich bei dem zu beurteilenden Sachverhalt unter Berücksichtigung des Verhältnismäßigkeitsgrundsatzes (§ 62 StGB) um einen Grenzfall handelt (Senatsbeschluss vom 26. September 2012 aaO; Senatsbeschluss vom 4. Juli 2012 – 4 StR 224/12, NStZ-RR 2012, 337, 338; vgl. auch BGH, Beschluss vom 8. November 2006 – 2 StR 465/06, NStZ-RR 2007, 73, 74; vgl. auch SSW-StGB/Schöch, § 63 Rn. 34 f.).

94 **Spielsucht** stellt zwar für sich genommen keine krankhafte seelische Störung oder schwere andere seelische Abartigkeit dar, welche die Schuldfähigkeit erheblich einschränken oder ausschließen kann; indes können in schweren Fällen psychische Defekte und Persönlichkeitsveränderungen auftreten, die eine ähnliche Struktur und Schwere wie bei den stoffgebundenen Suchterkrankungen aufweisen, und es kann zu schweren Entzugserscheinungen kommen.

Wie bei der Substanzabhängigkeit kann deshalb auch bei Spielsucht eine erhebliche Verminderung der Steuerungsfähigkeit angenommen werden, wenn diese **zu schwersten Persönlichkeitsveränderungen geführt oder der Täter bei den Beschaffungstaten unter starken Entzugserscheinungen gelitten** hat.[94]

---

[94] BGH, Urteil vom 6.3.2013 – 5 StR 597/12.

[12] b) Die sich schubweise in schweren Entzugserscheinungen äußernde Spielsucht des Angeklagten vermag dessen Unterbringung im psychiatrischen Krankenhaus gleichwohl nicht zu begründen.

[13] aa) In Fällen stoffgebundener Süchte, in denen erst eine (vorübergehende) Alkohol- oder Drogenintoxikation zu einer rechtlich erheblichen Verminderung der Schuldfähigkeit führt, ist eine Unterbringung nach § 63 StGB nach der Rechtsprechung nur ausnahmsweise dann gerechtfertigt, wenn eine krankhafte Alkohol- oder Drogensucht im Sinne der Überempfindlichkeit gegeben ist oder der Betroffene aufgrund eines von der Drogensucht unterscheidbaren psychischen Defekts alkohol- oder drogensüchtig ist, der in seinem Schweregrad einer krankhaften seelischen Störung im Sinne der §§ 20, 21 StGB gleichsteht (vgl. BGH, Urteil vom 8. Januar 1999 – 2 StR 430/98, BGHSt 44, 338, 339; Beschlüsse vom 23. November 1999 – 4 StR 486/99, StV 2001, 677, vom 21. November 2001 – 3 StR 423/01, NStZ 2002, 197, vom 24. Juni 2004 – 4 StR 210/04, NStZ-RR 2004, 331, 332, und vom 22. März 2007 – 4 StR 56/07). Demgemäß sind eine Neigung zum Alkoholmissbrauch (vgl. BGH, Urteil vom 20. September 1983 – 5 StR 401/83), eine Alkoholabhängigkeit (vgl. BGH, Beschluss vom 19. Dezember 2006 – 4 StR 530/06, BGHR StGB § 63 Zustand 38) und selbst chronischer Alkoholismus als Folge jahrelangen Alkoholmissbrauchs (vgl. BGH, Urteil vom 8. Januar 1999 – 2 StR 430/98, aaO, S. 341 m.w.N.) für sich allein nicht als hinreichende Gründe für eine Unterbringung nach § 63 StGB anerkannt worden. Nicht anders wird bei einer Abhängigkeit von illegalen Drogen entschieden, bei der die Schuldfähigkeit aufgrund vorübergehender starker Entzugserscheinungen erheblich vermindert ist (vgl. BGH, Beschluss vom 21. November 2001 – 3 StR 423/01, aaO).

[14] bb) Die Voraussetzungen für die Unterbringung im psychiatrischen Krankenhaus können auch aus Gründen der verfassungsrechtlich verankerten Verhältnismäßigkeit nicht weniger streng sein als bei stoffgebundenen Süchten. Die unbefristete Unterbringung gemäß § 63 StGB stellt einen überaus gravierenden Eingriff in die Rechte des Betroffenen dar.

Die **Unterbringung in einem psychiatrischen Krankenhaus** gemäß § 63 StGB darf **95**
lediglich angeordnet werden, wenn zweifelsfrei feststeht, dass die unterzubringende Person bei der Begehung der Anlasstaten aufgrund einer nicht nur vorübergehenden psychischen Störung schuldunfähig oder vermindert schuldfähig war und die Begehung der Anlasstat bzw. der Anlasstaten auf diesem Zustand beruht. Es muss seitens des Tatgerichts im Einzelnen dargelegt werden, wie sich die festgestellte, einem Merkmal von §§ 20, 21 StGB unterfallende Erkrankung in der jeweiligen konkreten Tatsituation auf die Einsichts- oder die Steuerungsfähigkeit ausgewirkt hat und warum die Anlasstaten auf den entsprechenden psychischen Zustand zurückzuführen sind.

Im Übrigen darf die Unterbringung wegen der Schwere des mit ihr verbundenen Eingriffs lediglich angeordnet werden, wenn eine **Wahrscheinlichkeit höheren Grades** besteht, der Täter werde infolge seines fortdauernden **Zustandes in Zukunft erhebliche rechtswidrige Taten** begehen. Dafür ist zwar nicht erforderlich, dass die Anlasstaten selbst erheblich sind. Die zu erwartenden Taten müssen aber schwere Störungen des Rechtsfriedens besorgen lassen und daher grundsätzlich zumindest dem Bereich der mittleren Kriminalität zuzuordnen sein. Erreichen die Anlasstaten ihrem Gewicht nach nicht einmal diesen Bereich, ist eine Anordnung der Maßregel gemäß § 63 StGB nicht völlig ausgeschlossen; das Tatgericht muss in solchen Fällen allerdings die erforderliche Gefährlichkeitsprognose besonders sorgfältig darlegen. Dazu ist regelmäßig eine besonders eingehende Würdigung der Person des bzw. der Beschuldigten, vor allem der Krankheitsgeschichte sowie der Anlasstaten, notwendig.[95]

96 Allein die **Diagnose einer Schizophrenie** führt für sich genommen nicht zur Feststellung einer generellen oder zumindest längere Zeiträume überdauernden gesicherten Beeinträchtigung bzw. Aufhebung der Schuldfähigkeit. Erforderlich ist stets die konkretisierende Darlegung, in welcher Weise sich die festgestellte Störung bei Begehung der Taten auf die Einsichts- oder Steuerungsfähigkeit ausgewirkt hat.[96]

97 Wegen der Schwere des Eingriffs in die persönliche Freiheit und mit Rücksicht auf den Grundsatz der Verhältnismäßigkeit (§ 62 StGB) rechtfertigen **nur schwere Störungen des Rechtsfriedens,** die zumindest **in den Bereich der mittleren Kriminalität hineinreichen,** eine Unterbringung in einem psychiatrischen Krankenhaus. Die Anlasstat selbst muss dabei nicht erheblich im Sinne des § 63 StGB sein. Maßgeblich ist vielmehr, welche Taten künftig von dem Täter infolge seines Zustandes zu erwarten sind und ob diese erheblich im Sinne des § 63 StGB sind. Allerdings bedarf die Gefährlichkeitsprognose einer besonders sorgfältigen Darlegung, wenn die Anlasstaten nach ihrem Gewicht dem unteren Bereich strafbaren Verhaltens zuzuordnen sind.[97]

[14] Die Anordnung der Unterbringung des Angeklagten nach § 63 StGB hält rechtlicher Nachprüfung stand. Die für den Angeklagten ungünstige Gefährlichkeitsprognose beruht auf einer umfassenden Gesamtwürdigung der rechtsfehlerfrei festgestellten Tatsachen und weist keinen Wertungsfehler auf.

[15] Wegen der Schwere des Eingriffs in die persönliche Freiheit und mit Rücksicht auf den Grundsatz der Verhältnismäßigkeit (§ 62 StGB) rechtfertigen nur schwere Störungen des Rechtsfriedens, die zumindest in den Bereich der mittleren Kriminalität hineinreichen, eine Unterbringung in einem psychiatrischen Krankenhaus (vgl. BGH, Urteile vom 17. August 1977 – 2 StR 300/77, BGHSt 27, 246, 248 und vom 15. August 2007 – 2 StR 309/07, NStZ 2008, 210, 212). Die Anlasstat selbst muss dabei nicht erheblich im Sinne des § 63 StGB sein. Maßgeblich ist vielmehr, welche Taten künftig von dem Täter infolge seines Zustandes zu erwarten sind und ob diese erheblich im Sinne des § 63 StGB sind (vgl. BGH, Urteile vom 12. Juni 2008 – 4 StR 140/08, NStZ 2008, 563 und vom 11. September 2008 – 4 StR 284/08; Fischer, StGB, 60. Aufl., § 63 Rn. 3). Allerdings bedarf die Gefährlichkeitsprognose einer besonders sorgfältigen Darlegung, wenn die Anlasstaten nach ihrem Gewicht dem unteren Bereich strafbaren Verhaltens zuzuordnen sind (BGH, Beschluss vom 7. Dezember 1999 – 4 StR 485/99). Unter Zugrundelegung dieser Maßstäbe hat die Strafkammer rechtsfehlerfrei eine erhöhte Wahrscheinlichkeit der Begehung schwerer Delikte durch den Angeklagten bejaht.

[16] Das sachverständig beratene Landgericht hat bei seiner Prüfung die wesentlichen prognoserelevanten Umstände bedacht. Dabei hat es zu Recht auch die Sachverhalte, die den eingestellten Taten zugrunde liegen, in seine Prüfung einbezogen, da sie rechtsfehlerfrei festgestellt worden sind.

---

[95] BGH, Beschl. v. 6.3.2013 – 1 StR 654/12.

[96] BGH, Beschl. v. 13.8.2013 – 2 StR 128/13.

[97] BGH, Urteil v. 15.8.2013 – 4 StR 179/13.

[17] Es begegnet keinen rechtlichen Bedenken, dass die Strafkammer bei der Gesamtabwägung maßgeblich auf die Schilderungen des Angeklagten abgestellt hat und davon ausgegangen ist, dass der Angeklagte nach Entlassung aus dem Maßregelvollzug zunehmend von gewaltbesetzten, gegen schwache Opfer gerichteten sexuellen Fantasien bedrängt wird, seine Fähigkeit, entsprechende Handlungsantriebe zu beherrschen, stetig abnimmt und zuletzt der Drang, „jemanden zu berühren", beim Angeklagten vorherrschend wurde. Die Schilderungen des Angeklagten korrespondieren mit der Feststellung, dass er einen Großteil seiner Zeit damit verbrachte, nach Mädchen und Frauen, die ihn sexuell ansprechen, Ausschau zu halten und bei der letzten Tat über die sexuelle Beschimpfung und Herabwürdigung hinaus auch den Körperkontakt zu dem Tatopfer suchte. Das Landgericht hat dabei nicht verkannt, dass es in der Zeit zwischen der Entlassung des Angeklagten aus dem Maßregelvollzug und seiner erneuten vorläufigen Unterbringung – also in etwa elf Monaten – dennoch nicht zu erheblichen Delikten gekommen ist. In Übereinstimmung mit der Sachverständigen ist es aber rechtlich beanstandungsfrei vor dem Hintergrund der drängenden Gewaltfantasien des Angeklagten und der Umstände der letzten Tat nachvollziehbar zu der Überzeugung gelangt, dass bei ihm ein vollständiger Zusammenbruch der Impuls- und Handlungskontrolle jederzeit möglich und deshalb damit zu rechnen ist, dass der Angeklagte erhebliche Gewaltdelikte, insbesondere (gefährliche) Körperverletzungen, Vergewaltigungen und sexuelle Missbrauchstaten, mithin erhebliche Taten im Sinne des § 63 StGB begehen wird.

b) Unterbringung in einer Entziehungsanstalt – § 64 StGB

Die (Anlass-)Tat muss entweder im Rausch begangen worden sein oder auf den Hang des Täters zurückgehen, das heißt, es muss ein **symptomatischer Zusammenhang** zwischen Hang und Anlasstat bestehen. Die Annahme eines symptomatischen Zusammenhangs liegt bei Beschaffungskriminalität, wovon im vorliegenden Fall auszugehen ist, sehr nahe. Eine **körperliche Entzugssymptomatik** hat eine erhebliche Indizwirkung für das Vorliegen eines Hangs, indes ist sie nicht Voraussetzung für dessen Bejahung. Auch hat ihr Fehlen für die Feststellung eines Hangs regelmäßig nur eine eingeschränkte Aussagekraft, da sie einen Grad der Neigung zum Rauschmittelkonsum kennzeichnet, den der Täter für die Anordnung der Unterbringung in einer Entziehungsanstalt nicht erreicht haben muss.[98] **98**

[2] Die Ablehnung der Anordnung einer Unterbringung in einer Entziehungsanstalt hält rechtlicher Nachprüfung nicht stand. Das Landgericht hat diese Entscheidung damit begründet, dass beim Angeklagten „zwar der Hang, alkoholische Getränke oder andere berauschende Mittel im Übermaß zu sich zu nehmen, zumindest ein langjähriger regelmäßiger Missbrauch von Alkohol und dazu ein Drogenkonsum von Cannabis und Amphetaminen" bestehe, „sichere Anzeichen einer körperlichen Abhängigkeit" bisher allerdings nicht festzustellen seien. Auch habe der Angeklagte nur von gelegentlichen leichteren Entzugserscheinungen berichtet. Angesichts der Tatmotivation, Geld und/oder Drogen zu beschaffen, sei zudem nicht sicher festzustellen, dass die Tat auf einen möglichen Hang zurückzuführen sei.

---

[98] BGH, Beschl. v. 21.2.2013 – 3 StR 2/13.

[3] Diese Ausführungen lassen besorgen, dass das Landgericht bei der Prüfung der Anordnungsvoraussetzungen unzutreffende Maßstäbe angelegt hat. Der Generalbundesanwalt hat dazu ausgeführt:

„Zwar hat eine körperliche Entzugssymptomatik eine erhebliche Indizwirkung für das Vorliegen eines Hangs, indes ist sie nicht Voraussetzung für dessen Bejahung (Senat, StraFo 2010, 74). Auch hat ihr Fehlen für die Feststellung eines Hangs regelmäßig nur eine eingeschränkte Aussagekraft, da sie einen Grad der Neigung zum Rauschmittelkonsum kennzeichnet, den der Täter für die Anordnung der Unterbringung in einer Entziehungsanstalt nicht erreicht haben muss (Senat, Beschluss vom 2. August 2012 – 3 StR 259/12 –). Zudem ist die Strafkammer von einem rechtsfehlerhaften Verständnis zwischen einem Hang zum übermäßigen Konsum von Rauschmitteln und der Anlasstat ausgegangen. Nach ständiger Rechtsprechung muss die (Anlass-)Tat entweder im Rausch begangen worden sein oder auf den Hang des Täters zurückgehen, das heißt, es muss ein symptomatischer Zusammenhang zwischen Hang und Anlasstat bestehen. Die Annahme eines symptomatischen Zusammenhangs liegt bei Beschaffungskriminalität, wovon im vorliegenden Fall auszugehen ist, sehr nahe (BGH StV 2008, 405, 406). So hat die Strafkammer festgestellt, den Angeklagten sei bei dem gemeinsamen Alkohol- und Rauschgiftkonsum das Rauschgift ausgegangen, weshalb sie im Verlangen nach weiterem Rauschgiftkonsum beschlossen, den Geschädigten R. zu überfallen, um von diesem weiteres Rauschgift zu erhalten. Im weiteren Tatverlauf verlangten die Angeklagten zunächst vom Geschädigten R., dann vom Geschädigten S. Drogen (UA S. 8, 9). Zudem wurde die Tat – wie festgestellt – im Rausch begangen. Einen ‚erheblichen' Rauschzustand, der regelmäßig zur Annahme des § 21 StGB führt, setzt § 64 StGB nicht voraus (BGH NStZ-RR 2003, 41; Senat, Beschluss vom 3. Juli 2003 – 3 StR 187/03)."

[4] Dem schließt sich der Senat an.

99 Liegt ein **langjähriger Missbrauch** von Betäubungsmitteln seit früher Jugend vor, sind außerdem **mehrere Entzugsmaßnahmen ohne Erfolg** geblieben und wurde schließlich die Tat begangen, weil der Angeklagte **Geld zur Beschaffung von Drogen** benötigte, ist unter solchen Vorzeichen das Landgericht gehalten, sich mit der Frage der Unterbringung in einer Entziehungsanstalt im Einzelnen auseinanderzusetzen.[99]

[8] b) Der Strafausspruch hält im Ergebnis rechtlicher Überprüfung stand. Einen die Schuldfähigkeit relevant beeinträchtigenden Defekt des Angeklagten aufgrund akuter Drogenintoxikation hat die Schwurgerichtskammer zutreffend ausgeschlossen. Anhaltspunkte für eine Verminderung der Schuldfähigkeit wegen der Auswirkungen eines Entzugssyndroms des nicht schwerstabhängigen Angeklagten (vgl. hierzu Fischer, StGB, 60. Aufl., § 20 Rn. 11a mit zahlreichen Nachweisen) bieten die Urteilsgründe nicht. Dass das Landgericht irrtümlich eine hypothetische Gesamtstrafenlage mit Blick auf vor der verfahrensgegenständlichen Tat erfolgte Verurteilungen des Angeklagten in Tschechien angenommen und die an sich verwirkte Strafe deshalb um acht Monate vermindert hat, wirkt sich zu dessen Vorteil aus.

[9] c) Zutreffend verweist der Generalbundesanwalt hingegen darauf, dass es die Schwurgerichtskammer rechtsfehlerhaft versäumt hat, die Voraussetzungen des § 64

---

[99] BGH, Beschl. v. 22.1.2013 – 5 StR 378/12.

StGB zu erörtern. Nach den Feststellungen missbraucht der Angeklagte B. seit seinem 15. Lebensjahr vor allem Cannabis und Crystal; mehrere Entzugsmaßnahmen sind ohne Erfolg geblieben (UA S. 4 f.). Die Tat wurde begangen, weil die Angeklagten Geld zur Beschaffung von Drogen benötigten (UA S. 16), wofür ein Teil des Erlöses dann auch eingesetzt wurde (UA S. 18). Unter solchen Vorzeichen war das Landgericht gehalten, sich mit der Frage der Unterbringung in einer Entziehungsanstalt im Einzelnen auseinanderzusetzen. Zwar bietet das Urteil Anhaltspunkte dafür, dass eine hinreichende Erfolgsaussicht im Sinne des § 64 Satz 2 StGB nicht besteht (namentlich mehrere erfolglose Behandlungen), sowie dafür, dass das Ermessen unter Umständen im negativen Sinne ausgeübt werden kann (womöglich fehlende deutsche Sprachkenntnisse des nicht in Deutschland wohnenden Angeklagten; vgl. auch BGH, Beschluss vom 17. August 2011 – 5 StR 255/11, StV 2012, 281 Rn. 10 f., sowie Basdorf/Schneider/König in Festschrift Rissing-van Saan, 2011, S. 59, 62 ff.). Jedoch vermag der Senat die erforderliche Prüfung nicht selbst durchzuführen. Das neue Tatgericht wird die Prüfung mithin unter Hinzuziehung eines Sachverständigen (§ 246a StPO) nachzuholen haben. Der Aufhebung von Feststellungen bedurfte es insoweit nicht; das neue Tatgericht wird die erforderlichen ergänzenden Feststellungen zu treffen haben. Dass die Strafe geringer ausgefallen wäre, wenn das Landgericht die Maßregel angeordnet hätte, schließt der Senat aus.

Ein **Hang** im Sinne des § 64 Satz 1 StGB ist nicht nur im Falle einer chronischen, 100
auf körperlicher Sucht beruhenden (erheblichen) Abhängigkeit zu bejahen; vielmehr genügt bereits eine **eingewurzelte, auf psychischer Disposition beruhende oder durch Übung erworbene intensive Neigung**, immer wieder Rauschmittel im Übermaß zu sich zu nehmen.[100]

[3] Die Ablehnung einer Unterbringung des Angeklagten in einer Entziehungsanstalt hält hingegen rechtlicher Nachprüfung nicht stand.

[4] Die sachverständig beratene Strafkammer hat von einer Anordnung der Unterbringung in einer Entziehungsanstalt schon deshalb abgesehen, weil ein Hang zum übermäßigen Konsum von Rauschmitteln nicht vorliege. Zwar habe der Angeklagte „in der Vergangenheit" häufig Alkoholmissbrauch betrieben. Es fehle aber an einer „fortgeschrittenen Abhängigkeit von Substanzen". Bis zur Aufnahme in die Justizvollzugsanstalt und danach sei weder eine Suchtbehandlung erforderlich gewesen noch seien ihm Medikamente zur Behandlung etwaiger Suchterscheinungen verordnet worden.

[5] Diese Ausführungen lassen besorgen, dass das Landgericht bei der Prüfung der Anordnungsvoraussetzungen einen unzutreffenden Maßstab angelegt hat. Ein Hang im Sinne des § 64 Satz 1 StGB ist nicht nur – wovon die Strafkammer ersichtlich ausgegangen ist – im Falle einer chronischen, auf körperlicher Sucht beruhenden (erheblichen) Abhängigkeit zu bejahen; vielmehr genügt bereits eine eingewurzelte, auf psychischer Disposition beruhende oder durch Übung erworbene intensive Neigung, immer wieder Rauschmittel im Übermaß zu sich zu nehmen (BGH, Beschlüsse vom 13. Juni 2007 – 3 StR 194/07, juris Rn. 8; vom 13. Januar 2011 – 3 StR 429/10, juris Rn. 4 und vom 4. August 2011 – 3 StR 235/11, juris Rn. 10). Dass eine derartige Neigung beim Angeklagten besteht, liegt nach den getroffenen Feststellungen nahe. Danach konsumierte der Angeklagte bereits als Jugendlicher ab

---

[100] BGH, Beschl. v. 19.3.2013 – 3 StR 56/13.

und zu Alkohol, bei Feiern auch größere Mengen, teilweise bis zum sogenannten Filmriss. In den letzten Jahren stieg sein Alkoholkonsum an; solche Feiern fanden nun bis zu vier- oder fünfmal in der Woche statt. Ähnlich verhielt es sich mit dem Konsum illegaler Drogen (Kokain, Amphetamin, Ecstasy), den er praktizierte, „um länger feiern zu können". Im Vollzug der zur Zeit vollstreckten Freiheitsstrafe unterzieht sich der Angeklagte einer Alkoholtherapie.

[6] Außerdem hat die Strafkammer die Anordnungsvoraussetzungen des § 64 StGB für nicht gegeben erachtet, weil die Taten des Angeklagten nicht aus einer Substanzproblematik bzw. Abhängigkeitserkrankung „resultieren". Eine Begründung hierfür enthalten die Urteilsausführungen nicht. Diesen kann insbesondere nicht entnommen werden, ob sich die Strafkammer bewusst war, dass ein symptomatischer Zusammenhang auch dann zu bejahen ist, wenn der Hang zum Rauschmittelgenuss – neben anderen Umständen – mit dazu beigetragen hat, dass der Täter erhebliche rechtswidrige Taten begangen hat (BGH, Beschluss vom 9. Juni 2009 – 4 StR 164/09, juris Rn. 12). Dass ein möglicherweise vorliegender Hang zum übermäßigen Rauschmittelkonsum für die Taten zumindest mitursächlich gewesen sein kann, ist aber jedenfalls nicht auszuschließen. Zwar konnte die Strafkammer das Vorliegen einer durch Drogen oder Alkohol bedingten erheblichen Einschränkung der Schuldfähigkeit des Angeklagten zum Tatzeitpunkt nicht feststellen. Sie ist jedoch davon ausgegangen, dass der Angeklagte, der auch früher abgeurteilte Körperverletzungen unter Alkoholeinfluss begangen hatte, bei den Taten aufgrund Alkohol- und Drogenkonsums enthemmt war. Für die Unterbringung in einer Entziehungsanstalt kommt es aber nicht darauf an, dass eine verminderte Schuldfähigkeit gemäß § 21 StGB besteht (BGH, Beschluss vom 8. Oktober 2002 – 4 StR 383/02, NStZ-RR 2003, 41; Fischer, StGB, 60. Aufl., § 64 Rn. 14).

101 Das **Fehlen von Therapiewilligkeit** steht einer Anordnung nach § 64 StGB grundsätzlich nicht entgegen. Es kann zwar ein gegen die Erfolgsaussicht sprechendes Indiz sein. In einem solchen Fall hat der Tatrichter aber zu prüfen, ob die konkrete Aussicht besteht, dass die Therapiebereitschaft für eine Erfolg versprechende Behandlung geweckt werden kann.

Auch der Umstand, dass der Angeklagte bereits einen **erfolglosen Therapieversuch** unternommen hat, steht der Annahme einer hinreichend konkreten Erfolgsaussicht grundsätzlich nicht entgegen. Der pauschale Hinweis des Landgerichts darauf, dass der Angeklagte eine entsprechende Bewährungsweisung nicht erfüllt hat, belegt ohne nähere Darlegung der Umstände dieser Therapie und ihres Scheiterns das Fehlen einer Erfolgsaussicht der freiheitsentziehenden Maßregel des § 64 StGB nicht.[101]

102 Allein die Feststellung einer erforderlichen **„Therapiedauer" von drei Jahren** vermag nicht hinreichend zu belegen, dass ein Behandlungserfolg nur dann zu erwarten ist, wenn der Angeklagte über den gesamten Zeitraum von drei Jahren hinweg in einer Entziehungsanstalt untergebracht wird. Jedenfalls dann, wenn die insgesamt erforderliche Therapiedauer den in § 67d Abs. 1 S. 1 StGB bestimmten Zeitraum deutlich übersteigt, wird vielmehr differenzierend zu prüfen und darzulegen sein, inwieweit eine Verkürzung der eigentlichen Unterbringungszeit dadurch möglich ist, dass einerseits vorbereitende soziale Therapien noch während des Vorwegvollzugs von Strafe erfolgen, andererseits etwaige nach Erreichen des Halbstrafen-

[101] BGH, Urteil vom 31.7.2013 – 2 StR 620/12.

zeitpunkts noch notwendige Nachsorgemaßnahmen ambulant durchgeführt werden und einem Bewährungsbeschluss nach § 57 Abs. 3 Satz 1, § 56c StGB vorbehalten bleiben können.[102]

Der **Hang** zum Konsum von Rauschmitteln im Übermaß verlangt eine chronische, auf körperlicher Sucht beruhende Abhängigkeit oder zumindest eine eingewurzelte, auf psychischer Disposition beruhende oder durch Übung erworbene **intensive Neigung, immer wieder Rauschmittel zu sich zu nehmen**. Ein übermäßiger Genuss von Rauschmitteln ist jedenfalls dann gegeben, wenn der Betroffene auf Grund seiner psychischen Abhängigkeit sozial gefährdet oder gefährlich erscheint. Das Fehlen einer Persönlichkeitsdepravation steht ebenfalls der Annahme eines Hanges nicht entgegen.[103] **103**

Gemäß § 67 Abs. 2 S. 2 StGB soll das Gericht bei Anordnung der Unterbringung in einer Entziehungsanstalt neben einer zeitigen Freiheitsstrafe von über drei Jahren bestimmen, dass ein Teil der Strafe vor der Maßregel zu vollziehen ist. Nach § 67 Abs. 2 S. 3 StGB ist, sofern bei einer Freiheitsstrafe von über drei Jahren nicht ausnahmsweise von einer Vikariierung abgesehen wird, der vorweg zu vollstreckende Teil der Freiheitsstrafe so zu bemessen, dass nach seiner Verbüßung und einer anschließenden Unterbringung eine Aussetzung der Vollstreckung des Strafrestes zur Bewährung gemäß § 67 Abs. 5 S. 1 StGB, also eine **Entlassung zum Halbstrafenzeitpunkt, möglich** ist. Ein Beurteilungsspielraum steht dem Tatrichter insoweit nicht zu. Zur Bemessung des vorweg zu vollziehenden Teils der Freiheitsstrafe ist eine Prognose darüber notwendig, wie lange genau die Unterbringung in der Maßregel zur Durchführung der Therapie voraussichtlich erforderlich sein wird. Die Therapiedauer muss individuell festgelegt werden. Es **genügt nicht**, dass der Tatrichter nur **eine Mindest- und eine Höchstdauer** – also einen Zeitraum – **prognostiziert.**[104] **104**

Die Entscheidung, von einer Unterbringung des Angeklagten in einer Entziehungsanstalt wegen **fehlender deutscher Sprachkenntnisse** abzusehen, hat keinen Bestand. An fehlenden Sprachkenntnissen ausländischer Angeklagter soll die Maßregelanordnung nämlich nicht scheitern, zumal wenn gemäß Art. 68 SDÜ – was nahe liegt – eine Überstellung des Angeklagten in sein Heimatland zum Maßregelvollzug in Betracht kommt.[105] **105**

Die Anordnung der Unterbringung in einer Entziehungsanstalt hält einer rechtlichen Prüfung nur dann stand, wenn ein **symptomatischer Zusammenhang** zwischen dem Hang des Angeklagten und den Anlasstaten belegt und zudem die nach § 64 Satz 2 StGB erforderliche **konkrete Erfolgsaussicht der Unterbringung** nachvollziehbar dargetan ist.[106] **106**

[3] a) Die Unterbringung in einer Entziehungsanstalt setzt nach § 64 Satz 1 StGB – neben einem Hang, alkoholische Getränke oder andere berauschende Mittel im Übermaß zu sich zu nehmen, und der aus dem Hang resultierenden Gefahr erheblicher rechtswidriger Taten – voraus, dass die Begehung der Anlasstaten zumindest

102 BGH, Beschl. v. 20.12.2012 – 3 StR 377/12.
103 BGH, Beschl. v. 18.9.2013 – 1 StR 456/13; vgl. hierzu auch BGH, Beschluss vom 30.7.2013 – 2 StR 174/13.
104 BGH, Beschl. v. 27.3.2013 – 4 StR 60/13.
105 BGH, Beschl. v. 3.9.2013 – 3 StR 232/13.
106 BGH, Beschl. v. 13.8.2013 – 4 StR 249/13.

mitursächlich auf den Hang zurückzuführen ist (st. Rspr.; vgl. BGH, Beschlüsse vom 19. Mai 2009 – 3 StR 191/09, NStZ 2010, 83, 84; vom 21. Oktober 2008 – 3 StR 275/08, NStZ-RR 2009, 48). Während die Strafkammer einen Hang des Angeklagten zum übermäßigen Konsum von Cannabis festgestellt und die sich hieraus ergebende Gefahr künftiger Beschaffungstaten bejaht hat, fehlen in dem angefochtenen Urteil jegliche Ausführungen zu einem symptomatischen Zusammenhang zwischen den verübten Raubüberfällen und dem sich auf den Konsum von Cannabis beziehenden Hang des Angeklagten. Ein solcher Zusammenhang lässt sich auch dem Gesamtzusammenhang der Urteilsgründe nicht entnehmen. Nach den Feststellungen dienten die Raubüberfälle auf Passanten der Beschaffung von Bargeld, um in einem Lokal in der E. Innenstadt, das für billige alkoholische Getränke bekannt ist, gemeinsam zu feiern. Dass in dem Lokal Cannabis konsumiert werden sollte, hat das Landgericht nicht festgestellt, so dass offen bleibt, ob die Anlasstaten auf die Beschaffung von Geld auch für den Konsum von Cannabis abzielten. Ebenso wenig kann dem Urteil entnommen werden, dass der Angeklagte die Taten unter dem Einfluss von Cannabis begangen hat.

[4] b) Die gemäß § 64 Satz 2 StGB erforderliche konkrete Erfolgsaussicht der Behandlung in der Unterbringung hat die Strafkammer trotz einer erfolglos gebliebenen früheren Maßregelunterbringung nach § 64 StGB bejaht und sich zur Begründung ohne nähere Ausführungen der Bewertung der Sachverständigen angeschlossen, wonach weitere, ausreichend positive Faktoren vorhanden seien, die eine hinreichend konkrete Aussicht eines Behandlungserfolgs erwarten ließen. Dies reicht nicht aus, um die konkrete Erfolgsaussicht der Unterbringung nachvollziehbar darzutun. Beschränkt sich das Tatgericht darauf, sich der Beurteilung eines Sachverständigen anzuschließen, muss es dessen wesentliche Anknüpfungspunkte und Darlegungen im Urteil so wiedergeben, wie dies zum Verständnis des Gutachtens und zur Beurteilung seiner Schlüssigkeit erforderlich ist (st. Rspr.; vgl. BGH, Beschluss vom 24. Mai 2012 – 5 StR 52/12, NStZ 2012, 650, 651 m.w.N.). Danach hätte es hier einer näheren, für das Revisionsgericht nachvollziehbaren Darstellung derjenigen tatsächlichen Umstände bedurft, die von der Sachverständigen als positive Faktoren gewertet worden sind.

107 Ein **symptomatischer Zusammenhang** ist zu bejahen, wenn der **Hang** allein oder zusammen mit anderen Umständen dazu beigetragen hat, dass der Täter eine erhebliche rechtswidrige Tat begangen hat, und dies bei unverändertem Verhalten auch für die Zukunft zu besorgen ist.[107]

108 Legen es **Feststellungen und Wertungen** nahe, dass bei einem Angeklagten der **Hang** im Sinne von § 64 StGB gegeben ist, berauschende Mittel im Übermaß zu sich zu nehmen, hat der Tatrichter grundsätzlich zu prüfen und entscheiden, ob die Voraussetzungen für die Unterbringung in einer Entziehungsanstalt gegeben sind.

Die Nachholung der Unterbringungsanordnung ist nicht deshalb ausgeschlossen, weil **allein** der **Angeklagte Revision** eingelegt hat.[108]

[9] 2. Der Ausspruch über die Rechtsfolgen hält hingegen der rechtlichen Nachprüfung nicht stand. Das Landgericht hat die Prüfung der Anordnung der Unterbringung des Angeklagten in einer Entziehungsanstalt (§ 64 StGB) unterlassen, obwohl

---

[107] BGH, Beschl. v. 6.11.2013 – 5 StR 432/13.
[108] BGH, Beschl. v. 23.7.2013 – 3 StR 205/13.

sich diese nach den Urteilsfeststellungen zum Konsum des Angeklagten von Alkohol und illegalen Drogen und dessen Auswirkungen aufdrängte. Dies führt hier auch zur Aufhebung der gegen den Angeklagten verhängten Jugendstrafe.

[10] Das Landgericht hat festgestellt, dass der zu den Tatzeiten (22. bis 29. April 2012) 17 Jahre alte Angeklagte etwa ab Herbst 2010 begann, Cannabis zu rauchen, anfangs wöchentlich ein- bis zweimal. Ab Anfang des Jahres 2011 konsumierte er regelmäßig Marihuana, wenn er Geld hatte täglich und bis zu zwei Gramm; er trank jetzt häufiger Alkohol, auch „schon mal" im Übermaß, aber nicht täglich. Bis zu zweimal wöchentlich nahm er neben dem Cannabis oder dem Alkohol auch Amphetamine (Pep) und alle paar Tage auch Subutex zu sich und zwar nach Zerreiben der Tabletten jeweils nasal. Zur Schuldfähigkeit des Angeklagten zu den Tatzeiten hat die sachverständig beratene Jugendkammer festgestellt, dass sich die Rauschmittelkonsumgewohnheiten des Angeklagten zu einem Abhängigkeitssyndrom von multiplen Substanzen (ICD 10: F 19.2) entwickelt habe. Im Rahmen der Strafzumessung hat das Landgericht das Vorliegen schädlicher Neigungen des Angeklagten im Sinne von § 17 Abs. 2 JGG bejaht und dabei auch berücksichtigt, dass „er nach früh begonnenem schädlichen Gebrauch in ein Rauschmittelkonsumverhalten abgeglitten" sei, das „bereits als Abhängigkeitssyndrom zu betrachten" sei.

[11] Diese Feststellungen und Wertungen legen es nahe, dass bei dem Angeklagten der Hang im Sinne von § 64 StGB gegeben ist, berauschende Mittel im Übermaß zu sich zu nehmen. Daher hätte das Landgericht prüfen und entscheiden müssen, ob die Voraussetzungen für die Unterbringung des Angeklagten in einer Entziehungsanstalt gegeben sind, zumal den Gründen des angefochtenen Urteils insgesamt nicht zu entnehmen ist, dass die weiteren Voraussetzungen der Unterbringung gemäß § 64 StGB nicht erfüllt sind.

[12] Die Nachholung der Unterbringungsanordnung ist nicht deshalb ausgeschlossen, weil allein der Angeklagte Revision eingelegt hat (§ 358 Abs. 2 Satz 3 StPO). Der Umstand, dass die Nichtanordnung der Unterbringung in einer Entziehungsanstalt den Angeklagten nicht beschwert, hindert das Revisionsgericht nicht, auf eine zulässig erhobene – und die Nichtanwendung des § 64 StGB nicht ausdrücklich vom Angriff ausnehmende (vgl. BGH, Urteil vom 7. Oktober 1992 – 2 StR 374/92, BGHSt 38, 362) – Revision des Angeklagten das Urteil insoweit aufzuheben, wenn eine Prüfung der Maßregel unterblieben ist, obwohl die tatrichterlichen Feststellungen dazu gedrängt haben (st. Rspr.; vgl. nur BGH, Beschluss vom 7. Januar 2009 – 3 StR 458/08, BGHR StGB § 64 Ablehnung 11 m.w.N.). Zur Prüfung der Frage der Unterbringung des Angeklagten in einer Entziehungsanstalt nach § 64 StGB bedarf es der Hinzuziehung eines Sachverständigen (§ 246a StPO).

c) Anordnung der Sicherungsverwahrung – § 66 StGB

Die nachfolgende Übersicht zur aktuellen Rechtsprechung bzgl. Sicherungsverwahrung betrifft notwendigerweise sowohl die **Gesetzeslage vor wie auch nach Inkrafttreten am 1.6.2013 des Gesetzes zur bundesrechtlichen Umsetzung des Abstandsgebots im Recht der Sicherungsverwahrung vom 5.12.2012**[109], welche durch die Entscheidung des BVerfG vom 4.5.2011[110] erforderlich wurde. Eine derart umfas- **109**

109 BGBl. I S. 2425.

110 BVerfG, Urteil v. 4.5.2011 – 2 BvR 2365/09, 740/10, 2333/08, 1152/10, 571/10; vgl. hierzu Rn. 120 f.

sende Darstellung scheint auch deswegen erforderlich, weil bereits absehbar ist, dass trotz der jetzt geltenden Gesetzeslage bestimmte Entscheidungskriterien des „Zwischenrechts" auch für die Zukunft Geltung behalten werden.

110 Die Beurteilung, ob ein Angeklagter infolge seines **Hanges** zur Begehung schwerer Straftaten für die Allgemeinheit gefährlich ist, richtet sich nach der Sachlage im Zeitpunkt der Aburteilung. Dies ist in § 66 Abs. 1 Satz 1 Nr. 4 StGB für die Fälle der obligatorischen Verhängung der Sicherungsverwahrung nunmehr ausdrücklich geregelt. Ob der Angeklagte **nach Strafverbüßung weiterhin** für die Allgemeinheit **gefährlich** und daher der Vollzug der Sicherungsverwahrung geboten ist, bleibt der **Prüfung nach § 67c StGB vorbehalten**.

Soweit indes allein die Anordnung der Sicherungsverwahrung nach § **66 Abs. 2 oder 3 StGB** in Betracht kommt, ist es dem Tatrichter grundsätzlich gestattet, bei der Ausübung seines Ermessens die zu erwartenden Wirkungen eines langjährigen Strafvollzugs auf die Gefährlichkeit des Angeklagten zu berücksichtigen und sich ungeachtet der hangbedingten Gefährlichkeit des Angeklagten zum Zeitpunkt der Urteilsfindung auf die Verhängung einer Freiheitsstrafe zu beschränken, sofern erwartet werden kann, dass sich der Angeklagte schon die **Strafe hinreichend zur Warnung dienen lässt**. Ein Absehen von der Verhängung der Sicherungsverwahrung bei Ausübung dieses Ermessens ist jedoch nur gerechtfertigt, wenn konkrete Anhaltspunkte erwarten lassen, dass dem Täter aufgrund der Wirkungen eines langjährigen Strafvollzugs und diesen begleitender resozialisierender sowie therapeutischer Maßnahmen zum Strafende eine **günstige Prognose** gestellt werden kann. Nur denkbare positive Veränderungen und Wirkungen künftiger Maßnahmen im Strafvollzug reichen nicht aus.[111]

111 Zumindest Taten des **schweren sexuellen Missbrauchs von Kindern** gemäß § 176a Abs. 1 Nr. 1 StGB sind im Hinblick auf die für die Tatopfer oftmals gewichtigen psychischen Auswirkungen und die hohe Strafdrohung unabhängig von körperlicher Gewaltanwendung – unter Berücksichtigung der Umstände des Einzelfalls – grundsätzlich als schwere Sexualstraftaten im Sinne der Maßgabe des Bundesverfassungsgerichts zu werten.

Dass der Angeklagte – außer dem Auseinanderdrücken der Beine des geschädigten Kindes – keine Gewalt gegen seine Opfer angewendet hat und dies mithin – auch unter Berücksichtigung seiner Vortaten – zukünftig nicht hinreichend konkret zu erwarten sein dürfte, ist für die Einordnung der Delikte als schwere Sexualstraftaten unerheblich. Das Urteil des Bundesverfassungsgerichts vom 4. Mai 2011 nennt die Gefahr schwerer Sexualstraftaten ausdrücklich und selbständig neben derjenigen schwerer Gewaltstraftaten als mögliche Anordnungsgrundlage der Sicherungsverwahrung. Schon ohne Gewaltanwendung ist die durch § 176a StGB geschützte sexuelle Entwicklung des Kindes in schwerwiegender Weise gefährdet; im Hinblick auf die unzureichenden Verstandes- und Widerstandskräfte kindlicher Opfer erübrigt sich häufig die Anwendung nötigender Mittel im Rahmen sexueller Übergriffe.[112]

112 Ob **Gewalttaten schwerwiegend** sind, wird sich – unbeschadet der letztlich stets entscheidenden Umstände des Einzelfalls – regelmäßig aus einer Gesamtschau erge-

---

111 BGH, Beschl. v. 11.7.2013 – 3 StR 148/13.

112 BGH, Urteil v. 23.4.2013 – 5 StR 617/12; vgl. hierzu auch BGH, Urteil vom 24.4.2013 – 5 StR 593/12.

ben, die insbesondere das Motiv der Gewaltanwendung, ihre Art und ihr Maß sowie die durch sie verursachten oder zumindest konkret drohenden physischen und/oder psychischen Folgen beim Opfer umfasst. Wendet der Täter Gewalt an, um den sexuellen Handlungen entgegenstehenden Willen des Opfers zu brechen, insbesondere auch, um in dessen Körper einzudringen (Vergewaltigung), wird in aller Regel eine Tat vorliegen, die schwer wiegt. **Sexualstraftaten zum Nachteil von Kindern** lassen regelmäßig eine schwerwiegende Beeinträchtigung von deren sexueller Entwicklung besorgen. Auch wenn sie – wie häufig – statt mit Gewalt durch den Missbrauch von – etwa erzieherischen – Einwirkungsmöglichkeiten (zu Sexualstraftaten zum Nachteil von Jugendlichen vgl. insoweit § 174 StGB), letztlich meist unter Ausnutzung altersbedingt noch unzureichender Verstandes- bzw. Widerstandskräfte begangen werden, weisen sie einen erheblichen Schuld- und Unrechtsgehalt auf. Dementsprechend wäre es rechtsfehlerhaft, von Sicherungsverwahrung trotz eines Hanges zum sexuellen Missbrauch von Kindern maßgeblich deswegen abzusehen, weil gewaltsamer Missbrauch nicht zu befürchten sei.[113]

Nach der Weitergeltungsanordnung des Bundesverfassungsgerichts (BVerfGE 128, 326, 404 ff.) muss die Wahrscheinlichkeit der Begehung erheblicher Gewalt- oder Sexualdelikte „aus **konkreten Umständen in der Person oder dem Verhalten des Betroffenen** abzuleiten“ sein. Dies stellt gegenüber der früheren Rechtsanwendung höhere Anforderungen nicht nur an die Erheblichkeit der zu erwartenden weiteren Straftaten, sondern auch an die Wahrscheinlichkeit der künftigen Straffälligkeit des Angeklagten. Die vom Bundesverfassungsgericht geforderte **besonders strenge Verhältnismäßigkeitsprüfung** verlangt vom Tatrichter daher eine eingehende Prognoseentscheidung über das Vorliegen einer hohen Wahrscheinlichkeit der künftigen Begehung schwerer Gewalt- oder Sexualdelikte ohne die Maßregel. Dies erfordert eine auf die Umstände des Einzelfalls zugeschnittene, **detaillierte Darlegung** derjenigen **Taten, die in Zukunft vom Täter zu erwarten** sind. Die für den Wahrscheinlichkeitsgrad zu benennenden Umstände ergeben sich dabei regelmäßig auch aus Anzahl, Frequenz und Tatbildern von Vorverurteilungen.[114] **113**

TOPENTSCHEIDUNG ■

Die Anordnung der **Sicherungsverwahrung** gem. § 66 Absatz 1 StGB (in der nach Maßgabe der Gründe der Entscheidung des Bundesverfassungsgerichts vom 4. Mai 2011 – 2 BvR 2365/09 – anzuwendenden Fassung des Gesetzes zur Neuordnung des Rechts der Sicherungsverwahrung und zu begleitenden Regelungen vom 22. Dezember 2010) **neben lebenslanger Freiheitsstrafe ist zulässig.**[115] **114**

[17] b) Die Anordnung der Sicherungsverwahrung neben lebenslanger Freiheitsstrafe nach § 66 Abs. 1 StGB ist rechtmäßig.

[18] aa) Eine Rechtsanwendung, die die Zulässigkeit der Anordnung der Unterbringung in der Sicherungsverwahrung neben lebenslanger Freiheitsstrafe grundsätzlich in Frage stellt, widerspräche dem Wortlaut des Gesetzes und dem Willen des Gesetzgebers, der mit Art. 1 Nr. 2 des Gesetzes zur Einführung der vorbehaltenen Sicherungsverwahrung vom 21. August 2002 (BGBl. I, S. 3344) den bis dahin gel-

[113] BGH, Beschluss vom 10.1.2013 – 1 StR 93/11.
[114] BGH, Urteil v. 13.3.2013 – 2 StR 392/12.
[115] BGH, Urteil vom 24.10.2013 – 4 StR 124/13.

tenden § 66 StGB geändert und aus dessen Absätzen 1, 2, 3 Satz 1 und 2 das dem Wort Freiheitsstrafe vorangestellte Adjektiv „zeitiger“ gestrichen hat. Dies geschah, um den Gerichten eine Anordnung der Sicherungsverwahrung neben lebenslanger Freiheitsstrafe zu ermöglichen (vgl. Gesetzesentwurf vom 19. März 2002, BT-Drucks. 14/8586, S. 5 f.; Gesetzesentwurf vom 15. Mai 2002, BT-Drucks. 14/9041, S. 1; BGH, Beschluss vom 9. Januar 2013 – 1 StR 558/12, NStZ-RR 2013, 256, 257; MüKoStGB/Ullenbruch/Drenkhahn/Morgenstern, 2. Aufl., § 66 Rn. 21; Bartsch, Sicherungsverwahrung – Recht, Vollzug, aktuelle Probleme, 2010, S. 65 f.; Böhm, FS Schöch, 2010, S. 755, 762 f.; Passek, GA 2005, 96; Steinhilber, Mord und Lebenslang, 2012, S. 243 f.). …

[19] bb) Die Anordnung der Unterbringung des Angeklagten in der Sicherungsverwahrung nach § 66 Abs. 1 StGB neben lebenslanger Freiheitsstrafe verstößt nicht gegen den Verhältnismäßigkeitsgrundsatz.

[20] (1) Die Anordnung ist erforderlich, weil der angestrebte Zweck der Maßregel nicht durch ein den Angeklagten weniger belastendes Mittel erreicht werden kann.

[21] (a) Der Umstand, dass die Vollstreckung der vor der Unterbringung zu vollziehenden lebenslangen Freiheitsstrafe gemäß § 57a Abs. 1 Nr. 3 i.V.m. § 57 Abs. 1 Nr. 2 StGB nur zur Bewährung ausgesetzt werden darf, wenn dies unter Berücksichtigung des Sicherheitsinteresses der Allgemeinheit verantwortet werden kann und ein für die Allgemeinheit gefährlicher Täter deshalb im Vollzug zu verbleiben hat, steht der Maßregelanordnung nicht entgegen (aA Matt/Renzikowski/Eschelbach, StGB, § 66 Rn. 32; Kett-Straub, Die lebenslange Freiheitsstrafe, 2011, S. 313 ff.; Kinzig, NJW 2002, 3204 f.; Kreuzer, StV 2011, 122, 123; zweifelnd MüKoStGB/van Gemmeren, 2. Aufl., § 62 Rn. 6). Zwar wird es aufgrund der insoweit vergleichbaren Bewertungsmaßstäbe kaum je der Fall sein, dass nach § 57a Abs. 1 Nr. 3 i.V.m. § 57 Abs. 1 Nr. 2 StGB eine Aussetzung des Vollzugs der Strafe verantwortet werden kann, aber die nach § 67c Abs. 1 Satz 1 StGB vorzunehmende Prüfung zu dem Ergebnis führt, dass der Zweck der Maßregel (Verhütung hangbedingter rechtswidriger Taten) eine Unterbringung weiterhin erfordert (vgl. BGH, Urteil vom 10. Januar 2013 – 3 StR 330/12, Rn. 6; Urteil vom 25. Juli 2012 – 2 StR 111/12, BGHR StGB § 66 Abs. 2 Ermessensentscheidung 8; Beschluss vom 6. Juli 2010 – 5 StR 142/10, NStZ-RR 2011, 41; Beschluss vom 17. Dezember 1985 – 1 StR 564/85, BGHSt 33, 398, 401; MüKoStGB/van Gemmeren, 2. Aufl., § 62 Rn. 6; Bartsch, Sicherungsverwahrung – Recht, Vollzug, aktuelle Probleme, 2010, S. 66 f.; Kett-Straub, Die lebenslange Freiheitsstrafe, 2011, S. 317 f.; dieselbe, GA 2009, 586, 589 ff.; Kinzig, NJW 2002, 3204; Peglau, NJW 2000, 2980, 2981; Böhm, NJW 1982, 135, 139). Doch kommt es hierauf bei der Entscheidung über die Anordnung der Sicherungsverwahrung nach § 66 Abs. 1 StGB nicht an.

[22] Die dem Schuldausgleich dienende Strafhaft und der schuldunabhängige präventive Freiheitsentzug der Sicherungsverwahrung verfolgen unterschiedliche Zwecke und unterscheiden sich grundlegend in ihrer verfassungsrechtlichen Legitimation (vgl. BVerfGE 130, 372, 389; 128, 326, 376; Frisch, ZStW 102 [1990] 343, 358 ff.; Ziffer, FS Frisch, 2013, S. 1077, 1078; MüKoStGB/Radtke, 2. Aufl., vor §§ 38 ff. Rn. 69; ders., GA 2011, 636, 643 ff. jeweils m.w.N.). Für ihre Anordnung, die wegen der Zweckverschiedenheit auch nebeneinander erfolgen kann (BVerfGE 130, 372, 392; Beschluss vom 22. Juni 2012 – 2 BvR 22/12, S. 6 jeweils m.w.N.), gelten kategorial verschiedene Voraussetzungen, die getrennt voneinander zu beurteilen sind (vgl. BGH, Urteil vom 7. Oktober 1992 – 2 StR 374/92, BGHSt 38, 362, 365; Urteil vom 27. Oktober 1970 – 1 StR 423/70, BGHSt 24, 132, 133 f.). Sicherungs-

verwahrung nach § 66 Abs. 1 StGB ist neben der Strafe anzuordnen, wenn die dafür erforderlichen formellen Voraussetzungen vorliegen und die hangbedingte Gefährlichkeit des Täters die Anordnung seiner Unterbringung im Zeitpunkt der Entscheidung nötig macht (Kumulationsprinzip, vgl. LK-StGB/Hanack, 11. Aufl., vor §§ 61 ff. Rn. 65). …

[23] (b) Das aus dem Verhältnismäßigkeitsgrundsatz abgeleitete Subsidiaritätsprinzip (vgl. dazu MüKoStGB/van Gemmeren, 2. Aufl., § 62 Rn. 7; SSW-StGB/Jehle, § 72 Rn. 1) gilt bei freiheitsentziehenden Maßregeln nur für deren Vollstreckung (BT-Drucks. IV/650, S. 210; BGH, Urteil vom 23. Februar 2000 – 3 StR 595/99, BGHR StGB § 63 Gefährlichkeit 28; vgl. dazu auch Urteil vom 19. Februar 2008 – 5 StR 599/07, Rn. 15; Urteil vom 3. November 1977 – 1 StR 417/77, NJW 1978, 599; Meier, Strafrechtliche Sanktionen, 3. Aufl., S. 318; aA LK-StGB/Hanack, 11. Aufl., vor §§ 61 ff. Rn. 61) und ist auf das Verhältnis zwischen Strafausspruch und Maßregelanordnung nicht anzuwenden (LK-StGB/Schöch, 12. Aufl., vor § 61 Rn. 81; SSW-StGB/Schöch, vor §§ 61 ff. Rn. 27; NK-StGB/Pollähne, 4. Aufl., § 61 Rn. 60). …

[24] (c) Darüber hinaus gibt es Fallkonstellationen, in denen ein umfassender Schutz der Allgemeinheit ohne eine Anordnung der Sicherungsverwahrung auch bei der Verhängung einer lebenslangen Freiheitsstrafe nicht gewährleistet wäre. Würde bei einem gefährlichen Hangtäter auf die Anordnung der Sicherungsverwahrung mit Rücksicht auf eine gleichzeitig ausgesprochene lebenslange Freiheitsstrafe verzichtet, könnte die gebotene Maßregelanordnung aufgrund des Verschlechterungsverbots (§ 358 Abs. 2 Satz 1 StPO) nicht mehr nachgeholt werden, wenn es auf ein oder mehrere lediglich zugunsten des Angeklagten eingelegte Rechtsmittel zum Wegfall der lebenslangen Freiheitsstrafe kommt und nur noch auf eine zeitige Freiheitsstrafe erkannt wird (vgl. Böhm, FS Schöch, 2010, S. 755, 763; Kett-Straub, Die lebenslange Freiheitsstrafe, 2011, S. 321 f.; dieselbe, GA 2009, 586, 595; Steinhilber, Mord und Lebenslang, 2012, S. 252 ff.). …

[25] (2) Die Anordnung von Sicherungsverwahrung steht bei dem Angeklagten auch mit Rücksicht auf die vom Bundesverfassungsgericht im Urteil vom 4. Mai 2011 hierzu aufgestellten Grundsätze nicht außer Verhältnis zu dem Gewicht der sie rechtfertigenden Gründe.

PRAXISBEDEUTUNG ■

Die vorliegende Entscheidung dürfte den entstandenen Streit (vgl. nachfolgende Entscheidungen) beenden, ob neben lebenslanger Freiheitsstrafe auch Sicherungsverwahrung angeordnet werden kann. Die ausführliche Argumentation dieser Entscheidung sollte auch die bisherigen Kritiker überzeugen!

Zwar ist nach dem Wortlaut des Gesetzes die Anordnung der **Sicherungsverwahrung auch neben lebenslanger Freiheitsstrafe** möglich. Wie bereits der 2. Strafsenat des Bundesgerichtshofs entschieden hat (BGH, Urteil vom 25. Juli 2012 – 2 StR 111/12), ist im Rahmen der nach § 66 Abs. 2, Abs. 3 S. 2 StGB zu treffenden Ermessensentscheidung ein Nebeneinander von lebenslanger Freiheitsstrafe und Sicherungsverwahrung indes nicht unerlässlich. Dem schließt sich der Senat an.[116] **115**

[116] BGH, Urteil v. 10.1.2013 – 3 StR 330/12.

[6] Eine lebenslange Freiheitsstrafe kann auch nach Ablauf der nach § 57a Abs. 1 Satz 1 Nr. 1, 2 StGB bestimmten Verbüßungsdauer nur dann zur Bewährung ausgesetzt werden, wenn dies unter Berücksichtigung des Sicherheitsinteresses der Allgemeinheit verantwortet werden kann (vgl. § 57a Abs. 1 Satz 1 Nr. 3 i.V.m. § 57 Abs. 1 Satz 1 Nr. 2 StGB). Solange der Verurteilte noch gefährlich ist, wird die lebenslange Freiheitsstrafe vollstreckt. Erst wenn sich herausstellt, dass von dem Verurteilten keine Gefahr mehr ausgeht, wird die Strafe zur Bewährung ausgesetzt. In diesem Falle dürfte indes auch eine zusätzlich zur lebenslangen Strafe angeordnete Sicherungsverwahrung nicht mehr vollzogen werden (§ 67c Abs. 1 Satz 1 i.V.m. § 66 Abs. 1 Nr. 4 StGB). Auch sie müsste zur Bewährung ausgesetzt werden (§ 67c Abs. 1 Satz 1, Satz 2 1. Halbsatz StGB). Angesichts dessen erscheint es kaum denkbar, dass im Anschluss an eine bedingte Aussetzung der lebenslangen Freiheitsstrafe die Sicherungsverwahrung wegen fortbestehender Gefährlichkeit des Betroffenen vollstreckt werden wird (BGH aaO Rn. 23; vgl. auch BVerfG, Beschluss vom 8. November 2006 – 2 BvR 578/02 u.a., BVerfGE 117, 71, 93; BGH, Beschluss vom 6. Juli 2010 – 5 StR 142/10, NStZ-RR 2011, 41). Auch die verfahrensrechtlichen Anforderungen an eine spätere Entscheidung über eine etwaige Strafaussetzung entsprechen denjenigen, die für die nach § 67c Abs. 1 Satz 1 StGB zu klärende Frage gelten, ob der Zweck der Maßregel die Unterbringung auch nach der Verbüßung der Strafe noch erfordert (§ 454, § 463 Abs. 1 und 3 StPO). Insbesondere ist stets unter Heranziehung eines Sachverständigen zu klären, ob bei dem Verurteilten keine Gefahr mehr besteht, dass dessen durch die Tat zutage getretene Gefährlichkeit fortbesteht (§ 463 Abs. 3 Satz 3 i.V.m. § 454 Abs. 2 Satz 2 StPO). Die Anordnung der Sicherungsverwahrung erscheint damit neben der Verurteilung zu lebenslanger Freiheitsstrafe im Interesse der öffentlichen Sicherheit nicht als unabdingbar (s. bereits BGH, Beschluss vom 17. Dezember 1985 – 1 StR 564/85, BGHSt 33, 398, 400 f.; insgesamt kritisch Peglau, NJW 2000, 2980 f.; Kreuzer, ZRP 2011, 7, 9).

116 Liegen die **Voraussetzungen sowohl des § 66 StGB** (bzw. § 66a StGB) als **auch des § 64 StGB** vor, erfordert das – freilich nur ausnahmsweise – Absehen von der (vorbehaltenen) Sicherungsverwahrung im Hinblick auf die Unterbringung nach § 64 StGB ein hohes Maß an prognostischer Sicherheit in dem Sinne, dass mit der alleinigen Unterbringung gemäß § 64 StGB die vom Angeklagten ausgehende Gefahr beseitigt werden kann.[117]

117 **Raubdelikte** sind ungeachtet der hohen Strafdrohungen und der für die Tatopfer oftmals gewichtigen psychischen Auswirkungen nicht ohne Weiteres als schwere Gewaltstraftaten anzusehen und können nur in Abhängigkeit von ihren vorhersehbaren individuellen Umständen als schwere Gewalttaten gewertet werden.[118]

[29] a) Schwere Gewalttaten im Sinne der Weitergeltungsanordnung des Bundesverfassungsgerichts sind danach einerseits nicht nur solche schweren Raubdelikte, die mit der Anwendung physischer Gewalt verbunden sind. Denn auch Drohungen mit gegenwärtiger Gefahr für Leib oder Leben können über die Beeinträchtigung des seelischen Gleichgewichts hinaus zu körperlichen Auswirkungen oder nachhaltigen psychischen Auswirkungen mit Krankheitswert führen (vgl. dazu BGH, Urteil

---

[117] BGH, Urteil vom 14.5.2013 – 1 StR 573/12.
[118] BGH, Beschl. v. 11.12.2012 – 5 StR 431/12.

vom 26. November 1985 – 1 StR 393/85, NStZ 1986, 166 und BGH, Beschluss vom 19. Oktober 1999 – 4 StR 467/99, NStZ-RR 2000, 106), wobei die durch die Drohwirkung hervorgerufenen psychischen Folgen ungeachtet der objektiven Ungefährlichkeit des Tatmittels entstehen können, wohingegen die Drohung mit einer gefährlichen Waffe bereits wegen einer möglichen Gewalteskalation eine Gefahr für Leib und Leben des Opfers begründet.

[30] b) Anderseits ist aber nicht jede Raubtat allein wegen der mit der Einschüchterung und Bedrohung einhergehenden psychischen Beeinträchtigung der Opfer als schwere Gewaltat in diesem Sinne einzustufen. Denn ein präventiver Eingriff in das Freiheitsgrundrecht, der – wie die Sicherungsverwahrung – nicht dem Schuldausgleich dient, ist nur zulässig, wenn der Schutz hochwertiger Rechtsgüter dies unter Beachtung des strikten Verhältnismäßigkeitsgrundsatzes erfordert (vgl. BVerfG, aaO S. 372 f.). Die gesteigerten Anforderungen an die Erheblichkeit der zu erwartenden Straftaten haben sich deshalb an Art und Ausmaß der drohenden Rechtsgutsverletzung zu orientieren. Je existentieller die betroffenen Güter für den Einzelnen sind, desto intensiver muss der staatliche Schutz vor Beeinträchtigungen sein (vgl. BVerfG, Urteil vom 5. Februar 2004 – 2 BvR 2029/01, BVerfGE 109, 133, 186).

[31] In diesem Sinne kann die Verursachung schwerwiegender und nachhaltiger psychischer Schäden durchaus von existentiellem Gewicht für die Betroffenen sein, sie z.B. in ihrem täglichen Leben schwer behindern oder zu einer nachhaltigen Beeinträchtigung ihrer Berufsfähigkeit führen. Solche Schäden können auch bei Verwendung von Scheinwaffen in Abhängigkeit von individuellen Umständen, z.B. aufgrund der besonderen Bedrohlichkeit der Begehungsweise oder der besonderen Schutzbedürftigkeit oder Zufälligkeit der ausgewählten Opfer, typischerweise zu erwarten sein. Auch psychisch vermittelte körperliche Schäden, z.B. im Rahmen einer schwerwiegenden posttraumatischen Belastungsstörung (ICD-10: F 43.1), sind hier in Betracht zu ziehen.

[32] c) Ist indes im Fall des Einsatzes einer ungefährlichen Scheinwaffe des § 250 Abs. 1 Nr. 1b StGB objektiv weder eine Lebens- noch eine Leibesgefahr begründet, weil mit einer Eskalation der angedrohten Gewalt keinesfalls gerechnet werden kann, und gibt es keine Anhaltspunkte dafür, dass psychische Beeinträchtigungen der Tatopfer das Ausmaß schwerwiegender und nachhaltiger psychischer Schäden erreichen oder Auswirkungen auf die körperliche Gesundheit der Opfer haben können, so ist kein Rechtsgut bedroht, dessen Schutz die Anwendung der verfassungswidrigen Norm rechtfertigen könnte (im Ergebnis auch BGH, Urteil vom 19. Oktober 2011 – 2 StR 305/11, aaO S. 214).

[33] Im Ergebnis stellen demnach zu erwartende Raubtaten im Sinne des § 250 Abs. 1 Nr. 1b StGB, bei denen nur objektiv ungefährliche Scheinwaffen eingesetzt werden, schwere Gewalttaten im Sinne der strikten Verhältnismäßigkeitsprüfung nach der Weitergeltungsanordnung des Bundesverfassungsgerichts dar, wenn aufgrund ihrer vorhersehbaren individuellen Umstände mit schwerwiegenden und nachhaltigen psychischen Schäden oder psychisch vermittelten körperlichen Folgen bei den Opfern zu rechnen ist.

d) Vorbehaltene Anordnung der Sicherungsverwahrung – § 66a StGB

Für den Vorbehalt der Sicherungsverwahrung bedarf es einer **erheblichen, naheliegenden Wahrscheinlichkeit der Begehung weiterer schwerer Sexualstraftaten,** die 118 aus konkreten Umständen in der Person oder dem Verhalten des Angeklagten ableitbar sein muss.[119]

[6] b) Das Landgericht hat es zudem unterlassen, eine einzelfallbezogene Verhältnismäßigkeitsprüfung nach den Maßstäben der Entscheidung des Bundesverfassungsgerichts durchzuführen (vgl. BGH, Beschlüsse vom 2. August 2011 – 3 StR 208/11, BGHR StGB § 66 Strikte Verhältnismäßigkeit 1, und vom 24. Januar 2012 – 5 StR 535/11; Urteile vom 4. August 2011 – 3 StR 175/11, NStZ 2011, 692, und vom 25. September 2012 – 1 StR 160/12, jeweils m.w.N.).

[7] Für den Vorbehalt der Sicherungsverwahrung bedarf es dafür einer erheblichen, naheliegenden Wahrscheinlichkeit der Begehung weiterer schwerer Sexualstraftaten, die aus konkreten Umständen in der Person oder dem Verhalten des Angeklagten ableitbar sein muss. Dass das Landgericht dessen Gefährlichkeit für die Allgemeinheit „definitiv festgestellt" hat, ersetzt die danach erforderliche Prüfung der konkreten Umstände des Falles nicht. Das Landgericht hätte sich hier insbesondere damit auseinandersetzen müssen, dass zwischen der ersten und der zweiten Tatserie eine erhebliche zeitliche Lücke klafft. In dieser Zeit hat der Angeklagte „ohne feste Beziehung" gelebt. Inwieweit er danach strebt, Beziehungskonstellationen zum Zweck des Kindesmissbrauchs aktiv herzustellen, oder ob er lediglich sich ergebende Gelegenheiten nutzt, ist für die Beurteilung der Wahrscheinlichkeit der Begehung weiterer schwerer Sexualstraftaten jedenfalls nicht ohne Bedeutung. In diesem Zusammenhang fehlt auch eine Auseinandersetzung mit dem Umstand, dass die Taten zum Nachteil der Nebenklägerin Sc. gegenüber denjenigen zum Nachteil der Nebenklägerin A. von vergleichsweise geringerem Gewicht sind und der Angeklagte – soweit ersichtlich – nach Einzug mit seiner Lebensgefährtin und ihren Kindern in das gemeinsam bewohnte Haus bis zur Aufdeckung der Taten im Januar 2012 keine sexuellen Übergriffe zulasten der Nebenklägerin Sc. mehr begangen hat.

e) Nachträgliche Anordnung der Sicherungsverwahrung – § 66b StGB

■ TOPENTSCHEIDUNG

119 § 66b Abs. 3 StGB ermöglicht die **nachträgliche Anordnung der Unterbringung in der Sicherungsverwahrung**, nachdem die **Unterbringung in einem psychiatrischen Krankenhaus** gemäß § 67d Abs. 6 StGB **für erledigt erklärt** worden ist, weil der schuldausschließende oder schuldmindernde Zustand, auf dem die Anordnung der Maßregel gemäß § 63 StGB beruhte, nicht oder nicht mehr besteht. Damit greift die Norm in grundrechtlich geschütztes Vertrauen ein. Dies gilt insbesondere in Fällen, in denen die Betroffenen wegen ihrer Anlasstaten bereits vor Inkrafttreten der jeweils einschlägigen Neuregelungen verurteilt waren – also in allen von der rückwirkenden Anwendung der Verlängerung der Zehnjahresfrist gemäß § 67d Abs. 3 Satz 1 in Verbindung mit § 2 Abs. 6 StGB erfassten Fällen ebenso wie in sämtlichen Fällen der rückwirkenden nachträglichen Anordnung der Sicherungsverwahrung (sogenannte Altfälle). Dabei kommt den betroffenen Vertrauensschutzbelangen ein besonders hohes Gewicht zu, wenn die Anordnung der Maßregel wie im Fall der Sicherungsverwahrung zu einer unbefristeten Freiheitsentziehung führt und damit

[119] BGH, Beschluss vom 19.2.2013 – 5 StR 620/12.

einen schweren – wenn nicht gar den schwersten vorstellbaren – Eingriff in das Grundrecht auf Freiheit der Person beinhaltet.[120]

[31] Die Anordnung der Unterbringung in der Sicherungsverwahrung gemäß § 66b Abs. 3 StGB im Anschluss an eine Unterbringung in einem psychiatrischen Krankenhaus gemäß § 63 StGB beinhaltet nicht eine bloße Fortführung der vorherigen Maßregel auf veränderter Rechtsgrundlage, sondern einen neuen, eigenständigen Grundrechtseingriff.

[32] Dies ergibt sich bereits aus dem Wortlaut der Vorschrift. Während § 67a Abs. 1 und Abs. 2 StGB die Möglichkeit der „Überweisung" in den Vollzug einer anderen Maßregel nur unter der Voraussetzung des Fortbestandes der bisherigen Maßregel eröffnet, setzt § 66b Abs. 3 StGB voraus, dass die Unterbringung in einem psychiatrischen Krankenhaus „für erledigt erklärt worden ist", bevor die Anordnung der Unterbringung in der Sicherungsverwahrung erfolgen kann. Die Sicherungsverwahrung kann nur angeordnet werden, wenn zuvor die Unterbringung gemäß § 63 StGB beendet worden ist.

[33] Dass die Anordnung der Unterbringung in der Sicherungsverwahrung gemäß § 66b Abs. 3 StGB nicht als Fortführung der vorherigen Unterbringung in einem psychiatrischen Krankenhaus angesehen werden kann, veranschaulicht der Fall des Beschwerdeführers zu II., der sich nach der Erledigung der Maßregel gemäß § 63 StGB zunächst auf freiem Fuß befand, bevor die Unterbringung in der Sicherungsverwahrung angeordnet wurde. Eine nochmalige Anordnung der Unterbringung in einem psychiatrischen Krankenhaus kam demgegenüber nicht in Betracht.

[34] b) Der Eigenständigkeit der Anordnung der Unterbringung in der Sicherungsverwahrung gemäß § 66b Abs. 3 StGB entspricht die Ausgestaltung des Anordnungsverfahrens. Während für die Erledigungserklärung gemäß § 67d Abs. 6 StGB die Strafvollstreckungskammer am Ort der Unterbringung zuständig ist, obliegt die Anordnung der Unterbringung in der Sicherungsverwahrung gemäß § 74f Abs. 1 GVG dem Tatgericht. Die Übersendung der Akten an die zuständige Staatsanwaltschaft erfolgt gemäß § 275a Abs. 1 Satz 3 StPO erst nach der Erklärung der Erledigung der Unterbringung gemäß § 63 StGB. Für die Zeit bis zur Entscheidung über die Anordnung der Unterbringung in der Sicherungsverwahrung kann zunächst das Vollstreckungsgericht gemäß § 275a Abs. 6 Satz 2 StPO und ab Eingang des Antrags das Tatgericht gemäß § 275a Abs. 6 Satz 1 StPO einen Unterbringungsbefehl erlassen.

[35] c) Hinzu kommt, dass beide Maßregeln sich qualitativ voneinander unterscheiden. Gemäß § 72 Abs. 2 StGB können beide Maßregeln grundsätzlich nebeneinander angeordnet werden, wenn nicht der erstrebte Zweck bereits durch eine von ihnen zu erreichen ist (§ 72 Abs. 1 StGB). Die Unterbringung in einem psychiatrischen Krankenhaus stellt im Vergleich zur Sicherungsverwahrung kein geringeres, sondern ein anderes Übel dar (vgl. BVerfGK 2, 55 <63>; 16, 98 <111 f.>; vgl. auch BGH, Urteil vom 19. Februar 2002 – 1 StR 546/01 –, NStZ 2002, S. 533 <534>).

[36] d) Vor diesem Hintergrund beinhaltet die nachträgliche Anordnung der Unterbringung in der Sicherungsverwahrung gemäß § 66b Abs. 3 StGB einen Eingriff in die Vertrauensschutzbelange des Betroffenen, der in seinem Ausmaß dem Eingriff durch die nachträgliche Anordnung der Sicherungsverwahrung gemäß § 66b Abs. 2

[120] BVerfG, Kammerbeschluss vom 6.2.2013 – 2 BvR 2122/11, 2 BvR 2705/11.

StGB in der Fassung des Gesetzes zur Reform der Führungsaufsicht und zur Änderung der Vorschriften über die nachträgliche Sicherungsverwahrung vom 13. April 2007 (BGBl. I 0S. 513) entspricht, der Gegenstand des Urteils des Bundesverfassungsgerichts vom 4. Mai 2011 war (vgl. BVerfGE 128, 326 <388 f.>). Wird im Urteil des Tatgerichts die Sicherungsverwahrung weder angeordnet noch vorbehalten und existiert zum Urteilszeitpunkt keine Norm, welche die nachträgliche Anordnung der Unterbringung in der Sicherungsverwahrung ermöglicht, darf der Betroffene grundsätzlich darauf vertrauen, dass ihm diese Maßregel dauerhaft erspart bleibt. Dies gilt unabhängig davon, ob im Urteil eine Freiheitsstrafe oder eine andere freiheitsentziehende Maßregel neben oder statt einer Freiheitsstrafe angeordnet wird. Hinsichtlich der berührten Vertrauensschutzbelange macht es auch keinen Unterschied, ob die tatsächlichen Umstände, welche die Gefährlichkeit des Verurteilten begründen, erst nachträglich eintreten oder bekannt werden (§ 66b Abs. 2 StGB) oder ob auf die Anordnung der Unterbringung in der Sicherungsverwahrung verzichtet wird, obwohl diese Umstände im Urteilszeitpunkt bereits bekannt sind (§ 66b Abs. 3 StGB). Auch wenn die Anordnung der Unterbringung in der Sicherungsverwahrung nur deshalb unterbleibt, weil das Tatgericht fehlerhaft vom Vorliegen der Voraussetzungen des § 63 StGB ausgeht (Fehleinweisung), ist das Vertrauen auf ein dauerhaftes Unterbleiben der Maßregel grundrechtlich jedenfalls dann geschützt, wenn es an einer gesetzlichen Regelung, die zur nachträglichen Anordnung der Sicherungsverwahrung ermächtigt, fehlt.

■ PRAXISBEDEUTUNG

Die Kammerentscheidung des BVerfG gibt wichtige Hinweise, wie das wahrscheinlich schwierigste Problem der nachträglichen Sicherungsverwahrung, nämlich deren Anordnung im Anschluss an eine aufgehobene Unterbringung, gerade unter Berücksichtigung der Belange des Vertrauees des Betroffenen, verfassungsgemäß gelöst werden kann.

120 **Auslegung** der **Übergangsvorschrift** zum Gesetz zur bundesrechtlichen Umsetzung des Abstandsgebotes im Recht der Sicherungsverwahrung.[121]

[19] Die Urteilsausführungen zur Nichtanwendbarkeit des § 7 Abs. 2 JGG (aF) halten sachlich-rechtlicher Nachprüfung nicht stand.

[20] 1. Das Gesetz zur bundesrechtlichen Umsetzung des Abstandsgebotes im Recht der Sicherungsverwahrung vom 5. Dezember 2012 (BGBl. I 2425 f.) ist am 1. Juni 2013 in Kraft getreten. Durch Artikel 7 dieses Gesetzes wurde nach Artikel 316e EGStGB der Artikel 316f als Übergangsvorschrift eingeführt. Aus dessen Absatz 2 Satz 1 ergibt sich für den vorliegenden Fall, dass die bis zum 31. Mai 2013 geltenden Vorschriften über die Sicherungsverwahrung nach Maßgabe der Sätze 2 bis 4 anzuwenden sind. Danach ist die Anordnung oder Fortdauer der Sicherungsverwahrung auf Grund einer gesetzlichen Regelung, die zur Zeit der letzten Anlasstat noch nicht in Kraft getreten war oder eine nachträgliche Anordnung der Sicherungsverwahrung, die nicht die Erledigung einer Unterbringung in einem psychiatrischen Krankenhaus voraussetzt, oder die Fortdauer einer solchen nachträglich

---

[121] BGH, Urteil vom 12.6.2013 – 1 StR 48/13.

angeordneten Sicherungsverwahrung nur zulässig, wenn beim Betroffenen eine psychische Störung vorliegt und aus konkreten Umständen in seiner Person oder seinem Verhalten eine hochgradige Gefahr abzuleiten ist, dass er infolge dieser Störung schwerste Gewalt- oder Sexualstraftaten begehen wird.

[21] Durch die Änderung (auch) des Artikel 316e EGStGB, in dessen Absatz 1 Satz 2 nach den Wörtern „Absätzen 2 und 3" die Wörter „sowie in Artikel 316f Absatz 2 und 3" eingefügt wurden, ist sichergestellt, dass die bis zum 31. Dezember 2010 geltenden Vorschriften über die Sicherungsverwahrung in Fällen rückwirkender Gesetzesanwendung oder in Fällen der nachträglichen Sicherungsverwahrung („Vertrauensschutzfälle") nur unter den vom BVerfG in seinem Urteil vom 4. Mai 2011 (BVerfGE 128, 326) formulierten hohen Voraussetzungen weiter anwendbar sind (vgl. auch BT-Drucks. 17/9874 vom 6. Juni 2012 S. 30).

[22] Die Übergangsvorschrift Artikel 316f EGStGB regelt sowohl die dem StGB als auch die dem JGG unterfallenden Sachverhalte. Absatz 2 Satz 1 bestimmt, dass auf Altfälle hinsichtlich der Sicherungsverwahrung nach Vorschriften des JGG das bis zum 31. Mai 2013 geltende Recht anzuwenden ist mit den in den Sätzen 2 bis 4 enthaltenen Grundsätzen (vgl. auch BT-Drucks. 17/9874 vom 6. Juni 2012 S. 31).

[23] Die vom BVerfG selbst nur für die Übergangszeit bis zu einer Neuregelung vorgesehene Fortgeltung ist also fortgeschrieben, wobei sich Artikel 316f Absatz 2 Satz 2 EGStGB mit Blick auf die Anforderungen des Artikel 5 Absatz 1 Satz 2 Buchstabe e EMRK nicht auf die bloße Übernahme der Formulierung des BVerfG beschränkt, sondern darüber hinaus ein Kausalitätserfordernis zwischen psychischer Störung und hochgradiger Gefahr statuiert.

[24] Der Senat hält diese (modifizierte) Fortgeltung für verfassungs- und konventionsgemäß (vgl. in diesem Sinne auch BVerfG [2. Kammer des Zweiten Senats] Beschluss vom 11. März 2013 – 2 BvR 2000/12, StraFo 2013, 213, 214; vgl. auch zu § 66 StGB: BGH, Urteile vom 23. April 2013 – 5 StR 610 und 617/12 sowie vom 24. April 2013 – 5 StR 593/12).

[25] 2. Entgegen der Auffassung des Landgerichts war § 7 Abs. 2 JGG (aF) zum Zeitpunkt des Erlasses des angefochtenen Urteils (25. September 2012) daher nach den vom BVerfG durch Urteil vom 4. Mai 2011 (BVerfGE 128, 326) aufgestellten Grundsätzen anzuwenden.

[26] Dies hat der Senat bereits in seinem Urteil vom 25. September 2012 (1 StR 160/12) ausdrücklich und in einem Verwerfungsbeschluss gemäß § 349 Abs. 2 StPO vom 5. März 2013 (1 StR 37/13) inzidenter entschieden, wobei die nachträgliche Anordnung von Sicherungsverwahrung nach § 7 Abs. 2 JGG (aF) auch in diesen Fällen nicht das Vorliegen neuer Tatsachen voraussetzt (vgl. BGH, Urteil vom 30. August 2011 – 5 StR 235/11 Rn. 11).

[27] Das angefochtene Urteil war danach aufzuheben, da auch die seit 1. Juni 2013 geltenden Regelungen eine grundsätzliche Anwendbarkeit des § 7 Abs. 2 JGG aF für Altfälle der vorliegenden Art vorsehen und das Urteil auf dem dargelegten Rechtsfehler beruht.

f) Dauer der Unterbringung – § 67d StGB

■ TOPENTSCHEIDUNG

121 Neben den individuellen Gewährleistungen hat die freiheitssichernde Funktion des Art 2 Abs 2 GG auch verfahrensrechtliche Bedeutung. Unverzichtbare **Voraussetzung eines rechtsstaatlichen Verfahrens** ist, dass Entscheidungen, die den Entzug der persönlichen Freiheit betreffen, auf zureichender richterlicher Sachaufklärung beruhen und eine in tatsächlicher Hinsicht genügende Grundlage haben, die der Bedeutung der Freiheitsgarantie entspricht.

Im Rahmen des **„Gebotes der bestmöglichen Sachaufklärung"** hat der Strafvollstreckungsrichter die Aussagen oder Gutachten des Sachverständigen selbstständig zu beurteilen. Er darf die Prognoseentscheidung nicht dem Sachverständigen überlassen, sondern hat diese selbst zu treffen.

Der **Grundsatz der Verhältnismäßigkeit** ist in die Prüfung der Aussetzungsreife der Maßregel nach § 67d Abs 2 StGB einzubeziehen (integrative Betrachtung). Die darauf aufbauende Gesamtwürdigung hat die von dem Täter ausgehenden Gefahren zur Schwere des mit der Maßregel verbundenen Eingriffs ins Verhältnis zu setzen. Dabei ist die von dem Untergebrachten ausgehende Gefahr hinreichend zu konkretisieren. Zu erwägen sind insbesondere das frühere Verhalten des Untergebrachten und die von ihm bislang begangenen Taten. Abzuheben ist aber auch auf die seit der Anordnung der Maßregel veränderten Umstände, die für die künftige Entwicklung bestimmend sind.

Der Grundsatz der Verhältnismäßigkeit gebietet es zudem, die Unterbringung in einem psychiatrischen Krankenhaus nach § 63 StGB nur so lange zu vollstrecken, wie der **Zweck der Maßregel dies unabweisbar erfordert** und zu seiner Erreichung den Untergebrachten weniger belastende Maßnahmen nicht genügen.

Das zunehmende Gewicht des **Freiheitsanspruchs** bei der Verhältnismäßigkeitsprüfung wirkt sich bei langdauernden Unterbringungen in einem psychiatrischen Krankenhaus (§ 63 StGB) auch auf die an die Begründung einer Entscheidung nach § 67d Abs 2 StGB zu stellenden Anforderungen aus. Dem lässt sich dadurch Rechnung tragen, dass der **Richter seine Würdigung eingehender abfasst**, sich also nicht etwa mit knappen, allgemeinen Wendungen begnügt, sondern seine Bewertung anhand der dargestellten einfachrechtlichen Kriterien substantiiert offenlegt. Erst dadurch wird es möglich, im Rahmen verfassungsgerichtlicher Kontrolle nachzuvollziehen, ob die von dem Täter ausgehende Gefahr seinen Freiheitsanspruch gleichsam aufzuwiegen vermag. Zu verlangen ist mithin vor allem die Konkretisierung der Wahrscheinlichkeit weiterer rechtswidriger Taten, die von dem Untergebrachten drohen, und deren Deliktstypus.

Bleibt das Bemühen des Richters um **Zuverlässigkeit der Prognose** trotz Ausschöpfung der zu Gebote stehenden Erkenntnismittel mit großen Unsicherheiten behaftet, so hat auch dies Eingang in seine Bewertung zu finden.[122]

---

[122] BVerfG, Kammerbeschluss vom 26.8.2013 – 2 BvR 371/12 („Fall Mollath"); vgl. insoweit auch BVerfG, Kammerbeschluss vom 24.7.2013 – 2 BvR 298/12 – sowie Kammerbeschluss vom 5.7.2013 – 2 BvR 2957/12.

PRAXISBEDEUTUNG ■

Die Entscheidung des BVerfG verdeutlicht einmal mehr die Bedeutung der richterlichen Prüfungsbefugnis bei Fortdauerentscheidungen von Unterbringungen. Angesichts des damit verbundenen schweren Eingriffs in den Freiheitsanspruch des Untergebrachten bedarf eine Fortdauerentscheidung besonderer Begründungstiefe, bei welcher der Verhältnismnäßigkeitsgrundsatz zudem umso bedeutender wird, je länger die Unterbringung bereits andauert.

Die Regelungen der § 63, § 67d StGB tragen den Anforderungen des Art 37 Buchst a UNKRÜbk Rechnung. Auch wenn die **Unterbringung in einem psychiatrischen Krankenhaus** grundsätzlich zeitlich nicht befristet ist, besteht doch die Möglichkeit der Aussetzung oder der Erledigungserklärung (§ 67d Abs 2, Abs 6 StGB). Die zwingende jährliche Überprüfung einer Aussetzung oder Erledigung der Maßregel (§ 67d Abs 2 StGB) genügt dabei den Anforderungen, die der General Comment Nr 10 (2007) an die Verurteilung von Kindern zu einer lebenslangen Freiheitsstrafe stellt. 122

Die gesetzgeberische Entscheidung, die Unterbringung in einer Entziehungsanstalt nur bei **hinreichend konkreter Behandlungsaussicht** zuzulassen (§ 64 S 2, § 67d Abs 5 StGB), für die Unterbringung in einem psychiatrischen Krankenhaus hingegen keine entsprechende Regelung vorzusehen, ist mit den Anforderungen des Art 3 Abs 1 GG vereinbar. (Rn. 27)

Diese Differenzierung findet ihre Rechtfertigung in den unterschiedlichen Zwecken, die diese Maßregeln verfolgen. Die **Pflicht des Staates, die Allgemeinheit vor gefährlichen Tätern zu schützen,** rechtfertigt die unterschiedliche Gewichtung des Sicherungs- und Besserungszwecks in den genannten Vorschriften. Dem Resozialisierungsanspruch des Untergebrachten wird dabei neben der freiheits- und therapieorientierten Ausgestaltung des Maßregelvollzugs durch die Maßgaben des § 72 Abs 1 S 2 StGB und des § 67a StGB Rechnung getragen.

Der Grundsatz der Verhältnismäßigkeit erlaubt eine Beschränkung der persönlichen Freiheit nur soweit, als dies im öffentlichen Interesse unerlässlich ist. Er ist in die Prüfung der Aussetzungsreife der Maßregel (§ 67 Abs 2 StGB) einzubeziehen.

In Fällen einer lange andauernden Unterbringung in einem psychiatrischen Krankenhaus kommt dem Verhältnismäßigkeitsgrundsatz nicht zuletzt deswegen eine besondere Bedeutung zu, weil das Gesetz für die Vollstreckung dieser Maßregel keine absolute zeitliche Höchstgrenze vorsieht.[123]

Die Feststellung der Voraussetzungen für die Fortdauer der Sicherungsverwahrung im Anwendungsbereich des § 67d Abs. 3 Satz 1 StGB setzt **eine wertende richterliche Entscheidung** voraus, die das **Bundesverfassungsgericht nicht in allen Einzelheiten nachprüfen** kann. Aufgrund des zunehmenden Gewichts des Freiheitsanspruchs aus Art. 2 Abs. 2 Satz 2 GG erhöhen sich bei langandauernden Unterbringungen aber die Anforderungen an die Wahrheitserforschung und die verfassungsgerichtliche Kontrolldichte. Insbesondere ist im Wege verfassungsgerichtlicher Kontrolle nachzuvollziehen, ob die Annahme der Voraussetzungen für die Fortdauer der Sicherungsverwahrung auf einer hinreichenden tatsächlichen Grundlage beruht und dem Gebot bestmöglicher Sachaufklärung Rechnung getragen ist.[124] 123

---

123 BVerfG, Kammerentscheidung vom 5.7.2013 – 2 BvR 708/12.

124 BVerfG, Kammerbeschluss vom 28.3.2013 – 2 BvR 553/12.

18. Führungsaufsicht – §§ 68 ff. StGB

124 Die **Weisung,** „jegliche Tätigkeit zu unterlassen, durch welche der Angeklagte/Verurteilte in Kontakt zu Kindern und Jugendlichen kommen kann", dürfte nicht hinreichend bestimmt sein, um ein nach § 145a S. 1 StGB strafbares Verhalten zu bezeichnen. Im Übrigen verbietet sich ein erweiterndes Verständnis einer Weisung im Hinblick auf das Bestimmtheitsgebot des Art. 103 Abs. 2 GG.[125]

[5] 2. Die Feststellungen hinsichtlich der Tat 1 (Einkaufsfahrt) tragen nicht den Schuldspruch wegen Verstoßes gegen Weisungen während der Führungsaufsicht.

[6] Die Weisung, „jegliche unbeaufsichtigte Kontaktaufnahme zu Kindern und Jugendlichen zu unterlassen", hat ihre gesetzliche Grundlage in § 68b Abs. 1 Satz 1 Nr. 3 StGB. Dort ist ausdrücklich bestimmt, dass der Verurteilte angewiesen werden kann, zu Personen einer bestimmten Gruppe, die ihm Anreiz zu weiteren Straftaten bieten können, keinen Kontakt aufzunehmen. Nach dem Willen des Gesetzgebers soll damit verhindert werden, dass die verurteilte Person neue Kontakte zu potenziellen oder auch früheren Opfern herstellt, während das ebenfalls in § 68b Abs. 1 Satz 1 Nr. 3 StGB vorgesehene Verkehrsverbot die Fortführung oder das Unterhalten eines bestehenden Kontakts erfasst (vgl. BT-Drucks. 16/1993, S. 18). Die vorliegende, an die Terminologie des Gesetzestextes angelehnte Weisung ist demnach dahin zu verstehen, dass es dem Verurteilten untersagt ist, aus eigenem Antrieb und aktiv einen unmittelbaren Kontakt zu einem Mitglied der Personengruppe herzustellen (vgl. BGH, Urteil vom 7. Februar 2013 – 3 StR 486/12). Ein erweiterndes Verständnis dieser Weisung verbietet sich im Hinblick auf das Bestimmtheitsgebot des Art. 103 Abs. 2 GG (vgl. BVerfG, Beschluss vom 24. September 2011 – 2 BvR 1165/11, StV 2012, 481 zu Weisungen nach § 56c StGB; BGH aaO und Urteil vom 18. Dezember 2012 – 1 StR 415/12, NJW 2013, 710).

[7] Eine solchermaßen verbotene Form der Kontaktaufnahme zu einem Kind ist bei der Tat 1 nicht festgestellt. Der Angeklagte hat zwar mit den Töchtern seiner Bekannten „verkehrt". Dieses Verhalten war ihm durch die betreffenden Weisungen jedoch nicht untersagt; die ebenfalls in § 68b Abs. 1 Satz 1 Nr. 3 StGB vorgesehene Weisung, mit bestimmten Personen nicht zu verkehren, d.h. mit ihnen in Fortsetzung der Kontaktaufnahme umzugehen (vgl. BGH, Urteil vom 7. Februar 2013 – 3 StR 486/12 m.w.N.), ist in dem Beschluss über die Ausgestaltung der Führungsaufsicht nicht enthalten.

[8] Da weitergehende Feststellungen ausgeschlossen sind, spricht der Senat den Angeklagten hinsichtlich der Tat 1 frei und setzt die demgemäß zu mindernde Gesamtstrafe entsprechend auf das nach § 54 Abs. 1 Satz 2, § 39 StGB niedrigste Maß herab (§ 354 Abs. 1 StPO).

[9] 3. Hinsichtlich der Tat 2 (Freizeitpark) liegt zwar kein Verstoß gegen das Kontaktverbot vor. Dass der Angeklagte die Kinder in Absprache mit der Mutter allein beaufsichtigt hat, stellt wiederum keinen von den Weisungen untersagten Umgang mit den Kindern dar. In diesem Fall hat der Angeklagte jedoch gegen die Weisung verstoßen, „keine Orte aufzusuchen, an denen Kinder und Jugendliche sich üblicherweise aufzuhalten pflegen, namentlich sich von Schulen und Sportanlagen fern zu halten".

---

[125] BGH, Beschluss vom 15.5.2013 – 5 StR 189/13; vgl. hierzu auch BGH, Urteil vom 7.2.2013 – 3 StR 486/12.

[10] Dieses auf § 68b Abs. 1 Satz 1 Nr. 2 StGB gestützte Verbot genügt den Bestimmtheitsanforderungen. Da eine enumerative Aufzählung aller denkbaren Orte, die der verurteilten Person Gelegenheit oder Anreiz zu weiteren Straftaten bieten können, regelmäßig nicht möglich oder tunlich ist, muss es grundsätzlich ausreichen, solche Örtlichkeiten, deren Aufsuchen dem Angeklagten untersagt werden soll, ihrer Art nach zu bezeichnen (vgl. BGH aaO; Fischer, StGB, 60. Aufl., § 68b Rn. 4); denn andernfalls würde § 68b Abs. 1 Satz 1 Nr. 2 StGB weitgehend leerlaufen. Im vorliegenden Fall sind die betreffenden Orte durch die beispielhafte Aufzählung bestimmter Plätze zusätzlich eingegrenzt. Hierdurch wird ausreichend klar, dass solche Orte gemeint sind, an denen sich nach ihrer Zweckbestimmung Kinder und Jugendliche typischerweise aufhalten.

[11] Bei einem Freizeitpark handelt es sich um eine solche Örtlichkeit. Dass der Angeklagte durch den – zumal kurzfristig unbeaufsichtigten – Aufenthalt mit den beiden Kindern im Freizeitpark den Zweck der ihm erteilten Maßregel gefährdete, hat die Strafkammer rechtsfehlerfrei festgestellt.

19. Berufsverbot – § 70 StGB

Ein Berufsverbot darf nur dann verhängt werden, wenn die **Gefahr** besteht, dass der Täter auch in Zukunft den **Beruf**, dessen Ausübung ihm verboten werden soll, zur **Verübung erheblicher Straftaten missbrauchen** wird. Voraussetzung ist, dass eine – auf den Zeitpunkt der Urteilsverkündung abgestellte – Gesamtwürdigung des Täters und seiner Taten den Richter zu der Überzeugung führt, dass die Gefahr, das heißt die Wahrscheinlichkeit künftiger ähnlicher erheblicher Rechtsverletzungen durch den Täter besteht.[126] **125**

20. Verfall und Einziehung – §§ 73 ff. StGB

Die oberstgerichtliche Rechtsprechung zum Allgemeinen Teil des StGB hat sich in den zurückliegenden Monaten wiederum mehrfach mit Entscheidungen zum Verfall und zur Einziehung (§§ 73 ff. StGB) befasst, wobei neben anderen Fragen teilweise beanstandet wurde, dass der Tatrichter sein durch § 73c Abs. 1 StGB **zugestandenes Ermessen** nicht ausgeübt hatte. **126**

Besteht hinsichtlich der Verfallsentscheidung **zwischen (verkündeter) Entscheidungsformel und Gründen der festgesetzten Summe nach ein Widerspruch**, liegt (regelmäßig) kein offenkundiges, für alle klar zu Tage tretendes Fassungsversehen vor, das auch bei einem allein vom Angeklagten eingelegten Rechtsmittel im Revisionsverfahren zum Nachteil des Angeklagten berichtigt werden kann.[127] **127**

Beim **Erlangen** im Sinne von § 73 Abs. 1, § 73a Satz 1 StGB handelt es sich um einen **tatsächlichen Vorgang**. Erlangt ist danach schon dann etwas, wenn der **Gegenstand in irgendeiner Phase des Tatablaufs in die Verfügungsgewalt des Täters übergegangen** ist und ihm so aus der Tat unmittelbar etwas wirtschaftlich messbar zugute kommt. Eine spätere Weitergabe des Erlangten ändert am Eintritt der **128**

---

126 BGH, Urteil vom 25.4.2013 – 4 StR 296/12.
127 BGH, Beschluss vom 25.9.2013 – 4 StR 351/13.

Voraussetzungen des Verfalls von Wertersatz nach § 73 Abs. 1, § 73a Satz 1 StGB nichts und kann allenfalls noch im Rahmen der Prüfung der Härtevorschrift des § 73c StGB von Bedeutung sein.[128]

[4] 2. Die Feststellung nach § 111i Abs. 2 StPO, die sich nach dem Wortlaut des Urteilstenors und nach den Entscheidungsgründen (UA S. 49) auf das Vermögen der Angeklagten und nicht auf das der Nebenbeteiligten bezieht, begegnet durchgreifenden rechtlichen Bedenken, da die tatsächlichen Feststellungen der Strafkammer lückenhaft sind.

[5] a) Zwar ist dem Urteil zu entnehmen, dass die Angeklagten „etwas erlangt" haben (§ 73 Abs. 1 Satz 1 StGB), als sie die Gelder, die auf den Konten der von ihnen geführten englischen Scheingesellschaften eingegangen waren, von deren Strohmann-Direktoren abheben und sich jeweils durch Boten aushändigen ließen. Insoweit liegen entgegen der Auffassung des Generalbundesanwalts die Voraussetzungen einer Feststellung nach § 73 Abs. 1, § 73a Satz 1 StGB, § 111i Abs. 2 StPO im Hinblick auf das Vermögen der Angeklagten vor. Denn beim Erlangen im Sinne von § 73 Abs. 1, § 73a Satz 1 StGB handelt es sich um einen tatsächlichen Vorgang. Erlangt ist danach schon dann etwas, wenn der Gegenstand in irgendeiner Phase des Tatablaufs in die Verfügungsgewalt des Täters übergegangen ist und ihm so aus der Tat unmittelbar etwas wirtschaftlich messbar zugute kommt. Eine spätere Weitergabe des Erlangten ändert am Eintritt der Voraussetzungen des Verfalls von Wertersatz nach § 73 Abs. 1, § 73a Satz 1 StGB nichts und kann allenfalls noch im Rahmen der Prüfung der Härtevorschrift des § 73c StGB von Bedeutung sein (vgl. BGH, Urteile vom 16. Mai 2006 – 1 StR 46/06, BGHSt 51, 65, 68; vom 4. Februar 2009 – 2 StR 504/08, BGHSt 53, 179, 180 f.; vom 28. Oktober 2010 – 4 StR 215/10, BGHSt 56, 39, 50; Beschluss vom 10. Januar 2008 – 5 StR 365/07, NStZ 2008, 565, 566). …

[6] b) Das Urteil lässt jedoch eine hier nahe liegende Prüfung der Voraussetzungen der Vorschrift des § 73c Abs. 1 StGB vermissen, die auch im Rahmen der nach § 111i Abs. 2 StPO zu treffenden Entscheidung zu beachten ist (vgl. BGH, Urteil vom 28. Oktober 2010 – 4 StR 215/10, BGHSt 56, 39, 44, 50 m.w.N.). Hierzu bedarf es näherer Feststellungen zu den wirtschaftlichen Verhältnissen der beiden Angeklagten, die das Landgericht nicht getroffen hat. Darauf konnte hier nicht verzichtet werden, da sich aus den Urteilsgründen Anhaltspunkte dafür ergeben, dass sich der vom Landgericht für einen Auffangrechtserwerb des Staates (§ 111i Abs. 5 StPO) zugrunde gelegte Betrag, der allerdings auch schon angesichts der insgesamt deutlich höheren Tatbeute nicht nachvollziehbar begründet worden ist, zum Zeitpunkt der Entscheidung wertmäßig nicht mehr in vollem Umfang im Vermögen der Angeklagten befunden haben könnte (§ 73c Abs. 1 Satz 2 1. Alt. StGB). Insoweit begegnet es durchgreifenden Bedenken, dass sich das Landgericht bei der Berechnung des Verfallsbetrages offensichtlich an den Geldsummen orientiert hat, die an die drittbegünstigten Nebenbeteiligten verschoben wurden, dabei aber nicht erkennbar berücksichtigt hat, dass die in das Gesellschaftsvermögen der beiden nebenbeteiligten Gesellschaften weitergeleiteten Vermögensvorteile trotz Zugriffsmöglichkeiten geschäftsführender Gesellschafter nicht ohne weiteres zugleich deren private Vermögensvorteile darstellen. …

---

[128] BGH, Beschluss vom 17.9.2013 – 5 StR 258/13; vgl. hierzu auch BGH, Beschluss vom 18.12.2012 – 3 StR 382/12.

[7] c) Damit folgt der Senat nicht dem weitergehenden Antrag des Generalbundesanwalts, gemäß § 349 Abs. 4 StPO hinsichtlich des Angeklagten S. die Feststellung nach § 111i Abs. 2 StPO entfallen zu lassen. Auch insoweit entscheidet er durch Beschluss. § 349 Abs. 5 StPO steht dem nicht entgegen. Die Befugnis des Revisionsgerichts, nach (teilweiser) Urteilsaufhebung die Sache zurückzuverweisen oder in der Sache selbst zu entscheiden, richtet sich ausschließlich nach § 354 StPO; sie setzt keinen entsprechenden Antrag der Staatsanwaltschaft voraus (vgl. BGH, Beschluss vom 10. Februar 2004 – 4 StR 24/04; KK-Kuckein, StPO, 6. Aufl., § 349 Rn. 39).

[8] d) Das neue Tatgericht wird bei einem erneuten Absehen von der Verfallsanordnung gemäß § 111i Abs. 2 StPO das Verschlechterungsverbot des § 358 Abs. 2 StPO zu beachten haben. Dieses erfasst mit der Art und Höhe der Rechtsfolgen der Tat die Anordnung des Verfalls, auch in Verbindung mit einer Feststellung nach § 111i Abs. 2 StPO (OLG Hamm StV 2008, 132; Meyer-Goßner, StPO, 56. Aufl., § 331 Rn. 21). Weiter wird zu berücksichtigen sein, dass der einem Auffangrechtserwerb des Staates gemäß § 111i Abs. 5 StPO unterliegende Zahlungsanspruch die Angeklagten als Gesamtschuldner treffen könnte (vgl. BGH, Urteil vom 28. Oktober 2010 – 4 StR 215/10, BGHSt 56, 39, 46 ff., auch zur Formulierung einer Feststellung nach § 111i Abs. 2 StPO im Urteilstenor; Beschluss vom 13. Juli 2011 – 1 StR 42/11, NStZ-RR 2011, 343).

TOPENTSCHEIDUNG ■

Für die **Anwendung des § 73 Abs. 1 Satz 2 StGB** ist der historische Sachverhalt entscheidend, aus dem sich der Ersatzanspruch ergibt, und nicht das Schutzgut des verletzten Strafgesetzes, aus dem der Angeklagte verurteilt wurde. **129**

Zum Ermessen nach § 111i Abs. 2 StPO und zur Erforderlichkeit einer Verfahrensrüge für die Beanstandung der Nichtanwendung dieser Vorschrift.[129]

[6] Die gegen die Nichtanordnung des Verfalls gerichteten Angriffe der Staatsanwaltschaft bleiben ohne Erfolg.

[7] 1. Zu Unrecht beanstandet die Staatsanwaltschaft, dass die Anwendung des § 73 Abs. 1 Satz 2 StGB schon deshalb hätte unterbleiben müssen, weil Umweltstraftaten nicht dem Individualschutz dienen. Damit vermengt die Staatsanwaltschaft in unzulässiger Weise das Schutzgut des Straftatbestandes mit der Frage der Anwendbarkeit des § 73 Abs. 1 Satz 2 StGB (unklar auch Fischer, StGB, 60. Aufl., § 73 Rn. 22). Zwar mag es bei der Verletzung von Allgemeinrechtsgütern häufig der Fall sein, dass ein im materiellen Sinne Geschädigter fehlt. Zwingend ist dies indes nicht. Denn es können auch durch Straftaten, die sich in erster Linie gegen Allgemeinrechtsgüter richten, Ersatzansprüche von Dritten entstehen. Im Umweltstrafrecht sind solche Fallgestaltungen sogar verbreitet, weil es regelmäßig neben dem Täter als Verursacher auch Zustandsstörer geben kann, die ebenfalls – wenn auch nur nachrangig – möglicherweise zur Beseitigung des umweltrechtswidrigen Zustands verpflichtet sind und dann gegenüber dem Handlungsschädiger Ersatzansprüche haben.

[8] Für die Anwendung des § 73 Abs. 1 Satz 2 StGB ist – wie der Senat bereits entschieden hat (BGH, Beschluss vom 27. Januar 2010 – 5 StR 254/09, wistra 2010,

[129] BGH, Urteil vom 20.2.2013 – 5 StR 306/12.

141) – der historische Sachverhalt entscheidend, aus dem sich der Ersatzanspruch ergibt, und nicht das Schutzgut des verletzten Strafgesetzes, aus dem der Angeklagte verurteilt wurde. Ist durch eine Handlung, die zugleich strafrechtlich relevant ist, ein anderer geschädigt worden, geht dieser als Verletzter gemäß § 73 Abs. 1 Satz 2 StGB vor. Dies gilt im Übrigen unabhängig davon, ob die Justizbehörden die Verfolgung auf solche Delikte nach §§ 154, 154a StPO beschränkt haben, deren Verfolgung im Allgemeininteresse liegt (BGH aaO). Nur diese Auslegung wird dem Schutzzweck der Vorschrift gerecht, dem Geschädigten durch eine Verfallsanordnung nicht die Mittel zu entziehen, die für die Schadensbeseitigung aufzuwenden sind. Der Wortlaut des § 73 Abs. 1 Satz 2 StGB verlangt nur einen Kausalzusammenhang zwischen Tatbegehung und Entstehung des Ersatzanspruches. Eine Beschränkung auf bestimmte Deliktstypen ist der Vorschrift nicht zu entnehmen.

[9] 2. Ebenso wenig überzeugt der Gedanke, wonach der Angeklagte die Vermögenswerte nicht „aus der Tat“, sondern „für die Tat“ erhalten hat. Nach der Rechtsprechung des Bundesgerichtshofs trifft es zwar grundsätzlich zu, dass der Ausschluss zugunsten des Verletzten nach § 73 Abs. 1 Satz 2 StGB nur für Vermögensvorteile des Täters Anwendung findet, die „aus der Tat“, nicht aber für solche, die „für die Tat“ erlangt sind (BGH, Urteil vom 24. Juni 2010 – 3 StR 84/10, wistra 2010, 439, und Beschluss vom 9. November 2010 – 4 StR 447/10, NStZ 2011, 229). Danach sind Vermögenswerte „für die Tat“ erlangt, die dem Täter als Gegenleistung für sein rechtswidriges Handeln gewährt werden, aber nicht auf der Tatbestandserfüllung selbst beruhen (BGH, Urteil vom 2. Dezember 2005 – 5 StR 119/05, BGHSt 50, 299, 309 f.). Allerdings gilt auch hier, dass die Vorteile dann aus der Tat erlangt sind, wenn Vermögensnachteile und Vermögenszuwachs spiegelbildlich miteinander korrespondieren (BGH, Urteil vom 24. Juni 2010 – 3 StR 84/10, wistra 2010, 439 – zum Verhältnis Amtsdelikt und damit zusammenhängender Untreue).

[10] Im vorliegenden Fall dürfte schon die letztgenannte Ausnahmekonstellation vorliegen. Die Bezahlung erfolgte nämlich für den unerlaubten Umgang mit Abfällen im Sinne des § 326 StGB, wobei die Ersatzpflicht des Angeklagten – spiegelbildlich – aufgrund dieses unerlaubten Umgangs mit gefährlichen Abfällen entstanden ist.

[11] Hinzu kommt aber, dass der Angeklagte tateinheitlich jeweils auch wegen unerlaubten Betreibens einer Abfallentsorgungsanlage nach § 327 Abs. 2 Nr. 3 StGB verurteilt wurde. ...

[12] 3. Nunmehr will die Staatsanwaltschaft im Nachgang zu ihrer Revisionsbegründung, in der dieser Gesichtspunkt nur am Rande erwähnt wurde, primär beanstanden, dass das Landgericht von einer Feststellung nach § 111i Abs. 2 StPO abgesehen hat. Auch diese Beanstandung bleibt erfolglos.

[13] a) Die begehrte Feststellung käme nur in Betracht, soweit die zugrundeliegenden Taten nicht vor dem 1. Januar 2007 beendet worden wären (BGH, Beschlüsse vom 18. Dezember 2008 – 3 StR 460/08, wistra 2009, 241, und vom 12. August 2010 – 4 StR 293/10). Im vorliegenden Fall waren die Taten teilweise vor diesem Zeitpunkt beendet, teilweise auch erst danach, wobei die Urteilsgründe hierzu in einigen Fällen keine näheren Ausführungen enthalten.

[14] b) In einem Fall unterbliebener Anordnung hätte es zur Beanstandung mangelnder Feststellung nach der Vorschrift des § 111i Abs. 2 StPO, die – ungeachtet der materiellen Komponente, welche die Anwendung des § 2 Abs. 3, 5 StGB bedingt – im Verfahrensrecht, in engstem Sachzusammenhang mit Regelungen über vorläufige Sicherstellungen im Verfahren, verankert ist, einer innerhalb der Revi-

sionsbegründungsfrist spezifiziert auszuführenden Verfahrensrüge bedurft. Diese ist jedenfalls erforderlich, wenn, wie hier, eine lediglich partiell unterbliebene Anwendung der Norm zum Revisionsgegenstand gemacht werden soll. Dies gilt namentlich für einen Übergangsfall wie den vorliegenden, in dem Beschlagnahme und dinglicher Arrest ohne Rücksicht auf den Tatzeitpunkt angeordnet worden waren. An einer solchen Rüge fehlt es.

[15] c) Abgesehen davon könnte die Beanstandung nicht einmal in der Sache Erfolg haben. Der Senat könnte dem Gesamtzusammenhang der Urteilsgründe ausreichend sicher entnehmen, dass das Landgericht von einem ihm zustehenden Ermessen für eine Anordnung nach § 111i Abs. 2 StPO keinen Gebrauch machen wollte.

[16] Das weitgehende tatgerichtliche Ermessen ist vom Revisionsgericht ohnehin regelmäßig hinzunehmen (vgl. Nack in KK-StPO, 6. Aufl. , § 111i Rn. 17). Freilich mag auf entsprechende Anordnungen nach § 111i Abs. 2 StPO nur in Ausnahmefällen verzichtet werden können (BGH, Urteil vom 17. Juni 2009 – 2 StR 195/09 unter Bezugnahme auf BT-Drucks. 16/700, S. 15 f.). Dies kann aber nur für Fälle gelten, in denen die Anwendung des § 111i Abs. 2 StPO wegen zu erwartender Nichtinanspruchnahme des Täters auf Schadensersatzleistung und eines danach zu befürchtenden Verbleibens von Tatgewinnen bei ihm vordringlich erscheint. …

[19] d) Im Übrigen neigt der Senat im Zusammenhang mit der Frage ausreichender Sicherung der Ersatzanspruchsberechtigten dazu, dass im Falle des Absehens von einer Verlängerung nach § 111i Abs. 3 StPO der gemäß § 111b Abs. 5, § 111d StPO zum Zweck der Rückgewinnungshilfe erlassene dingliche Arrest gleichwohl nach den Regelungen der §§ 916 ff. ZPO fortwirkt. Die nur partielle Bezugnahme auf einzelne Regelungen der Zivilprozessordnung in § 111d Abs. 2 StPO, die auf die Rechtslage im laufenden Strafverfahren nach Arrestanordnung zielt, steht dieser Annahme nicht entgegen. Eine dem Rechtsinstitut des Arrestes fremde automatische Beendigung mit Rechtskraft des weder eine Verfallsanordnung noch einen Ausspruch nach § 111i Abs. 2 StPO enthaltenden Urteils, wie sie in Rechtsprechung und Literatur teilweise vertreten wird (vgl. etwa OLG Stuttgart, NStZ 2005, 401; Meyer-Goßner/Schmitt, StPO, 55. Aufl., § 111e Rn. 18; BeckOK/Huber, StPO, Edition 15, § 111e Rn. 10), ist dem Gesetz nicht zu entnehmen. Eine Pflicht des Gerichts zur Aufhebung des Arrestes allein wegen des Unterbleibens einer entsprechenden Anordnung im Urteil (so wohl LR/Schäfer, StPO, 25. Aufl., § 111i Rn. 1) ist ebenfalls nicht ausdrücklich geregelt und erscheint auch systematisch nicht zwingend. Dies gilt jedenfalls dann, wenn der Arrest – wie hier – nach § 111b Abs. 5 StPO (auch) zugunsten der Verletzten erlassen wurde.

[20] e) Da das Absehen von einer Feststellung nach § 111i Abs. 2 StPO somit auch in der Sache nicht zu beanstanden wäre, käme es im Ergebnis nicht darauf an, ob deren Voraussetzungen überhaupt für sämtliche erlangten Beträge vorgelegen hätten. Dies ist insbesondere hinsichtlich der Einnahmen zweifelhaft, die an die vom Angeklagten gegründete GmbH geflossen sind. Ob der Angeklagte über die dieser zugeflossenen Beträge tatsächlich wirtschaftliche Mitverfügungsgewalt hatte, ist den Urteilsfeststellungen nicht zu entnehmen. Hieran kann es nämlich auch bei einer Ein-Personen-GmbH fehlen, wenn etwa bei Bestehen hoher Verbindlichkeiten eine Entnahmemöglichkeit des Gesellschafters trotz des Geldzuflusses mangels ausreichender Liquidität nicht besteht.

■ **PRAXISBEDEUTUNG**

Die vorliegende Entscheidung enthält für die Praxis wichtige Aussagen, welche vor allem auch den erweiterten Schutz für Geschädigte betreffen. Insbesondere kann der Ersatzanspruch eines Verletzten nicht daran scheitern, dass zugleich Schutzgüter betroffen sind, welche nicht auch auf den Individualrechtsschutz gerichtet sind! Auch die Fortwirkungsüberlegungen zu § 111i StPO verdienen besondere Beachtung!

130 Die **Höhe** des nach § 73a Satz 1 StGB **für verfallen zu erklärenden Geldbetrages** bestimmt sich nach dem Wert des nach § 73 Abs. 1 Satz 1 StGB aus der Tat Erlangten, dessen Verfall aus den in § 73a Satz 1 StGB genannten Gründen nicht mehr angeordnet werden kann. Die Wertbestimmung erfolgt nach dem Bruttoprinzip, sodass bei Rauschgiftgeschäften, wie sie hier in Rede stehen, der tatsächlich erzielte Verkaufserlös – ohne Abzug von Einkaufspreis, Transportkosten etc. – anzusetzen ist.[130]

131 Eine Verfallsanordnung hat keinen Bestand haben, wenn dieser **§ 73 Abs. 1 S. 2 StGB** entgegensteht, was einerseits die Ansprüche der der geschädigten Krankenkasse in Bezug auf das Vorenthalten und Veruntreuen von Arbeitsentgelt (§ 266a Abs. 1 und Abs. 2 StGB) betreffen kann; andererseits können einer Verfallsanordnung auch die Ansprüche des Steuerfiskus im Hinblick auf die hinterzogene Lohnsteuer entgegenstehen.[131]

132 **§ 73c StGB** ist im Rahmen der nach **§ 111i Abs. 2 StPO** zu treffenden Feststellung, welcher Vermögenswert dem Auffangrechtserwerb des Staates unterliegt, anwendbar. Abhängig von den jeweiligen persönlichen Verhältnissen der Tatbeteiligten können deshalb bei mehreren Tätern und/oder Teilnehmern unterschiedlich hohe Vermögenswerte gemäß § 111i Abs. 2 StPO festzustellen sein.[132]

133 Haben jeweils zwei Angeklagte **Mitverfügungsmacht** an dem nur einem Angeklagten übergebenen Geldbetrag, haften beide beim Verfall bzw. Verfall von Wertersatz als **Gesamtschuldner.**[133]

[5] Die gegenüber den Angeklagten getroffene Anordnung des Verfalls von Wertersatz war im Sinne einer gesamtschuldnerischen Haftung zu ändern.

[6] 1. Nach den Feststellungen wurden die Angeklagten P. und Ö. von dem gesondert verfolgten S. angeworben, Drogen aus den Niederlanden nach Deutschland zu transportieren. S. versprach ihnen 1.300 bis 1.400 € pro Fahrt. Die Fahrten liefen so ab, dass der Angeklagte P. die Drogen in seinem Fahrzeug über die Grenze transportierte, wobei ihn eine Frau B. zur Tarnung begleitete, während der Angeklagte Ö. die Fahrt jeweils in seinem eigenen Fahrzeug absicherte. Für die Fahrt am 10. November 2010 (Fall 3 der Urteilsgründe) zahlte S. zunächst 400 € und später 800 € an P., der jeweils den halben Betrag an Ö. abgab. Für die Fahrt am 23. November 2010 (Fall 4 der Urteilsgründe) erhielt der Angeklagte P. über einen Mittelsmann

130 BGH, Beschluss vom 12.3.2013 – 4 StR 58/13.
131 BGH, Beschluss vom 5.3.2013 – 1 StR 52/13.
132 BGH, Beschluss vom 8.8.2013 – 3 StR 179/13.
133 BGH, Beschluss vom 16.7.2013 – 4 StR 144/13.

2.200 €; er gab davon 600 € an den Angeklagten Ö. und 100 € an Frau B., 900 € zahlte er zurück an S.. Der Angeklagte P. selbst behielt 600 €. Für die Fahrt am 7. Dezember 2010 (Fall 6 der Urteilsgründe) erhielt zunächst der Angeklagte P. 400 € von S., von denen er 200 € an den Angeklagten Ö. weitergab. Beide Angeklagte erhielten später von S. weitere 800 €, von denen sie 100 € an Frau B. gaben; den Rest teilten sie sich hälftig. Für die Fahrt am 13. Dezember 2010 (Fall 7 der Urteilsgründe) erhielten beide Angeklagte 1.300 € von S., von denen sie wiederum 100 € an Frau B. gaben und 1.200 € untereinander teilten. Das Landgericht hat gegen beide Angeklagte jeweils den Verfall von Wertersatz in Höhe von 2.500 € angeordnet, weil sie insgesamt 5.000 € erhalten und hälftig unter sich geteilt hätten; die Zahlungen an Frau B. seien als „Aufwendungen" unter dem Gesichtspunkt des Bruttoprinzips nicht zu berücksichtigen.

[7] Dies hält rechtlicher Nachprüfung nicht stand. Der Angeklagte P. hatte Mitverfügungsmacht an dem Gesamtbetrag von 5.000 €, der Angeklagte Ö. zumindest Mitverfügungsmacht in Höhe eines Betrages von 3.500 €, soweit er nicht, was nahe liegt, nach der Absprache der Angeklagten mit S. (UA S. 13) von vornherein auch Mitverfügungsmacht an dem allein dem Angeklagten P. übergebenen Geld hatte. In einem solchen Fall haften die Angeklagten beim Verfall bzw. Verfall von Wertersatz als Gesamtschuldner (vgl. BGH, Beschluss vom 23. November 2011 – 4 StR 516/11, NStZ 2012, 382, 383; Urteil vom 28. Oktober 2010 – 4 StR 215/10, BGHSt 56, 39, 52). Zwar hat das Landgericht lediglich den Verfall eines Betrages von jeweils 2.500 € angeordnet, der dem jeweiligen Angeklagten im Ergebnis zugeflossen ist. Da aber auch insoweit der jeweils andere Mitangeklagte an diesem Geld zunächst Mitverfügungsmacht hatte, sind die Angeklagten durch die Nichtberücksichtigung der Gesamtschuldnerschaft beschwert. Eine Erhöhung der Verfallsanordnung auf den Gesamtbetrag scheidet wegen des Verbots der reformatio in peius (§ 358 Abs. 2 StPO) aus.

Ist aufgrund der Feststellungen davon auszugehen, dass sich der Wert des Erlangten nicht mehr im Vermögen des Angeklagten befindet und außerdem sich der Angeklagte in so schlechten finanziellen Verhältnissen befindet, dass „ein Privatinsolvenzverfahren ... nicht zu vermeiden sein" dürfte, hat der Tatrichter die Voraussetzungen des **§ 73c Abs. 1 Satz 2, Abs. 2 StGB** zu prüfen; denn angesichts solcher Feststellungen erscheint jedenfalls nicht von vorneherein ausgeschlossen, dass danach ganz oder zum Teil von einer Verfallsanordnung abgesehen werden kann (§ 73c Abs. 1 Satz 2 StGB). Kann aber – gemäß § 73c Abs. 1 Satz 2 StGB auszuübendes – tatrichterliches Ermessen zu unterschiedlichen Entscheidungen führen, darf das Revisionsgericht die vom Tatrichter unterlassene Ausübung von Ermessen nicht durch eigenes Ermessen ersetzen.[134] **134**

Um eine **revisionsgerichtliche Überprüfung**, ob der Tatrichter den Begriff der unbilligen Härte nach § 73c Abs. 1 S. 1 StGB richtig angewandt und sein Ermessen nach § 73c Abs. 1 S. 2 StGB fehlerfrei ausgeübt hat, bedarf es (regelmäßig) **konkreter Feststellungen in dem angefochtenen Urteil**, wie sich die Anordnung des Verfalls konkret auf das Vermögen des Angeklagten auswirkt.[135] **135**

---

[134] BGH, Beschluss vom 22.10.2013 – 1 StR 548/13.

[135] BGH, Urteil vom 24.10.2013 – 3 StR 128/13; vgl. hierzu auch BGH, Beschluss vom 20.8.2013 – 3 StR 128/13 – sowie BGH, Beschluss vom 22.11.2012 – 2 StR 435/12.

[6] Der Ausspruch über den Verfall von Wertersatz in Höhe von 15.600 € kann hingegen nicht bestehen bleiben. Der Generalbundesanwalt hat in seiner Antragsschrift hierzu ausgeführt:

„... die Verfallsanordnung erweist sich als rechtsfehlerhaft. Nach § 73 Abs. 1 S. 1 StGB hat das Gericht zwingend den Verfall anzuordnen, wenn der Täter eine rechtswidrige Tat begangen und für sie oder aus ihr etwas erlangt hat. Soweit der Verfall eines bestimmten Gegenstandes wegen der Beschaffenheit des Erlangten oder aus anderen Gründen nicht möglich ist, tritt gemäß § 73 a StGB der Verfall des Wertersatzes an die Stelle des Erlangten. Die Abschöpfung erfolgt nach dem Bruttoprinzip, wonach grundsätzlich alles, was der Täter für die Tat oder aus ihr erhalten hat, für verfallen zu erklären ist (vgl. Senat BGHR StGB § 73 Erlangtes 11 sowie Urteil vom 4. März 2010 – 3 StR 559/09, juris). Daran gemessen begegnen die Ausführungen des Landgerichts schon zur Höhe des aus den Taten Erlangten durchgreifenden Bedenken. Die Feststellungen belegen nicht, dass der Angeklagte im Fall II. 36 im voraus entlohnt worden ist. Auch die Feststellungen zu den vorangegangenen Fällen lassen diesen Schluss nicht zu (vgl. insbesondere Fall II. 29 (UA S. 40) und II. 32 (UA S. 42)). Nur dann aber wäre – wie geschehen – auch die letzte Tat bei der Berechnung des aus der Tat Erlangten zu berücksichtigen gewesen. Unzureichend sind auch die Ausführungen zu den Voraussetzungen des § 73c StGB. Zwar ist die Anwendung der Härtevorschrift des § 73c StGB Sache des Tatrichters. Die Gewichtung der für das Vorliegen einer unbilligen Härte im Sinne des § 73c Abs. 1 Satz 1 StGB maßgeblichen Umstände ist daher der revisionsrechtlichen Kontrolle nicht zugänglich. Allerdings kann mit der Revision die rechtsfehlerhafte Auslegung des Tatbestandsmerkmals ‚unbillige Härte' beanstandet werden (vgl. BGHR StGB § 73c Härte 11). Daran gemessen ermöglichen die floskelhaften Ausführungen des Landgerichts, mit denen es die Voraussetzungen des § 73c StGB abgelehnt hat (vgl. UA S. 95), nicht die revisionsgerichtliche Überprüfung, ob es den Begriff der unbilligen Härte nach § 73c Abs. 1 S. 1 StGB richtig angewandt und sein Ermessen nach § 73c Abs. 1 S. 2 StGB fehlerfrei ausgeübt hat. Denn das Urteil enthält keine Feststellungen dazu, wie sich die Anordnung des Verfalls konkret auf das Vermögen des Angeklagten auswirkt. Diese Feststellungen zu treffen wäre hier aber veranlasst gewesen (vgl. BGHR StGB § 73c Erörterungsbedarf 1 und Härte 3). Zu den gegenwärtigen persönlichen und wirtschaftlichen Verhältnissen des Angeklagten teilt das Landgericht mit, dass der Angeklagte Vater eines dreijährigen Kindes ist, seit sechs Jahren Sozialleitungen bezieht (UA S. 17) und gegenwärtig eine Ersatzfreiheitsstrafe verbüßt (UA S. 18). Er verfügte nach den Urteilsausführungen zwar über einen PKW. Mit Ausnahme des Fabrikats und Typs sind dem Urteil jedoch keine weiteren Angaben zu entnehmen, die valide Rückschlüsse auf dessen Verkehrswert zuließen. Weshalb die Verfallsanordnung in der erkannten Höhe weder die wirtschaftlichen Verhältnisse des Angeklagten gefährdet noch das Übermaßverbot verletzt, erschließt sich daher nicht."

[7] Dem schließt sich der Senat an.

136 Wenn der für verfallen erklärte Geldbetrag nicht mehr beim Angeklagten vorhanden ist, hat der Tatrichter gemäß **§ 73c Abs. 1 Satz 2 StGB** zu prüfen, ob von einer Verfallsanordnung **abgesehen werden kann.**[136]

---

136 BGH, Beschluss vom 24.4.2013 – 1 StR 164/13; vgl. auch BGH, Beschluss vom 20.8.2013 – 3 StR 228/13.

[3] 2. Der Ausspruch des Landgerichts über die Anordnung des Verfalls hat keinen Bestand.

[4] Die Strafkammer hat festgestellt, dass der für verfallen erklärte Geldbetrag von 20.000 Euro nicht mehr beim Angeklagten vorhanden war. Daher war die Strafkammer gemäß § 73c Abs. 1 Satz 2 StGB gehalten zu prüfen, ob von einer Verfallsanordnung abgesehen werden kann (vgl. BGHSt 33, 37, 39 f.). Eine derartige Ermessensentscheidung hat die Strafkammer nicht erkennbar vorgenommen. Die Anwendung dieser Vorschrift schied angesichts der Tatsache, dass der Angeklagte über keine Einkünfte aus dem Verkauf mehr verfügt und auch im Übrigen vermögenslos ist sowie angesichts der langjährigen Erwerbslosigkeit und seines fortgeschrittenen Alters voraussichtlich keine die Sozialleistungen übersteigenden Einkünfte mehr haben wird, auch nicht von vorneherein aus.

[5] Es bedarf daher neuer Verhandlung und Entscheidung dazu, ob und gegebenenfalls in welcher Höhe ein bis zu 20.000 Euro reichender Betrag für verfallen erklärt werden kann.

Im Rahmen des **§ 73c StGB** ist **§ 73b StGB anwendbar**; diese Vorschrift modifiziert die gerichtliche Amtsaufklärungspflicht, um das Verfahren zu beschleunigen.[137] **137**

[4] Die Revision wendet sich vor allem dagegen, dass das Landgericht den Wert eines dem Angeklagten gehörenden Grundstücks auf null Euro geschätzt hat. Ein Rechtsfehler ist dem Landgericht aber dabei ebenfalls nicht unterlaufen. Zutreffend hat es sich auf den auch im Rahmen des § 73c StGB anwendbaren § 73b StGB gestützt (vgl. W. Schmidt in LK, 12. Aufl., § 73b Rn. 7; Joecks in MüKo-StGB, 2. Aufl., § 73b Rn. 6); diese Vorschrift modifiziert die gerichtliche Amtsaufklärungspflicht, um das Verfahren zu beschleunigen. Im Interesse der Prozessökonomie durfte das Landgericht das ihm vorliegende Wertgutachten aus dem Jahr 2007 heranziehen und brauchte – mit Blick auf den erforderlichen Zeitaufwand und die entstehenden Kosten – keinen weiteren Sachverständigen zu beauftragen. Es hat zudem nachvollziehbar begründet, warum es seiner Schätzung den im genannten Gutachten bezifferten, zukünftige Entwicklungen einbeziehenden Beleihungswert zugrunde gelegt hat und nicht den stichtagsbezogenen Marktwert. Das Gutachten stellte mithin eine hinreichend sichere, auch eine Benachteiligung des Angeklagten (§ 301 StPO) ausschließende Schätzungsgrundlage dar. Soweit die Revision in diesem Zusammenhang eigene Berechnungen anstellt, stützt sie sich teilweise auf urteilsfremde Quellen. Eine Aufklärungsrüge (§ 244 Abs. 2 StPO), nach der das Landgericht von weiteren Beweismitteln hätte Gebrauch machen müssen, ist nicht erhoben.

[5] Schließlich hat das Landgericht das ihm durch § 73c Abs. 1 Satz 2 StGB eingeräumte Ermessen rechtsfehlerfrei ausgeübt. Hierbei durfte es einerseits das Resozialisierungsinteresse des Angeklagten nach dessen Haftentlassung (vgl. BGH, Urteil vom 10. Oktober 2002 – 4 StR 233/02, BGHSt 48, 40, 41) und andererseits berücksichtigen, ob und inwieweit das durch die Taten Erlangte infolge von Luxusausgaben nicht mehr vorhanden ist (vgl. BGH, Urteil vom 2. Oktober 2008 – 4 StR 153/08, NStZ-RR 2009, 234, 235).

---

[137] BGH, Urteil vom 18.9.2013 – 5 StR 237/13.

138 Eine Anordnung des erweiterten Verfalls nach § 73d Abs. 1 S. 1 StGB kann sich nur dann gegen einen Gehilfen richten, wenn es sich bei den **Beihilfehandlungen** um **Herkunftstaten** im Sinne des § 73d Abs. 1 Satz 1 StGB handelt.[138]

[2] 1. Nach den Feststellungen übergab der Mitangeklagte Hak dem Angeklagten wiederholt Bargeldbeträge zur Aufbewahrung, die er, wie der Angeklagte wusste, aus Betäubungsmittelgeschäften erlöst hatte. Ein Zusammenhang mit dem der Verurteilung der Angeklagten zu Grunde liegenden Tatgeschehen bestand nicht. Der Angeklagte hinterlegte die Gelder in einem Bankschließfach. Zu einem späteren Zeitpunkt entnahm er hiervon einen Teilbetrag von 20.000 € und zahlte ihn auf sein eigenes Girokonto ein, um ihn für sich zu verwenden.

[3] 2. Danach hat die vom Landgericht auf § 33 Abs. 1 Nr. 2 BtMG, § 73d Abs. 1 Satz 1, Abs. 2, § 73a Satz 1 StGB gestützte Anordnung des erweiterten Verfalls von Wertersatz keinen Bestand.

[4] a) Zutreffend geht das Landgericht im Ausgangspunkt allerdings davon aus, dass sich der Angeklagte durch den Betäubungsmittelbesitz in nicht geringer Menge in Tateinheit mit Beihilfe zum Betäubungsmittelhandel in nicht geringer Menge (§ 29a Abs. 1 Nr. 2 BtMG, § 27 StGB) einer Anlasstat schuldig gemacht hat, die gemäß § 33 Abs. 1 Nr. 2 BtMG, § 73d Abs. 1 Satz 1 StGB die Anordnung des erweiterten Verfalls zulässt. Rechtsfehlerhaft ist indes seine Annahme, Herkunftstaten im Sinne des § 73d Abs. 1 Satz 1 StGB seien Beihilfehandlungen des Angeklagten zu den nicht näher spezifizierbaren Betäubungsmittelgeschäften des Mitangeklagten H. Derartige Beihilfehandlungen sind nicht belegt. Dass der Angeklagte auch bei diesen Taten des Mitangeklagten H. die Betäubungsmittel (zeitweise) für diesen verwahrt hätte, ist nicht festgestellt. Die Annahme der Veräußerungserlöse und deren Aufbewahrung für H. scheidet als Hilfeleistung im Sinne des § 27 Abs. 1 StGB aus; denn bei Übergabe der Erlöse an den Angeklagten war der jeweilige Betäubungsmittelhandel des Mitangeklagten H. bereits beendet, da Rauschgiftabsatz und Geldfluss zur Ruhe gekommen waren (vgl. BGH, Urteil vom 17. Juli 1997 – 1 StR 791/96, BGHSt 43, 158, 162 m.w.N.). Nach Beendigung der Haupttat ist Beihilfe zu dieser aber nicht mehr möglich (BGH, Beschluss vom 6. Juni 2006 – 4 StR 48/06, NStZ 2007, 35, 36).

[5] b) Die Verfallsanordnung kann auch nicht mit anderer Begründung aufrechterhalten werden.

[6] aa) Zwar könnte in der jeweiligen Weitergabe des Verkaufserlöses durch H. an den Angeklagten gegebenenfalls ein sog. Verschiebungsfall im Sinne des § 73 Abs. 3 StGB liegen (vgl. BGH, Urteil vom 19. Oktober 1999 – 5 StR 336/99, BGHSt 45, 235, 246). Indes findet § 73 Abs. 3 StGB im Rahmen des § 73d StGB keine Anwendung (BGH, Beschluss vom 16. Oktober 2007 – 3 StR 254/07, BGHR StGB § 73d Anwendungsbereich 2).

[7] bb) Entgegen der Ansicht des Generalbundesanwalts kann der erweiterte Verfall der vom Angeklagten erlangten Gelder aber auch nicht auf andere, im vorliegenden Verfahren nicht angeklagte Straftaten des Angeklagten gestützt werden, die dieser im Zusammenhang mit der Annahme, Verwahrung oder auch weiteren Verwendung der von dem Mitangeklagten H. übergebenen Erlöse aus Betäubungsmittelgeschäften begangen hat. Zwar trifft es zu, dass sich der Angeklagte durch die

---

138 BGH, Beschluss vom 8.8.2013 – 3 StR 226/13.

Annahme und Aufbewahrung der Gelder der Begünstigung (§ 257 Abs. 1 StGB) und der Geldwäsche (§ 261 Abs. 1 Satz 1, Satz 2 Nr. 1 oder 2 Buchst. b bzw. Abs. 2 StGB) schuldig gemacht haben kann. Darüber hinaus kommt in Betracht, dass der Angeklagte durch die Entnahme der 20.000 € aus dem Schließfach und deren Einzahlung auf sein Konto eine Unterschlagung (§ 246 StGB) oder gar eine Untreue (§ 266 StGB) begangen haben könnte. Dies vermag die Anordnung des (erweiterten) Verfalls der 20.000 € in vorliegendem Verfahren indes nicht zu rechtfertigen.

[8] Das deutsche Strafrecht wird von dem Grundsatz geprägt, dass strafrechtliche Sanktionen oder sonstige Rechtsfolgen nur verhängt werden dürfen, wenn eine konkrete Straftat in dem dafür vorgesehenen strafprozessualen Verfahren ordnungsgemäß zur Überzeugung des Gerichts nachgewiesen ist. Dies gilt unabhängig davon, ob der Täter wegen dieser Tat schuldig gesprochen wird (s. etwa § 76a StGB i.V.m. §§ 440–442 StPO oder – für Maßregeln der Besserung und Sicherung – §§ 413 ff. StPO). Von diesem Grundsatz macht § 73d StGB eine Ausnahme. Er lässt es für die Anordnung des erweiterten Verfalls genügen, dass die Umstände die Annahme rechtfertigen, der Täter oder Teilnehmer einer auf § 73d StGB verweisenden Anlasstat habe aus oder für sonstige rechtwidrige Taten Gegenstände erlangt. Wegen dieses Ausnahmecharakters ist § 73d StGB gegenüber § 73 StGB subsidiär (BGH, Beschluss vom 7. Januar 2003 – 3 StR 421/02, NStZ 2003, 422 f.; Urteil vom 11. Dezember 2008 – 4 StR 386/08, BGHR StGB § 73a Anwendungsbereich 2; Beschluss vom 20. April 2010 – 4 StR 119/10, NStZ-RR 2010, 255; LK/Schmidt, StGB, 12. Aufl., § 73d Rn. 11). Seine Anwendung kommt erst in Betracht, wenn nach Ausschöpfung aller zulässigen Beweismittel ausgeschlossen werden kann, dass die Voraussetzungen des § 73 StGB erfüllt sind (BGH aaO). Dies schließt es aus, in dem Verfahren wegen einer Anlasstat, die auf § 73d StGB verweist, Gegenstände dem erweiterten Verfall zu unterwerfen, die der Angeklagte aus anderen, von der Anklageschrift nicht erfassten, aber zumindest möglicherweise konkretisierbaren Straftaten erlangt hat; denn diese Taten können und müssen zum Gegenstand eines gesonderten Strafverfahrens gemacht werden, in dem die Voraussetzungen des vorrangig anwendbaren § 73 StGB zu prüfen sind.

[9] Aus dem Urteil des Senats vom 7. Juli 2011 (3 StR 144/11, BGHR StGB § 73d Anwendungsbereich 3) ergibt sich nichts Abweichendes. Der Senat hat dort im Hinblick auf die Änderung des § 73d Satz 3 StGB durch das am 1. Januar 2007 in Kraft getretene Gesetz zur Stärkung der Rückgewinnungshilfe und der Vermögensabschöpfung bei Straftaten vom 24. Oktober 2006 (BGBl. I S. 2350) lediglich entschieden, dass der erweiterte Verfall auch dann angeordnet werden kann, wenn nach durchgeführter Beweisaufnahme nicht belegt ist, ob das vom Angeklagten Erlangte aus der abgeurteilten (Anlass-)Tat oder aus anderen – nicht näher konkretisierbaren – rechtswidrigen Taten herrührt, aber zur Überzeugung des Gerichts feststeht, dass entweder das Eine oder das Andere der Fall ist. Dies ändert indes nichts daran, dass der Tatrichter, bevor er eine Anordnung nach § 73d StGB trifft, zunächst unter Ausschöpfung aller zur Verfügung stehenden Beweismittel zu prüfen hat, ob das vom Angeklagten Erlangte sich einer konkreten Tat zuordnen lässt und daher die Voraussetzungen der Verfallsanordnung nach § 73 StGB vorliegen.

[10] Nach diesen Maßstäben kann die Anordnung des erweiterten Verfalls hier keinen Bestand haben. Die landgerichtlichen Feststellungen lassen es nahe liegend erscheinen, dass der Angeklagte die 20.000 € aus einer oder mehreren konkret nachweisbaren Taten erlangt hat. Da diese indes von der Anklage in hiesiger Sache nicht erfasst werden, ist dies und damit das Vorliegen der Voraussetzungen der vorrangi-

gen §§ 73, 73a StGB gegebenenfalls in einem gesonderten Verfahren zu klären. Das kann nicht dadurch umgangen werden, dass in hiesiger Sache auf erweiterten Verfall erkannt wird. Dessen Anordnung hat daher zu entfallen.

21. Verjährung – §§ 78 ff. StGB

139 Das tateinheitliche Zusammentreffen mehrerer Tatbestände berührt den Lauf der **Verjährungsfrist der einzelnen Delikte** nicht.

[6] 2. Hinsichtlich des Hausfriedensbruchs besteht das Strafverfolgungshindernis der Verjährung. Da die Tat in der Nacht vom 29. auf den 30. Juni 2006 begangen wurde, ist bereits vor Erlass des angefochtenen Urteils gemäß § 78 Abs. 1 Satz 1, Abs. 3 Nr. 5, § 78c Abs. 3 Satz 2, § 123 Abs. 1 StGB die absolute Verjährungsfrist von – hier – sechs Jahren abgelaufen. Das tateinheitliche Zusammentreffen mehrerer Tatbestände berührt den Lauf der Verjährungsfrist der einzelnen Delikte nicht (BGH, Beschluss vom 6. Oktober 1989 – 3 StR 80/89, NStZ 1990, 80, 81 m.w.N.).[139]

140 Stellt die Staatsanwaltschaft das **Ermittlungsverfahren** gegen den zum Tatvorwurf vernommenen Beschuldigten gemäß § 170 Abs. 2 Satz 1 StPO ein und führt es sodann **gegen Unbekannt** weiter, so wird die **Verfolgungsverjährung** gegen den (früheren) Beschuldigten nicht nach § 78c Abs. 1 Nr. 3 StGB unterbrochen, wenn die Staatsanwaltschaft oder ein Richter nunmehr einen Sachverständigen beauftragt.[140]

[2] 1. Das Landgericht ist, nachdem es rechtsfehlerfrei die in Betracht kommenden Mordmerkmale der Heimtücke und der sonstigen niedrigen Beweggründe verneint hat, zu Recht vom Eintritt der Verfolgungsverjährung ausgegangen. Insbesondere hat es nicht zur Unterbrechung der Verfolgungsverjährung nach § 78c Abs. 1 Nr. 3 StGB geführt, dass durch richterliche Beschlüsse vom 5. Oktober 1999, 9. Mai 2003 und 2. Juni 2003 molekulargenetische Sachverständigengutachten in Auftrag gegeben worden sind.

[3] a) Die Unterbrechung der Verfolgungsverjährung wirkt gemäß § 78c Abs. 4 StGB nur gegenüber demjenigen, auf den sich die Unterbrechungshandlung bezieht. Daraus folgt, dass nur eine gegen eine bestimmte Person gerichtete, nicht aber eine die Ermittlung des noch unbekannten Täters bezweckende Untersuchungshandlung geeignet ist, die Verjährung zu unterbrechen (vgl. BGHSt 42, 283, 287 m.w.N.). Der Täter muss im Zeitpunkt der Unterbrechungshandlung „der Person nach" bekannt sein, d.h. er muss – wenn auch nicht unter zutreffenden Namen – als Tatverdächtiger in den Akten genannt sein (vgl. BGH GA 1961, 239, 240; BGHR StGB § 78c Abs. 1 Beschuldigter 1; BGHSt 24, 321, 323; 42, 283, 290; BGH, Beschluss vom 6. März 2007 – KRB 1/07, NStZ 2008, 158, 159). Eine Untersuchungshandlung in einem Ermittlungsverfahren gegen Unbekannt genügt dagegen zur Verjährungsunterbrechung nicht (vgl. RGSt 6, 212, 214; BGHSt 2, 54, 55; Fischer, StGB, 60. Aufl., § 78c Rn. 4; Rosenau in Satzger/Schmitt/Widmaier, StGB, § 78c Rn. 5; Rudolphi/Wolter in SK-StGB, 8. Aufl., § 78c Rn. 6; Schmid in LK, StGB, 12. Aufl., § 78c Rn. 3).

---

[139] BGH, Beschluss vom 21.2.2013 – 3 StR 1/13.

[140] BGH, Beschluss vom 29.1.2013 – 2 StR 510/12.

[4] b) Nach diesen Maßstäben kommt den Beauftragungen der Sachverständigen durch die genannten richterlichen Beschlüsse keine Unterbrechungswirkung zu.

[5] Das ursprünglich gegen den Angeklagten gerichtete Ermittlungsverfahren war mit Verfügung der Staatsanwaltschaft Trier vom 13. Oktober 1987 gemäß § 170 Abs. 2 Satz 1 StPO mangels hinreichenden Tatverdachts eingestellt worden. In der Folge wurde das Verfahren gegen Unbekannt weitergeführt und erst am 15. Oktober 2008 gegen den Angeklagten wiederaufgenommen. Die Beschlüsse ergingen somit zu einem Zeitpunkt, in dem das Verfahren gerade nicht auf den Angeklagten als individualisierten Tatverdächtigen zielte. Vielmehr sollte durch die in Auftrag gegebenen molekulargenetischen Untersuchungen (insbesondere von Spurenmaterial) der Täter erst ermittelt werden. Dementsprechend ist auch im Rubrum der Beschlüsse ausdrücklich aufgenommen, dass das Verfahren gegen Unbekannt geführt werde.

[6] Eine andere Beurteilung ist auch nicht deswegen geboten, weil das Verfahren vor der Beauftragung der Sachverständigen schon einmal gegen den Angeklagten gerichtet und dieser am 6. Juli 1987 als Beschuldigter vernommen worden war. Bei wertender Betrachtung macht es keinen Unterschied, ob das Ermittlungsverfahren von vornherein gegen Unbekannt geführt oder ob der Beschuldigte vor der Unterbrechungshandlung durch eine Verfahrenseinstellung gemäß § 170 Abs. 2 Satz 1 StPO aus dem Kreis der Tatverdächtigen ausgeschieden worden ist. Wegen der Bedeutung der Verjährung und der Rechtssicherheit im Hinblick auf ihren Ablauf (BGH, Beschluss vom 6. März 2007 – KRB 1/07, NStZ 2008, 158, 159) ist allein darauf abzustellen, ob der Beschuldigte zum Zeitpunkt der Unterbrechungshandlung – hier der Beauftragung der Sachverständigen gemäß § 78c Abs. 1 Nr. 3 StGB – aus den Akten als Tatverdächtiger hervorgeht. Hierfür spricht auch, dass die Vorschriften über die Unterbrechung der Verjährung als Ausnahmevorschriften eng auszulegen sind (vgl. BGHSt 28, 381, 382).

[7] Hieran ändert es auch nichts, dass der Angeklagte vor der Einstellung des gegen ihn zunächst geführten Ermittlungsverfahrens als Beschuldigter vernommen worden und damit diese in § 78c Abs. 1 Nr. 3 StGB vorgesehene Voraussetzung für die Unterbrechung der Verjährungsfrist erfüllt war; denn vom Schutzzweck des § 78c Abs. 1 Nr. 3 StGB aus gesehen ist ein Beschuldigter, gegen den ohne sein Wissen ein Ermittlungsverfahren eingeleitet wurde, einem (früheren) Beschuldigten gleichzustellen, dessen Ermittlungsverfahren nach seiner Vernehmung gemäß § 170 Abs. 2 Satz 1 StPO eingestellt worden ist. In beiden Fällen hat der Beschuldigte keine Kenntnis von den gegen ihn gerichteten Ermittlungen, obwohl in deren Rahmen – möglicherweise mehrfach – Unterbrechungshandlungen erfolgen können (vgl. Sternberg-Lieben/Bosch in Schönke/Schröder, StGB, 28. Aufl., § 78c Rn. 11). Der Umstand, dass das Verfahren mangels hinreichenden Tatverdachts eingestellt und ihm dies – wie hier – mitgeteilt worden ist, gibt einem Beschuldigten gerade keinen Anlass, noch mit weiteren gegen ihn gerichteten Ermittlungen zu rechnen. Von der Wiederaufnahme der Ermittlungen gegen ihn erfuhr der Angeklagte erst mit der auf den 1. September 2011 datierten Ladung zur erkennungsdienstlichen Behandlung. Die mit dem Erfordernis der vorherigen Bekanntgabe der Ermittlungen bzw. der Vernehmung als Beschuldigter (vgl. §§ 163a, 136 StPO) bezweckte Informationsfunktion (vgl. BGHSt 30, 215, 217) ist bei dieser Sachlage nicht gewahrt.

■ PRAXISBEDEUTUNG

Die Klarstellung, dass Ermittlungsaufträge der Staatsanwaltschaft an einen Sachverständigen nur dann die Verjährung unterbrechen, wenn diese in einem gegen den Beschuldigten geführten Ermittlungsverfahren erfolgen, ist besonders bedeutsam, weil auf diese Weise sichergestellt ist, dass der Betroffene jederzeit erkennen kann, ob die Verjährung weitergelaufen ist oder nicht. Außerdem ist es richtig, diese Ausnahmevorschrift allein auf das konkret gegen einen Beschuldigten gerichtete Ermittlungsverfahren zu beschränken.

B. StGB – Besonderer Teil

I. Grundsätzliches

1. Überblick

Die wichtigsten Bereiche des Besonderen Teils des Strafrechts, zu denen im zurückliegenden Jahr Entscheidungen des Bundesgerichtshofes ergangen sind, waren – wie bereits auch in den Vorjahren – vor allem die Sachverhalte, bei denen erfahrungsgemäß eher selten Vereinbarungen geschlossen werden, insbesondere Tötungsdelikte, Sexualdelikte in Verbindung mit Kindern sowie Pornografie-Straftaten, Delikte der Körperverletzung, des Raubes und der räuberischen Erpressung, Verstöße gegen das Betäubungsmittelgesetz und Straßenverkehrsdelikte. **141**

Im Einzelnen sind zu nennen: **142**

- Entscheidungen zu besonders aktuell häufiger vorkommenden Straftaten des Computerbetrugs und der missbräuchlichen Verwendung von **Geld- und Kreditkarten,**[141]
- zahlreiche Entscheidungen zum **Tötungsvorsatz** und der damit teilweise verbundenen Rücktrittsproblematik bei gefährlichen Handlungen,[142]
- die umfangreiche Rechtsprechung zur **Körperverletzung,** insbesondere mittels eines **gefährlichen Werkzeugs**[143] oder **mittels einer das Leben gefährdenden Behandlung,**[144]
- zahlreiche Entscheidungen zum **Raub und zur räuberischen Erpressung,** insbes. zum **Führen von Waffen**[145] sowie in Fragen der **Vollendung** und **Beendigung,**[146]
- differenzierende Entscheidungen zu **Betrug** und **Untreue,**[147] insbesondere zur Problematik des **Vermögensschadens,**[148] sowie
- mehrere Entscheidungen zum Tatbestand der **schweren Brandstiftung**[149] gem. § 306a StGB und der dabei teilweise erforderlichen Abgrenzung bei **gemischtgenutzten Gebäuden,** insbes. bei Brandlegung im geschäftlich genutzten Bereich eines Gebäudes, welches auch noch Wohnungen enthält, und weiterhin

---

141 Vgl. Rn. 152 ff.
142 Vgl. Rn. 178 ff.
143 Vgl. hierzu Rn. 194 ff.
144 Rn. 198 ff.
145 Rn. 227 ff.
146 Rn. 227.
147 Rn. 244 ff, 258 ff.
148 Rn. 252 ff.
149 Rn. 277 ff.

- mehrere Entscheidungen wegen gefährlicher Eingriffe in den Straßenverkehr nach § **315b StGB**[150] und wegen **Gefährdung des Straßenverkehrs** gem. § 315c StGB sowie
- Entscheidungen wegen **Bestechung und Bestechlichkeit.**[151]

2. Ausblick

143 Unter der neuen Bundesregierung und dem Wechsel in der Leitung des Bundesjustizministeriums ist für die nächsten Jahre wieder vermehrt mit Reformen auch des materiellen Strafrechts zu rechnen, deren Umfang aktuell noch nicht absehbar ist.

---

[150] Vgl. Rn. 282 f.
[151] Rn. 284 f.

II. Neuere höchstrichterliche Rechtsprechung zu Einzelfragen des StGB Besonderer Teil

1. Widerstand gegen Vollstreckungsbeamte – § 113 StGB

Dadurch dass sich ein Angeklagter weigert, in den Zellentrakt zu gehen, und sich lediglich wegdreht, hat er noch nicht „mit Gewalt" Widerstand geleistet. Es fehlt an einem auf **körperlicher Kraftentfaltung beruhenden, tätigen Handeln** gegen die Polizeibeamten.[152] 144

[22] 3. Die Verurteilung wegen Widerstands gegen Vollstreckungsbeamte in drei Fällen (§ 113 Abs. 1, § 53 StGB) begegnet ebenfalls durchgreifenden rechtlichen Bedenken.

[23] Hinsichtlich der Tat vom 9. Oktober 2010 sind die Feststellungen widersprüchlich und tragen die Verurteilung nicht. Auf UA S. 14 wird ausgeführt, dass dem Angeklagten der „Inhalt des Beschlusses des Amtsgerichts Herne-Wanne" bekannt gewesen sei und er gewusst habe, „dass die Beamten zur Durchsetzung des Beschlusses berechtigt waren". Demgegenüber stellt das Landgericht auf UA S. 11 fest, dass das Amtsgericht Herne-Wanne dem Angeklagten erst mit Beschluss vom 28. Oktober 2010 verboten hat, sich der Nebenklägerin bzw. ihrer Wohnung oder Arbeitsstelle auf weniger als 200 Meter zu nähern. Danach ist ausgeschossen, dass die Polizeibeamten zur Durchsetzung dieses Näherungsverbots tätig geworden sind.

[24] Bei der Tat vom 10. September 2011 ist die Tathandlung des „Widerstandleistens" nicht hinreichend mit Tatsachen belegt. Indem der Angeklagte sich weigerte, in den Zellentrakt zu gehen, und sich lediglich wegdrehte, hat er noch nicht „mit Gewalt" Widerstand geleistet. Es fehlt an einem auf körperlicher Kraftentfaltung beruhenden, tätigen Handeln gegen die Polizeibeamten (vgl. Fischer, StGB, 60. Aufl., § 113 Rn. 23). Soweit die Polizeibeamten den Angeklagten „gegen seinen Widerstand" in die Zelle brachten und „dem sich sträubenden Angeklagten" die Schuhe auszogen, lassen sich dem Urteil keine konkreten Feststellungen zur Art und Weise der Tathandlung entnehmen.

[25] Zur Tat vom 21. September 2011 teilt das Landgericht lediglich mit, dass der „aggressiver werdende Angeklagte" zur Durchsetzung des Platzverweises auf die Polizeiwache verbracht wurde. Ein im Sinne von § 113 Abs. 1 StGB tatbestandsmäßiges Widerstandleisten ist nicht ersichtlich.

Unter **Widerstand** ist eine **aktive Tätigkeit gegenüber dem Vollstreckungsbeamten** zu verstehen, mit der die Durchführung einer Vollstreckungsmaßnahme verhindert oder erschwert werden soll. Die Tat muss demgemäß Nötigungscharakter haben. Allerdings wird ein effektiver Nötigungserfolg nicht vorausgesetzt. **„Mit Gewalt" wird Widerstand geleistet**, wenn unter Einsatz materieller Zwangsmittel, vor allem 145

[152] BGH, Beschluss vom 19.12.2012 – 4 StR 417/12.

körperlicher Kraft, ein tätiges Handeln gegen die Person des Vollstreckenden erfolgt, das geeignet ist, die Vollendung der Diensthandlung zumindest zu erschweren. Die bloße Flucht vor der Polizei erfüllt diese Voraussetzungen nicht, auch wenn dabei andere Verkehrsteilnehmer behindert oder gefährdet werden.[153]

[6] 2. Durchgreifenden Bedenken begegnet auch die Verurteilung wegen Widerstands gegen Vollstreckungsbeamte.

[7] a) Nach den Feststellungen (Fall II. 12 der Urteilsgründe) befuhr der erheblich alkoholisierte, absolut fahruntüchtige Angeklagte, der nicht im Besitz einer Fahrerlaubnis war, am 29. Dezember 2011 gegen 06.10 Uhr mit einem Pkw, für den kein Haftpflichtversicherungsschutz bestand, öffentliche Straßen in Eisleben. Einer polizeilichen Verkehrskontrolle versuchte er sich dadurch zu entziehen, dass er wendete und mit hoher Geschwindigkeit (bis zu 180 km/h) flüchtete. Dabei beging er zahlreiche Vorfahrtverletzungen, missachtete das Rotlicht an Kreuzungen und überholte trotz Gegenverkehrs. Andere Verkehrsteilnehmer konnten nur durch eine umsichtige und reaktionsschnelle Fahrweise einer drohenden Kollision entgehen. Um der Flucht des Angeklagten ein Ende zu bereiten, stellte ein Polizeibeamter vor dem Ortseingang Heiligenthal seinen Streifenwagen quer zur Fahrbahn. Der Angeklagte versuchte nun, das Polizeifahrzeug mit hoher Geschwindigkeit rechts zu umfahren. Dies misslang jedoch, da sich in diesem Bereich neben der Straße eine kleine Baumgruppe befand. Der Angeklagte steuerte sein Fahrzeug deshalb wieder nach links und kollidierte in voller Fahrt mit dem Streifenwagen. Dabei erlitt einer der beiden in dem Fahrzeug befindlichen Polizeibeamten eine Knieprellung, Hautabschürfungen im Stirnbereich sowie ein Schädel-Hirntrauma ersten Grades. Das Landgericht hat das Tatgeschehen u.a. als Widerstand gegen Vollstreckungsbeamte gemäß § 113 Abs. 1 StGB gewertet, da die waghalsige Fahrt dazu gedient habe, „sich der Polizeikontrolle zu entziehen" (UA S. 22).

[8] b) Diese Feststellungen rechtfertigen keine Verurteilung aus § 113 Abs. 1 StGB. Unter Widerstand ist eine aktive Tätigkeit gegenüber dem Vollstreckungsbeamten zu verstehen, mit der die Durchführung einer Vollstreckungsmaßnahme verhindert oder erschwert werden soll. Die Tat muss demgemäß Nötigungscharakter haben. Allerdings wird ein effektiver Nötigungserfolg nicht vorausgesetzt („unechtes Unternehmensdelikt", vgl. Fischer, StGB, 60. Aufl., § 113 Rn. 22; S/S-Eser, StGB, 28. Aufl., § 113 Rn. 40). „Mit Gewalt" wird Widerstand geleistet, wenn unter Einsatz materieller Zwangsmittel, vor allem körperlicher Kraft, ein tätiges Handeln gegen die Person des Vollstreckenden erfolgt, das geeignet ist, die Vollendung der Diensthandlung zumindest zu erschweren (vgl. BGH, Urteil vom 16. November 1962 – 4 StR 337/62, BGHSt 18, 133, 134; Fischer aaO § 113 Rn. 23). Die bloße Flucht vor der Polizei erfüllt diese Voraussetzungen nicht, auch wenn dabei andere Verkehrsteilnehmer behindert oder gefährdet werden. Da der Angeklagte die ihn verfolgenden Polizeibeamten mit seinem Kraftfahrzeug weder abgedrängt noch am Überholen gehindert hat und auch nicht auf die Polizeibeamten zugefahren ist, um diese zum Wegfahren und damit zur Freigabe der Fahrbahn zu nötigen, fehlt bereits die für den äußeren Tatbestand erforderliche gewaltsame, gegen die Person des Vollstreckenden gerichtete Handlung (vgl. Senatsbeschluss vom 4. März 1997 – 4 StR 48/97, NStZ-RR 1997, 261, 262). Ebenso wenig wird der für die Verwirklichung des § 113 Abs. 1 StGB erforderliche Vorsatz deutlich, zumal das Landgericht das Un-

[153] BGH, Beschluss vom 19.12.2012 – 4 StR 497/12.

fallgeschehen, das zur Verletzung eines Polizeibeamten geführt hat, lediglich als fahrlässige Körperverletzung gewertet hat. Der Senat hat den Schuldspruch entsprechend geändert. Es ist auszuschließen, dass in neuer Verhandlung weitere Feststellungen getroffen werden können, die die Annahme des Tatbestandes des § 113 Abs. 1 StGB tragen.

2. Straftaten gegen die öffentliche Ordnung – §§ 123 ff. StGB

a) Landfriedensbruch – §§ 125, 125a StGB

Der **tateinheitlichen Verurteilung** des Angeklagten wegen Landfriedensbruchs und zugleich wegen gefährlicher Körperverletzung steht auch die **Subsidiaritätsklausel des § 125 Abs. 1 StGB** nicht entgegen, wonach der Täter wegen Landfriedensbruchs nur bestraft wird, wenn die Tat nicht in anderen Vorschriften mit schwererer Strafe bedroht wird. Zwar greift die Subsidiaritätsklausel des § 125 StGB auch dann ein, wenn ein besonders schwerer Fall des Landfriedensbruchs nach § 125a StGB vorliegt. Maßstab für den vorzunehmenden Vergleich ist dann aber der Strafrahmen der als Strafzumessungsregel ausgestalteten Bestimmung des § 125a Satz 1 StGB, der Freiheitsstrafe von sechs Monaten bis zu zehn Jahren androht. Wegen übereinstimmender Strafrahmen des § 125a Satz 1 StGB und des § 224 Abs. 1 StGB steht daher die Subsidiaritätsklausel einer tateinheitlichen Verurteilung nicht entgegen.[154] **146**

[1] Das Landgericht hat den Angeklagten wegen Landfriedensbruchs in Tateinheit mit gefährlicher Körperverletzung in drei Fällen – wobei es in einem Fall beim Versuch blieb – und mit Widerstand gegen Vollstreckungsbeamte zu einer Freiheitsstrafe von sechs Jahren verurteilt sowie die Einziehung eines bei der Tat verwendeten Messers angeordnet. …

[2] Die auf die Sachrüge gestützte Revision des Angeklagten hat den aus dem Tenor ersichtlichen Teilerfolg, im Übrigen ist sie unbegründet.

[3] I. 1. Nach den Feststellungen des Landgerichts nahm der Angeklagte am 5. Mai 2012 an einer Demonstration gegen eine Wahlkampfkundgebung der Partei „P. in B. teil. Als der Angeklagte erfuhr, dass Teilnehmer der Kundgebung „Mohamed-Karikaturen" des dänischen Zeichners Kurt Westergaard hochhielten, begannen er und eine Gruppe gewaltbereiter Demonstranten, Steine und andere Gegenstände auf die Polizeibeamten zu werfen, die zur Absperrung einer Straßenkreuzung eingesetzt waren. Der Zugführer der eingesetzten Polizeihundertschaft, der Zeuge R., gab daraufhin den Befehl, vor die Absperrgitter zu rücken und den Kreuzungsbereich zu räumen. Während die Beamten des Polizeizugs die gewalttätige Menschenmenge unter Einsatz von Reizgas zurück drängten, gelang es dem Angeklagten, hinter die Kette der vorrückenden Beamten zu gelangen. Er zog das von ihm mitgeführte Messer und lief damit auf einzelne Polizeibeamte zu. Er stach zuerst in Richtung der Oberschenkel des Zeugen R., der in eine Auseinandersetzung mit anderen Demonstrationsteilnehmern verwickelt war. Dieser konnte den Stich abwehren. Daraufhin eilten weitere Beamte herbei und versuchten, den Angeklagten aus dem Kreuzungs-

[154] BGH, Urteil vom 9.10.2013 – 2 StR 119/13.

bereich zu vertreiben. Der Angeklagte lief nun auf den Polizeibeamten S. zu, der als Mitglied des Beweissicherungstrupps das Geschehen filmte, und stach diesem in den linken Oberschenkel. Anschließend warf er Steine gegen weitere in der Nähe stehende Polizeibeamte. Der Polizeibeamtin M., die ihn zurückdrängen wollte, stach er in beide Oberschenkel. Die Beamtin erlitt eine zehn cm und eine drei cm lange Schnittwunde. In der Folge konnte der Angeklagte überwältigt und festgenommen werden.

[4] 2. Das Landgericht hat die Tat als Landfriedensbruch gemäß § 125 Abs. 1, § 125a Satz 2 Nr. 2 und Nr. 3 StGB, als gefährliche Körperverletzung gemäß § 224 Abs. 1 Nr. 2 und Nr. 5 StGB zum Nachteil der Geschädigten S., M. und R., wobei es bei der Tat zum Nachteil des Geschädigten R. beim Versuch blieb, sowie als Widerstand gegen Vollstreckungsbeamte gemäß § 113 Abs.1, § 113 Abs. 2 Satz 2 Nr. 1 und Nr. 2 StGB gewertet.

[5] II. Die Revision des Angeklagten ist teilweise begründet.

[6] 1. Die Nachprüfung des Schuldspruchs, der Einziehung sowie der Adhäsionsentscheidung hat keinen den Angeklagten beschwerenden Rechtsfehler ergeben.

[7] Der tateinheitlichen Verurteilung des Angeklagten wegen Landfriedensbruchs und zugleich wegen gefährlicher Körperverletzung steht auch die Subsidiaritätsklausel des § 125 Abs. 1 StGB nicht entgegen, wonach der Täter wegen Landfriedensbruchs nur bestraft wird, wenn die Tat nicht in anderen Vorschriften mit schwererer Strafe bedroht wird. Zwar greift die Subsidiaritätsklausel des § 125 StGB auch dann ein, wenn – wie hier und unter II. 2. a) ausgeführt – ein besonders schwerer Fall des Landfriedensbruchs nach § 125a StGB vorliegt. Maßstab für den vorzunehmenden Vergleich ist dann aber der Strafrahmen der als Strafzumessungsregel ausgestalteten Bestimmung des § 125a Satz 1 StGB, der Freiheitsstrafe von sechs Monaten bis zu zehn Jahren androht (BGH, Urteil vom 24. März 2011 – 4 StR 670/10, NStZ 2011, 576, 577 m.w.N.). Wegen übereinstimmender Strafrahmen des § 125a Satz 1 StGB und des § 224 Abs. 1 StGB steht daher die Subsidiaritätsklausel einer tateinheitlichen Verurteilung nicht entgegen.

[8] 2. Der Strafausspruch hält indes rechtlicher Nachprüfung nicht stand.

[9] a) Die zu Lasten des Angeklagten im Rahmen der Strafzumessung erfolgte Berücksichtigung der Erfüllung zweier Regelbeispiele des besonders schweren Falls des Landfriedensbruchs (§ 125a Satz 2 Nr. 2 und Nr. 3 StGB) ist nicht zu beanstanden.

[10] Der Angeklagte, der zunächst gemeinsam mit anderen aus einer gewaltbereiten Gruppe von Demonstranten heraus Steine und Gegenstände in Richtung der vorrückenden Polizeibeamten warf, blieb auch nach dem Durchbrechen der Polizeikette Teil dieser Menschenmenge. Bei seinem Angriff gegen die drei Polizeibeamten, bei dem er die Regelbeispiele des § 125a Satz 2 Nr. 2 und Nr. 3 StGB erfüllte, handelte es sich daher noch um eine Gewalttätigkeit im Sinne des § 125 Abs. 1 StGB, die „mit vereinten Kräften" aus dieser Menge heraus begangen wurde.

[11] Dem steht nicht entgegen, dass sich der Angeklagte zu diesem Zeitpunkt räumlich von der Gruppe entfernt hatte. Maßgebend für die Beurteilung, ob es sich bei einem Angriff um eine Einzelaktion eines Täters oder aber um eine „mit vereinten Kräften" „aus einer Menschenmenge" heraus begangene Gewalttätigkeit handelt, ist, ob die konkret ausgeführte Gewalttätigkeit von der in der gewaltbereiten Menge vorhandenen Grundstimmung und zustimmenden Haltung getragen wird (vgl. Lenckner in Schönke/Schröder, StGB 28. Aufl. § 125 Rdn. 10; Schäfer in Münchener Kommentar, StGB 2. Aufl. § 125 Rdn. 17). In diesem Fall ist der Angriff eines

Täters als Ausdruck des die Menge beherrschenden feindlichen Willens und damit als ein mit vereinten Kräften aus der Menschenmenge heraus begangener Angriff anzusehen.

[12] So war es nach den Feststellungen hier. Zwar hatten sich durch das Vorrücken der Polizeikette von der zuvor kompakten Menge der Demonstranten Kleingruppen abgespalten. Mindestens eine dieser Gruppen ging aber im Kreuzungsbereich und ebenfalls im Rücken der Polizei weiterhin gewalttätig vor. Für die Messerangriffe des Angeklagten bildete sie sowie die von den Polizeibeamten zurückgedrängte Menge, aus der heraus sich der Angeklagte erst unmittelbar zuvor räumlich gelöst hatte, daher nicht nur Kulisse, sondern durch ihre feindliche Haltung gegen die eingesetzten Beamten weiterhin die Basis (vgl. BGH, Urteil vom 20. Juli 1995 – 1 StR 126/95, NJW 1995, 2643, 2644, insoweit in BGHSt 41, 182 nicht abgedruckt; Lenckner aaO, § 125 Rdn. 10). Die Messerangriffe des Angeklagten, die sich – entsprechend der Grundstimmung in der zurückgedrängten Gruppe von gewaltbereiten Demonstranten – gegen die eingesetzten Polizeibeamten richteten, waren Teil der von dieser Gruppe ausgehenden Gewalttätigkeiten, so dass er den Tatbestand des § 125 Abs. 1 StGB verwirklichte.

[13] b) Bei der Bemessung der Freiheitsstrafe hat das Landgericht jedoch auch zu Lasten des Angeklagten gewertet, dass sich seine Angriffshandlungen gegen „Repräsentanten des Staats" richteten, die hierzu „keinerlei Anlass" gegeben hatten. Diese Erwägung stößt auch unter Berücksichtigung des eingeschränkten revisionsgerichtlichen Prüfungsmaßstabs (vgl. Senat, Urteil vom 17. September 1980 – 2 StR 355/80, BGHSt 29, 319, 320; BGH, Beschluss vom 24. Mai 2006 – 5 StR 158/06 Rn. 4 juris) auf durchgreifende rechtliche Bedenken.

[14] Schon die strafschärfende Erwägung, dass sich die Angriffe gegen „Repräsentanten des Staates" richteten, ist mit im Blick auf das Doppelverwertungsverbot (§ 46 Abs. 3 StGB) nicht unbedenklich. Sie lässt besorgen, dass das Landgericht den Umstand, dass es sich bei den Geschädigten um Polizeibeamte handelte, noch einmal zu Lasten des Angeklagten eingestellt hat, obgleich schon der Tatbestand des § 113 StGB eine gegen einen Amtsträger der Bundesrepublik gerichtete Handlung voraussetzt. Im Übrigen wird man auch kaum annehmen können, Gewalttätigkeiten, die im Rahmen eines (schweren) Landfriedensbruchs gegen Unbeteiligte oder sonstige Dritte begangen werden, verwirklichten eine „geringere" Schuld als Gewalt gegen Polizeibeamte.

[15] Jedenfalls erweist sich die Erwägung, dass die Geschädigten dem Angeklagten „keinerlei Anlass" für einen Angriff gegeben hätten, als rechtsfehlerhaft. Da die Polizeibeamten dem Angeklagten jedenfalls insoweit einen „Anlass" gegeben hatten, als sie ihn unter Einsatz unmittelbaren Zwangs aus den Kreuzungsbereich wegdrängten bzw. dies absicherten, kann das Landgericht bei dieser Erwägung nur darauf abgestellt haben, dass es keinen berechtigten oder sonst verständlichen Anlass für den Messereinsatz gab. Dabei handelt es sich aber letztlich um eine strafschärfende Berücksichtigung des bloßen Fehlens eines strafmildernden Umstands.

[16] Zwar schlagen nach allgemeinen Strafzumessungsgrundsätzen nachvollziehbare, verständliche Motive für eine Tatbegehung strafmildernd zu Buche, wie z.B. eine Tatverstrickung durch Dritte oder der Umstand, dass das Opfer selbst zu der Situation beigetragen hat, aus der heraus die Tat begangen wird. Das Fehlen solcher mildernden Umstände berechtigt indes nicht, dies zu Lasten des Angeklagten zu berücksichtigen (vgl. Senat, Beschluss vom 17. April 2012 – 2 StR 73/12, NStZ 2013, 46). Daher kann der Umstand, dass ein Täter „grundlos" gegen das Tatopfer vor-

geht (vgl. BGH, Beschluss vom 4. Mai 1993 – 4 StR 207/93 Rn. 6 juris; Senat, Beschluss vom 11. Februar 1998 – 2 StR 668/97 Rn. 3 juris) oder, dass das Opfer dem Täter „keinerlei Anlass" für die Tat geboten hat (vgl. BGH, Beschluss vom 27. April 2010 – 3 StR 106/10; Senat, Urteil vom 20. November 1992 – 2 StR 392/92), grundsätzlich nicht strafschärfend berücksichtigt werden, weil damit lediglich das Fehlen von Umständen beschrieben wird, die sich – wenn sie vorlägen – strafmildernd auswirken könnten.

[17] Zwar darf der Grundsatz, wonach das Fehlen eines Strafmilderungsgrunds keinen Strafschärfungsgrund darstellt, nicht dahin missverstanden werden, dass die Einbeziehung gegebener Tatsachen in die Abwägung der Umstände, die für die Strafzumessung von Bedeutung sind, stets dann rechtsfehlerhaft sei, wenn sie im Urteil in negativer Formulierung umschrieben sind. Die revisionsrichterliche Überprüfung der Strafzumessung hat sich vielmehr am sachlichen Gehalt der Ausführungen des Tatgerichts und nicht an dessen – möglicherweise missverständlichen oder sonst unzureichenden – Formulierungen zu orientieren (BGH, Beschluss vom 10. April 1987 – GSSt 1/86, BGHSt 34, 345, 349 f.; vgl. auch im Ergebnis: BGH, Urteil vom 21. November 1993 – 1 StR 384/93 Rn. 15 juris). Nur wenn die Strafe tatsächlich an bloß fiktiven Erwägungen oder an einem nur hypothetischen Sachverhalt gemessen wird, der zu dem zu beurteilenden keinen Bezug hat, wird ein rechtlich fehlerhafter Maßstab an die Wertung des Verhaltens des Angeklagten angelegt (vgl. BGH, Urteil vom 28. Mai 1980 – 3 StR 176/80, NStZ 1981, 60 m.w.N.; Beschluss vom 13. August 2013 – 4 StR 288/13 Rn. 7 juris; Beschluss vom 24. Oktober 2012 – 4 StR 392/12, NStZ-RR 2013, 81, 82).

[18] Unter Zugrundelegung dieses rechtlichen Ausgangspunktes hat das Landgericht mit seiner Formulierung, dass es für den Angeklagten „keinerlei Anlass" gab, die Polizeibeamten anzugreifen, im Ergebnis allein darauf abgestellt, dass der Angeklagte von der Tat hätte absehen können und müssen, weil er für sie keinen von den Polizeibeamten geschaffenen berechtigten oder „verständlichen" Anlass hatte. Dies stellt eine strafschärfende Verwertung des Umstands dar, dass die Tat überhaupt rechtswidrig begangen wurde.

[19] c) Bedenken begegnet im Übrigen die Erwägung des Landgerichts, der Angeklagte befinde sich zwar erstmals in Haft, diese Erfahrung habe ihn aber „in keiner Weise zu beeindrucken" vermocht. Es fehlt hier an einem sachlichen Zusammenhang zwischen dem grundsätzlich strafmildernden Umstand der Erstverbüßung und seiner weitgehenden Relativierung.

b) Kriminelle Vereinigungen / Terroristische Vereinigungen – §§ 129, 129a StGB

147 Ein Außenstehender **unterstützt** eine Vereinigung auch mit Tätigkeiten, die sich der Sache nach als **Förderung des Werbens für die Vereinigung** durch ein Organisationsmitglied darstellen. Unter einem Unterstützen im Sinne von § 129a Abs. 5 Satz 1, § 129b Abs. 1 Satz 1 StGB ist grundsätzlich jedes Tätigwerden zu verstehen, durch das ein Nichtmitglied der Vereinigung **deren innere Organisation und ihren Zusammenhalt unmittelbar fördert**, die Realisierung der von ihr geplanten Straftaten – wenn auch nicht unbedingt maßgebend – erleichtert oder sich sonst auf deren Aktionsmöglichkeiten und Zwecksetzung in irgendeiner Weise positiv auswirkt und damit die ihr eigene Gefährlichkeit festigt.[155]

[155] BGH, Beschluss vom 11.7.2013 – AK 13/13.

[19] (1) Nach ständiger Rechtsprechung des Senats ist unter einem Unterstützen im Sinne von § 129a Abs. 5 Satz 1, § 129b Abs. 1 Satz 1 StGB grundsätzlich jedes Tätigwerden zu verstehen, durch das ein Nichtmitglied der Vereinigung deren innere Organisation und ihren Zusammenhalt unmittelbar fördert, die Realisierung der von ihr geplanten Straftaten – wenn auch nicht unbedingt maßgebend – erleichtert oder sich sonst auf deren Aktionsmöglichkeiten und Zwecksetzung in irgendeiner Weise positiv auswirkt und damit die ihr eigene Gefährlichkeit festigt (s. etwa BGH, Urteil vom 14. August 2009 – 3 StR 552/08, BGHSt 54, 69, 117). Dies kann zum einen dadurch geschehen, dass ein Außenstehender mitgliedschaftliche Betätigungsakte eines Angehörigen der Vereinigung fördert; in diesem Sinne handelt es sich beim Unterstützen um eine zur Täterschaft verselbständigte Beihilfe zur Mitgliedschaft (vgl. etwa BGH, Urteile vom 30. Oktober 1964 – 3 StR 45/64, BGHSt 20, 89; vom 3. Oktober 1979 – 3 StR 264/79, BGHSt 29, 99, 101). Zum anderen greift der Begriff des Unterstützens einer Vereinigung über ein im strengeren Sinne des § 27 Abs. 1 StGB auf die Förderung der Tätigkeit eines Vereinigungsmitglieds beschränktes Verständnis hinaus; denn er bezieht sich auch und – wie schon der Wortlaut des Gesetzes zeigt – sogar in erster Linie auf die Vereinigung als solche, ohne dass im konkreten Fall die Aktivität des Nichtmitglieds zu einer einzelnen organisationsbezogenen Tätigkeit eines Organisationsmitglieds hilfreich beitragen muss (vgl. BGH, Beschluss vom 16. Mai 2007 – AK 6/07, BGHSt 51, 345, 350 f.; Urteil vom 14. August 2009 – 3 StR 552/08, BGHSt 54, 69, 117 f.). Auch muss das Wirken des Nichtmitgliedes nicht zu einem von diesem erstrebten Erfolg führen, es genügt, wenn sein Tun für die Organisation objektiv nützlich ist, ohne dass ein messbarer Nutzen für diese eintritt (BGH, Urteile vom 14. August 2009 – 3 StR 552/08, BGHSt 54, 69, 116; vom 25. Juli 1984 – 3 StR 62/84, BGHSt 33, 16, 17; vom 25. Januar 1984 – 3 StR 526/83, BGHSt 32, 243, 244).

[20] Diese im Ausgangspunkt weite Begriffsbestimmung des Unterstützens darf indes nicht dahin missverstanden werden, dass jedes Handeln eines Nichtmitgliedes im Sinne der Vereinigung als tatbestandsmäßig einzustufen wäre, ohne dass es auf die konkreten Wirkungen seines Tuns ankäme. Die vorausgesetzte Nützlichkeit für die Vereinigung muss anhand belegter Fakten nachgewiesen sein und darf sich nicht nur auf vermeintliche Erfahrungswerte oder allgemeine Vermutungen stützen. Außerdem darf nicht aus dem Blick verloren werden, dass der Gesetzgeber mit dem 34. Strafrechtsänderungsgesetz (vom 22. August 2002, BGBl. I S. 3390) und dem Gesetz zur Umsetzung des Rahmenbeschlusses des Rates vom 13. Juni 2002 zur Terrorismusbekämpfung und zur Änderung anderer Gesetze (vom 22. Dezember 2003, BGBl. I S. 2836) die Strafbarkeit des propagandistischen Wirkens eines Nichtmitglieds im Sinne der Vereinigung auf die Fälle des Werbens um Mitglieder oder Unterstützer für die Organisation beschränkt und das lediglich befürwortende Eintreten für eine terroristische Vereinigung, die Rechtfertigung ihrer Ziele oder der aus ihr heraus begangenen Straftaten straffrei gestellt hat. Diese gesetzgeberische Grundentscheidung ist zu beachten. Es ist nicht zulässig, sie dadurch zu umgehen, das propagandistische Handeln eines Nichtmitgliedes, das sich nicht als Werben um Mitglieder oder Unterstützer für die Vereinigung darstellt, allein wegen der psychologischen Folgen, die es – insbesondere etwa im Falle der Rechtfertigung oder Verherrlichung von Gewalttaten der Organisation – auf die angesprochenen Adressatenkreise haben kann, als Unterstützen der Vereinigung einzustufen (BGH, Beschlüsse vom 19. Juli 2012 – 3 StR 218/12, juris Rn. 5; vom 16. Mai 2007 – AK 6/07, BGHSt 51, 345, 349 f.).

[21] (2) Hieran hält der Senat fest. Soweit sein Hinweis, die in der Werbung um Mitglieder, Unterstützer oder Sympathie für eine terroristische Vereinigung etwa liegende Beihilfe zu täterschaftlichen terroristischen Handlungen im Sinne des § 129a Abs. 1–3 StGB sei ebenfalls durch § 129a Abs. 5 Satz 2 StGB privilegiert (vgl. BGH, Beschluss vom 16. Mai 2007 – AK 6/07, BGHSt 51, 345, 351), dahin verstanden werden kann, auch in den Fällen, in denen ein Außenstehender ein Mitglied der Organisation bei dessen Propagandahandlungen unterstützt, komme für das Nichtmitglied allenfalls eine Strafbarkeit wegen Werbens um Mitglieder oder Unterstützer für eine Vereinigung in Betracht, gilt klarstellend:

[22] Ein Unterstützen ist auch anzunehmen bei Tätigkeiten, die inhaltlich als Werbung für die Vereinigung einzuordnen sind, wenn im konkreten Einzelfall das Handeln des Nichtmitgliedes über die propagandistische Wirkung seines Tuns hinaus einen objektiv nützlichen Effekt für die mitgliedschaftliche Betätigung eines Angehörigen der Organisation bewirkt (vgl. schon BGH, Beschluss vom 20. September 2012 – 3 StR 314/12, BGHR StGB § 129a Abs. 5 Unterstützen 4 m.w.N.; insoweit noch offen BGH, Beschluss vom 16. Mai 2007 – AK 6/07, BGHSt 51, 345, 351). Dies bedeutet, dass ein Außenstehender eine Vereinigung auch mit Tätigkeiten unterstützt, die sich der Sache nach als Förderung des Werbens für die Vereinigung durch ein Organisationsmitglied darstellen, unabhängig davon, ob dieses um (weitere) Mitglieder oder Unterstützer der Gruppierung wirbt oder sein Verhalten als sonstige propagandistische Tätigkeit im Sinne einer reinen Sympathiewerbung anzusehen ist. Demgegenüber unterfällt die um Sympathie oder um Mitglieder oder Unterstützer werbende Tätigkeit eines Nichtmitglieds dann nicht dem Tatbestandsmerkmal des Unterstützens im Sinne des § 129a Abs. 5 Satz 1 StGB, wenn sie sich allgemein für die Organisation oder ihre Ziele einsetzt, ohne dabei die propagandistische Tätigkeit eines Vereinigungsmitglieds individuell zu fördern. Dies ergibt sich aus Folgendem:

[23] (2.1) Die bisher vom Senat in diesem Zusammenhang zu beurteilenden Fallgestaltungen waren jeweils dadurch maßgebend geprägt, dass der Täter selbst propagandistisch für die Vereinigung tätig wurde, nicht aber einem Mitglied der Vereinigung bei dessen werbender Tätigkeit Hilfe leistete. Wirbt ein Mitglied einer terroristischen Vereinigung um Sympathie oder um Mitglieder oder Unterstützer für die Organisation, ist dies materiellrechtlich nach allgemeiner Auffassung als eine von § 129a Abs. 1 StGB erfasste Beteiligungshandlung des Mitglieds an der Vereinigung einzuordnen, nicht aber als straflose oder in den Bereich des § 129a Abs. 5 Satz 2 StGB fallende Tätigkeit zu qualifizieren (BGH, Urteile vom 24. März 1982 – 3 StR 28/82, BGHSt 31, 16, 17; LK/Krauß, StGB, 12. Aufl., § 129 Rn. 120). Hieran hat sich durch die Neufassung des § 129a StGB durch das 34. Strafrechtsänderungsgesetz vom 22. August 2002 (BGBl. I S. 3390) sowie das Gesetz zur Umsetzung des Rahmenbeschlusses des Rates vom 13. Juni 2002 zur Terrorismusbekämpfung und zur Änderung anderer Gesetze vom 22. Dezember 2003 (BGBl. I S. 2836) nichts geändert. Durch diese Neufassungen ist – soweit hier von Bedeutung – lediglich die Tatbestandsalternative des Werbens auf das Werben um Mitglieder oder Unterstützer beschränkt, nicht aber die Tathandlung der mitgliedschaftlichen Beteiligung modifiziert worden. Soweit der außerhalb der Vereinigung stehende Täter einem Mitglied der Organisation bei dessen Werbung für die Gruppierung Hilfe leistet, ist Anknüpfungspunkt des strafrechtlichen Vorwurfs nicht in erster Linie der Inhalt der werbenden Äußerung, sondern die Hilfeleistung zu der propagandistischen mitgliedschaftlichen Betätigung des Angehörigen der Organisation, die sich ohne die Son-

derregelung des § 129a Abs. 5 StGB ohne Weiteres als Beihilfe (§ 27 StGB) zu dem Beteiligungsakt des Vereinigungsmitglieds darstellen würde. Es ist nicht erkennbar, dass der Gesetzgeber durch das Herausnehmen der Sympathiewerbung aus dem Kreis strafbarer Werbungs- und Unterstützungshandlungen auch dieses nach allgemeinen Grundsätzen zu ahndende Verhalten von der Strafbarkeit ausnehmen oder nicht als täterschaftliche Unterstützungshandlung sondern lediglich als Beihilfe zur mitgliedschaftlichen Beteiligung pönalisieren wollte (vgl. BT-Drucks. 14/8893 S. 8).

[24] (2.2) Fördert der Außenstehende konkret die mitgliedschaftliche Beteiligung eines Mitglieds an der Vereinigung, so bedarf es für die Tathandlung Unterstützen in der Regel nicht der Feststellung eines noch weitergehenden positiven Effekts der Handlungen des Nichtmitglieds für die Vereinigung. Da als Folge des Unterstützens ein irgendwie gearteter Vorteil für die Vereinigung ausreicht, liegt es nahe, dass bei einer Tätigkeit, die sich in der Sache als Beihilfe zur Beteiligung eines Mitglieds an der Vereinigung darstellt, regelmäßig bereits hierin ein ausreichender Nutzen für die Vereinigung zu sehen ist. Dies gilt jedenfalls dann, wenn der Täter ein Mitglied der Vereinigung bei der Erfüllung einer Aufgabe unterstützt, die diesem von der Vereinigung aufgetragen worden ist. Denn die Mitwirkung an der Erfüllung eines Auftrags, den die Vereinigung selbst einem Mitglied erteilt hat, erweist sich nicht nur allein für das betroffene Mitglied als im hier relevanten Sinne vorteilhaft; der ausreichende, nicht notwendigerweise spezifizierte Nutzen wirkt sich in einem solchen Fall vielmehr auch auf die Organisation als solche in vergleichbarer Weise aus wie in den Fällen, in denen die Mitglieder in ihrem Entschluss gestärkt werden, die Straftaten zu begehen, die den Zwecken der terroristischen Vereinigung dienen oder ihrer Tätigkeit entsprechen (BGH, Urteil vom 14. August 2009 – 3 StR 552/08, BGHSt 54, 69, 117 f.).

c) Unerlaubtes Entfernen vom Unfallort – § 142 StGB

Wird ein Unfallopfer beim Entfernen vom Unfallort durch das sich entfernende Fahrzeug mitgeschleift und kommt es erst nach 400 Meter Fahrstrecke zum (Ab-) Sturz und den dadurch hervorgerufenen schweren Verletzungen, liegt dennoch dieselbe Handlung und damit Tateinheit mit dem Entfernen vom Unfallort vor.[156] **148**

[1] Das Landgericht hat den Angeklagten T. wegen „gemeinschaftlicher“ gefährlicher Körperverletzung in Tatmehrheit mit Nötigung und unerlaubtem Entfernen vom Unfallort und den Angeklagten N. wegen „gemeinschaftlicher“ gefährlicher Körperverletzung in Tatmehrheit mit Nötigung und Beihilfe zum unerlaubten Entfernen vom Unfallort jeweils zu Jugendstrafen von zwei Jahren und sechs Monaten verurteilt; dem Angeklagten T. hat es zudem die Fahrerlaubnis entzogen und eine Sperre für deren Erteilung von zwei Jahren angeordnet. Gegen das Urteil richten sich die jeweils auf die Sachrüge gestützten Revisionen der Angeklagten; der Angeklagte T. beanstandet zudem das Verfahren. Die Rechtsmittel führen lediglich zur Änderung der Schuldsprüche.

[2] 1. Nach den vom Landgericht getroffenen Feststellungen stehen die von den Angeklagten verwirklichten Straftatbestände zueinander im Verhältnis der Tateinheit.

---

[156] BGH, Beschluss vom 9.10.2013 – 4 StR 344/13.

[3] Der Angeklagte T. hat sich – ohne gemäß § 142 Abs. 1 Nr. 1 StGB die Feststellung seiner Person zu ermöglichen – durch das Losfahren mit „erheblicher Beschleunigung" und in Schlangenlinien von der Unfallstelle entfernt und dabei durch dieselbe Handlung die Nötigungs- und die zur Körperverletzung führende Handlung zum Nachteil des am Beifahrerfenster des Pkws mitgeschleiften Beifahrers des von ihm zuvor beschädigten Lkw begangen. Dass die schweren Verletzungen des R. und damit der Körperverletzungserfolg erst bei dessen Sturz von dem Pkw nach mehr als 400 Metern Fahrstrecke eingetreten sind, hat auf die durch dieselbe Handlung begründete Tateinheit keinen Einfluss. Entsprechendes gilt hinsichtlich des Angeklagten N., dem Beifahrer im Pkw des Angeklagten T., bei dem mit dem Bemühen, den Haltegriff des R. zu lösen, ohnehin nur eine Handlung vorliegt.

[4] 2. Im Übrigen weist das Urteil aus den vom Generalbundesanwalt in der Antragsschrift vom 13. August 2013 dargelegten Gründen keinen die Angeklagten belastenden Rechtsfehler auf.

[5] 3. Der Senat kann die Schuldspruchänderung selbst vornehmen, da auszuschließen ist, dass die Angeklagten sich gegen den Vorwurf tateinheitlicher Begehung erfolgreicher als geschehen hätten verteidigen können. Zugleich lässt der Senat die Bezeichnung der gefährlichen Körperverletzung als „gemeinschaftlich" begangen entfallen (vgl. Meyer-Goßner, StPO, 56. Aufl., § 260 Rn. 24 m.w.N.).

d) Verstoß gegen Weisungen während der Führungsaufsicht – § 145a StGB

■ TOPENTSCHEIDUNG

149 Ein in § 145a S. 1 StGB mit Strafe bedrohter Verstoß gegen eine Weisung im Rahmen der Führungsaufsicht erfordert, dass die fragliche **Weisung hinreichend bestimmt** ist. Dem Bestimmtheitsgebot des Art. 103 Abs. 2 GG ist nur dann Genüge getan, wenn die betreffende Weisung eindeutig und so fest umrissen ist, wie dies von dem Tatbestand einer Strafnorm zu verlangen ist. Dem Betroffenen muss mit der Weisung unmittelbar verdeutlicht werden, welches Tun oder Unterlassen von ihm erwartet wird, so dass er sein Verhalten danach ausrichten kann.

Die Weisung, **keinen Kontakt zu Kindern und Jugendlichen** unter 16 Jahren aufzunehmen, untersagt es dem Verurteilten, aus eigenem Antrieb und aktiv einen unmittelbaren Kontakt zu einem Mitglied aus dieser Personengruppe herzustellen.[157]

[2] Nach den Feststellungen des Landgerichts ist der Angeklagte mehrfach vorbestraft, unter anderem wegen Sexualstraftaten zum Nachteil von Kindern. Zuletzt wurde er wegen sexueller Nötigung in Tateinheit mit schwerem sexuellen Missbrauch eines Kindes unter Einbeziehung einer Vorverurteilung zu einer Einheitsjugendstrafe von zwei Jahren und sechs Monaten verurteilt. Dem lag zugrunde, dass der Angeklagte gegen den Widerstand eines zwölf Jahre alten Jungen an dessen Penis manipuliert und diesen in den Mund genommen hatte. Nachdem die Strafvollstreckung am 1. August 2008 erledigt war, stand der Angeklagte bis zum 31. Juli 2012 unter Führungsaufsicht. Der Beschluss über die Ausgestaltung der Führungsaufsicht enthielt u.a. die Weisungen, „keinerlei Kontakt zu Kindern und Jugend-

[157] BGH, Urteil vom 7.2.2013 – 3 StR 486/12.

lichen unter 16 Jahren aufzunehmen" und „sich nicht an Orten, wo sich üblicherweise Kinder und Jugendliche unter 16 Jahren befinden – Kinderspielplätze, Kindergärten, Schulen u.a. – aufzuhalten". Im Sommer 2009 lernte der Angeklagte eine Frau mit einem damals fünfjährigen Sohn kennen, zu der er eine freundschaftliche Verbindung aufbaute. Inzwischen ist er mit ihr verlobt. Im Zeitraum von September 2009 bis zum 21. Juni 2010 kam es in mindestens 19 Fällen zu Kontakten zwischen dem Angeklagten und dem Sohn seiner Freundin, den er teilweise allein beaufsichtigte und mit dem er auch Spielplätze aufsuchte. Von der Aufnahme der Beziehung zu dieser Frau berichtete er nach „einiger Zeit" der Bewährungshelferin als Mitarbeiterin der Führungsaufsichtsstelle, die die Vollstreckungsleiterin unterrichtete. Maßnahmen im Rahmen der Führungsaufsicht wurden daraufhin nicht ergriffen.

[3] Die Strafkammer ist der Auffassung, eine Bestrafung des Angeklagten nach § 145a StGB komme nicht in Betracht, da die genannten Weisungen nicht hinreichend bestimmt seien und ihre Einhaltung dem Angeklagten nicht habe zugemutet werden können. Dies hält sachlichrechtlicher Überprüfung nicht stand.

[4] 1. Ein in § 145a Satz 1 StGB mit Strafe bedrohter Verstoß gegen eine Weisung im Rahmen der Führungsaufsicht liegt vor, wenn der Betroffene das ihm auferlegte Verhalten nicht oder nicht vollständig erfüllt und dadurch der Zweck der Maßregel gefährdet wird. Ein solcher Verstoß unterfällt aber nur dann dem objektiven Tatbestand, wenn die fragliche Weisung hinreichend bestimmt ist; denn im Rahmen des § 145a Satz 1 StGB wird das strafbare Verhalten wesentlich durch den Inhalt der Weisung festgelegt. Dem Bestimmtheitsgebot des Art. 103 Abs. 2 GG ist deshalb nur dann Genüge getan, wenn die betreffende Weisung eindeutig und so fest umrissen ist, wie dies von dem Tatbestand einer Strafnorm zu verlangen ist. Dem Betroffenen muss mit der Weisung unmittelbar verdeutlicht werden, welches Tun oder Unterlassen von ihm erwartet wird, so dass er sein Verhalten danach ausrichten kann (vgl. BVerfG, Beschluss vom 24. September 2011 – 2 BvR 1165/11, StV 2012, 481 zu Weisungen nach § 56c StGB; BGH, Urteil vom 18. Dezember 2012 – 1 StR 415/12, NJW 2013, 710 f.; LK/Roggenbuck, StGB, 12. Aufl., § 145a Rn. 8; aus der obergerichtlichen Rechtsprechung vgl. etwa OLG München, Beschluss vom 26. März 2009 – 5 St RR 52/09, NStZ 2010, 218 f.; OLG Oldenburg, Beschluss vom 5. Januar 2009 – 1 Ws 758/08, StV 2009, 542; OLG Hamm, Beschluss vom 28. September 2010 – III 3 Ws 393/10, NStZ-RR 2011, 141; OLG Dresden, Beschlüsse vom 12. März 2008 – 2 Ws 125/08, NStZ-RR 2008, 326 f.; vom 27. Oktober 2009 – 2 Ws 509/09, StV 2010, 642 f.). Diesen Anforderungen an ihre Bestimmtheit werden die genannten Weisungen gerecht.

[5] a) Die Weisung, keinen Kontakt zu Kindern und Jugendlichen unter 16 Jahren aufzunehmen, hat ihre gesetzliche Grundlage in § 68b Abs. 1 Satz 1 Nr. 3 StGB. Dort ist ausdrücklich bestimmt, dass die verurteilte Person angewiesen werden kann, zu Personen einer bestimmten Gruppe, die ihr Anreiz zu weiteren Straftaten bieten können, keinen Kontakt aufzunehmen. Dies ist dahin zu verstehen, dass es dem Verurteilten untersagt ist, aus eigenem Antrieb und aktiv einen unmittelbaren Kontakt zu einem Mitglied der Personengruppe herzustellen (vgl. BR-Drucks. 256/06 S. 33 f.). Nichts anderes gilt für das Verständnis der hier vorliegenden, die Terminologie des Gesetzestextes insoweit wortgleich übernehmenden Weisung. Damit ist dieser das vom Angeklagten erwartete Verhalten ausreichend deutlich zu entnehmen (vgl. BGH, Beschluss vom 28. Mai 2008 – 1 StR 243/08, NStZ-RR 2008, 277). Die ebenfalls in § 68b Abs. 1 Satz 1 Nr. 3 StGB vorgesehene Weisung, mit bestimmten Personen nicht zu verkehren, d.h. mit ihnen in Fortsetzung der Kontakt-

aufnahme umzugehen (vgl. OLG Nürnberg, Beschluss vom 29. November 2007 – 1 Ws 716/07, juris Rn. 15), ist in dem Beschluss über die Ausgestaltung der Führungsaufsicht nicht enthalten. Nach alldem folgt aus der hier erteilten Weisung ein Verbot des Umgangs mit Erwachsenen, die Kinder haben, oder des über diese vermittelten Verkehrs mit ihren Kindern entgegen der Auffassung der Strafkammer nicht.

[6] b) Auch das auf § 68b Abs. 1 Satz 1 Nr. 2 StGB gestützte Verbot, sich an Orten, an denen sich üblicherweise Kinder und Jugendliche unter 16 Jahren befinden – Kinderspielplätze, Kindergärten, Schulen u.a. –, aufzuhalten, genügt den Bestimmtheitsanforderungen. Da eine enumerative Aufzählung aller denkbaren Orte, die der verurteilten Person Gelegenheit oder Anreiz zu weiteren Straftaten bieten können, regelmäßig nicht möglich oder tunlich ist, muss es grundsätzlich ausreichen, solche Örtlichkeiten, deren Aufsuchen dem Angeklagten untersagt werden soll, ihrer Art nach zu bezeichnen (vgl. Fischer, StGB, 60. Aufl., § 68b Rn. 4); denn andernfalls würde § 68b Abs. 1 Satz 1 Nr. 2 StGB weitgehend leerlaufen. Im vorliegenden Fall sind die betreffenden Orte durch die beispielhafte Aufzählung bestimmter Plätze zusätzlich eingegrenzt. Hierdurch wird ausreichend klar, dass lediglich solche Orte gemeint sind, an denen sich nach ihrer Zweckbestimmung Kinder und Jugendliche unter 16 Jahren typischerweise aufhalten. Der Angeklagte kann als Adressat der Weisung dieser deshalb mit genügender Sicherheit entnehmen, welche Örtlichkeiten er zu meiden hat (vgl. auch BVerfG, Beschluss vom 11. Februar 2008 – 2 BvR 160/08, NJW 2008, 2493; BGH, Beschluss vom 28. Mai 2008 – 1 StR 243/08, NStZ-RR 2008, 277 f.; OLG Nürnberg, Beschluss vom 29. November 2007 – 1 Ws 716/07).

■ **PRAXISBEDEUTUNG**

Die vorliegende Entscheidung gibt das Prüfungsschema genau vor, an Hand dessen die Gültigkeit von Weisungen im Rahmen der Führungsaufsicht zu überprüfen ist. Deshalb muss diese Entscheidung jedermann bestens bekannt sein, der sich mit diesen Fragen in der Rechtspraxis beschäftigt. Siehe hierzu ergänzend auch die nachstehende Entscheidung des 1. Strafsenats.

150 Ein nach § 145a Satz 1 StGB tatbestandsmäßiger Weisungsverstoß setzt eine **hinreichend bestimmte Weisung** voraus. Maßgeblich dafür ist allein der durch das Vollstreckungsgericht festgelegte Inhalt.

Versäumt der Verurteilte bei einer **Meldeweisung** die Vorstellung bei seinem Bewährungshelfer innerhalb des gerichtlich festgelegten Meldezeitraums, liegt ein Weisungsverstoß selbst dann vor, wenn mit dem Bewährungshelfer Termine außerhalb dieses Zeitraums abgesprochen waren.[158]

[17] 2. Der Freispruch des Angeklagten von dem Vorwurf des Verstoßes gegen Weisungen während der Führungsaufsicht gemäß § 145a StGB (Fall II. 2. a.) ist im Ergebnis nicht zu beanstanden. Nach den getroffenen Feststellungen hat der Angeklagte zwar in den Monaten August, September und Oktober 2010 gegen die in dem Beschluss der Strafvollstreckungskammer vom 2. April 2009 angeordnete Weisung,

[158] BGH, Urteil vom 18.12.2012 – 1 StR 415/12.

Kontakt zu seinem zuständigen Bewährungshelfer zu halten, verstoßen. Es fehlt allerdings unter den gegebenen Verhältnissen an der von § 145a StGB geforderten Gefährdung des Zwecks der Maßregel.

[18] a) Ein in § 145a Satz 1 StGB mit Strafe bedrohter Verstoß gegen eine Weisung im Rahmen der Führungsaufsicht liegt vor, wenn der Betroffene das ihm auferlegte Verhalten nicht oder nicht vollständig erfüllt (Fischer, StGB, 60. Aufl., § 145a Rn. 7; Roggenbuck, in: Leipziger Kommentar zum StGB, 12. Aufl., Band 5, § 145a Rn. 13 m.w.N.). Ein solcher Weisungsverstoß unterfällt aber nur dann dem objektiven Tatbestand, wenn die fragliche Weisung inhaltlich hinreichend bestimmt ist (OLG Dresden NStZ-RR 2008, 27; OLG München NStZ 2010, 218, 219; Groß, in: Münchener Kommentar zum StGB, 2. Aufl., Band 3, § 145a Rn. 9 m.w.N.). Diesen Anforderungen genügt lediglich eine solche Weisung, die das von dem Betroffenen verlangte oder diesem verbotene Verhalten inhaltlich so genau beschreibt, wie dies von dem Tatbestand einer Strafnorm zu verlangen ist (Roggenbuck, aaO, § 145a Rn. 8). Ihm muss mit der Weisung unmittelbar verdeutlicht werden, was genau von ihm erwartet wird (vgl. BVerfG, Beschluss vom 24. September 2011 – 2 BvR 1165/11 bzgl. Weisungen nach § 56c StGB). Den Anforderungen an die Bestimmtheit der Weisung ist bei einer Meldeweisung wie hier auch dann genügt, wenn in dem anordnenden gerichtlichen Beschluss ein Zeitraum genannt ist, innerhalb dessen der Betroffene sich bei dem Bewährungshelfer zu melden hat. Die Festlegung des konkreten Termins innerhalb der in dem gerichtlichen Anordnungsbeschluss festgelegten Periode (etwa „einmal im Monat") kann dem Bewährungshelfer überlassen bleiben (BVerfG aaO).

[19] b) Nach den vom Tatgericht getroffenen Feststellungen hat der Angeklagte in den Monaten August bis Oktober 2010 gegen die ihm durch die Strafvollstreckungskammer wirksam erteilte Weisung, „sich einmal monatlich jeweils zwischen dem 10. und 28. eines Monats bei dem zuständigen Bewährungshelfer zu melden", verstoßen.

[20] aa) Die Nichtbefolgung dieser Weisung in den genannten Monaten ist tatbestandsmäßig i.S.v. § 145a Satz 1 StGB, obwohl die für den 29. September und den 6. Oktober 2010 mit der Bewährungshelferin abgesprochenen, vom Angeklagten aber versäumten Termine außerhalb des durch die Strafvollstreckungskammer bestimmten Zeitraums lagen. Maßgeblich für den Verstoß gegen eine wirksam erteilte Weisung ist lediglich die Nichtbefolgung des in dem gerichtlichen Beschluss verlangten oder verbotenen Verhaltens. Das nach § 145a Satz 1 StGB strafbare Verhalten wird im Sinne einer Blankettvorschrift erst durch den Inhalt der Weisung seitens des für deren Anordnung zuständigen Gerichts festgelegt. Die Einhaltung des verfassungsrechtlichen Bestimmtheitsgebots aus Art. 103 Abs. 2 GG hängt angesichts dieser Struktur des § 145a StGB davon ab, dass die gerichtliche Weisung selbst inhaltlich hinreichend bestimmt ist. Dies schließt es für Meldeweisungen aus, den im gerichtlichen Anordnungsbeschluss festgelegten Erfüllungszeitraum zur Disposition des Bewährungshelfers zu stellen. Abgesehen von den Anforderungen des Bestimmtheitsgrundsatzes besteht auch keine gesetzliche Grundlage, die diesem eine inhaltliche Ausfüllung von Weisungen jenseits einer zulässigen Konkretisierung innerhalb der durch die gerichtliche Anordnung verbleibenden Spielräume (etwa die Festlegung des konkreten Vorsprachetermins im eröffneten Zeitraum) gestatten würde (vgl. BVerfG aaO).

[21] bb) Der Angeklagte hat auch den Termin im August 2010 versäumt. Das Tatgericht hat zwar den für diesen Monat vereinbarten Termin nicht konkret festge-

stellt. Selbst wenn dieser aber für außerhalb des Zeitraums zwischen dem 10. und 28. August 2010 abgesprochen gewesen sein sollte, verwirklichte das Unterbleiben einer Meldung des Angeklagten bei seiner Bewährungshelferin im gerichtlich festgelegten Zeitraum nach dem Vorgenannten den objektiven Tatbestand von § 145a Satz 1 StGB.

[22] c) Ob bei der Nichteinhaltung von Vorspracheterminen, die aufgrund einer Absprache mit dem zuständigen Bewährungshelfer außerhalb des in der gerichtlichen Anordnungsentscheidung bestimmten Zeitraums lagen, von einer vorsätzlichen Nichterfüllung einer Weisung ausgegangen werden kann, bedarf keiner Entscheidung. Denn vorliegend fehlt es nach den rechtsfehlerfreien Feststellungen des Tatgerichts jedenfalls an der Gefährdung des Maßregelzwecks. Von einer solchen kann nur dann ausgegangen werden, wenn sich durch den Verstoß bzw. die Verstöße gegen die Weisung die Wahrscheinlichkeit der Begehung weiterer Straftaten erhöht hat (Roggenbuck, aaO, § 145a Rn. 18; vgl. auch Senat, Beschluss vom 28. Mai 2008 – 1 StR 243/08, NStZ-RR 2008, 277; weitergehend Groß, aaO, § 145a Rn. 15). Hier schließt bereits der ununterbrochene Kontakt des Angeklagten zu dem für ihn zuständigen Polizeibeamten im Rahmen des in Bayern sog. HEADS-Programms die Annahme einer Gefährdung des Maßregelzwecks aus. Es kann daher offen bleiben, ob bereits aus einem Verstoß gegen bestimmte Weisungen eo ipso eine derartige Gefährdung resultieren kann (so Groß, aaO, § 145a Rn. 15).

151 Die **Weisung**, „jegliche Tätigkeit zu unterlassen, durch welche der Angeklagte/Verurteilte in Kontakt zu Kindern und Jugendlichen kommen kann“, dürfte nicht hinreichend bestimmt sein, um ein nach § 145a S. 1 StGB strafbares Verhalten zu bezeichnen.[159]

3. Geld- und Wertzeichenfälschung – §§ 146 ff. StGB

a) Geldfälschung – § 146 StGB

152 **In Verkehr gebracht** wird falsches Geld, wenn es so aus dem Gewahrsam entlassen wird, dass ein anderer tatsächlich in die Lage versetzt wird, sich des **falschen Geldes zu bemächtigen** und nach Belieben damit umzugehen, es insbesondere weiterzuleiten. Dies kann auch durch Einzahlung von Falschgeld bei der Bank im Rahmen des allgemeinen Zahlungsverkehrs erfolgen, selbst dann, wenn die betreffende Notensorte zur Einziehung aufgerufen, die Umlaufzeit jedoch noch nicht abgelaufen ist. Durch das Handeln des Täters muss aber auch tatsächlich eine **Gefahr des Umlaufs** des falschen Geldes begründet sein, was sich anhand der konkreten Umstände des Einzelfalls bestimmt.[160]

[2] 1. Nach den Feststellungen des Landgerichts waren die Angeklagten D., W. und C. als Flugbegleiter bei der Lufthansa auf der Strecke Peking – Frankfurt am Main tätig; der Angeklagte P. war Informatikstudent, der regelmäßig nach China flog. In China erwarben sie jeweils beschädigte 1-Euro- und 2-Euro-Münzen, wobei mindestens 70 % dieser Bicolormünzen für jedermann erkennbar aus getrennten Münz-

---

159 BGH, Beschluss vom 15.5.2013 – 5 StR 189/13.
160 BGH, Urteil vom 15.11.2012 – 2 StR 190/12.

teilen („Ring" und „Pille") nachträglich wieder zusammengesetzt waren. Die Münzen stammten überwiegend aus Frankreich, Belgien, Österreich oder Spanien und waren von oder im Auftrag europäischer Zentralbanken durch Münztrennung entwertet, als Metallschrott weiterveräußert und unautorisiert nachträglich wieder zusammengesetzt worden. Die Münzteile waren meist nur teilweise miteinander verbunden; zwischen Ring und Pille lagen Spalten, teils befand sich Klebstoff zwischen beiden. Überwiegend passte die Prägung auf der Pille nicht zu der auf dem Ring; auch gab es eine Reihe von Münzen, bei denen Pille und Ring vollständig getrennt waren.

[3] Die Angeklagten brachten die Münzen auf dem Luftweg nach Deutschland und reichten sie in Kenntnis ihrer Herkunft als echte, lediglich beschädigte Münzen in normierten, durchsichtigen „Safebags" bei der Kleinkundenkasse der Deutschen Bundesbank in Frankfurt am Main ein. Hierbei gaben sie vor, die Münzen seien in China beim Verarbeiten von Müll, Schrottautos und Altkleidern angefallen. Seitens der Bundesbank wurden die Münzen durch Wiegen und eine stichprobenartige Sichtprobe kontrolliert. Nach beanstandungsloser Annahme wurde den Angeklagten jeweils der volle Nennwert der Münzen auf ihrem Kundenkonto gutgeschrieben.

[4] Insgesamt reichte der Angeklagte D. bei der Bundesbank Münzen mit einem Gesamtwert von 112.000 € ein, die er in der Zeit vom 12. Dezember 2009 bis 30. Juli 2010 auf mindestens 12 Flügen von China nach Deutschland transportiert hatte; der Angeklagte W. reichte entsprechend in der Zeit vom 5. Juni 2010 bis 9. Dezember 2010 auf mindestens 20 Flügen transportierte Münzen mit einem Gesamtwert von 336.000 € ein, der Angeklagte C. in der Zeit vom 9. Dezember 2009 bis 7. Januar 2011 auf mindestens 15 Flügen transportierte Münzen mit einem Gesamtwert von 341.000 € und der Angeklagte P. in der Zeit vom 9. April 2010 bis 28. Oktober 2010 auf mindestens 7 Flügen transportierte Münzen mit einem Gesamtwert von 77.000 €.

[5] 2. Die Strafkammer hat das Handeln der Angeklagten als Geldfälschung in Form des Sichverschaffens und Inverkehrbringens von falschem Geld (§ 146 Abs. 1 Nr. 2 und 3 StGB) gewertet. Aufgrund der vorgegangenen Entwertung der Münzen stammten diese nicht von demjenigen, der aus ihnen als Aussteller hervorgehe (vgl. Erb in MünchKomm-StGB, 2. Aufl., § 146 Rn. 12; Sternberg-Lieben in Schönke/Schröder StGB, 28. Aufl., § 146 Rn. 14; Rudolphi/Stein in SK-StGB, 67. Lfg. – Oktober 2006 – § 146 Rn. 6). Es hat auf der Grundlage eines Anteils von mindestens 70 % gefälschter Münzen angenommen, dass die Bundesbank durch die Angeklagten C. und W. um Beträge von jeweils 200.000 €, durch den Angeklagten D. um 70.000 € und durch den Angeklagten P. um 40.000 € geschädigt wurde. Hinsichtlich der tateinheitlich zu den Geldfälschungsfällen angeklagten Betrugstaten hat das Landgericht gemäß § 154a Abs. 2 StPO die Strafverfolgung beschränkt.

II. Revisionen der Angeklagten

[6] Die Revisionen der Angeklagten sind mit der Sachrüge begründet.

[7] 1. Die Urteilsfeststellungen tragen den Schuldspruch nicht.

[8] a) Die Angeklagten haben die Münzen nicht im Sinne von § 146 Abs. 1 Nr. 3 StGB in Verkehr gebracht. In Verkehr gebracht wird falsches Geld, wenn es so aus dem Gewahrsam entlassen wird, dass ein anderer tatsächlich in die Lage versetzt wird, sich des falschen Geldes zu bemächtigen und nach Belieben damit umzugehen, es insbesondere weiterzuleiten (vgl. RG, Urteil vom 16. März 1933 – II 208/33, RGSt 67, 167, 168; BGH, Urteil vom 17. April 1951 – 1 StR 99/51, BGHSt 1, 143, 144; BGH, Beschluss vom 17. Mai 1996 – 3 StR 631/95, BGHSt 42, 162, 168;

BGH, Beschluss vom 28. März 2003 – 3 StR 471/02, NStZ 2003, 423). Dies kann auch durch Einzahlung von Falschgeld bei der Bank im Rahmen des allgemeinen Zahlungsverkehrs erfolgen (OLG Schleswig, Urteil vom 20. Februar 1962 – 1 Ss 607/62, NJW 1963, 1560, 1561), selbst dann, wenn die betreffende Notensorte zur Einziehung aufgerufen, die Umlaufzeit jedoch noch nicht abgelaufen ist (BGH, Urteil vom 26. Oktober 1951 – 2 StR 246/51). Durch das Handeln des Täters muss aber auch tatsächlich eine Gefahr des Umlaufs des falschen Geldes begründet sein, was sich anhand der konkreten Umstände des Einzelfalls bestimmt (vgl. BGH, Urteil vom 4. August 1987 – 1 StR 2/87, BGHSt 35, 21, 25). Entsprechend kann ein Inverkehrbringen auch dann gegeben sein, wenn falsches Geld weggeworfen wird, sofern die naheliegende Gefahr besteht, dass es gefunden wird und wieder in den Zahlungsverkehr gelangt (BGH aaO). Der Tatbestand des Inverkehrbringens ist demgegenüber nicht erfüllt, wenn der Bundesbank ein Geldschein von vorne herein mit dem Ersuchen um Einziehung und Ersatz übergeben wird, da in einem solchen Fall das Geld außerhalb des allgemeinen Zahlungsverkehrs eingeliefert wird (vgl. OLG Schleswig aaO).

[9] Vorliegend bestand keine Gefahr, dass die Münzen wieder in den Umlauf gelangten, da diese nicht nur erkennbar unfachmännisch zusammengesetzt, sondern auch stark beschädigt und von daher nicht mehr umlauffähig waren. Bereits die Abgabe der Münzen – unter Angabe des Namens, der Adresse und der Kontoverbindung des Einreichenden – in normierten, durchsichtigen „Safebags", die einer Sichtkontrolle unterzogen wurden, belegt, dass diese lediglich zum Zwecke der Erstattung des Nennwerts der Münzen und nicht im Rahmen des allgemeinen Zahlungsverkehrs eingereicht wurden. Da es sich bei der Bundesbank um diejenige Behörde handelt, die beschädigtes Geld zwecks Entwertung und Vernichtung auch selbst aus dem Verkehr zieht, bestand keine Gefahr, dass die Münzen noch an Dritte weitergegeben und wieder in den Zahlungsverkehr gelangen konnten. Die Entscheidung des Senats vom 26. Oktober 1951 – 2 StR 246/51, der die geplante Einreichung von belgischen, zur Außerkurssetzung anstehenden 1.000-Frankennoten bei der belgischen Zentralbank zugrunde lag, steht dem nicht entgegen, da in diesem Fall die Frankenscheine noch innerhalb der Umlaufzeit bei der Zentralbank eingereicht werden sollten. Es handelte sich damit – anders als bei stark beschädigten und erkennbar unfachmännisch zusammengesetzten Münzen – nicht um notwendig einzuziehendes Geld.

[10] b) Die Angeklagten haben sich die Münzen auch nicht im Sinne von § 146 Abs. 1 Nr. 2 i.V.m. Nr. 1 StGB in der Absicht verschafft, sie als echt in Verkehr zu bringen oder ein solches Inverkehrbringen zu ermöglichen. Es muss dem Täter auf das Inverkehrbringen oder das Ermöglichen des Inverkehrbringens von Falschgeld als echtem Geld ankommen, ohne dass diese Zielvorstellung Endzweck seines Handelns zu sein braucht (BGH, Urteil vom 4. Oktober 1951 – 3 StR 460/51, NJW 1952, 311, 312; Ruß in LK StGB, 12. Aufl., § 146 Rn. 15; Erb in MünchKomm-StGB, § 146 Rn. 24; Sternberg-Lieben in Schönke/ Schröder StGB, 28. Aufl., § 146 Rn. 7). Die Angeklagten wollten auch nicht nur mittelbar die Weitergabe der Münzen in den Umlauf ermöglichen, sondern für jedermann erkennbar nicht mehr umlauffähige Münzen bei der dafür zuständigen Stelle zur Erstattung des Nennwerts einreichen.

[11] 2. Wenngleich danach eine Strafbarkeit wegen Geldfälschung gemäß § 146 Abs. 1 StGB nicht besteht, kam ein Freispruch der Angeklagten durch den Senat nicht in Betracht, weil nicht ausgeschlossen werden kann, dass in einer neuen

Hauptverhandlung nach der auf Antrag des Generalbundesanwalts durch den Senat erfolgten Wiedereinbeziehung (§ 154a Abs. 3 Satz 2 StPO) der ausgeschiedenen Betrugsvorwürfe eine entsprechende Verurteilung möglich ist.

[12] Eine Strafbarkeit wegen Betrugs käme hier jedenfalls dann in Betracht, wenn die eingereichten Münzen aus amtlich entwertetem Münzmaterial zusammengesetzt wären und die Angeklagten über diesen Umstand bei Einreichung der Münzen getäuscht hätten. Der Senat weist jedoch insoweit darauf hin, dass die Feststellung des Landgerichts, es handele sich vorliegend um amtlich entwertetes Münzmaterial, nicht hinreichend tatsachengestützt ist. Die Strafkammer hat keine Erkenntnisse über das Entwertungsverfahren bei Euro-Münzen in anderen Euro-Ländern gewinnen können. Sämtliche Anfragen der Ermittlungsbehörden an die jeweiligen Landeszentralbanken der Euro-Länder Frankreich, Belgien, Österreich und Spanien sind unbeantwortet geblieben; weitere Ermittlungen wurden nicht angestellt. Das Landgericht hat sich auch nicht damit auseinander gesetzt, dass die Deutsche Bundesbank über einen Zeitraum von mehr als einem Jahr mehrere hundert durchsichtige „Safebags" mit erkennbar stark beschädigten und nachträglich zusammengesetzten Münzen beanstandungsfrei angenommen und deren Nennwert dem Konto des jeweiligen Angeklagten gutgeschrieben hat. Diese Praxis der Bundesbank spricht eher gegen die Annahme, die amtliche Entwertung von Bicolormünzen erfolge im Wege der Trennung von Ring und Pille, da in diesem Fall kaum erklärlich ist, dass die Mitarbeiter der Bundesbank trotz der Kontrollen und über einen langen Zeitraum hinweg den Nennwert des erkennbar nachträglich zusammengesetzten Münzmaterials, ohne eine Entwertung zu bemerken, beanstandungslos erstattet haben.

b) Fälschung von Zahlungskarten – §§ 152a, 152b StGB

Das **Ausspähen fremder Kartendaten** liegt weit im **Vorfeld der eigentlichen Tat des** **153**
Nachmachens von Zahlungskarten mit Garantiefunktion (§ 152b Abs. 5 i.V.m. § 149 Abs. 1 StGB), eine „Tatbestandsverwirklichung" liegt darin nicht. Dass der Angeklagte dabei „Tatherrschaft" gehabt habe, wie es das Landgericht seiner Würdigung zugrunde legt, hat jedenfalls insoweit nicht die Bedeutung wie bei einer von Tatherrschaft geprägten Verwirklichung von Tatbestandsmerkmalen eines Tatbeteiligten.[161]

[2] 1. Die Annahme des Landgerichts, der Angeklagte habe sich wegen täterschaftlicher gewerbsmäßiger Fälschung von Zahlungskarten mit Garantiefunktion strafbar gemacht, begegnet durchgreifenden rechtlichen Bedenken.

[3] Ob ein Beteiligter eine Tat als Täter oder Gehilfe begeht, ist nach der Rechtsprechung des Bundesgerichtshofs in wertender Betrachtung nach den gesamten Umständen, die von seiner Vorstellung umfasst sind, zu beurteilen (vgl. etwa BGH, Urteil vom 15. Januar 1991 – 5 StR 492/90, BGHSt 37, 289, 291). Wesentliche Anhaltspunkte können der Grad des eigenen Interesses am Erfolg der Tat, der Umfang der Tatbeteiligung, die Tatherrschaft oder wenigstens der Wille zu ihr sein. Eine darauf bezogene wertende Betrachtung ist vom Tatrichter in einer vom Revisionsgericht nachprüfbaren Weise vorzunehmen. An einer solchen umfassenden Gesamtwürdigung fehlt es hier.

---

[161] BGH, Beschluss vom 27.8.2013 – 2 StR 156/13.

[4] Das Landgericht hat sich zur Begründung darauf gestützt, der Angeklagte habe mit dem An- und Abmontieren der manipulierten Türöffner und Blenden einen wesentlichen Tatbeitrag geleistet und im Hinblick auf seine ansonsten fehlenden Erwerbsmöglichkeiten auch ein erhebliches Interesse an den Taten gehabt. Die Tathandlungen seien ein gewichtiger Teil der Tatbestandsverwirklichung, bei dem der Angeklagte auch Tatherrschaft besessen habe (UA S. 26). Diese Würdigung enthält rechtlich unzutreffende Wertungen und lässt wesentliche Gesichtspunkte unberücksichtigt, die gegen mittäterschaftliches Handeln sprechen.

[5] Die Annahme, bei den Tatbeiträgen des Angeklagten handele es sich um gewichtige Teile der Tatbestandsverwirklichung, geht fehl. Das Ausspähen fremder Kartendaten liegt weit im Vorfeld der eigentlichen Tat des Nachmachens von Zahlungskarten mit Garantiefunktion (§ 152 b Abs. 5 i.V.m. § 149 Abs. 1 StGB), eine „Tatbestandsverwirklichung" liegt darin nicht (vgl. Senat, Beschluss vom 4. Dezember 2012 – 2 StR 395/12, BGHR StGB § 25 Abs. 2 Mittäter 36). Dass der Angeklagte dabei „Tatherrschaft" gehabt habe, wie es das Landgericht seiner Würdigung zugrunde legt, hat jedenfalls insoweit nicht die Bedeutung wie bei einer von Tatherrschaft geprägten Verwirklichung von Tatbestandsmerkmalen eines Tatbeteiligten.

[6] Das Landgericht lässt unberücksichtigt, dass der Angeklagte von den eigentlichen Tätern lediglich für einzelne Taten angeworben wurde, keinen Gestaltungsspielraum bei der Auswahl geeigneter Banken besaß, die ihm von den Hintermännern vorgegeben wurden (abweichend im Sachverhalt insoweit Senat, Beschluss vom 31. Mai 2012 – 2 StR 74/12, NStZ 2012, 626), bei der Tatausführung zunächst von einem Mittäter begleitet wurde, der ihn anwies und ihm – wie später auch – die zur Anbringung erforderlichen Gegenstände übergab und schließlich angesichts seiner pauschalen, geringfügigen Honorierung für die im Vorfeld der eigentlichen Taten erbrachten Leistungen ohne Beteiligung an den durch den späteren Einsatz der gefälschten Karten erzielten Erlöse kein wirkliches Interesse an den eigentlichen, erst später begangenen Taten hatte. Angesichts dieser Umstände gibt es greifbare Anhaltspunkte dafür, dass der Angeklagte wie auch die übrigen Tatbeteiligten in den Unterstützungshandlungen keinen wesentlichen Tatbeitrag erblickten (vgl. auch BGH, Urteil vom 17. Februar 2011 – 3 StR 419/10, NJW 2011, 2375).

[7] 2. Der Rechtsfehler führt zur Aufhebung der täterschaftlichen Verurteilung des Angeklagten. Der Senat sieht davon ab, die Sache insoweit zurückzuverweisen, weil er ausschließt, dass sich in einer neuen Hauptverhandlung weitere Erkenntnisse zur Abgrenzung von Täterschaft und Beihilfe im zugrunde liegenden Fall ergeben und die geschilderten besonderen Umstände zu einer Annahme von Beihilfe drängen. Er ändert deshalb den Schuldspruch selbst ab. § 265 StPO steht nicht entgegen; der Angeklagte hätte sich gegen die nunmehr angenommene Beteiligungsform nicht anders verteidigen können.

154 Die Beurteilung des Konkurrenzverhältnisses zwischen verschiedenen Straftaten richtet sich bei der **Mitwirkung mehrerer Tatbeteiligter** zunächst **für jeden Beteiligten danach, welche Tathandlungen er selbst vorgenommen** hat. Ob bei der akzessorischen Beihilfe Tateinheit oder Tatmehrheit anzunehmen ist, hängt aber sowohl von der Anzahl der Beihilfehandlungen als auch von der Zahl der vom Gehilfen geförderten Haupttaten ab. Tatmehrheit ist danach nur anzunehmen, wenn durch mehrere Hilfeleistungen mehrere selbständige Taten unterstützt werden. Dagegen liegt eine einzige Beihilfe vor, wenn der Gehilfe mit einer Unterstützungshandlung zu mehreren Haupttaten eines Anderen Hilfe leistet. Handlungseinheit liegt ferner vor, wenn sich mehrere Unterstützungshandlungen auf dieselbe Haupttat beziehen. Die Akzessorietät der Beihilfe gilt schließlich auch in Fällen einer Bewertungseinheit, so dass mehrere an sich selbständige Beihilfehandlungen zu einer Tat im Rechtssinne zusammengefasst werden, wenn dies nach den Grundsätzen der Bewertungseinheit auch bei den Haupttaten der Fall ist, zu denen Beihilfe geleistet wurde.[162]

Ob ein Beteiligter eine Tat als Täter oder Gehilfe begeht, ist nach der Rechtspre- 155
chung des Bundesgerichtshofs in wertender Betrachtung nach den gesamten Umständen, die von seiner Vorstellung umfasst sind, zu beurteilen. Wesentliche Anhaltspunkte können der Grad des eigenen Interesses am Erfolg der Tat, der Umfang der Tatbeteiligung, die Tatherrschaft oder wenigstens der Wille zu ihr sein. Soweit es um **Computerbetrug** mit Hilfe der gefälschten Zahlungskarten mit Garantiefunktion geht, bedarf es zur **Täterschaft einer erforderlichen Vorsatzkonkretisierung auf bestimmte Taten.** Bezüglich der Herstellung von falschen Zahlungskarten mit Garantiefunktion ist zu berücksichtigen, dass das Ausspähen der fremden Kartendaten im Vorfeld des Nachmachens derartiger Zahlungskarten liegt.[163]

[2] Nach den Feststellungen des Landgerichts lockte der gesondert verfolgte Marius C. den Angeklagten mit dem Versprechen der Arbeitsvermittlung nach Deutschland und quartierte ihn im April oder Mai 2010 in seinem Haus ein. Er setzte den Angeklagten dann zuerst zum Sammeln von Altmetall ein, ohne ihm Lohn zu gewähren. Der Angeklagte wollte deshalb nach Hause zurückkehren, hatte aber kein Geld und wurde vor diesem Hintergrund von C. dazu veranlasst, an der Ausspähung von Kundendaten an Bankautomaten mit manipulierten Kartenlesegeräten und Minikameras mitzuwirken. Außer dem Angeklagten und C. waren noch weitere Rumänen daran beteiligt. C. erklärte dem Angeklagten die Vorgehensweise, führte ihm bei einer von ihm selbst ausgeführten Tat die Technik vor, um dann dem Angeklagten sowie weiteren Personen den Einsatz vor Ort zu überlassen. C. besorgte die Geräte und bestimmte Zeit und Ort der Einsätze. Er führte die Vorderleute zu den Bankfilialen und überwachte deren Tatbegehung. Der Angeklagte war bei den abgeurteilten Taten jeweils vor Ort, er brachte in den meisten Fällen die Skimminggeräte an oder probierte mit seiner eigenen Bankkarte die Funktionsfähigkeit der Vorrichtungen zur Datenausspähung aus. Er wusste hingegen nicht konkret, was mit den ausgespähten Daten dann weiter geschehen sollte, insbesondere wer Kartendoubletten herstellen und durch wen, wann und wo damit betrügerische Handlungen vorgenommen werden sollten. Nur die Tatsache, dass dies mit Hilfe der ausgespähten Daten geschehen sollte, war ihm bekannt. Es kam in drei Fällen zur Ausspähung von Kartendaten von Bankkunden; in vier weiteren Fällen blieb der Versuch dazu ohne Erfolg. Der Angeklagte erhielt für seine Tatbeiträge von C. freie Kost und Unterkunft, ferner kleinere Geldbeträge von insgesamt 500 Euro.

[3] Das Landgericht hat die Mittäterschaft des Angeklagten bei den vollendeten oder im Sinne von § 30 Abs. 2 StGB verabredeten Taten nach §§ 152b, 152a Abs. 1 Nr. 1 und 2 StGB sowie nach § 263a StGB angenommen, ohne die erforderliche Gesamtabwägung der wesentlichen Umstände des Falles zur Abgrenzung von Täterschaft und Beihilfe vorzunehmen. Dies ist rechtsfehlerhaft.

---

162 BGH, Beschluss vom 5.12.2012 – 2 StR 117/12.
163 BGH, Beschluss vom 4.12.2012 – 2 StR 395/12.

[4] Ob ein Beteiligter eine Tat als Täter oder Gehilfe begeht, ist nach der Rechtsprechung des Bundesgerichtshofs in wertender Betrachtung nach den gesamten Umständen, die von seiner Vorstellung umfasst sind, zu beurteilen (vgl. etwa BGH, Urteil vom 15. Januar 1991 – 5 StR 492/90, BGHSt 37, 289, 291). Wesentliche Anhaltspunkte können der Grad des eigenen Interesses am Erfolg der Tat, der Umfang der Tatbeteiligung, die Tatherrschaft oder wenigstens der Wille zu ihr sein. Eine darauf bezogene wertende Betrachtung ist vom Tatrichter in einer vom Revisionsgericht nachprüfbaren Weise vorzunehmen. Daran fehlt es hier.

[5] Mittäterschaft liegt auch nicht derart auf der Hand, dass eine Erörterung der Abgrenzungsfrage hier als entbehrlich angesehen werden könnte. Soweit es um Computerbetrug mit Hilfe der gefälschten Zahlungskarten mit Garantiefunktion geht, ist die zur Täterschaft des Angeklagten erforderliche Vorsatzkonkretisierung auf bestimmte Taten nicht gegeben. Bezüglich der Herstellung von falschen Zahlungskarten mit Garantiefunktion ist zu berücksichtigen, dass das Ausspähen der fremden Kartendaten im Vorfeld des Nachmachens derartiger Zahlungskarten liegt (§ 152b Abs. 5 i.V.m. § 149 Abs. 1 StGB). Der Angeklagte hat auch nicht aus den einzelnen Taten selbst Gewinn erzielt, sondern er ist nur im Ganzen und zwar in geringem Umfang entlohnt worden. Unter diesen Umständen versteht sich die Annahme seiner Mittäterschaft zumindest nicht von selbst.

■ PRAXISBEDEUTUNG

Die vorstehenden Entscheidungen sind für die Praxis wichtig, weil bei den weiter zunehmenden Skimming-Delikten vielfach nur die hier vor Ort tätigen Täter gefasst werden können, welche lediglich nur für das Skimmen von Geldkarten zuständig sind. Diese sind danach als Gehilfen zu bestrafen; es sei denn, sie gehören zu internationalen Banden, bei welchen die Tatanteile entsprechend verteilt sind und die beim hierdurch möglichen Erzielen hoher Erlöse beim illegalen Abheben von Geld mit den „erskimmten" Kartendaten zusammenwirken. In gleicher Weise kommt es darauf an, ob Kartendaten in einem Vorgang beschafft wurden und wann diese Daten dann später gebraucht wurden. Bei den benutzten gefälschten Zahlungskarten kann es zudem darauf ankommen, ob diese der Täter als „Posten" bezogen hat und ob diese später gemeinsam oder zu unterschiedlichen Zeiten benutzt worden sind.

156 Das **gleichzeitige Sichverschaffen** mehrerer gefälschter Zahlungskarten in Gebrauchsabsicht und deren **anschließender Gebrauch** bildet eine Tat der Fälschung von Zahlungskarten mit Garantiefunktion.

Für die **bandenmäßige Begehung** nach § 152b Abs. 2 StGB wie auch für die nach § 263 Abs. 5 StGB ist es erforderlich, dass der Täter die Strafen fortgesetzt begeht. Damit ist die Begehung mehrerer selbständiger Taten gemeint. Auch die Annahme von **Gewerbsmäßigkeit** setzt das Bestreben voraus, sich durch die wiederholte Begehung entsprechender Taten eine Einnahmequelle zu erschließen.[164]

[2] 1. Im Sommer 2012 kamen die Angeklagten, der nicht revidierende Angeklagte G. sowie der gesondert verfolgte Di. überein, sich unter wechselseitiger Tatbeteili-

[164] BGH, Beschluss vom 8.10.2013 – 2 StR 342/13.

gung und gegenseitiger Unterstützung durch den Kauf von Waren unter Verwendung gefälschter Kreditkarten und die anschließende gewinnbringende Weiterveräußerung der so erlangten Beute jeweils eine Einnahmequelle von einiger Dauer zu verschaffen. Von Bonn aus fuhren sie im Juli/August 2012 an mehreren aufeinanderfolgenden Tagen in teilweise wechselnder Besetzung, aber stets mindestens unter Beteiligung von drei Personen, jeweils mehrere Tankstellen an Autobahnen an. Dort kauften sie jeweils unter Vorlage von neun Kreditkarten, die den Angeklagten zur Verfügung standen, auf welche die geskimmten oder gephishten Daten tatsächlich existierender Kreditkarten kopiert worden waren, bei insgesamt 25 Kreditkarteneinsätzen verschiedene Waren, vornehmlich Zigaretten und prepaid-Telefonkarten. Wie und wann die Angeklagten in den Besitz der verwendeten neun gefälschten Kreditkarten gekommen waren, konnte die Kammer nicht feststellen. Zugunsten der Angeklagten geht sie davon aus, dass sich die Angeklagten alle Karten auf einmal verschafft haben.

[3] 2. Zutreffend hat das Landgericht angenommen, dass das gleichzeitige Sichverschaffen mehrerer gefälschter Zahlungskarten in Gebrauchsabsicht und deren anschließender Gebrauch eine Tat der Fälschung von Zahlungskarten mit Garantiefunktion bilden (Senatsbeschluss vom 26. Januar 2005 – 2 StR 516/04, NStZ 2005, 329). Auch seine Wertung, dass die jeweils beteiligten Angeklagten beim Einsatz der gefälschten Kreditkarten als Mittäter handelten, hält rechtlicher Überprüfung stand. Die Annahme des Landgerichts, dass die Angeklagten in Bezug auf die Fälschung der Zahlungskarten mit Garantiefunktion sowie den tateinheitlichen begangenen Betrug jeweils gewerbs- und bandenmäßig im Sinne von § 152b Abs. 2 StGB und § 263 Abs. 5 StGB gehandelt haben, begegnet jedoch durchgreifenden rechtlichen Bedenken. Sowohl für die bandenmäßige Begehung nach § 152b Abs. 2 StGB wie auch für die nach § 263 Abs. 5 StGB ist es erforderlich, dass der Täter die Strafen fortgesetzt begeht. Damit ist die Begehung mehrerer selbständiger Taten gemeint (siehe Fischer, StGB, 60. Aufl. § 244 Rn. 40). Auch die Annahme von Gewerbsmäßigkeit setzt das Bestreben voraus, sich durch die wiederholte Begehung entsprechender Taten eine Einnahmequelle zu erschließen (Fischer, StGB, 60. Aufl. Vor § 52 Rn. 61a). Zwar steht die Zusammenfassung verschiedener Einzelakte zu einer Tat im Rechtssinne der Qualifikation als gewerbs- und bandenmäßig nicht grundsätzlich entgegen. Jedoch muss sich in einem solchen Fall konkurrenzrechtlich verbundener Taten aus den Feststellungen zumindest ergeben, dass der Täter die Absicht hatte, das betroffene Delikt mehrfach zu begehen (vgl. Senatsbeschluss vom 2. Februar 2011 – 2 StR 511/10, NStZ 2011, 515; BGH, Beschluss vom 1. September 2009 – 3 StR 601/08, NStZ 2010, 148). Dies ist hier nicht der Fall. Aus den Feststellungen ergibt sich lediglich, dass die Angeklagten sich die gefälschten Kreditkarten in einem Akt verschafft und sie dann ihrer vorgefassten Absicht entsprechend mehrfach eingesetzt haben. Eine Absicht, sich über die eingesetzten Falsifikate hinaus weitere gefälschte Kreditkarten wiederholt in der Absicht zu verschaffen, diese zu gebrauchen, vermag der Senat – entgegen der Auffassung des Generalbundesanwalts – auch nicht dem Gesamtzusammenhang der Urteilsgründe zu entnehmen.

Die **Beschaffung** einer gefälschten Zahlungskarte und deren anschließender **Gebrauch** bilden eine einzige Tat der Fälschung von Zahlungskarten mit Garantiefunktion, wenn der Täter sie in der Absicht erwirbt, sie alsbald einzusetzen; und zwar auch bei mehrfacher absichtsgemäßer Verwendung. Ebenso stellt der gleichzeitige Erwerb mehrerer gefälschter Zahlungskarten in Gebrauchsabsicht nur eine **157** einzige Tat im Rechtssinne dar. Zur einheitlichen Tat des Fälschens von Zahlungskarten mit Garantiefunktion steht der durch den Einsatz der Karte verwirklichte Betrug jeweils in Tateinheit.[165]

[2] 1. Die Beurteilung der Konkurrenzen durch das Landgericht hält rechtlicher Prüfung nicht stand.

[3] a) Nach den Feststellungen des angefochtenen Urteils begab sich der Angeklagte I. im Zeitraum vom 22. bis 27. Februar 2012 in verschiedene Ba Vor und erwarb dort mit Unterstützung des Angeklagten P. unter Vorlage manipulierter Kreditkarten Werkzeuge, die er anschließend gegen Beteiligung am jeweiligen Wert der Geräte an Unbekannte weitergab (Fälle II. 2 bis 5 der Urteilsgründe). Bei der letzten Tat (Fall II. 6 der Urteilsgründe) kam es, weil die Kassiererin misstrauisch geworden war, nicht zur Übergabe der Ware. In den Fällen II.5 und 6 der Urteilsgründe benutzte der Angeklagte I. dabei eine von acht im Anschluss an die letzte Tat sichergestellten Kreditkarten, in den Fällen II. 2 bis 4 der Urteilsgründe benutzte er jeweils andere, auf dieselbe Weise manipulierte Karten.

[4] b) Das Landgericht hat jeden Einsatz einer gefälschten Kreditkarte durch den Angeklagten I. als eigene Tat der gewerbsmäßigen Fälschung von Zahlungskarten mit Garantiefunktion gemäß § 152b Abs. 1 und 2 i.V.m. § 152a Abs. 1 Nr. 2 StGB gewertet. Den Erwerb der acht sichergestellten Kreditkarten – zu dem konkrete Feststellungen nicht getroffen sind – hat es als weitere Tat nach § 152b Abs. 1 und 2 i.V.m. § 152a Abs. 1 Nr. 2 StGB in der Variante des Sichverschaffens angesehen.

[5] c) Diese Annahme begegnet durchgreifenden rechtlichen Bedenken. Die Beschaffung einer gefälschten Zahlungskarte und deren anschließender Gebrauch bilden eine einzige Tat der Fälschung von Zahlungskarten mit Garantiefunktion, wenn der Täter sie in der Absicht erwirbt, sie alsbald einzusetzen (BGH, Beschlüsse vom 25. August 2000 – 2 StR 314/00, BGHR StGB § 152a Abs. 1 Nr. 2 Konkurrenzen 1; vom 26. Januar 2005 – 2 StR 516/04, NStZ 2005, 329; vom 7. März 2008 – 2 StR 44/08, NStZ 2008, 568; vom 28. September 2010 – 5 StR 383/10, wistra 2010, 482), und zwar auch bei mehrfacher absichtsgemäßer Verwendung (BGH, Beschluss vom 25. August 2000 – 2 StR 314/00 aaO; Erb in MüKo-StGB, 2. Aufl., § 152a Rn. 17; vgl. NK-Puppe, StGB, 3. Aufl., § 152b Rn. 28). Ebenso stellt der gleichzeitige Erwerb mehrerer gefälschter Zahlungskarten in Gebrauchsabsicht nur eine einzige Tat im Rechtssinne dar (BGH, Beschlüsse vom 25. August 2000 – 2 StR 314/00 aaO; vom 7. März 2008 – 2 StR 44/08 aaO; vom 28. September 2010 – 5 StR 383/10 aaO). Zur einheitlichen Tat des Fälschens von Zahlungskarten mit Garantiefunktion steht der durch den Einsatz der Karte verwirklichte Betrug jeweils in Tateinheit (BGH, Beschluss vom 25. August 2000 – 2 StR 314/00 aaO; vgl. Senatsbeschluss vom 20. Dezember 2012 – 4 StR 458/12, Tz. 4).

[6] Danach liegt zunächst in den Fällen II. 1, 5 und 6 der Urteilsgründe nur eine einzige Tat nach § 152b Abs. 1 und 2 StGB vor, weil in den Fällen II. 5 und 6 der Angeklagte I. einer von Anfang an bestehenden konkreten – durch die von den Angeklagten geführte Liste mit anzusteuernden Baumärkten tragfähig belegten – Absicht entsprechend eine der bei der Tat zu II. 1 beschafften Kreditkarten einsetzte. Darüber hinaus bieten die bisherigen Feststellungen keine Grundlage für die Annahme, dass der Angeklagte sich gerade die bei den Taten II. 2 bis 4 eingesetzten

[165] BGH, Beschluss vom 27.2.2013 – 4 StR 6/13.

Kreditkarten, zu deren Erwerb sich die Urteilsgründe nicht äußern, nicht – wofür insbesondere der enge zeitliche Rahmen des Geschehens spricht – gemeinsam mit den acht sichergestellten Karten, sondern in einem oder mehreren gesonderten Akten verschafft hat. Bei Annahme eines Erwerbs aller manipulierten Kreditkarten in einem Akt liegt aber nur eine einzige Tat im Rechtssinne vor, was wegen der Akzessorietät der Beihilfe (vgl. BGH, Urteil vom 13. Dezember 2012 – 4 StR 99/12; Beschluss vom 13. Oktober 2011 – 3 StR 239/11, NStZ 2012, 318) auch für den Angeklagten P. zur Bestrafung wegen einer einheitlichen Beihilfe führt.

[7] 2. Da weitere Feststellungen dazu, auf welchem Wege der Angeklagte I. in den Besitz der Kreditkarten gelangt ist, nicht zu erwarten sind, ändert der Senat die Schuldsprüche unter Anwendung des Zweifelsgrundsatzes (vgl. BGH, Urteil vom 13. Januar 2010 – 2 StR 439/09, NStZ 2010, 209, Tz. 13) entsprechend. § 265 StPO steht dem nicht entgegen, weil sich die Angeklagten gegen die geänderten Schuldsprüche nicht anders als geschehen hätten verteidigen können.

Das **Herstellen zahlreicher Zahlungskarten** mit Garantiefunktion ist **nur eine Tat** im Sinne der §§ 152a, 152b StGB, wenn es jeweils in einem durchgehenden Arbeitsgang im engen räumlichen und zeitlichen Zusammenhang erfolgt. Werden die Dubletten in der **Absicht hergestellt**, sie später zu gebrauchen, werden das Nachmachen und das Gebrauchen zu einer deliktischen Einheit verbunden. Zu dieser Tat steht der Computerbetrug in Tateinheit.[166] **158**

[3] 2. Die Beurteilung des Konkurrenzverhältnisses hält in den Fällen II. 3 und 4 der Urteilsgründe rechtlicher Nachprüfung nicht stand; es liegt nur eine Tat im Rechtssinne vor.

[4] Tathandlung im Sinne des § 152b Abs. 1 und 2 i.V.m. § 152a Abs. 1 Nr. 1 und 2 StGB ist, soweit hier von Interesse, das (banden- und gewerbsmäßige) Nachmachen von Zahlungskarten mit Garantiefunktion sowie das anschließende Gebrauchen solcher falscher Karten. Der banden- und gewerbsmäßige Computerbetrug nach § 263a Abs. 1 und 2 i.V.m. § 263 Abs. 5 StGB wird durch die unbefugte Verwendung der durch den Einsatz der Skimming-Technik erlangten Daten verwirklicht. Das Herstellen zahlreicher Zahlungskarten mit Garantiefunktion ist nur eine Tat im Sinne der §§ 152a, 152b StGB, wenn es jeweils in einem durchgehenden Arbeitsgang im engen räumlichen und zeitlichen Zusammenhang erfolgt (BGH, Urteil vom 10. Mai 2005 – 3 StR 425/04, NStZ 2005, 566; Beschluss vom 11. August 2011 – 2 StR 91/11, NStZ-RR 2011, 367, 368). Werden die Dubletten in der Absicht hergestellt, sie später zu gebrauchen, werden das Nachmachen und das Gebrauchen zu einer deliktischen Einheit verbunden. Zu dieser Tat steht der Computerbetrug in Tateinheit (BGH, Beschluss vom 23. Juni 2010 – 2 StR 243/10, StraFo 2010, 391). Der vom Landgericht rechtsfehlerfrei als mittäterschaftliche Beteiligung bewertete Tatbeitrag des Angeklagten bestand in dem Beschaffen und Weiterleiten der Kundendaten gemeinsam mit dem gesondert verfolgten C.. Auf diesen Beitrag ist bei der Bestimmung des Konkurrenzverhältnisses auch im Falle einer mittäterschaftlichen Beteiligung im Vorbereitungsstadium einer Tat abzustellen (vgl. BGH, Urteil vom 6. Juli 2004 – 1 StR 129/04, NStZ-RR 2004, 342, 343; Beschluss vom 15. März 2011 – 3 StR 15/11, wistra 2011, 299, 300). Die Tatbeiträge des Angeklagten und des gesondert verfolgten C. erschöpften sich in ihrer – wenn auch

166 BGH, Beschluss vom 20.12.2012 – 4 StR 458/12.

gewichtigen – Mitwirkung im Vorfeld der Verbrechen der banden- und gewerbsmäßigen Fälschung von Zahlungskarten mit Garantiefunktion sowie des banden- und gewerbsmäßigen Computerbetrugs. Die hieraus folgende rechtliche Bewertung als eine Tat wird dadurch, dass die betroffenen Kunden an zwei Geldautomaten bei der Eingabe ihrer jeweiligen PIN gefilmt wurden, nicht in Frage gestellt, zumal die auf den Magnetstreifen vorhandenen Daten zuvor mit demselben Kartenlesegerät ausgelesen und abgespeichert wurden (vgl. auch BGH, Beschluss vom 13. Oktober 2011 – 3 StR 239/11, StV 2012, 530, 531).

4. Straftaten gegen die sexuelle Selbstbestimmung – §§ 174 ff. StGB

a) Sexueller Missbrauch von Schutzbefohlenen – § 174a StGB

159 Sind Taten eines sexuellen Missbrauchs **nicht mehr genau datierbar,** sind diese **im Zweifel zugunsten des Angeklagten** innerhalb des jeweils zu Grunde gelegten Tatzeitraums so als begangen anzusehen, dass eine Verjährungsfrist möglichst früh zu laufen beginnt. Wenn der Ablauf der Verjährungsfrist bereits vor Inkrafttreten der Regelung des § 78b Abs. 1 Nr. 1 StGB am 1. April 2004 eingetreten war, kommt ein Ruhen der Verjährung nach dieser Vorschrift nicht in Frage.[167]

[2] In den Fällen II. 1 bis II. 5 der Urteilsgründe ist hinsichtlich des Vergehens des sexuellen Missbrauchs von Schutzbefohlenen (§ 174 Abs. 1 Nr. 3 StGB) die Verjährung der Strafverfolgung eingetreten. Darauf hat der Generalbundesanwalt zutreffend hingewiesen. Diese nicht mehr genau datierbaren Taten sind im Zweifel zugunsten des Angeklagten innerhalb des vom Landgericht jeweils zu Grunde gelegten Tatzeitraums am 1. August 1996 (Fall 1), 1. Juni 1997 (Fall 2), 1. August 1997 (Fälle 3 und 4) und 1. August 1998 (Fall 5) begangen worden. Die Verjährungsfrist beträgt insoweit fünf Jahre (§ 78 Abs. 3 Nr. 4 StGB); sie war deshalb mit Ablauf des Vortags zum jeweils datumsgleichen Tag der Jahre 2001 bis 2003 beendet. Da der Ablauf der Verjährungsfrist bereits vor Inkrafttreten der Regelung des § 78b Abs. 1 Nr. 1 StGB am 1. April 2004 eingetreten war, kommt ein Ruhen der Verjährung nach dieser Vorschrift nicht in Frage (vgl. BGH, Beschluss vom 6. Februar 2002 – 5 StR 476/01, BGHSt 47, 245, 247; Beschluss vom 24. Januar 2012 – 1 StR 614/11). Das Verfahrenshindernis führt zum Wegfall des Schuldspruchs wegen des tateinheitlich erfüllten Tatbestands des § 174 Abs. 1 Nr. 1 StGB.

[3] Dies zwingt nicht zur Aufhebung des Ausspruchs über die Einzelstrafen in den Fällen II. 1 bis II. 5 der Urteilsgründe und der Gesamtstrafe. Das Landgericht hat die tateinheitliche Verwirklichung des Tatbestands von § 174 Abs. 1 Nr. 1 StGB bei der Strafbemessung nicht als bestimmenden Strafschärfungsgrund hervorgehoben. Nach der Rechtsprechung des Bundesgerichtshofs könnten Delikte, für welche die Strafverfolgungsverjährung eingetreten ist, im Übrigen auch zu Lasten des Angeklagten berücksichtigt werden (vgl. Senat, Beschluss vom 5. Oktober 2007 – 2 StR 441/07, NStZ 2008, 146). Schließlich käme dem Umstand, dass der Angeklagte eine Vertrauensstellung missbraucht hat, unabhängig von der Anwendbarkeit des § 174 StGB straferschwerende Wirkung zu, da dieser Gesichtspunkt die Tatschuld erhöht (BGH, Beschluss vom 22. Dezember 2011 – 4 StR 600/11).

---

[167] BGH, Beschluss vom 20.11.2012 – 2 StR 257/12.

b) Sexueller Missbrauch von Kindern – §§ 176, 176a StGB

Fertigt ein Täter mit einer Kamera **Aufnahmen** von dem unbekleideten Geschlechtsteil eines Kindes sowie von dessen Gesäß, ohne an ihm sonstige Handlungen vorzunehmen, liegt regelmäßig der mit einem geringeren Strafrahmen versehene **Tatbestand des § 184 Abs. 4 Nr. 2 StGB** vor.[168] **160**

Die **Verknüpfung von Überlegungen zur Strafaussetzung** mit der Frage der **Festlegung der Strafhöhe** ist jedenfalls dann rechtlich zu beanstanden, wenn die Urteilsausführungen besorgen lassen, dass sich der Tatrichter an der weiteren Absenkung der Strafhöhe innerhalb des Strafrahmens nach § 176a Abs. 4 Halbs. 2 StGB gehindert gesehen hat, um die Gesamtstrafe nicht in einen Bereich zu bewegen, in dem eine Strafaussetzung rechtlich noch in Frage gekommen wäre, und aus diesem Grund schon eine „Überlegung“ unterlassen hat, ob auch eine niedrigere Strafe angemessen wäre.[169] **161**

[5] Die Strafzumessungserwägungen des Landgerichts sind rechtsfehlerhaft. Der Senat kann nicht ausschließen, dass die Rechtsfolgenentscheidung darauf beruht.

[6] 1. Die Verknüpfung von Überlegungen zur Strafaussetzung mit der Frage der Festlegung der Strafhöhe ist rechtlich zu beanstanden (vgl. für den umgekehrten Fall der Absenkung der Strafhöhe zur Ermöglichung einer Strafaussetzung Senat, Urteil vom 17. September 1980 – 2 StR 355/80, BGHSt 29, 319, 321). Die Urteilsausführungen lassen besorgen, dass sich das Landgericht an der weiteren Absenkung der Strafhöhe innerhalb des Strafrahmens nach § 176a Abs. 4 Halbs. 2 StGB gehindert gesehen hat, um die Gesamtstrafe nicht in einen Bereich zu bewegen, in dem eine Strafaussetzung rechtlich noch in Frage gekommen wäre, und aus diesem Grund schon eine „Überlegung“ unterlassen hat, ob auch eine niedrigere Strafe angemessen wäre.

[7] 2. Die Hilfsüberlegungen der Strafkammer sind auch ihrem Inhalt nach rechtlich bedenklich.

[8] Wenn die Strafkammer selbst Zweifel an der Berechtigung der Strafdrohung bei einer Schutzaltersgrenze von 14 Jahren in Fällen der frühen Reifung eines dreizehnjährigen Mädchens und der freiwilligen Aufnahme einer sexuellen Beziehung auf dessen Initiative hegt (zur Änderung der kindlichen Reifeentwicklung Kett-Straub ZRP 2007, 260, 262), so wirkt es widersprüchlich, wenn sie zugleich dem Angeklagten anlastet, er habe „keine rechte Unrechtseinsicht“ gezeigt. Dem Angeklagten kann im Übrigen nicht vorgeworfen werden, dass er nun eine – strafrechtlich irrelevante – Beziehung zu einer siebzehnjährigen Heranwachsenden unterhält.

Eine **gemeinschaftliche Tatbegehung** nach § 176a Abs. 2 Nr. 2 StGB setzt voraus, dass bei der Verwirklichung der Grundtatbestände des § 176 Abs. 1 und 2 StGB mindestens zwei Personen grundsätzlich vor Ort mit gleicher Zielrichtung täterschaftlich derart bewusst zusammenwirken, dass sie in der Tatsituation zusammen auf das Tatopfer einwirken oder sich auf andere Weise psychisch oder physisch aktiv unterstützen. **162**

---

[168] BGH, Beschluss vom 29.1.2013 – 2 StR 570/12.

[169] BGH, Beschluss vom 10.10.2013 – 2 StR 355/13.

Der Qualifikationstatbestand des § **176a Abs. 2 Nr. 2 StGB** ist auch dann erfüllt, wenn von zwei am Tatort **aktiv zusammenwirkenden Tätern** sich der eine nach § 176 Abs. 1 StGB, der andere nach § 176 Abs. 2 StGB strafbar macht.[170]

[8] a) Nach § 176a Abs. 2 Nr. 2 StGB wird der sexuelle Missbrauch von Kindern in den Fällen des § 176 Abs. 1 und 2 StGB als schwerer sexueller Missbrauch von Kindern mit Freiheitsstrafe nicht unter zwei Jahren bestraft, wenn die Tat von mehreren gemeinschaftlich begangen wird. Die Qualifikationsnorm des § 176a Abs. 2 Nr. 2 StGB, die vom Gesetzgeber durch das Sechste Gesetz zur Reform des Strafrechts (6. StrRG) vom 26. Januar 1998 (BGBl. I, S. 164) in Anlehnung an die Vorschrift des § 177 Abs. 2 Satz 2 Nr. 2 StGB in das Strafgesetzbuch eingefügt worden ist (vgl. Gesetzesentwurf der Bundesregierung, BT-Drucks. 13/8587, S. 31 f.), trägt dem gesteigerten Tatunrecht Rechnung, welches daraus resultiert, dass regelmäßig die psychischen Widerstandskräfte des Kindes in höherem Maße beeinträchtigt sind und die Gefahren für dessen ungestörte sexuelle Entwicklung zunehmen, wenn das Opfer dem gemeinsamen sexuellen Ansinnen mehrerer ausgesetzt ist (vgl. Hörnle in LK-StGB, 12. Aufl., § 176a Rn. 32; Perron/Eisele in Schönke/Schröder, StGB, 28. Aufl., § 176a Rn. 9). Mit Blick auf diesen Normzweck setzt eine gemeinschaftliche Tatbegehung nach § 176a Abs. 2 Nr. 2 StGB voraus, dass bei der Verwirklichung der Grundtatbestände des § 176 Abs. 1 und 2 StGB mindestens zwei Personen grundsätzlich vor Ort mit gleicher Zielrichtung derart bewusst zusammenwirken, dass sie in der Tatsituation zusammen auf das Tatopfer einwirken oder sich auf andere Weise psychisch oder physisch aktiv unterstützen (vgl. Fischer, StGB, 60. Aufl., § 176a Rn. 9; vgl. auch BGH, Urteil vom 22. Dezember 2005 – 4 StR 347/05, NStZ 2006, 572, 573; Beschluss vom 14. Oktober 1999 – 4 StR 312/99, NStZ 2000, 194 jeweils zu § 224 Abs. 1 Nr. 4 StGB). Erforderlich ist aufgrund des von § 224 Abs. 1 Nr. 4 StGB abweichenden Wortlauts der Vorschrift ein täterschaftliches Verhalten (vgl. MüKoStGB/Renzikowski, 2. Aufl., § 176a Rn. 24; Fischer, aaO; Perron/Eisele, aaO; aA Hörnle, aaO, Rn. 34). Die tatbestandlichen Voraussetzungen der Mittäterschaft nach § 25 Abs. 2 StGB müssen allerdings nicht vorliegen. Dies folgt daraus, dass durch § 176a Abs. 2 Nr. 2 StGB seinem ausdrücklichen Regelungsgehalt nach gerade auch die gemeinschaftliche Begehung der Taten gemäß § 176 Abs. 1 StGB qualifiziert werden soll. Bei § 176 Abs. 1 StGB handelt es sich aber um ein eigenhändiges Delikt (vgl. BGH, Urteil vom 7. September 1995 – 1 StR 236/95, BGHSt 41, 242, 243 ff.), was jede mittäterschaftliche Zurechnung gemäß § 25 Abs. 2 StGB ausschließt (vgl. Hörnle, aaO, § 176 Rn. 24, 26). Für die Qualifizierung von Missbrauchstaten nach § 176 Abs. 1 StGB durch eine gemeinsame Tatbegehung reicht es daher aus, dass mehrere Personen im Rahmen eines einheitlichen Tatgeschehens jede für sich sexuelle Handlungen am Tatopfer vornehmen oder jeweils an sich vornehmen lassen.

[9] Nach seinem auf Taten nach § 176 Abs. 1 und 2 StGB abstellenden Wortlaut ist der Qualifikationstatbestand des § 176a Abs. 2 Nr. 2 StGB auch dann erfüllt, wenn von zwei am Tatort aktiv zusammenwirkenden Tätern sich der eine nach § 176 Abs. 1 StGB, der andere nach § 176 Abs. 2 StGB strafbar macht (vgl. Hörnle, aaO, § 176a Rn. 36; Renzikowski, aaO; Fischer, aaO; Perron/Eisele, aaO; Eschelbach in Matt/Renzikowski, StGB, § 176a Rn. 20; Ziegler in von Heintschel-Heinegg, StGB, § 176a Rn. 13; Gössel, Das Neue Sexualstrafrecht, 2005, § 6 Rn. 44; Laubenthal,

---

170 BGH, Urteil vom 10.10.2013 – 4 StR 258/13.

Handbuch Sexualstraftaten, 2012, Rn. 530; aA Wolters in SK-StGB, § 176a Rn. 19 [Stand: August 2012] und in Satzger/Schmitt/Widmaier, StGB, § 176a Rn. 15). Da § 176 Abs. 2 StGB die Verursachung sexueller Handlungen von oder an einem Dritten durch Einwirken auf das kindliche Opfer strafrechtlich erfasst (vgl. BGH, Urteil vom 7. September 1995 – 1 StR 236/95, aaO, 246), liegt die für eine gemeinschaftliche Tatbegehung nach § 176a Abs. 2 Nr. 2 StGB erforderliche gleiche Zielrichtung des täterschaftlichen Handelns hier darin, dass der Täter nach § 176 Abs. 2 StGB durch seinen Bestimmungsakt gerade diejenige sexuelle Handlung ermöglicht, die der andere im Sinne des § 176 Abs. 1 StGB vornimmt oder an sich vornehmen lässt. Auch diese Art des Zusammenwirkens gegenüber dem Tatopfer weist den im Vergleich zu den Grundtatbeständen gesteigerten Unrechtsgehalt auf, der für die Qualifikation des § 176a Abs. 2 Nr. 2 StGB kennzeichnend ist.

Auch Fälle des sexuellen Missbrauchs von Kindern können nach § 176 Abs. 1 StGB **163**
im Grundsatz **„schwere Sexualstraftaten"** im Sinne der Weitergeltungsanordnung des Bundesverfassungsgerichts sein. Freilich kommt es dabei auf den konkreten Einzelfall an.[171]

[35] 3. Darüber hinaus bemerkt der Senat, dass er der Wertung des Landgerichts nicht beitreten könnte, die – nach dessen Prognose – zu erwartenden Sexualstraftaten i.S.d. § 176 Abs. 1 StGB seien auch bei Beachtung des verfassungsrechtlichen Maßstabs keine „schweren Sexualstraftaten".

[36] a) Zwar geht das Landgericht dabei im Ansatz von einem zutreffenden verfassungsrechtlichen Maßstab aus. Nach dem Urteil des Bundesverfassungsgerichts vom 4. Mai 2011 (BVerfGE 128, 326) ist § 66 StGB verfassungswidrig. Die Vorschrift gilt vorläufig bis zur Neuregelung durch den Gesetzgeber, längstens bis zum 31. Mai 2013 weiter. Das Gesetz zur bundesrechtlichen Umsetzung des Abstandsgebotes im Recht der Sicherungsverwahrung vom 5. Dezember 2012 (BGBl. I 2012, 2425) tritt erst zum 1. Juni 2013 in Kraft. Während der Dauer der Weitergeltung des daher noch verfassungswidrigen § 66 StGB muss der Tatsache Rechnung getragen werden, dass es sich bei der Sicherungsverwahrung in ihrer noch bestehenden Ausgestaltung um einen verfassungswidrigen Eingriff in das Freiheitsrecht handelt. Der hohe Wert dieses Grundrechts beschränkt das übergangsweise zulässige Eingriffsspektrum. Danach dürfen Eingriffe nur soweit reichen, wie sie unerlässlich sind, um die Ordnung des betroffenen Lebensbereichs aufrechtzuerhalten. Die Sicherungsverwahrung darf nur nach Maßgabe einer besonderen Verhältnismäßigkeitsprüfung angewandt werden. Das gilt insbesondere im Hinblick auf die Anforderungen an die Gefahrprognose und die gefährdeten Rechtsgüter. In der Regel wird der Verhältnismäßigkeitsgrundsatz bei einer Anordnung der Sicherungsverwahrung nur gewahrt sein, wenn eine Gefahr schwerer Gewalt- oder Sexualstraftaten aus konkreten Umständen in der Person oder in dem Verhalten des Betroffenen abzuleiten ist. Insoweit gilt in der Übergangszeit ein strengerer Verhältnismäßigkeitsmaßstab als bisher (vgl. BGH, Urteile vom 7. Juli 2011 – 5 StR 192/11; vom 7. Juli 2011 – 2 StR 184/11; vom 8. Februar 2012 – 2 StR 346/11).

[37] b) Nach Auffassung des Senats können auch Fälle des sexuellen Missbrauchs von Kindern nach § 176 Abs. 1 StGB im Grundsatz „schwere Sexualstraftaten" im Sinne der Weitergeltungsanordnung des Bundesverfassungsgerichts sein. Freilich

[171] BGH, Urteil vom 19.2.2013 – 1 StR 465/12.

kommt es dabei auf den konkreten Einzelfall an (vgl. dazu BGH, Urteil vom 8. Februar 2012 – 2 StR 346/11, StV 2012, 273: Rückfalltaten, die in ihrer konkreten Gestalt ein eher geringfügiges Maß nicht überschritten haben).

[38] aa) Bei der Beantwortung der Frage, ob ein sexueller Missbrauch von Kindern i.S.d. § 176 Abs. 1 StGB als schwere Sexualstraftat bewertet werden kann, sind auch europarechtliche Vorgaben mit in den Blick zu nehmen (zur unionsrechtlichen Pflicht zur richtlinienkonformen Auslegung: BVerfG, Kammerbeschluss vom 26. September 2011 – 2 BvR 2216/06). Für die Bewertung der Schwere des sexuellen Missbrauchs von Kindern kommt deshalb auch der Richtlinie 2011/93/EU des Europäischen Parlaments und des Rates vom 13. Dezember 2011 zur Bekämpfung des sexuellen Missbrauchs und der sexuellen Ausbeutung von Kindern sowie der Kinderpornografie sowie zur Ersetzung des Rahmenbeschlusses 2004/68/JI des Rates (ABl. EU vom 17. Dezember 2011 Nr. L 335 S. 1 i.V.m. ABl. EU vom 21. Januar 2012 Nr. L 18 S. 7) vom 13. Dezember 2011 Bedeutung zu. In deren Erwägungsgründen wird der sexuelle Missbrauch von Kindern als „schwerer" Verstoß gegen die Grundrechte beurteilt.

[39] Erst recht gilt das für Wiederholungstäter. Die Richtlinie betont mehrfach das Ziel, Wiederholungstaten zu verhindern. Nach deren Artikel 9 müssen die Mitgliedsstaaten sicherstellen, dass als „erschwerender Umstand" gilt, wenn der Straftäter zuvor wegen ähnlicher Straftaten verurteilt wurde. In den Artikeln 22 ff. wird den Mitgliedstaaten aufgegeben, das Risiko einer Wiederholung von Sexualstraftaten – auch durch präventive Maßnahmen – zu verhindern. Schon deshalb vermag das Argument des Landgerichts nicht zu überzeugen, die erhöhte Strafandrohung des § 176a Abs. 1 StGB für Wiederholungstäter dürfe bei der Bewertung der Schwere der Sexualstraftat keine Rolle spielen.

[40] bb) Gegen dieses Argument spricht auch die Wertung des deutschen Gesetzgebers. Während der Entwurf eines Gesetzes zur Änderung der Vorschriften über die Straftaten gegen die sexuelle Selbstbestimmung und zur Änderung anderer Vorschriften vom 28. Januar 2003 (BT-Drucks. 15/350) noch vorsah, den Verbrechenstatbestand des „Rückfalls" nach § 176a Abs. 1 Nr. 4 StGB nur noch zum Regelbeispiel für einen besonders schweren Fall eines Vergehens nach § 176 Abs. 3 StGB herabzustufen, hat der Gesetzgeber – der Empfehlung des Rechtsausschusses des Deutschen Bundestages vom 1. Juli 2003 (BT-Drucks. 15/1311) folgend – die Einstufung des Rückfalls als Verbrechen in § 176a mit der Begründung beibehalten, die Zurückstufung werde der „Schwere und dem Unrechtsgehalt einer Rückfalltat nicht gerecht". Mit der Begründung zur Beibehaltung der Rückfalltat als Verbrechen hat er daher auch eine – gesetzgeberische – Wertung zur Tatschwere getroffen.

[41] c) Darüber hinaus hätte der Senat auch Bedenken gegen die Einstufung der Anlasstat als nicht besonders gravierend, weil sie „ein eher geringfügiges Maß nicht überschritten" habe, so dass die darauf aufbauende Gefahrprognose für gleichartige Taten auch deshalb nicht tragfähig erscheint.

[42] Zwar erreichte die eigentliche sexuelle Handlung (Handverkehr) nicht die Intensität der Tathandlungen des § 176a Abs. 2 StGB. Allein darauf abzustellen, würde indes die Tatschwere der Anlasstat nicht zutreffend erfassen. Dass ihr erhebliches Gewicht zukommt, hat das Landgericht ersichtlich selbst angenommen, wie die dafür verhängte Freiheitsstrafe von immerhin vier Jahren zeigt.

[43] Diese Strafe trägt dem Tatbild der Anlasstat durchaus Rechnung. Der Angeklagte hat – wie die Vorverurteilungen mit vergleichbarem modus operandi zeigen – eine Situation bewusst und hier zudem hartnäckig herbeigeführt, um besonders

junge Mädchen – hier ein vier Jahre altes Kind – missbrauchen zu können. Er hat damit gezielt und zudem durch Täuschung schutzbereiter Dritter eine Lage geschaffen, bei welcher der schutzbereite Dritte nicht mehr eingreifen konnte. Das ist eine Lage, in der das Mädchen seiner Einwirkung schutzlos ausgeliefert war; mögen auch die weiteren Voraussetzungen der Nötigungssituation des § 177 Abs. 1 Nr. 3 StGB noch nicht erfüllt sein. Schon insoweit und auch mit Blick auf die Vorbelastungen des Angeklagten unterscheidet sich der Fall von dem Sachverhalt, die dem Urteil des Bundesgerichtshofs vom 8. Februar 2012 – 2 StR 346/11 (StV 2012, 273) zugrunde lag. Auch die Abschwächung der Schwere des sexuellen Missbrauchs von Kindern mit dem Argument der fehlenden Gewaltanwendung kann dem Täter bei der Prüfung des § 66 StGB nicht zu Gute kommen (BGH, Beschluss vom 10. Januar 2013 – 1 StR 93/11; Urteil vom 19. Februar 2013 – 1 StR 275/12; Urteil vom 14. August 2007 – 1 StR 201/07).

[44] Da die Nichtanordnung der Sicherungsverwahrung schon deshalb der Aufhebung unterliegt, weil die Gefahrprognose unzureichend ist, braucht der Senat nicht zu entscheiden, ob zu erwartende Sexualstraftaten vergleichbar dem Tatbild der Anlasstat schon „schwere Sexualstraftaten" sind, mit der Folge, dass – bei Vorliegen der übrigen Voraussetzungen – nach § 66 Abs. 1 StGB die Sicherungsverwahrung zwingend anzuordnen wäre.

PRAXISBEDEUTUNG ■

Die vorliegende Entscheidung lotet den Entscheidungsbereich des Begriffs „schwere Sexualtaten" sehr stark aus und ist als einzelfallbezogene Entscheidung sicherlich nicht allgemein anwendbar. Grundsätzlich sollte die Entscheidung demgegenüber im Regelfall sachverhaltsbezogen sein und damit auch das spezielle Unrecht der Anlasstat im Rahmen der Prognose vorrangig Berücksichtigung finden.

c) Sexuelle Nötigung, Vergewaltigung – § 177 StGB

Die bloße – möglicherweise überraschende – Vornahme einer sexuellen Handlung gegen den Willen eines anderen ist keine **„Gewalt-Nötigung"** zur Duldung dieser Handlung.[172] 164

[7] Der Schuldspruch in den Fällen II. 2, 4, 6 und 9 der Urteilsgründe wegen versuchter sexueller Nötigung, sexueller Nötigung und zweimal Vergewaltigung hält rechtlicher Überprüfung nicht stand.

[8] 1. In den Fällen II. 2, 4 und 6 der Urteilsgründe sind Nötigungshandlungen durch Gewalt aufgrund der bisherigen Feststellungen nicht hinreichend belegt.

[9] a) Im Fall II. 2 der Urteilsgründe war der geschädigte H. von der Situation völlig überrascht und wirkte deshalb wie gelähmt. Das bloße Drücken an der Schulter des Geschädigten ist für sich genommen nicht ohne weiteres als Mittel zur Überwindung eines Widerstands des überraschten Opfers zu werten, der in der konkreten Situation einen Abwehrwillen offenkundig noch nicht gebildet hatte. Die bloße –

[172] BGH, Beschluss vom 4.6.2013 – 2 StR 3/13.

möglicherweise überraschende – Vornahme einer sexuellen Handlung gegen den Willen eines anderen ist keine „Gewalt-Nötigung" zur Duldung dieser Handlung (BGHSt 31, 76; Fischer, StGB, 60. Aufl., § 177 Rn. 14). Zudem spricht gegen die gewaltsame Überwindung von geleistetem oder erwartetem Widerstand des Jugendlichen vor allem, dass dieser – ohne dass der Angeklagte ihn daran zu hindern versuchte – aus dem Bett sprang und das Zimmer verlassen konnte. Auch mit diesem Umstand hätte sich die Kammer auseinandersetzen müssen.

[10] b) Im Fall II. 4 der Urteilsgründe kann das Legen auf den Körper des Geschädigten für sich genommen noch nicht die Annahme von Gewalt im Sinne des § 177 Abs. 1 StGB begründen. Nicht jede sexuelle Handlung kann, nur weil sie körperlich wirkt, schon als Gewalt zur Erzwingung ihrer Duldung angesehen werden (Fischer, aaO).

[11] Warum der Angeklagte in der konkreten Situation – nachdem sich der Junge teilweise entkleidet hatte – von einem entgegen stehenden Willen ausgegangen ist, bedarf eingehenderer Prüfung, zumal es nach Aussage des Jungen bei früheren Gelegenheiten mehrfach zu einvernehmlichen sexuellen Kontakten gekommen war, die auch Oralverkehr beinhalteten.

[12] c) Aus den gleichen Gründen kann auch im Fall II. 6 der Urteilsgründe das bloße Hinüberheben des Jungen auf den Schoß des Angeklagten noch nicht als Gewalt im Sinne des § 177 Abs. 1 StGB angesehen werden. Zwar könnte die erforderliche Gewalthandlung auch darin gelegen haben, dass der Angeklagte den Jungen während der Vornahme des schmerzhaften Analverkehrs weiterhin auf seinen Schoß festhielt; mit dem Festhalten des Jungen als Nötigungsmittel mit Gewalt hat sich das Landgericht bislang aber nicht weiter auseinandergesetzt.

165 Für die Annahme einer sexuellen Nötigung **„mit Gewalt"** ist erforderlich, dass der Täter **physische Kraft entfaltet, um den** als ernst erkannten oder erwarteten **Widerstand des Opfers** gegen die Vornahme sexueller Handlungen **zu überwinden**; das Opfer muss durch die Handlung des Täters einem körperlich wirkenden Zwang ausgesetzt sein. Nimmt das Opfer die unerwünschten sexuellen Handlungen hin, ohne Widerstand zu leisten, so liegt keine Gewalt im Sinne von § 177 Abs. 1 Nr. 1 StGB vor.[173]

[2] Nach den Feststellungen des Landgerichts begab sich der Angeklagte am Abend des Tattags in das Kinderzimmer der Geschädigten. Er veranlasste sie, das Oberteil ihrer Bekleidung hochzuziehen, und entblößte seinen Unterleib. Dann fasst er der Geschädigten an die Brüste und begann sich selbst zu befriedigen. Er fragte die Geschädigte, ob sie sein Geschlechtsteil anfassen wolle, was diese ablehnte. Während die Geschädigte aus Ekel ihre Augen schloss, nahm er ihre Hand, führte diese an sein erigiertes Glied und „machte Onanierbewegungen". Als der Angeklagte seine Hand fortnahm, hörte die Geschädigte mit diesen Bewegungen auf. „Daraufhin ergriff der Angeklagte erneut ihre Hand und setzte die von ihm geführten Onanierbewegungen fort".

[3] Das Landgericht hat dies rechtsfehlerhaft als sexuelle Nötigung in Tateinheit mit sexuellem Missbrauch einer Schutzbefohlenen gemäß §§ 177 Abs. 1 Nr. 1, 174 Abs. 1 Nr. 1 StGB bewertet. Für die Annahme einer sexuellen Nötigung „mit Ge-

[173] BGH, Beschluss vom 31.7.2013 – 2 StR 318/13.

walt" ist erforderlich, dass der Täter physische Kraft entfaltet, um den als ernst erkannten oder erwarteten Widerstand des Opfers gegen die Vornahme sexueller Handlungen zu überwinden; das Opfer muss durch die Handlung des Täters einem körperlich wirkenden Zwang ausgesetzt sein (vgl. BGH, Beschluss vom 9. April 2009 – 4 StR 88/09; NStZ-RR 2009, 202 f.). Die Feststellungen des Landgerichts ergeben jedoch nur, dass der Angeklagte die Hand der Geschädigten geführt hat. Nimmt das Opfer die unerwünschten sexuellen Handlungen hin, ohne Widerstand zu leisten, so liegt keine Gewalt im Sinne von § 177 Abs. 1 Nr. 1 StGB vor (vgl. BGH, Urteil vom 7. Januar 1997 – 1 StR 726/96, NStZ-RR 1997, 199).

Wenn die qualifizierte Drohung zugleich dazu dient, sich des Opfers zu bemächtigen und es in unmittelbarem Zusammenhang damit zu weitergehenden Handlungen zu nötigen, wird die abgenötigte Handlung ausschließlich durch die Bedrohung mit der Waffe im Sinne des § 177 Abs. 1 Nr. 2 und Abs. 4 Nr. 1 StGB durchgesetzt, ohne dass der **Bemächtigungssituation die in § 239b StGB** vorausgesetzte eigenständige Bedeutung zukommt.[174] **166**

[2] Nach den Feststellungen bedrohte der Angeklagte die Nebenklägerin mit einem Messer, zwang sie – unter Verletzung ihrer Hand bei einer Abwehrbewegung – mit der Drohung sie zu töten dazu, rund 40 Meter abseits des Weges auf ein von Büschen und Bäumen gesäumtes Gelände zu gehen, wo er sie fesselte und ihr die Duldung verschiedener sexueller Handlungen abnötigte, bis sie sich befreien und fliehen konnte.

[3] Dieser Sachverhalt erfüllt unter Beachtung der vom Großen Senat des Bundesgerichtshofs für Strafsachen (Beschluss vom 22. November 1994 – GSSt 1/94, BGHSt 40, 350, 359) zur Auslegung des § 239b StGB im Zwei-Personen-Verhältnis aufgestellten Grundsätze nicht den Tatbestand der Geiselnahme. Wenn die qualifizierte Drohung – wie hier das Vorhalten des Messers – zugleich dazu dient, sich des Opfers zu bemächtigen und es in unmittelbarem Zusammenhang damit zu weitergehenden Handlungen zu nötigen, wird die abgenötigte Handlung ausschließlich durch die Bedrohung mit der Waffe im Sinne des § 177 Abs. 1 Nr. 2 und Abs. 4 Nr. 1 StGB durchgesetzt, ohne dass der Bemächtigungssituation die in § 239b StGB vorausgesetzte eigenständige Bedeutung zukommt (vgl. auch BGH, Beschluss vom 22. November 2005 – 4 StR 459/05, StV 2006, 693 f.).

[4] Der Senat ändert den Schuldspruch dementsprechend ab. § 265 Abs. 1 StPO steht der Änderung nicht entgegen, weil der Angeklagte sich nicht anders als geschehen hätte verteidigen können.

Der subjektive Tatbestand im Sinne des § 177 Abs. 1 Nr. 3 StGB setzt **zumindest bedingten Vorsatz** dahingehend voraus, dass das Tatopfer in die sexuellen Handlungen nicht eingewilligt hat und dass es gerade im Hinblick auf seine Schutzlosigkeit auf möglichen Widerstand verzichtet.[175] **167**

[9] b) Die Annahme des Landgerichts, das Verhalten des Angeklagten erfülle die Voraussetzungen einer Vergewaltigung im Sinne von § 177 Abs. 1 Nr. 3 StGB, begegnet durchgreifenden rechtlichen Bedenken.

---

174 BGH, Beschluss vom 21.5.2013 – 2 StR 58/13.
175 BGH, Beschluss vom 27.2.2013 – 4 StR 544/12.

[10] aa) Das Landgericht ist zwar mit tragfähiger Begründung zu der Überzeugung gelangt, dass sich die Geschädigte bei Beginn und während der Durchführung des Geschlechtsverkehrs mit dem Angeklagten objektiv in einer schutzlosen Lage im Sinne des § 177 Abs. 1 Nr. 3 StGB befunden hat. Auch die Annahme der Strafkammer, sie habe nur unter dem Eindruck ihres schutzlosen Ausgeliefertseins aus Furcht vor möglichen Einwirkungen des Angeklagten auf den ihr grundsätzlich möglichen Widerstand verzichtet, ist vor dem Hintergrund der dazu getroffenen Feststellungen aus Rechtsgründen nicht zu beanstanden. Jedoch werden im angefochtenen Urteil die Voraussetzungen eines dahingehenden Vorsatzes des Angeklagten nicht hinreichend belegt.

[11] bb) Der subjektive Tatbestand im Sinne des § 177 Abs. 1 Nr. 3 StGB setzt zumindest bedingten Vorsatz dahingehend voraus, dass das Tatopfer in die sexuellen Handlungen nicht eingewilligt hat und dass es gerade im Hinblick auf seine Schutzlosigkeit auf möglichen Widerstand verzichtet (Senatsbeschluss vom 8. November 2011 – 4 StR 445/11, NStZ 2012, 268; BGH, Beschluss vom 12. November 2008 – 2 StR 474/08).

[12] Feststellungen dazu, ob der Angeklagte diese Umstände in seinen zumindest bedingten Vorsatz aufgenommen hat, hat das Landgericht indes nicht getroffen. Den Urteilsgründen ist auch nicht zu entnehmen, zu welchem Zeitpunkt innerhalb des sich länger hinziehenden Tatgeschehens der Angeklagte den Vorsatz fasste, mit der Geschädigten notfalls auch gegen deren Willen den Geschlechtsverkehr auszuüben. Vielmehr beschränkt sich das Urteil insoweit auf die Mitteilung, dass die Geschädigte dieses Vorhaben realisierte, als der Angeklagte sie aufforderte sich auf das Bett zu legen.

168 Nach der wesentlich auf den Wortlaut „der Täter“ in § 177 Abs. 2 Satz 2 Nr. 1 StGB abstellenden Rechtsprechung des Bundesgerichtshofs verwirklicht das genannte, eigenständig zu tenorierende Regelbeispiel nur derjenige Tatbeteiligte, der in eigener Person eine der in der Vorschrift genannten sexuellen Handlungen verwirklicht. Tatbeteiligte, bei denen diese **eigenhändige Verwirklichung** nicht vorliegt, können nicht als **Mittäter einer Vergewaltigung** verurteilt werden.[176]

[1] Das Landgericht hat die Angeklagte N. und die nicht revidierende Mitangeklagte J. aufgrund verschiedener Handlungen zum Nachteil der Nebenklägerin u.a. wegen Vergewaltigung in zwei Fällen verurteilt. Den Schuldsprüchen wegen dieses Delikts in den Fällen III. B. 3. und III. B. 4. der Urteilsgründe liegt folgendes tatsächliche Geschehen zugrunde:

[2] 1. Nachdem beide im Zusammenwirken mit dem Angeklagten R. und einem weiteren nicht revidierenden Mitangeklagten die Nebenklägerin über mehrere Stunden misshandelt und gedemütigt hatten, zwangen diese die Nebenklägerin unter Androhung von Schlägen, sich nackt in eine Badewanne zu stellen. Dort führte ihr die Mitangeklagte J. in Anwesenheit und mit Billigung der Angeklagten N. einen mit Gleitgel versehenen Vibrator in den Anus ein. Auf die dadurch hervorgerufenen Schmerzensschreie der Nebenklägerin reagierten sie mit lautem Gelächter (Fall III. B. 3. der Urteilsgründe). Einige Zeit später brachten beide die Nebenklägerin unter Drohung mit Schlägen dazu, bei dem Angeklagten R. für einige Minuten den Oral-

---

176 BGH, Beschluss vom 6.5.2013 – 1 StR 178/13.

verkehr auszuführen. Da sich bei diesem jedoch keine Erektion einstellte, wurde der weitere Vollzug abgebrochen (Fall III. B. 4. der Urteilsgründe).

[3] 2. Wie der Generalbundesanwalt in seiner Antragsschrift vom 4. April 2013 zutreffend ausgeführt hat, belegen diese Feststellungen den Schuldspruch gegen die Angeklagte N. wegen Vergewaltigung in zwei Fällen nicht. Nach der wesentlich auf den Wortlaut „der Täter" in § 177 Abs. 2 Satz 2 Nr. 1 StGB abstellenden Rechtsprechung des Bundesgerichtshofs verwirklicht das genannte, eigenständig zu tenorierende Regelbeispiel nur derjenige Tatbeteiligte, der in eigener Person eine der in der Vorschrift genannten sexuellen Handlungen verwirklicht (BGH, Beschlüsse vom 15. März 2000 – 2 StR 635/99, NStZ-RR 2000, 326 und vom 21. April 2009 – 4 StR 531/08, NStZ-RR 2009, 278). Tatbeteiligte, bei denen diese eigenhändige Verwirklichung nicht vorliegt, können nicht als Mittäter einer Vergewaltigung verurteilt werden (BGH, Beschluss vom 8. November 2011 – 4 StR 468/11, NStZ-RR 2012, 45). Die Angeklagte N. hat in keinem der beiden Fälle ein von den Sexualhandlungen der Vergewaltigung erfasstes Verhalten in eigener Person vollzogen.

[4] Da jedoch nach den rechtsfehlerfreien Feststellungen die Voraussetzungen einer sexuellen Nötigung gemäß § 177 Abs. 2 Satz 2 Nr. 2 StGB jeweils erfüllt waren, war der Schuldspruch entsprechend zu berichtigen. § 265 StPO steht nicht entgegen, weil die vollumfänglich geständige Angeklagte sich nicht anders als geschehen hätte verteidigen können.

d) Sexueller Missbrauch widerstandsunfähiger Personen – § 179 StGB

An **vorsätzlicher Ausnutzung der Widerstandsunfähigkeit** einer schlafenden Person fehlt es, wenn der Täter eine Einwilligung des schlafenden Sexualpartners angenommen hat.[177] **169**

[3] Anders verhält es sich hinsichtlich der Schuldsprüche wegen vierer Verbrechen nach § 179 Abs. 5 Nr. 1 StGB. An vorsätzlicher Ausnutzung der Widerstandsunfähigkeit einer schlafenden Person fehlt es, wenn der Täter eine Einwilligung des schlafenden Sexualpartners angenommen hat (vgl. BGH, Beschluss vom 17. Juni 2008 – 3 StR 198/08, BGHR StGB § 179 Abs. 1 Widerstandsunfähigkeit 11). Das Landgericht hat der Nebenklägerin über die ausgeurteilten Fälle hinaus insgesamt etwa 30 zwischen Juni und September 2011 geschehene Vorfälle vaginaler oder analer Penetration während ihres Schlafs abgenommen (UA S. 9, 23). Gleichwohl führte die Nebenklägerin, die eine eigene Wohnung hatte, das mit intensiven Sexualkontakten einhergehende Liebesverhältnis immer weiter fort; sie begab sich dabei fortlaufend bewusst durch gemeinsames Zubettgehen in die nach ihren Angaben ungewünschte riskante Tatausgangssituation, ohne dass nähere Umstände festgestellt wären, wonach sie aus ihrer Sicht nicht mit einer Wiederholung ungewollten und als zermürbend empfundenen Missbrauchs durch den Angeklagten während ihres Schlafs hätte rechnen müssen. Selbst wenn gleichwohl objektiv mangelndes Einverständnis der Nebenklägerin prinzipiell feststellbar sein mag, hätte vor diesem Hintergrund die Möglichkeit mangelnder Vorstellung des Angeklagten vom fehlenden Einverständnis der Nebenklägerin im Rahmen der Beweiswürdigung zu diesen Fällen (UA S. 23) näherer Erörterung und Problematisierung bedurft. Bei der ange-

177 BGH, Beschluss vom 19.2.2013 – 5 StR 613/12.

nommenen Tatfrequenz sind von der Nebenklägerin bekundete wiederholte Unterlassensaufforderungen und auch die konkrete Feststellung zweier Ausfälligkeiten des Angeklagten nach solchen Vorfällen nicht als ausreichend anzusehen, um den Vorsatz des Angeklagten hinsichtlich eines fehlenden Einverständnisses in den ausgeurteilten Fällen zu belegen.

170 Bei einem **Schlaf** handelt es sich um eine **tiefgreifende Bewusstseinsstörung** im Sinne von § 179 Abs. 1 Nr. 1 StGB.[178]

e) Ausbeutung von Prostituierten, Zuhälterei – §§ 180a, 181a StGB

171 Eine **Ausbeutung** liegt vor, wenn dem Opfer in objektiver Hinsicht ein erheblicher Teil der Einnahmen entzogen wird und dies zu einer **gravierenden Beschränkung der persönlichen und wirtschaftlichen Bewegungs- und Entscheidungsfreiheit** führt, die geeignet ist, dem Opfer die Lösung aus der Prostitution zu erschweren. Zwar setzt eine solche Annahme im Regelfall Feststellungen zur Höhe der Einnahmen und Abgaben der Prostituierten voraus, kann aber entbehrlich sein, wenn die Prostituierten ihre gesamten Einnahmen abgeben müssen und nur gelegentlich geringe Summen zur Weiterleitung an ihre Familie zurückerhalten.

[14] a) Der Schuldspruch wegen ausbeuterischer Zuhälterei gemäß § 181a Abs. 1 Nr. 1 StGB zum Nachteil der Geschädigten St. und M. begegnet keinen rechtlichen Bedenken.

[15] Eine Ausbeutung liegt vor, wenn dem Opfer in objektiver Hinsicht ein erheblicher Teil der Einnahmen entzogen wird und dies zu einer gravierenden Beschränkung der persönlichen und wirtschaftlichen Bewegungs- und Entscheidungsfreiheit führt, die geeignet ist, dem Opfer die Lösung aus der Prostitution zu erschweren (Fischer, StGB, 60. Aufl. § 181a Rdn. 7). Zwar setzt eine solche Annahme im Regelfall Feststellungen zur Höhe der Einnahmen und Abgaben der Prostituierten voraus (BGH, Urteil vom 20. Oktober 1988 – 4 StR 413/88, NStZ 1989, 67). Allerdings steht das Fehlen exakter Feststellungen zu Einnahmen und Ausgaben einer Verurteilung wegen ausbeuterischer Zuhälterei nicht zwingend entgegen. Wenn – wie hier – die Prostituierten ihre gesamten Einnahmen abgeben müssen und nur gelegentlich geringe Summen zur Weiterleitung an ihre Familie zurückerhalten, ist ohne Weiteres von einer Ausbeutung im Sinne des § 181a Abs. 1 Nr. 1 StGB auszugehen (vgl. Senatsurteil vom 21. Juli 1993 – 2 StR 160/93, NStZ 1994, 32, 33 und vom 3. März 1999 – 2 StR 608/98, NStZ 1999, 349, 350; BGH, Beschluss vom 20. April 2004 – 4 StR 67/04). Ob und inwieweit es sich bei den Zahlungen der Geschädigten auch um eine Begleichung von Mietverbindlichkeiten handelte, kann dabei offen bleiben. Eine Ausbeutung der Geschädigten bestand jedenfalls darin, dass sie ungeachtet möglicherweise bestehender konkreter Mietverbindlichkeiten täglich ihre gesamten Einnahmen an den Angeklagten abgeben mussten.

[16] b) Auch die Annahme einer dirigistischen Zuhälterei zu Lasten der Nebenklägerin St. im Fall 1) hält revisionsgerichtlicher Überprüfung stand. Der rechtlichen Würdigung des Landgerichts ist zwar nicht zu entnehmen, von welcher Variante des § 181a Abs. 1 Nr. 2 StGB es ausgegangen ist.

---

[178] BGH, Beschluss vom 21.3.2013 – 1 StR 108/13.

[17] Die Feststellungen belegen aber, dass der Angeklagte jedenfalls im Sinn der 3. Variante des § 181a Abs. 1 Nr. 2 StGB „Maßnahmen getroffen" hat, die die Geschädigte davon abhalten sollten, die Prostitution aufzugeben. Erfasst werden hiervon Vorkehrungen, die das Opfer in seiner Entscheidungsfreiheit zu beeinträchtigen geeignet und darauf gerichtet sind, ihm den Weg aus der Prostitution zu verbauen (BGH, Beschluss vom 9. April 2002 – 4 StR 66/02, StV 2003, 163; Beschluss vom 13. November 2001 – 4 StR 408/01). Dass es sich hier so verhält, kann den Urteilsgründen noch entnommen werden. Nachdem die Geschädigte wegen Blutungen ins Krankenhaus eingeliefert worden war, befürchtete der Angeklagte, sie könne weglaufen und die Prostitution aufgeben. Er ließ sie deshalb tagsüber von der Mitangeklagten R. und der Nebenklägerin A. und in der Nacht von der Geschädigten M. bewachen. Die Geschädigte fühlte sich durch diese Maßnahmen nach wie vor in der Prostitution festgehalten. Erst nach ihrer Rückkehr in das Haus Sch. weigerte sie sich, fortan der Prostitution nachzugehen.

f) Sexueller Missbrauch von Jugendlichen – § 182 StGB

Der Tatbestand des § 182 Abs. 3 StGB sollte **nicht auf einvernehmliche sexuelle Handlungen beschränkt** sein. Dies lässt sich insbesondere nicht dem Tatbestandsmerkmal des „Ausnutzens" entnehmen. Zwar folgt aus diesem Merkmal, dass die fehlende Selbstbestimmungsfähigkeit des Opfers wesentlich für das Zustandekommen der sexuellen Handlung gewesen sein muss. Dies ist aber nicht nur der Fall, wenn der Jugendliche infolgedessen keinen entgegenstehenden Willen entwickeln kann. Die Voraussetzung des „Ausnutzens" ist vielmehr auch dann erfüllt, wenn das Opfer seinen infolge des jugendlichen Alters noch unterentwickelten und deshalb nur bedingt vorhanden entgegenstehenden Willen nicht verwirklichen, etwa aufgrund der Dominanz des Täters bzw. eines bestehenden „Machtgefälles" nicht durchsetzen kann.[179] **172**

[2] 1. Die Verurteilung wegen sexuellen Missbrauchs von Jugendlichen gemäß § 182 Abs. 3 Nr. 1 StGB hält revisionsrechtlicher Überprüfung nicht stand. Nach dieser Vorschrift machen sich Personen über einundzwanzig Jahre strafbar, die eine Person unter sechzehn Jahren dadurch missbrauchen, dass sie sexuelle Handlungen an ihr vornehmen oder von ihr an sich vornehmen lassen, und dabei die fehlende Fähigkeit des Opfers zur sexuellen Selbstbestimmung ausnutzen. Zu letzterer Tatbestandsvoraussetzung hat die Strafkammer festgestellt, die Stieftochter des Angeklagten habe sich aufgrund ihrer Unerfahrenheit nicht gegen seine Handlungen zur Wehr setzen können; sie sei gegenüber ihrem Stiefvater, der für sie auch Erziehungsperson gewesen sei, letztlich zu willensschwach gewesen, um diesem deutlicher die Grenzen aufzuzeigen. Diese Feststellungen hat das Landgericht auch seiner rechtlichen Würdigung zugrunde gelegt und sie dort wiederholt. Sie werden indes durch die Beweiswürdigung nicht belegt. Diese erweist sich mithin in durchgreifender Weise als lückenhaft.

[3] Nach ganz herrschender Auffassung in Rechtsprechung und Schrifttum ist die fehlende Fähigkeit zur sexuellen Selbstbestimmung in jedem konkreten Einzelfall festzustellen (BGH, Beschlüsse vom 23. Januar 1996 – 1 StR 481/95, BGHSt 42, 27,

[179] BGH, Beschluss vom 20.8.2013 – 3 StR 222/13.

29; vom 17. Oktober 2006 – 4 StR 341/06, BGHR StGB § 182 Abs. 2 Nr. 1 Missbrauch 1 und vom 23. Januar 2008 – 2 StR 555/07, StV 2008, 238, 239; MünchKommStGB/Renzikowski, 2. Aufl., § 182 Rn. 56; LK/Hörnle, StGB, 12. Aufl., § 182 Rn. 60, jew. m.w.N.; aA SSW-StGB/Wolters, 1. Aufl., § 182 Rn. 20); dementsprechend ist die Beweisaufnahme jedenfalls auf solche Umstände zu erstrecken, die dem Tatgericht die Beurteilung erlauben, ob bei dem Opfer die Fähigkeit zur sexuellen Selbstbestimmung nicht vorhanden war (vgl. MünchKommStGB/Renzikowski, aaO; LK/Hörnle, aaO, § 182 Rn. 62; SSW/Wolters, aaO, § 182 Rn. 22). Daran fehlt es hier: Das Landgericht hat seine Feststellungen zum Tatgeschehen allein auf die – rechtsfehlerfrei als glaubhaft gewürdigte – Einlassung des Angeklagten gestützt, die sich nach ihrem in den Urteilsgründen wiedergegebenen Inhalt indes zu solchen Umständen nicht verhält. Die Nebenklägerin hat es – dem Wunsch des Angeklagten entsprechend – nicht förmlich vernommen; diese hat sich in der Hauptverhandlung lediglich mit einer „Erklärung" an den Angeklagten gewandt, der sich aber ebenfalls keine tragfähigen Hinweise auf ihre Fähigkeit zur sexuellen Selbstbestimmung zur Tatzeit entnehmen lassen.

[4] 2. Da es nach den getroffenen Feststellungen und der rechtlichen Würdigung des Landgerichts nicht fern liegt, dass in einer neuen Verhandlung festgestellt und belegt werden kann, dass der Nebenklägerin die Fähigkeit zur sexuellen Selbstbestimmung fehlte und der Angeklagte dies ausnutzte, kommt die vom Generalbundesanwalt beantragte Schuldspruchänderung dahingehend, die Verurteilung wegen Missbrauchs von Jugendlichen in Wegfall zu bringen, nicht in Betracht. Eine solche ist nach Auffassung des Senats insbesondere nicht deshalb veranlasst, weil sich die Nebenklägerin gegen die sexuellen Übergriffe des Angeklagten sträubte und ihn mehrfach bat, damit aufzuhören.

[5] Zwar wird in der Literatur vereinzelt vertreten, nur einvernehmlich vorgenommene sexuelle Handlungen könnten den Tatbestand des § 182 Abs. 3 StGB erfüllen (Fischer, StGB, 60. Aufl., § 182 Rn. 11). Dementsprechend hat sich auch die Rechtsprechung des Bundesgerichtshofes – allerdings in nicht tragenden Erwägungen – geäußert (BGH, Beschlüsse vom 18. April 2007 – 2 StR 589/06 und vom 20. Juli 2010 – 4 StR 304/10). Dieser Auffassung, die sich aus dem Wortlaut der Vorschrift ergeben soll, vermag der Senat indes nicht zu folgen:

[6] Die grammatikalische Auslegung des § 182 Abs. 3 StGB ergibt nicht, dass der Tatbestand auf einvernehmliche sexuelle Handlungen beschränkt sein sollte. Dies lässt sich insbesondere nicht dem Tatbestandsmerkmal des „Ausnutzens" entnehmen. Zwar folgt aus diesem Merkmal, dass die fehlende Selbstbestimmungsfähigkeit des Opfers wesentlich für das Zustandekommen der sexuellen Handlung gewesen sein muss (MünchKommStGB/Renzikowski, aaO, § 182 Rn. 60; LK/Hörnle, aaO, § 182 Rn. 68). Dies ist aber nicht nur der Fall, wenn der Jugendliche infolgedessen keinen entgegenstehenden Willen entwickeln kann. Die Voraussetzung des „Ausnutzens" ist vielmehr auch dann erfüllt, wenn das Opfer seinen infolge des jugendlichen Alters noch unterentwickelten und deshalb nur bedingt vorhanden entgegenstehenden Willen nicht verwirklichen, etwa aufgrund der Dominanz des Täters bzw. eines bestehenden „Machtgefälles" nicht durchsetzen kann (S/S-Perron/Eisele, StGB, 28. Aufl., § 182 Rn. 14; LK/Hörnle, aaO, § 182 Rn. 65; SSW-StGB/Wolters, aaO, § 182 Rn. 22); allein diese Auffassung entspricht im Übrigen derjenigen des Gesetzgebers (BT-Drucks. 12/4584, S. 8).

[7] Gegen dieses Ergebnis spricht auch nicht das Ergebnis einer teleologischen Auslegung. (wird ausgeführt …)

Die Tatbestände der § 174 und § 182 StGB schützen die sexuelle Selbstbestimmung Minderjähriger. Ein Minderjähriger kann weder bei Ausnutzung einer Zwangslage noch bei Missbrauch eines Abhängigkeitsverhältnisses nach § 174 Abs. 1 Nr. 2 StGB wirksam in sexuelle Handlungen **einwilligen**. Begründet aber gerade das Abhängigkeitsverhältnis eine Zwangslage, so wird der Unrechtsgehalt des § 182 Abs. 1 Nr. 1 StGB von § 174 Abs. 1 Nr. 2 StGB erschöpfend erfasst; demgemäß **tritt § 182 Abs. 1 StGB** im Wege der Gesetzeskonkurrenz hinter § 174 Abs. 1 StGB **zurück**.[180] 173

g) Verbreitung, Erwerb und Besitz kinderpornographischer Schriften – § 184b StGB

Bei einer E-Mail, in der **lediglich mit Worten** der an einem Kind vorgenommene sexuelle Missbrauch **geschildert** wird, handelt es sich nicht um eine kinderpornographische Schrift, die im Sinne von § 184b Abs. 2 und 4 StGB ein tatsächliches oder wirklichkeitsnahes Geschehen wiedergibt.[181] 174

[4] Der Angeklagte tauschte im Zeitraum von August 2010 bis August 2011 wiederholt kinder- und jugendpornographisches Material per E-Mail mit anderen Internetnutzern aus.

[5] Am 22. August 2010 sowie am 11. und 21. September 2010 versandte er jeweils ein Video mit jugendpornographischen Inhalten (Fälle II. 3 Buchst. a bis c der Urteilsgründe) und am 7. November 2010 ein Video mit kinderpornographischem Inhalt (Fall II. 3 Buchst. d der Urteilsgründe) an andere Nutzer.

[6] Zu einem nicht näher bestimmbaren Zeitpunkt zwischen dem 1. Juli 2011 und dem 23. Juli 2011 erhielt der Angeklagte auf eigene Aufforderung von dem Mitangeklagten H. zwei kinderpornographische Nacktfotos von dessen fünfjährigem Sohn per E-Mail übersandt. Er speicherte diese Bilder auf seinem Computer ab (Fall II. 1 Buchst. a der Urteilsgründe). In einer E-Mail an H. vom 11. Juli 2011 beschrieb der Angeklagte, wie er an dem entblößten Penis des dreijährigen Sohnes eines Freundes manipuliert habe, bis dieser erigiert sei, und wie zunächst er an dem Kind und sodann das Kind an ihm den Oralverkehr ausgeführt habe (Fall II. 1 Buchst. b der Urteilsgründe).

[7] Bei einer am 19. August 2011 durchgeführten Durchsuchung der Wohnung des Angeklagten in L. wurden auf diversen Speichermedien insgesamt 812 Bilder und 208 Videos mit kinderpornographischen Inhalten aufgefunden, die der Angeklagte dort wissentlich und willentlich aufbewahrt hatte (Fall II. 2 der Urteilsgründe).

[8] Das Landgericht hat den Angeklagten im Fall II. 1 Buchst. a der Urteilsgründe wegen Sichverschaffens von kinderpornographischen Schriften gemäß § 184b Abs. 4 Satz 1 StGB, in den Fällen II. 1 Buchst. b und II. 3 Buchst. d der Urteilsgründe wegen Besitzverschaffens von kinderpornographischen Schriften gemäß § 184b Abs. 2 StGB und in den Fällen II. 3 Buchst. a bis c der Urteilsgründe wegen Besitzverschaffens von jugendpornographischen Schriften gemäß § 184c Abs. 2 StGB verurteilt. Darüber hinaus hat es den Angeklagten im Fall II. 2 der Urteilsgründe des Besitzes kinderpornographischer Schriften (§ 184b Abs. 4 Satz 2 StGB) in 1.020 tateinheitlichen Fällen schuldig gesprochen.

---

180 BGH, Beschluss vom 6.11.2013 – 5 StR 386/13.

181 BGH, Beschluss vom 19.3.2013 – 1 StR 8/13.

[9] Die Revision des Angeklagten hat mit der Sachrüge den aus der Beschlussformel ersichtlichen Teilerfolg; im Übrigen ist sie unbegründet im Sinne von § 349 Abs. 2 StPO.

[10] Die Verurteilung des Angeklagten wegen Besitzverschaffens von kinderpornographischen Schriften im Fall II. 1 Buchst. b der Urteilsgründe hält sachlich-rechtlicher Nachprüfung nicht stand. Zwar wird mit einer E-Mail, in der mit Worten von einem sexuellen Missbrauch von Kindern berichtet wird, dem Empfänger eine „kinderpornographische Schrift" i.S.d. § 184b Abs. 2 StGB verschafft (nachfolgend 1.). Die vom Angeklagten übermittelten E-Mails geben jedoch trotz ihres kinderpornographischen Inhalts keine „tatsächlichen" oder „wirklichkeitsnahen" Geschehnisse im Sinne dieser Vorschrift wieder und erfüllen den Tatbestand des § 184b Abs. 2 StGB daher nicht (nachfolgend 2.).

[11] 1. In der elektronischen Übermittlung einer E-Mail mit kinderpornographischem Inhalt (im Text der E-Mail oder in einem ihr beigefügten Dateianhang) an einen anderen liegt die Verschaffung des Besitzes an einer kinderpornographischen Schrift i.S.v. § 184b Abs. 2 StGB (vgl. Ziegler in Beck-OK-StGB, § 184b Rn. 12; zu § 184 Abs. 3 StGB aF bereits BayObLG, Beschluss vom 27. Juni 2000 – 5 St RR 122/00, NJW 2000, 2911, 2912).

[12] a) Für die Besitzverschaffung genügt bei der Versendung von E-Mails in Datennetzen, dass die elektronischen Nachrichten – wenn auch nur vorübergehend – in den Arbeitsspeicher beim Empfänger gelangen (Laufhütte/Roggenbuck in Leipziger Kommentar zum StGB, 12. Aufl., § 184b Rn. 8 m.w.N.; vgl. zur Verbreitung i.S.d. § 184 Abs. 5 aF bereits BGH, Urteil vom 27. Juni 2001 – 1 StR 66/01, BGHSt 47, 55; entsprechend zum Cache-Speicher vgl. auch BGH, Beschluss vom 10. Oktober 2006 – 1 StR 430/06, NStZ 2007, 95). Genau darauf richtet sich aber regelmäßig die Absicht des Versenders. Den in § 184b Abs. 2 StGB genannten Schriften stehen Datenspeicher gleich (§ 11 Abs. 3 StGB).

[13] Entgegen der Auffassung der Revision steht es der Anwendung des § 184b Abs. 2 StGB nicht entgegen, wenn E-Mails – wie hier – jeweils nur an einen einzelnen Empfänger gerichtet sind. …

[14] b) Als inkriminierte Inhalte kinderpornographischer „Schriften" kommen grundsätzlich auch Darstellungen in Betracht, in denen der sexuelle Missbrauch von Kindern nur mit Worten beschrieben wird. …

[15] 2. Innerhalb des § 184b StGB beschränken jedoch § 184b Abs. 2 und 4 StGB den strafbaren Besitz und die Besitzverschaffung kinderpornographischer Schriften auf solche Schriften, die ein „tatsächliches" oder „wirklichkeitsnahes" Geschehen wiedergeben. Dadurch soll die Erfassung erkennbar künstlicher Produkte ausgeschlossen werden (vgl. Lenckner/Perron/Eisele in Schönke/Schröder, StGB, 27. Aufl., § 184b Rn. 11; Fischer, StGB, 60. Aufl., § 184b Rn. 13). Ein solches „tatsächliches" oder „wirklichkeitsnahes" Geschehen enthalten die E-Mails des Angeklagten, die lediglich in Worten von tatsächlich vorgenommenen Missbrauchshandlungen berichten, nicht.

[16] a) Allerdings ist im Schrifttum umstritten, ob auch Darstellungen mit Worten die Wiedergabe „tatsächlicher" oder „wirklichkeitsnaher" Geschehnisse i.S.d. § 184b Abs. 2 StGB beinhalten können.

[17] Zum Teil wird dies für Texte bejaht, bei denen es sich nicht um erkennbare „Fiktivpornographie" wie bei Romanen oder Gedichten, sondern um Schriftstücke oder Darstellungen mit wirklichkeitsgetreuer Beschreibung eines realen Geschehens handelt (vgl. Lenckner/Perron/Eisele in Schönke/Schröder, StGB, 27. Aufl., § 184b Rn. 11). …

[18] b) Die Auslegung des § 184b Abs. 2 StGB ergibt, dass die Beschreibung von Missbrauchshandlungen an Kindern in Worten nicht als Wiedergabe eines „tatsächlichen“ oder „wirklichkeitsnahen“ Geschehens anzusehen ist.

[19] Ein gewisser Realitätsbezug ist zwar auch bei Darstellungen in Worten vorstellbar, etwa wenn darin auf ein tatsächlich erlebtes Geschehen „Bezug genommen“ wird. Die Gesetzgebungsgeschichte zeigt indes, dass der Gesetzgeber bei der Schaffung der maßgeblichen Regelungen und der Einführung der Begriffe „tatsächlich“ und „wirklichkeitsnah“ ein anderes Vorstellungsbild hatte, das auf Darstellungen in Worten nicht zutreffen kann:

[20] aa) Der Straftatbestand des § 184 Abs. 5 StGB aF, die durch das 27. StrafrechtsÄndG vom 23. Juli 1993 (BGBl. I, S. 1346) eingeführte Vorgängernorm des § 184b Abs. 2 StGB, stellte die Besitzverschaffung im Zweipersonenverhältnis nur für solche Schriften unter Strafe, die ein „tatsächliches“ Geschehen wiedergeben.

[21] In der Begründung des Gesetzentwurfs (BT-Drucks. 12/3001, S. 4 ff.) wurde namentlich auf die Verbreitung kinderpornographischen Bild- und Videomaterials (S. 4) und – konkret – auf „kinderpornographische Filme, Videofilme, Photographien oder authentische Tonaufnahmen“ (S. 5) Bezug genommen. …

[25] d) Eine Beschränkung der Besitzverschaffungstatbestände auf bildliche Darstellungen und (authentische) Tonaufnahmen entspricht auch dem abgestuften Schutzkonzept des § 184b StGB. Danach werden bestimmte Handlungen (z.B. Herstellen, Verbreiten) bezüglich aller kinderpornographischen und diesen gleichstehenden Darstellungen (§ 11 Abs. 3 StGB) unter Strafe gestellt (§ 184b Abs. 1 StGB), die bloße Besitzverschaffung von solchen Darstellungen aber nur, wenn sie ein „tatsächliches“ oder „wirklichkeitsnahes“ Geschehen wiedergeben (§ 184b Abs. 2 und 4 StGB). Erkennbar liegt dem die Annahme des Gesetzgebers zugrunde, dass gerade von letzteren gegenüber sonstigen kinderpornographischen Darstellungen eine erhöhte Gefahr ausgeht, einen Anreiz dafür zu bilden, Kinder zur Herstellung solcher Darstellungen sexuell zu missbrauchen (s.o. sub aa).

[26] Die erhöhte Gefährlichkeit bildlicher oder videografischer Darstellungen sowie authentischer Tonaufnahmen besteht im Übrigen auch darin, dass dem Betrachter das Missbrauchsgeschehen unmittelbar „vor Augen geführt“ wird. Der von ihnen bei Menschen mit entsprechender Neigung ausgelöste Reiz, solches Geschehen selbst mit Kindern zu wiederholen, dürfte in der Regel schon wegen des unmittelbaren Eindrucks auf den Konsumenten ungleich stärker sein als bei Beschreibungen, Trickfilmen oder Erzählungen, die, selbst wenn sie auf ein wirkliches Geschehen Bezug nehmen, dieses für den Leser, Betrachter oder Zuhörer stets nur mittelbar wiedergeben können. …

Ein (vollendetes) ‚**Verbreiten**‘ im Sinne des § 184b Abs. 1 Nr. 1 StGB ist gegeben, wenn eine übertragene Datei auf einem (permanenten) Medium gespeichert oder im Arbeitsspeicher des Rechners angekommen ist, wobei jedoch die letztgenannte Alternative (zumindest) einen Lesezugriff des Adressaten voraussetzt. Ein ‚**öffentliches Zugänglichmachen**‘ ist zu bejahen, wenn dem Adressaten die Möglichkeit des Zugriffs eröffnet wird, was durch die Zurverfügungstellung der Dateien gegeben ist. Dass tatsächlich ein (Lese-)Zugriff des Adressaten erfolgt, erfordert die Erfüllung des Tatbestands dagegen nicht.[182] **175**

[182] BGH, Beschluss vom 12.11.2013 – 3 StR 322/13.

176 Für die **Tathandlung des „Verbreitens"** im Sinne von § 184b Abs. 1 Nr. 1 StGB ist nicht darauf abzustellen, dass ein Täter an verschiedenen Tagen und in entsprechenden Fällen beliebigen Teilnehmern einer Tauschbörse den Zugriff auf die auf seinem Rechner bereit gestellten kinderpornografischen Filmdarstellungen ermöglichte; vielmehr besteht die ihm zuzurechnende Tathandlung des Verbreitens darin, dass er auf seinem PC den „Client" der Tauschbörse installierte, die den Zugriff Dritter auf die Dateien ermöglichte.[183]

h) Begriffsbestimmungen (der sexuellen Handlung) – § 184 g StGB

177 **Berührungen anderer Körperstellen als der Geschlechtsteile**, bspw. Berührungen des bekleideten Oberkörpers eines Kindes, stellen nicht ohne Weiteres sexuelle Handlungen „von einiger Erheblichkeit" (§ 184g Nr. 1 StGB) dar. Jedenfalls bedarfs es zur Beurteilung der Erheblichkeit näherer Feststellungen vor allem zu Art, Intensität und Dauer dieser Berührungen.[184]

5. Beleidigung / Üble Nachrede – §§ 185, 186 StGB

178 Der Begriff der **Schmähkritik** ist eng definiert; Schmähkritik liegt nicht bereits bei überzogener oder gar ausfälliger Kritik vor; vielmehr muss die Diffamierung der Person im Vordergrund stehen. Diese Voraussetzungen werden bei Äußerungen in einer die Öffentlichkeit berührenden Frage nur selten vorliegen.[185]

[16] 2. Die Verfassungsbeschwerde ist danach zulässig und im Sinne des § 93c Abs. 1 Satz 1 BVerfGG offensichtlich begründet. Die angegriffenen Entscheidungen verletzen die Beschwerdeführer in ihrem Grundrecht aus Art. 5 Abs. 1 Satz 1 GG.

[17] a) Die Gerichte verkürzen den Schutzgehalt des Grundrechts hinsichtlich der gegenständlichen Äußerungen bereits insofern, als sie in verfassungsrechtlich nicht mehr tragbarer Art und Weise annehmen, dass es sich um nicht erweislich wahre, ehrverletzende Tatsachenbehauptungen im Sinne des § 186 StGB und nicht um überwiegend durch Elemente der Stellungnahme und des Dafürhaltens geprägte Werturteile und damit um Meinungen im engeren Sinne handele (vgl. BVerfGE 61, 1 <7 ff.>; 90, 241 <247 ff.>).

[18] Bei der Frage, ob eine Äußerung ihrem Schwerpunkt nach als Meinungsäußerung oder als Tatsachenbehauptung anzusehen ist, kommt es entscheidend auf den Gesamtkontext der fraglichen Äußerung an. Die isolierte Betrachtung eines umstrittenen Äußerungsteils wird den Anforderungen an eine zuverlässige Sinnermittlung regelmäßig nicht gerecht (vgl. BVerfGE 93, 266 <295>). Auch ist im Einzelfall eine Trennung der tatsächlichen und der wertenden Bestandteile einer Äußerung nur zulässig, wenn dadurch ihr Sinn nicht verfälscht wird. Wo dies nicht möglich ist, muss die Äußerung im Interesse eines wirksamen Grundrechtsschutzes insgesamt als Meinungsäußerung angesehen werden, weil andernfalls eine wesentliche Verkürzung des Grundrechtsschutzes drohte (vgl. BVerfGE 61, 1 <9>; 90, 241 <248>).

---

183 BGH, Beschluss vom 11.4.2013 – 2 StR 401/12.

184 BGH, Beschluss vom 23.7.2013 – 1 StR 204/13.

185 BVerfG, Kammerbeschluss vom 24.7.2013 – 1 BvR 444/13, 1 BvR 527/13.

Denn anders als bei Meinungen im engeren Sinne, bei denen insbesondere im öffentlichen Meinungskampf im Rahmen der regelmäßig vorzunehmenden Abwägung zwischen der Meinungsfreiheit einerseits und dem Rechtsgut, in deren Interesse sie durch ein allgemeines Gesetz wie den §§ 185 ff. StGB eingeschränkt werden kann, eine Vermutung zugunsten der freien Rede gilt, gilt dies für Tatsachenbehauptungen nicht in gleicher Weise (vgl. BVerfGE 54, 208 <219>; 61, 1 <8 f.>; 90, 241 <248>).

[19] Die Äußerung, dass das Rechtsamt absichtlich und bewusst vorliegende Fakten ignoriere, um Gründe für eine Ablehnung der Aufenthaltserlaubnis vorbringen zu können, ist ihrem Sinn und systematischen Kontext nach eine das Hintergrundgeschehen zusammenfassend bewertende Stellungnahme. Die Begriffe „absichtlich" und „bewusst" sind als solche schwierige Rechtsbegriffe, die eine wertende Betrachtung erfordern und bei Verwendung in einem nicht juristischen Text einen wertenden Gebrauch nahelegen. Auch finden sich in der anschließenden – im Kern zutreffenden – Schilderung des Hintergrunds neben der Wiedergabe des tatsächlichen Geschehens wertende Begriffe wie „völlig unverständlich", „jeglicher Logik entbehrend" oder „unmenschlich diskriminierend". Mit diesen Begriffen steht der für strafwürdig erachtete einleitende Satz bei Vornahme der gebotenen objektivierenden Betrachtung in einem vorrangigen inhaltlichen Zusammenhang. Dies verkennen die Gerichte, wenn sie zunächst den einleitenden Satz aus dem Gesamtkontext isolieren, um ihn sodann mit der Nennung der Sachbearbeiterin am Ende des Textes zu verknüpfen, und wenn sie daraus schlussfolgern, dass die Beschwerdeführer – zumindest dem Schwerpunkt nach – die dem Beweis zugängliche Tatsachenbehauptung aufgestellt hätten, dass die konkrete Sachbearbeiterin absichtlich und wissentlich vor dem Verwaltungsgericht Tatsachen verschwiegen beziehungsweise eine falsche Stellungnahme abgegeben habe. Diese Auslegung ist sinntrennend und sinnverfälschend und wird daher den verfassungsrechtlichen Anforderungen nicht gerecht.

[20] b) Das Landgericht hat zudem den Schutzgehalt der Meinungsfreiheit insofern verkürzt, als es die fraglichen Äußerungen offensichtlich als Schmähkritik bewertet hat. Es hat dabei den Begriff der Schmähkritik in verfassungsrechtlich unzulässiger Art und Weise überdehnt und in der Folge die erforderliche Abwägung zwischen dem Ehrschutz einerseits und der Meinungsfreiheit andererseits zumindest nicht im gebotenen Umfange unter Berücksichtigung aller Umstände des Einzelfalls vorgenommen. Auch hierin liegt ein verfassungsrechtlich erheblicher Fehler (vgl. BVerfGE 93, 266 <294>).

[21] Der Begriff der Schmähkritik ist vor dem Hintergrund, dass es nach der verfassungsrechtlichen Systematik bei im Einzelfall gegenüberstehenden Grundrechtspositionen grundsätzlich einer Abwägung zwischen diesen verschiedenen Grundrechtspositionen unter Berücksichtigung aller wesentlicher konkreter Umstände bedarf, eng definiert. Eine überzogene oder gar ausfällige Kritik macht eine Äußerung für sich genommen noch nicht zur Schmähung. Hinzutreten muss vielmehr, dass bei der Äußerung nicht mehr die Auseinandersetzung in der Sache, sondern die Diffamierung der Person im Vordergrund steht. Die Äußerung muss jenseits auch polemischer und überspitzter Kritik in der persönlichen Herabsetzung bestehen. Wesentliches Merkmal der Schmähung ist mithin eine das sachliche Anliegen völlig in den Hintergrund drängende persönliche Kränkung. Nur ausnahmsweise kann im Sinne einer Regelvermutung auf eine Abwägung unter Berücksichtigung aller Umstände des Einzelfalls verzichtet werden. Bei Äußerungen in einer die Öffentlichkeit wesentlich berührenden Frage wird dies nur selten vorliegen und eher auf die so-

genannte Privatfehde beschränkt bleiben (vgl. BVerfGE 82, 272 <283 f.>; 93, 266 <294, 303>; BVerfG, Beschluss der 1. Kammer des Ersten Senats vom 12. Mai 2009 – 1 BvR 2272/04 –, NJW 2009, S. 3016<3018>).

[22] Vorliegend befasst sich der streitgegenständliche „Denkzettel" unzweifelhaft mit einer Angelegenheit von öffentlichem Interesse. Im Fokus der Kritik steht nicht Frau B. als Person, sondern das Rechtsamt der Stadt B. und Frau B. allein in ihrer Funktion als Sachbearbeiterin dieses Rechtsamts. Die konkret für strafwürdig erachteten Äußerungen verlieren nicht jeden Sachbezug zum kritisierten Geschehen, mögen sie auch scharf und überzogen sein und mag auch die namentliche Nennung einer Sachbearbeiterin nicht angebracht erscheinen.

[23] c) Die Ausführungen des Amtsgerichts, das im Rahmen des § 193 StGB eine Abwägung unter Berücksichtigung der Umstände des Einzelfalls vorgenommen hat, messen selbst unter der – unzutreffenden – Prämisse einer Tatsachenbehauptung der Meinungsfreiheit nicht genügend Bedeutung bei. Dies gilt auch für die hilfsweisen, knapp gehaltenen Erwägungen des Landgerichts zur Verhältnismäßigkeit. Es ist zu berücksichtigen, dass das Recht, Maßnahmen der öffentlichen Gewalt ohne Furcht vor staatlichen Sanktionen auch scharf kritisieren zu können, zum Kernbereich der Meinungsfreiheit gehört und deren Gewicht insofern besonders hoch zu veranschlagen ist (vgl. BVerfGE 93, 266 <293>). Auch ist in Anbetracht der tatsächlichen gerichtlichen Feststellungen, insbesondere betreffend das Hintergrundgeschehen, das Maß der Ehrverletzung der Sachbearbeiterin nicht derart hoch, dass diese im konkreten Fall die Meinungsfreiheit überwiegen könnte. Dabei erlaubt es die Meinungsfreiheit insbesondere nicht, die Beschwerdeführer auf das zur Kritik am Rechtsstaat Erforderliche zu beschränken und ihnen damit ein Recht auf polemische Zuspitzung abzusprechen. Inwieweit vorliegend, worauf das Landgericht zusammenfassend abstellt, die betroffene Sachbearbeiterin mit wahllosen Beschimpfungen, existenzbedrohenden öffentlichen Verdächtigungen oder willkürlichen Abwertungen überzogen oder mundtot gemacht worden sein soll, erschließt sich weder aus den den angegriffenen Entscheidungen zugrundeliegenden tatsächlichen Feststellungen noch aus deren Würdigung.

6. Straftaten gegen das Leben – §§ 211 ff. StGB

a) Tötungsvorsatz und Tötungsmotiv bei §§ 211, 212 StGB

179 Bei äußerst gefährlichen Gewalthandlungen liegt zwar ein bedingter Tötungsvorsatz trotz der hohen Hemmschwelle hinsichtlich der Tötung eines Menschen nahe. Der **Schluss** aus einer besonders gefährlichen Gewalthandlung **auf einen (bedingten) Tötungsvorsatz** ist aber nur dann rechtsfehlerfrei, wenn der Tatrichter auch die im Einzelfall in Betracht kommenden, den Vorsatz in Frage stellenden, Umstände in seine Erwägungen einbezogen hat.[186]

[9] b) Auch unter Berücksichtigung des bestehenden tatrichterlichen Bewertungsspielraums werden die Ausführungen des Landgerichts den Anforderungen an die Prüfung des bedingten Tötungsvorsatzes nicht gerecht.

---

[186] BGH, Beschluss vom 27.8.2013 – 2 StR 148/13; vgl. hierzu aber auch BGH, Urteil vom 11.6.2013 – 1 StR 86/13.

[10] aa) Hinsichtlich des Angeklagten S., der selbst keine Gewalthandlungen vorgenommen hat, hat das Landgericht den bedingten Tötungsvorsatz allein aus dem Umstand abgeleitet, dass er die Gewaltanwendung der Angeklagten G. und H. wahrgenommen hat. Damit ist indes nur das Wissenselement des Vorsatzes belegt. Denn die Wahrnehmung von Gewalthandlungen allein rechtfertigt nicht ohne weiteres den Schluss auf die zumindest bedingte Inkaufnahme des tödlichen Erfolgs (vgl. BGH, Beschluss vom 24. August 1993 – 4 StR 470/93, StV 1994, 13, 14; *Beschluss vom 6. März 2002 –* 4 StR 30/02, *BGHR StGB § 212 Abs. 1 Vorsatz, bedingter 54).*

[11] bb) Bezüglich der Angeklagten G. und H. fehlt es an einer umfassenden Gesamtwürdigung der objektiven und subjektiven Tatumstände. Das Landgericht ist zwar zutreffend davon ausgegangen, dass bei äußerst gefährlichen Gewalthandlungen ein bedingter Tötungsvorsatz trotz der hohen Hemmschwelle hinsichtlich der Tötung eines Menschen nahe liegt (BGH, Urteil vom 22. März 2012 – 4 StR 558/11, NJW 2012, 1524, 1525; *Urteil vom 17. Juli 2013 –* 2 StR 139/13). *Dies gilt insbesondere dann, wenn der Täter – wie hier der Angeklagte G. – seinen Gegner zu Boden gestreckt hat und anschließend auf das infolgedessen wehrlose Opfer mehrfach im Bereich des Kopfes und der Bauchgegend eintritt (vgl.* BGH, Urteil vom 25. Mai 2007 – 1 StR 126/07, NStZ 2007, 639, 640). *Der Schluss aus einer besonders gefährlichen Gewalthandlung auf einen (bedingten) Tötungsvorsatz ist aber nur dann rechtsfehlerfrei, wenn der Tatrichter auch die im Einzelfall in Betracht kommenden, den Vorsatz in Frage stellenden Umstände in seine Erwägungen einbezogen hat* (BGH, Beschluss vom 10. Juli 2007 – 3 StR 233/07, NStZ-RR 2007, 307). *Hieran fehlt es.*

[12] Das Landgericht hat den Angeklagten G. und H. im Rahmen der Strafzumessung zugutegehalten, dass es sich um eine Spontantat gehandelt hat. Dieser Umstand, der einem bedingten Tötungsvorsatz entgegenstehen kann (vgl. BGH, Urteil vom 17. Dezember 2009 – 4 StR 424/09, NStZ 2010, 571, 572; *Urteil vom 17. Juli 2013 –* 2 StR 139/13), *hätte aber nicht nur im Rahmen der Strafzumessung, sondern bereits bei der Prüfung des voluntativen Vorsatzelements erörtert werden müssen. Es kommt hinzu, dass es an einem einsichtigen Grund dafür fehlt, dass die Angeklagten in der konkreten Tatsituation den Tod des Geschädigten billigend in Kauf genommen haben (vgl. auch* BGH, Beschluss vom 24. August 1990 – 3 StR 311/90, *BGHR StGB § 212 Abs. 1 Vorsatz, bedingter 22; Urteil vom 30. November 2005 – 3 StR 344/05,* NStZ-RR 2006, 317, 318). *Dies hat die Strafkammer ebenfalls nicht in ihre Gesamtwürdigung einbezogen, obwohl sie festgestellt hat, dass – zumindest aus Sicht des Angeklagten B. – die Gewalthandlungen der Angeklagten G. und H. letztlich den Zweck verfolgten, „den Geschädigten aus der Diskothek zu schaffen" (UA S. 14).*

Bei **äußerst gefährlichen Gewalthandlungen** liegt es zwar nahe, dass der Täter mit Tötungsvorsatz handelt; denn in derartigen Fällen ist in der Regel ein Schluss von der objektiven Gefährlichkeit der Handlungen eines Täters auf seine innere Einstellung im Sinne eines bedingten Tötungsvorsatzes zu ziehen. Trotz dieses gewichtigen Beweisanzeichens ist aber in einer Gesamtschau auch die Möglichkeit in Betracht zu ziehen, dass der Täter die **Gefahr der Tötung nicht erkannt** oder jedenfalls **darauf vertraut hat**, ein solcher Erfolg werde nicht eintreten.[187] **180**

---

[187] BGH, Urteil vom 9.1.2013 – 5 StR 395/12.

181 **Bedingten Tötungsvorsatz** hat, wer den Eintritt des Todes als mögliche Folge seines Handelns erkennt (Wissenselement) und billigend in Kauf nimmt (Willenselement). Beide Elemente müssen durch tatsächliche Feststellungen belegt werden. Ihre Bejahung oder Verneinung kann nur auf der Grundlage einer **Gesamtbetrachtung** aller objektiven und subjektiven Umstände erfolgen. Dabei ist die auf der Grundlage der dem Täter bekannten Umstände zu bestimmende **objektive Gefährlichkeit der Tathandlung** ein wesentlicher Indikator. Bei äußerst gefährlichen Gewalthandlungen liegt die Annahme von zumindest bedingtem Tötungsvorsatz nahe. Gleichwohl können das Wissens- oder Willenselement des Vorsatzes im Einzelfall fehlen, etwa wenn dem Täter, obwohl er alle Umstände kennt, die sein Vorgehen zu einer das Leben gefährdenden Behandlung machen, das Risiko einer Tötung infolge einer **psychischen Beeinträchtigung** oder **alkoholischen Beeinflussung** zur Tatzeit nicht bewusst ist. Im Rahmen der Prüfung, ob ein Tötungsvorsatz festzustellen ist, hat das Gericht eine umfassende Gesamtwürdigung von Täter und Tatumständen vorzunehmen und dabei in seine Erwägungen alle Umstände einzubeziehen, die für oder gegen einen Tötungsvorsatz sprechen könnten.[188]

182 Wenn der Tatrichter im Rahmen der Prüfung des bedingten Tötungsvorsatzes **Gewalthandlungen** des Täters festgestellt hat, die für das Opfer **objektiv lebensbedrohlich** gewesen sind, kann das Revisionsgericht nicht auf der Grundlage einer abweichenden Beurteilung der Bedeutung einer **Indiztatsache** in die Überzeugungsbildung des Tatrichters eingreifen. Zwar hat der Bundesgerichtshof die auf der Grundlage der dem Täter bekannten Umstände zu bestimmende objektive Gefährlichkeit der Tathandlung als wesentlichen Indikator sowohl für das Wissens- als auch für das Willenselement des bedingten Vorsatzes angesehen und bei äußerst gefährlichen Gewalthandlungen das Vorliegen beider Elemente als naheliegend bezeichnet. Dies bedeutet jedoch nicht, dass der Tatrichter der objektiven Gefährlichkeit der Tathandlung bei der Prüfung der subjektiven Tatseite von Rechts wegen immer die ausschlaggebende indizielle Bedeutung beizumessen hätte. Darin läge eine vom Einzelfall gelöste Festlegung des Beweiswerts und der Beweisrichtung eines im Zusammenhang mit derartigen Delikten immer wieder auftretenden Umstandes, die einer Beweisregel nahekäme und deshalb dem Grundsatz der freien richterlichen Beweiswürdigung widerspräche.[189]

[3] Am Morgen des 17. September 2011 kam es in der Nähe einer Diskothek in A. zunächst zu einem verbalen Konflikt zwischen einer Gruppe um die – erheblich alkoholisierten und in ihrer Steuerungsfähigkeit im Sinne von § 21 StGB erheblich verminderten – Angeklagten und dem Geschädigten S.. Dieser begab sich danach zum Eingangsbereich der Diskothek und setzte sich auf die dortigen Stufen. Nachdem die Angeklagten und zwei ihrer Begleiter ein Taxi bestiegen hatten und aus diesem Fahrzeug heraus beim Vorbeifahren an dem Geschädigten und dessen Bekannten K. ein sogenannter „Stinkefinger" gezeigt worden war, stand K. auf, folgte dem Taxi und schlug gegen die Scheibe, um die Insassen zu einer Klärung aufzufordern. Die Insassen des Taxis stiegen aus. Einer von ihnen, der Zeuge Sch, begab sich sogleich zum Zeugen K., worauf sich zwischen diesen beiden eine verbale Auseinandersetzung mit gegenseitigen Beleidigungen ergab. Der Geschädigte ging in die Richtung der Strei-

---

[188] BGH, Urteil vom 17.7.2013 – 2 StR 176/13.

[189] BGH, Urteil vom 16.5.2013 – 3 StR 45/13; siehe auch BGH, Beschluss vom 9.10.2013 – 4 StR 364/13.

tenden, um K. aus der Auseinandersetzung herauszuholen. Daraufhin kam es zwischen dem Angeklagten D. und dem Geschädigten ebenfalls zu Beleidigungen und zu einem Gerangel. Schließlich versetzte der Angeklagte D. dem Geschädigten zwei bis drei gezielte heftige Faustschläge in das Gesicht, wodurch dieser zu Boden ging. Der Angeklagte D. beugte sich sodann herunter und schlug jedenfalls ein weiteres Mal mit der Faust auf den Oberkörper oder in das Gesicht des Geschädigten, wobei dieser versuchte, sich durch seine Hände und Arme vor der Wucht der Schläge zu schützen. Der Angeklagte G., der sich bis dahin irgendwo im Umfeld des Geschehens aufgehalten hatte, ohne selbst einzugreifen, kam hinzu, als der Geschädigte bereits am Boden lag, um mit seinem Freund D. gemeinsam auf den Geschädigten einzuwirken. Der Angeklagte G. trat aus dem Lauf heraus mit der Innenseite seines mit Straßenturnschuhen beschuhten linken Fußes wuchtig gegen den Kopf des Geschädigten. In schneller Abfolge folgten von diesem Angeklagten ausgeführte vier bis fünf weitere Tritte in das Gesicht des am Boden Liegenden. Der Angeklagte D., der leichte Straßenturnschuhe trug, nahm dies wahr, billigte das Vorgehen seines Freundes G. und trat nunmehr ebenfalls zwei- bis dreimal heftig auf das sich nicht mehr wehrende Opfer ein. Die Tritte gingen jedenfalls auch gezielt auf den Kopf des Opfers. Sie waren wuchtig und potentiell lebensbedrohlich, ohne dass es allerdings zu einer konkreten Lebensgefahr kam. Schließlich ließ der Angeklagte D. von dem Geschädigten ab und lief, sich die Jacke über den Kopf ziehend, in Richtung einer nahegelegenen Tankstelle davon. Der Angeklagte G. führte noch einen Tritt aus und flüchtete dann, sich seine Jacke ebenfalls über den Kopf ziehend, unmittelbar hinter dem Angeklagten D. her. Bei der Tankstelle blieben sie gut sichtbar stehen.

[4] Infolge der Gewalteinwirkung durch die Angeklagten erlitt der Geschädigte im Wesentlichen eine Fraktur des Orbitabogens links, eine Kieferhöhlenfraktur links sowie eine Nasenbeinfraktur. Er verlor insgesamt drei Zähne. Im Bereich des linken Auges bis hinunter zum Jochbogen hatte er ein sogenanntes Monokelhämatom. Der Geschädigte verbrachte einen Tag im Krankenhaus; er litt auch danach noch in erheblichen Umfang und längere Zeit an den psychischen Folgen der Tat, die auch zum Verlust seines Arbeitsplatzes führten.

[5] 2. Den Schuldspruch hat das Landgericht auf § 223 Abs. 1, § 224 Abs. 1 Nr. 2, 4 und 5 StGB gestützt. Die Angeklagten hätten jedenfalls billigend in Kauf genommen, mit ihren wuchtigen Tritten gegen den Kopf des Geschädigten erhebliche Körperverletzungen hervorzurufen. Demgegenüber hat das Landgericht nicht sicher feststellen können, „dass der vor Beginn der Tathandlung gefasste Entschluss einen Tötungsvorsatz enthielt“ oder die Angeklagten „im Verlauf der Geschehnisse einen Tötungsvorsatz fassten“. Die Jugendkammer hat daher den Tatbestand des versuchten Totschlags nicht festzustellen vermocht. Dies hat das Landgericht ausführlich und im Einzelnen begründet. Dabei hat es sich davon überzeugt, dass das Wissenselement des bedingten Tötungsvorsatzes bei den Angeklagten gegeben war, aber unter Abwägung der festgestellten Gesamtumstände das Vorliegen des Willenselementes des bedingten Tötungsvorsatzes bei beiden Angeklagten nicht ohne vernünftige Zweifel festzustellen vermocht.

[6] II. Der Schuldspruch hält der rechtlichen Nachprüfung stand. Die Beweiswürdigung, auf welcher die Überzeugung der Jugendkammer beruht, ein auch nur bedingter Tötungsvorsatz sei nicht zweifelsfrei festzustellen, begegnet keinen durchgreifenden rechtlichen Bedenken.

[7] 1. Bedingt vorsätzliches Handeln setzt voraus, dass der Täter den Eintritt des tatbestandlichen Erfolges als möglich und nicht ganz fern liegend erkennt, weiter,

dass er ihn billigt oder sich um des erstrebten Zieles willen mit der Tatbestandsverwirklichung zumindest abfindet. Vor Annahme eines bedingten Vorsatzes müssen beide Elemente der inneren Tatseite, also sowohl das Wissens- als auch das Willenselement, umfassend geprüft und gegebenenfalls durch tatsächliche Feststellungen belegt werden. Hierzu bedarf es einer Gesamtschau aller objektiven und subjektiven Tatumstände des Einzelfalles, in welche vor allem die objektive Gefährlichkeit der Tathandlung, die konkrete Angriffsweise des Täters, seine psychische Verfassung bei der Tatbegehung und seine Motivationslage einzubeziehen sind. Kann der Tatrichter auf der Grundlage dieser Gesamtbewertung aller Umstände Zweifel am Vorliegen des bedingten Vorsatzes nicht überwinden, so hat das Revisionsgericht dies regelmäßig hinzunehmen; denn die Beweiswürdigung ist vom Gesetz dem Tatrichter übertragen (§ 261 StPO). Es obliegt daher allein ihm, sich unter dem umfassenden Eindruck der Hauptverhandlung ein Urteil über die Schuld des Angeklagten zu bilden. Seine Schlussfolgerungen brauchen nicht zwingend zu sein; es genügt, dass sie möglich sind. Die revisionsgerichtliche Prüfung beschränkt sich allein darauf, ob dem Tatrichter Rechtsfehler unterlaufen sind. Das ist in sachlich-rechtlicher Hinsicht der Fall, wenn die Beweiswürdigung widersprüchlich, unklar oder lückenhaft ist, gegen Denkgesetze oder gesicherte Erfahrungssätze verstößt oder an die Überzeugung von der Schuld des Angeklagten überhöhte Anforderungen stellt. Liegen solche Rechtsfehler nicht vor, hat das Revisionsgericht die tatrichterliche Überzeugungsbildung auch dann hinzunehmen, wenn eine abweichende Würdigung der Beweise möglich oder sogar näher liegend gewesen wäre.

[8] Gleichermaßen allein Sache des Tatrichters ist es, die Bedeutung und das Gewicht der einzelnen Indizien in der Gesamtwürdigung des Beweisergebnisses zu bewerten. Ist diese Bewertung nach den dargestellten rechtlichen Maßstäben vertretbar, so kann das Revisionsgericht nicht auf der Grundlage einer abweichenden Beurteilung der Bedeutung einer Indiztatsache in die Überzeugungsbildung des Tatrichters eingreifen. Dies muss insbesondere auch dann gelten, wenn der Tatrichter im Rahmen der Prüfung des bedingten Tötungsvorsatzes Gewalthandlungen des Täters festgestellt hat, die für das Opfer objektiv lebensbedrohlich gewesen sind. Zwar hat der Bundesgerichtshof die auf der Grundlage der dem Täter bekannten Umstände zu bestimmende objektive Gefährlichkeit der Tathandlung als wesentlichen Indikator sowohl für das Wissens- als auch für das Willenselement des bedingten Vorsatzes angesehen und bei äußerst gefährlichen Gewalthandlungen das Vorliegen beider Elemente als naheliegend bezeichnet. Dies bedeutet jedoch nicht, dass der Tatrichter der objektiven Gefährlichkeit der Tathandlung bei der Prüfung der subjektiven Tatseite von Rechts wegen immer die ausschlaggebende indizielle Bedeutung beizumessen hätte. Darin läge eine vom Einzelfall gelöste Festlegung des Beweiswerts und der Beweisrichtung eines im Zusammenhang mit derartigen Delikten immer wieder auftretenden Umstandes, die einer Beweisregel nahekäme und deshalb dem Grundsatz der freien richterlichen Beweiswürdigung widerspräche.

[9] Dieselben Grundsätze gelten für solche Beweisanzeichen, die sich auf den ersten Blick als ambivalent darstellen, die also dem Tatrichter, je nachdem, wie er sie im Einzelfall bewertet, rechtlich zulässige Schlüsse sowohl zu Gunsten als auch zu Lasten des Angeklagten ermöglichen. Eine rechtlich vertretbare tatrichterliche Entscheidung darüber, in welchem der möglichen, zueinander in einem Gegensatz stehenden Beweiszusammenhänge ein solcher Umstand im konkreten Fall indizielle Bedeutung entfaltet, ist vom Revisionsgericht hinzunehmen. Der Tatrichter kann in einem solchen Falle nicht gehalten sein, denselben Umstand nochmals in dem ande-

ren Beweiszusammenhang zu erwägen und damit Gefahr zu laufen, sich zu seinem anderweitig gewonnenen Ergebnis zu Gunsten oder zu Lasten des Angeklagten in Widerspruch zu setzen (vgl. zu alledem BGH, Urteil vom 20. September 2012 – 3 StR 140/12, NStZ-RR 2013, 75, 76 f. m.w.N.).

[10] Nach alledem ist es bei der Prüfung des bedingten Tötungsvorsatzes – nicht anders als sonst bei der Würdigung der Beweise – aus revisionsrechtlicher Sicht erforderlich, aber auch ausreichend, sämtliche objektiven und subjektiven, für und gegen den Angeklagten sprechenden Umstände des Einzelfalles in eine individuelle Gesamtschau einzubeziehen und zu bewerten.

[11] 2. Daran gemessen ist die Beweiswürdigung des Landgerichts nicht zu beanstanden. Sie beruht auf einer bewertenden Gesamtschau aller maßgeblichen objektiven und subjektiven Tatumstände des Einzelfalles. Die von der Jugendkammer in diesem Zusammenhang angestellten Erwägungen sind weder lückenhaft, widersprüchlich oder unklar noch verstoßen sie gegen Denkgesetze oder gesicherte Erfahrungssätze. Die Beschwerdeführerin beanstandet die Beweiswürdigung weitgehend mit eigenen Wertungen; damit kann die Revision regelmäßig nicht erfolgreich begründet werden. Im Einzelnen:

Allein aus einer **arbeitsteiligen Tatbegehung,** in deren Verlauf auch die versuchte **183**
Tötung des Opfers einbezogen gewesen ist, ergibt sich nicht zwingend, dass auch diesbezüglich ein **gemeinsamer Tatplan** vorgelegen hat.[190]

[9] 2. Die Revision des Angeklagten S.S. ist begründet, denn die Feststellungen tragen die Verurteilung wegen versuchten Totschlags nicht. Der Angeklagte erlangte zwar jedenfalls bei Abgabe des ersten Schusses durch seinen Bruder Kenntnis davon, dass dieser eine Schusswaffe führte. Rechtsfehlerhaft ist aber die Erwägung, auf welche das Landgericht die Annahme eines gemeinsamen Tatplans zur Tötung gestützt hat: Es hat ausgeführt, da der Angeklagte sich nach dem ersten Schuss weiter aktiv an der Tatausführung beteiligt habe, lasse „das gesamte Tatgeschehen" eine arbeitsteilige Tatbegehung erkennen, in welche auch die Tötung des Nebenklägers einbezogen gewesen sei. Es habe sich bei dem zweiten Schuss nicht um eine Exzesshandlung des T. S. gehandelt.

[10] Hieraus ergibt sich kein tragfähiger Grund, dem Angeklagten S. S. den Tötungsvorsatz seines Bruders zuzurechnen. Er hatte bemerkt, dass dieser den Geschädigten „gezielt" in das Bein schoss, also gerade nicht mit Tötungsvorsatz handelte. Eine ausdrückliche Absprache hat das Landgericht nicht festgestellt. Zum Zeitpunkt der Abgabe des zweiten Schusses war der Angeklagte T. S. einige Meter zurückgetreten und hatte beobachtet, wie sein Bruder auf den Geschädigten einschlug. Es ist nicht dargetan, dass S. S. mit der Abgabe eines zweiten Schusses überhaupt rechnete und dass er tatsächlich annahm, sein Bruder werde das Opfer nun nicht mehr nur verletzen, sondern töten. Die aktive Beteiligung an den weiteren Körperverletzungshandlungen nach dem ersten Schuss trägt, entgegen der Annahme des Landgerichts, nicht die Annahme von Tatherrschaft und eines gemeinsamen Tatenschlusses zur Tötung.

[11] Soweit eine Strafbarkeit des Angeklagten wegen versuchten Totschlags durch Unterlassen in Betracht kommt, steht zwar seine Garantenstellung außer Frage; es

190 BGH, Urteil vom 13.3.2013 – 2 StR 440/12.

ist aber nicht mit hinreichender Sicherheit festgestellt, welche Vorstellungen sich der Angeklagte zum Zeitpunkt des Weggehens über den Zustand des Geschädigten machte, insbesondere ob er dessen Rettung überhaupt noch für möglich hielt. Das Landgericht hat zwar einen beendeten Versuch angenommen, sich mit der Frage des Unterlassens-Vorsatzes aber – aus seiner Sicht konsequent – nicht näher befasst.

b) Mordmerkmale

aa) Niedrige Beweggründe

184 Bei der Annahme **niedriger Beweggründe** darf **nicht allein auf das objektiv äußerst brutale Tatgeschehen** abgestellt werden, ohne die für die einzelnen Täter maßgeblichen subjektiven Beweggründe zu erörtern. Die Beurteilung, ob ein Beweggrund „niedrig" ist, setzt regelmäßig zunächst die **Feststellung der Tatmotive** voraus.[191]

[9] 2. Das Landgericht hat auf der Grundlage seiner – auch zur subjektiven Seite – rechtsfehlerfrei getroffenen Feststellungen zutreffend angenommen, dass sich die Angeklagten des versuchten Totschlags schuldig gemacht haben. Die Bewertung, dass sie dabei aus niedrigen Beweggründen handelten, hält der revisionsrechtlichen Prüfung indes nicht stand. Das Landgericht hat bei der Annahme niedriger Beweggründe nämlich allein auf das objektiv äußerst brutale Tatgeschehen abgestellt, ohne die für die einzelnen Angeklagten maßgeblichen subjektiven Beweggründe zu erörtern. Die Beurteilung, ob ein Beweggrund „niedrig" ist, setzt aber regelmäßig zunächst die Feststellung der Tatmotive voraus. Daran fehlt es hier.

[10] Zwar geht die Strafkammer im Ansatz zutreffend davon aus, dass die Beurteilung niedriger Beweggründe einer Gesamtwürdigung bedarf, die alle äußeren und inneren für die Handlungsantriebe des Täters maßgeblichen Faktoren einschließt (st. Rspr.; vgl. BGH, Urteile vom 2. Dezember 1987 – 2 StR 559/87, BGHSt 35, 116, 127; vom 1. März 2012 – 3 StR 425/11, NStZ 2012, 691, 692). Jedoch teilt das Urteil die tatsächlichen Beweggründe der Angeklagten nicht mit. Auch aus dem Gesamtzusammenhang der Urteilsgründe und der Feststellung, den Angeklagten sei zu Beginn des Geschehens unausgesprochen klar gewesen, dass man dem Geschädigten „nunmehr bei dieser Gelegenheit eine Abreibung verpassen wollte", ergibt sich nicht, welche Motive für die Täter maßgeblich waren. Es bleibt insbesondere offen, ob und gegebenenfalls für welchen der Täter handlungsleitend war, dass der Geschädigte mehrere Jahre vor der Tat die Mutter des Angeklagten A. über einen längeren Zeitraum körperlich misshandelt hatte. Wäre dies für die Tatmotivation maßgeblich gewesen, hätte es jedenfalls in die erforderliche Gesamtwürdigung einbezogen werden müssen, wenngleich je nach den weiteren Umständen auch Gefühlsregungen wie Wut, Ärger, Hass und Rache als niedrige Beweggründe in Betracht kommen können (vgl. BGH, Beschluss vom 22. Juli 2010 – 4 StR 180/10, NStZ 2011, 35 m.w.N.). …

[15] Die(se) Feststellungen tragen den Schuldspruch (auch) wegen besonders schweren Raubes (§ 249 Abs. 1, § 250 Abs. 2 Nr. 1 und 3a StGB) nicht, da sich ihnen eine finale Verknüpfung zwischen dem Einsatz von Gewalt und der Wegnahme nicht entnehmen lässt (vgl. BGH, Beschluss vom 10. Mai 2012 – 3 StR 68/12,

---

[191] BGH, Beschluss vom 21.2.2013 – 3 StR 496/12.

NStZ-RR 2012, 270 m.w.N.). Die Feststellungen verhalten sich nicht zur subjektiven Tatseite. Auch die (die Wegnahme betreffenden) Erwägungen in der Beweiswürdigung, es habe sich ein gemeinschaftlicher Vorsatz entwickelt, der sukzessive in der Übergabe des Portemonnaies gegipfelt habe, lassen offen, ob der Gewalteinsatz erfolgte, um die Wegnahme zu ermöglichen. Allein der Umstand, dass die Wirkungen einer ohne Wegnahmeabsicht ausgeübten Gewalt andauern und der Täter dies zur Wegnahme ausnutzt, genügt indes für die Annahme eines Raubes nicht (BGH, Beschluss vom 10. Mai 2012 – 3 StR 68/12 aaO).

[16] 2. Die Feststellungen zu Fall II. 5. tragen den Schuldspruch wegen gefährlicher Körperverletzung (§ 223 Abs. 1, § 224 Abs. 1 Nr. 2, 4 und 5 StGB) nicht, da aus diesen nicht zu ersehen ist, dass der Angeklagte J. die Qualifikationsmerkmale verwirklicht hat. Danach schlug der Angeklagte dem Nebenkläger F. einmal wuchtig mit der Faust ins Gesicht, so dass dieser zu Boden ging. Daraufhin bildete sich eine Menschentraube um den Geschädigten, aus der heraus er geschlagen und getreten wurde, während der Angeklagte J. drohend in der Menschenansammlung stehen blieb.

[17] Dies allein genügt nicht, um ihm die Handlungen der weiteren, erst nach seiner Tathandlung zusammengekommenen Personen mittäterschaftlich zuzurechnen. Mittäterschaft setzt nämlich voraus, dass jeder Beteiligte im Sinne eines zumindest konkludent gefassten gemeinschaftlichen Willensentschlusses seine eigene Tätigkeit durch die Handlung des anderen ergänzen und auch diese sich zurechnen lassen will, dass somit alle im bewussten und gewollten Zusammenwirken handeln (BGH, Beschluss vom 19. Februar 1997 – 3 StR 21/97, NStZ 1997, 336). Ein solches – möglicherweise auch unausgesprochenes – gegenseitiges Einverständnis ist den Urteilsgründen nicht zu entnehmen. Die subjektive Tatseite wird insoweit nicht erörtert. Aus der Feststellung, die Gruppe habe den Angeklagten als stadtbekannten Verdener gegenüber dem auswärtigen Studenten F. unterstützen wollen, ergibt sich nicht, dass im Gegenzug die Handlungen aus der Gruppe mit dem Einverständnis des Angeklagten geschahen.

Beweggründe sind niedrig im Sinne von § 211 Abs. 2 StGB, wenn sie nach allgemeiner sittlicher Wertung auf tiefster Stufe stehen und daher besonders, d.h. in deutlich weiterreichendem Maße als bei einem Totschlag, verachtenswert sind. Die Beurteilung erfordert eine Gesamtwürdigung aller äußeren und inneren für die Handlungsantriebe des Täters maßgeblichen Faktoren. Subjektiv muss der Täter die tatsächlichen Umstände, welche die Niedrigkeit der Beweggründe ausmachen, in ihrer Bedeutung für die Tatausführung in sein Bewusstsein aufgenommen und erkannt haben sowie – auch bei affektiver Erregung und gefühlsmäßigen oder triebhaften Regungen, wie Wut und Eifersucht – in der Lage gewesen sein, sie gedanklich zu beherrschen und zu steuern. Gerade bei einer Tötung, die geschieht, weil sich die Intimpartnerin vom Täter abwendet, können tatauslösend und -bestimmend auch Gefühle der Verzweiflung, der inneren Ausweglosigkeit und des erlittenen Unrechts sein, die eine Bewertung als „niedrig" im Sinne der Mordqualifikation fraglich erscheinen lassen.[192] 185

[6] 3. Der Schuldspruch hält sachlich-rechtlicher Überprüfung stand. Die Annahme des Mordmerkmals der niedrigen Beweggründe ist tragfähig begründet.

---

192 BGH, Urteil vom 12.6.2013 – 5 StR 129/13.

[7] a) Beweggründe sind niedrig im Sinne von § 211 Abs. 2 StGB, wenn sie nach allgemeiner sittlicher Wertung auf tiefster Stufe stehen und daher besonders, d.h. in deutlich weiterreichendem Maße als bei einem Totschlag, verachtenswert sind. Die Beurteilung erfordert eine Gesamtwürdigung aller äußeren und inneren für die Handlungsantriebe des Täters maßgeblichen Faktoren (st. Rspr.; vgl. etwa BGH, Urteile vom 1. März 2012 – 3 StR 425/11, NStZ 2012, 691, und vom 24. Januar 2006 – 5 StR 410/05, NStZ-RR 2006, 140, jeweils m.w.N.). Subjektiv muss der Täter die tatsächlichen Umstände, welche die Niedrigkeit der Beweggründe ausmachen, in ihrer Bedeutung für die Tatausführung in sein Bewusstsein aufgenommen und erkannt haben sowie – auch bei affektiver Erregung und gefühlsmäßigen oder triebhaften Regungen, wie Wut und Eifersucht – in der Lage gewesen sein, sie gedanklich zu beherrschen und zu steuern (st. Rspr.; siehe nur BGH, Urteil vom 1. März 2012 aaO). Gerade bei einer Tötung, die geschieht, weil sich die Intimpartnerin vom Täter abwendet, können tatauslösend und -bestimmend auch Gefühle der Verzweiflung, der inneren Ausweglosigkeit und erlittenen Unrechts sein, die eine Bewertung als „niedrig“ im Sinne der Mordqualifikation fraglich erscheinen lassen (BGH, Urteile vom 14. Dezember 2000 – 4 StR 375/00, StV 2001, 228, und vom 2. Mai 1990 – 3 StR 11/90, BGHR StGB § 211 Abs. 2 Niedrige Beweggründe 18).

[8] b) Die Annahme des Mordmerkmals der niedrigen Beweggründe durch das Landgericht wird diesen Maßstäben gerecht. Die Schwurgerichtskammer bezieht in ihre Würdigung ein, dass Gefühlsregungen wie Wut und Eifersucht in der Regel nur dann als niedrige Beweggründe in Betracht kommen, wenn sie ihrerseits auf niedrigen Beweggründen beruhen, was am ehesten der Fall ist, wenn diese Gefühlsregungen jeglichen nachvollziehbaren Grundes entbehren (vgl. BGH, Urteil vom 1. März 2012 aaO). Sie stellt insoweit darauf ab, dass der Angeklagte „das Abwenden der L. von ihm und die neue Beziehung von ihr sowie die Beaufsichtigung des Kindes durch den neuen Partner“ verhindern wollte (UA S. 33). Er habe sie „aus eigensüchtigen Motiven, nämlich aus den narzisstischen Zügen resultierender Wut und Eifersucht“ getötet (UA S. 44). Namentlich vor dem Hintergrund des festgestellten gravierenden, bereits die Trennung begründenden Fehlverhaltens des Angeklagten gegenüber seiner Partnerin im Vorfeld der Tat hält sich dies ungeachtet von deren ambivalentem Verhalten, das ersichtlich auch maßgeblich von einer gewissen Achtung seiner Vaterrolle gegenüber dem gemeinsamen Kind bestimmt war, noch innerhalb des dem Tatgericht zustehenden Beurteilungsspielraums (vgl. BGH, Urteile vom 10. Mai 2005 – 1 StR 30/05, und vom 25. Juli 2006 – 5 StR 97/06, BGHR StGB § 211 Abs. 2 Niedrige Beweggründe 47).

[9] c) Auch die subjektive Seite des Mordmerkmals ist rechtsfehlerfrei belegt. Insbesondere erkennt die sachverständig beratene Schwurgerichtskammer, dass die Persönlichkeitsstörung des Angeklagten der Annahme der subjektiven Voraussetzungen des Mordmerkmals entgegenstehen kann (vgl. BGH, Beschluss vom 3. Januar 1996 – 3 StR 588/95, BGHR StGB § 211 Abs. 2 Niedrige Beweggründe 32, Urteil vom 25. Juli 2006 – 5 StR 97/06, aaO). Sie schließt dies indessen mit rechtlich nicht zu beanstandenden Erwägungen aus, weil der Angeklagte, der die Tötung im Vorfeld angekündigt hatte, durchaus in der Lage gewesen war, die maßgeblichen Umstände zu erkennen und seinen Impulsen zu widerstehen (vgl. BGH, Urteil vom 29. November 1978 – 2 StR 504/78, BGHSt 28, 210, 212 m.w.N.). Soweit das Landgericht bei der Bewertung der Persönlichkeitsstörung des Angeklagten die einer jugendrechtlichen Sanktion zugrundeliegenden Umstände ungeachtet ihrer Unverwertbarkeit nach §§ 63, 51 BZRG herangezogen hat, schließt der Senat sicher aus, dass sich

dies auf die vom Landgericht vorgenommene Beurteilung der subjektiven Voraussetzungen des Mordmerkmals zum Nachteil des Angeklagten ausgewirkt hat.

Bei der Prüfung der niedrigen Beweggründe ist erforderlich und zugleich genügend, dass der **Täter die Umstände kennt** und bewusst erfasst, welche die **Bewertung seines Handlungsantriebes als niedrig** begründen. Dagegen braucht er ihre Bewertung weder als niedrig vornehmen noch nachvollziehen; auf seine eigene Einschätzung oder rechtsethische Bewertung kommt es nicht an.[193] **186**

[18] 2. Auch die Prüfung des Mordmerkmals der niedrigen Beweggründe leidet an einem durchgreifenden Rechtsfehler. Bezüglich der Anforderungen an die subjektive Tatseite geht die Kammer von einem unzutreffenden rechtlichen Maßstab aus.

[19] Der Vertreter der Nebenkläger, RA Prof. Dr. W., hat in seiner Revisionsbegründung hierzu u.a. ausgeführt:

> *„Rechtlich fehl geht auch die Hilfserwägung der Kammer, wonach jedenfalls die subjektive Seite des Mordmerkmals der niedrigen Beweggründe nicht gegeben sei. …*
>
> *Bei der Prüfung der niedrigen Beweggründe ist erforderlich und zugleich genügend, dass der Täter die Umstände kennt und bewusst erfasst, welche die Bewertung seines Handlungsantriebes als niedrig begründen. Dagegen braucht er ihre Bewertung als weder niedrig vorzunehmen noch nachzuvollziehen; auf seine eigene Einschätzung oder rechtsethische Bewertung kommt es nicht an (BGHSt 6, 329, 331; BGHR StGB § 211 Abs. 2 niedrige Beweggründe 6, 13, 15, 23, 24; st. Rspr.).“*

[20] Dem ist vom Senat nichts hinzuzufügen.

bb) Heimtücke

Heimtückisch handelt, wer die Arg- und Wehrlosigkeit des Opfers bewusst zur Tötung ausnutzt. **Ausnutzungsbewusstsein** kann zwar im Einzelfall ohne Weiteres aus dem objektiven Bild des Geschehens entnommen werden, wenn dessen gedankliche Erfassung durch den Täter auf der Hand liegt. Auf eine Gesamtwürdigung aller Umstände und auf die nähere Erläuterung der Feststellung eines Ausnutzungsbewusstseins kann aber dann nicht verzichtet werden, wenn gewichtige Umstände dagegen sprechen.[194] **187**

[2] Nach den Feststellungen war die Angeklagte als Jugendliche drogenabhängig gewesen und der Prostitution nachgegangen. Dabei hatte sie den 50 Jahre älteren H. H. als Freier kennen gelernt. Dieser beschaffte ihr Drogen als Gegenleistung für sexuelle Dienste. Von 1999 bis 2011 holte die Angeklagte den Hauptschulabschluss nach, erwarb die Fachoberschulreife und dann die allgemeine Hochschulreife, studierte Medizin, legte das Staatsexamen ab und erlangte ihre Approbation als Ärztin. Anfang 2011 wurde sie promoviert. Inzwischen war sie medikamentenabhängig. Am 15. Januar 2010 heiratete sie H. H. Ihr Ehemann vereitelte in der Folge ihre Bewer-

---

193 BGH, Urteil vom 4.12.2012 – 1 StR 336/12.

194 BGH, Beschluss vom 30.7.2013 – 2 StR 5/13.

bungen um eine Anstellung in einem Krankenhaus, indem er Bewerbungsschreiben heimlich Begleitschreiben beifügte, in denen er auf ihre frühere Drogenabhängigkeit hinwies. Im Jahre 2010 nahm die Angeklagte eine außereheliche Beziehung mit dem Zeugen G. auf. Am 16. Februar 2011 erreichte sie die Zusage einer Anstellung als Ärztin in einem Krankenhaus in U.

[3] In der Zwischenzeit veranlasste H. H. die Sperrung seines Girokontos, über das auch die Angeklagte verfügen konnte. Ihre Bankkarte wurde eingezogen, als sie in U. an einem Geldautomaten Geld abheben wollte. Diese Tatsache und die Entdeckung eines der Begleitbriefe ihres Ehemanns zu den Bewerbungsschreiben führten nach ihrer Rückkehr aus U. am 17. Februar 2010 zum Streit zwischen den Eheleuten. Am Abend des 18. Februar 2010 erklärte die Angeklagte ihrem Ehemann, dass sie sich von ihm trennen wolle. Er ohrfeigte sie und schob sie beiseite. Sie nahm in der Küche und auf der Toilette vier Tabletten des Beruhigungsmittels Flunitrazepam mit einigen Schlucken Wein ein und begab sich zu ihrem Ehemann in das Wohnzimmer. Dieser erklärte, dass sie tun müsse, was er sage. Er hielt ihr eine Tüte mit mindestens zehn Ampullen Morphin und einer Ampulle Piritramidan vor, die er in einem Schrank gefunden hatte, und bemerkte, sie sei wieder dort gelandet, wo sie hingehöre; sie sei eine „drogenabhängige Straßennutte". Er habe alles Geld vom Girokonto abgehoben und trage es bei sich, so dass sie ihn künftig um Geld bitten müsse. Die Angeklagte erwiderte, sie verdiene ihr eigenes Geld. Dann nahm sie die Tüte mit den Ampullen und lief in die Küche. H. H. rief ihr aus dem Wohnzimmer zu, er werde dafür sorgen, dass sie ihre Approbation verlieren werde; er habe sich schon im Klinikum A. danach erkundigt, wie man ihr die Approbation entziehen könne. Als sie erwiderte, das könne er nicht tun, rief er, er habe alles, um sie wieder in die Gosse zu schicken.

[4] Die Angeklagte stellte anhand der Verbindungsliste des Telefons fest, dass ihr Ehemann tatsächlich mit dem Klinikum A. telefoniert hatte. Ihr wurde bewusst, dass sie bis zum ersten eigenen Verdienst noch Monate lang auf seine finanzielle Unterstützung angewiesen sei, außerdem, dass er dazu entschlossen war, mit allen Mitteln eine Trennung zu verhindern. Sie sah sich in Gefahr, die zugesagte Anstellung in dem Krankenhaus in U. zu verlieren und die Beziehung zu dem Zeugen G. aufgeben zu müssen. Zur Beseitigung dieser Gefahr und der Quelle ständiger Beleidigungen und Erniedrigungen beschloss sie, ihren Ehemann zu töten.

[5] Die Angeklagte zog, „vor Wut und Aufregung am ganzen Körper zitternd", in der Küche die Inhalte aller Ampullen aus der Plastiktüte auf eine Spritze, nahm diese in die rechte Hand, rannte ins Wohnzimmer und näherte sich schreiend ihrem Ehemann. Dieser hielt ihre Arme fest und schlug ihr dann mit der flachen Hand auf die rechte Wange. Er fragte sie, was sie mit der Spritze wolle. Die Angeklagte entriss ihre rechte Hand aus seinem Griff, stieß ihn auf die Couch, stach ihm die Spritze in den Oberschenkel und drückte die Injektionslösung hinein. Hierbei handelte sie in der Erwartung, dass die Injektion tödlich sein werde. Die Morphininjektion führte zu Benommenheit, Bewusstlosigkeit und Atemstillstand mit der Folge des Todes von H. H.

[6] Das Landgericht hat die Handlung der Angeklagten als heimtückisch und aus niedrigen Beweggründen begangenen Mord beurteilt. H. H. habe nicht mit einem Angriff auf sein Leben oder seine körperliche Unversehrtheit gerechnet, weil es zuvor noch nie zu einer Anwendung von Gewalt durch die Angeklagte gegen ihn gekommen sei und weil er nicht gewusst habe, welches Mittel in der Spritze war. Diese Arglosigkeit und die daraus resultierende Wehrlosigkeit des Ehemanns habe

die Angeklagte bewusst zur Tatbegehung ausgenutzt. Sie habe sein Lebensrecht missachtet, um Nachteile in ihrem Fortkommen auszuschließen und ihren Ehemann als Kenner ihres früheren Drogenkonsums und ihrer Abhängigkeit von Benzodiazepinen auszuschalten.

[7] II. Die Bewertung der Tat als Mord ist rechtsfehlerhaft.

[8] 1. Heimtückisch handelt, wer die Arg- und Wehrlosigkeit des Opfers bewusst zur Tötung ausnutzt. Es bestehen bereits Bedenken gegen die Annahme, H. H. sei zu Beginn des Angriffs der Angeklagten auf sein Leben arglos und infolgedessen wehrlos gewesen. Jedenfalls hat das Landgericht die Behauptung, die Angeklagte habe dies bewusst zur Tötung ihres Ehemanns ausgenutzt, nicht belegt. Ausnutzungsbewusstsein kann zwar im Einzelfall ohne Weiteres aus dem objektiven Bild des Geschehens entnommen werden, wenn dessen gedankliche Erfassung durch den Täter auf der Hand liegt. Auf eine Gesamtwürdigung aller Umstände und auf die nähere Erläuterung der Feststellung eines Ausnutzungsbewusstseins kann aber dann nicht verzichtet werden, wenn gewichtige Umstände dagegen sprechen. Dazu zählen hier die hochgradige Erregung der Angeklagten, die Einnahme von Flunitrazepam vor der Tat und die Tatsache, dass sie ihrem Ehemann schreiend mit der Spritze in der Hand entgegentrat, so dass Arglosigkeit objektiv zweifelhaft erscheint und auch aus der Sicht der Angeklagten fern gelegen haben könnte. Damit hat sich das Landgericht zu Unrecht nicht auseinandergesetzt.

[9] 2. Die Bewertung des Handlungsantriebs der Angeklagten als sonst niedriger Beweggrund ist vom Landgericht ebenfalls nicht tragfähig begründet worden und erscheint angesichts der Feststellungen als fern liegend. Bei Motiven wie Wut und Erregung kommt es darauf an, ob diese Gefühlsregung jedes nachvollziehbaren Grundes entbehrt und das Handlungsmotiv in deutlich weiter reichendem Maß als bei einem Totschlag verachtenswert erscheint (vgl. Fischer, StGB 60. Aufl. § 211 Rn. 14a). Dies ist hier offenkundig nicht der Fall, weil der Getötete der Angeklagten, nur um ihr ein selbstbestimmtes Leben unmöglich zu machen und sie weiter seinem Machtanspruch zu unterwerfen, eine Anschwärzung angedroht hatte, die zum Verlust ihrer gesamten beruflichen, wirtschaftlichen und sozialen Existenz führen sollte. Angesichts dessen würde die Motivationslage eher die Annahme eines minder schweren Falls des Totschlags nach § 213 Alt. 2 StGB nahelegen als die Bewertung als Mord aus niedrigen Beweggründen.

TOPENTSCHEIDUNG ■

Heimtückisch handelt, wer in **feindlicher Willensrichtung** die Arg- und Wehrlosigkeit des Opfers bewusst zur Tötung ausnutzt; wesentlich ist, dass der Mörder sein keinen Angriff erwartendes, mithin argloses Opfer in einer hilflosen Lage überrascht und dadurch daran hindert, dem Anschlag auf sein Leben zu begegnen oder ihn wenigstens zu erschweren, wobei für die Beurteilung die Lage bei Beginn des ersten mit Tötungsvorsatz geführten Angriffs maßgebend ist. **Arg- und Wehrlosigkeit** können auch dann gegeben sein, wenn der Tat eine feindselige Auseinandersetzung vorausgeht, das Opfer aber gleichwohl nicht mit einer Tätlichkeit rechnet. Voraussetzung heimtückischer Begehungsweise ist weiter, dass der Täter die von ihm erkannte Arg- und Wehrlosigkeit des Opfers **bewusst zur Tatbegehung ausnutzt.** Dafür genügt es, wenn er die die Heimtücke begründenden Umstände nicht nur in einer äußerlichen Weise wahrgenommen, sondern in dem Sinne in ihrer Bedeutung für die Tatbegehung erfasst hat, dass ihm bewusst geworden ist, einen 188 durch seine Ahnungslosigkeit gegenüber dem Angriff schutzlosen Menschen zu überraschen.[195]

[2] 1. Das Landgericht hat – zum Anlass der Tat im Wesentlichen auf der Basis der Einlassung des Angeklagten – folgende Feststellungen und Wertungen getroffen:

[3] Der Angeklagte lebte mit der später von ihm getöteten H. – unterbrochen durch Haftzeiten des Angeklagten – seit 2002 zusammen. Nach frühzeitigem Missbrauch von Alkohol und Betäubungsmitteln beschränkte sich sein Rauschmittelkonsum zwischen 2009 und 2011 auf Alkohol, wobei er, Vorgaben seiner die Beziehung dominierenden Lebensgefährtin folgend, nicht mehr als vier bis fünf halbe Liter Bier am Tag trank. Die Alkoholreglementierung war mitunter Anlass für Streitigkeiten, im Rahmen derer H. gegenüber dem Angeklagten auch gelegentlich handgreiflich wurde. Der Angeklagte verübte hingegen bei diesen und anderen Auseinandersetzungen niemals Gewalt gegen seine Lebensgefährtin.

[4] Am Abend des 23. September 2011 hatte der Angeklagte die ihm zugebilligte Alkoholmenge bereits konsumiert. Gleichwohl fragte H., ob er noch zwei Bier haben wolle, was er bejahte. Sie holte von einer Tankstelle zwei Flaschen Bier, von denen der Angeklagte trank. Es kam zu sexuellen Handlungen. Nach deren Abschluss erzählte sie dem Angeklagten, dass sie beim Bierholen ihren früheren Dealer für Flunitrazepam getroffen habe. Sie werde noch einmal losgehen, um für sich und ihn „Flunis" zu holen. Der mittelgradig alkoholisierte Angeklagte (maximale Blutalkoholkonzentration 1,74 ‰) reagierte enttäuscht. Er hatte geglaubt, seine Lebensgefährtin, die früher Heroin und rauschmittelhaltige Medikamente konsumiert hatte, habe ihr Suchtproblem überwunden. Er machte ihr Vorhaltungen. Im Zuge des sich anschließenden Streits wurde H. immer aggressiver und schlug den Angeklagten gegen den Mund.

[5] Für H. war der Streit nun beendet. Sie wollte am Angeklagten vorbeigehen. „Dabei rechnete sie mit keinem Angriff auf ihr Leben, insbesondere weil der Angeklagte auch bei vorangegangenen Streitigkeiten sie weder geschlagen hatte noch anderweitig gewalttätig gegen sie vorgegangen war. Dies erkannte der Angeklagte trotz seiner alkoholischen Beeinflussung und nutzte es zur Tatbegehung aus" (UA S. 12). Er ergriff ein Küchenmesser, packte H., umklammerte sie mit einem Arm um den Hals, zog sie an sich heran und versetzte ihr neun kraftvoll geführte Messerstiche in die Brust. Danach lockerte er seinen Griff und stach ihr fünfmal in den Rücken. Sie sank zu Boden. Um ihren Tod sicher herbeizuführen, würgte der Angeklagte sie am Hals. Sie verstarb binnen weniger Minuten an den Folgen multipler Stichverletzungen in der linken Lunge.

[6] Der Angeklagte reinigte einen Teil der Küche und die Handflächen der Getöteten. Dann fesselte er sie mit einer Kinderstrumpfhose an den Armen und mit den Streifen eines zuvor zerrissenen Geschirrtuchs an den Beinen, um einen Überfall vorzutäuschen. Er zog sich saubere Kleidung an. Seine verschmutzte Kleidung und die zur Reinigung verwendeten Gegenstände packte er in einen Plastikmüllsack, den er im Müllcontainer eines Baumarkts entsorgte. Gegen 22 Uhr verließ er die Wohnung endgültig und begab sich in die Innenstadt von Leipzig. Den ein Jahr acht Monate alten gemeinsamen Sohn ließ er schlafend in der Wohnung zurück.

[7] Um sich ein Alibi zu verschaffen, versuchte er im weiteren Verlauf der Nacht, die Polizei durch entsprechende Anrufe zu einer Nachschau in der Wohnung zu ver-

[195] BGH, Urteil vom 11.12.2012 – 5 StR 438/12.

anlassen. Nachdem dies fehlgeschlagen war, täuschte er einen Einbruch in einem Autohaus vor und wurde kurzzeitig festgenommen. Gegen 5.50 Uhr begab er sich wieder in die Wohnung. Er alarmierte die Polizei, weil er „seine Frau“ blutüberströmt und gefesselt vorgefunden habe. Den Polizeibeamten warf er vor, nicht auf seine Anrufe reagiert und deshalb das Versterben seiner Lebensgefährtin mitverschuldet zu haben. Auch gegenüber eintreffenden Hilfskräften verhielt er sich aggressiv.

[8] 2. Die Verurteilung des in seiner Schuldfähigkeit nicht relevant beeinträchtigten Angeklagten wegen Mordes (§ 211 StGB) hält rechtlicher Prüfung stand. Der Erörterung bedarf nur die Annahme des Mordmerkmals der Heimtücke sowie des hierauf bezogenen Ausnutzungsbewusstseins. Sie weist keine durchgreifenden Rechtsfehler zum Nachteil des Angeklagten auf.

[9] a) Heimtückisch handelt, wer in feindlicher Willensrichtung die Arg- und Wehrlosigkeit des Opfers bewusst zur Tötung ausnutzt; wesentlich ist, dass der Mörder sein keinen Angriff erwartendes, mithin argloses Opfer in einer hilflosen Lage überrascht und dadurch daran hindert, dem Anschlag auf sein Leben zu begegnen oder ihn wenigstens zu erschweren, wobei für die Beurteilung die Lage bei Beginn des ersten mit Tötungsvorsatz geführten Angriffs maßgebend ist (st. Rspr., vgl. etwa BGH, Urteil vom 17. September 2008 – 5 StR 189/08, NStZ 2009, 30, 31 m.w.N.).

[10] Das Schwurgericht ist davon ausgegangen, dass sich H. keines erheblichen Angriffs auf ihre körperliche Unversehrtheit oder gar auf ihr Leben versah, als sie versuchte, an dem Angeklagten vorbeizugehen. Es leitet dies – trotz des vorangegangenen Streits mit der diesen aus Opfersicht „abschließenden“ Ohrfeige – aus dem Umstand ab, dass der Angeklagte im Verlauf der langjährigen Beziehung niemals gegen seine Lebensgefährtin gewalttätig geworden war, obwohl diese ihrerseits mitunter zugeschlagen hatte. Ferner stützt es sich auf das Ergebnis des rechtsmedizinischen Sachverständigengutachtens, wonach außer einer oberflächlichen Schnittverletzung an der Kuppe des rechten Ringfingers keine Verletzungen an der Getöteten festgestellt wurden, die darauf hindeuten könnten, dass diese noch die Möglichkeit hatte, die Stiche etwa durch instinktives Hochreißen der Arme abzuwehren.

[11] Dies lässt Rechtsfehler nicht erkennen. Nach ständiger Rechtsprechung können Arg- und Wehrlosigkeit auch dann gegeben sein, wenn der Tat eine feindselige Auseinandersetzung vorausgeht, das Opfer aber gleichwohl nicht mit einer Tätlichkeit rechnet (vgl. BGH, Beschluss vom 4. Mai 2011 – 5 StR 65/11, NStZ 2011, 634; Urteil vom 6. September 2012 – 3 StR 171/12 m.w.N.). Für seine Würdigung durfte und musste das Schwurgericht dabei den bisherigen Verlauf der Beziehung heranziehen (vgl. etwa BGH, Urteil vom 20. Januar 2005 – 4 StR 491/04, NStZ 2005, 691, 692), in deren Rahmen der Angeklagte Handgreiflichkeiten seiner Lebensgefährtin niemals „mit gleicher Münze“ vergolten hatte. Der hieraus in Verbindung mit den rechtsmedizinischen Befunden abgeleitete Schluss, diese habe sich im Zeitpunkt des Angriffs in Sicherheit gewogen und den Angriff auf ihr Leben allenfalls im letzten, eine Gegenwehr nicht mehr zulassenden Augenblick erkannt, erscheint naheliegend, jedenfalls aber möglich, und ist deshalb vom Revisionsgericht hinzunehmen. „Zwingend“ muss er entgegen der Auffassung der Revision nicht sein. Gleichfalls wäre, anders als die Verteidigung meint, angesichts von fünf Stichverletzungen mit einer Tiefe von jeweils acht Zentimetern (UA S. 27) nicht zu beanstanden, dass die Schwurgerichtskammer direkten Tötungsvorsatz auch für den Fall als gegeben ansieht, dass der Angeklagte seine Lebensgefährtin – für sich genommen nicht tödlich wirkend – zuerst in den Rücken gestochen hat.

[12] b) Voraussetzung heimtückischer Begehungsweise ist weiter, dass der Täter die von ihm erkannte Arg- und Wehrlosigkeit des Opfers bewusst zur Tatbegehung ausnutzt. Dafür genügt es, wenn er die die Heimtücke begründenden Umstände nicht nur in einer äußerlichen Weise wahrgenommen, sondern in dem Sinne in ihrer Bedeutung für die Tatbegehung erfasst hat, dass ihm bewusst geworden ist, einen durch seine Ahnungslosigkeit gegenüber dem Angriff schutzlosen Menschen zu überraschen (st. Rspr., vgl. etwa BGH, Urteil vom 10. Februar 2010 – 2 StR 391/09, NStZ-RR 2010, 175, 176, Beschluss vom 4. Mai 2011 – 5 StR 65/11, aaO S. 635, je m.w.N.). Dabei kann die Spontaneität des Tatentschlusses im Zusammenhang mit der Vorgeschichte der Tat und dem psychischen Zustand des Täters ein Beweisanzeichen dafür sein, dass ihm das Ausnutzungsbewusstsein fehlte (vgl. BGH, Urteil vom 17. September 2008 – 5 StR 189/08, aaO m.w.N.). Andererseits hindert nicht jede affektive Erregung oder heftige Gemütsbewegung einen Täter daran, die Bedeutung der Arg- und Wehrlosigkeit des Opfers für die Tat zu erkennen; dies ist vielmehr eine vom Tatgericht zu bewertende Tatfrage (vgl. BGH, Urteile vom 25. November 2004 – 5 StR 401/04, vom 20. Januar 2004 – 4 StR 491/04, aaO, vom 17. September 2008 – 5 StR 189/08, aaO, und vom 10. Februar 2010 – 2 StR 391/09, aaO, Beschluss vom 4. Mai 2011 – 5 StR 65/11, aaO).

[13] Diese Grundsätze hat das Landgericht nicht verkannt. Sachverständig beraten hat es einen die Erkenntnisfähigkeit in Frage stellenden tiefgreifenden Erregungszustand insbesondere mit Blick auf das komplexe und sehr zielgerichtete Nachtatverhalten des Angeklagten verneint. Die mittelgradige Alkoholisierung des außerordentlich trinkgewöhnten Angeklagten hat es dabei bedacht. An das psychiatrische Gutachten anknüpfend ist es zu dem Ergebnis gelangt, dass der einsichtsfähige Angeklagte die schutzlose Lage des keinen Arg hegenden Opfers zutreffend erfasst und ausgenutzt hat.

[14] Trotz nicht ganz unmissverständlicher, ersichtlich als Hilfserwägungen zu verstehender Ausführungen des Landgerichts (UA S. 32 f., 37, 48) ist den Feststellungen (UA S. 12) noch hinreichend deutlich zu entnehmen, dass der Angeklagte den Angriff von hinten begangen, also die neun Stiche in die Brust hinter seiner Lebensgefährtin stehend und diese umklammernd vollführt hat, um ihr nach Lockerung des Griffs dann die fünf Stiche in den Rücken zu versetzen. Auf dieser, die Ergebnisse der rechtsmedizinischen Befunde in eigener Würdigung bewertender Grundlage liegt die Schlussfolgerung des Landgerichts besonders nahe, der Angeklagte habe mit Ausnutzungsbewusstsein gehandelt. Das Gleiche würde gelten, wenn der Angeklagte entsprechend dem vom rechtsmedizinischen Sachverständigen angenommenen Verlauf (UA S. 32) seiner Lebensgefährtin zunächst von hinten die Stiche in den Rücken versetzt, sie dann – weiter hinter ihr stehend – an sich herangezogen und ihr die tödlichen Stiche in die Brust versetzt hat. Bei einem derartigen Vorgehen drängt sich auf, dass der Täter den Überraschungscharakter seines Angriffs bewusst ausgenützt hat, ohne dass es etwa des gezielten Herbeiführens eines Hinterhalts bedürfte (vgl. BGH, Urteil vom 27. Juni 2006 – 1StR 113/06, NStZ 2006, 502, 503).

[15] Nichts wesentlich anderes ergäbe sich, wenn man die vom Landgericht im Wege einer Hilfserwägung erörterte (UA S. 32 f.) Variante zugrunde legte, dass der Angeklagte seiner Lebensgefährtin vor ihr stehend zunächst die Stiche in die Brust und ihr danach die Stiche in den Rücken versetzt hat. Es handelte sich um eine mit einem Blick zu erfassende Situation; zudem wird ein Angreifer, schon um Schreie und Widerstand möglichst zu vermeiden, stets bestrebt sein, ein Überraschungsmo-

ment auszunützen. Dass die Lebensgefährtin des Angeklagten namentlich in Anbetracht des bisherigen Verlaufs der Beziehung ungeachtet ihres aggressiven Verhaltens nicht mit einem körperlichen Angriff von Seiten des Angeklagten rechnete, ist hinreichend schlüssig belegt. Ferner ist die Tat von außergewöhnlichem Vernichtungswillen geprägt, der die Grenzen eines tödlichen Spontanangriffs deutlich überschreitet, und ist das Nachtatverhalten insofern besonders gestaltet, als es sich nicht nur wegen des Zurücklassens des schlafenden Kleinkindes bei der blutigen Leiche der Mutter als hochgradig verwerflich darstellt, sondern auch als überaus kalkuliert und kontrolliert auf Täuschung ausgerichtet. Jedenfalls angesichts dieser besonderen Fallgestaltung kann der Senat die dem Urteil ausreichend zu entnehmende Hilfsüberlegung des Landgerichts hinnehmen, dass der Angeklagte ungeachtet seiner Intoxikation und Erregung die Arglosigkeit des Opfers auch für den weniger wahrscheinlichen Fall eines Angriffs von vorn in sein Vorstellungsbild aufgenommen hat. Damit ist insgesamt von Rechts wegen nichts dagegen zu erinnern, dass das sachverständig beratene Tatgericht unter den hier gegebenen Vorzeichen davon ausgegangen ist, der in seinen kognitiven Fähigkeiten nicht relevant beeinträchtigte Täter habe den Bedeutungsgehalt der tatsächlichen Lage zu Beginn seines tödlichen Angriffs zutreffend eingeschätzt (vgl. auch BGH, Urteile vom 27. Februar 2008 – 2 StR 603/07, NStZ 2008, 510, 511 f., und vom 10. Februar 2010 – 2 StR 391/09, aaO).

PRAXISBEDEUTUNG ■

Der vorstehende Sachverhalt macht deutlich, dass Heimtücke auch dann vorliegen kann, wenn das Opfer davon ausgeht, dass eine bestehende Gefahr überwunden und/oder ein Streit beigelegt ist, zumal der Täter bei vorangegangenen Auseinandersetzungen niemals gewalttätig wurde.

Das subjektive Merkmal des **Ausnutzungsbewusstseins** liegt vor, wenn der Täter die Arg- und Wehrlosigkeit seines Opfers in ihrer Bedeutung für dessen hilflose Lage und die Ausführung der Tat in dem Sinne erfasst, dass er sich bewusst ist, einen durch seine Ahnungslosigkeit gegenüber einem Angriff schutzlosen Menschen zu überraschen. Eines **darüber hinausgehenden, voluntativen Elements** in dem Sinne, dass der Täter die Arglosigkeit des Opfers für seine Tat instrumentalisieren oder anstreben muss, **bedarf es nicht.**[196] **189**

Beim Mordmerkmal der Heimtücke (§ 211 Abs. 2 StGB) ist die Kammer – mit revisionsrechtlich nicht zu beanstandender Begründung – davon ausgegangen, dass B. C.-C. im Zeitpunkt der Abgabe des Schusses arg- und wehrlos war. Rechtsfehlerhaft hat der Tatrichter jedoch in der Folge das Bewusstsein des Angeklagten verneint, diese Arg- und Wehrlosigkeit bewusst zur Tötung ausgenutzt zu haben.

a) Das subjektive Merkmal des Ausnutzungsbewusstseins liegt vor, wenn der Täter die Arg- und Wehrlosigkeit seines Opfers in ihrer Bedeutung für dessen hilflose Lage und die Ausführung der Tat in dem Sinne erfasst, dass er sich bewusst ist, einen durch seine Ahnungslosigkeit gegenüber einem Angriff schutzlosen Menschen zu überraschen (BGH, Beschluss vom 4. Mai 2011 – 5 StR 65/11, NStZ 2011, 634 ff. m.w.N.; Urteile vom 10. November 2004 – 2 StR 248/04, NStZ 2005, 668 ff.; vom

---

[196] BGH, Urteil vom 4.12.2012 – 1 StR 336/12.

20. Juli 2004 – 1 StR 145/04; NStZ 2005, 526 ff., vom 30. April 2003 – 2 StR 503/02, NStZ 2003, 535 ff. m.w.N.; vom 20. April 1989 – 4 StR 87/89, BGHR StGB § 211 Abs. 2 Heimtücke 9 m.w.N.).

Eines darüber hinausgehenden, voluntativen Elements in dem Sinne, dass der Täter die Arglosigkeit des Opfers für seine Tat instrumentalisieren oder anstreben muss, bedarf es nicht (BGH, Urteile vom 17. Mai 2001 – 4 StR 520/00, und vom 20. April 1989 – 4 StR 87/89, BGHR StGB § 211 Abs. 2 Heimtücke 9). Das Landgericht durfte deshalb das Ausnutzungsbewusstsein nicht mit der Begründung ablehnen, der Angeklagte habe „nicht den Willen" gehabt, die Arglosigkeit B. C.-C. zur Tötung auszunutzen (UA S. 25), bzw., er habe die Arg- und Wehrlosigkeit B. C.-C. nicht „ausnutzen wollen" (UA S. 25 f.). Gleichsam fehlerhaft ist die Erwägung der Strafkammer, der Angeklagte habe sich darum bemüht, die Arglosigkeit B. C.-C. zu beseitigen (UA S. 25). Denn wenn es schon grundsätzlich nicht darauf ankommt, ob der Täter die Arglosigkeit seines Opfers anstrebt, ist auch ein entgegengesetzter Wille unbeachtlich; der Täter muss nur erkennen, dass das Opfer arglos ist und sich deshalb des Angriffs auf sein Leben nicht oder nur in geringerem Umfang erwehren kann.

190 **Heimtückisch** handelt, wer in **feindlicher Willensrichtung** die **Arg- und Wehrlosigkeit des Opfers** bewusst zu dessen Tötung ausnutzt. Das Opfer muss gerade aufgrund seiner Arglosigkeit wehrlos sein. Arg- und Wehrlosigkeit können auch gegeben sein, wenn der Tat eine feindselige Auseinandersetzung vorausgeht, das Tatopfer aber nicht (mehr) mit einem erheblichen Angriff gegen seine körperliche Unversehrtheit rechnet.[197]

[23] 1. Keinen Rechtsfehler weist die Verurteilung des Angeklagten V. insoweit auf, als das Landgericht ihn nur wegen versuchten Totschlags verurteilt hat und nicht auch von einem heimtückischen Handeln ausgegangen ist.

[24] Heimtückisch handelt, wer in feindlicher Willensrichtung die Arg- und Wehrlosigkeit des Opfers bewusst zu dessen Tötung ausnutzt. Arglos ist das Tatopfer, wenn es bei Beginn des ersten mit Tötungsvorsatz geführten Angriffs nicht mit einem gegen seine körperliche Unversehrtheit gerichteten schweren oder doch erheblichen Angriff rechnet. Das Opfer muss weiter gerade aufgrund seiner Arglosigkeit wehrlos sein. Arg- und Wehrlosigkeit können auch gegeben sein, wenn der Tat eine feindselige Auseinandersetzung vorausgeht, das Tatopfer aber nicht (mehr) mit einem erheblichen Angriff gegen seine körperliche Unversehrtheit rechnet. Voraussetzung heimtückischer Begehungsweise ist weiter, dass der Täter die von ihm erkannte Arg- und Wehrlosigkeit des Opfers bewusst zur Tatbegehung ausnutzt (st. Rspr.; vgl. etwa BGH, Urteile vom 20. Januar 2005 – 4 StR 491/04, NStZ 2005, 691, 692; vom 29. November 2007 – 4 StR 425/07, NStZ 2008, 273 jeweils m.w.N.). Vorliegend war es so, dass der Geschädigte spätestens zu dem Zeitpunkt, als er aufgefordert wurde, mit hinaus zu gehen, „ein mulmiges Gefühl" hatte. Bereits die Aufforderung, ins Freie zu treten, bedeutet regelmäßig den Beginn einer körperlichen Auseinandersetzung; ein anderer Zweck ist in diesem Zusammenhang nicht vorstell-

[197] BGH, Urteil vom 11.6.2013 – 1 StR 86/13; vgl. auch BGH, Beschluss vom 4.6.2013 – 4 StR 180/13.

bar, zumal wenn es draußen dunkel ist und das vom Geschädigten erwartete Gespräch ohne Weiteres im Clublokal hätte stattfinden können. Im Zusammenhang mit der bereits zuvor durch den Präsidenten der Bandidos gegenüber dem Geschädigten telefonisch gemachten Mitteilung, sie würden in dieser Angelegenheit „als Bandidos operieren“ (UA S. 9), konnte das Schwurgericht in seinen Urteilsfeststellungen davon ausgehen, dass der Geschädigte beim Verlassen des Clubhauses mit einem erheblichen Angriff zumindest des Angeklagten V. gegen seine körperliche Unversehrtheit rechnen musste.

c) Minder schwerer Fall des Totschlags – § 213 StGB

Der Senat besorgt, dass die Strafkammer bei ihren Zumessungserwägungen dem **191** von ihr selbst zugrunde gelegten Umstand, der Angeklagte habe bis unmittelbar vor seiner Tat auf Grund des Verhaltens des Opfers „nicht rechtswidrig“ gehandelt, nicht das genügende Gewicht beigemessen hat.[198]

[5] Überdies besorgt der Senat, dass die Strafkammer bei ihren Zumessungserwägungen dem von ihr selbst zugrunde gelegten Umstand, der Angeklagte habe bis unmittelbar vor seiner Tat auf Grund des Verhaltens des Opfers „nicht rechtswidrig“ (UA S. 15) gehandelt, nicht das genügende Gewicht beigemessen hat. Damit hat das Tatgericht eine dem Tatbestand des § 213, 1. Alt. StGB mindestens ähnliche Situation beschrieben, die in die Zumessungserwägungen deutlich einzubeziehen gewesen wäre (vgl. BGH, Beschlüsse vom 9. August 1988 – 4 StR 221/88, BGHR StGB § 46 Abs. 1 Beurteilungsrahmen 4, und vom 10. August 2004 – 3 StR 263/04, StV 2004, 654, 655).

[6] c) Angesichts der Schwere der Verletzungen des Opfers ist zwar nachvollziehbar, dass die Tat erhebliche Sanktionen zur Folge haben muss. Dies kann indes nicht ohne weitere Begründung damit untermauert werden, dass mit einem entsprechenden Strafausspruch auch generalpräventive Zwecke erfüllt würden. Zwar ist es nach ständiger Rechtsprechung des Bundesgerichtshofs zulässig, generalpräventive Gesichtspunkte bei der Strafzumessung zu berücksichtigen. Allerdings dürfen dafür nur Umstände herangezogen werden, die über die bei der Bestimmung eines konkreten Strafrahmens vom Gesetzgeber bereits berücksichtigte allgemeine Abschreckung hinausgehen. Dies ist gegeben, wenn sich eine gemeinschaftsgefährdende Zunahme solcher oder ähnlicher Straftaten, wie sie zur Aburteilung stehen, feststellen lässt (vgl. BGH, Urteil vom 29. Januar 1992 – 2 StR 427/91, BGHR StGB § 46 Abs. 1 Generalprävention 6). Daran fehlt es hier.

7. Straftaten gegen die körperliche Unversehrtheit – §§ 223 ff. StGB

a) Vorsätzliche Körperverletzung – § 223 StGB

Der Tatbestand des § 223 Abs. 1 StGB in der Variante der **körperlichen Misshandlung** ist nur dann erfüllt, wenn die Schwelle zu einer üblen und unangemessenen Behandlung, die das körperliche Wohlbefinden oder die körperliche Unversehrtheit **192**

[198] BGH, Beschluss vom 11.4.2013 – 5 StR 113/13.

nicht nur unerheblich beeinträchtigt, überschritten wird. Bei einem **Schlag in das Gesicht** ist danach als körperliche Wirkung jedenfalls ein – wenn auch nur kurz anhaltendes – Schmerzempfinden zu verlangen lässt.[199]

193 Als **Gesundheitsbeschädigung** im Sinne des § 223 Abs. 1 StGB ist jedes Hervorrufen oder Steigern eines vom Normalzustand der körperlichen Funktionen des Opfers nachteilig abweichenden Zustandes anzusehen. Dabei kommt es nicht darauf an, auf welche Art und Weise die Beeinträchtigung erfolgt ist. **Rein psychische Empfindungen** genügen bei keiner Handlungsalternative, um einen Körperverletzungserfolg gemäß § 223 Abs. 1 StGB zu begründen. Wirkt der Täter auf sein Opfer lediglich psychisch ein, liegt eine Körperverletzung daher erst dann vor, wenn ein pathologischer, somatisch-objektivierbarer Zustand hervorgerufen worden ist, der vom Normalzustand nachteilig abweicht. **Bloß emotionale Reaktionen** auf Aufregungen, wie etwa starke Gemütsbewegungen oder andere Erregungszustände, aber auch latente Angstzustände, stellen keinen pathologischen Zustand und damit keine Gesundheitsbeschädigung im Sinne des § 223 Abs. 1 StGB dar.[200]

[12] a) Die Verurteilung wegen der Körperverletzungen wird von den Feststellungen des Landgerichts nicht getragen.

[13] aa) Als Gesundheitsbeschädigung im Sinne des § 223 Abs. 1 StGB ist jedes Hervorrufen oder Steigern eines vom Normalzustand der körperlichen Funktionen des Opfers nachteilig abweichenden Zustandes anzusehen. Dabei kommt es nicht darauf an, auf welche Art und Weise die Beeinträchtigung erfolgt ist (BGH, Urteil vom 4. November 1988 – 1 StR 262/88, BGHSt 36, 1, 6; Lackner/Kühl, StGB, 27. Aufl., § 223 Rn. 5 m.w.N.). Rein psychische Empfindungen genügen bei keiner Handlungsalternative, um einen Körperverletzungserfolg gemäß § 223 Abs. 1 StGB zu begründen (BGH, Urteil vom 9. Oktober 2002 – 5 StR 42/02, BGHSt 48, 34, 36; vgl. ferner BGH, Beschluss vom 11. Juli 2012 – 2 StR 60/12, NStZ-RR 2012, 340 f.; OLG Düsseldorf, NJW 2002, 2118; Meyer, ZStW 115 (2003), 249, 261). Wirkt der Täter auf sein Opfer lediglich psychisch ein, liegt eine Körperverletzung daher erst dann vor, wenn ein pathologischer, somatisch-objektivierbarer Zustand hervorgerufen worden ist, der vom Normalzustand nachteilig abweicht (BGH aaO S. 36 f.; Urteil vom 31. Oktober 1995 – 1 StR 527/95, BGHR StGB § 223 Abs. 1 Gesundheitsbeschädigung 2). Bloß emotionale Reaktionen auf Aufregungen, wie etwa starke Gemütsbewegungen oder andere Erregungszustände, aber auch latente Angstzustände, stellen keinen pathologischen Zustand und damit keine Gesundheitsbeschädigung im Sinne des § 223 Abs. 1 StGB dar (Senatsbeschluss vom 5. November 1996 – 4 StR 490/96, NStZ 1997, 123).

[14] bb) Daran gemessen genügt für die Verurteilung des Angeklagten wegen Körperverletzung zum Nachteil der P.S. nicht, dass es bei ihr „aufgrund der ständigen Bedrohung durch den Angeklagten … zu einer deutlich längerfristigen Anpassungsstörung" kam, die „nicht allein durch die Aktivitäten des Angeklagten hervorgerufen, jedoch wesentlich gesteigert" wurde (UA S. 119). Insofern hätte es vielmehr näherer Darlegungen dazu bedurft, worin die Anpassungsstörung konkret bestanden und wie sie sich geäußert haben soll; hinsichtlich der „Steigerung" der Störung waren vor dem Hintergrund, dass sich die Zeugin bereits in psychiatrischer Behand-

199 BGH, Beschluss vom 22.10.2013 – 3 StR 323/13.
200 BGH, Beschluss vom 18.7.2013 – 4 StR 168/13.

lung befand (UA S. 97), Ausführungen dazu geboten, ob hierhin ein eigenständiger Erfolg im Sinne des § 223 StGB liegt. Auch die von der Strafkammer an anderer Stelle herangezogenen „Schlafstörungen und Albträume" der Zeugin (UA S. 97) lassen nicht erkennen, ob es sich hierbei um Beeinträchtigungen erheblichen Ausmaßes handelte, etwa weil sich das Schlafverhalten dauerhaft geändert hat (vgl. Senatsbeschluss vom 5. November 1996 – 4 StR 490/96, NStZ 1997, 123; Urteil vom 31. Oktober 1995 – 1 StR 527/95, NStZ 1996, 131, 132).

[15] Zudem hätte es – wie auch bei den anderen Opfern – einer tragfähigen, sich nicht auf die Wiedergabe der Umschreibung des bedingten Vorsatzes beschränkenden Begründung des Wissens und Wollens des Körperverletzungserfolges bedurft (vgl. BGH, Beschluss vom 11. Juli 2012 – 2 StR 60/12, NStZ-RR 2012, 340 f.; Senatsbeschluss vom 5. November 1996 – 4 StR 490/96, NStZ 1997, 123; Beschluss vom 22. November 2006 – 2 StR 382/06, bei Miebach, NStZ-RR 2007, 65).

b) Gefährliche Körperverletzung – § 224 Abs. 1 StGB

Stellt sich eine versuchte gefährliche Körperverletzung lediglich als **Durchgangsstadium zu einem versuchten Totschlag** dar, liegt die Annahme eines einheitlichen Geschehens im Sinne natürlicher Handlungseinheit nahe, so dass sie gegenüber dem versuchten Totschlag als subsidiär zurücktritt.[201] **194**

Die Annahme des Landgerichts, dass der Angeklagte sich – auch – einer versuchten gefährlichen Körperverletzung strafbar gemacht hat, unterliegt durchgreifenden rechtlichen Bedenken. Nach den Feststellungen erfolgten die Schüsse des Angeklagten auf PK M. in Verfolgung des Entschlusses des Angeklagten, die Beamten zum – nach der Vorstellung des Angeklagten tödlichen – Einsatz ihrer Dienstwaffen gegen ihn zu veranlassen. Insofern lag die Annahme nahe, dass die Angriffe auf PK M. ein einheitliches Geschehen im Sinne natürlicher Handlungseinheit darstellen. In diesem Fall wäre die abgeurteilte versuchte gefährliche Körperverletzung zu seinem Nachteil lediglich als Durchgangsstadium zu dem vom Landgericht angenommenen versuchten Totschlag (dazu noch anschließend 2.) zu werten und träte gegenüber diesem als subsidiär zurück.

TOPENTSCHEIDUNG ■

Eine Körperverletzung im Sinne von **§ 224 Abs. 1 Nr. 1 StGB** begeht, wer seinem Opfer durch **ein von außen unmittelbar auf den Körper einwirkendes gefährliches Tatmittel** eine Körperverletzung im Sinne von § 223 Abs. 1 StGB beibringt. Ein fahrendes Kraftfahrzeug, das zur Verletzung einer Person eingesetzt wird, ist in der Regel als ein solches gefährliches Werkzeug anzusehen. Wird eine **Person durch ein gezieltes Anfahren zu Fall gebracht**, kann darin eine **gefährliche Körperverletzung im Sinne von § 224 Abs. 1 Nr. 2 StGB** liegen, wenn bereits durch den Anstoß eine nicht unerhebliche Beeinträchtigung des körperlichen Wohlbefindens und damit eine körperliche Misshandlung gemäß § 223 Abs. 1 StGB ausgelöst worden ist. Erst infolge des anschließenden Sturzes erlittene Verletzungen sind dagegen nicht auf den unmittelbaren Kontakt zwischen Kraftfahrzeug und Körper zurückzuführen, **195**

---

[201] BGH, Beschluss vom 26.9.2013 – 2 StR 324/13.

sodass eine Verurteilung nach § 224 Abs. 1 Nr. 2 StGB allein darauf nicht gestützt werden kann.[202]

[8] Der Angeklagte A. C. war mit der Liebesbeziehung zwischen seiner Tochter, der Geschädigten Ha. C. (nunmehr verheiratete A.) mit dem weiteren Geschädigten M.A. nicht einverstanden und verlangte von ihr, sich von diesem zu trennen. Nachdem alle Versuche von Familienangehörigen und Bekannten, Ha. A. den Wünschen ihres Vaters und der Familie gefügig zu machen, gescheitert waren, entschloss sich der Angeklagte A. C., der das Verhalten seiner Tochter den hergebrachten Traditionen entsprechend als Verrat an der Familie ansah, diese nunmehr gewaltsam zu einer Trennung und zur Rückkehr nach Hause zu zwingen. Gemeinsam mit seinem Sohn, dem Mitangeklagten M. C., lauerte er den Geschädigten mit dem Pkw des M. C. am Mittag des 11. Oktober 2011 in der Nähe ihrer Wohnung auf. Als diese auf einem von M. A. gelenkten Motorroller das Fahrzeug passierten, nahmen die beiden Angeklagten sofort die Verfolgung auf, was die Geschädigten ihrerseits bemerkten und sofort die Flucht ergriffen. Nachdem die Verfolgten ebenso wie die Verfolger trotz Rotlicht zeigender Ampel eine belebte Kreuzung überfahren hatten, fuhren die Angeklagten erstmals von hinten gezielt auf den Motorroller der Geschädigten auf. Nach kurzer Trennung beider Fahrzeuge beschleunigte der Angeklagte M. C. erneut den Pkw, fuhr wiederum gezielt auf ihn auf und schob ihn über die Fahrbahn sowie über eine Verkehrsinsel quer über den Gehsteig in ein sich daran anschließendes Gebüsch, wo der Motorroller neben einem Hinweisschild zum Stehen kam und umstürzte. Auch der Pkw der Angeklagten kam in unmittelbarer Nähe zum Stillstand. M. A. hatte durch die Anstöße die Kontrolle über den Motorroller verloren und fiel vom Fahrzeug herunter, ebenso die Geschädigte Ha. A. M. A., der sich beim Sturz Prellungen an der Hüfte zugezogen hatte, ergriff aus Angst vor einem befürchteten Angriff der Angeklagten die Flucht. A.C. lief zu seiner Tochter, zerrte diese auf die Rückbank des Pkws, woraufhin der Mitangeklagte M. C. sogleich hinter dem Steuer Platz nahm und in Richtung Stadtzentrum davonfuhr.

[9] 2. Die Annahme des Landgerichts, durch dieses Verhalten hätten sich beide Angeklagten einer gemeinschaftlichen Körperverletzung „mittels eines anderen gefährlichen Werkzeugs“ im Sinne von § 224 Abs. 1 Nr. 2 StGB strafbar gemacht, wird von den dazu getroffenen Feststellungen nicht getragen.

[10] a) Eine Körperverletzung im Sinne von § 224 Abs. 1 Nr. 1 StGB begeht, wer seinem Opfer durch ein von außen unmittelbar auf den Körper einwirkendes gefährliches Tatmittel eine Körperverletzung im Sinne von § 223 Abs. 1 StGB beibringt (st. Rspr.; vgl. nur Senatsbeschluss vom 30. Juni 2011 – 4 StR 266/11, Tz. 5). Nach der Rechtsprechung des Senats ist ein fahrendes Kraftfahrzeug, das zur Verletzung einer Person eingesetzt wird, in der Regel als ein solches gefährliches Werkzeug anzusehen (Senatsbeschluss aaO; Senatsbeschluss vom 16. Januar 2007 – 4 StR 524/06, NStZ 2007, 405). Wird eine Person durch ein gezieltes Anfahren zu Fall gebracht, kann darin eine gefährliche Körperverletzung im Sinne von § 224 Abs. 1 Nr. 2 StGB liegen, wenn bereits durch den Anstoß eine nicht unerhebliche Beeinträchtigung des körperlichen Wohlbefindens und damit eine körperliche Misshandlung gemäß § 223 Abs. 1 StGB ausgelöst worden ist. Erst infolge des anschließenden Sturzes erlittene Verletzungen sind dagegen nicht auf den unmittelbaren

---

202 BGH, Beschluss vom 20.12.2012 – 4 StR 292/12.

Kontakt zwischen Kraftfahrzeug und Körper zurückzuführen, sodass eine Verurteilung nach § 224 Abs. 1 Nr. 2 StGB allein darauf nicht gestützt werden kann (Senatsbeschlüsse vom 30. Juni 2011 sowie vom 16. Januar 2007, jeweils aaO).

[11] b) Danach liegt es im vorliegenden Fall zwar nahe, dass bereits durch den mehrfachen, gezielten Anstoß des Pkws auf den Motorroller der Geschädigten schon für sich genommen eine nicht unerhebliche Beeinträchtigung des körperlichen Wohlbefindens des Geschädigten M.A. hervorgerufen worden ist. Zwar reichen Angst- und Panikgefühle als rein psychische Empfindungen regelmäßig nicht aus, um eine Körperverletzung im Sinne des § 223 StGB zu begründen. Etwas anderes kann jedoch dann gelten, wenn diese psychischen Einwirkungen zu einem pathologischen, somatisch objektivierbaren Zustand geführt haben (BGH, Urteil vom 9. Oktober 2002 – 5 StR 42/02, BGHSt 48, 34, 36 f.; Senatsbeschluss vom 19. Oktober 1999 – 4 StR 467/99, NStZ-RR 2000, 106). Angesichts der Tatsache, dass sich die auf einem ungeschützten Motorroller fahrenden Geschädigten im belebten Stadtverkehr unversehens dem mit einem Pkw ausgeführten Angriff ausgesetzt sahen, ist es nicht ausgeschlossen, dass bereits das Auffahren auf den Roller unmittelbar Auswirkungen auf die körperliche Verfassung des Geschädigten M.A. hatte, die den Grad einer Gesundheitsbeschädigung im Sinne der §§ 223, 224 StGB erreichten. Ausreichende Feststellungen dazu sind dem angefochtenen Urteil indes nicht zu entnehmen.

PRAXISBEDEUTUNG ■

Auch wenn die vorstehende Entscheidung sehr schematisch erscheint, ist es richtig, darauf abzustellen, ob die eingetretene Verletzung „mittels" des „gefährlichen Werkzeugs" Motorroller herbeigeführt wurden oder erst Folge des anschließenden Sturzes waren. Wichtig erscheint aber der zusätzliche Hinweis, dass auch durch das Anfahren verursachte psychische Angst- und Panikgefühle zur Erfüllung des Qualifikationszustandes gem. § 224 Abs. 1 Nr. 2 StGB ausreichend sein können. Vgl. im Übrigen auch die nachstehende Entscheidung.

Eine gefährliche Körperverletzung im Sinne von § 224 Abs. 1 Nr. 2 StGB begeht, **196**
wer seinem Opfer durch ein von außen unmittelbar auf den Körper einwirkendes gefährliches Tatmittel eine Körperverletzung im Sinne von § 223 Abs. 1 StGB beibringt. Wird eine Person durch ein **gezieltes Anfahren mit einem Kraftfahrzeug zu Fall gebracht**, setzt die Annahme einer gefährlichen Körperverletzung gemäß § 224 Abs. 1 Nr. 2 StGB voraus, dass bereits durch den Anstoß eine nicht unerhebliche Beeinträchtigung des körperlichen Wohlbefindens und damit eine körperliche Misshandlung gemäß § 223 Abs. 1 StGB ausgelöst worden ist.[203]

[13] Die Feststellungen zu dem Wurf mit dem Schlüssel (Fall II. 1 der Urteilsgründe) lassen eine Bewertung als gefährliche Körperverletzung gemäß § 224 Abs. 1 Nr. 2 StGB nicht zu, weil schon nicht zu ersehen ist, ob hierdurch überhaupt eine Gesundheitsschädigung hervorgerufen wurde.

[14] Auch das Vorliegen einer versuchten gefährlichen Körperverletzung (§ 224 Abs. 1 Nr. 2, Abs. 2 StGB) wird nicht ausreichend mit Tatsachen belegt. Soweit die Angeklagte an dem hinter einem Stromkasten Schutz suchenden Zeugen D.K. mit

---

203 BGH, Beschluss vom 30.7.2013 – 4 StR 275/13; zum Anfahren mit einem Kfz vgl. im Übrigen die voranstehende Entscheidung.

ihrem Pkw in einem Abstand von 30 cm vorbeigefahren ist (Fall II. 8 der Urteilsgründe), bleibt offen, welches Ziel sie dabei verfolgte. Der für die Annahme einer Versuchsstrafbarkeit erforderliche Tatentschluss ist damit nicht dargetan.

197 Ist zwar der objektive Tatbestand einer gemeinschaftlich und jedenfalls mittels eines gefährlichen Werkzeugs begangenen Körperverletzung erfüllt, müssen weiterhin zur **subjektiven Tatseite** Feststellungen getroffen werden, dass die Angeklagten zumindest damit rechneten und sich damit abfanden, die Schüsse würden beim Geschädigten zu Beeinträchtigungen des Gehörs führen.[204]

[11] c) Bei beiden Angeklagten wird schließlich im Falle I. 2. c) die Verurteilung wegen – in Tateinheit mit dem Waffendelikt begangener – gefährlicher Körperverletzung (§ 224 Abs. 1 Nr. 2 und 4 StGB) von den Feststellungen nicht getragen.

[12] Die Angeklagten verfolgten den Geschädigten während einer Auseinandersetzung in ein Treppenhaus. Dort zog der Angeklagte S. eine Schreckschusswaffe hervor und feuerte damit in stillschweigender Übereinkunft mit dem Angeklagten R. aus etwa drei Metern Entfernung dreimal in Richtung des Geschädigten. Die Knallgeräusche verursachten beim Geschädigten ein unangenehmes Pfeifen im Ohr, das über mehrere Stunden anhielt. Kurz danach feuerten beide von der Straße aus mit Schreckschusswaffen in Richtung des im Obergeschoss auf dem Balkon stehenden Geschädigten.

[13] Danach ist zwar die Annahme des Landgerichts, die Angeklagten hätten durch ihr Handeln den objektiven Tatbestand der gemeinschaftlich und jedenfalls mittels eines gefährlichen Werkzeugs begangenen Körperverletzung erfüllt, von Rechts wegen nicht zu beanstanden. Zur subjektiven Tatseite verhält sich das Urteil indes nicht. Dass die Angeklagten zumindest damit rechneten und sich damit abfanden, die Schüsse würden beim Geschädigten zu Beeinträchtigungen des Gehörs führen, versteht sich nach den Gesamtumständen auch nicht von selbst. Der neue Tatrichter wird Gelegenheit haben, insgesamt neue Feststellungen zu treffen.

198 Ein Überfall ist nicht schon dann hinterlistig, wenn der Täter für den Angriff auf das Opfer das Moment der Überraschung ausnutzt, etwa indem er plötzlich von hinten angreift. **Hinterlist** setzt vielmehr voraus, dass der Täter **planmäßig** in einer **auf Verdeckung seiner wahren Absicht** berechneten Weise vorgeht, um dadurch dem **Gegner die Abwehr des nicht erwarteten Angriffs zu erschweren** und die **Vorbereitung auf seine Verteidigung nach Möglichkeit auszuschließen.**[205]

199 Für eine Strafbarkeit nach § **224 Abs. 1 Nr. 5 StGB** ist nicht ausreichend, dass der entsprechende Tatbestand in objektiver Hinsicht erfüllt ist; vielmehr muss der Beschuldigte hinsichtlich seines Vorstellungsbildes (subjektiv) davon ausgehen, dass seine **Tat auf eine Lebensgefährdung angelegt** ist.[206]

[1] Das Landgericht hat im Hinblick auf eine rechtswidrige Tat der gefährlichen Körperverletzung angeordnet, den Beschuldigten in einem psychiatrischen Krankenhaus unterzubringen. Die Revision des Beschuldigten hat mit der Sachrüge Erfolg.

---

204 BGH, Beschluss vom 1.10.2013 – 3 StR 299/13.

205 BGH, Beschluss vom 12.2.2013 – 2 StR 524/12.

206 BGH, Beschluss vom 24.9.2013 – 2 StR 338/13; siehe auch BGH, Beschluss vom 16.1.2013 – 2 StR 520/12.

[2] 1. Die Voraussetzungen des § 63 StGB werden durch die Urteilsfeststellungen nicht hinreichend belegt. Die Anordnung des § 63 StGB setzt voraus, dass der Beschuldigte eine rechtswidrige Tat begangen hat; zu dieser gehören grundsätzlich auch die inneren Merkmale des durch die Tat verwirklichten Straftatbestands (vgl. etwa BGH, Beschluss vom 14. März 1989 – 1 StR 810/88, BGHR StGB § 63 Tat 2; Fischer, StGB, 60. Aufl., § 63 Rn. 3, jeweils m.w.N.). Zur inneren Tatseite des § 224 Abs. 1 Nr. 5 StGB enthält das angefochtene Urteil aber keine ausreichenden Feststellungen.

[3] a) Der wegen chronischer paranoider Psychose aus dem schizophrenen Formenkreis schuldunfähige Beschuldigte war der Auffassung, der Zeuge N., ein Polizeibeamter, sei unberechtigt in sein Haus eingedrungen. Er entschloss sich, den Vornamen des Zeugen N. in Erfahrung zu bringen, um ihm einen Brief zu schreiben und Hausverbot zu erteilen.

[4] Am Tatabend begegnete der Beschuldigte dem im selben Wohnviertel wohnhaften Zeugen N. vor dessen Grundstück und rief ihm zu, „er solle ihm ‚seinen Namen' nennen, er wolle ihm einen Brief schreiben" (UA S. 6). Der Aufforderung des Zeugen, das Grundstück zu verlassen, kam der Beschuldigte nicht nach. Vielmehr folgte er dem Zeugen auf die fünfstufige Treppe vor der Haustür und forderte ihn weiter zur Nennung seines Vornamens auf.

[5] Der Zeuge N., der auf einem 90 cm oberhalb des Erdbodens gelegenen Podest vor der Haustür stand und in einer Hand einen Karton mit Einkäufen bei sich trug, schloss mit dem in der anderen Hand befindlichen Schlüssel die Haustür auf, drehte sich dann zu dem Beschuldigten um und erklärte, nicht mit ihm sprechen zu wollen; er bat den Beschuldigten zu gehen. In diesem Moment griff der Beschuldigte „unvermittelt" mit der rechten Hand an die offene Windjacke des Zeugen N. und riss daran, so dass der Zeuge vom Podest fiel. „Hierbei war ihm die Höhe des Podests ebenso bewusst wie die Tatsache, dass der Weg unterhalb des Podests gepflastert war, so dass ihm die Gefährlichkeit seines Tuns, insbesondere die darin liegende Gefahr erheblicher Verletzungen bei einem Aufprall aus solcher Höhe auf einen gepflasterten Weg, bekannt war" (UA S. 7); ihm sei es – so das Landgericht – zumindest gleichgültig gewesen, ob sich der Zeuge N. gegebenenfalls lebensgefährlich verletze.

[6] Tatsächlich erlitt der Zeuge infolge des Sturzes „im hohen Bogen" potentiell lebensgefährliche Verletzungen, die operativ versorgt werden mussten.

[7] b) Nach diesen Feststellungen hat der Beschuldigte zwar in objektiver Hinsicht den Tatbestand der gefährlichen Körperverletzung verwirklicht. Die weitere Annahme, der Beschuldigte habe – bezogen auf den Tatbestand des § 224 Abs. 1 Nr. 5 StGB – vorsätzlich gehandelt (UA S. 7, 15) findet jedoch in dem festgestellten Sachverhalt keine ausreichende Stütze. Aus ihm ergibt sich lediglich, dass der Beschuldigte an die Jacke des Zeugen griff und an ihr riss. Dagegen ist nicht festgestellt, dass die Tat in der Vorstellung des Beschuldigten auf eine Lebensgefährdung angelegt war (vgl. dazu Senatsbeschluss vom 18. März 1992 – 2 StR 84/92, BGHR StGB § 223a Abs. 1 Lebensgefährdung 6; Fischer aaO § 224 Rn. 13). Das Landgericht geht hinsichtlich des Vorstellungsbildes des Beschuldigten – dessen Einlassung folgend – vielmehr davon aus, dass er, aufgrund seiner Krankheit ohnehin unter Verfolgungs- und Beeinträchtigungserleben leidend, den Zeugen N. bereits in sein Wahnsystem einbezogen hatte und „sich … wahnhaft bedroht fühlte" (UA S. 13).

[8] Wenn – wie hier – aber die Willensrichtung dafür entscheidend ist, ob sich die Handlung des Täters als ein die Unterbringung gemäß § 63 StGB begründendes

Vergehen nach § 224 StGB oder als ein die Unterbringung regelmäßig nicht rechtfertigendes Vergehen nach § 229 StGB (vgl. dazu BGH, Beschluss vom 18. Juli 2013 – 4 StR 168/13 Rn. 43 juris) darstellt, dann muss insbesondere – und sorgfältiger als bislang geschehen – der innere Tatbestand erörtert werden, soweit dies nach dem psychischen Zustand des Täters möglich ist (vgl. auch BGH, Beschluss vom 14. März 1989 – 1 StR 810/88, BGHR StGB § 63 Tat 2 m.w.N.). Ein natürlicher Vorsatz der gefährlichen Körperverletzung nach § 224 Abs. 1 Nr. 5 StGB versteht sich nach dem äußeren Tathergang und angesichts des geistigen Zustands des Beschuldigten hier auch nicht von selbst.

[9] 2. Die Sache bedarf deshalb neuer Prüfung durch den Tatrichter. Er wird sich dabei unter Hinzuziehung eines Sachverständigen genauer als bisher insbesondere mit den konkreten Auswirkungen der Erkrankung des Beschuldigten auf die Tat auseinanderzusetzen haben.

200 Die Tathandlung im Sinne von § 224 Abs. 1 Nr. 5 StGB **muss nicht** dazu führen, dass das Opfer der Körperverletzung **tatsächlich in Lebensgefahr** gerät; die jeweilige Einwirkung muss **lediglich abstrakt geeignet** sein, eine solche Gefährdung herbeizuführen. Danach kommt festes Würgen am Hals zwar grundsätzlich als geeignete Tathandlung in Betracht; von maßgeblicher Bedeutung sind insoweit jedoch Dauer und Stärke der Einwirkung, zu denen sich die Urteilsfeststellungen je nach Lage des Falles verhalten müssen.[207]

[2] 1. Die Verurteilung des Angeklagten wegen gefährlicher Körperverletzung mittels einer das Leben gefährdenden Behandlung im Sinne von § 224 Abs. 1 Nr. 5 StGB im Fall II. 1 der Urteilsgründe begegnet durchgreifenden rechtlichen Bedenken.

[3] a) Das Landgericht hat insoweit festgestellt, dass der Angeklagte die Nebenklägerin im Zuge einer zunächst nur verbalen Auseinandersetzung zu Boden stieß und sie dort mit beiden Händen am Hals würgte, bis diese keine Luft mehr bekam, was der Angeklagte auch erkannte. Diese Feststellungen belegen eine das Leben gefährdende Behandlung im Sinne von § 224 Abs. 1 Nr. 5 StGB nicht.

[4] b) Zwar muss die Tathandlung im Sinne von § 224 Abs. 1 Nr. 5 StGB nicht dazu führen, dass das Opfer der Körperverletzung tatsächlich in Lebensgefahr gerät; die jeweilige Einwirkung muss lediglich abstrakt geeignet sein, eine solche Gefährdung herbeizuführen. Danach kommt festes Würgen am Hals zwar grundsätzlich als geeignete Tathandlung in Betracht; von maßgeblicher Bedeutung sind insoweit jedoch Dauer und Stärke der Einwirkung, zu denen sich die Urteilsfeststellungen je nach Lage des Falles verhalten müssen (st. Rspr.; vgl. nur Senatsbeschluss vom 14. Oktober 2004 – 4 StR 403/04, NStZ-RR 2005, 44 m.w.N.). Zu den näheren Umständen der konkreten Tatausführung, etwa dazu, ob der Nebenklägerin durch die Einwirkung des Angeklagten die Halsschlagader abgeschnürt wurde, enthalten die Urteilsgründe indes keine Feststellungen. Dies gilt auch für die hier möglicherweise bedeutsame Zeitspanne zwischen dem Eintritt der Atemnot bei der Nebenklägerin und dem Nichtweiterhandeln des Angeklagten.

201 Für eine Bewertung nach **§ 224 Abs. 1 Nr. 5 StGB** erforderlich, aber auch ausreichend ist, dass die Art der Behandlung durch den Täter nach den Umständen des

[207] BGH, Beschluss vom 12.3.2013 – 4 StR 42/13; vgl. hierzu auch BGH, Beschluss vom 10.4.2013 – 1 StR 112/13.

Einzelfalls **generell dazu geeignet ist, das Leben des Opfers zu gefährden.** Tritte oder heftige Schläge gegen den Kopf des Opfers können eine das Leben gefährdende Behandlung darstellen. Dabei ist aber die konkrete Schädlichkeit der Einwirkung auf den Körper des jeweiligen Verletzten im Einzelfall zu berücksichtigen.[208]

[7] Das Landgericht hat die rechtsfehlerfrei festgestellte Tat zu Recht als gefährliche Körperverletzung im Sinne von § 224 Abs. 1 Nr. 5 StGB bewertet. Sowohl der heftige Faustschlag gegen die Schläfe des Opfers als auch der wuchtige Tritt gegen den Oberkörper, der den Geschädigten zu Fall brachte und mit dem Hinterkopf hart auf den Boden aufschlagen ließ, waren jeweils lebensgefährliche Handlungen, die in natürlicher Handlungseinheit zusammengetroffen sind. Für eine Bewertung nach § 224 Abs. 1 Nr. 5 StGB erforderlich, aber auch ausreichend ist, dass die Art der Behandlung durch den Täter nach den Umständen des Einzelfalls generell dazu geeignet ist, das Leben des Opfers zu gefährden (vgl. Senat, Beschluss vom 16. Januar 2013 – 2 StR 520/12). Tritte oder heftige Schläge gegen den Kopf des Opfers können eine das Leben gefährdende Behandlung darstellen (vgl. Senat, Beschluss vom 11. Juli 2012 – 2 StR 60/12). Dabei ist aber die konkrete Schädlichkeit der Einwirkung auf den Körper des jeweiligen Verletzten im Einzelfall zu berücksichtigen. Die Größenunterschiede zwischen Täter und Opfer, die Wucht des aus Wut ausgeführten Schlags und des Tritts, sowie die Zielrichtung begründen hier die Bewertung als lebensgefährliche Handlungen. Mit dem Faustschlag gegen den Kopf und mit dem Tritt, der mittelbar durch Sturz und Aufprall des Geschädigten mit dem Kopf auf den Boden jeweils gegen eine vitale Körperregion gewirkt haben, wurde eine zumindest potenzielle Lebensgefährdung verursacht.

[8] Subjektiv muss der Täter einer Tat nach § 224 Abs. 1 Nr. 5 StGB die Umstände der Tat erkennen, aus denen sich die Lebensgefährlichkeit ergibt (vgl. BGH, Beschluss vom 5. September 2001 – 3 StR 175/01). Da der Angeklagte wusste, dass er massive Gewalt gegen den Kopf des Opfers ausübte, was er auch wollte, hat er die Tat mit dem Vorsatz einer das Leben des Geschädigten gefährdenden Handlung begangen.

Auch wenn die zu einer Operation von dem Geschädigten abgegebene **Einwilligungserklärung objektiv unwirksam** war, weil er jedenfalls nicht hinreichend über den potenziellen Nutzen der „Neulandmethode“ aufgeklärt worden war, ist eine Strafbarkeit nicht gegeben, wenn vom Vorliegen einer **hypothetischen Einwilligung** ausgegangen werden kann, d.h. die Strafkammer sich keine Überzeugung dahingehend hat bilden können, dass der Geschädigte bei vollständiger Aufklärung die Einwilligung in den Eingriff verweigert hätte.[209] **202**

[17] Der Freispruch vom Vorwurf der Körperverletzung mit Todesfolge in Tateinheit mit gefährlicher Körperverletzung ist revisionsrechtlich nicht zu beanstanden.

[18] 1. Ohne Rechtsfehler ist die Strafkammer – ausgehend von einer nicht zu beanstandenden Einordnung der Operation als ärztlicher Heileingriff – zu der Bewertung gelangt, dass die von dem Geschädigten abgegebene Einwilligungserklärung objektiv unwirksam war, weil er jedenfalls nicht hinreichend über den potenziellen Nutzen der „Neulandmethode“ aufgeklärt worden war.

[208] BGH, Beschluss vom 31.7.2013 – 2 StR 38/13.
[209] BGH, Urteil vom 20.2.2013 – 1 StR 320/12.

[19] 2. Sodann hat die Strafkammer die Strafbarkeit des Vorgehens der Angeklagten wegen des Vorliegens einer hypothetischen Einwilligung verneint (zu dieser Rechtsfigur vgl. BGH, Urteil vom 11. Oktober 2011 – 1 StR 134/11, NStZ 2012, 205 f.; Beschluss vom 15. Oktober 2003 – 1 StR 300/03, NStZ-RR 2004, 16 m.w.N.; Urteile vom 20. Januar 2004 – 1 StR 319/03, NStZ 2004, 442, und vom 29. Juni 1995 – 4 StR 760/94, NStZ 1996, 34 f.; weit. Nw. bei Sowada NStZ 2012, 1 ff.; vgl. auch BGH, Urteile vom 23. Oktober 2007 – 1 StR 238/07 und vom 5. Juli 2007 – 4 StR 549/06, NStZ-RR 2007, 340, 341). Deren – strenge – Voraussetzungen hat sie im vorliegenden Einzelfall ohne revisiblen Rechtsfehler festgestellt.

[20] Ihre Auffassung, der Geschädigte würde nicht ausschließbar auch bei vollständiger Aufklärung in den Eingriff eingewilligt haben, hat sie durch konkrete Feststellungen untermauert: Der Geschädigte habe eine Lebertransplantation nicht mehr gewollt (UA S. 6, 16), weil ihm hiervon bereits 2006 abgeraten worden war (UA S. 6, 15), weil er das Tragen fremder Organe grundsätzlich ablehnte (UA S. 6, 10, 15), und weil er infolge seiner Furcht vor weiteren lebensbedrohlichen Schüben seiner Erkrankung die (erneute) Aufnahme in eine Warteliste für eine Lebertransplantation befürchtete (UA S. 6, 10). Seine unbedingte Bereitschaft, sich „trotz der geringen Erfahrungswerte“ der neuartigen Behandlungsmethode zu unterziehen („letzter Rettungsanker“), hatte der Geschädigte auch gegenüber dem Angeklagten Dr. S. klar und deutlich geäußert (UA S. 7).

[21] Ihre Feststellungen hat die Strafkammer in revisionsrechtlich nicht zu beanstandender Weise neben der Einlassung des Angeklagten Dr. S. vor allem auf die Angaben der Witwe des Geschädigten gestützt (UA S. 13, 15).

[22] Es ist von Rechts wegen nicht zu beanstanden, dass die Strafkammer sich bei dieser besonderen, durch Tatsachen fundierten Sachlage keine Überzeugung dahingehend hat bilden können, dass der Geschädigte bei vollständiger Aufklärung die Einwilligung in den Eingriff verweigert hätte, oder dass die Angeklagten mit einer solchen Verweigerung gerechnet hätten (vgl. zur Anwendung des Zweifelssatzes BGH, Urteil vom 11. Oktober 2011 – 1 StR 134/11, NStZ 2012, 205; Beschluss vom 15. Oktober 2003 – 1 StR 300/03, NStZ-RR 2004, 16, 17 m.w.N.; Urteil vom 29. Juni 1995 – 4 StR 760/94, NStZ 1996, 34, 35).

[23] Mit dem weiteren Vorbringen, es sei nicht ersichtlich, warum der Geschädigte „sich auf ein hochexperimentelles Verfahren hätte einlassen sollen“, zeigt die Revision lediglich eine abweichende Beweiswürdigung auf; hiermit kann sie indes im Revisionsverfahren nicht gehört werden.

[24] 3. Eine andere Bewertung hätte sich ergeben können, wenn die Angeklagten den Geschädigten gezielt über die mangelnden validen Erfolgsaussichten der Behandlung getäuscht hätten (vgl. z.B. BGH, Beschluss vom 15. Oktober 2003 – 1 StR 300/03, NStZ-RR 2004, 16, 17). Die Urteilsgründe ergeben hierfür jedoch keine Anhaltspunkte. Die Verfahrensrügen, mit denen die Staatsanwaltschaft die Feststellung weiterer bzw. vertiefter Aufklärungsverstöße erstrebt, die im Ergebnis eine vorsätzliche Täuschung des Geschädigten durch die Angeklagten nahelegen und eine hypothetische Einwilligung ausschließen würden, haben keinen Erfolg.

203 Wird bei Verneinung eines minder schweren Falles der gefährlichen Körperverletzung u.a. **strafschärfend** gewertet, dass der Tat eine **„hohe Gefährlichkeit“** innewohnte, lässt dies einen Verstoß gegen § 46 Abs. 3 StGB besorgen.[210]

---

[210] BGH, Beschluss vom 21.3.2013 – 1 StR 667/12.

[9] 2. Der Schuldspruch hält rechtlicher Nachprüfung stand (§ 349 Abs. 2 StPO). Der Strafausspruch weist hingegen einen Rechtsfehler auf (§ 349 Abs. 4 StPO).

[10] Das Landgericht hat bei der Verneinung eines minder schweren Falles der gefährlichen Körperverletzung (§ 224 Abs. 1 a.E. StGB) u.a. strafschärfend gewertet, dass der Tathandlung „eine hohe Gefährlichkeit" innewohnte (UA S. 55). Dies lässt einen Verstoß gegen § 46 Abs. 3 StGB besorgen.

[11] Die vom Landgericht rechtsfehlerfrei angenommene Tatbegehung mittels einer das Leben gefährdenden Behandlung (§ 224 Abs. 1 Nr. 5 StGB) beinhaltet eine hohe Gefährlichkeit der Tathandlung. Eine konkrete Gefährdung kann das Landgericht nicht gemeint haben, weil diese im vorliegenden Fall nicht eingetreten war. Es kommt daher als Überlegung des Landgerichts nur eine abstrakte Gefährdung in Betracht. Diese wird aber gerade von § 224 Abs. 1 Nr. 5 StGB erfasst.

[12] Es kann deshalb hier offen bleiben, ob „eine hohe Gefährlichkeit" grundsätzlich bereits durch die ebenfalls verwirklichte Alternative des § 224 Abs. 1 Nr. 2 StGB (mittels eines anderen gefährlichen Werkzeugs) gegeben ist.

c) Schwere Körperverletzung – § 226 StGB

Bei **§ 226 Abs. 2 StGB** handelt es sich nicht nur um eine Strafzumessungsregel, sondern um eine **Qualifikation** gegenüber dessen Absatz 1, die durch das „absichtliche" oder „wissentliche" Verursachen der schweren Folge gekennzeichnet ist. Hierfür reicht aus, dass der Täter die schwere Körperverletzung als sichere Folge seines Handelns voraussieht.[211] **204**

d) Einwilligung – § 228 StGB

Bei Körperverletzungen im Rahmen von tätlichen **Auseinandersetzungen zwischen rivalisierenden Gruppen** ist bei der für die Anwendung von § 228 StGB vorzunehmenden Bewertung der Gefährlichkeit der Körperverletzungshandlungen die mit derartigen Tätlichkeiten typischerweise verbundene Eskalationsgefahr zu berücksichtigen. **205**

Fehlen bei solchen Auseinandersetzungen das Gefährlichkeitspotential begrenzende Absprachen und effektive Sicherungen für deren Einhaltung, verstoßen die in deren Verlauf begangenen Körperverletzungen trotz Einwilligung selbst dann gegen die guten Sitten (§ 228 StGB), wenn mit den einzelnen Körperverletzungen keine konkrete Todesgefahr verbunden war.[212]

[3] … Den Beteiligten beider Gruppen war bewusst, dass es aufgrund der sich durch wechselseitige Beleidigungen weiter aufheizenden Stimmung zu körperlichen Auseinandersetzungen kommen würde. Aufgrund einer faktischen Übereinkunft stimmten die Beteiligten zu, diese mit Faustschlägen und Fußtritten auszutragen. Den Eintritt auch erheblicher Verletzungen billigten sie.

[4] Im Zuge der sich anschließenden, rund vier bis fünf Minuten andauernden wechselseitigen Tätlichkeiten erwies sich die Gruppe um die Angeklagten als über-

---

211 BGH, Beschluss vom 27.8.2013 – 4 StR 274/13.

212 BGH, Beschluss vom 20.2.2013 – 1 StR 585/12.

legen. Als der Zeuge W. ungeachtet dessen ein Mitglied aus der Gruppe um die Angeklagten im Rahmen eines Faustkampfs in Bedrängnis brachte, schlug der Angeklagte S. auf W. ein, der daraufhin stürzte. Der am Boden liegende W. erhielt anschließend einen Fußtritt. Er erlitt u.a. eine Schädelprellung und wurde mit einem Rettungswagen in ein Krankenhaus verbracht, wo er stationär behandelt wurde. Der nicht revidierende Angeklagte M. schlug den Zeugen La. so heftig mit der Faust in das Gesicht, dass dieser im Unterkiefer drei Zähne verlor, die durch Implantate ersetzt werden müssen. Zudem verursachte der Schlag eine Verschiebung der Nasenscheidewand. Die Verletzung bedarf einer operativen Korrektur. Der zur Gruppe um L. gehörende, mit einer Blutalkoholkonzentration von rund 3,0 Promille stark alkoholisierte Zeuge J. ging durch die Wirkung von Faustschlägen bereits zu Beginn der Auseinandersetzung zu Boden und blieb dort wehrlos liegen. In dieser Lage versetzten ihm u.a. die Angeklagten Z. und S. mehrere Tritte gegen den Kopf und den Körper. Nachdem eine kurze Zeit von dem Zeugen J. abgelassen worden war und er auf allen Vieren wegzukriechen versuchte, holte der Mitangeklagte M. mit dem Fuß aus und trat J. ins Gesicht. Anschließend traten auch die Angeklagten Z. und S. erneut auf den am Boden liegenden J. ein. Einen Tritt führte der Angeklagte S. gegen den Kopf des Zeugen. Zudem hob er den Kopf des Zeugen etwas an und schlug ihn mit allerdings geringer Kraft auf den Asphalt. Aufgrund der zahlreichen erlittenen Verletzungen wurde der Zeuge J. drei Tage stationär, davon einen Tag auf der Intensivstation, behandelt und war vierzehn Tage arbeitsunfähig krank.

[5] b) Bei dieser Sachlage erweisen sich auch die zum Nachteil der Zeugen La. und W. verübten Körperverletzungen, für die die Angeklagten als Mittäter einzustehen haben, als rechtswidrig.

[6] aa) Die beiden Zeugen haben zwar in die zu ihren Verletzungen führenden Körperverletzungshandlungen durch die Beteiligung an der faktischen Übereinkunft mit der Gruppe um die Angeklagten eingewilligt. Von dieser Einwilligung waren auch die erlittenen Verletzungen umfasst. Insoweit kommt es darauf an, dass der Einwilligende eine zutreffende Vorstellung von dem voraussichtlichen Verlauf und den möglichen Folgen des zu erwartenden Angriffs hat (BGH, Urteil vom 12. Oktober 1999 – 1 StR 417/99, NStZ 2000, 87, 88; vgl. auch BGH, Beschluss vom 20. November 2012 – 1 StR 530/12). Da Faustschläge und Fußtritte Gegenstand der Übereinkunft waren, schließt die Zustimmung zu solchen Handlungen auch die daraus typischerweise resultierenden Verletzungsfolgen ein.

[7] bb) Ungeachtet der Einwilligungserklärungen der beiden Zeugen verstoßen die diese schädigenden Körperverletzungen aber gegen die guten Sitten und entfalten deshalb gemäß § 228 StGB keine rechtfertigende Wirkung.

[8] Der Bundesgerichtshof beurteilt in seiner jüngeren Rechtsprechung die Unvereinbarkeit einer Körperverletzung mit den „guten Sitten" im Sinne von § 228 StGB trotz Einwilligung des betroffenen Rechtsgutsinhabers im Grundsatz vorrangig anhand der Art und des Gewichts des eingetretenen Körperverletzungserfolges sowie des damit einhergehenden Gefahrengrades für Leib und Leben des Opfers ...

[9] Die Vornahme einer mit konkreter Todesgefahr für den Einwilligenden verbundenen Körperverletzung beschreibt danach einen Grad der Gefährlichkeit der Handlung und des daraus resultierenden Risikos für Leib und Leben, bei dessen Erreichen die Körperverletzung regelmäßig gegen die guten Sitten verstößt. Dieser Maßstab bestimmt jedoch die von § 228 StGB erfassten Konstellationen einer trotz erteilter Einwilligung sittenwidrigen Körperverletzung nicht abschließend. So kann trotz einer im Zeitpunkt der Vornahme der Körperverletzungshandlung auf der Grund-

lage der vorausschauenden Betrachtung aller maßgeblichen Umstände zu prognostizierenden konkreten Todesgefahr ein Sittenverstoß fehlen und der erteilten Einwilligung rechtfertigende Wirkung zukommen. Für die Einwilligung zu lebensgefährlichen ärztlichen Heileingriffen ist dies in der Rechtsprechung anerkannt (BGH, aaO, BGHSt 49, 166, 171).

[10] Umgekehrt kann auch bei einer rechtsgutsbezogenen Auslegung des Merkmals der guten Sitten, der der Bestimmtheitsgrundsatz des Art. 103 Abs. 2 GG nicht entgegensteht, die Sittenwidrigkeit nicht stets ausschließlich danach beurteilt werden, ob bei jeweils isolierter Bewertung des Gefährlichkeits- und Gefährdungsgrades einzelner Körperverletzungshandlungen im Ergebnis eine konkrete Lebens- bzw. Todesgefahr eingetreten ist. …

[11] Es entspricht der neueren Rechtsprechung des Bundesgerichtshofs zur Auslegung des § 228 StGB, die Sittenwidrigkeit der Tat trotz Einwilligung danach zu bestimmen, ob „bei vorausschauender objektiver Betrachtung aller maßgeblichen Umstände der Tat der Einwilligende durch die Körperverletzungshandlung in konkrete Todesgefahr gebracht wird“ …

[12] Der Grad der Gefährlichkeit der Körperverletzungen, in die eingewilligt worden ist, bestimmt sich aber auch nach den die Tatausführung begleitenden Umständen. So ist etwa in Bezug auf im Rahmen von sportlichen Wettkämpfen eingetretene Körperverletzungserfolge im Ergebnis allgemein anerkannt, dass die entsprechende Tat selbst bei der Gefahr erheblicher gesundheitlicher Beeinträchtigungen nicht gegen die guten Sitten verstößt, wenn die Verletzung aus Verhaltensweisen resultiert, die nach den maßgeblichen Regeln des Wettkampfs gestattet sind. …

[13] Dabei kommt es nicht darauf an, ob der Ausschluss der Rechtfertigung in solchen Konstellationen darauf beruht, dass das grob regelwidrige körperverletzende Verhalten von vornherein nicht Gegenstand der erteilten Einwilligung ist oder die Tat trotz der Einwilligung wegen des durch den schweren Regelverstoß typischerweise erhöhten Gefährlichkeitsgrades gegen die guten Sitten verstößt. …

[16] Nach den bereits bisher in der höchstrichterlichen Rechtsprechung herangezogenen Kriterien gebietet es die für die Anwendung von § 228 StGB maßgebliche ex ante-Perspektive der Bewertung des Gefährlichkeitsgrades der Körperverletzungshandlungen, die Eskalationsgefahr jedenfalls für Körperverletzungen wie die vorliegenden, die im Rahmen von tätlichen Auseinandersetzungen zwischen rivalisierenden Gruppen begangen werden, mit zu berücksichtigen. … Dieser Gefährlichkeitsaspekt ist auch bei der ex ante Beurteilung von wechselseitig konsentierten Körperverletzungen in Fällen der vorliegenden Art zu berücksichtigen.

[17] cc) Nach diesem Maßstab verstoßen die Körperverletzungen zu Lasten der Zeugen La. und W. wegen des Ausmaßes der mit diesen verbundenen Gefährlichkeit für die Rechtsgüter Leben und Gesundheit trotz der Einwilligung der Verletzten gegen die guten Sitten. Maßgebend dafür ist nicht in erster Linie das Gefährlichkeitspotential der einzelnen Körperverletzungshandlungen, sondern die Gesamtumstände, unter denen diese verübt worden sind.

[18] Bereits mit den verabredeten zugelassenen Körperverletzungen, zumindest in Gestalt der Fußtritte, ging ein nicht unerhebliches Gefährlichkeitspotential einher. Nach den Feststellungen ist nicht ausgeschlossen, dass solche Fußtritte auch gegen den Kopf des oder der Kontrahenten geführt wurden. Tritte gegen den Kopf sind als solche für das Leben des Getretenen generell gefährlich. Sie verwirklichen das Merkmal der das Leben gefährdenden Behandlung im Sinne von § 224 Abs. 1 Nr. 5 StGB jedenfalls dann, wenn sie nach der Art der Ausführung der Verletzungshand-

lung im Einzelfall zu lebensgefährlichen Verletzungen führen können (BGH, Beschluss vom 11. Juli 2012 – 2 StR 60/12, NStZ-RR 2012, 340 f.; siehe auch BGH, Urteil vom 22. März 2002 – 2 StR 517/01, NStZ 2002, 432 f. sowie Senat, Urteil vom 21. Dezember 2011 – 1 StR 400/11, NStZ-RR 2012, 105 f.). Entsprechendes gilt auch für gegen den Kopf des Opfers geführte Faustschläge, wie sie vorliegend mehrere Angehörige der Gruppe um L. erlitten haben. So ist etwa der Zeuge La. so heftig in das Gesicht geschlagen worden, dass er drei Zähne vollständig verloren hat, die durch Implantate ersetzt werden müssen. Derart massive Faustschläge tragen bereits per se einen erheblichen Gefährlichkeitsgrad in sich. Richten sich solche Schläge gegen besonders empfindliche Bereiche des Kopfes, wie vor allem die Schläfenregion, wird regelmäßig sogar von einer konkreten Todesgefahr auszugehen sein (BGH, Beschluss vom 20. Juli 2010 – 5 StR 255/10).

[19] Bedeutsamer als der ohnehin nicht geringe Gefährlichkeitsgrad der von der Verabredung umfassten Körperverletzungshandlungen ist jedoch für die Beurteilung der Taten anhand von § 228 StGB das Fehlen jeglicher Absprachen und Vorkehrungen, die eine Eskalation der wechselseitigen Körperverletzungshandlungen und damit einhergehend eine beträchtliche Erhöhung der aus diesen resultierenden Rechtsgutsgefährlichkeit ausschließen. Es ist nicht ersichtlich, dass die Gruppen vor dem Beginn der Auseinandersetzung abgesprochen hätten, Körperverletzungen gegen bereits geschlagene und deshalb nicht mehr zu effektiver Ab- oder Gegenwehr fähige Beteiligte auszuschließen. Ebenso wenig lassen die rechtsfehlerfreien Feststellungen Absprachen und Sicherungen erkennen, die Situationen ausschließen, in denen sich eine unterschiedliche Anzahl von Kämpfenden aus den beiden Gruppen gegenübersteht und sich wegen der Mehrzahl von „Kämpfern" auf einer Seite das Risiko schwerwiegender Verletzungen für den oder die in Unterzahl Befindlichen deutlich erhöht.

[20] Die tatsächliche Entwicklung der Auseinandersetzung zeigt vielmehr, dass es sich nicht lediglich um abstrakt-generell bedeutsame Umstände der Beurteilung der Rechtsgutsgefährlichkeit der von den Angeklagten begangenen oder ihnen gemäß § 25 Abs. 2 StGB zuzurechnenden Körperverletzungen handelt. Vielmehr haben sich die genannten generellen Risikofaktoren auch in der konkreten Kampfsituation risikosteigernd ausgewirkt. …

[21] Fehlen damit Absprachen und effektive Sicherungen für deren Einhaltung, die bei wechselseitigen Körperverletzungen zwischen rivalisierenden Gruppen den Grad der Gefährdung der Rechtsgüter Leben und Gesundheit der Beteiligten auf ein vor dem Hintergrund des Selbstbestimmungsrechts von Seiten des Staates tolerierbares Maß begrenzen (vgl. BGH, Urteil vom 26. Mai 2004 – 2 StR 505/03, BGHSt 49, 166, 171), verstoßen die Taten trotz der Einwilligung der Verletzten selbst dann gegen die guten Sitten (§ 228 StGB), wenn mit den einzelnen Körperverletzungserfolgen keine konkrete Todesgefahr verbunden war. …

[23] 2. Im Hinblick auf die Körperverletzung zu Lasten des geschädigten Zeugen J. scheidet eine Rechtfertigung durch Einwilligung ohnehin von vornherein aus. Obwohl dieser der an der verabredeten Auseinandersetzung beteiligten Gruppe um L. bei Beginn der Tätlichkeiten angehörte, konnte er keine wirksame Einwilligung erteilen. Nach den Feststellungen des Landgerichts über dessen Alkoholisierung und seinen dadurch hervorgerufenen Zustand konnte der Zeuge J. keine zutreffende Vorstellung von dem voraussichtlichen Verlauf und den möglichen Folgen des zu erwartenden Angriffs haben. Er war damit nicht einwilligungsfähig.

PRAXISBEDEUTUNG ■

Gerade angesichts der immer wieder als Folge von sportlichen Großereignissen entstehenden heftigen körperlichen Auseinandersetzungen rivalisierender Gruppen (auch als „dritte Halbzeit" bezeichnet) war es wichtig festzustellen, dass insoweit selbst Einwilligungen bestimmte Körperverletzungshandlungen nicht straflos lassen.

8. Straftaten gegen die persönliche Freiheit – §§ 232 ff. StGB

a) Menschenhandel zum Zwecke der sexuellen Ausbeutung – § 232 StGB

Das **lediglich unredliche und arglistige Schaffen eines Anreizes** gegenüber einer Person, die sich frei für oder gegen eine Prostitutionsaufnahme oder -fortsetzung entscheiden kann, genügt zur Verwirklichung des Verbrechenstatbestands des § 232 Abs. 4 StGB nicht.[213] **206**

[16] b) Auch die Annahme einer dirigistischen Zuhälterei zu Lasten der Nebenklägerin St. im Fall 1) hält revisionsgerichtlicher Überprüfung stand. Der rechtlichen Würdigung des Landgerichts ist zwar nicht zu entnehmen, von welcher Variante des § 181a Abs. 1 Nr. 2 StGB es ausgegangen ist.

[17] Die Feststellungen belegen aber, dass der Angeklagte jedenfalls im Sinn der 3. Variante des § 181a Abs. 1 Nr. 2 StGB „Maßnahmen getroffen" hat, die die Geschädigte davon abhalten sollten, die Prostitution aufzugeben. Erfasst werden hiervon Vorkehrungen, die das Opfer in seiner Entscheidungsfreiheit zu beeinträchtigen geeignet und darauf gerichtet sind, ihm den Weg aus der Prostitution zu verbauen (BGH, Beschluss vom 9. April 2002 – 4 StR 66/02, StV 2003, 163; Beschluss vom 13. November 2001 – 4 StR 408/01). Dass es sich hier so verhält, kann den Urteilsgründen noch entnommen werden. Nachdem die Geschädigte wegen Blutungen ins Krankenhaus eingeliefert worden war, befürchtete der Angeklagte, sie könne weglaufen und die Prostitution aufgeben. Er ließ sie deshalb tagsüber von der Mitangeklagten R. und der Nebenklägerin A. und in der Nacht von der Geschädigten M. bewachen. Die Geschädigte fühlte sich durch diese Maßnahmen nach wie vor in der Prostitution festgehalten. Erst nach ihrer Rückkehr in das Haus Sch. weigerte sie sich, fortan der Prostitution nachzugehen.

[18] c) Die Annahme eines schweren Menschenhandels zum Zweck der sexuellen Ausbeutung in Tateinheit mit vorsätzlicher Körperverletzung zum Nachteil der Geschädigten M. begegnet durchgreifenden rechtlichen Bedenken.

[19] aa) Im Hinblick auf die zum Nachteil der Geschädigten M. abgeurteilte vorsätzliche Köperverletzung begegnet schon die den Feststellungen zugrunde liegende Beweiswürdigung durchgreifenden rechtlichen Bedenken.

[20] Die Beweiswürdigung ist zwar grundsätzlich Sache des Tatgerichts; der revisionsgerichtlichen Überprüfung unterliegt aber, ob dem Tatgericht dabei Rechtsfehler unterlaufen sind. Dies ist unter anderem dann der Fall, wenn die Beweiswürdigung – wie hier – widersprüchlich ist (st. Rspr.; vgl. BGH, Urteil vom 30. März

[213] BGH, Urteil vom 9.10.2013 – 2 StR 297/13.

2004 – 1 StR 354/03, NStZ-RR 2004, 238; Urteil vom 11. Januar 2005 – 1 StR 478/04, NStZ-RR 2005, 147; Urteil vom 2. Dezember 2005 – 5 StR 119/05, NJW 2006, 925, 928).

[21] Das Landgericht stützt seine Feststellung, dass der Angeklagte die Geschädigte mindestens einmal mit der flachen Hand ins Gesicht schlug, sie gegen die Wand schubste und trat, allein auf die geständige Einlassung des Angeklagten (UA S. 79). Dies widerspricht aber der Wiedergabe der im Rahmen der Beweiswürdigung geschilderten Einlassung des Angeklagten, der zwar eine Körperverletzung zum Nachteil der Nebenklägerin A. und der Geschädigten St. eingeräumt, im Übrigen aber ausdrücklich erklärt habe, mit Ausnahme dieser zwei von ihm eingestandenen Fälle keine der Frauen geschlagen zu haben (UA S. 45, 47, 48).

[22] bb) Auch die Verurteilung des Angeklagten wegen schweren Menschenhandels gemäß „§ 232 Abs. 1 Satz 1, Abs. 4 Nr. 1 StGB" zu Lasten der Geschädigten M. begegnet sachlich-rechtlichen Bedenken. Dabei ist schon nicht nachzuvollziehen, warum die Strafkammer § 232 Abs. 1 StGB – dessen Voraussetzungen durch die Feststellungen zudem nicht belegt werden – neben dem ausgeurteilten schweren Menschenhandel des § 232 Abs. 4 StGB als angewandte Vorschrift erwähnt hat. § 232 Abs. 4 StGB ist ein keine Qualifikation des § 232 Abs. 1 StGB, sondern ein eigenständiger Straftatbestand mit von § 232 Abs. 1 StGB unabhängigen Voraussetzungen. Im Übrigen hat das Landgericht im Rahmen seiner rechtlichen Würdigung schon nicht erkennen lassen, von welcher Variante des § 232 Abs. 4 Nr. 1 StGB es ausgegangen ist.

[23] Die tatbestandlichen Voraussetzungen des § 232 Abs. 4 Nr. 1 StGB sind indes in keiner Variante belegt. Der Angeklagte hat zwar die Geschädigte zu einem nicht näher bekannten Zeitpunkt einmal ins Gesicht geschlagen, geschubst und getreten und insofern Gewalt im Sinne des § 232 Abs. 4 Nr. 1 StGB angewandt. Ungeachtet dessen, dass für diese Feststellung der Strafkammer – wie zuvor ausgeführt – schon eine Tatsachengrundlage fehlt, ist den Urteilsgründen nicht zu entnehmen, dass die Geschädigte zu diesem Zeitpunkt die Prostitution überhaupt aufgeben oder einschränken wollte und die erfolgten Schläge sie daher zur Fortsetzung der Prostitution veranlassen sollten. Die Gewalthandlung erfolgte vielmehr ausdrücklich allein als Sanktion dafür, dass der Angeklagte vermutete, die Geschädigte gebe ihre Einnahmen nicht vollständig an ihn ab. Weitere Gewalthandlungen oder auch Drohungen gegenüber der Geschädigten sind nicht festgestellt. Soweit am 25. April 2012 Gewalthandlungen gegen die Geschädigte St. erfolgten und diese dazu dienten, auch die Geschädigte M. einzuschüchtern, ist ebenfalls nicht festgestellt, dass die Geschädigte die Prostitution zu diesem Zeitpunkt aufgeben wollte.

[24] Auch der Einsatz einer „List" im Sinne des § 232 Abs. 4 Nr. 1 StGB ist nicht mit Feststellungen der Strafkammer belegt. Der Angeklagte brachte zwar die Geschädigte überhaupt nur durch eine Täuschung zur Aufnahme der Prostitution in seinen Räumlichkeiten, indem er ihr vorspiegelte, sie müsse nur die Hälfte ihrer Einnahmen an ihn abgeben. Dieses Verhalten begründet aber noch keine „List" im Sinne des § 232 Abs. 4 Nr. 1 StGB, die ein Ausschalten des Widerstands des Opfers gegen die Prostitution durch täuschende Machenschaften erfordert. Das lediglich unredliche und arglistige Schaffen eines Anreizes gegenüber einer Person, die sich frei für oder gegen eine Prostitutionsaufnahme oder -fortsetzung entscheiden kann, genügt zur Verwirklichung des Verbrechenstatbestands nicht (vgl. Urteil vom 3. Juni 1980 – 1 StR 192/80; BGH, Urteil vom 20. Oktober 1997 – 3 StR 266/76, BGHSt 27, 28; Fischer, StGB, 60. Aufl., § 232 Rn. 28).

b) Nachstellung – § 238 StGB

Tathandlung des § 238 Abs. 1 StGB ist das **unbefugte Nachstellen durch beharrliche unmittelbare und mittelbare Annäherungshandlungen** an das Opfer und näher bestimmte Drohungen. Der Begriff des Nachstellens umschreibt Handlungen, die darauf ausgerichtet sind, durch unmittelbare oder mittelbare Annäherung an das Opfer in dessen persönlichen Lebensbereich einzugreifen und dadurch seine Handlungs- und Entschließungsfreiheit zu beeinträchtigen. Da der Tatbestand vom Gesetzgeber jedoch als Erfolgsdelikt ausgestaltet worden ist, muss die Tathandlung zu einer **schwerwiegenden Beeinträchtigung der Lebensgestaltung des Opfers**, d.h. ganz allgemein der Freiheit der menschlichen Entschlüsse und Handlungen, führen. Dies ist gegeben, wenn durch die Handlungen des Täters eine Veränderung der äußeren Lebensumstände erzwungen wird und zudem die Beeinträchtigung schwerwiegend ist.[214] 207

[2] Das Landgericht hat im Wesentlichen folgende Feststellungen und Wertungen getroffen:

[3] Der Angeklagte leidet an einer schizophrenen Psychose des Typs undifferenzierte Schizophrenie (ICD 10 F 20.3), die sich in den letzten zehn bis zwanzig Jahren entwickelt hat und seit dem Jahr 2009 ausgeprägt vorliegt. Neben formalen und inhaltlichen Denkstörungen treten massive Affektstörungen und paranoide Symptome auf. Die Persönlichkeit des Angeklagten weist darüber hinaus autistische Züge auf. Auf Grund eines sog. „Liebeswahns" nimmt er die Beziehung zu einer Frau vollkommen irreal wahr. Deren für jedermann ersichtliche Abwehrhaltung deutet er als ein Zeichen von Zuneigung. Die paranoide Symptomatik kommt darin zum Ausdruck, dass er sich sehr leicht angegriffen fühlt und dann aggressiv reagiert. Im Affekt zeigen sich Auffälligkeiten im Sinne einer situativ auslösbaren Aggressivität und Explosivität. Es kommt zu unangemessenen affektiven Reaktionen. Kritikfähigkeit, Realitätsprüfung und Empathiefähigkeit fehlen völlig. Insgesamt bietet er das Bild eines hochgradig verschrobenen, bizarr wirkenden, autistischen und chronischen Schizophrenen (UA S. 23). Das Eingangsmerkmal der krankhaften seelischen Störung im Sinne von § 20 StGB ist erfüllt. Nach Auffassung des sachverständig beratenen Landgerichts war der Angeklagte bei Begehung der verfahrensgegenständlichen Taten „bei abstrakt bestehender Einsichtsfähigkeit" in seiner Steuerungsfähigkeit erheblich vermindert. Bei den Taten zum Nachteil der Zeugin V. (Nebenklägerin) beruhe dies auf dem stark ausgeprägten Liebeswahn, hinsichtlich der Taten zum Nachteil der Zeugin B. und der Polizeibeamten auf paranoidem Erleben und Störungen des Affekts.

[17] Der Schuldspruch hält sachlich-rechtlicher Überprüfung nicht stand.

[18] 1. Die Feststellungen des Landgerichts belegen nicht, dass der Tatbestand der Nachstellung in zwei Fällen erfüllt ist.

[19] Tathandlung des § 238 Abs. 1 StGB ist das unbefugte Nachstellen durch beharrliche unmittelbare und mittelbare Annäherungshandlungen an das Opfer und näher bestimmte Drohungen. Der Begriff des Nachstellens umschreibt Handlungen, die darauf ausgerichtet sind, durch unmittelbare oder mittelbare Annäherung an das Opfer in dessen persönlichen Lebensbereich einzugreifen und dadurch seine Hand-

---

[214] BGH, Beschluss vom 19.12.2012 – 4 StR 417/12.

lungs- und Entschließungsfreiheit zu beeinträchtigen (BGH, Beschlüsse vom 19. November 2009 – 3 StR 244/09, BGHSt 54, 189, 193, und vom 22. Februar 2011 – 4 StR 654/10, WuM 2011, 295, 296). Die Handlungen des Angeklagten erfüllen in beiden Tatzeiträumen die Voraussetzungen des Nachstellens in den Tatvarianten des § 238 Abs. 1 Nr. 1 und 2 StGB. Auch das tatbestandlich vorausgesetzte beharrliche Handeln des Täters ist hier gegeben. Da der Tatbestand vom Gesetzgeber jedoch als Erfolgsdelikt ausgestaltet worden ist, muss die Tathandlung zu einer schwerwiegenden Beeinträchtigung der Lebensgestaltung des Opfers führen. Der Begriff der Lebensgestaltung umfasst ganz allgemein die Freiheit der menschlichen Entschlüsse und Handlungen (BT-Drucks. 16/575 S. 7). Sie wird beeinträchtigt, wenn durch die Handlung des Täters eine Veränderung der äußeren Lebensumstände erzwungen wird. Die Beeinträchtigung muss zudem schwerwiegend sein (BGH, Beschluss vom 19. November 2009 – 3 StR 244/09, BGHSt 54, 189, 196 f.; Fischer, StGB, 60. Aufl., § 238 Rn. 22 ff.).

[20] Insofern zeigen die Urteilsgründe nicht hinreichend auf, dass dieser Erfolg bereits durch die verfahrensgegenständlichen einzelnen Handlungen des Angeklagten eingetreten ist. Denn das Landgericht stellt im Rahmen des Grundtatbestandes des § 238 Abs. 1 StGB rechtsfehlerhaft in erster Linie auf die erheblichen psychischen Beeinträchtigungen der Nebenklägerin und deren psychosomatische Auswirkungen ab. Zu der entscheidenden Frage, ob und inwieweit die Nebenklägerin zu gravierenden, nicht mehr hinzunehmenden Modifikationen ihrer äußeren Lebensgestaltung gezwungen war (z.B. Wechsel der Wohnung oder des Arbeitsplatzes, Treffen besonderer Schutzvorkehrungen beim Verlassen der Wohnung bzw. in den Nachtstunden, Aufgeben erheblicher Teile von Freizeitaktivitäten), werden ohne jede zeitliche Einordnung nur knappe und pauschale Feststellungen getroffen, die sich konkreten Nachstellungshandlungen – auch unter Berücksichtigung des Umstandes, dass bei einer sukzessiven Tatbegehung einzelne Handlungen des Täters erst in ihrer Gesamtheit zu der erforderlichen Beeinträchtigung des Opfers führen können – nicht zuordnen lassen. Eine revisionsrechtliche Überprüfung, ob das Tatgericht zutreffend davon ausgegangen ist, dass die dem Angeklagten vorgeworfenen Handlungen in zwei tatmehrheitlich begangenen Fällen jeweils zu einer schwerwiegenden Beeinträchtigung der äußeren Lebensgestaltung geführt haben, ist somit nicht möglich.

[21] 2. Soweit das Landgericht den Angeklagten wegen vorsätzlicher Körperverletzung in vier Fällen verurteilt hat, fehlt jegliche rechtliche Subsumtion. Angesichts der Vielzahl von möglicherweise strafbaren Verhaltensweisen des Angeklagten, die in dem Urteil geschildert werden (UA S. 9–22), ist unklar, welche Handlungen des Angeklagten – über die beiden Taten zum Nachteil der Nachbarin B. hinaus – das Landgericht als tatbestandsmäßig im Sinne von § 223 Abs. 1 StGB gewertet hat. Gleiches gilt, soweit das Landgericht von einer tateinheitlich verwirklichten Beleidigung ausgegangen ist. Auch hier ist unklar, welche Verhaltensweise des Angeklagten dem Schuldspruch zu Grunde liegt.

[22] 3. Die Verurteilung wegen Widerstands gegen Vollstreckungsbeamte in drei Fällen (§ 113 Abs. 1, § 53 StGB) begegnet ebenfalls durchgreifenden rechtlichen Bedenken.

[23] Hinsichtlich der Tat vom 9. Oktober 2010 sind die Feststellungen widersprüchlich und tragen die Verurteilung nicht. Auf UA S. 14 wird ausgeführt, dass dem Angeklagten der „Inhalt des Beschlusses des Amtsgerichts Herne-Wanne" bekannt gewesen sei und er gewusst habe, „dass die Beamten zur Durchsetzung des Beschlusses berechtigt waren". Demgegenüber stellt das Landgericht auf UA S. 11

fest, dass das Amtsgericht Herne-Wanne dem Angeklagten erst mit Beschluss vom 28. Oktober 2010 verboten hat, sich der Nebenklägerin bzw. ihrer Wohnung oder Arbeitsstelle auf weniger als 200 Meter zu nähern. Danach ist ausgeschossen, dass die Polizeibeamten zur Durchsetzung dieses Näherungsverbots tätig geworden sind.

[24] Bei der Tat vom 10. September 2011 ist die Tathandlung des „Widerstandleistens" nicht hinreichend mit Tatsachen belegt. Indem der Angeklagte sich weigerte, in den Zellentrakt zu gehen, und sich lediglich wegdrehte, hat er noch nicht „mit Gewalt" Widerstand geleistet. Es fehlt an einem auf körperlicher Kraftentfaltung beruhenden, tätigen Handeln gegen die Polizeibeamten (vgl. Fischer, StGB, 60. Aufl., § 113 Rn. 23). Soweit die Polizeibeamten den Angeklagten „gegen seinen Widerstand" in die Zelle brachten und „dem sich sträubenden Angeklagten" die Schuhe auszogen, lassen sich dem Urteil keine konkreten Feststellungen zur Art und Weise der Tathandlung entnehmen.

[25] Zur Tat vom 21. September 2011 teilt das Landgericht lediglich mit, dass der „aggressiver werdende Angeklagte" zur Durchsetzung des Platzverweises auf die Polizeiwache verbracht wurde. Ein im Sinne von § 113 Abs. 1 StGB tatbestandsmäßiges Widerstandleisten ist nicht ersichtlich.

c) Erpresserischer Menschenraub – § 239a StGB

TOPENTSCHEIDUNG ■

208 Bei der Erpressung ist die **Rechtswidrigkeit** des erstrebten Vermögensvorteils **normatives Tatbestandsmerkmal**, auf das sich der zumindest bedingte Vorsatz des Täters erstrecken muss. Der Täter will sich oder einen Dritten dann zu Unrecht bereichern, wenn er einen Vermögensvorteil erstrebt, auf den er oder der Dritte keinen rechtlich begründeten Anspruch haben. Stellt sich der Täter für die erstrebte Bereicherung eine in Wirklichkeit nicht bestehende Anspruchsgrundlage vor, so handelt er dagegen in einem Tatbestandsirrtum im Sinne des § 16 Abs. 1 S. 1 StGB.[215]

[3] Die Angeklagten L. und K. sowie die nicht revidierenden Mitangeklagten St. und Si. arbeiteten im Sommer 2012 als selbständige Subunternehmer für die vom Angeklagten S. geführte G. GmbH an einem Bauvorhaben in F.. Die G. GmbH war wiederum von der B. GmbH, die im Tatzeitraum jedenfalls faktisch von den Geschädigten R. und Ku. geleitet wurde, als Subunternehmerin beauftragt worden. Nach Unstimmigkeiten über ihren sozialversicherungsrechtlichen Status stellten L., K., St. und Si. die Arbeiten ein, woraufhin die B. GmbH den Subunternehmervertrag mit der G. GmbH fristlos kündigte. In der Folge kam es zu Streitigkeiten über die Zahlung des noch ausstehenden Werklohns. Am 24. oder 25. Juli 2012 kam es zu einer Vereinbarung zwischen dem Angeklagten S. einerseits und den Geschädigten R. und Ku. andererseits, wonach ein Anspruch der G. GmbH auf den ausstehenden Werklohn bestehe, dieser aber nur nach Vorlage diverser Unterlagen, insbesondere steuer- und sozialversicherungsrechtlicher Art, fällig sein sollte.

[4] Ende Juli/Anfang August 2012 berichtete der Angeklagte S. den Mitangeklagten L.K., St. und Si., dass der Geschädigte R. die Zahlung verweigere, da – was zutraf –

[215] BGH, Beschluss vom 16.7.2013 – 2 StR 163/13.

nicht alle Unterlagen vorlägen und er – S. – nunmehr einen Rechtsanwalt beauftragt habe, um seine Forderung einzuklagen. S. zahlte den Mitangeklagten nach einer entsprechenden Ankündigung auch eine erste Rate in Höhe von 1.000,– Euro auf ihren Arbeitslohn. In einer Email vom 31. Juli 2012 warf S. dem Geschädigten Ku. u.a. vor, dass seine Betriebsführung darin bestehe, dass keiner Geld bekomme und immer versucht werde, sich herauszureden. Dies sei „ein klarer Fall für den Anwalt bzw. ein Betrugsverfahren“. Auch die Behörden seien bereits informiert. Weiterhin gab der Angeklagte S. sinngemäß an, er habe „den Leuten“ seine Forderungen „überreicht“, so dass Ku. mit einem Besuch zu Hause rechnen müsse.

[5] Am 12. August 2012 begab sich der Angeklagte S. zusammen mit L. K., St. und Si. zum Wohnanwesen der Geschädigten R. und Ku. . Sie drangen in das Haus ein und verlangten unter wiederholter Androhung, den Geschädigten „aufs Maul zu schlagen“, von diesen Geld. Weiter ließen sie sich von den Geschädigten deren Mobiltelefone aushändigen. Nach einem Fluchtversuch des Geschädigten R. entstand ein Gerangel, in dessen Verlauf der Angeklagte L. eine geladene Gaspistole zog und diese dem Geschädigten R. vorhielt. Dieses Vorgehen war mit den anderen Angeklagten, die bis dahin nichts von der Waffe wussten, nicht abgesprochen; trotzdem wirkten sie weiter an der Tat mit.

[6] Auf Vorschlag des Geschädigten R. fuhr dieser mit den Angeklagten L., K., St. nach W., wo sich ein Bankautomat befindet. S. und Si. blieben mit der Gaspistole zurück und bewachten den Geschädigten Ku. In W. steuerte der Geschädigte R. jedoch mit Vollgas die dortige Polizeiwache an und konnte nach einer Vollbremsung vor den überraschten Angeklagten flüchten, die daraufhin zu dem Wohnanwesen zurückkehrten, wo sie kurze Zeit später festgenommen werden konnten.

[7] Den Angeklagten L. K., St. und Si. war bei der Tatausführung bekannt, dass sie einen Zahlungsanspruch allenfalls gegen die G. GmbH, aber nicht gegen die B. GmbH hatten. Dem Angeklagten S. war bekannt, dass weder er noch die G. GmbH mangels Vorlage der Unterlagen einen fälligen, einredefreien Anspruch gegen die B. GmbH hatten.

[8] 2. Der Schuldspruch wegen erpresserischen Menschenraubs in Tateinheit mit versuchter räuberischer Erpressung hält sachlich-rechtlicher Prüfung nicht stand. Die Beweiswürdigung des Urteils leidet, was das Vorstellungsbild der Angeklagten in Bezug auf die Rechtswidrigkeit des angestrebten Vermögensvorteils angeht, an durchgreifenden Erörterungsmängeln.

[9] a) Bei der Erpressung ist die Rechtswidrigkeit des erstrebten Vermögensvorteils normatives Tatbestandsmerkmal, auf das sich der zumindest bedingte Vorsatz des Täters erstrecken muss. Der Täter will sich oder einen Dritten dann zu Unrecht bereichern, wenn er einen Vermögensvorteil erstrebt, auf den er oder der Dritte keinen rechtlich begründeten Anspruch haben (vgl. BGH, Urteil vom 28. Oktober 2010 – 4 StR 402/10, NStZ 2011, 519 m.w.N.). Stellt sich der Täter für die erstrebte Bereicherung eine in Wirklichkeit nicht bestehende Anspruchsgrundlage vor, so handelt er dagegen in einem Tatbestandsirrtum im Sinne des § 16 Abs. 1 Satz 1 StGB (st. Rspr.; vgl. Senat, Urteil vom 14. März 2012 – 2 StR 547/11, insoweit in StV 2013, 73 nicht abgedruckt; BGH, Urteil vom 7. August 2003 – 3 StR 137/03, BGHSt 48, 322, 328; Fischer, StGB, 60. Aufl., § 253 Rn. 20, jeweils m.w.N.).

[10] b) Das Landgericht hat seine Annahme, der Angeklagte S. habe nicht über die Existenz eines ihm zustehenden, rechtlich begründeten Anspruchs geirrt, wie folgt begründet: Dem Angeklagte sei auf Grund der am 24. bzw. 25. Juli 2012 geschlossenen Vereinbarung und vor dem Hintergrund seiner Erfahrungen im Baugewerbe be-

wusst gewesen, dass die Fälligkeit seines Zahlungsanspruchs von der Vorlage sämtlicher Unterlagen abhängig war. Auf Grund des Email-Verkehrs mit dem Zeugen Ku., insbesondere auf Grund zweier Emails vom 25. und 30. Juli 2012 habe er gewusst, dass noch nicht alle Unterlagen vorgelegt worden seien. Das Landgericht teilt indes schon den Inhalt dieser Emails nicht mit, so dass der Senat diese Wertung nicht nachvollziehen kann. Im Übrigen geht aus der Email vom 31. Juli 2012 an den Geschädigten Ku. hervor, dass der Angeklagte S. dessen Vorgehen als bloße Hinhaltetaktik und „klaren Fall für den Anwalt bzw. ein Betrugsverfahren" angesehen hat. Dies könnte aber dafür sprechen, dass er die Vorstellung hatte, einen von der Rechtsordnung anerkannten und daher gerichtlich durchsetzbaren Anspruch (vgl. BGH, Urteil vom 7. August 2003 – 3 StR 137/03, BGHSt 48, 322, 329) zu haben. Mit diesem Indiz hätte sich die Strafkammer auseinandersetzen müssen.

[11] c) Auch hinsichtlich der Mitangeklagten L. und K. greift die Beweiswürdigung der Strafkammer zu kurz. Danach sei diesen insbesondere auf Grund der vom Angeklagten S geleisteten Ratenzahlung bewusst gewesen, dass allein dieser bzw. die G. GmbH Schuldner ihrer Lohnforderung gewesen sei. Eine Abtretung der Forderung der G. GmbH an die B. GmbH ließe sich den Umständen nicht entnehmen, zumal der Angeklagte S. gerade einen Rechtsanwalt mit ihrer Durchsetzung beauftragt habe. Diese Umstände sprechen zwar gegen die Annahme, die Mitangeklagten L. und K. eine irrig davon ausgegangen, auf die erstrebte Leistung einen eigenen Anspruch zu haben. Dagegen hat das Landgericht eine mögliche fremdnützige Bereicherungsabsicht nicht erkennbar bedacht. Nach den Feststellungen erscheint es jedenfalls nicht ausgeschlossen, dass die Mitangeklagten L. und K. handelten, um das Geld für die G. GmbH bzw. den Angeklagten S. einzutreiben, damit dieser in die Lage versetzt wird, ihre eigenen Lohnansprüche befriedigen zu können. In diesem Fall wäre aber zu erörtern gewesen, ob die Mitangeklagten davon ausgingen, dem Angeklagten S. habe ein rechtlich begründeter Anspruch zugestanden. Dafür könnte insbesondere sprechen, dass sie von diesem darüber informiert wurden, dass er einen Rechtsanwalt beauftragt habe, um die ausstehenden Zahlungen einzuklagen (UA S. 19). Auch dazu verhält sich das Urteil nicht.

[12] d) Diese Erörterungsmängel nötigen zur Aufhebung des Schuldspruchs mit den Feststellungen, wobei sich die Aufhebung auch auf die – für sich genommen rechtsfehlerfreie – tateinheitliche Verurteilung des Angeklagten L. wegen unerlaubten Führens einer Schusswaffe erstreckt.

[13] 3. Die Aufhebung ist gemäß § 357 Satz 1 StPO auf die nicht revidierenden, durch die materiell-rechtlichen Aufhebungsgründe in gleicher Weise betroffenen Mitangeklagten St. und Si. zu erstrecken.

§ 239a Abs. 1 Alt. 2 StGB kann nicht in der Weise verwirklicht werden, dass der Täter die durch einen Dritten mittels Entführung oder in sonstiger Weise begründete Bemächtigungslage des Opfers **lediglich zu einer Erpressung ausnutzt.** **209**

Allerdings kann der **später Hinzutretende § 239a Abs. 1 StGB** verwirklichen, indem er, nachdem sich das Opfer bereits in der Gewalt von Dritten befindet, die dieses entführt oder sich seiner in sonstiger Weise bemächtigt haben, erst danach **eigenständig Gewalt über das Opfer erlangt.** Dies gilt insbesondere, wenn er durch sein Eingreifen die Situation des Opfers qualitativ ändert und über das Fortbestehen der Bemächtigungslage nunmehr maßgeblich selbst bestimmt.[216]

216 BGH, Urteil vom 19.9.2013 – 3 StR 119/13.

[7] 2. Eine Verurteilung des Angeklagten wegen erpresserischen Menschenraubes (§ 239a Abs. 1 StGB) oder Geiselnahme (§ 239b Abs. 1 StGB) hat das Landgericht mit der Begründung abgelehnt, der Angeklagte habe zwar eine Geldforderung an den Nebenkläger gestellt. Er habe nach dem Ergebnis der Beweisaufnahme jedoch an der Entführung nicht mitgewirkt, sondern sei erst später hinzugekommen und habe dann die nicht von ihm, sondern von anderen geschaffene Lage des Nebenklägers ausgenutzt, um von diesem die Zahlung von 170.000 € zu verlangen. Nach § 239a StGB strafbar sei (aber) nur, wer die von ihm selbst geschaffene Lage ausnutzt. Habe ein Dritter diese Lage herbeigeführt oder haben vom Täter unabhängige Umstände das Opfer in seine Hand gegeben, so genüge es nicht, wenn der Täter diese Situation zu einer Erpressung nutzt. Die Entführung oder das Sich-Bemächtigen brauchten zwar nicht eigenhändig ausgeführt werden. Die Entführung, die von den früheren Mitangeklagten begangen worden sei, könne dem Angeklagten aber nicht nach den Regeln der Mittäterschaft oder mittelbaren Täterschaft zugerechnet werden, da er selbst kein Tatbestandsmerkmal verwirklicht und auch keinen entsprechenden Vorsatz gehabt habe.

[8] Dies hält rechtlicher Prüfung nicht stand. Zwar scheidet nach den getroffenen Feststellungen eine Verurteilung des Angeklagten wegen Geiselnahme nach einer der beiden Alternativen des § 239b Abs. 1 StGB im Ergebnis jedenfalls deswegen aus, weil gegen den Nebenkläger keine qualifizierte Drohung im Sinne dieser Vorschrift gerichtet werden sollte bzw. gerichtet wurde. Indes hat das Landgericht eine Strafbarkeit des Angeklagten wegen erpresserischen Menschenraubs (§ 239a Abs. 1 StGB) rechtsfehlerhaft verneint.

[9] a) Im Ausgangspunkt zutreffend hat das Landgericht allerdings ausgeführt, dass die Tatvariante des § 239a Abs. 1 Alt. 2 StGB nach ihrem eindeutigen Wortlaut nicht in der Weise verwirklicht werden kann, dass der Täter die durch einen Dritten mittels Entführung oder in sonstiger Weise begründete Bemächtigungslage des Opfers lediglich zu einer Erpressung ausnutzt. Allein hierauf beschränkt sich indes die tatbestandliche Einschränkung der Vorschrift. Sie mag daher einer Verwirklichung des erpresserischen Menschenraubs in der Form entgegen stehen, dass dem (gegebenenfalls nur als „Trittbrettfahrer": vgl. MüKoStGB/Renzikowski, 2. Aufl., § 239a Rn. 60 m.w.N.) später durch erpresserische Handlungen in das Geschehen eingreifenden Täter die von Dritten zuvor begründete und weiter aufrecht erhaltene Bemächtigungslage über die Rechtsfigur der sukzessiven Mittäterschaft zugerechnet wird (so etwa Immel, Die Gefährdung von Leben und Leib durch Geiselnahme (§§ 239a, 239b StGB), 2001, S. 325; vgl. demgegenüber bei zwar nicht eigenhändiger, aber mittäterschaftlicher Begründung der Bemächtigungslage durch den später aktiv Eingreifenden: BGH, Beschluss vom 1. Dezember 2000 – 2 StR 379/00, NStZ 2001, 247 f.; bei Begründung der Bemächtigungslage in mittelbarer Täterschaft: Schönke/Schröder-Eser/Eisele, StGB, 28. Aufl., § 239a Rn. 21; Renzikowski aaO). Sie schließt es indes nicht aus, dass der später Hinzutretende § 239a Abs. 1 StGB in anderer Weise verwirklicht. Dazu gilt:

[10] Befindet sich das Opfer bereits in der Gewalt von Dritten, die dieses entführt oder sich seiner in sonstiger Weise bemächtigt haben, so kommt durchaus in Betracht, dass ein sich erst danach an dem Geschehen beteiligender Täter eigenständig Gewalt über das Opfer erlangt. So liegt es jedenfalls dann, wenn er durch sein Eingreifen die Situation des Opfers qualitativ ändert und über das Fortbestehen der Bemächtigungslage nunmehr maßgeblich selbst bestimmt (vgl. Renzikowski aaO Rn. 34 und 60). Es gilt hier nichts anderes als in den Fällen, in denen sich das Opfer

aufgrund anderer Umstände bereits in einer hilflosen Lage befindet und sich der Täter dies zunutze macht, um das Opfer in seine Gewalt zu bringen (vgl. Renzikowski aaO). Tut er dies in der Absicht, die so gewonnene Herrschaft über das Opfer zu dessen Erpressung auszunutzen, so verwirklicht er in beiden Fallgestaltungen den Tatbestand des § 239a Abs. 1 Alt. 1 StGB.

[11] So lag es hier. Nach dem Eintreffen des Angeklagten in der „H." entschieden nicht mehr die ursprünglichen Entführer darüber, wie mit dem Nebenkläger verfahren werden sollte. Vielmehr bestimmten nunmehr der Angeklagte und A. Y., dass der Nebenkläger im Pkw des Angeklagten von der „H." abtransportiert wurde und beide brachten den Nebenkläger in dem Fahrzeug in ihre Gewalt; der Angeklagte bestimmte das Fahrziel F. und machte sich dorthin mit dem Nebenkläger auf den Weg. Er entschied später auch über die Freilassung des Nebenklägers. Damit hat er sich des Nebenklägers in der „H." selbst bemächtigt im Sinne des § 239a Abs. 1 Alt. 1 StGB.

[12] b) Nach den bisherigen Feststellungen des Landgerichts scheitert eine Verurteilung des Angeklagten wegen erpresserischen Menschenraubs auch nicht notwendig daran, dass es an dem erforderlichen funktionalen, zeitlichen Zusammenhang zwischen der Bemächtigungslage des Nebenklägers und der vom Angeklagten ins Auge gefassten Erpressung (vgl. Lackner/Kühl, StGB, 27. Aufl., § 239a Rn. 4a m.w.N.) deshalb fehlt, weil nach der Vorstellung des Angeklagten der Nebenkläger die ihm abzupressende vermögenswerte Leistung erst nach Beendigung der Bemächtigungslage erbringen sollte. Zwar trifft dies ersichtlich auf die vom Angeklagten erstrebte Zahlung von 150.000 bis 170.000 € zu. Indes wollte der Angeklagte den Nebenkläger auch zu der Abgabe eines entsprechenden, notariell beglaubigten Schuldanerkenntnisses nötigen, und die Feststellungen lassen es jedenfalls möglich erscheinen, dass der Nebenkläger diese Erklärung nach dem ursprünglichen Plan des Angeklagten noch während des Andauerns der Bemächtigungslage in F. abgeben sollte. Durch die Abgabe eines schriftlichen Anerkenntnisses einer nicht bestehenden Verbindlichkeit (Schuldschein) kann indes bereits ein Vermögensnachteil im Sinne des § 253 Abs. 1 StGB begründet werden (BGH, Urteil vom 9. Juli 1987 – 4 StR 216/87, BGHSt 34, 394 ff.; zur Notwendigkeit einer konkreten Schadensermittlung s. etwa BVerfG, Beschlüsse vom 23. Juni 2010 – 2 BvR 2559/08 u.a., NJW 2010, 3209, 3215; vom 7. Dezember 2011 – 2 BvR 2500/09 u.a., NJW 2012, 907, 915 ff.).

Auch die **erzwungene Wegnahme** kann eine **„Erpressung"** im Sinne von § 239a StGB darstellen, weil der Tatbestand der Erpressung den des Raubes mit umfasst.[217] **210**

[6] Der Senat kann nicht ausschließen, dass das Landgericht weitere Feststellungen treffen kann, die zur Anwendung von § 249 StGB führen.

[7] 2. Wenn vom neuen Tatgericht ein Raub festgestellt würde, so wäre unter den weiteren Umständen des Falles auch zu erörtern, ob erpresserischer Menschenraub nach § 239a Abs. 1 StGB vorliegt. Diese Tat begeht nicht nur ein Täter, der einen Menschen entführt oder sich seiner bemächtigt, um von Anfang an die Sorge des Opfers um sein Wohl zu einer Erpressung auszunutzen, sondern auch derjenige, der die durch eine solche Handlung geschaffene Lage zu einer Erpressung ausnutzt. Raub ist dabei ein speziellerer Tatbestand als (räuberische) Erpressung, der auch die

[217] BGH, Beschluss vom 13.11.2012 – 3 StR 422/12.

Möglichkeit eines hierauf bezogenen erpresserischen Menschenraubs eröffnet (vgl. Senat, Urteil vom 5. März 2003 – 2 StR 494/02, NStZ 2003, 604 f.).

[8] Der Angeklagte kann sich der Geschädigten bemächtigt haben. Dazu muss er die physische Herrschaftsgewalt über das Opfer gewonnen, eine stabile Bemächtigungslage geschaffen und diese Lage zu einer Erpressung oder zum Raub ausgenutzt haben. Zwar muss der stabilisierten Bemächtigungslage mit Blick auf das Vermögensdelikt eigenständige Bedeutung zukommen. Damit ist aber nur gemeint, dass sich über die in jeder mit Gewalt oder Drohungen verbundenen Nötigungshandlung liegende Beherrschungssituation hinaus eine weiter gehende Drucksituation aus der stabilen Bemächtigungslage ergeben haben muss (vgl. BGH, Urteil vom 2. Februar 2012 – 3 StR 385/11, NStZ-RR 2012, 173, 174). Dies kommt hier in Betracht und wäre daher vom Tatgericht zu erörtern.

d) Geiselnahme – § 239b StGB

211 Der Täter einer Geiselnahme muss entweder bereits im Zeitpunkt der Begründung der Herrschaft über das Opfer die **Absicht** haben, die **Bemächtigungslage zu der Nötigung auszunutzen**, oder er muss die durch ihn aus anderen Gründen herbeigeführte **Bemächtigungslage tatsächlich zu der Nötigung ausnutzen**, das heißt, zumindest im Sinne eines Versuchs unmittelbar zu ihr ansetzen. In beiden Fällen ist es zudem erforderlich, dass er einen Nötigungserfolg erstrebt, der über den zur Bemächtigung erforderlichen Zwang hinausgeht. Zudem muss zwischen der Bemächtigungslage und der geplanten bzw. zumindest begonnenen Nötigung ein funktionaler und zeitlicher Zusammenhang in der Form bestehen, dass die abgenötigte Handlung, Duldung oder Unterlassung von dem Opfer vorgenommen werden soll, solange es sich in der Gewalt des Täters befindet.[218]

[3] 2. Auf der Grundlage dieser Feststellungen hält die Verurteilung wegen Geiselnahme sachlich-rechtlicher Prüfung nicht stand. Das Landgericht hat die Voraussetzungen dieses Tatbestands als erfüllt angesehen, weil der Angeklagte durch die Fesselung die bestehende Bemächtigungslage weiter stabilisiert habe. Er habe dabei in der Absicht gehandelt, die Sorge der Nebenklägerin „um ihr Wohl auszunutzen, um sie daran zu hindern, die Polizei zu alarmieren und dadurch seine Verfolgung aufzunehmen". Dies ist rechtsfehlerhaft.

[4] Nach § 239b Abs. 1 StGB macht sich – soweit hier in Betracht kommend – strafbar, wer sich eines Menschen bemächtigt, um diesen durch eine qualifizierte Drohung zu einer Handlung, Duldung oder Unterlassung zu nötigen, oder, wer eine bestehende Bemächtigungslage zu einer derartigen Nötigung ausnutzt. Der Täter muss entweder bereits im Zeitpunkt der Begründung der Herrschaft über das Opfer die Absicht haben, die Bemächtigungslage zu der Nötigung auszunutzen, oder er muss die durch ihn aus anderen Gründen herbeigeführte Bemächtigungslage tatsächlich zu der Nötigung ausnutzen, das heißt, zumindest im Sinne eines Versuchs unmittelbar zu ihr ansetzen. In beiden Fällen ist es zudem erforderlich, dass er einen Nötigungserfolg erstrebt, der über den zur Bemächtigung erforderlichen Zwang hinausgeht (MünchKommStGB/Renzikowski, 2. Aufl., § 239b Rn. 17 m.w.N.). Zudem muss zwischen der Bemächtigungslage und der geplanten bzw.

[218] BGH, Beschluss vom 6.8.2013 – 3 StR 175/13.

zumindest begonnenen Nötigung ein funktionaler und zeitlicher Zusammenhang in der Form bestehen, dass die abgenötigte Handlung, Duldung oder Unterlassung von dem Opfer vorgenommen werden soll, solange es sich in der Gewalt des Täters befindet (BGH, Beschluss vom 2. Oktober 1996 – 3 StR 378/96, BGHR StGB § 239b Entführen 4 m.w.N.).

[5] Diese Voraussetzungen sind hier nicht gegeben: In der Drohung, die Nebenklägerin zu töten, lag zwar eine qualifizierte Drohung im Sinne von § 239b Abs. 1 StGB. Indes lässt sich den Urteilsgründen schon nicht eindeutig entnehmen, aufgrund welcher Umstände und ab welchem Zeitpunkt die Strafkammer das Vorliegen einer (stabilisierten) Bemächtigungslage angenommen hat, die in ihrer Zwangswirkung auf die Nebenklägerin über das hinausging, was zur Umsetzung der räuberischen Absichten des Angeklagten erforderlich war. Zwar könnte spätestens mit der Fesselung der Nebenklägerin eine derartige Stabilisierung der Bemächtigungslage eingetreten sein. Indes wird auch vor diesem Hintergrund weder ersichtlich, dass der Angeklagte bereits bei deren Herbeiführung der Nebenklägerin durch qualifizierte Drohung eine Handlung, Duldung oder Unterlassung noch während deren Dauer abzunötigen beabsichtigte, die über die Duldung der Bemächtigung hinausging, noch belegen die Feststellungen, dass der Angeklagte nach Begründung der möglichen Bemächtigungslage während deren Dauer zu einer qualifizierten Nötigung im dargestellten Sinne angesetzt hätte. Wie das Landgericht insoweit zutreffend dargelegt hat, führten die Tathandlungen des Angeklagten, mit denen er die Nebenklägerin unter Todesdrohungen zwang, sich auf ihrem Bett fesseln und knebeln zu lassen, allenfalls zu einer („weiteren") Stabilisierung der Bemächtigungslage. Als selbständiger, darüber hinausgehender Nötigungserfolg – auch im Sinne einer eigenständig bedeutsamen Vorstufe des erstrebten Enderfolgs (vgl. BGH, Urteile vom 14. Januar 1997 – 1 StR 507/96, BGHR StGB § 239b Nötigungserfolg 1 und vom 18. Dezember 2007 – 1 StR 86/05, NStZ 2008, 279, 280) – scheidet dieses Erdulden daher aus. Soweit das Landgericht demgegenüber darauf abgestellt hat, der Angeklagte habe die Sorge der Nebenklägerin um ihr Wohl dazu ausnutzen wollen, diese von der Alarmierung der Polizei abzuhalten, verkennt es, dass die Nebenklägerin damit zu einem Unterlassen erst nach Beendigung der Bemächtigungslage genötigt werden sollte und es diesbezüglich daher an dem erforderlichen zeitlichen und funktionalen Zusammenhang zwischen Bemächtigungssituation und erstrebtem Nötigungserfolg fehlt. Denn indem der Angeklagte die Wohnung der Nebenklägerin verließ, hob er die Bemächtigungslage objektiv auf, bevor der von ihm erstrebte Nötigungserfolg eintreten sollte.

Zwischen der Entführung und der beabsichtigten Nötigung muss ein **funktionaler und zeitlicher Zusammenhang** derart bestehen, dass der Täter das Opfer während der Dauer der Entführung nötigen will und die abgenötigte Handlung auch während der Dauer der Zwangslage vorgenommen werden soll. Soweit der Angeklagte (lediglich) die Absicht verfolgt hat, eine Zeugin durch Entführung und qualifizierte Drohung dazu zu bestimmen, erst nach Beendigung der Zwangslage ihre Aussage bei der Polizei zu widerrufen, ist der Tatbestand nicht erfüllt.[219] **212**

Sofern ein später dazu gekommener **Helfer** die vorangegangenen Gewalthandlungen und Bedrohungen der Geisel, welche mit qualifizierter Nötigungsabsicht des Haupt- **213**

219 BGH, Beschluss vom 12.9.2013 – 2 StR 236/13.

täters im Sinne von § 239b Abs. 1 StGB begangen wurden, nicht kannte, sind ihm diese nicht nach § 27 Abs. 1 StGB zurechenbar, jedoch alle weiteren ihm bekannten Tatbestandsmerkmale, etwa der §§ 239, 240 StGB.[220]

[2] 1. Das Landgericht hat nicht festgestellt, dass der erst nach Abschluss der durch den Mitangeklagten P. verübten Gewalthandlungen und Bedrohungen des Nebenklägers mit dem Tod hinzugekommene und in den Tatplan nicht eingeweihte, vielmehr von der Situation überraschte (UA S. 38) Angeklagte U. bei seinem – für sich betrachtet rechtsfehlerfrei angenommenen – erst im zweiten Handlungsabschnitt geleisteten Gehilfenbeitrag die qualifizierte Nötigungsabsicht des Haupttäters im Sinne des § 239b Abs. 1 StGB (Drohung mit dem Tod des Opfers) in sein Vorstellungsbild aufgenommen hatte. Demgemäß ist ihm diese ebenso wenig nach § 27 Abs. 1 StGB zurechenbar wie – in Übereinstimmung mit der Auffassung des Landgerichts (UA S. 38) – die durch den Haupttäter im ersten Handlungsabschnitt verübten Körperverletzungshandlungen. Indessen waren vom Vorsatz des Angeklagten sämtliche Tatbestandsmerkmale der § 239 Abs. 1, § 240 Abs. 1 StGB umfasst, weswegen sich dieser wegen Beihilfe zu diesen Delikten strafbar gemacht hat (st. Rspr.; vgl. BGH, Urteil vom 12. November 1957 – 5 StR 505/57, BGHSt 11, 66). Der Senat schließt aus, dass in einer neuen Hauptverhandlung Feststellungen getroffen werden könnten, die eine Verurteilung wegen Beihilfe zur Geiselnahme tragen, und ändert den Schuldspruch analog § 354 Abs. 1 StPO ab. § 265 StPO steht nicht entgegen, weil sich der Angeklagte nicht anders als geschehen hätte verteidigen können.

e) Nötigung, Bedrohung – §§ 240, 241 StGB

214 Liegt nur ein Versuch der Tat vor und sind aufgrund des Sachverhalts die Voraussetzungen eines besonders schweren Falls gem. § 240 Abs. 4 StGB grundsätzlich gegeben, hat der Tatrichter dennoch zu prüfen, ob die Annahme eines besonders schweren Falls nicht unter Verbrauch des vertypten Milderungsgrundes des Versuchs wegen des dann geringeren Strafrahmens zu verneinen ist.[221]

[1] Das Landgericht hat alle Angeklagten im Fall 4 wegen versuchter Nötigung verurteilt. Gegen den Angeklagten M. hat es eine Freiheitsstrafe von drei Jahren, gegen den Nichtrevidenten J. eine Freiheitsstrafe von einem Jahr und sechs Monaten, deren Vollstreckung zur Bewährung ausgesetzt wurde, verhängt. Gegen die drei weiteren Angeklagten wurde jeweils eine Einzelfreiheitsstrafe von zwei Jahren ausgesprochen, und es ergingen deshalb und wegen anderer Delikte Gesamtfreiheitsstrafen von fünf Jahren und acht Monaten gegen B., von zwei Jahren und neun Monaten gegen Barra und von drei Jahren und sechs Monaten gegen R.. Die Revisionen der Angeklagten haben – entsprechend dem Antrag des Generalbundesanwalts – im Umfang der Beschlussformel Erfolg. Im Übrigen sind sie unbegründet (§ 349 Abs. 2 StPO).

[2] Die Strafkammer hat bei allen Angeklagten einen unbenannten besonders schweren Fall der Nötigung (§ 240 Abs. 4 StGB) angenommen. Zwar ist es für sich genommen nicht rechtsfehlerhaft, dass sie nicht den minderen Strafrahmen aus § 240

---

220 BGH, Beschluss vom 25.6.2013 – 5 StR 260/13.

221 BGH, Beschluss vom 24.10.2013 – 5 StR 371/13.

Abs. 1 StGB angewendet hat. Indes beanstandet der Generalbundesanwalt insoweit letztlich zu Recht, dass es die Strafkammer versäumt hat darzulegen, ob es nicht für die Angeklagten günstiger gewesen wäre, die Annahme eines besonders schweren Falls unter Verbrauch des vertypten Milderungsgrundes des Versuchs zu verneinen. In diesem Fall hätte sich der Strafrahmen des § 240 Abs. 1 StGB eröffnet, der eine geringere Strafe vorsieht als der angenommene nach § 23 Abs. 2, § 49 Abs. 1 StGB geminderte Strafrahmen des § 240 Abs. 4 StGB. Zudem hat die Strafkammer die Strafrahmenwahl bedenklicherweise allein tatbezogen pauschal statt, wie geboten, individuell für jeden Angeklagten begründet.

[3] Auf dem aufgezeigten Rechtsfehler beruht das Urteil. Es ist nicht auszuschließen, dass die Strafkammer bei Anwendung des Strafrahmens des § 240 Abs. 1 StGB zu geringeren Strafen gelangt wäre. Die Aufhebung der Einzelstrafen hat hinsichtlich der Angeklagten B., Ba. und R. die Aufhebung der Gesamtstrafen zur Folge.

TOPENTSCHEIDUNG ■

Ein **anwaltliches Mahnschreiben**, in welchem mit der Möglichkeit einer Strafanzeige gedroht wird, und mit dem der Anwalt unter Inanspruchnahme der Autorität seines Berufsstandes als Organ der Rechtspflege die Empfänger vor die Wahl stellt, entweder – als kleineres Übel – die geltendgemachten Forderungen zu erfüllen, ohne dass es aus seiner Sicht darauf ankommt, ob diese berechtigt sind oder nicht, oder andernfalls mit größeren Übeln rechnen zu müssen, kann den Tatbestand der (versuchten) **Nötigung** erfüllen.[222] 215

[44] Der Schuldspruch wegen versuchter Nötigung enthält keinen Rechtsfehler zum Nachteil des Angeklagten.

[45] 1. Zu Recht hat die Strafkammer den Hinweis des Angeklagten, seine Mandantin behalte sich im Falle der Nichtzahlung die Erstattung einer Strafanzeige vor, als (versuchte) Nötigung im Sinne von § 240 StGB *gewertet.*

[46] Eine Nötigung setzt voraus, dass mit einem Übel (a.) gedroht wird (b.), wobei das Übel empfindlich sein muss (c.). Außerdem muss die Androhung des Übels zu dem angestrebten Zweck gemäß § 240 Abs. 2 StGB *als verwerflich anzusehen sein (d.).*

[47] a) Bei einem Übel handelt es sich um eine künftige nachteilige Veränderung der Außenwelt (vgl. Fischer, StGB, 60. Aufl., § 240 Rn. 32; Toepel in NK-StGB, 4. Aufl., § 240 Rn. 103). Dies trifft für eine Strafanzeige zu, weil daraus zumindest ein Ermittlungsverfahren mit seinen vielfältigen nachteiligen Folgen erwachsen kann (vgl. Kudlich/Melloh, JuS 2005, 912; weitere Nachweise bei Sinn in MüKo-StGB, 2. Aufl., § 240 Rn. 78).

[48] b) Der Täter droht mit einem Übel, wenn er (sei es zutreffend oder nicht) behauptet, er habe auf dessen Eintritt Einfluss (vgl. BGH, Urteil vom 29. November 2011 – 1 StR 287/11; zusammenfassend Fischer aaO Rn. 31 m.w.N.). Soll das Übel von einem Dritten verwirklicht werden, muss er also die Vorstellung erwecken wollen, er könne den Dritten in der angekündigten Richtung beeinflussen und wolle dies für den Fall der Verweigerung des verlangten Verhaltens auch tun. …

---

[222] BGH, Beschluss vom 5.9.2013 – 1 StR 162/13.

[49] Allerdings kann eine scheinbare Warnung eine Drohung enthalten (Vogel in LK-StGB, 12. Aufl., § 253 Rn. 8). Die Abgrenzung von Warnung und Drohung ist ebenso aus der Sicht des Empfängers zu bestimmen wie die Frage, ob das, was angekündigt ist, ein empfindliches Übel ist (vgl. hierzu BGH, Urteil vom 29. November 2011 – 1 StR 287/11; Vogel aaO Rn. *7).*

[50] Der Angeklagte hat in dem Schreiben mitgeteilt, die rechtlichen Interessen der Mandantin würden nunmehr von ihm wahrgenommen. Die Forderung der Mandantin sei berechtigt und er werde sie konsequent durchsetzen. Zahlungen seien auf sein Konto zu leisten. Dieser Gesamtzusammenhang des Briefes ergibt, dass der Angeklagte mit der von ihm gewählten Formulierung, die „Mandantin" behalte sich die Erstattung einer Strafanzeige vor, zwar vordergründig lediglich gewarnt hat, aber dennoch hinreichend deutlich zum Ausdruck gebracht hat, er habe auf die Erstattung einer Strafanzeige maßgeblichen Einfluss. Daher ist nicht ersichtlich, dass die Strafkammer mit der Annahme, der Angeklagte habe sich selbst Einfluss auf die Erstattung einer Strafanzeige zugeschrieben, die Grenzen möglicher tatrichterlicher Auslegung überschritten haben könnte (vgl. speziell zur Ankündigung eines Rechtsanwalts, der Mandant werde Strafanzeige erstatten Kudlich/Melloh, JuS 2005, 912 *Fn. 4).*

[51] c) Empfindlich im Sinne von § 240 Abs. 1 StGB *ist ein angedrohtes Übel, wenn der in Aussicht gestellte Nachteil so erheblich ist, dass seine Ankündigung den Bedrohten im Sinne des Täterverlangens motivieren kann (vgl. Fischer aaO* § 240 *Rn. 32a m.w.N.).*

[52] Die Androhung einer Strafanzeige ist im Grundsatz geeignet, den Bedrohten zur Begleichung geltend gemachter Geldforderungen zu motivieren.

[53] Besonderheiten des Einzelfalls, die dazu führten, dass die Empfindlichkeit des Übels – auch unter Berücksichtigung normativer Gesichtspunkte – gleichwohl zu verneinen wäre, sind hier nicht zu erkennen.

[54] Derartige Besonderheiten können insbesondere dann vorliegen, wenn und soweit gerade von dem Bedrohten in seiner (häufig: beruflichen) Lage erwartet werden kann, dass er der Drohung in besonnener Selbstbehauptung standhält. ...

[55] Vergleichbare Besonderheiten liegen hier nicht vor. Die Empfänger der Schreiben befanden sich in keiner Lage, die das Gewicht der Bedrohung mit einer gegen sie gerichteten Strafanzeige verringern könnte. Vielmehr erlangte für sie die Drohung durch das Mahnschreiben eines Rechtsanwalts ein besonderes Gewicht, wie dies auch beabsichtigt war. Ebenso wie die Position des Bedrohten das Gewicht einer Drohung mindern kann, kann es sich – wie hier – durch die berufliche Stellung des Drohenden erhöhen.

[56] Der Senat teilt auch nicht die Auffassung der Revision, wonach hier deshalb nicht mit einem empfindlichen Übel gedroht sei, weil Verbraucher ein „besonderes Interesse" daran hätten, sich einem Straf- oder Zivilverfahren zu stellen, in dem es um die von ihnen bestrittene Inanspruchnahme von Leistungen geht (so missverständlich OLG Karlsruhe, NStZ-RR 1996, 296 *[unter Hinweis auf* BGH, Beschluss vom 28. Januar 1992 – 5 StR 4/92, NStZ 1992, 278*] für einen Streit über die Inanspruchnahme von Leistungen aus Telefonsexverträgen). Ein derartiger Rechts- oder Erfahrungssatz besteht nicht.*

[57] d) Rechtswidrig im Sinne von § 240 Abs. 2 StGB *ist die Androhung eines Übels, wenn sie im Verhältnis zum jeweilig angestrebten Zweck als verwerflich anzusehen ist.*

[58] (1) Dies ist dann der Fall, wenn die Verquickung von Mittel und Zweck mit den Grundsätzen eines geordneten Zusammenlebens unvereinbar ist, sie also »sozial unerträglich« ist (so schon BGH, Beschluss vom 19. Juni 1963 – 4 StR 132/63, BGHSt 18, 389, 391; *vgl. auch Träger/Altvater in LK-StGB, 11. Aufl., § 240 Rn. 69, 86; die in diesem Zusammenhang auch verwendete, inhaltlich identische Formulierung, wonach verwerflich sei, was »nach richtigem allgemeinem Urteil sittlich zu missbilligen« sei, geht auf noch ältere Rechtsprechung* [BGH, Großer Senat für Strafsachen, Beschluss vom 18. März 1952 – GSSt 2/51, BGHSt 2, 194, 196] *zurück).*

[59] (2) Die Besonderheit des vorliegenden Falles besteht darin, dass die objektive Lage und die Kenntnis des Angeklagten auseinanderfielen.

[60] Objektiv hat der Angeklagte Ö. darin unterstützt, Geld für nicht erfolgte Eintragungen in Gewinnspiele einzutreiben. Es bedarf keiner Darlegung, dass dies im aufgezeigten Sinne verwerflich ist.

[61] Demgegenüber hat die Strafkammer aber nicht festgestellt, dass der Angeklagte Betrügereien oder sonstiges unseriöses Gebaren von Ö. für möglich hielt.

[62] Wäre nicht schon bei dem Sachverhalt, den der Angeklagte sich vorstellte, die Drohung mit der Strafanzeige als verwerflich anzusehen, läge letztlich ein Tatbestandsirrtum vor, der den Vorsatz ausschließt (vgl. schon BGH, Urteil vom 30. April 1953 – 3 StR 674/52, LM § 240 StGB Nr. 3; Toepel aaO § 240 Rn. 195).

[63] So verhält es sich hier nicht.

[64] aa) Wie dargelegt, gingen die Vereinbarungen zwischen Ö. und dem Angeklagten dahin, jede Befassung von Staatsanwaltschaft und/oder Gericht mit den Vorgängen zu vermeiden. Eigene Ansprüche sollten dort nicht geltend gemacht, geltend gemachte Ansprüche von Kunden sollten ohne Weiteres umgehend voll erfüllt werden.

[65] Dies kann den Angeklagten jedenfalls nicht in der Auffassung bestärkt haben, die Forderungen Ö.s seien ordnungsgemäß zustande gekommen, sondern belegt, dass ihm die zivilrechtlichen Beziehungen zwischen Ö. und seinen Kunden gleichgültig waren. Dem entspricht, dass Kundenbeschwerden ohne irgendeine Überprüfung immer Erfolg hatten. Da aber diese zivilrechtlichen Beziehungen von der Frage, ob und inwieweit sich die Kunden in irgendeiner Weise strafbar gemacht haben können, nicht zu trennen ist, war ihm auch dies gleichgültig. Hierauf hebt die Strafkammer zu Recht ab. …

[66] bb) Ebenso wenig ist unter diesen Umständen ersichtlich, dass die Strafkammer gehalten gewesen wäre, aus den nur schwer nachvollziehbaren rechtlichen Erwägungen des Angeklagten (sie gingen von Haustürwiderrufsgeschäften aus, obwohl Fernabsatzverträge vorlagen) auf Vorstellungen des Angeklagten zu schließen, die – träfen sie zu – sein Verhalten nicht als verwerflich erscheinen ließen.

[67] cc) Dies gilt auch, soweit die Revision geltend macht, die Strafkammer hätte näher bezeichnete Möglichkeiten von rechtlichen Detailüberlegungen des Angeklagten über formale Fragen des Widerrufsrechts erwägen müssen.

[68] Naheliegende und damit erörterungsbedürftige Möglichkeiten zeigt sie damit nicht auf (vgl. BGH, Beschluss vom 25. September 2012 – 1 StR 407/12, *wistra 2013, 67, 68).*

[69] Vielmehr hat der Angeklagte es Ö. ermöglicht, seine Berufsbezeichnung als Anwalt einzusetzen, um dadurch generell die Position der Adressaten als faktisch aussichtslos erscheinen zu lassen. Letztlich sollten auf diese Weise juristische Laien

durch die Autorität eines Organs der Rechtspflege zur Hinnahme der nur scheinbar vom Angeklagten stammenden Wertungen veranlasst werden. Der Angeklagte wollte, dass sie sich lediglich noch vor die Wahl gestellt sahen, entweder – als kleineres Übel – die Forderungen des Ö. sofort zu erfüllen, ohne dass es aus seiner Sicht darauf ankam, ob die Forderungen berechtigt waren oder nicht, oder andernfalls mit größeren Übeln rechnen zu müssen (vgl. hierzu schon OLG Karlsruhe, Die Justiz 1981, 212, *213). Dies waren neben einer zivilrechtlichen Verurteilung, Konten- und Gehaltspfändungen, Negativeinträgen in Kreditauskunfteien und – teilweise – einer öffentlichen Erörterung der Teilnahme an Gewinnspielen „nicht jugendfreien Inhalts" auch die Erstattung einer Strafanzeige wegen Betruges.*

[70] dd) Auf dieser Grundlage hat die Strafkammer die Verquickung von Mittel und Zweck im Ergebnis zutreffend als verwerflich im Sinne von § 240 Abs. 2 StGB *bewertet.*

■ PRAXISBEDEUTUNG

Die vorliegende Entscheidung setzt dem gerade bei „Internetgeschäften" fast schon üblichen Mahn- und Inkassowesen, verbunden mit unterstützenden anwaltlichen Schreiben, längst fällige Grenzen. Während es in der Vergangenheit nahezu risikolos war, Kunden zur Zahlung von Geldforderungen durch die Androhung von Anzeigen zu bewegen, auch wenn deren Begründetheit mehr als fragwürdig war, sollte diese Entscheidung betroffene Rechtsanwälte nun eher zumindest dazu bewegen, den tatsächlichen Bestand von Forderungen jedenfalls im Grundsatz nachzuprüfen. Dies gilt gerade auch für die Fallgestaltungen, in denen bspw. Forderungen geltend gemacht werden, obgleich die Gegenleistungen noch nicht erbracht sind!

216 Da der **Nötigungstatbestand** als **Erfolgsdelikt** ausgestaltet ist, muss die tatbestandsmäßige Handlung kausal zu dem vom Täter geforderten Opferverhalten führen. **Vollendet** ist die Nötigung erst dann, wenn der Genötigte die **verlangte Handlung vorgenommen** oder **zumindest mit ihrer Ausführung begonnen** hat. Ein **Teilerfolg,** der mit Blick auf ein weiter gehendes Ziel jedenfalls vorbereitend wirkt, kann für die Annahme einer vollendeten Nötigung nur dann ausreichen, wenn die abgenötigte Handlung des Opfers nach der Vorstellung des Täters eine **eigenständig bedeutsame Vorstufe des gewollten Enderfolges** darstellt.[223]

[18] a) Da der Nötigungstatbestand als Erfolgsdelikt ausgestaltet ist, muss die tatbestandsmäßige Handlung kausal zu dem vom Täter geforderten Opferverhalten führen. Vollendet ist die Nötigung erst dann, wenn der Genötigte die verlangte Handlung vorgenommen oder zumindest mit ihrer Ausführung begonnen hat. Ein Teilerfolg, der mit Blick auf ein weiter gehendes Ziel jedenfalls vorbereitend wirkt, kann für die Annahme einer vollendeten Nötigung nur dann ausreichen, wenn die abgenötigte Handlung des Opfers nach der Vorstellung des Täters eine eigenständig bedeutsame Vorstufe des gewollten Enderfolges darstellt (st. Rspr.; vgl. Senatsbeschluss vom 19. Juni 2012 – 4 StR 139/12, Tz. 5 m.w.N.).

---

[223] BGH, Beschluss vom 20.12.2012 – 4 StR 292/12.

[19] b) Danach ist hier den Feststellungen nicht hinreichend zu entnehmen, ob die Angeklagten in der Erklärung der Geschädigten, sie werde sich von ihrem Freund trennen, eine eigenständig bedeutsame Vorstufe des gewollten Enderfolges erblickten. An anderer Stelle (UA 27) hat die Strafkammer insoweit ausdrücklich festgestellt, dass das Ziel der „Entführung" der Geschädigten deren (tatsächliche) Trennung von ihrem Freund und die dauerhafte Rückkehr in das Elternhaus waren und beide Ziele erst nach der Freilassung der Geschädigten erreicht werden sollten. Die Feststellungen lassen daher die Möglichkeit offen, dass eine von der Geschädigten abgegebene Erklärung von den Angeklagten gerade nicht als wesentliche Vorstufe des endgültigen Erfolges angesehen wurde.

9. Diebstahl und Unterschlagung – §§ 242 ff. StGB

Im Fall einer **Drittzueignung** muss das Verhalten des Täters darauf gerichtet sein, **217** dass das **Sicherungsgut dem Vermögen des Dritten zugeführt** wird. Die Tathandlung muss dabei zu einer Stellung des Dritten in Bezug auf die Sache führen, wie sie auch bei der Selbstzueignung für die Tatbestandserfüllung notwendig wäre.[224]

[10] 2. Die Verurteilung des Angeklagten W. wegen Beihilfe zur Unterschlagung begegnet ebenfalls durchgreifenden rechtlichen Bedenken. Nach den Feststellungen des Landgerichts liegt es – wie der Generalbundesanwalt zutreffend ausgeführt hat – auf der Hand, dass der Angeklagte W. sich wegen täterschaftlich verwirklichter Unterschlagung gemäß § 246 Abs. 2 StGB hinsichtlich der Ladung des LKW in Form einer vom Vorsatz getragenen Drittzueignung strafbar gemacht hat. Im Fall einer Drittzueignung muss das Verhalten des Täters nach der Rechtsprechung des Bundesgerichtshofs darauf gerichtet sein, dass das Sicherungsgut dem Vermögen des Dritten zugeführt wird. Die Tathandlung muss dabei zu einer Stellung des Dritten in Bezug auf die Sache führen, wie sie auch bei der Selbstzueignung für die Tatbestandserfüllung notwendig wäre (BGH NStZ-RR 2006, 377 = wistra 2007, 18). Das bloße Schaffen einer Gelegenheit für die Selbstzueignung – worauf das Landgericht abgestellt hat – reicht danach zwar nicht aus (vgl. Fischer, StGB, 60. Aufl., § 246 Rn. 11a), doch liegt hier in der besonderen Fallkonstellation in der mit den Dritten abgesprochenen Abstellung des LKW auf einem Parkplatz zu dessen Entladung schon die Einräumung von Verfügungsgewalt über fremde Sachen, die aus der Sicht eines objektiven Dritten einen Zustand schafft, bei dem die nicht fern liegende Möglichkeit der dauernden Enteignung besteht (vgl. Hohmann in: Münchener Kommentar zum StGB, 2. Aufl., § 246 Rn. 44) und damit bereits zu einer eigentümerähnlichen Stellung der dritten Personen führt.

Die **Wegnahme** im Sinne des § 242 Abs. 1 StGB ist **erst dann vollendet,** wenn der **218** Täter die **Herrschaft** über die Sache derart erlangt hat, dass er sie **unbehindert durch den bisherigen Gewahrsamsinhaber ausüben** und dieser seinerseits über die Sache nicht mehr verfügen kann. Im Selbstbedienungsladen liegt eine vollendete Wegnahme durch einen Täter, der die Kassenzone mit der Ware noch nicht passiert hat, insbesondere vor, wenn der Täter Sachen geringen Umfangs einsteckt oder sie sonst verbirgt. Das Wegtragen von umfangreicherer Beute in zwei Tüten begründet

[224] BGH, Urteil vom 20.6.2013 – 2 StR 113/13.

innerhalb der Gewahrsamssphäre des Ladeninhabers noch keine Gewahrsamsenklave.[225]

219 **Zueignung** ist die Anmaßung der Stellung eines Eigentümers an der aus fremdem Gewahrsam genommenen Sache. Kennzeichnend für diese **Eigentumsanmaßung** ist die Inbesitznahme der Sache zu einem Zweck, der mit der Anerkennung fremden Eigentums nicht zu vereinbaren ist.[226]

[36] 2. Zutreffend ist das Landgericht bei der Wegnahme der Kutte und dem auf den Boden Werfen im Vereinslokal nicht von einer Zueignung durch den Angeklagten und damit nicht von der Erfüllung des Tatbestands eines schweren Raubes ausgegangen.

[37] Nach den Feststellungen wollte sich der Angeklagte die Kutte zu keinem Zeitpunkt zueignen. Zueignung ist die Anmaßung der Stellung eines Eigentümers an der aus fremdem Gewahrsam genommenen Sache. Kennzeichnend für diese Eigentumsanmaßung ist die Inbesitznahme der Sache zu einem Zweck, der mit der Anerkennung fremden Eigentums nicht zu vereinbaren ist. Wie der spätere konkrete Umgang mit der Sache nichts mit dem Eigentumserwerb selbst zu tun hat, sondern nur als Akt der Ausübung des Eigentumsrechts zu verstehen ist, so darf beim Diebstahl aber die (geplante) Sachverwendung nicht mit der Zueignung als dem angemaßten Eigentumserwerb gleichgesetzt werden (Kindhäuser/Neumann/Paeffgen, Strafgesetzbuch, 4. Aufl., § 242 Rn. 80). Weder das Fortschaffen vom Tatort noch das bloße Verbergen eines weggenommenen Gegenstandes sind allein geeignete Kriterien der Abgrenzung, da sie nicht hinreichend zwischen bloßer Gewahrsams-Lockerung und der Begründung neuen Gewahrsams unterscheiden (Fischer, StGB, 60. Aufl., § 242 Rn. 17).

[38] Dem Angeklagten G. kam es offensichtlich nur auf den symbolischen Akt des Ausziehens der Kutte und des anschließenden Hinwerfens im Vereinslokal an. Was damit in der Folge geschah, war ihm gleichgültig. Auch wenn dieser Handlung im allgemeinen Handlungsgefüge eines Motorradclubs große symbolische Bedeutung zukommen kann, bedeutet es nicht, dass der so Handelnde wie ein Eigentümer über die Sache verfügt (vgl. hierzu BGH, Beschluss vom 5. März 1971, BGHSt 24, 115, 119) und sich damit die Sache aneignet. Durchgreifende Anhaltspunkte für einen Erörterungsmangel sind damit nicht ersichtlich.

a) Regelbeispiele

220 Nur wenn der Unrechtsgehalt des auf den Voraussetzungen des § 243 Abs. 1 S. 2 StGB abstellenden Bandendiebstahls den **Unrechtsgehalt** der damit **verbundenen Sachbeschädigung** erschöpfend erfasst, käme ein Zurücktreten des § 303 StGB im Wege der Gesetzeskonkurrenz in Betracht, ansonsten liegt **Tateinheit** vor.[227]

1. Nach den rechtsfehlerfrei getroffenen Feststellungen des Landgerichts war der Angeklagte jeweils mittäterschaftlich an bandenmäßig begangenen Diebstählen aus Kraftfahrzeugen beteiligt. Zur Ausführung der Taten schlugen die Bandenmitglieder

[225] BGH, Beschluss vom 18.6.2013 – 2 StR 145/13.
[226] BGH, Urteil vom 11.6.2013 – 1 StR 86/13.
[227] BGH, Beschluss vom 21.8.2013 – 1 StR 332/13.

u.a. Scheiben der betreffenden Fahrzeuge ein oder hebelten deren Türen auf. Dabei erlangte die Bande Beute, überwiegend Autoradios und Navigationsgeräte, in einem Gesamtwert von rund 6.270 Euro. Die angerichteten Sachschäden beliefen sich dagegen auf etwas mehr als 21.000 Euro. Die Angriffe der Revision gegen die Feststellung der jeweiligen Beträge, überwiegend auf der Grundlage tatrichterlicher Schätzungen getroffen, bleiben aus den in der Antragsschrift des Generalbundesanwalts vom 25. Juni 2013 genannten Gründen, die durch die Ausführungen im Schriftsatz der Verteidigung vom 22. Juli 2013 nicht in Frage gestellt werden, ohne Erfolg.

2. Bei dieser Sachlage stehen der schwere Bandendiebstahl und die Sachbeschädigung im Verhältnis der Tateinheit zueinander. Ein Zurücktreten der Verwirklichung des § 303 StGB im Wege der Gesetzeskonkurrenz käme nur in Betracht, wenn der Unrechtsgehalt der strafbaren Handlung insgesamt bereits durch den auf die Voraussetzungen des § 243 Abs. 1 Satz 2 StGB abstellenden Bandendiebstahl gemäß § 244a Abs. 1 StGB erschöpfend erfasst würde (zu diesem Maßstab BGH, Urteil vom 7. August 2001 – 1 StR 470/00, NStZ 2001, 642, 643). Maßgeblich dafür sind einerseits die vom Täter angegriffenen Rechtsgüter sowie (andererseits) die Tatbestände, die der Gesetzgeber zum Schutz dieser Rechtsgüter aufgestellt hat (BGH, aaO m.w.N.). Gesetzeseinheit zwischen § 244a StGB und zwischen § 303 StGB käme nur dann in Betracht, wenn wegen der in § 244a StGB als Tatbestandsmerkmal verlangten Voraussetzungen der unrechtssteigernden Merkmale aus § 243 Abs. 1 Satz 2 StGB kein eigener, nicht bereits über den schweren Bandendiebstahl erfasster Unrechtsgehalt der Sachbeschädigung mehr vorhanden wäre.

Dies ist jedoch nicht der Fall. Wie der Senat bereits zu dem Verhältnis zwischen §§ 242, 243 Abs. 1 Satz 2 Nrn. 1 und 2 StGB sowie § 303 StGB ausgeführt hat (BGH, aaO, NStZ 2001, 642, 643 f.), sprechen mehrere Erwägungen gegen ein vollständiges Aufzehren des Unrechts der Sachbeschädigung durch einen unter Verwirklichung der hier einschlägigen unrechtssteigernden Merkmale des § 243 Abs. 1 Satz 2 StGB begangenen Diebstahl. Zu diesen Erwägungen gehört vor allem die mögliche Verschiedenheit der durch die Sachbeschädigung einerseits und den Diebstahl andererseits verletzten Rechtsgüter und Rechtsgutsinhaber sowie die heutigen tatsächlichen Verhältnisse der Begehung entsprechender Taten. Diese lassen es nicht mehr als tragfähig erscheinen, die Sachbeschädigung als eine typische Begleittat eines unter den Voraussetzungen von § 243 Abs. 1 Satz 2 Nrn. 1 und 2 StGB verwirklichten Diebstahls anzusehen (näher BGH, aaO, NStZ 2001, 642, 644).

Die gegen Gesetzeseinheit von Diebstahl in einem besonders schweren Fall und Sachbeschädigung bei Zurücktreten letzterer sprechenden Umstände gelten unabhängig davon, ob die unrechtssteigernden Merkmale gesetzestechnisch als Regelbeispiele wie in § 243 Abs. 1 Satz 2 StGB oder als Tatbestandsmerkmale wie in § 244a Abs. 1 StGB (vgl. Hoyer in SK-StGB, 8. Aufl., § 244a Rn. 3 m.w.N.) ausgestaltet sind. Auch bei dem Charakter als Tatbestandsmerkmal in § 244a StGB können die von § 243 Abs. 1 Satz 2 Nrn. 1 und 2 StGB erfassten Umstände der Begehung von Diebstahlstaten aus den genannten Gründen den eigenständigen Gehalt der Eigentumsverletzung durch Sachbeschädigung nicht in vollem Umfang erschöpfen. Dementsprechend wird auch in der Strafrechtswissenschaft davon ausgegangen, bei einer Verdrängung von §§ 242, 243 StGB durch § 244 oder § 244a StGB könne § 303 StGB tateinheitlich neben die §§ 244, 244a StGB treten (vgl. Schmitz in Münchener Kommentar zum StGB, 2. Aufl., § 244 Rn. 69 i.V.m. § 243 Rn. 93; Hoyer in SK-StGB, aaO, § 244 Rn. 40 m.w.N.).

b) Bandendiebstahl – § 244 Abs. 1 Nr. 2 StGB

■ TOPENTSCHEIDUNG

221 Eine **Bande** setzt in den Fällen der §§ 244 Abs. 1 Nr. 2, 244a StGB den **Zusammenschluss von mindestens drei Personen** voraus, die sich zur fortgesetzten Begehung einer noch unbestimmten Vielzahl von Diebstählen verbunden haben. Erforderlich ist eine **Bandenabrede**, bei der das einzelne Mitglied den Willen hat, sich mit mindestens zwei anderen Personen zur Begehung von Straftaten in der Zukunft für eine gewisse Dauer zusammenzutun. Als Bandenmitglied ist danach anzusehen, wer in die Organisation der Bande eingebunden ist, die dort geltenden Regeln akzeptiert, zum Fortbestand der Bande beiträgt und sich an den Straftaten als Täter oder Teilnehmer beteiligt. Dagegen ist ein **„gefestigter Bandenwille"** oder ein „Tätigwerden in einem übergeordneten Bandeninteresse" **nicht erforderlich**. Eine Bandenabrede setzt nicht voraus, dass sich alle Beteiligten gleichzeitig absprechen.[228]

[12] b) Das Landgericht hat zu Recht angenommen, dass die Angeklagten eine Bandenabrede getroffen haben. Diese Abrede muss nicht ausdrücklich getroffen werden; vielmehr genügt eine konkludente Vereinbarung, die im Einzelfall auch aus dem wiederholten Zusammenwirken mehrerer Personen abgeleitet werden kann (vgl. Senat, Urteil vom 21. Dezember 2007 – 2 StR 372/07, NStZ 2009, 35, 36). Das Tatgericht hat in solchen Fällen in einer Gesamtschau aller aussagekräftigen Umstände, die für und gegen die Annahme eines gemeinsamen Willensentschlusses der Beteiligten zum fortgesetzten Zusammenwirken bei Diebstählen sprechen, zu prüfen, ob in diesem Sinne eine Bandenabrede getroffen wurde, wer daran beteiligt war und worauf sie sich bezieht (vgl. Senat, Beschluss vom 10. Oktober 2012 – 2 StR 120/12).

[13] Das angefochtene Urteil weist insoweit keinen Rechtsfehler auf. Es hat im Rahmen der Beweiswürdigung und bei der rechtlichen Bewertung das Handlungsmotiv der Angeklagten und des Nichtrevidenten, die Ausrichtung der Taten auf Einbrüche in Bäckereien oder andere gewerblich genutzte Objekte, in denen ein Tresor vermutet wurde, ferner eine eingespielte Vorgehensweise, bei der in der Regel keine ausdrückliche Verteilung der Rollen mehr erforderlich wurde, schließlich die große Zahl der Taten innerhalb eines kurzen Tatzeitraums sowie das Vorrätighalten von Einbruchswerkzeugen als Anzeichen für eine Bandenabrede gewertet. Gegenüber diesem Grundkonsens hat es den spontanen Tatentschluss in Einzelfällen, die Mitwirkung von bandenfremden Beteiligten sowie die fehlende Beutebeteiligung der nicht am eigentlichen Tatgeschehen mitwirkenden Bandenmitglieder als Gegenindizien berücksichtigt, aber nicht als Argumente gegen eine konkludente Bandenabrede durchgreifen lassen. Dagegen ist von Rechts wegen nichts zu erinnern.

[14] Die Annahme einer bandenmäßigen Tatbegehung ist auch in den Fällen B.II.12, 14, 16, 19, 21, 22 der Urteilsgründe nicht zu beanstanden, an denen der Angeklagte B. und der frühere Mitangeklagte Be. jeweils als einzige Bandenmitglieder beteiligt waren, nachdem Be. im Fall B.II.12 der Bandenabrede beigetreten war. Dieser Beitritt zur Bandenabrede konnte auch konkludent gegenüber dem einzigen tatbeteiligten Bandenmitglied B. zum Ausdruck gebracht werden.

---

[228] BGH, Urteil vom 18.10.2012 – 2 StR 529/11.

[15] Eine Bandenabrede setzt nicht voraus, dass sich alle Beteiligten gleichzeitig absprechen. Sie kann durch aufeinander folgende Vereinbarungen entstehen, die eine bereits bestehende Vereinigung von Mittätern zu einer Bande werden lassen, oder dadurch, dass sich zwei Täter einig sind, künftig Straftaten mit zumindest einem weiteren Beteiligten zu begehen, und der Dritte, der durch einen dieser beiden Täter über ihr Vorhaben informiert wird, sich der deliktischen Vereinbarung anschließt. Erst recht ist ein Anschluss eines vierten Beteiligten an eine bereits bestehende Bande aus drei Mitgliedern möglich (vgl. BGH, Urteil vom 16. Juni 2005 – 3 StR 492/04, NJW 2005, 2629, 2630). Dieser Beitritt wiederum kann auch durch konkludentes Verhalten stattfinden. Dies war nach den Feststellungen des Landgerichts der Fall, da die drei Angeklagten schon zuvor eine Einbrecherbande gebildet und Bandentaten begangen hatten und der frühere Mitangeklagte Be. dieser bestehenden Bande ab Fall II. 12 durch Mitwirkung am versuchten Einbruchsdiebstahl als Mittäter beigetreten ist.

[16] c) Die Bewertung der vor diesem Hintergrund begangenen Einzeltaten als Bandendelikte ist ebenfalls rechtlich nicht zu beanstanden.

[17] Bandenabrede und bandenmäßige Tatbegehung sind allerdings als selbständige Merkmale der Bandendelikte zu unterscheiden. Die Annahme eines vollendeten oder versuchten schweren Bandendiebstahls setzt nach der Rechtsprechung des Bundesgerichtshofs neben der Bandenabrede deshalb voraus, dass der Täter im Einzelfall gerade als Mitglied der Bande unter Mitwirkung mindestens eines weiteren Bandenmitglieds nach einem Einbruch stiehlt oder zu stehlen versucht (vgl. BGH, Beschluss vom 1. März 2011 – 4 StR 30/11, StraFo 2011, 521). Voraussetzung ist also, dass auch die konkrete Tat ein Ausfluss der Bandenabrede ist und nicht losgelöst davon begangen wird (vgl. Senat, Urteil vom 28. September 2011 – 2 StR 93/11 = NStZ-RR 2012, 132 f.). Jedoch kann die Bandenabrede auch solchen Einbruchsdiebstählen, die in wechselnder Beteiligung ohne Vorausplanung spontan vollendet oder versucht werden, zugrunde liegen, wenn unter der Tätergruppe eine Übereinkunft dahin besteht, in Zukunft sich ergebende günstige Situationen entsprechend auszunutzen (vgl. Senat, Urteil vom 21. Dezember 2007 – 2 StR 372/07, NStZ 2009, 35 f.). Ob dies der Fall ist, muss anhand der auf den Einzelfall zutreffenden Kriterien der Bandenabrede geprüft werden. Insbesondere in Fällen, die auf einem spontanen Tatentschluss beruhen, an denen auch nicht alle Bandenmitglieder mitwirken, bei denen ferner die nicht unmittelbar mitwirkenden Bandenmitglieder keinen Beuteanteil erhalten sollen und bei denen schließlich keine Tatmittel der Bande verwendet werden, ist bei der notwendigen Gesamtwürdigung die Möglichkeit in Betracht zu ziehen, dass ein Bandenmitglied aus einem eigennützigen Motiv heraus auch eine nicht bandenmäßig begangene Tat begangen haben kann (vgl. Senat, Beschluss vom 10. Oktober 2012 – 2 StR 120/12).

PRAXISBEDEUTUNG ■

Die vorliegende Entscheidung legt alle Voraussetzungen dar, welche bei der Subsumtion einer Bandenmitgliedschaft auftreten können. Wichtig ist vor allem die nochmalige Bekräftigung, dass Bandenabreden nicht gleichzeitig erfolgen müssen! Siehe auch die nachstehende Entscheidung zur stillschweigenden Übereinkunft.

222 Ob eine **Bandenabrede** anzunehmen ist, ist auf Grund einer Gesamtwürdigung zu entscheiden, die die maßgeblichen für und gegen eine Bandenabrede sprechenden Umstände in den Blick zu nehmen und gegeneinander abzuwägen hat. Dies gilt insbesondere für die Annahme einer **stillschweigenden Übereinkunft,** die auch – obwohl sie regelmäßig den Bandentaten vorausgeht – aus dem konkret feststellbaren deliktischen Zusammenwirken mehreren Personen hergeleitet werden kann. Bleiben im Rahmen der hiernach erforderlichen Gesamtwürdigung wesentliche Indizien unberücksichtigt, wird für oder gegen eine Bandenabrede sprechenden Umständen fehlerhaft eine entsprechende Indizwirkung zu- oder aberkannt oder werden einzelne Indizien nur isoliert bewertet, ohne dass die erforderliche Gesamtwürdigung vorgenommen wird, erweist sich die Feststellung einer Bandentat als fehlerhaft.[229]

c) Diebstahl und Unterschlagung geringwertiger Sachen – § 248a StGB

223 Dass die Staatsanwaltschaft das **besondere öffentliche Interesse** an der Strafverfolgung „durch Anklageerhebung" konkludent bejaht, ist grundsätzlich möglich und in der Regel auch zu bejahen, allerdings nur, sofern sich aus den Umständen nicht anderes ergibt.[230]

[3] 2. Das Verfahren ist jedoch teilweise einzustellen, weil hinsichtlich des Diebstahls im Fall II. 7 der Urteilsgründe weder ein Strafantrag gestellt ist, noch die Staatsanwaltschaft (oder der Generalbundesanwalt) das besondere öffentliche Interesse an der Strafverfolgung bejaht hat.

[4] In diesem Fall, einem Ladendiebstahl mit einer „Beute" im Wert von 22 Euro, liegt ein Strafantrag nicht vor (vgl. auch das Schreiben der Staatsanwaltschaft vom 16. Juli 2013). Entgegen der Ansicht der Strafkammer hat die Staatsanwaltschaft aber auch das besondere öffentliche Interesse an der Strafverfolgung „durch Anklageerhebung" nicht konkludent bejaht. Dies ist zwar grundsätzlich möglich und in der Regel zu bejahen, sofern sich aus den Umständen nicht anderes ergibt (vgl. Fischer, StGB, 60. Aufl., § 230 Rn. 4). Letzteres ist hier der Fall. Die Staatsanwaltschaft hat die Tat in der Anklageschrift – wie auch alle anderen Diebstahlsvorwürfe – ausschließlich als gewerbsmäßigen Diebstahl („§§ 242, 243 Abs. 1 Satz 2" StGB) gewürdigt. Das besondere öffentliche Interesse an der Strafverfolgung hat sie ausdrücklich (nur) hinsichtlich einer später nach § 154 StPO ausgeschiedenen Sachbeschädigung bejaht. Es liegt mithin nicht fern, dass die Staatsanwaltschaft nicht nur § 243 Abs. 2 StGB, sondern auch § 248a StGB übersehen hat (vgl. zu einem Fall der Anklage wegen gefährlicher, einer Verurteilung aber nur wegen „einfacher" Körperverletzung auch BGH, Beschluss vom 12. Dezember 2000 – 4 StR 464/00 [juris Rn. 3]). Da beim Diebstahl geringwertiger Sachen ein (wirksamer und noch bestehender) Strafantrag oder die Bejahung des besonderen öffentlichen Interesses an der Strafverfolgung durch die Staatsanwaltschaft Voraussetzung für eine entsprechende Verurteilung ist, also (positiv) vorliegen muss, scheidet ein Schuldspruch wegen Diebstahls schon dann aus, wenn hieran – wie vorliegend – Zweifel bestehen.

---

229 BGH, Beschluss vom 10.10.2012 – 2 StR 120/12.
230 BGH, Beschluss vom 30.7.2013 – 4 StR 247/13.

[5] Der deshalb gebotenen Einstellung des Verfahrens gemäß § 206a StPO steht die Beschränkung des Rechtsmittels auf den Rechtsfolgenausspruch nicht entgegen, da der Senat das Vorliegen der Verfahrensvoraussetzungen von Amts wegen zu prüfen hat (st. Rspr., vgl. etwa BGH, Beschluss vom 8. August 1996 – 4 StR 344/96; weitere Nachweise bei KK-Kuckein, aaO, § 352 Rn. 3).

PRAXISBEDEUTUNG ■

Die vorstehende Entscheidung gibt die Grenzen vor, unter denen eine konkludente Bejahung des besonderen öffentlichen Interesses an der Strafverfolgung möglich ist. Insoweit ist gegebenenfalls die Aufmerksamkeit des Verteidigers gefordert, wenn es wegen des Fehlens einer ausdrücklichen Erklärung der Staatsanwaltschaft eine unklare Situation geben sollte.

10. Raub und Erpressung – §§ 249 ff. StGB

Gewalt oder Drohung müssen dabei beim Tatbestand des § 249 StGB **Mittel zur Ermöglichung der Wegnahme** sein. Folgt die Wegnahme einer Anwendung von Gewalt zu anderen Zwecken nur zeitlich nach, ohne dass diese finale Verknüpfung besteht, so scheidet ein Schuldspruch wegen Raubes insoweit aus.[231] **224**

[4] 1. Die bisherigen Feststellungen des Landgerichts tragen nicht die Verurteilung wegen Raubes. Nach § 249 Abs. 1 StGB wird nur derjenige bestraft, der mit Gewalt gegen eine Person oder unter Anwendung von Drohungen mit gegenwärtiger Gefahr für Leib oder Leben eine fremde bewegliche Sache einem anderen in der Absicht wegnimmt, die Sache sich oder einem Dritten rechtswidrig zuzueignen. Gewalt oder Drohung müssen dabei Mittel zur Ermöglichung der Wegnahme sein (vgl. Senat, Urteil vom 15. Oktober 2003 – 2 StR 283/03, BGHSt 48, 365, 367). Folgt die Wegnahme einer Anwendung von Gewalt zu anderen Zwecken nur zeitlich nach, ohne dass diese finale Verknüpfung besteht, so scheidet ein Schuldspruch wegen Raubes insoweit aus (vgl. BGH, Beschluss vom 7. September 1994 – 2 StR 431/94, BGHR StGB § 249 Abs. 1 Gewalt 7). Zurzeit der Anwendung der Gewalt hatte der Angeklagte aber noch nicht mit der Zielrichtung gehandelt, der Geschädigten Sachen wegzunehmen. Es genügt zwar, wenn die zunächst zu anderen – etwa zu sexuellen – Zwecken begonnene Gewaltanwendung beim Fassen des Wegnahmevorsatzes fortgesetzt wird (vgl. BGH, Urteil vom 15. September 1964 – 1 StR 267/64, BGHSt 20, 32, 33). Dies war hier aber nicht der Fall.

[5] Eine Drohung mit gegenwärtiger Gefahr für Leib oder Leben der Geschädigten als anderes Mittel der Wegnahme ist vom Landgericht nicht festgestellt worden. Das bloße Ausnutzen der Angst des Opfers vor erneuter Gewaltanwendung enthält für sich genommen noch keine Drohung. Zwar kann eine Drohung auch durch schlüssiges Verhalten erfolgen. Erforderlich ist dafür jedoch, dass der Täter die Gefahr für Leib oder Leben deutlich in Aussicht stellt, sie also durch ein bestimmtes Verhalten genügend erkennbar macht. Es genügt nicht, wenn das Opfer nur erwartet, der Täter werde es an Leib oder Leben schädigen (vgl. BGH, Beschluss vom 14. Juli

[231] BGH, Beschluss vom 8.5.2013 – 2 StR 558/12.

1987 – 4 StR 324/87, BGHR StGB § 249 Abs. 1 Drohung 1). Das bloße Ausnutzen der Angst eines der Einwirkung des Täters schutzlos ausgelieferten Opfers mag sich als das Ausnutzen einer hilflosen Lage darstellen, die vom Gesetzgeber indes ausschließlich in § 177 Abs. 1 StGB neben Gewalt oder Drohung mit gegenwärtiger Gefahr für Leib oder Leben zu einem selbständigen tatbestandlichen Nötigungsmittel erhoben wurde.

[6] Der Senat kann nicht ausschließen, dass das Landgericht weitere Feststellungen treffen kann, die zur Anwendung von § 249 StGB führen.

[7] 2. Wenn vom neuen Tatgericht ein Raub festgestellt würde, so wäre unter den weiteren Umständen des Falles auch zu erörtern, ob erpresserischer Menschenraub nach § 239a Abs. 1 StGB vorliegt. Diese Tat begeht nicht nur ein Täter, der einen Menschen entführt oder sich seiner bemächtigt, um von Anfang an die Sorge des Opfers um sein Wohl zu einer Erpressung auszunutzen, sondern auch derjenige, der die durch eine solche Handlung geschaffene Lage zu einer Erpressung ausnutzt. Raub ist dabei ein speziellerer Tatbestand als (räuberische) Erpressung, der auch die Möglichkeit eines hierauf bezogenen erpresserischen Menschenraubs eröffnet (vgl. Senat, Urteil vom 5. März 2003 – 2 StR 494/02, NStZ 2003, 604 f.).

[8] Der Angeklagte kann sich der Geschädigten bemächtigt haben. Dazu muss er die physische Herrschaftsgewalt über das Opfer gewonnen, eine stabile Bemächtigungslage geschaffen und diese Lage zu einer Erpressung oder zum Raub ausgenutzt haben. Zwar muss der stabilisierten Bemächtigungslage mit Blick auf das Vermögensdelikt eigenständige Bedeutung zukommen. Damit ist aber nur gemeint, dass sich über die in jeder mit Gewalt oder Drohungen verbundenen Nötigungshandlung liegende Beherrschungssituation hinaus eine weiter gehende Drucksituation aus der stabilen Bemächtigungslage ergeben haben muss (vgl. BGH, Urteil vom 2. Februar 2012 – 3 StR 385/11, NStZ-RR 2012, 173, 174). Dies kommt hier in Betracht und wäre daher vom Tatgericht zu erörtern.

225 Für die **Abgrenzung von Raub und räuberischer Erpressung** ist nach ständiger Rechtsprechung des Bundesgerichtshofs das äußere Erscheinungsbild des vermögensschädigenden Verhaltens des Verletzten maßgebend. Wenn der Verfügungsberechtigte zwar unter Zwang die Kasse durch Eingabe des PIN-Codes geöffnet hatte, danach aber die Täter selbst das in der Kasse befindliche Geld an sich nahmen und in einer Tasche verstauten, haben sich diese nicht der räuberischen Erpressung, sondern des Raubes schuldig gemacht. Dass zuvor der Verfügungsberechtigte zur Preisgabe des PIN-Codes genötigt wurde, rechtfertigt keine andere rechtliche Bewertung, weil das erzwungene Verhalten der Genötigten zu keiner Gewahrsamsübertragung führte, sondern lediglich die Möglichkeit zur anschließenden Wegnahme eröffnete.[232]

226 Eine **vollendete Wegnahme** setzt voraus, dass fremder Gewahrsam gebrochen und neuer Gewahrsam begründet ist. Letzteres beurteilt sich danach, ob der Täter die Herrschaft über die Sache derart erlangt hat, dass er sie ohne Behinderung durch den früheren Gewahrsamsinhaber ausüben kann, wobei es entscheidend auf die Anschauungen des täglichen Lebens an. Dabei macht es sowohl für die **Sachherrschaft** des bisherigen Gewahrsamsinhabers wie für die des Täters einen entscheidenden Unterschied, ob es sich bei dem Diebesgut um umfangreiche, namentlich

[232] BGH, Beschluss vom 3.7.2013 – 4 StR 186/13.

schwere Sachen handelt, deren Abtransport mit besonderen Schwierigkeiten verbunden ist, oder ob es nur um kleine, leicht transportable Gegenstände geht. Bei unauffälligen, leicht beweglichen Sachen, wie etwa bei Geldscheinen sowie Geld- und Schmuckstücken, lässt die Verkehrsauffassung für die vollendete Wegnahme schon ein Ergreifen und Festhalten der Sache genügen.[233]

[3] Der Angeklagte, der von der vorangegangenen Tatserie keine Kenntnis hatte, war bei Bo. verschuldet. Am 28. Mai 2009 forderte Bo. ihn auf, ihn und Be. nach K. zu fahren. Erst unterwegs informierte er den Angeklagten darüber, dass ein REWE-Markt überfallen werden sollte. Für den Angeklagten war klar, dass dabei jedenfalls Scheinwaffen zur Drohung eingesetzt würden. In der Nähe des Marktes parkte der Angeklagte das Fahrzeug und stand dort Schmiere. Bo. und Be. passten vor dem REWE-Markt drei Mitarbeiter, die nach Ladenschluss den Markt verlassen wollten, ab, und zwangen sie unter Vorhalt von ungeladenen Schusswaffen oder Scheinwaffen, den Markt wieder zu betreten und den Tresor zu öffnen. Aus dem Tresor entnahmen sie die dort gelagerten „safe bags", die knapp 30.000 Euro in Scheinen enthielten, sowie eine kleine Geldtasche mit Wechselgeld. Beim Verlassen des Tatorts öffnete einer der Täter die Tasche mit dem Wechselgeld und ließ sie noch innerhalb des Marktes zurück. Im Weggehen setzte Bo. Pfefferspray gegen zwei Bedienstete des Marktes ein. Bo. und Be. teilten sich die Beute; der Angeklagte erhielt vorab 1.000 Euro und Schuldenerlass bei Bo. (Fall II. B. 1. der Urteilsgründe).

[4] Am 7. September 2009 sprach Bo. den Angeklagten erneut an und verlangte von ihm, noch einmal bei einem Überfall mitzuwirken. Auf der Fahrt forderte er ihn auf, dieses Mal auch mit in den Markt hinein zu gehen. Als Fahrer fungierte Be.. Nach Ladenschluss passten Bo. und der Angeklagte mehrere Mitarbeiter eines REWE-Markts an der Tür des Personalausgangs ab und zwangen sie unter Vorhalt von Scheinwaffen, den Markt wieder zu betreten. Sie bedrohten die Mitarbeiter und schoben sie in den Tresorraum. Dort ließ sich aber nur der äußere Tresor mit dem Wechselgeld öffnen. Für den inneren Tresor, der mit dem Papiergeld befüllt war, hatten die Mitarbeiter des Marktes keinen Schlüssel. Bo. entnahm dem äußeren Tresor mehrere Gebinde mit jeweils zehn Rollen Cent-Münzen. Danach ergriff der Angeklagte die Flucht. Bo. folgte ihm und warf unterwegs, jetzt wieder eingedenk seines Vorhabens, keine Münzen mitzunehmen, das Rollengeld im Wert von insgesamt 80 Euro noch innerhalb des Marktes weg (Fall II. B. 2. der Urteilsgründe).

[5] 2. Das Landgericht hat den Angeklagten im Fall II. B. 1. wegen Beihilfe zum schweren Raub gemäß § 250 Abs. 1 Nr. 1b StGB verurteilt. Den Einsatz des Pfeffersprays hat es dem Angeklagten mangels entsprechender Kenntnis nicht zugerechnet. Im Fall II. B. 2. der Urteilsgründe hat es den Angeklagten wegen schweren Raubes in Mittäterschaft verurteilt. Dabei ist es von einem vollendeten Raub ausgegangen, da Bo. nach dem gesamten äußeren Erscheinungsbild bereits durch die Ansichnahme des Rollengelds eigenen Gewahrsam begründet habe. Die Tat hat es dem Angeklagten auch im Hinblick auf die Wegnahme des Rollengeldes zugerechnet, denn er habe bemerkt, dass Bo. dieses an sich genommen hatte, was er gebilligt habe und wovon er ausgegangen sei.

[6] Die Feststellungen tragen den Schuldspruch. Einer näheren Erörterung bedürfen lediglich der Einwände der Revision, die sich gegen die Verurteilung des Angeklag-

---

[233] BGH, Urteil vom 27.3.2013 – 2 StR 115/12.

ten im Fall II. B. 2. der Urteilsgründe wegen schweren Raubes gemäß § 250 Abs. 1 Nr. 1b StGB richten.

[7] 1. Rechtlich zutreffend hat das Landgericht hinsichtlich der aus dem Tresor entnommenen Münzrollen einen vollendeten Raub angenommen.

[8] Eine vollendete Wegnahme setzt voraus, dass fremder Gewahrsam gebrochen und neuer Gewahrsam begründet ist. Letzteres beurteilt sich danach, ob der Täter die Herrschaft über die Sache derart erlangt hat, dass er sie ohne Behinderung durch den früheren Gewahrsamsinhaber ausüben kann. Für die Frage der Sachherrschaft kommt es entscheidend auf die Anschauungen des täglichen Lebens an. Dabei macht es sowohl für die Sachherrschaft des bisherigen Gewahrsamsinhabers wie für die des Täters einen entscheidenden Unterschied, ob es sich bei dem Diebesgut um umfangreiche, namentlich schwere Sachen handelt, deren Abtransport mit besonderen Schwierigkeiten verbunden ist, oder ob es nur um kleine, leicht transportable Gegenstände geht. Bei unauffälligen, leicht beweglichen Sachen, wie etwa bei Geldscheinen sowie Geld- und Schmuckstücken, lässt die Verkehrsauffassung für die vollendete Wegnahme schon ein Ergreifen und Festhalten der Sache genügen (BGH, Urteil vom 21. April 1970 – 1 StR 45/70, BGHSt 23, 254, 255; BGH, Urteil vom 18. Februar 2010 – 3 StR 556/09, NStZ 2011, 158).

[9] Danach hatte Bo. noch in der fremden Gewahrsamssphäre eigenen Gewahrsam begründet, indem er die Münzrollen an sich genommen und zudem als scheinbar bewaffneter Täter, der mit Gewalt drohte, die Berechtigten vom Zugriff ausgeschlossen hat.

[10] 2. Die Wegnahme der Münzrollen war dem Angeklagten auch als Mittäter zuzurechnen (§ 25 Abs. 2 StGB). Das Handeln des gesondert verfolgten Bo. war vom Vorsatz des Angeklagten gedeckt, der zum Zeitpunkt der Wegnahme auch die für eine Mittäterschaft erforderliche Zueignungsabsicht hatte.

[11] So hat zwar die Kammer im Rahmen der rechtlichen Würdigung allein auf eine zum Zeitpunkt der Wegnahmehandlung vorliegende Kenntnis und Billigung des Angeklagten abgestellt und daher offensichtlich (nur) eine sukzessive Mittäterschaft des Angeklagten angenommen. Nach den Feststellungen umfasste aber schon der anfängliche Tatplan auch die Wegnahme des Münzgelds bzw. schloss sie jedenfalls nicht aus. Denn auch die zwischen Bo. und Be. bestehende Verabredung ging nur dahin, „in der Regel" kein Münzgeld mitzunehmen, weshalb die Wegnahme von Münzgeld gerade nicht in jedem Fall und damit insbesondere dann nicht ausgeschlossen war, wenn, wie vorliegend, kein Papiergeld erbeutet werden konnte. Es kommt daher nicht darauf an, ob dem Gesamtzusammenhang der Urteilsgründe überhaupt entnommen werden kann, dass der Angeklagte in diese Verabredung eingeweiht war. Dagegen spricht schon, dass der Angeklagte die vorangegangene Tatserie nicht kannte, dass Bo. und Be. ihre Mittäter regelmäßig nicht in die Details ihres Tatplans einweihten und den Angeklagten jeweils auch erst auf der Fahrt über den geplanten Überfall informierten. Entsprechend konnte die Kammer auch nicht feststellen, dass dem Angeklagten die Verabredung bekannt war, dass Bo. und Be. vor Verlassen des Tatorts regelmäßig Pfefferspray einsetzten.

■ PRAXISBEDEUTUNG

Neben der Frage, wann eine Wegnahme vollendet ist, hat auch die weitere Frage Bedeutung, dass ein Mittäter, welcher noch vor dem Weggehen des weiteren

Täters geflohen war, dennoch wegen vollendetem Raub bestraft werden kann, obgleich der zweite Täter später das Münzgeld zurückgelassen hatte und damit evtl. strafbefreiend zurückgetreten ist. Allerdings beruht dies allein darauf, dass der erste Täter nichts im Sinne von § 24 Abs. 2 StGB unternommen hat, so dass er zu Recht in vollem Umfang strafbar bleibt.

TOPENTSCHEIDUNG ■

Jeder Täter haftet für das **Handeln eines Mittäters** nur im Rahmen seines eigenen Vorsatzes, ist also für den tatbestandlichen Erfolg nur so weit verantwortlich, wie sein Wille reicht; **ein Exzess** des anderen fällt ihm nicht zur Last. Allerdings werden Handlungen eines anderen Tatbeteiligten, mit denen nach den Umständen des Falles gerechnet werden muss, vom Willen des Mittäters umfasst, auch wenn er sich diese nicht besonders vorgestellt hat; ebenso ist er für jede Ausführungsart einer von ihm gebilligten Straftat verantwortlich, wenn er mit der Handlungsweise seines Tatgenossen einverstanden oder sie ihm zumindest gleichgültig war.[234] **227**

[3] Das Landgericht hat nicht feststellen können, welcher der beiden Angeklagten K. oder C. den Nebenkläger getreten hatte. Es ist nicht davon ausgegangen, „dass die übrigen Angeklagten diesen Fußtritt sahen oder mit einer solchen Attacke auch nur rechneten“ (UA S. 25). Dagegen spreche die von allen Angeklagten geschilderte Erwartung, den Nebenkläger ohne „erhebliche“ Gewaltanwendung durch einen zügig durchgeführten Überfall in dessen Wohnung berauben zu können. Dies gelte umso mehr, als die lauten Schmerzensschreie den Angeklagten ungelegen gekommen seien. Die Strafkammer hat deshalb den Qualifikationstatbestand des § 250 Abs. 2 Nr. 3 lit. a StGB bezüglich aller Angeklagten verneint.

[4] 2. Dies hält sachlich-rechtlicher Nachprüfung nicht stand.

[5] a) Der dem Nebenkläger bei der Raubtat von einem der Angeklagten zugefügte Tritt stellt aufgrund seiner schwerwiegenden Verletzungsfolgen und der erheblichen damit verbundenen Schmerzen eine körperlich schwere Misshandlung im Sinne des § 250 Abs. 2 Nr. 3 lit. a StGB dar (vgl. BGH, Beschluss vom 27. Mai 1998 – 5 StR 216/98, BGHR StGB § 250 Abs. 2 Nr. 3 lit. a Misshandlung, körperlich schwere 1; MünchKommStGB/Sander, 2. Aufl., § 250 Rn. 66 m.w.N.).

[6] b) Zwar haftet jeder Täter für das Handeln eines Mittäters nur im Rahmen seines eigenen Vorsatzes, ist also für den tatbestandlichen Erfolg nur so weit verantwortlich, wie sein Wille reicht; ein Exzess des anderen fällt ihm nicht zur Last. Allerdings werden Handlungen eines anderen Tatbeteiligten, mit denen nach den Umständen des Falles gerechnet werden muss, vom Willen des Mittäters umfasst, auch wenn er sich diese nicht besonders vorgestellt hat; ebenso ist er für jede Ausführungsart einer von ihm gebilligten Straftat verantwortlich, wenn er mit der Handlungsweise seines Tatgenossen einverstanden oder sie ihm zumindest gleichgültig war (vgl. BGH, Beschluss vom 11. Januar 2011 – 1 StR 517/10; Urteile vom 5. August 2010 – 3 StR 210/10 – und vom 26. April 2012 – 4 StR 51/12, NStZ 2012, 563; jeweils m.w.N.).

[234] BGH, Urteil vom 19.3.2013 – 5 StR 575/12.

[7] Das Landgericht hätte sich demnach eingehender mit der Frage auseinandersetzen müssen, ob die Angeklagten nach den gesamten Umständen des Falls von vornherein auch mit einer intensiveren Gewaltanwendung gegen den Nebenkläger rechnen mussten, die dann auch Tritte gegen das Schienbein umfassten. Die Angeklagten kannten den Nebenkläger vor der Tat nicht und konnten sich – soweit ersichtlich – weder ein Bild über dessen körperliche Konstitution und Wehrhaftigkeit machen, noch wussten sie, ob der Nebenkläger, den sie für einen Drogenhändler hielten, bewaffnet sein würde und sie ihn überhaupt allein in seiner Wohnung antreffen würden. Diese Umstände, die unter Beweiswürdigungsgesichtspunkten ungeachtet der Vielzahl der Angreifer bereits gegen einen auf nicht „erhebliche“ Gewaltanwendung beschränkten Tatplan sprechen können, wären im Urteil zu erörtern gewesen.

[8] c) Das Landgericht hat auch nicht die Möglichkeit einer Vorsatzerweiterung in Betracht gezogen. Infolge der von Beginn an heftigen Gegenwehr des kräftig gebauten Nebenklägers (UA S. 19, 25) war der von der Strafkammer angenommene ursprüngliche Tatplan, „den Widerstand des Nebenklägers nur für kurze Zeit ohne erhebliche Gewaltanwendung“ zu überwinden (UA S. 10), jedenfalls ersichtlich nicht aufgegangen. Angesichts des fortdauernden Kampfgeschehens war es naheliegend, dass die unmittelbar hieran beteiligten Angeklagten K. und C. ihren Tatvorsatz der geleisteten Gegenwehr anpassten und mit der dann durch einen von ihnen tatsächlich verübten Gewalt rechneten und sie billigten. Dass auch der Angeklagte H., der das Gerangel zumindest teilweise optisch wahrnahm, und der im Wohnzimmer befindliche Angeklagte D. aufgrund akustischer Eindrücke inzwischen die unerwartet heftige Gegenwehr des Nebenklägers bemerkt hatten und mit erheblicher Gewaltanwendung der beiden Mitangeklagten zur Überwindung dieser Gegenwehr rechneten, liegt gleichfalls nahe und bedurfte ebenso näherer Erörterung. Ein ganz kurzer zeitlicher Ablauf des Tatgeschehens, wie ihn die Verteidiger in der Revisionshauptverhandlung behauptet haben, würde an dieser Beurteilung nichts ändern.

[9] d) Die Feststellungen legen es überdies nahe, dass spätestens nach dem Tritt alle Angeklagten bei gleichzeitiger Fortsetzung des Raubes mit der schweren körperlichen Misshandlung einverstanden waren oder ihr zumindest gleichgültig gegenüberstanden (Prinzip der sukzessiven Mittäterschaft). Dabei kommt es nicht darauf an, ob die konkrete Verletzungshandlung für jeden der Angeklagten wahrnehmbar war. Zumindest der durch sie hervorgerufene Erfolg war aufgrund der lauten und anhaltenden Schmerzensschreie des Nebenklägers, die bis in die Nachbarwohnung drangen, für jeden der Angeklagten – insbesondere aber für K. und C.– erkennbar und legte den Rückschluss auf eine schwere körperliche Misshandlung nahe. Dass sich die Angeklagten unmittelbar nach den Schmerzensschreien des Nebenklägers von der Gewaltanwendung distanziert hätten, hat das Landgericht nicht festgestellt. Die Angeklagten K. und C. setzten den Kampf trotz der anhaltenden Schmerzensschreie des Nebenklägers bis zu dessen Erschöpfung und Nachlassen seiner Gegenwehr fort. Den Urteilsgründen lässt sich auch nicht entnehmen, dass die Angeklagten H. und D. ihre Suche nach Drogen und Geld angesichts der Schmerzensschreie des Nebenklägers sofort abbrachen. Erst nach dem Ruf des um Entdeckung fürchtenden Angeklagten D. beendeten alle Angeklagten die Tatausführung und verließen mit der Beute die Wohnung.

PRAXISBEDEUTUNG ■

Die vorliegende Entscheidung macht deutlich, dass bei mehreren Mittätern regelmäßig eine gemeinsame Verantwortung für die Taten vorhanden ist, solange es sich um keinen entscheidend vom gemeinsamen Tatplan abweichenden Exzess eines Täters handelt. Die Entscheidung erweitert das „Haftungsrisiko" des Einzelnen dahingehend, dass er auch für Taten mitverantwortlich ist, mit denen „nach den Umständen des Falles gerechnet werden muss" oder wenn ihnen die Handlungsweise des anderen „gleichgültig" war!

Ob bei einem Raubdelikt **Beendigung** eingetreten ist, richtet sich danach, ob hinsichtlich der Tatbeute noch irgendwelche direkten Eingriffsmöglichkeiten des Eigentümers oder eines Beobachters bestanden hätten oder die weggenommene Sache endgültig gesichert ist.[235] **228**

a) Waffe, Gefährliches Werkzeug – § 250 Abs. 2 Nr. 1 StGB

TOPENTSCHEIDUNG ■

Die **Qualifikation** des § 250 Abs. 2 Nr. 1 StGB kann auch noch nach Vollendung, aber **vor Beendigung der Tat** verwirklicht werden. Mit Blick auf die erhöhte Strafandrohung des § 250 Abs. 2 StGB im Vergleich zu § 250 Abs. 1 Nr. 1 Buchst. a), b) StGB muss aber das gefährliche Tatmittel zur weiteren Verwirklichung der Zueignungsabsicht – oder im Falle der §§ 253, 255, 250 Abs. 2 StGB der Bereicherungsabsicht – verwendet werden; der Einsatz des gefährlichen Werkzeugs muss daher zumindest als Mittel zur Sicherung des Besitzes an dem erlangten Gut, mithin in Beutesicherungsabsicht erfolgt sein. Ein Verwenden ‚bei der Tat' nach Vollendung liegt ferner vor, wenn das gefährliche Werkzeug vor Beendigung der Tat mit dem Ziel einer weiteren Wegnahme eingesetzt wurde, diese aber nicht mehr zur Vollendung gelangte.[236] **229**

[7] bb) Davon, dass die Schreckschusswaffen geladen waren, hat sich das Landgericht – ungeachtet des im Falle I. 2. c) der Urteilsgründe festgestellten Waffengebrauchs durch beide Angeklagte – nicht überzeugen können. Es wertet vielmehr den Schlag des Angeklagten R. mit der Waffe als Verwendung eines gefährlichen Werkzeugs im Sinne von § 250 Abs. 2 Nr. 1 StGB. Dies hält rechtlicher Überprüfung indes nicht stand. Der Generalbundesanwalt hat hierzu in seiner Antragsschrift ausgeführt:

> *„Der Einsatz des gefährlichen Werkzeugs erfolgte aus Sicht der Jugendkammer nach Vollendung, aber vor Beendigung der Tat. Zwar kann die Qualifikation des § 250 Abs. 2 Nr. 1 StGB auch noch in diesem Tatstadium verwirklicht werden (BGHSt 52, 376 ff.; 53, 234 ff.). Dabei muss aber das gefährliche Tatmittel zur weiteren Verwirklichung der Zueignungsabsicht – oder im Falle der §§ 253, 255, 250 Abs. 2 StGB der Bereicherungsabsicht – verwendet werden; der Einsatz des*

[235] BGH, Beschluss vom 27.11.2012 – 3 StR 433/12.
[236] BGH, Beschluss vom 1.10.2013 – 3 StR 299/13.

gefährlichen Werkzeugs muss mit Blick auf die erhöhte Strafandrohung des § 250 Abs. 2 StGB im Vergleich zu § 250 Abs. 1 Nr. 1 Buchst. a), b) StGB daher zumindest als Mittel zur Sicherung des Besitzes an dem erlangten Gut, mithin in Beutesicherungsabsicht erfolgt sein (BGHSt 52, 377; 53, 236 ff.). Ein Verwenden ‚bei der Tat' nach Vollendung liegt ferner vor, wenn das gefährliche Werkzeug vor Beendigung der Tat mit dem Ziel einer weiteren Wegnahme eingesetzt wurde, diese aber nicht mehr zur Vollendung gelangte (BGH NJW 2010, 1385).

Zweifelhaft ist hier schon, ob die Tat zum Zeitpunkt des Einsatzes des gefährlichen Werkzeugs nicht bereits beendet war. ... Dies kann aber dahin stehen. Selbst wenn die Tat noch nicht vollendet war, fehlt es hier jedenfalls an einer Beutesicherungsabsicht. Eine solche ergibt sich weder aus den Feststellungen noch aus dem Gesamtzusammenhang der Urteilsgründe. Vielmehr hatten der Angeklagte und sein Mittäter die Beute an sich genommen. Anhaltspunkte dafür, dass das Opfer oder ein hinzugetretener Dritter ihnen diese wieder streitig machen wollten, sind den Urteilsgründen nicht zu entnehmen."

[8] Dem schließt sich der Senat an. Von einer Bestätigung der formalen Schuldsprüche in der Urteilsformel wegen lediglich schwerer räuberischer Erpressung in Tateinheit mit schwerem Raub (§§ 255, 250 Abs. 1 Nr. 1 Buchst. b StGB) sieht der Senat indes ab, da in einer neuen Hauptverhandlung noch Feststellungen möglich erscheinen, welche die Qualifikation des § 250 Abs. 2 Nr. 1 StGB tragen.

■ PRAXISHINWEIS

Die vorstehende Entscheidung verdeutlicht noch einmal die Voraussetzungen, unter denen ein gefährliches Tatmittel auch noch nach Vollendung der Tat einem Täter tatbestandlich gemäß § 250 Abs. 2 StGB zurechenbar ist.

230 Für die Erfüllung des Qualifikationstatbestands des § 250 Abs. 1 Nr. 1 Buchst. a StGB ist es nicht erforderlich, dass sich der Täter mit einem der dort bezeichneten Gegenstände zum Tatort begibt; vielmehr genügt es, dass er einen solchen zu **irgendeinem Zeitpunkt während der Tatausführung bei sich führt**. Ausreichend ist daher auch, dass sich der Täter erst während der Tat und aus der Tatbeute mit einem solchen Werkzeug versieht.[237]

[3] Der Angeklagte S. und der Mitangeklagte begaben sich am Tattag gemeinsam zur Wohnung des Nebenklägers, um diesem – über einen Geldbetrag hinaus, den er dem Angeklagten schuldete – unter Anwendung von Gewalt weitere Wertgegenstände abzunehmen. Wie zuvor zwischen den Angeklagten ebenfalls verabredet, drängte der Angeklagte S. den Nebenkläger in die Wohnung, schlug ihn mehrfach ins Gesicht und würgte ihn, sodass dessen Zungenbein brach. Entsprechend dem gemeinsamen Tatplan bewachte sodann der Mitangeklagte den Nebenkläger, während der Angeklagte die Wohnung nach Wertgegenständen durchsuchte. Danach nahm der Angeklagte S. Bargeld und Gegenstände des Nebenklägers – unter anderem einen Messerblock mit fünf Messern – an sich, um diese zu behalten oder zu verwerten. Nachdem die Angeklagten die Wohnung mit der Beute verlassen hatten, rief der erheblich verletzte Nebenkläger die Polizei.

---

[237] BGH, Beschluss vom 17.10.2013 – 3 StR 263/13.

[4] Diesen Sachverhalt hat das Landgericht hinsichtlich des Angeklagten S. als Raub in Tateinheit mit gefährlicher Körperverletzung gemäß § 249 *Abs. 1,* §§ 223, 224 *Abs. 1 Nr. 4,* § 52 StGB *gewürdigt. Während der Schuldspruch wegen gefährlicher Körperverletzung nicht zu beanstanden ist, ist die rechtliche Einordnung der Tat als (einfacher) Raub rechtsfehlerhaft. Nach den bisherigen Feststellungen hat sich der Angeklagte vielmehr insoweit – tateinheitlich zur gefährlichen Köperverletzung – des schweren Raubes gemäß* § 250 Abs. 1 Nr. 1 Buchst. a StGB *schuldig gemacht, indem er den mit fünf Messern bestückten Messerblock des Nebenklägers an sich nahm und somit diese Messer, die ersichtlich objektiv gefährliche Werkzeuge im Sinne der Vorschrift waren, mit sich führte. Für die Erfüllung dieses Tatbestandes ist es nicht erforderlich, dass sich der Täter mit einem der dort bezeichneten Gegenstände zum Tatort begibt. Vielmehr genügt es, dass er einen solchen zu irgendeinem Zeitpunkt während der Tatausführung bei sich führt. Ausreichend ist daher auch, dass sich der Täter – wie hier – erst während der Tat und aus der Tatbeute mit einem solchen Werkzeug versieht (vgl. BGH, Urteil vom 4. Juni 1985 – 2 StR 125/85,* NStZ 1985, 547 *m.w.N.;* OLG Frankfurt, Beschluss vom 8. August 2006 – 1 Ss 177/06, StraFo 2006, 467 *f.; MüKoStGB/Sander, 2. Aufl., § 250 Rn. 33).*

PRAXISBEDEUTUNG ■

Die vorstehende Entscheidung stellt klar, dass der Qualifikationstatbestand auch dadurch erfüllt werden kann, indem ein Täter bei der Tat eine Waffe vor Tatbeendigung erbeutet, welche er in Entwendungsabsicht mitnehmen will, weil er auch diese dann bei der Tat bei sich führt. Dies entspricht auch der Intention des Gesetzgebers, weil auch die beim Raub erbeutete Waffe noch bei der Tat benutzt werden könnte.

„**Bei der Tat**" verwendet der Täter eine Waffe oder ein gefährliches Werkzeug im Sinne des § 250 Abs. 2 Nr. 1 StGB, wenn er es **zweckgerichtet im Rahmen der Verwirklichung des Raubtatbestandes gebraucht wurde**, also als Nötigungsmittel zur Herbeiführung der Wegnahme.[238] **231**

[5] b) Das Landgericht hat den Tatbestand des schweren – richtig: des besonders schweren (vgl. BGH, Beschluss vom 2. März 2010 – 3 StR 496/09) – Raubes als erfüllt angesehen, weil der Angeklagte H. zu einer Zeit, als die Wegnahme der in der Wohnung zusammengepackten Gegenstände noch nicht vollendet gewesen sei, den Geschädigten mit einem Deo-Roller an den Kopf geschlagen und so bei der Tat ein gefährliches Werkzeug verwendet habe (§ 250 Abs. 2 Nr. 1 StGB). Diese Annahme wird von den Feststellungen nicht belegt. „Bei der Tat" verwendet der Täter eine Waffe oder ein gefährliches Werkzeug im Sinne des § 250 Abs. 2 Nr. 1 StGB, wenn er es zweckgerichtet im Rahmen der Verwirklichung des Raubtatbestandes gebraucht, also als Nötigungsmittel zur Herbeiführung der Wegnahme (Fischer, StGB, 59. Aufl., § 250 Rn. 18). Zu der Vorstellung des Angeklagten H. bei dem Schlag mit dem Deo-Roller und zu der erforderlichen finalen Verknüpfung zwischen dessen Einsatz und der Wegnahme der Gegenstände hat die Strafkammer keine Feststellungen getroffen. Dies erübrigte sich weder wegen des zeitlichen Zusammenhangs noch

---

238 BGH, Beschluss vom 13.11.2012 – 3 StR 422/12.

mit Blick auf das übrige Tatgeschehen, denn dieses lässt es zumindest ebenso naheliegend erscheinen, dass der Angeklagte H. sein Opfer, das von ihm und dem Angeklagten L. in vielfacher Art und Weise misshandelt und gedemütigt wurde und deshalb bereits massiv eingeschüchtert war, durch den Schlag mit dem Deo-Roller nur weiter quälen wollte. Auch die Annahme des Generalbundesanwalts, der Schlag sei jedenfalls noch in Beutesicherungsabsicht erfolgt, was für eine Verwendung „bei der Tat" ausreichen würde (BGH, Beschluss vom 1. Oktober 2008 – 5 StR 445/08, BGHSt 52, 376, 377), findet in den Feststellungen keine Stütze; dagegen spricht insbesondere, dass die Angeklagten den Geschädigten – mit ihrer Beute – noch in die Wohnung der Angeklagten G. verbrachten, um ihn dort weiter zu misshandeln.

232 Das bloße **Ergreifen eines Messers** während des Raubes erfüllt nicht ohne Weiteres den Tatbestand des § 250 Abs. 2 Nr. 1 StGB, kann aber die Qualifikation des § 250 Abs. 1 Nr. 1 StGB erfüllen.[239]

[2] Nach den Feststellungen überfielen der Angeklagte und sein Mittäter M. in der Nacht zum 26. August 2011 das betagte Ehepaar S. in dessen Einfamilienhaus in der Nähe A. s, um es zu berauben. Während der Ehemann im Obergeschoss schlief und den Überfall nicht bemerkte, brachte M. die 78-jährige Geschädigte im Erdgeschoss zu Boden und hielt ihr fortlaufend Augen und Mund zu. In der Zwischenzeit durchsuchte der Angeklagte das Haus nach Geld- und Wertgegenständen, wobei er teilweise fündig wurde. Durch einen schmalen Sehschlitz konnte die Geschädigte beobachten, wie der Angeklagte im Zusammenhang mit seiner Frage nach „Geld, Gold?" ein Brotmesser vom Tisch nahm, es aber auf eine abweisende Handbewegung des Mitangeklagten M. wieder zurücklegte. Beide Täter gingen davon aus, die Geschädigte habe das Ergreifen des Messers nicht wahrgenommen. In der Folge fand der Angeklagte weiteres Geld und Wertgegenstände, die er an sich nahm, bevor er als erster das Haus verließ. Kurze Zeit später verließ auch der Mitangeklagte M. das Haus und beide flüchteten mit dem Pkw der Eheleute. Zuvor war die Geschädigte noch mit einem Schal und abgeschnittenen Trageriemen ihrer Handtasche an Händen und Füßen gefesselt worden.

[3] Das Landgericht hat die Angeklagten aufgrund der Fesselung des Opfers wegen schweren Raubes gemäß §§ 249, 250 Abs. 1 Nr. 1 Buchst. b StGB verurteilt. Die Verwirklichung eines besonders schweren Raubes gemäß § 250 Abs. 2 Nr. 1 StGB durch Einsatz eines Messers hat die Strafkammer verneint, weil die Geschädigte aus Sicht der Angeklagten das Messer nicht wahrgenommen hatte. Von einem möglichen Versuch des qualifizierten Tatbestands nach § 250 Abs. 2 Nr. 1 StGB sei der Angeklagte durch Zurücklegen des Messers jedenfalls strafbefreiend zurückgetreten.

[4] 1. Die Feststellungen tragen nicht den Schuldspruch wegen mittäterschaftlich begangenen schweren Raubes aufgrund der Fesselung der Geschädigten. Der Generalbundesanwalt hat hierzu ausgeführt:

> *„Zwar reichen ein Beisichführen und eine Verwendungsabsicht zu irgendeinem Zeitpunkt vom Ansetzen zur Tat bis zu deren Beendigung, mithin auch im Zeitraum zwischen Vollendung und Beendigung des Raubes (entgegen RB S. 4) für die Annahme des Qualifikationsmerkmals des § 250 Abs. 1 Nr. 1 b StGB aus (st. Rspr.; BGHSt 13, 259 f.; 20, 194, 197; 31, 105, 107; BGHR StGB § 250*

[239] BGH, Beschluss vom 12.3.2013 – 2 StR 583/12.

Abs. 1 Nr. 2 Beisichführen 4; BGH StV 1988, 429; NStZ 1998, 354 [Senat]; 1999, 242, 243; 2007, 332; NStZ-RR 2003, 202; Fischer StGB 59. Aufl. § 244 Rn. 29); auch genügt es, dass der Täter das Mittel erst am Tatort ergreift (BGHSt 13, 259, 260; BGHR aaO; BGH StV 1988, 429; NStZ 1999, 242, 243; NStZ-RR 2003, 202; Fischer aaO und § 250 Rn. 12).

Die Feststellung, die Zeugin S. sei ‚zuvor' – also bevor der Mitangeklagte M. den Tatort verließ – mit einem Schal und dem abgeschnittenen Trageriemen ihrer Handtasche an Händen und Füßen gefesselt worden (UA S. 8), rechtfertigt aber nicht die Verurteilung des Angeklagten wegen eines insoweit qualifizierten Raubes. Ob eine Fesselung der Zeugin der von vornherein getroffenen Tatabrede entsprach, ist nicht festgestellt worden. Auch lassen die Feststellungen nicht erkennen, ob der Angeklagte sich zum Zeitpunkt der Fesselung überhaupt noch im Haus befand, ob er gegebenenfalls daran unmittelbar beteiligt war, ob es während der Tatausführung zu einer – sei es auch nur stillschweigenden – Absprache mit dem Mitangeklagten über die Fesselung kam oder der Angeklagte sich wenigstens in Kenntnis der Fesselungsabsicht des Mitangeklagten weiter an der Tat beteiligt hat (zum letztgenannten Fall mittäterschaftlicher Zurechnung vgl. BGH NStZ-RR 2002, 9 [Senat]; NStZ 2004, 263; Fischer StGB § 25 Rn. 20). Derartiger Feststellungen hätte es aber bedurft, um beurteilen zu können, ob der Angeklagte das Qualifikationsmerkmal selbst erfüllt hat oder ihm dieses nach mittäterschaftlichen Grundsätzen zuzurechnen war."

[5] Dem schließt sich der Senat an und weist die Sache zu entsprechender Aufklärung an das Landgericht zurück.

[6] 2. Im Übrigen geht das Landgericht – wie vom Generalbundesanwalt näher dargelegt – zutreffend davon aus, dass der Angeklagte die Qualifikation des § 250 Abs. 2 Nr. 1 StGB durch Ergreifen des Messers nicht verwirklicht hat. Der neue Tatrichter wird jedoch gegebenenfalls zu berücksichtigen haben, dass bereits mit dem Ergreifen des Messers das Qualifikationsmerkmal des § 250 Abs. 1 Nr. 1 Buchst. a StGB erfüllt sein kann.

Nach der insoweit auf § **250 Abs. 2 Nr. 1 StGB** übertragbaren Rechtsprechung des Bundesgerichtshofs zum Tatbestand des § 224 Abs. 1 Nr. 2 StGB sind gefährliche Werkzeuge nur solche Gegenstände, die durch menschliche Einwirkung irgendwie gegen einen menschlichen Körper in Bewegung gesetzt werden können. Hier wie dort sind demgemäß **nur bewegliche Gegenstände erfasst.** Für § 250 StGB wird dies zusätzlich daraus deutlich, dass gefährliche Werkzeuge im Sinne der Vorschrift „bei sich geführt" werden müssen.[240] **233**

[2] 1. Nach den zu Fall 5 der Urteilsgründe getroffenen Feststellungen trafen der Angeklagte und ein Mittäter sowie der Geschädigte am 11. September 2011 auf dem Gelände eines Industrieunternehmens in Eisenhüttenstadt zusammen. Sie gingen zu einem „Industriemüll-Häcksler" (UA S. 12); es handelte sich dabei um ein „größeres Gerät, zum Schreddern von Industriemüll" (UA S. 25). Der Angeklagte forderte vom Geschädigten die Herausgabe von 400 €, andernfalls er „in dem Häcksler landen werde". Das Tatopfer fürchtete um sein Leben und übergab dem Angeklagten das Geld.

[240] BGH, Beschluss vom 12.12.2012 – 5 StR 574/12.

[3] 2. Diese Feststellungen tragen nicht den Schuldspruch wegen besonders schwerer räuberischer Erpressung nach §§ 255, 249, 250 Abs. 2 Nr. 1 StGB. Nach der insoweit auf § 250 Abs. 2 Nr. 1 StGB übertragbaren Rechtsprechung des Bundesgerichtshofs zum Tatbestand des § 224 Abs. 1 Nr. 2 StGB sind gefährliche Werkzeuge nur solche Gegenstände, die durch menschliche Einwirkung irgendwie gegen einen menschlichen Körper in Bewegung gesetzt werden können (vgl. BGH, Urteile vom 6. September 1968 – 4 StR 320/68, BGHSt 22, 235, 236, und vom 8. März 1988 – 1 StR 18/88, BGHR StGB § 223a Abs. 1 aF Werkzeug 2, Beschluss vom 7. Dezember 1993 – 5 StR 644/93; Stree/Sternberg-Lieben in Schönke/Schröder, StGB, 28. Aufl., § 224 Rn. 7 m.w.N.). Hier wie dort sind demgemäß nur bewegliche Gegenstände erfasst. Für § 250 StGB wird dies zusätzlich daraus deutlich, dass gefährliche Werkzeuge im Sinne der Vorschrift „bei sich geführt" werden können müssen (§ 250 Abs. 1 Nr. 1a StGB; vgl. zu dem sinngleichen Merkmal in § 30a Abs. 2 Nr. 2 BtMG auch BGH, Urteil vom 15. November 2007 – 4 StR 435/07, BGHSt 52, 89, 92 ff.). Daran fehlt es – trotz eher vager Beschreibung im angefochtenen Urteil – ersichtlich bei dem hier in Frage stehenden Gerät, das nach dem Zusammenhang der Urteilsgründe groß genug war, um einen Menschen aufnehmen zu können, und das seine Gefährlichkeit nicht aus einer Bewegung gegen den Menschen oder eines Menschen gegen das Gerät (vgl. hierzu RGSt 24, 372, 373), sondern aus einem Verarbeitungsvorgang gewinnt (vgl. auch RG aaO S. 375). Davon bleibt unberührt, dass die durch den Angeklagten ausgesprochene besonders markante Drohung im Rahmen der Strafzumessung Berücksichtigung finden kann.

[4] Der Angeklagte ist nach alledem auch bei Tat 5 lediglich der nicht weiter qualifizierten räuberischen Erpressung nach §§ 255, 249 StGB schuldig. Der Senat hat den Schuldspruch entsprechend geändert. Der Angeklagte hätte sich hiergegen nicht anders als geschehen verteidigen können.

234 Nach der Rechtsprechung des Bundesgerichtshofs muss zur Erfüllung des **Merkmals einer schweren körperlichen Misshandlung** die körperliche Integrität des Opfers schwer, das heißt mit erheblichen Folgen für die Gesundheit oder in einer Weise beeinträchtigt sein, die mit erheblichen Schmerzen verbunden ist.[241]

[3] 1. Nach den Feststellungen beschlossen die Mitangeklagten El B. und El J., den an einem Rauschgiftkauf interessierten Nebenkläger „abzurippen", um an sein Bargeld zu gelangen. Die Angeklagten B. und A. erklärten sich bereit, bei dem Scheingeschäft mitzumachen. Alle vier verabredeten, dass die Scheinabwicklung des Drogengeschäfts in einer Grünanlage erfolgen sollte. Die Angeklagten B. und A. sollten sich dabei im Hintergrund verborgen halten, um gegebenenfalls eingreifen zu können, falls das Geschäft nicht erwartungsgemäß ablaufe und man dem Kaufinteressenten sein Geld mit Gewalt abnehmen müsse. Nachdem der Nebenkläger gegen 23.00 Uhr zum ursprünglich vereinbarten Treffpunkt gekommen war, wurde er von den Mitangeklagten unter dem Vorwand, dass man das Geschäft nicht auf der Straße abwickeln wolle, in einen Park gelockt. Als der Nebenkläger dort sein Geld erst nach Sichtung der Ware hergeben wollte, rief einer der beiden Mitangeklagten die beiden im Gebüsch verborgenen Angeklagten herbei. Der Angeklagte A. stürmte mit Gebrüll aus dem Gebüsch, wobei er sich mit einem dort gefundenen Ast bewaffnet hatte. Der Versuch des Nebenklägers, noch die Flucht zu ergreifen, blieb erfolg-

---

241 BGH, Beschluss vom 22.5.2013 – 2 StR 14/13.

los. Der Angeklagte A. erreichte den Nebenkläger als erster und hieb ihm den Ast mit solcher Wucht gegen die Wade, dass der Nebenkläger zu Boden ging und eine 2 cm tiefe Platzwunde erlitt. Am Boden schlugen mehrere der vier Angreifer auf ihn ein, bis es dem Mitangeklagten El B. schließlich gelang, dem Nebenkläger aus dessen Tasche 1.700 € zu entreißen.

[4] 2. Der Strafausspruch des angefochtenen Urteils hält einer rechtlichen Prüfung nicht stand.

[5] a) Die Annahme des Landgerichts, die Angeklagten hätten bei Begehung des Raubes zusätzlich zu dem Qualifikationsmerkmal des § 250 Abs. 2 Nr. 1 2. Var. StGB auch jenes einer schweren körperlichen Misshandlung (§ 250 Abs. 2 Nr. 3a StGB) verwirklicht, begegnet durchgreifenden rechtlichen Bedenken. Nach der ständigen Rechtsprechung des Bundesgerichtshofs muss zur Erfüllung dieses Merkmals die körperliche Integrität des Opfers schwer, das heißt mit erheblichen Folgen für die Gesundheit oder in einer Weise beeinträchtigt sein, die mit erheblichen Schmerzen verbunden ist. Es genügen dabei heftige und mit Schmerzen verbundene Schläge (vgl. BGH, Beschlüsse vom 27. Mai 1998 – 5 StR 216/98, NStZ 1998, 461; vom 26. April 2006 – 1 StR 151/06, und vom 30. Januar 2007 – 3 StR 1/07, NStZ-RR 2007, 175). Diese Voraussetzungen hat das Landgericht allerdings in Bezug auf den von dem Angeklagten A. geführten Stockhieb gegen das Bein des Nebenklägers und die folgenden Schläge nicht festgestellt; hinsichtlich des schwerwiegenden von dem Nebenkläger bei dem Überfall weiter erlittenen Messerstichs hat das Landgericht keinen der vier Angreifer als Täter feststellen können und diese Verletzungshandlung dementsprechend keinem der Angeklagten bzw. Mitangeklagten zugerechnet.

[6] b) Rechtsfehlerhaft hat das Landgericht zudem den vom Angeklagten A. geführten Stockhieb dem Angeklagten B. und den Mitangeklagten El B.J. auch hinsichtlich der tateinheitlich begangenen gemeinschaftlichen Körperverletzung zugerechnet und hinsichtlich aller Angeklagten neben den Qualifikationsmerkmalen des § 224 Abs. 1 Nr. 3 und 4 StGB auch das Merkmal des § 224 Abs. 1 Nr. 2 StGB als verwirklicht angesehen. Ein gemeinsamer Tatplan, der den Einsatz einer Waffe oder eines gefährlichen Werkzeugs vorsah, bestand nach den Feststellungen jedoch nicht. Da die durch das Zuschlagen mit dem Ast durch den Angeklagten A. verwirklichte qualifizierte Körperverletzung schon abgeschlossen war, als der Angeklagte B und die Mitangeklagten begannen, auf den Nebenkläger einzuschlagen, lässt sich eine strafrechtliche Zurechnung des Stockhiebs auch nicht mit der vom Landgericht angeführten Erwägung begründen, dass alle Täter die hierdurch geschaffene Situation gemeinschaftlich ausnutzten. Für die Annahme sukzessiver Mittäterschaft des Angeklagten B. und der beiden Mitangeklagten ist in Bezug auf den Tatbestand der gefährlichen Körperverletzung – anders als im Hinblick auf den zugleich erfüllten Tatbestand des besonders schweren Raubes gemäß § 250 Abs. 2 Nr. 1 2. Var. StGB – kein Raum. Nach der Rechtsprechung des Bundesgerichtshofes zieht bei einem Geschehen, welches schon vollständig abgeschlossen ist, das Einverständnis des später Hinzutretenden trotz Kenntnis, Billigung oder Ausnutzung der durch den anderen Mittäter geschaffenen Lage eine strafbare Verantwortung für das bereits abgeschlossene Geschehen nicht nach sich (BGH, Urteil vom 24. April 1952 – 3 StR 48/52, BGHSt 2, 344, 346; Senat, Beschlüsse vom 24. November 1993 – 2 StR 606/93, NStZ 1994, 123, und vom 12. Februar 1997 – 2 StR 28/97, NStZ 1997, 272; BGH, Beschluss vom 18. Dezember 2007 – 1 StR 301/07, NStZ 2008, 280). Das gilt auch, wenn – wie hier – eine Tatbestandsvariante vorliegt, die vom Mittäter

vor Hinzutritt der weiteren Tatbeteiligten vollständig erfüllt worden ist (vgl. Senat, Beschluss vom 12. Februar 1997, aaO). Insofern handelte es sich bei dem Stockhieb des Angeklagten A. um einen Mittäterexzess.

■ **PRAXISBEDEUTUNG**

Die Annahme sukzessiver Mittäterschaft hat derzeit „Konjunktur". Insoweit hat der 2. Strafsenat zu Recht die Voraussetzungen deutlich gemacht, unter denen mittels sukzessiver Mittäterschaft überhaupt eine Zurechnung vorangegangenen Geschehens für später Hinzukommende zulässig ist – jedenfalls aber dann nicht, wenn das Geschehen, wie bei einer Körperverletzung – bereits vollständig abgeschlossen ist.

b) Minder schwerer Fall – § 250 Abs. 3 StGB

235 Die Annahme eines minder schweren Falles gem. § 250 Abs. 3 StGB kann sich als rechtsfehlerhaft darstellen, wenn die Strafrahmenwahl damit begründet wird, dass die **verwendeten Schlag- und Stichwaffen nicht so gefährlich wie eine „scharfe Schusswaffe"** seien und die **Tatausführung** aufgrund der unterlassenen Maskierung der Täter als **„dilettantisch und unprofessionell"** gewesen sei.[242]

[3] Das Landgericht hat im Rahmen der Strafzumessung bei jedem der Angeklagten einen minder schweren Fall nach § 250 Abs. 3 StGB angenommen. Dabei hat es zu ihren Gunsten neben den „umfassenden" Geständnissen und der erwartbar geringen Beute vor allem berücksichtigt, dass „die Schlag- und Stichwaffen nicht so gefährlich waren, wie etwa eine scharfe Schusswaffe" (UA S. 7). Als maßgeblich für die Strafrahmenwahl erachtete es die Strafkammer zudem, dass die Tatausführung „dilettantisch und unprofessionell" gewesen sei, weil die Täter nicht maskiert waren und der Angeklagte S. der Nebenklägerin bekannt war (UA S. 8). Die Anwendung des Strafrahmens nach § 250 Abs. 2 StGB hielt sie „für nicht geboten und unangemessen, zumal die Mindeststrafe wegen des Gewichts der straferhöhenden Umstände bei der Festsetzung der Strafen nicht nur unbeträchtlich erhöht werden müsste" (UA S. 8).

[4] 2. Diese Begründung für die Annahme minder schwerer Fälle nach § 250 Abs. 3 StGB bei beiden Angeklagten hält sachlich-rechtlicher Nachprüfung nicht stand.

[5] Durchgreifenden Bedenken begegnet bereits die Erwägung, die verwendeten Schlag- und Stichwaffen seien nicht so gefährlich, wie eine „scharfe Schusswaffe". Das Landgericht berücksichtigt dabei nicht ausreichend die konkreten Umstände des Waffeneinsatzes (Überfall in einer Ein-Zimmer-Wohnung durch drei bewaffnete Täter; körpernahe Stichbewegungen mit dem „machetenartigen" Messer), die für die Beurteilung der Gefährlichkeit der Waffen von erheblicher Bedeutung sind. Bei der Bewertung der Tatausführung als „dilettantisch und unprofessionell" aufgrund der unterlassenen Maskierung der Täter zieht das Landgericht nicht in Betracht, dass die Nebenklägerin wusste, „dass der Angeklagte S. mit einer Rockergruppierung in Kontakt stand" (UA S. 7), und sich die Angeklagten deshalb möglicherweise darauf

---

[242] BGH, Urteil vom 29.11.2012 – 5 StR 493/12.

verließen, von ihr nicht angezeigt zu werden. An anderer Stelle hat das Landgericht der Drohung des Angeklagten B., er werde „seine Leute“ vorbeischicken, in diesem Zusammenhang besonderes Gewicht beigemessen (UA aaO). Angesichts des Tatbildes und insbesondere der Reaktion des Angeklagten B. auf die Übergabe eines nur geringen Bargeldbetrages und einer kleinen Menge Rauschgift ist auch die Annahme einer geringen Beuteerwartung der Täter nicht ohne Weiteres nachvollziehbar.

[6] Sachlich unzutreffend und mithin rechtsfehlerhaft ist schließlich die Kontrollerwägung des Landgerichts, dass bei Anwendung des Regelstrafrahmens die Mindeststrafe erheblich hätte erhöht werden müssen. Es ist abwegig anzunehmen, dass unter Berücksichtigung der hier gegebenen strafmildernden Gesichtspunkte eine erhebliche Erhöhung der in § 250 Abs. 2 StGB vorgesehenen Mindeststrafe zwingend erforderlich gewesen wäre. Die hohe Untergrenze dieses strengen Strafrahmens trägt der hohen Gefährlichkeit der umfassten Taten bereits Rechnung. Dies zwingt bei Vorliegen von Milderungsgründen, wenn sie nicht zur Annahme eines minder schweren Falles hinreichen, ungeachtet – wie hier – gegebener Erschwerungsgründe nicht zu deren Anhebung.

PRAXISBEDEUTUNG ■

Die Entscheidung macht deutlich, dass ein minder schwerer Fall nicht einfach damit begründet werden kann, dass es sich bei dem Tatwerkzeug um eine Scheinwaffe oder eine weniger gefährliche Waffe gehandelt habe. Letztlich kommt es auf den gesamten Sachverhalt mit genauem Tathergang, Tatort und der spezifischen Opfersituation an.

c) Konkurrenzfragen

Ist der Straftatbestand des besonders **schweren Raubs** erfüllt, bestimmt sich die zu verhängende **Strafe allein nach dem Strafrahmen des § 250 Abs. 2 StGB**, sofern nicht die Voraussetzungen eines minder schweren Falls (§ 250 Abs. 3 StGB) gegeben sind. Der Straftatbestand des 250 Abs. 1 StGB tritt hinter dem Tatbestand des § 250 Abs. 2 StGB zurück mit der Folge, dass das verdrängte Strafgesetz nicht zur Anwendung kommt. Dem Tatgericht ist es deshalb auch verwehrt, auf den Strafrahmen des § 250 Abs. 1 StGB zurückzugreifen, auch wenn dieses der Auffassung ist, der Strafrahmen des § 250 Abs. 2 StGB erscheine „gesamtwürdigend“ als „übersetzt“, wohingegen der durch die Verwendung einer Scheinwaffe eröffnete Strafrahmen des schweren Raubs (§ 250 Abs. 1 StGB) unter Abwägung sämtlicher Umstände das begangene Tat- und Schuldunrecht zutreffend abzeichne.[243] **236**

[5] 2. Das Landgericht hat die Tat zutreffend als besonders schweren Raub gemäß § 250 Abs. 2 Nr. 1 StGB gewertet, die Strafe aber rechtfehlerhaft dem Strafrahmen des § 250 Abs. 1 StGB entnommen.

[6] Dem liegt die Erwägung des Landgerichts zugrunde, der Strafrahmen des § 250 Abs. 2 StGB erscheine „gesamtwürdigend“ als „übersetzt“, wohingegen der durch die Verwendung einer Scheinwaffe eröffnete Strafrahmen des schweren Raubs (§ 250

---

243 BGH, Beschluss vom 30.10.2013 – 2 StR 282/13.

Abs. 1 StGB) unter Abwägung sämtlicher Umstände das hier begangene Tat- und Schuldunrecht zutreffend abzeichne (UA S. 59).

[7] Ist – wie hier – der Straftatbestand des besonders schweren Raubs erfüllt, bestimmt sich die zu verhängende Strafe indes allein nach dem Strafrahmen des § 250 Abs. 2 StGB, sofern nicht die Voraussetzungen eines minder schweren Falls (§ 250 Abs. 3 StGB) gegeben sind. Der Straftatbestand des 250 Abs. 1 StGB tritt hinter dem Tatbestand des § 250 Abs. 2 StGB zurück (LK-Vogel, StGB, 12. Aufl., § 250 Rn. 50) mit der Folge, dass das verdrängte Strafgesetz nicht zur Anwendung kommt (vgl. Fischer, StGB, 60. Aufl., Vor § 52 Rn. 44). Dem Tatgericht ist es deshalb auch verwehrt, auf den Strafrahmen des § 250 Abs. 1 StGB zurückzugreifen.

■ **PRAXISBEDEUTUNG**

Die hohe Mindeststrafe des § 250 Abs. 2 StGB hat bereits zu vielfachen Versuchen geführt, diese angesichts bestimmter Tatumstände zu vermeiden. Dennoch bleibt der allein richtige Weg in solchen Fällen, Gründe für die Annahme eines minder schweren Falles herauszuarbeiten, anstelle zu versuchen, auf irgendeine Weise die Möglichkeit zu finden, einen anderen, gesetzlich nicht vorgegebenen, Strafrahmen anzuwenden.

d) Räuberischer Diebstahl – § 252 StGB

237 Ist der **Besitz** an der Diebesbeute **nicht unmittelbares Ergebnis der Wegnahme** beim Diebstahl, ist der Angeklagte, der zwar die Diebesbeute mit Raubmitteln verteidigt, aber **nicht „auf frischer Tat"** betroffen worden.[244]

[4] Zunächst gingen der Angeklagte und der Zugbegleiter zum nicht jedermann zugänglichen Gepäckabteil des Fahrradwagens, wo der Mittäter war, der auch keine Fahrkarte hatte. Von dort gingen der Angeklagte und sein Mittäter an dem Zugbegleiter vorbei zu einem anderen Wagen. Dabei hatten sie mehrere Jacken über dem Arm, in denen sich das Diebesgut befand. Da sich der Zugbegleiter nicht mit „Ausreden" zufrieden gab, zog der Angeklagte die Notbremse, um „mit dem Diebesgut flüchten zu können und seine Identifizierung ... zu verhindern". Der Mittäter konnte den Zug verlassen. Auch der Angeklagte drängte zum Ausgang und drückte den Zugbegleiter an die Wand. Als der Angeklagte auf dem Trittbrett stand, lagen die Jacken mit dem Diebesgut auf dem Boden. Der Angeklagte und der Zugbegleiter griffen nach den Jacken. Der Angeklagte zog das Messer, ließ die Klinge herausschnellen und hielt es drohend gegen den Zugbegleiter. Dieser wehrte sich, am Ende lag das Messer auf dem Boden. Der Angeklagte stürzte aus dem Zug, konnte aber noch die Jacken und das Messer ergreifen. Er flüchtete und konnte erst später in Ungarn verhaftet werden.

[5] 2. Dieser Sachverhalt trägt den Schuldspruch wegen räuberischen Diebstahls nicht.

[6] Der Angeklagte hat zwar die Diebesbeute mit Raubmitteln verteidigt, er war aber nicht „auf frischer Tat" betroffen worden.

---

[244] BGH, Beschluss vom 22.11.2012 – 1 StR 378/12.

[7] Dies folgt schon daraus, dass sein Besitz an der Diebesbeute nicht unmittelbares Ergebnis der Wegnahme beim Diebstahl (den Diebstählen) war.

[8] Er hatte die Diebesbeute vielmehr zwischenzeitlich im Gepäckabteil versteckt und später dort wieder an sich genommen. Der zwischen der Wegnahme der Beute einerseits und der Besitzverteidigung mit den Raubmitteln andererseits erforderliche unmittelbare Zusammenhang war daher nicht gegeben, es fehlt hier schon an dem erforderlichen engen zeitlichen Zusammenhang zwischen dem Diebstahl (den Diebstählen) und dem Einsatz von Raubmitteln zur Beutesicherung (vgl. Eser/Bosch in Schönke/Schröder, 28. Aufl., § 252 StGB Rn. 4).

[9] Hierfür spricht schon allein der Zeitraum, der für das vom Zugbegleiter beobachtete Geschehen – vom auffälligen Herumlaufen des Angeklagten bis zu dem Kampf um die Jacken – erforderlich war. Es kommt jedoch auch noch der Zeitraum ab den Diebstählen hinzu; der genaue Zeitpunkt der Diebstähle ist jedoch nicht festgestellt und es liegt auch nicht nahe, dass er festgestellt werden könnte.

[10] 3. Ist räuberischer Diebstahl zu verneinen, so handelt es sich bei dem Kampf um die Jacken um Nötigung. Während zwischen einem räuberischen Diebstahl und den Diebstählen (mit Waffen) Gesetzeseinheit bestehen würde (vgl. Fischer, 59. Aufl., § 252 Rn. 12), bestünde zwischen den Diebstählen (mit Waffen) und einer Nötigung Tatmehrheit.

e) Erpressung / Räuberische Erpressung – §§ 253, 255 StGB

Dem gegen den Willen der Prostituierten **erzwungenen Geschlechtsverkehr** kommt **238**
kein Vermögenswert im Sinne des § 253 Abs. 1 StGB zu. Die Rechtsgutverletzung erschöpft sich in diesen Fällen vielmehr in einem Angriff auf die sexuelle Selbstbestimmung.

Eine Prostituierte erwirbt erst dann eine rechtswirksame Forderung, wenn die sexuelle Handlung gegen ein vorher vereinbartes Entgelt vorgenommen worden ist. Die Erpressung einer Prostituierten in der Form, dass ihr der Verzicht auf das vereinbarte Entgelt abgenötigt werden soll, kommt daher nur in Betracht, wenn die abgesprochene sexuelle Handlung zuvor einvernehmlich erbracht worden ist.[245]

[6] Der Schuldspruch des angefochtenen Urteils hat keinen Bestand. Die Begründung des Landgerichts für die eindeutige Verurteilung wegen eines Versuchs der schweren räuberischen Erpressung nach § 253 Abs. 1, §§ 255, 250 Abs. 1 Nr. 2 StGB in der zur Tatzeit geltenden Fassung hält einer rechtlichen Prüfung nicht stand, weil bei einem von der Schwurgerichtskammer für möglich gehaltenen Handlungsziel des Angeklagten – der Erzwingung des Geschlechtsverkehrs ohne Entgelt – die Tat nicht auf die Erlangung eines Vermögenswertes zum Nachteil des Tatopfers gerichtet war.

[7] 1. a) Das Landgericht ist bei seiner rechtlichen Bewertung der verschiedenen in subjektiver Hinsicht alternativ angenommenen Sachverhaltsvarianten davon ausgegangen, dass es dem Angeklagten unabhängig davon, ob er den unentgeltlichen Geschlechtsverkehr oder die Preisgabe der Einnahmen des Opfers oder beides habe erzwingen wollen, um die Erlangung ungerechtfertigter Vermögensvorteile gegangen

245 BGH, Beschluss vom 1.8.2013 – 4 StR 189/13.

sei, auf die er keinen Anspruch gehabt habe. Dies gelte – nach Auffassung der Schwurgerichtskammer – auch dann, wenn sich sein Vorhaben darin erschöpfte, das Tatopfer zur unentgeltlichen Gewährung des Geschlechtsverkehrs zu zwingen, weil sexuelle Dienstleistungen einer Prostituierten, die grundsätzlich nur gegen Entgelt erbracht werden, nach inzwischen gewandelter Einstellung der Rechtsgemeinschaft als vermögenswerte Leistung anzusehen seien.

[8] b) Dieser Ansicht des Landgerichts vermag der Senat nicht zu folgen. Dabei kann offen bleiben, ob und inwieweit das am 1. Januar 2002 in Kraft getretene Gesetz zur Regelung der Rechtsverhältnisse der Prostituierten – Prostitutionsgesetz – vom 20. Dezember 2001 (BGBl. I S. 3983) einen schon im Tatzeitraum eingetretenen Wandel in der gesellschaftlichen und rechtlichen Bewertung der Ausübung der Prostitution zum Ausdruck gebracht hat (vgl. Entwurf eines Gesetzes zur Verbesserung der rechtlichen und sozialen Situation der Prostituierten, BT-Drucks. 14/5958, S. 4; einerseits BGH, Beschluss vom 7. Mai 2003 – 5 StR 536/02, StV 2003, 616; Urteil vom 13. Juli 2006 – I ZR 241/03, BGHZ 168, 314, 318 f.; andererseits Beschluss vom 18. Januar 2011 – 3 StR 467/10, NStZ 2011, 278; zum Streitstand Fischinger in Staudinger, BGB, Neubearbeitung 2011, Anh. zu § 138: § 1 ProstG Rn. 10 ff.). Denn auch die Regelungen des Prostitutionsgesetzes haben nichts daran geändert, dass jedwede bindende Verpflichtung zur Vornahme sexueller Handlungen mit dem in Art. 1 Abs. 1 GG gewährleisteten Schutz der Menschenwürde unvereinbar ist und nicht rechtswirksam begründet werden kann (vgl. Fischinger aaO Rn. 15; MüKoBGB/Armbrüster, 6. Aufl., § 138 Rn. 57 und § 1 ProstG Rn. 7, 19). Von einer durch die Rechtsordnung nicht missbilligten Dienstleistung, die typischerweise gegen Entgelt erbracht wird und deshalb im Rahmen einer entgeltlichen Vertragsbeziehung als Vermögensbestandteil anzusehen ist (vgl. zu § 263 StGB BGH, Urteil vom 18. Januar 2001 – 4 StR 315/00, NStZ 2001, 258; Beschluss vom 28. April 1987 – 5 StR 566/86, BGHR StGB § 263 Abs. 1 Vermögen 1; SSW-StGB/Satzger, § 263 Rn. 98, 102; vgl. auch BGH, Beschluss vom 2. Mai 2001 – 2 StR 128/01, NStZ 2001, 534), kann daher allenfalls bei freiwillig erbrachten sexuellen Handlungen einer Prostituierten die Rede sein. Nichts anderes ergibt sich aus der erst nach der Tat am 1. Januar 2002 in Kraft getretenen Regelung des § 1 Satz 1 ProstG. Danach erwirbt eine Prostituierte erst dann eine rechtswirksame Forderung, wenn die sexuelle Handlung gegen ein vorher vereinbartes Entgelt vorgenommen worden ist. Die Erpressung einer Prostituierten in der Form, dass ihr der Verzicht auf das vereinbarte Entgelt abgenötigt werden soll, kommt demgemäß nur in Betracht, wenn die abgesprochene sexuelle Handlung zuvor einvernehmlich erbracht worden ist (vgl. BGH, Beschluss vom 18. Januar 2011 – 3 StR 467/10 aaO). Dem gegen den Willen der Prostituierten erzwungenen Geschlechtsverkehr kommt hiergegen kein Vermögenswert im Sinne des § 253 Abs. 1 StGB zu (vgl. Zimmermann, NStZ 2012, 211, 213). Die Rechtsgutverletzung erschöpft sich in diesen Fällen vielmehr in einem Angriff auf die sexuelle Selbstbestimmung, deren Schutz vor Zwangseinwirkungen das geltende Strafrecht mit den Tatbeständen des § 177 StGB und § 240 Abs. 1, Abs. 4 Satz 2 Nr. 1 StGB umfassend gewährleistet.

[9] 2. Die Verurteilung wegen versuchter schwerer räuberischer Erpressung auf alternativer Tatsachengrundlage erweist sich demnach als rechtsfehlerhaft. Da zu besorgen ist, dass sich die unzutreffende rechtliche Würdigung des Landgerichts bereits auf die Feststellung des Tatgeschehens ausgewirkt hat, hebt der Senat das Urteil insgesamt auf und verweist die Sache zur erneuten tatrichterlichen Verhandlung und Entscheidung zurück.

Eine räuberische Erpressung erfordert gemäß § 255 StGB Gewalt gegen eine **Person** oder **Drohungen mit gegenwärtiger Gefahr für Leib oder Leben**. Drohungen mit Gewalt, die sich nicht gegen Personen sondern bspw. **gegen Tiere** richten, genügen als solche nicht, mögen sie auch noch so willensbeugend sein.[246] 239

[2] Der Generalbundesanwalt hat in seiner Antragsschrift zum Schuldspruch des angefochtenen Urteils im Wesentlichen ausgeführt:

> *„Die Überprüfung des Urteils auf die Sachrüge hat einen durchgreifenden Rechtsfehler zuungunsten der Angeklagten ergeben, denn die Voraussetzungen einer schweren räuberischen Erpressung sind durch die bisherigen Feststellungen nicht dargetan.*
>
> *1. Eine räuberische Erpressung erfordert gemäß § 255 StGB Gewalt gegen eine Person oder Drohungen mit gegenwärtiger Gefahr für Leib oder Leben. Solche qualifizierten Nötigungsmittel hat das Landgericht jedoch nicht festgestellt. Vielmehr drohte der Angeklagte W., nachdem er ein Messer und eine Pistole auf den Tisch des Geschädigten gelegt hatte, damit, der Hund des Geschädigten ‚müsse dran glauben'. Später verknüpfte er seine unberechtigte Geldforderung mit der erneuten Drohung ‚Sonst erschieße ich Deinen Hund' (UA S. 11).*
>
> *Damit sind Drohungen mit einer gegenwärtigen Gefahr für Leib oder Leben einer Person nicht festgestellt. Drohungen mit Gewalt, die sich nicht gegen Personen richten, genügen als solche nicht, mögen sie auch noch so willensbeugend sein (vgl. Vogel in Leipziger Kommentar, StGB, 12. Aufl., § 249 Rn. 15). Zwar kann eine Drohung auch durch schlüssige Handlungen erfolgen. Erforderlich ist aber, dass der Täter die Gefahr für Leib oder Leben deutlich in Aussicht gestellt, sie also genügend erkennbar gemacht hat; es genügt nicht, wenn das Opfer nur erwartet, der Täter werde ihn an Leib oder Leben gefährden (BGH bei Holtz MDR 1987, 281; BGHR StGB § 249 Abs. 1 Drohung 1).*
>
> *Die bisherigen Feststellungen lassen keinen sicheren Schluss dahin zu, dass die Angeklagten eine Leibes- oder Lebensgefahr für den Geschädigten durch konkludentes Handeln deutlich in Aussicht stellten. Das Niederlegen der Waffen auf den Tisch genügte vorliegend hierzu nicht, denn die darin möglicherweise zunächst zu sehende schlüssige Drohung mit Gewalt gegenüber dem Geschädigten wurde durch die Ankündigung, bei Ausbleiben der Zahlung den Hund zu töten, konkretisierend eingeschränkt. Weitere Drohungen sind nicht festgestellt. …*

PRAXISHINWEIS ■

Hundeliebhaber wird die vorstehende Entscheidung jedenfalls hinsichtlich dieses Teilaspekts kaum erfreuen; dennoch vermag sich auch der BGH den Formulierungen des Gesetzgebers nicht verschließen.

Tatbestandsvoraussetzung einer räuberischen Erpressung ist die **Verknüpfung zwischen dem Nötigungsmittel** und der vom Opfer **vorzunehmenden Handlung**, welche geeignet sein muss, zum Eintritt eines Vermögensnachteils zu führen.[247] 240

---

[246] BGH, Beschluss vom 20.8.2013 – 3 StR 192/13.
[247] BGH, Beschluss vom 13.11.2012 – 3 StR 400/12.

[2] 1. Im Fall II. 3 der Urteilsgründe hält die Verurteilung des Angeklagten wegen schwerer räuberischer Erpressung sachlich-rechtlicher Nachprüfung nicht stand.

[3] Nach den Feststellungen des Landgerichts verschafften sich der Angeklagte und der gesondert Verfolgte S. Zutritt zur Wohnung des Zeugen H. , da sie erfahren hatten, dass sich dort auch der Geschädigte P. aufhielt. Diesen hatten sie in der Vergangenheit zunehmend dazu angehalten, für sie Besorgungen zu erledigen, was sich zuletzt bis zu täglichen Einkäufen gesteigert hatte. P. wollte den Kontakt zu ihnen abbrechen und hatte deshalb auf Anrufe nicht reagiert. Als er die Wohnung betrat und den Angeklagten sowie den gesondert Verfolgten S. sah, geriet er sofort in Angst, legte sich auf das Bett und zog die Beine an, um sich vor von ihm erwarteten Schlägen zu schützen. Der Angeklagte versetzte ihm mit einem Staubsaugerrohr aus Edelstahl drei bis vier gezielte Schläge auf Unterschenkel und Schienbeine. Anschließend schlug er ihm zwei bis drei Mal ins Gesicht und fragte, warum er nicht ans Telefon gehe; der Geschädigte erwiderte, er wolle keinen Kontakt zum Angeklagten. Nunmehr meinte der Angeklagte, der Geschädigte müsse deswegen eine Strafe zahlen, und forderte ihn zur Zahlung von 300 € auf. Der Geschädigte sagte die Zahlung aus Angst vor dem Angeklagten und dem gesondert Verfolgten S. zu. Dieser stand – wie zuvor bei den Schlägen durch den Angeklagten – mit angezogenen Lederhandschuhen daneben. Der Geschädigte erklärte aber, er könne einen solchen Betrag nur ratenweise zahlen. Daraufhin verlangte der gesondert Verfolgte S., er solle einen Schuldschein ausstellen und seinen Computer als Pfand überlassen. Im Verlauf dieses Gesprächs verdoppelte sich der geforderte Betrag auf 600 €. Der Geschädigte erstellte den ihm diktierten Schuldschein; anschließend trugen er, der gesondert Verfolgte S. und der Angeklagte den Computer in das Fahrzeug des S., fuhren zu dessen Wohnung und luden dort den Computer aus.

[4] Diese Feststellungen ergeben das Vorliegen der Tatbestandsvoraussetzungen einer schweren räuberischen Erpressung nicht; denn sie belegen nicht die erforderliche finale Verknüpfung zwischen dem Nötigungsmittel und der von dem Opfer vorzunehmenden vermögensschädigenden Handlung (vgl. Fischer, StGB, 59. Aufl., § 253 Rn. 9, 18a). Die Strafkammer hat nicht festgestellt, dass der Angeklagte bereits im Zeitpunkt der Schläge mit dem Staubsaugerrohr vorhatte, den Geschädigten zur Herausgabe von Vermögenswerten zu bewegen. Die Schilderungen zur Vorgeschichte lassen vielmehr auch den Schluss zu, dass es ihm um eine Bestrafung des P. ging, weil sich dieser dem Zugriff des Angeklagten und des gesondert Verfolgten S. entziehen wollte.

[5] Für den Zeitpunkt der erst nach Abschluss der Gewalthandlungen geäußerten Forderungen an den Geschädigten auf Vornahme vermögensschädigender Handlungen ist nicht festgestellt, dass der Angeklagte für den Fall deren Nichterfüllung zumindest konkludent mit weiterer Gewalt drohte. Zwar hatte der Geschädigte weiterhin Angst vor dem Angeklagten und dem gesondert Verfolgten S., das bloße Ausnutzen einer vorangegangenen Nötigung reicht indes nicht aus, wenn nicht die Nötigungslage bei Hinzutreten der Bereicherungsabsicht wenigstens aktualisiert aufrechterhalten wird (Fischer, aaO, § 253 Rn. 18a).

11. Begünstigung – § 257 StGB

241 Begünstigung ist nach ständiger Rechtsprechung nur strafbar, soweit dem Vortäter dadurch die **unmittelbaren Vorteile der Tat gesichert** werden sollen, die er zur Zeit der Begünstigungshandlung noch innehaben muss. Um „die“ Vorteile der Tat han-

delt es sich nicht mehr, wenn dem Vortäter sich erst aus der Verwertung der Tatvorteile ergebende wirtschaftliche Werte zugewendet oder gesichert werden sollen.[248]

[11] Die Begünstigung ist nach ständiger Rechtsprechung nur strafbar, soweit dem Vortäter dadurch die unmittelbaren Vorteile der Tat gesichert werden sollen, die er zur Zeit der Begünstigungshandlung noch innehaben muss. Denn um „die" Vorteile der Tat handelt es sich nicht mehr, wenn dem Vortäter sich erst aus der Verwertung der Tatvorteile ergebende wirtschaftliche Werte zugewendet oder gesichert werden sollen (vgl. nur BGH, Beschluss vom 29. April 2008 – 4 StR 148/08, NStZ 2008, 516 m.w.N.). Dabei beeinträchtigen (jedenfalls bei einem Betrug als Vortat) rein finanztechnische Vorgänge die Unmittelbarkeit des erlangten geldwerten Vermögensvorteils (nur) dann nicht, soweit dieser im Zeitpunkt der Begünstigungshandlung wirtschaftlich noch im Vermögen des Vortäters nachvollziehbar vorhanden ist und einem Zugriff zugunsten der Geschädigten offensteht (vgl. BGH, Urteil vom 24. Oktober 1989 – 1 StR 504/89, BGHSt 36, 277, 281 f.). Diese Voraussetzungen werden durch die bisherige pauschale Feststellung des Landgerichts, dem früheren Mitangeklagten J. habe zum Zeitpunkt der Begünstigungshandlung jeweils ein Kontoguthaben (mindestens) in der der Vorausgebühr entsprechenden Höhe zur Verfügung gestanden, nicht hinreichend belegt. Angesichts der festgestellten erheblichen Zu- und Abflüsse auf den Konten sagt die Höhe des Guthabens zu einem bestimmten Zeitpunkt nichts darüber aus, ob ein zuvor (durch Zahlung der Vorausgebühr) erlangter Guthabenbetrag überhaupt oder jedenfalls – etwa auf Grund eines zurück verfolgbaren Kapitalstroms (vgl. Walter in LK, 12. Aufl., § 257 Rn. 32 ff.) – noch nachvollziehbar im wirtschaftlich zu betrachtenden Gesamtvermögen vorhanden ist. Dies gilt insbesondere deshalb, weil zwischen dem Eingang der Vorausgebühren auf dem Konto und den möglichen Begünstigungshandlungen der Angeklagten mitunter mehrere Wochen liegen und es im Übrigen auch nicht ausgeschlossen ist, dass jedenfalls zwischenzeitlich der Guthabenstand – unter endgültiger Ausgabe des abgeflossenen Geldbetrages – unter die Höhe der jeweiligen Vorausgebühr gefallen sein könnte. Zudem ist insoweit zu berücksichtigen, dass das Konto bei einem nacheinander erfolgenden Zufluss mehrerer Vorausgebühren zum Zeitpunkt der (ersten) Begünstigungshandlung ein Guthaben in der bei den Zahlungen entsprechenden Höhe aufweisen muss.

12. Hehlerei – § 259 StGB

Für die Auslegung des Tatbestands der **Hehlerei als Erfolgsdelikt** auch in den Fällen des Absetzens und der Absatzhilfe spricht der Wortlaut der Vorschrift. (Anfragebeschluss des 3. Strafsenats)[249] **242**

[2] Nach den Feststellungen des Landgerichts bemühte sich der Angeklagte im Einverständnis mit dem Zeugen B. sowie in dessen Interesse selbständig um den Verkauf mehrerer Gemälde im Gesamtwert von mindestens 1,5 Mio. Euro. Diese waren Jahre zuvor von Unbekannten aus dem Atelier-Magazin des Malers entwendet und von B. in Kenntnis des Diebstahls entgegengenommen worden. Nach dem

[248] BGH, Beschluss vom 11.4.2013 – 2 StR 406/12.
[249] BGH, Beschluss vom 14.5.2013 – 3 StR 69/13.

Tod des Malers hatte B. den Angeklagten damit beauftragt, einen Käufer für die Bilder zu suchen, und ihm dreizehn der Bilder überbracht. Der Angeklagte hielt es für möglich, dass es sich bei B. entgegen dessen Behauptung nicht um den Eigentümer der Bilder, sondern einen Hehler handelte. Dies war ihm aber vor allem wegen der versprochenen Provision in Höhe von 10 % des Verkaufserlöses gleichgültig. Im Rahmen seiner Bemühungen fertigte er Fotografien von den Werken und sprach verschiedene ihm bekannte Personen an, von denen er hoffte, dass sie ihm beim Verkauf dienlich sein könnten. Die Bemühungen des Angeklagten hatten keinen Erfolg.

[3] Das Landgericht hat das Verhalten des Angeklagten als (vollendete) Hehlerei durch Absetzen der von B. hehlerisch erworbenen Bilder gewürdigt. Es sei zwar zu keinem Verkauf gekommen. Dies sei jedoch nicht erforderlich; vielmehr sei für die Vollendung das bloße Tätigwerden durch vorbereitende oder ausführende Tätigkeiten zum Zwecke des Absatzes ausreichend.

[4] II. Der Senat beabsichtigt, auf die Revision des Angeklagten, die mit den Verfahrensrügen unbegründet ist und auch insofern keinen Erfolg haben kann, als sie sich gegen die Beweiswürdigung wendet, den Schuldspruch des angefochtenen Urteils dahin zu ändern, dass der Angeklagte der versuchten Hehlerei schuldig ist, den Strafausspruch aufzuheben und die Sache insoweit zu neuer Verhandlung und Entscheidung an den Tatrichter zurückzuverweisen. Er ist der Auffassung, dass die Annahme einer vollendeten Hehlerei in der Form des Absetzens – wie auch der Absatzhilfe, für die nichts anderes gelten kann – entgegen der Würdigung des Landgerichts einen Erfolg der Absatzbemühungen voraussetzt.

[5] 1. Mit seiner abweichenden Würdigung befindet sich das Landgericht allerdings im Einklang mit der bisherigen ständigen Rechtsprechung. Diese Rechtsprechung gründet auf mehrere Entscheidungen des Reichsgerichts. Dieses hat wiederholt die Auffassung vertreten, dass für die Absatzhilfe der Eintritt eines Absatzerfolges nicht erforderlich sei. Zur Begründung hat das Reichsgericht unter Hinweis auf die damalige Fassung des § 253 StGB, in der die Tathandlung – abweichend von der heutigen Fassung („absetzt oder absetzen hilft") – mit „zu deren Absatze bei anderen mitwirkt" beschrieben war, betont, dass danach nicht die Mitbewirkung des Absatzes, sondern die Mitwirkung zum Absatz unter Strafe gestellt sei. Ein weiteres Argument für das Reichsgericht war die fehlende Strafbarkeit des Versuchs (RGSt 5, 241, 242 f.; RGSt 40, 199; RGSt 55, 58, 59; RGSt 56, 191 f.). An dieser Rechtsprechung hielt der Bundesgerichtshof – trotz der mit Wirkung vom 15. Juni 1943 erfolgten Einführung der Versuchsstrafbarkeit – fest (BGH, Urteile vom 24. Januar 1952 – 3 StR 927/51, BGHSt 2, 135, 136 f. – und vom 7. Dezember 1954 – 2 StR 471/54, NJW 1955, 350, 351).

[6] Auch die am 1. Januar 1975 in Kraft getretene Neufassung des § 259 StGB mit der noch heute gültigen Formulierung „absetzt oder absetzen hilft" durch Art. 19 Nr. 132 EGStGB führte zu keiner Rechtsprechungsänderung. Zwar entschied der 2. Strafsenat unter Bezugnahme auf den Wortlaut zunächst (Urteil vom 26. Mai 1976 – 2 StR 634/75, NJW 1976, 1698, 1699), dass die Tathandlung des Absetzens nur bei Eintritt eines Absatzerfolges vollendet sei. Diese Rechtsprechung gab er jedoch bereits wenige Monate später auf Anfrage des 4. Strafsenats wieder auf, der unter Verweis auf den „eindeutigen" Gesetzgeberwillen an der bisherigen Auslegung festhielt (Urteil vom 4. November 1976 – 4 StR 255/76, BGHSt 27, 45, 48 ff.).

[7] Eine Einschränkung dieser Rechtsprechung fand in der Folgezeit nur insoweit statt, als verlangt wurde, dass das Bemühen um Absatz geeignet sein müsse, die rechtswidrige Vermögenssituation aufrechtzuerhalten oder zu vertiefen, was bei

einer Lieferung an einen verdeckten Ermittler bzw. an eine Vertrauensperson der Polizei nicht der Fall sei (BGH, Urteil vom 17. Juni 1997 – 1 StR 119/97, BGHSt 43, 110 sowie Beschluss vom 19. April 2000 – 5 StR 80/00, NStZ-RR 2000, 266).

[8] An dieser ständigen Rechtsprechung, die – jedenfalls seit der Neufassung des § 259 StGB – nahezu einhelliger Ablehnung durch die Literatur ausgesetzt ist (statt vieler: Stree, GA 1961, 33 ff.; Küper, JuS 1979, 633 ff.; Zieschang, Gedächtnisschrift für Ellen Schlüchter, 2002, 403 ff.; Berz, Jura 1980, 57 ff.; Franke, NJW 1977, 857 f.; S/S-Stree/Hecker, StGB, 28. Aufl., § 259 Rn. 29) und nur vereinzelt befürwortet (Meyer, MDR 1975, 721 f.; Rosenau, NStZ 1999, 352 f.) bzw. mit unterstützender Argumentation als hinnehmbar bezeichnet wird (Wessels/Hillenkamp, Strafrecht, BT 2, 35. Aufl., Rn. 864), kann nach Auffassung des Senats nicht festgehalten werden. Er möchte deshalb unter Aufgabe entgegenstehender eigener Rechtsprechung für die Annahme vollendeter Hehlerei in der Form des Absetzens – für Absatzhilfe könnte sodann nichts anderes gelten (so schon BGH, Urteil vom 4. November 1976 – 4 StR 255/76, BGHSt 27, 45, 51) – die Feststellung eines Absatzerfolges verlangen.

[9] a) Für die Auslegung des Tatbestands der Hehlerei als Erfolgsdelikt auch in den Fällen des Absetzens und der Absatzhilfe spricht der Wortlaut der Vorschrift. Schon der allgemeine Sprachgebrauch unterscheidet zwischen dem erfolgreichen Absetzen und bloßen Absatzbemühungen. Im Verkehr unter Kaufleuten, aus dem der Begriff stammt, würde niemand davon sprechen, dass ein Händler Waren abgesetzt hat, wenn er sich nur vergeblich um den Verkauf bemüht hat. Von diesem Verständnis ging auch das Reichsgericht aus, das den Verzicht auf den im Absatzbegriff enthaltenen Erfolg – wie dargelegt – allein aus der Handlungsformulierung des Mitwirkens herleitete (RGSt 5, 241, 242 f.).

[10] b) Zudem führt die bisherige Auslegung zu einem systematischen Bruch zwischen den Tathandlungsalternativen des Absetzens und der Absatzhilfe einerseits sowie des Ankaufens und des sonstigen sich Verschaffens andererseits, wenn nur bei letzteren zur Vollendung – wie es einhelliger Auffassung entspricht – der Übergang der Verfügungsgewalt verlangt wird (vgl. Zieschang, aaO, 409). Wie wenig sachgerecht dieser systematische Bruch ist, wird besonders deutlich beim Blick auf die Konsequenzen für die Absatzhilfe: Diese ist vor allem deshalb als eigenständige, täterschaftliche Tatbestandsalternative ausgestaltet, weil die Absatzbemühungen des Vortäters ihrerseits § 259 StGB nicht unterfallen, mithin keine taugliche Vortat darstellen können. Kommt jedoch dem Absatzhelfer im Vergleich zum Gehilfen des Ankäufers schon die zwingende Strafrahmenverschiebung des § 27 Abs. 2 Satz 2 StGB nicht zugute, sollte dies nicht noch dadurch verstärkt werden, dass ihm die Möglichkeit einer solchen nach § 23 Abs. 2 StGB zusätzlich genommen wird (so auch Küper, aaO, 635 f.).

[11] Dem Argument aus der systematischen Auslegung kann nicht überzeugend entgegengehalten werden, die einzelnen Stadien der auf Absatz zielenden Tätigkeiten – Vorbereitung, Versuch, Vollendung – seien anders als beim Sichverschaffen einer klaren Abgrenzung nicht zugänglich (vgl. hierzu Wessels/Hillenkamp, aaO). Denn gerade durch das Erfordernis eines Absatzerfolges wird eine klare Grenze zwischen den Stadien vor und nach Vollendung geschaffen. Die bisherige Rechtsprechung lässt demgegenüber – systemwidrig – die Versuchsstrafbarkeit im Bereich des Absetzens und der Absatzhilfe weitestgehend leerlaufen. Ihr Anliegen ist es, befürchtete Strafbarkeitslücken zu vermeiden, die bei einem Abstellen auf einen Absatzerfolg entstehen könnten (so ausdrücklich Wessels/Hillenkamp, aaO), und die des-

wegen als besonders misslich angesehen werden, weil die Hehlerei in Form des Absetzens durch das Schaffen von Anreizen zur Begehung von (weiteren) Diebstahlstaten als besonders gefährlich gelten müsse (in diese Richtung Rosenau, aaO, 353). Solche Lücken entstehen indes nicht, weil, soweit der Täter zum Absetzen (oder der Absatzhilfe) unmittelbar angesetzt hat, die dann angemessene Versuchsstrafbarkeit zum Tragen kommt, und, sofern sie – etwa in Fällen des Rücktritts – entfällt, dies dem Willen des Gesetzes entspricht. Im Übrigen ist die Schließung von Strafbarkeitslücken nicht Sache der Rechtsprechung, sondern die der Gesetzgebung.

[12] c) Das Verständnis des Absetzens als Erfolgsdelikt verdient schließlich auch bei teleologischer Auslegung den Vorzug. Denn wenn das Wesen der Hehlerei in der Aufrechterhaltung der durch die Vortat geschaffenen rechtswidrigen Vermögenslage liegt, „die durch das Weiterschieben der durch die Vortat erlangten Sache im Einverständnis mit dem Vortäter erreicht wird" (BT-Drucks. 7/550, S. 252, sogenannte Perpetuierungstheorie), liegt die Annahme von Vollendung fern, wenn diese Weiterschiebung noch nicht abgeschlossen ist (so auch Küper, aaO, 635). Dies stellt keinen Rückfall in das Verständnis der Hehlerei als Restitutionsvereitelungsdelikt dar (so aber Rosenau, aaO, 352 f.), sondern berücksichtigt, dass der Absetzende im Lager des Vortäters steht (Zieschang, aaO, 411).

[13] d) Der beabsichtigten Auslegung steht der Wille des Gesetzgebers nicht entgegen. Soweit es in der Begründung des Entwurfs der Bundesregierung zum EGStGB vom 11. Mai 1973 heißt, die Änderung diene „nur der Klarstellung, dass Hehler auch derjenige ist, der die Sache zwar im Einverständnis mit dem Vortäter, aber sonst völlig selbständig auf dessen Rechnung absetzt" (BT-Drucks., aaO, S. 253), folgt daraus zwar, dass eine Änderung der Rechtslage mit der Neuformulierung nicht beabsichtigt war. Es ist jedoch nichts dafür ersichtlich, dass der Gesetzgeber die bisherige Auslegung durch die Rechtsprechung, die sich von Beginn an systematischer und teleologischer Kritik ausgesetzt sah, festschreiben wollte (vgl. Zieschang, aaO, 410).

[14] 2. Der beabsichtigten Entscheidung stehen solche anderer Strafsenate des Bundesgerichtshofs entgegen (u.a. 1. Strafsenat: Urteil vom 21. Juni 1990 – 1 StR 171/90; 2. Strafsenat: Urteil vom 1. Februar 1978 – 2 StR 400/77; 4. Strafsenat: Urteil vom 4. November 1976 – 4 StR 255/76; 5. Strafsenat: Urteil vom 15. April 1980 – 5 StR 135/80 zu § 374 AO). Der Senat fragt an, ob an der diesen und gegebenenfalls weiteren Entscheidungen zugrundeliegenden Rechtsansicht festgehalten wird, § 132 Abs. 3 Satz 1 GVG.

■ PRAXISBEDEUTUNG

Mit dem vorliegenden Anfragebeschluss an die anderen Strafsenate leitet der 3. Strafsenat die Umkehr von der bisher ständigen Rechtsprechung ein, wonach für die Absatzhilfe der Eintritt eines Absatzerfolges nicht erforderlich sei. Dem stehen nicht nur die nahezu einhellige Kritik in der Wissenschaft entgegen, auch mit dem bloßen Wortlaut der Vorschrift ist die bisherige Entscheidungspraxis nur schwer zu vereinbaren. Es dürfte nicht zu erwarten sein, dass die angefragten Senate sich der beabsichtigten Rechtsprechungsänderung verweigern werden (s. auch die nachstehenden Beschlüsse des 1. und 2. Strafsenats)!

Der **Senat stimmt im Grundsatz der Auffassung des anfragenden 3. Strafsenats zu,** dass eine auf die Vornahme dieser Tathandlung gestützte Verurteilung wegen vollendeter Hehlerei die Feststellung eines Absatzerfolges voraussetzt. Dabei bedurfte es im Hinblick auf die Fragestellung keiner näheren Vertiefung, welche Anforderungen an einen solchen Absatzerfolg zu stellen sein werden. Da der Anfragebeschluss des 3. Strafsenats lediglich das Merkmal „absetzt" betrifft, braucht sich der Senat auch nicht dazu zu verhalten, ob das Erfordernis eines – wie auch immer gearteten Absatzerfolges – für das Tatbestandsmerkmal „absetzen hilft" in § 259 Abs. 1 StGB ebenfalls zu gelten hätte. Der Senat weist im Hinblick auf den Gegenstand der Anfrage zudem klarstellend darauf hin, dass die Aufgabe früherer eigener, der Rechtsansicht des anfragenden 3. Strafsenats entgegenstehender Rechtsprechung lediglich zu dem Merkmal „absetzt" in § 259 Abs. 1 StGB ergangene Entscheidungen nicht aber – wie die Bezugnahme im Anfragebeschluss auf die Senatsentscheidung vom 15. April 1980 (5 StR 135/80) nahelegen könnte – Rechtsprechung des Senats zu dem Merkmal „absetzt" in § 374 Abs. 1 AO (Steuerhehlerei) betrifft.[250] **243**

Die vom anfragenden Senat dargelegten Gründe werden in der Literatur allgemein vertreten. **Der Senat tritt ihnen bei.** Soweit die Abgrenzung zwischen einer als Erfolgsdelikt verstandenen Tatvariante des Absetzens und der Tatvariante des Einem-Dritten-Verschaffens inmitten steht, wird es Aufgabe der Rechtsprechung sein, klare Abgrenzungskriterien zu entwickeln. Es liegt nahe, die beiden Varianten danach zu differenzieren, in wessen „Lager" der Täter objektiv und subjektiv steht. Aus der Notwendigkeit dieser Differenzierung ergibt sich jedenfalls kein tragfähiger Grund dafür, an der bisherigen Rechtsprechung festzuhalten.[251] **244**

Der Tatbestand der Hehlerei setzt in all seinen Begehungsformen ein **einverständliches Zusammenwirken mit dem Vortäter** voraus.[252] **245**

[9] 2. Auch die Verurteilung des Angeklagten wegen gewerbsmäßiger Hehlerei im Fall 14 der Urteilsgründe hält sachlich-rechtlicher Überprüfung nicht stand.

[10] a) Insoweit hat das Landgericht festgestellt, dass der Angeklagte ein Navigationsgerät, welches zwischen dem 23. September 2011, 23.00 Uhr und dem 24. September 2011, 09.00 Uhr in Jena „mit einiger Wahrscheinlichkeit" durch L. aus einem VW-Passat entwendet worden war, „in Kenntnis der deliktischen Herkunft" dem gesondert Verfolgten G. „überließ". Dieser sollte das Gerät dem gesondert Verfolgten K. für 300,– bis 400,– Euro verkaufen. Als K. den Ankauf ablehnte, überließ ihm G. das Navigationsgerät als Pfand, wofür er darlehensweise 100,– Euro erhielt. Das Darlehen wurde nie zurückgezahlt, das Gerät später bei K. sichergestellt.

[11] b) Eine (gewerbsmäßige) Hehlerei ist durch diese Feststellungen nicht hinreichend belegt. Die Hehlerei setzt in all ihren Begehungsformen ein einverständliches Zusammenwirken mit dem Vortäter voraus (vgl. nur BGHSt 42, 196, 197 f. m.w.N.). Es bleibt indes unklar, ob und inwieweit der Angeklagte im Einverständnis mit dem Vortäter des Diebstahls handelte. Das Landgericht hat weder zur Person des Vortäters noch zu etwaigen, gegebenenfalls auch konkludenten, Absprachen mit diesem konkrete Feststellungen getroffen. Soweit das Landgericht im Rahmen der Beweiswürdi-

250 BGH, Beschluss vom 21.8.2013 – 1 ARs 6/13.
251 BGH, Beschluss vom 15.8.2013 – 2 Ars 299/13.
252 BGH, Beschluss vom 13.03.2013 – 2 StR 586/12.

gung (UA S. 23) pauschal ausführt, L. und der Angeklagte K. hätten durch den Verkauf des Geräts dauerhaft Mittel zur Bestreitung ihres Lebensunterhalts erzielen wollen, lässt sich daraus zwar ein übereinstimmender Willen des L. und des Angeklagten hinsichtlich der angestrebten Veräußerung des Geräts entnehmen. Indes hat die Strafkammer eine Täterschaft des L. gerade nicht festgestellt, sondern bezeichnet eine solche lediglich als naheliegend und schließt sie im Ergebnis nicht aus.

[12] c) Auch insoweit bedarf die Sache daher neuer Verhandlung und Entscheidung, zumal angesichts der lückenhaften Feststellungen auch nicht nachvollziehbar ist, welche Tatmodalität der Hehlerei das Landgericht seiner Verurteilung zu Grunde gelegt hat.

13. Betrug

■ TOPENTSCHEIDUNG

246 **Täuscht** der Empfänger einer Sachleistung bei einem Eingehungsbetrug über seine **Zahlungsbereitschaft**, bedarf es für die Bemessung des Schadens regelmäßig keiner von dem ohne Wissens- und Willensmängel vereinbarten Preis abweichenden Bestimmung des Werts der Gegenleistung.[253]

[9] 1. Das Landgericht hat das Vorliegen eines Betrugs rechtsfehlerfrei bejaht.

[10] a) Entgegen der Auffassung der Revision ist es für die strafrechtliche Würdigung unerheblich, ob das Rundfunkgelände im Gesamthands- oder im Bruchteilseigentum stand. Jedenfalls konnte an der Vollmacht der ungeachtet ihrer gesellschaftsrechtlichen Struktur für die Ländergemeinschaft Handelnden kein Zweifel bestehen. Anhaltspunkte, die hier den Tatrichter zu einer vertieften Auseinandersetzung mit der Vollmacht hätten veranlassen können, sind nicht ersichtlich. Zudem ist – und nur hierauf kommt es bei der gebotenen wirtschaftlichen Betrachtung an (vgl. Fischer, StGB, 60. Aufl., § 263 Rn. 89 f.) – das Geschäft abgewickelt und vollzogen worden.

[11] b) Ohne Rechtsverstoß ist das Landgericht von einem Vermögensschaden ausgegangen. Einer besonderen Verkehrswertermittlung (§ 194 BauGB), die unter sachverständiger Hilfe hätte erfolgen müssen, bedurfte es nicht.

[12] aa) Das Landgericht nimmt hier zutreffend einen Betrug in Form eines Eingehungsbetruges an. In seiner rechtsfehlerfreien Beweiswürdigung kommt es zu dem Ergebnis, dass der Angeklagte, indem er den Kauf über eine vermögenslose GmbH abwickelte, die er zum Schein kurzfristig mit erheblichen Finanzmitteln ausstattete, von Anfang an vorhatte, die zweite Komponente des Kaufpreises, nämlich die Zahlung der erheblichen Betriebskosten und Lasten schon vor Gefahrübergang, nicht erbringen zu wollen. Um die B. wieder vermögenslos zu stellen, hat er das Rundfunkgelände kurze Zeit später weiterübertragen.

[13] bb) Liegt ein Eingehungsbetrug vor, gilt für die Schadensbestimmung nach der ständigen Rechtsprechung des Bundesgerichtshofs, dass eine Gesamtsaldierung vorzunehmen ist. Dabei sind der Geldwert des gegen den Täuschenden erworbenen Anspruchs und der Geldwert der eingegangenen Verpflichtung miteinander zu ver-

---

253 BGH, Urteil vom 20.3.2013 – 5 StR 344/12.

gleichen. Der Getäuschte ist geschädigt, wenn sich ein Negativsaldo zu seinem Nachteil ergibt (BGH, Urteil vom 20. Dezember 2012 – 4 StR 55/12 Rn. 35, zur Veröffentlichung in BGHSt vorgesehen; BGH, Beschluss vom 14. April 2011 – 2 StR 616/10, NStZ 2011, 638, 639).

[14] cc) Ein solcher Vergleich ergibt hier, dass der täuschungsbedingte Nachteil der Verkäuferseite darin besteht, dass sie die zweite Kaufpreiskomponente nicht erhalten hat. Da es für die Ermittlung des Schadens beim Eingehungsbetrug auf den Zeitpunkt des Vertragsschlusses ankommt, stellt letztlich der Betrag den Schaden dar, der an Betriebskosten und Lasten bei gewöhnlichem Verlauf bis zum Zeitpunkt des Übergangs von Nutzungen und Lasten angefallen wäre. Diese Summe stellt das täuschungsbedingte Minus im Vermögen der Verkäufer dar. Dieser sicher zu erwartende Fehlbetrag war im Vertrag mit dem insoweit nicht erfüllungswilligen Angeklagten angelegt; Umstände, die diesen Verlust auf der Verkäuferseite hätten ausgleichen können, sind nicht ersichtlich.

[15] Entgegen der Auffassung der Verteidigung und des Generalbundesanwalts, die dieser seinem umfassenden Aufhebungsantrag gemäß § 349 Abs. 4 StPO zugrunde gelegt hat, kommt es nicht auf eine Bestimmung des objektiven Werts des Grundstücks an. Dieser ist in einem Fall der hier vorliegenden Art bei der erforderlichen Gesamtsaldierung der Vermögenslage keine anzusetzende Position. Das Landgericht hat deshalb im Ergebnis zu Recht keine Feststellungen zum objektiven Wert der Grundstücke getroffen und keine Sachverständigenbegutachtung hierzu in Auftrag gegeben. Aus der Rechtsprechung des Bundesverfassungsgerichts ergibt sich nichts anderes.

[16] (1) Das Bundesverfassungsgericht hat in seiner Entscheidung vom 7. Dezember 2011 (NStZ 2012, 496, 504 f.) ausgeführt, dass der Vermögensschaden – abgesehen von einfach gelagerten und eindeutigen Fällen – der Höhe nach zu beziffern und in den Urteilsgründen nachvollziehbar darzulegen ist. Dabei können normative Gesichtspunkte bei der Bewertung von Schäden eine Rolle spielen; sie dürfen die wirtschaftliche Betrachtung allerdings nicht überlagern oder verdrängen. Mit dieser Entscheidung knüpft das Bundesverfassungsgericht an seine grundlegende Entscheidung zur Nachteilsbestimmung bei der Untreue (§ 266 StGB) an (BVerfGE 126, 177), in der näher dargelegt ist, wie – dort allerdings für den Fall einer pflichtwidrigen Kreditvergabe – die Schadensbewertung vorzunehmen ist.

[17] (2) Die Anforderungen an die Schadensfeststellung sind (jedenfalls was die Frage der Wertfeststellung anbelangt) gewahrt. Es liegt schon nahe, dass der hier zu beurteilende Sachverhalt ein hinsichtlich der Schadensfeststellung einfach gelagerter und eindeutiger Fall im Sinne der vorgenannten Entscheidung ist.

[18] Der Angeklagte hat nämlich eine Leistung versprochen, die er von vornherein nicht zu erbringen beabsichtigte, wenngleich er sie im Blick auf sein Vermögen – wie sich aus den Urteilsgründen ergibt – ohne weiteres hätte erbringen können. Stattdessen hat er den Erwerb und gewinnbringenden Weiterverkauf über eine vermögenslose GmbH initiiert. Bei einer derartigen Konstellation bedarf es keiner Schätzung des objektiven Grundstückswertes, die ohne sachverständige Hilfe nicht sachgerecht zu treffen wäre.

[19] (3) Der Rechtsprechung des Bundesverfassungsgerichts lässt sich nach Auffassung des Senats nicht entnehmen, dass grundsätzlich bei betrügerischen Handlungen im Zusammenhang mit dem Abschluss von Austauschverträgen es der Bestimmung des „objektiven Werts" des Vertragsgegenstands bedürfte. Abgesehen davon, dass dies mit einem nicht hinzunehmenden Aufwand verbunden und für Fälle der gängi-

gen Betrugskriminalität auch kriminalpolitisch fragwürdig wäre, ist eine solche verobjektivierte Feststellung auch im Regelfall nicht veranlasst, zumal solche Wertbestimmungen häufig nur scheingenau sind, weil sie ihrerseits auf Rückschlüssen aus den Marktgegebenheiten beruhen. Grundsätzlich legen in einem von Angebot und Nachfrage bestimmten marktwirtschaftlichen System die Vertragsparteien den Wert des Gegenstandes fest. Diese intersubjektive Wertsetzung muss nicht deshalb in Frage gestellt werden, weil – wie hier – eine Partei sich bei Vertragsschluss bereits vorgenommen hat, die vertraglich übernommene Verpflichtung ganz oder teilweise nicht zu erfüllen. Deswegen hat dieser von den Parteien selbst – auf der Grundlage übereinstimmender, von Willens- und Wissensmängeln nicht beeinflusster Vorstellungen über Art und Güte des Vertragsgegenstandes – bestimmte Wert grundsätzlich auch die Basis der Schadensfeststellung im Rahmen des Betruges zu sein. Dies wird sämtliche Fallgestaltungen betreffen, in denen Leistung und Gegenleistung in keinem augenfälligen Missverhältnis zueinander stehen (vgl. dazu auch BGH, Beschluss vom 18. Juli 1961 – 1 StR 606/60, BGHSt 16, 220, 224).

*[**20**] Ein betrugsbedingter Schaden liegt danach vor, wenn täuschungsbedingt die getäuschte Vertragspartei einen geringerwertigen Anspruch erhält, als sie nach den vertraglich vorausgesetzten Synallagma hätte beanspruchen können. Dies wird sich freilich regelmäßig durch einen Vergleich der vertraglich vorausgesetzten mit der täuschungsbedingt erlangten Leistung feststellen lassen. Der sich daraus ergebende Minderwert ist – gegebenenfalls mit sachverständiger Hilfe – zu beziffern (Saliger in: Matt/Renzikowski, StGB, 2013, § 263 Rn. 243). Insoweit besteht zwar nicht beim Schadensbegriff, wohl aber bei der Schadensbestimmung ein Unterschied zwischen den Straftatbeständen des Betruges (§ 263 StGB) und der Untreue (§ 266 StGB). Bei der Untreue muss bewertet werden, ob und inwieweit die pflichtwidrige Einzelhandlung zu einem Nachteil für das betreute Vermögen geführt hat. Dies kann nur in der Form eines auf objektiven Kriterien beruhenden Gesamtvermögensvergleichs erfolgen. Dagegen liegt beim Eingehungsbetrug regelmäßig eine Bewertung des Vertragsgegenstandes durch die Vertragsparteien vor. Hieran kann die Schadensbestimmung grundsätzlich anknüpfen, indem nur noch bewertet wird, inwieweit infolge der Täuschung das vertragliche Synallagma verschoben worden ist. Die Feststellung eines vom vereinbarten Preis abweichenden „objektiven Werts" des Vertragsgegenstands ist hiermit nicht verbunden.*

*[**21**] Aus der Rechtsprechung des Bundesgerichtshofs ergibt sich nichts Abweichendes. Die vom Landgericht und sämtlichen Prozessbeteiligten in Bezug genommene Entscheidung des Bundesgerichtshofs vom 14. Juli 2010 (1 StR 245/09, NStZ 2010, 700) betrifft einen anderen Sachverhalt. Dort ging es um ein betrügerisch verkauftes Unternehmen, dessen Erwerb wirtschaftlich sinnlos war. Entsprechendes gilt auch für das Urteil vom 13. November 2007 (3 StR 462/06, NStZ 2008, 96) und für den Beschluss vom 18. Juli 1961 (1 StR 606/60, BGHSt 16, 220), denen eine objektive wertlose Leistung und das Fehlen einer zugesicherten Eigenschaft zugrunde lagen. Die Täuschungshandlung bezog sich dort jeweils auf den Kaufgegenstand, nicht auf die in einer Geldzahlung bestehende Gegenleistung. Ähnliches gilt für Geschäfte, die eine Risikobewertung beinhalten. Eine solche Fallkonstellation lag der Entscheidung des Bundesverfassungsgerichts zugrunde (BVerfG, NStZ 2012, 496 – Lebensversicherung). Gleiches gilt für das Urteil des 4. Strafsenats vom 20. Dezember 2012 (4 StR 55/12 – Sportwetten) und den Senatsbeschluss vom 13. April 2012 (5 StR 442/11, NJW 2012, 2370 – Kreditbetrug). All diesen Fallgestaltungen ist gemeinsam, dass es dort um die Bewertung und Bezifferung des täuschungsbedingten*

Risikoungleichgewichts ging. Aber auch dies setzt nicht voraus, dass die vertragliche Preisgestaltung an sich einer Überprüfung nach objektiven Wertmaßstäben unterzogen werden müsste. Der Schaden bestimmt sich in diesen Fällen immer aus der Verschiebung des synallagmatischen Zusammenhangs zu Lasten des Getäuschten. Eine solche betragsmäßige Bestimmung wird dann in Abhängigkeit zu dem konkreten in Frage stehenden Risiko regelmäßig unter sachverständiger Mithilfe vorgenommen werden (vgl. zur Berechnung des Wettbetrugsschadens 4 StR 55/12, Rn. 40).

[22] Ein derartiges Risikogeschäft liegt hier nicht vor: Ein Schaden ist bei Vertragsschluss eingetreten, weil der Angeklagte – worüber er getäuscht hat – innerlich entschlossen war, die zweite Komponente des Kaufpreises nicht zu erbringen. Für die Schadensbestimmung, die beim Eingehungsbetrug bezogen auf den Zeitpunkt des Vertragsschlusses zu erfolgen hat, ist deshalb allein der Betrag relevant, den der Angeklagte von vornherein nicht erbringen wollte, bis zum Gefahrübergang an Betriebskosten und Lasten indes vertragsgemäß hätte aufbringen müssen. Dies lässt sich nach dem gewöhnlichen Verlauf der Dinge ohne weiteres anhand der monatlich zu tätigenden Aufwendungen schätzen. Dass hiernach ein Schaden entstanden ist, versteht sich angesichts der angefallenen Kosten und Lasten von selbst.

[23] 2. Die Verfahrensrügen, die gleichfalls den Themenkreis des Betrugsschadens betreffen, bleiben ohne Erfolg. Die Verteidigung hat Hilfsbeweisanträge zum Ausmaß der Bodenkontamination und zu deren Einfluss auf den Preis beim späteren Weiterverkauf gestellt, deren Ablehnung in den Urteilsgründen sie beanstandet. Zu der Begründung, die unter Beweis gestellten Tatsachen seien bereits erwiesen, setzt sich das Landgericht in den Urteilsgründen nicht in Widerspruch. Wie sich aus den obigen Darlegungen ergibt, kommt es auf die Frage nicht an, wie sich die den Vertragsparteien bekannten Altlasten auf den Grundstückswert ausgewirkt haben können.

[24] 3. Dagegen kann der Strafausspruch keinen Bestand haben.

[25] a) Die Schadensbestimmung des Landgerichts weicht in ihrem Grundansatz von den obigen Ausführungen insoweit ab, als sie nicht auf den Zeitpunkt des Vertragsschlusses abstellt, sondern den entstandenen Schaden aufgrund der nachträglich eingetretenen Entwicklung ermittelt. In der praktischen Auswirkung wird sich freilich die bereits im Vertragsschluss angelegte Schädigung regelmäßig in der weiteren Entwicklung tatsächlich konkretisieren. Deshalb begegnet es auch keinen Bedenken, wenn der Tatrichter – soweit keine Besonderheiten in der Schadensentwicklung bestehen – auf den konkret eingetretenen Schaden abstellt.

[26] Hier mag sogar eine Besonderheit insoweit bestanden haben, als der Schaden durch die verzögerte Löschung der Auflassungsvormerkung weiter vertieft wurde. Allerdings ist die Schadensaufstellung (UA S. 28) – worauf die Verteidigung zu Recht hinweist – hier defizitär. Sie ist aus sich heraus nicht ohne weiteres verständlich und auch rechnerisch nicht nachvollziehbar. Freilich bewegen sich die Unklarheiten in einem Bereich von höchstens 5 % der vom Landgericht angenommenen Schadenssumme. Ob sich diese Mängel im Ergebnis ausgewirkt haben können – was eher fernliegt –, kann der Senat offenlassen, weil die Strafzumessung in einem weiteren Punkt fehlerbehaftet ist, der zur Aufhebung des Strafausspruchs führt.

[27] b) Die Strafkammer wertet es als strafschärfend, dass der Angeklagte seine Mitarbeiterin, die Zeugin Wa., zu einem Meineid verleitet hat. Diese Wertung wird von den Feststellungen jedoch nicht getragen. Zwar schildert das Landgericht die Aussage und das Aussageverhalten der Zeugin eingehend und plausibel. Dies belegt aber nicht ausreichend eine Anstiftungshandlung des Angeklagten. Denn trotz Kontakten zwischen dem Angeklagten und der Zeugin vor ihrer Aussage in der Haupt-

verhandlung kann nicht ausgeschlossen werden, dass die Zeugin letztlich, um ihren Arbeitsplatz zu retten, von sich aus die den Angeklagten entlastenden, falschen Angaben gemacht hat. Das bloße Dulden einer Falschaussage kann aber nicht strafschärfend gewürdigt werden (BGH, Beschluss vom 4. Dezember 2003 – 4 StR 439/03, StV 2004, 480).

[28] c) Dieser Fehler führt zur Aufhebung des Strafausspruchs einschließlich der zugehörigen Feststellungen. Dies ermöglicht dem neuen Tatrichter, eine geordnete und nachvollziehbare Schadensberechnung vorzunehmen. Der Ausspruch über die Kompensation der rechtsstaatswidrigen Verfahrensverzögerung bleibt bestehen (BGH, Beschluss vom 8. Januar 2013 – 1 StR 641/12 m.w.N.). Der neue Tatrichter wird aber zu prüfen haben, ob die Kompensation im Hinblick auf die nach Erlass des erstinstanzlichen Urteils verstrichene Zeit zu erhöhen sein wird.

■ PRAXISBEDEUTUNG

Die Ausführungen zum Schaden beim Eingehungsbetrug stellen endlich nachhaltig klar, dass der Geldwert des gegen den Täuschenden erworbenen Anspruchs und der Geldwert der eingegangenen Verpflichtung miteinander zu vergleichen sind. Somit steht für die Praxis nunmehr fest, welche Schadensberechnung in diesen Fällen maßgebend ist.

247 Ein – durch die Täuschungshandlung erregter oder unterhaltener – **Irrtum im Sinne des Betrugstatbestandes** ist jeder Widerspruch zwischen einer subjektiven Vorstellung (des Getäuschten) und der Wirklichkeit. Das gänzliche Fehlen einer Vorstellung begründet für sich allein keinen Irrtum. Allerdings kann ein solcher auch in den Fällen gegeben sein, in denen die täuschungsbedingte Fehlvorstellung in der Abweichung eines „sachgedanklichen Mitbewusstseins" von den tatsächlichen Umständen besteht. Danach ist insbesondere der Bereich gleichförmiger, massenhafter oder routinemäßiger Geschäfte von als selbstverständlich angesehenen Erwartungen geprägt, die zwar nicht in jedem Einzelfall bewusst aktualisiert werden, jedoch der vermögensrelevanten Handlung als hinreichend konkretisierte Tatsachenvorstellung zugrunde liegen.[254]

[6] II. Die Verurteilung des Angeklagten wegen – tateinheitlich mit vollendetem Inverkehrbringen von Falschgeld begangenen – versuchten („gewerbsmäßigen") Betruges in 15 Fällen hält der rechtlichen Nachprüfung nicht stand. Insoweit beruht die Annahme des Landgerichts, die vom Angeklagten tateinheitlich begangenen Betrugstaten seien lediglich versucht, auf einer unzureichenden rechtlichen Prüfung und Würdigung der Feststellungen.

[7] Das Landgericht hat seine Annahme, in diesen 15 Fällen sei hinsichtlich des Betruges Vollendung nicht eingetreten, in zwei Fällen (Fälle II. 12 und 36 der Urteilsgründe) darauf gestützt, dass sich die Kassierer keine bewussten Gedanken über die Echtheit des 200-Euro-Scheines gemacht hätten und deshalb „kein Irrtum eingetreten" sei. In den übrigen 13 Fällen (Fälle II. 9, 13, 14, 20, 21, 23, 24, 27 bis 30, 39 und 43) hat es diese Annahme damit begründet, dass die beteiligten Kassierer nicht oder überhaupt keine Zeugen dieser Taten ermittelt werden konnten und deshalb das Vorliegen eines – von dem Angeklagten durch Täuschung erregten – tatbestandlichen Irr-

[254] BGH, Urteil vom 22.11.2013 – 3 StR 162/13.

tums im Sinne von § 263 StGB nicht nachzuweisen sei. Diese Annahmen zeigen auf, dass die Strafkammer einen zu strengen Maßstab an das Vorliegen des Tatbestandmerkmals „Irrtum" angelegt und die Anforderungen an ihre Überzeugungsbildung überspannt hat; sie sind mithin zugunsten des Angeklagten rechtsfehlerhaft.

[8] 1. Ein – durch die Täuschungshandlung erregter oder unterhaltener – Irrtum im Sinne des Betrugstatbestandes ist jeder Widerspruch zwischen einer subjektiven Vorstellung (des Getäuschten) und der Wirklichkeit (vgl. LK/Tiedemann, StGB, 12. Aufl., § 263 Rn. 77 ff. m.w.N.). Das gänzliche Fehlen einer Vorstellung begründet für sich allein keinen Irrtum. Allerdings kann ein solcher auch in den Fällen gegeben sein, in denen die täuschungsbedingte Fehlvorstellung in der Abweichung eines „sachgedanklichen Mitbewusstseins" von den tatsächlichen Umständen besteht. Danach ist insbesondere der Bereich gleichförmiger, massenhafter oder routinemäßiger Geschäfte von als selbstverständlich angesehenen Erwartungen geprägt, die zwar nicht in jedem Einzelfall bewusst aktualisiert werden, jedoch der vermögensrelevanten Handlung als hinreichend konkretisierte Tatsachenvorstellung zugrunde liegen (vgl. LK/Tiedemann, aaO Rn. 79). Diese Grundsätze hätte das Landgericht in den vorbezeichneten Fällen in seine Prüfung eines tatbestandlichen Irrtums der kassierenden Personen einbeziehen müssen.

[9] 2. In den Einzelfällen, in denen die Kassierer oder Tatzeugen nicht ermittelt werden konnten, kommt hinzu, dass das Landgericht die Anforderungen an die beweisrechtliche Grundlage der Feststellung eines täuschungsbedingten Irrtums im Sinne von § 263 Abs. 1 StGB verkannt hat. Zwar ist in den Urteilsgründen grundsätzlich festzustellen und darzulegen, welche irrigen Vorstellungen die Person hatte, die die Verfügung getroffen hat (vgl. BGH, Urteil vom 5. Dezember 2002 – 3 StR 161/02, NJW 2003, 1198, 1199 f.); danach wird es regelmäßig erforderlich sein, die irrende Person zu ermitteln und in der Hauptverhandlung über die tatrelevante Vorstellung zu vernehmen. Allerdings gilt dies nicht ausnahmslos. Vielmehr kann in Fällen eines normativ geprägten Vorstellungsbildes des Verfügenden die Vernehmung weniger Zeugen genügen; wenn deren Angaben das Vorliegen eines Irrtums (in den sie betreffenden Fällen) belegen, kann auf die Erregung eines Irrtums auch bei anderen Verfügenden geschlossen werden. In der Regel kann das Gericht auch aus Indizien auf einen Irrtum schließen. In diesem Zusammenhang kann etwa eine Rolle spielen, ob der Verfügende ein eigenes Interesse daran hatte oder im Interesse eines anderen verpflichtet war, sich von der Wahrheit der Behauptungen des Täters zu überzeugen (vgl. BGH, Beschlüsse vom 6. Februar 2013 – 1 StR 263/12, NStZ 2013, 422, 423; vom 9. Juni 2009 – 5 StR 394/08, NStZ 2009, 506, 507; Urteil vom 17. Juli 2009 – 5 StR 394/08, wistra 2009, 433, 434). Wenn keine Anhaltspunkte dafür bestehen, dass der Verfügende kollusiv mit dem täuschenden Täter zusammengearbeitet oder aus einem sonstigen Grund Kenntnis von der Täuschung erlangt hatte und der durch die Täuschung erregte Irrtum deshalb nicht verfügungsursächlich geworden sein könnte, können sogar nähere Feststellungen dazu, wer verfügt hat, entbehrlich sein (vgl. BGH, Urteil vom 20. Dezember 2012 – 4 StR 55/12, NJW 2013, 883, 885).

[10] So verhält es sich hier. Da an einer Kasse beschäftigte Mitarbeiter eines Unternehmens schon aufgrund ihrer arbeitsvertraglichen Verpflichtung den Antrag eines Kunden auf Abschluss eines Kaufvertrages zurückweisen müssen, wenn der Kunde seiner Zahlungspflicht nicht sofort oder nicht vollständig nachkommt, es sich vorliegend um sehr gut gefälschte 200-Euro-Scheine handelte und auch sonst keine Anhaltspunkte für eine bewusste Entgegennahme von Falschgeld durch die Kassierenden gegeben sind, liegt auch in diesen Fällen – selbst wenn die Verfügenden keine

konkrete Erinnerung an den jeweiligen Vorgang mehr hatten oder diese sowie andere Tatzeugen nicht ermittelt werden konnten – das Vorliegen eines Irrtums nahe. Dies hat das Landgericht nicht bedacht.

248 Beruht die Auszahlung einer **Eigenheimzulage** letztlich in allen Jahren auf den Bescheiden, mit denen der Fördergrundbetrag und die Kinderzulagen irrtumsbedingt für **den gesamten (verbleibenden) Förderzeitraum** zu Unrecht überhöht festgesetzt bzw. neu festgesetzt wurden, liegt lediglich eine Tat im Rechtssinne vor.[255]

[12] 3. Die Beurteilung der Konkurrenzverhältnisse hält in den Fällen II. 1. und II. 2. der Urteilsgründe rechtlicher Nachprüfung nicht stand.

[13] Das Landgericht hat das Erschleichen der (überhöhten) Eigenheimzulage als zwei Betrugstaten i.S.v. § 263 Abs. 1 StGB gewertet, nämlich durch falsche Angaben bei Beantragung der Eigenheimzulage hinsichtlich der Auszahlung der überhöhten Eigenheimzulage in den Jahren 1999 bis 2004 (Fall II. 1.) sowie durch pflichtwidriges Unterlassen der Mitteilung des Wegfalls der Nutzung zu eigenen Wohnzwecken hinsichtlich der Weiterzahlung der vollen Eigenheimzulage in den Jahren 2005 und 2006 (Fall II. 2.).

[14] Dagegen beurteilt der Senat das Tatgeschehen als lediglich eine Tat im Rechtssinne. Nach den rechtsfehlerfrei getroffenen Feststellungen täuschte die Angeklagte sowohl durch aktives Tun als auch durch Unterlassen über das Vorliegen der Voraussetzungen für die Gewährung des vollen Fördergrundbetrages und der vollen Kinderzulagen. Dies führt jedoch nicht zur Annahme von Tatmehrheit i.S.v. § 53 StGB. Denn die Auszahlung der Eigenheimzulage beruhte letztlich in allen Jahren auf den Bescheiden, mit denen der Fördergrundbetrag und die Kinderzulagen irrtumsbedingt für den gesamten (verbleibenden) Förderzeitraum 1999 bis 2006 zu Unrecht überhöht festgesetzt bzw. neu festgesetzt wurden (§ 11 Abs. 1 und 2 EigZulG).

249 Da der Betrugstatbestand voraussetzt, dass die **Vermögensverfügung** durch den **Irrtum des Getäuschten veranlasst** worden ist, müssen die Urteilsgründe regelmäßig darlegen, wer die Verfügung getroffen hat und welche Vorstellungen er dabei hatte. Die Überzeugung des Gerichts, dass der Verfügende einem Irrtum erlegen ist, wird dabei – von einfach gelagerten Fällen (z.B. bei standardisierten, auf massenhafte Erledigung ausgerichteten Abrechnungsverfahren) abgesehen – in der Regel dessen Vernehmung erfordern.[256]

250 Für die Prüfung, ob auf Seiten einer Bank ein **für die Darlehensgewährung ursächlicher Irrtum** vorliegt, kommt es allein auf das Vorstellungsbild des Bankmitarbeiters an, wenn dieser die Kreditgenehmigung neben dem Kreditmanager ohne Hinzuziehung eines Vorgesetzten veranlasst und eine weitere inhaltliche Prüfung des Kreditengagements (auch in der Folgezeit) nicht stattfindet.[257]

---

[255] BGH, Beschluss vom 11.4.2013 – 1 StR 14/13.

[256] BGH, Beschluss vom 6.2.2013 – 1 StR 263/12.

[257] BGH, Beschluss vom 13.03.2013 – 2 StR 474/12; vgl. hierzu auch BGH, Beschluss vom 13.03.2013 – 2 StR 275/12.

[10] Die Revision des Angeklagten A. führt mit der Sachrüge zur Aufhebung des Schuldspruchs im Fall II. 11 der Urteilsgründe, der Gesamtstrafe, der Kompensationsentscheidung und der Feststellung gemäß § 111i Abs. 2 StPO.

[11] 1. a) Die bisherigen Feststellungen tragen nicht die Verurteilung des Angeklagten A. wegen Betrugs. Der Angeklagte A. und der gesondert Verfolgte As. haben den Bankmitarbeiter L. weder über den Wert der zur Kreditsicherung bestellten Sicherheit in Form der Grundschuld noch über die Kreditwürdigkeit und -willigkeit des Angeklagten getäuscht, sondern mit L. kollusiv zusammengewirkt (UA S. 97). L. kannte den Sanierungsbedarf der Wohnung im Erdgeschoß, legte der Wertermittlung des Wohnobjekts bewusst falsche Lichtbilder einer anderen renovierten Wohnung zugrunde, nachdem er die ursprünglichen Lichtbilder der Wohnung als unverwertbar zurückgewiesen hatte, und vermerkte eine tatsächlich nicht durchgeführte Innenraumbesichtigung, um eine höhere Wertigkeit der Immobilie darstellen zu können. In gleicher Weise stellte er in die Wertermittlung des Anwesens einen gefälschten Mietvertrag für die Wohnung im Erdgeschoß ein, obwohl er wusste, dass ein solcher nicht bestand. Zwar hatte der Angeklagte A. keine Kenntnis von diesen Fälschungen; jedoch wirkte As. insoweit kollusiv mit L. zusammen.

[12] Auch hinsichtlich der Bonität des Angeklagten A. unterlag L. keinem betrugsrelevanten Irrtum. Zwar kannte er nicht die Unrichtigkeit der ihm von dem Angeklagten A. und dem gesondert Verfolgten As. vorgelegten Lohnabrechnungen. Jedoch war dieser Irrtum nicht ursächlich für die Kreditgewährung, da L. seinerseits die Einkommensverhältnisse des Angeklagten A. maßgeblich verfälschte, indem er der Kreditentscheidung ein – wie er wusste – nicht vorhandenes Eigenkapital von rund 20.000 € zugrunde legte und die von dem Angeklagten A. blanko unterzeichnete Selbstauskunft eigenmächtig entsprechend ausfüllte. Zwar stellt das Landgericht nicht fest, ob L. wusste, dass der Angeklagte A. nicht beabsichtigte, den Kredit zu bedienen (UA S. 42). Dies liegt angesichts des festgestellten kollusiven Zusammenwirkens von L., As. und dem Angeklagten A. indes nahe. Selbst wenn der Angeklagte A. den Bankmitarbeiter L. jedoch über seine grundsätzliche Unwilligkeit, den Kredit zurückzuführen, getäuscht haben sollte, wäre ein dahingehender Irrtum von L. für die Kreditgewährung nicht kausal, da L. wusste, dass der Angeklagte A. mangels Bonität jedenfalls nicht fähig war, die Darlehensraten zu zahlen und L. gleichwohl das Darlehen bewilligte.

[13] Für die Prüfung, ob auf Seiten der Deutschen Bank ein für die Darlehensgewährung ursächlicher Irrtum vorliegt, kommt es allein auf das Vorstellungsbild des Bankmitarbeiters L. an, da dieser die Kreditgenehmigung neben dem Kreditmanager ohne Hinzuziehung eines Vorgesetzten veranlasste und eine weitere inhaltliche Prüfung des Kreditengagements (auch in der Folgezeit) nicht stattfand.

[14] b) Das kollusive Zusammenwirken des Angeklagten A. und der gesondert Verfolgten As. und L. begründet möglicherweise eine Strafbarkeit des Angeklagten A. wegen Beihilfe zu einer Untreuetat des gesondert Verfolgten L. (§§ 266 Abs. 1, 27 Abs. 1 StGB). L. verstieß mit der Kreditgewährung nicht nur gegen interne Kreditvergaberichtlinien der Bank, sondern er stellte bewusst in die Wertermittlung des Wohnobjekts und die Prüfung der Bonität von A. falsche Tatsachen ein, um mit Hilfe des Kreditmanagers und ohne Hinzuziehung eines Vorgesetzten eine Kreditgewährung zu ermöglichen. Dies könnte eine Verletzung der ihm obliegenden Vermögensbetreuungspflicht darstellen, die zu einem Vermögensschaden zum Nachteil der Deutschen Bank führte. Bei dem Angeklagten A. käme aufgrund des Sonderdeliktscharakters des Untreuetatbestandes und des Fehlens einer Vermögensbetreuungs-

pflicht trotz der Täterqualität seines Tatbeitrags nur eine Strafbarkeit wegen Beihilfe zur Untreue in Betracht.

[15] Eine solche rechtliche Bewertung setzt allerdings voraus, dass die Strafkammer mit den Feststellungen, der Bankmitarbeiter L. habe eine Risikokreditbewertung von unter 50 Basispunkten erreicht, „die es ihm – gemäß seiner Absicht – ermöglichte, eine Kreditgenehmigung durch einen Bankmitarbeiter und den Kreditmanager als „zweites Augenpaar" und ohne Hinzuziehung eines Vorgesetzten zu erhalten" (UA S. 41 f.) gemeint hat, dass es sich bei der „Kreditgenehmigung durch einen Bankmitarbeiter" um die Genehmigung des L. selbst handelte. Diese Feststellungen des Landgerichts könnten jedoch auch dahingehend zu verstehen sein, dass es sich hierbei um die Genehmigung durch einen weiteren, ggf. von L. zu täuschenden Bankangestellten handelte, zu der die Einschaltung des Kreditmanagers hinzukam und die Zuziehung eines Vorgesetzten überflüssig machte. Für dieses Verständnis könnten insbesondere die Ausführungen des Landgerichts (UA S. 41) sprechen, wonach L. „über keine Kreditkompetenz im Baufinanzierungsbereich" verfügte. Aufgrund dieser Unklarheit der Feststellungen ist dem Senat eine abschließende Beurteilung, ob die Schädigung der Deutschen Bank durch eine Untreuehandlung und/oder ein betrügerisches Vorgehen des L. herbeigeführt wurde, nicht möglich.

[16] Ungeachtet der unklaren Feststellungen steht einer Schuldspruchänderung auch § 265 Abs. 1 StPO entgegen. Der Senat kann bei dem Angeklagten trotz seiner geständigen Einlassung nicht ausschließen, dass dieser sich bei Erteilung eines entsprechenden rechtlichen Hinweises in tatsächlicher Hinsicht anders verteidigt hätte.

■ TOPENTSCHEIDUNG

251 Zur tatgerichtlichen Klärung, ob bei Betrug die einzelnen Vermögensverfügungen jeweils durch den **Irrtum der Geschädigten veranlasst** waren, wenn den Angeklagten die Täuschung einer sehr großen Zahl von Personen (hier: mehr als 50.000) mit Kleinschäden (hier: jeweils unter 50 Euro) zur Last liegt.[258]

[10] Näherer Erörterung bedarf lediglich die Vorgehensweise des Landgerichts, nur fünfzehn Geschädigte zu vernehmen und im Übrigen hinsichtlich der weit überwiegenden Zahl der tateinheitlich begangenen Taten „aus verfahrensökonomischen Gründen" lediglich Tatversuch anzunehmen (UA S. 914, 917). Das Landgericht sah sich ersichtlich nur auf diesem Wege in der Lage, die Hauptverhandlung, die bereits nahezu fünf Monate gedauert hatte, in angemessener Zeit zu beenden.

[11] a) Die vom Landgericht mit dem Begriff der „Prozessökonomie" beschriebene Notwendigkeit, die Funktionsfähigkeit der Strafrechtspflege zu erhalten (vgl. dazu auch Landau, Die Pflicht des Staates zum Erhalt einer funktionstüchtigen Strafrechtspflege, NStZ 2007, 121), besteht. Jedoch muss ein Tatgericht im Rahmen der Beweisaufnahme die in der Strafprozessordnung dafür bereit gehaltenen Wege beschreiten. Ein solcher Weg ist etwa die Beschränkung des Verfahrensstoffes gemäß den §§ 154, 154a StPO, die allerdings die Mitwirkung der Staatsanwaltschaft voraussetzen. Eine einseitige Beschränkung der Strafverfolgung auf bloßen Tatversuch ohne Zustimmung der Staatsanwaltschaft, wie sie das Landgericht hier – freilich im Rahmen gleichartiger Tateinheit mit vollendeten Delikten – vorgenommen hat, sieht die Strafprozessordnung jedoch nicht vor.

---

[258] BGH, Beschluss vom 6.2.2013 – 1 StR 263/12.

[12] b) Es trifft allerdings zu, dass in Fällen eines hohen Gesamtschadens, der sich aus einer sehr großen Anzahl von Kleinschäden zusammensetzt, die Möglichkeiten einer sinnvollen Verfahrensbeschränkung eingeschränkt sind. Denn dann sind keine Taten mit höheren Einzelschäden vorhanden, auf die das Verfahren sinnvoll beschränkt werden könnte.

[13] Dies bedeutet aber nicht, dass es einem Gericht deshalb – um überhaupt in angemessener Zeit zu einem Verfahrensabschluss gelangen zu können – ohne weiteres erlaubt wäre, die Beweiserhebung über den Taterfolg zu unterlassen und lediglich wegen Versuches zu verurteilen. Vielmehr hat das Tatgericht die von der Anklage umfasste prozessuale Tat (§ 264 StPO) im Rahmen seiner gerichtlichen Kognitionspflicht nach den für die Beweisaufnahme geltenden Regeln der Strafprozessordnung (vgl. § 244 StPO) aufzuklären. Die richterliche Amtsaufklärungspflicht (§ 244 Abs. 2 StPO) gebietet dabei, zur Erforschung der Wahrheit die Beweisaufnahme von Amts wegen auf alle Tatsachen und Beweismittel zu erstrecken, die für die Entscheidung von Bedeutung sind.

[14] c) Für das Tatbestandsmerkmal des Irrtums bei Betrug (§ 263 StGB) bedeutet dies:

[15] aa) Da der Betrugstatbestand voraussetzt, dass die Vermögensverfügung durch den Irrtum des Getäuschten veranlasst worden ist, müssen die Urteilsgründe regelmäßig darlegen, wer die Verfügung getroffen hat und welche Vorstellungen er dabei hatte. Die Überzeugung des Gerichts, dass der Verfügende einem Irrtum erlegen ist, wird dabei – von einfach gelagerten Fällen (z.B. bei standardisierten, auf massenhafte Erledigung ausgerichteten Abrechnungsverfahren) abgesehen – in der Regel dessen Vernehmung erfordern (BGH, Urteil vom 5. Dezember 2002 – 3 StR 161/02, NStZ 2003, 313, 314).

[16] bb) Allerdings stößt die praktische Feststellung des Irrtums im Strafverfahren als Tatfrage nicht selten auf Schwierigkeiten. Diese können jedoch in vielen Fällen dadurch überwunden werden, dass das Tatgericht seine Überzeugung auf Indizien (vgl. BGH, Urteil vom 26. Oktober 1993 – 4 StR 347/93, BGHR StGB § 263 Abs. 1 Irrtum 9) wie das wirtschaftliche oder sonstige Interesse des Opfers an der Vermeidung einer Schädigung seines eigenen Vermögens (vgl. Tiedemann in LK-StGB, 12. Aufl., § 263 Rn. 87) stützen kann. In Fällen eines normativ geprägten Vorstellungsbildes kann es daher insgesamt ausreichen, nur einige Zeugen einzuvernehmen, wenn sich dabei das Ergebnis bestätigt findet. Aus diesem Grund hat der Bundesgerichtshof etwa die Vernehmung der 170.000 Empfänger einer falsch berechneten Straßenreinigungsgebührenrechnung für entbehrlich gehalten (BGH, Urteil vom 17. Juli 2009 – 5 StR 394/08, wistra 2009, 433, 434; vgl. dazu auch Hebenstreit in Müller-Gugenberger/Bieneck, Wirtschaftsstrafrecht, 5. Aufl. 2011, § 47 Rn. 37).

[17] cc) Ist die Beweisaufnahme auf eine Vielzahl Geschädigter zu erstrecken, besteht zudem die Möglichkeit, bereits im Ermittlungsverfahren durch Fragebögen zu ermitteln, aus welchen Gründen die Leistenden die ihr Vermögen schädigende Verfügung vorgenommen haben. Das Ergebnis dieser Erhebung kann dann – etwa nach Maßgabe des § 251 StPO – in die Hauptverhandlung eingeführt werden. Hierauf kann dann auch die Überzeugung des Gerichts gestützt werden, ob und gegebenenfalls in welchen Fällen die Leistenden eine Vermögensverfügung irrtumsbedingt vorgenommen haben.

[18] Ob es in derartigen Fällen dann noch einer persönlichen Vernehmung von Geschädigten bedarf, entscheidet sich nach den Erfordernissen des Amtsaufklärungsgrundsatzes (§ 244 Abs. 2 StPO) und des Beweisantragsrechts (insb. § 244

Abs. 3 StPO). In Fällen eines normativ geprägten Vorstellungsbildes kommt dabei die Ablehnung des Antrags auf die Vernehmung einer größeren Zahl von Geschädigten als Zeugen in Betracht (vgl. BGH, Urteil vom 17. Juli 2009 – 5 StR 394/08, wistra 2009, 433, 434).

[19] dd) Demgegenüber dürfte in Fällen mit individueller Motivation zur Leistung eines jeden Verfügenden die „Schätzung einer Irrtumsquote" als Methode der Überzeugungsbildung nach § 261 StPO ausscheiden. Hat ein Tatgericht in solchen Fällen Zweifel, dass ein Verfügender, ohne sich über seine Zahlungspflicht geirrt zu haben, allein deshalb geleistet hat, „um seine Ruhe zu haben", muss es nach dem Zweifelssatz („in dubio pro reo") zu Gunsten des Täters entscheiden, sofern nicht aussagekräftige Indizien für das Vorliegen eines Irrtums vorliegen, die die Zweifel wieder zerstreuen.

[20] d) Für die Strafzumessung hat die Frage, ob bei einzelnen Betrugstaten Vollendung gegeben oder nur Versuch eingetreten ist, in der Regel bestimmende Bedeutung.

[21] Gleichwohl sind Fälle denkbar, in denen es für die Strafzumessung im Ergebnis nicht bestimmend ist, ob es bei (einzelnen) Betrugstaten zur Vollendung kam oder mangels Irrtums des Getäuschten oder wegen fehlender Kausalität zwischen Irrtum und Vermögensverfügung beim Versuch blieb. Solches kommt etwa in Betracht, wenn Taten eine derartige Nähe zur Tatvollendung aufwiesen, dass es – insbesondere aus Sicht des Täters – vom bloßen Zufall abhing, ob die Tatvollendung letztlich doch noch am fehlenden Irrtum des Tatopfers scheitern konnte. Denn dann kann das Tatgericht unter besonderer Berücksichtigung der versuchsbezogenen Gesichtspunkte auf der Grundlage einer Gesamtwürdigung der Persönlichkeit des Täters und der Tatumstände des konkreten Einzelfalls zum Ergebnis gelangen, dass jedenfalls die fakultative Strafmilderung gemäß § 23 Abs. 2 i.V.m. § 49 Abs. 1 StGB zu versagen ist (vgl. BGH, Beschluss vom 28. September 2010 – 3 StR 261/10, wistra 2011, 18 m.w.N.). Eine solche Wertung hat das Tatgericht in den Urteilsgründen für das Revisionsgericht ebenso nachprüfbar darzulegen wie die Würdigung, dass und aus welchen Gründen (etwa Nähe zur Tatvollendung, Gefährlichkeit des Versuchs und eingesetzte kriminelle Energie) der Umstand, dass die getroffene Vermögensverfügung letztlich trotz eines entsprechenden Vorsatzes des Täters nicht auf einer irrtumsbedingten Vermögensverfügung beruhte, auch für die konkrete Strafzumessung im Rahmen des eröffneten Strafrahmens nicht von Bedeutung war.

■ PRAXISBEDEUTUNG

Die vorliegende Entscheidung ist für die Praxis sehr wichtig, um die Fälle prozessual korrekt zu lösen, welche eine Vielzahl von Taten zum Gegenstand haben, die alle jeweils nur kleinere Schäden verursacht haben, das strafwürdige Verhalten aber letztlich durch das planvolle Vorgehen der Täter charakterisiert ist, und welche genau diesen Tatplan verfolgt haben.

a) Besondere Sachverhalte

252 Die **Manipulationsfreiheit des Wettgegenstandes** gehört zur Geschäftsgrundlage der Wette. Beide Parteien sichern sich daher stillschweigend zu, auf das gewettete Spiel keinen Einfluss genommen zu haben. Dadurch wurde bei den Wettanbietern –

jedenfalls in der Form des sachgedanklichen Mitbewusstseins – ein entsprechender Irrtum erregt.

Die Tatsache, dass die Wettanbieter schon mit der auf derselben Täuschung beruhenden Eingehung der Wettverträge einen **Vermögensnachteil** erlitten haben, steht einer Schadensbestimmung nach Maßgabe der in der Erfüllungsphase geleisteten Zahlungen nicht entgegen. Die **Erfüllung einer täuschungsbedingt eingegangenen, vermögensnachteiligen Verpflichtung vertieft** den bereits eingetretenen Schaden. Beide Verfügungen und die durch sie ausgelösten Nachteile bilden zusammen eine Betrugstat.[259]

[28] Die Verurteilung der Angeklagten wegen Betruges hält nicht in allen Fällen der rechtlichen Nachprüfung stand.

[29] 1. Das Landgericht ist, soweit es die Angeklagten wegen Betruges verurteilt hat, zunächst zutreffend davon ausgegangen, dass diese selbst, im mittäterschaftlichen Zusammenwirken oder durch ihre nicht eingeweihten Vermittler (§ 25 Abs. 1 2. Alt. StGB) bei der Abgabe der Wetten gegenüber den Wettanbietern konkludent der Wahrheit zuwider erklärt haben, dass der Verlauf oder der Ausgang der gewetteten Spiele von ihnen nicht beeinflusst worden ist.

[30] a) Die Manipulationsfreiheit des Wettgegenstandes gehört zur Geschäftsgrundlage der Wette. Beide Parteien sichern sich daher stillschweigend zu, auf das gewettete Spiel keinen Einfluss genommen zu haben. Dadurch wurde bei den Wettanbietern – jedenfalls in der Form des sachgedanklichen Mitbewusstseins – ein entsprechender Irrtum erregt. Dies entspricht der Rechtsprechung des Reichsgerichts und des Bundesgerichtshofs (BGH, Urteil vom 15. Dezember 2006 – 5 StR 181/06, BGHSt 51, 165 Tz. 16 ff.; Urteil vom 19. Dezember 1979 – 3 StR 313/79, BGHSt 29, 165, 167 f.; RG, Urteil vom 17. Dezember 1928 – III 1006/28, RGSt 62, 415, 416), die in der Literatur weitgehend Zustimmung gefunden hat (Cramer/Perron in Schönke/Schröder, 28. Aufl., § 263 Tz. 16e; Fischer, 60. Aufl., § 263 Tz. 32; SSW-StGB/Satzger, § 263 Tz. 38; Fasten/Oppermann, JA 2006, 69, 71; Feinendegen, NJW 2007, 787, 788; Gaede, HRRS 2007, 16; Krack, ZIS 2007, 103, 105; Kubiciel, HRRS 2007, 68, 69 f.; Petropoulos/Morozinis, wistra 2009, 254, 255; Reinhart, SpuRt 2007, 52, 53 f.; Saliger/Rönnau/Kirch-Heim, NStZ 2007, 361, 362 ff.; vgl. auch Maaß, GA 1984, 264, 280 ff.; aus zivilrechtlicher Sicht Henssler, Risiko als Vertragsgegenstand, S. 471).

[31] b) Wie der Senat in seinen Urteilen vom heutigen Tage in den Verfahren 4 StR 55/12 und 4 StR 125/12 bereits ausgeführt hat, hält er an dieser Rechtsprechung fest. Die Erfassung konkludenter Täuschungen ist vom Wortlaut der Vorschrift des § 263 Abs. 1 StGB gedeckt und führt nicht zu einer Entgrenzung des Tatbestandes, sodass im Hinblick auf Art. 103 Abs. 2 GG keine Bedenken bestehen (vgl. BVerfG, NStZ 2012, 496 Tz. 168). Der Einwand, es liege keine Feststellung von Tatsachen mehr vor, wenn das Vorliegen einer konkludenten Täuschung über die Manipulationsfreiheit des gewetteten Spieles ohne Ermittlung des tatsächlichen Verständnisses der Beteiligten allein aus dem Wesen des Wettvertrages hergeleitet werde, verfängt nicht (Jahn/Maier, JuS 2007, 215, 217; a.A. Saliger/Rönnau/Kirch-Heim, NStZ 2007, 361, 362 f.; vgl. noch Kraatz, JR 2012, 329, 331). Ob in einer bestimmten Kommu-

[259] BGH, Beschluss vom 20.12.2012 – 4 StR 580/11; vgl. hierzu auch BGH, Urteile vom 20.12.2012 – 4 StR 55/12 und 4 StR 125/12.

nikationssituation neben einer ausdrücklichen auch eine konkludente Erklärung abgegeben worden ist und welchen Inhalt sie hat, bestimmt sich nach dem objektiven Empfängerhorizont, der unter Berücksichtigung der Gesamtumstände und der Verkehrsanschauung festzulegen ist (vgl. BGH, Urteil vom 26. April 2001 – 4 StR 439/00, NStZ 2001, 430; Urteil vom 10. November 1994 – 4 StR 331/94, BGHR § 263 Abs. 1 Irrtum 10; SSW-StGB/Satzger, § 263 Tz. 37 f.). Wenn der Tatrichter dabei – wie hier – seine Bewertung maßgeblich auf die sich aus dem Wesen des abgeschlossenen Vertrages ergebende Risiko- und Pflichtenverteilung stützt, ist dies revisionsrechtlich bedenkenfrei (vgl. BGH, Urteil vom 14. August 2009 – 3 StR 552/08, BGHSt 54, 69 Tz. 150; MünchKomm-StGB/Hefendehl, § 263 Tz. 86, 93; Kubiciel, HRRS 2007, 68, 69). Auch wird durch die Annahme einer konkludenten Täuschung die für die Strafbarkeit eines Unterlassens erforderliche Feststellung einer Garantenpflicht nicht umgangen (so aber Schild, ZfWG 2006, 213, 216 f.; Schlösser, NStZ 2005, 423, 426). Die Abgabe einer auf den Abschluss eines Rechtsgeschäfts gerichteten Erklärung ist positives Tun, auch wenn sie zugleich als (stillschweigende) Negativerklärung in Bezug auf zu dem Geschäftszweck in Widerspruch stehende Umstände verstanden wird (vgl. NK-StGB/Kindhäuser, § 263 Tz. 110; LK-StGB/Tiedemann, 12. Aufl., § 263 Tz. 29; SSW-StGB/Satzger, § 263 Tz. 41). Die Manipulationsfreiheit ist eine notwendige Bedingung für die Durchführbarkeit eines auf ein ungewisses Ereignis ausgerichteten Wettvertrages; sie gehört deshalb zum Inhalt eines in sich schlüssigen (konkludenten) Antrags auf dessen Abschluss (vgl. BGH, Urteil vom 15. Dezember 2006 – 5 StR 181/06, BGHSt 51, 165 Tz. 27).

[32] 2. Da nach den Feststellungen die Wettanbieter die Wettverträge nicht abgeschlossen und dementsprechend auch keine Gewinne ausbezahlt hätten, wenn ihnen die Manipulationen der gewetteten Spiele bekannt geworden wären, ist der für die Annahme eines Betruges erforderliche Ursachenzusammenhang zwischen dem bei ihnen eingetretenen täuschungsbedingten Irrtum und der in der Gewinnausschüttung liegenden Vermögensverfügung gegeben (BGH, Urteil vom 15. Dezember 2006 – 5 StR 181/06, BGHSt 51, 165, Tz. 34).

[33] Der Umstand, dass das Landgericht keine näheren Feststellungen dazu getroffen hat, wer bei den Wettanbietern im konkreten Fall die Wetten angenommen hat und wie die Gewinnauszahlungen veranlasst wurden, steht dem nicht entgegen, weil keine Anhaltspunkte dafür bestehen, dass es im Geschäftsbetrieb der Wettanbieter an irgendeiner Stelle ein Wissen um die Manipulationen gegeben hat und der durch die Täuschung ausgelöste Irrtum über die Manipulationsfreiheit deshalb nicht verfügungsursächlich geworden sein könnte (vgl. BGH, Urteil vom 5. Dezember 2002 – 3 StR 161/02, NStZ 2003, 313 Tz. 8 f.; Beckemper/Wegner, NStZ 2003, 315, 316). Auch hat das irrtumsbedingte Verhalten auf Seiten der Wettanbieter ohne weitere deliktische Zwischenschritte der Angeklagten zu der Vermögensverfügung geführt (vgl. BGH, Urteil vom 20. Februar 1991 – 2 StR 421/90, BGHR StGB § 263 Abs. 1 Vermögensschaden 29). …

[40] 5. Jedoch ist das Landgericht bei der Bestimmung des eingetretenen Vermögensschadens nicht in allen Fällen von einem zutreffenden rechtlichen Maßstab ausgegangen.

[41] a) In denjenigen Fällen, in denen die Wettanbieter den entsprechend der vereinbarten Quote berechneten Gewinn ausbezahlt und dadurch für sich einen Vermögensverlust in Höhe der Differenz zwischen Wetteinsatz und Wettgewinn herbeigeführt haben, ist das Landgericht ohne Rechtsfehler von einem vollendeten Betrug und einem Schaden in dieser Höhe ausgegangen.

[42] (1) Die Tatsache, dass die Wettanbieter schon mit der auf derselben Täuschung beruhenden Eingehung der Wettverträge einen Vermögensnachteil erlitten haben (dazu unten II. 5b), steht, wie die Strafkammer zutreffend ausgeführt hat, einer Schadensbestimmung nach Maßgabe der in der Erfüllungsphase geleisteten Zahlungen nicht entgegen. Die Erfüllung einer täuschungsbedingt eingegangenen, vermögensnachteiligen Verpflichtung vertieft den bereits eingetretenen Schaden. Beide Verfügungen und die durch sie ausgelösten Nachteile bilden zusammen eine Betrugstat (vgl. BGH, Urteil vom 14. August 2009 – 3 StR 552/08, BGHSt 54, 69 Tz. 162 f.; Urteil vom 15. Dezember 2006 – 5 StR 181/06, BGHSt 51, 165 Tz. 35 f.; Urteil vom 29. Januar 1997 – 2 StR 633/96, NStZ 1997, 542, 543; RG, Urteil vom 17. März 1932 – III 841/31, RGSt 66, 175, 180; LK-StGB/Lackner, 10. Aufl., § 263 Tz. 292 f.; LK-StGB/Tiedemann, 12. Aufl., § 263 Tz. 274; Tenckhoff in FS Lackner, S. 677, 680). Dabei ist für die Schadensfeststellung jedenfalls dann allein auf die Erfüllungsphase abzustellen, wenn – wie hier – die Getäuschten ihre Verpflichtungen aus dem jeweiligen Vertrag restlos erfüllt haben und der mit dem Vertragsschluss ausgelöste Nachteil deshalb vollständig in dem durch die Vertragserfüllung herbeigeführten Schaden enthalten ist (BGH, Beschluss vom 14. April 2011 – 2 StR 616/10, NStZ 2011, 638 Tz. 12 a.E.; vgl. Klein, Das Verhältnis von Eingehungs- und Erfüllungsbetrug, 2003, S. 178 ff.).

[43] (2) Auf die Frage, ob die Manipulationen tatsächlich den Ausgang der betroffenen Spiele beeinflusst haben, kommt es nicht an (BGH, Urteil vom 15. Dezember 2006 – 5 StR 181/06, BGHSt 51, 165 Tz. 35 f.; a.A. Saliger/Rönnau/Kirch-Heim, NStZ 2007, 361, 368; Saliger in FS Samson, S. 455, 460). Entscheidend ist vielmehr, dass die Wettanbieter Wetten auf manipulierte Spiele nicht angenommen hätten. Dass es den Angeklagten in den Fällen, in denen das gewettete Spielergebnis unabhängig von einer Einflussnahme auf den Spielverlauf eintrat, möglich gewesen wäre, den Wettgewinn auch ohne Manipulation und damit auch ohne eine hierauf bezogene Täuschung zu erzielen, ist schon deshalb ohne Belang, weil für die innere Verknüpfung von Täuschung, Irrtum und Vermögensverfügung allein der tatsächliche Verlauf der Willensbildung maßgebend ist (BGH, Urteil vom 24. Februar 1959 – 5 StR 618/58, BGHSt 13, 13, 14 f.; im Ergebnis ebenso Pawlik, Das unerlaubte Verhalten beim Betrug, 1999, S. 250 f.).

[44] (3) Soweit Wetten bei Wetthaltern im Ausland platziert wurden, ist es ferner unerheblich, ob das von dort betriebene Wettgeschäft erlaubt war. Jedenfalls aus wirtschaftlicher Sicht ist auf Seiten der betreffenden ausländischen Wettanbieter eine Schädigung eingetreten (vgl. auch BGH, Urteil vom 15. Dezember 2006 – 5 StR 181/06, BGHSt 51, 165 Tz. 49).

[45] b) In den Fällen C II. 1, 5 und 18 hat das angefochtene Urteil jedoch keinen Bestand. Die Strafkammer hat das Vorliegen eines Vermögensschadens und damit die Voraussetzungen eines vollendeten Betruges nicht hinreichend festgestellt.

[46] (1) Das Landgericht ist bei der Beurteilung des Vermögensschadens in den Fällen, in denen es nicht zur Auszahlung von Wettgewinnen kam, weil die Wetten verloren wurden, von den Grundsätzen ausgegangen, die vom 5. Strafsenat des Bundesgerichtshofs zum sog. Quotenschaden entwickelt worden sind. In seinem Urteil vom 15. Dezember 2006 (5 StR 181/06) hat der 5. Strafsenat entschieden, dass bei Wetten mit festen Quoten auf manipulierte Fußballspiele bereits mit Abschluss des Wettvertrages ein vollendeter Betrug zum Nachteil der getäuschten Wettanbieter gegeben ist. Die aufgrund eines bestimmten Risikos ermittelte Quote stelle gleichsam den „Verkaufspreis“ der Wettchance dar. Durch die Manipulationen sei das Wettrisiko erheblich zugunsten der täuschenden Wettkunden verschoben worden.

Die bei Vertragsschluss von den Wettanbietern vorgegebene Quote entspreche deshalb nicht mehr dem Risiko, das ihrer Kalkulation zugrunde gelegen habe. Die von dem Wettkunden erkaufte Chance auf den Wettgewinn sei wesentlich mehr wert, als er dafür in Ausnutzung seiner Täuschung bezahlt habe. Für seine jeweiligen Einsätze hätte der Wettkunde bei realistischer Einschätzung des tatsächlichen Wettrisikos einen erheblich geringeren Gewinn erkaufen können. Diese „Quotendifferenz" stelle bei jedem Vertragsschluss einen nicht unerheblichen Vermögensschaden dar. Dieser Quotenschaden müsse nicht beziffert werden. Es reiche aus, wenn die insoweit relevanten Risikofaktoren gesehen und bewertet werden (BGH, Urteil vom 15. Dezember 2006 – 5 StR 181/06, BGHSt 51, 165 Tz. 32 f.; SSW-StGB/Satzger, § 263 Tz. 212; Engländer, JR 2007, 477, 479; Gaede, HRRS 2007, 16, 18; Krack, ZIS 2007, 103, 109; Ostermeier, ZfWG 2007, 253, 260).

[47] (2) Auch im vorliegenden Fall bejaht der Senat grundsätzlich einen Vermögensschaden bereits mit Abschluss des Wettvertrags. Allerdings ist die eingetretene Vermögensminderung abweichend zu bestimmen.

[48] (aa) Wurde der Getäuschte zum Abschluss eines gegenseitigen Vertrages verleitet (Eingehungsbetrug), sind bei der für die Schadensfeststellung erforderlichen Gesamtsaldierung der Geldwert des erworbenen Anspruchs gegen den Täuschenden und der Geldwert der eingegangenen Verpflichtung miteinander zu vergleichen. Der Getäuschte ist geschädigt, wenn sich dabei ein Negativsaldo zu seinem Nachteil ergibt (st. Rspr. vgl. BGH, Beschluss vom 14. April 2011 – 2 StR 616/10, NStZ 2011, 638 Tz. 12; Urteil vom 14. August 2009 – 3 StR 552/08, BGHSt 54, 69 Tz. 156; Beschluss vom 18. Februar 1999 – 5 StR 193/98, BGHSt 45, 1, 4; Beschluss vom 18. Juli 1961 – 1 StR 606/60, BGHSt 16, 220, 221; LK-StGB/Tiedemann, 12. Aufl., § 263 Tz. 160, 173). Ist der Getäuschte ein Risikogeschäft eingegangen, kommt es für die Bestimmung des Schadens maßgeblich auf die täuschungs- und irrtumsbedingte Verlustgefahr an, die über die vertraglich zu Grunde gelegte hinausgeht (vgl. BGH, Beschluss vom 14. April 2011 – 2 StR 616/10, NStZ 2011, 638 Tz. 12; Beschluss vom 18. Februar 2009 – 1 StR 731/08, BGHSt 53, 199 Tz. 12 f.; Beschluss vom 23. Februar 1982 – 5 StR 685/81, BGHSt 30, 388, 389 f.; Jaath in FS Dünnebier, S. 583, 591 f.).

[49] Auch ein nur drohender, ungewisser Vermögensabfluss kann einen Schaden darstellen, wenn der wirtschaftliche Wert des gefährdeten Vermögens bereits gesunken ist (vgl. Lackner/Kühl, StGB, 27. Aufl., § 263 Tz. 40 ff.; Schuhr, ZStW 123 [2011], 517, 529 f.; Riemann, Vermögensgefährdung und Vermögensschaden, 1989, S. 7). Die bloße Möglichkeit eines Wertverlustes genügt dabei allerdings noch nicht. Auch dürfen die Verlustwahrscheinlichkeiten nicht so diffus sein oder sich in so niedrigen Bereichen bewegen, dass der Eintritt eines realen Schadens ungewiss bleibt. Zur Verhinderung einer tatbestandlichen Überdehnung und zur Wahrung des Charakters des Betrugstatbestandes als Erfolgsdelikt ist der Schaden daher der Höhe nach zu beziffern und nachvollziehbar darzulegen. Bestehen Unsicherheiten, kann ein Mindestschaden unter Beachtung des Zweifelssatzes im Wege einer tragfähigen Schätzung ermittelt werden (BVerfG, NStZ 2012, 496 Tz. 176; NStZ 2010, 626 Tz. 28; BGH, Urteil vom 14. August 2009 – 3 StR 552/08, BGHSt 54, 69 Tz. 163; Beschluss vom 18. Februar 2009 – 1 StR 731/08, BGHSt 53, 199 Tz. 13; LK-StGB/Tiedemann, 12. Aufl., § 263 Tz. 165 m.w.N.; Kraatz, JR 2012, 329, 332 ff.). Normative Gesichtspunkte können bei der Bewertung des Schadens eine Rolle spielen; sie dürfen die wirtschaftliche Betrachtung allerdings nicht überlagern oder verdrängen (BVerfG, NStZ 2012, 496 Tz. 176).

[50] (bb) Bei Wettverträgen auf Sportereignisse mit verbindlichen Quoten gestehen sich der Wettende und der Wetthalter gegenseitig je einen Anspruch auf einen bestimmten Geldbetrag zu und übernehmen das entsprechende Haftungsrisiko. Beide Ansprüche stehen zueinander im Verhältnis der Alternativität, weil sie mit unterschiedlichen Vorzeichen von dem Eintritt des gewetteten Spiel-ergebnisses oder Spielverlaufs und damit von entgegengesetzten Bedingungen abhängen (vgl. Staudinger/Engel, BGB, Neubearb. 2008, § 762 Tz. 4 f.; MünchKommBGB/Habersack, 5. Aufl., § 762 Tz. 7; Henssler, Risiko als Vertragsgegenstand, S. 440 ff.). Der Anspruch des Wettenden ist auf den seinen Einsatz entsprechend der vereinbarten Quote übersteigenden Wettgewinn und der Anspruch des Wettanbieters auf ein Behaltendürfen des vorgeleisteten Wetteinsatzes gerichtet. Ihr Geldwert bestimmt sich nach der vereinbarten Höhe (Einsatz x Quote – Einsatz bzw. Einsatz) sowie der Wahrscheinlichkeit des Eintrittes des zur Bedingung gemachten Spielausganges. Wird durch eine nicht offen gelegte Manipulation des Wettenden die Wahrscheinlichkeit erhöht, dass es zu dem von ihm gewetteten Spielausgang kommt, erhöht sich damit auch der Geldwert seines Anspruchs gegen den getäuschten Wettanbieter und das korrespondierende Haftungsrisiko. Zugleich vermindert sich der Geldwert des alternativen Anspruchs des Wettanbieters auf ein Behaltendürfen des Einsatzes. Die getäuschten Wettanbieter haben mithin einen Vermögensschaden erlitten, wenn bei objektiver Betrachtung die von ihnen gegenüber den Angeklagten eingegangene – infolge der Manipulationen mit einem erhöhten Realisierungsrisiko behaftete – Verpflichtung zur Auszahlung des vereinbarten Wettgewinns nicht mehr durch den Anspruch auf den Wetteinsatz aufgewogen wird.

[51] (cc) Die Tatsache, dass die beeinträchtigten Ansprüche der Wettanbieter auf ein Behaltendürfen des Wetteinsatzes von dem Nichteintritt des gewetteten Spielergebnisses abhingen, lässt den strafrechtlichen Vermögensschutz nicht entfallen. Auch bedingte Forderungen gehören zum strafrechtlich geschützten Vermögen, wenn mit ihrer Realisierung ernsthaft zu rechnen ist und sie deshalb im Geschäftsverkehr als werthaltig angesehen werden (vgl. BGH, Beschluss vom 27. Mai 2008 – 4 StR 58/08, NStZ 2008, 627). Dies war hier ersichtlich der Fall.

[52] (dd) Soweit die getäuschten Wettanbieter in der Gesamtschau keinen Verlust erlitten haben, weil das auf die betroffenen Spiele entfallene Wettaufkommen die an die Angeklagten auszuschüttenden Gewinne gedeckt hat, steht dies der Annahme eines Vermögensschadens nicht entgegen (a.A. Saliger/Rönnau/Kirch-Heim, NStZ 2007, 361, 366; Reinhart, SpuRt 2007, 52, 54 f.; Rönnau in FS Rissing-van Saan, S. 517, 528; Saliger in FS Samson, S. 455, 459 f.). Die dem Wettanbieter verbleibenden Wetteinsätze der Wettverlierer stellen im Verhältnis zu den manipulativ agierenden Wettgewinnern keinen unter dem Gesichtspunkt der Schadenskompensation zu berücksichtigenden Ausgleich dar. Kommt es im Zusammenhang mit einer nachteiligen Vermögensverfügung an anderer Stelle zu einem Vermögenszuwachs, scheidet die Annahme eines Vermögensschadens nur dann aus, wenn dieser Vorteil von der Verfügung selbst zeitgleich mit dem Nachteil hervorgebracht worden ist und nicht – wie hier – auf rechtlich selbstständigen Handlungen beruht (vgl. BGH, Beschluss vom 10. November 2009 – 4 StR 194/09, NStZ 2010, 330 Tz. 2; Beschluss vom 27. August 2003 – 5 StR 254/03, NStZ 2004, 205 Tz. 2; Urteil vom 23. Mai 2002 – 1 StR 372/01, BGHSt 47, 295, 301 f.; Urteil vom 4. März 1999 – 5 StR 355/98, NStZ 1999, 353, 354; SSW-StGB/Satzger, § 263 Tz. 144).

In den Fällen des **Selbstbedienungstankens** setzt die Annahme eines vollendeten **253**
Betruges voraus, dass der Täter durch (konkludentes) Vortäuschen von Zahlungs-

bereitschaft bei dem Kassenpersonal einen entsprechenden Irrtum hervorruft, der anschließend zu der schädigenden Vermögensverfügung (Einverständnis mit dem Tankvorgang) führt. Mangels Irrtumserregung liegt jedoch kein vollendeter Betrug vor, wenn das Betanken des Fahrzeugs vom Kassenpersonal überhaupt nicht bemerkt wird. In einem solchen Fall ist aber regelmäßig vom Tatbestand des versuchten Betruges auszugehen, wenn das Bestreben des Täters von Anfang an darauf gerichtet war, das Benzin unter Vortäuschung einer nicht vorhandenen Zahlungsbereitschaft an sich zu bringen, ohne den Kaufpreis zu entrichten.[260]

1. Die Verurteilung des Angeklagten wegen vollendeten Betrugs kann nicht bestehen bleiben.

[3] a) Nach den von der Strafkammer insofern getroffenen Feststellungen hatte der Angeklagte in den Fällen II. 1–II. 10 der Urteilsgründe die von ihm benutzten Personenkraftwagen jeweils mit amtlichen Kennzeichen versehen, die aus Diebstählen stammten. Entsprechend seiner vorgefassten Absicht fuhr er in zehn Fällen jeweils zu Selbstbedienungstankstellen, betankte das von ihm geführte Fahrzeug und setzte anschließend die Fahrt fluchtartig ohne Bezahlung der eingefüllten Treibstoffmenge fort. Das Landgericht hat nicht festgestellt, ob die Tankvorgänge von den Betreibern der Tankstellen oder deren Mitarbeitern bemerkt wurden.

[4] b) Diese Feststellungen tragen nicht die Verurteilung wegen vollendeten Betruges.

[5] In den Fällen des Selbstbedienungstankens setzt die Annahme eines vollendeten Betruges voraus, dass der Täter durch (konkludentes) Vortäuschen von Zahlungsbereitschaft bei dem Kassenpersonal einen entsprechenden Irrtum hervorruft, der anschließend zu der schädigenden Vermögensverfügung (Einverständnis mit dem Tankvorgang) führt. Mangels Irrtumserregung liegt jedoch kein vollendeter Betrug vor, wenn das Betanken des Fahrzeugs vom Kassenpersonal überhaupt nicht bemerkt wird. In einem solchen Fall ist aber regelmäßig vom Tatbestand des versuchten Betruges auszugehen, wenn das Bestreben des Täters – wie im vorliegenden Fall – von Anfang an darauf gerichtet war, das Benzin unter Vortäuschung einer nicht vorhandenen Zahlungsbereitschaft an sich zu bringen, ohne den Kaufpreis zu entrichten (BGH, Urteil vom 5. Mai 1983 – 4 StR 121/83, NJW 1983, 2827; Beschluss vom 28. Juli 2009 – 4 StR 254/09, NStZ 2009, 694; Beschluss vom 10. Januar 2012 – 4 StR 632/11, NStZ 2012, 324). Da das Landgericht trotz umfassenden Geständnisses des Angeklagten, Heranziehung der Lichtbilder der Überwachungskameras und Vernehmung des alle Ermittlungen führenden Polizeibeamten keine Feststellungen dazu getroffen hat, ob die einzelnen Tankvorgänge vom Kassenpersonal bemerkt wurden, geht der Senat zu Gunsten des Angeklagten davon aus, dass dies nicht der Fall war, und ändert den Schuldspruch jeweils in versuchten Betrug ab. § 265 StPO steht nicht entgegen, da sich der geständige Angeklagte nicht wirksamer als geschehen hätte verteidigen können.

b) Vermögensschaden

254 Ein Vermögensschaden tritt ein, wenn die **Vermögensverfügung** des Getäuschten **unmittelbar** zu einer nicht durch Zuwachs ausgeglichenen **Minderung des wirt-**

[260] BGH, Beschluss vom 19.12.2012 – 4 StR 497/12.

schaftlichen Gesamtwerts seines Vermögens führt (Prinzip der Gesamtsaldierung). Maßgeblich ist der Zeitpunkt der Vermögensverfügung, also der Vergleich des Vermögenswerts unmittelbar vor und nach der Verfügung. Ob die Hingabe eines Darlehens einen Vermögensschaden bewirkt, ist daher durch einen für den Zeitpunkt der Darlehenshingabe anzustellenden Wertvergleich mit dem Rückzahlungsanspruch des Darlehensgläubigers zu ermitteln. Die Werthaltigkeit des Rückzahlungsanspruchs wird dabei durch die Bonität des Schuldners und den Wert der bestellten Sicherheiten bestimmt. Ein Schaden entsteht daher nur, wenn die vorgespiegelte Rückzahlungsmöglichkeit nicht besteht und auch gegebene Sicherheiten wertlos oder minderwertig sind. Auch bei einer eingeschränkten oder fehlenden finanziellen Leistungsfähigkeit des Schuldners entsteht demnach kein Schaden, wenn und soweit der getäuschte Gläubiger über werthaltige Sicherheiten verfügt, die sein Ausfallrisiko abdecken und – ohne dass der Schuldner dies vereiteln kann – mit unerheblichem zeitlichen und finanziellen Aufwand realisierbar sind.[261]

[14] 1. In den Fällen III. 2–5 der Urteilsgründe belegen die getroffenen Feststellungen nicht, dass den kreditgebenden Banken ein Vermögensschaden im Sinne des § 263 Abs. 1 StGB entstanden ist.

[15] a) Ein derartiger Schaden tritt ein, wenn die Vermögensverfügung des Getäuschten unmittelbar zu einer nicht durch Zuwachs ausgeglichenen Minderung des wirtschaftlichen Gesamtwerts seines Vermögens führt (Prinzip der Gesamtsaldierung; BGH, Beschluss vom 18. Februar 2009 – 1 StR 731/08, BGHSt 53, 199, 201 m.w.N.). Maßgeblich ist der Zeitpunkt der Vermögensverfügung, also der Vergleich des Vermögenswerts unmittelbar vor und nach der Verfügung (BGH, Beschluss vom 14. April 2011 – 2 StR 616/10, NStZ 2011, 638, 639). Ob die Hingabe eines Darlehens einen Vermögensschaden bewirkt, ist daher durch einen für den Zeitpunkt der Darlehenshingabe anzustellenden Wertvergleich mit dem Rückzahlungsanspruch des Darlehensgläubigers zu ermitteln. Die Werthaltigkeit des Rückzahlungsanspruchs wird dabei durch die Bonität des Schuldners und den Wert der bestellten Sicherheiten bestimmt. Ein Schaden entsteht daher nur, wenn die vorgespiegelte Rückzahlungsmöglichkeit nicht besteht (BGH, Urteil vom 13. August 2009 – 3 StR 576/08, StV 2010, 78) und auch gegebene Sicherheiten wertlos oder minderwertig sind (vgl. BGH, Beschluss vom 17. August 2005 – 2 StR 6/05, NStZ-RR 2005, 374; BGH, Beschluss vom 5. März 2009 – 3 StR 559/08, NStZ-RR 2009, 206). Auch bei einer eingeschränkten oder fehlenden finanziellen Leistungsfähigkeit des Schuldners entsteht demnach kein Schaden, wenn und soweit der getäuschte Gläubiger über werthaltige Sicherheiten verfügt, die sein Ausfallrisiko abdecken und – ohne dass der Schuldner dies vereiteln kann – mit unerheblichem zeitlichen und finanziellen Aufwand realisierbar sind (BGH, Beschluss vom 21. Oktober 2008 – 3 StR 420/08, NStZ 2009, 150). Ein Minderwert des Rückzahlungsanspruchs, etwa infolge einer Täuschung über die Bonität, kann mithin durch den Wert hinreichend werthaltiger und liquider Sicherheiten kompensiert werden (vgl. BGH, aaO, NStZ-RR 2005, 374; BGH, aaO, NStZ-RR 2009, 206; Fischer StGB 60. Aufl. § 263 Rn. 133).

[16] Dieser Minderwert des im Synallagma Erlangten ist dabei unter wirtschaftlicher Betrachtungsweise zu bestimmen (vgl. BGH, Beschluss vom 23. Oktober 2012 – 5 StR 307/12, wistra 2013, 20; BGH, Beschluss vom 13. April 2012 – 5 StR

---

[261] BGH, Beschluss vom 29.1.2013 – 2 StR 422/12; vgl. auch BGH, Beschluss vom 4.6.2013 – 2 StR 69/13.

442/11, NStZ 2012, 698, 699; BGH, aaO, NStZ 2011, 638, 639; BGH, aaO, BGHSt 53, 198, 202 f.). Entsprechend der Rechtsprechung des Bundesverfassungsgerichts (BVerfG, Beschluss vom 23. Juni 2010 – 2 BvR 2559/08 u.a., BVerfGE 126, 170, 229; BVerfG, Beschluss vom 7. Dezember 2011 – 2 BvR 2500/09 u.a., BVerfGE 130, 1, 47) ist er konkret festzustellen und ggf. unter Beauftragung eines Sachverständigen zur wirtschaftlichen Schadensfeststellung zu beziffern. Die banküblichen Bewertungsansätze für Wertberichtigungen können hierbei Anwendung finden; denn ist aufgrund fehlender Bonität des Schuldners und nicht ausreichender Sicherheiten mit einem teilweisen Forderungsausfall zu rechnen, so müssen entsprechende bilanzielle Korrekturen vorgenommen werden (BGH, aaO, NStZ 2012, 698, 699). Sofern genaue Feststellungen zur Einschätzung dieses Ausfallrisikos nicht möglich sind, sind Mindestfeststellungen zu treffen, um den dadurch bedingten Minderwert und den insofern eingetretenen wirtschaftlichen Schaden unter Beachtung des Zweifelsatzes zu schätzen.

[17] b) Diesen Maßstäben wird das landgerichtliche Urteil nicht gerecht, wenn es zur Feststellung des Schadens im Sinne des § 263 Abs. 1 StGB allein auf den Vermögensverlust abstellt, der den geschädigten Banken nach Abzug der geleisteten Zahlungen und Verwertung der Grundschulden im Rahmen der Zwangsversteigerung verblieben ist (UA S. 47). Die Strafkammer hätte vielmehr – naheliegend mit sachverständiger Beratung – den Wert des Rückzahlungsanspruchs gegenüber dem Darlehnsschuldner B. unter Berücksichtigung seiner Bonität und der Werthaltigkeit der als Sicherheit bestellten Grundschulden zum Zeitpunkt der Darlehensgewährung ermitteln müssen. Nur bei Vorliegen eines täuschungsbedingten Minderwerts des gesicherten Darlehnsrückzahlungsanspruchs wäre die Annahme eines Schadens – ohne dass es auf den tatsächlichen Verlauf des Darlehnsverhältnisses (noch) ankommt – gerechtfertigt.

255 Die **täuschungsbedingte Erzielung niedrigerer Preise** begründet nicht ohne weiteres einen Vermögensschaden. Dies gilt jedenfalls dann, wenn die erzielten Preise zumindest kostendeckend sind. Da der Betrug nicht die Vermögensmehrung schützt, sondern nur den Vermögensbestand, kommt eine Verurteilung wegen Betruges nur dann in Betracht, wenn die Möglichkeit des Absatzes für das liefernde Unternehmen auch zu dem höheren Preis gesichert erscheint. Nur in diesem Fall läge nämlich ein Vermögensschaden im Sinne des § 263 StGB vor.[262]

[2] 1. Das Landgericht hat die Verurteilungen wegen Betruges nicht rechtsfehlerfrei begründet.

[3] a) Es sieht einen (mittäterschaftlichen) Betrug darin, dass die Angeklagten als für die A. in S. tätige Beratungsapotheker bei der Versorgung von Krebspatienten durch ermächtigte Krankenhausärzte der Abrechnung von Medikamenten zu Klinikpreisen zustimmten. Ebenso hätten die Angeklagten betrügerisch gehandelt, indem sie im Zusammenwirken mit der beliefernden Apotheke bei aus Fertigarzneimitteln zusammengestellten Medikamenten die Abrechnung eines hierfür nicht vorgesehenen Herstellerrabatts veranlassten. Beides hat das Landgericht als jeweils selbständige Betrugshandlung (Verkaufs- und Rabattschaden) gewertet, welche die Angeklagten jeweils in Mittäterschaft mit den leistenden und abrechnenden Apothekern begangen hätten.

---

[262] BGH, Beschluss vom 12.6.2013 – 5 StR 581/12.

[4] b) Dies hält rechtlicher Überprüfung schon deshalb nicht stand, weil die Wirtschaftsstrafkammer nicht hinreichend konkret dargelegt hat, wie die beiden Angeklagten in das System der Arzneimittelbeschaffung eingebunden waren. Dies war erforderlich, weil sowohl der Bezug auf die Verschreibung der ermächtigten Ärzte als auch deren Abrechnung durch die leistenden Apotheker ohne unmittelbare Beteiligung der Angeklagten erfolgt ist. Die Formulierung: „Die Angeklagten wirkten mit", ist zu floskelhaft, um dem Revisionsgericht eine Überprüfung der Verurteilung der Angeklagten als Mittäter zu ermöglichen. Ebenso wenig erlauben die insoweit wenig aussagekräftigen Urteilsgründe eine Einordnung des Handelns der Angeklagten als Tun. Es kann nicht gänzlich ausgeschlossen werden, dass der soziale Handlungsschwerpunkt auf einem Unterlassen liegt, etwa in Form einer – dann nicht einmal zwingend gegen eine Garantenpflicht verstoßenden – Nichtbeanstandung namens der A. gegenüber den bei dieser geltend gemachten Abrechnungen. Schließlich genügen auch die Ausführungen zur Schadenshöhe den rechtlichen Anforderungen nicht, weil sich das Landgericht insoweit allein auf die Ergebnisse der sachverständigen Zeugin K. stützt, ohne konkret den Rechenweg wenigstens in seinen grundlegenden Zügen mitzuteilen. Die Schadensberechnung war hier kein lediglich einfacher Rechenschritt (vgl. BGH, Urteil vom 12. Mai 2009 – 1 StR 718/08, NJW 2009, 2546), bei dem die bloße Ergebnismitteilung ausreichen könnte.

[5] c) Durchgreifenden Bedenken begegnet aber jedenfalls die Feststellung des Vermögensschadens im Sinne des § 263 StGB. Im Ansatz zutreffend geht das Landgericht davon aus, dass verschreibungspflichtige Arzneimittel preisgebunden sind. Für diese werden nach § 78 AMG i.V.m. der Arzneimittelpreisverordnung Preise und Spannen durch Rechtsverordnung festgelegt (vgl. zur Entstehungsgeschichte Hofmann in Kügel/Müller/Hofmann, AMG, 2012, § 78 Rn. 2 ff.). Nach § 1 Abs. 3 Nr. 2 dieser Verordnung (AMPreisV) gelten die durch die Verordnung vorgegebenen Spannen nicht für die Abgabe an Krankenhäuser (vgl. BGH, Beschluss vom 5. Juli 2012 – 5 StR 1/12, NStZ 2012, 628).

[6] Das Landgericht beschränkt sich jedoch darauf, die Preise für Fertigarzneimittel aus dem Krankenhaus- und dem Offizinbereich (gegebenenfalls unter Berücksichtigung zusätzlicher zulässiger Rabatte) gegenüberzustellen. Dies begegnet hier durchgreifenden Bedenken. Wie der Bundesgerichtshof bereits entschieden hat, begründet die täuschungsbedingte Erzielung niedrigerer Preise nicht ohne weiteres einen Vermögensschaden. Dies gilt jedenfalls dann, wenn die erzielten Preise zumindest kostendeckend sind. Da der Betrug nicht die Vermögensmehrung schützt, sondern nur den Vermögensbestand, kommt eine Verurteilung wegen Betruges nur dann in Betracht, wenn die Möglichkeit des Absatzes für das liefernde Unternehmen auch zu dem höheren Preis gesichert erscheint. Nur in diesem Fall läge nämlich ein Vermögensschaden im Sinne des § 263 StGB vor (BGH, Beschlüsse vom 9. Juni 2004 – 5 StR 136/04, NJW 2004, 2603, und vom 14. Juni 1991 – 3 StR 155/91, NJW 1991, 2573).

[7] Mit dieser Frage setzt sich die Wirtschaftsstrafkammer hier nicht auseinander, weil sie mögliche andere Bezugsquellen nicht berücksichtigt. Es hätte nämlich der Erörterung bedurft, ob sich die Arzneimittel auf dem Generika-Markt oder dem Markt für Parallelimporte dann zu ähnlichen, jedenfalls günstigeren Bedingungen hätten beschaffen lassen. Die Differenz zum Offizinpreis stellt deshalb nicht zwangsläufig den Schaden dar, wenn das Arzneimittel anderweitig hätte günstiger beschafft werden können. Dies gilt im Übrigen auch für die Zubereitungen aus Fertigarzneimitteln. Insoweit muss geprüft werden, ob ohne den Ansatz des Herstellerrabatts

(§ 130a SGB V) vergleichbar günstig Produktalternativen zur Verfügung gestanden hätten.

[8] Die Entscheidung des gemeinsamen Senats der obersten Bundesgerichte (Beschluss vom 22. August 2012 – GemS-OBG 1/10, BGHZ 194, 354) schließt ein solches vergleichendes Vorgehen nicht aus. Dort ist zwar ausgeführt, dass die deutschen Vorschriften für den Apothekenabgabepreis auch für verschreibungspflichtige Arzneimitteln gelten, die Apotheken mit Sitz in einem anderen Mitgliedstaat der EU im Wege des Versandhandels nach Deutschland an Endverbraucher abgeben. In der Entscheidung wird aber auch darauf hingewiesen, dass der (Preis-)Wettbewerb auf der Ebene der pharmazeutischen Unternehmer (§ 4 Abs. 18 AMG) zulässig bleibt. Nur um diesen Beschaffungsvorgang von dem pharmazeutischen Unternehmer geht es hier. Daneben gilt, dass der Herstellerrabatt ebenso wenig wie das deutsche Preisrecht nach der Rechtsprechung des Bundessozialgerichts für eingeführte Arzneimittel gelten würde (BSGE 101, 161). Jedenfalls bis zur Entscheidung des Gemeinsamen Senats der obersten Bundesgerichte ist von dieser Rechtsprechung auszugehen (vgl. dazu Hofmann in Kügel/Müller/Hofmann, AMG, 2012, § 78 Rn. 79 ff.).

[9] d) Die Feststellungen zum subjektiven Tatbestand reichen hier ebenfalls nicht aus. Das Landgericht schließt aus dem Gespräch der Angeklagten mit dem Apotheker B. wie auch aus der Höhe der abgerechneten Preise, dass die beiden Angeklagten den Einsatz von Klinikware kannten. Gleichfalls folgert es aus den Bekundungen des Zeugen B. auch ihr Wissen um die unberechtigte Inanspruchnahme des Herstellerrabatts. Die Wirtschaftsstrafkammer verhält sich jedoch nicht zu der Frage, ob die Angeklagten auch die vorgelagerte rechtliche Bewertung in ihrer (als Nichtjuristen) jedenfalls partiell laienhaften Sphäre zutreffend gewürdigt haben.

14. Computerbetrug – § 263a StGB

256 Tatbestandserfüllend im Sinne des **§ 263a Abs. 1 StGB** sind nur diejenigen Vermögensschädigungen, die für sich genommen unmittelbare Folge eines vermögensrelevanten Datenverarbeitungsvorgangs sind, und dieser Datenverarbeitungsvorgang muss seinerseits unmittelbar durch die Tathandlung beeinflusst sein.

Computerbetrug in Form einer Verwendung unrichtiger oder unvollständiger Daten umfasst Fälle sog. **Inputmanipulationen.** Unrichtig sind die Daten, wenn der durch sie vermittelte Informationsgehalt keine Entsprechung in der Wirklichkeit hat, unvollständig sind sie, wenn sie den zugrundeliegenden Lebenssachverhalt nicht ausreichend erkennen lassen. Verwendet sind die Daten, wenn sie in ein Datenverarbeitungsgerät eingebracht werden.[263]

[14] 1. Ein vollendeter Computerbetrug ist nicht hinreichend festgestellt.

[15] Das Landgericht geht insgesamt von einem vollendeten Computerbetrug mit einem Gesamtschaden in Höhe von 174.612,48 Euro aus, dies allerdings bei unterschiedlichen Geschädigten. Bezogen auf diejenigen 785 Lastschriften, bei denen es

---

[263] BGH, Beschluss vom 22.01.2013 – 1 StR 416/12; vgl. hierzu auch BGH, Beschluss vom 28.5.2013 – 3 StR 80/13. Hinsichtlich einer etwaigen Vermögensgefährdung im Rahmen eines Computerbetruges durch Einräumung eines Dispositionskredits vgl. die ablehnende Entscheidung: BGH, Beschluss vom 19.12.2012 – 1 StR 590/12.

nicht zu Rücklastschriften kam, sondern die Lastschriftbeträge auf dem Konto des „M.“ endgültig wertgestellt wurden (insgesamt 7.284,80 Euro), hat das Landgericht ersichtlich eine Vermögensschädigung bei den Bankkunden angenommen, von deren Konten die jeweiligen Lastschrifteinzüge erfolgten. Soweit es im Übrigen weit überwiegend zu Rücklastschriften kam, hat es im Wesentlichen darauf abgestellt, dass bereits zuvor ein Gefährdungsschaden in voller Höhe bei der Raiffeisenbank entstanden sei, indem diese auf dem Konto des „M.“ die Lastschriftbeträge vorläufig gutgeschrieben habe. Ergänzend stellt das Landgericht auch darauf ab, dass bereits bei der „Abbuchung“ der Lastschriftbeträge ebenfalls ein Vermögensschaden (gemeint ist wohl: bei den Bankkunden) in voller Höhe, mithin insgesamt 174.612,48 Euro, eingetreten sei. Auch hält es ersichtlich eine Vermögensschädigung bei den Zahlstellen für möglich.

[16] Diese Wertungen halten schon im Ansatz rechtlicher Überprüfung nicht stand.

[17] Indem das Landgericht im Kern davon ausgegangen ist, dass ein zunächst bei der Raiffeisenbank entstandener Gefährdungsschaden letztlich andernorts, hier namentlich bei 785 Bankkunden in einen endgültigen Schaden umgeschlagen ist, hat es die tatbestandlichen Voraussetzungen des Computerbetruges nicht hinreichend in den Blick genommen. Die bloße Feststellung einer Tathandlung im Sinne des § 263a Abs. 1 StGB und einer Vermögensschädigung bei verschiedenen Beteiligten genügt nicht. Tatbestandserfüllend sind vielmehr (nur) diejenigen Vermögensschädigungen, die für sich genommen unmittelbare Folge eines vermögensrelevanten Datenverarbeitungsvorgangs sind, und dieser Datenverarbeitungsvorgang muss seinerseits unmittelbar durch die Tathandlung beeinflusst sein. Dies erfordert eine getrennte Betrachtung der einzelnen – hier freilich ineinander übergreifenden – Datenverarbeitungsvorgänge bei den beteiligten Banken.

[18] Darüber hinaus sind die Feststellungen zum Schadenseintritt insgesamt unvollständig.

[19] 2. Das vom Landgericht rechtsfehlerfrei festgestellte Verhalten des Angeklagten erfüllt jedoch die Merkmale des – versuchten – (Dreiecks-)Computerbetruges (§ 263a Abs. 2 i.V.m. § 263 Abs. 2 StGB, §§ 22, 23 StGB) zum Nachteil der Bankkunden, von deren Konten die Lastschriftbeträge von jeweils 9,28 Euro eingezogen werden sollten. Die Feststellungen belegen, dass der Angeklagte nach seinem Tatentschluss zur Verwirklichung des Computerbetruges unmittelbar angesetzt hat (§ 22 StGB) und nicht strafbefreiend zurückgetreten ist (§ 24 StGB).

[20] a) Diese rechtliche Bewertung folgt aus den banktechnischen Abläufen des Lastschriftverfahrens, die, soweit sich – wie hier – des Abbuchungsauftragsverfahrens bedient wird, Besonderheiten aufweisen.

[21] Allgemein stellt das Lastschriftverfahren ein Instrument des bargeldlosen Zahlungsverkehrs dar, das im Gegensatz zur Giroüberweisung nicht vom Zahlenden, sondern vom Zahlungsempfänger in Gang gesetzt wird (vgl. BGH, Urteil vom 15. Juni 2005 – 2 StR 30/05, BGHSt 50, 147, 151 ff. m.w.N.). Neben dem Zahlungspflichtigen selbst und dem Zahlungsempfänger sind dabei die als „Erste Inkassostelle“ bezeichnete Bank des Zahlungsempfängers (hier die Raiffeisenbank) und die als „Zahlstelle“ bezeichnete(n) Bank(en) des bzw. der Zahlungspflichtigen beteiligt.

[22] Für die Ausführung von Zahlungen mittels Abbuchungsauftragslastschrift muss der Zahlungspflichtige – im Unterschied zur Einzugsermächtigungslastschrift (vgl. hierzu eingehend BGH aaO) – seine Bank unmittelbar anweisen, die Abbuchungsauftragslastschrift seinem Konto zu belasten und den Lastschriftbetrag

an den Zahlungsdienstleister des Zahlungsempfängers zu übermitteln (sog. Abbuchungsauftrag, vgl. Bunte, AGB Banken, 3. Aufl., SB Lastschrift Rn. 13).

[23] Der Zahlungsempfänger setzt sodann den Zahlungsvorgang in Gang, indem er seiner Bank, also der Ersten Inkassostelle, mit der Lastschrift den Auftrag erteilt, den geschuldeten Betrag beim Zahlungspflichtigen einzuziehen. Die Erste Inkassobank leitet die Lastschrift an die Zahlstellen weiter. Gleichzeitig wird auf dem Konto des Zahlungsempfängers der Lastschriftbetrag unter Vorbehalt des Eingangs gutgeschrieben (E.v.-Gutschrift, vgl. Ellenberger in Schimansky/Bunte/Lwowski, Bankrechts-Handbuch, 4. Aufl. § 56 Rn. 44). Über das Guthaben verfügen darf der Zahlungsempfänger zunächst nur im Einvernehmen mit dem Inkassoinstitut (vgl. Grundmann in Ebenroth/Boujong/Joost/Strohn, HGB, 2. Aufl., Band 2, Bank- und Börsenrecht Rn. II 133; Ellenberger aaO, § 58 Rn. 13); nach Einlösung der Lastschrift durch die Zahlstelle entfällt der Vorbehalt (Grundmann aaO).

[24] Die Zahlstelle belastet das Konto des Zahlungspflichtigen am Tag des Zugangs mit dem Lastschriftbetrag (sog. Belastungsbuchung). Ohne Abbuchungsauftrag ist die Zahlstelle jedoch nicht zur Einlösung berechtigt; die Kontobelastung erfolgt insoweit, ebenso wie im Falle fehlender Deckung, nicht oder wird spätestens am zweiten Bankarbeitstag nach ihrer Vornahme rückgängig gemacht (vgl. Hopt in Baumbacht/Hopt, HGB, 35. Aufl., 2. Teil, Abschn. V, (7) Bankgeschäfte, Kap. 3 D/14). In diesen Fällen wird die Lastschrift als sog. Rücklastschrift (= eine Lastschrift, die nicht eingelöst wird, vgl. Ellenberger aaO, § 56 Rn. 23) an die Erste Inkassostelle zurückgegeben. Erfolgt trotz fehlenden Abbuchungsauftrags keine Rückgängigmachung, kann die Lastschrift zwar im Verhältnis zwischen der Zahlstelle und der Ersten Inkassostelle als eingelöst gelten (vgl. Ellenberger aaO, § 58 Rn. 34; Hopt aaO; BGH, Urteil vom 15. Dezember 1980 – II ZR 53/80, BGHZ 79, 381, 388); der Kunde kann jedoch von seiner Bank, also der Zahlstelle, nach näherer Maßgabe insbesondere die Rückgängigmachung der Buchung auf seinem Konto verlangen (vgl. Bunte aaO Rn. 13; Hopt aaO D/13).

[25] b) Auf dieser Grundlage liegt in Fällen wie hier bei vollautomatisierten Abläufen ein Computerbetrug in Form von Verwendung unrichtiger Daten (§ 263a Abs. 1, 2. Alt. StGB) vor.

[26] (1) Computerbetrug in Form einer Verwendung unrichtiger oder unvollständiger Daten umfasst Fälle sog. Inputmanipulationen. Unrichtig sind die Daten, wenn der durch sie vermittelte Informationsgehalt keine Entsprechung in der Wirklichkeit hat, unvollständig sind sie, wenn sie den zugrundeliegenden Lebenssachverhalt nicht ausreichend erkennen lassen (vgl. MüKo-StGB/Wohlers, § 263a Rn. 27; Cramer/Perron in Schönke/Schröder, StGB, § 263a, 28. Aufl., Rn. 6 m.w.N.). Verwendet sind die Daten, wenn sie (wie ersichtlich hier) in ein Datenverarbeitungsgerät eingebracht werden (Cramer/Perron aaO m.w.N.).

[27] Zwar werden Fälle, in denen der Täter „lediglich" seine Berechtigung zur Auslösung des vermögensrelevanten Datenverarbeitungsvorganges vorspiegelt (so z.B. Dieb einer ec-Karte, der diese zur Abhebung an einem Geldautomaten verwendet), von § 263a Abs. 1, 2. Alt. StGB nicht erfasst (vgl. Tiedemann in Leipziger Kommentar, StGB, 12. Aufl., § 263a Rn. 35; Rossa, CR 1997, 219, 228; vgl. auch Fischer, StGB, 60. Aufl., § 263a Rn. 7). In derartigen Fallkonstellationen ist vielmehr entscheidend, ob – bei betrugsnaher Auslegung – eine unbefugte Verwendung von Daten im Sinne des § 263a Abs. 1, 3. Alt. StGB stattfindet. Unbefugt ist sie dann, wenn sie gegenüber einer natürlichen Person Täuschungscharakter hätte (zum Prüfungsmaß-

stab im Einzelnen vgl. BGH, Beschluss vom 21. November 2001 – 2 StR 260/01, BGHSt 47, 160, 161 ff.).

[28] Reicht daher der Täter vertragswidrig bei der Ersten Inkassostelle, also seiner Bank, im Wege des Online-Bankings mittels ihm überlassener PINs und TANs Lastschriften ein, so handelt er – bei betrugsnaher Auslegung – insoweit nicht unbefugt im Sinne des § 263a Abs. 1, 3. Alt. StGB. Denn ein Bankangestellter der Bank des Täters, der sich mit den Fragen befasste, die anstatt dessen der Computer prüft, würde lediglich etwa anhand der PINs und TANs dessen Zugangsberechtigung, nicht aber die allgemeine Vertragswidrigkeit seines Verhaltens überprüfen (vgl. Trück in Müller-Gugenberger/Bieneck, Wirtschaftsstrafrecht, 5. Aufl., § 49 Rn. 42, 52, der sich allerdings mit der Tatbestandsvariante der 2. Alt. nicht befasst).

[29] Indem der Täter fingierte Forderungen als Lastschriften im Wege des Abbuchungsauftragsverfahrens einreicht, obwohl demgemäß keine Abbuchungsaufträge erteilt wurden, verwendet er aber unrichtige Daten im Sinne des § 263a Abs. 1, 2. Alt. StGB. Dies ergibt sich daraus, dass er den Lastschriftauftrag als solchen im Abbuchungsverfahren kennzeichnet, denn damit bringt er jedenfalls regelmäßig – so nach den Feststellungen des Landgerichts (UA S. 22) auch hier – zumindest schlüssig zum Ausdruck, der (angeblich) Zahlungspflichtige habe seiner Bank einen entsprechenden Abbuchungsauftrag erteilt. Im Übrigen liegt der Möglichkeit, als Einziehender zum Lastschriftverfahren zugelassen zu werden, eine Vorprüfung durch die Erste Inkassostelle zugrunde (vgl. Ellenberger aaO § 58 Rn. 3 sowie Hopt aaO D/42), so dass die Erste Inkassostelle allein mit der Übermittlung der Lastschriften an die Zahlstelle ihr den Eindruck vermittelt, es bestünden keine Bedenken gegen die Bonität des Einziehenden und dessen Vertragstreue (so zum Betrug auch OLG Hamm, NJW 1977, 1834, 1836). Diese Informationsgehalte gehen jedoch über die Frage des unberechtigten bzw. vertragswidrigen Verhaltens des Täters im dargelegten Sinne hinaus.

[31] (3) Der Täter beeinflusst bei vollautomatisierten Vorgängen durch die Verwendung der unrichtigen Daten auch das Ergebnis eines unmittelbar vermögensrelevanten Datenverarbeitungsvorgangs (vgl. hierzu näher Cornelius in Kilian/Heussen, Computerrecht, 31. Lfg. 2012, Abschn. 1, Teil 10, Kap. 102, § 263a Rn. 74 ff.). Ein solcher liegt jedenfalls vor, wenn und soweit die EDV-Anlage der Zahlstelle keine Rückgabe der Rücklastschrift auslöst, und sie mithin die Einlösung der Lastschrift bewirkt.

[32] Zwar ist in Fällen wie den vorliegenden, in denen ein Abbuchungsauftrag nicht vorliegt, die Abbuchung im Verhältnis zwischen der Zahlstelle und ihrem Kunden unwirksam (vgl. Ellenberger aaO, § 58 Rn. 34), und der Kunde kann von der Bank nach näherer Maßgabe die Rückbuchung des Vorganges verlangen.

[33] Unbeschadet dieser Möglichkeit entsteht dem Kunden aber ein mit der Einlösung der Lastschriften korrespondierender wirtschaftlicher Schaden im Sinne eines Gefährdungsschadens: Das Vermögen des Kontoinhabers mag sich zwar mit Blick auf die Unwirksamkeit der Abbuchung nicht in Höhe des Lastschriftbetrages materiell vermindern. Es tritt aber jedenfalls eine zumindest faktische Vermögensminderung ein (vgl. auch Trück aaO, § 49 Rn. 58 m.w.N. zu Fallgestaltungen, in denen der Täter sich etwa durch sog. Phishing Zugangsdaten zu Bankkonten verschafft und mittels dieser Daten eine Bank zu Transaktionen, namentlich Überweisungen, veranlasst). Der Bankkunde trägt nunmehr nämlich das Risiko, die Abbuchung überhaupt zu bemerken, um eine Rückbuchung verlangen zu können. Bis dahin weist sein Konto einen um den Lastschriftbetrag verminderten Kontostand auf und er ist jedenfalls faktisch daran gehindert, über diesen Betrag zu disponieren.

[34] Die Zahlstelle ist auch – analog zu den zum Dreiecksbetrug entwickelten Grundsätzen – dem Lager ihrer Kunden zuzurechnen. Das hierfür erforderliche Näheverhältnis ist gegeben (vgl. Trück aaO; vgl. auch OLG Hamm aaO, a.A., insoweit ohne nähere Begründung Soyka, NStZ 2004, 538, 541): Die Zahlstelle hat bereits aufgrund der vertraglichen Vereinbarungen zu ihren Kunden die Möglichkeit, – wie hier – Abbuchungen von deren Konten zu veranlassen.

[35] c) Das festgestellte Verhalten des Angeklagten erfüllt die objektiven und subjektiven Voraussetzungen des versuchten Computerbetrugs zum Nachteil der Bankkunden, von deren Konten die Lastschriften eingezogen werden sollten (hierzu nachfolgend unter (1)); die Tatvollendung ist hingegen im Hinblick auf einen Schadenseintritt nicht hinreichend belegt (hierzu nachfolgend unter (2)).

[36] (1) Dem Angeklagten war bekannt, dass den Lastschriften keine reellen Forderungen zu Grunde lagen und dementsprechend keiner der lediglich angeblich zahlungspflichtigen Bankkunden seiner Bank einen Abbuchungsauftrag erteilt hatte. Ihm ging es darum, gemeinsam mit den weiteren Tatbeteiligten über die im Lastschriftverfahren „eingezogenen Beträge verfügen zu können" (UA S. 22). Er handelte somit im Bewusstsein der Schädigung der betreffenden Bankkunden und daher vorsätzlich. Zudem war seine Absicht, sich und Dritten einen rechtswidrigen Vermögensvorteil zu verschaffen, gegeben. Dass der Angeklagte eine rein automatisierte Bearbeitung der von ihm online übermittelten Lastschriftaufträge nicht in seinen Vorsatz aufgenommen haben könnte, liegt ohnehin fern.

[37] Keiner weiteren Erörterung bedarf zudem, dass er durch die Übermittlung der Lastschriftaufträge die nach § 22 StGB maßgebliche Schwelle zum Versuch überschritten hatte. Ebenso scheidet ein freiwilliger Rücktritt des Angeklagten ersichtlich aus.

[38] (2) Die bisherigen Feststellungen tragen die Wertung, es sei bei den angeblich zahlungspflichtigen Bankkunden bereits ein Vermögensschaden eingetreten, nicht.

[39] (a) Dies gilt zunächst für die Würdigung des Landgerichts, bereits durch die „Abbuchung" der Lastschriftbeträge sei ein Schaden (gemeint ist ersichtlich zum Nachteil aller Bankkunden und damit in einer Gesamthöhe von 174.612,48 Euro) eingetreten. Unmittelbare Folge der Übersendung der Lastschriftaufträge an die Zahlstellen war zwar, dass diese die Konten ihrer Kunden in Höhe von 9,28 Euro belasteten (sog. Belastungsbuchung). Diese Belastungsbuchungen waren jedoch zunächst nur vorläufiger Art und mit Blick auf die fehlenden Abbuchungsaufträge bis zum zweiten Bankarbeitstag von den Zahlstellen rückgängig zu machen, so wie dies hier auch ganz überwiegend erfolgt ist. Bis dahin mag das Vermögen der Bankkunden beeinträchtigt gewesen sein, wenn und soweit die Konten zunächst einen um den Lastschriftbetrag verminderten Kontostand auswiesen und die Bankkunden bis zur Rückgabe der Lastschriften insoweit in ihrer Dispositionsfreiheit jedenfalls eine Zeit lang eingeschränkt waren. Hierzu ist jedoch bislang nichts festgestellt. Zudem ist – jedenfalls bei vollautomatisierten Überprüfungen – zumindest nicht fernliegend, dass eine fehlende Dispositionsmöglichkeit allenfalls auf eine „logische Sekunde" begrenzt war und damit keine auch nur faktische Beeinträchtigung des Vermögens der Bankkunden zur Folge hatte.

[40] (b) Soweit das Landgericht hinsichtlich der 785 Lastschriften, bei denen es zu keinen Rücklastschriften kam, eine Vermögensschädigung der insoweit betroffenen Bankkunden angenommen hat, liegt ein vollendeter Computerbetrug zu deren Nachteil zwar nach dem oben unter III. 2. b) (3) Erläuterten grundsätzlich nahe.

[41] Jedoch blieben die Gründe für die Vorgänge bei den Zahlstellen insoweit ausdrücklich ungeklärt (vgl. UA S. 60). Vor diesem Hintergrund ist jedenfalls nicht völlig auszuschließen, dass andere – vom Angeklagten nicht beeinflusste – Faktoren hierzu geführt haben.

[42] Es kann den Feststellungen daher nur sicher das Vorliegen eines versuchten Computerbetruges zum Nachteil der Bankkunden entnommen werden.

[43] Dass das Landgericht mit Blick (allein) auf den einheitlich gefassten Tatentschluss lediglich eine Tat angenommen hat, beschwert den Angeklagten jedenfalls nicht.

[44] 3. Einen vollendeten Computerbetrug zum Nachteil der Raiffeisenbank ergeben die bisherigen Feststellungen nicht. Es ist jedenfalls ein Gefährdungsschaden zu deren Nachteil bislang nicht hinreichend belegt.

Der **Tatbestand des Computerbetruges** gemäß § 263a StGB erfaßt in Einschränkung seines Wortlauts nur **solche Handlungen**, die, würden nicht lediglich maschinell gesteuerte Geschehensabläufe ausgelöst, als **Betrug durch täuschungsbedingte Veranlassung der Vermögensverfügung** eines – vom Täter zu unterscheidenden – anderen zu bewerten wären.[264] **257**

[8] a) Nach den Feststellungen kamen die Angeklagten G. und E. überein, sich eine fortlaufende Einnahmequelle dadurch zu verschaffen, dass sie unter Verwendung gefälschter Personalpapiere und Gehaltsbescheinigungen bei Banken die Eröffnung von Konten auf den Namen nicht existenter Personen, in Einzelfällen auch auf den Namen existenter, aber im Wesentlichen einkommensloser Personen beantragten und diese Konten sodann im Rahmen der jeweils eingeräumten Kreditlinie ohne die Absicht späteren Ausgleichs belasteten. Mit der Herstellung der falschen Dokumente befassten sie unter anderem den Angeklagten S. Im Bemühen um geeignete „Kontaktleute" zu Banken trat E. im Einvernehmen mit G. um die Jahreswende 2010/2011 auch an den Angeklagten K. heran, der als selbständiger Finanzierungsvermittler für die Postbank tätig war und von dieser die Befugnis erhalten hatte, geworbenen Kunden in eigener Zuständigkeit Konten zu eröffnen. Hierzu war er mit einem EDV-System ausgestattet, das nach Eingabe der Kundendaten anhand vorgegebener Parameter die erforderliche Bonität prüfte, das Konto einrichtete, die zu gewährende Kreditlinie berechnete sowie die Erstellung und den Versand der Kontounterlagen, der zugehörigen Karten sowie der PIN veranlasste. Eine Kontrolle der vom Angeklagten K. so in Gang gesetzten Bearbeitungsvorgänge durch Mitarbeiter der Postbank sah die Ablauforganisation nicht vor.

[9] Gegen das Versprechen einer Provision in Höhe von jeweils 10% des bewilligten Kredits erklärte sich der Angeklagte K. gegenüber E. bereit, Konten auch ohne Überprüfung der Identität des im Antrag bezeichneten Kunden zu eröffnen. Dass diese Konten zum Nachteil der Postbank bis zur Höhe der eingeräumten Kreditlinie ohne Aussicht auf Saldoausgleich belastet werden würden, nahm der Angeklagte K. anfangs billigend in Kauf; nach einer gemeinsamen Besprechung des weiteren Vorgehens am 4. März 2011 wusste er dies.

[10] Jeweils auf Betreiben von G. und E. sowie auf der Grundlage der von diesen zur Verfügung gestellten falschen Dokumente eröffnete der Angeklagte K. in der Folge zwischen 20. Januar und 19. April 2011 insgesamt 15 Kundenkonten bei der

264 BGH, Beschluss vom 23.7.2013 – 3 StR 96/13.

Postbank. In den eingangs genannten insgesamt 13 Fällen belasteten G. und E. die Konten anschließend wie geplant durch Verfügungen zu eigenen Gunsten.

[11] b) Danach hat der Angeklagte K. zwar durch Verwendung objektiv unrichtiger Daten auf das Ergebnis eines Datenverarbeitungsvorgangs eingewirkt. Dies erfüllt für sich allein indes noch nicht den Tatbestand des Computerbetrugs nach § 263a Abs. 1 Var. 2 StGB.

[12] aa) Der Tatbestand des Computerbetruges gemäß § 263a StGB wurde zur Schließung von Strafbarkeitslücken in das Strafgesetzbuch eingeführt, weil es bei der Manipulation von Datenverarbeitungsvorgängen regelmäßig an der Täuschung und infolgedessen der Erregung eines Irrtums einer natürlichen Person fehlt, was zur Unanwendbarkeit des Betrugstatbestandes nach § 263 StGB führt (BGH, Beschluss vom 28. Mai 2013 – 3 StR 80/13 m.w.N.). Bei der Umsetzung dieses Ziels orientierte sich der Gesetzgeber konzeptionell an dem Tatbestand des Betruges, wobei an die Stelle der Täuschung die Tathandlungen des § 263a Abs. 1 StGB treten und mit der Irrtumserregung und dem ungeschriebenen Tatbestandsmerkmal der Vermögensverfügung die Beeinflussung des Ergebnisses eines – vermögenserheblichen – Datenverarbeitungsvorgangs korrespondiert (BT-Drucks. 10/318 S. 19). Aufgrund dieser Struktur- und Wertgleichheit der Tatbestände des Betrugs und des Computerbetrugs (vgl. dazu BGH aaO; Beschlüsse vom 20. Dezember 2012 – 4 StR 580/11, NJW 2013, 1017, 1018; vom 21. November 2001 – 2 StR 260/01, BGHSt 47, 160, 162) hält der Senat daran fest, dass § 263a Abs. 1 StGB in Einschränkung seines Wortlauts nur solche Handlungen erfasst, die, würden nicht lediglich maschinell gesteuerte Geschehensabläufe ausgelöst, als Betrug durch täuschungsbedingte Veranlassung der Vermögensverfügung eines – vom Täter zu unterscheidenden – anderen zu bewerten wären (vgl. Fischer, StGB, 60. Aufl., § 263a Rn. 4).

[13] bb) Dies ist hier nicht der Fall, denn der Angeklagte K.war nach der Ausgestaltung seiner dienstvertraglichen Beziehungen mit der Postbank berechtigt, selbständig und mit unmittelbarer Wirkung für diese über die Eröffnung eines Kontos zugunsten eines Kunden zu entscheiden. Entschloss sich der Angeklagte, das Konto (auf maschinellem Wege) zu eröffnen, so traf er demnach eine eigenverantwortliche Verfügung namens der Bank und mit Wirkung für diese. Seine Stellung hob sich somit ab von derjenigen einer Person, die lediglich (durch Täuschung) die Verfügung eines in anderem Lager stehenden Dritten veranlasst. Gemessen daran schiede eine Täuschung von Mitarbeitern der Bank selbst dann aus, wenn diese die Vorgabe des Angeklagten, ein Konto einzurichten, im Wege manueller Vorgangsbearbeitung umzusetzen gehabt hätten (vgl. hierzu BGH, Beschluss vom 5. März 2008 – 5 StR 36/08, NStZ 2008, 340). Allein der Umstand, dass der Angeklagte Manipulationen zur Überwindung von Parametern unternommen hat, die ihm die Konteneröffnungen programmtechnisch verwehrt hätten, rechtfertigt keine andere Beurteilung, denn ein Handeln in Abweichung von Vorgaben des Vermögensinhabers bildet gerade den typischen Anwendungsbereich des Untreuetatbestands (§ 266 Abs. 1 StGB).

258 Wer von dem **berechtigten EC-Karten-Inhaber EC-Karte und PIN-Nummer** erhält und unter ihrer Verwendung Abhebungen an Geldautomaten vornimmt, begeht – auch wenn er im Innenverhältnis dem eigentlichen Karteninhaber gegenüber hierzu nicht berechtigt ist – keinen Computerbetrug. Gelangt er unter Täuschung des Berechtigten in den Besitz von EC-Karte und PIN-Nummer, kommt allerdings eine Strafbarkeit wegen Betrugs in Betracht.[265]

---

[265] BGH, Beschluss vom 15.1.2013 – 2 StR 553/12.

15. Subventionsbetrug – § 264 StGB

Bei dem **leichtfertigen Subventionsbetrug** nach § 264 Abs. 1 Nr. 3 i.V.m. Abs. 4 StGB stellt es die Tathandlung dar, dass der Täter die Subventionsbehörde leichtfertig in Unkenntnis über subventionserhebliche Tatsachen lässt. Maßgeblich ist deshalb, dass er – nach seinen individuellen Fähigkeiten – die an sich gebotene Handlung ohne weiteres hätte erkennen können. Leichtfertigkeit in diesem Zusammenhang muss in einer groben Verkennung der Umstände liegen, die eine Unterrichtung der Subventionsbehörde geboten hätten.[266] **259**

[5] Diese Bewertung des Landgerichts begegnet durchgreifenden Bedenken. Die Annahme eines leichtfertigen Handelns des Angeklagten ist nach den Urteilsgründen nicht belegt und beruht zudem auf einer unvollständigen Würdigung der Beweisumstände.

[6] 1. Die Leichtfertigkeit ist nach ständiger Rechtsprechung eine vorsatznahe Schuldform, die eine besondere Gleichgültigkeit oder grobe Unachtsamkeit voraussetzt (BGH, Beschluss vom 20. Mai 2010 – 5 StR 138/10, NStZ-RR 2010, 311; Urteil vom 17. Juli 1997 – 1 StR 791/96, BGHSt 43, 158, 168). Bei dem leichtfertigen Subventionsbetrug nach § 264 Abs. 1 Nr. 3 i.V.m. Abs. 4 StGB stellt es die Tathandlung dar, dass der Täter die Subventionsbehörde leichtfertig in Unkenntnis über subventionserhebliche Tatsachen lässt. Maßgeblich ist deshalb, dass er – nach seinen individuellen Fähigkeiten (vgl. BGH, Urteil vom 24. Januar 2006 – 1 StR 357/05, BGHSt 50, 347, 352) – die an sich gebotene Handlung ohne weiteres hätte erkennen können. Leichtfertigkeit in diesem Zusammenhang muss in einer groben Verkennung der Umstände liegen, die eine Unterrichtung der Subventionsbehörde geboten hätten.

[7] 2. Ein Pflichtverstoß von einem derartigen Gewicht ist in den Urteilsgründen nicht dargetan. Die dem Angeklagten vorgeworfene Handlung bestand hier darin, dass er das Finanzamt Plauen von der Auflösung des Vertrages nicht in Kenntnis gesetzt hatte. Der Leichtfertigkeitsvorwurf muss sich deshalb – wovon auch das Landgericht im Ansatz zutreffend ausgegangen ist – auf seine fehlende Kenntnis von der Auflösung des Vertrages beziehen. In diesem Zusammenhang fehlen aber Gesichtspunkte, die den gesteigerten Vorwurf der Leichtfertigkeit hätten tragen können. Gerade für den zwar im Wirtschaftsleben erfahrenen, juristisch aber nicht vorgebildeten Angeklagten war die genaue Unterscheidung, ob eine Kündigung „ausgesetzt" oder lediglich ein „Vertragsneuabschluss zugesagt" war, nicht ohne weiteres zu durchschauen. Dies gilt vor allem auch deshalb, weil – aus der Sicht des Angeklagten – die wirtschaftlichen Folgen, nämlich die Fortsetzung der Fertigstellung der Produktionslinie im Falle einer Sicherung der Finanzierung nahezu identisch waren. Da ersichtlich hier beide Vertragsparteien weiterhin eine Realisierung des Gesamtprojekts erstrebten, hätte es zusätzlicher Gesichtspunkte bedurft, die das Verhalten des Angeklagten als grobe Verkennung der relevanten Umstände qualifizieren könnten.

[266] BGH, Beschluss vom 13.12.2012 – 5 StR 542/12.

16. Untreue – § 266 StGB

■ TOPENTSCHEIDUNG

260 Eine **konkrete Vermögensgefährdung** liegt erst dann vor, wenn nach den Umständen des Einzelfalls mit wirtschaftlichen Nachteilen ernstlich zu rechnen ist oder wenn die **Gefahr des endgültigen Verlustes eines Vermögensbestandteils** so groß ist, dass sie schon jetzt eine Minderung des Gesamtvermögens zur Folge hat. Erst die konkrete wirtschaftliche Auswirkung macht eine zukünftige Verlustgefahr zu einem wirtschaftlichen Schaden.[267]

[3] a) Nach den Feststellungen des Landgerichts führten die angeklagten Eheleute R. als Gesellschafter und faktische Geschäftsführer die mittelständische „H. GmbH" (nachfolgend H. GmbH) „planmäßig in die Insolvenz" (UA S. 9), um sich eines Teils ihrer Arbeitnehmer unter Umgehung der Forderungen des Betriebsrats und der Gewerkschaft zu entledigen und mit reduzierter Belegschaft ein neues Unternehmen am selben Standort zu gründen. Sie folgten bei ihrem Vorgehen dem anwaltlichen Rat des Angeklagten B. und wurden unterstützt durch den Angeklagten J., der seit dem 30. Mai 2003 als alleiniger „Strohgeschäftsführer" der H. GmbH fungierte.

[4] Sie gründeten am 13. Juni 2003 die „He." (nachfolgend He.) und veräußerten mit Kaufvertrag vom 30. Juni 2003 das gesamte Anlage- und Umlaufvermögen der H. GmbH für ca. 1,8 Mio. € an die He. Der Kaufpreis sollte durch Freistellung und Übernahme von Verbindlichkeiten (insbesondere Darlehensforderungen der Eltern der Angeklagten B. R.) geleistet werden, wovon die Lohn- und Gehaltsforderungen der 63 Arbeitnehmer in Höhe von rund 165.000 € nicht erfasst waren. Mit Vollzug des Kaufvertrages am 1. August 2003 geriet die H. GmbH in die Überschuldung, „weil sie über keinerlei Vermögenswerte mehr verfügte, andererseits aber Verbindlichkeiten ausgesetzt war", die nicht übernommen worden waren (UA S. 26).

[5] Allen 63 Arbeitnehmern der H. GmbH wurde am 30. Juni 2003 zum 31. Juli 2003 gekündigt; davon wurden 34 Arbeitnehmern ab dem 15. September 2003 neue Beschäftigungen in einer Betreibergesellschaft der He. angeboten und mit 15 weiteren Arbeitnehmern Abfindungsvergleiche geschlossen. Die übrigen Arbeitnehmer haben Kündigungsschutzklagen erhoben und beide Gesellschaften unter Berufung auf einen Betriebsübergang nach § 613a BGB in Anspruch genommen; diese Rechtsstreitigkeiten endeten in Vergleichen, in denen die He. und der Angeklagte K.R. sich zu Abfindungszahlungen verpflichteten (vgl. UA S. 21 f.).

[6] b) Die tatsächlichen Feststellungen belegen einen Vermögensnachteil im Sinne des § 266 Abs. 1 StGB nicht.

[7] Einen Vermögensnachteil hat das Landgericht nicht beziffert, sondern darin gesehen, dass die Käuferin nicht sämtliche schon entstandene und zukünftig entstehende Verbindlichkeiten der H. GmbH, „insbesondere die Lohn- und Gehaltsforderungen der Arbeitnehmer für die Monate Juni und Juli 2003 einschließlich der Lohnnebenkosten" (vgl. UA S. 26, 104, 106), vollständig übernommen hat. Es hat damit den Vermögensnachteil nicht in Höhe der entzogenen Vermögenswerte, sondern in der Gefahr des Ausfalls der Gesellschaft als Schuldnerin für bestehende und noch zu erwartende Verbindlichkeiten gesehen.

---

[267] BGH, Beschluss vom 30.5.2013 – 5 StR 309/12.

[8] Zwar war es den Angeklagten R. nicht erlaubt, der H. GmbH dasjenige Vermögen zu entziehen, das die Gesellschaft noch zur Begleichung ihrer Verbindlichkeiten benötigte (vgl. BGH, Urteil vom 13. Mai 2004 – 5 StR 73/03, BGHSt 49, 147, 158 f.; BGH, Beschluss vom 31. Juli 2009 – 2 StR 95/09, BGHSt 54, 52 m.w.N.). Inwieweit der H. GmbH durch die Übertragung des gesamten Anlage- und Umlaufvermögens ein messbarer Vermögensnachteil entstanden ist, kann aber vorliegend nicht allein aus pflichtwidrigem Handeln geschlossen werden, sondern bedarf eigenständiger Feststellungen (vgl. BVerfGE 126, 170, 211). Die bislang getroffenen Feststellungen des Landgerichts genügen nicht den Anforderungen, die an die Ermittlung eines schadensgleichen Gefährdungsschadens gestellt werden.

[9] Ein solcher schadensgleicher Gefährdungsschaden ist in wirtschaftlich nachvollziehbarer Weise festzustellen; unvermeidliche Prognose- und Beurteilungsspielräume sind durch vorsichtige Schätzung auszufüllen (vgl. BVerfGE, aaO, S. 229 f.). Eine konkrete Vermögensgefährdung in Höhe der am 31. Juli 2003 bestehenden Lohn- und Gehaltsforderungen von rund 165.000 € ist nicht hinreichend belegt; die abstrakte Gefahr einer Inanspruchnahme reicht hierfür nicht aus.

[10] Eine konkrete Vermögensgefährdung liegt erst dann vor, wenn nach den Umständen des Einzelfalls mit wirtschaftlichen Nachteilen ernstlich zu rechnen ist (BGH, Urteil vom 9. Juli 1987 – 4 StR 216/87, BGHSt 34, 394, 395) oder wenn die Gefahr des endgültigen Verlustes eines Vermögensbestandteils so groß ist, dass sie schon jetzt eine Minderung des Gesamtvermögens zur Folge hat (vgl. BGH, Beschluss vom 2. April 2008 – 5 StR 354/07, BGHSt 52, 182, 189). Erst die konkrete wirtschaftliche Auswirkung macht eine zukünftige Verlustgefahr zu einem wirtschaftlichen Schaden (vgl. BVerfGE, aaO, S. 228).

[11] Im vorliegenden Fall bestand die Besonderheit darin, dass mit der überwiegenden Anzahl der Arbeitnehmer außergerichtliche Einigungen erzielt wurden. Es hätte daher näherer Darlegungen bedurft, in welcher Höhe die Lohn- und Gehaltsforderungen danach gegenüber der H. GmbH noch durchsetzbar waren. Nach der insoweit nicht ausreichend gewürdigten Einlassung der Angeklagten B. R., wonach sämtliche Gläubiger der H. GmbH objektiv befriedigt worden waren (UA S. 60, 62), kann nicht ausgeschlossen werden, dass in den entsprechenden Vereinbarungen auch Regelungen über Lohn- und Gehaltsforderungen getroffen und diese auch befriedigt worden sind.

[12] Auch hinsichtlich der Forderungen, die prozessual geltend gemacht und schließlich Gegenstand gerichtlicher Vergleiche wurden, hätte erörtert werden müssen, in welcher Höhe die H. GmbH bei einem etwaigen Betriebsübergang nach § 613a BGB Zahlungsansprüchen ausgesetzt war, die nicht durch einen Anspruch im Innenverhältnis nach § 613a Abs. 2 Satz 1, § 426 Abs. 1 BGB kompensiert worden sind.

[13] Die Rechtsfolge des § 613a BGB ist hier kein im Rahmen des Untreuetatbestands nach § 266 StGB unbeachtlicher Kompensationsanspruch, sondern ist aufgrund der gewählten Konstruktion der Überleitung der Betriebsmittel als ein zugunsten der Angeklagten zu berücksichtigender Schadensausschlussgrund anzusehen. Sie kann sich auch auf die Nachteilsfeststellung im Blick auf die H. GmbH auswirken. Das Bestehen eines Betriebsübergangs im Sinne des § 613a BGB würde – wozu das neue Tatgericht Feststellungen zu treffen hätte – den Nachteil gegenüber der H. GmbH beseitigen, wenn diese im Innenverhältnis von dem Nachfolgeunternehmen freigestellt wäre (oder sich ein solches Ereignis aufgrund einer Auslegung ergibt) und somit kein Gesamtschuldnerausgleich im Innenverhältnis zwischen abgebendem

und aufnehmendem Unternehmen bestünde. Dieses müsste dann im Rahmen der Gesamtsaldierung bei der Nachteilsbestimmung im Sinne des § 266 StGB (vgl. BGH, Beschluss vom 27. August 2003 – 5 StR 254/03, BGHR StGB § 266 Abs. 1 Nachteil 55) ebenso berücksichtigt werden wie die Regelungen des danach geltenden Kapitalersatzrechts (§ 30 GmbHG aF), die auf Altfälle noch anwendbar sind (vgl. BGH, Urteil vom 26. Januar 2009 – II ZR 260/07, BGHZ 179, 249; vgl. auch T. Fleischer in Henssler/Strohn, Gesellschaftsrecht, 2011, Anh. zu § 30 GmbHG Rn. 9). Sollten die gewährten Darlehen nämlich in diesem Sinne eigenkapitalersetzend wirken und noch nicht zurückgeführt worden sein (BGH, Urteil vom 6. Mai 2008 – 5 StR 34/08, BGHR StGB § 266 Abs. 1 Nachteil 66), könnte dies die Bestimmung des Untreueschadens ebenfalls beeinflussen.

[14] Vor diesem Hintergrund reicht der Verweis des Landgerichts auf das erfolglose Vorgehen einer als Zeugin vernommenen Arbeitnehmerin, die angab, für zwei Monate Insolvenzausfallgeld erhalten und nach einem arbeitsgerichtlichen Vergleich fruchtlose Vollstreckungsversuche gegen die H. GmbH unternommen zu haben (vgl. UA S. 64, 79 f.), nicht für den Eintritt eines Nachteils dem Grunde nach aus. Erst recht vermag dies keinen Vermögensnachteil in Höhe sämtlicher Lohn- und Gehaltsforderungen zum Zeitpunkt der Vermögensverfügung zu begründen.

■ **PRAXISBEDEUTUNG**

Die vorliegende Entscheidung stellt klar, dass jedenfalls bei Annahme eines bloßen Gefährdungsschadens ein solcher nur dann schadensgleich ist, wenn er in wirtschaftlich nachvollziehbarer Weise festzustellen und belegbar ist. Erforderlich ist, dass im Einzelfall ernstlich mit wirtschaftlichen Nachteilen zu rechnen ist! Einfache, nicht näher belegte Prognosen sind daher für die Annahme eines Gefährdungsschadens nicht ausreichend.

261 Voraussetzung des Treubruchstatbestandes gemäß § 266 Abs. 1 StGB ist die **tatsächliche Einwirkungsmacht auf fremdes Vermögen**, der ein besonders schützenswertes Vertrauen in die Wahrnehmung fremder Vermögensinteressen zugrunde liegt. Wegen der Weite des Tatbestandes sind die durch § 266 Abs. 1 StGB strafrechtlich geschützten Treueverhältnisse auf die Fälle zu beschränken, in denen für den Betreuenden eine **besonders qualifizierte Pflichtenstellung in Bezug auf das fremde Vermögen** begründet wird. Diese muss über allgemeine vertragliche Sorgfalts- und Rücksichtnahmepflichten ebenso hinausgehen wie über eine rein tatsächliche Einwirkungsmöglichkeit. Erforderlich ist, dass sich die Vermögensfürsorge als Hauptpflicht, also als zumindest mitbestimmende und nicht nur beiläufige Verpflichtung darstellt. Es muss hinzukommen, dass dem Täter die ihm übertragene Tätigkeit nicht durch ins Einzelne gehende Weisungen vorgezeichnet ist, sondern ihm Raum für eigenverantwortliche Entscheidungen und eine gewisse Selbständigkeit belassen wird. Hierbei ist nicht nur auf die Weite des dem Täter eingeräumten Spielraums abzustellen, sondern auch auf das Fehlen von Kontrolle, also auf seine tatsächlichen Möglichkeiten, ohne eine gleichzeitige Steuerung und Überwachung durch den Treugeber auf dessen Vermögen zuzugreifen. Dabei kann eine vertragliche Beziehung, die sich insgesamt als Treueverhältnis im Sinne des § 266 Abs. 1 darstellt, Verpflichtungen enthalten, deren Einhaltung nicht vom Untreuetatbestand geschützt wird. Maßgebend für die Abgrenzung sind insoweit Inhalt und Umfang der Treueabrede, wie sie sich aus den Vertragsvereinbarungen bei sachgerechter Auslegung ergibt.[268]

[8] 2. Der Schuldspruch hält sachlichrechtlicher Nachprüfung nicht stand; denn die Voraussetzungen des hier allein in Betracht kommenden § 266 Abs. 1 Alt. 2 StGB sind durch die vom Landgericht getroffenen Feststellungen nicht belegt. Diesen lässt sich insbesondere nicht entnehmen, dass den Angeklagten bei Erhebung der Widerklage eine hierauf bezogene Vermögensbetreuungspflicht im Sinne der Vorschrift gegenüber der S. traf.

[9] a) Voraussetzung des Treubruchstatbestandes gemäß § 266 Abs. 1 StGB ist die tatsächliche Einwirkungsmacht auf fremdes Vermögen, der ein besonders schützenswertes Vertrauen in die Wahrnehmung fremder Vermögensinteressen zugrunde liegt. Wegen der Weite des Tatbestandes sind die durch § 266 Abs. 1 StGB strafrechtlich geschützten Treueverhältnisse auf die Fälle zu beschränken, in denen für den Betreuenden eine besonders qualifizierte Pflichtenstellung in Bezug auf das fremde Vermögen begründet wird. Diese muss über allgemeine vertragliche Sorgfalts- und Rücksichtnahmepflichten ebenso hinausgehen wie über eine rein tatsächliche Einwirkungsmöglichkeit. Erforderlich ist, dass sich die Vermögensfürsorge als Hauptpflicht, also als zumindest mitbestimmende und nicht nur beiläufige Verpflichtung darstellt. Es muss hinzukommen, dass dem Täter die ihm übertragene Tätigkeit nicht durch ins Einzelne gehende Weisungen vorgezeichnet ist, sondern ihm Raum für eigenverantwortliche Entscheidungen und eine gewisse Selbständigkeit belassen wird. Hierbei ist nicht nur auf die Weite des dem Täter eingeräumten Spielraums abzustellen, sondern auch auf das Fehlen von Kontrolle, also auf seine tatsächlichen Möglichkeiten, ohne eine gleichzeitige Steuerung und Überwachung durch den Treugeber auf dessen Vermögen zuzugreifen (BVerfG, Beschluss vom 23. Juni 2010 – 2 BvR 2559/08 u.a., BVerfGE 126, 170, 208 ff.; BGH, Beschluss vom 1. April 2008 – 3 StR 493/07, wistra 2008, 427, 428 m.w.N.).

[10] Der nähere Inhalt des so umschriebenen Treueverhältnisses ergibt sich, wenn er – wie hier allein in Betracht kommend – auf einem Rechtsgeschäft beruht, regelmäßig aus dem allgemeinen Zivil- oder Gesellschaftsrecht (BGH, Urteil vom 13. April 2010 – 5 StR 428/09, BGHR StGB § 266 Abs. 1 Vermögensbetreuungspflicht 47). Dabei kann eine vertragliche Beziehung, die sich insgesamt als Treueverhältnis im Sinne des § 266 Abs. 1 darstellt, Verpflichtungen enthalten, deren Einhaltung nicht vom Untreuetatbestand geschützt wird. Maßgebend für die Abgrenzung sind insoweit Inhalt und Umfang der Treueabrede, wie sie sich aus den Vertragsvereinbarungen bei sachgerechter Auslegung ergibt (BGH, Urteile vom 30. Oktober 1985 – 2 StR 383/85, NStZ 1986, 361, 362; vom 30. Oktober 1990 – 1 StR 544/90, BGHR StGB § 266 Abs. 1 Vermögensbetreuungspflicht 17; Beschluss vom 11. August 1993 – 2 StR 309/93, BGHR StGB § 266 Abs. 1 Vermögensbetreuungspflicht 22).

[11] In Anwendung dieser Grundsätze hat die Rechtsprechung die zivilrechtlich als Geschäftsbesorgungsvertrag gemäß § 675 BGB einzuordnende Rechtsbeziehung zwischen einem mit der Führung eines bürgerlichen Rechtsstreits beauftragten Rechtsanwalt und seinem Auftraggeber grundsätzlich als Rechtsverhältnis angesehen, das für den Rechtsanwalt Treuepflichten im Sinne des § 266 Abs. 1 StGB begründen

[268] BGH, Beschluss vom 5.3.2013 – 3 StR 438/12.

kann. Sie hat jedoch ausdrücklich offen gelassen, ob dies immer der Fall ist und im Zusammenhang mit der Beauftragung des Rechtsanwalts zur Einziehung und Durchsetzung von Forderungen auf den Einzelfall abgestellt (BGH, Urteile vom 29. April 1960 – 4 StR 544/59, NJW 1960, 1629; vom 6. Februar 1961 – AnwSt (R) 3/60, BGHSt 15, 372; vom 11. November 1982 – 4 StR 406/82, NJW 1983, 461). Danach wurde eine strafbewehrte Pflicht zur Betreuung fremden Vermögens etwa unter der Voraussetzung angenommen, dass der Rechtsanwalt eine Geldforderung von beträchtlicher Höhe geltend zu machen hatte, er damit wegen seiner besonderen Sachkunde betraut war, es ihm überlassen war, wie er die Forderung durchsetzte, er an besondere Weisungen oder Beschränkungen nicht gebunden und zum Abschluss eines Vergleichs ermächtigt war (BGH, Urteil vom 11. November 1982 – 4 StR 406/82, NJW 1983, 461).

[12] b) Nach diesen Maßstäben, von denen auch das Landgericht ausgeht, belegen die Feststellungen die Verletzung einer selbständigen Pflicht des Angeklagten, das Vermögen der S. zu betreuen, nicht.

[13] Die Urteilsgründe teilen bereits Näheres zu Zustandekommen, Inhalt und Ausgestaltung des Mandatsverhältnisses zwischen dem Angeklagten und der S. nicht mit. Ihnen ist daher nicht zu entnehmen, dass dem Angeklagten die Entscheidung über das „ob" und „wie" der Widerklage zur selbstverantwortlichen Umsetzung nach eigener Beurteilung übertragen worden war. Eine derartige Selbständigkeit ergibt sich auch nicht aus ihrem Zusammenhang. Der festgestellte Kontext der Widerklageerhebung spricht im Gegenteil eher dagegen, dass der Angeklagte im Zusammenhang hiermit über einen Freiraum verfügte, der ausreichte, um eine Vermögensbetreuungspflicht im Sinne des § 266 StGB begründen zu können. So holte die S. vor Erhebung der Widerklage ein Gutachten einer Wirtschaftsprüfungsgesellschaft ein. Der Inhalt der Widerklage beruhte sodann nicht auf Vorgaben des Angeklagten, sondern folgte ganz weitgehend den dortigen Ausführungen. Hinzu kommt, dass die S. mit den Widerbeklagten während des erstinstanzlichen Zivilverfahrens über eine einverständliche Beendigung des Rechtsstreits verhandelte, ohne dass der Angeklagte hiervon überhaupt wusste und in die Vergleichsverhandlungen eingebunden war.

[14] Demgegenüber tragen die vom Landgericht für eine selbständige Vermögensbetreuungspflicht des Angeklagten angeführten Argumente nicht. Der Umstand, dass der Angeklagte bis Ende 2004 in zumindest acht weiteren Verfahren für die S. tätig war und dort als „Haus- und Hofanwalt" angesehen wurde, verliert vor dem Hintergrund des herausragenden Umfangs und der besonderen Bedeutung der hier in Rede stehenden Widerklage sowie der konkreten Umstände ihres Zustandekommens, Inhalts und der Betreibung des Verfahrens durch die S. entscheidend an Bedeutung. Mit Blick hierauf wird auch weder eine enge Einbindung des Angeklagten in die Abläufe vor der Erhebung der Widerklage noch gar eine Selbständigkeit allein dadurch belegt, dass der Angeklagte an einem Gespräch teilnahm, in dem die ausreichende Bevollmächtigung der Wirtschaftsprüfungsgesellschaft diskutiert wurde. Ein eigener Freiraum des Angeklagten bei der Verfolgung der widerklagend geltend gemachten Schadensersatzansprüche lässt sich auch nicht damit begründen, dass der Zeuge Dr. Sch. die Vollmacht für die Erhebung der Widerklage nur deshalb unterzeichnete, weil der gesondert verfolgte L. ihm erklärte, dies sei nicht mit besonderen Kosten verbunden; denn es ist nicht einmal festgestellt, dass dem Angeklagten – der an diesem Gespräch nicht teilnahm – diese Aussage überhaupt bekannt war, geschweige denn, dass sie auf seine Initiative hin getätigt wurde.

Schließlich belegt auch der nach Auffassung der Strafkammer unzutreffende Hinweis des Angeklagten auf eine drohende Verjährung der Schadensersatzansprüche dessen selbständigen Beurteilungsspielraum nicht. Diesem Umstand lässt sich eher entnehmen, dass die Entscheidung über das Ob der Widerklage in der Sache von den Verantwortlichen der S. getroffen wurde. Sollte der Hinweis des Angeklagten tatsächlich inhaltlich unrichtig gewesen sein, ist dieser Umstand gegebenenfalls in erster Linie bei der Beurteilung von Bedeutung, ob das Verhalten des Angeklagten als pflichtwidrig anzusehen ist.

PRAXISBEDEUTUNG ■

Die vorliegende Entscheidung dürfte viele zivilrechtlich tätige Rechtsanwälte durchatmen lassen; denn danach ist im Regelfall nicht davon auszugehen, dass dem Prozessvertreter die diesbezüglichen Angelegenheiten des Mandanten zur weisungsabhängigen und freien Entscheidung übertragen sind, so dass auch eine möglicherweise nicht optimale Beratung in Klageangelegenheiten zwar haftungsbegründend sein kann, allenfalls ausnahmsweise aber den Tatbestand der Untreue erfüllen dürfte.

Nur wenn einem Täter bezüglich der von ihm beantragten Erstattungen die **Befugnis** zustand, **über das Vermögen einer Einrichtung zu verfügen**, käme überhaupt die Verwirklichung des **Missbrauchstatbestands** des § 266 StGB in Betracht. **262**

Bezüglich des **Treubruchtatbestands** muss zwischen der Vermögensbetreuungspflicht und dem Handeln des Täters ein **innerer Zusammenhang** bestehen. Die Pflichtwidrigkeit der Handlung reicht zur Tatbestandserfüllung nur dann aus, wenn sie sich gerade auf den Teil der Pflichtenstellung des Täters bezieht, welcher die Vermögensbetreuungspflicht zum Gegenstand hat.[269]

[1] Das Landgericht hat den Angeklagten wegen Untreue in 42 Fällen und wegen Vorteilsannahme in drei Fällen zu einer Gesamtfreiheitsstrafe von zehn Monaten verurteilt und deren Vollstreckung zur Bewährung ausgesetzt. Die hiergegen gerichtete Revision des Angeklagten erzielt mit der Sachrüge den aus der Beschlussformel ersichtlichen Erfolg. Im Übrigen ist das Rechtsmittel unbegründet im Sinne von § 349 Abs. 2 StPO.

[2] Die Verurteilung wegen Untreue (§ 266 StGB) hält in den Fällen B.1.1 bis 38 sowie 40 bis 42 sachlich rechtlicher Nachprüfung nicht stand. Das Landgericht erörtert nicht, ob der Verwaltungsleiter L. gegenüber dem Angeklagten befugt und verpflichtet war, die von diesem bei der Stiftung S. K. eingereichten Bewirtungsrechnungen eigenständig auf ihre sachliche Richtigkeit zu überprüfen oder ob er insoweit dessen Anweisungen unterworfen war. Anders als im Fall B.1.39, in welchem der Angeklagte – nach vorgebrachten Bedenken des Verwaltungsleiters – die sachliche Richtigkeit der Abrechnung selbst bestätigte, sind hier die Befugnisse des Verwaltungsleiters gegenüber dem Angeklagten als Vorstand der Stiftung bei der Festsetzung oder Bestätigung von Auszahlungsanordnungen entscheidend für die Frage, ob der Angeklagte in diesen Fällen eigenhändig eine Untreuehandlung bewirkt hat.

---

269 BGH, Beschluss vom 12.12.2012 – 5 StR 380/12.

Dies wäre nur dann der Fall, wenn er bei der Festsetzung der Auszahlungsanordnung bzw. -bestätigung gegenüber dem Verwaltungsleiter anweisungsbefugt gewesen wäre. Sollte dieser hingegen aufgrund eigener Abrechnungskompetenz selbständig über die Haushaltsmittel verfügt haben können (vgl. LK-Schünemann, 12. Aufl., § 266 Rn. 128 f. m.w.N.), hätte bezüglich der beantragten Erstattungen keine Befugnis des Angeklagten bestanden, über das Vermögen der Stiftung zu verfügen, so dass eine Verwirklichung des Missbrauchstatbestands des § 266 StGB von vornherein nicht in Betracht käme.

[3] Auch der Treubruchtatbestand wäre dann durch die bisherigen Urteilsfeststellungen nicht belegt. Zwischen der Vermögensbetreuungspflicht und dem Handeln des Täters muss ein innerer Zusammenhang bestehen (Fischer, StGB, 59. Aufl., § 266 Rn. 50 m.w.N.). Die Pflichtwidrigkeit der Handlung reicht zur Tatbestandserfüllung nur dann aus, wenn sie sich gerade auf den Teil der Pflichtenstellung des Täters bezieht, welcher die Vermögensbetreuungspflicht zum Gegenstand hat (Fischer aaO Rn. 60). Hieran würde es in der vorstehend beschriebenen, nach den bisherigen Urteilsfeststellungen denkbaren Konstellation fehlen, da der Angeklagte hinsichtlich der festgesetzten und ausgezahlten Erstattungsbeträge lediglich als Antragsteller ohne besondere Befugnisse und sich aus diesen ergebende Pflichten in Erscheinung getreten wäre.

[4] In Betracht käme dann allenfalls eine Beteiligung des Angeklagten an einer etwaigen Untreuehandlung des Verwaltungsleiters als Anstifter oder mittelbarer Täter der Untreue. Insoweit hätte geprüft werden müssen, ob eine vorsätzliche Haupttat des Verwaltungsleiters vorliegt oder ob dieser gegebenenfalls im Sinne einer mittelbaren Täterschaft zur Untreue oder einer Vorspiegelung falscher Tatsachen im Sinne des § 263 StGB über die Erstattungsfähigkeit der Abrechnungen vom Angeklagten getäuscht wurde. Sofern der Verwaltungsleiter weisungsunabhängig die Abrechnungsanordnungen erlassen hätte, seitens des Angeklagten auch keine über die bloße Beantragung der Erstattung hinausgehende Einflussnahme erfolgt wäre und dieser jenen über Tatsachen zu Anlass und Ablauf der Bewirtungen nicht getäuscht hätte, schiede eine Strafbarkeit des Angeklagten in den genannten Fällen aus. Dies gilt auch für die Fälle, in denen der Angeklagte die in Rede stehenden Rechnungen sogleich mit der Kreditkarte der Stiftung beglichen hat. Ob der Angeklagte bereits hierdurch seine gegenüber der Stiftung bestehenden Pflichten verletzt hätte, kann nach den Urteilsfeststellungen nicht abschließend beurteilt werden. Auf deren Grundlage vermag der Senat nämlich nicht auszuschließen, dass der Angeklagte zur Verauslagung bestimmter Beträge mit Mitteln der Stiftung auch dann befugt war, wenn diese letztlich von ihm selbst zu tragen gewesen wären. Hierfür könnte der Umstand sprechen, dass der Angeklagte offenbar regelmäßig auch nach Bezahlung mit der Kreditkarte die vermeintlich dienstlich veranlassten Bewirtungen gegenüber dem Verwaltungsleiter abgerechnet und somit nachträglich die Erstattung beantragt hat.

263 Veranlasst der Angeklagte **ohne Vorliegen eines Rechtsgrundes** (kein rechtswirksamer Vertrag zustande gekommen) **Zahlungen** an eine andere Firma, entsteht ein **entsprechender Schaden**, weshalb bei Vorliegen der weiteren Voraussetzungen Untreue gegeben ist.[270]

---

[270] BGH, Urteil vom 10.10.2012 – 2 StR 591/11.

[17] 2. Im Ergebnis zutreffend hat das Landgericht in den Fällen B. IV und VI jeweils eine Untreue angenommen (§ 266 Abs. 1 StGB). Auf Veranlassung des Angeklagten nämlich hat die DT AG die Rechnungen der Fa. N. – teilweise rechtsgrundlos – in voller Höhe beglichen und dadurch einen entsprechenden Schaden erlitten.

[18] a) Zutreffend hat das Landgericht eine Vermögensbetreuungspflicht des Angeklagten im Sinne des § 266 Abs. 1 StGB angenommen. Als Verwalter mehrerer Kostenstellen war er befugt, eigenverantwortlich Verträge für die DT AG abzuschließen und Zahlungen zu deren Lasten anzuweisen.

[19] b) Rechtsfehlerfrei hat das Landgericht gemäß § 134 BGB die Teilnichtigkeit der zwischen der DT AG und der N. GmbH geschlossenen Verträge hinsichtlich der Auswertung der Verbindungsdaten mit der Folge angenommen, dass ein vertraglicher Vergütungsanspruch für diese Tätigkeit nicht bestand.

[20] aa) Gemäß § 134 BGB ist ein Rechtsgeschäft nichtig, das gegen ein gesetzliches Verbot verstößt, wenn sich aus dem Gesetz nichts anderes ergibt. Ergibt sich aus dem Verbotsgesetz keine Rechtsfolge, ist eine normbezogene Abwägung vorzunehmen, ob es mit dem Sinn und Zweck des Verbots vereinbar oder unvereinbar wäre, die durch das Rechtsgeschäft getroffene Regelung hinzunehmen. Richtet sich das Verbot gegen beide Vertragsparteien, ist in der Regel anzunehmen, dass das Rechtsgeschäft nichtig sein soll (st. Rspr., BGH, Urteil vom 14. Dezember 1999 – X ZR 34/98, BGHZ 143, 283, 286 f.).

[21] bb) Hier hatte der von den Parteien geschlossene Vertrag unter anderem die Auswertung der von der DT AG übermittelten Verbindungsdaten zum Gegenstand, somit die Begehung einer mit Strafe bedrohten rechtswidrigen Tat.

[22] Die von dem Angeklagten veranlasste Überlassung der Verbindungsdaten an die Fa. N. stellte eine Straftat gemäß § 206 Abs. 1 StGB dar und verstieß zudem gegen das Verbot des § 88 Abs. 3 Telekommunikationsgesetz (TKG), anderen über das für die geschäftsmäßige Erbringung der Telekommunikationsdienste erforderliche Maß hinaus Kenntnis von den näheren Umständen der Telekommunikation zu verschaffen.

[23] Die von der Fa. N. vorgenommene Speicherung der Verbindungsdaten stellte eine Straftat gemäß § 44 Abs. 1 BDSG i.V.m. § 43 Abs. 2 Nr. 1 BDSG dar. Danach ist u.a. das unbefugte Verarbeiten von personenbezogenen Daten gegen Entgelt strafbewehrt. Gemäß § 3 Abs. 4 Satz 1 BDSG unterfällt dem Verarbeiten auch das Speichern von Daten, d.h. das Erfassen, Aufnehmen und Aufbewahren der Daten auf einem Datenträger zum Zweck ihrer weiteren Verarbeitung oder Nutzung (§ 3 Abs. 4 Satz 2 Nr. 1 BDSG). Indem die N.GmbH die ihr übermittelten Verbindungsdaten ihrerseits zum Zwecke der Auswertung in ihren Computersystemen speicherte, hat sie unbefugt Daten verarbeitet. …

[24] Da die Verträge nach alledem für beide Teile gesetzeswidrig waren und ihre Durchführung strafbewehrt war, hat die Strafkammer zutreffend deren Nichtigkeit angenommen, soweit sie über die – erlaubte – Auswertung der Presseartikel hinaus die Auswertung der Verbindungsdaten zum Gegenstand hatten.

[25] c) Es bestanden – anders als die Revision meint – auch keine bereicherungsrechtlichen Zahlungsansprüche der N. GmbH gemäß § 812 Abs. 1 Satz 1 1. Alt., § 818 Abs. 2 BGB.

[26] aa) Infolge der Nichtigkeit des Kausalgeschäfts könnte zwar die N. GmbH grundsätzlich die Herausgabe des seitens der DT AG zu Unrecht Erlangten – Auswertung der Verbindungsdaten – verlangen. Da insoweit eine Herausgabe der Sache

nach nicht möglich ist, wäre der Anspruch auf Ersatz des Wertes der geleisteten Dienste gerichtet. Die Kondiktion ist jedoch gemäß § 817 Satz 2 BGB gesperrt. Danach ist die Rückforderung u.a. ausgeschlossen, wenn der Leistungsempfänger durch die Annahme gegen ein gesetzliches Verbot verstößt und dem Leistenden gleichfalls ein solcher Verstoß zur Last fällt, es sei denn, dass die Leistung in der Eingehung einer Verbindlichkeit bestand. § 817 Satz 2 BGB verkörpert den Grundsatz, dass bei der Rückabwicklung Rechtsschutz nicht in Anspruch nehmen kann, wer sich selbst durch gesetzes- oder sittenwidriges Handeln außerhalb der Rechtsordnung stellt (BGH, Urteil vom 7. Mai 1997 – IV ZR 35/96, NJW 1997, 2381, 2383).

[27] bb) Hier war zum einen die Auswertung der Verbindungsdaten durch die N.GmbH als Leistende gesetzeswidrig. Die Fa. N., vertreten durch ihren Geschäftsführer K., als Leistende war sich auch – wie dem Gesamtzusammenhang der Urteilsgründe zu entnehmen ist – der Verbotswidrigkeit entweder bewusst (vgl. BGH, Urteil vom 29. April 1968 – VII ZR 9/66, BGHZ 50, 90, 92) oder hat sich der Rechtswidrigkeit ihres Handelns zumindest leichtfertig verschlossen (vgl. BGH, Urteil vom 9. Oktober 1991 – VIII ZR 19/91, NJW 1992, 310, 311; BGH, Urteil vom 23. Februar 2005 – VIII ZR 129/04, NJW 2005, 1490, 1491). …

[28] cc) Zum anderen verstieß auch die DT AG durch die Entgegennahme der von dem Angeklagten in Auftrag gegebenen Datenauswertung gegen § 88 Abs. 3 TKG, da es ihr als Dienstanbieter untersagt ist, sich auf diese Weise über das für die Erbringung der Telekommunikationsdienste erforderliche Maß hinaus Kenntnis vom Inhalt oder den Umständen der Telekommunikation zu verschaffen.

[29] dd) Auch der Grundsatz von Treu und Glauben (§ 242 BGB) hindert hier die Anwendung von § 817 Satz 2 BGB nicht (hierzu näher Lorenz in Staudinger BGB Neubearbeitung 2007 § 817 Rn. 11 ff.). Anders als in Fällen eines wirtschaftlichen oder sozialen Gefälles (etwa bei der Schwarzarbeit; vgl. BGH, Urteil vom 31. Mai 1990 – VII ZR 336/89, BGHZ 111, 308, 313) bedarf die N. GmbH keines erhöhten Schutzes, der die Nichtanwendung von § 817 Satz 2 BGB unter Billigkeitsgesichtspunkten verlangen würde. Vielmehr verdienen beide Parteien im Hinblick auf das verbotswidrige Geschäft und ihr kriminelles Handeln nicht den Schutz der Rechtsordnung.

[30] d) Der Angeklagte hat die ihm gegenüber der DT AG obliegende Vermögensbetreuungspflicht verletzt, indem er im Rahmen der ihm von der Treugeberin übertragenen Geschäftsbesorgung Zahlungen in Höhe von 334.394,88 € und 358.440 € auf die beiden Rechnungen vom 19. Oktober 2005 und 23. November 2006 angewiesen hat und hierdurch jeweils in Höhe von unter 50.000 € Leistungen der Fa. N. vergütete, die in der Begehung von Straftaten bestanden (vgl. dazu auch Fischer in Lüderssen/Kempf/Volk, Die Finanzkrise, das Wirtschaftsstrafrecht und die Moral, 2011, S. 190, 193; Kindhäuser in NK 3. Aufl., § 266 Rn. 81; Brand JR 2011, 394, 402). Die Forderungen, deren Bezahlung durch die Treugeberin der Angeklagte durch die Bestätigung als sachlich und rechnerisch richtig unmittelbar veranlasste, hatten in Höhe von jeweils „unter 50.000 €“ keinen rechtlich anerkannten wirtschaftlichen Wert, weil sie insoweit auf gemäß § 134 BGB nichtige Verträge gestützt waren und auch bereicherungsrechtliche Ansprüche der Rechnungsstellerin nicht bestanden. Die Bezahlung der beiden Rechnungen, soweit diese die Vergütung für die Begehung von Straftaten einforderten, bewirkte einen Vermögensnachteil für die Treugeberin, der nicht durch einen gleichwertigen Vorteil – Erlöschen wirksamer Forderungen – kompensiert wurde.

[31] Die Verletzung der Vermögensbetreuungspflicht liegt demnach in der Begleichung einer nichtigen Forderung, in einer rechtsgrundlosen Zahlung. Anknüpfungspunkt für das strafbare Verhalten ist damit nicht die vor den Zahlungsvorgängen liegende Auftragserteilung an die N.GmbH, die zu einer missbräuchlichen Mitteilung der Telefonverbindungsdaten durch den Angeklagten und damit zu einem (strafbaren) Verstoß gegen die nicht vermögensschützende Norm des § 206 StGB geführt hat. Dieser von der treuwidrigen Pflichtverletzung abzugrenzende Verstoß ist lediglich Auslöser der Untreuestrafbarkeit, indem er zur Nichtigkeit des abgeschlossenen Vertrages und damit zur Rechtsgrundlosigkeit darauf erbrachter Leistungen führt. Auf den vermögensschützenden Charakter eines „Primärverstoßes" (BGH, Beschluss vom 13. September 2010 – 1 StR 220/09, BGHSt 55, 288, 297 ff.; vgl. auch BGH, Beschluss vom 13. April 2011 – 1 StR 94/10, BGHSt 56, 203, 211; BGH, Beschluss vom 5. September 2012 – 1 StR 297/12 als Rückläufer zu BGHSt 56, 203) kommt es nicht an.

PRAXISBEDEUTUNG ■

Die Entscheidung macht deutlich, dass nicht bereits der Abschluss, dagegen jedoch die rechtsgrundlose Zahlungsanweisung durch den verantwortlichen leitenden Angestellten auf einen nichtigen, weil verbotswidrigen Vertrag den Untreuetatbestand erfüllen kann.

Gewerbsmäßig handelt, wer sich durch eine wiederholte Tatbegehung eine nicht nur vorübergehende Einnahmequelle von einigem Umfang und einiger Dauer verschafft. Dem steht nicht entgegen, dass der Angeklagte auch wesentliche Beträge der **veruntreuten Gelder dritten Personen hat zukommen** lassen. Dadurch entfällt die Eigennützigkeit seines Handelns nicht.[271] **264**

[4] 2. Die Annahme des Landgerichts, dass der Angeklagte bei allen Einzeltaten der Untreue gewerbsmäßig gehandelt hat, ist unter Berücksichtigung von Gesamtsumme und Dauer der Veruntreuungen nicht zu beanstanden.

[5] Gewerbsmäßig handelt, wer sich durch eine wiederholte Tatbegehung eine nicht nur vorübergehende Einnahmequelle von einigem Umfang und einiger Dauer verschafft (BGH, Urteil vom 17. Juni 2004 – 3 StR 344/03, BGHSt 49, 177, 181). Dem steht nicht entgegen, dass der Angeklagte auch wesentliche Beträge der veruntreuten Gelder dritten Personen hat zukommen lassen. Dadurch entfällt – entgegen der Ansicht des Generalbundesanwalts – die Eigennützigkeit seines Handelns nicht. Denn der Angeklagte hat auf alle Einzelbeträge unmittelbar selbst zugreifen und über die Verwendung des Geldes – ob für sich oder für andere, aus welchen Gründen auch immer – nach eigenen selbstbestimmten Vorstellungen verfügen können (vgl. BGH, Beschluss vom 7. September 2011 – 1 StR 343/11, wistra 2011, 462). Es kommt daher nicht einmal darauf an, welche – eventuell mittelbaren – Vorteile sich der Angeklagte versprach, als er den Prostituierten Geldbeträge überließ. Ein Fall, in dem Untreuehandlungen nur zu altruistischen Zwecken erfolgten, liegt im Übrigen schon angesichts der beträchtlichen Differenz zwischen der veruntreuten Gesamtsumme und den Zuwendungen an die Prostituierten nicht vor.

---

[271] BGH, Urteil vom 9.7.2013 – 5 StR 181/13.

■ **PRAXISBEDEUTUNG**

Bislang war unklar, ob Gewerbsmäßigkeit (sich eine Einnahmequelle verschaffen) auch dann vorliegen kann, wenn der Täter Vorteile bzw. Geld dritten Personen zukommen lässt. Die mit vorstehender Entscheidung erfolgte Klarstellung jedenfalls für Fälle, in denen der Täter jederzeit auf die veruntreuten Gelder wieder selbst zugreifen kann, macht den möglichen Umfang der Strafbarkeit auch insoweit bestimmter und erkennbarer.

265 Tatbestandsmäßig im Sinne des § 266 StGB ist eine **Pflichtwidrigkeit** nur dann, wenn sie **klar und evident** war. Deshalb hat die Rechtsprechung grundsätzlich **nur schwere Pflichtverletzungen** ausreichen lassen.

Bei **Risikogeschäften** sind an die Feststellung der **inneren Tatseite erhöhte Anforderungen** zu stellen. Dies betrifft beide Vorsatzbestandteile. Die Möglichkeit einer Vermögensgefährdung ist dem Risikogeschäft immanent. Die bewusste Eingehung des immanenten Risikos kann deshalb für sich genommen nicht ausreichen, weil Risiken wesentliche Strukturelemente im marktwirtschaftlichen System sind und die Eingehung von Risiken notwendiger Bestandteil unternehmerischen Handelns ist.[272]

[16] 2. Die sachlich-rechtlichen Beanstandungen der Staatsanwaltschaft zeigen keinen durchgreifenden Rechtsfehler auf.

[17] a) Der Senat kann offen lassen, ob das Vorgehen der Angeklagten – was das Landgericht verneint hat – objektiv pflichtwidrig war. Tatbestandsmäßig im Sinne des § 266 StGB ist allerdings eine Pflichtwidrigkeit nur dann, wenn sie klar und evident war (siehe dazu BVerfGE 126, 170, 210 f.). Deshalb hat die Rechtsprechung grundsätzlich nur schwere Pflichtverletzungen ausreichen lassen (BGH, Urteile vom 15. November 2001 – 1 StR 185/01, BGHSt 47, 148, 152 f., und vom 6. Dezember 2001 – 1 StR 215/01, BGHSt 47, 187, 197). Ob die von der Staatsanwaltschaft angenommenen Mängel im Risikomanagement vorlagen und auch den entsprechenden Schweregrad erreichten, bedarf hier jedoch keiner Vertiefung. Es liegt nicht fern, dass der Fall auf der Grundlage der erhobenen Anklage auch insoweit von vornherein an einer allzu isolierten Sicht auf die I. ohne Rücksicht auf deren in den Gesamtkonzern integrierte Rolle krankt. Ausreichende Anhaltspunkte für einen etwa berechtigten Untreuevorwurf zum Nachteil des Gesamtkonzerns drängen sich mangels jeglicher Erwägungen zu dessen naheliegenden den eingegangenen Risiken gegenüberstehenden Vorteilen durch eine Fortführung der in Frage stehenden Immobiliengeschäfte nicht ansatzweise auf.

[18] b) Das Landgericht hat den subjektiven Tatbestand bei sämtlichen Angeklagten rechtsfehlerfrei verneint, weil es einen Untreuevorsatz nicht feststellen konnte. Die hiergegen gerichteten Angriffe der Staatsanwaltschaft sind letztlich erfolglos. Dies gilt ungeachtet dessen, dass das Landgericht die subjektive Tatseite hinsichtlich der Tatbestandsmerkmale der Pflichtwidrigkeit und des Nachteils nicht immer deutlich getrennt hat. Abgesehen davon, dass sich dies allenfalls zu Ungunsten der Angeklagten hätte auswirken können, verletzt die Wirtschaftsstrafkammer bei ihrer Prüfung im Ergebnis nicht das vom Bundesverfassungsgericht statuierte Verschleifungs- oder Entgrenzungsverbot (BVerfGE 126, 170, 198 f.). Dieses wirkt sich allerdings

[272] BGH, Urteil vom 28.5.2013 – 5 StR 551/11.

gleichermaßen auf die Prüfung der subjektiven Tatseite aus. Auch insoweit sind der Vorsatz zur Pflichtwidrigkeit einerseits und zur Nachteilszufügung andererseits unabhängig voneinander zu prüfen; die innere Tatseite hinsichtlich des Merkmals des Nachteils darf nicht dergestalt in der des Merkmals der Pflichtwidrigkeit aufgehen, dass es seiner eigenständigen Bedeutung weitgehend beraubt wäre. Auch wenn die Pflichtwidrigkeit in einem inneren Zusammenhang mit dem Nachteil steht, weil die Pflichtwidrigkeit der Handlung sich häufig gerade aus der für das betreute Vermögen innewohnenden Gefährdung ergibt, ist auch in subjektiver Hinsicht zu unterscheiden zwischen dem Vorsatz hinsichtlich der Pflichtwidrigkeit und hinsichtlich der Nachteilszufügung.

[19] Dem Gesamtzusammenhang des angefochtenen Urteils ist jedoch mit ausreichender Deutlichkeit zu entnehmen, dass das Landgericht, welches sich überaus eingehend mit der vorgenannten Entscheidung des Bundesverfassungsgerichts auseinander gesetzt hat, sowohl den Vorsatz der Pflichtwidrigkeit als auch der Nachteilszufügung jeweils selbständig geprüft und verneint hat.

[20] aa) In Betracht kommt hier allenfalls bedingter Vorsatz. Dieser setzt nach der ständigen Rechtsprechung des Bundesgerichtshofs voraus, dass der Täter die Tatbestandsverwirklichung für möglich hält und den Erfolg billigend in Kauf nimmt (BGH, Urteil vom 4. November 1988 – 1 StR 262/88, BGHSt 36, 1, 9). Damit muss die Prüfung eines bedingten Vorsatzes die beiden Vorsatzelemente, nämlich das kognitive und das voluntative Element umfassen. Der Vorsatz muss sich auf sämtliche Merkmale des Untreuetatbestands beziehen.

[21] (1) Bei Risikogeschäften, wie sie hier vorliegen, sind an die Feststellung der inneren Tatseite erhöhte Anforderungen zu stellen. Dies betrifft beide Vorsatzbestandteile. Die Möglichkeit einer Vermögensgefährdung ist dem Risikogeschäft immanent. Die bewusste Eingehung des immanenten Risikos kann deshalb für sich genommen nicht ausreichen, weil Risiken wesentliche Strukturelemente im marktwirtschaftlichen System sind und die Eingehung von Risiken notwendiger Bestandteil unternehmerischen Handelns ist.

[22] Die Rechtsprechung hat deshalb die innere Tatseite bei risikobehafteten unternehmerischen Entscheidungen besonderen Prüfungskriterien unterworfen. So ist auf der kognitiven Ebene zu verlangen, dass der Täter das von ihm eingegangene Risiko zutreffend bewertet hat. Da die Untreue ein Vorsatzdelikt ist, bildet der vom Tatgericht festzustellende Umfang der Kenntnis von den Risikofaktoren und dem Risikograd den Maßstab für die Prüfung des kognitiven Vorsatzelements (§ 16 StGB).

[23] (2) Für die Praxis bedeutsamer sind allerdings die Anforderungen an das voluntative Vorsatzelement. Anders als etwa bei Kapitaldelikten lässt sich das voluntative Element nicht bereits weitgehend aus dem Gefährdungspotential der Handlung ableiten. Der Grad der Wahrscheinlichkeit eines Erfolgseintritts allein kann kein Kriterium für die Entscheidung der Frage sein, ob der Angeklagte mit dem Erfolg auch einverstanden war. Es kommt vielmehr immer auch auf die Umstände des Einzelfalles an, bei denen insbesondere die Motive und die Interessenlage des Angeklagten zu beachten sind (BGH, Urteil vom 6. April 2000 – 1 StR 280/99, BGHSt 46, 30, 35; vgl. auch BGH, Beschluss vom 26. August 2003 – 5 StR 145/03, BGHSt 48, 331, 347 ff. – zum Betrug; vgl. auch Saliger in Satzger/Schmitt/Widmaier, StGB, 2009, § 266 Rn. 104). Dabei ist zudem bei der Beurteilung eines Geschäftsvorgangs, bei dem – wie hier – keine Indizien für einen auch nur mittelbaren persönlichen Vorteil der Beteiligten bestehen, besondere Skepsis hinsichtlich des voluntativen Elements geboten.

[24] Für das voluntative Element kann es demnach nicht ausreichen, dass der Betreffende allein die Gefährdungslage billigt. Dies würde, da unternehmerische Entscheidungen regelmäßig einen Gefährdungsanteil aufweisen, dem subjektiven Untreuevorwurf nicht gerecht. Vielmehr kann nur dann von einer billigenden Inkaufnahme eines Nachteils im Sinne des § 266 StGB ausgegangen werden, wenn der Täter nicht nur die konkrete Gefahr in Kauf nimmt, sondern darüber hinaus auch die Realisierung dieser Gefahr billigt, sei es auch nur in der Form, dass der Täter sich mit dem Eintritt des unerwünschten Erfolges abfindet (BGH, Urteil vom 18. Oktober 2006 – 2 StR 499/05, BGHSt 51, 100, 121; Beschluss vom 2. April 2008 – 5 StR 354/07, BGHSt 52, 182, 189 f.; vgl. auch Matt in Matt/Renzikowski, StGB, 2013, § 266 Rn. 155). Für die Kennzeichnung der Innentendenz ist dieses Erfordernis notwendig, zumal die Untreue – anders als der Betrug – keine Eigen- oder Fremdbereicherungsabsicht voraussetzt. Das gedankliche Hinnehmen einer Vermögensgefährdung ist für sich genommen nicht aussagekräftig, weil sie eine Begleiterscheinung unternehmerischen Handelns ist. Dem objektiven Tatbestandsmerkmal „Nachteil" entspricht eine innere Einstellung, die dadurch geprägt ist, dass sie sich letztlich mit dem Verlust abfindet.

[25] Für die beweismäßige Feststellung des voluntativen Vorsatzelements kommt freilich dem auch vom Täter erkannten Gefährdungsgrad ein erhebliches indizielles Gewicht zu. Für je wahrscheinlicher der Täter den Erfolgseintritt hält, umso mehr spricht dafür, dass er sich letztlich mit einem Schadenseintritt abfindet. Denn die bloße Hoffnung auf den guten Ausgang steht der Annahme eines Vorsatzes nicht entgegen (NK/Kindhäuser, StGB, 4. Aufl., § 266 Rn. 122).

266 **Anvertraut** sind Sachen, deren Besitz oder Gewahrsam dem Täter in dem Vertrauen eingeräumt worden ist, er werde die Gewalt über sie nur im Sinne des Einräumenden ausüben. Hierfür genügt es, dass er Besitz oder Gewahrsam an einer Sache **kraft eines Rechtsgeschäfts** mit der Verpflichtung erlangt hat, sie zurückzugeben oder zu einem bestimmten Zweck zu verwenden. Hierbei handelt es sich um ein besonderes persönliches Merkmal im Sinne des § 28 Abs. 2 StGB, das nur bei demjenigen Täter oder Teilnehmer zur Strafschärfung führt, bei dem es vorliegt.[273]

■ TOPENTSCHEIDUNG

267 Grundlage einer **Vermögensbetreuungspflicht** im Sinne des § 266 Abs. 1 StGB kann neben Gesetz, behördlichem Auftrag oder Rechtsgeschäft auch ein sogenanntes **„tatsächliches Treueverhältnis"** sein. Ein solches „tatsächliches Treueverhältnis" kann dadurch begründet sein, dass der Betreffende die organschaftlichen Aufgaben eines Geschäftsführers übernommen und diese ausgeführt hat. Daneben kann **aus einer tatsächlichen Übernahme** eines nicht ganz unbedeutenden Pflichtenkreises – ohne dass eine faktische Organstellung vorliegen muss – eine Vermögensbetreuungspflicht auch dadurch begründet werden, dass der Betreffende diese Interessen wahrnimmt und der Vermögensinhaber auf die pflichtgemäße Wahrnehmung vertrauen darf.[274]

---

273 BGH, Beschluss vom 4.6.2013 – 2 StR 59/13.

274 BGH, Beschluss vom 13.12.2012 – 5 StR 407/12.

[5] 2. Die Verurteilung wegen Untreue hält sachlich-rechtlicher Nachprüfung nicht stand. Die Feststellungen tragen nicht die Annahme, dass der Angeklagte gegenüber der A. GmbH vermögensbetreuungspflichtig nach § 266 Abs. 1 StGB war.

[6] Grundlage einer Vermögensbetreuungspflicht im Sinne des § 266 Abs. 1 StGB kann neben Gesetz, behördlichem Auftrag oder Rechtsgeschäft auch ein sogenanntes „tatsächliches Treueverhältnis" sein. Ein solches „tatsächliches Treueverhältnis" kann dadurch begründet sein, dass der Betreffende die organschaftlichen Aufgaben eines Geschäftsführers übernommen und diese ausgeführt hat (vgl. Fischer, StGB, 60. Aufl., § 266 Rn. 40, 42; LK-Schünemann, 12. Aufl., § 266 Rn. 61, 65). Daneben kann aus einer tatsächlichen Übernahme eines nicht ganz unbedeutenden Pflichtenkreises – ohne dass eine faktische Organstellung vorliegen muss – eine Vermögensbetreuungspflicht auch dadurch begründet werden, dass der Betreffende diese Interessen wahrnimmt und der Vermögensinhaber auf die pflichtgemäße Wahrnehmung vertrauen darf (vgl. BGH, Urteil vom 14. Juli 1999 – 3 StR 188/99, NStZ 1999, 558). Dass eine der beiden vorgenannten Voraussetzungen hier vorliegt, belegen die Feststellungen indes nicht.

[7] a) Nach der Rechtsprechung des Bundesgerichtshofs ist als Geschäftsführer auch derjenige anzuerkennen, der die Geschäftsführung mit Einverständnis der Gesellschafter ohne förmliche Bestellung faktisch übernommen hat, tatsächlich ausübt und gegenüber dem formellen Geschäftsführer eine überragende Stellung einnimmt oder zumindest das deutliche Übergewicht hat (vgl. BGH, Urteile vom 24. Juni 1952 – 1 StR 153/52, BGHSt 3, 32, 37 f., vom 22. September 1982 – 3 StR 287/82, BGHSt 31, 118, 122, und vom 10. Mai 2000 – 3 StR 101/00, BGHSt 46, 62, 64 f.).

[8] Den Urteilsgründen lässt sich zwar entnehmen, dass der Angeklagte tatsächlich einen erheblichen Einfluss gegenüber der bestellten Geschäftsführerin der A. GmbH hatte, die nahezu keine eigenständigen Entscheidungen getroffen hat. Dies reicht aber für sich genommen nicht aus, um eine faktische Organstellung zu begründen. Im vorliegenden Fall fehlten dem Angeklagten nämlich die für eine organschaftliche Stellung typischen Befugnisse. Die Feststellungen ergeben nicht, dass er etwa eine Bankvollmacht hatte, oder im Außenverhältnis Pflichten übernahm, die typischerweise mit der Stellung eines Organs verbunden sind (wie etwa gegenüber Sozialversicherungsträgern oder Finanzbehörden). Sind dem Betreffenden solche Kompetenzen nicht übertragen, spricht dies indiziell gegen die Annahme einer faktischen Geschäftsführung, weil sie zu den Essentialien einer Organstellung zählen (vgl. BGH, Urteil vom 27. Juni 2005 – II ZR 113/03, ZIP 2005, 1414).

[9] Die Urteilsgründe legen nicht dar, dass dem Angeklagten entsprechende auf das Außenverhältnis bezogene Befugnisse jedenfalls faktisch übertragen wurden. Die insoweit pauschale Feststellung, der Angeklagte habe „im Einvernehmen mit der Gesellschafter-GmbH von Anfang an die Stellung des Geschäftsführers" eingenommen (UA S. 12), wird nicht näher begründet. Die Urteilsgründe ergeben zwar, dass der Angeklagte die Geschäftsführerin der A. GmbH eingestellt hat (UA S. 3, 54) und die Gesellschafterin keinen Einfluss auf die Geschäftsführung der A. GmbH genommen, sondern die Mitangeklagte Ne. zu Fragen der Geschäftsführung auf den Angeklagten verwiesen hat (UA S. 52). Die Feststellungen verhalten sich indes nicht dazu, in welchem Verhältnis der Angeklagte zu der Gesellschafterin der A. GmbH stand und aus welchen Gründen und in welchem Umfang ihm eine derartige Machtposition – möglicherweise auch gegenüber der Gesellschafterin – eingeräumt worden sein soll. Dies wäre auch deshalb erörterungsbedürftig gewesen, weil das Landgericht die Anweisungen des Angeklagten zu den rechtgrundlosen Stornierungen als

pflichtwidrig gewertet hat, für die kein Einverständnis der Gesellschafterseite bestanden hat (vgl. UA S. 52).

*[***10***] Allerdings hat die Rechtsprechung es im Einzelfall auch ausreichen lassen, wenn der faktische Geschäftsführer den förmlich bestellten Geschäftsführer anweisen kann und er durch ihn die Geschäftspolitik des Unternehmens tatsächlich bestimmt (vgl. BGH, Urteil vom 11. Dezember 1997 – 4 StR 323/97, StV 1998, 416; vgl. auch BGH, Urteil vom 25. Februar 2002 – II ZR 196/00, BGHZ 150, 61). Beruht die Macht des Dritten allein darauf, dass er sich gegenüber dem formellen Geschäftsführer in den wesentlichen unternehmerischen Fragen durchsetzen kann, bedarf das Verhältnis zur Gesellschafterebene vertiefter Betrachtung. Diesem Erfordernis werden die Urteilsgründe gleichfalls nicht gerecht. Dass ein außenstehender Dritter, der weder Mitgesellschafter noch Angestellter ist, sondern vielmehr auf der Seite des – wenngleich wirtschaftlich einflussreichen – Auftraggebers steht, über seine wirtschaftliche Macht als Auftraggeber hinaus ermächtigt ist, die Geschäfte seines Vertragspartners zu führen und damit auch verpflichtet ist, dessen Vermögensinteressen zu schützen, erklärt sich aufgrund der bloß faktischen Einflussnahme nicht selbst. Vielmehr wird in solchen Fällen der Abhängigkeit des Geschäftspartners die übermächtige Vertragsgegenseite häufig die Geschäftstätigkeit des abhängigen Geschäftspartners bestimmen können. Dies genügt aber nicht für die Annahme einer „faktischen Geschäftsführung", auch weil ansonsten der Angeklagte gegenläufigen Vermögenspflichten, nämlich für den Vertragspartner und das eigene Unternehmen, ausgesetzt wäre. Derjenige, der im Rahmen von schuldrechtlichen Beziehungen jedoch eigene Interessen im Wirtschaftsleben verfolgt, kann nicht die Vermögensinteressen der anderen Vertragspartei wahrnehmen. Deshalb sollen grundsätzlich auch nur fremdnützig typisierte Schuldverhältnisse mit Geschäftsbesorgungscharakter Treuepflichten begründen können (vgl. LK-Schünemann, aaO Rn. 75 f.; Fischer, aaO Rn. 38 und vgl. auch BGH, Urteil vom 13. Mai 2004 – 5 StR 73/03; BGHSt 49, 147, 155, und Beschluss vom 2. April 2008 – 5 StR 354/07, BGHSt 52, 182, 186 f.).*

*[***11***] Um vorliegend bewerten zu können, dass der Angeklagte im „Einvernehmen" mit der Gesellschafterin die Geschäfte für die A.GmbH faktisch geführt hat, hätte es einer eingehenden Darlegung der Hintergründe sowie der Art und des Umfanges dieses „Einvernehmens" bedurft. Maßgeblich ist, dass der Angeklagte in die Gesellschafterebene hinein über ein solches Machtpotential verfügt, das ihn in die Lage versetzt, die Unternehmensentscheidungen zu determinieren. Eine solche weitgehende Beherrschung wird regelmäßig gegeben sein, wenn die Gesellschafterin der A. GmbH für ihn handelt. Dies setzt grundsätzlich entweder eine persönliche Abhängigkeit oder aber ein aus anderen Gründen einverständliches Zusammenwirken mit ihr voraus, die es rechtfertigen, die A.GmbH als gleichsam abhängige und unselbständige Strohmannfirma für das Unternehmen des Angeklagten zu sehen. Nur dann kann dem Angeklagten auch eine weitere Vermögensbetreuungspflicht auferlegt werden (vgl. zu den Pflichtenstellungen im faktischen GmbH-Konzern: BGH, Urteil vom 10. Juli 1996 – 3 StR 50/96, BGHR StGB § 266 Abs. 1 Vermögensbetreuungspflicht 25). Ob eine entsprechende Abhängigkeit der Gesellschafterin der A. GmbH oder ein Zusammenwirken mit ihr vorlag, bleibt indes unerörtert und kann ohne nähere Kenntnis der Beziehungen des Angeklagten zur Gesellschafterebene der A.GmbH nicht beurteilt werden.*

*[***12***] b) Unabhängig davon, ob dem Angeklagten aufgrund der Reichweite seiner Einflussnahme tatsächlich eine faktische Organstellung innerhalb der A. GmbH*

zukam, genügen die bisher getroffenen Feststellungen auch im Übrigen nicht zur Annahme einer Vermögensbetreuungspflicht. Zwar knüpft der Treubruchtatbestand des § 266 Abs. 1 StGB nicht an die formale Position als Geschäftsführer, sondern an die tatsächliche Verfügungsmacht über ein bestimmtes Vermögen an, wenn damit ein schützenswertes Vertrauen in die pflichtgemäße Wahrnehmung der Vermögensinteressen verbunden ist (vgl. BGH, Urteile vom 10. Juli 1996 – 3 StR 50/96 aaO, und vom 14. Juli 1999 – 3 StR 188/99, NStZ 1999, 558, Fischer aaO Rn. 33). Feststellungen dazu, ob und inwieweit dem Angeklagten das Vermögen der A. GmbH von Seiten ihrer Gesellschafterin unterhalb der Geschäftsführerebene „anvertraut" worden ist und eine Vermögensbetreuungspflicht besteht, hat das Landgericht indes nicht getroffen. Es kann aus den bereits unter a) angeführten Gründen nicht beurteilt werden, ob dem Angeklagten von Gesellschafterebene faktisch eine weitgehende Betriebsführung eingeräumt worden ist oder ob lediglich in einer Vielzahl von Einzelentscheidungen seiner wirtschaftlichen Machtstellung als Organ des praktisch einzigen Geschäftspartners jeweils nachgegeben wurde.

PRAXISBEDEUTUNG ■

Die vorliegende Entscheidung erweitert den Umfang von Vermögensbetreuungspflichten insbesondere auch auf sog. Faktische Geschäftsführer, welche gerade in wirtschaftlich finanziell nicht besonders gut ausgestatteten Gesellschaften vielfach eine große Rolle spielen. Insoweit wird eine Strafbarkeitslücke in Bereichen geschlossen, in denen die Betreuung des (oftmals wenigen) Vermögens eine besondere Rolle spielt.

Der Tatbestand der Untreue nach § 266 StGB setzt einen **Vermögensschaden** desjenigen voraus, dessen Vermögensinteressen der Täter zu betreuen hat. Erforderlich ist, dass durch die Tathandlung **eine Minderung des Vermögens eintritt**, die nach dem **Prinzip der Gesamtsaldierung** durch einen Vergleich des Vermögensstandes vor und nach der Tat unter lebensnaher wirtschaftlicher Betrachtungsweise festzustellen ist. Ein Nachteil liegt deshalb nicht vor, wenn durch die Handlung zugleich ein den Verlust aufwiegender Vermögenszuwachs begründet wird. Ein solcher Vermögenszuwachs ist etwa gegeben, wenn das Vermögen in Höhe des Verlustes von einer Verbindlichkeit befreit wird. An einem Nachteil fehlt es regelmäßig auch dann, wenn wertmindernde und werterhöhende Faktoren, zu denen auch Gewinnerwartungen zählen können, sich gegenseitig aufheben.[275] **268**

[8] 2. Das Berufungsgericht hat die für die Annahme einer Beihilfe erforderliche Haupttat rechtsfehlerhaft darin gesehen, dass der Geschäftsführer der Schuldnerin den Tatbestand der Untreue verwirklicht habe, indem er die Bankaufträge für die am 27. März 2003 und im Zeitraum vom 23. April 2003 bis zum 30. April 2003 über das Konto der Schuldnerin vorgenommenen Verfügungen in Höhe von 24.039,86 € unterzeichnet habe, weil durch diese Zahlungen die bestehende Überschuldung der Schuldnerin vertieft worden sei.

[9] a) Wie die Revision zu Recht geltend macht, hat das Berufungsgericht rechtsfehlerhaft nicht beachtet, dass der Tatbestand der Untreue nach § 266 StGB einen

---

[275] BGH, Urteil vom 18.6.2013 – II ZR 217/12.

Vermögensschaden desjenigen voraussetzt, dessen Vermögensinteressen der Täter zu betreuen hat. Erforderlich ist, dass durch die Tathandlung eine Minderung des Vermögens eintritt, die nach dem Prinzip der Gesamtsaldierung durch einen Vergleich des Vermögensstandes vor und nach der Tat unter lebensnaher wirtschaftlicher Betrachtungsweise festzustellen ist (BGH, Urteil vom 9. Februar 2006 – 5 StR 423/05, NStZ-RR 2006,175, 176; Beschluss vom 5. Juli 2011 – 3 StR 444/10, NStZ-RR 2011, 312, 313; MünchKommStGB/ Dierlamm, § 266 Rn. 178; Fischer, StGB, 60. Aufl., § 266 Rn. 115 und § 263 Rn. 110 ff.). Ein Nachteil liegt deshalb nicht vor, wenn durch die Handlung zugleich ein den Verlust aufwiegender Vermögenszuwachs begründet wird. Ein solcher Vermögenszuwachs ist etwa gegeben, wenn das Vermögen in Höhe des Verlustes von einer Verbindlichkeit befreit wird (BGH, Beschluss vom 5. Juli 2011 – 3 StR 444/10, NStZ-RR 2011, 312, 313). An einem Nachteil fehlt es regelmäßig auch dann, wenn wertmindernde und werterhöhende Faktoren, zu denen auch Gewinnerwartungen zählen können, sich gegenseitig aufheben (BGH, Beschluss vom 17. August 2006 – 4 StR 117/06, NStZ-RR 2006, 378, 379).

[10] Nach diesen Maßstäben rechtfertigen die Feststellungen des Berufungsgerichts nicht die Annahme, dass der Schuldnerin durch die vom Berufungsgericht als Untreuehandlungen des Geschäftsführers beurteilten Zahlungen ein Vermögensschaden im Sinn von § 266 StGB entstanden ist. Das Berufungsgericht hat keine Feststellungen dazu getroffen, zu welchem Zweck die Zahlungen geleistet wurden und ob ihnen eine Gegenleistung gegenüber stand. Es geht mit Ausnahme der Überweisung an den Geschäftsführer vielmehr selbst davon aus, dass die Zahlungen jedenfalls für Zwecke der Schuldnerin verwendet wurden. Hinsichtlich der Zahlung in Höhe von 19.000 € steht zwar fest, dass Zahlungsempfänger der Geschäftsführer der Schuldnerin war. Damit ist aber noch nicht gesagt, dass die Schuldnerin durch diese Zahlung einen Vermögensnachteil erlitten hat. Auch durch Zahlungen an den Geschäftsführer tritt im Vermögen der Schuldnerin nur dann ein Schaden im Sinn von § 266 StGB ein, wenn der Zahlung keine Gegenleistung gegenübersteht und das Vermögen der Schuldnerin durch die Zahlung auch nicht von einer Verbindlichkeit befreit wird. Ob dies der Fall war, lässt sich dem angefochtenen Urteil nicht entnehmen.

[11] b) Entgegen der – von der Revision erörterten – Auffassung des Klägers in der Berufungsinstanz waren diese Feststellungen nicht deshalb entbehrlich, weil die Beklagte nicht dargelegt habe, zu welchem Zweck die Zahlungen vorgenommen wurden und welche Vermögensvorteile der Schuldnerin im Gegenzug zugeflossen sind. Nach allgemeinen Grundsätzen hat der Anspruchsteller, der wie hier der Kläger als Insolvenzverwalter einen Anspruch auf eine deliktische Haftung wegen Verletzung eines Schutzgesetzes stützt, alle Umstände darzulegen und zu beweisen, aus denen sich die Verwirklichung der einzelnen Tatbestandsmerkmale des Schutzgesetzes ergibt (BGH, Urteil vom 18. Dezember 2012 – II ZR 220/10, WM 2013, 329 Rn. 14; Urteil vom 11. Dezember 2001 – VI ZR 350/00, ZIP 2002, 524, 525 f. m.w.N.). Nach der ständigen Rechtsprechung des Bundesgerichtshofs kann es allerdings Sache der Gegenpartei sein, sich zu den Behauptungen der beweispflichtigen Partei konkret zu äußern. Dies gilt insbesondere dann, wenn die beweispflichtige Partei außerhalb des von ihr vorzutragenden Geschehensablaufs steht und keine Kenntnis der maßgebenden Tatsachen besitzt, der Prozessgegner aber die wesentlichen Umstände kennt und es ihm zumutbar ist, dazu nähere Angaben zu machen (BGH, Urteil vom 11. Dezember 2001 – VI ZR 350/00, ZIP 2002, 524, 525 f. m.w.N.).

[12] Diese Voraussetzungen sind hier nicht erfüllt. Obwohl das Landgericht eine Pflichtwidrigkeit der Auszahlungen im Sinne des § 266 StGB nicht festzustellen ver-

mochte, weil der Kläger nicht vorgetragen habe, dass die Zahlungen vom Konto der Schuldnerin ohne entsprechende Gegenleistung und ohne rechtfertigenden Anlass erfolgt seien, hat der Kläger auch in der Berufungsinstanz seinen Vortrag nicht ergänzt. Es ist schon nicht ersichtlich, dass sich der Kläger als Insolvenzverwalter die benötigten Informationen nicht aus der Buchhaltung oder durch Befragung des Geschäftsführers (§ 97 Abs. 1 Satz 1, § 101 Abs. 1 Satz 1 InsO) beschaffen kann. Im Übrigen hat die Beklagte vorgetragen, sie sei mit den Geschäften, die den Zahlungen zugrunde liegen, nicht befasst gewesen, so dass sie zu den Gegenleistungen der Zahlungsempfänger keine Angaben machen könne. Gegenteiliges hat das Berufungsgericht für die hier maßgeblichen Zahlungen nicht festgestellt.

PRAXISBEDEUTUNG ■

Auch in zivilrechtlichen Haftungsfragen ist es erforderlich, die Tatbestandsvoraussetzungen von Schutzgesetzverletzungen klar und eindeutig festzustellen, was in dem vorstehenden Urteil ausdrücklich verdeutlicht wird.

Den **Gerichtsvollzieher** trifft kraft seiner gesetzlichen Stellung als Vollstreckungsorgan gemäß §§ 753 ff. ZPO im Rahmen des ihm erteilten Vollstreckungsauftrags eine **Vermögensbetreuungspflicht** gegenüber den Gläubigern und den Schuldnern, soweit sich diesen zustehende Überschüsse ergeben.[276] **269**

[11] 3. Im Übrigen weist das Urteil keinen Rechtsfehler zum Nachteil des Angeklagten auf. Das gilt auch für die Schuldsprüche wegen Untreue gemäß § 266 Abs. 1 StGB in der Alternative des Treubruchstatbestands in den unter Ziff. II. 2 genannten Fällen, in denen der Angeklagte nach seiner Versetzung in den Innendienst zum 1. Juli 2009 noch Bar- oder Scheckzahlungen von Schuldnern entgegengenommen und – ebenso wie auf seinem noch bis Januar 2010 fortbestehenden Dienstkonto eingegangene Gelder – seinem Schneeballsystem zugeführt hat. Denn die diesem Tatbestand zugrunde liegende Vermögensbetreuungspflicht bestand über diesen Zeitpunkt hinaus fort.

[12] a) Den Gerichtsvollzieher trifft kraft seiner gesetzlichen Stellung als Vollstreckungsorgan gemäß §§ 753 ff. ZPO im Rahmen des ihm erteilten Vollstreckungsauftrags eine Vermögensbetreuungspflicht gegenüber den Gläubigern (BGH, Beschluss vom 7. Januar 2011 – 4 StR 409/10, NStZ 2011, 281, 282) und den Schuldnern, soweit sich diesen zustehende Überschüsse ergeben (vgl. § 170 Abs. 2 Geschäftsanweisung für Gerichtsvollzieher; OLG Celle NdsRpfl. 1990, 205, 206; KG, Beschluss vom 19. Februar 2013 – [4] 121 Ss 10/13 [20/13]). Zwar erlischt grundsätzlich die Vermögensbetreuungspflicht zugleich mit dem zugrunde liegenden Rechtsverhältnis; diese geht nicht von selbst in ein Treueverhältnis tatsächlicher Art über (BGH, Urteil vom 15. Mai 1990 – 5 StR 594/89, BGHR StGB § 266 Abs. 1 Vermögensbetreuungspflicht 13, für nachfolgende Gefälligkeitsleistungen aufgrund enger persönlicher Bekanntschaft; Schünemann in LK-StGB, 12. Aufl., § 266 Rn. 62 m.w.N.; SSW-StGB/Saliger, § 266 Rn. 27). Anders verhält es sich jedoch, wenn erloschene Rechtsverhältnisse vermögensfürsorglicher Art – auch einseitig – unter Wahrnehmung der eingeräumten Herrschaftsposition fortgesetzt werden (Schüne-

---

[276] BGH, Beschluss vom 14.8.2013 – 4 StR 255/13.

mann und Saliger, jew. aaO; Wittig in BeckOK, StGB, § 266 Rn. 27) und somit ein enger sachlicher Zusammenhang mit der zunächst begründeten Vermögensbetreuungspflicht besteht (BGH, Urteil vom 14. Juli 1955 – 3 StR 158/55, BGHSt 8, 149, 150; einschr. Perron in Schönke/Schröder, StGB, 28. Aufl., § 266 Rn. 34). So hat das Reichsgericht angenommen, dass sich nach Beendigung der Vormundschaft der frühere Vormund der Untreue schuldig machen kann, wenn er Vermögensstücke seines ehemaligen Mündels nicht herausgibt. Zur Begründung hat das Reichsgericht darauf hingewiesen, dass die Verpflichtung zur Herausgabe durch die Vormundschaft begründet wird und insoweit Pflicht und Verantwortlichkeit des früheren Vormunds über den Zeitpunkt der Beendigung seines Amtes hinaus fortdauern (RGSt 45, 434 f. zu § 266 StGB aF). Die Abwicklung eines Betreuungsverhältnisses nach den §§ 1896 ff. BGB mit den Rechtsnachfolgern des verstorbenen Betreuten gehört noch zu dem vom Treueverhältnis umfassten Tätigkeitsbereich; diese Abwicklung ist als Teil der Tätigkeit anzusehen, zu welcher der Betreuer zuvor bestellt war (OLG Stuttgart, NJW 1999, 1564, 1566; zust. wegen des engen zeitlichen und tatsächlichen Zusammenhangs Thomas, NStZ 1999, 622, 624). Auch vermögensschädigende Handlungen nach Beendigung eines zivilrechtlichen Auftrags oder sonstigen Treueverhältnisses können gegen eine fortbestehende Vermögensfürsorgepflicht verstoßen (so BGH, Urteil vom 3. Oktober 1986 – 2 StR 256/86, wistra 1987, 65; in der Sache auch BGH, Urteil vom 14. Juli 1955 aaO; Fischer, StGB, 60. Aufl., § 266 Rn. 43). Das Gleiche gilt nach Beendigung eines Arbeitsverhältnisses (OLG Stuttgart, JZ 1973, 739, 740 mit Anm. Lenckner, JZ 1973, 794 ff.).

[13] b) So liegt es auch hier in den Fällen, in denen der Angeklagte noch nach Versetzung in den Innendienst tätig geworden ist. Mit seiner Vollstreckungstätigkeit hatte er stets bereits vor diesem Zeitpunkt begonnen. Er trat weiterhin als Gerichtsvollzieher auf. Bei Anschreiben verwendete er unverändert einen Briefkopf, in dem er als Gerichtsvollzieher bezeichnet wurde; auch führte er bis Januar 2010 sein Dienstkonto fort, auf das in mehreren Fällen noch Zahlungen eingingen. Insoweit hat der Herrschaft des Angeklagten an den vereinnahmten Beträgen ein Treueverhältnis (nunmehr) tatsächlicher Art zugrunde gelegen; in allen Fällen hat die fortbestehende Vermögensbetreuungspflicht ihre Grundlage in dem Amt des Gerichtsvollziehers gefunden, welches der Angeklagte bei Aufnahme der jeweiligen Vollstreckung noch innehatte. Der enge sachliche Zusammenhang zeigt sich insbesondere auch darin, dass der Angeklagte die durch die Aufnahme der Vollstreckungstätigkeit gegenüber den Schuldnern geschaffene Lage ausgenutzt hat (vgl. BGH, Urteil vom 14. Juli 1955 aaO). Die Annahme einer fortdauernden Vermögensbetreuungspflicht steht nicht in Widerspruch zu der Ablehnung der angesichts des eindeutigen Wortlauts an die Amtsträgereigenschaft des Täters anknüpfenden und lediglich den Schuldumfang kennzeichnenden Straferschwerungsgründe in § 266 Abs. 2 i.V.m. § 263 Abs. 3 Satz 2 Nr. 4 StGB und in § 267 Abs. 3 Satz 2 Nr. 4 StGB.

270 **Einverständliche Entnahmen** bereits erzielter Gewinne und die Zahlung von Gewinnvorschüssen bedeuten für sich allein noch keinen rechtswidrigen Nachteil für die GmbH, und zwar selbst dann nicht, wenn die entnommenen Beträge zu Tarnungszwecken falsch gebucht werden; hat jedoch eine an sich zulässige **Gewinnentnahme schädliche Folgen**, die über die durch die Entnahme bewirkte Vermögensminderung hinausreichen, kann sie als rechtswidriger Nachteil für die GmbH gewertet werden. Pflichtwidriges Handeln und ein rechtswidriger Nachteil sind anzunehmen, wenn das Stammkapital beeinträchtigt oder die wirtschaftliche Existenz der Gesellschaft in anderer Weise gefährdet wird, etwa weil der Gesellschaft ihre Produktionsgrundlagen entzogen würden oder ihre Liquidität gefährdet wäre.[277]

[3] 2. Die Verurteilungen der Angeklagten wegen Untreue haben keinen Bestand. Die Begründung, mit der das Landgericht die Geldentnahmen aus der A. GmbH als pflichtwidrig bewertet und einen rechtswidrigen Vermögensnachteil im Sinne des § 266 StGB bestimmt hat, begegnet durchgreifenden Bedenken.

[4] a) Das Landgericht hat – ohne im Einzelnen die Gesellschafterverhältnisse der A. AG näher darzulegen – zugunsten der Angeklagten angenommen, dass die Entnahmen jeweils im Einverständnis mit der Konzernmutter erfolgten. Dennoch seien sie pflichtwidrig gewesen, weil sie die wirtschaftliche Existenz durch Liquiditätsverluste gefährdet hätten. Die konkrete Existenzgefährdung hat das Landgericht – ohne Feststellungen zum Vermögensstatus der A. GmbH zu treffen – allein aus dem tatsächlichen Geschehenslauf anhand einer Gesamtabwägung von Indizien (Insolvenzeintritt alsbald nach den Entnahmen, Verkauf der GmbH an einen „Firmenbestatter", unberechtigte Zahlungsstockungen, wirtschaftliche Schwierigkeiten der A. GmbH und des Mutterkonzerns) festgestellt. Dabei hat es freilich berücksichtigt, dass in diesem Fall „keines der klassischen wirtschaftskriminalistischen Beweisanzeichen für eine konkrete Existenzgefährdung" (UA S. 93), wie erfolglose Pfändungen oder sonstige Vollstreckungsversuche, vorgelegen hat. Mangels vollständiger Buchhaltungsunterlagen hat es von der Einholung eines Sachverständigengutachtens zum Liquiditätsstatus der A. GmbH abgesehen. Zudem sah sich das Landgericht nicht gehalten, das von den Angeklagten „vorgelegte Zahlenmaterial" weiter aufzuklären, weil aufgrund vorgenommener Manipulation an Belegen ein „nicht weiter überprüfbarer Auszug aus dem Gesamtbild einer bilanziellen Bewertung der wirtschaftlichen Situation der A. GmbH erkennbar gewesen" (UA S. 99) wäre. Den Vermögensnachteil zu Lasten der GmbH hat die Wirtschaftsstrafkammer bei den einzelnen Taten in Höhe des jeweils entzogenen Betrages festgesetzt.

[5] b) In der Rechtsprechung ist anerkannt, dass einverständliche Entnahmen bereits erzielter Gewinne und die Zahlung von Gewinnvorschüssen für sich allein noch keinen rechtswidrigen Nachteil für die GmbH bedeuten, und zwar selbst dann nicht, wenn die entnommenen Beträge zu Tarnungszwecken falsch gebucht werden; hat jedoch eine an sich zulässige Gewinnentnahme schädliche Folgen, die über die durch die Entnahme bewirkte Vermögensminderung hinausreichen, kann sie als rechtswidriger Nachteil für die GmbH gewertet werden (vgl. BGH, Urteil vom 24. August 1988 – 3 StR 232/88, BGHSt 35, 333, 336 f.). Pflichtwidriges Handeln und ein rechtswidriger Nachteil sind anzunehmen, wenn das Stammkapital beeinträchtigt oder die wirtschaftliche Existenz der Gesellschaft in anderer Weise gefährdet wird (vgl. Fischer, StGB, 60. Aufl., § 266 Rn. 96, 156 m.w.N.), etwa weil der Gesellschaft ihre Produktionsgrundlagen entzogen würden oder ihre Liquidität gefährdet wäre (vgl. BGHSt aaO, S. 337 f., sowie BGH, Urteile vom 24. Oktober 1990 – 3 StR 16/90 – und vom 10. Juli 1996 – 3 StR 50/96, BGHR StGB § 266 Abs. 1 Nachteil 23 und 37, sowie vom 13. Mai 2004 – 5 StR 73/03, BGHSt 49, 147, 157 ff.).

[6] aa) Der im Einzelnen in den Urteilsgründen dargelegte tatsächliche Geschehenslauf und die Gesamtabwägung aller Indizien sprechen zwar für eine „Aushöh-

[277] BGH, Beschluss vom 19.2.2013 – 5 StR 427/12.

lungsabsicht" der Angeklagten und lassen den Eintritt einer Existenzgefährdung vermuten. Dass die A. GmbH sich jedoch bereits Anfang Juni 2003 in einem Zustand der Existenzgefährdung durch Liquiditätsverluste befunden hat und die Entnahmen sich nicht mehr im Bereich des Erlaubten bewegten, sondern einen rechtswidrigen Vermögensnachteil für die Gesellschaft bedeuteten, wird von den Feststellungen nicht genügend belegt. Insofern fehlt es an einer hinreichend konkreten Darstellung der Vermögenssituation der A. GmbH zum Zeitpunkt der (jeweiligen) Entnahmen (vgl. BGH, Urteil vom 22. März 2006 – 5 StR 475/05, wistra 2006, 265).

[7] bb) Zwar kann sich die Gefährdung der Existenz oder der Liquidität einer GmbH auch ohne Aufstellung einer Vermögensbilanz allein auf Grund eines tatsächlichen Geschehenslaufs feststellen lassen (vgl. BGH, Urteil vom 24. August 1988 – 3 StR 232/88, BGHSt 35, 333, 338; BGH, Beschluss vom 10. Januar 2006 – 4 StR 561/05, wistra 2006, 229, 230). Nach den bisherigen Feststellungen hat das Landgericht aber angenommen, dass bei der A. GmbH ab Juni 2003 noch Gelder „in erheblichem Umfang" (UA S. 79) eingegangen sind. Zudem wies das einzige Firmenkonto am 31. Juli 2003 – und damit nach dem vom Landgericht angenommenen Zeitpunkt des Eintritts der Existenzgefährdung der GmbH – noch ein Bankguthaben von mindestens 70.000 € auf.

[8] cc) Der tatsächliche Geschehenslauf kann daher vorliegend nicht allein die gebotenen konkreten Feststellungen zum Vermögensnachteil ersetzen. Der Senat verkennt nicht die sich aus den unvollständigen Buchhaltungsunterlagen ergebende Schwierigkeit, tatzeitbezogene Feststellungen zur Vermögenssituation der A. GmbH zu treffen. Dennoch darf die konkrete Ermittlung des Nachteils nicht aus der Erwägung heraus unterbleiben, dass sie mit praktischen Schwierigkeiten verbunden ist; verbleiben Unsicherheiten, ist vielmehr unter Beachtung des Zweifelssatzes der (Mindest-)Schaden im Wege der Schätzung zu ermitteln (BVerfGE 126, 170, 211 f.).

[9] dd) Es hätte deshalb – ungeachtet unvollständiger Buchhaltungsunterlagen – weiterer (Mindest-)Feststellungen dazu bedurft, ob und in welchem Umfang es im Tatzeitraum tatsächlich zu Liquidationsproblemen gekommen ist. Dass im Oktober 2003 das Insolvenzverfahren wegen Überschuldung und Zahlungsunfähigkeit eröffnet wurde, genügt für die Annahme einer Liquiditätsgefährdung bereits zu Beginn des Tatzeitraums nicht (vgl. BGH, Beschluss vom 10. Januar 2006 – 4 StR 561/05 aaO). Hingegen erscheint es nicht ausgeschlossen, dass sich anhand der Erkenntnisse aus dem zeitnah eröffneten Insolvenzverfahren (Mindest-)Feststellungen zur Vermögenssituation der A.GmbH und damit auch zu einer naheliegenden Existenzgefährdung treffen lassen.

17. Vorenthalten und Veruntreuen von Arbeitsentgelt – § 266a StGB

271 Es ist dem Tatrichter grundsätzlich gestattet, bei der Bestimmung des **Beitragsschadens nach § 266a StGB** bzw. der hinterzogenen Lohnsteuer die **Höhe des** an Arbeitnehmer ausbezahlten **Schwarzlohns zu schätzen,** soweit zu einer konkreteren Bestimmung – etwa anhand erbrachter Arbeitszeiten und konkreter, branchenüblicher oder tarifvertraglicher Stundenlöhne – keine zuverlässigen Beweismittel zur Verfügung stehen oder nur mit unverhältnismäßigem Aufwand und ohne nennenswerten zusätzlichen Erkenntnisgewinn zu beschaffen sind. Er darf dann eine **branchenübliche Lohnquote** – und zwar eine Nettolohnquote – des jeweils verfahrensgegenständlichen Gewerbes ermitteln und diese als Schätzgrundlage der weiteren Berechnung zugrunde legen. In **Fällen illegaler Beschäftigung** kann der Tatrichter dabei in der Regel verhältnismäßig höhere Nettolohnquoten zu Grunde legen, als sie bei legaler Beschäftigung branchenüblich sind.[278]

Ob eine Person Arbeitgeber im Sinne von § 266a StGB ist, richtet sich nach dem Sozialversicherungsrecht, das seinerseits diesbezüglich auf das Dienstvertragsrecht der §§ 611 ff. BGB abstellt. **Arbeitgeber** ist danach derjenige, dem gegenüber der **Arbeitnehmer** zur Erbringung von Arbeitsleistungen verpflichtet ist und zu dem er in einem persönlichen Abhängigkeitsverhältnis steht, das sich vor allem durch die **Eingliederung des Arbeitnehmers in den Betrieb des Arbeitgebers** ausdrückt. Das Bestehen eines solchen Beschäftigungsverhältnisses zum Arbeitgeber bestimmt sich dabei nach den tatsächlichen Gegebenheiten.[279] **272**

[8] Die gegen die Verurteilung wegen Vorenthaltens und Veruntreuens von Arbeitsentgelt (§ 266a StGB) gerichteten Revisionen bleiben mit Ausnahme der aus dem Beschlusstenor ersichtlichen Schuldspruchänderung ohne Erfolg. Die auf einer rechtsfehlerfreien Beweiswürdigung beruhenden Feststellungen des Tatgerichts über die tatsächliche Durchführung der von den polnischen Staatsangehörigen ausgeführten Tätigkeiten im Betrieb der Angeklagten tragen in diesem Umfang die Schuldsprüche.

[9] 1. Das Landgericht ist zutreffend davon ausgegangen, dass es sich zunächst bei dem Angeklagten S. und nach dem Betriebsübergang bei dem Angeklagten Sc. um Arbeitgeber im Sinne von § 266a Abs. 1 und 2 StGB handelte, zu denen die fraglichen ausländischen Arbeitnehmer in einem inländischen sozialversicherungspflichtigen Beschäftigungsverhältnis (vgl. § 7 Abs. 1 SGB IV) standen.

[10] a) Ob eine Person Arbeitgeber im Sinne von § 266a StGB ist, richtet sich nach dem Sozialversicherungsrecht, das seinerseits diesbezüglich auf das Dienstvertragsrecht der §§ 611 ff. BGB abstellt. Arbeitgeber ist danach derjenige, dem gegenüber der Arbeitnehmer zur Erbringung von Arbeitsleistungen verpflichtet ist und zu dem er in einem persönlichen Abhängigkeitsverhältnis steht, das sich vor allem durch die Eingliederung des Arbeitnehmers in den Betrieb des Arbeitgebers ausdrückt (siehe etwa BSGE 34, 111, 113). Das Bestehen eines solchen Beschäftigungsverhältnisses zum Arbeitgeber bestimmt sich dabei nach den tatsächlichen Gegebenheiten (st. Rspr., etwa BGH, Urteil vom 2. Dezember 2008 – 1 StR 416/08, BGHSt 53, 71, 77; Beschlüsse vom 7. Oktober 2009 – 1 StR 478/09, NStZ 2010, 337 f., und vom 27. September 2011 – 1 StR 399/11, NStZ-RR 2012, 13; siehe auch BGH, Urteil vom 13. Juni 2001 – 3 StR 126/01, NStZ 2001, 599, 600). Die Vertragsparteien können aus einem nach den tatsächlichen Verhältnissen bestehenden Beschäftigungsverhältnis resultierende sozialversicherungsrechtliche Abführungspflichten nicht durch eine abweichende Vertragsgestaltung beseitigen (BGH jeweils aaO; ebenso BSGE 45, 199, 200; BSG NZS 2007, 648, 650; siehe auch die Nachw. bei Seewald in Kasseler Kommentar zum Sozialversicherungsrecht, § 7 SGB IV Rn. 53 ff.).

[11] Um auf der Grundlage der maßgeblichen tatsächlichen Gegebenheiten das Vorliegen eines (inländischen) sozialversicherungsrechtlichen Beschäftigungsverhältnisses zu beurteilen, ist eine wertende Gesamtbetrachtung bzw. Gesamtwürdigung

---

278 BGH, Beschluss vom 6.2.2013 – 1 StR 577/12.

279 BGH, Beschluss vom 4.9.2013 – 1 StR 94/13; vgl. hierzu auch BGH, Beschluss vom 5.6.2013 – 1 StR 626/12.

aller relevanten Umstände vorzunehmen (BSGE 51, 164, 167; BSG NZS 2007, 648, 649; siehe auch Baier in Krauskopf, Soziale Krankenversicherung, SGB IV § 7 Rn. 11; in der Sache ebenso BAG NJW 2010, 2455, 2456). In diese Gesamtbetrachtung sind vor allem das Vorliegen eines umfassenden arbeitsrechtlichen Weisungsrechts, die Gestaltung des Entgelts und seiner Berechnung (etwa Entlohnung nach festen Stundensätzen), Art und Ausmaß der Einbindung in den Betriebsablauf des Arbeitgeberbetriebes sowie die Festlegung des täglichen Beginns und des Endes der konkreten Tätigkeit einzustellen (siehe BGH, Urteil vom 13. Juni 2001 – 3 StR 126/01, NStZ 2001, 599 f.; Beschluss vom 7. Oktober 2009 – 1 StR 478/09, NStZ 2010, 337 f.; siehe auch Beschluss vom 27. September 2011 – 1 StR 399/11, NStZ-RR 2012, 13 mit Nachw. zum unionsrechtlichen Arbeitnehmerbegriff). Die in der Rechtsprechung des Bundesgerichtshofs herangezogenen Kriterien für die Beurteilung des Vorliegens eines Beschäftigungsverhältnisses stimmen mit der Rechtsprechung des Bundesarbeits- und des Bundesozialgerichts überein. Diese halten im Rahmen der erforderlichen Gesamtwürdigung ebenfalls das Vorliegen einer Weisungsgebundenheit in sachlicher und zeitlicher Hinsicht, das Fehlen bzw. das Vorhandensein von Freiheit bei der inhaltlichen Gestaltung der Tätigkeit sowie den Ort der Leistungserbringung für regelmäßig zu berücksichtigende Kriterien (vgl. BAG NJW 2010, 2455, 2456; BSGE 45, 199, 200; BSG NZS 2007, 648, 649).

[12] b) An diesen Maßstäben gemessen hat das Tatgericht zu Recht das Bestehen inländischer Beschäftigungsverhältnisse zwischen den im Betrieb der Angeklagten tätigen polnischen Staatsangehörigen und den Angeklagten angenommen. Es hat die betrieblichen Abläufe im Einzelnen festgestellt (UA S. 9 ff., 38 ff.) und dabei u.a. auf die Gestaltung der täglichen Arbeitszeiten, die Arbeitsorganisation im Betrieb, das Vorliegen von Weisungen zur Ausführung der konkreten Tätigkeit sowie zur Erfassung der jeweils geernteten Pilzmengen Bedacht genommen. Es hat zudem die Überlassung von Arbeitsgeräten seitens der Angeklagten sowie das Fehlen eigener Geschäftslokale und das von weiteren Auftraggebern der drei polnischen Gewerbetreibenden (vgl. BGH, Beschluss vom 7. Oktober 2009 – 1 StR 478/09, NStZ 2010, 337) mit in die Betrachtungen einbezogen. Die von dem Tatgericht aus den festgestellten tatsächlichen Gegebenheiten gezogenen Schlüsse auf das Bestehen sozialversicherungsrechtlicher Beschäftigungsverhältnisse und die Arbeitgebereigenschaft der Angeklagten sind ohne Rechtsfehler.

18. Urkundenfälschung – § 267 StGB

273 Die Tathandlung des **Gebrauchens einer unechten oder verfälschten Urkunde** setzt voraus, dass diese durch Vorlegen, Übergeben, Hinterlegen o.ä. dem zu Täuschenden so zugänglich gemacht wird, dass er sie wahrnehmen kann.

Ablichtungen sind dann keine Urkunden im Sinne des § 267 StGB, wenn sie nach außen als Reproduktion erscheinen. Eine **Fotokopie** kann demgegenüber als Urkunde anzusehen sein, wenn sie als Original in den Verkehr gebracht wird, also der Anschein erweckt wird, es handele sich um eine Originalurkunde.[280]

[2] 1. Das Urteil hält sachlichrechtlicher Prüfung nicht stand; denn die tatbestandlichen Voraussetzungen einer Urkundenfälschung nach § 267 Abs. 1 StGB sind durch die Feststellungen nicht belegt.

---

[280] BGH, Beschluss vom 24.1.2013 – 3 StR 398/12.

[3] a) Nach diesen wurden in dem Zeitraum von Oktober 2003 bis Juni 2004 mehreren Banken im Rahmen von Finanzierungsanfragen gefälschte Bonitätsunterlagen betreffend den Angeklagten W. sowie den Zeugen G. vorgelegt, die zuvor von der Zeugin S. hergestellt worden waren. Dabei handelte es sich unter anderem um Steuerbescheide, Gehalts- und Verdienstabrechnungen, Kontoauszüge sowie Selbstauskünfte des Mitangeklagten W. und des Zeugen G.

[4] b) Nähere Einzelheiten zu den für die abgeurteilten Taten relevanten, die Tatbestandsmerkmale des § 267 Abs. 1 StGB ausfüllenden Umständen, sind den Urteilsgründen allerdings – auch bei Beachtung ihres Gesamtzusammenhangs einschließlich der Zusammenfassung vor den Feststellungen zu den einzelnen Taten und den Ausführungen in der Beweiswürdigung – nicht zu entnehmen.

[5] aa) Dies betrifft etwa die jeweiligen konkreten Tatbeiträge der einzelnen Angeklagten. Die für die Angeklagten allein in Betracht kommende Tathandlung des Gebrauchens einer unechten oder verfälschten Urkunde setzt voraus, dass diese durch Vorlegen, Übergeben, Hinterlegen o.ä. dem zu Täuschenden so zugänglich gemacht wird, dass er sie wahrnehmen kann (Lackner/Kühl, StGB, 27. Aufl., § 267 Rn. 23 m.w.N.). Aus den Feststellungen ergibt sich insoweit lediglich, dass die Schriftstücke „mit Schreiben der T." (Fälle II. 1., 2. und 4. bis 6. der Urteilsgründe) bzw. „mit Antrag vom 14.06.2004, der den Firmenstempel der T. als Finanzvermittler trägt" (Fall II. 3. der Urteilsgründe) bei den betreffenden Banken vorgelegt wurden, wobei es sich bei der T. um ein von dem Angeklagten L. betriebenes Einzelunternehmen handelt. Aus diesen rudimentären Angaben erschließt sich nicht, welcher der Angeklagten an diesen Vorgängen in welcher Weise beteiligt war.

[6] bb) Nähere Feststellungen dazu, woran die Fälschung der vorgelegten Schriftstücke festzumachen ist, hat das Landgericht ebenfalls nicht getroffen. Den Urteilsgründen ist somit nicht zu entnehmen, ob es sich dabei jeweils um unechte oder verfälschte Urkunden im Sinne des § 267 StGB handelte. Zweifel hieran bestehen zum Beispiel deshalb, weil zumindest teilweise Ablichtungen verwendet wurden, wobei nach den vom Landgericht insoweit nicht in Zweifel gezogenen Bekundungen der Zeugin S. auch bereits gefälschte Unterlagen noch einmal kopiert wurden. Ablichtungen sind allerdings dann keine Urkunden im Sinne des § 267 StGB, wenn sie nach außen als Reproduktion erscheinen. Eine Fotokopie kann demgegenüber als Urkunde anzusehen sein, wenn sie als Original in den Verkehr gebracht wird, also der Anschein erweckt wird, es handele sich um eine Originalurkunde (LK/Zieschang, StGB, 12. Aufl., § 267 Rn. 111 ff. m.w.N.). Es wären deshalb insoweit nähere Feststellungen dazu erforderlich gewesen, welche Schriftstücke in Form einer Fotokopie vorgelegt wurden und welcher Eindruck damit erweckt wurde; diese fehlen.

[7] Auf der Grundlage der Urteilsgründe bleibt daneben etwa im Dunkeln, ob bei den vorgelegten Selbstauskünften des Mitangeklagten W. sowie des Zeugen G. über den Aussteller der Urkunde getäuscht werden sollte oder ob das Verhalten der Angeklagten insoweit möglicherweise nur als eine nicht von § 267 StGB erfasste schriftliche Lüge (st. Rspr.; vgl. schon BGH, Urteil vom 13. Dezember 1955 – 5 StR 221/54, BGHSt 9, 44) zu werten ist.

Eine Urkunde ist **unecht**, wenn sie nicht von demjenigen stammt, der aus ihr als Aussteller hervorgeht, wenn also der Anschein erweckt wird, ihr Aussteller sei eine andere Person als diejenige, von der sie herrührt. Entscheidend ist dabei die **Täuschung über die Identität des Ausstellers**, nicht über seinen Namen. Ein **unwahrer** **274**

Inhalt berührt dagegen die Echtheit der Urkunde nicht; sog. **schriftliche Lügen** werden von § 267 Abs. 1 StGB nicht erfasst.[281]

275 Leistet ein **Bandenmitglied** keinen eigenen für das Gelingen einer Bandentat (Fälschungsdelikt) **wesentlichen oder für deren Begehung förderlichen Beitrag,** so wird er nicht schon dadurch zu deren Täter oder Teilnehmer, dass er mittels der Bandenabrede mit den Handelnden verbunden ist, denn die Bandenmitgliedschaft als besonderes persönliches Merkmal im Sinne des § 28 Abs. 2 StGB und die Beteiligung an Bandentaten sind begrifflich voneinander zu trennen und unabhängig voneinander zu beurteilen.[282]

[5] 1. In den Fällen II. Fallakte 85, 116, 117, 119, 123, 132, 142, 143, 147, 173 der Urteilsgründe tragen die Feststellungen nicht die Verurteilung des Angeklagten Z. wegen gewerbs- und bandenmäßiger Urkundenfälschung (§ 267 Abs. 4 StGB).

[6] a) Die Angeklagten schlossen sich Anfang 2010 einer Personengruppe an, die sich durch fortlaufende und arbeitsteilige Begehung von Betrugstaten und Urkundenfälschungen eine dauerhafte Einnahmequelle zu erschließen suchte. Unter Angabe falscher Personalien und Vorlage entsprechend gefälschter Identitätsnachweise beantragten teils unbekannte Mittäter, teils auch die Angeklagten die Eröffnung von Konten bei verschiedenen deutschen Banken. Aufgabe u.a. des Angeklagten Z war es, die Daten dieser Konten an Hintermänner weiterzuleiten, wozu er von deren Eröffnung erforderlichenfalls Mitteilung erhielt. Geschah die Eröffnung auf schriftlichem Wege, insbesondere im Postidentverfahren, sorgten andere Beteiligte für entsprechende Briefkästen an der mitgeteilten, zuvor als geeignet ausgeforschten Anschrift für die Zustellung der Kontounterlagen, wo der Angeklagte Z. diese abzufangen hatte. Anhand der vom Angeklagten Z. übermittelten Daten fertigten die Hintermänner sodann falsche Überweisungsaufträge zugunsten dieser Konten und zulasten ausgespähter Konten Dritter und reichten diese bei den jeweiligen Banken ein. Auf den Empfängerkonten eingehende Beträge hob der Angeklagte Z. ab und übergab das Geld in bar an andere Mitglieder der Organisation, die ihm jeweils eine „Provision" von 200 € bis 700 € aushändigten.

[7] In den eingangs genannten Fällen war der Angeklagte Z. an der Kontoeröffnung nicht beteiligt. Seine Tätigkeit beschränkte sich vielmehr jeweils darauf, die Mitteilung hierüber in Empfang zu nehmen und die Daten des Kontos an die Hintermänner zu übermitteln. Zu Überweisungsaufträgen zugunsten der betreffenden Konten kam es in der Folge nicht.

[8] b) Das Landgericht hat dem Angeklagten Z. in den genannten Fällen jeweils das von anderen Beteiligten durch Gebrauch falscher Identitätsnachweise anlässlich der Kontoeröffnung begangene Fälschungsdelikt als Mittäter zugerechnet. Dies begegnet durchgreifenden rechtlichen Bedenken, denn ein eigener Beitrag des Angeklagten Z., durch den er diese Taten noch vor deren Beendigung gefördert hätte, ist nicht festgestellt. Anhaltspunkte dafür, dass er jeweils auf das konkrete Tatgeschehen, insbesondere auf die Fälschung der Papiere oder auf die Auswahl der Bank Einfluss genommen hätte, bestehen nicht. Es bleibt vielmehr allein die im Rahmen der Bandenabrede erklärte allgemeine Bereitschaft des Angeklagte Z., gegebenenfalls Mitteilungen über die Daten eines auf diese Weise ohne sein Zutun eröffneten Kon-

281 BGH, Beschluss vom 4.6.2013 – 2 StR 59/13.

282 BGH, Beschluss vom 5.2.2013 – 3 StR 499/12.

tos entgegenzunehmen und sodann an die Hintermänner weiterzugeben. Wie sich dies auf die Begehung konkreter Fälschungsdelikte fördernd ausgewirkt haben könnte, wird nicht ersichtlich. Leistet ein Bandenmitglied aber keinen eigenen für das Gelingen einer Bandentat wesentlichen oder für deren Begehung förderlichen Beitrag, so wird er nicht schon dadurch zu deren Täter oder Teilnehmer, dass er mittels der Bandenabrede mit den Handelnden verbunden ist, denn die Bandenmitgliedschaft als besonderes persönliches Merkmal im Sinne des § 28 Abs. 2 StGB und die Beteiligung an Bandentaten sind begrifflich voneinander zu trennen und unabhängig voneinander zu beurteilen (vgl. BGH, Beschlüsse vom 15. Januar 2002 – 4 StR 499/01, BGHSt 47, 214, 216; vom 13. Juni 2007 – 3 StR 162/07, NStZ-RR 2007, 307, 308; Fischer, StGB, 60. Aufl., § 244 Rn. 39).

Die Tatbestandsvariante des Herstellens einer unechten Urkunde ist **kein eigenhändiges Delikt**. Demgemäß kommt auch eine Beteiligung des Auftraggebers als Mittäter an der Herstellung der unechten Urkunden durch einen anderen in Betracht.[283] **276**

[1] Das Landgericht hat den Angeklagten wegen Betrugs in 16 Fällen, davon in zehn Fällen in Tateinheit mit Urkundenfälschung, zu einer Gesamtfreiheitsstrafe von vier Jahren und drei Monaten verurteilt. Seine hiergegen eingelegte Revision ist offensichtlich unbegründet im Sinne des § 349 Abs. 2 StPO.

[2] Die Verurteilung wegen Urkundenfälschung in den Fällen II. 1, 2, 4, 5, 6, 7, 8, 9, 10 und 12 wird von den Feststellungen getragen. Danach stellte der anderweitig verfolgte W. alias N.C. in Absprache mit dem Angeklagten Kontoauszüge her, die ihrem äußeren Erscheinungsbild nach von der Bank in S. stammten und erhebliche Guthaben auf einem tatsächlich nicht existierenden Treuhandkonto des Angeklagten auswiesen. Die dafür benötigten Daten wurden ihm von dem Angeklagten übermittelt. Von diesen Auszügen ließ der Angeklagte in D. durch verschiedene Notare jeweils eine beglaubigte Abschrift fertigen, die er anschließend den Geschädigten als „Kapitalnachweis" vorlegte, um damit die von ihm und anderen Beteiligten begangenen Täuschungen zu untermauern.

[3] Der Angeklagte hat danach in allen angeführten Fällen als Mittäter (§ 25 Abs. 2 StGB) eine unechte Urkunde im Sinne des § 267 Abs. 1 1. Alt. StGB hergestellt. Die Tatbestandsvariante des Herstellens einer unechten Urkunde ist kein eigenhändiges Delikt. Demgemäß kommt auch eine Beteiligung des Auftraggebers als Mittäter an der Herstellung der unechten Urkunden durch einen anderen in Betracht (BGH, Urteil vom 12. November 2009 – 4 StR 275/09, NStZ 2010, 342, 343; vgl. BGH, Beschluss vom 18. November 1988 – 3 StR 481/88, BGHR StGB § 267 Abs. 1 Gebrauchmachen 1). Durch die Übermittlung der benötigten Daten hat der Angeklagte auch einen objektiven Beitrag zu der Herstellung der Falsifikate geleistet. Da die gefälschten Kontoauszüge Notaren körperlich zugänglich gemacht werden sollten, um sie durch die Vorspiegelung ihrer Echtheit zur Anfertigung einer beglaubigten Abschrift zu veranlassen, ist auch der innere Tatbestand des § 267 Abs. 1 StGB („zur Täuschung im Rechtsverkehr") erfüllt (BGH, Urteil vom 11. Dezember 1951 – 1 StR 567/51, BGHSt 2, 50, 52; MüKoStGB/Erb, § 267 Rn. 203 ff. m.w.N.). Das in der Vorlage der gefälschten Auszüge gegenüber den Notaren zu sehende Gebrauchmachen von einer unechten Urkunde im Sinne des § 267 Abs. 1 3. Alt. StGB ist nicht als neue Straftat zu werten, da es dem schon bei der Herstellung der Aus-

[283] BGH, Beschluss vom 30.1.2013 – 5 StR 510/12.

züge von dem Angeklagten und seinen Mittätern verfolgten Tatplan entsprach (BGH, Urteil vom 30. November 1953 – 1 StR 318/53, BGHSt 5, 291, 293; Zieschang in LK-StGB, 12. Aufl., § 267 Rn. 287). Gleiches gilt für das in der Vorlage der Abschriften liegende weitere Gebrauchmachen von den zugrunde liegenden gefälschten Auszügen (vgl. BGH, Urteil vom 11. Mai 1971 – 1 StR 387/70, BGHSt 24, 140, 142).

19. Bankrott – § 283 StGB

277 Bei der Vorschrift des § 283 StGB handelt es sich um ein **echtes Sonderdelikt**. Täter, Mittäter oder mittelbarer Täter kann daher grundsätzlich nur die Person sein, die für die Erfüllung der Verbindlichkeit haftet; dies gilt sowohl für die Begehungsweise des Abs. 1 als auch für die des Abs. 2 der Norm. Bei der **Pflichtenstellung** handelt es sich um eine solche höchstpersönlicher Art und mithin um ein **besonderes persönliches Merkmal gemäß § 28 Abs. 1 StGB**.[284]

[3] 2. Der Schuldspruch hält sachlich-rechtlicher Nachprüfung stand.

[4] Die getroffenen Feststellungen belegen eine Bankrotttat des Mitangeklagten P. gemäß § 283 Abs. 2 i.V.m. Abs. 1 Nr. 1 StGB hinsichtlich der Villa in Südfrankreich. Aus der Gesamtheit der im Urteil mitgeteilten Umstände lassen sich insbesondere die für das Herbeiführen einer wirtschaftlichen Krise im Sinne des § 283 Abs. 2 StGB maßgeblichen Tatsachen ausreichend sicher feststellen. Der Eintritt der Zahlungsunfähigkeit durch die Bankrotthandlungen des Haupttäters P. ist danach mit Ende des Jahres 2005 belegt, da das Beiseiteschaffen der noch vorhandenen Vermögenswerte dazu führte, dass die fälligen Verbindlichkeiten – schon ohne Berücksichtigung der zu diesem Zeitpunkt vom Bundesministerium der Verteidigung noch geforderten Rückzahlung von 3,8 Mio. DM – aus dem liquiden Vermögen nicht mehr befriedigt werden konnten. Dabei waren die Steuerschulden für 1991 und 1992 freilich nicht auf dem Stand 10. Januar 2011, sondern mit der 2001 fällig gestellten Höhe abzüglich der beigetriebenen Summe von 450.110,98 Euro in Rechnung zu bringen. Mit dem zum 22. März 2007 erfolgten Kostenansatz der Gerichtskosten erhöhten sich die Verbindlichkeiten entsprechend, ohne dass zur Tilgung vorhandene Mittel hinzugekommen wären.

[5] Zu Recht hat das Landgericht weder die durch die abgeurteilten Bankrotthandlungen des Mitangeklagten P. noch die möglicherweise bereits zuvor von ihm durch Verschleierung und Änderung der rechtlichen Zuordnung effektiv versteckten Vermögenswerte berücksichtigt (vgl. BGH, Urteil vom 22. Februar 2001 – 4 StR 421/00, BGHR StGB § 283 Abs. 1 Nr. 1 Beiseiteschaffen 4), denn hierdurch wurde ein alsbaldiger Zugriff möglicher Gläubiger jedenfalls erheblich erschwert, wenn nicht sogar objektiv unmöglich gemacht (vgl. zu diesem Maßstab BGH, Urteil vom 29. April 2010 – 3 StR 314/09, BGHSt 55, 107, 113). Würde man solche – hier bis heute nicht aufgedeckten, von der Strafkammer nur als möglich behandelten – Vermögenswerte bei der Begründung der Überschuldung oder Zahlungsunfähigkeit einer natürlichen Person als Aktiva bzw. als liquide Mittel einstellen, würde die Tatbestandsvoraussetzung der Krise im Sinne des § 283 Abs. 2 StGB kaum je anzuneh-

[284] BGH, Beschluss vom 22.1.2013 – 1 StR 234/12.

men sein, obwohl der Schuldner Vermögenswerte dem Zugriff seiner aktuellen Gläubiger entzogen hat (vgl. OLG Frankfurt NStZ 1997, 551). Dies wäre mit dem durch die Vorschrift zu schützenden Rechtsgut der Interessen dieser Gläubiger an einer vollständigen oder möglichst hohen Befriedigung ihrer vermögensrechtlichen Ansprüche nicht zu vereinbaren (vgl. zu diesem Schutzzweck BVerfG, Beschluss vom 28. August 2003 – 2 BvR 704/01).

[6] Auch der Gehilfenvorsatz des Angeklagten H. ist, wenngleich knapp, so doch hinreichend belegt (UA S. 23). Dies umschließt den bedingten Vorsatz hinsichtlich der vom Mitangeklagten P. vorgenommenen Tathandlung des Verheimlichens. Dass demgegenüber keine konkrete Kenntnis des Angeklagten H. von der Abgabe der eidesstattlichen Versicherung festgestellt ist, ist unschädlich. Denn diese begründet hier die gemäß § 283 Abs. 6 StGB erforderliche objektive Bedingung der Strafbarkeit, auf die sich der Vorsatz des Teilnehmers nicht zu beziehen braucht.

[7] 3. Der Strafausspruch kann jedoch keinen Bestand haben.

[8] Die Strafkammer hat die Strafe für den Angeklagten H. dem nach § 27 Abs. 2, § 49 Abs. 1 StGB gemilderten Strafrahmen des § 283 StGB entnommen. Die von § 28 Abs. 1 StGB zwingend (zu Ausnahmekonstellationen vgl. BGH, Beschluss vom 8. Januar 1975 – 2 StR 567/74, BGHSt 26, 53, 54) vorgesehene Strafrahmenverschiebung hat es hingegen nicht erkennbar erwogen. Dies erweist sich hier als rechtsfehlerhaft.

[9] Bei der Vorschrift des § 283 StGB handelt es sich um ein echtes Sonderdelikt. Täter, Mittäter oder mittelbarer Täter kann daher grundsätzlich nur die Person sein, die für die Erfüllung der Verbindlichkeit haftet (BGH, Beschluss vom 10. Februar 2009 – 3 StR 372/08, vgl. auch Urteil vom 10. Mai 2000 – 3 StR 101/00); dies gilt sowohl für die Begehungsweise des Abs. 1 als auch für die des Abs. 2 der Norm. Bei dieser Pflichtenstellung handelt es sich – anders als bei der nach § 370 AO (vgl. hierzu BGH, Urteil vom 25. Januar 1995 – 5 StR 491/94, BGHSt 41, 1, 4) – um eine solche höchstpersönlicher Art und mithin um ein besonderes persönliches Merkmal gemäß § 28 Abs. 1 StGB (vgl. hierzu Radtke in Münchener Kommentar, StGB, 2006, § 283 Rn. 80).

[10] Ist nicht allein schon wegen des Fehlens des strafbegründenden persönlichen Merkmals Beihilfe statt Täterschaft angenommen worden (BGH, Beschluss vom 8. Januar 1975 – 2 StR 567/74, BGHSt 26, 53, 54; BGH, Beschluss vom 1. März 2005 – 2 StR 507/04, NStZ-RR 2006, 106; zu weitgehend hierzu Tiedemann in Leipziger Kommentar, StGB, 12. Aufl., § 283 Rn. 228), ist der Strafrahmen für den Teilnehmer gemäß § 28 Abs. 1, § 49 Abs. 1 StGB zu mildern (vgl. BGH, Beschluss vom 8. September 1994 – 1 StR 169/94; offen gelassen in BGH, Urteil vom 25. Januar 1995 – 5 StR 491/94, BGHSt 41, 1, 2; Reinhart in Graf/Jäger/Wittig, Wirtschafts- und Steuerstrafrecht, 2011, § 283 StGB Rn. 75; für Abs. 1 auch Fischer, StGB, 60. Aufl., § 283 Rn. 38; a.A. Lackner/Kühl, StGB, 27. Aufl., § 283 Rn. 25). Hier belegen die Urteilsausführungen, dass das Landgericht die Art und Weise des Tatbeitrags zum Anlass genommen hat, den Angeklagten H. lediglich wegen Beihilfe zu verurteilen. Die weitere Strafrahmenmilderung nach § 28 Abs. 1 StGB hätte daher erörtert werden müssen. Der Senat kann angesichts der Einzelstrafhöhe von zwei Jahren und neun Monaten ein Beruhen des Strafausspruchs auf diesem Unterlassen nicht ausschließen.

■ **PRAXISBEDEUTUNG**

Die vorstehende Entscheidung ist besonders wichtig für die Praxis, weil nunmehr klargestellt ist, dass die Strafmilderung gem. § 28 Abs. 1 StGB auch im Rahmen von § 283 StGB Anwendung findet.

20. Bestechlichkeit und Bestechung im geschäftlichen Verkehr – § 299 StGB

278 Der Tatbestand § 299 Abs. 1 StGB beschränkt den Täterkreis ausdrücklich auf **Angestellte und Beauftragte eines geschäftlichen Betriebes**, so dass die Vorteilsannahme des Betriebsinhabers hinsichtlich seines eigenen Betriebes vom Tatbestand nicht erfasst wird. Da der Tatbestand bereits mit dem Fordern, Sich-versprechen-Lassen oder Annehmen des Vorteils vollendet ist, muss die Stellung als Angestellter oder Beauftragter eines geschäftlichen Betriebes und damit als tauglicher Täter des Sonderdelikts § 299 Abs. 1 StGB im Zeitpunkt der Tathandlung vorliegen.[285]

[27] Obwohl sich die Feststellungen des Tatgerichts zu den gesellschaftsrechtlichen Verhältnissen bei Abschluss der Werkverträge hinsichtlich der Schlepper J. und U. am 10. August 2005 aus den vom Generalbundesanwalt in seiner Antragsschrift zutreffend dargelegten Gründen als in Teilen widersprüchlich erweisen, hat das Landgericht dennoch im Ergebnis zu Recht eine Strafbarkeit der Angeklagten wegen Bestechlichkeit im geschäftlichen Verkehr gemäß § 299 Abs. 1 StGB verneint. Denn ungeachtet des sich auf die Bezeichnung der Komplementär-GmbH der in die Vorgänge eingebundenen Kommanditgesellschaften beziehenden Widerspruchs liegen die Voraussetzungen des § 299 Abs. 1 StGB auf der Grundlage der ansonsten umfassenden Feststellungen für die beiden Angeklagten nicht vor.

[28] Zwar enthalten die Feststellungen Anhaltspunkte dafür, dass zu verschiedenen Zeitpunkten innerhalb des durch die verfahrensgegenständlichen Taten (§ 264 StPO) erfassten Sachverhalts ein Fordern, Sich-versprechen-Lassen oder Annehmen eines Vorteils und damit Verhaltensweisen seitens der Angeklagten vorlagen, die an sich als tatbestandsmäßiges Verhalten gemäß § 299 Abs. 1 StGB in Betracht kommen. Auch ist das Konsortium aus M. w. GmbH und M. AG gegenüber anderen Wettbewerbern bei der Vergabe der Aufträge für den Bau der Hochseeschlepper bevorzugt worden. Eine Strafbarkeit der Angeklagten scheidet jedoch aufgrund folgender Erwägungen aus:

[29] 1. Als die Angeklagten Ende des Jahres 2004 mit dem früheren Mitangeklagten E. die Vereinbarung über die Zahlung von 750.000 € je Schiff als Gegenleistung für die Auftragsvergabe an das Konsortium trafen und damit Vorteile forderten bzw. sich versprechen ließen, waren diese (noch) keine tauglichen Täter i.S.d. § 299 Abs. 1 StGB.

[30] Der Tatbestand beschränkt den Täterkreis ausdrücklich auf Angestellte und Beauftragte eines geschäftlichen Betriebes, so dass die Vorteilsannahme des Betriebsinhabers hinsichtlich seines eigenen Betriebes vom Tatbestand nicht erfasst wird

[285] BGH, Urteil vom 10. Juli 2013 – 1 StR 532/12.

(vgl. BGH, GrS, Beschluss vom 29. März 2012 – GSSt 2/11, BGHSt 57, 202, 211 m.w.N.). Da der Tatbestand bereits mit dem Fordern, Sich-versprechen-Lassen oder Annehmen des Vorteils vollendet ist (Fischer, StGB, 60. Aufl., § 299 Rn. 21), muss die Stellung als Angestellter oder Beauftragter eines geschäftlichen Betriebes und damit als tauglicher Täter des Sonderdelikts § 299 Abs. 1 StGB im Zeitpunkt der Tathandlung vorliegen.

[31] Daran fehlt es hier. Als die Angeklagten Ende des Jahres 2004 von E. als Gegenleistung für die später geplante Auftragsvergabe an das Konsortium einen Vorteil forderten bzw. sich von ihm versprechen ließen und damit mit diesem der Sache nach eine Unrechtsvereinbarung (dazu Rogall in SK-StGB, 8. Aufl. [Stand: März 2012], § 299 Rn. 56) schlossen, waren sie (noch) keine Angestellten oder Beauftragten eines geschäftlichen Betriebs. Weder die später durch Umfirmierung aus den Vorratsgesellschaften hervorgegangenen Einschiffsgesellschaften noch die später als Komplementär-GmbH fungierende AHT GmbH existierten zu diesem Zeitpunkt. Die Angeklagten waren vielmehr als gemeinsam handelnde Alleingesellschafter einer Gesellschaft bürgerlichen Rechts als Betriebsinhaber (vgl. Fischer, aaO, § 299 Rn. 8a; Dannecker in NK-StGB, 4. Aufl., § 299 Rn. 27; Heine in Schönke/Schröder, StGB, 28. Aufl., § 299 Rn. 7) anzusehen.

[32] Werden an sich unter die Tathandlungen des Forderns bzw. Sich-versprechen-Lassens fassbare Verhaltensweisen vor der Begründung der erforderlichen Tätereigenschaft vorgenommen, handelt es sich nicht um straftatbestandsmäßiges Verhalten (vgl. Fischer, aaO, § 331 Rn. 24b zu der entsprechenden Konstellation bei § 331 StGB).

[33] 2. Auch unter dem Gesichtspunkt der zeitlich der Unrechtsvereinbarung und der Bevorzugung des Konsortiums durch Auftragsvergabe an dieses nachfolgenden Annahme eines Vorteils durch die Vereinnahmung der 750.000 € im Oktober 2007 für den Schlepper J. bzw. im April 2008 für den Schlepper U. ergibt sich keine Strafbarkeit der Angeklagten aus § 299 Abs. 1 StGB.

21. Brandstiftung / Schwere Brandstiftung / Besonders Schwere Brandstiftung – §§ 306, 306a, 306b StGB

Insbesondere die Frage, in welchen Fällen bei **gemischt-genutzten Immobilien** (gewerbliche und Nutzung als Wohnraum) auch die Voraussetzungen nach § 306a StGB gegeben sind, war erneut Gegenstand mehrerer Entscheidungen des BGH im Berichtszeitraum. **279**

TOPENTSCHEIDUNG ■

Bei einem **gemischt,** d.h. teils wohnlich, teils gewerblich **genutzten Gebäude** liegt eine vollendete Brandstiftung gemäß § 306a Abs. 1 Nr. 1 StGB in der Taterfolgsvariante der teilweisen Zerstörung durch Brandlegung lediglich dann vor, wenn ein zum selbstständigen Gebrauch bestimmter, dem **Wohnen dienender Teil** eines einheitlichen Gebäudes durch die Brandlegung zum Wohnen nach den allgemeinen an die teilweise Zerstörung zu stellenden Anforderungen **unbrauchbar geworden** ist. Eine teilweise Zerstörung, bei der es sich um eine solche von Gewicht handeln muss, ist gegeben, wenn einzelne wesentliche Teile eines Objekts, die seiner tatbestandlich geschützten Zweckbestimmung entsprechen, unbrauchbar geworden sind **280** oder eine von mehreren tatbestandlich geschützten Zweckbestimmungen brandbedingt aufgehoben ist. Für die Unbrauchbarkeit genügt grundsätzlich die **Beeinträchtigung der bestimmungsgemäßen Nutzbarkeit für eine „nicht nur unerhebliche Zeit"**. Demgemäß liegt bei einer Brandlegung in einem sowohl Wohnzwecken als auch gewerblichen Zwecken dienenden Gebäude eine teilweise Zerstörung durch Brandlegung gemäß § 306a Abs. 1 Nr. 1 StGB nicht vor, wenn die brandbedingte zeitweilige Unbenutzbarkeit lediglich solche Teile des Tatobjekts betrifft, die nicht selbst dem Wohnen dienen, sondern lediglich funktional auf die Wohnnutzung bezogen sind, wie dies bei Kellerräumen typischerweise der Fall ist. Ob ein Zerstörungserfolg vorliegt, muss der Tatrichter nach den Umständen des einzelnen Falles unter Berücksichtigung der konkreten Nutzungszwecke bei wertender Betrachtung beurteilen.[286]

[9] Das Tatgericht hat das festgestellte Verhalten im Fall II. 1. als versuchte schwere Brandstiftung an einem Tatobjekt im Sinne von § 306a Abs. 1 Nr. 1 StGB gewertet. Im Fall II. 2. ist es als Grunddelikt von einer durch Brandlegung bewirkten teilweisen Zerstörung eines solchen Tatobjekts ausgegangen und hat wegen der durch das Erschweren des Zugangs zum Zählerraum verursachten Verzögerung des Beginns der Löscharbeiten die Voraussetzungen einer besonders schweren Brandstiftung nach § 306b Abs. 2 Nr. 3 StGB als gegeben erachtet.

[10] 1. Diese Würdigung hält im Fall II. 2. rechtlicher Nachprüfung nicht stand. Die insoweit getroffenen Feststellungen tragen bereits die Annahme nicht, der Angeklagte habe ein zum Wohnen von Menschen dienendes Gebäude (§ 306a Abs. 1 Nr. 1 StGB) durch Brandlegung teilweise zerstört. Dementsprechend fehlt es an dem von dem Tatgericht angenommenen Grunddelikt der Qualifikation des § 306b Abs. 2 Nr. 3 StGB. Da die Revision insoweit bereits mit der Sachrüge Erfolg hat, kommt es auf eine zum Fall II. 2. erhobene Verfahrensrüge nicht mehr an.

[11] a) Nach der neueren Rechtsprechung des Bundesgerichtshofs liegt bei einem wie hier gemischt, d.h. teils wohnlich, teils gewerblich genutzten Gebäude eine vollendete Brandstiftung gemäß § 306a Abs. 1 Nr. 1 StGB in der Taterfolgsvariante der teilweisen Zerstörung durch Brandlegung lediglich dann vor, wenn ein zum selbstständigen Gebrauch bestimmter, dem Wohnen dienender Teil eines einheitlichen Gebäudes durch die Brandlegung zum Wohnen nach den allgemeinen an die teilweise Zerstörung zu stellenden Anforderungen unbrauchbar geworden ist (vgl. BGH, Beschlüsse vom 15. Mai 2011 – 4 StR 659/10, NJW 2011, 2148, 2149 und vom 14. Juli 2009 – 3 StR 276/09, NStZ 2010, 151, 152 sowie vom 26. Januar 2010 – 3 StR 442/09, NStZ 2010, 452; siehe auch den Beschluss vom 6. April 2011 – 2 ARs 97/11). Eine teilweise Zerstörung, bei der es sich um eine solche von Gewicht handeln muss (BGH, Urteile vom 12. September 2002 – 4 StR 165/02, BGHSt 48, 14, 20 und vom 17. November 2010 – 2 StR 399/10, BGHSt 56, 94, 96 Rn. 9; BGH, Beschluss vom 20. Oktober 2011 – 4 StR 344/11, BGHSt 57, 50, 51 f. Rn. 7 m.w.N.), ist gegeben, wenn einzelne wesentliche Teile eines Objekts, die seiner tatbestandlich geschützten Zweckbestimmung entsprechen, unbrauchbar geworden sind oder eine von mehreren tatbestandlich geschützten Zweckbestimmungen brandbedingt aufgehoben ist (BGH, aaO, BGHSt 57, 50, 51 f. Rn. 7 m.w.N.). Für die Unbrauchbarkeit genügt grundsätzlich die Beeinträchtigung der bestimmungs-

[286] BGH, Beschluss vom 6.3.2012 – 1 StR 578/12.

gemäßen Nutzbarkeit für eine „nicht nur unerhebliche Zeit“ (BGH, Urteil vom 12. September 2002 – 4 StR 165/02, BGHSt 48, 14, 20 f.). Nach Maßgabe der vorgenannten Kriterien liegt bei einer Brandlegung in einem sowohl Wohnzwecken als auch gewerblichen Zwecken dienenden Gebäude eine teilweise Zerstörung durch Brandlegung gemäß § 306a Abs. 1 Nr. 1 StGB nicht vor, wenn die brandbedingte zeitweilige Unbenutzbarkeit lediglich solche Teile des Tatobjekts betrifft, die nicht selbst dem Wohnen dienen, sondern lediglich funktional auf die Wohnnutzung bezogen sind, wie dies bei Kellerräumen typischerweise der Fall ist (vgl. BGH, Beschlüsse vom 10. Januar 2007 – 5 StR 401/06, NStZ 2007, 270 und vom 6. Mai 2008 – 4 StR 20/08, NStZ 2008, 519). Ob ein Zerstörungserfolg vorliegt, muss der Tatrichter nach den Umständen des einzelnen Falles unter Berücksichtigung der konkreten Nutzungszwecke bei wertender Betrachtung beurteilen (BGH, Beschluss vom 20. Oktober 2011 – 4 StR 344/11, BGHSt 57, 50, 52 Rn. 8).

*[**12**] aa) Die sehr knappen tatrichterlichen Feststellungen tragen zwar gerade noch die Annahme eines nach der baulichen Beschaffenheit einheitlichen gemischt genutzten Gebäudes. Sie belegen aber nicht den Eintritt eines Taterfolges der teilweisen Zerstörung eines Gebäudes, das Menschen zur Wohnung dient. Die vom Angeklagten bewirkten Zerstörungserfolge an den Stromleitungen und den Zählerkästen in dem im Keller gelegenen Zählerraum haben unmittelbar dem Wohnen dienende Teile des Gesamtgebäudes nicht betroffen. Gleiches gilt für die nicht näher bezeichneten Beschädigungen „großer Teile“ des Gemeinschaftskellers sowie die „massiven Rußniederschläge“ im Keller. Zwar können erhebliche Verrußungen in einem Tatobjekt grundsätzlich genügen, um einen Taterfolg in Gestalt der teilweisen Zerstörung durch Brandlegung anzunehmen (BGH, Beschluss vom 5. Dezember 2001 – 3 StR 422/01, StV 2002, 145; BGH, Urteil vom 17. November 2010 – 2 StR 399/10, BGHSt 56, 94, 95 Rn. 8; BGH, Beschluss vom 20. Oktober 2011 – 4 StR 344/11, BGHSt 57, 50, 52 Rn. 7 aE). Dazu bedarf es aber bei gemischt genutzten Tatobjekten, die als eines nach § 306a Abs. 1 Nr. 1 StGB gewertet werden, nach der neueren Rechtsprechung eines auf (wenigstens) eine Wohneinheit selbst bezogenen Zerstörungserfolges. Das ist bei den festgestellten gravierenden Zerstörungen im Kellergeschoss ebenso wenig der Fall wie bei den Verrußungen im Treppenhaus.*

*[**13**] bb) Die vom Tatgericht festgestellten, offenbar über das Gelangen der Rauchgase in die Lüftungsschächte verursachten Rußniederschläge in den Wohnungen tragen die Verurteilung wegen vollendeter Tat gemäß § 306a Abs. 1 Nr. 1, § 306b Abs. 2 Nr. 3 StGB ebenfalls nicht. Dem Urteil lässt sich selbst in seinem Gesamtzusammenhang nicht entnehmen, ob es sich bei diesen in den Wohneinheiten eingetretenen Schäden um solche von Gewicht gehandelt hat. Dies wäre – wie angesprochen – nur dann der Fall, wenn für eine gewisse Zeit die bestimmungsgemäße Nutzbarkeit des Tatobjekts wenigstens erheblich eingeschränkt gewesen wäre. Ob die Zeitspanne der Nutzungseinschränkung oder -aufhebung für eine teilweise Zerstörung durch Brandlegung ausreicht, ist objektiv anhand des Maßstabs eines „verständigen Wohnungsinhabers“ zu beurteilen (BGH, Urteil vom 12. September 2002 – 4 StR 165/02, BGHSt 48, 14, 20 f.; BGH, Beschluss vom 6. Mai 2008 – 4 StR 20/08, NStZ 2008, 519). Die erhebliche Einschränkung oder Aufhebung der Nutzbarkeit für nur für wenige Stunden oder einen Tag genügt hierfür regelmäßig nicht (BGH, Beschluss vom 6. Mai 2008 – 4 StR 20/08, NStZ 2008, 519).*

*[**14**] Das angefochtene Urteil lässt nicht erkennen, ob es tatsächlich zu einer zeitweiligen Einschränkung oder Aufhebung der Nutzung wenigstens einzelner Wohnungen aufgrund der dortigen Rußniederschläge gekommen ist. Über das Ausmaß*

der Verrußungen in den Wohneinheiten hat das Tatgericht keine Feststellungen getroffen. Aus der Wiedergabe der Aussage der Hauseigentümerin, der Zeugin M., im Rahmen der Beweiswürdigung kann lediglich entnommen werden, dass einige Wohnungen gestrichen werden mussten. Angaben über die Art und den zeitlichen Umfang dieser Arbeiten sowie dadurch möglicherweise eingetretene Beeinträchtigungen der Nutzung der betroffenen Wohnungen enthält das Urteil nicht. Die von der Strafkammer in anderem Zusammenhang getroffenen Feststellungen über den Aufbau einer notdürftigen Stromversorgung der Wohnungen noch am Tattag sowie über den Ausfall der Heizungsanlage des Hauses für vier Tage deuten eher auf eine tatsächlich ununterbrochene Benutzung der Wohnungen als auf deren zeitweiliges Unterbleiben wegen notwendiger Instandsetzungsmaßnahmen hin. Gesicherte tatsächliche Erkenntnisse darüber können dem Urteil aber nicht entnommen werden.

*[**15**] cc) Angesichts des Vorgenannten lässt sich die vom Tatgericht mit der teilweisen Zerstörung eines der Wohnung von Menschen dienenden Gebäudes begründeten Vollendung des Grunddelikts § 306a Abs. 1 Nr. 1 StGB auch nicht auf das Fehlen der Warmwasserversorgung und einer funktionsfähigen Heizung für vier Tage sowie den Ausfall der Stromversorgung für acht Tage stützen. Soweit die Strafkammer auf Letzteres im Rahmen ihrer rechtlichen Würdigung abgestellt hat, mangelt es wiederum an ausreichenden Feststellungen. Von einem Ausfall der Stromversorgung für acht Tage konnte nicht ausgegangen werden, weil gerade das Einrichten einer eingeschränkten Stromversorgung, die jedenfalls den Betrieb von zwei elektrischen Geräten in den Wohnungen erlaubte, bereits ab dem Tattag selbst festgestellt worden ist. Wie sich dieses notdürftige Angebot der Versorgung mit elektrischem Strom auf die tatsächliche Nutzung der Wohnungen ausgewirkt hat, hat das Tatgericht nicht erörtert und in tatsächlicher Hinsicht offenbar nicht aufgeklärt. Mangels genügender Feststellungen zu einem Taterfolg in Gestalt des brandbedingten teilweisen Zerstörens von Wohneinheiten selbst findet die Annahme eines vollendeten Delikts aus § 306a Abs. 1 Nr. 1 StGB keine tragfähige Grundlage. Da Art und Ausmaß von (erheblichen) Einschränkungen der Nutzbarkeit der Wohnungen als solchen nicht genügend aufgeklärt sind, braucht der Senat nicht zu entscheiden, ob über die bisherige Rechtsprechung hinausgehend bei gemischt, auch wohnlich genutzten Gebäuden der Taterfolg der vollständigen oder teilweisen Zerstörung durch Brandlegung an einem Objekt nach § 306a Abs. 1 Nr. 1 StGB bereits darin liegen kann, dass ausschließlich nicht dem Wohnen selbst dienende Gebäudeteile von den Brandfolgen betroffen sind, die brandbedingte Zerstörung dort aber eine Nutzung der im Objekt gelegenen Wohnungen für eine ausreichende Zeitspanne aufhebt.*

*[**16**] b) Die vom Tatgericht getroffenen Feststellungen tragen auch keine Verurteilung wegen besonders schwerer Brandstiftung gemäß § 306b Abs. 2 Nr. 3 i.V.m. § 306a Abs. 1 Nr. 1 StGB unter dem Aspekt des Inbrandsetzens eines dem Wohnen von Menschen dienenden Gebäudes. Dafür müsste ein für den bestimmungsgemäßen Gebrauch des Tatobjekts wesentlicher Bestandteil derart vom Feuer ergriffen worden sein, dass sich der Brand auch nach Erlöschen des Zündstoffs selbstständig an der Sache hätte ausbreiten können (st. Rspr.; etwa BGH, Urteile vom 4. Juli 1989 – 1 StR 153/89, BGHSt 36, 221, 222 und vom 11. August 1998 – 1 StR 326/98, BGHSt 44, 175, 176). Ein solcher Taterfolg ist bereits in Bezug auf den Keller des Gebäudes nach den Feststellungen nicht ersichtlich. Bei den vom Feuer ergriffenen Teilen ist auf der Grundlage der bisherigen Feststellungen ein Inbrandsetzen von Gebäudebestandteilen selbst nicht belegt. Es kommt daher nicht darauf an, ob bei gemischt genutzten Gebäuden, in denen sich auch Wohnungen befinden,*

ein Inbrandsetzen sogar dann angenommen werden kann, wenn der entsprechende Taterfolg lediglich in den nicht Menschen zur Wohnung dienenden Teilen eines einheitlichen Tatobjekts eingetreten ist, das Feuer sich von dort aber auf die als Wohnung genutzten Teile hätte ausbreiten können (so etwa BGH, Urteil vom 12. September 2002 – 4 StR 165/02, BGHSt 48, 14, 19; BGH, Beschlüsse vom 20. Oktober 2009 – 3 StR 392/09, NStZ-RR 2010, 279 und vom 26. Januar 2010 – 3 StR 442/09, NStZ 2010, 452).

[17] c) Der Senat kann – wie der Generalbundesanwalt in seiner Antragsschrift im Ergebnis zutreffend ausgeführt hat – keine Schuldspruchberichtigung in entsprechender Anwendung von § 354 Abs. 1 StPO zu einer Verurteilung lediglich wegen Brandstiftung gemäß § 306 Abs. 1 Nr. 1 StGB vornehmen.

[18] aa) Die bisher getroffenen Feststellungen tragen zwar einen solchen Schuldspruch. Denn der Angeklagte hat aufgrund der brandbedingten Schäden in den Kellerräumen, insbesondere im Zählerraum, ein für ihn fremdes Gebäude teilweise durch Brandlegung zerstört. Für die Tat gemäß § 306 Abs. 1 Nr. 1 StGB in der Variante des teilweise Zerstörens an einem Gebäude genügen brandbedingte Schäden in Kellerräumen, wenn diese wegen der Beeinträchtigungen für einen gewissen Zeitraum nicht ihrer sonstigen Bestimmung entsprechend verwendet werden können (BGH, Urteil vom 17. November 2010 – 2 StR 399/10, BGHSt 56, 94, 97 Rn. 10 und 11). So verhält es sich nach den bisher getroffenen Feststellungen zumindest mit dem Zählerraum des Hauses. Dieser Raum konnte wegen der brandbedingten Zerstörung der dort verlaufenden Stromleitungen einschließlich der zentralen Stromleitung zum Gebäude sowie sämtlicher Stromzähler während der festgestellten Dauer der Reparaturarbeiten von acht Tagen nicht seiner Bestimmung gemäß verwendet werden.

[19] bb) Eine Schuldspruchberichtigung kommt jedoch dennoch nicht in Betracht, weil nicht ausgeschlossen ist, bei weitergehenden Feststellungen zum Fall II. 2. zu einer Verurteilung wegen vollendeter besonders schwerer Brandstiftung gemäß § 306b Abs. 2 Nr. 3 StGB zu gelangen. Dieser Tatbestand nimmt mit dem Wortlaut „in den Fällen des § 306a" StGB auf sämtliche Konstellationen der schweren Brandstiftung Bezug, erfasst mithin auch Taten nach § 306a Abs. 2 StGB (Radtke, in Münchener Kommentar zum StGB, 2006, § 306b Rn. 5; Norouzi in BeckOK-StGB, § 306b Rn. 4; zweifelnd Fischer, StGB, 60. Aufl., § 306b Rn. 6), also Brandstiftungen an Tatobjekten des § 306 Abs. 1 Nr. 1 – 6 StGB, durch die es zu einer konkreten Gefahr der Gesundheitsschädigung eines anderen Menschen gekommen ist.

[20] Nach der Rechtsprechung des Bundesgerichtshofs kann eine an einem Wohngebäude (§ 306a Abs. 1 Nr. 1 StGB), das notwendig stets auch ein „Gebäude" im Sinne von § 306 Abs. 1 Nr. 1 StGB ist, verübte Brandstiftung bei Verursachung konkreter Gesundheitsgefahr sich als schwere Brandstiftung gemäß § 306a Abs. 2 StGB erweisen, wenn zwar keine Wohnräume, aber ein anderer funktionaler Gebäudeteil durch Brandlegung teilweise zerstört wurde, er also für nicht unerhebliche Zeit nicht bestimmungsgemäß verwendet werden konnte (BGH, Urteil vom 17. November 2010 – 2 StR 399/10, BGHSt 56, 94, 97 Rn. 10). Dafür genügen – wie ausgeführt (II.1.c) – brandbedingte Schäden in Kellerräumen, wenn diese wegen der Beeinträchtigungen für einen gewissen Zeitraum nicht ihrer sonstigen Bestimmung entsprechend verwendet werden können (BGH aaO).

[21] Die im angefochtenen Urteil getroffenen Feststellungen belegen zwar für eine teilweise Zerstörung durch Brandlegung an einem Gebäude i.S.v. § 306 Abs. 1 Nr. 1

StGB ausreichende Beeinträchtigungen der funktionsentsprechenden Brauchbarkeit des Zählerraums. Es fehlen aber tragfähige Feststellungen zu der für die Verwirklichung des § 306a Abs. 2 StGB zusätzlich erforderlichen konkreten Gesundheitsgefahr für andere Menschen als den Täter. Allein der Mitteilung im Urteil, es sei über die Lüftungsschächte zu Rußniederschlägen auch in den Wohnungen gekommen, so dass einige davon gestrichen werden mussten, vermag der Senat eine solche konkrete Gefahr für die Bewohner oder sonstige tatbestandlich geschützte Personen nicht zu entnehmen. Die Einrichtung einer notdürftigen Stromversorgung noch am Tattag lässt die Anwesenheit von Bewohnern im Tatzeitraum zwar vermuten. Ob diese aber in konkrete Gesundheitsgefahr, vor allem aufgrund der Ausbreitung von Rauchgasen, geraten sind, kann allein aus ihrer Anwesenheit nicht abgeleitet werden. Insoweit enthält das Urteil keine weiteren Anhaltspunkte, die, wie etwa die bauliche Beschaffenheit des Tatobjekts im Einzelnen, eine Alarmierung der Bewohner durch den Hausmeister, der den Brand kurz nach Ausbruch entdeckt zu haben scheint, die Zeitdauer bis zu einer eventuellen Evakuierung sowie der mögliche Eintritt von Rauchgasvergiftungen, für die Beurteilung des Vorliegens einer konkreten Gesundheitsgefahr von Bedeutung wären.

[22] d) Im Hinblick auf mögliche weitergehende Feststellungen zu den Voraussetzungen einer Verurteilung wegen (vollendeter) besonders schwerer Brandstiftung gemäß § 306b Abs. 2 Nr. 3 i.V.m. § 306a Abs. 2 und § 306 Abs. 1 Nr. 1 StGB bedarf es keiner Aufhebung der bisher zur Tat vom 15. April 2011 (Fall II. 2.) getroffenen Feststellungen. Das Installieren der Brandvorrichtung, das Auslösen des Brandes sowie die dadurch eingetretenen Schäden hat die Strafkammer an sich ebenso rechtsfehlerfrei festgestellt wie die tatsächlichen Voraussetzungen der Qualifikation aus § 306b Abs. 2 Nr. 3 StGB. Von seiner rechtlichen Bewertung aus konsequent hat es lediglich weitergehende Feststellungen nicht getroffen. Solcher hätte es allerdings für die Annahme des Grunddelikts aus § 306a Abs. 1 Nr. 1 oder § 306a Abs. 2 StGB bedurft. Der neue Tatrichter wird daher Gelegenheit haben, den Sachverhalt im Hinblick auf die tatsächlich eingetretenen brandbedingten Schäden im gesamten Gebäude einschließlich der Wohnungen, auch deren möglicherweise zeitweilige Unbenutzbarkeit, sowie in Bezug auf konkrete Gesundheitsgefahren für Bewohner und sonstige Personen weiter aufzuklären. Dabei wird es sich anbieten, Feststellungen auch zu dem Verlauf der Brandbekämpfung und ggf. erforderliche Maßnahmen zur Rettung von Bewohnern zu treffen.

[23] Der Senat besorgt nicht, dass die neu zu treffenden Feststellungen in Widerspruch zu den bisher getroffenen, aufrechterhaltenen Feststellungen geraten können. Erforderlich sind vielmehr solche ergänzender Art, auf die für den Fall ihres Vorliegens die Verurteilung wegen besonders schwerer Brandstiftung gemäß § 306b Abs. 2 Nr. 3 StGB gestützt werden könnte. Die Voraussetzungen der genannten Qualifikation als solcher, das Erschweren des Löschens des Brandes, hat das Tatgericht mit den Manipulationen des Angeklagten an zwei zum Brandherd führenden Türen und dem dadurch verzögerten Beginn der Brandbekämpfung ohnehin ohne Rechtsfehler festgestellt.

■ PRAXISBEDEUTUNG

Die vorstehende Entscheidung bildet die Rechtsprechung zur schweren Brandstiftung, insbesondere hinsichtlich gemischt-genutzter Gebäude fort. Mit Blick auf die erhöhte Strafandrohung ist danach eine gewichtige Zerstörung erforderlich, also die Unbrauchbarmachung eines für die ganze Sache zwecknötigen Teils, wobei es sich insoweit um Teile des Gebäudes handeln muss, welche dem Zweck des Wohnens dienen.

§ 306b Abs. 2 Nr. 1 StGB setzt die **konkrete Gefahr des Todes eines anderen Menschen** voraus. Wann eine solche Gefahr gegeben ist, entzieht sich exakter wissenschaftlicher Umschreibung. Die Tathandlung muss aber jedenfalls über die ihr innewohnende latente Gefährlichkeit hinaus im Hinblick auf einen bestimmten Vorgang in eine **kritische Situation für das geschützte Rechtsgut** geführt haben; in dieser Situation muss – was nach der allgemeinen Lebenserfahrung aufgrund einer objektiv nachträglichen Prognose zu beurteilen ist – die Sicherheit einer bestimmten Person so stark beeinträchtigt worden sein, dass es nur noch **vom Zufall abhing**, ob das Rechtsgut verletzt wurde oder nicht.[287] 281

[3] 2. Die Feststellungen belegen die Vollendung einer besonders schweren Brandstiftung gemäß § 306b Abs. 2 Nr. 1 StGB nicht.

[4] a) § 306b Abs. 2 Nr. 1 StGB setzt die konkrete Gefahr des Todes eines anderen Menschen voraus. Wann eine solche Gefahr gegeben ist, entzieht sich exakter wissenschaftlicher Umschreibung (BGH, Beschluss vom 15. Februar 1963 – 4 StR 404/62, BGHSt 18, 271, 272). Die Tathandlung muss aber jedenfalls über die ihr innewohnende latente Gefährlichkeit hinaus im Hinblick auf einen bestimmten Vorgang in eine kritische Situation für das geschützte Rechtsgut geführt haben; in dieser Situation muss – was nach der allgemeinen Lebenserfahrung aufgrund einer objektiv nachträglichen Prognose zu beurteilen ist – die Sicherheit einer bestimmten Person so stark beeinträchtigt worden sein, dass es nur noch vom Zufall abhing, ob das Rechtsgut verletzt wurde oder nicht (BGH, Urteile vom 25. Oktober 1984 – 4 StR 567/84, NStZ 1985, 263 mit Anm. Geppert und vom 15. September 1998 – 1 StR 290/98, NStZ 1999, 32, 33; Wolff in LK-StGB, 12. Aufl., § 306a Rn. 29; Heine in Schönke/Schröder, StGB, 28. Aufl., Vorbem. §§ 306 ff. Rn. 5/6). Allein der Umstand, dass sich Menschen in enger räumlicher Nähe zur Gefahrenquelle befinden, genügt noch nicht zur Annahme einer konkreten Gefahr. Umgekehrt wird die Annahme einer Gefahr aber auch nicht dadurch ausgeschlossen, dass ein Schaden ausgeblieben ist, weil sich der Gefährdete noch in Sicherheit bringen konnte. Erforderlich ist ein Geschehen, bei dem ein unbeteiligter Beobachter zu der Einschätzung gelangt, dass „das noch einmal gut gegangen sei".

[5] b) Dass das in Brand setzen des Wohnmobils bereits zu einer konkreten Gefahr in diesem Sinne geführt hat, lässt sich den Feststellungen des angefochtenen Urteils nicht hinreichend entnehmen. Der Geschädigte H. ist durch den Brandgeruch frühzeitig erwacht. Beide Geschädigten konnten den Brand der Außenverkleidung mit 1,5 Liter Wasser und einer Decke innerhalb von fünf Minuten löschen. Zu einem Vollbrand des Wohnmobils wäre es erst nach einer viertel bis einer halben Stunde gekommen. Zwar lag der Brandherd zwischen der Schlafkabine und der Außentür des Wohnmobils, so dass den Insassen bei einer Fortentwicklung der Flammen der Fluchtweg abgeschnitten gewesen wäre, doch hat das Landgericht zum Zeitpunkt des zu erwartenden Wegfalls der Fluchtmöglichkeit keine näheren Feststellungen

---

[287] BGH, Beschluss vom 23.10.2013 – 4 StR 401/13.

getroffen. Solche sind auch nicht in einer neuen Hauptverhandlung zu erwarten. Angesichts dieser Umstände bestand zwar eine abstrakte, aber noch keine konkrete Todesgefahr für die Geschädigten.

[6] c) Nach den Feststellungen liegt aber ein Versuch der besonders schweren Brandstiftung vor. Der Angeklagte rechnete damit, dass in dem Wohnmobil Menschen schliefen, die durch die sich entwickelnden Rauchgase und Flammen zu Tode kommen könnten. Den Eintritt der Todesgefahr hatte er billigend in Kauf genommen. In Tateinheit mit dem Versuch der besonders schweren Brandstiftung steht die vollendete schwere Brandstiftung nach § 306a Abs. 1 Nr. 3 StGB (vgl. BGH, Beschluss vom 21. November 2000 – 1 StR 438/00, NJW 2001, 765, 766; Urteil vom 12. Juni 2008 – 4 StR 78/08, NStZ-RR 2008, 309; vgl. auch BGH, Beschluss vom 31. August 2004 – 1 StR 347/04, NStZ-RR 2004, 367 zum Konkurrenzverhältnis von §§ 306c und 306a; Wolff, aaO, § 306b Rn. 34).

282 **§ 306a Abs. 2 StGB** setzt als **konkretes Gefährdungsdelikt** voraus, dass die Tathandlung über die ihr innewohnende latente Gefährlichkeit hinaus in eine kritische Situation für das geschützte Rechtsgut – die Gesundheit eines Menschen – führt. In dieser Lage muss – was nach der allgemeinen Lebenserfahrung aufgrund einer objektiv nachträglichen Prognose zu beurteilen ist – die Sicherheit einer bestimmten Person so stark beeinträchtigt sein, dass es nur noch vom Zufall abhängt, ob ihre Gesundheit verletzt wird oder nicht. Zur Annahme einer konkreten Gesundheitsgefährdung in diesem Sinne reicht es noch nicht aus, dass sich Menschen in enger räumlicher Nähe zur Gefahrenquelle befinden.[288]

1. Das Landgericht hat hinsichtlich der Fälle II. 1 bis 3 der Urteilsgründe folgendes festgestellt:

a) Der Angeklagte setzte sein von ihm allein bewohntes Haus, an dessen Seite ein Mehrfamilienhaus unmittelbar angebaut war, in der Absicht in Brand, die Versicherungsleistungen aus der Hausrats- und Wohngebäudeversicherung geltend zu machen. Dem Angeklagten „war bewusst, dass im Nachbarhaus die schwer lungenkranke Zeugin V. bei geöffnetem, zu seinem Haus hin gelegenen Fenster schlief und durch die Rauchgase an ihrer Gesundheit gefährdet werden würde" (UA S. 11). Nachdem das Haus „in voller Ausdehnung" brannte, „bestand die Gefahr eines Übergreifens der Flammen auf das angrenzende Mehrfamilienhaus sowie einer Rauchgas-Verletzung der dortigen Bewohner, vor allem der schwer lungenkranken Frau V. " (UA S. 12; Fall II. 1 der Urteilsgründe).

b) Am nächsten Morgen meldete der Angeklagte den Brand telefonisch der Versicherung. Am selben Tag versandte er zudem an die Versicherung eine schriftliche Schadensmeldung, wobei er den Eindruck erweckte, mit dem Brand nichts zu tun zu haben. Er beabsichtigte, eine Deckungszusage von der Versicherung zu erhalten, „obgleich er wusste, hierauf keinen Anspruch zu haben" (UA S. 12). Die Versicherung erkannte den geltend gemachten Anspruch nicht an und leistete keine Zahlungen (Fall II. 2 der Urteilsgründe).

c) Etwa vier Monate nach dem Brand erhob der Angeklagte gegen die Versicherung Klage auf Zahlung von Schadensersatz, wobei er verschwieg, „auf eine solche Zahlung aufgrund der von ihm begangenen Brandstiftung keinen Anspruch zu

[288] BGH, Beschluss vom 10.10.2013 – 2 StR 64/13.

haben". Zu der von ihm angestrebten Verurteilung der Versicherung kam es nicht, da der Angeklagte die Klage nach einem Hinweis des Vorsitzenden der Zivilkammer auf „mangelnde Fälligkeit der Forderung" zurücknahm (UA S. 14; Fall II. 3 der Urteilsgründe).

2. Die hinsichtlich der Fälle II. 1 bis 3 der Urteilsgründe getroffenen Feststellungen tragen eine Verurteilung wegen schwerer Brandstiftung und versuchten Betrugs in zwei Fällen nicht; auf die insoweit erhobenen Verfahrensrügen kommt es deshalb nicht an.

a) Die Annahme des Landgerichts, durch die Tat sei die Zeugin V. in die Gefahr einer Gesundheitsbeschädigung im Sinne des § 306a Abs. 2 StGB gebracht worden, wird durch die Feststellungen nicht ausreichend belegt.

§ 306a Abs. 2 StGB setzt als konkretes Gefährdungsdelikt voraus, dass die Tathandlung über die ihr innewohnende latente Gefährlichkeit hinaus in eine kritische Situation für das geschützte Rechtsgut – die Gesundheit eines Menschen – führt. In dieser Lage muss – was nach der allgemeinen Lebenserfahrung aufgrund einer objektiv nachträglichen Prognose zu beurteilen ist – die Sicherheit einer bestimmten Person so stark beeinträchtigt sein, dass es nur noch vom Zufall abhängt, ob ihre Gesundheit verletzt wird oder nicht. Zur Annahme einer konkreten Gesundheitsgefährdung in diesem Sinne reicht es noch nicht aus, dass sich Menschen in enger räumlicher Nähe zur Gefahrenquelle befinden (vgl. BGH, Beschluss vom 2. Dezember 2008 – 3 StR 441/08, BGHR StGB § 306a Abs. 2 Gesundheitsschädigung 2; Fischer, StGB, 60. Aufl., § 306a Rn. 11, jeweils m.w.N.).

Nach diesen Maßstäben lässt sich den getroffenen Feststellungen die konkrete Gefahr einer Gesundheitsschädigung der Zeugin V. nicht mit hinreichender Sicherheit entnehmen. Das Landgericht hat insbesondere zu den örtlichen Gegebenheiten keine ausreichend genauen Feststellungen getroffen. Es wird schon nicht deutlich, wo sich der Raum befand, in dem die Zeugin V. bei geöffnetem, zum Haus des Angeklagten hin gelegenem Fenster schlief, obwohl jenes Mehrfamilienhaus „unmittelbar" (UA S. 8) an das Haus des Angeklagten angebaut war. Nicht dargelegt wird auch, ob bereits Schäden an dem von der Zeugin bewohnten Haus – zumindest teilweise – eingetreten waren, und ob sie der Einwirkung von Rauch oder Gasen tatsächlich ausgesetzt war. Eine konkrete Gesundheitsgefährdung ist daher nicht hinreichend belegt.

Voraussetzung für § **306b StGB** ist es, dass die anderenfalls bestehenden **Chancen auf ein erfolgreiches Löschen** des Brandes nicht unerheblich **verschlechtert** worden sein müssen, insbesondere das Löschen zeitlich relevant verzögert worden ist.[289] **283**

*[**12**] b) Die rechtliche Würdigung des Landgerichts ist ebenfalls nicht zu beanstanden.*

*[**13**] aa) Ein vollendetes Inbrandsetzen hat es zutreffend bejaht (vgl. BGH, Urteil vom 13. Juli 1954 – 1 StR 174/54, NJW 1954, 1335).*

*[**14**] bb) Die Voraussetzungen des § 306b Abs. 2 Nr. 3 StGB hat das Landgericht rechtsfehlerfrei bestimmt und verneint. Es hat erkannt, dass der Tatbestand zwar auch erfüllt werden kann, indem ein Täter einen Rauchmelder unbrauchbar macht oder abschaltet (vgl. Wolff in LK, 12. Aufl., § 306b Rn. 27). Unter Hinweis auf den*

---

289 BGH, Urteil vom 11.6.2013 – 5 StR 124/13.

im Gesetz allein vorgesehenen Strafrahmen, der eine Freiheitsstrafe nicht unter fünf Jahren androht und damit demjenigen des Totschlags (§ 212 Abs. 1 StGB) entspricht, hat es aber eine restriktive Auslegung des Tatbestandes für erforderlich gehalten. Im Anschluss an Stimmen in der Literatur (vgl. Heine in Schönke/Schröder, StGB, 28. Aufl., § 306b Rn. 18; Wolters in SK-StGB, 7. Aufl., § 306b Rn. 17) hat das Landgericht es deshalb zutreffend als notwendig erachtet, dass „die Erschwernis den Grad einer gewissen Erheblichkeit erreicht".

[15] Dem stimmt der Senat zu. Voraussetzung ist deshalb, dass die anderenfalls bestehenden Chancen auf ein erfolgreiches Löschen des Brandes nicht unerheblich verschlechtert worden sein müssen, insbesondere das Löschen zeitlich relevant verzögert worden ist. Es würde demgemäß etwa nicht genügen, wenn ein Täter eine von zwei Feuerwehrzufahrten zum Tatobjekt sperrt, die erforderlich gewordene Benutzung der verbliebenen Zufahrt jedoch keine Ausdehnung des Feuers bewirkt (vgl. Radtke, Die Dogmatik der Brandstiftungsdelikte, 1998, S. 357) oder es wie im vorliegenden Fall „schnell" gelingt, „mit Hilfe … herbeigeschafften Wassers … den Brand zu löschen" (UA S. 8). Denn bei einer derartigen Sachlage fehlt es an einer Schuld und Unrecht erhöhenden Steigerung der bereits durch das Grunddelikt erfassten Gefährlichkeit (vgl. Radtke in MüKo, StGB, 1. Aufl., § 306b Rn. 26 a.E.) sowie darüber hinaus an einem den übrigen Qualifikationen (§ 306b Abs. 2 Nr. 1 und 2 StGB) vergleichbaren Unwertgehalt der Tat.

[16] Diese Grenze hat das Landgericht angesichts der konkreten Tatumstände zu Recht als nicht überschritten eingestuft (UA S. 22). Der Angeklagte hat diesen Qualifikationstatbestand somit weder vollendet noch versucht (§ 12 Abs. 1, § 23 Abs. 1 StGB); einen entsprechenden Tatentschluss hat das Landgericht nicht festgestellt.

22. Gefährlicher Eingriff in den Straßenverkehr – § 315b StGB

284 Ein vollendeter gefährlicher Eingriff in den Straßenverkehr gemäß § 315b Abs. 1 StGB liegt erst dann vor, wenn durch eine der in § 315b Abs. 1 Nr. 1 bis 3 StGB genannten Tathandlungen eine **Beeinträchtigung der Sicherheit des Straßenverkehrs herbeigeführt** worden ist und sich diese abstrakte Gefahrenlage zu einer **konkreten Gefährdung von Leib oder Leben eines anderen Menschen oder fremder Sachen von bedeutendem Wert** verdichtet hat.[290]

[3] 2. Dagegen hält die Verurteilung der Angeklagten wegen vorsätzlichen gefährlichen Eingriffs in den Straßenverkehr im Fall II. 1 der Urteilsgründe einer rechtlichen Prüfung nicht stand. Die bisherigen Feststellungen ergeben nicht hinreichend, dass das Fahrverhalten des Angeklagten B. eine konkrete Gefährdung der in § 315b Abs. 1 StGB bezeichneten Individualrechtsgüter zur Folge hatte. Darüber hinaus sind bei dem Angeklagten S. die subjektiven Voraussetzungen eines von § 315b Abs. 1 StGB erfassten verkehrsfeindlichen Inneneingriffs nicht festgestellt.

[4] a) Nach den Feststellungen des Landgerichts ergriffen die Zeugen M. und G. – M. zu Fuß, G. in seinem Pkw – die Flucht vor den Angeklagten und dem Mitangeklagten Be., die ihrer habhaft werden wollten, weil mit M. „etwas geklärt werden sollte". Die Angeklagten und Be. bestiegen daraufhin einen Kleintransporter Fiat

[290] BGH, Beschluss vom 18.6.2013 – 4 StR 145/13.

Scudo, um die Verfolgung von M. und G. aufzunehmen. Während der anschließenden Fahrt steuerte der Angeklagte B. das Fahrzeug, ohne – wie er wusste – im Besitz der erforderlichen Fahrerlaubnis zu sein.

[5] Als der davonfahrende G. in der Nähe der Straße den zu Fuß flüchtenden M. bemerkte, hielt er mit seinem Pkw an, um M. das Ein-steigen zu ermöglichen. Diese Gelegenheit nutzte der Angeklagte B. um an dem Pkw des G. vorbeizufahren und sich mit dem Kleintransporter quer vor diesen zu stellen. Während Be. den Kleintransporter auf der Beifahrerseite verließ und gestikulierend auf das andere Fahrzeug zulief, legte G. den Rückwärtsgang ein und set, der, obwohl er Gelegenheit gehabt hätte, den stehenden Fiat Scudo zu verlassen, im Fahrzeug verblieben war, war ebenso wie dem wieder in den Kleintransporter eingestiegenen Be. bewusst, dass B. die Verfolgung der beiden Männer fortsetzen und versuchen werde, deren Fahrzeug an einer Weiterfahrt zu hindern. Der Angeklagte S. und der Mitangeklagte Be. nahmen zumindest billigend in Kauf, dass B. erneut versuchen könnte, den Pkw durch Querstellen des Fiat Scudo auszubremsen, oder ihn durch eine andere gefährliche, die Insassen und das Fahrzeug gefährdende Fahrweise zu stoppen. Mit einem solchen möglichen Vorgehen B.s war der Angeklagte S. nicht nur einverstanden, er hatte auch ein Interesse daran, jedenfalls des M. habhaft zu werden.

[6] Noch bevor der Pkw des G. die Ortschaft D. erreichte, konnten die Angeklagten und Be. mit dem Fiat Scudo aufschließen. B. fuhr nun mit dem Kleintransporter auf den sich weiter in Bewegung befindlichen Pkw von hinten auf, um G. – allerdings erfolglos – zum Anhalten zu bewegen. Der Anstoß war immerhin so stark, dass sich M., der sich nicht angeschnallt hatte, mit den Händen am Armaturenbrett abstützen musste, um nicht gegen die Windschutzscheibe geschleudert zu werden. Beide Fahrzeuge fuhren dann durch die Ortschaft D. und weiter in Richtung P., wobei zumindest auf der Landesstraße L 22 Geschwindigkeiten von 140 bis 150 km/h erreicht wurden. Auf der Straße zwischen den Ortschaften rammte der Angeklagte B. zumindest einmal den Pkw des G. im Bereich der Fahrertür, die dabei beschädigt wurde. Aus ungeklärter Ursache begann der Motor des Pkw des G. zu überhitzen, sodass die Leistung nachließ und G. nur moch in der Lage war, eine Geschwindigkeit von etwa 70 km/h zu erreichen. Aufgrund dessen war es dem Angeklagten B. möglich, den Pkw mit dem Kleintransporter zu überholen, sich in geringem Abstand vor diesen zu setzen und stark abzubremsen. Infolge dieses Manövers konnte G. ein Auffahren auf den Kleintransporter nicht verhindern. Nach dem Anstoß gelang es ihm, den deutlich abgebremsten Kleintransporter gleich wieder zu überholen und weiter in Richtung P. zu fahren. Im Bereich des Ortseingangs ließen die Angeklagten und Be. schließlich aus nicht geklärten Umständen von einer weiteren Verfolgung ab.

[7] b) Ein vollendeter gefährlicher Eingriff in den Straßenverkehr gemäß § 315b Abs. 1 StGB liegt erst dann vor, wenn durch eine der in § 315b Abs. 1 Nr. 1 bis 3 StGB genannten Tathandlungen eine Beeinträchtigung der Sicherheit des Straßenverkehrs herbeigeführt worden ist und sich diese abstrakte Gefahrenlage zu einer konkreten Gefährdung von Leib oder Leben eines anderen Menschen oder fremder Sachen von bedeutendem Wert verdichtet hat (vgl. BGH, Urteil vom 4. Dezember 2002 – 4 StR 103/02, BGHSt 48, 119, 122; Ernemann in Satzger/Schmitt/Widmaier, StGB, § 315b Rn. 5, 17). Eine solche über die abstrakte Beeinträchtigung der Sicherheit des Straßenverkehrs hinausgehende konkrete Gefährdung wird von den bisherigen Urteilsfeststellungen nicht hinreichend belegt. Die Strafkammer hat zwar festgestellt, dass der nicht angeschnallte Beifahrer M. sich infolge des Anstoßes von hinten

mit den Händen am Armaturenbrett abstützen musste, um nicht gegen die Windschutzscheibe geschleudert zu werden. Diese Feststellung steht jedoch in einem nicht ohne weiteres auflösbaren Widerspruch zu der Wertung des Landgerichts im Rahmen der rechtlichen Würdigung, wonach der Angeklagte B. das Fahrzeug des G. „zumindest einmal leicht von hinten" gerammt habe. Nähere Feststellungen zu den Geschwindigkeiten der Fahrzeuge im Zeitpunkt der verschiedenen Kollisionen und der jeweiligen Intensität der Anstöße zwischen den beteiligten Fahrzeugen (vgl. BGH, Beschluss vom 25. April 2012 – 4 StR 667/11, NStZ 2012, 700, 701) hat die Strafkammer nicht getroffen. Auch das Schadensbild, das aus den durch Bezugnahme nach § 267 Abs. 1 Satz 3 StPO zum Bestandteil der Urteilsgründe gewordenen Lichtbildern vom Fahrzeug des Zeugen G. ersichtlich ist, erlaubt keinen sicheren Schluss auf eine konkrete Leibesgefahr. Schließlich ist den Urteilsausführungen ein drohender, die Wertgrenze von 750 € (vgl. BGH, Beschluss vom 28. September 2010 – 4 StR 245/10, NStZ 2011, 215) erreichender Sachschaden ebenfalls nicht zu entnehmen, weil sich das Landgericht zum Wert des für den Gefahrenerfolg allein maßgeblichen Fahrzeugs des Zeugen G. – etwa zu Modell, Baujahr, Laufleistung oder Zustand – nicht verhält (vgl. BGH, Beschluss vom 25. Januar 2012 – 4 StR 507/11, NZV 2012, 393).

[8] c) Die Strafbarkeit nach § 315b Abs. 1 StGB bei Verkehrsvorgängen im fließenden Verkehr (verkehrsfeindlicher Inneneingriff) setzt nach der Rechtsprechung des Senats voraus, dass zu dem bewusst zweckwidrigen Einsatz des Fahrzeugs in verkehrsfeindlicher Einstellung hinzukommt, dass das Fahrzeug mit mindestens bedingtem Schädigungsvorsatz – etwa als Waffe oder Schadenswerkzeug – missbraucht wird. Erst dann liegt eine – über den Tatbestand des § 315c StGB hinausgehende und davon abzugrenzende – verkehrs-atypische „Pervertierung" eines Verkehrsvorgangs zu einem gefährlichen „Eingriff" in den Straßenverkehr im Sinne des § 315b Abs. 1 StGB vor (vgl. BGH, Urteil vom 20. Februar 2003 – 4 StR 228/02, BGHSt 48, 233, 237; Beschluss vom 9. Februar 2010 – 4 StR 556/09, NStZ 2010, 391, 392; vom 22. November 2011 – 4 StR 522/11, DAR 2012, 390). Da sich die subjektiven Vorstellungen des Angeklagten S. nach den Feststellungen auf die billigende Inkaufnahme von für das verfolgte Fahrzeug und dessen Insassen gefährlichen Fahrmanövern des Angeklagten B. beschränkte, er mithin nur mit Gefährdungsvorsatz handelte, scheidet eine Strafbarkeit des Angeklagten S. nach § 315b StGB auf der Grundlage der bisherigen Urteilsfeststellungen aus.

285 Die Tathandlung bezgl. § 315b Abs. 1 Nr. 3 StGB muss über die ihr innewohnende latente Gefährlichkeit hinaus zu einer **kritischen Situation** geführt haben, in der – was nach allgemeiner Lebenserfahrung auf Grund einer objektiv nachträglichen Prognose zu beurteilen ist – die Sicherheit einer bestimmten Person oder Sache im Sinne eines „Beinaheunfalls" so stark beeinträchtigt war, dass es **nur noch vom Zufall abhing, ob das Rechtsgut verletzt wurde oder nicht**. Bei Vorgängen im fließenden Verkehr muss zu einem bewusst zweckwidrigen Einsatz eines Fahrzeugs in verkehrsfeindlicher Absicht ferner hinzukommen, dass das Fahrzeug mit zumindest bedingtem Schädigungsvorsatz missbraucht wurde.[291]

[2] 1. Nach den Feststellungen befuhr der Angeklagte am Tattag mit seinem Pkw eine Straße in der Innenstadt von xx. In Höhe des von seiner ältesten Tochter

---

[291] BGH, Beschluss vom 5.11.2013 – 4 StR 454/13.

bewohnten Hauses sah er auf der gegenüberliegenden Straßenseite die Nebenklägerin, seine von ihm getrennt lebende Ehefrau, die auf dem Bürgersteig, in Fahrtrichtung des Angeklagten gehend, einen Kinderwagen mit ihrem zweijährigen Enkel schob. Er fasste spontan den Entschluss, mit seinem Fahrzeug auf diese zuzufahren, bremste es deshalb ab, lenkte es über die Gegenfahrspur nach links auf den Gehweg und fuhr auf die Nebenklägerin zu. Unmittelbar vor ihr kam er zum Stehen; ob er seine Frau dabei mit dem Pkw erfasste, konnte die Strafkammer nicht feststellen. Entweder auf Grund einer Berührung mit dem Fahrzeug oder wegen eines Gleichgewichtsverlusts nach einer Ausweichbewegung kam die Nebenklägerin zu Fall und zog sich eine Prellung am Bein zu. Eine solche Verletzung als Folge des Sturzes bei einem der beiden alternativ in Betracht kommenden Fahrmanöver habe er, so die Strafkammer, im Sinne eines bedingten Schädigungsvorsatzes in Kauf genommen; indes sei es ihm nicht darauf angekommen, die Nebenklägerin umzufahren.

[3] 2. Die Feststellungen des Landgerichts zu der für eine vollendete Tat nach § 315b Abs. 1 Nr. 3 StGB vorausgesetzten konkreten Gefahr für Leib oder Leben eines anderen Menschen oder einer Sache von bedeutendem Wert infolge eines zweckwidrigen Einsatzes eines Fahrzeugs entbehren ebenso einer tragfähigen Beweisgrundlage wie die Annahme eines zumindest bedingten Schädigungsvorsatzes des Angeklagten.

[4] a) Nach gefestigter Rechtsprechung des Senats muss die Tathandlung über die ihr innewohnende latente Gefährlichkeit hinaus zu einer kritischen Situation geführt haben, in der – was nach allgemeiner Lebenserfahrung auf Grund einer objektiv nachträglichen Prognose zu beurteilen ist – die Sicherheit einer bestimmten Person oder Sache im Sinne eines „Beinaheunfalls" so stark beeinträchtigt war, dass es nur noch vom Zufall abhing, ob das Rechtsgut verletzt wurde oder nicht (vgl. nur Senatsbeschluss vom 3. November 2009 – 4 StR 373/09, BGHR StGB § 315b Abs. 1 Nr. 3 Eingriff, erheblicher 6 m.w.N.). Bei Vorgängen im fließenden Verkehr muss zu einem bewusst zweckwidrigen Einsatz eines Fahrzeugs in verkehrsfeindlicher Absicht ferner hinzukommen, dass das Fahrzeug mit zumindest bedingtem Schädigungsvorsatz missbraucht wurde (Senatsurteil vom 20. Februar 2003 – 4 StR 228/02, BGHSt 48, 233, 237 f.). Beides ist nicht hinreichend belegt.

[5] b) Das Landgericht hat den Nachweis, dass der Angeklagte die Nebenklägerin mit seinem Pkw angefahren und sich diese hierdurch die Beinverletzung zugezogen hat, nicht zu führen vermocht. Diese Sachverhaltsalternative durfte es den Feststellungen deshalb nicht zugrunde legen. Die Strafkammer hat jedoch auch nicht hinreichend belegt, dass durch das Zufahren mit dem Fahrzeug eine konkrete Leibesgefahr für die Nebenklägerin eingetreten ist. Vielmehr hat diese angegeben, auf das Fahrmanöver des Angeklagten frühzeitig aufmerksam geworden zu sein, sich deshalb umgedreht und gesehen zu haben, dass der Angeklagte auf dem Gehweg auf sie zufährt. Er sei dabei nicht schnell gefahren und habe vor ihr abgebremst. Diese Angaben, mit denen sich das Landgericht nicht auseinandergesetzt hat, lassen es schon als zweifelhaft erscheinen, ob das Fahrmanöver des Angeklagten eine konkrete Gefährdung der Nebenklägerin in dem oben dargelegten Sinne hervorgerufen hat, zumal die Strafkammer keine Feststellungen zu der vom Angeklagten gefahrenen Geschwindigkeit und zu dem Abstand zur Nebenklägerin im Zeitpunkt des Anhaltens des Fahrzeugs getroffen hat. Jedenfalls stellen die Angaben der Nebenklägerin sowie das – wovon zu Gunsten des Angeklagten auszugehen ist –rechtzeitige Anhalten die Annahme des für die Tatbestandsverwirklichung des § 315b Abs. 1 Nr. 3 StGB erforderlichen Schädigungsvorsatzes – und damit zugleich eines Körperverlet-

zungsvorsatzes – des Angeklagten in Frage. Vor diesem Hintergrund bestand Anlass zu der Prüfung, ob der Angeklagte darauf vertraut hat, es werde „schon nichts passieren".

23. Gefährdung des Straßenverkehrs – § 315c StGB

286 Für die Annahme einer Tat nach § 315c Abs. 1 Nr. 1a, Abs. 3 Nr. 2 StGB ist die **Herbeiführung einer konkreten Gefahr für Leib oder Leben** eines anderen Menschen oder eine **fremde Sache von bedeutendem Wert** Voraussetzung. Daher bedarf es bestimmter Angaben zum Wert der gefährdeten Fahrzeuge und zur Höhe des drohenden Schadens (berechnet anhand der am Marktwert zu messenden Wertminderung), um eine konkrete Gefährdung einer fremden Sache von bedeutendem Wert bejahen zu können.[292]

[3] 1. Nach den Feststellungen überquerte der Angeklagte mit einem Pkw Suzuki Swift in Halle (Saale) aus der Straße kommend die in diesem Bereich vierspurige Straße, ohne die Geschwindigkeit zu verringern und die Vorfahrt zu beachten. Aufgrund dessen mussten die Lenker von zwei sich auf der bevorrechtigten Straße von links annähernden Pkw Gefahrenbremsungen durchführen, um mit dem von dem Angeklagten geführten Pkw nicht zu kollidieren. Einer der beiden Pkw war ein ziviles Dienstfahrzeug der Polizei, das mit zwei Beamten besetzt war. Der Angeklagte war aufgrund zuvor konsumierten Kokains nicht mehr fahrtüchtig. Dies hätte er erkennen können und müssen. Ihm war bekannt, dass er nicht über die erforderliche Fahrerlaubnis verfügte und das von ihm geführte Fahrzeug nicht haftpflichtversichert war (Fall II. 3 der Urteilsgründe). …

[6] 2. Die Verurteilung im Fall II. 3 der Urteilsgründe war aufzuheben, weil die Feststellungen die für einen Schuldspruch nach § 315c Abs. 1 Nr. 1a, Abs. 3 Nr. 2 StGB erforderliche Herbeiführung einer konkreten Gefahr für Leib oder Leben eines anderen Menschen oder einer fremden Sache von bedeutendem Wert nicht belegen.

[7] Für die Annahme, dass Leib oder Leben der Insassen des Polizeifahrzeugs oder des anderen die Straße befahrenden Pkw konkret gefährdet waren, fehlt es an einer ausreichenden Tatsachengrundlage, weil sich das Urteil weder zu den gefahrenen Geschwindigkeiten, noch zu der Intensität der Gefahrenbremsungen verhält (vgl. BGH, Beschluss vom 29. April 2008 – 4 StR 617/07, NStZ-RR 2008, 289). Um eine konkrete Gefährdung einer fremden Sache von bedeutendem Wert bejahen zu können, hätte es bestimmter Angaben zum Wert der gefährdeten Fahrzeuge und zur Höhe des drohenden Schadens (berechnet anhand der am Marktwert zu messenden Wertminderung) bedurft (BGH, Beschluss vom 28. September 2010 – 4 StR 245/10, NStZ 2011, 215, 216; Beschluss vom 29. April 2008 – 4 StR 617/07, NStZ-RR 2008, 289).

287 Für den Tatbestand des § 315c Abs. 1 Nr. 1a StGB ist es erforderlich, dass das **Fahrverhalten** gerade **auf** einer rauschmittelbedingten **Leistungsminderung beruht.**[293]

---

292 BGH, Beschluss vom 2.7.2013 – 4 StR 187/12.
293 BGH, Beschluss vom 24.9.2013 – 4 StR 324/13.

[2] 1. Die Nachprüfung des angefochtenen Urteils auf Grund der Revisionsrechtfertigung hat hinsichtlich der Fälle I. 1, 3 und 4 der Urteilsgründe einen den Angeklagten beschwerenden Rechtsfehler nicht ergeben.

[3] 2. Im Fall I. 5 der Urteilsgründe sind die Voraussetzungen der tateinheitlich erfolgten vorsätzlichen Gefährdung des Straßenverkehrs im Sinne von § 315c Abs. 1 Nr. 1a, Abs. 3 StGB nicht hinreichend belegt.

[4] a) Nach den Feststellungen fuhr der Angeklagte am Tattag mit einem Pkw, in dem er etwa 800 Gramm Haschisch und zuvor eingenommene Erlöse aus weiteren BtM-Geschäften in Höhe von 7.000 € mit sich führte, im Bereich der Stadt S., obwohl er wegen des vorherigen Konsums erheblicher Mengen von Amphetamin und Cannabis nicht in der Lage war, das Fahrzeug sicher zu führen. Bedingt durch die eingenommenen Rauschmittel fuhr er mit überhöhter Geschwindigkeit und benutzte teilweise die Gegenfahrbahn, wodurch er einem mit zwei Beamten besetzten Streifenwagen der Polizei auffiel, der dem Angeklagten nach rechts ausweichen musste, um eine „möglicherweise folgenschwere" Kollision mit dessen Pkw zu vermeiden. Der Angeklagte missachtete die Anhaltezeichen der Polizei, um eine Entdeckung seiner Drogengeschäfte zu verhindern, überholte trotz Gegenverkehrs mehrere Fahrzeuge und setzte seine Fahrt mit überhöhter Geschwindigkeit auch noch fort, nachdem sich ein weiterer Streifenwagen in die Verfolgung eingeschaltet hatte. Kurz darauf rammte der Angeklagte mit seinem Pkw ein (weiteres) vor ihm fahrendes Polizeifahrzeug, das mit dem Zeugen H. besetzt war, bei einem Fahrspurwechsel, wobei er einen Fremdschaden in Höhe von 7.500 € verursachte. Anschließend verlor er die Kontrolle über sein Fahrzeug, überfuhr verschiedene Verkehrseinrichtungen und prallte schließlich gegen einen Ampelmast. Durch umherfliegende Teile wurden ein jugendlicher Passant verletzt und weitere Fahrzeuge beschädigt.

[5] b) Hinsichtlich der ersten, für eine Strafbarkeit nach § 315c Abs. 1 Nr. 1a StGB in Betracht kommenden Verkehrssituation, in der die beiden Beamten mit ihrem Streifenwagen nach rechts ausweichen mussten, um eine Kollision mit dem Fahrzeug des Angeklagten zu vermeiden, ist eine konkrete Gefahr für Leib und Leben anderer oder für bedeutende Sachwerte nicht hinreichend belegt. Mag diese Verkehrssituation auch für einen sog. „Beinahe-Unfall" sprechen, so ergeben die Urteilsgründe jedoch nicht, dass die Handlung des Angeklagten über die ihr innewohnende latente Gefährlichkeit hinaus im Hinblick auf einen konkreten Vorgang zu einer kritischen Situation geführt hat. Ob in dieser Situation der Eintritt einer Rechtsgutsverletzung nur noch vom Zufall abhing, kann der Senat daher nicht beurteilen. Einzelheiten zur Art der konkreten Begegnung beider Fahrzeuge sind nicht festgestellt, die vom Landgericht gebrauchte Formulierung, das Ausweichen habe dem Zweck gedient, eine „möglicherweise folgenschwere" Kollision zu vermeiden, erweist sich daher als bloße Bewertung, die einer hinreichenden Tatsachengrundlage gerade entbehrt.

[6] Was die nachfolgende Fahrt des Angeklagten im öffentlichen Verkehrsraum der Stadt S., insbesondere das Rammen des Dienstfahrzeugs des Zeugen H. betrifft, ergeben die Feststellungen nicht, dass, wie es für den Tatbestand des § 315c Abs. 1 Nr. 1a StGB erforderlich ist, das Fahrverhalten gerade auf einer rauschmittelbedingten Leistungsminderung des Angeklagten beruht (st. Rspr.; vgl. schon BGH, Beschluss vom 30. Juni 1955 – 4 StR 127/55, BGHSt 8, 28, 33). Nach den Urteilsgründen setzte der Angeklagte, nachdem er an dem ersten Streifenwagen vorbeigefahren war, seine Flucht mit überhöhter Geschwindigkeit fort, um sich einer polizeilichen Kontrolle und der dabei befürchteten Aufdeckung seiner Rauschgiftgeschäfte zu entziehen. Es ist demnach nicht auszuschließen, dass die nachfolgenden Fahrfeh-

ler sowie die Kollision mit dem Fahrzeug des Zeugen H. auf das Bemühen des Angeklagten zurückzuführen sind, den verfolgenden Streifenwagen zu entkommen.

288 Hinsichtlich der für die Annahme einer Tat nach § 315c Abs. 1 Nr. 1a, Abs. 3 Nr. 2 StGB vorausgesetzten Herbeiführung einer konkreten Gefahr für Leib oder Leben eines anderen Menschen oder eine fremde Sache von bedeutendem Wert ist es erforderlich, dass die **Tathandlung über die ihr innewohnende latente Gefährlichkeit hinaus in eine kritische Situation geführt** hat, in der – was nach allgemeiner Lebenserfahrung auf Grund einer objektiv nachträglichen Prognose zu beurteilen ist – die Sicherheit einer bestimmten Person oder Sache so stark beeinträchtigt war, dass es nur noch vom Zufall abhing, ob das Rechtsgut verletzt wurde oder nicht.[294]

[2] 1. Die Verurteilung des Angeklagten wegen fahrlässiger Straßenverkehrsgefährdung in den Fällen II. 2 und II. 5 der Urteilsgründe begegnet durchgreifenden rechtlichen Bedenken.

[3] a) Nach den rechtsfehlerfrei getroffenen Feststellungen fuhr der Angeklagte in beiden Fällen mit fremden, mit zwei weiteren Personen besetzten Pkws im öffentlichen Straßenverkehr, obwohl er infolge Alkoholgenusses absolut fahruntüchtig war. Infolge der Fahruntüchtigkeit fuhr er mit dem Pkw gegen eine Hausmauer und verursachte an dieser einen Schaden von 368,90 € (Fall II. 2) bzw. in eine Baustellenabsicherung sowie an eine Stützmauer und streifte im weiteren Verlauf der Fahrt Leitplankenfelder (Fall II. 5). Während der Fahrten gefährdete er Leib und Leben der beiden Mitfahrer.

[4] b) Die Feststellungen der Strafkammer belegen die für die Annahme einer Tat nach § 315c Abs. 1 Nr. 1a, Abs. 3 Nr. 2 StGB vorausgesetzte Herbeiführung einer konkreten Gefahr für Leib oder Leben eines anderen Menschen oder eine fremde Sache von bedeutendem Wert nicht. Nach gefestigter Rechtsprechung muss die Tathandlung über die ihr innewohnende latente Gefährlichkeit hinaus in eine kritische Situation geführt haben, in der – was nach allgemeiner Lebenserfahrung auf Grund einer objektiv nachträglichen Prognose zu beurteilen ist – die Sicherheit einer bestimmten Person oder Sache so stark beeinträchtigt war, dass es nur noch vom Zufall abhing, ob das Rechtsgut verletzt wurde oder nicht (BGH, Urteil vom 30. März 1995 – 4 StR 725/94, NJW 1995, 3131 f., zu § 315c StGB, Beschluss vom 4. September 1995 – 4 StR 471/95, NJW 1996, 329 f., zu § 315b StGB; vgl. weiter SSW-StGB/Ernemann, § 315c Rn. 22 ff.).

[5] Da für den Eintritt des danach erforderlichen konkreten Gefahrerfolgs die vom Angeklagten geführten fremden Fahrzeuge nicht in Betracht kommen (vgl. BGH, Urteil vom 28. Oktober 1976 – 4 StR 465/76, BGHSt 27, 40; Beschluss vom 19. Januar 1999 – 4 StR 663/98, NStZ 1999, 350, 351) und auch nicht erkennbar ist, ob der Gefährdungsschaden an Hauswand bzw. Baustellenabsicherung, Stützmauer und Leitplankenfeldern die tatbestandsspezifische Wertgrenze von 750 Euro erreicht hat (vgl. BGH, Beschluss vom 28. September 2010 – 4 StR 245/10, NStZ 2011, 215; SSW-StGB/Ernemann, § 315c Rn. 25), kommt es auf die Gefährdung der Mitfahrer an. Nach den in der Rechtsprechung des Senats entwickelten Maßstäben genügen die hierauf bezogenen knappen Bemerkungen der Strafkammer – „Außerdem gefährdete er Leib und Leben seiner beiden Mitfahrer." (UA 5) bzw. „In beiden Fällen bestand konkrete Gefahr für Leib und Leben seiner Mitfahrer." (UA 6) – nicht den

[294] BGH, Beschluss vom 4.12.2012 – 4 StR 435/12.

Anforderungen zur Darlegung einer konkreten Gefahr. Einen Vorgang, bei dem es beinahe zu einer Verletzung der Mitfahrer gekommen wäre, also ein Geschehen, bei dem ein unbeteiligter Beobachter zu der Einschätzung gelangt, „das sei noch einmal gut gegangen" (BGH, Urteil vom 30. März 1995 und Beschluss vom 4. September 1995 – jew. aaO; Beschluss vom 26. Juli 2011 – 4 StR 340/11, StV 2012, 217), hat die Strafkammer auch nach dem Gesamtzusammenhang ihrer auf das Unfallgeschehen bezogenen Feststellungen nicht hinreichend mit Tatsachen belegt. Insbesondere fehlen Angaben zu den Geschwindigkeiten der Fahrzeuge im Zeitpunkt der Kollisionen und der Intensität des Aufpralls auf die einzelnen Gefährdungsobjekte (vgl. BGH, Beschluss vom 20. Oktober 2009 – 4 StR 408/09, NZV 2010, 261, 262). Auch ergeben die bisher getroffenen Feststellungen nicht, dass es dem Angeklagten – etwa nur aufgrund überdurchschnittlich guter Reaktion – sozusagen im allerletzten Moment gelungen ist, einen intensiveren Aufprall zu verhindern.

[6] c) Nach den bisherigen Feststellungen bleibt zudem offen, ob die Mitfahrer des Angeklagten vom Schutzbereich des § 315c StGB überhaupt erfasst sind. Nach gefestigter Rechtsprechung des Bundesgerichtshofs ist dies für an einer solchen Straftat beteiligte Insassen des Fahrzeugs zu verneinen (BGH, Urteile vom 23. Februar 1954 – 1 StR 671/53, BGHSt 6, 100, 102, vom 28. Oktober 1976 – 4 StR 465/76, BGHSt 27, 40, 43, und vom 20. November 2008 – 4 StR 328/08, NJW 2009, 1155, 1157; vgl. SSW-StGB/Ernemann, § 315c Rn. 24 m.w.N.). Die Mitfahrer könnten sich – jedenfalls zum Teil – durch Übergabe des Pkw-Schlüssels (UA 5) oder durch Überlassen des eigenen Pkws (UA 6) der Beihilfe gemäß § 27 StGB schuldig gemacht haben, sofern zumindest die Voraussetzungen der Vorsatz-Fahrlässigkeits-Kombination nach § 315c Abs. 3 Nr. 1 StGB gegeben sind.

Lässt sich nicht ausschließen, dass der Angeklagte gezielt auf die Gegenfahrbahn fuhr, ist mit Blick auf den **Zweifelssatz** für die Annahme eines auf die **alkoholische Beeinflussung** zurückzuführenden Fahrfehlers als eindeutige Ursache für die spätere Kollision kein Raum.[295] **289**

[3] Die Verurteilung wegen vorsätzlicher Straßenverkehrsgefährdung in Tateinheit mit fahrlässiger Körperverletzung in drei tateinheitlichen Fällen hält einer revisionsrechtlichen Prüfung nicht stand, weil die Annahme, der Angeklagte sei auf Grund eines alkoholbedingten Fahrfehlers auf die Gegenfahrbahn gelangt, einer tragfähigen Begründung im Rahmen der Beweiswürdigung entbehrt.

[4] Ausführungen zu den die Annahme eines alkoholbedingten Fahrfehlers in tatsächlicher Hinsicht tragenden Erwägungen des Landgerichts sind den Urteilsgründen nicht zu entnehmen. Die Strafkammer hat die Umstände, unter denen der Angeklagte auf die Gegenfahrbahn geriet, nicht näher aufklären können. Die Möglichkeit, dass er sein Fahrzeug bewusst auf die Gegenfahrbahn steuerte, um in Suizidabsicht einen Zusammenstoß herbeizuführen, hat sie „nicht als zweifelsfrei erwiesen" angesehen, weil die für eine Suizidabsicht zum Tatzeitpunkt sprechenden Indizien für eine entsprechende Feststellung nicht ausgereicht hätten. Damit hat die Strafkammer die Möglichkeit eines Suizidversuchs des Angeklagten indes nicht sicher ausgeschlossen. Lässt sich aber nicht ausschließen, dass der Angeklagte gezielt auf

[295] BGH, Beschluss vom 19.11.2013 – 4 StR 352/13.

die Gegenfahrbahn fuhr, ist mit Blick auf den Zweifelssatz für die Annahme eines auf die alkoholische Beeinflussung zurückzuführenden Fahrfehlers als eindeutige Ursache für die spätere Kollision kein Raum.

24. Trunkenheit im Verkehr – § 316 StGB

290 Tathandlung des § 316 Abs. 1 StGB ist das Führen eines Fahrzeugs im öffentlichen Verkehr. Der Begriff des Straßenverkehrs im Sinne der §§ 315b ff. StGB entspricht dem des StVG und bezieht sich auf Vorgänge im öffentlichen Verkehrsraum. Ein **Verkehrsraum** ist auch dann **öffentlich**, wenn er ohne Rücksicht auf eine **Widmung** und ungeachtet der Eigentumsverhältnisse entweder **ausdrücklich oder mit stillschweigender Duldung des Verfügungsberechtigten** für jedermann oder aber zumindest für eine allgemein bestimmte größere Personengruppe zur Benutzung zugelassen ist und auch tatsächlich so genutzt wird. Für die Frage, ob eine Duldung des Verfügungsberechtigten vorliegt, ist nicht auf dessen inneren Willen, sondern auf die für etwaige Besucher erkennbaren äußeren Umstände (Zufahrtssperren, Schranken, Ketten, Verbotsschilder etc.) abzustellen. Die Zugehörigkeit einer Fläche zum öffentlichen Verkehrsraum endet mit einer eindeutigen, äußerlich manifestierten Handlung des Verfügungsberechtigten, die unmissverständlich erkennbar macht, dass ein öffentlicher Verkehr nicht (mehr) geduldet wird.[296]

[3] 2. Dagegen hält der Schuldspruch der rechtlichen Nachprüfung nicht stand, soweit das Landgericht den Angeklagten wegen vorsätzlichen Fahrens ohne Fahrerlaubnis in Tateinheit mit vorsätzlicher Trunkenheit im Verkehr für schuldig befunden hat (Fall II. 4 der Urteilsgründe). Insofern belegen die Feststellungen nicht, dass der Angeklagte das Kraftfahrzeug im öffentlichen Verkehrsraum geführt hat.

[4] a) Tathandlung des § 316 Abs. 1 StGB ist das Führen eines Fahrzeugs im öffentlichen Verkehr. Nach § 2 Abs. 1 StVG bedarf der Fahrerlaubnis, wer auf öffentlichen Straßen ein Kraftfahrzeug führt. Der Begriff des Straßenverkehrs im Sinne der §§ 315b ff. StGB entspricht dem des StVG und bezieht sich auf Vorgänge im öffentlichen Verkehrsraum. Erfasst werden zum einen alle Verkehrsflächen, die nach dem Wegerecht des Bundes und der Länder oder der Kommunen dem allgemeinen Verkehr gewidmet sind (z.B. Straßen, Plätze, Brücken, Fußwege). Ein Verkehrsraum ist darüber hinaus auch dann öffentlich, wenn er ohne Rücksicht auf eine Widmung und ungeachtet der Eigentumsverhältnisse entweder ausdrücklich oder mit stillschweigender Duldung des Verfügungsberechtigten für jedermann oder aber zumindest für eine allgemein bestimmte größere Personengruppe zur Benutzung zugelassen ist und auch tatsächlich so genutzt wird (Senatsurteil vom 4. März 2004 – 4 StR 377/03, BGHSt 49, 128, 129; Senatsbeschluss vom 8. Juni 2004 – 4 StR 160/04, NStZ 2004, 625; SSW-StGB/Ernemann, § 142 Rn. 9). Für die Frage, ob eine Duldung des Verfügungsberechtigten vorliegt, ist nicht auf dessen inneren Willen, sondern auf die für etwaige Besucher erkennbaren äußeren Umstände (Zufahrtssperren, Schranken, Ketten, Verbotsschilder etc.) abzustellen. Eine Verkehrsfläche kann zeitweilig „öffentlich" und zu anderen Zeiten „nicht-öffentlich" sein (Geppert in LK-StGB, 12. Aufl., § 142 Rn. 14). Die Zugehörigkeit einer Fläche zum öffentlichen Verkehrsraum endet mit einer eindeutigen, äußerlich manifestierten

[296] BGH, Beschluss vom 30.1.2013 – 4 StR 527/12.

Handlung des Verfügungsberechtigten, die unmissverständlich erkennbar macht, dass ein öffentlicher Verkehr nicht (mehr) geduldet wird (vgl. Senatsurteil vom 4. März 2004 – 4 StR 377/03, BGHSt 49, 128, 129; OLG Düsseldorf, NZV 1992, 120; Pasker, NZV 1992, 120, 121). So liegt der Fall hier.

[5] b) Nach den Feststellungen steuerte der alkoholbedingt absolut fahruntüchtige Angeklagte R., der keine Fahrerlaubnis besaß, den seiner Ehefrau gehörenden Pkw, nachdem er zunächst im Ortsbereich von B. umhergefahren war, auf einen unbefestigten und zunächst frei zugänglichen Parkplatz neben einer Tankstelle. Zusammen mit dem Angeklagten K. misshandelte er daraufhin den Geschädigten R. P. durch eine Vielzahl wuchtiger Faustschläge und Fußtritte. Der Zeuge S., der vom Vermieter des Parkplatzes mit dem regelmäßigen Öffnen und Schließen zweier dort befindlicher Schranken beauftragt war, erfasste die Situation zunächst nicht richtig und rief den Angeklagten zu, sie sollten den Parkplatz mit ihrem Pkw verlassen, damit er die Schranke schließen könne. Der Angeklagte R. antwortete sinngemäß, er solle sich keine Gedanken machen, sie kämen schon vom Parkplatz herunter. Daraufhin ging der Zeuge weiter und schloss die Schranke der Parkplatzzufahrt. Als der Zeuge wenig später sah, wie die Angeklagten R. und K. auf den am Boden liegenden Geschädigten mit voller Wucht eintraten, alarmierte er die Polizei (Fall II. 3 der Urteilsgründe).

[6] Im Anschluss an die Misshandlung des Geschädigten bestiegen die Angeklagten erneut den Pkw, wobei R. das Fahrzeug führte. Zunächst versuchte er, mit dem Pkw die Tankstelle zu umfahren und vorbei an einer benachbarten Diskothek auf die M.Straße zu gelangen, was an einer Begrenzung scheiterte. Anschließend fuhr er dieselbe Strecke zurück und lenkte das Fahrzeug an der geschlossenen Schranke vorbei. Er erreichte die M.Straße erneut nicht, da er nunmehr einen kleinen Erdwall vor sich hatte. An dieser Stelle blieb er nach einer Fahrtstrecke von ungefähr 220 Metern endgültig stehen (Fall II. 4 der Urteilsgründe).

[7] c) Nachdem der Zeuge S. die Angeklagten zum Verlassen des Parkplatzes aufgefordert und daraufhin die Schranke der Zufahrt geschlossen hatte, gehörte das Parkplatzgelände, auf dem der Pkw stand, nicht mehr zum öffentlichen Verkehrsraum. Denn der Wille des Verfügungsberechtigten, den Parkplatz ab diesem Zeitpunkt der Allgemeinheit nicht mehr zur Verfügung zu stellen, war nach außen manifest geworden. Dies war für jedermann unmissverständlich erkennbar (vgl. OLG Düsseldorf, NZV 1992, 120). Die Fahrt des Angeklagten R. auf dem Parkplatzgelände (Fall II. 4 der Urteilsgründe) fand deshalb nicht im öffentlichen Straßenverkehr statt und war somit nicht tatbestandsmäßig im Sinne von § 21 Abs. 1 Nr. 1 StVG und § 316 Abs. 1 StGB. Das Landgericht hat keine Feststellungen dazu getroffen, ob der Angeklagte bei seinen Versuchen, die Tankstelle bzw. die Zufahrtschranke zu umfahren, sich vorübergehend im öffentlichen Verkehrsraum bewegte. Die Sache bedarf daher insoweit neuer Verhandlung und Entscheidung.

25. Störung öffentlicher Betriebe – § 316b StGB

Die Unbrauchbarmachung einer dem Betrieb dienenden Sache gemäß § 316b Abs. 1 Nr. 3 StGB erfordert für ein tatbestandsmäßiges Verhalten eine Einwirkung auf die Sachsubstanz. Zur „Blockade“ einer **Geschwindigkeitsmessanlage.**[297] **291**

[297] BGH, Beschluss vom 15.5.2013 – 1 StR 469/12.

[21] 1. § 316b Abs. 1 StGB weist eine zweiaktige Struktur auf. Der Tatbestand setzt für den hier allein in Frage kommenden § 316b Abs. 1 Nr. 3 StGB eine Störung oder eine Verhinderung des Betriebs einer der öffentlichen Ordnung oder Sicherheit dienenden Anlage voraus. Diese Störung oder Verhinderung muss ihre Ursache (siehe nur Fischer, StGB, 60. Aufl., § 316b Rn. 6) darin haben, dass eine dem Betrieb dienende Sache zerstört, beschädigt, beseitigt, verändert oder unbrauchbar gemacht oder – was hier ersichtlich von vornherein nicht in Frage kommt – die für den Betrieb bestimmte elektrische Kraft entzogen wird.

[22] Hier kommt allenfalls das Merkmal des Unbrauchbarmachens einer dem Betrieb dienenden Sache, dem wie auch immer technisch gestalteten Messgerät, in Betracht, was aber entgegen der vom vorlegenden Oberlandesgericht vertretenen Auffassung ebenfalls ausscheidet.

[23] 2. Vorliegend hat der Angeklagte die beabsichtigten Geschwindigkeitsmessungen allein dadurch verhindert, dass er mit seinen jeweils in Richtung des Messstrahls geparkten Fahrzeugen Messungen anderer vorbeifahrender Fahrzeuge verhinderte. Dabei wirkte er jedoch, anders als bei dem vom Oberlandesgericht Stuttgart (NStZ 1997, 342 f.) entschiedenen Fall, nicht einmal äußerlich durch Beschmieren oder bspw. Bekleben auf die Substanz der Sache ein. Es lag mithin keine Manipulation an dem Messgerät selbst oder einem wesentlichen Teil davon vor, die zu einer tatsächlichen Funktionsminderung geführt haben könnte, was aber Voraussetzung einer Tatbestandsmäßigkeit wäre (zur Erforderlichkeit einer Einwirkung auf die Sachsubstanz vgl. OLG Celle, NStZ 2005, 217; BVerfG NVwZ 2006, 583; LK-StGB/Wolff, 12. Aufl., § 317 Rn. 9, 11; SK-StGB/Wolters, 129. Lief. § 316b Rn. 10; Fischer, aaO; Lackner/Kühl, StGB, 27. Aufl., § 316b Rn. 5). Der Generalbundesanwalt hat insoweit zutreffend darauf hingewiesen, dass derjenige den Tatbestand nicht erfüllt, der einen Fernsprechanschluss dadurch blockiert, dass er diesen anwählt und nicht auflegt (vgl. LK-StGB/Wolff aaO). Dem entspricht auch, dass bei Blockadeaktionen gegenüber einem Zug es nicht ausreichend ist, wenn dessen Weiterfahrt durch Personen auf den Gleisen verhindert wird; erst bei einem direkten Einwirken auf die Gleise selbst kann der Tatbestand gegeben sein (OLG Celle NStZ 2005, 217 f.).

[24] So liegt der Fall auch hier. Mit dem Parken seiner Fahrzeuge vor dem Sensor der Messeinheit hat der Angeklagte zwar weitere Messungen anderer Fahrzeuge verhindert, an einem direkten Einwirken auf die Sachsubstanz fehlte es aber. Dies erweist sich schon daraus, dass bereits ein leichtes Versetzen des Messfahrzeuges oder (je nach Gerät) auch nur der Messeinrichtung Messungen wieder möglich gemacht hätte. Insoweit unterscheidet sich der Sachverhalt auch von den Fallgestaltungen der Oberlandesgerichte Stuttgart (NStZ 1997, 342 f. – Beschmieren des Fotoobjektivs) und München (NJW 2006, 2132 f. – Überbelichtung des Fotofilms durch Blitzlichtreflexion), bei denen eine bloße Veränderung des Standorts – auch wenn dies praktisch nicht möglich gewesen wäre – nichts an der allerdings nur vorübergehenden Beeinträchtigung der Anlage selbst geändert hätte.

[25] 3. Der Senat ist vorliegend nicht durch die Besonderheiten des Vorlageverfahrens gemäß § 121 Abs. 2 GVG daran gehindert, ungeachtet der auf den Anlagenbegriff des § 316b Abs. 1 Nr. 3 StGB beschränkten Vorlagefrage die Entscheidungserheblichkeit der Vorlagefrage abweichend von dem vorlegenden Oberlandesgericht zu beurteilen. Die grundsätzlich bestehende Bindung des Senats an die Auffassung des Oberlandesgerichts über das Vorliegen der Tathandlung gemäß § 316b Abs. 1 Nr. 3 StGB entfällt, weil dieses insoweit von einer rechtlich so nicht haltbaren Be-

trachtung ausgegangen ist. Nach der Rechtsprechung des Bundesgerichtshofs liegt in solchen Konstellationen die ansonsten bestehende Bindung an die Beurteilung der Entscheidungserheblichkeit durch das vorlegende Gericht nicht vor (BGH, Beschlüsse vom 22. August 1994 – 3 StR 209/84, NStZ 1985, 217, 218, und vom 14. Mai 1974 – 1 StR 366/73, BGHSt 25, 325, 328; siehe auch BGH, Beschluss vom 21. Februar 1968 – 2 StR 360/67, BGHSt 22, 94, 100 m.w.N.). Das Oberlandesgericht hat bei der Beurteilung des Vorliegens der Tathandlung gemäß § 316b Abs. 1 Nr. 3 StGB im rechtlichen Ausgangspunkt nicht ausreichend deutlich zwischen dem Unbrauchbarmachen der dem Betrieb einer Anlage oder Einrichtung dienenden Sache und der dadurch verursachten Verhinderung oder Störung des Betriebs der Anlage oder Einrichtung unterschieden. Das trägt der Struktur des Tatbestandes nicht genügend Rechnung. Vor allem aber hat es in rechtlich nicht vertretbarer Weise bei dem Merkmal des Unbrauchbarmachens auf das Erfordernis einer Einwirkung auf die Sachsubstanz verzichtet. Die Notwendigkeit einer solchen Art der Einwirkung ergibt sich für das Unbrauchbarmachen jedoch eindeutig aus dem systematischen Vergleich mit den übrigen in dem Tatbestand genannten Tathandlungen (Zerstören, Beschädigen, Beseitigen, Verändern). Dementsprechend wird – wie aufgezeigt (III. 2.) – eine Sachsubstanzeinwirkung für ein tatbestandsmäßiges Verhalten vorausgesetzt.

[26] Die Sache war daher an das Oberlandesgericht zurückzugeben.

26. Unerlaubter Umgang mit Abfällen, unerlaubtes Betreiben von Anlagen – §§ 326, 327 StGB

Gemäß der Legaldefinition des § 330d Abs. 1 Nr. 1 StGB ist das von den im Urteil erwähnten Verunreinigungen unmittelbar betroffene **Grundwasser eigenständiges Schutzgut des § 326 Abs. 1 Nr. 4 lit. a StGB**, wonach die Umwelt als solche in ihren verschiedenen Medien geschützt wird. Es reicht daher zur Erfüllung des Tatbestandes aus, wenn das Grundwasser in dem betroffenen Gebiet durch die außerhalb einer dafür zugelassenen Anlage abgelagerten Abfälle nachhaltig verunreinigt oder sonst nachteilig verändert wird. Feststellbare Auswirkungen auf andere Umweltmedien, Mensch oder Tier sind insoweit nicht erforderlich. 292

Eine **Strafbarkeit nach § 327 Abs. 2 Nr. 3 StGB** (aF) setzt voraus, dass der Täter eine **Abfallentsorgungsanlage betrieben** hat, für die es einer **Genehmigung** nach dem Kreislaufwirtschafts- und Abfallgesetz **bedurfte.** Dies ist nur bei Abfallbeseitigungsanlagen im Sinne des § 27 Abs. 1 Satz 1 KrW-/AbfG zur Endablagerung von Abfällen der Fall. Alle sonstigen Abfallbeseitigungsanlagen sind in § 31 Abs. 1 Hs. 2 KrW-/AbfG dem Regime des Bundesimmissionsschutzgesetzes unterstellt. Verwertungsvorgänge im Sinne des § 4 Abs. 3 KrW-/AbfG bedürfen demnach unter keinen Umständen einer Genehmigung nach dem Kreislaufwirtschafts- und Abfallgesetz (sondern gegebenenfalls einer solchen nach dem Bundesimmissionsschutzgesetz) und können somit nicht dem § 327 Abs. 2 Nr. 3 StGB unterfallen.[298]

[23] aa) Zu Recht geht das Landgericht auf der Grundlage der getroffenen Feststellungen davon aus, dass es sich bei dem verarbeiteten Klärschlammkompost zum

[298] BGH, Urteil vom 23.10.2013 – 5 StR 505/12.

Zeitpunkt der Einbringung in den Kiessandtagebau in Sc. um Abfall handelte. Der strafrechtliche Abfallbegriff ist in Anlehnung an das Abfallverwaltungsrecht selbständig zu bestimmen (vgl. BGH, Urteile vom 26. April 1990 – 4 StR 24/90, BGHSt 37, 21, *24, 26, und vom 26. Februar 1991 –* 5 StR 444/90, BGHSt 37, 333, 335*; NK-StGB-Ransiek, 3. Aufl., § 326 Rn. 6 ff.; Fischer, StGB, 60. Aufl., § 326 Rn. 5 f.). Abfall sind danach alle Stoffe und Gegenstände, deren sich der Besitzer durch Beseitigung oder Verwertung entledigt, entledigen will oder entledigen muss. Diese Definition entspricht sowohl dem zur Tatzeit geltenden* § 3 Abs. 1 KrW-/AbfG *als auch der Neuregelung des* § 3 Abs. 1 KrWG. *Danach handelte es sich bei den gegen Entgeltzahlung von der N. GmbH ursprünglich in ihre Kompostieranlage aufgenommenen Klärschlämmen unzweifelhaft um Abfall (vgl.* BVerwGE 127, 250*). Wie das Landgericht zutreffend ausgeführt hat, war die Abfalleigenschaft dieses Materials trotz seiner weiteren Verarbeitung auch zum Zeitpunkt der Einbringung in den Kiessandtagebau nicht entfallen. Dementsprechend wollte sich der Angeklagte K. als Geschäftsführer der N. GmbH nach den insoweit rechtsfehlerfreien Feststellungen des Landgerichts der beständig in großen Mengen anfallenden Klärschlammkomposte entledigen, um den Geschäftsbetrieb in der Kompostieranlage und im Erdenwerk weiter führen zu können (UA S. 14, 31).*

[24] Das Ende der Abfalleigenschaft eines Stoffes infolge Verwertung gemäß dem zur Tatzeit geltenden § 4 Abs. 3 KrW-/AbfG *setzt die Beendigung des Verwertungsverfahrens bei gleichzeitiger Erfüllung der sich aus dem Abfallrecht ergebenden Pflichten des Abfallbesitzers in Bezug auf die Schadlosigkeit der Verwertung voraus. Erst mit der ordnungsgemäßen und schadlosen Verwertung des Abfalls endet das Regime des Abfallrechts (BVerwG, aaO, S. 253). Werden stoffliche Eigenschaften von Abfällen nicht für den ursprünglichen, sondern für andere Zwecke genutzt – wie hier durch den Einsatz von Klärschlammkomposten im Landschaftsbau –, ohne dass mangels identischer oder vergleichbarer Nutzung der stofflichen Eigenschaften des Abfalls oder mangels Identität oder Vergleichbarkeit mit einem zu substituierenden Rohstoff von vornherein auf die Schadlosigkeit der Verwertung geschlossen werden kann, so bedarf der Abfall bis zum abschließenden Eintritt des Verwertungserfolges der Überwachung, um die Schadlosigkeit der Verwertung zu gewährleisten. Die Abfalleigenschaft eines nunmehr zu anderen Zwecken genutzten Stoffes endet dann nicht bereits mit einem Bereitstellen oder in einem ersten Behandlungs-/Verwertungsschritt, vielmehr muss die Schadlosigkeit der Verwertung bis zur abschließenden Verwendung des Abfalls (für den anderen Zweck) sichergestellt sein. Für Klärschlammkompost, der in ersten Verwertungsschritten erzeugt wurde, gilt daher, dass seine Abfalleigenschaft erst mit dem Aufbringen oder dem Einbringen in geeignete Böden entfällt (vgl. BVerwG, aaO, S. 256 ff.).*

[25] Für den vorliegenden Fall bedeutet dies, dass die Verarbeitung der Klärschlämme im Kompostierwerk und im Erdenwerk der N. GmbH allein nicht geeignet war, die Abfalleigenschaft des hierdurch gewonnen Materials zu beenden, da hierin nach den landgerichtlichen Feststellungen noch kein Abschluss einer ordnungsgemäßen und schadlosen Verwertung gesehen werden kann. Es fehlt insoweit sowohl an der erforderlichen abschließenden Verwendung als auch an der Gewährleistung der Schadlosigkeit der Verwertung. Selbst wenn die Einbringung in den Kiessandtagebau zu einem ordnungsgemäßen Abschluss eines etwa anzunehmenden Verwertungsverfahrens hätte führen können – was allerdings angesichts des vorhandenen Schadstoffgehalts ohnehin zweifelhaft erscheint –, so handelte es sich bei dem fraglichen Material im Moment der möglichen Tathandlung im Sinne des § 327 StGB, *also während des*

Betreibens der Anlage durch fortlaufende Einbringung des Materials, gleichwohl noch um Abfall.

[26] Auch die am 1. Juni 2012 in K. getretene Neuregelung des § 5 KrWG, *die im Hinblick auf das in* § 2 Abs. 3 StGB *verankerte Meistbegünstigungsprinzip in die Prüfung einzubeziehen ist, führt nicht zu einer anderen Bewertung. Denn auch nach dieser Vorschrift ist das Durchlaufen des Verwertungsverfahrens ebenso Voraussetzung für die Beendigung der Abfalleigenschaft wie eine bestimmte, im Gesetz näher geregelte Beschaffenheit des Stoffes oder Gegenstandes, dessen Verwendung gemäß* § 5 Abs. 1 Nr. 4 KrWG *insgesamt nicht zu schädlichen Auswirkungen auf Mensch oder Umwelt führen darf.*

[27] bb) Rechtsfehlerfrei ist auch die Annahme der Strafkammer, dass der Angeklagte hinsichtlich der Abfalleigenschaft des Materials mit bedingtem Vorsatz gehandelt habe. Die dieser Bewertung zugrunde liegende Beweiswürdigung ist sachlichrechtlich nicht zu beanstanden. Insbesondere stellen die Vorgeschichte der durch das Landesbergamt erteilten Genehmigung, der Inhalt des Genehmigungsbescheides und die Formulierungen in dem von der N. GmbH selbst beim Landesbergamt eingereichten Abschlussbetriebsplan, in dem „das Einbringen von Fremdstoffen" in den Tagebau Sc. ausdrücklich als Verwertung im Sinne des Kreislaufwirtschafts- und Abfallgesetzes bezeichnet wird (UA S. 22), eine hinreichende Tatsachengrundlage für die Schlussfolgerung des Tatgerichts dar, der Angeklagte K. habe zumindest mit der Möglichkeit gerechnet, dass es sich bei dem in den Kiessandtagebau eingebrachten Material rechtlich um Abfall handelte.

[28] cc) Die landgerichtlichen Feststellungen ermöglichen dem Senat jedoch keine abschließende Beurteilung der für den Schuldspruch wegen unerlaubten Betreibens einer Abfallentsorgungsanlage entscheidenden Frage, ob es sich bei dem in den Kiessandtagebau eingebrachten Material um Abfall zur Beseitigung oder aber um Abfall zur Verwertung gehandelt hat.

[29] (1) Eine Strafbarkeit nach § 327 Abs. 2 Nr. 3 StGB *(aF) setzt voraus, dass der Täter eine Abfallentsorgungsanlage betrieben hat, für die es einer Genehmigung nach dem Kreislaufwirtschafts- und Abfallgesetz bedurfte. Dies ist nur bei Abfallbeseitigungsanlagen im Sinne des* § 27 Abs. 1 Satz 1 KrW-/AbfG *zur Endablagerung von Abfällen (Deponien, vgl.* § 3 Abs. 10 KrW-/AbfG*) der Fall, für die in* § 31 Abs. 2 KrW-/AbfG *das Planfeststellungsverfahren und in* § 31 Abs. 3 KrW-/AbfG *für unbedeutende Anlagen eine Genehmigung vorgesehen ist. Alle sonstigen Abfallbeseitigungsanlagen sind in* § 31 Abs. 1 Hs. 2 KrW-/AbfG *dem Regime des Bundesimmissionsschutzgesetzes unterstellt (vgl. auch* OLG Karlsruhe, Urteil vom 7. März 2002 – 1 Ss 222/01, LRE 43, 280; *Heine in Schönke/Schröder, StGB, 28. Aufl., § 327 Rn. 17). Verwertungsvorgänge im Sinne des* § 4 Abs. 3 KrW-/AbfG *bedürfen demnach unter keinen Umständen einer Genehmigung nach dem Kreislaufwirtschafts- und Abfallgesetz (sondern gegebenenfalls einer solchen nach dem Bundesimmissionsschutzgesetz) und können somit nicht dem* § 327 Abs. 2 Nr. 3 StGB *unterfallen.*

[30] (2) Für die Abgrenzung, ob es sich bei einer Abfallentsorgungsmaßnahme um einen Beseitigungsvorgang oder um eine Maßnahme der Abfallverwertung handelt, ist zunächst der zur Tatzeit geltende § 4 KrW-/AbfG *maßgeblich. Nach* § 4 Abs. 3 Satz 2 KrW-/AbfG *liegt eine stoffliche Verwertung vor, wenn nach einer wirtschaftlichen Betrachtungsweise unter Berücksichtigung der im einzelnen Abfall bestehenden Verunreinigungen der Hauptzweck der Maßnahme in der Nutzung des Abfalls und nicht in der Beseitigung des Schadstoffpotentials liegt. Für die stoffliche Verwer-*

tung von Abfällen ist hiernach kennzeichnend, dass ihre Eigenschaften zu einem bestimmten Zweck genutzt werden und dass sich diese Nutzung wirtschaftlich als Hauptzweck der Maßnahme darstellt (*vgl.* BVerwGE 123, 247, 250). …

[32] (3) Im zu entscheidenden Fall lassen die Feststellungen des Landgerichts schon nicht erkennen, inwieweit die Verfüllung des Kiessandtagebaus jenseits der Beseitigung des Klärschlammkomposts (weiteren) Zwecken diente. Als möglicher Zweck kommt insbesondere die Wiedernutzbarmachung der Oberfläche des Tagebaus gemäß § 4 Abs. 4 BBergG *in Betracht.* …

[33] (4) Umstände, die es ohne weitergehende Feststellungen als ausgeschlossen erscheinen ließen, die Verfüllung des Kiessandtagebaus mit den in Rede stehenden Klärschlammkomposten als Verwertungsvorgang im Sinne des § 4 Abs. 3 KrW-/AbfG *zu bewerten, sind dem Urteil nicht in ausreichendem Maße zu entnehmen.*

[34] (a) Der Schadstoffgehalt der Abfälle steht für sich genommen der Einstufung der Entsorgungsmaßnahme als Verwertungsvorgang nicht entgegen. Nach der Rechtsprechung des Bundesverwaltungsgerichts kann der Einwand der Schadstoffhaltigkeit der Abfälle allein nicht bewirken, dass eine Verfüllung als Vorgang der Abfallbeseitigung einzustufen ist (BVerwGE 123, 247, 252). …

[35] Allerdings kann der Schadstoffgehalt innerhalb der nach § 4 Abs. 3 Krw-/AbfG *vorzunehmenden Gesamtbewertung insofern indizielle Bedeutung gewinnen, als er zu einem – mit einer entsprechenden Verpflichtung korrespondierenden – erhöhten Entsorgungsinteresse des Abfallbesitzers führt. Für diese Bewertung bedarf es aber neben einer Aufklärung der übrigen Umstände einer näheren Kenntnis des Schadstoffgehalts, als sie durch das angefochtene Urteil vermittelt wird.*

[36] (b) Sollte der Angeklagte K. weitaus größere Mengen Klärschlammkompost in den Kiessandtagebau eingebracht haben, als zur Wiederherstellung der Oberfläche erforderlich gewesen wären, könnte dies zwar entscheidend gegen die Annahme sprechen, der Hauptzweck der Maßnahme liege in der Nutzung der stofflichen Eigenschaften des Abfalls (*vgl.* VG Halle, ZfB 2008, 289). *Auch dies ist dem Urteil jedoch nicht in ausreichend tatsachenfundierter, überprüfbarer Weise zu entnehmen, da es in der Beweiswürdigung lediglich heißt, der Angeklagte K. habe im Laufe der Zeit die Vorgaben aus dem Teilabschlussbetriebsplan zur Dicke der durchwurzelbaren Schicht gravierend überschritten (UA S. 20).*

[37] dd) Schließlich kann der Schuldspruch nach § 327 Abs. 2 Nr. 3 StGB *ungeachtet der nicht tragfähig begründeten abfallrechtlichen Genehmigungsbedürftigkeit der Anlage auch deshalb keinen Bestand haben, weil der subjektive Tatbestand nicht hinreichend belegt ist. Der Vorsatz muss sich neben Tatobjekt und Tathandlung auch auf deren Verbotswidrigkeit beziehen (Fischer, aaO, § 327 Rn. 16; Heine, aaO Rn. 20). Er hat damit grundsätzlich die Genehmigungsbedürftigkeit der Anlage zu umfassen, weil es sich bei dem Genehmigungserfordernis um ein zum objektiven Tatbestand gehörendes pflichtbegründendes Merkmal handelt* (OLG Braunschweig, NStZ-RR 1998, 175, *177*). *Dies hat das Landgericht zwar im Ansatz nicht verkannt. Es hat jedoch keine eigenständige Bewertung des auf das Genehmigungserfordernis bezogenen Vorsatzes vorgenommen, sondern diesen unmittelbar daraus gefolgert, dass der Angeklagte die Abfalleigenschaft des Materials für möglich gehalten und billigend in Kauf genommen habe (UA S. 23). Dies ist schon deshalb unzulänglich, weil sich eine etwa objektiv gegebene Genehmigungspflicht – wie dargelegt – nicht bereits aus der Abfalleigenschaft ergibt, sondern zusätzlich davon abhängt, dass es sich bei der Entsorgungsmaßnahme um einen Beseitigungs- und nicht um einen Verwertungsvorgang handelt. …*

[38] ee) Ergänzend weist der Senat darauf hin, dass eine Strafbarkeit nach § 327 Abs. 2 Nr. 1, Variante 1 StGB nach den landgerichtlichen Feststellungen nicht in Betracht kommt. Hierfür müsste es sich bei der vom Angeklagten K. genutzten Tagebaufläche aufgrund der Einbringung des Klärschlammkomposts um eine genehmigungsbedürftige Anlage im Sinne des § 4 BlmSchG *gehandelt haben (Fischer, aaO, § 327 Rn. 9 m.w.N.). Die danach genehmigungsbedürftigen Anlagen sind im Anhang 1 zur 4. BlmSchV abschließend bezeichnet,* § 4 Abs. 1 Satz 3 BlmSchG, *§ 1* Abs. 1 *4. BlmSchV. …*

[39] b) Andererseits hält die Begründung, mit der das Landgericht eine Strafbarkeit wegen unerlaubten Umgangs mit gefährlichen Abfällen gemäß § 326 Abs. 1 Nr. 4 lit. a StGB verneint hat, sachlich-rechtlicher Prüfung nicht stand und führt insoweit zu Ungunsten des Angeklagten zur Aufhebung des Urteils.

[40] Entgegen der Auffassung der Strafkammer ist es nicht Voraussetzung einer nachhaltigen Verunreinigung des Grundwassers, dass infolge der Schadstoffbelastung gegenwärtig zumindest die generelle Möglichkeit einer Gefährdung oder einer ganz erheblichen Belästigung von Menschen oder Sachen von bedeutendem Wert besteht. Auf die Streitfrage, ob eine Strafbarkeit über den Strafausschließungsgrund des § 326 Abs. 6 StGB hinaus auch dann entfällt, wenn schädliche Einwirkungen auf die Umwelt wegen der Art der Ablagerung oder des Ortes der Beseitigung ausgeschlossen sind (so etwa Fischer, aaO, § 326 Rn. 25), kommt es im vorliegenden Fall nicht an.

[41] Wie sich aus der Legaldefinition des § 330d Abs. 1 Nr. 1 StGB ergibt, ist das von den im Urteil erwähnten Verunreinigungen unmittelbar betroffene Grundwasser eigenständiges Schutzgut des § 326 Abs. 1 Nr. 4 lit. a StGB, wonach die Umwelt als solche in ihren verschiedenen Medien geschützt wird (Heine, aaO, § 326 Rn. 1a; MüKo/Alt, StGB, § 326 Rn. 2). Es reicht daher zur Erfüllung des Tatbestandes aus, wenn das Grundwasser in dem betroffenen Gebiet durch die außerhalb einer dafür zugelassenen Anlage abgelagerten Abfälle nachhaltig verunreinigt oder sonst nachteilig verändert wird. Feststellbare Auswirkungen auf andere Umweltmedien, Mensch oder Tier sind insoweit nicht erforderlich.

[42] Für die Frage, ob eine nachhaltige Gewässerverunreinigung vorliegt, ist maßgebend, ob ein Gewässer (gleich welcher Art und Güte) angesichts der konkret festgestellten unzulässigen Einwirkungen so verunreinigt wurde, dass sein biologischer Wert nachhaltig gemindert werden konnte (BGH, Urteil vom 20. November 1996 – 2 StR 323/96, NStZ 1997, 189). Da sich auch das Erfordernis der Nachhaltigkeit auf das verunreinigte Schutzgut als solches bezieht, betrifft es nur die Intensität und Dauer der Beeinträchtigung und bedeutet nicht, dass über das betroffene Umweltmedium hinausgehende Gefahren feststellbar sein müssen. Es scheiden daher nur solche Beeinträchtigungen aus, in deren Folge für das konkret betroffene Medium selbst lediglich eine vorübergehende oder geringfügige Schadenswirkung droht (vgl. MüKo/Alt, aaO Rn. 36 m.w.N.).

[43] Um beurteilen zu können, ob nach den vorgenannten Kriterien eine nachhaltige Verunreinigung des Grundwassers im Bereich der Kiesgrube vorliegt, bedarf es näherer Feststellungen zur Schadstoffkonzentration und zur Intensität und Dauerhaftigkeit der aus dieser resultierenden Veränderung des biologischen Werts des betroffenen Grundwassers, an denen es im angefochtenen Urteil fehlt.

27. Rechtsbeugung – § 339 StGB

293 Nicht jede unrichtige Rechtsanwendung stellt eine Beugung des Rechts im Sinne des § 339 StGB dar; vielmehr enthält dieses Tatbestandsmerkmal ein normatives Element. Erfasst werden **nur solche Rechtsverstöße**, bei denen sich der Täter **bewusst und in schwerer Weise von Recht und Gesetz entfernt**. Rechtsbeugung kann auch durch die Verletzung von Verfahrens- und Zuständigkeitsvorschriften begangen werden. Erforderlich ist jedoch insoweit, dass durch die Verfahrensverletzung die konkrete Gefahr einer falschen Entscheidung zum Vor- oder Nachteil einer Partei begründet wurde, ohne dass allerdings ein Vor- oder Nachteil tatsächlich eingetreten sein muss.[299]

[38] Die Strafkammer hat ihrer Bewertung des Verhaltens des angeklagten Richters im Ausgangspunkt den zutreffenden rechtlichen Maßstab zugrunde gelegt. Jedoch begegnet ihre Beweiswürdigung in einem für die Subsumtion wesentlichen Punkt durchgreifenden rechtlichen Bedenken.

[39] a) Nach der Rechtsprechung des Bundesgerichtshofs soll der Straftatbestand der Rechtsbeugung den Rechtsbruch als elementaren Verstoß gegen die Rechtspflege unter Strafe stellen. Nicht jede unrichtige Rechtsanwendung stellt eine Beugung des Rechts im Sinne des § 339 StGB dar; vielmehr enthält dieses Tatbestandsmerkmal ein normatives Element. Erfasst werden nur solche Rechtsverstöße, bei denen sich der Täter bewusst und in schwerer Weise von Recht und Gesetz entfernt (st. Rspr., vgl. nur BGH, Urteile vom 23. Mai 1984 – 3 StR 102/84, BGHSt 32, 357, vom 29. Oktober 1992 – 4 StR 353/92, BGHSt 38, 381, vom 5. Dezember 1996 – 1 StR 376/96, BGHSt 42, 343, und vom 29. Oktober 2010 – 4 StR 97/09, NStZ-RR 2010, 310). Rechtsbeugung kann auch durch die Verletzung von Verfahrens- und Zuständigkeitsvorschriften begangen werden. Erforderlich ist jedoch insoweit, dass durch die Verfahrensverletzung die konkrete Gefahr einer falschen Entscheidung zum Vor- oder Nachteil einer Partei begründet wurde, ohne dass allerdings ein Vor- oder Nachteil tatsächlich eingetreten sein muss (BGH, Urteile vom 5. Dezember 1996 – 1 StR 376/96, BGHSt 42, 343, und vom 20. September 2000 – 2 StR 276/00, BGHR StGB § 339 Rechtsbeugung 6; Beschluss vom 7. Juli 2010 – 5 StR 555/09 – in dieser Sache –, StV 2011, 463).

[40] b) Nach diesen Grundsätzen ist es zunächst nicht zu beanstanden, dass das Landgericht den Inhalt der erlassenen Haftbefehle als Anknüpfungspunkt für den Rechtsbeugungsvorwurf ausgeschlossen hat. Zutreffend geht das Urteil davon aus, dass der Erlass der Haftbefehle gegen den damaligen Angeklagten A. sowie die Beschuldigten R. und Ad. gemessen am Maßstab der §§ 112, 114 StPO inhaltlich vertretbar war. Näherer Erörterung bedürfen insoweit nur die Annahme des Haftgrundes der Verdunkelungsgefahr (§ 112 Abs. 2 Nr. 3 StPO) sowie die Frage der Verhältnismäßigkeitsprüfung nach § 112 Abs. 1 Satz 2 StPO.

[41] aa) Rechtsfehlerfrei stellt die Strafkammer hinsichtlich A. zunächst darauf ab, dass die Höhe der fehlenden Gelder sowie deren Verteilung auf die einzelnen Nachlässe wegen der unzureichenden staatsanwaltschaftlichen Ermittlungen noch unklar waren und erst mit Hilfe von Sachverständigen aufgeklärt werden mussten, „die Wege der veruntreuten Gelder noch offen" waren und darüber hinaus zu klären war, ob der einstweilen beschlagnahmte hochpreisige Pkw BMW dem Verfall unterliege.

[299] BGH, Urteil vom 11.04.2013 – 5 StR 261/12.

[42] Wie das Landgericht zutreffend dargelegt hat, ist auch die Annahme des Angeklagten nicht zu beanstanden, dass es sich bei den zwischen Ad. und dem mit ihrem Ehemann A. eng befreundeten Rechtsanwalt R. geschlossenen Verträgen vom 15. Februar 2001 über ein durch Ad. gewährtes Darlehen von 85.000 DM und den Teilerlass des Rückzahlungsanspruchs für jeden Monat der Nutzung des Pkw BMW durch Ad. sowie bei dem dieses Fahrzeug betreffenden Kaufvertrag vom 30. Dezember 2004 um Scheinverträge handele, die nur dem Zweck der Verschleierung der Herkunft des für die Anschaffung des Pkw aufgewendeten Geldes dienten. Die weitere Annahme, dass der mit R. eng befreundete A. an der Planung und Durchführung dieser Verschleierungsmaßnahmen beteiligt war, ist angesichts des gegen ihn bestehenden Verdachts der Veruntreuung von Nachlassgeldern, durch die unter anderem der fragliche Pkw finanziert worden sein könnte, bei der im Rahmen des § 112 Abs. 2 Nr. 3 StPO zu treffenden Prognoseentscheidung ebenfalls vertretbar. Vor dem aufgezeigten Hintergrund war es trotz der zwischenzeitlich aufgrund der Durchsuchung der Kanzleiräume von R. erfolgten Beweissicherung auch vertretbar anzunehmen, dass A., der nach den Feststellungen bereits unwahre Angaben im Rahmen eines Prozesskostenhilfegesuchs über ein angebliches Getrenntleben von seiner Ehefrau gemacht hatte, mit hoher Wahrscheinlichkeit (weitere) Verdunkelungshandlungen durchführen werde, um das Beweisergebnis zu seinen Gunsten zu verändern. Angesichts der A. zur Last liegenden Untreuehandlungen mit einer Gesamtschadenssumme von mehreren Hunderttausend Euro ist auch gegen die Verhältnismäßigkeit des Haftbefehls nichts Durchgreifendes zu erinnern.

[43] bb) Auch die Annahme eines gegen den damaligen Beschuldigten R. bestehenden dringenden Tatverdachts der Geldwäsche in Tateinheit mit Begünstigung ist nicht zu beanstanden. Zutreffend weist das Landgericht darauf hin, dass aufgrund der in der Hauptverhandlung festgestellten Einkommensverhältnisse der Eheleute A. eine sehr hohe Verdachtslage dahingehend bestand, dass Zuwendungen an R. (bzw. über ihn umgeleitete Aufwendungen für die Anschaffung des Pkw BMW) in Höhe von zumindest 70.000 DM aus veruntreutem Nachlassvermögen herrührten. Die Annahme von Verdunkelungsgefahr ist aus den bereits dargelegten Gründen auch hinsichtlich des Rechtsanwalts R. vertretbar; der Angeklagte M. ging, wie das Landgericht ohne Rechtsfehler festgestellt hat, aufgrund einer verständigen Würdigung der Beweislage davon aus, dass R. zur Verschleierung der die seinerzeit verfahrensgegenständlichen Nachlassgelder betreffenden Geldflüsse einen rückdatierten Kaufvertrag erstellt und im Rahmen seiner Zeugenvernehmung vorgelegt habe. Aufgrund dieser Umstände ist es fern von Willkür, wenn der Angeklagte M. vom Vorliegen dringender Gründe für die Gefahr von Verdunkelungshandlungen ausgegangen ist. Angesichts des oben näher dargelegten Aufklärungsbedarfs gilt dies auch in Ansehung der Tatsache, dass R. der auch gegen ihn bestehende Verdacht seit längerem bekannt war und eine weitgehende Beweissicherung bereits stattgefunden hatte. Insbesondere lag die Gefahr einer Anfertigung weiterer falscher Beweismittel zur Verschleierung der noch nicht aufgeklärten Geldflüsse nicht ganz fern. Dass der Angeklagte M. vom Erlass des Haftbefehls nicht wegen Unverhältnismäßigkeit gemäß § 112 Abs. 1 Satz 2 StPO abgesehen hat, führt – wenngleich insoweit auch eine andere Bewertung nahe gelegen hätte – angesichts des Gewichts der in Rede stehenden Geldwäschehandlung jedenfalls nicht zur Unvertretbarkeit der getroffenen Entscheidung.

[44] cc) Ohne Rechtsverstoß konnte der Angeklagte M. schließlich einen dringenden Tatverdacht der Geldwäsche gegen Ad. annehmen. Dieser ließ sich in Anbe-

tracht des geringen Einkommens der damaligen Beschuldigten Ad. ohne weiteres aus dem vorläufigen Ergebnis der Vermögenszuwachsberechnung und aus der angeblichen Darlehensgewährung an R. herleiten. Wie bei Rechtsanwalt R. konnte aus der Mitwirkung an der Erstellung eines falschen Beweismittels in vertretbarer Weise auf Verdunkelungsgefahr geschlossen werden; angesichts der aufzuklärenden Geldflüsse und der noch in Frage stehenden Eignung des Pkw BMW als Verfallsgegenstand war es keinesfalls abwegig, vom Fortbestehen der Verdunkelungsgefahr auszugehen. Zwar sprach in Bezug auf Ad. viel gegen die Verhältnismäßigkeit der Untersuchungshaft, namentlich der Umstand, dass sie ein Kleinkind zu versorgen hatte und sowohl im Rahmen der Tatausführung als auch bei der Planung der Verdunkelungsmaßnahmen eine eher untergeordnete Rolle gespielt haben dürfte. Dies lässt den Erlass des Haftbefehls angesichts der Erheblichkeit des Tatvorwurfs und in Anbetracht des im Rahmen der Verhältnismäßigkeitsprüfung anzulegenden Maßstabs (vgl. hierzu Meyer-Goßner, StPO, 55. Aufl., § 112 Rn. 8) jedoch noch nicht als gänzlich unvertretbar erscheinen.

[45] dd) Ein für den Rechtsbeugungsvorwurf erforderlicher elementarer Verstoß gegen die Rechtspflege kommt somit allein aufgrund des Inhalts der Haftbefehle nicht in Betracht.

[46] c) Indessen war der Erlass der Haftbefehle gegen R. und Ad. evident verfahrensfehlerhaft, weil der Angeklagte M. für die Entscheidung über die in dem gegen diese Beschuldigten geführten Ermittlungsverfahren gestellten Haftanträge unzuständig war. Nach der Geschäftsverteilung des Amtsgerichts Eisenhüttenstadt war der Angeklagte M. ab dem 14. Februar 2005 nur noch für das vor dem Schöffengericht anhängige Verfahren gegen A. zuständig. Die Aufgaben des – mangels anderweitiger Bestimmung im Geschäftsverteilungsplan auch für Haftentscheidungen gemäß § 125 StPO zuständigen – Ermittlungsrichters waren, unterteilt nach Kalenderwochen, zwei anderen Richtern übertragen. Ein Vertretungsfall – in dem der Angeklagte M. zudem nicht der als nächster zuständige Richter gewesen wäre – lag zum Zeitpunkt des Erlasses der Haftbefehle nicht vor, da die in dieser Woche zuständige Richterin am Amtsgericht Pe. zugegen war. Für eine Verfahrensverbindung der im alleinigen Zuständigkeitsbereich der Staatsanwaltschaft stehenden Ermittlungsverfahren mit dem beim Schöffengericht anhängigen Verfahren bot § 4 StPO keine Grundlage. Vor diesem Hintergrund ließ sich eine Zuständigkeit des Angeklagten M. für die R. und Ad. betreffenden Haftentscheidungen unter keinem denkbaren rechtlichen Gesichtspunkt begründen (vgl. hierzu die in dieser Sache ergangene Senatsentscheidung vom 7. Juli 2010 – 5 StR 555/09, StV 2011, 463). Wenngleich das Landgericht diesen Verfahrensverstoß im Grundsatz richtig erkannt hat, hat es ihn jedoch aufgrund einer unzulänglichen Beweiswürdigung im Rahmen der Prüfung des Rechtsbeugungstatbestandes nicht zutreffend bewertet.

[47] aa) Die bei einem Verstoß gegen Verfahrensrecht für den Rechtsbeugungstatbestand notwendige konkrete Gefahr einer „falschen" Entscheidung zum Vor- oder Nachteil einer Partei ist jedenfalls dann anzunehmen, wenn der Richter aus sachfremden Erwägungen die Zuständigkeit an sich zieht, um zu Gunsten oder zu Lasten einer Prozesspartei eine von ihm gewünschte Entscheidung herbeizuführen, die bei Einhaltung der gesetzlichen Vorschriften voraussichtlich nicht zu erreichen gewesen wäre (BGH, Urteile vom 5. Dezember 1996 – 1 StR 376/96, BGHSt 42, 343, vom 20. September 2000 – 2 StR 276/00, BGHR StGB § 339 Rechtsbeugung 6, und vom 29. Oktober 2009 – 4 StR 97/09, NStZ-RR 2010, 310). Diese Voraussetzungen sind bereits dann als erfüllt anzusehen, wenn eine in mit sachwidriger Moti-

vation angemaßter Zuständigkeit getroffene Entscheidung vom zuständigen Richter aufgrund abweichender Sachverhaltseinschätzung, anderer Bewertung eines Beurteilungsspielraums oder abweichender Ermessensausübung anders hätte getroffen werden können, wie der unzuständige Richter weiß.

[48] bb) Die beweiswürdigenden Erwägungen des Landgerichts zu der danach maßgeblichen Frage nach dem Vorliegen sachfremder Motive für die fehlerhafte Zuständigkeitsbegründung durch den Angeklagten M. enthalten einen durchgreifenden Rechtsfehler zum Vorteil des Angeklagten.

[49] Kann das Tatgericht die erforderliche Gewissheit von einem bestimmten Sachverhalt nicht gewinnen und spricht es daher den Angeklagten frei, so hat das Revisionsgericht dies regelmäßig hinzunehmen. Die Beweiswürdigung ist Sache des Tatgerichts (§ 261 StPO). Es kommt nicht darauf an, ob das Revisionsgericht angefallene Erkenntnisse anders gewürdigt oder Zweifel überwunden hätte. Eine Beweiswürdigung ist aber etwa dann rechtsfehlerhaft, wenn sie von einem rechtlich unzutreffenden Ansatz ausgeht, wenn sie lückenhaft ist, namentlich wesentliche Feststellungen nicht erörtert oder nur eine von mehreren gleich nahe liegenden Möglichkeiten erörtert, wenn sie widersprüchlich oder unklar ist, gegen Gesetze der Logik oder gesicherte Erfahrungssätze verstößt oder wenn an die zur Verurteilung erforderliche Gewissheit überspannte Anforderungen gestellt sind. Dies ist auch dann der Fall, wenn eine nach den Feststellungen naheliegende Schlussfolgerung nicht gezogen ist, ohne dass konkrete Gründe angeführt sind, die dieses Ergebnis stützen könnten. Dabei ist es weder im Hinblick auf den Zweifelssatz noch sonst geboten, zu Gunsten des Angeklagten Tatvarianten zu unterstellen, für deren Vorliegen keine konkreten Anhaltspunkte erbracht sind (st. Rspr., vgl. etwa BGH, Urteile vom 11. Januar 2005 – 1 StR 478/04, NStZ-RR 2005, 147, vom 7. November 2012 – 5 StR 322/12 und vom 13. Dezember 2012 – 4 StR 33/12, jeweils m.w.N.).

[50] An diesen Anforderungen scheitern die Erwägungen des Landgerichts. Die Strafkammer wertet das Vorgehen des Angeklagten M. vor dem Hintergrund der Verbindung einer Haftentscheidung in dem bei ihm anhängigen Strafverfahren mit Haftentscheidungen in Ermittlungsverfahren gegen R. und Ad. als willkürliche Zuständigkeitsbegründung; hierin sieht sie konsequenterweise einen schwerwiegenden Anhaltspunkt für eine sachwidrige Motivation des Angeklagten. Zur Entlastung des Angeklagten M. führt die Strafkammer jedoch aus, sie habe sich bei der Vernehmung der Zeugin Pe. davon überzeugt, „dass diese aufgrund der überlegenen Kenntnis des Angeklagten M. geneigt war, dessen Vorschläge und Anordnungen ohne eigene inhaltliche Prüfung zu akzeptieren, wie der von ihr unterzeichnete Vermerk betreffend die Zuständigkeit vom 20. April 2005 zeigt". Angesichts dessen habe sie nicht feststellen können, „dass der Angeklagte M. beim Erlass der Haftbefehle gegen R. und Ad. gerade deshalb selbst gehandelt hat, um die zuständige Ermittlungsrichterin Pe., die möglicherweise anders entschieden hätte, von der Entscheidung auszuschließen" (UA S. 79).

[51] Indem sich das Landgericht mit diesen Erwägungen an der Feststellung des Vorliegens sachfremder Motive des Angeklagten M. gehindert gesehen hat, hat es in unzulässiger Weise einen Sachverhalt zu Gunsten des Angeklagten unterstellt. Wenngleich bei mehreren nach den gesamten Umständen in Betracht kommenden Möglichkeiten grundsätzlich von der für den Angeklagten günstigeren auszugehen ist, sind andererseits nicht alle nur denkbaren Gesichtspunkte, zu denen keine Feststellungen getroffen werden können, zu Gunsten des Angeklagten zu berücksichtigen. Vielmehr berechtigen nur vernünftige Zweifel, die reale Anknüpfungspunkte haben,

den Tatrichter zu Unterstellungen zu Gunsten des Angeklagten. Die Urteilsgründe müssen daher erkennen lassen, dass die Beweiswürdigung auf einer tragfähigen Grundlage beruht und die vom Gericht gezogene Schlussfolgerung nicht etwa nur eine Annahme ist oder sich als bloße Vermutung erweist (BGH, Urteil vom 11. April 2002 – 4 StR 585/01, NStZ-RR 2002, 243 m.w.N.; vgl. ferner BGH, Urteil vom 13. Dezember 2012 – 4 StR 177/12, NStZ-RR 2013, 117).

294 Nicht jede unrichtige Rechtsanwendung stellt eine Beugung des Rechts dar. Zweck der Vorschrift der Rechtsbeugung ist es, den **Rechtsbruch als elementaren Verstoß gegen die Rechtspflege** unter Strafe zu stellen. Die Einordnung der Rechtsbeugung als Verbrechenstatbestand indiziert die Schwere des Unwerturteils und führt in der Regel im Falle der rechtskräftigen Verurteilung kraft Gesetzes zur Beendigung des Richterverhältnisses. Mit dieser gesetzlichen Zweckbestimmung wäre es nicht zu vereinbaren, jede unrichtige Rechtsanwendung und jeden Ermessensfehler in den Schutzbereich der Norm einzubeziehen. Dies gilt auch bei der Rechtsbeugung durch **Beugung des Verfahrensrechts**. Eine Verletzung von Verfahrensvorschriften stellt nur dann einen Rechtsbruch im Sinne des § 339 StGB dar, wenn darin allein oder unter Berücksichtigung des Motivs des Täters ein **elementarer Rechtsverstoß** gesehen werden kann.[300]

[13] 1. Der Tatbestand der Rechtsbeugung erfordert, dass sich der Richter bei der Leitung oder Entscheidung einer Rechtssache bewusst und in schwerwiegender Weise von Recht und Gesetz entfernt und sein Handeln als Organ des Staates statt an Recht und Gesetz an eigenen Maßstäben ausrichtet (st. Rspr., u.a. BGH, Urteil vom 29. Oktober 1992 – 4 StR 353/92, BGHSt 38, 381, 383; Urteil vom 6. Oktober 1994 – 4 StR 23/94, BGHSt 40, 272, 283 f.; Urteil vom 15. September 1995 – 5 StR 713/94, BGHSt 41, 247, 251; Urteil vom 4. September 2001 – 5 StR 92/01, BGHSt 47, 105, 108 f.; Urteil vom 29. Oktober 2009 – 4 StR 97/09 jeweils m.w.N.).

[14] a) Das Landgericht ist zutreffend davon ausgegangen, dass der Angeklagte bei der Leitung oder Entscheidung einer Rechtssache gehandelt hat. Unter „Rechtssache“ ist das gesamte streitige Verhältnis zu verstehen, über das der Richter zu „entscheiden“ hat; die „Leitung“ der Rechtssache ist der Inbegriff aller Maßnahmen, die auf die Erledigung der Sache abzielen. Ob die Leitung der Rechtssache mit dem Erlass einer Entscheidung, also der Anordnung einer Rechtsfolge (NK-StGB-Kuhlen, 4. Aufl., § 339 Rn. 26), beendet ist, hängt von der Art des Verfahrens und dem Gegenstand der Entscheidung ab. Die Absetzung des schriftlichen Urteils in Strafsachen dient nicht allein der verwaltungsmäßigen Abwicklung des Strafverfahrens (vgl. BGH, Urteil vom 29. Oktober 1992 – 4 StR 353/92, BGHSt 38, 381, 385), dieses ist mit der mündlichen Urteilsverkündung nicht beendet. Die Abfassung der schriftlichen Urteilsgründe ist vielmehr originäre Aufgabe des erkennenden Richters und gehört zur Leitung und Entscheidung der Rechtssache. Dies gilt erst recht, wenn – wie hier – gegen die Entscheidung ein Rechtsmittel eingelegt ist. Die Tätigkeit des Richters kann in diesem Fall die künftige Entscheidung des Rechtsmittelgerichts zugunsten oder zum Nachteil des Angeklagten beeinflussen, das Verfahren hat mithin auch nach Erlass des mündlichen Urteils weiterhin die Leitung und Entscheidung einer Rechtssache zum Gegenstand.

---

[300] BGH, Urteil vom 18.7.2013 – 4 StR 84/13.

[15] b) Der Angeklagte hat auch in elementarer Weise gegen Recht und Gesetz verstoßen. Nicht jede unrichtige Rechtsanwendung stellt eine Beugung des Rechts dar. Der Bundesgerichtshof hat wiederholt darauf hingewiesen, dass der Tatbestand nicht in unangemessener Weise ausgedehnt werden darf. Zweck der Vorschrift ist es, den Rechtsbruch als elementaren Verstoß gegen die Rechtspflege unter Strafe zu stellen. Die Einordnung der Rechtsbeugung als Verbrechenstatbestand indiziert die Schwere des Unwerturteils und führt in der Regel im Falle der rechtskräftigen Verurteilung kraft Gesetzes zur Beendigung des Richterverhältnisses (§ 24 Nr. 1 DRiG). Mit dieser gesetzlichen Zweckbestimmung wäre es nicht zu vereinbaren, jede unrichtige Rechtsanwendung und jeden Ermessensfehler in den Schutzbereich der Norm einzubeziehen.

[16] Dies gilt auch bei der Rechtsbeugung durch Beugung des Verfahrensrechts (st. Rspr., u.a. BGH, Urteil vom 27. Mai 1987 – 3 StR 112/87, NStZ 1988, 218; Urteil vom 29. Oktober 1992 – 4 StR 353/92, BGHSt 38, 381, 383 m.w.N.; Urteil vom 5. Dezember 1996 – 1 StR 376/96, BGHSt 42, 343, 346, 351; Urteil vom 4. September 2001 – 5 StR 92/01, BGHSt 47, 105, 109 m.w.N.; Beschluss vom 24. Juni 2009 – 1 StR 201/09, NStZ 2010, 92; Beschluss vom 7. Juli 2010 – 5 StR 555/09 Rn. 29, StV 2011, 463, 466). Eine Verletzung von Verfahrensvorschriften stellt nur dann einen Rechtsbruch im Sinne des § 339 StGB dar, wenn darin allein oder unter Berücksichtigung des Motivs des Täters ein elementarer Rechtsverstoß gesehen werden kann.

[17] Der Angeklagte hat in den verfahrensgegenständlichen Fällen gegen die Vorschrift des § 275 Abs. 1 Satz 3 StPO verstoßen. Nach Fertigstellung ist eine sachliche Änderung oder Ergänzung der Urteilsgründe nur dann zulässig, wenn die Frist nach § 275 Abs. 1 Satz 2 StPO noch nicht abgelaufen ist. War der Eingangsvermerk der Geschäftsstelle nach § 275 Abs. 1 Satz 5 StPO bereits angebracht, so hat die Geschäftsstelle auch den Zeitpunkt der Änderung zu vermerken. Der Angeklagte hat die Urteile nach Fristablauf geändert und ergänzt, ohne dies in den Akten erkennbar zu machen oder der Geschäftsstelle mitzuteilen. Die Verletzung des § 275 StPO war hier gravierend und ist als elementarer Rechtsverstoß anzusehen. Zum einen hat der Angeklagte in erheblichem Umfang wesentliche Urteilsbestandteile ergänzt. Die vor Fristablauf zur Geschäftsstelle gelangten Urteile enthielten keine auch nur entfernt ausreichenden Feststellungen zur Sache und keine Beweiswürdigung, vermochten also einem selbst nur mit der allgemeinen Sachrüge ausgeführten Revisionsangriff nicht standzuhalten. Zum anderen hat der Angeklagte durch sein heimliches Vorgehen den Verfahrensbeteiligten und dem Revisionsgericht eine Aufdeckung der Manipulation unmöglich gemacht. Die Schwere des Verstoßes zeigt sich insoweit darin, dass sein Verhalten als solches den Tatbestand der Urkundenfälschung sogar in der Alternative des § 267 Abs. 3 Satz 2 Nr. 4 StGB erfüllt hat.

[18] c) Die Tat muss zugunsten oder zum Nachteil einer Partei erfolgen. Zugunsten oder zum Nachteil einer Partei wirkt sich eine Beugung des Rechts aus, wenn sie die Partei besser oder schlechter stellt, als sie bei richtiger Rechtsanwendung stünde. Rechtsbeugung kann auch durch die Verletzung von Verfahrens- und Zuständigkeitsvorschriften begangen werden. Erforderlich ist insoweit, dass durch die Verfahrensverletzung die konkrete Gefahr einer falschen Entscheidung zum Vor- oder Nachteil einer Partei begründet wurde, ohne dass allerdings ein Vor- oder Nachteil tatsächlich eingetreten sein muss (BGH, Urteil vom 11. April 2013 – 5 StR 261/12 Rn. 39 m.w.N.).

[19] Das Verhalten des Angeklagten war in allen Fällen ohne weiteres geeignet, sich zum Nachteil des jeweiligen Revisionsführers auszuwirken. Die innerhalb der Frist des § 275 Abs. 1 Satz 2 StPO zu den Akten gelangten Urteile waren unvollständig, enthielten insbesondere keine Sachverhaltsdarstellung des abgeurteilten Falls und keine Beweiswürdigung, so dass sie bereits auf die allgemeine Sachrüge hin vom Revisionsgericht aufzuheben gewesen wären. Diesen Umstand verschleierte der Angeklagte. Der dem Angeklagten objektiv anzulastende Rechtsbeugungsverstoß lag in der heimlichen, aus den Akten nicht erkennbaren Beseitigung eines durchgreifenden Revisionsgrundes, welche zu einer Verschlechterung der Rechtsmittelposition der jeweiligen Revisionsführer führte und ohne weiteres eine Benachteiligung bedeutete (vgl. BGH, Beschluss vom 24. Juni 2009 – 1 StR 201/09 Rn. 7, NStZ 2010, 92; Urteil vom 31. Mai 2012 – 2 StR 610/11 Rn. 19, NStZ 2013, 106, 107). Ob das in der Sache ergangene Urteil der Berufungskammer materiell richtig war, ist hingegen für diese Beurteilung ebenso wenig von Belang wie die Frage, ob die Entscheidung des Revisionsgerichts ohne die Manipulation konkret anders ausgefallen wäre. Durch die Manipulationen wurde die Rechtsstellung der Revisionsführer unmittelbar verletzt, denn die unvollständigen Urteilsgründe wurden nicht zur Entscheidungsgrundlage des Revisionsgerichts.

[20] d) Der Angeklagte hat nach den von der Strafkammer getroffenen Feststellungen auch den subjektiven Tatbestand des § 339 StGB erfüllt. Insofern genügt bedingter Vorsatz (BGH, Urteil vom 6. Oktober 1994 – 4 StR 23/94, BGHSt 40, 272, 276); der Täter muss für möglich halten, dass seine fehlerhafte Entscheidung zur Bevorzugung oder Benachteiligung einer Partei führen wird und sich damit abfinden (NK-StGB-Kuhlen, aaO, Rn. 78). Das Landgericht hat festgestellt, dass der Angeklagte sogar in der Absicht handelte, die Prozessbeteiligten und das Revisionsgericht darüber zu täuschen, dass die ihnen vorliegende Urteilsniederschrift inhaltlich nicht derjenigen entsprach, welche zu dem auf dem Eingangsvermerk bezeichneten Zeitpunkt zur Geschäftsstelle gelangt war (UA S. 20). Ohne Bedeutung für den bewussten, objektiven Verstoß gegen das Recht ist es entgegen der Ansicht des Landgerichts, dass das Motiv des Angeklagten war, den Anschein seiner Leistungsfähigkeit aufrechtzuerhalten und einer weiteren Disziplinarmaßnahme zu entgehen, nicht aber, die Revisionsführer gezielt zu benachteiligen. Für den objektiven Tatbestand reicht der bewusste Rechtsverstoß (der sich bei formell ordnungsgemäßen Handlungen aus dem Motiv des Täters ergeben kann), eine darüber hinausgehende absichtliche Begünstigung oder Benachteiligung der Prozessparteien ist nicht erforderlich (LK-StGB/Hilgendorf, 12. Aufl., § 339 Rn. 82, 85). War sich der Angeklagte über die Rechtswidrigkeit seines Handelns zum Nachteil der Revisionsführer im Klaren, dann hat er auch, und zwar mit direktem Vorsatz, das Recht gebeugt.

[21] Die Strafkammer verkennt bei ihrer Bewertung zudem, dass es bei der Benachteiligung bei einem Verstoß gegen Verfahrensrecht nicht entscheidend auf die materielle Richtigkeit der „Endentscheidung" oder des in der Berufungshauptverhandlung verkündeten Urteils ankommt, sondern auch in der Verschlechterung der prozessualen Situation der Prozessbeteiligten eine Benachteiligung liegt. Dass sich der Angeklagte als erfahrener Strafrichter der Verschlechterung der prozessualen Situation der Revisionsführer bewusst war, hat das Landgericht ebenfalls festgestellt (UA S. 23). Auf seine Vorstellung, das von der Berufungskammer gefundene Urteil sei im Ergebnis richtig, kommt es hingegen nicht an (vgl. BGH, Urteil vom 4. September 2001 – 5 StR 92/01, BGHSt 47, 105, 115).

28. Verletzung des Dienstgeheimnisses – § 353b StGB

Als (konkrete) Gefährdung wichtiger öffentlicher Interessen im Sinne von § 353b StGB kann eine **mittelbare Gefährdung** ausreichen, die darin besteht, dass durch die Offenbarung der Weitergabe der polizeiinternen Daten das Vertrauen der Öffentlichkeit in die Integrität staatlicher Stellen beeinträchtigt ist. Zur Klärung der Frage, ob eine solche Gefährdung gegeben ist, bedarf es einer **Gesamtabwägung im Einzelfall**, bei der Inhalt und Umfang der geheimhaltungsbedürftigen Daten, deren in Aussicht genommene Verwendung und die Person des Amtsträgers Berücksichtigung finden; so kann u.a. von Bedeutung sein, ob die Daten einem größeren Personenkreis zugänglich gemacht werden.[301] **295**

[24] b) Auch die Beweiswürdigung zu der dem Angeklagten B. mit der Anklage vorgeworfenen Weitergabe der POLIS-Daten an die Presse begegnet durchgreifenden rechtlichen Bedenken.

[25] aa) Das Landgericht hat Zweifel daran, dass der Angeklagte B. die Daten an „R." und „T." übermittelt hat, trotz des unmittelbaren zeitlichen und sachlichen Zusammenhangs zwischen der Landtagsdebatte am 11. November 2009, der von der Angeklagten H. veranlassten POLIS-Abfragen am 16. November 2009, der Weitergabe der Daten an den Angeklagten B. am 20. November 2009 (Freitag) und der Veröffentlichung in den Tageszeitungen am 23. November 2009 (Montag) sowie trotz weiterer Indizien nicht überwinden können. Es sei denkbar, dass statt des Angeklagten B. der Zeuge D. – zur Tatzeit ebenfalls Landtagsabgeordneter und stellvertretendes Mitglied des Untersuchungsausschusses – die Daten über den ihm bekannten KOK Bo., einen anderen Polizeibediensteten oder aus den Unterlagen des Untersuchungsausschusses erlangt und weitergegeben habe; auch komme die Weitergabe von Daten aus den Ausschussakten durch unbekannte Dritte in Betracht. Schließlich sei denkbar, dass einer der 111 Polizeibediensteten in, die nach einer landesweiten Auswertung der Logbänder der Polizeicomputer zwischen dem 5. Januar 2008 und dem 23. November 2009 die Namen M., R. oder Bö. im POLIS-System abgefragt haben, oder eine andere Person aus einem anderen Bundesland die Informationen an die Presse lanciert habe.

[26] Die Erwägung einer möglichen Weitergabe durch D. hat es zum einen darauf gestützt, dass dieser im November 2009 versucht hatte, den ihm bekannten KOK Bo. und einen weiteren Polizeibediensteten, KHK Mü., zu einer entsprechenden Datenabfrage zu bestimmen, und diesen gleichzeitig geraten hatte, eine solche von einem anderen Bundesland aus vorzunehmen, zum anderen darauf, dass eine Überprüfung, von welchen Polizeicomputern aus die Daten M.s, R.s und Bö.s aufgerufen worden sind, für Rheinland-Pfalz, nicht aber bundesweit erfolgt ist. Wegen der unterbliebenen – und wegen Zeitablaufs nicht nachholbaren – bundesweiten Überprüfung hat das Landgericht auch eine Abfrage durch Unbekannte außerhalb von nicht ausschließen können. Schließlich seien die in der Presse veröffentlichten Informationen in den Akten des Untersuchungsausschusses enthalten gewesen, weshalb D. oder eine andere einsichtsberechtigte Person sie auf diesem Wege erlangt und an die Presse gegeben haben könne.

[27] bb) Soweit die Strafkammer die Weitergabe der POLIS-Daten durch den Zeugen D. als nicht ausschließbares Alternativszenario angesehen hat, ist die Beweis-

[301] BGH, Urteil vom 13.12.2012 – 4 StR 33/12.

würdigung lückenhaft. Der Zeuge D. ist in der Hauptverhandlung gehört worden und hat Versuche, über ehemalige Kollegen – u.a. KOK Bo. – an die POLIS-Daten zu gelangen, eingeräumt. Er hat aber auch bekundet, die Daten von den von ihm angesprochenen Kollegen nicht erhalten zu haben, was der Zeuge KOK Bo. und der ebenfalls von D. kontaktierte Zeuge KHK Mü. bestätigt haben. Auch hat der Zeuge D. die Weitergabe von Informationen an die Presse abgestritten. Dass der Zeuge die Daten dennoch von KOK Bo. erhalten und der Presse zugespielt haben könnte, begründet das Landgericht lediglich damit, dass eine bundesweite Auswertung der Polizeicomputer nicht erfolgt sei. Eine Würdigung der eher knapp mitgeteilten Aussagen der Zeugen D., Bo. und Mü. hat es damit nicht vorgenommen. Eine solche Würdigung wäre jedoch erforderlich gewesen: Ebenso wie der Beweiswert einer Aussage nicht maßgeblich davon abhängt, ob ein Zeuge oder ein Angeklagter sie getätigt hat (BGH, Urteil vom 5. Februar 1963 – 1 StR 265/62, BGHSt 18, 283), ist er nicht von vornherein deshalb zu verneinen, weil der Zeuge ebenfalls als Täter der inmitten stehenden Tat in Betracht kommt.

[28] Für die Weitergabe der Daten durch unbekannte Mitglieder des Untersuchungsausschusses oder andere Unbekannte auf Grund einer außerhalb von vorgenommenen POLIS-Abfrage fehlt jeder konkrete Anhaltspunkt. Dass die theoretische Möglichkeit einer solchen Abfrage mit den zur Verfügung stehenden Beweismitteln nicht ausgeschlossen werden kann, reicht zur Begründung von Zweifeln nicht aus; dies stellt eine Überspannung der an die zur Verurteilung erforderliche Gewissheit dar.

[29] Soweit das Landgericht meint, dass (irgend-)einer der „111 Abfragenden in" (UA 56) die POLIS-Ausdrucke gefertigt und weitergegeben haben könnte, steht dies in Widerspruch zu den Feststellungen: Danach hatte die Auswertung der Logbänder der Polizeicomputer ergeben, dass im Überprüfungszeitraum 111 Beamte in Abfragen mit den Namen M., R. und Bö. getätigt hatten. Abfragen unter – für eine erfolgreiche Recherche nach den Feststellungen erforderlicher – zusätzlicher Angabe des Vornamens oder des Geburtsdatums wurden jedoch lediglich von (höchstens) 36 Personen durchgeführt, kombinierte Abfragen zu M.s und R. – über die von der Angeklagten H. veranlassten hinaus – sogar nur von vier weiteren Personen: dem LKA-Beamten Boh., dessen Abfrage nach dem Ergebnis der Beweisaufnahme dienstlich veranlasst war, der Polizeibediensteten Re., welche die Abfrage auf Initiative des Zeugen D. bereits im Februar 2009 getätigt und diesem die Ergebnisse telefonisch mitgeteilt hatte (ob sie – was sich bei telefonischer Übermittlung jedenfalls nicht von selbst versteht – auch die dreizehnstelligen ID-Nummern weitergab, lässt sich den Urteilsgründen nicht entnehmen) und den Polizeibeamten Ber. und K., zu deren Motivation für die Abfrage das Landgericht keine Feststellungen getroffen hat.

[30] 3. Die aufgezeigten Rechtsfehler wirken sich hinsichtlich der Angeklagten H. auf die Beurteilung der Strafbarkeit nach § 353b Abs. 1 Nr. 1 StGB aus. Als (konkrete) Gefährdung wichtiger öffentlicher Interessen im Sinne dieser Vorschrift kann eine mittelbare Gefährdung ausreichen, die darin besteht, dass durch die Offenbarung der Weitergabe der polizeiinternen Daten das Vertrauen der Öffentlichkeit in die Integrität staatlicher Stellen beeinträchtigt ist (BGH, Urteile vom 19. Juni 1958 – 4 StR 151/58, BGHSt 11, 401, vom 22. Juni 2000 – 5 StR 268/99, NStZ 2000, 596, und vom 9. Dezember 2002 – 5 StR 276/02, BGHSt 48, 126). Zur Klärung der Frage, ob eine solche Gefährdung gegeben ist, bedarf es einer Gesamtabwägung im Einzelfall, bei der Inhalt und Umfang der geheimhaltungsbedürftigen Daten, deren in Aussicht genommene Verwendung und die Person des Amtsträgers

Berücksichtigung finden (BGH, Urteil vom 22. Juni 2000 – 5 StR 268/99 aaO; vgl. auch OLG Köln, Urteil vom 20. Dezember 2011 – III-1 RVs 218/11 u.a., juris); so kann u.a. von Bedeutung sein, ob die Daten einem größeren Personenkreis zugänglich gemacht werden (BGH, Urteil vom 22. Juni 2000 – 5 StR 268/99 aaO; vgl. auch BGH, Urteile vom 19. Juni 1958 – 4 StR 151/58, BGHSt 11, 401, 404 f., und vom 15. November 2012 – 2 StR 388/12).

[31] Hinsichtlich des Angeklagten B. haben die Fehler in der Beweiswürdigung Auswirkung auf die Beurteilung einer Strafbarkeit wegen Anstiftung zur Haupttat seiner Tochter bzw. einer – in der Übermittlung der Geburtsdaten M.s, R.s und Bö.s oder auch in der vom Vorsatz seiner Tochter getragenen Weiterleitung der Daten an die Presse liegenden (vgl. BayObLG NStZ 1999, 568; Fischer, StGB, 59. Aufl., § 353b Rn. 14a; s. ferner BVerfG NJW 2007, 1117, 1119) – Beihilfe hierzu. Die Sache bedarf daher insgesamt neuer Verhandlung und Entscheidung.

C. Strafrechtliche Nebengesetze

I. Grundsätzliches

1. Überblick

In der neueren Rechtsprechung des Bundesgerichtshofs finden sich zu den strafrechtlichen Nebengesetzen eine Vielzahl von Entscheidungen zum **Betäubungsmittelstrafrecht** sowie Leitentscheidungen zum **Steuerrecht** (AO) durch den hierzu seit 2008 zuständigen 1. Strafsenat, außerdem zum **Jugendgerichtsgesetz,** zum Ausländerrecht und zu weiteren Nebengesetzen. **296**

2. Ausblick

Im Betäubungsmittelstrafrecht sind weitere Differenzierungen zur Abgrenzung von (**Mit-**)**Täterschaft** und **Teilnahme** zu erwarten, insbesondere auch in Fällen, in denen die Beteiligten durch Bandenstrukturen verbunden sind. **297**

Wie sich der Wechsel im Bundesjustizministerium nach der Bundestagswahl auf die Gesetzgebung in Nebengebieten auswirken wird, bleibt abzuwarten. **298**

II. Neuere höchstrichterliche Rechtsprechung zu Einzelfragen

1. Betäubungsmittelgesetz (BtMG)

299 Die in den vergangenen Monaten ergangenen Entscheidungen betreffen insbesondere **Fragen des Handeltreibens**, die Abgrenzung von **Mittäterschaft und Beihilfe**, die Annahme von **Bewertungseinheiten** sowie weiterhin die **Anwendung von § 31 und § 35 BtMG.**

300 Als **Anstifter** ist nach § 26 StGB tätergleich zu bestrafen, wer vorsätzlich einen anderen zu dessen vorsätzlich begangener rechtswidriger Tat bestimmt hat. Dabei ist bedingter Vorsatz ausreichend. Eine **Anstiftung zur unerlaubten Einfuhr von Betäubungsmitteln** begeht deshalb, wer einen anderen durch Einwirkung auf dessen Entschlussbildung dazu veranlasst, Betäubungsmittel in nicht geringer Menge auf das Bundesgebiet zu verbringen und dabei zumindest in dem Bewusstsein handelt, dass sein Verhalten diese von ihm gebilligten Wirkungen haben kann.[302]

a) Handeltreiben

301 Bei einem auf spätere Veräußerung abzielenden **Anbau von Cannabispflanzen** ist für die Abgrenzung des Handeltreibens mit Betäubungsmitteln (§ 29 Abs. 1 Satz 1 Nr. 1 BtMG) vom Handeltreiben mit Betäubungsmitteln in nicht geringer Menge (§ 29a Abs. 1 Nr. 2 BtMG) die Menge maßgeblich, die mit der **bereits begonnenen Aufzucht der Pflanzen** letztlich erzielt und gewinnbringend veräußert werden soll.[303]

[23] 2. Ein Rechtsfehler ist ferner darin zu sehen, dass das Landgericht im Falle der Missernte nicht von einem Handeltreiben mit Betäubungsmitteln in nicht geringer Menge (oder gegebenenfalls einer Beihilfe dazu) ausgegangen ist.

[24] a) Das Landgericht hat im Ansatz zutreffend gesehen, dass es für ein vollendetes Handeltreiben ausreichen kann, dass Cannabissetzlinge mit dem Ziel einer späteren Ernte und des gewinnbringenden Weiterverkaufs angepflanzt werden, auch wenn es dazu letztlich nicht mehr kommt. Der Begriff des Handeltreibens ist umfassend dahin zu verstehen, dass er jede eigennützige auf den Umsatz von Betäubungsmitteln gerichtete Tätigkeit umfasst, soweit es sich nicht lediglich um typische Vorbereitungen handelt, die weit im Vorfeld des beabsichtigten Güterumsatzes liegen (BGH, Beschluss vom 26. Oktober 2005 – GSSt 1/05, BGHSt 50, 252, 256, 265 f.). Demgemäß geht der Bundesgerichtshof in ständiger Rechtsprechung davon aus, dass bereits die Aufzucht von Cannabispflanzen den Tatbestand des Handeltreibens erfüllen kann, wenn der Anbau – wie hier – auf die gewinnbringende Veräußerung der herzustellenden Betäubungsmittel zielt (vgl. BGH, Beschluss vom 3. August

---

[302] BGH, Beschluss vom 10.4.2013 – 4 StR 90/13.

[303] BGH, Urteil vom 20.12.2012 – 3 StR 407/12; vgl. auch BGH, Urteil vom 6.11.2013 – 5 StR 302/13.

2011 – 2 StR 228/11, NStZ 2012, 43 m.w.N.; Weber, BtMG, 3. Aufl., § 29 Rn. 109; Körner/Patzak, BtMG, 7. Aufl., § 29 Rn. 98; MüKoStGB/Rahlf, 1. Aufl., § 29 BtMG Rn. 92).

[25] b) Stellt bereits die Aufzucht ein Handeltreiben dar, kommt es konsequenterweise für die Beurteilung der Handelsmenge wie auch sonst nicht entscheidend darauf an, welchen Wirkstoffgehalt die angebauten Pflanzen konkret haben, sondern auf welchen geplanten Umsatz die Aufzucht gerichtet ist.

[26] aa) Der Bundesgerichtshof hat bereits mehrfach entschieden, dass bei einem auf spätere Veräußerung zielenden Anbau von Cannabispflanzen bis in das Stadium, in dem sie eine nicht geringe Menge THC enthalten, ein unerlaubtes Handeltreiben mit Betäubungsmitteln in nicht geringer Menge in Betracht kommen kann (vgl. BGH, Urteil vom 27. Juli 2005 – 2 StR 192/05, NStZ 2006, 578, 579; Beschluss vom 12. Januar 2005 – 1 StR 476/04, BGHR BtMG § 29a Abs. 1 Nr. 2 Handeltreiben 4). …

[27] Der Senat folgt für die hier in Rede stehende Fallkonstellation seiner in einer früheren Entscheidung (Beschluss vom 28. Oktober 2008 – 3 StR 409/08, BGHR BtMG § 29a Abs. 1 Nr. 2 Handeltreiben 5) bereits angedeuteten Ansicht, dass für die Abgrenzung des Handeltreibens mit Betäubungsmitteln nach § 29 Abs. 1 Satz 1 Nr. 1 BtMG vom Handeltreiben mit Betäubungsmitteln in nicht geringer Menge (§ 29a Abs. 1 Nr. 2 BtMG) die Menge maßgeblich ist, die mit der bereits begonnenen Aufzucht der Pflanzen letztlich erzielt und gewinnbringend veräußert werden soll.

[28] bb) Für ein solches Ergebnis spricht die Definition des Handeltreibens, nach der es nicht auf ein tatsächlich erfolgreiches Umsatzgeschäft, sondern auf ein Verhalten ankommt, das auf ein solches gerichtet ist. …

[29] cc) Durch die begonnene Aufzucht bestand zudem eine spezifische Gefährdungslage für das durch die §§ 29 ff. BtMG geschützte Rechtsgut (vgl. dazu BVerfG, Beschluss vom 18. September 2006 – 2 BvR 2126/05, NJW 2007, 1193, 1194). Bei planmäßigem Verlauf wäre es – anders als in Fällen, in denen überhaupt noch keine Anpflanzung vorgenommen wurde (dazu etwa BGH, Urteil vom 15. März 2012 – 5 StR 559/11, NStZ 2012, 514 mit abl. Anm. Patzak) – ohne besondere weitere Zwischenschritte zur Ernte und zum Verkauf von Cannabis in nicht geringer Menge gekommen. Hinge in der vorliegenden Fallkonstellation die Strafbarkeit wegen Handeltreibens mit Betäubungsmitteln in nicht geringer Menge davon ab, dass der Wirkstoffgehalt in den Pflanzen tatsächlich den Grenzwert bereits übersteigt, würde die besondere Gefährdung, die sich schon durch den auf die Weiterveräußerung nicht geringer Mengen gerichteten Anbau ergibt, nicht in ihrem ganzen Umfang erfasst.

Nach ständiger Rechtsprechung verwirklicht der **gleichzeitige Besitz verschiedenartiger Betäubungsmittel** den Tatbestand des unerlaubten Besitzes von Betäubungsmitteln **nur einmal**. Gegenüber dem täterschaftlich begangenen **unerlaubten Handeltreiben** mit Betäubungsmitteln in nicht geringer Menge **tritt er zurück**. Er hat deshalb mangels Wertgleichheit nicht die Kraft, selbständige, die Voraussetzungen des § 29a Abs. 1 Nr. 2 BtMG erfüllende Taten des unerlaubten Handeltreibens mit Betäubungsmitteln in nicht geringer Menge untereinander zur Tateinheit zu verbinden. Beim Zusammentreffen von täterschaftlichem Besitz von Betäubungsmitteln in nicht geringer Menge mit Beihilfe zum Handeltreiben mit Betäubungsmitteln in nicht geringer Menge behält der Besitz aber einen eigenen Unrechtsgehalt und tritt **302** nicht zurück, es besteht vielmehr Tateinheit. Der unerlaubte Besitz von Betäubungsmitteln hat in diesen Fällen demgemäß auch die Kraft, an sich selbständige Fälle der Beihilfe zum Handeltreiben mit Betäubungsmitteln in nicht geringer Menge zur Tateinheit zu verklammern.[304]

303 Sämtliche Betätigungen, die sich auf den **Verbleib derselben, in einem Akt erworbenen Betäubungsmittelmenge** beziehen, sind als **eine Tat des unerlaubten Handeltreibens** anzusehen, weil bereits der Erwerb und der Besitz von Betäubungsmitteln, die zum Zweck gewinnbringender Weiterveräußerung bereit gehalten werden, den Tatbestand des Handeltreibens in Bezug auf die Gesamtmenge erfüllen. Zu dieser Tat gehören als unselbständige Teilakte im Sinne einer Bewertungseinheit auch die späteren Veräußerungsgeschäfte, soweit sie dasselbe Rauschgift betreffen.[305]

304 **Handeltreiben mit Betäubungsmitteln** im Sinne des § 29 Abs. 1 Satz 1 Nr. 1 BtMG ist jede **eigennützige auf den Umsatz von Betäubungsmitteln gerichtete Tätigkeit**, wobei verschiedene Betätigungen, die auf die Förderung ein und desselben Güterumsatzes abzielen, eine tatbestandliche Bewertungseinheit bilden. Eine solche auf den gewinnorientierten Umsatz von Betäubungsmitteln ausgerichtete Tätigkeit liegt auch darin, dass sich der **Zwischenhändler** zu der Örtlichkeit begibt, an welcher er von seinem Lieferanten eine zuvor abgesprochene, zur gewinnbringenden Weiterveräußerung bestimmte Betäubungsmittellieferung vereinbarungsgemäß übernehmen soll. Das **Aufsuchen des Lieferanten** zur Abholung einer bereits zuvor verabredeten Lieferung zur Weiterveräußerung vorgesehener Betäubungsmittel verwirklicht daher den Tatbestand des unerlaubten Handeltreibens mit Betäubungsmitteln.[306]

305 Für die **Annahme vollendeten Handeltreibens** reicht es schon aus, dass der Täter bei einem **beabsichtigten Ankauf** von zum gewinnbringenden Weiterverkauf bestimmten Betäubungsmitteln in ernsthafte Verhandlungen mit dem potentiellen Verkäufer eintritt. Dass er dabei entgegen seiner Vorstellung kein Betäubungsmittel erhalten hat, ist unschädlich. Denn es kommt nicht darauf an, dass der Umsatz durch die Tathandlung tatsächlich gefördert wird oder dazu überhaupt geeignet war.[307]

306 Eine Verurteilung des Angeklagten wegen unerlaubten Handeltreibens mit Betäubungsmitteln in nicht geringer Menge kommt nur dann in Betracht, wenn in der auf ihn entfallenden und **zur Weiterveräußerung bestimmten Teilmenge** ein den Grenzwert zur nicht geringen Menge im Sinne von § 29a Abs. 1 Nr. 2 BtMG überschreitender Wirkstoffanteil enthalten war oder aber eine Zurechnung der Gesamtmenge nach den Grundsätzen der Mittäterschaft (§ 25 Abs. 2 StGB) erfolgen kann.[308]

307 **Auslandstat:** Ist der Täter eines unerlaubten Erwerbs von Betäubungsmitteln Ausländer, dann wird der **Erwerb** in den Niederlanden [zum Eigenverbrauch] als **Auslandstat** [im Gegensatz zur anschließenden Einfuhr] nicht gemäß § 6 Nr. 5 StGB von der deutschen Gerichtsbarkeit erfasst.[309]

---

304 BGH, Beschluss vom 16.7.2013 – 4 StR 144/13.

305 BGH, Beschluss vom 19.12.2012 – 4 StR 384/12.

306 BGH, Urteil vom 25.4.2013 – 4 StR 418/12; vgl. hierzu auch BGH, Beschluss vom 17.7.2013 – 2 StR 259/13.

307 BGH, Urteil vom 2.10.2013 – 1 StR 75/13.

308 BGH, Beschluss vom 13.3.2013 – 4 StR 547/12.

309 BGH, Beschluss vom 9.7.2013 – 1 StR 236/13.

b) Bewertungseinheit oder selbstständige Taten

Nach Auffassung des 4. Strafsenats können mehrere tateinheitlich verknüpfte Bewertungseinheiten des Handeltreibens die drei zu deren Begehung unternommenen Einfuhren zu einer Tat verklammern. Dementsprechend erfolgte mit Beschluss vom 31.7.2013 eine Anfrage an den 3. Strafsenat: 308

Eine – infolge tateinheitlicher Verknüpfung mehrerer Bewertungseinheiten – **einheitliche Tat** des unerlaubten Handeltreibens mit Betäubungsmitteln in nicht geringer Menge verbindet mehrere zu deren Verwirklichung vorgenommene Einfuhren von Betäubungsmitteln in nicht geringer Menge zu einer Tat der unerlaubten Einfuhr von Betäubungsmitteln in nicht geringer Menge.

Der Senat fragt daher beim 3. Strafsenat an, ob an der entgegenstehenden Rechtsprechung im Beschluss vom 15. Februar 2011 – 3 StR 3/11 festgehalten wird.[310]

[2] I. Nach den Feststellungen begab sich der Angeklagte am 21. Mai 2012 mit seinem Pkw zu seinem Betäubungsmittellieferanten in R., von dem er 1.000 Gramm Kokain mit einem Wirkstoffgehalt von mindestens 80 % Kokainhydrochlorid erhielt, ohne die Ware sofort bezahlen zu müssen. Das Geld sollte er erst nach dem Verkauf des Kokains bei Übernahme der nächsten Lieferung übergeben. Der Lieferant baute das Kokain in den Radkasten des Pkws des Angeklagten ein und übergab diesem 1.500 € als Anzahlung auf seinen (Gewinn-)Anteil. Weitere 1.000 € sollte er nach dem Abverkauf bekommen. Der Angeklagte führte das Kokain nach Deutschland ein und verkaufte es nach Portionierung der jeweiligen Verkaufsmengen an verschiedene Abnehmer weiter (Fall II. 1 der Urteilsgründe). Am 31. Mai 2012 fuhr der Angeklagte, nachdem er bei dem Lieferanten 500 Gramm Kokain bestellt hatte, erneut nach R.

Er übergab dem Lieferanten den Verkaufserlös von 44.000 € aus der vorangegangenen Lieferung und erhielt von diesem seinen Anteil sowie die bestellten 500 Gramm Kokain mit einem Wirkstoffgehalt von mindestens 80 % Kokainhydrochlorid. Nach seiner Rückkehr nach Deutschland verkaufte er das eingeführte Kokain nach Portionierung an verschiedene Abnehmer weiter (Fall II. 2 der Urteilsgründe). Nachdem der Lieferant in einem Telefonat am 8. Juni 2012 mitgeteilt hatte, dass er wieder über Kokain verfüge, begab sich der Angeklagte am 11. Juni 2012 mit seinem Pkw und den aus den letzten Abverkäufen stammenden 22.000 € nach R. Dort übergab der Angeklagte dem Lieferanten das Geld und erhielt neben seinem Anteil 1.088 Gramm Kokain mit einem Mindestwirkstoffgehalt von 86 % Kokainhydrochlorid. Nachdem der Angeklagte aus den Niederlanden kommend die Grenze nach Deutschland passiert hatte, wurde er einer Kontrolle unterzogen, bei der das Kokain aufgefunden und sichergestellt wurde (Fall II. 3 der Urteilsgründe).

[3] II. Der Senat möchte den Schuldspruch des angefochtenen Urteils dahin ändern, dass der Angeklagte des unerlaubten Handeltreibens mit Betäubungsmitteln in nicht geringer Menge in Tateinheit mit drei Fällen der unerlaubten Einfuhr von Betäubungsmitteln in nicht geringer Menge schuldig ist. Da sich die Ausführungshandlungen der jeweils unmittelbar aufeinander folgenden Kokaingeschäfte teilweise überschneiden, sind die drei auf die jeweilige Handelsmenge bezogenen tatbestandlichen Bewertungseinheiten im Wege der gleichartigen Idealkonkurrenz zu einer Tat

[310] BGH, Beschluss vom 31.7.2013 – 4 StR 223/13.

des unerlaubten Handeltreibens mit Betäubungsmitteln in nicht geringer Menge verknüpft (II. 1). Diese einheitliche Tat des unerlaubten Handeltreibens mit Betäubungsmitteln in nicht geringer Menge verbindet nach Ansicht des Senats die drei zu deren Verwirklichung unternommenen Einfuhren von Betäubungsmitteln in nicht geringer Menge zu einer Tat der unerlaubten Einfuhr von Betäubungsmitteln in nicht geringer Menge (II. 2).

[4] 1. a) Die Annahme von Tateinheit kommt in Betracht, wenn mehrere Tatbestandsverwirklichungen dergestalt objektiv zusammentreffen, dass die Ausführungshandlungen in einem für sämtliche Tatbestandsverwirklichungen notwendigen Teil zumindest teilweise identisch sind. ...

[5] b) Handeltreiben mit Betäubungsmitteln im Sinne des § 29 Abs. 1 Satz 1 Nr. 1 BtMG ist jede eigennützige auf den Umsatz von Betäubungsmitteln gerichtete Tätigkeit (vgl. BGH, Beschluss vom 26. Oktober 2005 – GSSt 1/05, BGHSt 50, 252, 256 m.w.N.), wobei verschiedene Betätigungen, die auf die Förderung ein und desselben Güterumsatzes abzielen, eine tatbestandliche Bewertungseinheit bilden (vgl. Weber, BtMG, 4. Aufl., vor §§ 29 ff. Rn. 562 ff. m.w.N.). Eine solche auf den gewinnorientierten Umsatz von Betäubungsmitteln ausgerichtete Tätigkeit liegt auch darin, dass sich der Zwischenhändler zu der Örtlichkeit begibt, an welcher er von seinem Lieferanten eine zuvor abgesprochene, zur gewinnbringenden Weiterveräußerung bestimmte Betäubungsmittellieferung vereinbarungsgemäß übernehmen soll (vgl. BGH, Beschluss vom 16. September 1997 – 1 StR 472/97; Urteil vom 20. August 1991 – 1 StR 273/91, BGHR BtMG § 29 Abs. 1 Nr. 1 Handeltreiben 28; Weber, aaO, § 29 Rn. 442). Das Aufsuchen des Lieferanten zur Abholung einer bereits zuvor verabredeten Lieferung zur Weiterveräußerung vorgesehener Betäubungsmittel verwirklicht daher den Tatbestand des unerlaubten Handeltreibens mit Betäubungsmitteln.

[6] Dem – weit auszulegenden (BGH, Beschluss vom 26. Oktober 2005 – 1 GSSt 1/05, aaO, 262) – Begriff des Handeltreibens mit Betäubungsmitteln unterfallen aber nicht nur Handlungen, die unmittelbar der Beschaffung und der Übertragung von Betäubungsmitteln an Abnehmer dienen. ...

[7] c) Nach den Feststellungen des Landgerichts dienten die Fahrten des Angeklagten nach R. am 31. Mai und 11. Juni 2012 jeweils sowohl der Übermittlung des Geldes für die vorangegangene als auch der Abholung der abgesprochenen neuerlichen Kokainlieferung. In diesem Teilakt überschneiden sich die objektiven Ausführungshandlungen der jeweils unmittelbar aufeinander folgenden Umsatzgeschäfte, was eine tateinheitliche Verknüpfung der drei auf die einzelnen Handelsmengen bezogenen tatbestandlichen Bewertungseinheiten des Handeltreibens im Wege der gleichartigen Idealkonkurrenz zu einer Tat des unerlaubten Handeltreibens mit Betäubungsmitteln in nicht geringer Menge zur Folge hat (vgl. BGH, Urteil vom 25. April 2013 – 4 StR 418/12, Rn. 6; Beschluss vom 22. Januar 2010 – 2 StR 563/09, NStZ 2011, 97; offen gelassen im Beschluss vom 15. Februar 2011 – 3 StR 3/11).

[8] 2. Der Senat ist der Ansicht, dass die – infolge der tateinheitlichen Verknüpfung der drei Bewertungseinheiten im Wege der gleichartigen Idealkonkurrenz – einheitliche Tat des Handeltreibens mit Betäubungsmitteln in nicht geringer Menge die drei zu deren Verwirklichung unternommenen Einfuhren von Kokain in nicht geringer Menge zu einer Tat der unerlaubten Einfuhr von Betäubungsmitteln in nicht geringer Menge nach § 30 Abs. 1 Nr. 4 BtMG verklammert.

[9] a) Voraussetzung für die Annahme von Tateinheit durch Klammerwirkung ist, dass die Ausführungshandlungen zweier an sich selbständiger Delikte zwar nicht

miteinander, wohl aber mit der Ausführungshandlung eines dritten Tatbestandes (teil-)identisch sind und dass zwischen wenigstens einem der beiden an sich selbständigen Delikte und dem sie verbindenden Delikt zumindest annähernde Wertgleichheit besteht oder die verklammernde Tat die schwerste ist.

[10] b) Von diesen Grundsätzen ausgehend hat der Bundesgerichtshof – unbeschadet der Einstufung der Delikte als Vergehen oder Verbrechen – die annähernde Wertgleichheit eines besonders schweren Falls des Handeltreibens mit Betäubungsmitteln gemäß § 29 Abs. 3 Satz 2 Nr. 4 BtMG in der bis 21. September 1992 geltenden alten Fassung mit einer Tat der unerlaubten Einfuhr von Betäubungsmitteln in nicht geringer Menge angenommen (vgl. BGH, Urteil vom 18. Juli 1984 – 2 StR 322/84, aaO). Auch der durch das Gesetz zur Bekämpfung des illegalen Rauschgifthandels und anderer Erscheinungsformen der organisierten Kriminalität (OrgKG) vom 15. Juli 1992 (BGBl. I S. 1302) geschaffene Tatbestand des § 29a Abs. 1 Nr. 2 BtMG ist im Verhältnis zu § 30 Abs. 1 Nr. 4 BtMG nicht als minder schwere Tat angesehen worden mit der Folge, dass eine Verklammerung mehrerer Einfuhren von Betäubungsmitteln in nicht geringer Menge durch eine jeweils teilidentische Tat des Handeltreibens mit Betäubungsmitteln in nicht geringer Menge bejaht worden ist (vgl. BGH, Beschlüsse vom 5. November 1993 – 2 StR 534/93, NStZ 1994, 135; vom 22. Oktober 1996 – 1 StR 548/96, StV 1997, 471; Urteil vom 13. Dezember 2012 – 4 StR 99/12, aaO).

[11] c) Der Senat sieht keine Veranlassung, von dieser Rechtsprechung abzuweichen. Die Straftatbestände des § 29a Abs. 1 Nr. 2 BtMG und des § 30 Abs. 1 Nr. 4 BtMG weisen die gleiche Strafrahmenobergrenze auf, die Strafandrohungen für minder schwere Fälle gemäß § 29a Abs. 2, § 30 Abs. 2 BtMG sind identisch. Die mit zwei Jahren gegenüber einem Jahr bei § 29a Abs. 1 Nr. 2 BtMG höhere Mindeststrafe des § 30 Abs. 1 Nr. 4 BtMG hat zwar zur Folge, dass die zum Zwecke des Handeltreibens vorgenommene unerlaubte Einfuhr von Betäubungsmitteln in nicht geringer Menge – anders als im Rahmen des Grundtatbestandes des § 29 Abs. 1 Satz 1 Nr. 1 BtMG bei Rauschgiftmengen unter dem Grenzwert zur nicht geringen Menge (vgl. BGH, Beschluss vom 10. Mai 2005 – 3 StR 133/05, NStZ 2006, 172, 173; Weber, aaO, § 29 Rn. 984) – nicht als unselbständiger Teilakt im unerlaubten Handeltreiben mit Betäubungsmitteln in nicht geringer Menge aufgeht, sondern zu § 29a Abs. 1 Nr. 2 BtMG in Tateinheit steht (vgl. BGH, Beschluss vom 7. November 2007 – 1 StR 366/07, NStZ-RR 2008, 88; Urteil vom 24. Februar 1994 – 4 StR 708/93, BGHSt 40, 73, 74 f.). Durch die erhöhte Mindeststrafe wird aber – wie die zitierte Rechtsprechung des Bundesgerichtshofs zeigt – die annähernde Wertgleichheit im deliktischen Unrechtsgehalt der beiden Tatbestände nicht in Frage gestellt. Auch bei konkreter Betrachtung ergeben sich keine Gesichtspunkte dafür, dass der auf die gehandelte Gesamtmenge bezogene Vorwurf des Handeltreibens mit Betäubungsmitteln in nicht geringer Menge seinem strafrechtlichen Unwert nach deutlich hinter dem Unrechtsgehalt der sich jeweils nur auf Teilmengen erstreckenden Einfuhrtaten nach § 30 Abs. 1 Nr. 4 BtMG zurückbleibt. Da Bezugspunkt für den Wertevergleich die einheitliche Tat des Handeltreibens mit Betäubungsmitteln in nicht geringer Menge in ihrer Gesamtheit ist, kann das Ergebnis des Vergleichs schließlich nicht von den Umständen abhängen, die zu der tateinheitlichen Verknüpfung zu einer Tat des § 29a Abs. 1 Nr. 2 BtMG geführt haben. Diese Umstände sind für die hier in Rede stehende Verklammerung vielmehr ohne Bedeutung.

[12] d) Der beabsichtigten Entscheidung des Senats steht, soweit es die Verklammerung der drei Einfuhren von Betäubungsmitteln in nicht geringer Menge durch

die einheitliche Tat des Handeltreibens mit Betäubungsmitteln in nicht geringer Menge zu einer Tat des § 30 Abs. 1 Nr. 4 BtMG betrifft, der Beschluss des 3. Strafsenats vom 15. Februar 2011 – 3 StR 3/11 entgegen. In dieser Entscheidung hat der 3. Strafsenat für den Fall einer tateinheitlichen Verknüpfung mehrerer Bewertungseinheiten zu einer Tat des Handeltreibens mit Betäubungsmitteln in nicht geringer Menge ohne nähere Ausführungen angenommen, dass das einheitliche Delikt des § 29a Abs. 1 Nr. 2 BtMG nicht die Kraft hat, die nach Ansicht des 3. Strafsenats schwerer wiegenden Taten der unerlaubten Einfuhr von Betäubungsmitteln in nicht geringer Menge zu Tateinheit zu verklammern.

[13] e) Der Senat fragt daher gemäß § 132 Abs. 3 Satz 1 GVG bei dem 3. Strafsenat an, ob an der dem Beschluss vom 15. Februar 2011 – 3 StR 3/11 insoweit zugrunde liegenden Rechtsauffassung festgehalten wird.

309 Sämtliche Betätigungen, die sich auf den **Vertrieb derselben, in einem Akt erworbenen Betäubungsmittel beziehen,** sind als **eine Tat** des unerlaubten Handeltreibens anzusehen, weil bereits ihr Erwerb und Besitz zum Zweck des gewinnbringenden Weiterverkaufs den Tatbestand des Handeltreibens in Bezug auf die Gesamtmenge erfüllen; die späteren, diese Betäubungsmittel betreffenden Veräußerungsgeschäfte gehören als unselbständige Teilakte zu dieser Tat; dies gilt auch, wenn die Abgabe an Minderjährige erfolgt. Es ist daher rechtsfehlerhaft, allein auf die Anzahl der Veräußerungsgeschäfte abzustellen, wenn sich konkrete Anhaltspunkte dafür ergeben, dass an sich selbständige Rauschgiftgeschäfte dieselbe Rauschgiftmenge betreffen.[311]

310 Nach ständiger Rechtsprechung des Bundesgerichtshofs werden **mehrere Verkaufsvorgänge** durch den Erwerb und Besitz der hierzu bestimmten Gesamtmenge zu einer **Bewertungseinheit** verbunden, sofern sie **denselben Güterumsatz** betreffen. Dabei setzt die Annahme einer Bewertungseinheit konkrete Anhaltspunkte dafür voraus, dass bestimmte Einzelverkäufe aus einer einheitlich erworbenen Gesamtmenge herrühren[312]

[13] a) Sämtliche Betätigungen, die sich auf den Vertrieb derselben, in einem Akt erworbenen Betäubungsmittel beziehen, sind als eine Tat des unerlaubten Handeltreibens anzusehen. Deshalb sind dann unter anderem Erwerb und Veräußerung in dem pauschalisierenden, verschiedene Tätigkeiten umfassenden Begriff des Handeltreibens zu einer Bewertungseinheit verbunden (st. Rspr.; vgl. zusammenfassend Patzak in Körner/Patzak/Volkmer, BtMG, 7. Aufl., § 29, Teil 4, Rn. 409 m.w.N.; zu Besonderheiten bei der Abgabe an Minderjährige vgl. ders. aaO § 29a Rn. 30 m.w.N.).

[14] b) Die Strafkammer war sich dieser Grundsätze bewusst. Dies ergibt sich daraus, dass der Angeklagte hinsichtlich der zweimal zehn Platten zu je 100 Gramm Haschisch zutreffend nur wegen Handeltreibens in zwei Fällen verurteilt wurde (vgl. I 1a), obwohl die Strafkammer zusätzlich feststellen konnte, dass der Angeklagte aus diesen Vorräten fünfmal je 100 Gramm verkauft hatte.

[15] c) Es ist nicht zu beanstanden, dass sie nicht auch hinsichtlich der Abgabe von Marihuana an Minderjährige die Möglichkeit von Bewertungseinheiten erörtert hat.

---

311 BGH, Beschluss vom 6.8.2013 – 5 StR 255/13.

312 BGH, Beschluss vom 6.8.2013 – 3 StR 234/13.

Der Zweifelssatz gebietet es nicht, festgestellte Einzelverkäufe (bzw. hier: Abgaben an Minderjährige) zu einer Bewertungseinheit zusammenzufassen, nur weil eine nicht näher konkretisierte Möglichkeit besteht, dass diese ganz oder teilweise aus einer einheitlich erworbenen Menge stammen. Auch wenn es nahe liegt, dass jeweils eine gewisse – freilich kaum konkret quantifizierbare – Anzahl der abgeurteilten Verkaufs- bzw. Abgabemengen aus einheitlichen Vorräten stammten, kann kein unverhältnismäßiger Aufwand verlangt werden, um eventuell eine Bewertungseinheit festzustellen (st. Rspr.; vgl. zusammenfassend Patzak aaO § 29, Teil 4, Rn. 412 m.w.N.). Den Urteilsgründen lässt sich nicht entnehmen, dass naheliegende Aufklärungsmöglichkeiten nicht ausgeschöpft worden wären (vgl. BGH, Urteil vom 10. Juni 1997 – 1 StR 146/97).

Nimmt ein Täter das Geld für zwei Lieferungen zusammen entgegen, **überschneiden sich die Rauschgiftgeschäfte** in diesem Handlungsteil, so dass eine tateinheitliche Verknüpfung der beiden Taten vorliegt.[313] **311**

Bestimmt der Täter bei seinem auf den Umsatz von Betäubungsmitteln (in nicht geringer Menge) gerichteten Handeln zugleich eine **Person unter 18 Jahren** dazu, mit diesen Betäubungsmitteln selbst **Handel zu treiben** oder das Handeltreiben des Täters **zu fördern**, so stehen § 29a Abs. 1 Nr. 2 und § 30a Abs. 2 Nr. 1 BtMG wegen ihres verschiedenartigen Unrechtsgehalts in Tateinheit. Demgegenüber kann sich die Weitergabe eines Teils des Marihuanas im Rahmen eines Kommissionsgeschäfts lediglich als **ein unselbständiger Teilakt des Handeltreibens** des Angeklagten mit der von ihm hierfür vorgesehenen Gesamtmenge darstellen, wenn alle Einzelhandlungen des Täters, gerichtet auf jeweils teilweisen Umsatz einer zur Veräußerung bestimmten einheitlichen Erntemenge, sind miteinander in einer Bewertungseinheit verbunden sind.[314] **312**

[2] 1. Die Annahme des Landgerichts, der Angeklagte habe sich des Handeltreibens mit Betäubungsmitteln in nicht geringer Menge (§ 29a Abs. 1 Nr. 2 BtMG – Fall II. 5 der Urteilsgründe) und tatmehrheitlich hierzu des Bestimmens einer Person unter 18 Jahren zum Handeltreiben mit Betäubungsmitteln (§ 30a Abs. 2 Nr. 1 BtMG – Fall II. 7 der Urteilsgründe) schuldig gemacht, begegnet durchgreifenden rechtlichen Bedenken. Vielmehr stehen die beiden vom Angeklagten insoweit verwirklichten Tatbestände zueinander im Verhältnis der Tateinheit (§ 52 StGB).

[3] a) Nach den Feststellungen betrieben der Angeklagte und der Mitangeklagte gemeinsam eine Cannabisplantage, die sie im März 2012 abernteten. Die gewonnenen 500 g Marihuana, Wirkstoffgehalt 5 % THC, teilten sie absprachegemäß hälftig untereinander auf, um jeweils ein Drittel der erhaltenen Menge selbst zu konsumieren und zwei Drittel hiervon in eigener Zuständigkeit und auf eigene Rechnung gewinnbringend zu veräußern. 60 g aus der von ihm zum Verkauf bestimmten Menge übergab der Angeklagte einer Minderjährigen mit dem Auftrag, die Droge für ihn auf Kommissionsbasis zu veräußern, was in der Folge auch geschah.

[4] Danach stellt sich die Weitergabe eines Teils des gewonnenen Marihuanas im Rahmen eines Kommissionsgeschäfts lediglich als ein unselbständiger Teilakt des Handeltreibens des Angeklagten mit der von ihm hierfür vorgesehenen Gesamtmenge

313 BGH, Beschluss vom 31.7.2013 – 4 StR 253/13.
314 BGH, Beschluss vom 3.4.2013 – 3 StR 61/13.

dar, denn alle Einzelhandlungen des Täters, gerichtet auf jeweils teilweisen Umsatz einer zur Veräußerung bestimmten einheitlichen Erntemenge, sind miteinander in einer Bewertungseinheit verbunden (vgl. BGH, Beschluss vom 16. Juni 2009 – 3 StR 6/09, NStZ 2009, 648). Bestimmt der Täter indes bei seinem auf den Umsatz von Betäubungsmitteln (in nicht geringer Menge) gerichteten Handeln zugleich eine Person unter 18 Jahren dazu, mit diesen Betäubungsmitteln – wie hier – selbst Handel zu treiben oder das Handeltreiben des Täters zu fördern, so stehen § 29a Abs. 1 Nr. 2 und § 30a Abs. 2 Nr. 1 BtMG wegen ihres verschiedenartigen Unrechtsgehalts in Tateinheit (vgl. BGH, Beschluss vom 23. Mai 2007 – 2 StR 569/06, NStZ 2008, 42).

c) Abgrenzung Täterschaft und Teilnahme

313 Für eine zutreffende Einordnung des Tatbeitrages eines Kuriers zum Handeltreiben mit Betäubungsmitteln muss auf das Umsatzgeschäft insgesamt abgestellt werden. Maßgeblich ist für die Abgrenzung zwischen Täterschaft und Beihilfe dabei, welche **Bedeutung der konkreten Beteiligungshandlung im Rahmen des Gesamtgeschäftes zukommt.**[315]

[2] 1. Nach den Feststellungen des Landgerichts trafen sich die Angeklagten regelmäßig in M.s Wohnung, um dort gemeinsam mit Freunden und Bekannten Cannabis zu konsumieren und Videospiele zu spielen. Zu der Runde gehörte auch der gesondert verurteilte Zeuge N., der mit Kokaingemischen handelte. Diese erwarb er regelmäßig aus einer den Angeklagten unbekannten Quelle, um sie sodann zu strecken, zu Konsumeinheiten (ca. 0,5 g) zu portionieren und schließlich gewinnbringend an Endabnehmer zu einem Verkaufspreis von 50 € pro Konsumeinheit weiter zu veräußern.

[3] Seine Kunden richteten ihre Bestellungen jeweils telefonisch an ihn; oft nahm er sie in der Wohnung des Angeklagten M. entgegen, „während ‚Joints' kreisten oder eine Wasserpfeife zum Cannabisrauchen genutzt wurde" (UA S. 8). Die bestellten Kokainmengen lieferte N. entweder selbst aus oder überließ dies einem der anwesenden Bekannten. Diesem „Läufer" händigte er die für das jeweilige Geschäft benötigte Anzahl an vorbereiteten Kokainportionen aus und sagte ihm, wo er den Kunden treffen werde. Der Betreffende hatte dann die Aufgabe, unter Mitnahme des Rauschgifts den Übergabeort aufzusuchen, den Käufer ausfindig zu machen, die bestellte Ware zu übergeben, den Kaufpreis entgegenzunehmen und bei nächster Gelegenheit mit N. abzurechnen. In sechs Fällen wurde der Angeklagte M., in zehn Fällen der Angeklagte C. in der beschriebenen Weise als „Läufer" für N. tätig. Für ihre Tatbeiträge wurden sie jeweils mit etwa 0,5 g Marihuana zum Eigenverbrauch von N. entlohnt.

[4] 2. Diese Feststellungen tragen nicht die Annahme einer Mittäterschaft der Angeklagten hinsichtlich des Handeltreibens durch N.

[5] Nach der Rechtsprechung des Bundesgerichtshofs zum Handeltreiben mit Betäubungsmitteln muss für eine zutreffende Einordnung des Tatbeitrages eines Kuriers auf das Umsatzgeschäft insgesamt abgestellt werden. Maßgeblich ist für die Abgrenzung zwischen Täterschaft und Beihilfe dabei, welche Bedeutung der konkreten Beteiligungshandlung im Rahmen des Gesamtgeschäftes zukommt (vgl. BGH,

[315] BGH, Beschluss vom 24.4.2013 – 5 StR 135/13.

Urteile vom 28. Februar 2007 – 2 StR 516/06, BGHSt 51, 219, und vom 7. Februar 2008 – 5 StR 242/07, NJW 2008, 1460; Beschluss vom 30. Oktober 2008 – 5 StR 345/08, BGHR BtMG § 29 Beihilfe 6).

[6] Nach diesen Kriterien der Rechtsprechung liegt lediglich eine Beihilfehandlung vor. Die Angeklagten wurden in untergeordneter Stellung tätig; ihre Tätigkeit beschränkte sich ausschließlich auf Transport und Übergabe des Rauschgiftes und Entgegennahme des Geldes. Eine darüber hinausgehende Gestaltungsmöglichkeit kam ihnen nicht zu. Ihr Interesse am Taterfolg beschränkte sich auf den Erhalt einer Belohnung in Form einer Konsumeinheit Marihuana zum Eigenkonsum. Hierzu steht jeweils der Besitz in Tateinheit.

Ob die Beteiligung am Handeltreiben mit Betäubungsmitteln als **Mittäterschaft oder Beihilfe** zu bewerten ist, beurteilt sich nach den allgemeinen Grundsätzen über die Abgrenzung zwischen diesen Beteiligungsformen. Mittäter ist, wer nicht nur fremdes Tun fördert, sondern einen eigenen Tatbeitrag derart in eine gemeinschaftliche Tat einfügt, dass sein Tatbeitrag als Teil der Tätigkeit des anderen und umgekehrt dessen Tun als Ergänzung seines eigenen Tatanteils erscheint. Ob ein solches enges Verhältnis des Beteiligten zur Tat besteht, ist nach den gesamten Umständen in wertender Betrachtung zu beurteilen. Wesentliche Anhaltspunkte können der Grad des eigenen Interesses am Taterfolg, der Umfang der Tatbeteiligung und die Tatherrschaft oder wenigstens der Wille zur Tatherrschaft in dem Sinne sein, dass Durchführung und Ausgang der Tat maßgeblich auch vom Willen des Angeklagten abhängen.[316] **314**

Sind an **mehreren Taten** – insbesondere an einer Deliktserie – **mehrere Personen als Mittäter, mittelbare Täter, Anstifter oder Gehilfen beteiligt**, so ist die Frage, ob die einzelnen Taten tateinheitlich oder tatmehrheitlich zusammentreffen, nach der ständigen Rechtsprechung des Bundesgerichtshofs zwar für jeden Beteiligten gesondert zu prüfen und zu entscheiden. Dies gilt wegen der Akzessorietät der Beihilfe aber jedenfalls dann nicht, wenn mehrere an sich selbständige Beihilfehandlungen gerade deshalb zu einer Tat im Rechtssinne zusammengefasst werden, weil dies nach den Grundsätzen der Rechtsprechung zur Bewertungseinheit bei den Taten des Haupttäters, zu denen der Angeklagte Beihilfe geleistet hat, der Fall ist. In solchen Fällen ist mithin auch für die strafrechtliche Beurteilung des Konkurrenzverhältnisses beim Gehilfen entscheidend, ob eine oder mehrere Haupttaten vorliegen.[317] **315**

[2] 1. Der Schuldspruch auch wegen täterschaftlicher Einfuhr von Betäubungsmitteln in nicht geringer Menge (Fälle II. 2. und II. 3. der Urteilsgründe) begegnet durchgreifenden rechtlichen Bedenken.

[3] a) Nach den Feststellungen entschlossen sich die Angeklagte und die Mitangeklagte M., mit größeren Mengen Heroin Handel zu treiben, das sie von einem ihnen bekannten, in den Niederlanden wohnhaften Lieferanten beziehen wollten. Für die Beschaffung der Drogen und deren Auslieferung an die Abnehmer sollte die Mitangeklagte M. zuständig sein; die auf den Rollstuhl angewiesene Angeklagte sollte die Bestellungen der Abnehmer entgegennehmen und an die Mitangeklagte M. weiterleiten. Entsprechend dieser Abrede nahm die Mitangeklagte M. zunächst Anfang

---

[316] BGH, Beschluss vom 10.4.2013 – 2 StR 604/12; vgl. hierzu auch BGH, Beschlüsse vom 19.3.2013 – 3 StR 7/13 – und vom 8.1.2013 – 5 StR 606/12.

[317] BGH, Urteil vom 13.12.2012 – 4 StR 99/12.

März 2011 in Mönchengladbach 450 g per Kurier aus den Niederlanden geliefertes Heroingemisch entgegen (Fall II. 1. der Urteilsgründe). Am 29. März 2011 fuhr sie mit ihrem Pkw in die Niederlande, übernahm dort ca. 500 g Heroingemisch und brachte dieses nach Mönchengladbach (Fall II. 2. der Urteilsgründe). Bei einer entsprechenden weiteren Beschaffungsfahrt in die Niederlande am 6. April 2011 wurde die Mitangeklagte M. auf Veranlassung der Angeklagten von der als Kraftfahrerin tätigen Mitangeklagten Mü. begleitet, welche dabei auch den Pkw steuerte (Fall II. 3. der Urteilsgründe).

[4] b) Dies trägt, soweit es die Angeklagte betrifft, nicht die Annahme täterschaftlicher Einfuhr von Betäubungsmitteln in den Fällen II. 2. und II. 3. der Urteilsgründe.

[5] Der Tatbestand der Einfuhr erfordert zwar keinen eigenhändigen Transport des Betäubungsmittels über die Grenze. Mittäter einer Einfuhr im Sinne von § 25 Abs. 2 StGB kann ein Beteiligter deshalb auch dann sein, wenn das Rauschgift von einer anderen Person über die Grenze verbracht wird. Voraussetzung dafür ist nach den auch hier geltenden Grundsätzen des allgemeinen Strafrechts aber ein die Tatbegehung objektiv fördernder Beitrag, der sich als ein Teil der Tätigkeit aller darstellt und der die Handlungen der anderen als Ergänzung des eigenen Tatanteils erscheinen lässt (BGH, Beschlüsse vom 1. September 2004 – 2 StR 353/04, NStZ 2005, 229; vom 14. Dezember 1988 – 4 StR 565/88, StV 1990, 264). Ob dies gegeben ist, hat der Tatrichter wie sonst auf der Grundlage einer umfassenden wertenden Betrachtung festzustellen; von besonderer Bedeutung sind dabei der Grad des eigenen Interesses, der Einfluss bei der Vorbereitung der Tat und der Tatplanung, der Umfang der Tatbeteiligung und die Teilhabe an der Tatherrschaft oder jedenfalls der Wille dazu, so dass die Durchführung und der Ausgang der Tat maßgeblich auch von dem Willen des Betreffenden abhängen. Entscheidender Bezugspunkt bei allen diesen Merkmalen ist der Einfuhrvorgang selbst (Weber, BtMG, 3. Aufl., § 29 Rn. 786, 799 f. m.w.N.). Keine ausschlaggebende Bedeutung kann dabei indes dem Interesse eines mit der zu beschaffenden Betäubungsmittelmenge Handel Treibenden am Gelingen des Einfuhrvorgangs zukommen; in einem solchen Falle gewinnt insbesondere die Tatherrschaft oder der Wille hierzu an Gewicht (Weber aaO Rn. 801). Bloßes Veranlassen einer Beschaffungsfahrt ohne Einfluss auf deren Durchführung genügt dagegen nicht (BGH, Beschluss vom 31. März 1992 – 4 StR 112/92, NStZ 1992, 339).

[6] Umstände, die auf eine Tatherrschaft der Angeklagten beim Verbringen der Drogen über die Grenze oder wenigstens auf einen dahingehenden Willen schließen ließen, hat das Landgericht jedoch nicht festgestellt.

316 Eine **Unterstützung** bei der **Einrichtung einer Plantage** hat nicht automatisch zur Folge, dass der Helfer neben der ersten Ernte auch für weitere Ernten Beihilfe geleistet hat.[318]

[2] Die von dem Landgericht getroffenen Feststellungen belegen im Fall II. 21. der Urteilsgründe eine Beihilfehandlung des Angeklagten nicht.

[3] Das Landgericht hat festgestellt, dass der Angeklagte im Fall II. 19. der Urteilsgründe beim Aufbau der Plantage die elektrischen Arbeiten vorgenommen hat.

[318] BGH, Beschluss vom 14.8.2013 – 2 StR 143/13.

Diese Unterstützungshandlung rechtfertigt seine Verurteilung wegen Beihilfe nur hinsichtlich der im Dezember 2010 erfolgten ersten Ernte auf der Plantage (Fall II. 19.). Eine eigenständige Beihilfehandlung des Angeklagten für die zweite Ernte auf dieser Plantage im Februar 2011 (Fall II. 21.) ist hingegen nicht belegt.

Voraussetzung der **Strafbarkeit wegen Beihilfe** zu einer Straftat ist, dass der Gehilfe **317**
durch eine Handlung die Verwirklichung des Tatbestandes durch den Haupttäter objektiv fördert.[319]

[13] 1. Im Fall II. 1 der Urteilsgründe hält die tateinheitlich ausgesprochene Verurteilung wegen Beihilfe zur Einfuhr von Betäubungsmitteln in nicht geringer Menge der rechtlichen Überprüfung nicht stand.

[14] Das Landgericht hat insoweit festgestellt, der Angeklagte Sch. sei im April 2011 zusammen mit dem Mitangeklagten J. nach Rotterdam gefahren, wo dieser von seinem Lieferanten für 26.000 € ein Kilogramm Kokain erworben habe. Diese Betäubungsmittel hätten sie selbst oder – „was wahrscheinlicher sein dürfte“ – unter Einschaltung eines unbekannt gebliebenen Kuriers am frühen Morgen des Folgetages in die Bundesrepublik eingeführt. Der Angeklagte Sch. habe dem Mitangeklagten J. durch seine Anwesenheit Sicherheit bei dem Geldtransport vermittelt und ihm geholfen, den Eindruck einer unverdächtigen Urlaubsreise zu erwecken.

[15] Diese Feststellungen tragen zwar die Verurteilung wegen Beihilfe zum Handeltreiben mit Betäubungsmitteln in nicht geringer Menge, nicht aber die wegen Beihilfe zur Einfuhr von Betäubungsmitteln in nicht geringer Menge. Voraussetzung der Strafbarkeit wegen Beihilfe zu einer Straftat ist, dass der Gehilfe durch eine Handlung die Verwirklichung des Tatbestandes durch den Haupttäter objektiv fördert (SSW-StGB/Murmann, 1. Aufl., § 27 Rn. 3). Dies wird indes durch die Feststellungen nicht belegt. Da die Strafkammer sich nicht davon hat überzeugen können, dass der Angeklagte Sch. zusammen mit dem Mitangeklagten J. das in Rotterdam übernommene Kokain selbst in die Bundesrepublik Deutschland einführte – anders ist die Wendung, dass die Einfuhr durch einen unbekannt gebliebenen Kurier wahrscheinlicher sei, nicht zu verstehen – hätte es konkreter Feststellungen dazu bedurft, dass und gegebenenfalls durch welche Handlung der Angeklagte Sch. die mittels eines Kuriers vollzogene Einfuhrtat des Mitangeklagten J. gefördert haben könnte. Daran fehlt es.

Gehilfenvorsatz setzt voraus, dass der Gehilfe die Haupttat in ihren wesentlichen **318**
Merkmalen kennt und darüber hinaus in dem Bewusstsein handelt, durch sein Verhalten das Vorhaben des Haupttäters zu fördern. Das Vorliegen dieser Voraussetzungen ist umso eingehender zu prüfen, je untergeordneter sich der Beitrag in Bezug auf die Haupttat darstellt; Bedenken gegen die Annahme eines Gehilfenvorsatzes bestehen insbesondere, wenn der Beitrag des „Gehilfen“ für diesen erkennbar für das Gelingen der Tat nicht erforderlich und auch für die Art der Tatausführung ohne Bedeutung war.[320]

[5] Nach der vom Landgericht vorgenommenen Wertung lag in den Gartenpflegearbeiten allein deshalb ein Unterstützen der Haupttat, weil der Angeklagte – in

319 BGH, Beschluss vom 1.10.2013 – 3 StR 135/13.
320 BGH, Beschluss vom 15.11.2012 – 3 StR 355/12.

Kenntnis der Marihuanaaufzucht – dadurch seinem Bruder geholfen habe, den Schein aufrecht zu erhalten, dass das Grundstück – wenn auch nicht zum Bewohnen – in üblicher Weise genutzt werde. Dass der Angeklagte diese Arbeiten, die für den eigentlichen Betrieb der Plantage im Inneren des Hauses oder für den späteren Absatz der Betäubungsmittel ersichtlich keinen Nutzen hatten, in dem Bewusstsein erbrachte, dadurch die Haupttaten seines Bruders zu fördern, ergibt sich hingegen nicht. Dies versteht sich angesichts der geringen Bedeutung dieses Beitrags für das Gelingen der Haupttat an sich auch nicht von selbst, zumal nach den Ausführungen der Strafkammer unklar bleibt, worin sie die „übliche" Nutzung eines mit einem Einfamilienhaus bebauten Grundstücks erblickt – wenn es denn erkennbar nicht bewohnt wird – und warum der Angeklagte angesichts dessen gemeint haben sollte, er werde durch die Gartenpflege zur Aufrechterhaltung des Scheins einer solchen Nutzung beitragen.

[6] Die Sache muss zur Frage des Gehilfenvorsatzes deshalb neu verhandelt und entschieden werden.

319 Nur wenn ein Wohnungsinhaber bereits bei Überlassung der **Wohnung** von deren geplanter **Verwendung für Rauschgiftgeschäfte** wusste, dürfte in aller Regel eine Beihilfe durch aktives Tun gegeben sein. Soweit die Duldung als unterbliebenes Einschreiten gegen das Handeltreiben des Mitbewohners zu werten ist, handelt es sich dabei letztlich um den Vorwurf eines Unterlassens, wobei insoweit den Wohnungsinhaber im Allgemeinen keine Garantenpflicht im Sinne des § 13 Abs. 1 StGB trifft, gegen die Nutzung der Wohnung für die Begehung von Betäubungsmitteldelikten einzuschreiten.[321]

[1] Das Landgericht hat die Angeklagte wegen Beihilfe zum Handeltreiben mit Betäubungsmitteln in nicht geringer Menge zu einer Freiheitsstrafe von einem Jahr verurteilt und deren Vollstreckung zur Bewährung ausgesetzt. Die auf die Sachrüge gestützte Revision der Angeklagten hat Erfolg.

[2] 1. Die Feststellungen des Landgerichts tragen nicht die rechtliche Bewertung, die Angeklagte habe Beihilfe zum Betäubungsmittelhandel ihres Freundes G. – insgesamt sieben Taten zwischen dem 30. Mai 2012 und dem 19. Juni 2012 – dadurch geleistet, dass sie ihm ihre Wohnung zur Verfügung stellte.

[3] a) Eine entsprechende Beihilfe durch aktives Tun setzt regelmäßig voraus, dass der Wohnungsinhaber bereits bei Überlassung der Wohnung von deren geplanter Verwendung für Rauschgiftgeschäfte wusste (vgl. BGH, Urteil vom 20. Dezember 2012 – 3 StR 407/12, juris Rn. 38; Beschluss vom 2. August 2006 – 2 StR 251/06, BGHR BtMG § 29 Abs. 1 Nr. 1 Handeltreiben 67). Ob die Angeklagte eine solche Kenntnis hatte, als ihr Freund im Oktober 2011 in ihre Wohnung einzog, ergibt sich aus dem Urteil nicht. Im Übrigen hätte der Gehilfenvorsatz näherer Erörterung bedurft, da die Angeklagte ihren Freund möglicherweise allein im Hinblick auf die persönliche Beziehung in ihre Wohnung aufnahm (vgl. BGH, Beschluss vom 31. Juli 1992 – 4 StR 156/92, NJW 1993, 76).

[4] b) Dass die Angeklagte nach den bisherigen Feststellungen zu einem späteren Zeitpunkt den aus ihrer Wohnung heraus betriebenen Drogenhandel duldete, reicht für eine Strafbarkeit wegen Beihilfe nicht aus.

---

[321] BGH, Beschluss vom 30.4.2013 – 3 StR 85/13.

[5] Soweit die Duldung als unterbliebenes Einschreiten gegen das Handeltreiben des Mitbewohners zu werten ist, handelt es sich dabei letztlich um den Vorwurf eines Unterlassens (vgl. BGH, Beschluss vom 17. November 2011 – 2 StR 348/11, NStZ-RR 2012, 58 f.). Indes hat der Wohnungsinhaber im Allgemeinen keine Garantenpflicht im Sinne des § 13 Abs. 1 StGB, gegen die Nutzung der Wohnung für die Begehung von Betäubungsmitteldelikten einzuschreiten (BGH, Urteil vom 20. Dezember 2012 – 3 StR 407/12, juris Rn. 36 m.w.N.).

[6] Eine vom Landgericht herangezogene „psychische Hilfe" für den Haupttäter G. könnte zwar in einer zugesagten Hinnahme des Rauschgifthandels liegen (vgl. BGH, Urteile vom 4. Juli 1995 – 1 StR 225/95, StV 1995, 624, 625; vom 29. September 1993 – 2 StR 397/93, NStZ 1994, 92). Allerdings setzt auch die Beihilfe in der Form psychischer Unterstützung voraus, dass die Tatbegehung objektiv gefördert oder erleichtert wurde und dass dies dem Gehilfen bewusst war (s. etwa BGH, Beschluss vom 9. September 1998 – 3 StR 413/98, StV 1999, 212). Beides ist den Urteilsgründen nicht zu entnehmen, wäre aber näher darzulegen gewesen, zumal der Haupttäter nach den getroffenen Feststellungen bereits vor der Duldung durch die Angeklagte mit Betäubungsmitteln handelte und sich dabei von ihren zunächst ablehnenden Vorhaltungen nicht beeindrucken ließ.

d) Bandenmäßiges Handeltreiben

Die **Bandenmitgliedschaft** ist ein **besonderes persönliches Merkmal** im Sinne von § 28 Abs. 2 StGB, das in der Person eines jeden Teilnehmers an der Bandenstraftat gegeben sein muss. Tatbeteiligte, die nicht selbst Bandenmitglieder sind, können deshalb nur wegen der Beteiligung am Grunddelikt bestraft werden.[322] **320**

Eine **Bande** im Sinne von § 30a BtMG setzt den **Zusammenschluss von mindestens drei Personen** voraus, die sich zur **fortgesetzten Begehung** einer Mehrzahl von Betäubungsmitteldelikten verbunden haben. Erforderlich ist eine – ausdrückliche oder stillschweigende – Bandenabrede, bei der das einzelne Mitglied den Willen hat, sich mit mindestens zwei anderen Personen zur Begehung dieser Straftaten zusammenzutun. Es genügt hingegen nicht, wenn sich die Täter von vornherein nur zu einer einzigen Tat verbinden und erst in der Folgezeit jeweils aus neuem Entschluss wiederum derartige Taten begehen. Kennzeichnend für die Bande ist eine auf gewisse Dauer angelegte Verbindung mehrerer Täter zu künftiger gemeinsamer Deliktsbegehung. Ob eine Bandenabrede anzunehmen ist, ist auf Grund einer Gesamtwürdigung zu entscheiden, die die maßgeblichen für und gegen eine Bandenabrede sprechenden Umstände in den Blick zu nehmen und gegeneinander abzuwägen hat. Dies gilt insbesondere für die Annahme einer stillschweigenden Übereinkunft, die nach der Rechtsprechung des Bundesgerichtshofs auch – obwohl sie regelmäßig den Bandentaten vorausgeht – aus dem konkret feststellbaren deliktischen Zusammenwirken mehrerer Personen hergeleitet werden kann.[323] **321**

Da der Tatbestand des unerlaubten **bandenmäßigen Handeltreibens** mit Betäubungsmitteln in nicht geringer Menge im Sinne von § 30a Abs. 1 BtMG alle im Rahmen desselben Güterumsatzes aufeinander folgenden Teilakte vom Erwerb bis zur Veräußerung einschließlich der unerlaubten Einfuhr zu einer **einzigen Tat im** **322**

---

[322] BGH, Beschluss vom 20.2.2013 – 3 StR 24/13.

[323] BGH, Beschluss vom 26.9.2013 – 2 StR 256/13.

Sinne einer Bewertungseinheit verbindet, muss der Schuldspruch wegen unerlaubter bandenmäßiger Einfuhr von Betäubungsmitteln in nicht geringer Menge hier entfallen.[324]

[3] 2. Die Nachprüfung des Urteils auf Grund der vom Angeklagten erhobenen Sachrüge hat mit Ausnahme der geringfügigen Schuldspruchänderung keinen ihn beschwerenden Rechtsfehler ergeben.

[4] a) Da der Tatbestand des unerlaubten bandenmäßigen Handeltreibens mit Betäubungsmitteln in nicht geringer Menge im Sinne von § 30a Abs. 1 BtMG alle im Rahmen desselben Güterumsatzes aufeinander folgenden Teilakte vom Erwerb bis zur Veräußerung einschließlich der unerlaubten Einfuhr zu einer einzigen Tat im Sinne einer Bewertungseinheit verbindet (st. Rspr.; vgl. nur BGH, Beschluss vom 13. Juli 1994 – 3 StR 138/94, BGHR BtMG § 30a Konkurrenzen 1; Beschluss vom 7. Oktober 2003 – 1 StR 385/03), muss der Schuldspruch wegen unerlaubter bandenmäßiger Einfuhr von Betäubungsmitteln in nicht geringer Menge hier entfallen. Nach den Feststellungen des Landgerichts erwarben die Täter unter Mitwirkung des Angeklagten in allen fünf Fällen jeweils mindestens 1 kg Marihuana mit einem Wirkstoffgehalt von mindestens 9,2 % in den Niederlanden und verbrachten es nach Deutschland, wo es gewinnbringend weiterverkauft wurde. Nach dem Gesamtzusammenhang der Urteilsgründe schließt der Senat aus, dass der vom Angeklagten in allen Fällen zusätzlich zum Zwecke des Eigenkonsums in den Niederlanden erworbene und nach Deutschland eingeführte Anteil von mindestens 60, maximal 80 g Marihuana den Grenzwert zur nicht geringen Menge erreicht oder überschritten hat. Insoweit hat sich der Angeklagte wegen tateinheitlichen unerlaubten Erwerbs in (weiterer) Tateinheit mit unerlaubter Einfuhr von Betäubungsmitteln schuldig gemacht (vgl. BGH, Beschlüsse vom 14. April 1982 – 2 StR 38/82; vom 8. Juli 2010 – 4 StR 210/10). Der Senat hat den Schuldspruch entsprechend geändert; § 265 StPO steht nicht entgegen, da auszuschließen ist, dass sich der umfassend geständige Angeklagte anders verteidigt hätte.

323 Eine Verurteilung wegen täterschaftlichen unerlaubten Handeltreibens von Betäubungsmitteln kommt – auch bei einer Einbindung in eine bandenmäßige Struktur – nur in Betracht, wenn der **Handelnde selbst eigennützige Bemühungen entfaltet**, die darauf gerichtet sind, den **Umsatz mit Betäubungsmitteln zu ermöglichen oder zu fördern**. Nicht ausreichend ist es hingegen, wenn ein Täter nur den Eigennutz eines anderen mit seinem Tatbeitrag unterstützen will. Es ist nicht ohne Weiteres davon auszugehen, dass Betäubungsmittelgeschäfte einer gewissen Größenordnung regelmäßig nicht uneigennützig gemacht zu werden pflegen. Vielmehr sind auch in diesen Fällen konkrete Feststellungen zur Eigennützigkeit des Handelns vonnöten. Allein der Hinweis, dass sich infolge der in den Niederlanden deutlich geringeren Einkaufspreise ein „für die gesamte Gruppierung gewinnbringender Weiterverkauf" ergeben habe, ist nicht geeignet, die Eigennützigkeit des Angeklagten zu belegen. Der Umstand, dass die „Bande" bei ihren Geschäften Gewinn gemacht hat, besagt für sich genommen noch nichts darüber, ob und in welcher Weise ein am Betäubungsmittelgeschäft Beteiligter eigennützig gehandelt hat. Insoweit kann der Hinweis auf das Gewinnstreben der Bande Ausführungen zur Eigennützigkeit des einzelnen Täters nicht ohne Weiteres ersetzen. Nähere Feststellungen hierzu sind

---

[324] BGH, Beschluss vom 6.11.2012 – 4 StR 440/12.

zudem als Gradmesser für das Tatinteresse des Angeklagten im Rahmen der Frage von Bedeutung, ob er – sein Tatbeitrag bestand allein in der Entgegennahme und Weiterleitung von Geldzahlungen für Betäubungsmittelgeschäfte – als Mittäter oder Beihilfeleistender zu bestrafen ist.[325]

e) Handeltreiben mit Waffen

Handelt es sich bei eine „Waffe“ nicht um eine Waffe im Sinne des § 1 Abs. 2 Nr. 2 WaffG, bedarf es gesonderter Ausführungen im Urteil zu der **Frage einer diesbezüglichen Zweckbestimmung** durch den Angeklagten, da sich in solchen Fällen die subjektive Zweckbestimmung nicht von selbst versteht.[326] **324**

[2] 1. In den Fällen II. 1) und 2) der Urteilsgründe hält die Verurteilung wegen bewaffneten Handeltreibens mit Betäubungsmitteln in nicht geringer Menge der rechtlichen Nachprüfung nicht stand.

[3] Nach den Feststellungen des Landgerichts fasste der Angeklagte den Entschluss, in seiner Wohnung Marihuana anzubauen, um seinen Eigenbedarf zu decken und sich durch den Vertrieb des Rauschmittels eine fortlaufende Einkommensquelle zu verschaffen. Je die Hälfte des geernteten Marihuanas war für den Verkauf bzw. den Eigenkonsum bestimmt. Die Umsetzung dieses Planes führte unter anderem im August 2011 zu einer Ernte von 428 g Marihuana mit einem Wirkstoffgehalt von 16,3 % THC, insgesamt also ca. 69,9 g THC, das bei einer Durchsuchung der Wohnung des Angeklagten sichergestellt werden konnte. Danach pflanzte der Angeklagte wiederum Marihuana an, das vor Erreichen der Erntereife am 13. September 2011 entdeckt wurde. Zu diesem Zeitpunkt besaßen die Pflanzen und Setzlinge ein Gesamtgewicht von rund 263 g mit einem Wirkstoffgehalt von 3,2 %, mithin 8,42 g THC. Der Angeklagte hatte auch in diesem Fall mit einer Ernte von mindestens 400 g Marihuana gerechnet. Während er noch die Ernte der erstgenannten Aufzucht trocknete und mit dem weiteren Anbau beschäftigt war, kaufte der Angeklagte sich eine Machete mit einer Klingenlänge von ca. 40 cm, die er „cool und schick“ fand, und legte diese „offen“ auf einem Fernsehschrank des Wohnzimmers ab, in dem er das geerntete Marihuana trocknete, verpackte und verkaufte.

[4] Diese Feststellungen belegen zwar, dass der Angeklagte mit Betäubungsmitteln in nicht geringer Menge in zwei Fällen Handel getrieben hat (BGH, Urteil vom 20. Dezember 2012 – 3 StR 407/12, NJW 2013, 1318 ff.). Sie tragen jedoch den Schuldspruch wegen bewaffneten Handeltreibens mit Betäubungsmitteln nicht. Tatgegenstände im Sinne des § 30a Abs. 2 Nr. 2 BtMG sind neben den Schusswaffen nur solche, die zur Verletzung von Personen geeignet und bestimmt sind. Während an der Eignung der Machete, durch ihren Einsatz Personen zu verletzen, keine Zweifel bestehen, verhält sich das Urteil nicht zu der Frage einer diesbezüglichen Zweckbestimmung durch den Angeklagten (BGH, Beschluss vom 9. Oktober 1997 – 3 StR 465/97, BGHSt 43, 266, 268 f.; Beschluss vom 25. Mai 2010 – 1 StR 59/10, NStZ 2011, 98 f.). Auf Ausführungen hierzu konnte aber im vorliegenden Fall nicht verzichtet werden, da es sich bei der Machete nicht um eine Waffe im Sinne des § 1

---

325 BGH, Beschluss vom 12.3.2013 – 2 StR 16/13; vgl. auch BGH, Beschluss vom 12.12.2012 – 2 StR 341/12.

326 BGH, Beschluss vom 25.7.2013 – 3 StR 143/13.

Abs. 2 Nr. 2 WaffG handelt (vgl. BGH, Beschluss vom 9. Oktober 1997 – 3 StR 465/97, BGHSt 43, 266, 269; Beschluss vom 11. Februar 2003 – 5 StR 402/02, BGHR BtMG § 30a Abs. 2 Gegenstand 4; Steindorf/Heinrich/Papsthart, Waffenrecht, 9. Aufl., § 1 WaffG Rn. 23), so dass sich diese subjektive Zweckbestimmung durch den Angeklagten nicht von selbst versteht (s. Weber, BtMG, 4. Aufl., § 30a Rn. 117 m.w.N.).

325 Der Qualifikationstatbestand des § 30a Abs. 2 Nr. 2 BtMG setzt voraus, dass der Täter den **gefährlichen Gegenstand** bei der **Tatbegehung bewusst gebrauchsbereit in der Weise bei sich hat,** dass er sich seiner jederzeit bedienen kann. Setzt sich die Tat aus mehreren Einzelakten zusammen, so reicht es nach ständiger Rechtsprechung zur Tatbestandserfüllung aus, wenn der qualifizierende Umstand auch nur bei einem Einzelakt verwirklicht ist.[327]

[3] 2. Die Verurteilung wegen bewaffneten Handeltreibens mit Betäubungsmitteln in nicht geringer Menge in zwei Fällen wird von den Feststellungen des Landgerichts nicht getragen.

[4] Der Qualifikationstatbestand des § 30a Abs. 2 Nr. 2 BtMG setzt voraus, dass der Täter den gefährlichen Gegenstand bei der Tatbegehung bewusst gebrauchsbereit in der Weise bei sich hat, dass er sich seiner jederzeit bedienen kann. Setzt sich die Tat aus mehreren Einzelakten zusammen, so reicht es nach ständiger Rechtsprechung zur Tatbestandserfüllung aus, wenn der qualifizierende Umstand auch nur bei einem Einzelakt verwirklicht ist. Demgemäß sind die Voraussetzungen des § 30a Abs. 2 Nr. 2 BtMG schon als erfüllt angesehen worden in Fällen, in denen dem Handel treibenden Täter eine Waffe bei Drogenverkaufsfahrten, in seinem Vorratslager oder beim Strecken und Portionieren griffbereit zur Verfügung stand, da es sich hierbei um eigennützige, auf den Umsatz von Betäubungsmitteln gerichtete Tätigkeiten handelt (vgl. BGH, Urteile vom 28. Februar 1997 – 2 StR 556/96, BGHSt 43, 8, 10 f., und vom 22. August 2012 – 2 StR 235/12, NStZ-RR 2013, 150; Beschluss vom 14. November 1996 – 1 StR 609/96, NStZ 1997, 137, jeweils m.w.N.). Hier war die Entsorgung des Pflanzenabfalls durch den Angeklagten jedoch keine mit dem beabsichtigten Umsatz von Betäubungsmitteln dergestalt zusammenhängende Bemühung, dass sie als ein Teilstadium des Handeltreibens angesehen werden könnte (vgl. zur Abgrenzung auch Patzak in Körner, BtMG, 7. Aufl., § 30a Rn. 81). Feststellungen des Landgerichts dazu, ob der Angeklagte die Teleskopstahlrute auch bei Teilakten des Handeltreibens wie etwa seinen unmittelbar der Aufzucht von Cannabispflanzen dienenden Anbautätigkeiten (vgl. BGH, Urteil vom 15. März 2012 – 5 StR 559/11, NStZ 2012, 514; BGH, Beschluss vom 3. August 2011 – 2 StR 228/11, NStZ 2012, 43) mit sich führte, fehlen.

326 Neben dem **bewaffneten unerlaubten Handeltreiben** ist eine Verurteilung wegen **bewaffneter unerlaubter Einfuhr** nicht möglich. Dies folgt schon aus dem Wortlaut des § 30a Abs. 2 Nr. 2 BtMG: „wer … ohne Handel zu treiben, einführt …“. Die Einfuhr in nicht geringer Menge ist unselbständiger Teilakt des bewaffneten Handeltreibens, denn als Qualifikationstatbestand geht § 30a Abs. 2 Nr. 2 BtMG dem allgemeineren Tatbestand des § 30 Abs. 1 Nr. 4 BtMG vor.[328]

---

[327] BGH, Urteil vom 28.11.2013 – 5 StR 576/13.

[328] BGH, Beschluss vom 5.3.2013 – 1 StR 35/13.

f) §§ 31, 35 BtMG

Liegen Angaben eines Angeklagten vor, die möglicherweise Grundlage der Annahme eines **Aufklärungserfolges im Sinne von § 31 S. 1 Nr. 1 BtMG** sein können, ist der Tatrichter gehalten, diese in nachvollziehbarer Weise darzulegen, um dem Revisionsgericht die Prüfung zu ermöglichen, ob ein Aufklärungserfolg zutreffend angenommen oder abgelehnt wurde. Für den erforderlichen Aufklärungserfolg genügt, dass ein Angeklagter wesentlich zur Aufdeckung der Tat über seinen eigenen Tatbeitrag hinaus beigetragen hat.[329] **327**

[3] 2. Die vom Tatgericht getroffenen Feststellungen tragen den Schuldspruch. Der Strafausspruch hält aber rechtlicher Nachprüfung nicht stand.

[4] a) Das Landgericht hat die Strafe dem Strafrahmen des § 30 Abs. 1 BtMG entnommen. Das Vorliegen eines minderschweren Falls gemäß § 30 Abs. 2 BtMG hat es geprüft und dabei im rechtlichen Ausgangspunkt zutreffend erwogen, ob ein solcher sich aus dem Eingreifen des vertypten Milderungsgrunds gemäß § 31 Satz 1 BtMG ergeben kann. Die Anwendung dieser Vorschrift hat es allerdings mit der Erwägung abgelehnt, der Angeklagte habe „zumindest versucht, Aufklärungshilfe zu leisten, indem er vor der Zeugin KHK'in S. der KPI Hof aussagte" (UA S. 7); dies reiche „zur Bejahung der Voraussetzungen des § 31 BtMG nicht aus, da hierdurch keine weiteren Taten aufgedeckt werden konnten" (UA S. 8).

[5] b) Diese Ausführungen genügen nicht, um die Anwendbarkeit von § 31 Satz 1 Nr. 1 BtMG auszuschließen. Liegen Angaben eines Angeklagten vor, die möglicherweise Grundlage der Annahme eines Aufklärungserfolges im Sinne der genannten Vorschrift sein können, ist der Tatrichter gehalten, diese in nachvollziehbarer Weise darzulegen, um dem Revisionsgericht die Prüfung zu ermöglichen, ob ein Aufklärungserfolg zutreffend angenommen oder abgelehnt wurde (Senat, Beschluss vom 28. August 2002 – 1 StR 309/02, NStZ 2003, 162 f. m.w.N.). Dem wird das angefochtene Urteil weder mit der Bemerkung von der „versuchten Aufklärungshilfe" noch mit dem Hinweis auf das Ausbleiben der Aufdeckung von „weiteren Taten" gerecht. Auf welche tatsächlichen Umstände sich das Tatgericht dabei stützt, kann dem Urteil auch in seinem Gesamtzusammenhang nicht entnommen werden. Die bloße Wertung, es habe keine Aufklärungshilfe festgestellt werden können, genügt zur Ermöglichung der revisionsgerichtlichen Überprüfung ersichtlich nicht (BGH, Beschluss vom 1. März 2011 – 3 StR 496/10).

[6] c) Das angefochtene Urteil lässt zudem eine rechtsfehlerhafte Ablehnung der Anwendung des § 31 Satz 1 Nr. 1 BtMG auch insoweit besorgen, als das Landgericht auf das Ausbleiben der Aufdeckung „weiterer Taten" abgestellt hat. Darauf kommt es jedoch nicht an. Es genügt vielmehr für den erforderlichen Aufklärungserfolg, dass ein Angeklagter wesentlich zur Aufdeckung der Tat über seinen eigenen Tatbeitrag hinaus beigetragen hat (BGH, Beschlüsse vom 5. Oktober 2010 – 3 StR 339/10 und vom 28. Dezember 2011 – 2 StR 352/11, StV 2013, 160). Der in § 31 BtMG verwendete Begriff der „Tat" ist dabei weder mit dem materiell-rechtlichen Begriff der Tat gemäß §§ 52, 53 StGB noch mit dem prozessualen Tatbegriff (§§ 155, 264 StPO) identisch (vgl. Maier in Münchener Kommentar zum StGB, Band 6, 2. Aufl., § 31 BtMG Rn. 107 f. m.w.N.). Tat gemäß § 31 BtMG ist viel-

[329] BGH, Beschluss vom 23.4.2013 – 1 StR 131/13.

mehr der geschichtliche Vorgang, der das strafbare Verhalten des Angeklagten und strafrechtlich relevante Beiträge anderer Personen umfasst (BGH, Urteil vom 20. Februar 1991 – 2 StR 608/90, NStZ 1991, 290 f.). Es genügt daher bereits ein auf die verfahrensgegenständliche Tat in dem vorgenannten Sinne bezogener Aufklärungserfolg, was das Landgericht möglicherweise verkannt hat.

[7] d) Das Tatgericht durfte auch nicht im Hinblick auf die in § 31 Satz 2 BtMG in Verbindung mit § 46b Abs. 3 StGB angeordnete Präklusion einer erst nach Eröffnung des Hauptverfahrens geleisteten Aufklärungshilfe von der gebotenen Erörterung der Voraussetzungen des § 31 Satz 1 Nr. 1 BtMG absehen. § 31 Satz 2 BtMG ist zwar vorliegend grundsätzlich anwendbar, weil sowohl die Tat als auch der Eröffnungsbeschluss nach dem aufgrund § 316d EGStGB maßgeblichen 1. September 2009 (zum anwendbaren Recht bei vor diesem Zeitpunkt begangenen Taten und danach ergangenem Eröffnungsbeschluss siehe BGH, Beschlüsse vom 17. April 2012 – 3 StR 79/12 und vom 3. Mai 2011 – 3 StR 123/11, NStZ 2012, 44 f.) erfolgten. Die Feststellungen bieten jedoch Anhaltspunkte für eine durch den Angeklagten vor der Eröffnung des Hauptverfahrens möglicherweise erbrachte Aufklärungshilfe. Das Landgericht teilt nämlich im Zusammenhang der Ablehnung der Anwendung von § 31 Satz 1 Nr. 1 BtMG mit, der Angeklagte habe bereits gegenüber einer Polizeibeamtin der Kriminalpolizeiinspektion in Hof ausgesagt. Das lässt eine Aufklärungshilfe während des vorbereitenden Verfahrens möglich erscheinen.

[8] e) Es kann weder ausgeschlossen werden, dass angesichts der weiteren von dem Tatgericht in die gebotene Gesamtabwägung des minderschweren Falls zugunsten des Angeklagten einbezogenen Aspekte dieses bei Annahme des vertypten Milderungsgrundes aus § 31 Satz 1 Nr. 1 BtMG die Strafe dem Strafrahmen des § 30 Satz 2 BtMG entnommen noch, dass es den Strafrahmen des § 30 Abs. 1 BtMG gemäß § 31 Satz 1 BtMG, § 49 Abs. 1 StGB gemildert hätte und so jeweils zu einer geringeren als der jetzt verhängten Strafe gelangt wäre. Der Senat hebt die zum Strafausspruch getroffenen Feststellungen insgesamt auf, um dem neuen Tatrichter eine umfassende Prüfung der Voraussetzungen des § 31 BtMG und der sich daraus ggf. für die Strafrahmenwahl bei seinem Vorliegen ergebenden Konsequenzen (die von BGH, Beschluss vom 5. Juli 2012 – 5 StR 252/12, NStZ 2013, 50 zu § 30a BtMG vorgegebene Prüfungsreihenfolge gilt auch bei § 30 BtMG) zu ermöglichen.

328 Nach der Rechtsprechung des Bundesgerichtshofs, der der Gesetzgeber mit der am 1. August 2013 in Kraft getretenen Neufassung des § 31 Satz 1 BtMG durch das 46. Strafrechtsänderungsgesetz vom 10. Juni 2013 (BGBl. I S. 1497) Rechnung getragen hat (vgl. BT-Drucks. 17/9695 S. 9), scheitert die Anwendung des § 31 Satz 1 Nr. 1 BtMG nicht daran, dass die **aufgedeckten Taten als rechtlich selbständig zu bewerten** sind, sofern sie nur mit der strafbaren Beteiligung des Angeklagten an der Handelstätigkeit in Zusammenhang stehen. Ein solcher Zusammenhang ist bspw. gegeben, weil der Angeklagte seine fortlaufende Kurier- und Verkaufstätigkeit strikt im Auftrag und nach Anweisung nur eines Auftraggebers, nämlich eines Bandenmitglieds, verrichtet hat.[330]

---

[330] BGH, Beschluss vom 5.8.2013 – 5 StR 327/13.

g) Allgemeine Strafzumessungserwägungen

Aus dem Wechsel des Versandunternehmens durch einen Online-Versender von Arzneimitteln oder Lifestyle-Produkten kann nicht ohne weiteres auf eine **erhöhte kriminelle Energie** geschlossen werden.[331] 329

[11] Der Strafausspruch hat keinen Bestand.

[12] 1. Bei der Bemessung der Einzelstrafen hat das Landgericht rechtsfehlerhaft zugunsten des Angeklagten berücksichtigt, dass es sich bei den ausgeführten ausgenommenen Zubereitungen um „Medikamente" gehandelt habe, „die im therapeutischen Bereich ihren Einsatz finden" (UA S. 78).

[13] Das Landgericht hat dabei jedoch erkennbar nicht bedacht, dass nach den insoweit eindeutigen Feststellungen des Urteils im konkreten Fall gerade kein „therapeutischer" Einsatz vorlag, denn die Versendungen beruhten, wie auch der Angeklagte wusste, auf Scheinrezepten, die von pflichtwidrig handelnden, in das Geschehen eingebundenen Ärzten für ihnen unbekannte Personen unkontrolliert ausgestellt worden waren.

[14] 2. Das Landgericht hat bei der Festsetzung der Einzelstrafen weiterhin nicht berücksichtigt, dass der Angeklagte von vorneherein mit dem Ziel gehandelt hat, sich durch eine Vielzahl von Ausfuhren ausgenommener Zubereitungen in großem Umfang zu bereichern. Es gilt insoweit im Kern nichts anderes als bei serienmäßig begangenen Delikten, in denen die Bereicherung durch gegen das Vermögen der Opfer begangene Taten erfolgt (vgl. dazu BGH, Urteile vom 17. März 2009 – 1 StR 627/08, NJW 2009, 1979, und vom 8. April 2004 – 3 StR 465/03, NStZ 2004, 554).

[15] 3. Die aufgezeigten Mängel betreffen im Ansatz sämtliche Einzelstrafen. Unabhängig davon hat das Landgericht aber bei der Strafzumessung für die seit dem 23. Dezember 2004 begangenen Taten eine rechtlich nicht tragfähig begründete Erwägung zum Nachteil des Angeklagten angestellt: Während es für die zuvor begangenen Taten eine Geldstrafe von 90 Tagessätzen ausgesprochen hat, hat es für die nachfolgenden Taten jeweils neun Monate Freiheitsstrafe verhängt. Gestützt ist diese erhebliche Steigerung der Strafen darauf, dass der Angeklagte zum 23. Dezember 2004 seinen Versand von dem Logistikunternehmen F. auf die Versendung mit der Deutschen Post umgestellt hatte, weil diese ihm sogenannte Trackingnummern zur Verfügung stellen konnte, wodurch Kundenrückfragen (nach dem Verbleib der Ware) besser bearbeitet werden konnten und auch die Kosten des Angeklagten reduziert wurden. Daraus hat das Landgericht eine erhöhte kriminelle Energie des Angeklagten abgeleitet.

[16] Dies lässt besorgen, dass das Landgericht sich bei der Festsetzung der Einzelstrafen von rechtsfehlerhaften, für die Bemessung der Schuld des Angeklagten nicht relevanten Überlegungen hat leiten lassen. Die unerlaubte Ausfuhr von Medikamenten im Versandweg macht es unbedingt erforderlich, dass der Täter sich eines Versandunternehmens bedient. Auch unter Berücksichtigung der Ausführungen der Strafkammer zu den Trackingnummern und ihren sonstigen Ausführungen – zumal in der aus den unterschiedlichen Strafen ersichtlichen Dimension – ist nicht nachvollziehbar, dass er mehr Handlungsunwert oder eine höhere Strafzumessungsschuld auf sich geladen haben soll.

---

[331] BGH, Urteil vom 15.5.2013 – 1 StR 476/12.

[17] 4. Der Senat kann nicht ausschließen, dass ohne diese Rechtsfehler in allen Fällen jeweils andere Einzelstrafen verhängt worden wären.

[18] 5. Die Aufhebung der Einzelstrafen zieht die Aufhebung der gebildeten Gesamtstrafen nach sich.

330 Stellt der Tatrichter bei der Strafzumessung **strafschärfend** darauf ab, dass die nicht geringe Menge des **Wirkstoffgehalts jeweils um ein Vielfaches überschritten** sei, bedarf es **konkreter Feststellungen zum Wirkstoffgehalt.**[332]

331 **Fehlen gesicherte Erkenntnisse** darüber, welche **Wirkstoffkonzentrationen** zu welchen Beeinträchtigungen führen, entscheiden nicht beliebige Umstände des Einzelfalls darüber, wann vom Zustand eines akuten Rausches ausgegangen werden kann, der Auswirkungen auf das Vorliegen der Schuldfähigkeit haben kann. Maßgebend können nur **Umstände** sein, die **zuverlässige Rückschlüsse** auf das Vorliegen oder Nichtvorliegen eines akuten Rausches zulassen. Von wesentlicher Bedeutung sind daher Art und Menge des zu sich genommenen Rauschmittels und die mit dessen Konsum üblicher- oder auch nur möglicherweise verbundenen spezifischen Einschränkungen und Beeinträchtigungen.[333]

[2] 1. Die Erwägungen, mit denen das Landgericht das Vorliegen der Voraussetzungen des § 21 StGB ausgeschlossen hat, halten rechtlicher Überprüfung nicht stand.

[3] Das Landgericht ist zwar aufgrund einer am Tattag um 11.40 Uhr entnommenen Blutprobe davon ausgegangen, dass der Angeklagte eine im mittleren Bereich liegende THC-Konzentration und eine Konzentration der Abbauprodukte von Kokain und „Crack“ in einem „außergewöhnlich hohen Bereich“ (UA S. 15: Benzoylecgonin 2,2 mg/l bzw. Methylecgonin 0,4 mg/l) aufgewiesen habe. Obwohl dies nach Angaben des gehörten Sachverständigen für eine hochdosierte und/oder wiederholte Drogenaufnahme spreche, hat es einen zur Tatzeit zwischen 6.00 und 7.00 Uhr liegenden Drogenrausch, der die Steuerungsfähigkeit im Sinne des § 21 StGB erheblich vermindert habe, mit Blick auf das Fehlen einer äußerlich wahrnehmbaren Drogenbeeinträchtigung nicht angenommen. Die sachverständig beratene Strafkammer hat ihrer Entscheidung dabei die Erwägung zugrunde gelegt, es gebe – anders als bei Blutalkoholwerten – keine gesicherten wissenschaftlichen Erkenntnisse darüber, welche Beeinträchtigungen mit welchen Rauschgiftmengen korrelierten, und hat deshalb auf die „Umstände des Einzelfalls“ abgestellt, die hier keinen Anhalt für eine drogenbedingte Enthemmung böten.

[4] Dies begegnet durchgreifenden rechtlichen Bedenken. Fehlen gesicherte Erkenntnisse darüber, welche Wirkstoffkonzentrationen zu welchen Beeinträchtigungen führen, entscheiden nicht beliebige Umstände des Einzelfalls darüber, wann vom Zustand eines akuten Rausches ausgegangen werden kann, der Auswirkungen auf das Vorliegen der Schuldfähigkeit haben kann (vgl. BGH NStZ 2001, 83; BGHR StGB, § 21 Btm-Auswirkungen 4). Maßgebend können nur Umstände sein, die zuverlässige Rückschlüsse auf das Vorliegen oder Nichtvorliegen eines akuten Rausches zulassen. Von wesentlicher Bedeutung sind daher Art und Menge des zu sich ge-

---

[332] BGH, Beschluss vom 26.11.2013 – 5 StR 521/13.

[333] BGH, Beschluss vom 24.4.2013 – 2 StR 93/13; vgl. hierzu auch BGH, Beschluss vom 6.8.2013 – 3 StR 212/13.

nommenen Rauschmittels und die mit dessen Konsum üblicher- oder auch nur möglicherweise verbundenen spezifischen Einschränkungen und Beeinträchtigungen. Nicht jede Droge führt zu vergleichbaren Rauschfolgen, deren Eintreten zudem auch von der jeweiligen Menge des zu sich genommenen Wirkstoffs abhängen wird. Dies hat das Landgericht nicht hinreichend beachtet.

[5] Es hat weder die einzelnen Wirkstoffmengen der verschiedenen konsumierten Rauschmittel zum Tatzeitraum in den Blick genommen noch sich mit möglichen Auswirkungen des jeweiligen Drogenkonsums befasst, die allein oder in ihrem Zusammenwirken zu einer Beeinträchtigung der Steuerungsfähigkeit geführt haben könnten. …

[6] Zum einen bleibt so unberücksichtigt, dass (das vor Tatbeginn konsumierte) Kokain anders als etwa Alkohol zur Stimmungsaufhellung, Euphorie, einem Gefühl gesteigerter Leistungsfähigkeit und mehr Aktivität führt und damit ein Leistungsverhalten offenbart, das jedenfalls nicht von Einschränkungen oder Beeinträchtigungen des äußeren Leistungsverhaltens getragen sein muss. Aus dem Fehlen „rauschmittelbedingter Ausfallerscheinungen oder anderer psychischer Beeinträchtigungen" lässt sich demnach nicht (ohne Weiteres) darauf schließen, der Drogenkonsum habe nicht zu einer relevanten Einschränkung des Hemmungsvermögens geführt. Das Landgericht hat insoweit dem Leistungsverhalten des Angeklagten eine Bedeutung beigemessen, die diesem nach Konsum von Kokain nicht zukommt.

[7] Zum anderen greift das Landgericht zu kurz, wenn es anführt, die (nicht näher beschriebene) Wirkung von Crack setze rasch ein und baue sich innerhalb einer halben Stunde wieder ab, weshalb das zielgerichtete Verhalten des Angeklagten vom Betreten der Wohnung bis zu seiner Flucht allein mit dem Konsum von Crack nicht zu erklären sei. …

[8] Schließlich gibt es während des gesamten Tatablaufs Besonderheiten, die für sich allein oder zumindest im Zusammenwirken dafür sprechen könnten, dass der Angeklagte im akuten Rauschzustand gehandelt hat. So teilte er der überfallenen Frau unvermittelt, nachdem es wegen fehlender Erektion nicht zum erstrebten Vaginalverkehr gekommen war, mit, sie sei „so hübsch", und fragte sie, ob er nicht ihr Freund werden könne. Als ein Mitbewohner nach Hause kam, ihn mit dem Tatopfer antraf und aufforderte, das Messer beiseite zu legen, sprach der Angeklagte davon, mit dem Opfer gekokst und „Party" gemacht zu haben, und zeigte seinen Führerschein hoch, um seine Identität zu belegen. Als der Übergriff durch einen herbeigeeilten Nachbar schließlich beendet wurde, entwendete der Angeklagte aus einer Aufbewahrungsbox verschiedene Dokumente der Geschädigten wie eine Krankenkassenkarte, eine EC-Karte sowie einen alten Kinderausweis und flüchtete aus dem Fenster auf die davor liegende Dachterrasse. Die herbeigerufenen Polizeibeamten konnten um 8.00 Uhr bei der Nahbereichsabsuche sehen, wie der Angeklagte mit einem Messer in der Hand über ein Gerüst auf das Dach eines nahe gelegenen Hauses kletterte, von wo aus keine weiteren Fluchtmöglichkeiten bestanden. Auf die beruhigende Ansprache auf den Angeklagten reagierte dieser mit der Forderung nach einem Getränk. Er lief sodann auf dem Dach hin und her und vermittelte den Eindruck, nicht zu wissen, was er tun sollte. Zwischenzeitlich entleerte er seine Hosentaschen und warf die darin enthaltenen Dokumente der Geschädigten in den Innenhof. Er fügte sich mit dem Messer oberflächliche Verletzungen zu und kündigte an, vom Dach zu springen. Er versuchte, auf den Schornstein zu klettern, und rüttelte an dem Auslass desselben, bis er abbrach. Sodann kletterte er vom Dach aus auf einen davorstehenden Baum und von dort in die Baumkrone. Dort blieb er

mehrere Minuten, bevor er auf das Dach zurückkletterte. Beim erneuten Versuch, auf den Baum zu gelangen, stürzte er wegen eines abbrechenden Astes vier bis fünf Meter auf das Dach eines dort geparkten Autos und konnte so gegen 9.30 Uhr festgenommen werden. Die Kammer hat sich mit einigen dieser Umstände auseinander gesetzt und ihnen trotz der festgestellten hohen Wirkstoffkonzentration von Kokain und Crack im Blut (isoliert) keine Bedeutung für die Frage einer erheblichen Einschränkung der Steuerungsfähigkeit beigemessen (vgl. UA S. 15). Insoweit fehlt es jedenfalls an einer erschöpfenden Gesamtwürdigung aller bedeutsamen Umstände. …

[9] 2. Die aufgezeigten Mängel bei der Prüfung des § 21 StGB führen ohne Weiteres zur Aufhebung des Rechtsfolgenausspruchs. Sie entziehen aber auch dem an sich rechtsfehlerfrei getroffenen Schuldspruch die Grundlage, weil der Senat angesichts der hohen festgestellten Wirkstoffkonzentrationen im Blut nicht gänzlich ausschließen kann, dass bei ordnungsgemäßer Prüfung die Voraussetzungen des § 20 StGB gegeben sein könnten.

2. Jugendgerichtsgesetz (JGG)

332 Nach **§ 3 S. 1 JGG** ist ein Jugendlicher **strafrechtlich verantwortlich**, wenn positiv feststeht, dass er zur Zeit der Tat nach seiner sittlichen und geistigen Entwicklung reif genug gewesen ist, das Unrecht der Tat einzusehen und nach dieser Einsicht zu handeln. Ob die erforderliche Verantwortungsreife gegeben ist, hat der Tatrichter auf der Grundlage seiner Feststellungen zur persönlichen Entwicklung des Jugendlichen, zu dessen Persönlichkeit zur Tatzeit und den Umständen der konkreten Tat – gegebenenfalls mit sachverständiger Hilfe – wertend zu beurteilen. Kann die nach § 3 Satz 1 JGG erforderliche Einsichts- und Handlungsreife nicht sicher festgestellt werden, scheidet ein Schuldspruch aus.[334]

[5] Der Freispruch des Angeklagten J. ist aufzuheben, weil die Erwägungen, mit denen das Landgericht eine strafrechtliche Verantwortlichkeit (§ 3 Satz 1 JGG) verneint hat, rechtlicher Überprüfung nicht standhalten.

[6] 1. Das sachverständig beratene Landgericht hat bei dem Angeklagten J. die nach § 3 Satz 1 JGG erforderliche Einsichtsfähigkeit bejaht. Es ist jedoch – auch insoweit den angehörten Sachverständigen folgend – zu dem Ergebnis gelangt, dass der Angeklagte nicht über das bei Jugendlichen mit durchschnittlichem Entwicklungsstand zu fordernde Hemmungsvermögen verfügt habe und seine „Handlungsfähigkeit" deshalb „eingeschränkt" gewesen sei; Grund hierfür sei im Wesentlichen eine Persönlichkeitsentwicklungsstörung, welche sich vermutlich auf dem Boden einer sozialen Bindungsstörung im Kindesalter entwickelt habe und sich unter anderem in erheblichen Schwächen im auditiven Verständnis und im Bereich der sprachlichen Verarbeitungsgeschwindigkeit sowie in einer Neigung zur Unterordnung zeige (UA 39 f., 40 f.). § 3 Satz 1 JGG setze eine positive Feststellung der „Handlungsfähigkeit" voraus. Diese sei nicht mehr sicher möglich, wenn die „Handlungsfähigkeit", wie hier, beschränkt sei. Für diesen Fall müsse zu Gunsten des Angeklagten die „Handlungsfähigkeit" und damit die strafrechtliche Verantwortlichkeit verneint werden (UA 42).

---

[334] BGH, Urteil vom 13.12.2012 – 4 StR 271/12.

[7] Diese Ausführungen lassen besorgen, dass das Landgericht allein in der Feststellung von entwicklungsbedingten Einschränkungen der Handlungsreife ein Hindernis für die Annahme einer strafrechtlichen Verantwortlichkeit nach § 3 Satz 1 JGG gesehen hat. Dies trifft in dieser Allgemeinheit nicht zu.

[8] Nach § 3 Satz 1 JGG ist ein Jugendlicher strafrechtlich verantwortlich, wenn positiv feststeht, dass er zur Zeit der Tat nach seiner sittlichen und geistigen Entwicklung reif genug gewesen ist, das Unrecht der Tat einzusehen und nach dieser Einsicht zu handeln. Ob die erforderliche Verantwortungsreife gegeben ist, hat der Tatrichter auf der Grundlage seiner Feststellungen zur persönlichen Entwicklung des Jugendlichen, zu dessen Persönlichkeit zur Tatzeit und den Umständen der konkreten Tat – gegebenenfalls mit sachverständiger Hilfe (vgl. § 43 Abs. 2 JGG) – wertend zu beurteilen. Kann die nach § 3 Satz 1 JGG erforderliche Einsichts- und Handlungsreife nicht sicher festgestellt werden, scheidet ein Schuldspruch aus (vgl. BGH, Urteil vom 3. Februar 2005 – 4 StR 492/04, ZJJ 2005, 205; Eisenberg, 16. Aufl., § 3 Rn. 4; MünchKommStGB/Altenhain, § 3 JGG Rn. 5; Streng, Jugendstrafrecht, 3. Aufl., Rn. 47; Bohnert, NStZ 1988, 249).

[9] Das sich aus § 3 Satz 1 JGG ergebende Erfordernis, die entwicklungsbedingte Handlungsreife in Bezug auf die konkrete Rechtsgutsverletzung positiv feststellen zu müssen, stellt an den Tatrichter zwar besondere Erkenntnis- und Begründungsanforderungen (vgl. Bohnert, NStZ 1988, 249; Streng, DVJJ-Journal 1997, 379, 380), doch folgt aus ihm nicht, dass eine entsprechende Annahme nur noch dann getroffen werden kann, wenn keine reifebedingten Einschränkungen vorliegen. Auch eine aufgrund von Reifedefiziten eingeschränkte Fähigkeit, nach der vorhandenen Einsicht in das Unrecht der Tat zu handeln, begründet die Annahme strafrechtlicher Verantwortlichkeit gemäß § 3 Satz 1 JGG, wenn der Jugendliche „reif genug" ist (so der Wortlaut von § 3 Satz 1 JGG). Feststellungen bzw. Wertungen hierzu hat das Landgericht nicht getroffen. Die Sache bedarf daher neuer Verhandlung und Entscheidung.

[10] 2. Das Urteil war trotz des auf die Bewertung der Verantwortungsreife beschränkten Rechtsfehlers im Ganzen aufzuheben. Eine Aufrechterhaltung von belastenden Feststellungen kam nicht in Betracht, weil der Angeklagte J. aufgrund des Freispruchs an einer Anfechtung des Urteils gehindert war (vgl. BGH, Urteil vom 23. Februar 2000 – 3 StR 595/99, insoweit in NStZ-RR 2000, 300 nicht abgedruckt; Beschluss vom 15. Dezember 1999 – 5 StR 537/99; Meyer-Goßner, StPO, 55. Aufl., § 353 Rn. 15a).

Die Annahme der **Schuldschwere** im Sinne von § 17 Abs. 2 2. Alt. JGG begegnet Bedenken, soweit die Strafkammer nicht erörtert hat, inwieweit sich die charakterliche Haltung und die Persönlichkeit sowie die Tatmotivation des Heranwachsenden in vorwerfbarer Schuld niedergeschlagen haben. Dies gilt insbesondere, wenn nicht deutlich wird, dass die Strafkammer dem **äußeren Unrechtsgehalt der Tat nur insofern Bedeutung** zugemessen hat, als aus ihm Schlüsse auf die Persönlichkeit des Täters und die Höhe der Schuld gezogen werden können.[335] **333**

[4] 2. Der Ausspruch über die Jugendstrafe hat keinen Bestand.

[5] Die Erwägungen, mit denen die Strafkammer sowohl im Sinne der gebotenen Parallelwertung nach Erwachsenenstrafrecht (vgl. BGH, Beschluss vom 21. August 2012 – 4 StR 157/12; Beschluss vom 4. November 1987 – 3 StR 482/87, BGHR

335 BGH, Beschluss vom 5.6.2013 – 2 StR 189/13.

JGG § 18 Abs. 1 Satz 3 m.w.N.) einen minderschweren Fall abgelehnt als auch die Schwere der Schuld des Angeklagten im Sinne des § 17 Abs. 2, 2. Alt. JGG bejaht hat, sind gleichermaßen rechtsfehlerhaft.

[6] a) Das Landgericht hat jeweils schulderhöhend gewertet, dass zwischen dem Angeklagten und der Geschädigten ein intensives und freundschaftliches Verhältnis bestand, was diesen eher zum Schutz der Geschädigten hätte veranlassen müssen. Auch habe dem Angeklagten als einem bereits seit zwei Jahren volljährigen Erwachsenen die Verantwortung oblegen, die Taten zu unterlassen. Der Angeklagte habe indes nicht nur den Wunsch der Mutter der Geschädigten, weiteren Geschlechtsverkehr wegen des zwischen ihm und der Geschädigten bestehenden großen Altersunterschieds zu unterlassen, ignoriert, sondern auch den Willen des Gesetzgebers „zum Schutze von Kindern auf eine sexuell unbelastete Entwicklung".

[7] b) Mit diesen Erwägungen stellt das Landgericht indes rechtsfehlerhaft darauf ab, dass der Angeklagte die Taten überhaupt begangen hat. Das Gericht hat es zudem versäumt, sich mit der Frage auseinanderzusetzen, ob nicht die Schuld des Angeklagten wegen des zwischen ihm und der Geschädigten bestehenden besonderen Verhältnisses gemindert sein könnte. Hierzu bestand insofern Anlass, als nach den Feststellungen „zumindest" aus Sicht der Geschädigten eine Liebesbeziehung bestand, zwischen beiden stets einvernehmlicher und geschützter Geschlechtsverkehr stattfand, die Geschädigte zur Tatzeit bereits 13 Jahre alt war und es sich bei dem Angeklagten um einen erst 20jährigen jungen Erwachsenen handelte (vgl. dazu BGH, Beschluss vom 5. April 2005 – 4 StR 96/05, StV 2005, 387; Urteil vom 26. Juli 2006 – 1 StR 150/06, NStZ-RR 2006, 339; Beschluss vom 12. November 2008 – 2 StR 355/08, NStZ-RR 2009, 72). So hat zwar die Strafkammer festgestellt, dass die Geschädigte in ihrer Entwicklung nicht anders als der Durchschnitt von Mädchen bis zu 14 Jahren zu beurteilen sei. Allein aber der Umstand, dass die vorliegende Fallkonstellation damit nicht exakt der in den Gesetzesmaterialien zu § 176a StGB als Beispiel eines minderschweren Falls genannten Konstellation einer „Liebesbeziehung zwischen einem körperlich und geistig-seelisch weit über den altersgemäßen Zustand hinaus entwickelten Kind (etwa einem knapp 14 Jahre alten Mädchen) und einem jungen (etwa 21 Jahre alten) Erwachsenen" entspricht (BT-Drucks. 13/8587 S. 32), entbindet nicht von der Erörterung ähnlich gelagerter schuldmindernder Umstände.

[8] Die Annahme der Schwere der Schuld des Angeklagten (§ 17 Abs. 2, 2. Alt. JGG) begegnet darüber hinaus auch insoweit Bedenken, als die Strafkammer nicht erörtert hat, inwieweit sich die charakterliche Haltung und die Persönlichkeit sowie die Tatmotivation des Heranwachsenden in vorwerfbarer Schuld niedergeschlagen haben. Insbesondere wird nicht deutlich, dass die Strafkammer dem äußeren Unrechtsgehalt der Tat nur insofern Bedeutung zugemessen hat, als aus ihm Schlüsse auf die Persönlichkeit des Täters und die Höhe der Schuld gezogen werden können (vgl. BGH, Beschluss vom 19. November 2009 – 3 StR 400/09, NStZ 2010, 281 m.w.N.).

[9] 3. Der Senat kann nicht ausschließen, dass das Gericht unter Berücksichtigung der vorgenannten Erwägungen zu einem verringerten Schuldumfang gelangt wäre und daher auf eine insgesamt niedrigere Jugendstrafe erkannt hätte.

334 Der Verhängung von Jugendstrafen können rechtliche Bedenken begegnen, soweit zu besorgen ist, dass der das Strafmaß mitbestimmende **Erziehungsgedanke** (§ 18 Abs. 2 JGG), der als **beherrschender Zweck des Jugendstrafrechts bei der Strafbe-**

messung auch dann Vorrang hat, wenn Jugendstrafe wegen der Schwere der Schuld verhängt wird, unbeachtet geblieben ist ist.[336]

[3] Die Revisionen der Angeklagten sind unbegründet, soweit sie sich gegen den Schuldspruch richten. Auch die Beweiswürdigung des Landgerichts ist aus den vom Generalbundesanwalt genannten Gründen rechtlich nicht zu beanstanden. Der Strafausspruch gegen den Angeklagten L. ist ebenfalls rechtsfehlerfrei.

[4] Jedoch begegnet die Verhängung der Jugendstrafen gegen die Angeklagten P. und Pr. rechtlichen Bedenken. Es ist zu besorgen, dass der das Strafmaß mitbestimmende Erziehungsgedanke (§ 18 Abs. 2 JGG), der als beherrschender Zweck des Jugendstrafrechts bei der Strafbemessung auch dann Vorrang hat, wenn Jugendstrafe wegen der Schwere der Schuld verhängt wird, unbeachtet geblieben ist (vgl. BGH, Beschluss vom 13. Oktober 2005 – 4 StR 379/05). Anhaltspunkte für dessen Berücksichtigung finden sich in den Urteilsgründen nicht. Sie teilen ausschließlich Überlegungen mit, nach denen die Strafen aus der Sicht der Jugendkammer „tat- und schuldangemessen" seien. Dagegen wird weder der Erziehungsbedarf hinsichtlich der Angeklagten P. und Pr. erörtert, noch werden die gegebenenfalls zu erwartenden Folgen einer eventuellen Verbüßung der Jugendstrafen für die weitere Entwicklung dieser Angeklagten in den Blick genommen. Auch erhebliche Änderungen in den persönlichen Verhältnissen der Angeklagten nach der Tat hat die Jugendkammer nicht erkennbar berücksichtigt.

Im **Jugendstrafrecht** kommt dem **Beschleunigungsgrundsatz** eine besondere Bedeutung zu, weil dort Freiheitsstrafen mit dem Ziel der Erziehung und sozialen Integration vollzogen werden. **335**

Auch für den Bereich der **Strafvollstreckung** gilt, dass die Strafverfolgungsbehörden im Falle einer **rechtsstaatswidrigen Verfahrensverzögerung** in jeder Lage des Verfahrens prüfen müssen, ob die Bestrafung noch in einem angemessenen Verhältnis zu dem erreichbaren Rechtsgüterschutz steht.[337]

Ist einem Urteil weder ausdrücklich noch in seinem Gesamtzusammenhang zu entnehmen, dass die Jugendkammer die gemäß **§ 5 Abs. 3, § 105 Abs. 1 JGG gebotene Prüfung** vorgenommen hätte, ob von Jugendstrafe wegen der Unterbringung in einem psychiatrischen Krankenhaus abgesehen werden kann, kann dies einen Rechtsfehler darstellen.[338] **336**

[2] 2. Während der Schuldspruch ohne den Angeklagten benachteiligenden Rechtsfehler ist (§ 349 Abs. 2 StPO), kann der Rechtsfolgenausspruch nicht bestehen bleiben (§ 349 Abs. 4 StPO):

[3] a) Dem Urteil ist weder ausdrücklich noch in seinem Gesamtzusammenhang zu entnehmen, dass die Jugendkammer die gemäß § 5 Abs. 3, § 105 Abs. 1 JGG gebotene Prüfung vorgenommen hätte, ob von Jugendstrafe wegen der Unterbringung in einem psychiatrischen Krankenhaus abgesehen werden kann.

[4] b) Der Senat hat geprüft, ob sich gleichwohl ohne weiteres aus dem Zusammenhang der Urteilsgründe von selbst versteht, dass eine Anwendung von § 5 Abs. 3 JGG ausscheidet (vgl. BGH, Beschluss vom 22. Juli 2009 – 2 StR 240/09).

---

336 BGH, Urteil vom 19.6.2013 – 2 StR 498/12.

337 BVerfG, Kammerbeschluss vom 8.4.2013 – 2 BvR 2567/10.

338 BGH, Beschluss vom 17.9.2013 – 1 StR 372/12.

[5] Dies war zu verneinen:

[6] Die Jugendkammer folgt dem Sachverständigen, wonach der Angeklagte ein „seltener Ausnahmefall" sei, bei dem „die Zuordnung einer Persönlichkeitsstörung zum vierten Eingangsmerkmal des § 20 StGB ... gerechtfertigt" sei. Auch wenn bei ihm „keine zusätzliche psychotische Symptomatik" vorliege, bewirke die Persönlichkeitsstörung Einbußen, wie sie vor allem bei „Schizophrenien und Demenzen auftreten könnten". Angesichts dieser Besonderheiten liegt die Entscheidung darüber, ob hier neben der Unterbringungsanordnung Jugendstrafe zu verhängen ist, nicht offenkundig auf der Hand. Daher kann der Senat nicht selbst abschließend hierüber entscheiden, da er das insoweit von der Jugendkammer auszuübende, aber nicht ausgeübte Ermessen nicht durch eigenes Ermessen ersetzen kann (vgl. allgemein zu dieser Konstellation BGH, Urteil vom 4. Juni 2013 – 1 StR 32/13 Rn. 86 m.w.N.).

[7] c) Schon angesichts des Sachzusammenhangs zwischen Jugendstrafe und Unterbringung kann auch die Unterbringungsanordnung keinen Bestand haben (vgl. BGH, Beschlüsse vom 22. Juli 2009 – 2 StR 240/09 und vom 27. Mai 2008 – 3 StR 131/08 m.w.N.).

[8] d) Darüber hinaus bemerkt der Senat, dass die im Rahmen der Prüfung von § 63 StGB angestellten Erwägungen der Jugendkammer nicht widerspruchsfrei erscheinen (1) und darüber hinaus – dies würde für sich genommen hier den Angeklagten nicht beschweren – keinen zutreffenden Maßstab anlegen (2):

[9] (1) Die Bewertung der zurückliegenden Taten (vgl. oben 1. am Ende) als wahllos und ohne Zusammenhang mit Beziehungen zu den Opfern begangen, stimmt jedenfalls auf die hier als wesentlich angesehenen Taten – räuberische Erpressung und versuchte räuberische Erpressung – bezogen, nicht mit den Feststellungen überein. Opfer der räuberischen Erpressung war ein Nachbar des Angeklagten. Diesen hatte er zunächst zum gemeinsamen Zechen in seine Wohnung geholt, mit ihm die dort vorhandenen Alkoholvorräte ausgetrunken und dann von ihm gewaltsam Geld für weiteren Alkohol und Zigaretten erpresst. Auch mit dem Geschädigten der versuchten räuberischen Erpressung hatte der Angeklagte offenbar schon länger Kontakt. Jedenfalls hatte sich der Angeklagte, so ein Zeuge über Bekundungen des inzwischen verstorbenen Geschädigten, häufiger in der Wohnung des Geschädigten aufgehalten und von diesem dort Geld verlangt.

[10] (2) Andererseits besteht eine Gefahr für die Allgemeinheit aber nicht nur, wenn eine unbestimmte Vielzahl noch nicht näher individualisierter Personen betroffen ist. Vielmehr ist jeder als Einzelner Mitglied der Allgemeinheit, wenn ihm schwerer Schaden droht. Dementsprechend genügt es für eine Gefährlichkeit i.S.d. § 63 StGB, wenn vom Täter erhebliche rechtswidrige Taten nur gegen einen begrenzten Personenkreis oder sogar nur gegen eine Einzelperson zu erwarten sind (vgl. BGH, Urteil vom 6. April 1976 – 1 StR 847/75, BGHSt 26, 321; BGH, Urteil vom 10. Januar 2007 – 1 StR 530/06 m.w.N. zum hinsichtlich des Begriffs der Allgemeinheit gleich zu behandelnden Fall des § 66 StGB).

337 Verhalten sich die **Urteilsgründe** nicht zu der mit Blick auf § 105 Abs. 2 JGG erheblichen Frage, ob eine gegen den Angeklagten **verhängte Geldstrafe bezahlt** wurde oder auf andere Weise erledigt ist, kann dies einen Rechtsfehler darstellen.[339]

---

[339] BGH, Beschluss vom 26.2.2013 – 2 StR 507/12.

[1] Das Landgericht hat den Angeklagten wegen Diebstahls und wegen versuchten schweren Bandendiebstahls in jeweils zwei Fällen sowie wegen schweren Bandendiebstahls in sieben Fällen zu einer Einheitsjugendstrafe von drei Jahren und sechs Monaten verurteilt. Mit seiner hiergegen gerichteten Revision beanstandet der Angeklagte die Verletzung formellen und materiellen Rechts. Das Rechtsmittel hat mit der Sachrüge den aus der Entscheidungsformel ersichtlichen Teilerfolg; im Übrigen ist es unbegründet im Sinne des § 349 Abs. 2 StPO.

[2] Der Generalbundesanwalt hat in seiner Antragsschrift ausgeführt:

[3] „Der Strafausspruch unterliegt bereits auf die Sachrüge hin der Aufhebung, weil das angefochtene Urteil mitteilt, dass eine gegen den Angeklagten rechtskräftig verhängte Jugendstrafe ‚fast' verbüßt wurde, mithin noch teilweise offen ist (vgl. UA S. 51, 53), gleichwohl aber von einer Erörterung der § 105 Abs. 1, § 31 Abs. 2 Satz 1, Abs. 3 Satz 1 JGG absieht. Ferner verhalten sich die Urteilsgründe nicht zu der mit Blick auf § 105 Abs. 2 JGG erheblichen Frage, ob die durch das Amtsgericht Rüsselsheim gegen den Angeklagten verhängte Geldstrafe bezahlt wurde oder auf andere Weise erledigt ist. Des Eingehens auf die – meines Erachtens den Formerfordernissen des § 344 Abs. 2 Satz 2 StPO nicht entsprechende und deshalb unzulässige – Verfahrensrüge, die sich ausschließlich gegen den Rechtsfolgenausspruch richtet, bedarf es demnach nicht.

[4] Im Übrigen hat die durch die Sachrüge veranlasste Überprüfung des Urteils keinen durchgreifenden Rechtsfehler zum Nachteil des Angeklagten aufgedeckt."

[5] Dem schließt sich der Senat an.

Der Anordnungsgrund der **„Schwere der Schuld" in § 17 Abs. 2 JGG** kann grundsätzlich nicht allein bei „Kapitalstrafsachen" in Betracht kommen. Dies entspricht nicht der bisherigen Rechtsprechung des Bundesgerichtshofs, die auch außerhalb dessen bei besonders schweren Straftaten, zu denen gravierende Sexualdelikte gehören können, die Verhängung einer allein auf die Schwere der Schuld gegründeten Jugendstrafe zugelassen hat. **338**

Im Übrigen neigt der Senat dazu, bereits das Vorliegen eines gewissen Schuldausmaßes allein als Anordnungsgrund einer auf das Merkmal der „Schwere der Schuld" gestützten Jugendstrafe ohne eine faktische Erziehungsfähigkeit und -bedürftigkeit des jugendlichen oder heranwachsenden Täters genügen zu lassen. Weder der Wortlaut von § 17 Abs. 2 JGG noch dessen Entstehungsgeschichte (vgl. BT-Drucks. I/3264 S. 40 re. Spalte/S. 41 li. Spalte) deuten auf ein kumulatives Erfordernis eines solchen Erziehungsbedürfnisses als Anordnungsvoraussetzung der Jugendstrafe hin. Die in § 18 Abs. 2 JGG enthaltene Vorgabe, bei der Bemessung der Jugendstrafe die erforderliche erzieherische Einwirkung möglich zu machen, betrifft unmittelbar lediglich die Festsetzung der Dauer einer Jugendstrafe, nicht aber die vorgelagerte, in § 17 Abs. 2 JGG (in Verbindung mit § 5 und § 13 Abs. 1 JGG) geregelte Auswahl der jugendstrafrechtlichen Sanktion. Es entspricht zudem ohnehin der gefestigten Rechtsprechung des Bundesgerichtshofs, im Rahmen der Strafbemessung der Jugendstrafe gemäß § 18 Abs. 2 JGG neben der Erziehungswirksamkeit auch andere Strafzwecke, bei schweren Straftaten vor allem das Erfordernis des gerechten Schuldausgleichs, zu berücksichtigen.[340]

340 BGH, Beschluss vom 6.5.2013 – 1 StR 178/13.

[7] 4. Die Angriffe der Revision der Angeklagten N. gegen die Verhängung einer Jugendstrafe und deren Bemessung dringen nicht durch.

[8] a) Der Senat teilt insbesondere nicht die Auffassung der Revision, der Anordnungsgrund der „Schwere der Schuld" in § 17 Abs. 2 JGG könne grundsätzlich lediglich bei „Kapitalstrafsachen" in Betracht kommen. Dies entspricht nicht der bisherigen Rechtsprechung des Bundesgerichtshofs, die auch außerhalb dessen bei besonders schweren Straftaten, zu denen gravierende Sexualdelikte gehören können (BGH, Beschlüsse vom 27. Oktober 2009 – 3 StR 404/09, NStZ-RR 2010, 56 f. und vom 28. September 2010 – 5 StR 330/10, StV 2011, 588 f.), die Verhängung einer allein auf die Schwere der Schuld gegründeten Jugendstrafe zugelassen hat (etwa BGH, Beschluss vom 20. Januar 1998 – 4 StR 656/97, StV 1998, 332, 333; weit. Nachw. bei Radtke in Münchener Kommentar zum StGB, 2. Aufl., 2013, Band 6, JGG § 17 Rn. 67).

[9] b) Im Übrigen neigt der Senat dazu, bereits das Vorliegen eines gewissen Schuldausmaßes allein als Anordnungsgrund einer auf das Merkmal der „Schwere der Schuld" gestützten Jugendstrafe ohne eine faktische Erziehungsfähigkeit und -bedürftigkeit des jugendlichen oder heranwachsenden Täters genügen zu lassen. Weder der Wortlaut von § 17 Abs. 2 JGG noch dessen Entstehungsgeschichte (vgl. BT-Drucks. I/3264 S. 40 re. Spalte/S. 41 li. Spalte) deuten auf ein kumulatives Erfordernis eines solchen Erziehungsbedürfnisses als Anordnungsvoraussetzung der Jugendstrafe hin. Die in § 18 Abs. 2 JGG enthaltene Vorgabe, bei der Bemessung der Jugendstrafe die erforderliche erzieherische Einwirkung möglich zu machen, betrifft unmittelbar lediglich die Festsetzung der Dauer einer Jugendstrafe, nicht aber die vorgelagerte, in § 17 Abs. 2 JGG (in Verbindung mit § 5 und § 13 Abs. 1 JGG) geregelte Auswahl der jugendstrafrechtlichen Sanktion. Es entspricht zudem ohnehin der gefestigten Rechtsprechung des Bundesgerichtshofs, im Rahmen der Strafbemessung der Jugendstrafe gemäß § 18 Abs. 2 JGG neben der Erziehungswirksamkeit auch andere Strafzwecke, bei schweren Straftaten vor allem das Erfordernis des gerechten Schuldausgleichs, zu berücksichtigen (BGH, Beschlüsse vom 1. Dezember 1981 – 1 StR 634/81, StV 1982, 121; vom 27. November 1995 – 1 StR 634/95, NStZ 1996, 232 f.; BGH, Urteil vom 23. Oktober 1997 – 5 StR 486/97; Beschluss vom 23. März 2010 – 5 StR 556/09, NStZ-RR 2010, 290, 291). Dem Gedanken des Schuldausgleichs ist insbesondere bei fünf Jahre übersteigenden Jugendstrafen Bedeutung zugemessen worden, weil bei derartigen Verbüßungszeiträumen eine (weitere) erzieherische Wirkung bezweifelt wird (vgl. BGH, Beschlüsse vom 27. November 1995 – 1 StR 634/95, NStZ 1996, 232 f. und vom 20. März 1996 – 3 StR 10/96, StV 1998, 344; siehe aber auch BGH, Beschluss vom 7. Mai 1996 – 4 StR 182/96, NStZ 1996, 496 f.).

[10] c) Ob faktische Erziehungsfähigkeit und rechtliche Erziehungsberechtigung (bei Heranwachsenden) notwendige Anordnungsvoraussetzungen der Jugendstrafe wegen Schwere der Schuld sind, bedarf vorliegend allerdings keiner Entscheidung, weil das Tatgericht ohne Rechtsfehler ein Erziehungsbedürfnis bei der Angeklagten festgestellt hat.

[11] d) Die Annahme der „Schwere der Schuld" ist auch im Übrigen nicht zu beanstanden. Gerade weil in der Rechtsprechung des Bundesgerichtshofs dieses Merkmal nicht anhand des äußeren Unrechtsgehalts der Tat, sondern der charakterlichen Haltung, der Persönlichkeit und der Tatmotivation des bzw. der Jugendlichen oder Heranwachsenden beurteilt werden soll (etwa BGH, Beschluss vom 14. August 2012 – 5 StR 318/12, StraFo 2012, 469 f.), versteht sich das Vorliegen dieses Anordnungs-

grundes des § 17 Abs. 2 JGG angesichts der getroffenen Feststellungen geradezu von selbst.

Ein Urteil, das ausschließlich ein **Zuchtmittel** (§ 13 Abs. 2 Ziffer 3 JGG) gegen den Angeklagten anordnet, kann gemäß **§ 55 Abs. 1 Satz 1 JGG** nicht wegen des Umfangs der Maßnahme und nicht deshalb angefochten werden, weil andere Erziehungsmaßregeln oder (andere) Zuchtmittel hätten angeordnet werden sollen. Dementsprechend kann ein Rechtsmittel gegen ein allein derartige Rechtsfolgen des Jugendstrafrechts verhängendes Urteil lediglich darauf gestützt werden, dass die Schuldfrage aus tatsächlichen oder rechtlichen Gründen falsch beurteilt oder die verhängte Sanktion selbst rechtswidrig ist.[341] 339

[5] 1. Ein Urteil, das – wie hier mit der Verhängung von Jugendarrest – ausschließlich ein Zuchtmittel (§ 13 Abs. 2 Ziffer 3 JGG) gegen den Angeklagten anordnet, kann gemäß § 55 Abs. 1 Satz 1 JGG nicht wegen des Umfangs der Maßnahme und nicht deshalb angefochten werden, weil andere Erziehungsmaßregeln oder (andere) Zuchtmittel hätten angeordnet werden sollen. Dementsprechend kann ein Rechtsmittel gegen ein allein derartige Rechtsfolgen des Jugendstrafrechts verhängendes Urteil lediglich darauf gestützt werden, dass die Schuldfrage aus tatsächlichen oder rechtlichen Gründen falsch beurteilt oder die verhängte Sanktion selbst rechtswidrig ist (OLG Celle, NStZ-RR 2001, 121 m.w.N.; OLG Dresden, Beschluss vom 31. Januar 2003 – 1 Ss 708/02 – zitiert nach juris; Laue in Meier/Rössner/Trüg/Wulf, JGG, 2011, § 55 Rn. 29; siehe auch BVerfG NStZ-RR 2007, 385, 386).

[6] a) Diese gesetzliche Beschränkung in dem zulässigen Angriffsziel eines gegen ein solches Urteil gerichteten Rechtsmittels wirkt sich bei der Revision auf die aus § 344 Abs. 1 StPO resultierenden Anforderungen an den vom Gesetz verlangten Revisionsantrag aus (vgl. Meyer-Goßner, StPO, 56. Aufl., § 344 Rn. 3a; siehe auch bereits BGH, Beschluss vom 6. Oktober 1998 – 4 StR 312/98, bei Böhm NStZ-RR 1999, 289, 291 zu Ziffer VI.). Um eine Umgehung der Begrenzung der im Rahmen von § 55 Abs. 1 Satz 1 JGG zulässigen Angriffsziele einer Revision zu verhindern, ergibt sich vor dem Hintergrund von § 344 Abs. 1 StPO, im Revisionsantrag anzugeben, inwieweit das Urteil angefochten werde, für den Revisionsführer die Notwendigkeit, eindeutig (vgl. BVerfG NStZ-RR 2007, 385, 386) klarzustellen, dass mit dem Rechtsmittel ein zulässiges Ziel verfolgt wird (OLG Celle und OLG Dresden jeweils aaO; Meyer-Goßner aaO; Laue in Meier/Rössner/Trüg/Wulf, JGG, § 55 Rn. 29 aE).

[7] Wie der Generalbundesanwalt in seiner Antragsschrift vom 4. Juni 2013 zutreffend ausgeführt hat, ist ein solches Erfordernis der Angabe eines zulässigen Angriffsziels in der Rechtsprechung des Bundesgerichtshofs für die in § 400 Abs. 1 StPO enthaltenen Beschränkungen bei Rechtsmitteln des Nebenklägers seit langem anerkannt (etwa BGH, Beschlüsse vom 6. März 2001 – 4 StR 505/00, bei Becker NStZ-RR 2002, 97, 104; vom 11. März 2004 – 3 StR 493/03, bei Becker NStZ-RR 2005, 257, 262; und vom 27. Januar 2009 – 3 StR 592/08, NStZ-RR 2009, 253). Wie bei dem sachlich begrenzten Rechtsmittel des Nebenklägers kann auch bei dem gemäß § 55 Abs. 1 Satz 1 JGG beschränkt zulässigen Anfechtungsumfang die Einhaltung der Beschränkung durch das Rechtsmittelgericht wirksam vor allem über die aus § 344 Abs. 1 StPO resultierenden Anforderungen an den Revisionsantrag überprüft werden.

---

[341] BGH, Beschluss vom 10.7.2013 – 1 StR 278/13.

[8] b) Mit diesem aus § 55 Abs. 1 Satz 1 JGG i.V.m. § 344 Abs. 1 StPO abgeleiteten Erfordernis ist eine Verletzung des Grundrechts auf effektiven Rechtsschutz (Art. 20 Abs. 3 i.V.m. Art. 19 Abs. 4 GG) nicht verbunden. Das Bundesverfassungsgericht hat bereits entschieden, dass mit dem Verlangen der eindeutigen Mitteilung eines zulässigen Angriffsziels als Mittel zur Verhinderung der Umgehung von § 55 Abs. 1 Satz 1 JGG ein legitimes Ziel verfolgt wird (BVerfG aaO). Ebenso ist der von dem Gesetzgeber mit der genannten Regelung verfolgte Zweck der Beschleunigung des Jugendstrafverfahrens vor dem Hintergrund der von einer zügig herbeigeführten rechtskräftigen Entscheidung erwarteten erzieherischen Wirkung (dazu BT-Drucks. 1/3264 S. 46; siehe auch Schaumann, Die Rechtsmittelbeschränkung des § 55 JGG, 2001, S. 33–37; Ostendorf, JGG, 8. Aufl., Grdl. z. §§ 55 und 56 Rn. 3) von Verfassungs wegen nicht zu beanstanden (BVerfG aaO).

[9] c) Den vorgenannten Anforderungen an einen Revisionsantrag bei einem gegen ein in den Anwendungsbereich von § 55 Abs. 1 Satz 1 JGG fallendes Rechtsmittel genügt die Revision des Angeklagten nicht.

340 Die Übergangsvorschrift **Art. 316f EGStGB** regelt sowohl die dem StGB als auch die dem JGG unterfallenden Sachverhalte. Abs. 2 S. 1 bestimmt, dass auf Altfälle hinsichtlich der Sicherungsverwahrung nach Vorschriften des JGG das bis zum 31. Mai 2013 geltende Recht anzuwenden ist mit den in den Sätzen 2 bis 4 enthaltenen Grundsätzen. Daher war § 7 Abs. 2 JGG (aF) zum Zeitpunkt des Erlasses des angefochtenen Urteils (25. September 2012) nach den vom BVerfG durch Urteil vom 4. Mai 2011 (BVerfGE 128, 326) aufgestellten Grundsätzen anzuwenden.[342]

[19] Die Urteilsausführungen zur Nichtanwendbarkeit des § 7 Abs. 2 JGG (aF) halten sachlich-rechtlicher Nachprüfung nicht stand.

[20] 1. Das Gesetz zur bundesrechtlichen Umsetzung des Abstandsgebotes im Recht der Sicherungsverwahrung vom 5. Dezember 2012 (BGBl. I 2425 f.) ist am 1. Juni 2013 in Kraft getreten. Durch Artikel 7 dieses Gesetzes wurde nach Artikel 316e EGStGB der Artikel 316f als Übergangsvorschrift eingeführt. Aus dessen Absatz 2 Satz 1 ergibt sich für den vorliegenden Fall, dass die bis zum 31. Mai 2013 geltenden Vorschriften über die Sicherungsverwahrung nach Maßgabe der Sätze 2 bis 4 anzuwenden sind. Danach ist die Anordnung oder Fortdauer der Sicherungsverwahrung auf Grund einer gesetzlichen Regelung, die zur Zeit der letzten Anlasstat noch nicht in Kraft getreten war oder eine nachträgliche Anordnung der Sicherungsverwahrung, die nicht die Erledigung einer Unterbringung in einem psychiatrischen Krankenhaus voraussetzt, oder die Fortdauer einer solchen nachträglich angeordneten Sicherungsverwahrung nur zulässig, wenn beim Betroffenen eine psychische Störung vorliegt und aus konkreten Umständen in seiner Person oder seinem Verhalten eine hochgradige Gefahr abzuleiten ist, dass er infolge dieser Störung schwerste Gewalt- oder Sexualstraftaten begehen wird.

[21] Durch die Änderung (auch) des Artikel 316e EGStGB, in dessen Absatz 1 Satz 2 nach den Wörtern „Absätzen 2 und 3“ die Wörter „sowie in Artikel 316f Absatz 2 und 3“ eingefügt wurden, ist sichergestellt, dass die bis zum 31. Dezember 2010 geltenden Vorschriften über die Sicherungsverwahrung in Fällen rückwirkender Gesetzesanwendung oder in Fällen der nachträglichen Sicherungsverwahrung („Vertrau-

[342] BGH, Urteil vom 12.6.2013 – 1 StR 48/13.

ensschutzfälle") nur unter den vom BVerfG in seinem Urteil vom 4. Mai 2011 (BVerfGE 128, 326) formulierten hohen Voraussetzungen weiter anwendbar sind (vgl. auch BT-Drucks. 17/9874 vom 6. Juni 2012 S. 30).

[22] Die Übergangsvorschrift Artikel 316f EGStGB regelt sowohl die dem StGB als auch die dem JGG unterfallenden Sachverhalte. Absatz 2 Satz 1 bestimmt, dass auf Altfälle hinsichtlich der Sicherungsverwahrung nach Vorschriften des JGG das bis zum 31. Mai 2013 geltende Recht anzuwenden ist mit den in den Sätzen 2 bis 4 enthaltenen Grundsätzen (vgl. auch BT-Drucks. 17/9874 vom 6. Juni 2012 S. 31).

[23] Die vom BVerfG selbst nur für die Übergangszeit bis zu einer Neuregelung vorgesehene Fortgeltung ist also fortgeschrieben, wobei sich Artikel 316f Absatz 2 Satz 2 EGStGB mit Blick auf die Anforderungen des Artikel 5 Absatz 1 Satz 2 Buchstabe e EMRK nicht auf die bloße Übernahme der Formulierung des BVerfG beschränkt, sondern darüber hinaus ein Kausalitätserfordernis zwischen psychischer Störung und hochgradiger Gefahr statuiert.

[24] Der Senat hält diese (modifizierte) Fortgeltung für verfassungs- und konventionsgemäß (vgl. in diesem Sinne auch BVerfG [2. Kammer des Zweiten Senats] Beschluss vom 11. März 2013 – 2 BvR 2000/12, StraFo 2013, 213, 214; vgl. auch zu § 66 StGB: BGH, Urteile vom 23. April 2013 – 5 StR 610 und 617/12 sowie vom 24. April 2013 – 5 StR 593/12).

[25] 2. Entgegen der Auffassung des Landgerichts war § 7 Abs. 2 JGG (aF) zum Zeitpunkt des Erlasses des angefochtenen Urteils (25. September 2012) daher nach den vom BVerfG durch Urteil vom 4. Mai 2011 (BVerfGE 128, 326) aufgestellten Grundsätzen anzuwenden.

[26] Dies hat der Senat bereits in seinem Urteil vom 25. September 2012 (1 StR 160/12) ausdrücklich und in einem Verwerfungsbeschluss gemäß § 349 Abs. 2 StPO vom 5. März 2013 (1 StR 37/13) inzidenter entschieden, wobei die nachträgliche Anordnung von Sicherungsverwahrung nach § 7 Abs. 2 JGG (aF) auch in diesen Fällen nicht das Vorliegen neuer Tatsachen voraussetzt (vgl. BGH, Urteil vom 30. August 2011 – 5 StR 235/11 Rn. 11).

[27] Das angefochtene Urteil war danach aufzuheben, da auch die seit 1. Juni 2013 geltenden Regelungen eine grundsätzliche Anwendbarkeit des § 7 Abs. 2 JGG aF für Altfälle der vorliegenden Art vorsehen und das Urteil auf dem dargelegten Rechtsfehler beruht.

Der Einstufung einer „Jugendgerichtlichen Unterbringung" (JGU) als **„andere Freiheitsentziehung"** im Sinne des § 52a Satz 1 JGG steht nicht entgegen, dass dieser Unterbringung kein vollstreckbarer Unterbringungsbefehl nach § 72 Abs. 4 Satz 1, § 71 Abs. 2 JGG – wonach sie ohne Weiteres anrechenbar gewesen wäre, zugrunde lag, sondern sie „freiwillig" aufgrund einer Weisung gemäß § 116 Abs. 1 StPO erfolgt ist, da dem Angeklagten bei deren Nichtbefolgung der Vollzug der Untersuchungshaft drohte. Bei wertender Betrachtung steht sie mithin in ihren Wirkungen, auf die es maßgeblich ankommt, einer einstweiligen Unterbringung nach § 72 Abs. 4 Satz 1, § 71 Abs. 2 JGG gleich.[343] **341**

[343] BGH, Beschluss vom 7.11.2013 – 5 StR 487/13.

3. Steuerstrafrecht und Abgabenordnung (AO)

342 Grob **eigennützig** handelt, wer sich bei seinem Verhalten von dem Streben nach Vorteil in besonders anstößigem Maße leiten lässt. Dabei muss das Gewinnstreben des Täters das bei jedem Steuerstraftäter vorhandene Gewinnstreben deutlich übersteigen. Bei der Beurteilung, ob dies der Fall ist, hat das Tatgericht einen vom Revisionsgericht hinzunehmenden Beurteilungsspielraum.[344]

[23] aa) Das Landgericht hat angenommen, dass die in den Jahren 2004 und 2007 begangenen Steuerhinterziehungen mit einem Hinterziehungsumfang von 1.508.271 Euro und 1.150.000 Euro dem Regelbeispiel für einen besonders schweren Fall der Steuerhinterziehung gemäß § 370 Abs. 3 Satz 2 Nr. 1 AO entsprechen. Es hat dabei die Taten – im Ansatz zutreffend – an der zu den Tatzeiten und noch bis zum 31. Dezember 2007 geltenden Fassung dieser Vorschrift gemessen, bei der das Regelbeispiel des § 370 Abs. 3 Satz 2 Nr. 1 AO neben der Verkürzung von Steuern in großem Ausmaß auch noch ein Handeln aus grobem Eigennutz verlangte (vgl. BGH, Urteil vom 13. Juni 1985 – 4 StR 219/85, NStZ 1985, 459). Das Landgericht hat deshalb jeweils den erhöhten Strafrahmen des § 370 Abs. 3 Satz 1 AO zugrunde gelegt – er reicht von sechs Monaten bis zu zehn Jahren Freiheitsstrafe – und für die Taten Einzelfreiheitsstrafen von zwei Jahren bzw. zwei Jahren und sechs Monaten verhängt.

[24] bb) Grob eigennützig handelt, wer sich bei seinem Verhalten von dem Streben nach Vorteil in besonders anstößigem Maße leiten lässt. Dabei muss das Gewinnstreben des Täters das bei jedem Steuerstraftäter vorhandene Gewinnstreben deutlich übersteigen (vgl. BGH, Urteil vom 1. August 1984 – 2 StR 220/84, NJW 1985, 208; Urteil vom 20. November 1990 – 1 StR 548/90, wistra 1991, 106; Urteil vom 23. Januar 1991 – 3 StR 365/90, BGHR AO § 370 Abs. 3 Nr. 1 Eigennutz 4; Urteil vom 24. Juli 1985 – 3 StR 191/85, wistra 1985, 228). Bei der Beurteilung, ob dies der Fall ist, hat das Tatgericht einen vom Revisionsgericht hinzunehmenden Beurteilungsspielraum (vgl. BGH, Urteil vom 1. August 1984 – 2 StR 220/84, NJW 1985, 208; BGH, Urteil vom 7. November 1986 – 2 StR 280/86, wistra 1987, 71). Erforderlich ist jedoch eine vom Tatgericht vorzunehmende Gesamtbetrachtung sämtlicher Tatumstände, namentlich der vom Täter gezogenen Vorteile, der Art, Häufigkeit und Intensität der Tatbegehung und des Verwendungszwecks der erlangten Vorteile. Diese Umstände müssen im Zusammenhang gesehen und daraufhin überprüft werden, ob sie den Schluss auf groben Eigennutz des Täters rechtfertigen (vgl. BGH, Beschluss vom 22. Juni 1990 – 3 StR 471/89, BGHR AO § 370 Abs. 3 Nr. 1 Eigennutz 3 m.w.N.).

[25] cc) Diesen Anforderungen wird die Würdigung des Gewinnstrebens des Angeklagten durch das Landgericht nicht gerecht.

[26] (1) Allerdings ist es – entgegen der Auffassung der Revision – nicht zu beanstanden, dass das Landgericht dem sehr großen Ausmaß der hinterzogenen Steuer indizielle Wirkung für die Annahme eines grob eigennützigen Verhaltens des Täters beigemessen hat. Denn der Umfang der verkürzten Steuern lässt je nach den Umständen des Einzelfalls Rückschlüsse auf das Maß des Gewinnstrebens des Täters zu (vgl. BGH, Beschlüsse vom 22. Juni 1990 – 3 StR 471/89, BGHR AO § 370 Abs. 3

344 BGH, Beschluss vom 13.6.2013 – 1 StR 226/13.

Nr. 1 Eigennutz 3, und vom 13. Januar 1993 – 5 StR 466/92, wistra 1993, 109). Auch durfte das Landgericht in den Blick nehmen, dass der Angeklagte zur Entrichtung der Schenkungsteuer finanziell ohne weiteres in der Lage gewesen wäre.

Das Recht, die bei der Einfuhr entstandene **Einfuhrumsatzsteuer** auch ohne ihre vorherige Entrichtung sofort als Vorsteuer geltend zu machen, steht einer **Strafbarkeit wegen Schmuggels** nicht entgegen; denn das Vorsteuerabzugsrecht lässt die bei der Einfuhr entstandene Einfuhrumsatzsteuer unberührt; sie bleibt bis zur Entrichtung bestehen.[345] **343**

[4] 1. Der Angeklagte C. beanstandet seine Verurteilung wegen gewerbs- und bandenmäßigen Schmuggels (§ 373 Abs. 1, Abs. 2 Nr. 3 AO). Er macht geltend, eine Strafbarkeit wegen Schmuggels und eine solche wegen Beihilfe zur Hinterziehung von Umsatzsteuer (§ 370 Abs. 1 AO, § 27 StGB) könnten bei ihm nicht kumulativ vorliegen, weil die Einfuhrumsatzsteuer, auf deren Hinterziehung sich die Verurteilung wegen Schmuggels beziehe, bei der Umsatzsteuer wieder als Vorsteuer abgezogen werden könne. Nach Art. 168 Buchst. e der Richtlinie 2006/112/EG des Rates vom 28. November 2006 über das gemeinsame Mehrwertsteuersystem, ABl. EU 2006 Nr. L 347, 1, berichtigt ABl. EU 2007 Nr. L 335, 60 (im Folgenden: Mehrwertsteuer-Systemrichtlinie) sei die tatsächliche Entrichtung der Einfuhrumsatzsteuer entgegen § 15 Abs. 1 Nr. 2 UStG keine Voraussetzung für den Vorsteuerabzug. Dem Steuerfiskus sei daher kein Schaden entstanden.

[5] 2. Die Auffassung des Angeklagten C. trifft nicht zu. Die Möglichkeit eines Vorsteuerabzugs gemäß § 15 Abs. 1 Satz 1 Nr. 2 UStG stand seiner Strafbarkeit wegen Schmuggels (§ 373 AO) auch hinsichtlich der Einfuhrumsatzsteuer nicht entgegen. Diese war entstanden, nicht erloschen und wurde durch die Tathandlung des Angeklagten verkürzt. Für den von ihm bei der Einfuhr ebenfalls hinterzogenen Zoll bestand ohnehin kein Vorsteuerabzug.

[6] a) Allerdings trifft es zu, dass gemäß Art. 168 Buchst. e der Mehrwertsteuer-Systemrichtlinie das Recht zum Abzug der Einfuhrumsatzsteuer als Vorsteuer nicht erst entsteht, wenn die Einfuhrumsatzsteuer entrichtet wird, sondern bereits dann, wenn sie für die Einfuhr geschuldet wird, also noch zu entrichten ist.

[7] Der Gerichtshof der Europäischen Union (EuGH) hat mit Urteil vom 29. März 2012 bezogen auf Art. 17 Abs. 2 Buchst. b der bis zum Inkrafttreten der Mehrwertsteuer-Systemrichtlinie geltenden Richtlinie 77/388/EWG des Rates vom 17. Mai 1977 zur Harmonisierung der Rechtsvorschriften der Mitgliedstaaten über die Umsatzsteuern – Gemeinsames Mehrwertsteuersystem: einheitliche steuerpflichtige Bemessungsgrundlage (ABl. EG 1977 Nr. L 145, 1) ausdrücklich klargestellt, dass das Vorsteuerabzugsrecht integraler Bestandteil des Mechanismus der Mehrwertsteuer ist und zur Gewährleistung der steuerlichen Neutralität der Mehrwertsteuer für die gesamte Steuerbelastung der vorausgehenden Umsatzstufen sofort ausgeübt werden kann (EuGH, Urteil vom 29. März 2012 in der Rechtssache C-414/10 – Véleclair SA, Rn. 27, DStR 2012, 697). Unionsrechtlich ist damit zwar nicht die Entrichtung der Einfuhrumsatzsteuer Voraussetzung für die Ausübung des Rechts auf Vorsteuerabzug; nach Art. 178 Buchst. e der Mehrwertsteuer-Systemrichtlinie ist aber bei der Einfuhr von Gegenständen jedenfalls erforderlich, dass der Steuerpflichtige „ein die

[345] BGH, Beschluss vom 4.9.2013 – 1 StR 374/13.

Einfuhr bescheinigendes Dokument besitzt, das ihn als Empfänger der Lieferung oder Importeur ausweist und den Betrag der geschuldeten Mehrwertsteuer ausweist oder deren Berechnung ermöglicht" (vgl. EuGH aaO Rn. 26). Die Vorschrift des § 15 Abs. 1 Satz 1 Nr. 2 UStG, die für die Einfuhrumsatzsteuer den Vorsteuerabzug bisher von deren Entrichtung abhängig gemacht hat, hat der Gesetzgeber auf das genannte Urteil des EuGH hin durch das Amtshilferichtlinie-Umsetzungsgesetz mit Wirkung vom 30. Juni 2013 dahin abgeändert, dass das Entstehen der Einfuhrumsatzsteuer für das Entstehen des Rechts auf Vorsteuerabzug genügt (BGBl. I 2013, 1809, 1833).

[8] b) Entgegen der Auffassung des Angeklagten stand das Recht, die bei der Einfuhr entstandene Einfuhrumsatzsteuer auch ohne ihre vorherige Entrichtung sofort als Vorsteuer geltend zu machen, einer Strafbarkeit wegen Schmuggels nicht entgegen. Denn das Vorsteuerabzugsrecht lässt die bei der Einfuhr entstandene Einfuhrumsatzsteuer unberührt; sie bleibt bis zur Entrichtung bestehen. Die Einfuhrumsatzsteuer konnte daher auch durch die Tat des Angeklagten verkürzt werden. Es fehlt somit nicht an einem tatbestandlichen Verkürzungserfolg.

[9] Dem steht nicht entgegen, dass es sich auch bei der Einfuhrumsatzsteuer um Umsatzsteuer handelt (§ 1 Abs. 1 Nr. 4 UStG). Zwar bilden bei der Berechnung und Festsetzung der Umsatzsteuer die nach § 16 Abs. 1 UStG berechnete Umsatzsteuer und die Summe der abziehbaren Vorsteuern unselbständige Besteuerungsgrundlagen, deren Saldo die für den Besteuerungszeitraum zu berechnende Steuer gemäß § 18 Abs. 1 UStG darstellt (vgl. BGH, Urteil vom 1. Februar 1989 – 3 StR 179/88, BGHSt 36, 100, 102). Dies berührt die entstandene Einfuhrumsatzsteuer jedoch nicht; denn diese wird nicht im Besteuerungsverfahren nach § 18 UStG festgesetzt, sondern nach den Vorschriften des Zollrechts in einem Zollverfahren (§ 21 Abs. 2 UStG, Art. 59, 217 ff. ZK, vgl. auch Jatzke in Sölch/Ringleb, Umsatzsteuergesetz, 61. EL., § 21 Rn. 31 ff., 78 ff.). Im Rahmen des Zollverfahrens bei der Einfuhr von Waren findet jedoch kein Vorsteuerabzug statt. Dieser kann vielmehr erst im Rahmen des Besteuerungsverfahrens gemäß § 18 Abs. 1 und Abs. 3 UStG in den abzugebenden Umsatzsteuervoranmeldungen und Umsatzsteuerjahreserklärungen vorgenommen werden. Betroffen sind damit unterschiedliche Besteuerungsverfahren, die in der Regel auch zeitlich auseinanderfallen (vgl. BGH, Beschluss vom 26. Juni 2012 – 1 StR 289/12, wistra 2012, 440). Eine Gefährdung für das Umsatzsteueraufkommen tritt aber bereits mit dem Verstoß gegen die steuer- und zollrechtlichen Erklärungspflichten bei der Einfuhr von Waren in das Bundesgebiet ein. Die Erklärungspflichten bei der Einfuhr von Waren einerseits und bei der Abgabe von Umsatzsteuervoranmeldungen und Umsatzsteuerjahreserklärungen andererseits betreffen daher unterschiedliche wirtschaftliche Sachverhalte (BGH aaO).

■ TOPENTSCHEIDUNG

344 1. Täter einer **Steuerhinterziehung durch Unterlassen** (§ 370 Abs. 1 Nr. 2 AO) kann nur derjenige sein, der selbst zur Aufklärung steuerlich erheblicher Tatsachen besonders verpflichtet ist.

2. Das **Merkmal „pflichtwidrig"** in § 370 Abs. 1 Nr. 2 AO bezieht sich allein auf das Verhalten des Täters, nicht auf dasjenige eines anderen Tatbeteiligten. Damit kommt eine Zurechnung fremder Pflichtverletzungen auch dann nicht in Betracht, wenn sonst nach allgemeinen Grundsätzen Mittäterschaft vorliegen würde.

3. Eine eigene **Rechtspflicht zur Aufklärung** über steuerlich erhebliche Tatsachen trifft gemäß § 35 AO auch den Verfügungsberechtigten. Verfügungsberechtigter im Sinne dieser Vorschrift kann auch ein steuernder Hintermann sein, der ihm gegenüber weisungsabhängige „Strohleute" im Rechtsverkehr nach außen im eigenen Namen auftreten lässt.[346]

[42] a) Täter einer Steuerhinterziehung im Sinne von § 370 Abs. 1 Nr. 1 AO kann nicht nur der Steuerpflichtige sein. Vielmehr kommt als Täter einer Steuerhinterziehung durch aktives Tun grundsätzlich jedermann in Betracht („wer"), sofern er den gesetzlichen Tatbestand verwirklicht. Mittäter kann daher auch eine Person sein, der das Gesetz keine steuerlichen Pflichten zuweist, sofern nur die Voraussetzungen einer gemeinschaftlichen Begehungsweise im Sinne von § 25 Abs. 2 StGB gegeben sind (st. Rspr.; vgl. BGH, Urteil vom 12. November 1986 – 3 StR 405/86, BGHR StGB § 25 Abs. 2 Mittäter 1; BGH, Urteil vom 28. Mai 1986 – 3 StR 103/86, NStZ 1986, 463; BGH, Beschluss vom 6. Oktober 1989 – 3 StR 80/89, BGHR AO § 370 Abs. 1 Nr. 1 Mittäter 3; BGH, Urteil vom 22. Mai 2003 – 5 StR 520/02, BGHR AO § 370 Abs. 1 Nr. 1 Täter 4; BGH, Beschluss vom 7. November 2006 – 5 StR 164/06, wistra 2007, 112).

[43] Mittäter ist, wer nicht nur fremdes Tun fördert, sondern einen eigenen Tatbeitrag derart in eine gemeinschaftliche Tat einfügt, dass sein Beitrag als Teil der Tätigkeit des anderen und umgekehrt dessen Tun als Ergänzung seines eigenen Tatanteils erscheint. Ob ein Beteiligter ein so enges Verhältnis zur Tat hat, ist nach den gesamten Umständen, die von seiner Vorstellung umfasst sind, in wertender Betrachtung zu beurteilen. Wesentliche Anhaltspunkte können der Grad des eigenen Interesses am Taterfolg, der Umfang der Tatbeteiligung und die Tatherrschaft oder wenigstens der Wille zur Tatherrschaft sein (st. Rspr.; vgl. nur BGH, Urteil vom 30. Juni 2005 – 5 StR 12/05, NStZ 2006, 44; BGH, Urteil vom 15. Januar 1991 – 5 StR 492/90, BGHSt 37, 289, 291 m.w.N.).

[44] b) Die erkennbar auf der Grundlage einer Gesamtbetrachtung der maßgeblichen Umstände getroffene Wertung des Landgerichts, der Angeklagte sei in diesen Fällen Mittäter und nicht nur Gehilfe der durch Einreichung unrichtiger Umsatzsteuervoranmeldungen für die Einlieferer begangenen Steuerhinterziehungen gewesen, ist rechtlich nicht zu beanstanden.

[45] Das Landgericht durfte dabei maßgeblich berücksichtigen, dass die Einlieferer mit der Einreichung unrichtiger Umsatzsteuervoranmeldungen lediglich den Tatplan der Gruppe (Bande) um den Angeklagten sowie Ba. und G. bzw. Gl. umsetzten. In diesem Tatplan spielte die Verwendung der von dem Angeklagten beschafften Abdeckrechnungen zur Verschleierung der Steuerverkürzungen eine bedeutende Rolle. Der Angeklagte hatte zudem an der Funktionsfähigkeit des verwendeten Systems der Hinterziehung von Umsatzsteuer erhebliches wirtschaftliches Eigeninteresse, denn er war an den Erträgen aus diesem System beteiligt. Die von ihm erbrachten Tatbeiträge, etwa seine Mitwirkung bei der Beschaffung der Abdeckrechnungen und bei der Übergabe des Goldes an die Einlieferer, hat das Landgericht rechtsfehlerfrei als für die Taten wesentlich angesehen.

[46] Der Annahme von Mittäterschaft steht nicht entgegen, dass der Angeklagte seine jeweiligen Tatbeiträge lediglich im Vorfeld der unrichtigen Steueranmeldungen

[346] BGH, Urteil vom 9.4.2013 – 1 StR 586/12.

erbrachte (vgl. hierzu BGH, Beschluss vom 25. September 2012 – 1 StR 407/12, wistra 2013, 67; Urteil vom 28. Mai 1986 – 3 StR 103/86, NStZ 1986, 463). Insoweit gelten die allgemeinen strafrechtlichen Grundsätze (vgl. BGH, Beschluss vom 27. März 2012 – 3 StR 63/12).

[47] 2. Fallkomplex II. (Fälle 30 bis 34 der Urteilsgründe)

[48] Die Verurteilung wegen Beihilfe zur Steuerhinterziehung im Fallkomplex II. ist ebenfalls rechtsfehlerfrei. Die Urteilsfeststellungen belegen in den Fällen 30 bis 34 der Urteilsgründe sowohl die Haupttaten der Steuerhinterziehung als auch die von dem Angeklagten vorsätzlich erbrachten Tatbeiträge.

[49] 3. Fallgruppe I. 2. a (Fälle 20 bis 22 sowie 27 bis 29 der Urteilsgründe)

[50] Die Verurteilung des Angeklagten der Fallgruppe I. 2. a wegen Steuerhinterziehung durch Unterlassen gemäß § 370 Abs. 1 Nr. 2 AO hält jedenfalls im Ergebnis rechtlicher Nachprüfung stand.

[51] a) Tatbestandlich i.S.d. § 370 Abs. 1 Nr. 2 AO handelt, wer eine Rechtspflicht zur Offenbarung steuerlich erheblicher Tatsachen verletzt. Diese Voraussetzung muss auch bei einem Mittäter vorliegen.

[52] aa) Nach der Rechtsprechung des Bundesgerichtshofs kann Täter – auch Mittäter – einer Steuerhinterziehung durch Unterlassen nur derjenige sein, der selbst zur Aufklärung steuerlich erheblicher Tatsachen besonders verpflichtet ist (st. Rspr.; vgl. BGH, Urteil vom 4. April 1979 – 3 StR 488/78, BGHSt 28, 371, 375 ff.; BGH, Urteil vom 12. November 1986 – 3 StR 405/86, BGHR StGB § 25 Abs. 2 Mittäter 1; BGH, Beschluss vom 14. Februar 1990 – 3 StR 317/89, BGHR AO § 370 Abs. 1 Nr. 2 Eingangsabgaben 1; BGH, Beschluss vom 20. November 1990 – 3 StR 259/90, BGHR AO § 370 Abs. 1 Nr. 2 Mittäter 2; BGH, Urteil vom 24. Oktober 2002 – 5 StR 600/01, BGHSt 48, 52, 58; BGH, Urteil vom 22. Mai 2003 – 5 StR 520/02, BGHR AO § 370 Abs. 1 Nr. 1 Täter 4 = wistra 2003, 344; BGH, Beschluss vom 22. Juli 2004 – 5 StR 85/04, wistra 2004, 393; BGH, Beschluss vom 7. November 2006 – 5 StR 164/06, wistra 2007, 112; BGH, Beschluss vom 14. April 2010 – 1 StR 105/10). Dabei können sich Offenbarungspflichten sowohl aus den gesetzlich besonders festgelegten steuerlichen Erklärungspflichten wie auch aus allgemeinen Garantenpflichten ergeben, die allerdings eine untergeordnete Rolle spielen (vgl. Joecks in Franzen/Gast/ Joecks, Steuerstrafrecht, 7. Aufl., § 370 Rn. 161 ff.).

[53] bb) Demgegenüber ist die Strafkammer – mit durchaus beachtlichen Argumenten – der Auffassung, dass die von der Rechtsprechung vorgenommene Beschränkung des Täterkreises auf Personen, die eine eigene Offenbarungspflicht verletzen, nicht zutreffend sei (UA S. 153 ff.). Vielmehr handele es sich beim Unterlassungstatbestand des § 370 Abs. 1 Nr. 2 AO um ein Allgemeindelikt, sodass die Pflichtverletzung eines „Vordermanns" einem selbst nicht erklärungspflichtigen „Hintermann" zugerechnet werden könne. Aus diesem Grund könnten Personen auch Mittäter sein, die keine sie persönlich treffende Pflicht verletzen, sofern nur die allgemeinen Voraussetzungen für die Annahme von Mittäterschaft gegeben seien. …

[56] cc) Der Senat teilt die Auffassung, dass es sich auch bei dem Unterlassungstatbestand des § 370 Abs. 1 Nr. 2 AO um ein Delikt handelt, das nicht nur vom Steuerpflichtigen und Personen, denen sonst in den Steuergesetzen steuerliche Erklärungspflichten auferlegt sind (vgl. §§ 34, 35 AO), verwirklicht werden kann, sondern grundsätzlich von „Jedermann".

[57] (1) Durch die offene Formulierung des Gesetzes „wer", die allen drei Tatvarianten der Steuerhinterziehung vorangestellt ist, enthält § 370 Abs. 1 AO die her-

kömmlich bei der Ausgestaltung von Allgemein-/Jedermannsdelikten verwendete Formulierung (vgl. Kuhlen in: Festschrift für Heike Jung, 2007, S. 445, 457). Nach dem Gesetzeswortlaut erfolgt damit keine Beschränkung auf eine bestimmte Tätergruppe; einen Statusbegriff, wie er sonst häufig bei der Beschreibung tauglicher Täter bei Sonderdelikten zu finden ist, enthält § 370 Abs. 1 Nr. 2 AO nicht. ...

[64] ee) Der Senat erkennt ausdrücklich an, dass das Landgericht mit sorgfältiger Begründung gegen die bisherige Rechtsprechung des Bundesgerichtshofs Stellung bezogen und damit eine Änderung der Rechtsprechung angeregt hat. Gleichwohl hält er an der Rechtsprechung fest, dass Täter einer Steuerhinterziehung durch Unterlassen gemäß § 370 Abs. 1 Nr. 2 AO nur derjenige sein kann, der selbst zur Aufklärung steuerlich erheblicher Tatsachen besonders verpflichtet ist. Denn der Wortlaut dieser Strafnorm lässt eine andere Auslegung nicht zu (vgl. Art. 103 Abs. 2 GG). Nach Auffassung des Senats bezieht sich das Merkmal „pflichtwidrig" allein auf das Verhalten des Täters (bei dem es sich indes nicht um den Steuerpflichtigen handeln muss), nicht allgemein auf dasjenige irgendeines Tatbeteiligten. Damit kommt eine Zurechnung fremder Pflichtverletzungen auch dann nicht in Betracht, wenn sonst nach allgemeinen Grundsätzen Mittäterschaft vorliegen würde. ...

[66] b) Entgegen der Auffassung des Landgerichts ergibt sich die für eine Unterlassungsstrafbarkeit nach § 370 Abs. 1 Nr. 2 AO somit erforderliche Erklärungspflicht des Angeklagten nicht daraus, dass er als „Mitunternehmer" gemäß § 2 UStG verpflichtet gewesen wäre, gemäß § 18 UStG die von den Einlieferern getätigten Umsätze anzumelden. ...

[68] aa) Unternehmer im Sinne des Umsatzsteuergesetzes ist, wer eine gewerbliche oder berufliche Tätigkeit selbständig ausübt (§ 2 Abs. 1 Satz 1 UStG). Vom Unternehmerbegriff des Umsatzsteuergesetzes werden zwar unabhängig von der Rechtsform Personen und Personenzusammenschlüsse aller Art erfasst. Nach der Rechtsprechung des Bundesfinanzhofs erbringt ein Zusammenschluss natürlicher Personen regelmäßig aber nur dann als selbständiger Unternehmer i.S.d. § 2 UStG Leistungen gegen Entgelt, wenn dem Leistungsempfänger diese Personenmehrheit als Schuldner der vereinbarten Leistung und Gläubiger des vereinbarten Entgelts gegenübersteht (vgl. BFH, Urteil vom 16. August 2001 – V R 67/00, UR 2002, 213; BFH, Urteil vom 18. März 1988 – V R 178/83, DStR 1988, 516, 517). Maßgeblich ist somit, ob der Zusammenschluss natürlicher Personen als solcher nach außen durch die Erbringung von Umsätzen erkennbar am Wirtschaftsverkehr teilnimmt (vgl. Klenk in Sölch/Ringleb, UStG, 63. Lfg., § 2 Rn. 10 f.).

[69] bb) Ob und inwieweit die Bande, der sich der Angeklagte angeschlossen hatte, diese Voraussetzung erfüllte und sie damit als Unternehmerin im Sinne des § 2 UStG tätig wurde, ist den Urteilsfeststellungen nicht eindeutig zu entnehmen.

[70] Letztlich kann dies hier auch dahinstehen. Denn die sich aus der Unternehmerstellung ergebenden Erklärungspflichten eines Unternehmers im Sinne des § 2 UStG beschränken sich auf diejenigen Umsätze, die seinem Unternehmen zuzuordnen sind. Dazu gehörten hier – für die Bande – die Goldlieferungen der Einlieferer an die Scheideanstalten nicht.

[71] (1) Wer bei einem Umsatz als Leistender anzusehen ist, ergibt sich nach der Rechtsprechung des Bundesfinanzhofs regelmäßig aus den abgeschlossenen zivilrechtlichen Vereinbarungen (vgl. BFH, Urteil vom 16. August 2001 – V R 67/00, UR 2002, 213; BFH, Urteil vom 26. Juni 2003 – V R 22/02, DStRE 2004, 153). Leistender ist damit in der Regel derjenige, der die Lieferungen oder sonstigen Leistungen im eigenen Namen gegenüber einem anderen selbst ausführt oder durch

einen Beauftragten ausführen lässt. Ob eine Leistung dem Handelnden oder einem anderen zuzurechnen ist, hängt deshalb grundsätzlich davon ab, ob der Handelnde gegenüber dem Leistungsempfänger im eigenen Namen oder berechtigterweise im Namen eines anderen bei Ausführung entgeltlicher Leistungen aufgetreten ist (st. Rspr.; vgl. nur BFH, Urteil vom 12. Mai 2011 – V R 25/10, DStRE 2011, 1326 m.w.N.). Dabei kann auch ein „Strohmann" Unternehmer und Leistender im Sinne des Umsatzsteuergesetzes sein. Er ist nicht deswegen unselbständig i.S.d. § 2 Abs. 1 Satz 1 UStG, weil er im Innenverhältnis den Weisungen des Auftraggebers verpflichtet ist (BFH, Urteil vom 26. Juni 2003 – V R 22/02, DStRE 2004, 153). Ohne Bedeutung für die Beurteilung der Leistungsbeziehungen im Verhältnis zu Dritten ist grundsätzlich, aus welchen Gründen der „Hintermann" gegenüber dem Vertragspartner des „Strohmanns" und Leistungsempfänger (einem Dritten), als Leistender nicht in Erscheinung treten will (BFH aaO; zu den Leistungsbeziehungen zwischen Stroh- und Hintermann vgl. auch BFH, Urteil vom 12. Mai 2011 – V R 25/10, DStRE 2011, 1326).

[72] (2) Unbeachtlich ist ein „vorgeschobenes" Strohmanngeschäft allerdings dann, wenn es nur zum Schein abgeschlossen wird, d.h. wenn beide Vertragsparteien einverständlich oder stillschweigend davon ausgehen, dass die Rechtswirkungen des Geschäfts gerade nicht zwischen ihnen, sondern zwischen dem Leistungsempfänger und dem „Hintermann" eintreten sollen (vgl. § 41 Abs. 2 AO; BFH, Urteil vom 12. Mai 2011 – V R 25/10, DStRE 2011, 1326 unter II. 1. c; BFH, Beschluss vom 31. Januar 2002 – V B 108/01, BFHE 198, 208 = BStBl II 2004, 622, unter II. 4. c; BFH, Beschluss vom 17. Oktober 2003 V B 111/02, BFH/NV 2004, 235; vgl. auch BGH, Urteil vom 22. Mai 2003 – 1 StR 520/02, BGHR AO § 370 Abs. 1 Nr. 1 Täter 4 = wistra 2003, 344). …

[74] Die Frage, ob die „Strohleute" im Verhältnis zur Bande, von der sie das Altgold erhielten, wegen ihres kollusiven Zusammenwirkens ohne handelstypisches Verhalten nicht als Unternehmer anzusehen waren (vgl. dazu BGH, Beschluss vom 8. Februar 2011 – 1 StR 24/10, BGHR UStG § 15 Abs. 1 Unternehmer 1; BGH, Urteil vom 22. Mai 2003 – 5 StR 520/02, BGHR AO § 370 Abs. 1 Nr. 1 Täter 4 = wistra 2003, 344), ist insoweit ohne Bedeutung. …

[76] c) Leistende Unternehmer und damit als Steuerpflichtige zur Abgabe von Umsatzsteuervoranmeldungen für die Altgoldlieferungen an die Scheideanstalten verpflichtet waren somit die „Strohleute" als Unternehmer und nicht der Angeklagte. Jedoch bestand daneben für den Angeklagten als Verfügungsberechtigten im Sinne von § 35 AO eine eigenständige Rechtspflicht, dafür Sorge zu tragen, dass die umsatzsteuerlichen Erklärungspflichten für die als „Strohleute" eingesetzten Einlieferer erfüllt werden.

[77] aa) Nach § 35 AO hat derjenige, der als Verfügungsberechtigter im eigenen oder fremden Namen auftritt, die Pflichten eines gesetzlichen Vertreters (§ 34 Abs. 1 AO), soweit er sie rechtlich und tatsächlich erfüllen kann. Wer daher in diesem Sinne als Verfügungsberechtigter auftritt, hat unter der Voraussetzung, dass er dazu tatsächlich und rechtlich in der Lage ist, wie der gesetzliche Vertreter nach § 34 Abs. 1 AO die steuerlichen Pflichten des Rechtsträgers zu erfüllen (vgl. BFH, Urteil vom 24. April 1991 – I R 56/89, BFH/NV 1992, 76). Zu den von ihm zu erfüllenden Pflichten gehört insbesondere die Abgabe von Steuererklärungen (etwa von Umsatzsteuervoranmeldungen oder Umsatzsteuerjahreserklärungen, vgl. BFH, Urteil vom 5. August 2010 – V R 13/09, BFH/NV 2011, 81 sowie Niedersächsisches Finanzgericht, Urteil vom 6. Juni 2008 – 11 K 573/06, EFG 2009, 1610; vgl. auch

BGH, Urteil vom 8. November 1989 – 3 StR 249/89, BGHR AO § 35 Verfügungsberechtigter 2 sowie BGH, Urteil vom 12. November 1986 – 3 StR 405/86, BGHR AO § 370 Abs. 1 Nr. 2 Mittäter 1) und die Entrichtung der Steuern aus den vorhandenen Mitteln.

[78] (1) Verfügungsberechtigter im Sinne des § 35 AO ist jeder, der nach dem Gesamtbild der Verhältnisse rechtlich und wirtschaftlich über Mittel, die einem anderen zuzurechnen sind, verfügen kann und als solcher nach außen auftritt (vgl. BFH, Urteil vom 5. August 2010 – V R 13/09, BFH/NV 2011, 81; BFH, Urteil vom 27. November 1990 – VII R 20/89, BStBl. II 1991, 284; Krömker in Lippross, Basiskommentar Steuerrecht, 65. Lfg., § 35 AO Rn. 2; Gmach, DStZ 2001, 341, 342; Ransiek in Kohlmann, Steuerstrafrecht, 40. Lfg., § 370 AO Rn. 118 ff.). …

[81] (2) Nur wer als Verfügungsberechtigter nach außen auftritt, kann Verfügungsberechtigter im Sinne des § 35 AO sein (vgl. BFH, Beschluss vom 26. April 2010 – VII B 194/09, BFH/NV 2010, 1610 unter II. 3.; BFH, Urteil vom 24. April 1991 – I R 56/89, BFH/NV 1992, 76). Auftreten bedeutet Teilnahme am Wirtschafts- und Rechtsverkehr, die über die Beziehungen zum Rechtsinhaber hinausgeht (vgl. BFH, Urteil vom 29. Oktober 1985 – VII R 186/82, BFH/NV 1986, 192 unter 1., noch zu § 108 RAO; Niedersächsisches Finanzgericht, Urteil vom 9. Juli 1991 – XI 508/90, EFG 1992, 239; Boeker in HHSp, Lfg. 205, § 35 Rn. 10; Rüsken in Klein, AO, 11. Aufl., § 35 Rn. 7).

[82] Keine Voraussetzung ist ein Auftreten gerade gegenüber den Finanzbehörden oder in steuerlichen Angelegenheiten (vgl. BFH, Urteil vom 27. November 1990 – VII R 20/89, BStBl. II 1991, 284; BFH, Urteil vom 21. Februar 1989 – VII R 165/85, BStBl. II 1989, 491 m.w.N.; Niedersächsisches Finanzgericht aaO; Gmach, DStZ 2001, 341, 342), vielmehr genügt, dass der Verfügungsberechtigte gegenüber irgendjemandem – nach außen – im Rechtsverkehr als solcher aufgetreten ist (vgl. BFH, Urteil vom 29. Oktober 1985 – VII R 186/82, BFH/NV 1986, 192 unter 1.). …

[84] (3) Wer als Verfügungsberechtigter auftritt, hat die steuerlichen Pflichten eines gesetzlichen Vertreters nur in dem Umfang zu erfüllen, wie er dies tatsächlich und rechtlich kann (§ 35 AO 2. Halbsatz). …

[85] Steuerliche Pflichten sind daher auch dann rechtlich und tatsächlich erfüllbar, wenn zwar keine unmittelbare Vertretungsbefugnis besteht, die rechtliche Stellung jedoch eine verbindliche Weisung an den Vertretenen ermöglicht (Koenig in Pahlke/Koenig, AO, 2. Aufl., § 35 Rn. 14). Aber auch derjenige, der kraft eines Vertragsverhältnisses den Steuerpflichtigen steuern und deshalb über dessen Mittel verfügen kann, kann im Einzelfall tatsächlich und rechtlich in der Lage sein, die steuerlichen Pflichten eines gesetzlichen Vertreters zu erfüllen (vgl. Finanzgericht Baden-Württemberg, Urteil vom 25. Juni 2008 – 12 K 407/04, Rn. 87 ff. [juris], EFG 2008, 1434).

[86] bb) Gemessen an diesen Maßstäben war der Angeklagte Verfügungsberechtigter im Sinne des § 35 AO. Er kam seiner sich hieraus ergebenden Verpflichtung, für die als „Strohleute" tätigen Einlieferer die Goldverkäufe umfassende Umsatzsteuervoranmeldungen abzugeben, nicht nach, obwohl er hierzu tatsächlich und rechtlich zumindest mittelbar in der Lage war.

■ **PRAXISBEDEUTUNG**

Die vorstehende sehr umfangreiche Entscheidung handelt praktisch lehrbuchmäßig die verschiedenen Handlungsformen und Verantwortlichkeiten im Steuer- und Steuerstrafrecht ab und ist daher jedem mit diesem Gebiet Betrauten dringend zur Kenntnisnahme empfohlen!

345 Bei Steuerhinterziehungen genügt zur Wahrung der **Umgrenzungsfunktion einer Anklage** regelmäßig die Benennung der Daten der Steuererklärungen, in denen unrichtige Angaben enthalten sein sollen, der Steuerarten und der Veranlagungszeiträume; denn diese Umstände gewährleisten eine Unterscheidung von anderen denkbaren strafbaren Verhaltensweisen.[347]

[30] Ein Verfahrenshindernis besteht nicht. Entgegen der Auffassung der Revisionen fehlt es auch nicht an der in jeder Lage des Verfahrens zu beachtenden Verfahrensvoraussetzung einer wirksamen Anklageschrift (§ 200 StPO) und – daran anknüpfend – einem wirksamen Eröffnungsbeschluss.

[31] 1. Eine Anklage ist nur dann unwirksam mit der Folge, dass das Verfahren wegen Fehlens einer Prozessvoraussetzung einzustellen ist, wenn etwaige Mängel dazu führen, dass die Anklage ihrer Umgrenzungsfunktion nicht genügt (vgl. BGH, Beschluss vom 9. Februar 2012 – 1 StR 148/11, BGHSt 57, 138 Rn. 6, m.w.N.). Bei Steuerhinterziehungen genügt zur Wahrung der Umgrenzungsfunktion regelmäßig die Benennung der Daten der Steuererklärungen, in denen unrichtige Angaben enthalten sein sollen, der Steuerarten und der Veranlagungszeiträume; denn diese Umstände gewährleisten eine Unterscheidung von anderen denkbaren strafbaren Verhaltensweisen (BGH, Beschluss vom 27. Mai 2009 – 1 StR 665/08, wistra 2009, 465).

[32] 2. Ausgehend von diesen Maßstäben ist hier sowohl die Anklageschrift als auch der Eröffnungsbeschluss wirksam. Die Anklageschrift, an die der Eröffnungsbeschluss anknüpft, erfüllt noch ihre Funktion, die angeklagten Taten der Hinterziehung von Umsatzsteuer ausreichend zu umschreiben.

[33] a) Durch die Benennung der am 24. März 2003 eingereichten Umsatzsteuerjahreserklärung 2001 für die I. als Tathandlung war der Tatvorwurf einer mit dieser Steuererklärung begangenen Umsatzsteuerhinterziehung als historisches Ereignis (§ 264 StPO) ausreichend genau beschrieben und damit hinreichend umgrenzt. Die in der Anklageschrift vorgenommene Bezeichnung von Art und Umfang unrichtiger Angaben lässt die Umgrenzung der von der Anklage umfassten Tatvorwürfe unberührt; sie hat lediglich für die Informationsfunktion der Anklage Bedeutung (vgl. BGH, Beschluss vom 27. Mai 2009 – 1 StR 665/08, wistra 2009, 465). Der Umstand, dass die Anklageschrift insoweit lediglich unberechtigte Vorsteuerabzüge (§ 15 UStG), nicht aber zu Unrecht als umsatzsteuerfrei behandelte innergemeinschaftliche Lieferungen (§ 4 Nr. 1 Buchst. b UStG) benannt hat, berührt daher die Wirksamkeit von Anklage und Eröffnungsbeschluss nicht.

346 Auch wenn ein Steuerpflichtiger **nach Ablauf der gesetzlichen Abgabefrist** für Steuererklärungen gem. § 149 Abs. 2 AO die **Beauftragung seines Steuerberaters**

[347] BGH, Beschluss vom 19.3.2013 – 1 StR 318/12.

kündigt, führt dies nicht automatisch dazu, dass er damit i.S.v. § 22 StGB zur Steuerhinterziehung durch Unterlassen ansetzt.[348]

[5] 1. Nach den rechtsfehlerfrei getroffenen Feststellungen des Landgerichts war der Angeklagte seit dem 28. Juni 2006 Geschäftsführer der B. IVV. Er wurde am 2. Juli 2008 abberufen und durch den neuen Geschäftsführer K. ersetzt.

[6] Die B. IVV war ab September/Oktober 2006 durch den Steuerberater T. aus dem Steuerbüro H. und T. in O. steuerlich beraten. Dem Steuerbüro war u.a. die laufende Finanz- und Lohnbuchhaltung übertragen. Es erstellte auch (wunschgemäß in Papierform) die erforderlichen Umsatzsteuervoranmeldungen, die allerdings im Hinblick auf die hohen Zahllasten weder von dem Angeklagten noch von dem Mitangeklagten B. an das Finanzamt weitergeleitet wurden (UA S. 12). Zudem wurde für die B. IVV für das Jahr 2007 weder eine Umsatzsteuerjahreserklärung noch eine Körperschaftsteuererklärung noch eine Gewerbesteuererklärung eingereicht.

[7] Mit am selben Tag beim Steuerbüro H. und T. eingegangenem Telefax vom 27. Juni 2008 kündigte der Angeklagte das Mandat mit dem Steuerbüro mit sofortiger Wirkung. Einen neuen steuerlichen Berater bestellte der Angeklagte nicht. Vielmehr beantragte er nur wenige Tage später, am 2. Juli 2008, dem Tag seiner Abberufung als Geschäftsführer, gemeinsam mit dem neuen Geschäftsführer die Eröffnung des Insolvenzverfahrens über das Vermögen der B. IVV (UA S. 13).

[8] 2. Das Landgericht ist der Auffassung, dass sich der Angeklagte nach Kündigung des Mandats mit dem Steuerbüro am 27. Juni 2008 wegen Umsatzsteuerhinterziehung und versuchter Körperschaft- und Gewerbesteuerhinterziehung für das Jahr 2007 strafbar gemacht hat, weil er nicht noch vor seiner fünf Tage später vollzogenen Abberufung als Geschäftsführer für das Kalenderjahr 2007 entsprechende Steuererklärungen beim Finanzamt eingereicht hat. Zwar habe sich die Abgabefrist für diese Steuererklärungen im Hinblick auf die Beauftragung des Steuerbüros zunächst bis zum 31. Dezember 2008 verlängert. Wegen der vom Angeklagten ausgesprochenen Kündigung des Mandatsverhältnisses sei aber die allgemeine Verlängerung der Abgabefrist bei Einschaltung steuerlicher Berater wieder entfallen und damit die Abgabe der Umsatzsteuerjahreserklärung sowie der Körperschaft- und der Gewerbesteuererklärungen der B. IVV für das Jahr 2007 sofort mit der Kündigung fällig geworden (UA S. 18, 22).

[9] 3. Die vom Landgericht getroffenen Feststellungen rechtfertigen den Schuldspruch in den Fällen 1, 4 und 5 der Urteilsgründe nicht; er ist daher insoweit aufzuheben. Die Pflicht des Angeklagten, für das Jahr 2007 für die B. IVV eine Umsatzsteuerjahreserklärung sowie eine Körperschaft- und eine Gewerbesteuererklärung bei den Finanzbehörden einzureichen, war mit seiner Abberufung als Geschäftsführer dieser Gesellschaft am 2. Juli 2008 entfallen. Zu diesem Zeitpunkt hatte er aber noch nicht i.S.v. § 22 StGB zur Steuerhinterziehung durch Unterlassen (§ 370 Abs. 1 Nr. 2 AO) angesetzt, weil die von ihm einzuhaltende Erklärungsfrist für diese Steuererklärungen noch nicht abgelaufen war.

[10] a) Zwar endete die gesetzliche Abgabefrist für die Steuererklärungen gemäß § 149 Abs. 2 AO bereits am 31. Mai 2008.

[11] b) Diese Frist hatte sich jedoch gemäß § 109 Abs. 1 AO im Hinblick auf die vor Ablauf der gesetzlichen Erklärungsfrist erfolgte Beauftragung des Steuer-

[348] BGH, Beschluss vom 12.6.2013 – 1 StR 6/13.

beraters T. mit der Erstellung der Steuererklärungen bis zum 31. Dezember 2008 verlängert.

[12] Es handelt sich hierbei um eine allgemeine Fristverlängerung aufgrund gleichlautender Erlasse (Verwaltungsvorschriften) der obersten Finanzbehörden der Länder für den Fall, dass („sofern") die Steuererklärung durch einen Angehörigen der steuerberatenden Berufe i.S.v. §§ 3 und 4 StBerG angefertigt wird (vgl. für das Jahr 2007 BStBl I 2008, 266; vgl. dazu auch BFH, Beschluss vom 19. August 2010 – VIII B 58/10, BFH/NV 2010, 2232; BFH, Urteil vom 28. Juni 2000 – X R 24/95, BFHE 192, 32 sowie Luer/Lühn, BB 2012, 2019). Durch die Verlängerung der Frist wurde der Eintritt der an den Fristablauf geknüpften Rechtsfolgen hinausgeschoben (vgl. Söhn in Hübschmann/Hepp/Spitaler, AO und FGO, Lfg. 195, September 2007, § 109 Rn. 71). Ein Fall, in dem die Beauftragung des Steuerberaters lediglich zum Schein und ohne die Absicht, eine Steuererklärung noch einzureichen, erfolgte, liegt hier nicht vor. Vielmehr war der Steuerberater T. mit der Erstellung der Steuererklärungen für die betrieblichen Steuern ernsthaft beauftragt worden und hatte auch Umsatzsteuervoranmeldungen vorbereitet.

[13] c) Entgegen der Auffassung des Landgerichts führte die vom Angeklagten am 27. Juni 2008 mit sofortiger Wirkung ausgesprochene Kündigung der Beauftragung des Steuerberaters nicht zum Versuchsbeginn i.S.v. § 22 StGB.

[14] aa) Dies ergibt sich allerdings nicht schon daraus, dass die B. IVV noch die Möglichkeit hatte, die ausstehenden Steuererklärungen für das Jahr 2007 durch einen anderen Steuerberater erstellen zu lassen und so bei Einreichung bis zum 31. Dezember 2008 auch die Frist aus der allgemeinen Fristverlängerung zu wahren (so aber Schmitz in Festschrift für Kohlmann, 2003, S. 517, 528 und Schmitz/Wulf in MüKo-StGB, Band 6/1, AO § 370 Rn. 396, die in der allgemeinen Fristverlängerung bei Einschaltung von Steuerberatern die grundsätzliche Möglichkeit für jeden Erklärungspflichtigen sehen, Steuererklärungen innerhalb dieser Frist noch rechtzeitig einzureichen). Denn ein zur Abgabe einer Steuererklärung Verpflichteter kann sich nur dann auf die allgemeine Fristverlängerung berufen, wenn er tatsächlich einem Angehörigen der steuerberatenden Berufe einen Auftrag zur Anfertigung der Steuererklärung erteilt hat (vgl. FG Münster, Urteil vom 22. September 1999 – 8 K 635/96 E, EFG 2000, 103). Bei dieser Fristverlängerung handelt es sich nicht um eine allgemeine Fristverlängerung für jedermann, sondern um eine solche, die gerade den Berufsgruppen der steuerberatenden Berufe Erleichterung verschaffen soll und daher nur eingreift, wenn diese Berufsgruppen mit der Erstellung von Steuererklärungen beauftragt werden (vgl. BFH, Beschluss vom 19. August 2010 – VIII B 58/10, BFH/NV 2010, 2232, Urteil vom 28. Juni 2000 – X R 24/95, BFHE 192, 32).

[15] bb) Auch der Wille, noch (einmal) einen Steuerberater zu beauftragen, führt für sich allein weder zu einer Fristverlängerung noch zu einem Hinausschieben des Versuchsbeginns (a.A. Rolletschke in Rolletschke/Kemper, Steuerverfehlungen, 96. EL, § 376 Rn. 22a). Denn solange ein Angehöriger der steuerberatenden Berufe nicht mit der Erstellung der Steuererklärung beauftragt wurde, fehlt es an einer Rechtfertigung für die Fristverlängerung.

[16] cc) Jedoch entfällt die durch Verwaltungsakt gemäß § 118 AO (vgl. Söhn in Hübschmann/Hepp/Spitaler, AO und FGO, Lfg. 195, September 2007, § 109 Rn. 54) gewährte Verlängerung einer Frist nicht allein deshalb, weil der Grund ihrer Einräumung nicht mehr gegeben ist (vgl. auch § 131 Abs. 2 AO). So verhält es sich auch hier. Allerdings können die Finanzbehörden – wie auch sonst beim Vorliegen

sachlicher Gründe – die ausstehenden Steuererklärungen mit angemessener Frist für einen Zeitpunkt vor Ablauf der allgemein verlängerten Frist anfordern (vgl. Abschnitt II Abs. 2 der gleichlautenden Erlasse, BStBl. I 2008, 266).

[17] Dem Angeklagten hätte daher nach Kündigung des Mandatsverhältnisses zum Steuerberater – unter Abkürzung der Fristverlängerung – eine angemessene Frist zur Einreichung der Steuererklärung eingeräumt werden müssen. Da der Angeklagte von sich aus das Mandatsverhältnis beendet hatte, ohne einen neuen Steuerberater zu beauftragen, hätte diese Frist auch kurz sein können. Innerhalb der hier lediglich verbleibenden fünf Tage zwischen Mandatskündigung gegenüber dem Steuerberater und der Abberufung des Angeklagten als Geschäftsführer der B. IVV hätte jedoch von den Finanzbehörden die Abgabe der ausstehenden Steuererklärungen nicht gefordert werden dürfen. Damit hatte der Angeklagte am 2. Juli 2008, als er als Geschäftsführer der B. IVV abberufen wurde, noch nicht im Sinne von § 22 StGB i.V.m. § 370 Abs. 2 AO zur Steuerhinterziehung durch Unterlassen angesetzt.

[18] 4. Da sich der Angeklagte somit in den Fällen 1, 4 und 5 der Urteilsgründe unter keinem rechtlichen Gesichtspunkt strafbar gemacht hat, ist er insoweit freizusprechen.

1. Zur **Bezifferung** aufgrund unrichtiger Feststellungsbescheide nach § 182 Abs. 1 **347**
Satz 1 AO erlangter **nicht gerechtfertigter Steuervorteile** im Sinne von § 370 Abs. 1 AO.

2. Bei der Höhe der hinterzogenen Steuern handelt es sich um einen bestimmenden **Strafzumessungsfaktor**.[349]

[5] a) Wie die Revision an sich nicht verkennt, hat der Senat bereits entschieden, dass ein mittels tatbestandsmäßiger Verhaltensweisen gemäß § 370 Abs. 1 AO erwirkter unrichtiger Feststellungsbescheid im Hinblick auf dessen aus § 182 Abs. 1 Satz 1 AO resultierender Bindungswirkung einen „nicht gerechtfertigten Steuervorteil" und damit eine vollendete Tat darstellt (BGH, Beschluss vom 10. Dezember 2008 – 1 StR 322/08, BGHSt 53, 99, 104–107 Rn. 21–23; Meyberg PStR 2011, 31 f.; siehe auch Seer in Tipke/Lang, Steuerrecht, 21. Aufl., § 23 Rn. 36 mit Fn. 3). Die Bindungswirkung erfasst sowohl die zu niedrige Feststellung von Gewinnen als auch unberechtigte Verlustvorträge und unberechtigt nicht verbrauchte Verlustvorträge. In Anwendung dieser Rechtsprechung hat das Tatgericht – bezogen auf unterschiedliche Veranlagungszeiträume und verschiedene steuerpflichtige Unternehmen – zutreffend derartige Steuervorteile festgestellt. Das trägt den Schuldspruch wegen vollendeter Steuerhinterziehung nach § 370 Abs. 1 AO.

[6] b) Die neuere Rechtsprechung des Bundesverfassungsgerichts zu den verfassungsrechtlichen Anforderungen an die strafrechtliche Untreue (§ 266 StGB) und den Betrug (§ 263 StGB), insbesondere hinsichtlich der Merkmale „Vermögensnachteil" bzw. „Vermögensschaden" (BVerfGE 126, 170, 194 ff.; BVerfG NJW 2012, 907, 915 f.; BVerfG StraFo 2012, 496, 497 f.), gibt keinen Anlass, von dem bisherigen Verständnis des „nicht gerechtfertigten Steuervorteils" nach § 370 Abs. 1 AO sowie den zu dessen Vorliegen erforderlichen Feststellungen abzugehen.

[7] aa) Das Bundesverfassungsgericht leitet aus Art. 103 Abs. 2 GG für die Auslegung von Strafnormen u.a. ein Verschleifungsverbot ab (vgl. BVerfGE 92, 1, 16 f.;

[349] BGH, Beschluss vom 22.11.2012 – 1 StR 537/12.

BVerfGE 126, 170, 198; BVerfG StraFo 2012, 496, 497). Danach darf die Auslegung derjenigen Begriffe, mit denen der Gesetzgeber das unter Strafe gestellte Verhalten beschreibt, nicht zu einer Aufgabe der durch die Tatbestandsmerkmale bewirkten Eingrenzung der Strafbarkeit führen. Merkmale des Straftatbestandes dürfen daher selbst innerhalb der durch den Wortsinn gebildeten äußersten Auslegungsgrenze nicht so ausgelegt werden, dass sie vollständig in anderen Tatbestandsmerkmalen aufgehen (BVerfGE 126, 170, 198; BVerfG StraFo 2012, 496, 497).

[8] Dem trägt die Annahme eines „nicht gerechtfertigten Steuervorteils" i.S.v. § 370 Abs. 1 AO bereits bei Erwirken eines (bindenden) Feststellungsbescheides in Bezug auf zu niedrige Gewinnfeststellungen, nicht gerechtfertigte Verlustvorträge oder ungerechtfertigt nicht verbrauchte Verlustvorträge Rechnung. Das Erlangen (vgl. § 370 Abs. 4 Satz 2 AO) eines nicht gerechtfertigten Steuervorteils stellt einen von den Tathandlungen der § 370 Abs. 1 Nrn. 1–3 AO klar abgrenzbaren tatbestandsmäßigen Erfolg der Steuerhinterziehung (BGH, aaO, BGHSt 53, 99, 106 Rn. 22) dar. …

[9] Das Tatgericht hat auf dieser Grundlage rechtsfehlerfrei in zahlreichen Konstellationen die Erlangung nicht gerechtfertigter Steuervorteile zugunsten der von den Angeklagten beherrschten Unternehmen festgestellt. Die Strafkammer hat diese Vorteile sowohl der Art als auch der Höhe nach ausgewiesen und das Vorliegen der Steuervorteile auf entsprechende Feststellungsbescheide der jeweils zuständigen Finanzbehörden gestützt.

[10] bb) Art. 103 Abs. 2 GG erfordert auch unter Berücksichtigung der Rechtsprechung des Bundesverfassungsgerichts (BVerfG jeweils aaO) bei der Auslegung von § 370 Abs. 1 AO in der Variante des in einem „nicht gerechtfertigten Steuervorteil" liegenden tatbestandsmäßigen Erfolgs nicht, die Vollendung der Tat davon abhängig zu machen, auf der Grundlage des bezifferten Steuervorteils die (zukünftigen) Auswirkungen auf den Steueranspruch des Staates zu berechnen (anders etwa Wittig ZIS 2011, 660, 668).

[11] Das Bundesverfassungsgericht hält es am Maßstab des Bestimmtheitsgrundsatzes gemessen im Grundsatz für verfassungsrechtlich unbedenklich, bei § 263 StGB und § 266 StGB die Vollendung des jeweiligen Straftatbestandes bereits dann anzunehmen, wenn lediglich die konkrete Gefahr eines gegenwärtigen Vermögensschadens bzw. Vermögensnachteils besteht (BVerfGE 126, 170, 223 ff., 226 ff. bzgl. § 266 StGB; BVerfG NJW 2012, 907, 916 bzgl. § 263 StGB für den sog. Eingehungsbetrug). Um eine mit Art. 103 Abs. 2 GG unvereinbare Überdehnung der Straftatmerkmale „Vermögensschaden/Vermögensnachteil" auszuschließen, dürfen aber an die konkrete Gefahr des Vermögensverlustes nicht so geringe Wahrscheinlichkeitsanforderungen gestellt werden, dass dessen realer Eintritt ungewiss bleibt (BVerfG jeweils aaO). Als weitere Sicherung gegen eine Tatbestandsüberdehnung bei schadensgleicher Vermögensgefährdung bzw. Gefährdungsschaden verlangt das Bundesverfassungsgericht von den Strafgerichten – von Ausnahmen bei einfach gelagerten Fällen abgesehen – eine Bezifferung der Höhe des Vermögensschadens, deren Grundlagen in wirtschaftlich nachvollziehbarer Weise im Urteil auszuführen sind. Die Schätzung von Mindestschäden auf tragfähiger Grundlage ist zulässig (BVerfG jeweils aaO).

[12] Die auf die Rechtsgutsverletzungsdelikte § 263 StGB und § 266 StGB bezogenen Vorgaben sind auf den „nicht gerechtfertigten Steuervorteil" als tatbestandsmäßiger Erfolg nach § 370 Abs. 1 AO nicht übertragbar. Der Straftatbestand der Steuerhinterziehung ist weder in seinen tatbestandlichen Strukturen noch in dem von ihm geschützten Rechtsgut und seinem Deliktscharakter dem Betrugs- und dem

Untreuestraftatbestand so ähnlich, dass eine Änderung der Voraussetzungen der Vollendung in der genannten Tatbestandsvariante veranlasst oder gar geboten wäre…

[16] § 370 Abs. 4 Satz 1 AO lässt im Hinblick auf den Taterfolg der Steuerverkürzung deutlich erkennen, dass die Vollendung der Tat gerade keine tatsächlich eingetretene Beeinträchtigung des tatbestandlich geschützten Rechtsguts, dem öffentlichen Interesse am vollständigen und rechtzeitigen Aufkommen jeder einzelnen Steuerart (BGH, Beschluss vom 23. März 1994 – 5 StR 91/94, BGHSt 40, 109, 111; BGH, Urteil vom 1. August 2000 – 5 StR 624/99, BGHSt 46, 107, 120; BGH, Urteil vom 2. Dezember 2008 – 1 StR 416/08, BGHSt 53, 71, 80 Rn. 21 m.w.N.; Jäger in Klein, AO, 11. Aufl., § 370 Rn. 2), verlangt (BGH, Beschluss vom 10. Dezember 2008 – 1 StR 322/08, BGHSt 53, 99, 106 Rn. 22). Es genügt bereits die zu niedrige Festsetzung der Steuer als solche (BGH aaO). Eine andere Betrachtung wäre mit dem Wortlaut von § 370 Abs. 4 Satz 1 AO nicht zu vereinbaren. In Bezug auf den Taterfolg der Steuerverkürzung (§ 370 Abs. 1 Variante 1 AO) erfordert die Steuerhinterziehung damit keine Verletzung des geschützten Rechtsguts (vgl. BGH aaO; Ransiek aaO, § 370 AO Rn. 57 und 59). Dementsprechend ist es für den Eintritt der Vollendung des Delikts auch nicht von Bedeutung, ob der Steuerschuldner über ausreichende finanzielle Mittel zur Begleichung der Steuerschuld verfügt. Im Gegensatz dazu kann es für die Annahme der Vollendung einer Betrugstat durchaus auf die Liquidität des Täters ankommen. So ist etwa für eine täuschungsbedingt erlangte Stundung einer Forderung anerkannt, dass es an einem Schaden und damit einem vollendeten Delikt fehlt, wenn im Zeitpunkt der Vermögensverfügung, also der Gewährung der Stundung, kein (pfändbares) Vermögen bei dem Schuldner vorhanden war (BGH, Beschluss vom 30. Januar 2003 – 3 StR 437/02, NStZ 2003, 546, 548; Fischer aaO § 263 Rn. 134).

[17] Für den Taterfolg „nicht gerechtfertigte Steuervorteile erlangt“ gilt Entsprechendes (BGH, Beschluss vom 10. Dezember 2008 – 1 StR 322/08, BGHSt 53, 99, 106 Rn. 22). § 370 Abs. 4 Satz 2 AO stellt insoweit klar, dass ein Steuervorteil bereits mit dessen unberechtigter Gewährung erlangt ist. …

[19] c) Entgegen der von der Revision des Angeklagten M. vertretenen Auffassung gebieten weder das Verfassungsgebot schuldangemessenen Strafens noch Art. 103 Abs. 2 GG die Bezifferung der sich aus Steuervorteilen in unrichtigen Feststellungsbescheiden ergebenden Auswirkungen auf die Besteuerung der begünstigten Steuerpflichtigen als Grundlage der Strafzumessung.

[20] aa) Wie die Revision an sich nicht verkennt, handelt es sich bei der Höhe der hinterzogenen Steuern um einen bestimmenden Strafzumessungsfaktor (BGH, Urteil vom 2. Dezember 2008 – 1 StR 416/08, BGHSt 53, 71, 80 Rn. 21 m.w.N.). Diese Bedeutung des Hinterziehungsbetrages ergibt sich daraus, dass dieser das Ausmaß der Rechtsgutsbeeinträchtigung entscheidend mitbestimmt und dieses wiederum eine wesentliche Anknüpfung für den Grad des vom Täter verschuldeten Unrechts bildet. Nach der Rechtsprechung des Senats erfolgt jedoch die Strafzumessung bei der Steuerhinterziehung ungeachtet dieser Bedeutung des Hinterziehungsbetrages nicht allein „tarifmäßig“ (BGH aaO, BGHSt 53, 71, 81 Rn. 24). Den Anforderungen des verfassungsrechtlichen Schuldgrundsatzes und dessen einfachgesetzlicher Ausgestaltung entsprechend richtet sich die Strafzumessung einzelfallbezogen nach den in § 46 StGB genannten Kriterien.

[21] bb) Diese Kriterien gelten auch für die Strafzumessung der durch Erlangung eines „nicht gerechtfertigten Steuervorteils“ verwirklichten Steuerhinterziehung. Die

Dimension der Gefährdung des geschützten Rechtsguts lässt sich jedenfalls für die hier vorliegenden Steuervorteile in Gestalt von zu niedrigen Gewinnfeststellungen, unberechtigten Verlustvorträgen und unberechtigt nicht verbrauchten Verlustvorträgen anhand der Höhe des im Feststellungsbescheid ausgewiesenen Steuervorteils erkennen. Angesichts der Natur des § 370 AO genügt die Berücksichtigung der Höhe des Steuervorteils ungeachtet der noch nicht bezifferten Auswirkungen auf die Steuerlast als Grundlage für die Strafzumessung. In den hier allein verfahrensgegenständlichen Fallgestaltungen von Steuervorteilen in mit Bindungswirkung versehenen Feststellungsbescheiden bleibt für den Täter auch nicht unklar, was für eine Art von Steuervorteil in welcher Höhe von ihm erlangt worden ist.

[22] cc) Der Feststellung und Bezifferung der Auswirkungen eines Steuervorteils in den vorliegenden Konstellationen bedarf es auch im Hinblick auf die Anwendung des Regelbeispiels aus § 370 Abs. 3 Satz 2 Nr. 1 AO nicht. Wie sich aus dessen Wortlaut ergibt, geht das Gesetz davon aus, dass das Regelbeispiel sowohl bei der Steuerhinterziehung durch Steuerverkürzung als auch bei der Erlangung von nicht gerechtfertigten Steuervorteilen verwirklicht sein kann. Ab welcher Wertgrenze ein „großes Ausmaß" gemäß § 370 Abs. 3 Satz 2 Nr. 1 AO bei erlangten Steuervorteilen anzunehmen ist, hat die Rechtsprechung des Bundesgerichtshofs bisher nicht zu entscheiden gehabt. Dies bedarf auch vorliegend keiner Entscheidung. Das Landgericht hat das Regelbeispiel nicht auf das Erlangen von Steuervorteilen zugunsten der verschiedenen begünstigten Gesellschaften angewendet. Da die erlangten Steuervorteile der hier fraglichen Art aber ohnehin für die Beurteilung des Vollendungseintritts nach Art und Höhe festzustellen sind, kommt eine Anwendung des Regelbeispiels anhand von Wertgrenzen, wie sie der Senat bislang nach Fallkonstellationen differenzierend angenommen hat (siehe BGH aaO, BGHSt 53, 71, 85 Rn. 38 f.), grundsätzlich in Betracht.

348 Der Umstand, dass das Regelbeispiel des § 370 Abs. 3 Satz 2 Nr. 1 AO bis zur Änderung durch Gesetz vom 21.12.2007 (BGBl. I, 3198, 3209) [und damit zum Zeitpunkt der Tatbeendigung] enger gefasst war, steht der Anwendung der **verlängerten Verjährungsfrist** des § 376 Abs. 1 AO nicht entgegen.[350]

Auch die vom Angeklagten am 28. März 2006 durch Abgabe einer unrichtigen Umsatzsteuerjahreserklärung begangene Steuerhinterziehung (§ 370 Abs. 1 Nr. 1 AO i.V.m. § 168 Satz 1 AO) mit einem Verkürzungsumfang von 133.269,08 Euro (Tat 1 der Urteilsgründe) ist nicht verjährt.

Zwar betrug die Verjährungsfrist für diese Tat zunächst nur fünf Jahre (vgl. § 78 Abs. 3 Nr. 4 StGB), die bei Bekanntgabe der Einleitung des Ermittlungsverfahrens (vgl. § 78c Abs. 1 Satz 1 Nr. 1 StGB) bereits verstrichen waren. Die Verjährungsfrist hatte sich jedoch durch Gesetz vom 19. Dezember 2008 (BGBl. I, 2794, 2828) auf zehn Jahre erhöht (§ 376 Abs. 1 AO). Diese Vorschrift gilt für alle bei Inkrafttreten des Änderungsgesetzes noch nicht abgelaufenen Verjährungsfristen (vgl. Art. 97 § 23 EGAO).

Die Voraussetzungen des § 376 Abs. 1 AO liegen hier vor, denn die Tat erfüllt das Regelbeispiel des § 370 Abs. 3 Satz 2 Nr. 1 AO (Steuerverkürzung in großem Ausmaß). Der Umstand, dass das Regelbeispiel des § 370 Abs. 3 Satz 2 Nr. 1 AO

---

[350] BGH, Beschluss vom 5.3.2013 – 1 StR 73/13.

bis zur Änderung durch Gesetz vom 21. Dezember 2007 (BGBl. I, 3198, 3209) und damit zum Zeitpunkt der Tatbeendigung enger gefasst war – es enthielt noch das einschränkende Merkmal des Handelns aus grobem Eigennutz – steht der Anwendung der verlängerten Verjährungsfrist des § 376 Abs. 1 AO nicht entgegen (vgl. Jäger in Klein, Abgabenordnung, 11. Aufl., § 376 Rn. 14; Rolletschke in Graf/Jäger/Wittig, Wirtschafts- und Steuerstrafrecht, 1. Aufl. 2011, Rn. 10; a.A. Joecks in Franzen/Gast/Joecks, Steuerstrafrecht, 7. Aufl., § 376 AO Rn. 14e; Spatscheck/Albrecht Stbg 2012, 501, 506). Maßgeblich ist allein, dass die Voraussetzungen des § 376 Abs. 1 AO erfüllt sind und die Tat zum Zeitpunkt des Inkrafttretens dieser Verjährungsvorschrift noch nicht verjährt war. Beides ist hier der Fall. Damit kommt die zehnjährige Verjährungsfrist des § 376 Abs. 1 AO zur Anwendung, obwohl die Tat zum Zeitpunkt der Tatbegehung keines der Regelbeispiele des § 370 Abs. 3 Satz 2 AO erfüllt hat.

Der Anwendung der zehnjährigen Verjährungsfrist des § 376 Abs. 1 AO steht auch nicht entgegen, dass das Landgericht für diese Tat die Strafe nicht dem Strafrahmen des § 370 Abs. 3 AO entnommen hat. Entscheidend ist, ob ein Regelbeispiel eines besonders schweren Falles verwirklicht ist, nicht, ob sich die Tat nach der gebotenen Gesamtwürdigung der Umstände im konkreten Einzelfall als besonders schwer darstellt (vgl. Jäger in Klein, Abgabenordnung, 11. Aufl., § 376 Rn. 11, 15; Joecks in Franzen/Gast/Joecks, Steuerstrafrecht, 7. Aufl., § 376 AO Rn. 14 f.; a.A. Schauf in Kohlmann, Steuerstrafrecht, Lfg. 40, § 376 AO Rn. 20 ff.). Die typisierende Anknüpfung der Verjährungsregelung des § 376 Abs. 1 AO an Regelbeispielen besonders schwerer Fälle der Steuerhinterziehung ist auch verfassungsrechtlich unbedenklich.

Bei dem **Schmuggel** und der nachfolgenden **Hinterziehung von Umsatzsteuer** han- **349**
delt es sich um **unterschiedliche Taten** im materiellrechtlichen Sinn (§ 53 StGB), die durch unterschiedliche Tathandlungen, zu unterschiedlichen Zeitpunkten, in unterschiedlichen Besteuerungsverfahren, bezogen auf unterschiedliche Steuernormen, und gegenüber unterschiedlichen Behörden begangen wurden.[351]

[13] Das vom Angeklagten S. geltend gemachte Verfahrenshindernis des Strafklageverbrauchs liegt nicht vor.

[14] 1. Der Angeklagte beruft sich darauf, er sei bereits mit Urteil des Landgerichts Hamburg vom 12. November 2010 wegen Steuerhinterziehung in 16 Fällen rechtskräftig verurteilt worden. Verfahrensrechtlich stellten sich diese Taten und die im vorliegenden Verfahren abgeurteilte Tat des gewerbs- und bandenmäßigen Schmuggels ungeachtet der materiellrechtlichen Bestimmung der Konkurrenzen als eine Tat (§ 264 StPO) dar. Dies ergebe sich insbesondere aus der neueren Rechtsprechung des EuGH, nach der aus der Entstehung der Einfuhrumsatzsteuerschuld zeitgleich die Berechtigung zum Vorsteuerabzug folge, ohne dass es hierfür auf die tatsächliche Entrichtung der Einfuhrumsatzsteuer ankäme. Die Verurteilung vom 12. November 2010 führe daher zum Strafklageverbrauch auch für den Tatvorwurf des Schmuggels.

[15] 2. Nach der Rechtsprechung des Bundesgerichtshofs bilden mehrere im Sinne von § 53 StGB sachlichrechtlich selbständige Handlungen nur dann eine einheitliche prozessuale Tat im Sinne von § 264 StPO, wenn die einzelnen Handlungen nicht

[351] BGH, Beschluss vom 4.9.2013 – 1 StR 374/13.

nur äußerlich ineinander übergehen, sondern wegen der ihnen zugrunde liegenden Vorkommnisse unter Berücksichtigung ihrer strafrechtlichen Bedeutung auch innerlich derart miteinander verknüpft sind, dass der Unrechts- und Schuldgehalt der einen Handlung nicht ohne die Umstände, die zu der anderen Handlung geführt haben, richtig gewürdigt werden kann, und ihre getrennte Würdigung und Aburteilung als unnatürliche Aufspaltung eines einheitlichen Lebensvorgangs empfunden würde. Nur in diesen Fällen ist das aus der sachlichrechtlichen Realkonkurrenz folgende Indiz für die Annahme unterschiedlicher prozessualer Taten widerlegt (st. Rspr.; vgl. nur BGH, Beschluss vom 24. November 2004 – 5 StR 206/04, BGHSt 49, 359, 362).

[16] 3. Ausgehend von diesen Grundsätzen waren die Hinterziehung der Einfuhrabgaben bei der Einfuhr von Waren in das Inland einerseits und die Hinterziehung der Umsatzsteuer nach Weiterveräußerung der nämlichen Waren durch den Angeklagten andererseits nicht Teil derselben Tat im prozessualen Sinn (§ 264 StPO).

[17] a) Bei dem Schmuggel und der nachfolgenden Hinterziehung von Umsatzsteuer handelt es sich um unterschiedliche Taten im materiellrechtlichen Sinn (§ 53 StGB), die durch unterschiedliche Tathandlungen, zu unterschiedlichen Zeitpunkten, in unterschiedlichen Besteuerungsverfahren, bezogen auf unterschiedliche Steuernormen und gegenüber unterschiedlichen Behörden begangen wurden. Beim Schmuggel (§ 373 AO) verstießen die Angeklagten bei der Einfuhr von Waren gegen die ihnen gegenüber den Zollbehörden bestehende Verpflichtung, zutreffende Zollanmeldungen abzugeben (§ 21 Abs. 2 UStG, §§ 59 ff. ZK). Demgegenüber hatten die vom Landgericht Hamburg am 12. November 2010 abgeurteilten Taten der Steuerhinterziehung (§ 370 AO) Verstöße gegen die sich aus § 18 Abs. 1 und Abs. 3 UStG ergebenden steuerrechtlichen Pflichten zur Abgabe zutreffender Umsatzsteuervoranmeldungen und Umsatzsteuerjahreserklärungen für im Inland vorgenommene steuerbare und steuerpflichtige Umsätze zum Gegenstand. Den materiellrechtlich selbständigen Taten lagen daher unterschiedliche Lebenssachverhalte zugrunde, die äußerlich auch nicht ineinander übergingen.

[18] b) Die den Taten zugrunde liegenden Vorkommnisse waren auch nicht innerlich derart miteinander verknüpft, dass der Unrechts- und Schuldgehalt der einen Handlung nicht ohne die Umstände, die zu den anderen Handlungen geführt haben, richtig gewürdigt werden könnte, sodass ihre getrennte Würdigung und Aburteilung als unnatürliche Aufspaltung eines einheitlichen Lebensvorgangs empfunden würde.

4. Waffengesetz

350 Der **Dauertatbestand** des **unerlaubten Besitzes** einer Schusswaffe tritt hinter dem **unerlaubten Führen** – als besonderer Form der Ausübung tatsächlicher Gewalt – auf der Konkurrenzebene zurück. Kommt der Dauerstraftat des Besitzes über den Zeitraum des Führens hinausreichender Unrechtsgehalt zu, steht dies zu dem nachfolgenden Führen, beruhend auf einem neuen Entschluss zur Begehung einer schwerer wiegenden Tat, in Tatmehrheit.[352]

351 Der Umgang mit einer **Vorderschaftrepetierflinte** unterfällt nur dann § 51 Abs. 1 WaffG, wenn anstelle des Hinterschafts ein Kurzwaffengriff vorhanden ist oder die

[352] BGH, Beschluss vom 12.9.2013 – 4 StR 503/12.

Waffengesamtlänge in der kürzest möglichen Verwendungsform weniger als 95 cm oder die Lauflänge weniger als 45 cm beträgt.[353]

[8] 3. Die Verurteilung im Fall II. 4 der Urteilsgründe hat keinen Bestand, weil sich aus den getroffenen Feststellungen nicht ergibt, dass es sich bei der sichergestellten „Pumpgun" um eine verbotene Waffe gemäß § 51 Abs. 1 i.V.m. § 2 Abs. 3 WaffG Anlage 2 Abschnitt 1 Nr. 1.2.1.2 gehandelt hat.

[9] Nach Anlage 2 Abschnitt 1 Nr. 1.2.1.2 (Waffenliste) zu § 2 Abs. 3 WaffG unterfällt der Umgang mit einer Vorderschaftrepetierflinte nur dann § 51 Abs. 1 WaffG, wenn anstelle des Hinterschafts ein Kurzwaffengriff vorhanden ist oder die Waffengesamtlänge in der kürzest möglichen Verwendungsform weniger als 95 cm oder die Lauflänge weniger als 45 cm beträgt. Damit wollte der Gesetzgeber nur solche Vorderschaftrepetierflinten verbieten, die so verändert (eingekürzt) sind, dass sie verdeckt geführt und im Nahbereich eingesetzt werden können, wodurch sie sich für kriminelle Verwendungen besonders eignen (vgl. Gesetzesentwurf der Bundesregierung vom 28. Januar 2008, BT-Drucks. 16/7717, S. 25; Heinrich in Steindorf/Heinrich/Papsthart, Waffenrecht, 9. Aufl., § 2 WaffG Rn. 6b; Hinze/Runkel, Waffenrecht, 55. Aktualisierung Okt. 2008, § 2 WaffG Rn. 56a). Die Urteilsgründe bezeichnen die von dem Angeklagten mitgeführte Vorderschaftrepetierflinte lediglich nach Marke, Modell und Kaliber. Außerdem wird mitgeteilt, dass Lauf und Hinterschaft gekürzt sind (UA 8). Aus der Beweiswürdigung ergibt sich lediglich, dass es sich hierbei um nachträgliche Veränderungen handelt (UA 14). Ob diese Veränderungen dazu geführt haben, dass eines der in Anlage 2 Abschnitt 1 Nr. 1.2.1.2 der Waffenliste angeführten äußeren Merkmale erfüllt ist, kann den Urteilsgründen dagegen nicht entnommen werden. Die Bezeichnung als „Pumpgun" vermag diese Angaben nicht zu ersetzen, da es sich hierbei nur um einen umgangssprachlichen Namen für Vorderschaftrepetierflinten handelt, der nichts über die hier maßgeblichen weiteren Eigenschaften aussagt (vgl. Hinze/Runkel, Waffenrecht, 55. Aktualisierung Okt. 2008, § 2 WaffG Rn. 56; Heller/Soschinka, Waffenrecht, 2. Aufl., Rn. 274; Busche, Waffenrecht, 7. Aufl., S. 88).

[10] Sollte der neue Tatrichter Feststellungen treffen können, die belegen, dass der Angeklagte in dem von ihm geführten Pkw eine Vorderschaftrepetierflinte verwahrt hat, die eine der in Anlage 2 Abschnitt 1 Nr. 1.2.1.2 (Waffenliste) zu § 2 Abs. 3 WaffG benannten Voraussetzungen erfüllt, wird er auch zu prüfen haben, ob anstelle einer Verurteilung wegen Besitzes einer verbotenen Waffe eine solche wegen Führens einer verbotenen Waffe nach § 51 Abs. 1 WaffG in Betracht kommt.

Das **gleichzeitige Ausüben der tatsächlichen Gewalt** über mehrere Waffen **verbindet** **352**
die **verschiedenen waffenrechtlichen Verstöße zur Tateinheit.** Danach stehen, weil sich der Besitz an allen Schusswaffen sowie an Munition, Schalldämpfern und Wechselsystemen zeitlich jedenfalls mit dem Besitz an denjenigen Schusswaffen überschneidet, die der Angeklagte über den gesamten Tatzeitraum durchgängig zu Verkaufszwecken in seiner Wohnung lagerte, sämtliche Fälle des unerlaubten Handeltreibens im Verhältnis der Tateinheit zueinander.[354]

353 BGH, Beschluss vom 2.7.2013 – 4 StR 187/12.
354 BGH, Beschluss vom 15.1.2013 – 4 StR 258/12.

5. Ordnungswidrigkeitengesetz (OWiG)

353 Im Bußgeldverfahren dürfen die Urteilsgründe auch dann innerhalb der **Frist des § 275 Abs. 1 Satz 2 StPO** zu den Akten gebracht werden, wenn der Staatsanwaltschaft, die an der Hauptverhandlung nicht teilgenommen hat, auf Veranlassung des Richters zunächst ein von diesem unterzeichnetes Hauptverhandlungsprotokoll, das bereits alle nach § 275 Abs. 3 StPO erforderlichen Angaben enthält und dem ein ebenfalls durch den Richter unterzeichnetes Urteilsformular mit vollständigem Tenor und der Liste der angewandten Vorschriften als Anlage beigefügt ist, mit der Bitte um Kenntnisnahme vom Protokoll der Hauptverhandlung sowie der Anfrage zugeleitet worden ist, ob auf Rechtsmittel verzichtet werde, und der Betroffene, dessen Verzichtserklärung nicht gemäß § 77b Abs. 1 Satz 3 OWiG entbehrlich war, nachfolgend Rechtsbeschwerde eingelegt hat.[355]

[12] 2. In der Vorlegungsfrage teilt der Senat die Auffassung des vorlegenden Oberlandesgerichts Oldenburg. Das Amtsgericht Papenburg durfte die Urteilsgründe nachträglich innerhalb der Frist des § 275 Abs. 1 Satz 2 StPO zu den Akten bringen. Dieses mit Gründen versehene Urteil ist der im Rechtsbeschwerdeverfahren vorzunehmenden Prüfung zu Grunde zu legen.

[13] Der Senat hat die zu beantwortende Rechtsfrage lediglich aus Gründen der Übersichtlichkeit nach Maßgabe der Beschlussformel zum Teil neu gefasst.

[14] a) Die Bestimmung des § 275 Abs. 1 StPO gilt gemäß § 46 Abs. 1, § 71 Abs. 1 OWiG im gerichtlichen Bußgeldverfahren entsprechend (vgl. BayObLG, NJW 1976, 2273; Göhler/Seitz, OWiG, 16. Aufl., § 71 Rn. 45). Dies bedeutet, dass das vollständige Urteil unverzüglich, spätestens jedoch innerhalb der Frist des § 275 Abs. 1 Satz 2 StPO zu den Akten gebracht werden muss, sofern es nicht bereits vollständig in das Protokoll aufgenommen wurde. Liegt ein sog. „Protokollurteil" vor, gelten die Fristen für die Urteilsabsetzung nach § 275 Abs. 1 StPO nicht (vgl. KG, NZV 1992, 332; Meyer-Goßner, StPO, 55. Aufl., § 275 Rn. 1).

[15] Wie im Strafverfahren steht es auch im Bußgeldverfahren im nicht anfechtbaren Ermessen des Vorsitzenden zu entscheiden, ob das Urteil mit den Gründen als besondere Niederschrift (also mit Urteilskopf, Urteilsformel und Gründen) zu den Akten zu bringen ist oder die Gründe vollständig in das Protokoll mit aufzunehmen sind (vgl. Göhler/Seitz, OWiG, 16. Aufl., § 71 Rn. 45; Stuckenberg in LR-StPO, 26. Aufl., § 275 Rn. 19). Hinsichtlich Form und Inhalt unterliegt das in das Protokoll aufgenommene Urteil den gleichen Anforderungen wie die in einer getrennten Urkunde erstellten Urteile (vgl. RGSt 19, 233). Wenn sich die nach § 275 Abs. 3 StPO erforderlichen Angaben bereits aus dem Protokoll ergeben, ist ein besonderer Urteilskopf jedoch entbehrlich. Die Urteilsformel und die Gründe müssen im Protokoll von sämtlichen mitwirkenden Richtern unterschrieben werden (vgl. Meyer-Goßner, StPO, 55. Aufl., § 275 Rn. 1).

[16] b) Im Bußgeldverfahren eröffnet § 77b Abs. 1 OWiG – über § 267 Abs. 4 und Abs. 5 Satz 2 StPO hinausgehend – aus Gründen der Verfahrensvereinfachung und zur Entlastung der Tatsacheninstanz die Möglichkeit, von einer schriftlichen Begründung des Urteils gänzlich abzusehen (vgl. KK-Senge, OWiG, 3. Aufl., § 77b Rn. 1). Dies ist dann der Fall, wenn alle zur Anfechtung Berechtigten auf die Ein-

[355] BGH, Beschluss vom 8.5.2013 – 4 StR 336/12.

legung der Rechtsbeschwerde verzichtet haben oder wenn innerhalb der Frist keine Rechtsbeschwerde eingelegt wird (§ 77b Abs. 1 Satz 1 OWiG) oder wenn die Verzichtserklärungen der Staatsanwaltschaft und des Betroffenen ausnahmsweise entbehrlich sind (§ 77b Abs. 1 Sätze 2 und 3 OWiG). Im Bußgeldverfahren steht somit der Umstand, dass in dem Hauptverhandlungsprotokoll keine Urteilsgründe niedergelegt sind, der Annahme eines im Sinne von § 46 Abs. 1, § 71 Abs. 1 OWiG, § 275 Abs. 1 Satz 1 StPO vollständig in das Sitzungsprotokoll aufgenommenen Urteils nicht entgegen. Es genügt, dass das Hauptverhandlungsprotokoll alle für den Urteilskopf nach § 275 Abs. 3 StPO erforderlichen Angaben sowie den vollständigen Tenor einschließlich der angewendeten Vorschriften enthält und von dem erkennenden Richter unterzeichnet ist (vgl. OLG Bamberg, ZfS 2009, 175; StraFo 2010, 468; OLG Celle, NZV 2012, 45, 46; KG, NZV 1992, 332; OLG Oldenburg, NZV 2012, 352).

[17] c) Es entspricht gefestigter Rechtsprechung und einer verbreiteten Meinung in der Literatur, dass die nachträgliche Ergänzung eines Urteils grundsätzlich nicht zulässig ist – und zwar auch nicht innerhalb der Urteilsabsetzungsfrist des § 275 Abs. 1 Satz 2 StPO –, wenn es bereits aus dem inneren Dienstbereich des Gerichts herausgegeben worden ist (BGH, Beschluss vom 13. März 1997 – 4 StR 455/96, BGHSt 43, 22, 26 m.w.N.). Für das Bußgeldverfahren folgt daraus, dass ein vollständig in das Sitzungsprotokoll aufgenommenes, nicht mit Gründen versehenes Urteil, das den inneren Dienstbereich des Gerichts bereits verlassen hat, nicht mehr verändert werden darf, es sei denn, die nachträgliche Urteilsbegründung ist gemäß § 77b Abs. 2 OWiG zulässig (vgl. OLG Bamberg, ZfS 2009, 175; StraFo 2010, 468; Brandenburgisches OLG, VRS 122, 151; OLG Celle, VRS 75, 461; NStZ-RR 2000, 180; NZV 2012, 45; OLG Dresden, NZV 2012, 557; KG, NZV 1992, 332; OLG Oldenburg, NZV 2012, 352, 353). Die Voraussetzungen für eine ausnahmsweise nachträgliche Ergänzung der Urteilsgründe waren im vorliegenden Fall schon deshalb nicht gegeben, weil der Betroffene zu einer 250 € übersteigenden Geldbuße verurteilt worden ist (§ 77b Abs. 1 Satz 3, Abs. 2 OWiG). Gleichwohl durfte das Amtsgericht die Urteilsgründe innerhalb der Frist des § 275 Abs. 1 Satz 2 StPO zu den Akten bringen. Denn durch die Übersendung des Hauptverhandlungsprotokolls an die Staatsanwaltschaft zum Zwecke der Kenntnisnahme ist noch keine die nachträgliche Fertigung von Urteilsgründen sperrende Hinausgabe eines „Protokollurteils" erfolgt. Dies ergibt sich hier unzweifelhaft aus dem Vorbehalt, den der Richter in die Begleitverfügung aufgenommen hat.

[18] d) Die Entscheidung, ob ein Urteil als verfahrensabschließend gewollt ist und deshalb aus dem inneren Dienstbetrieb herausgegeben werden soll, trifft der erkennende Richter (vgl. BGH, Beschluss vom 6. August 2004 – 2 StR 523/03, BGHSt 49, 230, 234). Voraussetzung für die Annahme der Hinausgabe eines nicht begründeten „Protokollurteils" ist der erkennbar zum Ausdruck gebrachte Wille des Gerichts, dass es von den Möglichkeiten des § 77b Abs. 1 OWiG sowie des § 275 Abs. 1 Satz 1 StPO in Verbindung mit § 71 Abs. 1 OWiG Gebrauch macht, also von einer schriftlichen Begründung des Urteils gänzlich absieht und das Urteil allein durch Aufnahme in das Hauptverhandlungsprotokoll fertigt (vgl. OLG Celle, VRS 75, 461, 462). Der Richter muss sich bewusst für eine derart abgekürzte Fassung des Urteils entschieden haben (vgl. OLG Bamberg, ZfS 2009, 175; KG, NZV 1992, 332). Solange ein Urteil bewusst unvollständig ist, also noch keine endgültig gebilligte Urteilsfassung vorliegt, ist es nicht Bestandteil der Akten, und zwar selbst dann nicht, wenn der Entwurf diesen einliegen sollte (Stuckenberg in LR-StPO, 26. Aufl.,

§ 275 Rn. 3). Erst mit der gerichtlichen Anordnung (§ 36 Abs. 1 Satz 1 StPO) der Übersendung der Akten einschließlich eines ohne Gründe ins Hauptverhandlungsprotokoll aufgenommenen bzw. als Anlage zum Hauptverhandlungsprotokoll genommenen Urteils an die Staatsanwaltschaft „zur Zustellung gemäß § 41 StPO" hat sich der Tatrichter für die Hinausgabe einer nicht mit Gründen versehenen Urteilsfassung endgültig entschieden. Damit hat ein „Protokollurteil ohne Gründe" den inneren Dienstbereich des Gerichts verlassen und ist mit der Zustellung an die Staatsanwaltschaft nach außen in Erscheinung getreten. Da der Tatrichter in diesem Fall das Urteil der Staatsanwaltschaft in Urschrift und eindeutig erkennbar im Wege der förmlichen Bekanntmachung einer Entscheidung zugeleitet hat, muss er sich an dieser Erklärung festhalten lassen (vgl. OLG Bamberg, ZfS 2009, 175; StraFo 2010, 468; Brandenburgisches OLG, VRS 122, 151; OLG Celle, VRS 75, 461; NStZ-RR 2000, 180; NZV 2012, 45, 46; OLG Oldenburg, NZV 2012, 352 f.). Dabei wird den Anforderungen an eine Zustellung gemäß § 41 StPO bereits dadurch genügt, dass die Staatsanwaltschaft aus der Übersendungsverfügung in Verbindung mit der aus den Akten zu ersehenden Verfahrenslage erkennen kann, mit der Übersendung an sie werde die Zustellung nach § 41 StPO bezweckt. Es bedarf keines ausdrücklichen Hinweises auf diese Vorschrift (vgl. RGSt 61, 351, 352; KK-Maul, StPO, 6. Aufl., § 41 Rn. 3; Graalmann-Scheerer in LR-StPO, 26. Aufl., § 41 Rn. 1).

[19] Hat der Tatrichter demgegenüber lediglich die formlose Übersendung der Akten und des Hauptverhandlungsprotokolls an die Staatsanwaltschaft verfügt, um diese über den Ausgang des Verfahrens zu informieren und die Frage des Rechtsmittelverzichts möglichst frühzeitig zu klären, so behält er sich ersichtlich die Entscheidung vor, gegebenenfalls innerhalb der Frist des § 275 Abs. 1 Satz 2 StPO ein mit Gründen versehenes Urteil als besondere Niederschrift zu den Akten zu bringen. Für die Annahme einer Zustellung im Sinne von § 41 StPO durch Vorlegung der Urschrift des Urteils ist kein Raum, weil auf Seiten des Tatrichters ein entsprechender Zustellungswille fehlt und dies in der Zuleitungsverfügung auch deutlich zum Ausdruck kommt (vgl. OLG Celle, VRS 75, 461, 462; NStZ-RR 2000, 180; NZV 2012, 45, 46; Göhler/Seitz, OWiG, 16. Aufl., § 77b Rn. 3, 8; KK-Senge, OWiG, 3. Aufl., § 77b Rn. 5, 15). Der Richter will dann noch kein fertiges Urteil in den Geschäftsgang geben. So verhielt es sich insbesondere in dem Fall, der dem Beschluss des Oberlandesgerichts Bamberg vom 10. November 2011 – 3 Ss OWi 1444/11 – zu Grunde lag. Auf den Willen und das Handeln der Staatsanwaltschaft, der zugestellt werden soll, kommt es dabei nicht an (vgl. RGSt 57, 55).

[20] e) Dem Tatrichter die Möglichkeit zu nehmen, durch formlose Übersendung des Hauptverhandlungsprotokolls an die Staatsanwaltschaft frühzeitig zu klären, ob diese auf Rechtsmittel verzichtet, und damit Zeit für den Fall zu gewinnen, dass auch der Betroffene kein Rechtsmittel einlegt, würde zudem eine unnötige formale Beschränkung darstellen. Diese wäre mit dem Zweck des Bußgeldverfahrens, der auf eine einfache, schnelle und summarische Erledigung ausgerichtet ist (BGH, Beschluss vom 13. März 1997 – 4 StR 455/96, BGHSt 43, 22, 26), nicht vereinbar.

6. Gewerbeordnung (GewO)

354 Eine Tat nach § 146 Abs. 1 Nr. 1a GewO ahndet die **Zuwiderhandlung gegen eine Gewerbeuntersagung** nach § 35 Abs. 1 GewO; es handelt sich dabei um eine **Dauerordnungswidrigkeit,** die sich dadurch auszeichnet, dass der Täter den von ihm durch die Verwirklichung des Tatbestandes geschaffenen rechtswidrigen Zustand aufrecht hält oder die sanktionierte Tätigkeit ununterbrochen fortsetzt. Der Vorwurf bezieht sich sowohl auf die Herbeiführung des rechtswidrigen Zustandes als auch auf dessen Aufrechterhaltung. Dies bedeutet in den Fällen der Untersagung der Ausübung eines Gewerbes, dass die Tat (erst) mit der Einstellung des verbotenen Gewerbebetriebes endet; die Einrichtung eines neuen Gewerbebetriebes stellt sich aufgrund der äußeren und inneren Geschehensabläufe jeweils als ein neues selbständiges Dauerdelikt dar.[356]

[2] 1. Die Feststellungen tragen den Schuldspruch der strafbaren Verletzung gewerberechtlicher Vorschriften gemäß § 148 Nr. 1 i.V.m. § 146 Abs. 1 Nr. 1a Gewerbeordnung (GewO) in 16 Fällen nicht.

[3] a) Aus der von der Strafkammer in den Feststellungen allein mitgeteilten Entscheidungsformel des Bescheides des Landkreises Peine vom 6. April 2006 ergibt sich, dass dem Angeklagten ab diesem Zeitpunkt die weitere Ausübung seines Gewerbes „Handel mit Baustoffen (Echtsteinfassaden)" sowie alle Gewerbetätigkeiten, die dem Anwendungsbereich des § 35 GewO unterliegen, untersagt worden war. Damit ist aber nicht belegt, dass dem Angeklagten auch Vertretungstätigkeiten im Sinne von § 35 Abs. 1 Satz 2 GewO, auf deren Ausübung die Strafkammer die Verurteilung in den Fällen II. 2 bis 5, 8, 10, 12 und 14 der Urteilsgründe gestützt hat, untersagt waren. Denn das Abstellen auf „Gewerbetätigkeiten" spricht nach dem – allerdings nicht eindeutigen – Wortlaut dafür, dass damit lediglich die selbständige Gewerbeausübung verboten werden sollte.

[4] b) Selbst wenn dem Angeklagten auch die Vertretungstätigkeit untersagt worden sein sollte, hat der Schuldspruch keinen Bestand. Im Fall II. 14 folgt dies schon daraus, dass ein Handeln „als Vertretungsberechtigter eines Gewerbetreibenden" im Sinne von § 35 Abs. 1 Satz 2 GewO – damit sind die Regelungen der §§ 164 ff. BGB angesprochen (OVG Münster, Urteil vom 10. November 1989 – 4 A 762/89, NVwZ-RR 1990, 409) – nicht festgestellt ist. Den Vertrag mit den Kunden schloss in diesem Fall der Geschäftsherr selbst, der den Angeklagten lediglich als Ansprechpartner benannte, an den von den Kunden auch Zahlungen geleistet werden konnten; eine rechtsgeschäftliche Vertretungsmacht oder ein Vertreterhandeln des Angeklagten ergibt sich daraus nicht. ...

[6] Mit Blick auf den Tatbestand des § 146 Abs. 1 Nr. 1a GewO bedeutet dies in den Fällen der Untersagung der Ausübung eines Gewerbes, dass die Tat (erst) mit der Einstellung des verbotenen Gewerbebetriebes endet (OLG Frankfurt, aaO); die Einrichtung eines neuen Gewerbebetriebes stellt sich aufgrund der äußeren und inneren Geschehensabläufe jeweils als ein neues selbständiges Dauerdelikt dar (BGH, Urteil vom 25. Februar 1992 – 5 StR 528/91, wistra 1992, 184, 185). Ausdrückliche Feststellungen dazu, ob der Angeklagte den ihm untersagten Betrieb als Reaktion auf die Verfügung eingestellt hatte, hat die Strafkammer nicht getroffen, so dass bereits unklar bleibt, ob in der Zusammenarbeit mit dem Zeugen W., für den der Angeklagte sowohl als Vertreter, als auch unter dessen Firma auf eigene Rechnung handelte, die Fortführung des ursprünglichen Gewerbes oder die (verdeckte) Einrichtung eines neuen Gewerbebetriebes zu sehen ist. Für letzteres könnte zwar sprechen, dass der Angeklagte diese Zusammenarbeit erst aufnahm, nachdem er im Jahr 2008 wegen beharrlicher Wiederholung der Zuwiderhandlung gegen die Unter-

---

356 BGH, Beschluss vom 14.11.2012 – 3 StR 372/12.

sagungsverfügung mit einem Strafbefehl belegt worden war; da die Einzelheiten der dieser Verurteilung zugrundeliegenden Feststellungen jedoch nicht mitgeteilt werden, ist dem Senat eine Beurteilung insoweit nicht möglich.

[7] Wenn der Angeklagte seinen ursprünglich betriebenen Gewerbebetrieb eingestellt hatte, läge in der (verdeckten) Aufnahme einer gewerblichen Tätigkeit unter dem Deckmantel der Firma des Zeugen W. die Einrichtung eines neuen Gewerbebetriebes, die sich als eine Dauerordnungswidrigkeit nach § 146 Abs. 1 Nr. 1a GewO darstellt. Ob die weiteren Geschäfte auf eigene Rechnung, in denen der Angeklagte unter der Firma K. auftrat, als Fortführung dieses Gewerbes oder als Einrichtung eines neuen zu beurteilen sind, bedarf ebenfalls weiterer Feststellungen, insbesondere zur Beendigung der Zusammenarbeit des Angeklagten mit dem Zeugen W., zu der das Urteil einerseits mitteilt, diese habe bis Ende 2009 angedauert, andererseits aber in den Fällen II. 9 und II. 11 der Urteilsgründe ein Handeln des Angeklagten auf eigene Rechnung unter der Firma des Zeugen W. feststellt, das im Jahr 2010 liegt. Für die Einrichtung eines neuen Gewerbebetriebes und damit für das Vorliegen einer weiteren, rechtlich selbständigen Ordnungswidrigkeit könnte unabhängig davon im Fall II. 16 sprechen, dass der Angeklagte den Zeugen S. überredete, ein Gewerbe anzumelden, um ihm als „Strohmann" zu dienen.

[8] Die Fälle II. 2, 4, 5, 8, 10 und 12 der Urteilsgründe, in denen der Angeklagte als Vertretungsberechtigter für den Zeugen W. agierte, könnten aufgrund der auf Dauer angelegten Zusammenarbeit wiederum als eine Dauerordnungswidrigkeit zu bewerten sein; wegen der dargelegten widersprüchlichen Feststellungen zum Zeitpunkt der Beendigung des geringfügigen Beschäftigungsverhältnisses zwischen dem Angeklagten und W. ist dem Senat aber auch insoweit eine abschließende Beurteilung nicht möglich. Unabhängig davon stellt sich die Vertretungstätigkeit für den Zeugen B. im Fall II. 3 der Urteilsgründe jedenfalls als rechtlich selbständige Ordnungswidrigkeit dar.

7. Arzneimittelgesetz

355 Dem **Gerichtshof der Europäischen Union** wird zur Auslegung folgende Frage zur **Vorabentscheidung** vorgelegt:

Ist Art. 1 Nr. 2 Buchstabe b) der Richtlinie 2001/83/EG vom 6. November 2001 in der durch die Richtlinie 2004/27/EG vom 31. März 2004 geänderten Fassung dahin auszulegen, dass Stoffe oder Stoffzusammensetzungen im Sinne dieser Vorschrift, die die menschlichen physiologischen Funktionen lediglich beeinflussen – also nicht wiederherstellen oder korrigieren –, nur dann als Arzneimittel anzusehen sind, wenn sie einen therapeutischen Nutzen haben oder jedenfalls eine Beeinflussung der körperlichen Funktionen zum Positiven hin bewirken? Fallen mithin Stoffe oder Stoffzusammensetzungen, die allein wegen ihrer – einen Rauschzustand hervorrufenden – psychoaktiven Wirkungen konsumiert werden und dabei einen jedenfalls gesundheitsgefährdenden Effekt haben, nicht unter den Arzneimittelbegriff der Richtlinie?[357]

[2] 1. Dem Revisionsverfahren liegt – soweit für das Vorabentscheidungsersuchen von Bedeutung – folgender, vom Landgericht festgestellter Sachverhalt zugrunde:

---

[357] BGH, Beschluss vom 28.5.2013 – 3 StR 437/12.

[3] Der Angeklagte verkaufte in seinem Geschäft „G. – Alles rund um Hanf" unter anderem Tütchen mit bis zu 3 g Kräutermischungen. Diese sogenannten Legal-High-Produkte enthielten synthetische Cannabinoide. Dem Angeklagten war bewusst, dass die Kräutermischungen von seinen Kunden als Ersatz für Marihuana geraucht wurden in der Erwartung, sich dadurch in einen mit dem Konsum von Marihuana vergleichbaren Rauschzustand zu versetzen. Die Kräutermischungen unterfielen zum damaligen Zeitpunkt nicht den Vorschriften des Betäubungsmittelgesetzes (BtMG). Aufgrund eines zuvor gegen ihn eingeleiteten Ermittlungsverfahrens war ihm bekannt, dass die Kräutermischungen wegen ihrer gesundheitsschädlichen Wirkungen von den Ermittlungsbehörden als bedenkliche Arzneimittel im Sinne des Arzneimittelgesetzes (AMG) eingestuft wurden.

[4] Die Untersuchung der aufgefundenen Kräutermischungen ergab, dass ihnen jeweils synthetische Cannabinoide – unter anderem JWH-210 und RCS-4 – zugesetzt waren. Diesen Verbindungen liegt keine Dibenzopyranbasis wie bei dem in Marihuana enthaltenen Wirkstoff Tetrahydrocannabinol (THC) zugrunde. Sie gehören zur Gruppe der Aminoalkylindole und wirken – dem THC ähnlich – auf die Cannabinoidrezeptoren im menschlichen Körper ein, wodurch eine physiologische Wirkung hervorgerufen wird. Sie wurden aufgrund von Erkenntnissen, dass THC immunstimulierend wirkt und daher etwa bei Mukoviszidose-Patienten eingesetzt wird, von der pharmazeutischen Industrie in vorexperimentellen Studien getestet. Die Testreihen wurden bereits in der ersten experimentell-pharmakologischen Phase abgebrochen, da die gewünschten gesundheitlichen Effekte nicht erzielt werden konnten und erhebliche Nebenwirkungen aufgrund der psychoaktiven Wirksamkeit zu erwarten waren.

[5] Die von dem Angeklagten zum Kauf angebotenen Tütchen enthielten weder festgelegte Wirkstoffmengen noch Hinweise auf den Wirkstoff oder Dosierungsanleitungen. In der Regel waren sie mit dem Aufdruck versehen, es handele sich um Raumerfrischer, der Inhalt sei nicht zum menschlichen Verzehr geeignet. Die Konsumenten brachten die Kräutermischungen zumeist auf Tabak auf und rauchten diese Kombination.

[6] Typische Wirkung nach dem Konsum solcher Kräutermischungen ist eine gehobene Stimmung bis hin zur Euphorie mit subjektiv gesteigerter Sinneswahrnehmung. Phasen gesteigerten Antriebs können mit Schläfrigkeit, Apathie und Lethargie abwechseln. Bei hohen Konsumdosen, Anwendung durch Personen mit psychischen Störungen und bei wiederholtem Konsum kommt es häufiger zu atypischen Rauscherlebnissen, bei denen Wahnvorstellungen, Angst, Halluzinationen und Depersonalisierungserlebnisse, akute Panikreaktionen, Desorientierung, Verwirrtheitszustände und Gedächtnisverlust auftreten. Die Rauscherlebnisse können sich bis zu sogenannten bad trips mit Suizidimpulsen steigern. Aufgrund der nicht standardisierten Zumischung der synthetischen Cannabinoide und der daraus folgenden sehr ungleichmäßigen Verteilung besteht die Gefahr der Überdosierung. Die von der Strafkammer vernommenen Zeugen haben zudem als weitere Nebenwirkungen Herzrasen, Schwindelgefühle und Übelkeit geschildert.

[7] 2. Nach Auffassung des Landgerichts hat sich der Angeklagte durch den Verkauf der Kräutermischungen nach § 95 Abs. 1 Nr. 1 AMG strafbar gemacht, indem er im Sinne des § 5 Abs. 1 AMG in Verbindung mit § 4 Abs. 17 AMG bedenkliche Arzneimittel in Verkehr gebracht hat.

[8] 3. Mit seiner Revision wendet sich der Angeklagte gegen seine Verurteilung. Er rügt die Verletzung sachlichen Rechts und beanstandet insbesondere die Beweiswür-

digung des Landgerichts sowie dessen Wertung, dass die synthetischen Cannabinoide eine bedenkliche Wirkung hätten und eine solche dem Angeklagten bekannt gewesen sei.

II.

[9] Die Entscheidung über die Revision des Angeklagten hängt von der Beantwortung der Vorlagefrage ab. Nach den vom Landgericht getroffenen, den Bundesgerichtshof als Revisionsgericht bindenden tatsächlichen Feststellungen haben die von dem Angeklagten zum Verkauf angebotenen Kräutermischungen keine gesundheitsfördernde Wirkung, sondern werden allein wegen ihrer einen Rauschzustand hervorrufenden Nebenwirkungen konsumiert. Bei diesem Sachverhalt kommt eine Strafbarkeit des Angeklagten nach § 95 Abs. 1 Nr. 1 AMG nur in Betracht, wenn auch solche Stoffe und Stoffzubereitungen, die keine therapeutische Wirkung entfalten oder die körperlichen Funktionen nicht im Sinne einer Besserung beeinflussen, vielmehr lediglich gesundheitsschädlich wirken, ein Arzneimittel im Sinne von § 2 Abs. 1 AMG darstellen können.

[10] Ob dies der Fall ist, hängt entscheidend davon ab, wie der § 2 Abs. 1 AMG zugrundeliegende, mit dieser Vorschrift nahezu wortgleiche Art. 1 Nr. 2 der Richtlinie 2001/83/EG vom 6. November 2001 in der durch die Richtlinie 2004/27/EG geänderten Fassung auszulegen ist. Das Vorabentscheidungsersuchen ist erforderlich, denn die in der Vorlagefrage enthaltene Rechtsfrage ist vom Gerichtshof der Europäischen Union weder bereits entschieden worden (acte éclairé), noch ist die Anwendung des für den Arzneimittelbegriff maßgeblichen Unionsrechts derart offenkundig, dass für einen vernünftigen Zweifel kein Raum bleibt (acte clair).

356 Die deutschen Vorschriften für den **Apothekenabgabepreis** gelten auch für verschreibungspflichtige Arzneimittel, die Apotheken mit Sitz in einem anderen Mitgliedstaat der Europäischen Union im Wege des Versandhandels nach Deutschland an Endverbraucher abgeben.[358]

[21] 2. Das deutsche Preisrecht unterwirft die im Wege des Versandhandels durch eine Versandapotheke aus dem EU-Ausland an Endverbraucher in Deutschland erfolgende Abgabe der von § 78 Abs. 2 Satz 2 AMG erfassten apothekenpflichtigen Arzneimittel der im deutschen Recht vorgesehenen Preisbindung. Dies folgt aus § 1 Abs. 1 Nr. 1 und 2, § 3 Abs. 1 AMPreisV in Verbindung mit § 78 AMG.

[22] a) Die Arzneimittelpreisverordnung legt für alle Fertigarzneimittel, deren Abgabe nach § 43 Abs. 1 AMG den Apotheken vorbehalten ist, unter anderem die Preisspannen des Großhandels bei der Abgabe an Apotheken und die Preisspannen der Apotheken bei der Abgabe im Wiederverkauf fest (§ 1 Abs. 1 Nr. 1 und 2, § 3 Abs. 1 AMPreisV).

[23] Die Vorschriften, die den einheitlichen Apothekenabgabepreis bestimmen, unterscheiden nicht nach der Abgabe durch eine öffentliche Apotheke im üblichen Apothekenbetrieb oder im Versand oder nach dem Sitz der Apotheke im Inland oder in einem anderen Mitgliedstaat der Europäischen Union. Sie sehen vielmehr nach näherer Maßgabe der Arzneimittelpreisverordnung für alle apothekenpflichtigen Arzneimittel, die nicht nach § 78 Abs. 2 Satz 3 AMG ausdrücklich ausgeschlossen sind, einen einheitlichen Apothekenabgabepreis vor, sofern die Abgabe – gleich-

[358] BGH, Beschluss vom 22.8.2012 – GmS-OGB 1/10.

gültig ob in einer inländischen öffentlichen Apotheke oder im Versand durch eine im Inland oder in einem Mitgliedstaat der Europäischen Union ansässige Apotheke – im Inland erfolgt (vgl. Cyran/Rotta, Apothekenbetriebsordnung, 4. Aufl. (Stand April 2010), § 17 Rn. 432 bis 436; Spickhoff/Heßhaus, Medizinrecht, 2011, § 78 AMG Rn. 1; Mand, EuR-Beiheft 22007, 59, 81; Dettling, A&R 2008, 204, 205; aA Diekmann/Idel, APR 2009, 93, 94).

[24] Für dieses Ergebnis sprechen auch der Zweck und die Systematik der gesetzlichen Vorschriften über den einheitlichen Apothekenabgabepreis. Ihre Entstehungsgeschichte steht dem nicht entgegen.

Vollendetes Inverkehrbringen von Arzneimitteln durch Abgabe an andere setzt bei einer Versendung voraus, dass die Sendung in den Zugriffsbereich des Empfängers gelangt.[359] **357**

[14] Abgabe im Sinne des § 4 Abs. 17 AMG ist die körperliche Übergabe an einen anderen durch den Inhaber der Verfügungsgewalt in einer Weise, dass der Empfänger tatsächlich in die Lage versetzt wird, sich des Arzneimittels zu bemächtigen und mit ihm nach seinem Belieben umzugehen, insbesondere es zu konsumieren oder weiterzugeben (vgl. Horn NJW 1977, 2329, 2333; für das Inverkehrbringen von Falschgeld BGH, Urteil vom 4. August 1987 – 1 StR 2/87, BGHSt 35, 21, 23; Senat, Urteil vom 15. November 2012 – 2 StR 190/12, NStZ 2013, 465 m.w.N.). Zur Vollendung der Tat ist es im Falle einer Versendung daher stets erforderlich, dass das Arzneimittel in den Zugriffsbereich des Adressaten gelangt. Erst dadurch kommt es zu einer Gesundheitsgefährdung, der das Arzneimittelgesetz mit seinen Straftatbeständen begegnen will (vgl. BT-Drucks. 13/9996 S. 13; BGH, Beschluss vom 14. Dezember 2011 – 5 StR 425/11, BGHR AMG § 95 Abs. 1 Nr. 2a Dopingmittel 2). Nur ein Versuch liegt deshalb vor, wenn der Täter – wie hier – ein Arzneimittel verschickt, es aber bei dem Adressaten nicht ankommt, weil Zollbeamte die Sendungen am Zielflughafen der Luftfracht in Empfang genommen und in staatlichen Gewahrsam überführt haben.

Regelt der Gesetzgeber die Strafbarkeit eines Verhaltens durch eine **Blankettstrafnorm**, die auf eine außergesetzliche Bestimmung Bezug nimmt, so muss die **vorrangige Bestimmungsgewalt des Gesetzgebers** erhalten bleiben. Dies ist bei der Bezugnahme von § 95 Abs. 1 Nr. 2a i.V.m. § 6a Abs. 1 und Abs. 2 Satz 1 AMG a.F. auf den jährlich aktualisierten Anhang zu dem Übereinkommen des Europarats gegen Doping vom 16. November 1989 jedenfalls insoweit der Fall, als der Gesetzgeber bei Aktualisierungen der Verweisungsnorm des § 6a AMG a.F. die dann aktuellen Verbotslisten in seinen Willen aufgenommen hat.[360] **358**

8. Gesetz gegen den unlauteren Wettbewerb (UWG)

Unter den Begriff des **Geschäfts- oder Betriebsgeheimnisses** (§ 17 Abs. 2 UWG) fallen nur solche **betriebsbezogenen Tatsachen**, die nach dem erkennbaren Willen des Betriebsinhabers geheim gehalten werden sollen, die ferner nur einem begrenzten **359**

---

[359] BGH, Urteil vom 18.9.2013 – 2 StR 535/12.
[360] BGH, Urteil vom 18.9.2013 – 2 StR 365/12.

Personenkreis bekannt und damit **nicht offenkundig** sind und hinsichtlich derer der Betriebsinhaber deshalb ein berechtigtes Geheimhaltungsinteresse hat, weil die Aufdeckung der Tatsache geeignet wäre, dem Geheimnisträger wirtschaftlichen Schaden zuzufügen.[361]

[20] 5. Die Wertung des Landgerichts, dass die Schätzkosten und der Kostenrahmen des Sanierungsvorhabens (Fälle 3, 5, 6 und 8 der Anklage) keine Geschäfts- oder Betriebsgeheimnisse im Sinne des § 17 Abs. 2 UWG – und offenbar auch keine Dienstgeheimnisse im Sinne des § 353b Abs. 1 StGB – darstellen würden, begegnet rechtlichen Bedenken.

[21] Im Ausgangspunkt zutreffend geht die Wirtschaftsstrafkammer davon aus, dass unter den Begriff des Geschäfts- oder Betriebsgeheimnisses (§ 17 Abs. 2 UWG) nur solche betriebsbezogene Tatsachen fallen, die nach dem erkennbaren Willen des Betriebsinhabers geheim gehalten werden sollen, die ferner nur einem begrenzten Personenkreis bekannt und damit nicht offenkundig sind und hinsichtlich derer der Betriebsinhaber deshalb ein berechtigtes Geheimhaltungsinteresse hat, weil die Aufdeckung der Tatsache geeignet wäre, dem Geheimnisträger wirtschaftlichen Schaden zuzufügen (vgl. BGH, Urteile vom 10. Mai 1995 – 1 StR 764/94, BGHSt 41, 140, 142 zu § 17 UWG aF, und vom 27. April 2006 – I ZR 126/03, NJW 2006, 3424). Die Bewertung, dass das Bekanntwerden der Schätzkosten und des Kostenrahmens ungeeignet sei, den Betriebsinhaber wirtschaftlich zu schädigen oder zu gefährden, ist nicht tragfähig.

[22] Für den Ausschreibenden sind die Geheimhaltung seiner internen Kalkulationsgrundlagen und deren Ergebnis grundsätzlich entscheidend für einen offenen Wettbewerb der sich nach marktwirtschaftlichen Gesichtspunkten orientierenden Anbieter. Das Bekanntwerden eines Kostenrahmens führt dazu, dass die Anbieter sich bereits im öffentlichen Ausschreibungsverfahren bei ihrer Angebotsabgabe an dem Höchstpreis ausrichten und diesen ausschöpfen können. Auch wenn – wie das Landgericht meint – der Anbieter, der den Kostenrahmen des Ausschreibenden kennt, sich bei Abgabe eines sich dem Höchstpreis annähernden Angebots nicht sicher sein kann, den Zuschlag vor einem preisgünstigeren Wettbewerber zu erhalten, so besteht für den Ausschreibenden die Gefahr, dass der von ihm erwünschte Wettbewerb eingeschränkt und durch etwaige Preisabsprachen der Wettbewerber unterlaufen wird. Insofern wären auch die Aussagen der Zeugen aus dem verantwortlichen Geschäftsbereich der B. zu hinterfragen gewesen, dass die Veröffentlichung des internen Schätzpreises allein deswegen unterblieben sei, weil solche Angaben „erfahrungsgemäß zu lästigen Nachfragen führe, was genau in der Summe enthalten sei" (UA S. 37).

[23] Schließlich kann die Bewertung des Landgerichts nicht nachvollzogen werden, dass die Höhe des Kostenrahmens deshalb als nicht geheimhaltungsbedürftig anzusehen ist, weil der „nackte Betrag von 139 Millionen Euro" – entsprechend einer Zeugenaussage – ohne Angabe eines Sicherheitszuschlags von 15 % und der Mitteilung, ob es sich um einen Brutto- oder Nettobetrag handeln würde, zumindest irreführend sei, wenn nicht gar eine Fehlinformation darstelle. Aus den Sachverhaltsfeststellungen ist zum Teil ersichtlich, dass diese Zusatzangaben den Anbietern vom Angeklagten G. mitgeteilt wurden.

---

[361] BGH, Urteil vom 4.9.2013 – 5 StR 152/13.

9. Insolvenzordnung (InsO)

Die Feststellung der **Zahlungsunfähigkeit** im Sinne des § 17 Abs. 2 InsO erfolgt in der Regel durch die sogenannte **betriebswirtschaftliche Methode**. Dies setzt eine stichtagsbezogene Gegenüberstellung der fälligen Verbindlichkeiten einerseits und der zu ihrer Tilgung vorhandenen oder kurzfristig herbeizuschaffenden Mittel andererseits voraus. Die Zahlungsunfähigkeit kann aber auch durch sogenannte **wirtschaftskriminalistische Beweisanzeichen** belegt werden. Als wirtschaftskriminalistische Warnzeichen kommen u.a. in Betracht die ausdrückliche Erklärung, nicht zahlen zu können, das Ignorieren von Rechnungen und Mahnungen, gescheiterte Vollstreckungsversuche, Nichtzahlung von Löhnen und Gehältern, der Sozialversicherungsabgaben oder der sonstigen Betriebskosten, Scheck- und Wechselproteste oder Insolvenzanträge von Gläubigern.[362] **360**

[12] II. Die Feststellung der Zahlungsunfähigkeit als Voraussetzung für die strafbewehrte Pflicht, Insolvenzantrag zu stellen, hält revisionsrechtlicher Nachprüfung nicht stand. Denn das Landgericht legt insoweit einen falschen Maßstab zugrunde; davon ausgehend sind seine Feststellungen auch lückenhaft bzw. nicht nachvollziehbar.

[13] 1. Nach § 17 Abs. 2 InsO ist der Schuldner zahlungsunfähig, wenn er nicht in der Lage ist, die fälligen Zahlungspflichten zu erfüllen. Entscheidend ist allein der Zeitpunkt der Fälligkeit einer Forderung, der nur durch eine Stundungsvereinbarung hinausgeschoben werden kann. Von der Zahlungsunfähigkeit abzugrenzen ist die bloße Zahlungsstockung, d.h. der kurzfristig behebbare Mangel an flüssigen Mitteln. Dieser muss in einem Zeitraum von maximal drei Wochen zu beseitigen sein, da eine kreditwürdige Person in der Lage ist, sich binnen dieser Frist die benötigten Beträge darlehensweise zu beschaffen. Sonst liegt Zahlungsunfähigkeit vor (BGH, Beschluss vom 23. Mai 2007 – 1 StR 88/07, BGHR GmbHG § 64 Abs. 1 Zahlungsfähigkeit 2 m.w.N.).

[14] Die Feststellung derselben erfolgt in der Regel durch die sogenannte betriebswirtschaftliche Methode. Dies setzt eine stichtagsbezogene Gegenüberstellung der fälligen Verbindlichkeiten einerseits und der zu ihrer Tilgung vorhandenen oder kurzfristig herbeizuschaffenden Mittel andererseits voraus (BGH, Urteil vom 20. Juli 1999 – 1 StR 668/98, NJW 2000, 154; Beschluss vom 30. Januar 2003 – 3 StR 437/02, NStZ 2003, 546). Zur Abgrenzung von der bloßen Zahlungsstockung ist diese Methode um eine Prognose darüber zu ergänzen, ob innerhalb der Drei-Wochen-Frist mit der Wiederherstellung der Zahlungsfähigkeit hinreichend sicher zu rechnen ist, etwa durch Kredite, Zuführung von Eigenkapital, Einnahmen aus dem normalen Geschäftsbetrieb oder der Veräußerung von Vermögensgegenständen. Das geschieht durch eine Finanzplanrechnung, aus der sich die hinreichend konkret zu erwartenden Einnahmen und Ausgaben der nächsten 21 Tage ergeben (vgl. hierzu im Einzelnen Graf/Jäger/Wittig-Otte, Wirtschafts- und Steuerstrafrecht 2011, § 15a InsO Rn. 65 f. m.w.N.).

[15] Die Zahlungsunfähigkeit im Sinne des § 17 Abs. 2 InsO kann aber auch durch sogenannte wirtschaftskriminalistische Beweisanzeichen belegt werden (wirtschaftskriminalistische Methode; vgl. hierzu BGH, Urteil vom 20. Juli 1999 – 1 StR

---

362 BGH, Beschluss vom 21.8.2013 – 1 StR 665/12.

668/98, NJW 2000, 154). Als wirtschaftskriminalistische Warnzeichen kommen u.a. in Betracht die ausdrückliche Erklärung, nicht zahlen zu können, das Ignorieren von Rechnungen und Mahnungen, gescheiterte Vollstreckungsversuche, Nichtzahlung von Löhnen und Gehältern, der Sozialversicherungsabgaben oder der sonstigen Betriebskosten, Scheck- und Wechselproteste oder Insolvenzanträge von Gläubigern (vgl. zu den Krisensignalen im Einzelnen auch Achenbach/Ransiek-Wegner, Handbuch Wirtschaftsstrafrecht, 3. Aufl., 7. Teil 1. Kap. Rn. 93; Otte, aaO Rn. 68 m.w.N.).

[16] 2. Hieran gemessen tragen die Urteilsausführungen die Feststellung der Zahlungsunfähigkeit nicht.

[17] a) Soweit die Strafkammer als ausschlaggebendes wirtschaftskriminalistisches Anzeichen für eine Zahlungsunfähigkeit wertet, dass im fraglichen Zeitraum Verbindlichkeiten bestanden, die bis zur Verfahrenseröffnung nicht mehr beglichen worden sind, liegt dem ein unzutreffender Maßstab zugrunde. Denn es handelt sich insoweit um die Grundsätze zur Feststellung der Zahlungsunfähigkeit durch den Tatrichter bei Insolvenzanfechtung. Denn dies stellt ein Verfahren dar, welches auf eine rückblickende Betrachtung unter Berücksichtigung der weiteren wirtschaftlichen Entwicklung – etwa im Hinblick auf die Verbindlichkeiten – zurückgreifen kann, mithin auf eine prognostische Beurteilung gerade nicht angewiesen ist. Anders verhält es sich aber bei der Frage, ob eine Insolvenzantragspflicht gemäß § 15a InsO besteht, da nach den oben dargelegten Maßstäben insoweit eine prognostische Beurteilung erforderlich ist. Auf diesen Unterschied weist der Bundesgerichtshof in der vom Landgericht in Bezug genommenen Entscheidung ausdrücklich hin (BGH, Urteil vom 12. Oktober 2006 – IX ZR 228/03 Rn. 28).

[18] Dass im Tatzeitraum „offene Verbindlichkeiten" bestanden, die bei der Eröffnung des Insolvenzverfahrens am 1. Oktober 2009 noch nicht beglichen worden waren, ist daher kein tauglicher Anknüpfungspunkt für die Annahme des zeitlich vorgelagerten Eintritts der Zahlungsunfähigkeit.

[19] Auch im Weiteren sind keine ausreichend tragfähigen Beweisanzeichen für die Annahme der Zahlungsunfähigkeit dargelegt. Zwar kann es sich bei Kredit- und Darlehenskündigungen von Banken um ein Krisensignal handeln, die Kündigung des Darlehens in Höhe von 172.129,21 € durch die D. Bank mit Schreiben vom 10. Juni 2009 ist jedoch für sich genommen nicht hinlänglich aussagekräftig, zumal offen bleibt, ob die Forderung beglichen worden ist. Auch ist es nicht ausreichend, dass das Landgericht darlegt, die wirtschaftliche Lage sei „angespannt" gewesen, Außenstände seien sofort eingetrieben worden und „das Geld" hätte jedenfalls seit April 2009 nicht ausgereicht, „sämtliche Gläubiger der C. zu befriedigen".

[20] b) Soweit das Landgericht Ausführungen zu Verbindlichkeiten der C. und ihren Möglichkeiten zur Begleichung derselben macht – was jedoch der Sache nach unter die betriebswirtschaftliche Methode zur Feststellung der Zahlungsunfähigkeit fällt – boten die Feststellungen aber ebenfalls keine hinreichende Grundlage für die Annahme der Zahlungsunfähigkeit.

[21] aa) Dies gilt schon deswegen, weil die Strafkammer bei der Darstellung der Verbindlichkeiten nicht deutlich danach unterscheidet, ob es sich um nur bestehende oder auch um fällige Forderungen handelt.

[22] So ist nicht festgestellt, welche konkreten fälligen Forderungen bestanden, die nicht beglichen werden konnten. Die Feststellung, dass nicht „sämtliche Gläubiger" hätten befriedigt werden können, ersetzt das Erfordernis einer Liquiditätsbilanz nicht. So belegt der von der Strafkammer ihrer Annahme der Zahlungsunfähigkeit

zugrunde gelegte Zahlungsplan vom 8. Juni 2009 gerade nicht ausreichend, dass fällige Forderungen nicht beglichen werden konnten. Danach standen der C. an diesem Tag aus dem Eingang von Zahlungen 130.000 € zur Verfügung. Diese wurden aufgewandt, um mehrere fällige Verbindlichkeiten in Höhe von insgesamt 111.000 € zu begleichen. Zu einer dieser Teilforderungen in Höhe von 10.000 € ist vermerkt: „Gesamt OP ca. 90.000 €". Hieraus folgert das Landgericht als Beleg für die Zahlungsunfähigkeit, dass zusätzlich zu den 111.000 € weitere 90.000 € nicht beglichen werden konnten. Dass es sich bei diesen 90.000 € um schon fällige und noch nicht – wie z.B. durch die Teilzahlung von 10.000 € – zumindest teilweise beglichene Forderungen handelte, ist dadurch jedoch nicht belegt. Dies – insbesondere im Zusammenhang mit der Zugrundelegung des falschen Maßstabs (vgl. oben a) – vertieft die Besorgnis, dass das Landgericht den Aspekt der Fälligkeit im Tatzeitraum nicht ausreichend in den Blick genommen und bestehende Forderungen mit fälligen Forderungen gleich gesetzt hat.

[23] Vor diesem Hintergrund vermag auch die vereinzelte Feststellung, es habe sich bei der dargestellten Entwicklung der Schulden um „fällige Schulden" gehandelt, die Zahlungsunfähigkeit nicht hinreichend sicher zu belegen. Diesen Feststellungen mangelt es zum einen an einer nachvollziehbaren Grundlage. Hierzu wird nur mitgeteilt, dass die Zahlen aus einer schriftlichen Anfrage an die Gläubiger der C. durch den Sachverständigen resultierten. Unklar bleibt jedoch, was genau Inhalt dieser Anfrage war und ob die von den Gläubigern angegebenen Forderungen tatsächlich den Schluss auf die Fälligkeit derselben im Tatzeitraum und nicht lediglich zum Zeitpunkt der Eröffnung des Insolvenzverfahrens zulassen. Insbesondere lässt sich nicht nachvollziehen, ob eine Stundung (vgl. hierzu Müller-Gugenberger/Bieneck, Wirtschaftsstrafrecht, 5. Aufl., § 76 Rn. 57 m.w.N.) erfolgte, was angesichts der Feststellungen zumindest teilweise – z.B. hinsichtlich der Gläubiger CO. und Al. – durchaus nahe liegt, jedoch vom unzutreffenden Rechtsmaßstab der Strafkammer aus keine weitere Erörterung erfuhr. Bei gestundeten Forderungen handelt es sich aber nicht um fällige Forderungen im Sinne des § 17 Abs. 2 InsO.

[24] Einen Vergleich der dergestalt „angemeldeten" Forderungen, die nur in ihrer jeweiligen monatlichen Gesamthöhe mitgeteilt werden und eine weitere Spezifizierung vermissen lassen, mit den Erkenntnissen aus den Insolvenzunterlagen oder den Zahlen aus der Buchhaltung hat das Landgericht nicht angestellt. Dies wäre aber erforderlich gewesen, zumal die vom Landgericht dargelegten Erkenntnisschwächen der Buchhaltungsunterlagen nicht auf Verbindlichkeiten der C. selbst bezogen sind.

[25] bb) Zudem sind die Feststellungen zu den zur Verfügung stehenden Zahlungsmitteln nicht ausreichend. Als solche kommen nämlich gemäß den oben dargelegten Grundsätzen nicht nur „freie Kreditlinien" in Betracht, sondern auch anderweitige kurzfristig herbeizuschaffende Finanzmittel.

[26] Deswegen hätte in diesem Zusammenhang erörtert werden müssen, dass ausweislich der Feststellungen zwei Bankkonten im gesamten Tatzeitraum noch relevantes Guthaben aufwiesen, so das Konto bei der Sp. und das bei der H., welche zusammengenommen ein Guthaben von über 180.000 € im Mai 2009 und von über 160.000 € im Juni 2009 aufwiesen. Zudem wäre in die Betrachtung einzubeziehen gewesen, mit welchen Einnahmen aus dem Geschäftsbetrieb der C. hinreichend sicher stichtagsbezogen zu rechnen war. Denn das Landgericht stellt schließlich fest, dass werthaltige Forderungen gegen Kunden der C. in einer Höhe von bis zu 1 Mio. € nicht auszuschließen seien. Auch die Umstände, unter denen die A. bereit gewesen wäre, Finanzmittel für die C. zur Verfügung zu stellen („zur Vermeidung einer

bilanziellen Überschuldung", „im ‚Notfall'", „im Fall extremer Liquiditätsengpässe") wären näher aufzuklären und die gegebenenfalls so ermittelten Beträge in die Gegenüberstellung einzubeziehen gewesen.

[27] III. Da die Zahlungsunfähigkeit der C. nicht ausreichend belegt ist, die Feststellungen zum Betrug aber hieran anknüpfen, war die Verurteilung auch insoweit mit den Feststellungen aufzuheben. Sollte das neue Tatgericht sich abermals davon überzeugen, dass die Bestellungen durch den Angeklagten in der festgestellten Weise, mithin durch die jeweilige Genehmigung der Bestellungen betrügerisch erfolgten, so handelt es sich nicht um die Begehung eines einheitlichen Delikts, sondern um mehrere selbständige Betrugstaten.

10. Außenwirtschaftsgesetz (AWG)

361 Der **Verstoß gegen § 34 Abs. 2 AWG** stellt, soweit die Vorschrift in Verbindung mit Art. 4 Dual-Use-VO Anwendung findet, ein Sonderdelikt dar, das unmittelbar an die Ausführereigenschaft anknüpft. Die vom Gewicht her als mittäterschaftliche Beteiligungshandlungen zu bewertenden Tatbeiträge der Beschuldigten – Vorfinanzierung und Organisation der Lieferungen über die Tarnfirma – stellen sich deshalb insoweit nur als Beihilfehandlung dar. Da die Beschuldigten gewerbsmäßig handelten, richtet sich ihre Strafbarkeit nach § 34 Abs. 2, Abs. 6 Nr. 2 AWG, § 27 StGB.[363]

[27] c) Danach sind die Beschuldigten dringend verdächtig, sich jedenfalls wie folgt strafbar gemacht zu haben:

[28] aa) Ausfuhr der Ventile der Gruppe A

[29] (1) Durch die Lieferung der Ventile an die MITEC – über die Tarnfirma I. – vom 5. Dezember 2010 hat sich der Mitbeschuldigte L. eines Verstoßes gegen § 34 Abs. 2, § 33 Abs. 4 AWG, § 70 Abs. 5a AWV i.V.m. Art. 4 Abs. 1 Dual-Use-VO schuldig gemacht. Er war vom BAFA als zuständiger Behörde darüber unterrichtet worden, dass die bei ihm angefragten und in der Folgezeit gelieferten Ventile für die Entwicklung von iranischen Atomwaffen bestimmt sein können, weshalb die Ausfuhr genehmigungspflichtig war. Gleichwohl führte er die Ventile aus, ohne eine Genehmigung zur Ausfuhr an die R. auch nur beantragt zu haben. Dass er aufgrund falscher Angaben einen Nullbescheid erwirkte, steht seiner Strafbarkeit nicht entgegen (§ 34 Abs. 8 AWG). Der Verstoß gegen § 34 Abs. 2 AWG stellt, soweit die Vorschrift in Verbindung mit Art. 4 Dual-Use-VO Anwendung findet, ein Sonderdelikt dar, das unmittelbar an die Ausführereigenschaft anknüpft (BGH, Beschluss vom 23. April 2010 – AK 2/10, BGHSt 55, 94 Rn. 13). Die vom Gewicht her als mittäterschaftliche Beteiligungshandlungen zu bewertenden Tatbeiträge der Beschuldigten – Vorfinanzierung und Organisation der Lieferungen über die Tarnfirma – stellen sich deshalb insoweit nur als Beihilfehandlung dar. Da die Beschuldigten gewerbsmäßig handelten, richtet sich ihre Strafbarkeit nach § 34 Abs. 2, Abs. 6 Nr. 2 AWG, § 27 StGB (zur erforderlichen Eignung zur erheblichen Gefährdung der auswärtigen Beziehungen der Bundesrepublik Deutschland siehe sogleich Rn. 31).

[30] (2) Durch die zweite Lieferung vom 21. März 2011 haben sich die Beschuldigten, die daran mittäterschaftlich beteiligt waren, – wie der Mitbeschuldigte L. –

[363] BGH, Beschluss vom 4.1.2013 – StB 14/12.

durch dieselbe Handlung zudem nach § 34 Abs. 4 Nr. 2, Abs. 6 Nr. 2 und 4c AWG i.V.m. Art. 16 Abs. 3 Iran-Embargo-VO 2010 strafbar gemacht. Sie stellten der zwischenzeitlich gelisteten MITEC durch die Lieferung der Ventile wirtschaftliche Ressourcen mittelbar zur Verfügung, da das belieferte Unternehmen At. unter der Kontrolle des T. stand und damit jedenfalls im Sinne eines dringenden Tatverdachts naheliegenderweise auf Weisung der MITEC agierte.

[31] Die Beschuldigten handelten gewerbsmäßig (§ 34 Abs. 6 Nr. 2 AWG). Ihre Taten waren zudem geeignet, die auswärtigen Beziehungen der Bundesrepublik Deutschland erheblich zu gefährden (§ 34 Abs. 6 Nr. 4c AWG). Wegen der rechtlichen Würdigung insoweit nimmt der Senat zunächst Bezug auf die ausführlichen und zutreffenden Darlegungen in den angefochtenen Haftbefehlen. Hier ist insbesondere zu berücksichtigen, dass es trotz einer Warnung US-amerikanischer Behörden zu einer – von den deutschen Ausfuhrbehörden nicht aufgedeckten und verhinderten – Ausfuhr von Gütern gekommen ist, die für das die Stabilität im Nahen Osten besonders gefährdende Nuklearprogramm des Iran verwendet werden konnten.

11. Aufenthaltsgesetz / Ausländergesetz

Der Anwendung des § 96 Abs. 1 Nr. 2 AufenthG (§ 92a Abs. 1 Nr. 1 AuslG 1990) **362**
steht es nicht grundsätzlich entgegen, dass derjenige, der durch sein Handeln zugleich Falschangaben eines anderen unterstützt, bei isolierter Betrachtung als Täter einer Straftat nach § 95 Abs. 2 Nr. 2 AufenthG (§ 92 Abs. 2 Nr. 2 AuslG 1990) anzusehen wäre.[364]

[7] b) Der Schuldspruch wegen (gewerbs- und bandenmäßigen) Einschleusens von Ausländern in Form entgeltlicher Unterstützung von Falschangaben im aufenthaltsrechtlichen Verfahren (§ 96 Abs. 1 Nr. 2 i.V.m. § 95 Abs. 2 Nr. 2, § 97 Abs. 2 AufenthG bzw. § 92a Abs. 1 Nr. 1 i.V.m. § 92 Abs. 2 Nr. 2, § 92b Abs. 1 AuslG 1990) hat in den Fällen Bestand, in denen die Angeklagte ausschließlich (Fälle 2 aa, 11 bb, 13 bb, 16 cc und 29) oder innerhalb einer Handlungseinheit neben der Erteilung von Aufenthaltstiteln (Fälle 3 bb, 4 bb, 6 cc, 7 bb, 8 cc, 8 dd, 9 cc, 10 cc, 11 aa, 13 aa, 19 bb, 19 cc, 21 aa, 22 und 30) selbst falsche Angaben gemacht hat. Betroffen sind ganz überwiegend wahrheitswidrige Bestätigungen, dass Scheinehepartner die erforderlichen Erklärungen vorrangig zum Bestand der ehelichen Lebensgemeinschaft persönlich vor ihr abgegeben hätten (Fälle 3 bb, 4 bb, 6 cc, 7 bb, 8 cc, 8 dd, 9 cc, 10 cc, 11 aa, 13 aa, 13 bb, 16 cc, 19 bb, 19 cc, 21 aa, 22 und 30). Teils bestätigte die Angeklagte (zusätzlich) wahrheitswidrig, dass kein Sozialleistungsbezug vorliege (8 dd), dass deutsche Sprachkenntnisse genügend (Fälle 11 bb, 13 bb) oder die Vermögensverhältnisse hinreichend seien (Fall 30).

[8] aa) Die Frage, ob der Täter einer Straftat nach § 95 Abs. 2 Nr. 2 AufenthG (§ 92 Abs. 2 Nr. 2 AuslG 1990), der durch eigene Falschangaben zugleich solche des den Aufenthaltstitel erstrebenden Ausländers oder eines anderen fördert, bei Vorliegen der sonstigen Voraussetzungen des § 96 Abs. 1 Nr. 2 AufenthG (§ 92a Abs. 1 AuslG 1990) wegen Einschleusens von Ausländern verurteilt werden kann, wird

---

[364] BGH, Beschl. v. 30.5.2013 – 5 StR 130/13.

nicht einheitlich beurteilt (vgl., wohl befürwortend, Cannawurf, Die Beteiligung im Ausländerstrafrecht, 2007, S. 145, eher ablehnend Mosbacher in GK AufenthG, Stand Juli 2008, § 95 Rn. 260 f.; offen gelassen von OLG Karlsruhe, NStZ-RR 2004, 376, 378). Der Senat bejaht sie jedenfalls für die vorliegenden Fallkonstellationen.

[9] Zwar wird derjenige, der fremdnützig (Erschleichen eines Aufenthaltstitels „für einen anderen“) Falschangaben macht, wegen dieser Tat grundsätzlich nicht auch der Beihilfe zur Straftat eines anderen nach § 95 Abs. 2 Nr. 2 AufenthG (§ 92 Abs. 2 Nr. 2 AuslG 1990) schuldig zu sprechen sein (vgl. Mosbacher aaO). Indessen sieht der Gesetzgeber den Kern des Schleusungsunrechts in entgeltlichen oder wiederholten Beihilfe- und Anstiftungshandlungen. Er hat deswegen in § 96 Abs. 1 AufenthG (§ 92a Abs. 1 AuslG 1990) in selbständigen Tatbeständen die Beteiligung zur Täterschaft erhoben (vgl. BGH, Urteile vom 25. März 1999 – 1 StR 344/98, NStZ 1999, 409; vom 11. Juli 2003 – 2 StR 31/03, NStZ 2004, 45). Nach dem eindeutigen Gesetzeswortlaut kommt es dabei darauf an, ob der Täter des § 96 Abs. 1 AufenthG (§ 92a Abs. 1 AuslG 1990) durch seinen Beitrag (gegebenenfalls auch) zu den dort in Bezug genommenen Straftaten Hilfe geleistet oder zu ihnen angestiftet hat. Das hat die Angeklagte in Bezug auf § 95 Abs. 2 Nr. 2 AufenthG (§ 92 Abs. 2 Nr. 2 AuslG 1990) getan, indem sie den Erklärungen der im aufenthaltsrechtlichen Verfahren aufgetretenen Scheinehepartner zum Bestand der ehelichen Lebensgemeinschaft durch Bestätigung deren persönlicher Anwesenheit und damit verbundene Vorspiegelung selbst vorgenommener amtlicher Prüfung höheres Gewicht verliehen hat. Entsprechendes gilt für die anderen Verlautbarungen. Demgegenüber kann im Hinblick auf die Verselbständigung der Schleusungstatbestände nicht ausschlaggebend sein, ob der Betroffene, wenn er nur nach § 95 Abs. 2 Nr. 2 AufenthG (§ 92 Abs. 2 Nr. 2 AuslG 1990) verurteilt würde, als Teilnehmer oder (auch) als Täter zu bestrafen wäre (vgl. auch BGH, Beschluss vom 23. Februar 2005 – 1 StR 501/04). Dass der Gesetzgeber solche „doppelgesichtigen“ Handlungen durch eine enge Anknüpfung an die Entscheidung für oder gegen eine Täterschaft hinsichtlich des isoliert betrachteten § 95 Abs. 2 Nr. 2 AufenthG (§ 92 Abs. 2 Nr. 2 AuslG 1990) aus den Schleusungsdelikten ausgrenzen wollte, liegt gänzlich fern. Eine Interpretation in diesem Sinn wäre geeignet, nicht auflösbare Wertungswidersprüche hervorzurufen (insoweit auch OLG Karlsruhe, aaO; Mosbacher, aaO, Rn. 262 sowie § 96 Rn. 2). …

[11] c) Die Verurteilung wegen Einschleusens von Ausländern wird auch in den Fällen von den Feststellungen getragen, in denen sich der Beitrag der Angeklagten auf die Erteilung von Aufenthaltstiteln, das Aufbringen eines Klebers auf Ausweispapieren oder die Zustimmung zu durch Falschangaben erschlichenen Visa (vorgebliche Studienaufenthalte, vorgetäuschte Tätigkeit als Au-Pair-Kraft) beschränkte.

[12] Das (abstrakte) Gefährdungsdelikt nach § 95 Abs. 2 Nr. 2 AufenthG (§ 92 Abs. 2 Nr. 2 AuslG 1990) ist in seiner ersten Fallvariante vollendet, sobald die Falschangaben gemacht sind. Beendigung tritt hingegen frühestens mit der Erteilung des erschlichenen Aufenthaltstitels ein, weil erst ab diesem Zeitpunkt der Angriff auf das von der Vorschrift geschützte Rechtsgut abgeschlossen sein kann (vgl. zur gleichgelagerten Frage beim Subventionsbetrug etwa BGH, Beschluss vom 1. Februar 2007 – 5 StR 467/06, NStZ 2007, 578, 579 m.w.N.). Bis zur Beendigung ist nach ständiger Rechtsprechung Beihilfe möglich. Dass die Handlungsakte der Angeklagten die Haupttaten gefördert haben und fördern sollten, steht außer Zweifel (vgl. zum Subventionsbetrug auch Tiedemann in LK StGB, 12. Aufl., § 264 Rn. 37 f.;

Schönke/Schröder/Perron, StGB, 28. Aufl., § 264 Rn. 49, jeweils m.w.N.). Ob die Angeklagte im Hinblick auf das kollusive Zusammenwirken der Beteiligten den Straftatbestand des § 95 Abs. 2 Nr. 2 AufenthG (§ 92 Abs. 2 Nr. 2 AuslG 1990) täterschaftlich verwirklicht hat, ist aus den bereits dargelegten Gründen nicht entscheidend.

[13] d) Der im Fall 18 bb erteilten Verlängerung der Aufenthaltserlaubnis gingen ausweislich der Urteilsgründe (UA S. 58) falsche Mitteilungen zu einem gesicherten Lebensunterhalt sowie – anspruchsbegründend – zur Ausübung der gemeinsamen Personensorge für das Kind mit dem Scheinvater und damit für das aufenthaltsrechtliche Verfahren allgemein bedeutsame Angaben (BGH, Beschluss vom 2. September 2009 – 5 StR 266/09, BGHSt 54, 140, 146) voraus (vgl. § 5 Abs. 1 Nr. 1, § 27 Abs. 1, § 28 Abs. 1 Satz 1 Nr. 3, Satz 4 AufenthG; siehe auch OVG Magdeburg, Beschluss vom 25. August 2006 – 2 M 228/06). Ähnliches gilt für Fall 24 bb (UA S. 71). In beiden Fällen muss deshalb nicht entschieden werden, ob – für sich genommen – die Geltendmachung einer allein zur Erlangung eines Aufenthaltstitels erfolgten und damit missbräuchlichen Vaterschaftsanerkennung den Tatbestand des § 95 Abs. 2 Nr. 2 AufenthG (§ 92 Abs. 2 Nr. 2 AuslG 1990) erfüllen würde (vgl. dazu OVG Münster, InfAuslR 2013, 23; OLG Hamm, NJW 2008, 1240; Gericke in MünchKomm-StGB, § 95 AufenthG Rn. 101 m.w.N.).

[14] e) Entgegen der Auffassung der Revision ist die Annahme gewerbs- und bandenmäßigen Handelns der Angeklagten W. rechtlich nicht zu beanstanden.

[15] aa) Dem Zusammenhang der von den Angeklagten verwirklichten Vielzahl von Taten ist ein arbeitsteiliges und von hoher Professionalität geprägtes deliktisches Verhalten im Rahmen internationaler organisierter Schleuserkriminalität zu entnehmen. Das Ausscheiden des Bandenmitglieds L. aus der Ausländerbehörde im Jahre 2007 hat dabei nur dazu geführt, dass die Angeklagte W. zum Teil in dessen Stellung eingerückt ist, wobei aber L. nach den Feststellungen weiterhin im Hintergrund wirkte.

[16] bb) Das Merkmal der Gewerbsmäßigkeit hat das Landgericht aus der Feststellung abgeleitet, dass das Bandenmitglied T. neben weiterer – für einen längeren Zeitraum, wenngleich in eher gering gewichtigem Umfang von der Angeklagten W. eingeräumter – Vorteilsgewährung dieser im Jahr 2010 mehrfach Geldbeträge bis zu 700 € gezahlt hat. Wenn es hieraus und namentlich auch mit Blick auf die mit den Taten für die Angeklagte W. verbundenen hohen persönlichen Risiken den Schluss zieht, dass diese im gesamten Tatzeitraum gegen tatbestandsrelevante Entlohnung gehandelt hat, so hält sich dies im Rahmen zulässiger richterlicher Überzeugungsbildung.

12. Therapieunterbringungsgesetz (ThUG)

Das Therapieunterbringungsgesetz und Art. 316e Abs. 4 EGStGB sind **verfassungsgemäß.** **363**

Die Therapieunterbringung ist nach § 13 Satz 1 ThUG von Amts wegen aufzuheben, wenn sie von Anfang an nicht hätte angeordnet werden dürfen.[365]

---

365 BGH, Beschluss vom 23.5.2013 – V ZB 201/12.

[6] 2. Der Senat kann über das Rechtsmittel des Betroffenen aber nicht mehr entscheiden, weil die Vorlagefrage durch eine Änderung der maßgeblichen gesetzlichen Vorschriften geklärt worden ist.

[7] a) Die Vorlagepflicht nach § 18 ThUG soll sicherstellen, dass Auslegungsfragen, die von den Oberlandesgerichten unterschiedlich beantwortet werden, im Interesse einer einheitlichen Anwendung des Therapieunterbringungsgesetzes durch den Bundesgerichtshof entschieden werden. Für eine Entscheidung des Bundesgerichtshofs ist deshalb kein Raum, wenn der Gesetzgeber mit einer Änderung des Gesetzes die notwendige Klärung selbst herbeiführt (Senat, Beschluss vom 23. November 1954 – V ZB 18/52, BGHZ 15, 207 [dort allerdings mit unrichtigem Aktenzeichen veröffentlicht]).

[8] b) Dieser Fall ist hier eingetreten.

[9] aa) Für die Entscheidung über die nachträgliche Aufhebung der Therapieunterbringung des Betroffenen nach § 13 Satz 1 ThUG kam es im Zeitpunkt der Vorlage an den Senat darauf an, ob Therapieunterbringung nach §§ 1, 5 Abs. 1 Satz 3 ThUG auch gegen einen Betroffenen angeordnet werden darf, der zwar auf Grund eines Unterbringungsbefehls nach § 275a Abs. 5 StPO aF untergebracht war, bei dem aber eine nachträgliche Sicherungsverwahrung angeordnet war und allein wegen des Rückwirkungsverbots aufgehoben worden ist. Denn die Therapieunterbringung ist nach § 13 ThUG nicht nur aufzuheben, wenn sich nachträglich neue Umstände ergeben, sondern auch, wenn die Voraussetzungen für die Anordnung von Anfang an nicht vorgelegen haben. Das hat der Senat für den Fall der Freiheitsentziehung entschieden, die nach § 426 Abs. 1 FamFG ebenfalls von Amts wegen aufzuheben ist, wenn ihre Voraussetzungen weggefallen sind (Beschluss vom 18. September 2008 – V ZB 129/08, NJW 2009, 299, 300 Rn. 18 f.). Für die Aufhebung einer Therapieunterbringung gilt nichts anderes. Auch ihre Fortdauer ist nicht nur unverhältnismäßig, wenn der Grund für ihre Anordnung weggefallen ist, sondern in gleicher Weise, wenn eine erneute Prüfung ergibt, dass er (doch) nicht vorgelegen hat. Es war deshalb für die Entscheidung über den Aufhebungsantrag des Betroffenen zu prüfen, ob das Therapieunterbringungsgesetz auf Fälle wie seinen anwendbar ist.

[10] bb) Diese Frage muss nicht mehr beantwortet werden, weil der Gesetzgeber die Anwendbarkeit des Therapieunterbringungsgesetzes auf derartige Fälle unter einschränkenden, im Fall des Betroffenen gegebenen Voraussetzungen nunmehr ausdrücklich geregelt hat.

[11] (1) Mit dem Gesetz vom 20. Dezember 2012 (BGBl. I S. 2756) ist die Überleitungsregelung für das Gesetz zur Neuordnung des Rechts der Sicherungsverwahrung und zu begleitenden Regelungen vom 22. Dezember 2010 (BGBl. I S. 2300), als dessen Art. 5 das Therapieunterbringungsgesetz erlassen worden ist, in Art. 316e EGStGB um den heutigen Absatz 4 ergänzt worden. Nach dieser Vorschrift ist § 1 ThUG unter den dort bestimmten sonstigen Voraussetzungen auch dann anzuwenden, wenn der Betroffene noch nicht in Sicherungsverwahrung untergebracht, gegen ihn aber bereits Sicherungsverwahrung im ersten Rechtszug angeordnet war und aufgrund einer vor dem 4. Mai 2011 ergangenen Revisionsentscheidung festgestellt wurde, dass die Sicherungsverwahrung ausschließlich deshalb nicht rechtskräftig angeordnet werden konnte, weil ein zu berücksichtigendes Verbot rückwirkender Verschärfungen im Recht der Sicherungsverwahrung dem entgegenstand, ohne dass es dabei auf den Grad der Gefährlichkeit des Betroffenen für die Allgemeinheit angekommen wäre. Diese Voraussetzungen liegen im Fall des Betroffenen vor.

Gegen ihn war durch Urteil des Landgerichts Saarbrücken vom 17. Juli 2009 nachträglich Sicherungsverwahrung angeordnet worden. Dieses Urteil hat der Bundesgerichtshof mit Beschluss vom 12. Mai 2010 (4 StR 577/09, NStZ 2010, 567, 568) mit der Begründung aufgehoben, zwar habe das Landgericht die Voraussetzungen des § 66b Abs. 3 StGB (aF) rechtsfehlerfrei bejaht, jedoch sei diese Bestimmung gemäß § 2 Abs. 6 StGB i.V.m. Art. 7 Abs. 1 Satz 2 EMRK generell nicht auf Taten anwendbar, die vor ihrem Inkrafttreten begangen worden seien.

[12] (2) Die Regelung in Art. 316e Abs. 4 EGStGB erlaubt nicht nur, gegen die von ihr Betroffenen seit dem Inkrafttreten dieser Änderung am 28. Dezember 2012 (Art. 2 des Gesetzes vom 22. Dezember 2012) Therapieunterbringung neu anzuordnen. Vielmehr ist das Therapieunterbringungsgesetz durch diese Regelung, wenn auch erst von seinem Inkrafttreten an, auf vorher erlassene Entscheidungen über eine Therapieunterbringung anwendbar geworden. Das ergibt sich aus Inhalt, Standort und Zweck der Regelung. Ihren Ausgangspunkt nimmt die Ergänzung bei dem Beschluss des Senats vom 12. Juli 2012 (V ZB 106/12, BGHZ 194, 97 = NJW 2012, 3181), mit welchem der Senat die zwischen den Oberlandesgerichten streitige Frage nach einer Anwendung des Therapieunterbringungsgesetzes auf Betroffene verneint hat, die nicht in der Sicherungsverwahrung, sondern auf Grund eines vorläufigen Unterbringungsbefehls nach § 275a Abs. 5 StPO aF untergebracht waren. Dieses Ergebnis wollte der Gesetzgeber bei hochgradig gefährlichen Betroffenen vermeiden, gegen die Sicherungsverwahrung angeordnet und wieder aufhoben worden war, aber aufgrund der Weitergeltungsanordnung in dem Urteil des Bundesverfassungsgerichts vom 4. Mai 2011 (BVerfGE 128, 326) nicht hätte aufgehoben werden müssen (Entwurfsbegründung in BT-Drucks 17/11726 S. 4). Sein Regelungsziel hat er aber nicht, was an sich nahe gelegen hätte, durch eine Erweiterung von § 1 ThUG verwirklicht, sondern durch eine Ergänzung der Überleitungsregelung für das Artikelgesetz in Art. 316e EGStGB. Diese Regelungstechnik kann nur den Sinn haben, nicht nur die Anwendbarkeit des Therapieunterbringungsgesetzes auf solche Fälle überhaupt zu erreichen, sondern auch, bereits getroffene Entscheidungen über die Therapieunterbringung nachträglich – wenn auch nur für die Zukunft – dem Therapieunterbringungsgesetz zu unterstellen. Das Gesetz ist damit seit dem 28. Dezember 2012 auch auf die Therapieunterbringung des Betroffenen anwendbar, ohne dass es auf die Frage ankommt, deretwegen das Oberlandesgericht die Sache vorgelegt hat.

[13] 3. Anders wäre es freilich, wenn die gegen das Therapieunterbringungsgesetz selbst und gegen die Ergänzung der Überleitungsvorschrift erhobenen verfassungsrechtlichen Bedenken zuträfen. Das ist aber nicht der Fall. Das Gesetz selbst und die Überleitungsregelung in Art. 316e Abs. 4 EGStGB sind verfassungsgemäß.

Bei dem Begriff der **„psychischen Störung"** in § 1 Abs 1 Nr 1 ThUG handelt es sich um einen unbestimmten Rechtsbegriff, der mit den überkommenen Kategorisierungen der Psychiatrie nicht deckungsgleich ist. Ob seine Merkmale im Einzelfall erfüllt sind, haben die Gerichte eigenständig zu prüfen. In den Fällen einer **„dissozialen Persönlichkeitsstörung"** kommt es in diesem Rahmen entscheidend auf den Grad der objektiven Beeinträchtigung der Lebensführung in sozialer und ethischer Hinsicht an. **364**

Gemäß dem **Verhältnismäßigkeitsgrundsatz** kommen Anordnung und Fortdauer als letztes Mittel nur in Betracht, wenn mildere Maßnahmen dem Sicherheitsinteresse der Allgemeinheit nicht Rechnung tragen können.

Bei langdauernder Unterbringung erhöhen sich die Anforderungen an die fachgerichtliche Sachaufklärung sowie die verfassungsgerichtliche Kontrolldichte.[366]

[14] a) Das Bundesverfassungsgericht hat – neben anderen Vorschriften über die Anordnung und Dauer der Sicherungsverwahrung – auch § 67d Abs. 3 Satz 1 StGB in der Fassung des Gesetzes zur Bekämpfung von Sexualdelikten und anderen gefährlichen Straftaten vom 26. Januar 1998 (BGBl. I S. 160) wegen Verstoßes gegen das Abstandsgebot für unvereinbar mit Art. 2 Abs. 2 Satz 2 in Verbindung mit Art. 104 Abs. 1 GG erklärt (BVerfGE 128, 326 f.). Zugleich hat es gemäß § 35 BVerfGG die Weitergeltung der Norm bis zu einer Neuregelung durch den Gesetzgeber, längstens bis zum 31. Mai 2013, angeordnet (BVerfGE 128, 326 <332>). Danach darf § 67d Abs. 3 Satz 1 nur nach Maßgabe einer – insbesondere im Hinblick auf die Anforderungen an die Gefahrenprognose und die gefährdeten Rechtsgüter – strikten Verhältnismäßigkeitsprüfung angewandt werden (BVerfGE 128, 326 <406>).

[15] Darüber hinaus hat das Bundesverfassungsgericht festgestellt, dass § 67d Abs. 3 Satz 1 in Verbindung mit § 2 Abs. 6 StGB – soweit er zur Anordnung der Fortdauer der Sicherungsverwahrung über zehn Jahre hinaus auch bei Verurteilten ermächtigt, deren Anlasstaten vor Inkrafttreten von Art. 1 des Gesetzes zur Bekämpfung von Sexualdelikten und anderen gefährlichen Straftaten vom 26. Januar 1998 (BGBl. I S. 160) begangen wurden – mit Art. 2Abs. 2 Satz 2 in Verbindung mit Art. 20 Abs. 3 GG unvereinbar ist (BVerfGE 128, 326 <331, 332>). In diesen Fällen tritt unter Berücksichtigung der Wertungen der EMRK der legitime gesetzgeberische Zweck, die Allgemeinheit vor gefährlichen Straftätern zu schützen, weitgehend hinter das grundrechtlich geschützte Vertrauen in ein Ende der Sicherungsverwahrung nach Ablauf von zehn Jahren zurück (vgl. BVerfGE 128, 326 <399>). Daher darf gemäß Nr. III.2.a) des Tenors des Urteils des Zweiten Senats des Bundesverfassungsgerichts vom 4. Mai 2011 die Fortdauer der Sicherungsverwahrung nur noch angeordnet werden, wenn eine hochgradige Gefahr schwerster Gewalt- oder Sexualstraftaten aus konkreten Umständen in der Person oder dem Verhalten des Untergebrachten abzuleiten ist und dieser an einer psychischen Störung im Sinne von § 1 Abs. 1 Nr. 1 des Gesetzes zur Therapierung und Unterbringung psychisch gestörter Gewalttäter (Therapieunterbringungsgesetz – ThUG) leidet (BVerfGE 128, 326 <332>).

[16] Dabei handelt es sich bei dem Begriff der „psychischen Störung" in § 1 Abs. 1 Nr. 1 ThUG um einen unbestimmten Rechtsbegriff, der mit den überkommenen Kategorisierungen der Psychiatrie nicht deckungsgleich ist. Ob seine Merkmale im Einzelfall erfüllt sind, haben die Gerichte eigenständig zu prüfen (vgl. BVerfG, Beschluss der 3. Kammer des Zweiten Senats vom 15. September 2011 – 2 BvR 1516/11 –, juris, Rn. 39). In den Fällen einer „dissozialen Persönlichkeitsstörung" kommt es im Rahmen des § 1 Abs. 1 Nr. 1 ThUG entscheidend auf den Grad der objektiven Beeinträchtigung der Lebensführung in sozialer und ethischer Hinsicht an, der anhand des gesamten – auch des strafrechtlich relevanten – Verhaltens des Betroffenen zu bestimmen ist (vgl. BVerfG, aaO, Rn. 40).

[17] Darüber hinaus beinhaltet der Verhältnismäßigkeitsgrundsatz, dass die Anordnung und Fortdauer der Sicherungsverwahrung als letztes Mittel nur in Betracht

---

[366] BVerfG, Kammerbeschluss vom 7.5.2013 – 2 BvR 1238/12.

kommt, wenn andere, weniger einschneidende Maßnahmen nicht ausreichen, um den Sicherheitsinteressen der Allgemeinheit Rechnung zu tragen (BVerfGE 128, 326 <379>; 70, 297 <314>).

[18] Zwar setzt die Feststellung der dargestellten Voraussetzungen für die Fortdauer der Sicherungsverwahrung eine wertende richterliche Entscheidung voraus, die das Bundesverfassungsgericht nicht in allen Einzelheiten nachprüfen kann (vgl. BVerfGE 70, 297 <314, 315>). Aufgrund des zunehmenden Gewichts des Freiheitsanspruchs erhöhen sich bei langandauernden Unterbringungen aber die Anforderungen an die Wahrheitserforschung (vgl. im Einzelnen BVerfGE 109, 133 <162 ff.>) und die verfassungsgerichtliche Kontrolldichte (vgl. BVerfGE 70, 297 <316>). Daher ist in diesen Fällen im Wege verfassungsgerichtlicher Kontrolle nachzuvollziehen, ob die Annahme der Voraussetzungen für die Fortdauer der Sicherungsverwahrung auf einer hinreichenden tatsächlichen Grundlage beruht und dem Gebot bestmöglicher Sachaufklärung Rechnung getragen ist (vgl. BVerfGE 70, 297 <308 f.>).

D. Strafprozessordnung

I. Grundsätzliches

1. Überblick

Die seit dem Juristentag 2010 in Berlin wieder aufgeflammte Diskussion um die Regelungen über eine **Verständigung im Strafverfahren** hat auch im Berichtszeitraum 2013 trotz der Entscheidung des BVerfG vom 19. März 2013[367] nicht nachgelassen, vielmehr sich seither sogar noch auf andere Fragen erweitert[368], welche die Rechtsprechung des BGH sicherlich auch noch im laufenden Jahr beschäftigen wird. 365

Hinsichtlich der weiter offenen Frage einer gesetzlichen Neuregelung zur **Vorratsdatenspeicherung** ist zwar mit dem Koalitionsvertrag der CDU/CSU/SPD-Bundesregierung eine Vorentscheidung für eine neue gesetzliche Regelung gefallen. Ob allerdings insoweit eine schnelle Umsetzung ansteht, ist derzeit noch offen; denn infolge des im Dezember 2013 veröffentlichten Rechtsgutachtens des EU-Generalanwalts Cruz Villalón könnte die zugrunde liegende Richtlinie 2006/24/EG zumindest teilweise gegen die Grundrechtscharta der EU verstoßen. 366

2. Ausblick

Für Fragen des Strafprozessrechts dürfte die Neubesetzung des Bundesjustizministeriums nunmehr zu Reformansätzen führen, welche auf eine Beschleunigung der Strafverfahren hinauslaufen könnten. Dies dürfte auch für die Frage einer Regelung der Beschlagnahme von E-Mails sowie anderer Problembereiche der Telekommunikationsüberwachung einschließlich der Einführung der Online-Durchsuchung gelten. 367

[367] BVerfG, Urteil vom 19.3.2013 – 2 BvR 2628/10, 2 BvR 2883/10, 2 BvR 2155/11.
[368] Vgl. hierzu Rn. 416 ff.

II. Neuere höchstrichterliche Rechtsprechung zu Einzelfragen des Verfahrensrechts

1. Verbindung rechtshängiger Sachen – §§ 4 ff. StPO

368 Wird ein **Verbindungsbeschluss** nicht von dem hierfür zuständigen Gericht erlassen, ist er unwirksam. Dieser Mangel ist gemäß § 6 StPO vom Revisionsgericht **von Amts wegen** zu beachten. Selbst wenn der Senat eine nicht wirksame Verbindung grundsätzlich nachholen könnte, ist dies dann nicht möglich, wenn ein Verfahren vom Landgericht eingestellt worden ist mit der Folge, dass dieser Komplex nicht mehr Gegenstand des Urteils und der Revision ist.[369]

[2] Das Rechtsmittel hat Erfolg. Das Landgericht Aachen war für die Entscheidung nicht zuständig.

[3] 1. Mit Anklageschrift der Staatsanwaltschaft Aachen vom 21. April 2008 zum Landgericht Aachen wurden dem Angeklagten 29 Vergehen u.a. nach § 266a StGB zur Last gelegt. Am 15. Juni 2010 erging Eröffnungsbeschluss.

[4] Am 23. Juli 2009 erhob die Staatsanwaltschaft Düsseldorf gegen den Angeklagten wegen 19 Vergehen nach § 266a StGB Anklage zum Amtsgericht – Schöffengericht – Düsseldorf, das am 19. März 2010 das Hauptverfahren eröffnete.

[5] Nach Vorlage durch das Amtsgericht Düsseldorf übernahm das Landgericht Aachen mit Beschluss vom 7. Juli 2011 das dortige Verfahren und verband es mit dem bei ihm anhängigen Verfahren zu gemeinsamer Verhandlung und Entscheidung. In der Hauptverhandlung vom 18. Mai 2012 stellte das Landgericht das Verfahren wegen der von der Staatsanwaltschaft Aachen bei ihm angeklagten 29 Taten gemäß § 154 Abs. 2 StPO ein.

[6] 2. Der Generalbundesanwalt hat ausgeführt:

„Der Verbindungsbeschluss des Landgerichts Aachen war rechtsunwirksam, da er nicht von dem hierfür zuständigen Gericht erlassen worden ist. Dieser Mangel ist gemäß § 6 StPO vom Revisionsgericht von Amts wegen zu beachten (vgl. Senat, Beschluss vom 8. August 2001 – 2 StR 285/01 m.w.N.). Die Verbindung, die nicht nur die örtliche, sondern auch die sachliche Zuständigkeit betraf, konnte nicht durch Vereinbarung der beteiligten Gerichte (§ 13 Abs. 2 StPO) herbeigeführt werden (BGHSt 22, 232, 234). Erforderlich war die Entscheidung des gemeinschaftlichen oberen Gerichts (§ 4 Abs. 2 StPO), nämlich des Bundesgerichtshofs, da das Amtsgericht Düsseldorf und das Landgericht Aachen zum Bezirk verschiedener Oberlandesgerichte gehören.

Zwar kann der Senat eine nicht wirksame Verbindung grundsätzlich nachholen (vgl. Senat, Beschlüsse vom 8. August 2001 – 2 StR 285/01 und vom 29. November 1996 – 2 StR 585/96 –, NStZ-RR 1997, 170). Vorliegend ist dies jedoch nicht möglich, weil das Verfahren, soweit es die Anklage der Staatsanwaltschaft Aachen betrifft, vom

---

369 BGH, Beschluss vom 25.4.2013 – 2 StR 127/13.

Landgericht eingestellt worden ist mit der Folge, dass dieser Komplex nicht mehr Gegenstand des Urteils und der Revision ist. Das zum Amtsgericht – Schöffengericht – Düsseldorf angeklagte Verfahren ist deshalb dort rechtshängig geblieben.“

[7] Dem schließt sich der Senat an und verweist die Sache in entsprechender Anwendung des § 355 StPO an das Amtsgericht – Schöffengericht – Düsseldorf zurück.

Die **Verbindung von Strafsachen,** die nicht nur die örtliche, sondern auch die **sachliche Zuständigkeit** betrifft, kann nicht durch eine Vereinbarung der beteiligten Gerichte nach § 13 Abs. 2 Satz 1 StPO geschehen. Eine solche Verbindung kann vielmehr in den Fällen, in denen die verschiedenen Gerichte nicht alle zu dem Bezirk des ranghöheren gehören, nur durch Entscheidung des gemeinschaftlichen oberen Gerichts herbeigeführt werden.[370] **369**

[1] Das Landgericht hat den Angeklagten wegen Diebstahls in 14 Fällen zur Gesamtfreiheitsstrafe von drei Jahren und acht Monaten verurteilt. Die hiergegen gerichtete, wirksam auf den Strafausspruch beschränkte, auf die Sachbeschwerde gestützte Revision des Angeklagten hat den aus der Entscheidungsformel ersichtlichen Teilerfolg; im Übrigen ist das Rechtsmittel unbegründet im Sinne von § 349 Abs. 2 StPO.

[2] 1. Die Verurteilung in den Fällen II. Tat 1 bis 4 der Urteilsgründe (Taten vom 3. bis 10. Januar 2012, 4. Februar 2012, 24. bis 27. Februar 2012 und 10. bis 18. März 2012) kann wegen eines insoweit bestehenden Verfahrenshindernisses nicht bestehen bleiben. Das Landgericht Bückeburg war für die Entscheidung nicht zuständig.

[3] Diese vier Taten hat die Staatsanwaltschaft Hannover am 2. Juli 2012 bei dem – zum Landgerichtsbezirk Hannover gehörigen – Amtsgericht Hameln angeklagt, das die Sache dem Landgericht Bückeburg zur Übernahme vorgelegt hat. Dieses hat die Anklage durch Beschluss vom 8. Oktober 2012 zugelassen und das Verfahren mit dem bei ihm anhängigen, bereits eröffneten Verfahren gegen den Angeklagten verbunden. Die Eröffnung ist gegenstandslos und die Verbindung unwirksam (vgl. BGH, Beschluss vom 7. April 2005 – 3 StR 347/04, NStZ 2005, 464 und Beschluss vom 26. Juli 1995 – 2 StR 74/95, NStZ 1996, 47 jew. m.w.N.).

[4] Die Verbindung von Strafsachen, die nicht nur die örtliche, sondern auch die sachliche Zuständigkeit betrifft, kann nicht durch eine Vereinbarung der beteiligten Gerichte nach § 13 Abs. 2 Satz 1 StPO geschehen. Eine solche Verbindung kann vielmehr in den Fällen, in denen – wie hier – die verschiedenen Gerichte nicht alle zu dem Bezirk des ranghöheren gehören, nur durch Entscheidung des gemeinschaftlichen oberen Gerichts – hier des Oberlandesgerichts Celle – herbeigeführt werden (§ 4 Abs. 2 Satz 2 StPO; vgl. Meyer-Goßner, StPO, 56. Aufl., § 4 Rn. 14). Daran fehlt es. Die Sache ist insoweit nicht bei dem Landgericht Bückeburg rechtshängig geworden. Es besteht daher hinsichtlich dieser Taten ein Verfahrenshindernis, das zwar zu einer entsprechenden Teilaufhebung des Urteils, nicht jedoch zur Verfahrenseinstellung führt, da die Rechtshängigkeit des Verfahrens bei dem Amtsgericht Hameln fortbesteht, eine Einstellung dieses Verfahren beenden würde und danach kein Raum für eine Sachentscheidung, gleich welchen Gerichts, bliebe. Das Verfah-

[370] BGH, Beschluss vom 11.7.2013 – 3 StR 166/13.

ren ist danach noch bei dem Amtsgericht Hameln anhängig, das wegen der Gegenstandslosigkeit des Eröffnungsbeschlusses des Landgerichts auch noch über die Eröffnung des Verfahrens zu entscheiden hat. Die Sache ist daher, soweit sie die Fälle II. Tat 1 bis 4 der Urteilsgründe betrifft, entsprechend § 355 StPO an das Amtsgericht Hameln zu verweisen.

2. Zuständigkeitsbestimmung durch den BGH – § 13a StPO

370 Zur Geltung des § 7 Abs. 1 StGB für eine **im Ausland** auch **gegen einen Deutschen begangene Straftat.**[371]

[1] I. Die Staatsanwaltschaft Offenburg führt gegen den spanischen Staatsangehörigen A. ein Ermittlungsverfahren wegen des Verdachts der leichtfertigen Geldwäsche. Dem liegt zugrunde, dass am 20. Februar 2012 unter missbräuchlicher Verwendung der Zugangsdaten des Onlinebankings vom Konto des Geschädigten bei der V.bank L. eG ein Betrag in Höhe von 3.135 Euro abgebucht und auf ein vom Beschuldigten geführtes Konto bei der C.bank S. A. in Barcelona/Spanien überwiesen wurde. Der Beschuldigte hat sich bei einer Rechtshilfevernehmung dahin eingelassen, über das Internet einen Arbeitsvertrag als „Versicherungsvertreter" abgeschlossen zu haben, in dessen Ausführung er zur Weiterleitung von auf seinem Konto eingehenden Geldbeträgen bestimmt worden sei. Den vom Konto des Geschädigten abgebuchten Geldbetrag habe er von seinem Konto abgehoben und über das Transfersystem W. U. an eine ihm unbekannte Person im Ausland weitergeleitet.

[2] II. Auf den Antrag der Staatsanwaltschaft war gemäß § 13a StPO die Untersuchung und Entscheidung der Sache dem Landgericht Offenburg zu übertragen. Der Senat ist für die Bestimmung des Gerichtsstandes zuständig, da es im Geltungsbereich der StPO an einem zuständigen Gericht fehlt (§ 13a StPO) und deutsches Strafrecht auf die vorliegende Straftat anwendbar ist (§ 7 Abs. 1 StGB).

[3] Es handelt sich um eine Auslandstat, für die im Inland kein Gerichtsstand begründet ist. Der Beschuldigte steht im Verdacht, sich der leichtfertigen Geldwäsche im Sinne von § 261 Abs. 2 Nr. 1, Abs. 5 StGB schuldig gemacht zu haben. Es liegt nach dem Stand der Ermittlungen nahe, dass der Abbuchung vom Konto des Geschädigten ein – vermutlich gewerbsmäßig begangener – Computerbetrug (sog. „Phishing") zugrunde liegt. Dass der Beschuldigte an dieser Tat beteiligt war, wird ihm mit Rücksicht auf seine Angaben und die objektiven Umstände nicht nachgewiesen werden können. Es hätte sich ihm aber aufgrund der Umstände aufdrängen müssen, dass die von ihm als sog. „Finanzagent" weitergeleiteten Gelder aus einer rechtswidrigen Vortat im Sinne von § 261 Abs. 1 StGB herrührten. Die strafbare Geldwäschehandlung liegt darin, dass er den auf seinem Konto eingegangenen Geldbetrag durch Weiterleiten an eine ihm unbekannte Person einem Dritten verschafft hat (§ 261 Abs. 2 Nr. 1 StGB). § 261 Abs. 2 Nr. 1 StGB weist als abstraktes Gefährdungsdelikt (Fischer, StGB, 60. Aufl., § 261 Rn. 23; SSW-StGB Jahn § 261 Rn. 39) keinen inländischen Erfolgsort im Sinne von § 9 Abs. 1 2. Alt. StGB auf (vgl. LG Köln, NZWiSt 2012, 188). Tatort ist daher alleine der Ort in Spanien, an dem der Beschuldigte gehandelt hat (§ 9 Abs. 1 1. Alt. StGB).

---

[371] BGH, Beschluss vom 23.4.2013 – 2 Ars 91/13.

[4] Für diese Auslandstat gilt gemäß § 7 Abs. 1 StGB das deutsche Strafrecht. Sie ist auch am Tatort in Spanien mit Strafe bewehrt. Aus dem Rechtsgutachten des Max-Planck-Institutes für ausländisches und internationales Strafrecht vom 15. März 2012 ergibt sich, dass die durch „schwere Fahrlässigkeit" (imprudencia grave) begangene Geldwäsche strafbar ist (Art. 301 Abs. 3 des spanischen Strafgesetzbuches). Die Straftat wurde auch gegen einen Deutschen begangen im Sinne von § 7 Abs. 1 StGB. Der hier in Betracht kommende Tatbestand des § 261 Abs. 2 StGB ist auf die Vortat bezogen und schützt zugleich deren Rechtsgüter (BGHSt 55, 36). Damit ist – was genügt – zumindest auch das von § 263a StGB geschützte Individualvermögen des durch die unberechtigte Kontoabhebung Geschädigten berührt.

3. Ausschließung vom Richteramt, Befangenheit – §§ 22 ff. StPO

Die **Richterablehnung** im Revisionsverfahren ist nur solange statthaft, als dieses noch nicht durch Wirksamwerden eines Beschlusses gemäß § 349 Abs. 2 StPO beendet ist. Dies gilt auch dann, wenn die Richterablehnung mit einer Anhörungsrüge verbunden wird, die sich als unbegründet erweist. Der Sonderrechtsbehelf nach § 356a StPO ist nach seinem Wortlaut und Normzweck, eine Durchsetzungsgarantie für das „prozessuale Urrecht" auf rechtliches Gehör zu schaffen, nicht dazu bestimmt, dass damit auch behauptete Verletzungen von Art. 101 Abs. 1 Satz 2 GG geltend gemacht werden können. Das **Nachschieben** einer Richterablehnung mit einer Anhörungsrüge nach § 356a StPO ist **nicht möglich**.[372] **371**

[4] 1. Die nachträgliche Richterablehnung derjenigen Senatsmitglieder, die am Beschluss vom 15. Februar 2012 mitgewirkt hatten, ist unzulässig.

[5] Unabhängig von der Frage einer entsprechenden Anwendung von § 25 Abs. 2 Satz 2 StPO auf das Beschlussverfahren über die Begründetheit oder Unbegründetheit der Revision ist eine Richterablehnung im Revisionsverfahren nur statthaft, solange dieses noch nicht durch Wirksamwerden eines Beschlusses gemäß § 349 Abs. 2 StPO beendet ist (vgl. BGH, Beschluss vom 15. November 2012 – 3 StR 239/12; Jahn in: Festschrift für Fezer, 2008, S. 413, 424). Dies gilt auch dann, wenn die Richterablehnung mit einer Anhörungsrüge verbunden wird, die sich als unbegründet erweist.

Selbst ein **berechtigtes Misstrauen gegen die Unbefangenheit** der abgelehnten Richter kann durch den **Inhalt** deren **dienstlicher Erklärungen** über Geschehen vor Beginn oder außerhalb der Hauptverhandlung sowie durch die Mitteilung des Vorsitzenden darüber in öffentlicher Hauptverhandlung ausgeräumt werden.[373]

2. Die Rüge der Verletzung von § 338 Nr. 3 StPO wegen der Ablehnung von Befangenheitsanträgen gegen die drei berufsrichterlichen Mitglieder der Strafkammer bleibt in der Sache ohne Erfolg. Die entsprechenden Anträge sind rechtsfehlerfrei abgelehnt worden. Selbst wenn der Ausschluss des Verteidigers des Angeklagten von **372**

372 BGH, Beschluss vom 13.12.2012 – 2 StR 585/11.

373 BGH, Beschluss vom 2.10.2013 – 1 StR 386/13.

dem außerhalb der Hauptverhandlung geführten Gespräch über eine Verfahrenstrennung ursprünglich geeignet gewesen sein sollte, berechtigtes Misstrauen gegen die Unbefangenheit der abgelehnten Richter zu begründen, wäre dieses durch den Inhalt von deren dienstlicher Erklärungen über das Gespräch sowie durch die Mitteilung des Vorsitzenden darüber in öffentlicher Hauptverhandlung ausgeräumt worden (vgl. zu der entsprechenden Bedeutung dienstlicher Stellungnahmen BGH, Beschlüsse vom 18. Dezember 2007 – 1 StR 301/07, NStZ 2008, 229; vom 4. März 2009 – 1 StR 27/09, NStZ 2009, 701; und vom 5. Oktober 2010 – 3 StR 287/10, StV 2011, 72). Danach war klargestellt, dass die Strafkammer die seitens der Mitangeklagten angeregte Verfahrenstrennung von vornherein nicht erwogen hat. Vom maßgeblichen Standpunkt eines vernünftigen Ablehnenden (st. Rspr.; siehe etwa BGH, Beschluss vom 7. August 2012 – 1 StR 212/12, NStZ-RR 2012, 350) war daher kein Grund für Zweifel an der Unbefangenheit der Richter mehr gegeben.

■ PRAXISBEDEUTUNG

Die vorliegende Entscheidung zeigt Wege auf, selbst berechtigtes Misstrauen des Angeklagten durch entsprechende Erklärungen und Mitteilungen in der Hauptverhandlung zu beseitigen!

373 Der Begriff der „Sache“ in **§ 22 Nr. 5 StPO** ist nicht auf den Kernbereich von Schuld und Strafe beschränkt, sondern umfasst alle richterlichen Entscheidungen, die im Verlauf einer Hauptverhandlung zu treffen sind und sich auf die abschließende Entscheidung auswirken können. Dazu zählt auch die Entscheidung über ein Ablehnungsgesuch gegen die erkennenden Richter. § 22 StPO will jeden Anschein von Parteilichkeit vermeiden. Diesem Zweck widerspräche es, könnte der als Zeuge vernommene Richter über den Verbleib desjenigen Richters in der Spruchkammer entscheiden, der auch seine **Aussage zu würdigen hat.**[374]

374 **Bemerkungen einer Strafkammer** in einem Beschluss zu den Ausführungen des Verteidigers, diese seinen „unverschämt“, hätten „nötigenden Charakter“, gingen über „zulässiges Verteidigungsverhalten hinaus“ und sollten „Anlass zu einer entschuldigenden Erklärung“ geben, stellten zwar keine der Prozesssituation angemessene Reaktion dar. Sie waren aber im Ergebnis nicht geeignet, aus Sicht des Angeklagten die Besorgnis der Befangenheit zu begründen.[375]

375 Eine **Rüge der Verletzung von § 29 StPO** genügt nicht den gesetzlichen Anforderungen des § 344 Abs. 2 Satz 2 StPO, wenn sich der Revisionsbegründung zwar noch die erforderliche Beanstandung entnehmen lässt, jedoch die Revision weder die dienstliche Stellungnahme des Vorsitzenden noch den maßgeblichen Beschluss der Strafkammer mitteilt. Beides wäre aber erforderlich, um dem Senat die Überprüfung zu ermöglichen, ob der Vorsitzende unter Berücksichtigung des ihm zustehenden Spielraums die Unaufschiebbarkeit im Sinne von § 29 Abs. 1 StPO fehlerhaft beurteilt hat.[376]

---

374 BGH, Beschluss vom 6.6.2013 – 1 StR 581/12.
375 BGH, Beschluss vom 12.2.2013 – 2 StR 536/12.
376 BGH, Beschluss vom 2.10.2013 – 1 StR 386/13.

3. Die Rügen, der Vorsitzende sei entgegen § 29 StPO nach (weiteren) gegen ihn gestellten Befangenheitsanträgen vor einer Entscheidung darüber mit Zeugenvernehmungen fortgefahren und habe trotz einer entsprechenden Beanstandung keine Entscheidung des Gerichts gemäß § 238 Abs. 2 StPO herbeigeführt, bleiben ebenfalls ohne Erfolg.

a) Soweit die Verletzung von § 29 StPO geltend gemacht wird, genügt die Rüge nicht den gesetzlichen Anforderungen des § 344 Abs. 2 Satz 2 StPO. Zwar lässt sich der Revisionsbegründung noch die erforderliche (vgl. BGH, Urteil vom 14. Februar 2002 – 4 StR 272/01, NStZ 2002, 429, 430 m.w.N.) Beanstandung (§ 238 Abs. 2 StPO) der Fortsetzung der Zeugenvernehmung entnehmen. Wie der Generalbundesanwalt in seiner Antragsschrift vom 22. August 2013 jedoch zutreffend aufgezeigt hat, teilt die Revision weder die dienstliche Stellungnahme des Vorsitzenden vom 3. Oktober 2012 noch den Beschluss der Strafkammer vom 8. Oktober 2012 mit. Beides wäre aber erforderlich gewesen, um dem Senat die Überprüfung zu ermöglichen, ob der Vorsitzende unter Berücksichtigung des ihm zustehenden Spielraums (BGH aaO) die Unaufschiebbarkeit im Sinne von § 29 Abs. 1 StPO fehlerhaft beurteilt hat. Im Übrigen mangelt es an Tatsachenvortrag zu den Voraussetzungen des § 29 Abs. 2 StPO. Wie die Revision selbst vorträgt, hat sie die beiden hier maßgeblichen Befangenheitsanträge gegen den Vorsitzenden während laufender Hauptverhandlung gestellt. Das Fortfahren mit Zeugenvernehmungen kann daher auch durch § 29 Abs. 2 Satz 1 StPO gestattet gewesen sein.

4. Wiedereinsetzung – § 44 StPO

TOPENTSCHEIDUNG ■

Jedenfalls in den Fällen, in denen die **Wahrung der Frist** für den Wiedereinsetzungsantrag nicht offensichtlich ist, gehört zur formgerechten Anbringung des Wiedereinsetzungsantrags auch, dass der Antragsteller mitteilt, wann dieses Hindernis entfallen ist. Dies gilt selbst dann, wenn der Verteidiger ein eigenes Verschulden geltend macht, das dem Angeklagten nicht zuzurechnen wäre.[377] **376**

[1] 1. Das Landgericht hat den Angeklagten wegen Vergewaltigung in acht Fällen, davon in drei Fällen in Tateinheit mit vorsätzlicher Körperverletzung, wegen versuchter Nötigung sowie wegen Nötigung mit vorsätzlicher Körperverletzung zu einer Gesamtfreiheitsstrafe von sechs Jahren und neun Monaten verurteilt und Adhäsionsentscheidungen getroffen. Gegen dieses Urteil hat der Angeklagte rechtzeitig Revision eingelegt. Das schriftliche Urteil ist dem neuen Verteidiger, der ihm durch Bestellung vom 13. August 2012 – und nicht, wie vorgetragen, am 16. Oktober 2012 – als Pflichtverteidiger beigeordnet wurde, am 19. September 2012 zugestellt worden.

[2] Mit einem am 22. Oktober 2012 bei Gericht eingegangenen Schriftsatz hat der Pflichtverteidiger die Rüge der Verletzung materiellen Rechts erhoben. Mit am 30. Oktober 2012 eingegangenem Schriftsatz hat er Wiedereinsetzung für den Fall

[377] BGH, Beschluss vom 8.1.2013 – 1 StR 621/12; vgl. auch BGH, Beschluss vom 6.8.2013 – 1 StR 245/13.

beantragt, dass die Revisionsbegründung unvollständig sei. Am 26. November 2012 hat sich ein Wahlverteidiger gemeldet und Akteneinsicht beantragt, die ihm gewährt worden ist. Mit einem am 28. Dezember 2012 eingegangenen Schriftsatz hat der Pflichtverteidiger Wiedereinsetzung in den vorigen Stand gegen die Versäumung der Frist zur Begründung der Revision und Wiedereinsetzung gegen die Versäumung der Frist zur Wiedereinsetzung beantragt.

[3] 2. Da die Revisionsbegründung nicht unvollständig, sondern verspätet ist, mithin die Bedingung, unter der Wiedereinsetzung beantragt worden ist, nicht eingetreten ist, ist schon aus diesem Grund über den am 30. Oktober 2012 eingegangenen Antrag nicht zu entscheiden.

[4] 3. Die am 28. Dezember 2012 eingegangenen Anträge sind unzulässig, da die Voraussetzungen gemäß § 45 Abs. 2 Satz 1 StPO nicht eingehalten worden sind. Die jeweilige Antragsbegründung äußert sich nicht dazu, wann die Hindernisse, die einer rechtzeitigen Revisionsbegründung und einem rechtzeitigen Wiedereinsetzungsantrag entgegenstanden, weggefallen sind. Entscheidend für den Beginn der Frist für den Wiedereinsetzungsantrag im Sinne von § 45 Abs. 1 Satz 1 StPO ist der Zeitpunkt der Kenntnisnahme von der Fristversäumung durch den Angeklagten. Jedenfalls in den Fällen, in denen die Wahrung der Frist für den Wiedereinsetzungsantrag nicht offensichtlich ist – wie hier, da der Angeklagte z.B. durch den Wahlverteidiger oder den Antrag des Generalbundesanwalts von den versäumten Fristen hätte erfahren können –, gehört zur formgerechten Anbringung des Wiedereinsetzungsantrags auch, dass der Antragsteller mitteilt, wann dieses Hindernis entfallen ist (vgl. BGH, NStZ 2006, 54 f.; NStZ-RR 2010, 378). Dies gilt selbst dann, wenn der Verteidiger ein eigenes Verschulden geltend macht, das dem Angeklagten nicht zuzurechnen wäre (BGH, Beschluss vom 4. August 2010 – 2 StR 365/10; Meyer-Goßner, StPO, 55. Aufl., § 45 Rn. 5). Erforderlich war demnach die Mitteilung, wann der Angeklagte von der Versäumung der Revisionsbegründungsfrist und der Frist des § 45 StPO Kenntnis erhalten hat. An einem entsprechenden Vortrag fehlt es aber.

[5] 4. Die Revision des Angeklagten ist als unzulässig zu verwerfen (§ 349 Abs. 1 StPO), da die Revision nicht innerhalb der Frist des § 345 Abs. 1 Satz 2 StPO und damit verspätet begründet worden ist.

■ PRAXISHINWEIS

Auch wenn der vorstehend näher bezeichnete Auslassungsfehler auf einem Versehen beruhen sollte, dürfte so etwas einem Revisionsverteidiger nicht passieren und deshalb insgesamt auch einen Haftungsfall darstellen. Auf jeden Fall muss deutlich darauf hingewiesen, dass es natürlich Pflicht des Verteidigers ist, sich über den Umfang der Begründungserfordernisse Kenntnisse zu verschaffen und dadurch zumindest formal den Erfolg eines Rechtsmittels oder Antrags sicher zu stellen. Umso ärgerlicher ist es für alle Parteien, wenn bereits durch einen formalen Fehler die materielle Chance verloren geht, was einem Beschuldigten oder Betroffenen regelmäßig kaum klargemacht werden kann!

377 Wiedereinsetzung in den vorigen Stand ist auf Antrag demjenigen zu gewähren, der **ohne Verschulden gehindert** war, eine Frist einzuhalten (§ 44 Satz 1 StPO). Der Antrag auf Wiedereinsetzung ist nach den gesetzlichen Vorgaben binnen einer

Woche nach Wegfall des Hindernisses zu stellen (§ 45 Abs. 1 Satz 1 StPO). Er muss daher als Zulässigkeitsvoraussetzung auch Angaben über den Zeitpunkt des Wegfalls des Hindernisses enthalten.[378]

[5] Die gestellten Anträge erweisen sich sämtlich als unzulässig.

[6] 1. Wiedereinsetzung in den vorigen Stand – hier in die Versäumung der Frist des § 345 Abs. 1 StPO zur Begründung der Revision – ist auf Antrag demjenigen zu gewähren, der ohne Verschulden gehindert war, eine Frist einzuhalten (§ 44 Satz 1 StPO). Der Antrag auf Wiedereinsetzung ist nach den gesetzlichen Vorgaben binnen einer Woche nach Wegfall des Hindernisses zu stellen (§ 45 Abs. 1 Satz 1 StPO). Er muss daher als Zulässigkeitsvoraussetzung auch Angaben über den Zeitpunkt des Wegfalls des Hindernisses enthalten (BGH, Beschlüsse vom 4. August 2010 – 2 StR 365/10 und vom 5. August 2010 – 3 StR 269/10, NStZ-RR 2010, 378 f.; siehe auch Meyer-Goßner, StPO, 56. Aufl. 2013, § 45 Rn. 5 m.w.N.).

[7] Bereits daran fehlt es in Bezug auf den Antrag auf Wiedereinsetzung gegen die Versäumung der Revisionsbegründungsfrist. Der entsprechende Schriftsatz teilt lediglich mit, dass der Angeklagte erst durch den Verwerfungsbeschluss des Landgerichts von der Fristversäumung erfahren habe, enthält aber keine Angaben darüber, wann der Angeklagte Kenntnis von diesem Beschluss erlangt hat.

[8] An der Unzulässigkeit des Wiedereinsetzungsgesuchs ändert der am 6. Juni 2013 bei dem Bundesgerichtshof eingegangene Schriftsatz der Verteidigerin vom 4. Juni 2013, der Gegenstand der Beratung des Senats war, nichts. Zwar enthält dieser die Mitteilung der Kenntniserlangung des Angeklagten von der Versäumung der Revisionsbegründungsfrist am 13. November 2012 durch Zustellung des landgerichtlichen Verwerfungsbeschlusses. Diese Mitteilung ist jedoch verspätet. Die gesetzlich geforderten Angaben im Wiedereinsetzungsgesuch über die versäumte Frist, den Hinderungsgrund und über den Zeitpunkt des Wegfalls des Hindernisses sind Zulässigkeitsvoraussetzungen, die innerhalb der Wochenfrist des § 45 Abs. 1 Satz 1 StPO vorgebracht werden müssen (Meyer-Goßner, aaO, § 45 Rn. 5 m.w.N.). Soweit in dem genannten Schriftsatz ein Antrag auf Wiedereinsetzung in den vorigen Stand gegen die Versäumung der Frist zur Begründung des Antrags auf Wiedereinsetzung gegen die Versäumung der Revisionsbegründungsfrist zu sehen sein sollte (vgl. § 300 StPO), wäre auch ein solcher Antrag unzulässig. Er enthielte wiederum keine Angaben über den Zeitpunkt des Wegfalls des entsprechenden Hindernisses.

[9] Wie der Generalbundesanwalt in seiner Antragsschrift vom 7. Mai 2013 zutreffend ausgeführt hat, mangelt es dem Wiedereinsetzungsgesuch hinsichtlich der Versäumung der Revisionsbegründungsfrist im Übrigen auch an der gesetzlich vorgeschriebenen Glaubhaftmachung (§ 45 Abs. 2 Satz 1 StPO) sämtlicher für die Entscheidung über die Zulässigkeit und Begründetheit des Gesuchs bedeutsamer Tatsachen.

[10] 2. Der Antrag auf Wiedereinsetzung in den vorigen Stand gegen die Versäumung der Frist zur Anbringung des Antrags auf Entscheidung des Revisionsgerichts ist ebenfalls unzulässig. Er enthält nicht die gesetzlich geforderte Angabe über den Zeitpunkt des Wegfalls des Hindernisses. Soweit ein Hinweis auf die Kenntniserlangung aufgrund der Einsichtnahme in die Akten erfolgt, wird dieser

378 BGH, Beschluss vom 7.6.2013 – 1 StR 232/13; siehe auch BGH, Beschluss vom 22.5.2013 – 4 StR 121/13.

Zeitpunkt nicht mitgeteilt. Auch der am 6. Juni 2013 eingegangene Schriftsatz enthält entsprechende Angaben nicht. Im Übrigen würde eine Mitteilung zu diesem Zeitpunkt aus den zu II.1. genannten Gründen an der Unzulässigkeit des Wiedereinsetzungsgesuchs nichts ändern.

[11] 3. Der am 22. November 2012 bei dem Landgericht eingegangene Antrag auf Entscheidung des Revisionsgerichts ist unzulässig. Er ist nicht innerhalb der Wochenfrist des § 346 Abs. 2 Satz 1 StPO gestellt worden. Die Frist begann mit der Zustellung des Verwerfungsbeschlusses an den Angeklagten am 13. November 2012 (Bl. 1507 der Sachakten) und endete damit gemäß § 43 Abs. 1 StPO mit Ablauf des 20. November 2012.

378 Der Wiedereinsetzungsantrag gegen die **Versäumung der Revisionsfrist** ist statthaft, wenn der Angeklagte die Frist des § 341 Abs. 1 StPO versäumt hat.[379]

[1] Der Angeklagte wurde durch Urteil des Landgerichts Nürnberg-Fürth, das in seiner Gegenwart verkündet wurde (SA Bl. 628 II), am 19. Juli 2012 wegen Betruges in zwei Fällen, jeweils in Tateinheit mit Urkundenfälschung, und wegen Computerbetruges in zwei Fällen zu einer Gesamtfreiheitsstrafe von drei Jahren und zehn Monaten verurteilt. Mit beim Landgericht Nürnberg-Fürth am 25. Januar 2013 eingegangenem Schreiben, legte er „Beschwerde zur Verfristung der zustehenden Rechtsmittel" ein und beantragte „die Wiedereinsetzung einer Revisionsfrist zu meinem Urteil". Er machte geltend, „eigenhändig" bereits am 23. Juli 2012 Revision eingelegt zu haben. Es sei „klar" geworden, dass seine Revisionspost nicht beachtet worden oder abhanden gekommen sei. Die Entscheidung des Landgerichts sei verfassungswidrig, weil er wegen Straftaten verurteilt worden sei, die er nachweislich nicht begangen habe.

[2] 1. Das Schreiben des Angeklagten ist als Wiedereinsetzungsantrag gegen die Versäumung der Frist zur Einlegung der Revision auszulegen; dieser ist unzulässig (§§ 45, 46 StPO).

[3] a) Der Wiedereinsetzungsantrag ist statthaft, denn der Angeklagte hat die Frist des § 341 Abs. 1 StPO zur Revisionseinlegung versäumt.

[4] Wie sich auch aus dem Vermerk des Vorsitzenden der Strafkammer vom 6. Februar 2013 (SA Bl. 664 II) ergibt, ist eine Revisionsschrift nicht zu den Akten gelangt. Da auch der Angeklagte keine Angaben zum Inhalt seiner Revisionsschrift und zu den Umständen der Revisionseinlegung macht, ist der Senat nicht davon überzeugt, dass eine Revisionsschrift vom 23. Juli 2012 beim Landgericht eingegangen ist. In einem solchen Fall kann nicht zugunsten des Angeklagten von einer Revisionseinlegung ausgegangen werden (vgl. BGH, Beschlüsse vom 10. Februar 1998 – 4 StR 634/97, BGHR StPO § 345 Frist 1; und vom 6. November 1998 – 3 StR 511/97, BGH NStZ 1999, 372).

[5] b) Der Wiedereinsetzungsantrag ist jedoch unzulässig. Hierzu hat der Generalbundesanwalt in seiner Antragsschrift vom 13. März 2013 zutreffend ausgeführt:

> *„Gemäß § 45 Abs. 2 StPO muss der Antrag Angaben nicht nur über die versäumte Frist und den Hinderungsgrund, sondern auch über den genauen Zeitpunkt des Wegfalls des Hindernisses enthalten (BGH NStZ 1987, 217 m.w.N.). Denn nach § 45 Abs. 1 Satz 1 StPO ist der Antrag auf Wiedereinsetzung in den*

[379] BGH, Beschluss vom 2.5.2013 – 1 StR 137/13.

vorigen Stand binnen einer Woche nach Wegfall des Hindernisses zu stellen. Vorliegend hat der Angeklagte indessen weder dargetan noch glaubhaft gemacht, zu welchem Zeitpunkt ihm bewußt wurde, dass seine ‚Revisionspost' nicht zur Kenntnis genommen wurde. Die Notwendigkeit eines substantiierten Vortrags erscheint im vorliegenden Fall auch umso greifbarer, als der Angeklagte zwischen der behaupteten Einlegung der Revision am 23. Juli 2012 und dem Wiedereinsetzungsantrag vom 19. Januar ein halbes Jahr verstreichen ließ."

[6] 2. Auch die in dem Wiedereinsetzungsantrag des Angeklagten enthaltene Revision des Angeklagten ist als unzulässig zu verwerfen (§ 349 Abs. 1 StPO).

[7] Entgegen der Auffassung des Generalbundesanwalts ist dem Wiedereinsetzungsantrag noch hinreichend deutlich der Wille des Angeklagten zu entnehmen, das gegen ihn ergangene Urteil des Landgerichts Nürnberg-Fürth vom 19. Juli 2012 wegen ihn beschwerender materiell-rechtlicher Fehler anzufechten. Daher hat der Senat nicht nur über den Wiedereinsetzungsantrag, sondern auch über die nun eingelegte Revision des Angeklagten zu entscheiden. Sie ist wegen Versäumung der Frist des § 341 Abs. 1 StPO zur Einlegung der Revision als unzulässig zu verwerfen. Hierzu bedarf es – anders als bei Entscheidungen nach § 349 Abs. 2 StPO – keines Verwerfungsantrags des Generalbundesanwalts.

Wer die mündliche **Rechtsmittelbelehrung falsch versteht** und deshalb die Frist versäumt, muss sich dies grundsätzlich als eigenes Verschulden zurechnen lassen. **379**

[2] 1. Die Revision des Beschuldigten ist unzulässig, weil sie nicht binnen Wochenfrist eingelegt worden ist (§ 341 Abs. 1 StPO). Gemäß § 341 Abs. 1 StPO hat die Revisionseinlegung bei dem Gericht zu erfolgen, dessen Urteil angefochten wird (§ 345 Abs. 1 StPO); bei Urteilen einer auswärtigen Strafkammer kann die Revision bei dieser oder bei dem Stammgericht eingelegt werden (BGH, Beschluss vom 25. Januar 1995 – 2 StR 456/94, BGHSt 40, 395, 397; Beschluss vom 18. Oktober 1966 – VI ZB 13/66, NJW 1967, 107; Meyer-Goßner, StPO, 55. Aufl., § 341 Rn. 6). Bei dem Amtsgericht, in dessen Bezirk der Beschuldigte in einer Anstalt verwahrt wird, ist lediglich die Revisionseinlegung zu Protokoll der Geschäftsstelle zulässig (§ 299 StPO).

[3] 2. Das Wiedereinsetzungsgesuch des Beschwerdeführers ist unbegründet. Der Beschuldigte war nicht ohne sein Verschulden gehindert, die Frist des § 341 Abs. 1 StPO einzuhalten. Es kann dahinstehen, ob der Beschuldigte angesichts der Weihnachtsfeiertage damit rechnen musste, dass sein am 22. Dezember 2012 abgesandtes Schreiben erst am 28. Dezember 2012, und damit einen Tag nach Fristablauf, bei Gericht eingehen würde. Ein Verschulden des Beschuldigten liegt jedenfalls darin, dass er die Revisionseinlegung an das falsche Gericht geschickt hat. Ausweislich des Schreibens des Vorsitzenden vom 7. Januar 2013 hat er den Beschuldigten nach der Urteilsverkündung ausdrücklich darüber belehrt, dass die Revision beim Amtsgericht Rheine nur zu Protokoll der Geschäftsstelle hätte eingelegt werden können, nicht aber schriftlich. Die Erteilung der Rechtsmittelbelehrung wird durch das Protokoll der Hauptverhandlung bestätigt. Wer aber die mündliche Rechtsmittelbelehrung falsch versteht und deshalb die Frist versäumt, muss sich dies grundsätzlich als eigenes Verschulden zurechnen lassen (vgl. BGH, Beschluss vom 24. Juni 2008 – 3 StR 226/08; Meyer-Goßner, aaO, § 44 Rn. 13 m.w.N.). Ein Ausnahmefall, der etwa bei einem nicht von einem Rechtsanwalt vertretenen Ausländer in Betracht kommt (vgl. Meyer-Goßner, aaO), ist hier nicht gegeben. Der Verteidiger hat vielmehr den Beschuldigten mit Schreiben vom 19. Dezember 2012 nochmals

ausdrücklich über die Form und Frist der Revisionseinlegung belehrt. Der Inhalt dieses Schreibens ist nicht missverständlich formuliert, sondern stellt die Gesetzeslage korrekt dar.

380 Nach einer **form- und fristgerechten Revisionsbegründung** ist regelmäßig für eine Wiedereinsetzung in den vorigen Stand zur **Anbringung von Verfahrensrügen** kein Raum.[380]

1. Die Revision ist von der Verteidigung form- und fristgerecht mit Verfahrensrügen und der Sachrüge begründet worden. Nach Fristablauf gab der Angeklagte selbst ergänzende Ausführungen zu Protokoll (§ 299 StPO). Dabei brachte er auch eine Verfahrensrüge an und beantragte insoweit Wiedereinsetzung in den vorigen Stand. Zur Begründung dieses Antrags führte er an, ihm seien zuvor je eine Entscheidung des Bundesverfassungsgerichts und des Bundesgerichtshofs nicht bekannt gewesen, die ergäben, dass das von ihm vorgetragene Verfahrensgeschehen Verfahrensrecht verletzte.

Wie der Generalbundesanwalt zutreffend näher ausgeführt und belegt hat, ist nach einer form- und fristgerechten Revisionsbegründung jedenfalls regelmäßig für eine Wiedereinsetzung in den vorigen Stand zur Anbringung von (hier: weiteren) Verfahrensrügen kein Raum. Gründe, die hier ausnahmsweise für eine andere Beurteilung sprächen, sind nicht erkennbar.

Unabhängig davon wäre aber die Unkenntnis von Rechtsprechung ohnehin kein Wiedereinsetzungsgrund (st. Rspr.; vgl. zuletzt BGH, Beschluss vom 31. Juli 2012 – 4 StR 238/12 m.w.N.).

2. Die Revision macht geltend, ein, so ihr ausdrücklicher Vortrag, in der Hauptverhandlung vor der Vernehmung des Angeklagten zur Sache angebrachter Besetzungseinwand (§ 222b Abs. 1 Satz 1 StPO i.V.m. § 338 Nr. 1b StPO) sei zu Unrecht zurückgewiesen worden. Die Seite des Hauptverhandlungsprotokolls, die diesen Vortrag belegt, ist dabei ausdrücklich genannt.

Der Senat teilt nicht die Zweifel daran, dass dieser Vortrag den Anforderungen von § 344 Abs. 2 Satz 2 StPO genügt, weil ohne Beifügung des Hauptverhandlungsprotokolls nicht zu beurteilen sei, ob der Einwand tatsächlich rechtzeitig angebracht wurde.

Die Behauptung, der Einwand sei vor Vernehmung des ersten Angeklagten zur Sache angebracht worden, ist schlüssig und vollständig. Dies genügt den Anforderungen von § 344 Abs. 2 Satz 2 StPO. Darüber hinaus ist schon nicht die Angabe, umso weniger die Beifügung von Beweismitteln zur Überprüfung der tatsächlichen Richtigkeit des Revisionsvorbringens erforderlich (BGH, Beschluss vom 15. März 2011 – 1 StR 33/11; Beschluss vom 22. September 2006 – 1 StR 298/06 m.w.N.). Der Senat bemerkt, dass die mithin zulässig angebrachte Rüge bleibt jedoch erfolglos, weil die Strafkammer den Besetzungseinwand rechtsfehlerfrei zurückgewiesen hat. Insoweit verweist der Senat auf die zutreffenden Ausführungen des Generalbundesanwalts, die durch die hierauf erfolgte Erwiderung (§ 349 Abs. 3 Satz 2 StPO) nicht entkräftet werden.

---

[380] BGH, Beschluss vom 22.1.2013 – 1 StR 557/12.

Genügt ein Wiedereinsetzungsantrag nicht den **formellen Anforderungen** des § 45 StPO, ist er unzulässig. Insbesondere ist gem. § 45 Abs. 2 Satz 2 StPO die versäumte Handlung innerhalb der Frist des § 45 Abs. 1 StPO nachzuholen.[381] **381**

Der **Urkundsbeamte der Geschäftsstelle** hat sich nicht nur deswegen an der Anferti- **382**
gung der Revisionsbegründung gestaltend zu beteiligen und die Verantwortung für den Inhalt zu übernehmen, damit die Interessen des Angeklagten auf eine formgerechte und zulässige Revisionsbegründung gewahrt werden, vielmehr soll hierdurch auch gewährleistet werden, dass dem Revisionsgericht die Prüfung grundloser oder unverständlicher Anträge erspart wird.[382]

a) Die erhobenen Verfahrensrügen sind aus den vom Generalbundesanwalt in seiner Antragsschrift vom 20. November 2012 zutreffend dargelegten Gründen unzulässig.

b) Eine Wiedereinsetzung zur Nachholung oder Nachbesserung von Verfahrensrügen kommt nicht in Betracht, da keine Umstände vorgetragen oder sonst erkennbar sind, die einen Anspruch auf Nachbesserung wegen Pflichtverletzung der Rechtspflegerin rechtfertigen könnten (vgl. BGHR StPO § 44 Verfahrensrüge 6, 13). Der Umstand, dass bei der Formulierung der als unzulässig bewerteten Verfahrensrügen zur Unterstützung des Angeklagten sachkundiges Justizpersonal mitgewirkt hat, offenbart hier keinen dem Gericht anzulastenden Fehler zum Nachteil des Angeklagten (vgl. BVerfG NJW 2005, 3629). Die Urkundsbeamtin hatte die Verfahrensrügen erkennbar allein deshalb in die Niederschrift aufgenommen, weil der Angeklagte – wie protokolliert – auf deren Niederschrift bestanden hatte. Richtigerweise hätte sie die Aufnahme der offensichtlich unzulässigen Verfahrensrügen nicht nur verweigern können, sondern auch verweigern müssen. Denn der Urkundsbeamte der Geschäftsstelle hat sich nicht nur deswegen an der Anfertigung der Revisionsbegründung gestaltend zu beteiligen und die Verantwortung für den Inhalt zu übernehmen, damit die Interessen des Angeklagten auf eine formgerechte und zulässige Revisionsbegründung gewahrt werden, vielmehr soll hierdurch auch gewährleistet werden, dass dem Revisionsgericht die Prüfung grundloser oder unverständlicher Anträge erspart wird (vgl. BGHR StPO § 345 Abs. 2 Begründungsschrift 5). Eine Mitwirkung an der Anbringung von Verfahrensrügen, mit denen u.a. geltend gemacht werden sollte, das Landgericht sei ein nach Art. 101 Abs. 1 GG unzulässiges Ausnahmegericht, die Strafprozessordnung dürfe nicht mehr angewendet werden, die Abgabenordnung sei noch nie gültig gewesen und die zwangsweise Vertretung durch einen Anwalt vor dem Landgericht verletze die Postulationsfähigkeit des Angeklagten und fuße auf nationalsozialistischem Unrecht, hätte die Rechtspflegerin daher verweigern müssen.

5. DNA-Identitätsfeststellung – § 81g StPO

Die Feststellung, Speicherung und (künftige) Verwendung eines DNA-Identifizie- **383**
rungsmusters greift in das durch Art. 2 Abs. 1 in Verbindung mit Art. 1 Abs. 1 GG verbürgte **Grundrecht auf informationelle Selbstbestimmung** ein. Diese Verbürgung

381 BGH, Beschluss vom 26.2.2013 – 2 StR 567/12.
382 BGH, Beschluss vom 18.12.2012 – 1 StR 593/12.

darf nur im überwiegenden Interesse der Allgemeinheit und unter Beachtung des Grundsatzes der Verhältnismäßigkeit aufgrund eines Gesetzes eingeschränkt werden; die Einschränkung darf nicht weiter gehen, als es zum Schutz des öffentlichen Interesses unerlässlich ist. Die Gerichte sind **bei der Auslegung und Anwendung des § 81g StPO gehalten**, die Bedeutung und Tragweite **dieses Grundrechts angemessen zu berücksichtigen.**[383]

[13] 1. Die Feststellung, Speicherung und (künftige) Verwendung eines DNA-Identifizierungsmusters greift in das durch Art. 2 Abs. 1 in Verbindung mit Art. 1 Abs. 1 GG verbürgte Grundrecht auf informationelle Selbstbestimmung ein (vgl. BVerfG, Beschluss der 3. Kammer des Zweiten Senats vom 14. Dezember 2000 – 2 BvR 1741/99 u.a. –, BVerfGE 103, 21 <32 f.>). Dieses Recht gewährleistet die aus dem Gedanken der Selbstbestimmung folgende Befugnis des Einzelnen, grundsätzlich selbst zu entscheiden, wann und innerhalb welcher Grenzen persönliche Lebenssachverhalte offenbart werden (BVerfGE 65, 1 <41 ff.>; 78, 77 <84>). Diese Verbürgung darf nur im überwiegenden Interesse der Allgemeinheit und unter Beachtung des Grundsatzes der Verhältnismäßigkeit aufgrund eines Gesetzes eingeschränkt werden; die Einschränkung darf nicht weiter gehen, als es zum Schutz des öffentlichen Interesses unerlässlich ist (vgl. BVerfGE 103, 21 <33>).

[14] Die Gerichte sind bei der Auslegung und Anwendung des § 81g StPO gehalten, die Bedeutung und Tragweite dieses Grundrechts angemessen zu berücksichtigen (BVerfG, Beschluss der 3. Kammer des Zweiten Senats vom 20. Dezember 2001 – 2 BvR 429/01 u.a. –, juris, Rn. 17; Beschluss der 1. Kammer des Zweiten Senats vom 18. September 2007 – 2 BvR 2577/06 –, juris, Rn. 17; Beschluss der 2. Kammer des Zweiten Senats vom 1. September 2008 – 2 BvR 939/08 –, juris, Rn. 12; Beschluss der 2. Kammer des Zweiten Senats vom 22. Mai 2009 – 2 BvR 287/09 u.a. –, juris, Rn. 22; Beschluss der 3. Kammer des Zweiten Senats vom 2. Juli 2013 – 2 BvR 2392/12 –, juris, Rn. 11).

[15] Notwendig für die Anordnung einer Maßnahme nach § 81g StPO ist, dass wegen der Art oder Ausführung der bereits abgeurteilten Straftat, der Persönlichkeit des Verurteilten oder sonstiger Erkenntnisse Grund zu der Annahme besteht, dass gegen ihn erneut Strafverfahren wegen Straftaten von erheblicher Bedeutung zu führen sind. Die Prognoseentscheidung setzt voraus, dass ihr eine zureichende Sachaufklärung vorausgegangen ist und die für sie bedeutsamen Umstände nachvollziehbar abgewogen werden. Hierfür bedarf es einer Darlegung positiver, auf den Einzelfall bezogener Gründe; die bloße Wiedergabe des Gesetzeswortlauts reicht nicht aus (vgl. BVerfGE 103, 21<35, 38>; BVerfG, Beschluss der 1. Kammer des Zweiten Senats vom 16. Februar 2006 – 2 BvR 561/03 –, juris, Rn. 16; Beschluss der 1. Kammer des Zweiten Senats vom 18. September 2007 – 2 BvR 2577/06 –, juris, Rn. 17; Beschluss der 2. Kammer des Zweiten Senats vom 1. September 2008 – 2 BvR 939/08 –, juris, Rn. 13). Erforderlich ist, dass die seitens des Gerichts erwogenen Tatsachen in der Begründung der Entscheidung nachvollziehbar dargelegt sind (BVerfG, Beschluss der 1. Kammer des Zweiten Senats vom 16. Januar 2008 – 2 BvR 2391/07 –, juris, Rn. 4). Eine rechtliche Bindung an eine von einem anderen Gericht zur Frage der Strafaussetzung zur Bewährung getroffene Sozialprognose besteht dabei nicht, doch entsteht in Fällen gegenläufiger Prognosen verschiedener

---

[383] BVerfG, Kammerbeschluss vom 29.9.2013 – 2 BvR 939/13.

Gerichte regelmäßig ein erhöhter Begründungsbedarf für die nachfolgende gerichtliche Entscheidung, mit der eine Maßnahme nach § 81g StPO angeordnet wird (BVerfGE 103, 21 <36 f.>; BVerfG, Beschluss der 3. Kammer des Zweiten Senats vom 20. Dezember 2001 – 2 BvR 429/01 u.a. –, juris, Rn. 30; Beschluss der 2. Kammer des Zweiten Senats vom 1. September 2008 – 2 BvR 939/08 –, juris, Rn. 14; Beschluss der 2. Kammer des Zweiten Senats vom 22. Mai 2009 – 2 BvR 287/09 u.a. –, juris, Rn. 22).

6. Molekulargenetische Reihenuntersuchung – § 81h StPO

Gemäß § 81h Abs. 1 StPO darf die **Ermittlung von Identifizierungsmustern** und ihr Abgleich mit dem des Spurenmaterials nur vorgenommen werden, soweit dies zur Feststellung erforderlich ist, ob das **Spurenmaterial von den Teilnehmern des Reihengentests** stammt. Die nach § 81h Abs. 3 Satz 1 StPO entsprechend geltende Vorschrift des **§ 81g Abs. 2 Satz 2 StPO verbietet** es, **darüber hinausgehende Untersuchungen** vorzunehmen und weitergehende Feststellungen zu treffen.[384] **384**

[10] (1) Es ist nicht zu beanstanden, dass die beiden DNA-Identifizierungsmuster nach dem Abgleich mit der Tatspur nicht sofort gelöscht worden sind. Nach § 81h Abs. 3 Satz 1, § 81g Abs. 2 Satz 1 1. Halbs. StPO müssen die den Probanden entnommenen Körperzellen unverzüglich vernichtet werden, sobald sie für die Untersuchung nicht mehr erforderlich sind; dies ist ausweislich des schriftlichen Gutachtens der Sachverständigen geschehen. Die aus der Untersuchung gewonnenen Aufzeichnungen über die DNA-Identifizierungsmuster hingegen sind nach § 81h Abs. 3 Satz 2 StPO erst dann unverzüglich zu löschen, wenn sie zur Aufklärung des Verbrechens nicht mehr erforderlich sind.

[11] Vorliegend ist ein Verstoß gegen die Löschungsverpflichtung nicht gegeben: Im Zeitpunkt der Untersuchung der DNA-Proben der beiden Onkel des Angeklagten war der Reihengentest noch nicht abgeschlossen; es stand noch die Untersuchung von ca. 800 Speichelproben aus. Eine Verpflichtung zur sofortigen Löschung jedes einzelnen – nicht übereinstimmenden – Identifizierungsmusters unmittelbar nach seinem Abgleich mit dem der Tatspur lässt sich dem Gesetzeswortlaut nicht entnehmen.

[12] Im Übrigen würde auf der unterlassenen Löschung der beiden DNA-Identifizierungsmuster das Urteil nicht beruhen: Nach der Untersuchung lag jedenfalls aus Sicht der Sachverständigen sehr nahe, dass diese Probanden Verwandte des mutmaßlichen Täters sein könnten. Auch wenn die Sachverständige die DNA-Identifizierungsmuster im Anschluss an den Abgleich sofort gelöscht hätte, wäre – wie geschehen – die Verwendung dieser Information (dazu unten bb)) als Anlass für weitere Ermittlungen und ihre Verwertung als verdachtsbegründend möglich gewesen. Aus dem gleichen Grund ist es für die Entscheidung auch ohne Bedeutung, ob die Identifizierungsmuster im Zeitpunkt der Hauptverhandlung noch vorhanden waren oder ob sie mittlerweile gelöscht worden sind.

[13] (2) Soweit der Beschwerdeführer als fehlerhaft beanstandet, dass die Sachverständige einen gezielten Quervergleich der Proben des Vaters des Angeklagten und

---

[384] BGH, Urteil vom 20.12.2012 – 3 StR 117/12.

seiner Onkel untereinander durchgeführt habe, ist die Rüge bereits unzulässig. Aus dem in der Revisionsbegründung nur auszugsweise zitierten Vermerk von KHK Z. vom 4. Januar 2011 ergibt sich, dass die Sachverständige mitgeteilt hatte, die anonyme Auswertung der Proben des Vaters (90/4) und des Onkels A. (89/4) habe eine hohe Übereinstimmung „mit der Tatspur" ergeben. Ein Hinweis auf einen Vergleich der Proben untereinander lässt sich dem nicht entnehmen. Im weiteren – nicht mitgeteilten – Text des Vermerks ist niedergelegt, dass der Ermittlungsbeamte auf diese fernmündliche Mitteilung die Personenliste der DNA-Reihenuntersuchung durchsah, ihm aufgrund der Namensgleichheit der weitere Onkel des Angeklagten als vermutlicher Verwandter auffiel und er dies der Sachverständigen in einem weiteren Telefonat mitteilte. Sie erklärte, auch diese Probe (91/3) bereits untersucht zu haben; die Person komme als Täter ebenfalls nicht in Betracht.

[14] Damit ist die Verfahrensrüge insoweit nicht in der Form des § 344 Abs. 2 Satz 2 StPO erhoben: Die den Verfahrensmangel begründenden Tatsachen müssen so vollständig und genau dargelegt werden, dass das Revisionsgericht allein auf Grund dieser Darlegung das Vorhandensein eines Verfahrensmangels feststellen kann, wenn die behaupteten Tatsachen bewiesen werden; dazu gehört auch, dass dem Beschwerdeführer nachteilige Tatsachen nicht übergangen werden (KK/Kuckein, StPO, 6. Aufl., § 344 Rn. 38 mit zahlreichen Nachweisen). …

[15] Dieses Verfahrensgeschehen ergibt zugleich, dass ein „gezielter Quervergleich" der Proben des Vaters des Angeklagten und seiner Onkel untereinander durch die Sachverständige nicht vorgenommen worden ist, so dass die Rüge auch in der Sache keinen Erfolg hat.

[16] Gleiches gilt mit Blick auf die in diesem Zusammenhang in der Hauptverhandlung von dem Verteidiger des Angeklagten vertretene Rechtsauffassung, die Sachverständige habe mit ihrer Vorgehensweise gegen eine Verpflichtung zum automatisierten Abgleich der DNA-Identifizierungsmuster verstoßen, weil sie andernfalls die hohe Übereinstimmung zwischen den Mustern des Vaters des Angeklagten und seinem Onkel A. mit der Tatspur nicht habe zur Kenntnis nehmen können. Der Gesetzgeber hat das Verfahren, mit dem die im Rahmen der DNA-Reihenuntersuchung festgestellten DNA-Identifizierungsmuster nach § 81h Abs. 1 Nr. 3 StPO mit dem der Tatspur „automatisiert abgeglichen" werden, nicht definiert, insbesondere nicht vorgeschrieben, dass das Ergebnis des Abgleichs nur mit dem Ergebnis „Treffer" oder „Nichttreffer" angezeigt werden dürfe. Die Gesetzesbegründung, in der es heißt, die festgestellten Muster dürften „mit denen des aufgefundenen Spurenmaterials – auch in automatisierter Weise – abgeglichen werden" (BT-Drucks. 15/5674, S. 13), spricht vielmehr dafür, dass dadurch lediglich eine Arbeitserleichterung für die beauftragten Sachverständigen und Untersuchungslaboratorien geschaffen werden sollte, die eine effiziente und zeitnahe abgleichende Analyse der im Rahmen der Reihenuntersuchung in erheblicher Zahl anfallenden DNA-Identifizierungsmuster ermöglichen sollte (vgl. zu den insoweit bestehenden technischen Gegebenheiten auch Kuhne, Die Polizei 2011, 19, 20 f.).

[17] (3) Zu Unrecht beanstandet die Revision Gesetzesverletzungen mit Blick auf die Entanonymisierung des DNA-Identifizierungsmusters. …

[18] (4) Rechtlich verfehlt ist weiter die Auffassung der Revision, die Einwilligung des Vaters und des Onkels des Angeklagten (und der anderen Probanden) in die Zellentnahme und deren anschließende Untersuchung sei insgesamt unwirksam gewesen, weil die Belehrung nicht nur objektiv falsch gewesen sei, sondern – wie insbesondere die mehrfachen Gesetzesverletzungen zeigten – sie auch subjektiv

getäuscht worden seien. Wie die Revision selbst vorträgt, entsprach die Belehrung der gemäß § 81h Abs. 4 StPO gesetzlich vorgesehenen Form. Sie kann nicht durch spätere Vorgänge, die im Zeitpunkt der Erteilung der Belehrung nicht absehbar waren, nachträglich verfahrensfehlerhaft werden.

[19] Zu Gesetzesverletzungen in Bezug auf die Löschungspflicht, die angewendeten Untersuchungsmethoden und das Gebot der Teilanonymisierung ist es zudem – wie dargelegt – nicht gekommen. Von einer „selbstherrlichen Missachtung" einer richterlichen Anordnung oder einer Täuschungsabsicht der ermittelnden Behörden kann mithin keine Rede sein.

[20] bb) Allerdings ist der Revision zuzugeben, dass das Vorgehen der Sachverständigen und der Ermittlungsbehörden von § 81h Abs. 1 StPO und der Einwilligung des Vaters des Angeklagten und seines Onkels A. insoweit nicht gedeckt war, als von der Sachverständigen infolge des Abgleichs der DNA-Identifizierungsmuster der Teilnehmer des Reihengentests mit dem des mutmaßlichen Täters nicht nur festgestellt und den Ermittlungsbehörden mitgeteilt wurde, dass keiner der Probanden als Verursacher der Tatspur in Betracht kam, sondern auch, dass die teilweise Übereinstimmung der DNA-Identifizierungsmuster von zwei Probanden – dem Vater des Angeklagten und seinem Onkel A. – es als möglich erscheinen lasse, es handele sich bei diesen um Verwandte des mutmaßlichen Täters.

[21] Gemäß § 81h Abs. 1 StPO darf die Ermittlung von Identifizierungsmustern und ihr Abgleich mit dem des Spurenmaterials nur vorgenommen werden, soweit dies zur Feststellung erforderlich ist, ob das Spurenmaterial von den Teilnehmern des Reihengentests stammt. Die nach § 81h Abs. 3 Satz 1 StPO entsprechend geltende Vorschrift des § 81g Abs. 2 Satz 2 StPO verbietet es, darüber hinausgehende Untersuchungen vorzunehmen und weitergehende Feststellungen zu treffen (LR/Krause, StPO, 26. Aufl., § 81h Rn. 29).

[22] Die hier festgestellte mögliche Verwandtschaft zwischen zwei Probanden und dem mutmaßlichen Täter stellt eine für die Frage, ob die DNA-Identifizierungsmuster der Teilnehmer des Reihengentests mit dem der Tatspur übereinstimmen, nicht erforderliche Erkenntnis dar. Diese ist allerdings nicht durch eine darauf gerichtete und damit unzulässige Untersuchung erlangt worden, denn nach den rechtsfehlerfrei getroffenen Feststellungen des Landgerichts liegt das Auswertungsergebnis der automatisierten Abgleichung der DNA-Identifizierungsmuster erst am Ende des Abgleichungsprozesses in verschiedenen DNA-Systemen vor, so dass es der Sachverständigen faktisch nicht möglich war, das Ergebnis der Identitätsprüfung zur Kenntnis zu nehmen, ohne die auf eine mögliche Verwandtschaft deutende Übereinstimmung der DNA-Muster ebenfalls zu registrieren.

[23] (1) Wie ein solcher „Beinahetreffer" (vgl. dazu Brocke, StraFo 2011, 298 ff.), der im Rahmen einer DNA-Reihenuntersuchung anfällt, rechtlich zu beurteilen ist und wie mit ihm verfahren werden kann, ist in Rechtsprechung und Literatur bislang nicht geklärt. Der Gesetzgeber hat diese Fallkonstellation bei der Schaffung des § 81h StPO angesichts fehlender Regelungen dazu und dem diesbezüglichen Schweigen der Gesetzesbegründung offenbar nicht im Blick gehabt. …

[25] Gleichwohl verbleibt es bei der nach dem Wortlaut des § 81h Abs. 1 StPO eindeutigen Zweckbindung von Untersuchung und Abgleich der DNA-Proben und dem Verbot überschießender Feststellungen. Dieses führt dazu, dass sich die Weitergabe der zusätzlich gewonnenen Erkenntnisse im Sinne einer möglichen verwandtschaftlichen Beziehung und ihre anschließende Verwendung im Verfahren gegen den Angeklagten als verfahrensfehlerhaft erweist. Denn die darin liegende Verwertung

als Verdachtsmoment stellt eine Verwendung personenbezogener Daten zu einem Zweck dar, zu dem sie nicht erhoben worden waren. Hierin liegt ein Eingriff in die Grundrechte des Vaters und des Onkels des Angeklagten aus Art. 2 Abs. 1, Art. 6 Abs. 1 GG, der nach ständiger verfassungsgerichtlicher Rechtsprechung einer gesonderten gesetzlichen Grundlage bedarf (vgl. zuletzt BVerfG, Urteil vom 2. März 2010 – 1 BvR 256/08, 1 BvR 263/08, 1 BvR 586/08, BVerfGE 125, 260, 309 ff. m.w.N.).

[26] Diese fehlt. § 160 StPO kommt nicht in Betracht, weil § 81h Abs. 1 StPO eine eindeutige Zweckbindung und damit eine entgegenstehende Verwendungsregelung enthält (§ 160 Abs. 4 StPO). Auch aus den neben den bereichsspezifischen Regelungen der Strafprozessordnung subsidiär anwendbaren Vorschriften des allgemeinen Datenschutzrechts (Meyer-Goßner, StPO, 55. Aufl., vor § 474 Rn. 3) ergibt sich eine solche Ermächtigungsgrundlage nicht. ...

[27] cc) War damit die Verwendung der Daten der Angehörigen des Angeklagten in Form der verdachtsbegründenden Verwertung gegen ihn verfahrensfehlerhaft, ist davon auch der gegen ihn erlassene Beschluss nach § 81a StPO betroffen. Die Gewinnung der daraus folgenden Beweismittel – die Übereinstimmung seines DNA-Identifizierungsmusters mit dem der Tatspuren – erweist sich damit ebenfalls als rechtswidrig. Gleichwohl durfte die Strafkammer diese Beweismittel in die Hauptverhandlung einführen und im Urteil gegen den Angeklagten verwerten.

[28] (1) Dies folgt indes nicht schon daraus, dass der Angeklagte sich auf die gegenüber seinem Vater und seinem Onkel begangenen Rechtsverletzungen nicht berufen könnte, weil seine Interessen von dem Schutzzweck der eng gefassten Verwendungsregelung in § 81h Abs. 1, Abs. 3 Satz 1, § 81g Abs. 2 Satz 2 StPO nicht erfasst wären. ...

[29] Ähnlich liegt es hier. Indem sich das zunächst gegen Unbekannt geführte Ermittlungsverfahren aufgrund der zweckwidrigen Verwendung der vom Vater und vom Onkel des Angeklagten bei dem Reihengentest gewonnenen DNA-Identifizierungsmuster nunmehr gegen den Angeklagten richtete, war nachträglich eine Situation entstanden, die derjenigen nach einem Verstoß gegen § 81c Abs. 3 Satz 1 und 2 2. Halbs., § 52 Abs. 1 Nr. 3, Abs. 3 Satz 1 StPO vergleichbar war. Die in dem Reihengentest gewonnenen DNA-Identifizierungsmuster hätten gegen den Angeklagten (damals Beschuldigten) verdachtsbegründend und als Grundlage für die Anordnung nach § 81a StPO nur verwendet werden dürfen, wenn sein Vater und sein Onkel nach nachgeholter Belehrung (vgl. BGH, Beschluss vom 8. Dezember 1958 – GSSt 3/58, BGHSt 12, 235, 242) in diese Nutzung ihrer persönlichen Daten eingewilligt hätten (vgl. § 4 BDSG). Daran fehlt es. Dementsprechend sind nach den dargestellten Maßstäben durch den Gesetzesverstoß auch die rechtlich geschützten Interessen des Angeklagten beeinträchtigt.

[30] (2) Dennoch hat die Rüge des Angeklagten keinen Erfolg; denn der dargestellte Verstoß gegen § 81h Abs. 1, Abs. 3 Satz 1, § 81g Abs. 2 Satz 2 StPO und die daraus resultierende Rechtswidrigkeit des gegen ihn erwirkten Beschlusses nach § 81a StPO führen hier ausnahmsweise noch nicht dazu, dass das Ergebnis der an dem Zellmaterial des Angeklagten vorgenommenen DNA-Analyse nicht zum Tatnachweis gegen ihn hätte verwendet werden dürfen.

[31] (a) Nach ständiger Rechtsprechung des Bundesgerichtshofes führt nicht jeder Rechtsverstoß bei der strafprozessualen Beweisgewinnung zu einem Verwertungsverbot hinsichtlich der so erlangten Erkenntnisse. Vielmehr ist je nach den Umständen des Einzelfalles unter Abwägung aller maßgeblichen Gesichtspunkte und der

widerstreitenden Interessen zu entscheiden (sog. Abwägungslehre). Bedeutsam sind dabei insbesondere die Art und der Schutzzweck des etwaigen Beweiserhebungsverbots sowie das Gewicht des in Rede stehenden Verfahrensverstoßes, das seinerseits wesentlich von der Bedeutung der im Einzelfall betroffenen Rechtsgüter bestimmt wird. Dabei ist in den Blick zu nehmen, dass die Annahme eines Verwertungsverbots ein wesentliches Prinzip des Strafverfahrensrechts – den Grundsatz, dass das Gericht die Wahrheit zu erforschen und dazu die Beweisaufnahme von Amts wegen auf alle Tatsachen und Beweismittel zu erstrecken hat, die von Bedeutung sind – einschränkt. Aus diesem Grund stellt ein Beweisverwertungsverbot eine Ausnahme dar, die nur bei ausdrücklicher gesetzlicher Anordnung oder aus übergeordneten wichtigen Gründen im Einzelfall anzuerkennen ist (BGH, Urteil vom 14. August 2009 – 3 StR 552/08, BGHSt 54, 69 Rn. 47, mit zahlreichen weiteren Nachweisen; BVerfG, Beschluss vom 7. Dezember 2011 – 2 BvR 2500/09, 2 BvR 1857/10, NJW 2012, 907 Rn. 117).

[32] (b) Nichts anderes gilt mit Blick darauf, dass – wie dargelegt – nach neuerem verfassungsrechtlichen Verständnis jede weitere Verwendung erhobener Daten als eigenständiger Grundrechtseingriff zu werten ist und einer Rechtsgrundlage bedarf. Diese liegt für die Einführung der Beweismittel in die Hauptverhandlung in der in § 244 Abs. 2 StPO statuierten Pflicht des Gerichts, zur Erforschung der Wahrheit die Beweisaufnahme in der Hauptverhandlung auf alle im Verfahren gewonnenen Beweismittel zu erstrecken, die für die Entscheidung von Bedeutung sind. Die rechtliche Legitimation für die Verwertung der in die Hauptverhandlung eingeführten Daten zur Urteilsfindung – den nochmaligen Eingriff in die genannten Grundrechte – folgt aus § 261 StPO, der dem Tatgericht gebietet, sich seine Überzeugung aus dem Inbegriff der Hauptverhandlung zu bilden, mithin insbesondere die dort erhobenen Beweise zu würdigen (BGH, Urteil vom 13. Januar 2011 – 3 StR 332/10, BGHSt 56, 127 Rn. 18 m.w.N.; BVerfG, Beschluss vom 7. Dezember 2011 – 2 BvR 2500/09, 2 BvR 1857/10, NJW 2012, 907 Rn. 138 ff.).

[33] Die hinreichend bestimmte Vorschrift des § 261 StPO beschränkt die Verwertung nicht auf rechtmäßig erhobene Beweise; auch in verfahrensfehlerhafter Weise gewonnene Beweismittel können zur Urteilsfindung herangezogen werden, wenn nicht im Einzelfall ein Beweisverwertungsverbot entgegensteht. Ein solches kann sich aus gesetzlichen Vorschriften ergeben. Es kann aber – mit Blick auf die verfassungsrechtliche Gewährleistung des Rechts auf ein faires Verfahren – auch von Verfassungs wegen geboten sein. Letzteres ist insbesondere nach schwerwiegenden, bewussten oder objektiv willkürlichen Rechtsverstößen, bei denen grundrechtliche Sicherungen planmäßig oder systematisch außer Acht gelassen worden sind, in Betracht zu ziehen (BVerfG, Beschluss vom 7. Dezember 2011 – 2 BvR 2500/09, 2 BvR 1857/10, NJW 2012, 907 Rn. 115 ff.). Diesen verfassungsrechtlichen Anforderungen wird die in ständiger Rechtsprechung des Bundesgerichtshofes vertretene Abwägungslehre gerecht (BVerfG, Beschluss vom 7. Dezember 2011 – 2 BvR 2500/09, 2 BvR 1857/10, NJW 2012, 907 Rn. 123 f.).

[34] (c) Nach dieser war die Verwertung der erlangten Beweisergebnisse – namentlich des mit dem der Tatspur übereinstimmenden DNA-Identifizierungsmusters des Angeklagten – hier (noch) zulässig. Im Einzelnen:

[35] Der Rechtsverstoß liegt vorliegend in der Verwendung der durch den angeordneten Reihengentest zufällig gewonnenen Erkenntnis, dass zwischen dem mutmaßlichen Täter und dem Vater und dem Onkel des Angeklagten möglicherweise eine verwandtschaftliche Beziehung bestehen könnte. Dieser ist auch von erheblichem Gewicht,

denn eine Zweckbindung, wie sie von § 81h Abs. 1, Abs. 3 Satz 1, § 81g Abs. 2 Satz 2 StPO vorgesehen ist, soll gerade jede sonstige Datenverwendung verhindern.

[36] Dem stehen jedoch folgende Umstände gegenüber: Der Reihengentest, der zu der Erkenntnis führte, war in rechtmäßiger Art und Weise richterlich angeordnet und die Probanden entsprechend den gesetzlichen Bestimmungen ordnungsgemäß belehrt worden. Auch bei der Durchführung der Maßnahme, namentlich bei der Untersuchung der Proben und dem anschließenden Abgleich mit der Tatspur, ist es – entgegen dem Revisionsvorbringen – nicht zu Rechtsverstößen gekommen; die Beweisgewinnung insoweit war rechtmäßig.

[37] Die Sachverständige wollte zudem ausweislich ihrer Stellungnahme zu einem gegen sie gerichteten Befangenheitsgesuch mit ihrer Mitteilung des wahrscheinlichen Verwandtschaftsverhältnisses in erster Linie erreichen, dass ihr die etwaigen Probennummern weiterer Verwandter des Vaters und des Onkels des Angeklagten unter den Teilnehmern des Reihengentests genannt würden, um so den Reihengentest gegebenenfalls schneller abschließen zu können. Damit war die Weitergabe dieser Information an die Ermittlungsbehörden, wenn auch nicht von § 81h StPO vorgesehen, so doch von einem nachvollziehbaren, die Zweckbindung der Datenverwendung nicht missachtenden Motiv getragen.

[38] Entscheidend ist aber, dass der Gesetzgeber Regelungen für den Umgang mit solchen sog. Beinahetreffern nicht getroffen hat. Die Rechtslage war für die Ermittlungsbehörden im Zeitpunkt der weiteren Verwendung ungeklärt. Die Ausgangslage der zufälligen Gewinnung einer überschießenden Erkenntnis im Rahmen des Reihengentests wies eine strukturelle Nähe zu der auf, die Gegenstand anderer strafprozessualen Regelungen über den Umgang mit Zufallserkenntnissen ist. Diese verbieten die Verwertung von Zufallserkenntnissen nicht generell: § 108 Abs. 1 StPO regelt den Umgang mit Zufallsfunden. Die Vorschrift betrifft Gegenstände, die anlässlich einer Durchsuchung aufgefunden wurden und – anders als im vorliegenden Fall – in keiner Beziehung zur Anlasstat stehen, aber auf die Verübung einer anderen Straftat hindeuten. Mit Ausnahme der Abs. 2 und 3, die dem Schutz des Vertrauensverhältnisses zwischen Arzt und Patientin und dem der Pressefreiheit dienen, ist die Verwertung der Zufallsfunde gestattet. Nach § 477 Abs. 2 Satz 2 StPO ist die Verwendung von Daten in einem anderen Strafverfahren als dem Anlassverfahren – auch ohne Einwilligung des Betroffenen – erlaubt, wenn die Voraussetzungen der Anordnung der Ermittlungsmaßnahme auch in dem Verfahren gegen den nunmehr Beschuldigten vorgelegen hätten; auch in diesen Fällen liegen zufällig gewonnene Erkenntnisse vor, die gleichwohl verwertet werden dürfen.

[39] Angesichts dieser Umstände war die Annahme der Ermittlungsbeamten nicht völlig unvertretbar, dass die Erkenntnis der möglichen Verwandtschaft zwischen dem mutmaßlichen Täter und dem Vater und dem Onkel des Angeklagten als Ermittlungsansatz verwertet werden konnte. Jedenfalls stellte sich diese Annahme nicht als eine bewusste oder gar willkürliche Umgehung des Gesetzes oder grundrechtlich geschützter Positionen des – zu diesem Zeitpunkt noch gar nicht bekannten – Angeklagten oder seiner Verwandten dar.

[40] Nach alledem wiegt der Verfahrensverstoß auch mit Blick auf die Überschreitung der Zweckbindung und den berührten Schutzbereich des Art. 6 Abs. 1 GG nicht so schwer, dass er hier die Unverwertbarkeit der infolge der unbefugten Datenverwendung erlangten Erkenntnisse zur Folge hätte.

[41] Schließlich steht auch der weitere Verfahrensgang einer Verwertung der erlangten Beweisergebnisse nicht entgegen. Diese wurden zwar unter verfahrensfehler-

hafter Verwendung der durch den Reihengentest erlangten Daten des Vaters und des Onkels des Angeklagten erlangt, im Übrigen aber – was auch die Revision nicht in Abrede stellt – für sich betrachtet rechtmäßig erhoben und in prozessordnungsgemäßer Weise zum Gegenstand der Hauptverhandlung gemacht.

7. Beschlagnahme, Durchsuchung, Einsatz technischer Mittel (Gefahr im Verzug / Tatverdacht) – §§ 94 ff. StPO

Die **Gewährleistung effektiven Rechtsschutzes** (Art 19 Abs 4 GG) gebietet, ein Rechtsschutzbedürfnis auch in Fällen gewichtiger Grundrechtseingriffe zu bejahen, in denen sich die direkte Belastung typischerweise auf eine Zeitspanne beschränkt, in welcher der Betroffene eine gerichtliche Entscheidung kaum erlangen kann. Zu der Fallgruppe solcher tiefgreifender Grundrechtseingriffe, die ihrer Natur nach häufig vor möglicher gerichtlicher Überprüfung schon wieder beendet sind, gehört die Wohnungsdurchsuchung aufgrund richterlicher Durchsuchungsanordnung.[385] **385**

[16] 1. a) Art. 13 Abs. 1 GG garantiert die Unverletzlichkeit der Wohnung. Sinn der Garantie ist die Abschirmung der Privatsphäre in räumlicher Hinsicht. Damit wird dem Einzelnen ein elementarer Lebensraum zur freien Entfaltung der Persönlichkeit gewährleistet. In seinen Wohnräumen hat er das Recht, in Ruhe gelassen zu werden (BVerfGE 27, 1 <6>; 51, 97 <107>). Im Interesse eines wirksamen Schutzes hat das Bundesverfassungsgericht den Begriff der Wohnung weit ausgelegt. Er umfasst auch Arbeits-, Betriebs- und Geschäftsräume (vgl. BVerfGE 32, 54 <68 ff.>; 42, 212 <219>; 44, 353 <371>; 76, 83 <88>). In diese grundrechtlich geschützte Lebenssphäre greift eine Durchsuchung schwerwiegend ein (vgl. BVerfGE 96, 27 <40>; 103, 142 <150 f.>).

[17] b) aa) Art. 19 Abs. 4 GG enthält ein Grundrecht auf effektiven und möglichst lückenlosen richterlichen Rechtsschutz gegen Akte der öffentlichen Gewalt (vgl. BVerfGE 8, 274 <326>; 67, 43 <58>; 104, 220 <231>; stRspr). Die in Art. 19 Abs. 4 GG verbürgte Effektivität des Rechtsschutzes wird in erster Linie von den Prozessordnungen gesichert. Sie treffen Vorkehrungen dafür, dass der Einzelne seine Rechte auch tatsächlich wirksam durchsetzen kann und die Folgen staatlicher Eingriffe im Regelfall nicht ohne gerichtliche Prüfung zu tragen hat (vgl. BVerfGE 94, 166 <213>; 104, 220 <231>; stRspr). Dabei fordert Art. 19 Abs. 4 GG zwar keinen Instanzenzug (vgl. BVerfGE 87, 48 <61>; 92, 365 <410>; stRspr). Eröffnet das Prozessrecht aber eine weitere Instanz, so gewährleistet Art. 19 Abs. 4 GG dem Bürger in diesem Rahmen die Effektivität des Rechtsschutzes im Sinne eines Anspruchs auf eine wirksame gerichtliche Kontrolle (vgl. BVerfGE 40, 272 <274 f.>; 54, 94 <96 f.>). Ein Rechtsmittelgericht darf ein von der jeweiligen Prozessordnung eröffnetes Rechtsmittel nicht ineffektiv machen und für den Betroffenen leerlaufen lassen (vgl. BVerfGE 78, 88 <98 f.>; 96, 27 <39>; 104, 220 <232>).

[18] bb) Hiervon muss sich das Rechtsmittelgericht auch bei der Antwort auf die Frage leiten lassen, ob im jeweiligen Einzelfall für ein nach der Prozessordnung statthaftes Rechtsmittel ein Rechtsschutzbedürfnis besteht. Mit dem Gebot, effektiven Rechtsschutz zu gewährleisten, ist es zwar grundsätzlich vereinbar, wenn die

---

[385] BVerfG, Kammerbeschluss vom 5.7.2013 – 2 BvR 370/13.

Rechtsmittelgerichte ein Rechtsschutzbedürfnis nur so lange als gegeben ansehen, wie ein gerichtliches Verfahren dazu dienen kann, eine gegenwärtige Beschwer auszuräumen, einer Wiederholungsgefahr zu begegnen oder eine fortwirkende Beeinträchtigung durch einen an sich beendeten Eingriff zu beseitigen. Darüber hinaus ist ein solches Rechtsschutzbedürfnis aber jedenfalls auch in Fällen gewichtiger Grundrechtseingriffe gegeben, in denen die direkte Belastung durch den angegriffenen Hoheitsakt sich nach dem typischen Verlauf auf eine Zeitspanne beschränkt, in welcher der Betroffene eine gerichtliche Entscheidung kaum erlangen kann (vgl. BVerfGE 81, 138 <140 f.>; 110, 77 <86>; 117, 244 <268>). Effektiver Grundrechtsschutz gebietet es in diesen Fällen, dass der Betroffene Gelegenheit erhält, die Berechtigung des schwerwiegenden – wenn auch tatsächlich nicht mehr fortwirkenden – Grundrechtseingriffs gerichtlich klären zu lassen (vgl. BVerfGE 96, 27 <40>).

[19] Von besonderem Gewicht sind insbesondere Grundrechtseingriffe, die das Grundgesetz selbst unter Richtervorbehalt gestellt hat (vgl. BVerfGE 104, 220 <233>; für weitere Fallkonstellationen siehe BVerfGE 110, 77 <86>; BVerfGK 3, 147 <150>). Zu der Fallgruppe tiefgreifender Grundrechtseingriffe, die ihrer Natur nach häufig vor möglicher gerichtlicher Überprüfung schon wieder beendet sind, gehört die Wohnungsdurchsuchung aufgrund richterlicher Durchsuchungsanordnung (BVerfGE 96, 27 <40>).

[20] cc) Gemäß §§ 304 ff. StPO ist gegen die richterliche Durchsuchungsanordnung eine Beschwerde statthaft. Die Zulässigkeit einer solchen Beschwerde ist vom angerufenen Fachgericht unter Beachtung der soeben dargestellten verfassungsrechtlichen Anforderungen zu beurteilen. Danach darf eine Beschwerde nicht allein deswegen, weil die richterliche Anordnung vollzogen worden sei und die Maßnahme sich deshalb erledigt habe, unter dem Gesichtspunkt prozessualer Überholung als unzulässig verworfen werden (BVerfGE 96, 27 <41>).

a) Überwachungsmaßnahmen / Auskunftserteilung – § 100g StPO, § 113 TKG

386 Eine Straftat hat „erhebliche Bedeutung“, wenn sie mindestens dem Bereich der mittleren Kriminalität zuzurechnen ist, den Rechtsfrieden empfindlich stört und geeignet ist, das Gefühl der Rechtssicherheit der Bevölkerung erheblich zu beeinträchtigen. Dies setzt voraus, dass der Gesetzgeber der Straftat allgemein ein besonderes Gewicht beimisst und sie im konkreten Fall erhebliche Bedeutung hat. Eine Straftat gemäß § 145d StGB, im Höchstmaß mit drei Jahren Freiheitsstrafe bedroht, ist nicht mehr ohne weiteres dem Bereich der Straftaten von erheblicher Bedeutung zuzurechnen, aber im Hinblick auf die gegenüber der gesetzlich vorgesehenen Mindesthöchststrafe erhöhte Strafdrohung als Anlasstat nicht von vornherein ausgeschlossen. In Einzelfällen kann auch solchen Taten aufgrund der besonderen Bedeutung des geschützten Rechtsguts oder des besonderen öffentlichen Interesses an der Strafverfolgung erhebliche Bedeutung zukommen.[386]

b) Verlängerung von Beschlagnahme und Arrest – § 111i StPO

387 Auch der **Wertersatzverfall** (§ 73a StGB) ist gemäß § 73 Abs. 1 Satz 2 StGB ausgeschlossen, soweit dem Verletzten aus der Tat ein Ersatzanspruch erwachsen ist.

---

[386] BGH, Beschluss vom 7.8.2013 – 1 StR 156/13.

Einer Anordnung in Höhe des von den Angeklagten aus dem Verkauf der gestohlenen Waren erlösten Geldbetrags stehen daher die Schadenersatzansprüche der geschädigten Diebstahlsopfer entgegen. Dementsprechend wird dieser Betrag wertmäßig von den hinsichtlich beider Angeklagten getroffenen Feststellungen nach § 111i Abs. 2 StPO mitumfasst.[387]

[18] 1. Die Feststellungen gemäß § 111i Abs. 2 StPO halten nur teilweise rechtlicher Nachprüfung stand.

[19] a) Das Landgericht hat im Fall II. 1 gegen den Angeklagten S. eine Feststellung hinsichtlich der vollständigen Versicherungszahlung in Höhe von 9.464,92 € getroffen. Dies wäre vor dem Hintergrund der mittäterschaftlichen Tatbegehung nur dann rechtsfehlerfrei, wenn der Angeklagte S. den gesamten Betrag entweder selbst erlangt oder zumindest faktische (Mit-)Verfügungsgewalt über ihn erworben gehabt hätte (vgl. BGH, Urteil vom 30. Mai 2008 – 1 StR 166/07, BGHSt 52, 227, 256; Beschluss vom 8. Dezember 2010 – 2 StR 372/10, wistra 2011, 113). Dies war jedoch nicht der Fall, da der Angeklagte S. von der dem gesondert Verfolgten Sc. überwiesenen Versicherungsleistung lediglich einen Betrag von 3.600 € erhalten hat. Teilen Mittäter die Beute indes unter sich, so hat grundsätzlich jeder nur seinen eigenen Anteil aus der Tat erlangt (BGH, Beschluss vom 22. Oktober 2002 – 1 StR 169/02, NStZ-RR 2003, 10, 11). Die Feststellung gemäß § 111i Abs. 2 StPO ist daher in Bezug auf den Angeklagten S. um einen Betrag in Höhe von 5.864,92 € zu reduzieren.

[20] b) Da der im Fall II. 4 erbeutete Schmuck im Wert von 22.825 € vollständig sichergestellt und an die Geschädigte herausgegeben wurde, war gemäß § 111i Abs. 2 Satz 4 Nr. 3 i.V.m. § 111k Satz 1 StPO insoweit keine Feststellung gemäß § 111i Abs. 2 Satz 1 StPO zu treffen. Das gleiche gilt im Fall II. 6, soweit ein Teil des Schmucks im Wert von 7.110 € an die Geschädigten herausgegeben wurde. Die Feststellungen gemäß § 111i Abs. 2 StPO sind daher bezüglich der Angeklagten S. und Do. um einen Betrag in Höhe von jeweils 29.935 € (22.825 € + 7.110 €) herabzusetzen.

[21] 2. Soweit das Landgericht gegen die Angeklagten Do. und S. Wertersatzverfall in Höhe von 10.500 € angeordnet hat, hält dies rechtlicher Nachprüfung nicht stand.

[22] Auch der Wertersatzverfall (§ 73a StGB) ist gemäß § 73 Abs. 1 Satz 2 StGB ausgeschlossen, soweit dem Verletzten aus der Tat ein Ersatzanspruch erwachsen ist (vgl. BGH, Beschluss vom 14. März 2002 – 3 StR 9/02). Einer Anordnung in Höhe der von den Angeklagten aus dem Verkauf des gestohlenen Schmucks erlösten 10.500 € stehen daher die Schadenersatzansprüche der geschädigten Diebstahlsopfer entgegen. Dementsprechend wird dieser Betrag wertmäßig von dem hinsichtlich beider Angeklagten getroffenen Feststellungen nach § 111i Abs. 2 StPO mitumfasst. Daraus erhellt, dass durch die vom Landgericht getroffene Anordnung des Wertersatzverfalls den Angeklagten in Höhe von 10.500 € eine doppelte Inanspruchnahme gedroht hätte. Gerade dies will § 73 Abs. 1 Satz 2 StGB verhindern.

---

[387] BGH, Beschluss vom 10.4.2013 – 2 StR 19/13.

388 Im Rahmen der nach § **111i Abs. 2 StPO** zu treffenden Entscheidung ist die **Härtevorschrift des** § **73c StGB** zu berücksichtigen.[388]

[2] 1. Die ersichtlich auf § 111i Abs. 2 Sätze 1 und 3 StPO gestützte Feststellung (vgl. zur Tenorierung BGH, Urteil vom 28. Oktober 2010 – 4 StR 215/10, BGHSt 56, 39, 51) begegnet durchgreifenden rechtlichen Bedenken. Das Landgericht hat die Härtevorschrift des § 73c StGB nicht erkennbar in seine Erwägungen einbezogen. Es entspricht jedoch der Rechtsprechung des Bundesgerichtshofs, dass § 73c Abs. 1 StGB im Rahmen der nach § 111i Abs. 2 StPO zu treffenden Entscheidung zu berücksichtigen ist (BGH, aaO S. 44 m.w.N.). Die Voraussetzungen dieser Bestimmung bedürfen der Erörterung, wenn nahe liegende Anhaltspunkte für deren Vorliegen gegeben sind (BGH, Beschluss vom 15. März 2011 – 1 StR 75/11, NJW 2011, 2529, 2530). So liegt es hier:

[3] Das Landgericht hat den Wert des im Fall II.5 der Urteilsgründe erbeuteten Schmucks ersichtlich in voller Höhe in die Wertberechnung nach § 111i Abs. 2 Satz 3 StPO eingestellt. Es hat aber selbst festgestellt, dass der Angeklagte den Schmuck später bei einem An- und Verkaufsgeschäft zum Preis von 2.400 € veräußert hat (UA 13). Aus den Urteilsfeststellungen ergibt sich damit eine weitgehende Entreicherung im Sinne des § 73c Abs. 1 Satz 2 StGB. Daran anknüpfend hätte das Tatgericht die Voraussetzungen dieser Härtevorschrift erörtern müssen (vgl. zu den rechtlichen Anforderungen im Einzelnen BGH, Urteil vom 2. Oktober 2008 – 4 StR 153/08, NStZ-RR 2009, 234).

[4] 2. Die vom Landgericht getroffene Feststellung kann daher nicht bestehen bleiben. Einer Aufhebung der zugehörigen tatsächlichen Feststellungen bedarf es nicht. Der Tatrichter ist nicht gehindert, ergänzende, hierzu nicht in Widerspruch stehende Feststellungen, etwa zur Aufteilung der erlösten 2.400 €, zu treffen.

[5] 3. Zur Fassung der Urteilsformel weist der Senat darauf hin, dass Anordnung und Aufrechterhaltung der Beschlagnahme einzelner Gegenstände oder des dinglichen Arrests gemäß § 111i Abs. 3 StPO im Beschlusswege zu erfolgen haben (BGH, Beschluss vom 17. Februar 2010 – 2 StR 524/09, BGHSt 55, 62, 64).

389 Bei einer Entscheidung nach § 111i StPO ist das **aus der Tat Erlangte** im Urteil **zu bezeichnen** und der Geldbetrag zu benennen, den der Staat unter den Voraussetzungen des § 111i Abs. 5 StPO als Zahlungsanspruch erwirbt. Da dieser Wert dem Wert des Erlangten entspricht, muss er im Urteilstenor bezeichnet werden.[389]

[3] 2. Dagegen hält die vom Landgericht getroffene Feststellung, dass Ansprüche Dritter einer Verfallsanordnung entgegenstünden, revisionsrechtlicher Überprüfung nicht uneingeschränkt stand.

[4] Die Nichterörterung der Voraussetzungen der Härtevorschrift des § 73c Abs. 1 StGB erweist sich bei der hier vorliegenden Sachlage nicht als rechtsfehlerhaft (vgl. BGH, Beschluss vom 15. März 2011 – 1 StR 75/11, BGHSt 56, 191, 195).

---

[388] BGH, Beschluss vom 11.4.2013 – 4 StR 39/13; siehe auch BGH, Beschluss vom 17.7.2013 – 4 StR 208/13.

[389] BGH, Beschluss vom 10.4.2013 – 1 StR 22/13.

[5] Die Feststellung war jedoch insoweit abzuändern, als von ihr aus bereits 2006 beendeten Taten Erlangtes erfasst und keine Gesamtschuldnerschaft zum Ausdruck gebracht ist.

[6] a) Zwar kann der Tatrichter im Urteil feststellen, dass er nur deshalb nicht auf Verfall erkannt hat, weil Ansprüche Verletzter entgegenstehen. Von dieser durch § 111i Abs. 2 Satz 1 StPO eingeräumten Möglichkeit hat das Landgericht ausweislich des Tenors seiner Entscheidung Gebrauch gemacht. Die Feststellungsentscheidung nach § 111i Abs. 2 StPO stellt die Grundentscheidung für den Auffangrechterwerb dar und kommt somit einer aufschiebend bedingten Verfallsanordnung gleich. Die Regelung des § 111i Abs. 2 StPO ist aber erst durch das Gesetz zur Stärkung der Rückgewinnungshilfe und der Vermögensabschöpfung bei Straftaten vom 24. Oktober 2006 (BGBl. I 2350) geschaffen worden und am 1. Januar 2007 in Kraft getreten. Ihrer Anwendung auf bereits zuvor beendigte Taten steht § 2 Abs. 5 i.V.m. Abs. 3 StGB entgegen, wonach insoweit das mildere alte Recht gilt (vgl. BGH, Beschluss vom 23. Oktober 2008 – 1 StR 535/08, NStZ 2009, 56; Urteil vom 17. Juni 2009 – 2 StR 195/09), nach dem diese bedingte Verfallsanordnung nicht möglich war. Für das Jahr 2006 durfte das Landgericht daher keine Feststellung nach § 111i Abs. 2 StPO treffen.

[7] Danach hat der Angeklagte durch die Straftaten jedes Jahr 49.800 € erlangt, mithin in den Jahren 2007 bis 2011 einen Betrag von 249.000 €. Dies ergibt sich aus Folgendem: Ausweislich der Urteilsfeststellungen unternahm der Revisionsführer pro Jahr drei Verkaufsfahrten, dabei führte er jeweils eine Menge von 166 Uhren mit, die er jeweils zu 100 € verkaufte. Soweit im Urteil ausgeführt wird, er habe pro Uhr 50 € „Gewinn“ gemacht, ist dies auf seinen Nettogewinn nach Auszahlung der Hälfte des erlangten Verkaufspreises an den Mitangeklagten K. bezogen. Der Verfall und die mit ihm in Zusammenhang stehenden Anordnungen beziehen sich aber auf die Vermögenswerte, die dem Täter unmittelbar aus der Verwirklichung des Tatbestandes selbst in irgendeiner Phase des Tatablaufs zugeflossen sind, mithin nicht auf den „Gewinn“ in Höhe von 50 € pro Uhr, sondern auf das Erlangte in Höhe von 100 € pro Uhr.

[8] Als rechtsfehlerhaft erweist sich weiterhin, dass das Landgericht zwar eine Feststellung nach § 111i Abs. 2 Satz 1 StPO getroffen, es aber versäumt hat, das aus der Tat Erlangte im Urteil zu bezeichnen und den Geldbetrag zu benennen, den der Staat unter den Voraussetzungen des § 111i Abs. 5 StPO als Zahlungsanspruch erwirbt. Da dieser Wert hier dem Wert des Erlangten entspricht, muss er im Urteilstenor bezeichnet werden (vgl. BGH, Urteil vom 28. Oktober 2010 – 4 StR 215/10, BGHSt 56, 39, 43). Dies hat der Senat nachgeholt und einen Geldbetrag von 249.000 € festgesetzt.

[9] b) Es war zudem klarzustellen, dass der einem eventuellen Auffangrechtserwerb des Staates gemäß § 111i Abs. 5 StPO unterliegende Zahlungsanspruch den Revisionsführer und den nicht revidierenden Mitangeklagten in Höhe des Betrages, den der Revisionsführer ausweislich der Urteilsfeststellungen zwischen 2007 und 2011 an den Mitangeklagten K. weitergegeben hat, nur als Gesamtschuldner trifft (vgl. BGH, Urteil vom 28. Oktober 2010 – 4 StR 215/10, BGHSt 56, 39, 46). Dies musste das Landgericht zwar nicht zwingend im Tenor zum Ausdruck bringen, da jedoch auch die Gründe des angefochtenen Urteils diesen Umstand nicht erwähnen, besteht für den Senat Anlass, im Rahmen der Revisionsentscheidung klarzustellen, dass die Angeklagten im vorbezeichneten Umfang (lediglich) als Gesamtschuldner haften (vgl. BGH, Beschluss vom 13. Juli 2011 – 1 StR 42/11, NStZ-RR 2011, 343).

390 **§ 73c StGB** ist im Rahmen der nach **§ 111i Abs. 2 StPO** zu treffenden Feststellung, welcher Vermögenswert dem Auffangrechtserwerb des Staates unterliegt, anwendbar. Abhängig von den jeweiligen persönlichen Verhältnissen der Tatbeteiligten können deshalb bei mehreren Tätern und/oder Teilnehmern unterschiedlich hohe Vermögenswerte gemäß § 111i Abs. 2 StPO festzustellen sein.[390]

[2] Die Feststellung nach § 111i Abs. 2 StPO hält rechtlicher Überprüfung nicht stand. Der Generalbundesanwalt hat hierzu in seiner Antragsschrift ausgeführt:

> *„Zwar hat die Strafkammer zutreffend die gestohlenen Gegenständals das aus den Taten unmittelbar ‚Erlangte' im Sinne des § 73 StGB angesehen und hat – da das Diebesgut mittlerweile veräußert worden war – den dem Wertersatzverfall im Sinne des § 73a StGB entsprechenden Geldbetrag grundsätzlich in Höhe des Verkehrswerts des Diebesguts beziffert. Dass sie im Tenor lediglich einen wertmäßig dahinter zurückbleibenden Geldbetrag benannt hat, den der Staat unter den Voraussetzungen des § 111i Abs. 5 StPO erwirbt, beschwert den Angeklagten nicht. Fraglich erscheint jedoch, ob dem Angeklagten ein Vermögenswert in der benannten Größenordnung unmittelbar aus der Verwirklichung des Tatbestands in irgendeiner Phase des Tatablaufs zugeflossen ist (BGHSt 52, 227, 246), er an ihm also unmittelbar aus der Tat (tatsächliche, wenn auch nicht notwendig rechtliche) Verfügungsmacht gewonnen und dadurch einen Vermögenszuwachs erzielt hat (BGHSt 51, 65, 68; BGH NStZ 2010, 85). Hierfür würde genügen, wenn der Angeklagte gemeinsam mit den gesondert Verfolgten oder den Mitangeklagten faktische bzw. wirtschaftliche Mitverfügungsmacht über die Diebesbeute erlangt hätte (BGH NJW 2012, 92 f.), was die Strafkammer annimmt (UA S. 54). Nach den Feststellungen oblag die unmittelbare Ausführung der Einbruchsdiebstähle jedoch jeweils zwei Mittätern, die ‚Aufbewahrung' der Diebesbeute erfolgte (ebenfalls) bei den Mittätern in der Landesaufnahmebehörde B. Welche(r) Mittäter die Verwertung übernahm(en), insbesondere ob auch der Angeklagte hieran beteiligt war, und welchen Anteil jeder Mittäter aus der Beute erhielt, ergibt sich aus dem Urteil nicht. Die Feststellungen belegen demnach allenfalls eine Mitverfügungsgewalt des Angeklagten während des Transports von Beute und Mittätern zur Landesaufnahmebehörde B. Dass dieser kurzfristige und vorübergehende Zustand genügen soll, um einen (gegebenenfalls anschließend wieder durch Mittelabflüsse geminderten) Vermögenszufluss beim Angeklagten anzunehmen, begegnet durchgreifenden Bedenken (vgl. BGH NStZ 2010, 568; BGH NJW 2012, 92 verneint eine gemeinsame Mitverfügungsmacht über den gesamten Betrag, weil der Angeklagte den Gesamtbetrag nur ‚kurzfristig und transitorisch' erhalten und deren Beuteanteile an seine Mittäter weitergeleitet hatte).*
>
> *Die Urteilsausführungen lassen darüber hinaus die revisionsrechtliche Überprüfung erlaubende Darlegungen zur Ablehnung des § 73c StGB vermissen. § 73c StGB ist – wovon auch die Strafkammer im Ansatz zutreffend ausgegangen ist – im Rahmen der nach § 111i Abs. 2 StPO zu treffenden Feststellung, welcher Vermögenswert dem Auffangrechtserwerb des Staates unterliegt, anwendbar. Abhängig von den jeweiligen persönlichen Verhältnissen der Tatbeteiligten können deshalb bei mehreren Tätern und/oder Teilnehmern unterschiedlich hohe Vermögenswerte gemäß § 111i Abs. 2 StPO festzustellen sein (BGHSt 56, 40, 50 f.).*

[390] BGH, Beschluss vom 8.8.2013 – 3 StR 179/13.

Die Strafkammer hat – ausdrücklich – lediglich geprüft, ob auf der Grundlage des § 73c Abs. 1 Satz 1 StGB von der Anordnung des Verfalls abzusehen sei und hat dies verneint (UA S. 55). Wegen des systematischen Verhältnisses von § 73c Abs. 1 Satz 1 und Satz 2 StGB [vgl. hierzu Senat in BGHR StGB § 73c Härte 14 (Gründe)] ist jedoch regelmäßig zunächst das Vorliegen der Voraussetzungen des § 73c Abs. 1 Satz 2 StGB zu prüfen. Nach dieser Vorschrift kann eine Verfallsanordnung unterbleiben, soweit das Erlangte oder dessen Wert zum Zeitpunkt der tatrichterlichen Entscheidung im Vermögen des Betroffenen nicht mehr vorhanden ist (BGHSt 33, 37, 39f; BGH NStZ-RR 2003, 75; 2003, 144; StV 2008, 576 f.). Es ist deshalb zunächst festzustellen, was der Angeklagte aus der Tat ‚erlangt' hat, sodann ist diesem Betrag der Wert seines noch vorhandenen Vermögens gegenüber zu stellen (BGH NStZ 2010, 86f). Wenn hiernach ein Gegenwert des Erlangten im Vermögen des Angeklagten nicht mehr (vollständig) vorhanden ist, verlangt § 73 Abs. 1 Satz 2 StGB die Ausübung tatrichterlichen Ermessens, ob (teilweise) von einer Verfallsanordnung abzusehen ist. Zu dem noch vorhandenen Vermögen des Angeklagten verhalten sich die Urteilsgründe nicht. Zwar lassen der Umstand, dass die Strafkammer einen Auffangrechtserwerb des Staates in Höhe von 50.000,– € angeordnet hat, und die Ausführungen, wonach das Gericht durch gesonderten Beschluss gemäß § 111i Abs. 3 StPO den dinglichen Arrest aus dem Beschluss des Amtsgerichts Oldenburg im Rahmen der Rückgewinnungshilfe in Bezug auf den Angeklagten B. entschieden habe (UA S. 55), auf noch vorhandenes Vermögen beim Angeklagten schließen. In welcher Höhe sich dieses beläuft, wird jedoch nicht mitgeteilt. Im Rahmen der persönlichen Verhältnisse stellt die Strafkammer lediglich fest, dass der verheiratete und gegenüber zwei Kindern unterhaltspflichtige Angeklagte als Landschaftsbauer ein Monatseinkommen von 1.500 bis 1.600 € netto bezog (UA S. 3). Zu etwaigen Einkünften seiner Ehefrau verhalten sich die Urteilsgründe nicht. Dass die Benennung eines – gegenüber dem Verkehrswert der Diebesbeute – geringeren Betrags, der dem Auffangrechtserwerb des Staates unterfallen soll, in Ausübung des der Strafkammer nach § 73 Abs.1 Satz 2 StGB zustehenden Ermessens erfolgt sein könnte, ist nicht ersichtlich, zumal auch die Beurteilungsgrundlagen nicht dargelegt werden. Die Anordnung kann deshalb keinen Bestand haben."

[3] Dem schließt sich der Senat an. […]

Beim **Erlangen** im Sinne von § 73 Abs. 1, § 73a Satz 1 StGB handelt es sich um einen **tatsächlichen Vorgang.** Erlangt ist danach schon dann etwas, wenn der **Gegenstand in irgendeiner Phase des Tatablaufs in die Verfügungsgewalt des Täters übergegangen** ist und ihm so aus der Tat unmittelbar etwas wirtschaftlich messbar zugute kommt. Eine spätere Weitergabe des Erlangten ändert am Eintritt der Voraussetzungen des Verfalls von Wertersatz nach § 73 Abs. 1, § 73a Satz 1 StGB nichts und kann allenfalls noch im Rahmen der Prüfung der Härtevorschrift des § 73c StGB von Bedeutung sein.[391] **391**

[4] 2. Die Feststellung nach § 111i Abs. 2 StPO, die sich nach dem Wortlaut des Urteilstenors und nach den Entscheidungsgründen (UA S. 49) auf das Vermögen der Angeklagten und nicht auf das der Nebenbeteiligten bezieht, begegnet durchgreifen-

[391] BGH, Beschluss vom 17.9.2013 – 5 StR 258/13; vgl. hierzu ausführlich Rn 386.

den rechtlichen Bedenken, da die tatsächlichen Feststellungen der Strafkammer lückenhaft sind.

8. Untersuchungshaft – §§ 112 ff. StPO

■ TOPENTSCHEIDUNG

392 In der Regel sind **aktuelle Ausführungen** zum **Vorliegen der Voraussetzungen der Untersuchungshaft,** zur **Abwägung zwischen dem Freiheitsrecht des Betroffenen und dem Strafverfolgungsinteresse** sowie zur **Verhältnismäßigkeit der Fortdauer** erforderlich.

Strafverfolgungsbehörden und Strafgerichte haben alle möglichen und zumutbaren Maßnahmen zu ergreifen, um die Ermittlungen mit der gebotenen Schnelligkeit abzuschließen und eine gerichtliche Entscheidung über die vorgeworfenen Taten herbeizuführen (**Beschleunigungsgebot in Haftsachen**). Das Beschleunigungsgebot kann auch dadurch verletzt werden, dass an den jeweiligen Sitzungstagen nur kurze, den Sitzungstag nicht ausschöpfende Zeit verhandelt und das Verfahren damit nicht entscheidend gefördert wird.[392]

[39] Bei der Anordnung und Aufrechterhaltung der Untersuchungshaft ist das Spannungsverhältnis zwischen dem in Art. 2 Abs. 2 Satz 2 GG gewährleisteten Recht des Einzelnen auf persönliche Freiheit und den unabweisbaren Bedürfnissen einer wirksamen Strafverfolgung zu beachten. Der Entzug der Freiheit eines der Straftat lediglich Verdächtigen ist wegen der Unschuldsvermutung, die ihre Wurzel im Rechtsstaatsprinzip des Art. 20 Abs. 3 GG hat und auch in Art. 6 Abs. 2 EMRK ausdrücklich hervorgehoben ist (vgl. BVerfGE 19, 342 <347>; 74, 358 <371>), nur ausnahmsweise zulässig. Dabei muss den vom Standpunkt der Strafverfolgung aus erforderlich und zweckmäßig erscheinenden Freiheitsbeschränkungen der Freiheitsanspruch des noch nicht rechtskräftig verurteilten Beschuldigten als Korrektiv gegenübergestellt werden, wobei dem Grundsatz der Verhältnismäßigkeit eine maßgebliche Bedeutung zukommt (vgl. grundlegend BVerfGE 19, 342 <347> sowie BVerfGE 20, 45 <49 f.>; 36, 264 <270>; 53, 152 <158 f.>; BVerfGK 15, 474 <479>).

[40] Der Verhältnismäßigkeitsgrundsatz ist nicht nur für die Anordnung, sondern auch für die Dauer der Untersuchungshaft von Bedeutung. Er verlangt, dass die Dauer der Untersuchungshaft nicht außer Verhältnis zur erwarteten Strafe steht, und setzt ihr auch unabhängig von der Straferwartung Grenzen (BVerfGE 20, 45 <49 f.>). Das Gewicht des Freiheitsanspruchs vergrößert sich gegenüber dem Interesse an einer wirksamen Strafverfolgung regelmäßig mit zunehmender Dauer der Untersuchungshaft (vgl. BVerfGE 36, 264 <270>; 53, 152 <158 f.>). Daraus folgt zum einen, dass die Anforderungen an die Zügigkeit der Arbeit in einer Haftsache mit der Dauer der Untersuchungshaft steigen. Zum anderen nehmen auch die Anforderungen an den die Haftfortdauer rechtfertigenden Grund zu (vgl. BVerfGK 7, 140 <161>; 15, 474 <480>; 17, 517 <522>).

[41] Das verfassungsrechtlich in Art. 2 Abs. 2 Satz 2 GG verankerte Beschleunigungsgebot in Haftsachen (vgl. BVerfGE 46, 194 <195>) verlangt, dass die Strafver-

---

[392] BVerfG, Kammerbeschluss vom 17.1.2013 – 2 BvR 2098/12.

folgungsbehörden und Strafgerichte alle möglichen und zumutbaren Maßnahmen ergreifen, um die notwendigen Ermittlungen mit der gebotenen Schnelligkeit abzuschließen und eine gerichtliche Entscheidung über die einem Beschuldigten vorgeworfenen Taten herbeizuführen. An den zügigen Fortgang des Verfahrens sind dabei umso strengere Anforderungen zu stellen, je länger die Untersuchungshaft schon andauert. Zur Durchführung eines geordneten Strafverfahrens und einer Sicherstellung der späteren Strafvollstreckung kann die Untersuchungshaft deshalb nicht mehr als notwendig anerkannt werden, wenn ihre Fortdauer durch vermeidbare Verfahrensverzögerungen verursacht ist. Bei absehbar umfangreicheren Verfahren ist daher stets eine vorausschauende, auch größere Zeiträume umgreifende Hauptverhandlung mit mehr als einem durchschnittlichen Hauptverhandlungstag pro Woche notwendig (vgl. BVerfGK 7, 21 <46 f.>; 7, 140 <157>; BVerfG, Beschluss der 3. Kammer des Zweiten Senats vom 23. Januar 2008 – 2 BvR 2652/07 –, juris Rn. 52). Von dem Beschuldigten nicht zu vertretende, sachlich nicht gerechtfertigte und vermeidbare erhebliche Verfahrensverzögerungen stehen regelmäßig einer weiteren Aufrechterhaltung der Untersuchungshaft entgegen (vgl. BVerfGK 17, 517 <523>).

[42] In diesem Zusammenhang ist zu berücksichtigen, dass der Grundrechtsschutz auch durch die Verfahrensgestaltung zu bewirken ist (vgl. hierzu BVerfGE 53, 30 <65>; 63, 131 <143>). Das Verfahren der Haftprüfung und Haftbeschwerde muss deshalb so ausgestaltet sein, dass nicht die Gefahr einer Entwertung der materiellen Grundrechtsposition aus Art. 2 Abs. 2 in Verbindung mit Art. 104 GG besteht. Dem ist vor allem durch erhöhte Anforderungen an die Begründungstiefe von Haftfortdauerentscheidungen Rechnung zu tragen (vgl. BVerfGE 103, 21 <35 f.>). Die mit Haftsachen betrauten Gerichte haben sich bei der zu treffenden Entscheidung über die Fortdauer der Untersuchungshaft mit deren Voraussetzungen eingehend auseinanderzusetzen und diese entsprechend zu begründen. In der Regel sind in jedem Beschluss über die Anordnung der Fortdauer der Untersuchungshaft aktuelle Ausführungen zu dem weiteren Vorliegen ihrer Voraussetzungen, zur Abwägung zwischen dem Freiheitsgrundrecht des Beschuldigten und dem Strafverfolgungsinteresse der Allgemeinheit sowie zur Frage der Verhältnismäßigkeit geboten, weil sich die dafür maßgeblichen Umstände angesichts des Zeitablaufs in ihrem Gewicht verschieben können (vgl. BVerfGK 7, 140 <161>; 10, 294 <301>; 15, 474 <481>). Bei der Abwägung zwischen dem Freiheitsanspruch und dem Strafverfolgungsinteresse kommt es in erster Linie auf die durch objektive Kriterien bestimmte Angemessenheit der Verfahrensdauer an, die etwa von der Komplexität der Rechtssache, der Vielzahl der beteiligten Personen oder dem Verhalten der Verteidigung abhängig sein kann. Dies macht eine auf den Einzelfall bezogene Prüfung des Verfahrensablaufs erforderlich (vgl. BVerfGK 7, 421 <428>), die es dem Bundesverfassungsgericht ermöglicht, eine Verletzung des Beschleunigungsgebots in Haftsachen zu prüfen (vgl. BVerfGK 17, 517 <524>).

[43] Zu würdigen sind auch die voraussichtliche Gesamtdauer des Verfahrens, die für den Fall einer Verurteilung konkret im Raum stehende Straferwartung und – unter Berücksichtigung einer etwaigen Aussetzung des Strafrestes zur Bewährung gemäß § 57 StGB – das hypothetische Ende einer möglicherweise zu verhängenden Freiheitsstrafe (vgl. BVerfGK 8, 1 <5>; BVerfG, Beschluss der 3. Kammer des Zweiten Senats vom 4. Juni 2012 – 2 BvR 644/12 –, juris Rn. 25).

[44] Die zugehörigen Ausführungen müssen in Inhalt und Umfang eine Überprüfung des Abwägungsergebnisses am Grundsatz der Verhältnismäßigkeit nicht nur für den Betroffenen selbst, sondern auch für das die Anordnung treffende Fach-

gericht im Rahmen einer Eigenkontrolle gewährleisten und in sich schlüssig und nachvollziehbar sein (vgl. BVerfGK 7, 421 <429 f.>; 8, 1 <5>; 15, 474 <481 f.>).

■ PRAXISBEDEUTUNG

Die Kammerentscheidung des BVerfG steht in einer Reihe weiterer Entscheidungen des vergangenen Jahres, welche alle eine erweiterte Begründung des Haft- oder Tatrichters verlangen, welche sich künftig nicht mehr formelhaft und pauschal auf die Aufzählung der gesetzlichen Grundanforderungen beschränken darf. Dadurch werden diese Eingriffsentscheidungen in sich klarer, nachvollziehbarer, von den Rechtsmittelgerichten leichter überprüfbar und insgesamt an Hand der verfassungsrechtlichen Erfordernisse von den Betroffenen und deren Verteidigern besser nachvollziehbar.

9. Verteidigung – §§ 140 ff. StPO

■ TOPENTSCHEIDUNG

393 Der Angeklagte ist nicht hinreichend verteidigt, wenn bei kurzfristiger Erkrankung des Pflichtverteidigers ein anderer Verteidiger für einen Tag der Hauptverhandlung bestellt wird, um die Vernehmung eines Zeugen zu ermöglichen, ohne dass der **Ersatzverteidiger** sich in die Sache einarbeiten konnte.[393]

[11] Die Revision des Angeklagten W. hat mit einer Verfahrensrüge Erfolg.

[12] 1. Dem liegt folgendes Prozessgeschehen zugrunde:

[13] Zum Beginn des 4. Hauptverhandlungstags am 6. Juli 2012 um 9.10 Uhr erschien der Pflichtverteidiger des Angeklagten nicht. Durch sein Büro hatte er über die Geschäftsstelle mitteilen lassen, sich wegen Herzrhythmusstörungen in ärztliche Behandlung begeben zu müssen, aber davon auszugehen, ab 11.00 Uhr an der Hauptverhandlung teilnehmen zu können. Daraufhin wurde die Hauptverhandlung um 9.12 Uhr unterbrochen und schließlich um 11.10 Uhr fortgesetzt. Zwischenzeitlich hatte das Büro des Pflichtverteidigers des Angeklagten mitgeteilt, dass dessen Einlieferung in eine Klinik notwendig geworden sei und er am heutigen Tag nicht mehr erscheinen werde.

[14] Für die Hauptverhandlung am 6. Juli 2012 war – als Folge eines Beweisermittlungsantrages des Verteidigers des Angeklagten – die Vernehmung des belgischen Polizeibeamten C. vorgesehen. Um ihm eine erneute Anreise an einem der folgenden Hauptverhandlungstermine zu ersparen, bemühte sich die Strafkammer um einen anderen Verteidiger für den Angeklagten, den sie ihm für diesen Hauptverhandlungstag als Pflichtverteidiger beiordnete. Es bestand Gelegenheit zu einem kurzen Gespräch mit dem Angeklagten, der keine Einwände gegen das Vorgehen erhob. Akteneinsicht in die Verfahrensakte nahm der neue Pflichtverteidiger nicht. Sodann wurde der Zeuge C. in Anwesenheit einer Dolmetscherin vernommen, wobei seine Aussage auf Antrag des Verteidigers des Mitangeklagten wörtlich protokolliert wor-

393 BGH, Urteil vom 20.6.2013 – 2 StR 113/13.

den ist. Fragen an den Zeugen richtete der „neue“ Verteidiger des Angeklagten nicht. Die Hauptverhandlung wurde um 12.05 Uhr geschlossen.

[15] An den folgenden Hauptverhandlungsterminen nahm wieder der „alte“ Pflichtverteidiger des Angeklagten die Verteidigung des Angeklagten wahr. Ein von ihm gestellter Antrag auf erneute Vernehmung des Zeugen C. lehnte die Strafkammer nach Maßgabe des § 244 Abs. 5 StPO ab.

[16] 2. Dieses Vorgehen steht nicht in Einklang mit § 145 Abs. 1 Satz 2 StPO und stellt eine unzulässige Beschränkung der Verteidigung dar, auf der das Urteil auch beruhen kann.

[17] a) Dem Revisionsvorbringen des Angeklagten, „unverteidigt“ gewesen zu sein, ist zugleich die Beanstandung zu entnehmen, das Landgericht habe es unterlassen, anlässlich der Erkrankung des Verteidigers die diesen Verhandlungstag vorgesehene Vernehmung des Zeugen C. nicht auf den nächsten Verhandlungstag verschoben zu haben. Damit zielt die Rüge ihrer Zielrichtung nach jedenfalls auch auf eine Verletzung von § 145 Abs. 1 Satz 2 StPO.

[18] b) § 145 Abs. 1 Satz 2 StPO sieht vor, dass das Gericht auch eine Aussetzung der Verhandlung beschließen kann, wenn der Verteidiger in der Hauptverhandlung ausbleibt. Die Regelung steht in Konkurrenz zu § 145 Abs. 1 Satz 1 StPO, der für diesen Fall anordnet, dass der Vorsitzende sogleich einen anderen Verteidiger bestellt. Das Gericht hat also insoweit nach seinem Ermessen zu entscheiden, ob der Vorsitzende einen neuen Verteidiger bestellt oder die Hauptverhandlung ausgesetzt wird. Dabei hat es – über den Wortlaut der Vorschrift hinaus – auch zu prüfen, ob nicht eine Unterbrechung der Hauptverhandlung der entstandenen Konfliktlage – Kontinuität der Verteidigung oder gegebenenfalls Fortführung der Hauptverhandlung mit neuem Verteidiger – angemessen Rechnung trägt (LR-Lüderssen/Jahn, 26. Aufl., § 145 Rn. 20: angesichts des verfassungsrechtlichen Prinzips der Erforderlichkeit im Einzelfall bestehende Verpflichtung zur Unterbrechung). Prüft das Gericht nicht von Amts wegen, ob eine Verhandlung auszusetzen oder zu unterbrechen ist, kann dies die Revision begründen (LR-Lüderssen/Jahn, aaO, Rn. 41).

[19] aa) Die Literatur geht grundsätzlich davon aus, dass dem Beschuldigten der eingearbeitete und vertraute Verteidiger zu erhalten ist und deshalb eine Aussetzung bzw. Unterbrechung grundsätzlich trotz Verfahrensverzögerung der Vorzug vor einer neuen Bestellung zu geben ist (LR-Lüderssen/Jahn, aaO, Rn. 19; Laufhütte in: KK-StPO, 6. Aufl. Rn. 7). So soll ein kurzfristiger Ausfall wegen Erkrankung des Verteidigers in der Regel zu einer Aussetzung führen (Meyer-Goßner, 55. Aufl., § 145 Rn. 9). Dahinter steht – ohne dass dies im Einzelnen ausgeführt wird – die Erwägung, dass § 145 StPO nicht dem Ziel der Verfahrenssicherung dient, sondern das Recht des Beschuldigten zu einer effektiven und angemessenen Verteidigung wahren soll (LR-Lüderssen/Jahn, aaO, Rn. 1).

[20] bb) Der Bundesgerichtshof hat sich bisher nicht weitergehend zur Frage einer Aussetzung bzw. Unterbrechung nach § 145 Abs. 1 Satz 2 StPO geäußert (vgl. aber BGH MDR 1977, 767). Er hatte sich bisher lediglich damit zu befassen, ob nach einem Wechsel des Verteidigers eine im Sinne von § 265 Abs. 4 StPO veränderte Sachlage eingetreten ist, die zur genügenden Vorbereitung der Verteidigung eine Aussetzung angemessen erscheinen lässt. Die dort in der Rechtsprechung entwickelten Grundsätze lassen sich entsprechend auch für die – zeitlich vorangehende – Konstellation des § 145 Abs. 1 StPO nutzen, in der es um die Frage geht, ob bei Ausbleiben eines Verteidigers überhaupt ein neuer Verteidiger beizuordnen ist oder ob nicht stattdessen die Hauptverhandlung auszusetzen bzw. zu unterbrechen ist, um

dem Angeklagten die weitere Verteidigung durch den bisherigen Verteidiger zu ermöglichen. In beiden Fällen geht es darum, eine sachgerechte und angemessene Verteidigung des Angeklagten sicherzustellen (so auch knapp BGH MDR 1997, 767, 768 zu § 145 StPO). Dabei steht diese Entscheidung in Ausübung der prozessualen Fürsorgepflicht im pflichtgemäß auszuübenden Ermessen des Gerichts und hängt von den Umständen des Einzelfalles ab (vgl. zuletzt BGH NStZ 2013, 212). Maßgeblich ist zunächst die Erwägung, wie der Strafverteidiger als Organ der Rechtspflege selbst beurteilt, ob er für die Erfüllung seiner Aufgabe hinreichend vorbereitet ist. Hält er die Vorbereitungszeit für ausreichend, ist das Gericht grundsätzlich nicht berufen, dies zu überprüfen. Doch gibt es greifbare Anhaltspunkte dafür, dass dies nicht der Fall sein könnte, gebietet die Fürsorgepflicht des Gerichts die Prüfung einer Aussetzung oder Unterbrechung des Verfahrens. Dies ist etwa der Fall, wenn der Verteidiger objektiv nicht genügend Zeit hatte, sich vorzubereiten (vgl. BGH NJW 1965, 2164, 2165) oder wenn sich die dem Prozessverhalten des Angeklagten und seines Verteidigers zu entnehmende Einschätzung der Sach- und Rechtslage als evident interessenwidrig darstellt und eine effektive Verteidigung (Art. 6 Abs. 3c MRK) unter keinem Gesichtspunkt mehr gewährleistet gewesen wäre (vgl. BGH NStZ 2013, 212).

[21] cc) Gemessen an diesen Maßstäben erweist sich hier die Beiordnung eines neuen Verteidigers als evident interessenwidrig. Das Landgericht hätte stattdessen die Hauptverhandlung unterbrechen und in einem der Folgetermine den Auslandszeugen C. vernehmen müssen.

[22] Mit der Beiordnung eines neuen Verteidigers im Termin vom 6. Juli 2012 sind Verteidigungsrechte des Angeklagten in erheblicher Weise eingeschränkt worden (vgl. § 338 Nr. 8 StPO). Der neue Verteidiger hat zwar mit dem Angeklagten sprechen können; es liegt allerdings angesichts des Verfahrensablaufs (Unterbrechung der Hauptverhandlung um 9.12 Uhr, Fortsetzung um 11.10 Uhr nach zwischenzeitlicher Mitteilung gegen 10.00 Uhr, dass der alte Verteidiger krankheitsbedingt nicht mehr erscheinen wird) und auch des Aktenumfangs auf der Hand, dass eine Information des neuen Verteidigers, die ihn nur annähernd auf den Stand des Verfahrens hätte bringen können, nicht erfolgt sein kann. Nur ein Verteidiger aber, der den Stoff ausreichend beherrscht, kann die Verteidigung mit der Sicherheit führen, die das Gesetz verlangt (BGHSt 13, 337, 344 unter Hinweis auf RGSt 71, 353, 354). Die Absicht, einem „Auslandszeugen" die erneute Anreise zu ersparen, kann das rechtsstaatlich gebotene Recht auf eine angemessene und effektive Verteidigung (Art. 6 Abs. 3c EMRK) nicht wirksam beschränken, zumal Anhaltspunkte für eine längerfristige Erkrankung des Pflichtverteidigers offenbar nicht gegeben waren und auch nichts dafür sprach, dass der Zeuge nicht erneut an dem bereits sechs Tage später bestimmten Fortsetzungstermin erschienen wäre. Im Übrigen ist zu berücksichtigen, dass es sich um die Vernehmung eines Zeugen handelte, die der Verteidiger beantragt hatte.

[23] Dass der neu beigeordnete Pflichtverteidiger nicht selbst Einwendungen gegen das prozessuale Vorgehen erhoben und einen Antrag nach § 145 Abs. 3 StPO auf Unterbrechung des Verfahrens nicht gestellt hat, kann an diesem Befund nichts ändern. Auf die Einschätzung des neuen Verteidigers, der selbst wohl keine Zweifel gehegt hat, die Verteidigung des Angeklagten sachgerecht führen zu können, kann es bei der besonderen Sachlage nicht ankommen. So war die Suche nach einem neuen Verteidiger hier von vornherein mit dem Zweck verbunden, die Vernehmung des aus dem Ausland angereisten Zeugen auf alle Fälle durchzuführen. Ein Verteidiger, der

dies abgelehnt hätte, wäre nicht zur Durchführung des Termins beigeordnet worden; ein Verteidiger, der wie hier ohne weitere Beteiligung in der Sache lediglich formal die Verteidigung übernimmt, ist – was sich auch dem Landgericht aufdrängen musste – erkennbar nicht in der Lage, eine sachgerechte und angemessene Verteidigung des Angeklagten zu übernehmen.

[24] Auch dem Umstand, dass der Angeklagte keine Einwendungen gegen die Fortsetzung der Verhandlung erhoben hat, kann vorliegend keine maßgebliche Bedeutung zukommen. Aus dem Regelungsgefüge des § 145 StPO ergibt sich, dass nach dem Willen des Gesetzgebers dem Angeklagten insoweit keine maßgeblichen Verfahrensrechte eingeräumt worden sind. Ein Antragsrecht nach § 145 Abs. 3 StPO steht lediglich dem Verteidiger zu. Dies ändert zwar nichts daran, dass der Angeklagte gleichwohl eine Erklärung abgeben und evtl. eine Aussetzung nach § 265 Abs. 4 StPO anregen kann. In dem Verzicht auf eine bloße Verfahrensanregung kann allerdings nicht der Schluss gezogen werden, der Angeklagte sei mit dem Vorgehen einverstanden.

[25] dd) Die Entscheidung beruht auch auf dem festgestellten Verfahrensverstoß. Es besteht die konkrete Möglichkeit eines kausalen Zusammenhangs des Verfahrensverstoßes mit dem angefochtenen Urteil. Wie sich aus dem Antrag auf erneute Vernehmung des Zeugen ergibt, sollte seine Vernehmung u.a. ergeben, dass der Angeklagte erst bei einem Telefonat nach Entwendung des LKW vom Inhalt der Ladung erfahren hat. Es ist nicht auszuschließen, dass bei einer Vernehmung des Zeugen in Gegenwart des durch Krankheit verhinderten Verteidigers, der anders als der neu bestellte Fragen oder Vorhalte an den belgischen Polizeibeamten gerichtet hätte, entsprechende Feststellungen hätten getroffen werden können.

PRAXISHINWEIS ■

Die vorliegende Entscheidung stärkt die Position des Angeklagten und seines Pflichtverteidigers. Jedenfalls bei kurzfristiger Erkrankung des Pflichtverteidigers ist es geschütztes Recht des Angeklagten, dass ihm kein Ersatzverteidiger zugewiesen werden kann; insoweit muss das Interesse an einer beschleunigten Durchführung des Strafverfahrens zugunsten des Angeklagten zurücktreten.

10. Verfahrenseinstellung – §§ 153 ff. StPO

Das **Absehen von der Verfolgung** einer Tat nach § **154 Abs. 1 oder 2 StPO** bezieht **394**
sich auf die gesamte prozessuale Tat. Sollen abtrennbare Teile einer Tat oder einzelne von mehreren Gesetzesverletzungen, die durch dieselbe Tat begangen sind, von der Verfolgung ausgenommen werden, findet – nach dessen Abs. 1 S. 1 – § 154a StPO Anwendung. Die **Tat im prozessualen Sinn** ist der geschichtliche – und damit zeitlich und sachverhaltlich begrenzte – Vorgang, auf welchen Anklage und Eröffnungsbeschluss hinweisen, und innerhalb dessen der Angeklagte als Täter oder Teilnehmer einen Straftatbestand verwirklicht haben soll.[394]

---

[394] BGH, Beschluss vom 8.10.2013 – 4 StR 339/13.

[5] 2. Der Verurteilung des Angeklagten wegen Anstiftung zur (besonders) schweren räuberischen Erpressung steht die Einstellung „der Bedrohung" nach § 154 Abs. 2 StPO entgegen. Hierin liegt ein von Amts wegen zu beachtendes Verfahrenshindernis.

[6] a) Das Absehen von der Verfolgung einer Tat nach § 154 Abs. 1 oder 2 StPO bezieht sich auf die gesamte prozessuale Tat (vgl. etwa BGH, Urteil vom 24. Oktober 1974 – 4 StR 453/74, BGHSt 25, 388, 390; Beulke in Löwe/Rosenberg, StPO, 26. Aufl., § 154 Rn. 11 jeweils m.w.N.; Meyer-Goßner, StPO, 56. Aufl., § 154 Rn. 1). Sollen abtrennbare Teile einer Tat oder einzelne von mehreren Gesetzesverletzungen, die durch dieselbe Tat begangen sind, von der Verfolgung ausgenommen werden, findet – nach dessen Absatz 1 Satz 1 – § 154a StPO Anwendung.

[7] Die Tat im prozessualen Sinn ist der geschichtliche – und damit zeitlich und sachverhaltlich begrenzte – Vorgang, auf welchen Anklage und Eröffnungsbeschluss hinweisen, und innerhalb dessen der Angeklagte als Täter oder Teilnehmer einen Straftatbestand verwirklicht haben soll. Sie beschränkt sich nicht auf eine konkrete Handlung, sondern erfasst den gesamten Lebenssachverhalt einschließlich aller damit zusammenhängenden Vorgänge, die für die strafrechtliche Beurteilung von Bedeutung sein können, somit das gesamte Verhalten des Angeklagten, soweit es nach natürlicher Auffassung einen einheitlichen, inhaltlich zusammenhängenden Lebensvorgang darstellt (vgl. BVerfG, Beschlüsse vom 16. März 2006 – 2 BvR 111/06 [Rn. 7]; vom 16. März 2001 – 2 BvR 65/01 [Rn. 3]; BGH, Urteil vom 18. Dezember 2012 – 1 StR 415/12 [Rn. 36], jeweils m.w.N.).

[8] b) Die Drohung des Angeklagten, den gesondert verfolgten D. oder dessen Bruder „kalt zu machen", war Teil des geschichtlichen Vorgangs, innerhalb dessen der Angeklagte den Straftatbestand der Anstiftung zur (besonders) schweren räuberischen Erpressung verwirklicht haben soll und nach den Feststellungen der Strafkammer – sollte er die Drohung ausgesprochen haben – verwirklicht hat.

[9] Dies zeigt sich schon darin, dass Anklageschrift und Urteilsfeststellungen das Bestimmen im Sinn des § 26 StGB allein oder zumindest maßgeblich aus dem Inhalt des Gesprächs zwischen dem Angeklagten und D. am 11. Oktober 2012 gegen 2.00 Uhr herleiten, innerhalb dessen der Angeklagte laut Anklage auch die Drohung ausgesprochen haben soll, um D. hierdurch zur Tatbegehung zu veranlassen. Sämtliche Vorgänge innerhalb dieses Treffens stehen in einem sachlichen und motivatorischen, aber auch in einem engen zeitlichen Zusammenhang; sie waren allesamt auf den – kurz darauf stattfindenden – Überfall auf das Internetcafé gerichtet. Sprechen aber die für die Bestimmung der Reichweite des Verfahrensgegenstandes maßgeblichen tatsächlichen Momente des Lebenssachverhalts, wie die hier vorliegenden, für die Annahme einer einheitlichen prozessualen Tat, kann die Heranziehung normativer Gesichtspunkte allein nicht dazu führen, entgegen dem sich durch die faktischen Verhältnisse ergebenden Bild eine einheitliche Tat im Sinn des § 264 StPO zu verneinen (vgl. BGH, Urteil vom 18. Dezember 2012 – 1 StR 415/12 [Rn. 38]).

[10] c) Die Einstellung nach § 154 Abs. 2 StPO durch die Strafkammer führt auch hier zu einem Verfahrenshindernis, das nur durch eine Wiederaufnahme durch das Tatgericht beseitigt werden kann.

[11] aa) Mit der Einstellung durch einen Gerichtsbeschluss gemäß § 154 Abs. 2 StPO entsteht ein von Amts wegen zu beachtendes Verfahrenshindernis; denn das Verfahren ist – soweit es diese Tat betrifft – nach einer solchen Einstellung nicht mehr anhängig (BGH, Urteil vom 21. Dezember 1956 – 1 StR 337/56, BGHSt 10, 88, 89; Beschluss vom 9. September 1981 – 3 StR 290/81, BGHSt 30, 197, 198).

Zur Beseitigung dieses Verfahrenshindernisses ist ein Wiederaufnahmebeschluss gemäß § 154 Abs. 5 StPO erforderlich (BGH, Beschlüsse vom 9. September 1981 – 3 StR 290/81, BGHSt 30, 197, 198; vom 9. November 2011 – 4 StR 300/11). Ist ein solcher Beschluss nicht ergangen, ist das weitere, also das nach der Einstellung fortgeführte Verfahren einzustellen (BGH, Beschlüsse vom 30. April 1980 – 2 StR 104/80, GA 1981, 36 m. Anm. Rieß; vom 27. April 2000 – 4 StR 85/00; vom 4. Juni 2013 – 4 StR 192/13).

[12] bb) Dies gilt auch, wenn das Gericht – wie naheliegend hier – irrtümlich nach § 154 Abs. 2 StPO anstatt nach § 154a Abs. 2 StPO verfahren ist.

[13] In Fällen einer fehlerhaften Verfahrensweise nach § 154 Abs. 1 StPO (anstatt nach § 154a Abs. 1 StPO) durch die Staatsanwaltschaft hat diese durch eine anschließende Anklageerhebung das Verfahren zumindest konkludent wieder aufgenommen (vgl. BGH, Beschluss vom 25. Januar 2006 – 1 StR 438/05, NStZ-RR 2007, 20; Meyer-Goßner, aaO, § 154 Rn. 21a). Hat sie nach Anklageerhebung in einem anderen, dieselbe Tat betreffenden Verfahren das bei ihr noch offene Verfahren nach § 154 Abs. 1 StPO eingestellt, vermag dies jedenfalls nach Eröffnung des anderen Hauptverfahrens dem Gericht die Befugnis und Verpflichtung zur Aburteilung der Tat nicht mehr zu entziehen (vgl. § 156 StPO; ferner BGH, Urteil vom 24. Oktober 1974 – 4 StR 453/74, BGHSt 25, 388, 390; Beulke, aaO, § 154 Rn. 13, sowie Meyer-Goßner, aaO, § 154a Rn. 29; Weßlau in SK-StPO, § 154 Rn. 42).

[14] Hat indes das Gericht den Tatbegriff des § 154 StPO verkannt oder meint es rechtsfehlerhaft, nach dieser Vorschrift könnte innerhalb einer prozessualen Tat auch die Verfolgung einzelner Straftatbestände ausgeschieden werden, so ändert dies nichts daran, dass es eine Einstellung nach § 154 Abs. 2 StPO beschließen wollte und beschlossen hat. Auch eine nicht etwa nur die Form der Entscheidung, sondern bezüglich ihres Inhalts rechtsfehlerhafte gerichtliche Entscheidung hat aber grundsätzlich bis zu ihrer Korrektur oder Beseitigung in dem dafür vorgesehenen Verfahren die in ihr angeordneten oder mit ihr verbundenen Wirkungen (vgl. BGH, Urteil vom 22. April 1999 – 4 StR 19/99, BGHSt 45, 58, 60 ff.; Meyer-Goßner, aaO, Einl. Rn. 105 ff.). Auch eine rechtsfehlerhafte Einstellung nach § 154 Abs. 2 StPO lässt daher die Anhängigkeit der Tat entfallen und kann nur durch Wiederaufnahme des Verfahrens beseitigt werden (vgl. für das noch nicht rechtskräftig abgeschlossene Verfahren auch Beulke, aaO, § 154 Rn. 13). Eine solche Wiederaufnahme hat jedoch nicht stattgefunden.

[15] Dass der Strafkammer bei der Beschlussfassung lediglich eine Falschbezeichnung der angewendeten Vorschrift unterlaufen ist (§ 154 Abs. 2 StPO statt § 154a Abs. 2 StPO), schließt der Senat aus. Hiergegen spricht auch der ausdrücklich auf § 154 Abs. 2 StPO gerichtete – nicht nur die Zustimmung gemäß § 154a Abs. 2 StPO erklärende – Antrag des Sitzungsvertreters der Staatsanwaltschaft.

[16] d) Der Senat kann das Verfahrenshindernis nicht selbst beseitigen. Denn für die Wiederaufnahme ist das Gericht zuständig, das die Entscheidung ausgesprochen hat (BGH, Beschluss vom 30. April 1980 – 2 StR 104/80, GA 1981, 36 m. Anm. Rieß). Für die Wiederaufnahme teilt der Senat – jedenfalls bei Fallgestaltungen wie hier – aus den sich aus obigen Ausführungen ergebenden Gründen nicht die Ansicht, dass insofern die tatsächlich anzuwendenden, nicht die irrig angewendeten Vorschriften maßgeblich seien (so Meyer-Goßner, aaO, § 154a Rn. 29; Weßlau, aaO, § 154 Rn. 42); daher hat die Wiederaufnahme – ohne dass hierbei die Wiederaufnahmegründe nach § 154 Abs. 3, 4 StPO Bedeutung erlangen – durch Gerichtsbeschluss nach § 154 Abs. 5 StPO zu erfolgen.

11. Ermittlungen, Anwesenheitsrechte – §§ 160 ff. StPO

■ **TOPENTSCHEIDUNG**

395 Der Beschuldigte ist in einem strafrechtlichen Ermittlungsverfahren nicht verpflichtet ist, aktiv die Sachaufklärung zu fördern und an seiner eigenen Überführung mitzuwirken. Dementsprechend darf ihm **mangelnde Mitwirkung an der Sachaufklärung nicht strafschärfend** angelastet werden.[395]

[3] Hingegen hält der Strafausspruch sachlich-rechtlicher Überprüfung nicht stand. Die Urteilsausführungen lassen besorgen, dass das Landgericht dem Angeklagten bei den Erwägungen zur Wahl des Strafrahmens rechtsfehlerhaft sein Verteidigungsverhalten strafschärfend angelastet und die Reichweite des Grundsatzes der Selbstbelastungsfreiheit aus dem Blick verloren hat.

[4] 1. Im Fall II. 2 der Urteilsgründe, in dem der Angeklagte nach den Feststellungen 500 Gramm Kokain mit einem Wirkstoffanteil von mindestens 20 % gewinnbringend an den Zeugen E.-M. für 22.000 € weiterverkaufte, hat das Landgericht ausgeführt, für die Annahme eines minder schweren Falles spreche zwar das teilweise Geständnis des Angeklagten; es könne allerdings nicht übersehen werden, dass dieser zugleich versucht habe, durch seine Einlassung die Folgen seiner Tat zu verharmlosen, indem er entgegen den späteren Feststellungen im angefochtenen Urteil behauptet habe, er hätte das Kokain wegen der (angeblich) schlechten Qualität wieder zurückerhalten. In Bezug auf alle festgestellten Taten hat das Landgericht ferner ausgeführt, gegen die Annahme minder schwerer Fälle spreche „letztlich" der Umstand, dass der Angeklagte äußerst konspirativ vorgegangen sei. Die Strafkammer sei aufgrund einer Gesamtschau davon überzeugt, dass der Angeklagte offenbar von Anfang an beabsichtigt habe, die Ermittlungsmaßnahmen der Polizei in eine falsche Richtung zu lenken. Die polizeilichen Ermittlungen seien dadurch erheblich erschwert worden. Beispielsweise habe die wahre Identität des Angeklagten erst am 1. Februar 2012 durch die Polizei festgestellt werden können, nachdem der Telefonanschluss des Angeklagten für etwa 14 Tage überwacht und die Koordinaten seines Wohnsitzes unter Auswertung der Gesprächsinhalte aufwändig festgestellt worden seien. Beide Erwägungen begegnen durchgreifenden rechtlichen Bedenken.

[5] 2. Schon aus dem nemo-tenetur-Grundsatz (§§ 136 Abs. 1 Satz 2, 163a Abs. 4 Satz 2, 243 Abs. 5 Satz 1 StPO) folgt, dass der Beschuldigte in einem strafrechtlichen Ermittlungsverfahren nicht verpflichtet ist, aktiv die Sachaufklärung zu fördern und an seiner eigenen Überführung mitzuwirken (vgl. BGH, Urteil vom 21. Januar 2004 – 1 StR 364/03, BGHSt 49, 56, 59 f.). Dementsprechend darf ihm mangelnde Mitwirkung an der Sachaufklärung nicht strafschärfend angelastet werden (BGH, Beschluss vom 8. November 1995 – 2 StR 527/95, BGHR StGB § 46 Abs. 2 Verteidigungsverhalten 17 m.w.N.). Darüber hinaus kann auch Prozessverhalten, mit dem der Angeklagte – ohne die Grenzen zulässiger Verteidigung zu überschreiten – den ihm drohenden Schuldspruch abzuwenden versucht, grundsätzlich nicht straferschwerend berücksichtigt werden, da hierin – unbeschadet einer Verletzung des nemo-tenetur-Grundsatzes – eine Beeinträchtigung seines Rechts auf Verteidigung läge. Dies gilt nicht nur dann, wenn er eine unrichtige Einlassung unver-

---

[395] BGH, Beschluss vom 22.5.2013 – 4 StR 151/13.

ändert aufrechterhält, sondern auch, wenn er dem Anklagevorwurf mit jedenfalls teilweise wahrheitswidrigem Vorbringen zu begegnen sucht (BGH, Beschluss vom 8. November 1995 aaO).

[5] Gemessen daran kann der Senat vor dem Hintergrund des Gesamtzusammenhangs der Strafzumessungserwägungen nicht ausschließen, dass die Strafrahmenwahl des Landgerichts im Hinblick auf beide Umstände maßgeblich durch eine unzulässige Bewertung des Verteidigungsverhaltens des Angeklagten beeinflusst ist. Dies gilt umso mehr, als die von der Strafkammer herangezogene Erwägung, durch die äußerst konspirative Vorgehensweise des Angeklagten seien die polizeilichen Ermittlungen erheblich erschwert worden, mit dem bloßen Hinweis auf eine zweiwöchige Telefonüberwachung und die darauf gestützte Bestimmung der Wohnsitz-Koordinaten nicht hinreichend mit Tatsachen belegt ist.

PRAXISBEDEUTUNG ■

In der Not ergreift man jeden Strohhalm; dies dürfte auch für die Nöte von Berichterstattern gelten, wenn sie Entscheidungsgründe formulieren und hierbei überzeugende Argumente für die Strafzumessung niederlegen sollen. Solche Nöte rechtfertigen aber niemals, zulässiges prozessuales Verhalten der Angeklagten im Rahmen der Strafzumessung zu (nachteilig) berücksichtigen. Dass der zuständige Strafsenat in diesem Zusammenhang an den nemo-tenetur-Grundsatz erinnert hat, war nicht überflüssig, sondern muss jeden Tatrichter auch in „Formulierungsnöten" gegenwärtig sein!

12. Fassung der Anklage; Eröffnungsbeschluss – §§ 200 ff. StPO

a) Anklageerhebung

Bei einer Vielzahl sexueller Übergriffe gegenüber Kindern, die häufig erst nach **396**
längerer Zeit angezeigt werden, ist eine Individualisierung nach Tatzeit und exaktem Geschehensablauf oftmals nicht möglich. Das darf einer Anklageerhebung nicht entgegenstehen. Nach der Rechtsprechung des Bundesgerichtshofs erfüllt die Anklageschrift in diesen Fällen bereits dann ihre **Umgrenzungsfunktion,** wenn sie den Verfahrensgegenstand durch den zeitlichen Rahmen der Tatserie, die Nennung der Höchstzahl der nach dem Anklagevorwurf innerhalb dieses Rahmens begangenen Taten, das Tatopfer und die wesentlichen Grundzüge des Tatgeschehens bezeichnet ist.[396]

[2] Im Umfang der Durchführung hat das Rechtsmittel der Staatsanwaltschaft Erfolg. Ein Verfahrenshindernis liegt nicht vor. Die Anklage konkretisiert die Tatvorwürfe 1 bis 5 noch hinreichend und ist insoweit wirksam.

[3] Bei einer Vielzahl sexueller Übergriffe gegenüber Kindern, die häufig – so auch im vorliegenden Fall – erst nach längerer Zeit angezeigt werden, ist eine Individualisierung nach Tatzeit und exaktem Geschehensablauf oftmals nicht möglich. Das darf einer Anklageerhebung nicht entgegenstehen. Nach der Rechtsprechung des

---

396 BGH, Urteil vom 22.10.2013 – 5 StR 297/13.

Bundesgerichtshofs erfüllt die Anklageschrift in diesen Fällen bereits dann ihre Umgrenzungsfunktion, wenn sie den Verfahrensgegenstand durch den zeitlichen Rahmen der Tatserie, die Nennung der Höchstzahl der nach dem Anklagevorwurf innerhalb dieses Rahmens begangenen Taten, das Tatopfer und die wesentlichen Grundzüge des Tatgeschehens bezeichnet (vgl. BGH, Urteile vom 11. Januar 1994 – 5 StR 682/93, BGHSt 40, 44, 46 f.; vom 29. Juli 1998 – 1 StR 94/98, BGHSt 44, 153, 154 f. m.w.N.).

[4] Diesen Anforderungen wird die Anklage noch gerecht. Sie geht davon aus, dass es in den Tatzeiträumen zu einer Vielzahl ähnlicher sexueller Übergriffe des Angeklagten auf seine Tochter C. gekommen ist. Die Staatsanwaltschaft hat deshalb – unter Bezeichnung des Opfers, des Tatortes und der Tatzeiträume – nur Taten angeklagt, die sich in ihrer konkreten Ausführungsart unterscheiden. Die individualisierenden Merkmale lassen trotz der zum Teil langen Tatzeiträume konkrete Lebenssachverhalte erkennen und die Taten von anderen möglichen Übergriffen abgrenzen. Dass die Taten auch etwa detailreicher hätten dargestellt werden können (vgl. wesentliches Ergebnis der Ermittlungen, S. 20 der Anklageschrift) steht dem nicht entgegen. Eine Begrenzung der Anklage auf den Initialfall und jeweils einen Fall mit einer weitergehenden, je individuell unterschiedlichen Modalität hat – worauf das Oberlandesgericht in seiner Beschwerdeentscheidung zu Recht hingewiesen hat – zur Folge, dass nach einem Sachurteil auf der Grundlage dieser Anklage auch für weitere gleichartige oder ähnliche Taten in Anwendung des Zweifelsgrundsatzes von einem Strafklageverbrauch auszugehen sein wird.

b) Zwischenverfahren / Eröffnungsbeschluss / Nachtragsanklage

397 Der Beschluss, das Hauptverfahren zu eröffnen, ist nach § 210 Abs. 1 StPO der **Anfechtung durch den Angeklagten grundsätzlich entzogen.** Die Vorschrift verweist den Angeklagten wegen der Klärung der Beschwerdepunkte, die er gegen diese – nach § 203 StPO nur auf vorläufiger Bewertung beruhende – Zwischenentscheidung vorzubringen hat, auf das zur endgültigen Entscheidung führende Hauptverfahren. Hiergegen bestehen auch aus verfassungsrechtlicher Sicht keine Bedenken.[397]

13. Einstellung bei Verfahrenshindernissen – § 206a StPO

398 Über die **Eröffnung des Hauptverfahrens** hat die Strafkammer in der Besetzung **außerhalb der Hauptverhandlung**, also **mit drei Berufsrichtern ohne Mitwirkung der Schöffen**, zu entscheiden. Lässt sie indes während laufender Hauptverhandlung lediglich in der Besetzung von zwei Berufsrichtern unter Einschluss des Vorsitzenden die Anklage zu, eröffnet das Hauptverfahren und verbindet die Sache zu dem führenden Verfahren, fehlt es an einem wirksamen Eröffnungsbeschluss.[398]

[2] 1. Der Antrag auf Wiedereinsetzung ist schon deshalb unzulässig, weil der Beschwerdeführer nicht dargelegt hat, wann das behauptete Hindernis, das der voll-

---

[397] BGH, Beschluss vom 24.1.2013 – StB 19/12.
[398] BGH, Beschluss vom 4.2.2013 – 3 StR 481/12.

ständigen Darlegung der den Mangel begründenden Tatsachen (§ 344 Abs. 2 Satz 2 StPO) entgegenstand, weggefallen ist.

[3] 2. Soweit der Angeklagte im Fall 13 der Urteilsgründe wegen Einfuhr von Betäubungsmitteln in nicht geringer Menge in Tateinheit mit Handeltreiben mit Betäubungsmitteln in nicht geringer Menge verurteilt worden ist, muss das Verfahren entsprechend § 206a Abs. 1 StPO wegen eines nicht mehr behebbaren Verfahrenshindernisses eingestellt werden. Es fehlt an einem wirksamen Eröffnungsbeschluss, nachdem das Landgericht die zugrunde liegende Anklage mit Beschluss vom 4. Juli 2012 während laufender Hauptverhandlung lediglich in der Besetzung von zwei Berufsrichtern unter Einschluss des Vorsitzenden zugelassen, das Hauptverfahren eröffnet und die Sache zu dem führenden Verfahren verbunden hat. Über die Eröffnung des Hauptverfahrens hätte die Strafkammer indes in der Besetzung außerhalb der Hauptverhandlung, also mit drei Berufsrichtern ohne Mitwirkung der Schöffen, entscheiden müssen (BGH, Urteil vom 25. Februar 2010 – 4 StR 596/09).

14. Höchstdauer einer Unterbrechung – § 229 StPO

Das **Beruhen des Urteils** im Sinne des § 337 Abs. 1 StPO auf einem **Verstoß gegen § 229 StPO** kann regelmäßig nicht ausgeschlossen werden.[399] **399**

[4] 2. Dieses Verfahren beanstandet die Revision mit Recht. Der Generalbundesanwalt hat hierzu Folgendes ausgeführt:

> *„Die zulässig erhobene Rüge der Verletzung des § 229 Abs. 2 StPO greift durch. Die Revision beanstandet zu Recht, dass die Hauptverhandlung, die in der Zeit vom 17. Juni 2010 bis zum 17. August 2011 an 26 Verhandlungstagen durchgeführt und dann bis zum 19. September 2011 einen Monat unterbrochen worden war, nach weiteren sechs Verhandlungstagen mit Beschluss vom 15. Dezember 2011 erneut 28 Tage unterbrochen wurde (RB S. 216).*
>
> *Nach § 229 Abs. 2 StPO darf eine Hauptverhandlung bis zu einem Monat unterbrochen werden, wenn sie davor jeweils an mindestens zehn Tagen stattgefunden hat. Wird sie nicht spätestens am Tage nach Ablauf der Frist fortgesetzt, so ist mit ihr von neuem zu beginnen (§ 229 Abs. 4 Satz 1 StPO). Sinn dieser Bestimmung ist es, das Gericht an eine möglichst enge Aufeinanderfolge der Verhandlungstage zu binden, damit die zu erlassende Entscheidung unter dem lebendigen Eindruck des zusammenhängenden Bildes des gesamten Verhandlungsstoffs ergeht (vgl. bereits RGSt 53, 332, 334; 57, 266, 267; 62, 263, 264; BGHSt 33, 217, 218; BGH, Urteil vom 25. Juli 1996 – 4 StR 172/96, NJW 1996, 3019; Urteil vom 3. August 2006 – 3 StR 199/06, NJW 2006, 3077; Beschluss vom 16. Oktober 2007 – 3 StR 254/07, NStZ 2008, 115). Sie soll gewährleisten, dass der Urteilsspruch aus dem ‚Inbegriff der Verhandlung' gewonnen werden kann und nicht dem Grundsatz der Mündlichkeit und Unmittelbarkeit der Hauptverhandlung zuwider den Akten entnommen werden muss (vgl. BGH, Urteil vom 25. Juli 1996 – 4 StR 172/96, NJW 1996, 3019 m.w.N.). Von der Unterbrechungsmöglichkeit des § 229 Abs. 2 StPO kann das Gericht grundsätzlich beliebig oft Gebrauch machen; es muss jedoch seit einer früheren Unterbrechung*

---

[399] BGH, Beschluss vom 22.5.2013 – 4 StR 106/13.

um einen Monat seither an weiteren zehn Tagen verhandelt worden und eine rechtsstaatswidrige Verfahrensverzögerung ausgeschlossen sein.

Ungeachtet der Frage, ob das Verfahren in den Fortsetzungsterminen vom 21. Oktober 2011 und vom 2. Dezember 2011 in der Sache gefördert wurde (RB S. 219 f.), hat das Landgericht seit der vorangegangenen Unterbrechung nach § 229 Abs. 2 StPO bis zum 15. Dezember 2011 an allenfalls sechs Tagen verhandelt. Es hat damit die gesetzlichen Voraussetzungen für eine Unterbrechung bis zu 21 Tagen (§ 229 Abs. 1 StPO) geschaffen, eine längere Unterbrechung zu diesem Zeitpunkt schied demgegenüber aus.

Das Beruhen des Urteils im Sinne des § 337 Abs. 1 StPO auf einem Verstoß gegen § 229 StPO kann regelmäßig – wie auch hier – nicht ausgeschlossen werden (BGHSt 23, 224, 225; NJW 1952, 1149 f.; BGH, Urteil vom 25. Juli 1996 – 4 StR 172/96, NJW 1996, 3019; Beschluss vom 16. Oktober 2007 – 3 StR 254/07, NStZ 2008, 115; Becker in LR StPO 26. Aufl. § 229 Rn. 42). Ein besonders gelagerter Ausnahmefall, in dem die Fristüberschreitung ersichtlich weder den Eindruck von der Hauptverhandlung abgeschwächt noch die Zuverlässigkeit der Erinnerung beeinträchtigt hat, liegt hier nicht vor …“

[5] Dem tritt der Senat bei.

15. Mitteilungsverpflichtung über das Stattfinden von Erörterungen bzgl. einer Verständigung – § 243 Abs. 4 StPO

400 Zur besseren Übersichtlichkeit sind alle Entscheidungen, betreffend eine Verständigung im Strafverfahren, unter § 257c StPO aufgeführt (vgl. Rn. 414 ff.).

16. Stellung von Beweisanträgen – § 244 StPO

401 Ein Beweisantrag im Sinne des § 244 Abs. 3 bis 6 StPO setzt die **konkrete und bestimmte Behauptung einer Tatsache** und die **Benennung eines bestimmten Beweismittels** voraus, mit dem der Nachweis der Tatsache geführt werden soll. Bei einem Antrag auf Vernehmung eines Zeugen kommen als Beweisbehauptung nur solche Tatsachen in Betracht, die der benannte Zeuge aus eigener Wahrnehmung bekunden kann.[400]

[10] Ein Beweisantrag im Sinne des § 244 Abs. 3 bis 6 StPO setzt die konkrete und bestimmte Behauptung einer Tatsache und die Benennung eines bestimmten Beweismittels voraus, mit dem der Nachweis der Tatsache geführt werden soll. Bei einem Antrag auf Vernehmung eines Zeugen kommen als Beweisbehauptung nur solche Tatsachen in Betracht, die der benannte Zeuge aus eigener Wahrnehmung bekunden kann (vgl. BGH, Urteil vom 6. Juli 1993 – 5 StR 279/93, BGHSt 39, 251, 253 f.). Ist aus dem Inhalt des Beweisbegehrens ein verbindender Zusammenhang zwischen der Beweisbehauptung und dem benannten Zeugen nicht ohne weiteres erkennbar, ist für das Vorliegen eines Beweisantrages weiterhin erforderlich, dass der Antragsteller näher darlegt, weshalb der Zeuge überhaupt etwas zu dem Beweisthema

---

[400] BGH, Beschluss vom 4.12.2012 – 4 StR 372/12.

bekunden können soll (vgl. BGH, Beschlüsse vom 3. November 2010 – 1 StR 497/10, NStZ 2011, 169 Tz. 11 ff.; vom 17. November 2009 – 4 StR 375/09, BGHR StPO § 244 Abs. 6 Beweisantrag 47; vom 22. Juni 1999 – 1 StR 205/99, NStZ 1999, 522; Urteil vom 28. November 1997 – 3 StR 114/97, BGHSt 43, 321, 329 f.; zweifelnd Urteil vom 14. August 2008 – 3 StR 181/08, NStZ 2009, 171 Tz. 13). Die Ausführungen zur Konnexität im weiteren Sinne (zur Terminologie vgl. Schneider, Festschrift Eisenberg 2009, S. 609, 618 ff.) sollen dem Gericht eine sachgerechte Prüfung und Anwendung der Ablehnungsgründe des § 244 Abs. 3 StPO ermöglichen (vgl. BGH, Urteil vom 15. Dezember 2005 – 3 StR 201/05, NStZ 2006, 585, 586; Beschluss vom 22. Juni 1999 – 1 StR 205/99 aaO), wobei hier – anders als bei der Bestimmtheit der von dem benannten Zeugen wahrgenommenen Beweistatsache – der Ablehnungsgrund der völligen Ungeeignetheit des Beweismittels nach § 244 Abs. 3 Satz 2 3. Alt. StPO im Vordergrund steht (vgl. BGH, Urteil vom 23. Oktober 1997 – 5 StR 317/97, NStZ 1998, 97; Schneider aaO). Durch den Bezug auf die völlige Ungeeignetheit, die nur aus dem Beweismittel selbst in Beziehung zu der Beweisbehauptung ohne Rückgriff auf das bisherige Beweisergebnis abgeleitet werden darf (vgl. Becker in Löwe/Rosenberg, StPO, 26. Aufl., § 244 Rn. 232 m.w.N.), werden die unter dem Gesichtspunkt der Konnexität im weiteren Sinne erforderlichen Angaben zugleich auf solche beschränkt, die die Wahrnehmungssituation des benannten Zeugen betreffen. Ausführungen zur inhaltlichen Plausibilität der Beweisbehauptung können dagegen vom Antragsteller in diesem Zusammenhang nicht verlangt werden (vgl. BGH, Beschluss vom 17. November 2009 – 4 StR 375/09 aaO) … .

*[**12**] b) Nach der Rechtsprechung des Bundesgerichtshofs fehlt einem Antrag, mit dem zum Nachweis einer bestimmten Beweistatsache ein bestimmtes Beweismittel bezeichnet wird, die Eigenschaft eines nach § 244 Abs. 3 bis 6 StPO zu bescheidenden Beweisantrages, wenn die Beweisbehauptung ohne jeden tatsächlichen Anhaltspunkt und ohne begründete Vermutung für ihre Richtigkeit aufs Geratewohl ins Blaue hinein aufgestellt wurde (vgl. BGH, Beschluss vom 3. November 2010 – 1 StR 497/10, NStZ 2011, 169 Tz. 7 f.; Urteil vom 4. Dezember 2008 – 1 StR 327/08, NStZ 2009, 226, 227; Beschluss vom 12. März 2008 – 2 StR 549/07, NStZ 2008, 474; Urteil vom 13. Juni 2007 – 4 StR 100/07, NStZ 2008, 52, 53; Beschlüsse vom 4. April 2006 – 4 StR 30/06, NStZ 2006, 405; vom 5. März 2003 – 2 StR 405/02, BGHR StPO § 244 Abs. 6 Beweisantrag 39; vom 5. Februar 2002 – 3 StR 482/01, NStZ 2002, 383; Urteil vom 12. Juni 1997 – 5 StR 58/97, NJW 1997, 2762, 2764; Beschlüsse vom 10. November 1992 – 5 StR 474/92, NStZ 1993, 143, 144; vom 31. März 1989 – 3 StR 486/88, BGHR StPO § 244 Abs. 6 Beweisantrag 8 m.w.N. zur früheren Rspr.; offen gelassen in BGH, Beschlüsse vom 19. September 2007 – 3 StR 354/07, StV 2008, 9; vom 20. Juli 2010 – 3 StR 218/10, StraFo 2010, 466). Ob eine solche nicht ernstlich gemeinte Beweisbehauptung gegeben ist, beurteilt sich aus der Sicht eines verständigen Antragstellers auf der Grundlage der von ihm selbst nicht in Frage gestellten Tatsachen (vgl. BGH, Beschluss vom 3. November 2010 – 1 StR 497/10 aaO), wobei zu beachten ist, dass es dem Antragsteller grundsätzlich nicht verwehrt sein kann, auch solche Tatsachen unter Beweis zu stellen, die er lediglich für möglich hält oder nur vermutet (vgl. BGH, Beschlüsse vom 4. April 2006 – 4 StR 30/06 aaO, vom 31. März 1989 – 3 StR 486/88 aaO). Nicht ausreichend ist, dass die bisherige Beweisaufnahme keine Anhaltspunkte für die Richtigkeit der Beweisbehauptung ergeben hat (BGH, Beschluss vom 5. Februar 2002 – 3 StR 482/01 aaO) oder dass die unter Beweis gestellte Tatsache objektiv ungewöhnlich oder unwahrscheinlich erscheint oder eine andere Möglichkeit näher*

gelegen hätte (BGH, Beschluss vom 12. März 2008 – 2 StR 549/07 aaO). Vielmehr wird für erforderlich gehalten, dass die Bestätigung der Beweisbehauptung aufgrund gesicherter bisheriger Beweisaufnahme offensichtlich unwahrscheinlich sein muss, was etwa anzunehmen sein soll, wenn eine Mehrzahl neutraler Zeugen eine Tatsache übereinstimmend bekundet hat und, ohne Beleg für entsprechende tatsächliche Anhaltspunkte, das Gegenteil in das Wissen eines völlig neu benannten Zeugen oder eines Zeugen gestellt wird, dessen Zuverlässigkeit naheliegenden Zweifeln begegnet (BGH, Beschlüsse vom 12. Juni 1997 – 5 StR 58/97 aaO; vom 5. Februar 2002 – 3 StR 482/01 aaO).

a) Beweisermittlungsantrag

402 Die Erwägung der Strafkammer, es sei weder ersichtlich noch von der Verteidigung mitgeteilt, warum ein Zeuge eigene Wahrnehmungen zu einem mit einer schwarzen Pistole begangenen Überfall bekunden können soll, gestattet nicht den Schluss, es liege kein **Beweisantrag** vor. Entgegen der Ansicht des Landgerichts erfüllt ein solcher Antrag alle Voraussetzungen eines Beweisantrags. Die Strafkammer darf die Erfolgsaussichten des Beweisantrags nicht unter Berücksichtigung des bisherigen Beweisergebnisses und damit unter Verstoß gegen das Verbot einer antizipierenden Beweiswürdigung beurteilen.[401]

[2] Hinsichtlich des Schuldspruchs im Fall II.3 der Urteilsgründe haben die Revisionen mit einer gleichlautenden Verfahrensrüge Erfolg, so dass es auf die Sachrüge insoweit nicht mehr ankommt. Der Schuldspruch im Übrigen begegnet keinen rechtlichen Bedenken.

[3] 1. Der Verfahrensrüge liegt folgendes Prozessgeschehen zugrunde:

[4] Am neunten Hauptverhandlungstag stellte der Verteidiger des Angeklagten B. einen Beweisantrag, den Zeugen A. unter anderem zum Beweis der Tatsache zu vernehmen, dass dieser Anfang Januar 2012 über die Vermittlung des Zeugen U. von Rö. eine Gaspistole erhalten und mit dieser gemeinsam mit einem Freund in der Nacht des darauf folgenden Tags die Spielhalle in R. Straße überfallen habe. Der Verteidiger des Angeklagten R. schloss sich dem Beweisantrag an, den die Kammer mit Beschluss vom gleichen Tag zurückwies. Zur Begründung führte das Landgericht aus, es handele sich nicht um einen Beweisantrag, da die Bezeichnung des Tatorts „Die Spielhalle in R. auf der K. Straße" nicht hinreichend bestimmt sei. Außerdem wies die Kammer darauf hin, dass nach der Bekundung des Zeugen U. eine silberfarbene Gaspistole im Umlauf gewesen sei, während ausweislich der Lichtbilder und des Videos vom Tatort ausschließlich schwarzfarbene pistolenähnliche Gegenstände eingesetzt worden seien. Weshalb der Zeuge A. deshalb eigene Wahrnehmungen zu einem mit einer schwarzen Pistole begangenen Überfall bekunden können soll, sei weder ersichtlich noch von der Verteidigung mitgeteilt. Daraufhin stellte der Verteidiger des Angeklagten R. u.a. unter Beweis, der Zeuge A. werde bekunden, dass er von Rö. am 2. Januar 2012 eine Gaspistole bekommen, am darauffolgenden zwei weitere schwarzfarbene Gaspistolen von einem Bekannten erhalten und mit diesen zusammen mit jenem Bekannten in der Nacht des 3. Januar 2012 die Spielhalle in R. auf der K. Straße überfallen habe. Den Beweisantrag, dem

---

[401] BGH, Beschluss vom 26.9.2013 – 2 StR 306/13.

sich nunmehr der Verteidiger des Angeklagten B. anschloss, wies die Kammer ebenfalls zurück. Es fehle an einer zulässigen Beweisbehauptung und damit an einem Beweisantrag, soweit nunmehr behauptet werde, der Zeuge könne bestätigen, mit einem Bekannten die Spielhalle am 3. Januar 2012 überfallen und dabei eine schwarzfarbene Pistole verwendet zu haben. Beide Angeklagte und beide Verteidiger hätten im ersten Antrag auf Vernehmung dieses Zeugen noch behauptet, dieser habe den Überfall mit der im Antrag vorbenannten Pistole (nach dem bisherigen Beweisergebnis sei diese silberfarben) begangen. Weshalb die gleichartige Behauptung nunmehr unter Bezugnahme auf eine andere Pistolenfarbe aufgestellt werden könne, sei für die Kammer nicht nachvollziehbar. Diesen Widerspruch hätten die Verteidiger auf Nachfrage nach der Herkunft ihres Wissens auch nicht aufgelöst.

[5] 2. Schon die Ablehnung des ersten Beweisantrages, dessen Beweisbehauptung auch nicht im Rahmen des zweiten Antrags zurückgenommen worden ist, erweist sich als rechtsfehlerhaft und führt zur Aufhebung des Schuldspruchs im Fall II.3.

[6] a) Entgegen der Ansicht des Landgerichts erfüllte der Antrag alle Voraussetzungen eines Beweisantrags. Insbesondere war er hinreichend bestimmt, soweit er die Behauptung eines Überfalls auf „die Spielhalle in R. auf der K. Straße" enthielt. Erkennbar war insoweit die Spielhalle in Bezug genommen, deren Überfall den Angeklagten am 3. Januar 2012 vorgeworfen worden war. Andere Gründe für die Annahme, es liege kein Beweisantrag vor, sind nicht ersichtlich. Insbesondere gestattet die Erwägung der Strafkammer, es sei weder ersichtlich noch von der Verteidigung mitgeteilt, warum der Zeuge eigene Wahrnehmungen zu einem mit einer schwarzen Pistole begangenen Überfall bekunden können soll, nicht den Schluss, es liege kein Beweisantrag vor. Sie belegt vielmehr nur, dass die Strafkammer die Erfolgsaussichten des Beweisantrags unter Berücksichtigung des bisherigen Beweisergebnisses und damit unter Verstoß gegen das Verbot einer antizipierenden Beweiswürdigung beurteilt hat.

[7] b) Damit hätte der Antrag nur zurückgewiesen werden können, wenn ein gesetzlicher Ablehnungsgrund nach § 244 Abs. 3 bis 5 StPO gegeben gewesen wäre. Ein solcher aber ist weder ausdrücklich mitgeteilt noch lässt er sich den Beschlussgründen im Übrigen entnehmen. Daraus, dass der Zeuge A. zu der unter Beweis gestellten Behauptung, der Begehung eines Überfalls mit der von Rö. übergebenen Gaspistole, aus Sicht der Kammer unter Berücksichtigung der Angaben des schon vernommenen Zeugen U. nichts aus eigener Wahrnehmung bekunden können soll, weil die von Rö. übergebene Pistole silberfarben gewesen sein soll, bei dem Überfall aber schwarze verwendet worden sind, lässt sich kein gesetzlicher Ablehnungsgrund herleiten. Insbesondere war damit das für diese Behauptung angegebene Beweismittel nicht von vornherein ungeeignet.

[8] c) Aus der Stellung des zweiten Beweisantrags lässt sich – entgegen der Ansicht des Generalbundesanwalts – nicht folgern, damit sei der erste Antrag insgesamt zurückgenommen, so dass dessen Zurückweisung mit der Revision nicht mehr geltend gemacht werden könne. So erklärt sich der später gestellte Antrag allein aus der Existenz des ersten, an dessen (fehlerhafte) Ablehnung er inhaltlich anknüpft. Darin eine Rücknahme des zuerst gestellten Beweisbegehrens zu sehen, ließe diesen prozessualen Zusammenhang außer Betracht, bei dem die Angeklagten lediglich auf die (fehlerhafte) Ablehnungsbegründung der Strafkammer reagieren und ersichtlich nicht ihre ursprünglich unter Beweis gestellte Behauptung aufgeben wollten. Dies erhellt sich im Übrigen daraus, dass beiden Anträgen die (Kern-)Behauptung inne wohnt, der Zeuge A. könne bekunden, am fraglichen Tag zusammen mit einer

dritten Person den dem Angeklagten vorgeworfenen Überfall auf die Spielhalle in R. begangen zu haben.

[9] d) Auf der fehlerhaften Ablehnung des Beweisantrags beruht auch die angefochtene Entscheidung. Der Senat kann nicht ausschließen, dass der Zeuge A. wie behauptet bestätigt hätte, er habe zusammen mit einer anderen Person den fraglichen Überfall begangen, und dass sich das Landgericht angesichts einer solchen Aussage nicht (mehr) von der Täterschaft der beiden Angeklagten hätte überzeugen können.

b) Wahrunterstellung

403 **Nur erhebliche Tatsachen,** die zu Gunsten des Angeklagten wirken und zu seiner Entlastung behauptet werden, dürfen **als wahr unterstellt** werden. Wenn jedoch Beweisthema und damit Gegenstand der Wahrunterstellung nicht die unmittelbar beweiserheblichen Tatsachen (bspw. tätlicher Angriff auf den Zeugen, wechselseitige Faustschläge, Angeklagter nicht im Besitz eines Messers), sondern die hierzu gemachten Angaben eines Zeugen betreffen, ist der Tatrichter nicht gehalten, davon auszugehen, das tatsächliche Geschehen habe diesen Bekundungen entsprochen. Die Bewertung und Einstellung der Aussageinhalte in das Beweisgefüge ist vielmehr Sache des Tatrichters.[402]

[10] Zu den Rügen der Staatsanwaltschaft, der Nebenkläger und des Angeklagten, das Landgericht habe die in den Beweisanträgen der Staatsanwaltschaft vom 12. Oktober 2011 enthaltenen Beweisbehauptungen über die Angaben des Zeugen E.B., die dieser in den später ausgesetzten Hauptverhandlungen am 8. Juni 2011 und 24. August 2011 gemacht habe, nicht gemäß § 244 Abs. 3 Satz 2 StPO als wahr unterstellen dürfen, bemerkt der Senat ergänzend zu den Ausführungen des Generalbundesanwalts:

[11] Der Umstand, dass das Landgericht die behaupteten Angaben des Zeugen E. B., die dieser gegenüber den als Zeugen benannten Richtern in den beiden vorangegangenen und später ausgesetzten Hauptverhandlungen gemacht haben soll, als wahr unterstellt hat, gibt keinen Anlass zu der Besorgnis, das Landgericht habe Sinn und Zweck der Beweisanträge unzulässig eingeengt oder umgedeutet. Denn die Beweisanträge der Staatsanwaltschaft beinhalteten die Tatsachenbehauptung, dass der Zeuge B. bestimmte inhaltliche Äußerungen gemacht hat. Es ging der Staatsanwaltschaft allein um die Tatsache des Bekundens und nicht um die objektive Richtigkeit des Inhalts der Aussage (vgl. BGH, Urteil vom 14. März 1990 – 3 StR 109/89, BGHR StPO § 244 Abs. 3 Satz 2 Wahrunterstellung 20).

[12] Es ist unschädlich, dass das Landgericht die als wahr unterstellten Aussagen des Zeugen E. B. in den Urteilsgründen als unerheblich angesehen hat (UA S. 31). Zwar dürfen nur erhebliche Tatsachen, die zu Gunsten des Angeklagten wirken und zu seiner Entlastung behauptet werden, als wahr unterstellt werden (KK-Fischer, StPO, 6. Aufl., § 244 Rn. 185). Da Beweisthema und damit Gegenstand der Wahrunterstellung jedoch – wie bereits ausgeführt – nicht die unmittelbar beweiserheblichen Tatsachen (tätlicher Angriff auf den Zeugen G., wechselseitige Faustschläge, Angeklagter nicht im Besitz eines Messers), sondern die hierzu gemachten Angaben

---

[402] BGH, Urteil vom 28.2.2013 – 4 StR 357/12.

des Zeugen B. betrafen, war die Kammer nicht gehalten, davon auszugehen, das tatsächliche Geschehen habe diesen Bekundungen entsprochen. Die Bewertung und Einstellung der Aussageinhalte in das Beweisgefüge war vielmehr Sache der Strafkammer (BGH, Urteil vom 20. April 1993 – 1 StR 886/92, BGHR StPO § 244 Abs. 3 Satz 2 Wahrunterstellung 25). Im Hinblick auf die sonstige Beweislage, insbesondere die Einlassung des Angeklagten, der den tödlichen Messerstich eingeräumt hat, sowie die glaubhaften Aussagen der Zeugen Ki. und D., musste die Strafkammer aus den als wahr unterstellten Angaben des Zeugen B. nicht die von der Antragstellerin bzw. dem Angeklagten angestrebten Schlussfolgerungen ziehen (vgl. BGH, Urteil vom 24. Januar 2006 – 5 StR 410/05, BGHR StPO § 244 Abs. 3 Satz 2 Wahrunterstellung 37; Meyer-Goßner, StPO, 55. Aufl., § 244 Rn. 71a). Der Tatrichter braucht den Angeklagten in der Regel nicht vom Wechsel der Bewertung einer Beweisbehauptung zu unterrichten, wenn eine als wahr unterstellte Indiztatsache sich nach dem Ergebnis der Urteilsberatung als bedeutungslos erweist. Umstände, die eine Ausnahme von dieser Regel gebieten können, liegen nicht vor (vgl. BGH, Urteil vom 14. März 1990 – 3 StR 109/89, BGHR StPO § 244 Abs. 3 Satz 2 Wahrunterstellung 20).

Unschädlich ist, dass das Landgericht als **wahr unterstellte Aussagen** eines Zeugen 404
in den Urteilsgründen **als unerheblich angesehen** hat. Zwar dürfen nur erhebliche Tatsachen, die zu Gunsten des Angeklagten wirken und zu seiner Entlastung behauptet werden, als wahr unterstellt werden. Wenn Beweisthema und damit Gegenstand der Wahrunterstellung jedoch nicht die unmittelbar beweiserheblichen Tatsachen, sondern die hierzu gemachten Angaben des Zeugen betreffen, ist der Tatrichter nicht gehalten, davon auszugehen, das tatsächliche Geschehen habe diesen Bekundungen entsprochen. Die Bewertung und Einstellung der Aussageinhalte in das Beweisgefüge ist vielmehr Sache der Strafkammer. Der Tatrichter braucht den Angeklagten in der Regel nicht vom Wechsel der Bewertung einer Beweisbehauptung zu unterrichten, wenn eine als wahr unterstellte Indiztatsache sich nach dem Ergebnis der Urteilsberatung als bedeutungslos erweist.[403]

c) Ablehnung von Beweisanträgen

TOPENTSCHEIDUNG ■

Der Beschluss, mit dem das Tatgericht die Erhebung eines Beweises wegen **Bedeu-** 405
tungslosigkeit der Beweistatsache ablehnt, hat zum einen den Antragsteller sowie die weiteren Prozessbeteiligten so weit über die Auffassung des Gerichts zu unterrichten, dass diese sich auf die neue Verfahrenslage einstellen und gegebenenfalls noch in der Hauptverhandlung das Gericht von der Erheblichkeit der Beweistatsache überzeugen oder aber neue Anträge mit demselben Beweisziel stellen können; zum anderen muss er dem Revisionsgericht die Prüfung ermöglichen, ob der Beweisantrag rechtsfehlerfrei zurückgewiesen worden ist und ob die Feststellungen und Erwägungen des Ablehnungsbeschlusses mit denjenigen des Urteils übereinstimmen. Deshalb ist **mit konkreten Erwägungen zu begründen**, warum das Tat-

[403] BGH, Urteil vom 28.2.2013 – 4 StR 357/12.

gericht aus der Beweistatsache keine entscheidungserheblichen Schlussfolgerungen ziehen will. Nach diesen Maßstäben erweist es sich in aller Regel als rechtsfehlerhaft, wenn die Ablehnung wegen tatsächlicher Bedeutungslosigkeit allein auf die inhaltsleere Aussage gestützt wird, die unter Beweis gestellte Indiz- oder Hilfstatsache lasse keinen zwingenden sondern lediglich einen möglichen Schluss zu, den das Gericht nicht ziehen wolle.[404]

[4] Vor diesem Hintergrund beanstandet der Angeklagte S. zu Recht, das Landgericht habe einen Beweisantrag rechtsfehlerhaft zurückgewiesen (§ 244 Abs. 3 Satz 2 StPO).

[5] 1. Der Angeklagte S. hat in der Hauptverhandlung unter anderem beantragt, Telefonate, aufgezeichnete Innenraumgespräche aus dem vom Mitangeklagten J. genutzten PKW sowie GPS-Aufzeichnungen für diesen PKW in Augenschein zu nehmen, zum Beweis der Tatsache, dass der Mitangeklagte J. schon vor der Fahrt nach Österreich ein Treffen mit einem Betäubungsmittellieferanten in Rotterdam vereinbart hatte, er nach der Wiedereinreise aus Österreich von Augsburg aus direkt nach Rotterdam gefahren sei, dass er selbst, der Angeklagte S., sich bei dieser Fahrt nicht in dem Auto befunden habe, und dass der Mitangeklagte J. von Rotterdam aus direkt zu der Adresse in Emstek gefahren sei, die auch der Kurier aus Österreich angesteuert habe. Erklärtes Beweisziel dieses Antrages war es, eine gleichwertige Alternative zu der von der Strafkammer angenommenen Indizienkette dergestalt aufzuzeigen, dass der Mitangeklagte J. das Heroin auch in Rotterdam – und damit ohne Beteiligung des Angeklagten S. – erworben und von dort in die Bundesrepublik eingeführt haben könnte.

[6] Das Landgericht hat diesen Beweisantrag mit folgender Begründung als aus tatsächlichen Gründen bedeutungslos zurückgewiesen: „Ob J. auch andere Möglichkeiten hatte, sich Heroin zu beschaffen, ist kein zwingender Schluss dafür, dass das sichergestellte Heroin nicht auch aus der ‚Österreich-Fahrt' stammen kann."

[7] 2. Diese Begründung trägt die Zurückweisung des Beweisantrags nicht.

[8] Zwar ist es dem Tatgericht grundsätzlich nicht verwehrt, Indiz- oder Hilfstatsachen als für die Entscheidung bedeutungslos zu betrachten, wenn es aus diesen eine mögliche Schlussfolgerung, die der Antragsteller erstrebt, nicht ziehen will. Hierzu hat es die unter Beweis gestellte Tatsache so, als sei sie erwiesen, in das aufgrund der bisherigen Beweisaufnahme erlangte Beweisergebnis einzustellen und im Wege einer prognostischen Betrachtung zu prüfen, ob hierdurch seine bisherige Überzeugung – gegebenenfalls in Anwendung des Zweifelssatzes – in einer für den Schuld- oder Rechtsfolgenausspruch bedeutsamen Weise erschüttert würde (LR/Becker, StPO, 26. Aufl., § 244 Rn. 220).

[9] Der Beschluss, mit dem das Tatgericht die Erhebung eines Beweises wegen Bedeutungslosigkeit der Beweistatsache ablehnt, hat zum einen den Antragsteller sowie die weiteren Prozessbeteiligten so weit über die Auffassung des Gerichts zu unterrichten, dass diese sich auf die neue Verfahrenslage einstellen und gegebenenfalls noch in der Hauptverhandlung das Gericht von der Erheblichkeit der Beweistatsache überzeugen oder aber neue Anträge mit demselben Beweisziel stellen können; zum anderen muss er dem Revisionsgericht die Prüfung ermöglichen, ob der Beweisantrag rechtsfehlerfrei zurückgewiesen worden ist und ob die Feststellungen

---

[404] BGH, Beschluss vom 1.10.2013 – 3 StR 135/13.

und Erwägungen des Ablehnungsbeschlusses mit denjenigen des Urteils übereinstimmen. Deshalb ist mit konkreten Erwägungen zu begründen, warum das Tatgericht aus der Beweistatsache keine entscheidungserheblichen Schlussfolgerungen ziehen will. Die Anforderungen an diese Begründung entsprechen grundsätzlich denjenigen, denen das Tatgericht genügen müsste, wenn es die Indiz- oder Hilfstatsache durch Beweiserhebung festgestellt und sodann in den schriftlichen Urteilsgründen darzulegen hätte, warum sie auf seine Überzeugungsbildung ohne Einfluss geblieben ist (st. Rspr.; vgl. etwa BGH, Urteile vom 26. Januar 2000 – 3 StR 410/99, NStZ 2000, 267, 268; vom 7. April 2011 – 3 StR 497/10, NStZ 2011, 713, 714). Nach diesen Maßstäben erweist es sich in aller Regel als rechtsfehlerhaft, wenn die Ablehnung wegen tatsächlicher Bedeutungslosigkeit allein auf die inhaltsleere Aussage gestützt wird, die unter Beweis gestellte Indiz- oder Hilfstatsache lasse keinen zwingenden sondern lediglich einen möglichen Schluss zu, den das Gericht nicht ziehen wolle (vgl. BGH, Beschluss vom 19. Oktober 2006 – 4 StR 251/06, NStZ-RR 2007, 84, 85; LR/Becker, aaO, § 244 Rn. 225).

*[**10**] So verhält es sich hier. Die Strafkammer hat keine konkreten Erwägungen mitgeteilt, aufgrund derer sie das von ihr bisher gefundene Beweisergebnis – das Heroin stammte aus Österreich – durch die unter Beweis gestellten Tatsachen nicht als erschüttert angesehen hat. In der pauschalen Begründung, weitere Beschaffungsmöglichkeiten des Mitangeklagten J. ließen keinen zwingenden Schluss darauf zu, dass das Heroin nicht doch – und damit unter Beteiligung des Angeklagten S. – in Österreich erworben worden sei, liegt – wie dargelegt – ein Rechtsfehler, der vorliegend umso schwerer wiegt, weil der Angeklagte erklärtermaßen mit seinem Beweisantrag nur Tatsachen aufzeigen wollte, die einen nach seinem Vortrag gleichwertigen möglichen Schluss auf ein anderes, für ihn günstigeres Geschehen – der Mitangeklagte habe die Betäubungsmittel allein in den Niederlanden erworben – erlauben sollten. Das Landgericht hätte deshalb – gegebenenfalls unter Berücksichtigung des Grundsatzes „in dubio pro reo" – konkret darlegen müssen, warum die aufgezeigte andere Beschaffungsmöglichkeit seine ebenfalls nur auf Indizien beruhende Schlussfolgerung, das Heroin stamme aus Österreich, nicht in entscheidungserheblicher Weise entkräften konnte. Dies gilt hier insbesondere, weil der in der Beweiswürdigung als bedeutsam herangezogene enge zeitliche Zusammenhang zwischen der Beschaffung und Einfuhr einerseits und der Sicherstellung der Betäubungsmittel andererseits in beiden Sachverhaltsalternativen gleichermaßen bestand.*

PRAXISBEDEUTUNG ■

Die Entscheidung präzisiert die Voraussetzungen, unter denen das Gericht überhaupt einen Beweisantrag wegen Bedeutungslosigkeit der Beweistatsache ablehnen kann, wobei natürlich Voraussetzung ist, dass es sich tatsächlich um einen Beweis- und nicht nur um einen Beweisermittlungsantrag handelt.

In einem Beschluss, mit dem ein **Beweisantrag** wegen **Bedeutungslosigkeit** der behaupteten Tatsache abgelehnt wird, sind die Erwägungen anführen, aus denen der Tatrichter ihr aus rechtlichen oder tatsächlichen Gründen keine Bedeutung für den Schuld- oder Rechtsfolgenausspruch beimisst. Geht es letztlich um die Glaubwürdigkeit einer Zeugin, bedarf es der Darlegung, warum die zu beweisende Tatsache das Gericht auch im Falle ihres Nachweises unbeeinflusst ließe. Die Anforderungen an die Begründung entsprechen grundsätzlich den Darlegungserfordernissen bei der **406**

Würdigung von durch die Beweisaufnahme gewonnenen Indiztatsachen in den Urteilsgründen.[405]

[5] Der die Tat bestreitende Angeklagte hat in der Hauptverhandlung den Antrag auf Einholung eines Sachverständigengutachtens zum Beweis der Tatsache gestellt, dass die Blutanhaftungen an einem am Tatort sichergestellten Papierfetzen von der Zeugin H. stammten, dass es sich dabei um ein Vollprofil der DNA der Zeugin handelte und dass Mischspuren bzw. Teilprofile Dritter nicht vorhanden waren. Das Landgericht hat den Antrag ohne weitere Begründung „wegen Bedeutungslosigkeit" abgelehnt.

[6] b) Dies hält rechtlicher Prüfung nicht stand. Nach der ständigen Rechtsprechung des Bundesgerichtshofs muss der Beschluss, mit dem ein Beweisantrag wegen Bedeutungslosigkeit der behaupteten Tatsache abgelehnt wird, die Erwägungen anführen, aus denen der Tatrichter ihr aus rechtlichen oder tatsächlichen Gründen keine Bedeutung für den Schuld- oder Rechtsfolgenausspruch beimisst. Geht es wie hier letztlich um die Glaubwürdigkeit einer Zeugin, bedarf es der Darlegung, warum die zu beweisende Tatsache das Gericht auch im Falle ihres Nachweises unbeeinflusst ließe. Die Anforderungen an die Begründung entsprechen grundsätzlich den Darlegungserfordernissen bei der Würdigung von durch die Beweisaufnahme gewonnenen Indiztatsachen in den Urteilsgründen (BGH, Beschluss vom 19. Oktober 2006 – 4 StR 251/06, NStZ-RR 2007, 84, 85 m.w.N.; Beschluss vom 27. März 2012 – 3 StR 47/12).

[7] Daran fehlt es hier. Die unter Beweis gestellte Tatsache hätte die Schlussfolgerung zugelassen, dass die Zeugin H. während ihres Aufenthalts in der Wohnung des Angeklagten von ihrem Lebensgefährten körperlich misshandelt wurde und daher ein Tatmotiv hatte. Das Landgericht hat in seinem Beschluss indes weder mitgeteilt, dass es diesen möglichen Schluss nicht ziehen wollte, noch hat es seine Entscheidung mit konkreten Erwägungen begründet. Die Bedeutungslosigkeit lag auch nicht auf der Hand, was eine fallbezogene Begründung ausnahmsweise entbehrlich hätte machen können (vgl. BGH, Beschluss vom 2. Dezember 2009 – 2 StR 363/09, StV 2010, 557; Beschluss vom 27. März 2012 – 3 StR 47/12 m.w.N.).

[8] c) Auf diesem Verfahrensfehler beruht der Maßregelausspruch, denn der Senat vermag nicht auszuschließen, dass die Strafkammer bei gesetzeskonformer Behandlung des Beweisantrags eine für die Anordnung der Unterbringung erforderliche rechtswidrige Tat nicht hätte feststellen können.

407 **Völlig ungeeignet** i.S.d. § 244 Abs. 3 Satz 2 StPO ist ein Beweismittel, wenn das Gericht ohne jede Rücksicht auf das bisherige Beweisergebnis sagen kann, das sich mit dem Beweismittel das im Beweisantrag in Aussicht gestellte Ergebnis nach sicherer Lebenserfahrung nicht erzielen lässt.[406]

---

[405] BGH, Beschluss vom 21.5.2013 – 2 StR 29/13; vgl. zu dieser Problematik und bei Fehlen einer Möglichkeit zur konfrontativen Befragung: BGH, Beschluss vom 23.10.2013 – 5 StR 401/13.

[406] BGH, Beschluss vom 30.1.2013 – 4 StR 308/12; vgl. hierzu auch BGH, Urteil vom 30.1.2013 – 2 StR 468/12.

2. Zur Rüge der Verletzung des Beweisantragsrechts durch Zurückweisung des Antrags auf Einholung eines kinder- und jugendärztlichen sowie eines kinderpsychiatrischen und -psychologischen Sachverständigengutachtens zum Beweis der Tatsache, dass aus den Ergebnissen der vor der Einschulung mit dem Angeklagten durchgeführten Tests sicher geschlossen werden könne, dass dieser zum Tatzeitpunkt nicht 21, sondern lediglich 20 Jahre alt war, bemerkt der Senat ergänzend:

[4] a) Nach der Rechtsprechung des Bundesgerichtshofs betrifft das Alter eines Angeklagten eine doppelrelevante Tatsache, sofern die Beweisaufnahme darüber zu dem Ergebnis führen kann, dass statt der für allgemeine Strafsachen zuständigen Strafkammer das Jugendgericht zuständig ist bzw. dass Erwachsenenstrafrecht statt Jugendstrafrecht angewendet werden kann. In einem derartigen Fall darf sich das Gericht für die Feststellung des Alters nicht mit dem Freibeweisverfahren begnügen; diese hat vielmehr im Strengbeweisverfahren zu erfolgen (BGH, Beschluss vom 11. November 1981 – 2 StR 596/81, StV 1982, 101). Stellt der Angeklagte einen dahingehenden Beweisantrag, darf dieser nur aus einem der in § 244 Abs. 3, 4 StPO genannten Gründe abgelehnt werden (BGH aaO).

[5] b) Gemessen daran ist die Ablehnung des Antrags mit der Begründung, die Einholung der beantragten Gutachten verspreche keinen weiteren Erkenntnisgewinn, sei also völlig ungeeignet, aus Rechtsgründen nicht zu beanstanden.

[6] aa) Völlig ungeeignet i.S.d. § 244 Abs. 3 Satz 2 StPO ist ein Beweismittel, wenn das Gericht ohne jede Rücksicht auf das bisherige Beweisergebnis sagen kann, das sich mit dem Beweismittel das im Beweisantrag in Aussicht gestellte Ergebnis nach sicherer Lebenserfahrung nicht erzielen lässt (BGH, Beschluss vom 31. Mai 1994 – 1 StR 86/94, NStZ 1995, 97 m.w.N.). Ob das vorhandene Material dem Sachverständigen genügend Anknüpfungstatsachen wenigstens für ein Möglichkeits- oder Wahrscheinlichkeitsurteil bietet, kann das Gericht nötigenfalls im Wege des Freibeweises klären (BGH aaO; vgl. auch BGH, Urteil vom 12. Oktober 1982 – 1 StR 219/82, NJW 1983, 404; Löwe-Rosenberg/Becker, StPO, 26. Aufl., § 244 Rn. 231).

[7] bb) Die Strafkammer hat die in dem Beweisantrag genannten Testergebnisse beigezogen und dem Leiter eines schulmedizinischen Dienstes sowie der Schulärztin, die den Angeklagten 1994 auf seine Schulfähigkeit untersucht hatte, zur Stellungnahme vorgelegt. Beide haben unabhängig voneinander übereinstimmend erklärt, dass diese Unterlagen keinen Schluss auf das Alter des Angeklagten zuließen. Die Strafkammer hat dies in ihrem ablehnenden Beschluss im Einzelnen dargelegt.

Für die **Rüge der fehlerhaften Ablehnung** von Beweisanträgen genügen der Dar- **408**
legungslast i.S.v. § 344 Abs. 2 S. 2 StPO grundsätzlich schon eine Wiedergabe des Antrags und des Ablehnungsbeschlusses sowie eine Mitteilung der Tatsachen, aus denen sich die Fehlerhaftigkeit des Beschlusses ergibt.[407]

[9] 1. Beide Beschwerdeführer beanstanden mit einer Verfahrensrüge zu Recht eine Verletzung des § 244 Abs. 3 und Abs. 4 Satz 1 StPO. Dies führt hinsichtlich des Angeklagten M.M. zu einer Aufhebung des Urteils insgesamt; die Revision der Angeklagten P.M. hat hinsichtlich ihrer Verurteilung wegen Untreue in den 438 im Tenor benannten Fällen im ersten Tatkomplex Erfolg.

---

407 BGH, Beschluss vom 11.4.2013 – 2 StR 540/12.

[10] a) Der Verfahrensrüge liegt folgender Verfahrensgang zugrunde: Im Hauptverhandlungstermin vom 21. Februar 2012 hatte die Angeklagte P.M. die Einholung eines Sachverständigengutachtens unter anderem bezüglich des sicherzustellenden und technisch zu untersuchenden Dienstcomputers des Zeugen Ha. zum Beweis für die Tatsache beantragt, dass auf diesem Dienstcomputer eine von dem Zeugen an die Angeklagte gerichtete E-Mail vom 8. Juni 2009 gespeichert oder gespeichert gewesen sei, aber inzwischen gelöscht worden sei. Das Landgericht wies diesen Beweisantrag mit der Begründung zurück, dass „das Beweisthema auf bloßen Vermutungen beruht". Im Hauptverhandlungstermin vom 5. April 2012 wandte sich der Verteidiger mit einem erneuten Antrag auf Einholung eines Sachverständigengutachtens zur technischen Untersuchung des Dienstcomputers des Zeugen Ha. gegen diese Ablehnungsbegründung des Landgerichts und wiederholte der Sache nach den ersten Beweisantrag. Das Landgericht wies den Antrag erneut zurück, nunmehr mit der Begründung, dass „die Kammer die Beweisfrage aus eigener Sachkunde beurteilen kann".

[11] b) Die Verfahrensrüge ist jeweils zulässig erhoben.

[12] Die Revisionen haben die Beweisanträge der Angeklagten P.M. und ihres Verteidigers sowie die Ablehnungsentscheidungen des Landgerichts mitgeteilt und damit die zur Nachprüfung des Verfahrensmangels erforderlichen Tatsachen im Sinne des § 344 Abs. 2 Satz 2 StPO angegeben. Für die Rüge der fehlerhaften Ablehnung von Beweisanträgen genügen dieser Darlegungslast grundsätzlich schon eine Wiedergabe des Antrags und des Ablehnungsbeschlusses sowie eine Mitteilung der Tatsachen, aus denen sich die Fehlerhaftigkeit des Beschlusses ergibt (vgl. BGH, Urteil vom dem 24. Juli 1998 – 3 StR 78/98, NJW 1998, 3284; Becker in Löwe-Rosenberg, StPO, 26. Aufl., § 244 Rn. 372).

[13] Da sich hier die Fehlerhaftigkeit der gerichtlichen Ablehnungsbeschlüsse schon aus deren Begründung ergab, bedurfte es der Darlegung weiterer Tatsachen nicht. Insbesondere war zur Nachprüfung der Ablehnungsbeschlüsse eine Kenntnis einer E-Mail vom 29. Juni 2009 und eines Beweisantrags Nr. 10 vom 22. März 2012 nicht erforderlich, deren Inhalte die Revision zur Begründung der Beweisantragsrüge in Bezug genommen, aber in ihrem unmittelbaren Kontext nicht mitgeteilt hat. Entgegen der Auffassung des Generalbundesanwalts verletzt es auch nicht die strengen Formerfordernisse des § 344 Abs. 2 Satz 2 StPO, dass von den Beschwerdeführern die angeblich von dem Zeugen Ha. an die Angeklagte gesandte E-Mail vom 8. Juni 2009, auf die sich die Beweisanträge beziehen, unter Wiedergabe ihres genauen Wortlauts und äußeren Erscheinungsbildes lediglich in einem gesonderten Schriftsatz als Anlage zu den Revisionsbegründungsschriften mitgeteilt wird. Denn die von den Beweisanträgen in Bezug genommene Kopie einer E-Mail vom 8. Juni 2009, deren Inhalt ohnehin sinngemäß in dem von der Revision im unmittelbaren Zusammenhang mit der Beweisantragsrüge mitgeteilten Beweisantrag Nr. 1 vom 21. Februar 2012 wiedergegeben worden ist, hat Bedeutung allein für die Frage des Beruhens nach § 337 Abs. 1 StPO. Zum Beruhen des Urteils auf der fehlerhaften Ablehnung muss die Revision jedoch regelmäßig nicht vortragen (vgl. BGH, Urteil vom 24. Juli 1998 – 3 StR 78/98, aaO; Beschluss vom 24. Januar 2010 – 1 StR 587/09; Meyer-Goßner, StPO, 55. Aufl., § 344 Rn. 27; Becker, aaO).

[14] c) Die Verfahrensrüge ist auch begründet. Die Anträge genügen den an einen Beweisantrag zu stellenden Anforderungen. Ihre Ablehnung durch die Strafkammer hält rechtlicher Nachprüfung nicht stand.

[15] Zwar muss einem in die Form eines Beweisantrags gekleideten Beweisbegehren nach bisheriger Rechtsprechung ausnahmsweise nicht oder allenfalls nach Maßgabe der Aufklärungspflicht nachgegangen werden, wenn die Beweisbehauptung ohne jeden tatsächlichen Anhaltspunkt und ohne jede begründete Vermutung aufs Geradewohl ins Blaue hinein aufgestellt wurde, so dass es sich nur um einen nicht ernstlich gemeinten, zum Schein gestellten Beweisantrag handelt. Für die Beurteilung, ob ein aufs Geratewohl gestellter Antrag vorliegt, ist die Sichtweise eines verständigen Antragstellers entscheidend. Es kommt nicht darauf an, ob das Tatgericht eine beantragte Beweiserhebung für erforderlich hält (vgl. Senat, Beschlüsse vom 5. März 2003 – 2 StR 405/02, NStZ 2003, 497; vom 23. März 2008 – 2 StR 549/07, NStZ 2008, 474; BGH, Beschlüsse vom 10. November 1992 – 5 StR 474/92, NStZ 1993, 143; vom 2. Februar 2002 – 3 StR 482/01, StV 2002, 233; Urteil vom 13. Juni 2007 – 4 StR 100/07, NStZ 2008, 52, 53; Meyer-Goßner, aaO, § 244 Rn. 20 m.w.N.; ein Festhalten an der bisherigen Rechtsprechung offen lassend BGH, Beschlüsse vom 19. September 2007 – 3 StR 354/07, StV 2008, 9, vom 20. Juli 2010 – 3 StR 218/10, Strafo 2010, 466, und vom 3. November 2010 – 1 StR 497/10, NJW 2011, 1239, 1240; kritisch gegenüber der bisherigen Rechtsprechung auch Becker, aaO, Rn. 112; Fischer in Karlsruher Kommentar, StPO, 6. Aufl., § 244 Rn. 72).

[16] Jedoch lässt sich selbst nach den Maßstäben der bisherigen Rechtsprechung entgegen der Auffassung des Generalbundesanwalts die Beweisbehauptung nicht als aufs Geratewohl aufgestellt ansehen. Die Anträge knüpften an eine zur Akte gereichte Kopie der in Frage stehenden E-Mail vom 8. Juni 2009 an. Die Beweisbehauptung hatte somit einen tatsächlichen Anhaltspunkt und konnte schon deshalb ungeachtet der zahlreichen Umstände, die vom Landgericht auch erst nach Würdigung des gesamten Beweisergebnisses in den Urteilsgründen gegen die Authentizität der E-Mail angeführt worden sind, nicht als nicht ernstlich gemeint gewertet werden. Jedenfalls hat das Landgericht mit seiner zur Begründung des ersten Ablehnungsbeschlusses angeführten Erwägung, dass das Beweisthema auf bloßen Vermutungen beruhe, die Grenzen der vorgenannten Rechtsprechung missachtet. Danach kann es dem Antragsteller grundsätzlich nicht verwehrt sein, auch solche Tatsachen zum Gegenstand eines Beweisantrags zu machen, deren Richtigkeit er lediglich vermutet oder für möglich hält (st. Rspr.; vgl. BGH, Urteile vom 3. August 1966 – 2 StR 242/66, BGHSt 21, 118, 125; vom 17. September 1982 – 2 StR 139/82, NJW 1983, 126, 127; Beschlüsse vom 10. November 1992 – 5 StR 474/92, aaO; vom 2. Februar 2002 – 3 StR 482/01, aaO; vom 4. April 2006 – 4 StR 30/06, NStZ 2006, 405; Fischer, aaO, Rn. 73 m.w.N.).

[17] Auch soweit das Landgericht den der Sache nach wiederholten Beweisantrag mit seiner zweiten Entscheidung unter Berufung auf eigene Sachkunde zurückgewiesen hat, hat es sich, worauf bereits der Generalbundesanwalt in seiner Antragsschrift zutreffend hingewiesen hat, auf einen untauglichen Ablehnungsgrund gestützt. Dem Senat ist nicht bekannt, ob überhaupt eine technische Untersuchung des betreffenden Computers erfolgte und hierdurch entsprechende Befundtatsachen festgestellt wurden. Schon deshalb ist nicht zu erkennen, dass die Beurteilung der Beweisbehauptung nicht mehr als Allgemeinwissen erfordert hätte. Da im Übrigen schon die Feststellung, ob sich bestimmte Daten bzw. deren Spuren auf den Speichermedien eines Computers befinden, spezifisches Fachwissen erfordert, das nicht Allgemeingut von Richtern ist, hätte die eigene Sachkunde einer näheren Darlegung bedurft (vgl. BGH, Urteil vom 10. Juli 1958 – 4 StR 211/58, BGHSt 12, 18, 20; Beschluss vom 26. April 2000 – 3 StR 152/00, StV 2001, 665). Eine solche ist auch den Urteilsgründen nicht zu entnehmen.

[18] d) Auf der danach rechtsfehlerhaften Ablehnung der Beweisanträge können die Verurteilung der Angeklagten P.M. wegen Untreue in den 438 im Tenor benannten Fällen im ersten Tatkomplex und die Verurteilung des Angeklagten M.M. wegen Beihilfe zur Untreue beruhen. Das Landgericht hat der Tatsache, dass der Zeuge Ha. bestritten hat, die fragliche E-Mail vom 8. Juni 2009 geschrieben zu haben, und dem Umstand, dass es sich bei der von der Verteidigung vorgelegten E-Mail-Kopie offensichtlich um eine Fälschung gehandelt habe, maßgebliche Bedeutung für die Widerlegung der Einlassung der Angeklagten P.M. beigemessen. Der Senat kann daher nicht ausschließen, dass das Landgericht zu einer abweichenden Überzeugungsbildung gelangt wäre, wenn es den beantragten Beweis erhoben und sich dabei die Beweisbehauptung bestätigt hätte. In diesem Fall wäre ein tragendes Argument der Beweiswürdigung der Kammer entfallen.

409 Der Beschluss, mit dem die Erhebung eines Beweises wegen **Unerheblichkeit der Beweistatsache** abgelehnt wird, ist mit konkreten Erwägungen zu begründen, warum das Tatgericht aus der Beweistatsache keine entscheidungserheblichen Schlussfolgerungen ziehen will. Die Anforderungen an diese Begründung entsprechen grundsätzlich denjenigen, denen das Gericht genügen müsste, wenn es die Indiz- oder Hilfstatsache durch Beweiserhebung festgestellt und sodann in den schriftlichen Urteilsgründen darzulegen hätte, warum sie auf seine Entscheidungsbildung ohne Einfluss blieb. Dies nötigt zu einer Einfügung der Beweistatsache in das bisher gewonnene Beweisergebnis.[408]

[3] a) Die Schwurgerichtskammer hat einen Beweisantrag der Verteidigung wegen tatsächlicher Bedeutungslosigkeit abgelehnt. Mit diesem hatte der Angeklagte unter anderem die Vernehmung der Zeugin Z. zum Beweis der Tatsache begehrt, dass die Zeugin Wi., die Freundin des Angeklagten, ihr am Morgen nach der Tatnacht – in Übereinstimmung mit späteren Angaben gegenüber der Polizei – von dem Tatgeschehen berichtet und hierbei kundgetan habe, der Angeklagte sei von den Zeugen A. und B. angegriffen worden, habe sich rückwärts von diesen wegbewegt und die ihn weiter verfolgenden Zeugen aufgefordert, sich ihm nicht weiter zu nähern. Er habe dabei mit einem abgebrochenen Flaschenhals in der Hand wild um sich geschlagen und gestikuliert. Der Zeuge B. habe sich gleichwohl weiter genähert und sei schließlich vom Angeklagten am Hals getroffen worden.

[4] b) Zur Begründung der Ablehnung dieses Beweisantrags hat das Landgericht ausgeführt, es halte die Einvernahme der Zeugin Z. zur Beurteilung der Glaubhaftigkeit der Angaben der Zeugin Wi. für nicht erforderlich. Falls die Zeugin Z. inhaltlich die Angaben der Zeugin Wi. gegenüber der Polizei wiedergebe, wäre als weitergehender Erkenntnisgewinn lediglich festzustellen, dass die Zeugin Wi. innerhalb von ca. zwei Wochen zwei gleichlautende Aussagen getroffen habe. Die Strafkammer habe die Zeugen F. (den Polizeibeamten, der im Ermittlungsverfahren die Zeugin Wi. vernommen hatte) und Wi. bereits vernommen. Die Beurteilung der Glaubhaftigkeit der Angaben von Zeugen treffe die Kammer aufgrund des Ergebnisses der Beweisaufnahme. Im Urteil hat die Schwurgerichtskammer die die Einlassung des Angeklagten stützende Aussage der Zeugin Wi. als unglaubhaft bewertet und insoweit unter anderem ausgeführt, die Zeugin habe zwischen dem Abtauchen des Angeklagten und ihrem eigenen Verschwinden am 2. Dezember 2011

[408] BGH, Beschluss vom 14.5.2013 – 5 StR 143/13.

(dem Tattag) bis zu ihrer Vernehmung am 17. Dezember 2011 genügend Zeit gehabt, ihre Aussage mit derjenigen des Angeklagten abzustimmen (UA S. 25).

[5] 2. Diese Ausführungen halten rechtlicher Überprüfung nicht stand.

[6] a) Bereits die Begründung, mit der das Landgericht den auf eine Indiztatsache gerichteten Beweisantrag abgelehnt hat, genügt nicht den insoweit bestehenden Anforderungen. Der Beschluss, mit dem die Erhebung eines Beweises wegen Unerheblichkeit der Beweistatsache abgelehnt wird, ist mit konkreten Erwägungen zu begründen, warum das Tatgericht aus der Beweistatsache keine entscheidungserheblichen Schlussfolgerungen ziehen will. Die Anforderungen an diese Begründung entsprechen grundsätzlich denjenigen, denen das Gericht genügen müsste, wenn es die Indiz- oder Hilfstatsache durch Beweiserhebung festgestellt und sodann in den schriftlichen Urteilsgründen darzulegen hätte, warum sie auf seine Entscheidungsbildung ohne Einfluss blieb. Dies nötigt zu einer Einfügung der Beweistatsache in das bisher gewonnene Beweisergebnis (BGH, Beschluss vom 27. November 2012 – 5 StR 426/12 m.w.N.). Das Landgericht hätte sich daher in der Beschlussbegründung ausdrücklich damit auseinandersetzen müssen, weshalb der für die Beurteilung der Glaubhaftigkeit jedenfalls nicht von vornherein unerhebliche Umstand der Übereinstimmung kurz nach der Tat gegenüber einer Bekannten getätigter Angaben mit einer zwei Wochen später stattfindenden Aussage bei der Polizei im konkreten Fall keinen Einfluss auf die Bewertung der das Tatgeschehen weitgehend im Einklang mit der Einlassung des Angeklagten darstellenden Angaben der Zeugin Wi. haben kann, sei es, weil es der Zeugin ohnehin Glauben schenkt, sei es, weil es deren Angaben auch bei einer zu unterstellenden Richtigkeit der Beweisbehauptung aus bestimmten Gründen als unglaubhaft bewerten würde. Demgegenüber erweckt die Beschlussbegründung den Eindruck, das Landgericht halte den – tatsächlich bestehenden – Zusammenhang der Beweistatsache mit dem Gegenstand der Urteilsfindung nicht für gegeben.

[7] b) Ob dieser Begründungsmangel im vorliegenden Fall bereits für sich genommen geeignet wäre, die Revision des Angeklagten zu begründen, kann indessen letztlich dahinstehen, da sich die Ablehnung des Beweisantrags jedenfalls aus einem anderen Grund als rechtsfehlerhaft erweist.

[8] An der dem Ablehnungsbeschluss zugrunde liegenden Annahme tatsächlicher Bedeutungslosigkeit der Beweistatsache muss sich das Gericht festhalten lassen; es darf sich nicht im Urteil zu der Ablehnungsbegründung in Widerspruch setzen, insbesondere die Urteilsgründe nicht auf das Gegenteil der unter Beweis gestellten Tatsache stützen (BGH, Beschlüsse vom 27. November 2012 – 5 StR 426/12 – und vom 20. Juli 2010 – 3 StR 250/10, StraFo 2010, 466; Urteil vom 19. September 2007 – 2 StR 248/07, StraFo 2008, 29; Beschluss vom 20. August 1996 – 4 StR 373/96, BGHR StPO § 244 Abs. 3 Satz 2 Bedeutungslosigkeit 22). Indem die Strafkammer die die Einlassung des Angeklagten bestätigende Aussage der Zeugin Wi. – unter anderem mit der Begründung als unglaubhaft bewertet hat, die Zeugin habe zwischen dem Abtauchen des Angeklagten und ihrem eigenen Verschwinden am 2. Dezember 2011 bis zu ihrer Vernehmung am 17. Dezember 2011 genügend Zeit gehabt, ihre Aussage mit derjenigen des Angeklagten abzustimmen, hat sie jedoch einen mit der im Ablehnungsbeschluss als bedeutungslos erachteten Tatsache unvereinbaren Umstand zur Stützung seiner Überzeugung herangezogen. Hätte die Zeugin Wi. nämlich bereits am Morgen nach der Tat identische Angaben gemacht, könnte nicht auf den im Urteil genannten für eine Abstimmung der Aussagen zur Verfügung stehenden Zeitraum von zwei Wochen abgestellt werden, sondern ledig-

lich auf einen solchen von wenigen Stunden, in dem der Angeklagte und die Zeugin noch unmittelbar unter dem Eindruck des Erlebten gestanden haben dürften und eine polizeiliche Aussage noch nicht unmittelbar bevorstand.

[9] c) Auf dem Verfahrensfehler beruht das Urteil. Zwar führt das Landgericht noch weitere Gründe für die Unglaubhaftigkeit der Angaben der Zeugin Wi. an. Das Abstellen auf den zur Abstimmung der Aussage zur Verfügung stehenden Zeitraum kann gleichwohl nicht als die Entscheidung nicht tragende Hilfserwägung verstanden werden. Vielmehr kann nicht ausgeschlossen werden, dass die Strafkammer unter Berücksichtigung einer inhaltlich deckungsgleichen Schilderung Wi.s bereits am Morgen nach der Tat insoweit zu einem anderen Ergebnis gelangt und die Aussage der Zeugin sowie die durch sie gestützte Einlassung des Angeklagten anders bewertet und im Ergebnis abweichende tatsächliche Feststellungen getroffen hätte.

410 Eine unter Beweis gestellte Indiz- oder Hilfstatsache ist **aus tatsächlichen Gründen** für die Entscheidung **bedeutungslos**, wenn sie in keinem Zusammenhang mit der Urteilsfindung steht oder weil sie trotz eines solchen Zusammenhangs selbst im Falle ihrer Bestätigung keinen Einfluss auf die richterliche Überzeugung vom entscheidungserheblichen Sachverhalt hätte, da sie nur einen möglichen Schluss auf das Vorliegen oder Fehlen einer Haupttatsache oder den Beweiswert eines anderen Beweismittels ermöglicht und das Gericht der Überzeugung ist, dass dieser Schluss in Würdigung der gesamten Beweislage nicht gerechtfertigt wäre. Ob der Schluss gerechtfertigt wäre, hat das Tatgericht nach den Grundsätzen der freien Beweiswürdigung zu beurteilen. Hierzu hat es die unter Beweis gestellte Indiz- oder Hilfstatsache so, als sei sie erwiesen, in das bisherige Beweisergebnis einzustellen und prognostisch zu prüfen, ob hierdurch seine bisherige Überzeugung zu der von der potentiell berührten Haupttatsache bzw. zum Beweiswert des anderen Beweismittels in einer für den Schuld- oder Rechtsfolgenausspruch bedeutsamen Weise erschüttert würde.[409]

d) Hinzuziehung von Sachverständigen – §§ 244 Abs. 4, 246a StPO

■ TOPENTSCHEIDUNG

411 Für den Antrag auf Einholung eines Sachverständigensgutachtens betreffend des Zustands einer Person bedarf es grundsätzlich des **Vortrags der Einwilligung der zu begutachtenden Person** in die beantragte Untersuchung. Das kann aber dann nicht gelten, wenn einem Sachverständigen ersichtlich unabhängig von einer Einwilligung des Zeugen die erforderlichen Erkenntnisse auch ohne persönliche Begutachtung verschafft werden können.[410]

[4] 2. Die Revision dringt mit einer Verfahrensrüge durch.

[5] a) Folgendes Geschehen liegt zugrunde:

[6] Der Verteidiger hatte die Einholung eines Gutachtens zur Glaubhaftigkeit der belastenden Angaben des Nebenklägers beantragt. Dieser leide an einer antisozialen

---

[409] BGH, Beschluss vom 15.10.2013 – 3 StR 154/13.

[410] BGH, Beschluss vom 5.3.2013 – 5 StR 39/13.

bzw. dissozialen Persönlichkeitsstörung, die sich aus bereits im frühen Kindesalter aufgetretenem aggressiv-dissozialem Verhalten herleite. Hauptmerkmal der Persönlichkeitsstörung sei ein tiefgreifendes Muster von Missachtung und Verletzung der Rechte anderer, das in der Kindheit beginne und bis ins Erwachsenenalter fortdauere. Weil Täuschung und Manipulation zentrale Merkmale dieser Störung seien, müssten die Tatschilderungen zu Lasten des Angeklagten als höchst unzuverlässig gelten.

[7] Das Landgericht hat den Antrag zurückgewiesen, weil es über die erforderliche Sachkunde selbst verfüge (§ 244 Abs. 4 Satz 1 StPO). Die von der Verteidigung behauptete Persönlichkeitsstörung möge bei dem Nebenkläger vorliegen. Jedoch seien Täuschung und Manipulation gerade keine zentralen Merkmale dieser Störung. Die Hinzuziehung medizinischer Hilfe sei nicht erforderlich, weil die Aussage des Nebenklägers eine Vielzahl von Realkennzeichen aufweise, in hohem Maße konstant sei und im Randbereich durch Bekundungen anderer Zeugen gestützt werde.

[8] b) Entgegen der Auffassung des Generalbundesanwalts ist die Rüge zulässig im Sinne des § 344 Abs. 2 Satz 2 StPO erhoben. Zwar bedarf es hierfür – was die Revision auch nicht verkennt – grundsätzlich des Vortrags der Einwilligung der zu begutachtenden Person in die beantragte Untersuchung (vgl. zuletzt BGH, Beschluss vom 8. Januar 2013 – 1 StR 602/12 m.w.N.). Das kann aber dann nicht gelten, wenn einem Sachverständigen ersichtlich unabhängig von einer Einwilligung des Zeugen die erforderlichen Erkenntnisse auch ohne persönliche Begutachtung verschafft werden können (vgl. dazu BGH, Beschlüsse vom 27. März 1990 – 5 StR 119/90, BGHR StPO § 244 Abs. 3 Satz 2 Ungeeignetheit 7, vom 25. September 1990 – 5 StR 401/90, BGHR StPO § 244 Abs. 3 Satz 1 Unzulässigkeit 6, vom 28. Oktober 2008 – 3 StR 364/08, NStZ 2009, 346, 347). So liegt es hier.

[9] c) Die Rüge hat auch in der Sache Erfolg. Mit der gegebenen Begründung durfte der Beweisantrag nicht abgelehnt werden. Zwar kann sich das Gericht bei der Beurteilung von Zeugenaussagen grundsätzlich eigene Sachkunde zutrauen; etwas anderes gilt aber, wenn besondere Umstände vorliegen, deren Würdigung eine spezielle Sachkunde erfordert, die dem Gericht nicht zur Verfügung steht (vgl. BGH, Beschlüsse vom 1. März 1994 – 5 StR 62/94, StV 1994, 634, vom 29. Oktober 1996 – 4 StR 508/96, NStZ-RR 1997, 106, vom 28. Oktober 2008 – 3 StR 364/08, NStZ 2009, 346, 347, vom 28. Oktober 2009 – 5 StR 419/09, NStZ 2010, 100, 101, und vom 23. Mai 2012 – 5 StR 174/12, NStZ-RR 2012, 353, 354). Solche Umstände sind hier gegeben. Die Beurteilung einer psychischen Störung des vielfach in psychiatrischen Einrichtungen untergebrachten sowie in seinem Aussageverhalten auffälligen Nebenklägers und von deren Auswirkungen auf die Aussagetüchtigkeit erfordert spezifisches Fachwissen, das nicht Allgemeingut von Richtern ist; demgemäß hätte die eigene Sachkunde näherer Darlegung bedurft (vgl. BGH, Urteil vom 10. Juli 1958 – 4 StR 211/58, BGHSt 12, 18, 20; Beschlüsse vom 21. Dezember 1983 – 3 StR 437/83, StV 1984, 232, und vom 23. Mai 2012 – 5 StR 174/12, aaO). Eine solche ist weder dem Zurückweisungsbeschluss noch den Urteilsgründen zu entnehmen.

[10] d) Die Ablehnung des Beweisantrags führt auf die Revisionsrüge zur umfassenden Aufhebung des Urteils, weil dieses insgesamt auf dem Rechtsfehler beruhen kann.

Der Beschluss, mit dem der Beweisantrag auf **Zuziehung eines weiteren Sachverständigen** abgelehnt wird, weil das **Gegenteil der Beweisbehauptung erwiesen** ist **412**

(§ 244 Abs. 4 Satz 2 Halbsatz 1 StPO), ist in der Regel näher zu begründen, wobei der Umfang der erforderlichen Begründung sich nach Art und Gewicht der gegen das Erstgutachten vorgebrachten Einwände richtet. Im Rahmen der vorzunehmenden, vom Gesetz gestatteten vorweggenommenen Beweiswürdigung darf das Tatgericht seine Überzeugung, das Gegenteil der behaupteten Beweistatsache sei bereits erwiesen, allein aufgrund des früheren Gutachtens gewonnen haben.[411]

Die Rüge ist nicht begründet.

Die Begründung, mit der die Strafkammer den auf die Einholung eines weiteren „ballistischen" Sachverständigengutachtens gerichteten Beweisantrag zurückgewiesen hat, hält rechtlicher Nachprüfung stand. Hierzu gilt:

Der Beschluss, mit dem der Beweisantrag auf Zuziehung eines weiteren Sachverständigen abgelehnt wird, weil das Gegenteil der Beweisbehauptung erwiesen ist (§ 244 Abs. 4 Satz 2 Halbsatz 1 StPO), ist in der Regel näher zu begründen, wobei der Umfang der erforderlichen Begründung sich nach Art und Gewicht der gegen das Erstgutachten vorgebrachten Einwände richtet. Im Rahmen der vorzunehmenden, vom Gesetz gestatteten vorweggenommenen Beweiswürdigung darf das Tatgericht seine Überzeugung, das Gegenteil der behaupteten Beweistatsache sei bereits erwiesen, allein aufgrund des früheren Gutachtens gewonnen haben (BGH, Urteil vom 24. November 1992 – 5 StR 500/92, BGHSt 39, 49, 52; Beschluss vom 10. August 2004 – 3 StR 240/04, NStZ 2005, 159).

Nach diesen Maßstäben ist die Begründung in dem Ablehnungsbeschluss des Landgerichts frei von Rechtsfehlern. Die Strafkammer hat dort in der Sache allein auf das Gutachten des Sachverständigen F. abgestellt. Das Gutachten des Sachverständigen Dr. S. findet demgegenüber allein in dem Zusammenhang Erwähnung, dass der Sachverständige F. ausgeführt habe, die Beantwortung der Frage, ob sich an dem Geschoss bestimmte Anhaftungen befunden hätten, die für das Vorliegen eines Querschlägers sprächen, falle nicht in seinen Kompetenzbereich, so dass er den Sachverständigen Dr. S. insoweit um eine ergänzende Beurteilung gebeten habe.

Entgegen der Auffassung der Revision war das Landgericht nicht gehindert, bei seiner abschließenden, in den Urteilsgründen dargestellten Beweiswürdigung nach Durchführung der gesamten Beweisaufnahme in seine Überzeugungsbildung, das Tatopfer sei nicht von einem Querschläger getroffen worden, auch das Gutachten des Sachverständigen Dr. S. miteinzubeziehen, das zu dieser Frage im Übrigen unter einem völlig anderen kriminaltechnischen Gesichtspunkt Stellung nahm als der Sachverständige F. Der auf § 244 Abs. 4 Satz 2 Halbsatz 1 StPO gestützte Ablehnungsbeschluss darf deshalb nicht auf andere Beweismittel oder auf eine Gesamtwürdigung aller Beweismittel gestützt werden, weil die genannte Vorschrift das während der Beweisaufnahme geltende grundsätzliche Verbot der Beweisantizipation bereits nach seinem Wortlaut nur in beschränktem Umfang insoweit durchbricht, als allein auf das frühere Sachverständigengutachten abgestellt werden darf (vgl. LR/Becker, StPO, 26. Aufl., § 244 Rn. 327 m.w.N.). Die Vorschrift lässt somit eine lediglich beschränkte Beweisantizipation zu, indem sie dem Tatgericht erlaubt, eine Abwägung vorzunehmen, ob ein benanntes Beweismittel einen zusätzlichen Erkenntnisgewinn verspricht, bevor dieses Beweismittel ausgeschöpft wird (vgl. Trück, NStZ 2007, 377, 383). Für die nach dem Inbegriff der Hauptverhandlung

---

[411] BGH, Beschluss vom 9.7.2013 – 3 StR 132/13.

vorzunehmende Würdigung des gesamten Beweisergebnisses (§ 261 StPO) gilt eine derartige Einschränkung dagegen nicht. Hier hat das Tatgericht alle für die Beweisfrage relevanten Beweismittel in seine Überzeugungsbildung einzustellen und diese in den Urteilsgründen darzulegen (§ 267 Abs. 1 Satz 2 StPO). Andernfalls könnte allein durch das Stellen eines Beweisantrags auf Zuziehung eines weiteren Sachverständigen die Beweisgrundlage zu einem entscheidungserheblichen Punkt verkürzt werden; dies wäre mit § 261 StPO unvereinbar.

Wenn das Tatgericht einen Sachverständigen zur Prüfung der Unterbringung des Angeklagten in einer Entziehungsanstalt hinzuzieht, erwägt es die Maßregelanordnung konkret und hat deshalb ein Gutachten einzuholen. Dem vom **Gericht bestellten Sachverständigen** ist in diesem Fall zu **ermöglichen**, von ihm für **erforderlich gehaltene Erkenntnisquellen** – insbesondere frühere Gutachten – **zu verarbeiten**; dies kann nicht mit der Begründung abgelehnt werden, auf das Ergebnis des Gutachtens komme es nicht an.[412] **413**

[2] 1. Der Verfahrensrüge liegt Folgendes zugrunde:

[3] Das Landgericht hat zur Hauptverhandlung den medizinischen Sachverständigen Dr. L. hinzugezogen. Dieser erklärte, er sehe sich außerstande, die Frage der Unterbringung in einer Entziehungsanstalt zu beantworten. Er halte es für erforderlich, die medizinischen Unterlagen über die Behandlung des Angeklagten in zwei früheren Therapien auszuwerten, die ihm bisher unbekannt seien. Der Verteidiger beantragte die Beiziehung dieser Unterlagen. Der Vorsitzende lehnte den Antrag ab, „da nicht ersichtlich ist, welche Tatsachen ermittelt werden sollen". Der Sachverhalt könne „so bewertet werden, als wäre die Therapie günstig und aus Sicht der Einrichtung erfolgreich gewesen". Der Verteidiger beantragte die gerichtliche Entscheidung; dies führte zur Bestätigung der Verfügung des Vorsitzenden durch die Strafkammer.

[4] Die Revision trägt vor, der Sachverständige habe „weder den Angeklagten in der Justizvollzugsanstalt untersucht noch Unterlagen über den vergangenen Therapieablauf dieser Einrichtungen seitens des Gerichts erhalten und demnach kein schriftliches Gutachten erstattet". Sie sieht in der Ablehnung der Beiziehung von Behandlungsunterlagen zur Informierung des Sachverständigen einen Verstoß gegen § 244 Abs. 2 Satz 2 StPO und gegen § 246a StPO.

[5] Im Urteil hat die Strafkammer die Unterbringung des Angeklagten in einer Entziehungsanstalt wie folgt abgelehnt: „Auch wenn die vorangegangenen Therapiemaßnahmen erfolgreich abgeschlossen worden sind und zu Gunsten des Angeklagten angenommen wird, der Therapieverlauf sei für ihn jeweils positiv zu bewerten, so ändern diese Umstände nichts daran, dass der Angeklagte jeweils innerhalb nur weniger Monate nach Abschluss einer solchen Maßnahme wieder drogenrückfällig geworden ist und in der Folge erneut gleichartige Straftaten begangen hat."

[6] 2. Die Rüge der Verletzung von § 246a Satz 2 StPO ist zulässig. Entgegen der Ansicht des Generalbundesanwalts ist nicht erforderlich, dass der Beschwerdeführer mitteilt, welche Anknüpfungstatsachen im Fall der Beiziehung der Behandlungsunterlagen festzustellen gewesen wären. Denn hier geht es nicht um eine Aufklärungsrüge (§§ 244 Abs. 2, 337 StPO), für die weiter gehende Darlegungspflich-

[412] BGH, Beschluss vom 17.7.2013 – 2 StR 255/13.

ten im Sinne von § 344 Abs. 2 Satz 2 StPO bestehen könnten. Die Verletzung der Pflicht des Gerichts zur umfassenden Unterrichtung des Sachverständigen verstößt jedenfalls auch gegen § 246a Satz 2 StPO (vgl. SK/Frister, StPO 4. Aufl. § 246a Rn. 23). Die für die Prüfung dieses Verfahrensfehlers erforderlichen Prozesstatsachen sind vom Beschwerdeführer mitgeteilt worden.

[7] 3. Die Verfahrensrüge ist begründet. Dies führt zur Aufhebung der Entscheidung des Landgerichts, die Unterbringung des Angeklagten in einer Entziehungsanstalt gemäß § 64 Satz 2 StGB mangels hinreichend konkreter Aussicht eines Behandlungserfolges nicht anzuordnen, und zur Aufhebung des Strafausspruchs.

[8] a) Das Landgericht hat § 246a Satz 2 StPO verletzt.

[9] Danach ist in der Hauptverhandlung ein Sachverständiger über den Zustand des Angeklagten und die Behandlungsaussichten zu vernehmen, wenn das Gericht erwägt, die Unterbringung des Angeklagten in einer Entziehungsanstalt anzuordnen. Das Landgericht hat durch Hinzuziehung des Sachverständigen Dr. L. zu erkennen gegeben, dass es konkret erwogen hat, die Maßregel anzuordnen. Von dieser Vorgabe hat es sich in der Hauptverhandlung bis zur Beweiserhebung auch nicht distanziert, sondern den Sachverständigen befragt. Der Senat kann daher offen lassen, ob und wie die Strafkammer von dem durch den Vorsitzenden mit der Ladung und Vernehmung des Sachverständigen zum Ausdruck gebrachten „Erwägen" wieder Abstand hätte nehmen können. Die vom Vorsitzenden – mit nachfolgender Bestätigung durch die Strafkammer – erklärte Unterstellung einer Tatsachenannahme sieht das Gesetz im Anwendungsbereich des § 246a Satz 2 StPO dagegen nicht vor. Vielmehr war unter den gegebenen Umständen ein Sachverständigengutachten einzuholen.

[10] § 246a Satz 2 StPO stellt dies nicht ins Belieben des Tatgerichts. Dessen Pflicht zur Einholung eines Sachverständigengutachtens entfällt nur, wenn die Maßregel in Ausübung des ihm gemäß § 64 Satz 2 StGB eingeräumten Ermessens nicht angeordnet wird. Der Ermessensspielraum ist jedoch auf Ausnahmefälle beschränkt (vgl. BGH, Beschluss vom 28. Oktober 2008 – 5 StR 472/08, NStZ 2009, 204, 205). Um einen solchen Ausnahmefall geht es hier nicht. Das Gebot der Gutachteneinholung aus § 246a Satz 2 StPO darf dann aber nicht durch die Behauptung eigener Sachkunde des Gerichts umgangen werden (vgl. BGH, Beschluss vom 30. März 1977 – 3 StR 78/77, BGHSt 27, 166, 167). Das Landgericht hatte dafür Sorge zu tragen, dass der Sachverständige umfassend über alle relevanten Tatsachen informiert wird (vgl. BGH aaO). Ihm ist auch die Sichtung von Behandlungsunterlagen früherer Therapien zu ermöglichen. Dies gilt insbesondere dann, wenn er die Sichtung dieser Unterlagen für erforderlich erklärt und die Verteidigung deren Beiziehung beantragt. Durch Auswertung des Aktenmaterials sollen Defizite der Sachaufklärung durch das Gericht in der Hauptverhandlung ausgeglichen werden (vgl. BGH, Beschluss vom 20. September 2011 – 4 StR 434/11, NStZ 2012, 463, 464). Das Landgericht hat dies zu Unrecht abgelehnt.

[11] b) Auf dem Rechtsfehler beruht die Maßregelentscheidung. Damit ist nicht zwingend eine Aufhebung der Freiheitsstrafe zu verbinden. Jedoch kann diese im Einzelfall erfolgen, wenn nicht auszuschließen ist, dass eine Fehlbewertung der Maßregelvoraussetzungen auch einen Einfluss auf die Strafzumessung hat (vgl. Senat, Beschluss vom 22. August 2012 – 2 StR 235/12, NStZ-RR 2013, 150, 151; Fischer, StGB 60. Aufl. § 64 Rn. 30). So liegt es hier, weil das Landgericht der Sache nach von einer bei dem Angeklagten nicht therapierbaren Rückfallgefahr ausgegangen ist, ferner weil es die Einzelstrafen ausschließlich wegen Beschaffungs-

delikte des Angeklagten für seinen Drogenkonsum verhängt hat, außerdem weil die Einsatzstrafe bei der Gesamtstrafenbildung vor diesem Hintergrund ohne Erläuterung um mehr als das Dreifache erhöht wurde, und schließlich, weil Fragen des Vorwegvollzugs der Strafe vor der Maßregel zu erörtern sind, sofern der neue Tatrichter eine Maßregelanordnung trifft. Daher hebt der Senat auch den Strafausspruch auf.

17. Selbstleseverfahren – § 249 Abs. 2 StPO

Enthält das Hauptverhandlungsprotokoll zwar die Anordnung, dass ein umfang- **414**
reiches Anlagenkonvolut gemäß § 249 Abs. 2 Satz 1 StPO im Wege des Selbstleseverfahrens in die Hauptverhandlung eingeführt werden soll, jedoch **keinen (weiteren) Eintrag über den Abschluss** des Selbstleseverfahrens nach § 249 Abs. 2 Satz 3 StPO, ist dieses insoweit fehlgeschlagen.[413]

[2] 1. Gegenstand der Verurteilung sind Schleusungen von afghanischen Staatsangehörigen nach Deutschland mit beim deutschen Generalkonsulat in Dubai durch Falschangaben erschlichenen Visa. Das Landgericht hat seine Beweise zu einem wesentlichen Teil durch im Selbstleseverfahren eingeführte Urkunden erhoben. Die vom Angeklagten wegen Verletzung der § 249 Abs. 2 Satz 1 und 3, § 261 StPO zulässig erhobene Inbegriffsrüge greift hinsichtlich zahlreicher dieser Urkunden durch. Der Vorsitzende der Strafkammer hat in der Hauptverhandlung vom 18. Oktober 2012 angeordnet, dass ein mit den Tatvorwürfen gegen den Angeklagten im Zusammenhang stehendes umfangreiches Anlagenkonvolut („Selbstleseverfahren 2") gemäß § 249 Abs. 2 Satz 1 StPO im Wege des Selbstleseverfahrens in die Hauptverhandlung eingeführt werde. Das Hauptverhandlungsprotokoll enthält jedoch keinen Eintrag über den Abschluss des Selbstleseverfahrens nach § 249 Abs. 2 Satz 3 StPO. Damit ist das Selbstleseverfahren insoweit fehlgeschlagen (vgl. BGH, Beschlüsse vom 28. Januar 2010 – 5 StR 169/09, BGHSt 55, 31, 32, und vom 20. Juli 2010 – 3 StR 76/10, NStZ 2010, 712, 713).

[3] 2. Anders als der Generalbundesanwalt vermag der Senat ein Beruhen des Urteils auf dem Rechtsfehler (§ 337 Abs. 1 StPO) nicht auszuschließen.

[4] a) Das Landgericht stützt seine Überzeugung von der Schuld des alle Vorwürfe bestreitenden Angeklagten sowohl hinsichtlich der einzelnen Taten als auch in der Gesamtwürdigung ausdrücklich auf eine Reihe von Urkunden, die im betreffenden Anlagenkonvolut enthalten waren. Das gilt unter anderem für den polizeilichen Ermittlungsbericht vom 21. August 2012 (UA S. 77, 78, 86, 94, 95, 96, 100, 106, 107, 109), den im Rahmen der Beweiswürdigung eine zentrale Rolle einnehmenden „Schleusungsvertrag" der durch den Angeklagten betriebenen „Tourismus- und Ticketverkaufsagentur A." mit einer zu schleusenden Person, aus dem sich nach Auffassung der Strafkammer die Rahmenbedingungen auch für die anderen durch den Angeklagten durchgeführten Schleusungen ergeben (UA S. 19 f., 78 ff.), sowie eine Fülle von insgesamt 2.128 ausgewerteten E-Mails nebst Anhängen, die auf dem Account des Angeklagten gespeichert waren (UA S. 76) und wesentlich zu der Überzeugung des Landgerichts geführt haben, der Angeklagte habe sich ein „weit verzweigtes System von Einladern und Unterzeichnern von Verpflichtungserklärungen" geschaffen und zunutze gemacht (UA S. 110 ff.).

---

[413] BGH, Beschluss vom 4.9.2013 – 5 StR 306/13.

[5] b) Die insoweit verwerteten Umstände können auch nicht durch Vorhalte an den polizeilichen Ermittlungsführer oder auf andere Weise zum Gegenstand der Hauptverhandlung geworden sein. Angesichts des eine Vielzahl von Daten, Namen sowie anderen Details enthaltenden E-Mail-Verkehrs versteht sich das für diesen ebenso von selbst wie für Einzelangaben aus dem umfangreichen Ermittlungsbericht (vgl. auch BGH, Beschluss vom 28. Januar 2010 – 5 StR 169/09, aaO, S. 36 m.w.N.). Darüber hinaus hat das Landgericht sowohl den Inhalt der E-Mails nebst Anlagen (UA S. 76) als auch des Ermittlungsberichts (z.B. UA S. 77) herangezogen, um die Angaben des Ermittlungsführers auf ihre Zuverlässigkeit hin zu überprüfen. Zum „A.-Vertrag", dessen wesentlicher Inhalt in den Urteilsgründen wiedergegeben ist, wobei aus der Übersendungsmail wörtlich zitiert wird, bezieht sich das Landgericht ausdrücklich nur auf die Einführung „im Wege des Selbstleseverfahrens" (UA S. 78).

18. Verlesung früherer Aussagen / Vernehmung des Ermittlungsrichters nach Zeugnisverweigerung / sonstiger Urkundenbeweis – §§ 251 ff. StPO

415 Erklärt ein Vernehmungsbeamter, er könne sich an den Inhalt der Vernehmung nicht erinnern, kommt eine Verlesung der von ihm gefertigten polizeilichen Vernehmungsniederschrift gemäß **§ 253 Abs. 1 StPO** nicht in Betracht. Diese Vorschrift gilt nicht im Rahmen der Vernehmung von Verhörspersonen, die in der Hauptverhandlung über Bekundungen aussagen, die andere vor ihnen gemacht haben. Die Vorschrift ist nur anwendbar, wenn es sich bei dem **Zeugen, dessen Gedächtnis unterstützt werden soll,** um **dieselbe Person** handelt, deren Aussage in dem zu verlesenden Protokoll festgestellt wurde. Ein Anwendungsfall des § 253 StPO liegt deshalb hier nicht vor. Verhörspersonen können die darüber aufgenommenen Niederschriften zwar vorgehalten werden, sie dürfen aber nicht, wie hier, zum ergänzenden Urkundenbeweis bei Erinnerungsmängeln benutzt werden ein.[414]

[2] Die Rüge, die Verlesung der polizeilichen Vernehmung des Mitangeklagten sei nach § 253 Abs. 1, § 254 Abs. 1 StPO unzulässig gewesen, hat Erfolg. Der Generalbundesanwalt hat dazu in seiner Antragsschrift ausgeführt:

> *„Das Landgericht hat seine Überzeugung von der Täterschaft des Angeklagten auf den Inhalt des Protokolls der polizeilichen Vernehmung des seinerzeitigen Beschuldigten (Verurteilten) C.L. gestützt, der in der Hauptverhandlung von seinem Aussageverweigerungsrecht Gebrauch gemacht hat (UA S. 5). Der Angeklagte hat den gegen ihn erhobenen Tatvorwurf in der Hauptverhandlung bestritten (UA S. 5). Das Protokoll der polizeilichen Vernehmung vom 21. November 2008, in der der Verurteilte C.L. die Tat gestanden und seinen Bruder, den Angeklagten, als Mittäter benannt hatte, wurde dem Vernehmungsbeamten, [...] der an den Inhalt der Vernehmung keine Erinnerung mehr hatte, gemäß § 253 Abs. 1 StPO zur Stütze des Gedächtnisses vollständig vorgehalten.*
>
> *Diese Verfahrensweise begegnet durchgreifenden rechtlichen Bedenken. Erklärt ein Vernehmungsbeamter, er könne sich an den Inhalt der Vernehmung nicht*

414 BGH, Beschluss vom 19.3.2013 – 3 StR 26/13.

erinnern, kommt eine Verlesung der von ihm gefertigten polizeilichen Vernehmungsniederschrift gemäß § 253 Abs. 1 StPO nicht in Betracht. Diese Vorschrift gilt nicht im Rahmen der Vernehmung von Verhörspersonen, die in der Hauptverhandlung über Bekundungen aussagen, die andere vor ihnen gemacht haben (vgl. BGH StV 1994, 637). Die Vorschrift ist nur anwendbar, wenn es sich bei dem Zeugen, dessen Gedächtnis unterstützt werden soll, um dieselbe Person handelt, deren Aussage in dem zu verlesenden Protokoll festgestellt wurde (BGH NStZ 1984, 17). Ein Anwendungsfall des § 253 StPO liegt deshalb hier nicht vor. Verhörspersonen können die darüber aufgenommenen Niederschriften zwar vorgehalten werden, sie dürfen aber nicht, wie hier, zum ergänzenden Urkundenbeweis bei Erinnerungsmängeln benutzt werden (vgl. BGH NStZ 1984, 17; Diemer in KK StPO, 6. Aufl. § 253 Rdn. 3).

Da sich die Überzeugung des Landgerichts von der Täterschaft des Angeklagten maßgeblich auf die polizeiliche Beschuldigtenvernehmung des Verurteilten C.L. gründet, beruht das Urteil auch auf dem Verfahrensverstoß (§ 337 Abs. 1 StPO).“

[3] Dem schließt sich der Senat an.

Bei einer Aussage-gegen-Aussage-Konstellation wird es die Beweislage in aller Regel gebieten, allen **erkennbaren und sinnvollen Möglichkeiten zur Aufklärung des Sachverhalts** nachzugehen. Soweit Zeugen nicht zur Verfügung stehen, wird sich der Tatrichter gedrängt sehen, **zumindest deren protokollierte Aussage (vernehmungsersetzend) gem. § 251 Abs. 1 Nr. 1 StPO** zu verlesen.[415] **416**

[3] 2. Die vom Beschwerdeführer zulässig erhobene Aufklärungsrüge gemäß § 244 Abs. 2 StPO greift durch.

[4] a) Folgendes liegt zu Grunde:

[5] Die Staatsanwaltschaft stellte in ihrer Begleitverfügung zur Anklageerhebung das Verfahren ein, soweit es sich gegen A.Bo. gerichtet hatte; sie verneinte insoweit einen hinreichenden Tatverdacht im Sinne des § 170 Abs. 2 Satz 1 StPO. Der in der Anklageschrift als Zeuge aufgeführte Bo. wurde schließlich auf Drängen der Verteidigerin des Angeklagten zur Hauptverhandlung formlos geladen; er erschien jedoch nicht. Nach Erörterung der Sach- und Rechtslage stimmten die Staatsanwaltschaft, der Nebenklägervertreter, die Verteidiger und die Angeklagten der Verlesung der Niederschrift über die polizeiliche Beschuldigtenvernehmung Bo.s zu. Der Vorsitzende der Jugendkammer kündigte die spätere Verlesung des Protokolls an; diese unterblieb jedoch, ohne dass den Akten Gründe hierfür zu entnehmen wären.

[6] b) Das verstieß gegen § 244 Abs. 2 StPO.

[7] Das Landgericht hat die Verurteilung des Angeklagten – neben weiteren Beweiserwägungen – auf die für glaubhaft befundene Aussage der Nebenklägerin gestützt. Dies gilt insbesondere, soweit der Angeklagte behauptet hatte, diese sei freiwillig mit nach Amsterdam gefahren und habe sich freiwillig in dem Haus Bo.s aufgehalten. Bei dieser Beweislage gebot es § 244 Abs. 2 StPO, allen erkennbaren und sinnvollen Möglichkeiten zur Aufklärung des Sachverhalts nachzugehen (vgl. BGH, Urteil vom 10. November 1992 – 1 StR 685/92, BGHR StPO § 244 Abs. 6

[415] BGH, Beschluss vom 8.5.2013 – 4 StR 165/13; siehe hierzu auch BGH, Beschluss vom 19.3.2013 – 5 StR 79/13.

Beweisantrag 23; zuletzt BGH, Beschluss vom 19. März 2013 – 5 StR 79/13). Deshalb hätte sich das Landgericht gedrängt sehen müssen, jedenfalls die protokollierte Aussage des damaligen Beschuldigten Bo. im Ermittlungsverfahren gemäß § 251 Abs. 1 Nr. 1 StPO (vernehmungsersetzend) zu verlesen. Bo. hatte unmittelbar die näheren Umstände des Aufenthalts der Nebenklägerin seit deren Ankunft in Amsterdam wahrgenommen und hierüber auch detaillierte, die Einlassung des Angeklagten (und der früheren Mitangeklagten) stützende Angaben gemacht.

[8] Der Senat kann nicht ausschließen, dass sich das Landgericht nicht von der Glaubhaftigkeit der Aussage der Nebenklägerin überzeugt hätte, wenn es die Angaben Bo.s ordnungsgemäß in die Hauptverhandlung eingeführt hätte und dementsprechend das Urteil anders ausgefallen wäre.

19. Verständigung im Strafverfahren – § 243 Abs. 4 S. 1, §§ 257c, 273 Abs. 1a S. 3, § 302 Abs. 1 S. 2 StPO

417 Die langerwartete (nachstehende) Entscheidung des BVerfG zum Deal hat bestimmte Voraussetzungen festgeschrieben, daneben aber weitere Fragen aufgeworfen, welche durch die obergerichtlichen Entscheidungen bislang noch nicht vollständig geklärt sind. Auch bleibt abzuwarten, ob angesichts der Entscheidungen des 2. Strafsenats vom 10.7.2013[416] das BVerfG nochmals „nachlegen" wird.

■ TOPENTSCHEIDUNG

418 1. Das im Grundgesetz verankerte Schuldprinzip und die mit ihm verbundene Pflicht zur Erforschung der materiellen Wahrheit sowie der Grundsatz des fairen, rechtsstaatlichen Verfahrens, die Unschuldsvermutung und die Neutralitätspflicht des Gerichts schließen es aus, die Handhabung der Wahrheitserforschung, die rechtliche Subsumtion und die Grundsätze der Strafzumessung zur freien Disposition der Verfahrensbeteiligten und des Gerichts zu stellen.

2. **Verständigungen zwischen Gericht und Verfahrensbeteiligten** über Stand und Aussichten der Hauptverhandlung, die dem Angeklagten für den Fall eines Geständnisses eine Strafobergrenze zusagen und eine Strafuntergrenze ankündigen, tragen das Risiko in sich, dass die verfassungsrechtlichen Vorgaben nicht in vollem Umfang beachtet werden. Gleichwohl ist es dem Gesetzgeber nicht schlechthin verwehrt, zur Verfahrensvereinfachung Verständigungen zuzulassen. Er muss jedoch zugleich durch hinreichende Vorkehrungen **sicherstellen, dass die verfassungsrechtlichen Anforderungen gewahrt bleiben.** Die Wirksamkeit der vorgesehenen Schutzmechanismen hat der Gesetzgeber fortwährend zu überprüfen. Ergibt sich, dass sie unvollständig oder ungeeignet sind, hat er insoweit nachzubessern und erforderlichenfalls seine Entscheidung für die Zulässigkeit strafprozessualer Absprachen zu revidieren.

3. Das Verständigungsgesetz sichert die Einhaltung der verfassungsrechtlichen Vorgaben in ausreichender Weise. Der in erheblichem Maße defizitäre Vollzug des Verständigungsgesetzes führt derzeit nicht zur Verfassungswidrigkeit der gesetzlichen Regelung.

---

416 BGH, Urteil vom 10.7.2013 – 2 StR 47/13, vgl. Rn. 420.

4. Mit den Vorschriften des Verständigungsgesetzes hat die Zulassung von Verständigungen im Strafverfahren eine abschließende Regelung erfahren.

5. **Außerhalb des gesetzlichen Regelungskonzepts** erfolgende sogenannte **informelle Absprachen sind unzulässig.**[417]

[81] aa) In der Konzeption des Gesetzgebers kommt der Öffentlichkeit der Hauptverhandlung eine zentrale Bedeutung zu. Mit dem Gebot, die mit einer Verständigung verbundenen Vorgänge umfassend in die Hauptverhandlung einzubeziehen, gewährleistet der Gesetzgeber nicht nur vollständige Transparenz; er legt zugleich besonderes Gewicht auf die Kontrollfunktion der Öffentlichkeit der Hauptverhandlung und bekräftigt damit, dass auch im Fall der Verständigung der Inbegriff der Hauptverhandlung die Grundlage der richterlichen Überzeugungsbildung bleibt (§ 261 StPO).

[82] (1) (a) Dem Gesetzgeber kam es maßgeblich darauf an, die Transparenz der strafgerichtlichen Hauptverhandlung und die Unterrichtung der Öffentlichkeit in der Hauptverhandlung gerade im Falle einer Verständigung zu bewahren; die Verständigung müsse sich „im Lichte der öffentlichen Hauptverhandlung offenbaren" (vgl. Begründung des Gesetzentwurfs der Bundesregierung, BT-Drucks. 16/12310, S. 8, 12). Dementsprechend hat das Verständigungsgesetz umfassende Transparenz- und Dokumentationspflichten mit Bezug auf die Hauptverhandlung statuiert. Sie zielen darauf, nicht nur die Verständigung selbst, also den formalen Verständigungsakt des § 257c Abs. 3 StPO, sondern darüber hinausgehend auch die zu einer Verständigung führenden Vorgespräche in die Hauptverhandlung einzuführen. Zwar ist nach der Begründung des Regierungsentwurfs die „Vorbereitung" einer Verständigung auch außerhalb der Hauptverhandlung möglich. Gegenstand einer Erörterung im Vorfeld der Hauptverhandlung kann es danach auch sein, Möglichkeit und Umstände einer Verständigung zu besprechen (vgl. BT-Drucks. 16/12310, S. 9, 12). Für alle Erörterungen außerhalb der Hauptverhandlung verlangt § 243 Abs. 4 StPO eine Mitteilung deren „wesentlichen Inhalts". Diese Mitteilung ist gemäß § 273 Abs. 1a Satz 2 StPO zu protokollieren. Demgegenüber sind hinsichtlich der Verständigung selbst gemäß § 273 Abs. 1a Satz 1 StPO der wesentliche Ablauf und Inhalt sowie das Ergebnis wiederzugeben. Die Protokollierungspflicht hinsichtlich der Verständigung geht also über die Protokollierung der nach § 243 Abs. 4 StPO vorgeschriebenen Mitteilung hinaus. Dem liegt zugrunde, dass die Verständigung als solche nach § 257c Abs. 1 StPO nur in der Hauptverhandlung erfolgen kann. Die im Vergleich zur Verständigung selbst reduzierte Pflicht zur Dokumentation der Gespräche zur Vorbereitung einer Verständigung außerhalb der Hauptverhandlung gemäß § 273 Abs. 1a Satz 2, § 243 Abs. 4 StPO fügt sich in das vom Gesetzgeber verfolgte Konzept der Stärkung der Transparenz und Dokumentation ein, weil die Verständigung selbst erst in der Hauptverhandlung stattfinden kann und § 273 Abs. 1a Satz 1 StPO die Dokumentation der wesentlichen Abläufe, des Inhalts und des Ergebnisses dieser Verständigung gebietet. Alle wesentlichen Elemente einer Verständigung, zu denen angesichts des vom Gesetzgeber verfolgten Konzepts auch außerhalb der Hauptverhandlung geführte Vorgespräche zählen, sind zum Gegenstand der Erörterung in der Hauptverhandlung zu machen und unterliegen der Protokollierungspflicht nach § 273 Abs. 1a Satz 1 StPO.

---

[417] BVerfG, Urteil vom 19.3.2013 – 2 BvR 2628/10, 2 BvR 2883/10, 2 BvR 2155/11.

[83] (b) Hinsichtlich des Inhalts möglicher Erörterungen des Gerichts mit den Verfahrensbeteiligten und der dabei bestehenden Transparenz- und Dokumentationspflichten ist zu unterscheiden:

[84] (aa) Möglich sind Gespräche, die ausschließlich der Organisation sowie der verfahrenstechnischen Vorbereitung und Durchführung der Hauptverhandlung dienen, etwa die Abstimmung der Verhandlungstermine. Mangels eines Bezugs auf das Verfahrensergebnis sind diese Gespräche dem Regelungskonzept des Verständigungsgesetzes vorgelagert und von ihm nicht betroffen. Sie unterliegen deshalb nicht der Mitteilungspflicht des § 243 Abs. 4 StPO.

[85] (bb) In Betracht kommen weiterhin Gespräche, die als Vorbereitung einer Verständigung verstanden werden können und über deren wesentlichen Inhalt deshalb nach § 243 Abs. 4 StPO in der Hauptverhandlung zu informieren ist. Die Mitteilungspflicht greift ein, sobald bei im Vorfeld oder neben der Hauptverhandlung geführten Gesprächen ausdrücklich oder konkludent die Möglichkeit und die Umstände (vgl. BT-Drucks. 16/12310, S. 12) einer Verständigung im Raum stehen. Dies ist jedenfalls dann der Fall, wenn Fragen des prozessualen Verhaltens in Konnex zum Verfahrensergebnis gebracht werden und damit die Frage nach oder die Äußerung zu einer Straferwartung naheliegt. Im Zweifel wird in der Hauptverhandlung zu informieren sein. Zum mitzuteilenden Inhalt solcher Erörterungen gehört, welche Standpunkte von den einzelnen Gesprächsteilnehmern vertreten wurden, von welcher Seite die Frage einer Verständigung aufgeworfen wurde und ob sie bei anderen Gesprächsteilnehmern auf Zustimmung oder Ablehnung gestoßen ist (vgl. BGH, Beschluss vom 5. Oktober 2010 – 3 StR 287/10 –, juris; siehe auch Meyer-Goßner, StPO, 55. Aufl. 2012, § 243 Rn. 18a; Altenhain/Haimerl, JZ 2010, S. 327 <336>; Schlothauer/Weider, StV 2009, S. 600 <603>). Fehlt im Hauptverhandlungsprotokoll der nach § 273 Abs. 1a Satz 2 StPO vorgeschriebene Hinweis auf eine Mitteilung nach § 243 Abs. 4 StPO, ergibt sich daraus lediglich, dass eine solche Mitteilung in der Hauptverhandlung unterblieben ist, nicht aber, dass es keine Erörterungen außerhalb der Hauptverhandlung gegeben hat, weil diese Tatsache nicht von der negativen Beweiskraft des Protokolls (§ 274 StPO) umfasst ist (a.A. ohne nähere Begründung Meyer-Goßner, StPO, 55. Aufl. 2012, § 243 Rn. 18a a.E.).

[86] (cc) Die Verständigung selbst hat zwingend in der Hauptverhandlung stattzufinden, wo die vom Gesetzgeber verlangte Protokollierung nach § 273 Abs. 1a Satz 1 StPO und damit eine Voraussetzung vollumfänglicher Kontrolle gewährleistet ist. Zum „wesentlichen Ablauf und Inhalt" im Sinne dieser Norm gehört nach Sinn und Zweck der Dokumentationspflicht insbesondere, wer die Anregung zu den Gesprächen gab und welchen Inhalt die einzelnen „Diskussionsbeiträge" aller Verfahrensbeteiligten sowie der Richter hatten, insbesondere von welchem Sachverhalt sie hierbei ausgingen und welche Ergebnisvorstellungen sie äußerten (vgl. Stuckenberg, in: Löwe-Rosenberg, StPO, 26. Aufl. 2013, § 257c Rn. 71). …

[103] (1) Das verfassungsrechtliche Schuldprinzip steht nicht zur Disposition des Gesetzgebers (vgl. BVerfGE 123, 267 <413>). Dies schließt es nicht aus, den Strafverfolgungsbehörden Möglichkeiten zu einem Absehen von der Strafverfolgung zu eröffnen, namentlich in Fällen geringfügiger Kriminalität, in denen der Rechtsfrieden nicht ernsthaft beeinträchtigt und eine Kriminalstrafe zum Schuldausgleich nicht zwingend geboten ist, so dass ein öffentliches Interesse an einem Schuldspruch nicht besteht oder durch die Erfüllung von Auflagen oder/und Weisungen beseitigt werden kann. Solche Ausnahmen dürfen die Geltungskraft des Schuldprinzips nicht in Frage stellen und bedürfen stets einer gesetzlichen Regelung, wie sie der Gesetz-

geber etwa in den §§ 153 ff. StPO getroffen hat. Als Ausnahmen von der verfassungsrechtlichen Pflicht des Staates zur Durchsetzung des staatlichen Strafanspruchs sind sie fest zu umgrenzen und bedürfen jeweils einer eigenständigen Legitimation (vgl. zu Beschränkungen der Sachverhaltsaufklärung BVerfGE 33, 367 <382 f.>; 46, 214 <222 f.>; 49, 24 <54>; 51, 324 <344>; 129, 208 <260>; BVerfG, Beschluss der 1. Kammer des Ersten Senats vom 22. August 2000 – 1 BvR 77/96 -, NStZ 2001, S. 43 <44>).

[104] (2) Als unerlässliche Voraussetzung der Verwirklichung des Schuldprinzips unterliegt auch die Pflicht zur bestmöglichen Erforschung der materiellen Wahrheit nicht der Disposition des Gesetzgebers. Sie ist das bestimmende Ziel, von dem sich der Strafprozess nicht entfernen darf. Allerdings ist es Sache des Gesetzgebers, darüber zu befinden, auf welchen Wegen und mit welchen Mitteln er die Verwirklichung des Schuldprinzips gewährleistet. Es ist dem Gesetzgeber auch nicht versagt, unter Wahrung rechtsstaatlicher Grundsätze für Fälle einfach gelagerter und eindeutiger Sachverhalte – etwa bei einer sich mit den Ermittlungsergebnissen deckenden geständigen Einlassung schon im Ermittlungsverfahren oder bei einem auf frischer Tat angetroffenen Beschuldigten – ein vereinfachtes Verfahren zur Gewinnung der richterlichen Überzeugung von Schuld oder Unschuld des Angeschuldigten und der hieraus zu ziehenden Folgen ohne das Erfordernis einer öffentlichen Hauptverhandlung mit ihrer formalisierten Beweisaufnahme einzurichten, wie es die Strafprozessordnung mit dem Strafbefehlsverfahren gemäß § 407 Abs. 1 und 2 StPO vorsieht (vgl. dazu Gössel, in: Löwe-Rosenberg, StPO, 26. Aufl. 2009, Vor § 407 Rn. 25 f. m.w.N.). Ermöglichen es die in der Akte befindlichen Unterlagen und Beweismittel dem Richter, sich die Überzeugung von der Richtigkeit des dem Angeschuldigten zur Last gelegten Sachverhalts zu bilden, ist eine öffentliche Hauptverhandlung zur Gewinnung einer tragfähigen Grundlage für die Schuldfeststellung, die rechtliche Beurteilung und die Strafzumessung von Verfassungs wegen nicht zwingend geboten, sofern es der Angeschuldigte in der Hand hat, durch einfache Erklärung die Durchführung einer öffentlichen Hauptverhandlung zu erzwingen (vgl. BVerfGE 25, 158 <164 f.>; BVerfG, Beschlüsse der 3. Kammer des Zweiten Senats vom 14. Februar 1995 – 2 BvR 1950/94 –, NJW 1995, S. 2545 <2546> und vom 4. Juli 2002 – 2 BvR 2168/00 –, NJW 2002, S. 3534 m.w.N.).

[105] (3) Das im Grundgesetz verankerte Schuldprinzip und die mit ihm verbundene Pflicht zur Erforschung der materiellen Wahrheit sowie der Grundsatz des fairen, rechtsstaatlichen Verfahrens, die Unschuldsvermutung und die Neutralitätspflicht des Gerichts schließen es jedoch aus, die Handhabung der Wahrheitserforschung, die rechtliche Subsumtion und die Grundsätze der Strafzumessung in der Hauptverhandlung, die letztlich mit einem Urteil zur Schuldfrage abschließen soll, zur freien Disposition der Verfahrensbeteiligten und des Gerichts zu stellen. Dem Gericht muss es untersagt bleiben, im Wege vertragsähnlicher Vereinbarungen mit den Verfahrensbeteiligten über die Pflicht zur Erforschung der materiellen Wahrheit zu verfügen und sich von dem Gebot schuldangemessenen Strafens zu lösen. Es ist Gericht und Staatsanwaltschaft untersagt, sich auf einen „Vergleich" im Gewande des Urteils, auf einen „Handel mit der Gerechtigkeit" einzulassen (vgl. schon BVerfG, Beschluss der 3. Kammer des Zweiten Senats vom 27. Januar 1987 – 2 BvR 1133/86 –, NJW 1987, S. 2662 <2663>) und mit dem Angeklagten einen bestimmten Schuldspruch oder auch nur eine konkrete Strafe zu vereinbaren. Der Rechtsanwendungspraxis ist es untersagt, das vom Gesetzgeber normierte Strafverfahren in einer Weise zu gestalten, die auf solche vertragsähnliche Erledigungsformen hinausläuft.

[106] Demgegenüber steht das Grundgesetz unverbindlichen Erörterungen der Beurteilung der Sach- und Rechtslage zwischen dem Gericht und den Verfahrensbeteiligten nicht entgegen. Eine offene, kommunikative Verhandlungsführung kann der Verfahrensförderung dienlich sein und ist daher heute selbstverständliche Anforderung an eine sachgerechte Prozessleitung. So begegnen etwa Rechtsgespräche und Hinweise auf die vorläufige Beurteilung der Beweislage oder die strafmildernde Wirkung eines Geständnisses keinen verfassungsrechtlichen Bedenken. Solche Formen der kommunikativen Verhandlungsführung stellen insbesondere nicht die Unvoreingenommenheit des Gerichts in Frage, solange sie transparent bleiben und kein Verfahrensbeteiligter hiervon ausgeschlossen ist.

[107] bb) Verständigungen zwischen Gericht und Verfahrensbeteiligten über Stand und Aussichten der Hauptverhandlung, die dem Angeklagten für den Fall eines Geständnisses eine Strafobergrenze zusagen und eine Strafuntergrenze ankündigen, tragen das Risiko in sich, dass die verfassungsrechtlichen Vorgaben nicht in vollem Umfang beachtet werden. Gleichwohl ist es dem Gesetzgeber in Anbetracht seiner Gestaltungsmacht von Verfassungs wegen nicht schlechthin verwehrt, zur Verfahrensvereinfachung Verständigungen zuzulassen. Er muss jedoch zugleich durch hinreichende Vorkehrungen sicherstellen, dass die verfassungsrechtlichen Anforderungen gewahrt bleiben. Die Wirksamkeit der vorgesehenen Schutzmechanismen hat der Gesetzgeber fortwährend zu überprüfen. Ergibt sich, dass sie unvollständig oder ungeeignet sind, hat er insoweit nachzubessern und erforderlichenfalls seine Entscheidung für die Zulässigkeit strafprozessualer Absprachen zu revidieren (vgl. BVerfGE 110, 141 <158> m.w.N.).

[108] b) Das Verständigungsgesetz sichert die Einhaltung der verfassungsrechtlichen Vorgaben in ausreichender Weise.

[109] aa) Nach § 257c Abs. 2 Satz 1 StPO dürfen Gegenstand einer Verständigung nur die Rechtsfolgen sein, die Inhalt des Urteils und der dazugehörigen Beschlüsse sein können, sonstige verfahrensbezogene Maßnahmen im zugrunde liegenden Erkenntnisverfahren sowie das Prozessverhalten der Verfahrensbeteiligten. § 257c Abs. 2 Satz 3 StPO schließt den Schuldspruch sowie Maßregeln der Besserung und Sicherung als Gegenstand einer Verständigung aus. Das Verständigungsgesetz entbindet das Gericht auch nicht von der Beachtung der Strafzumessungsregeln, wenn es in § 257c Abs. 3 Satz 2 StPO das Gericht ermächtigt, bei der Bekanntgabe des möglichen Inhalts einer Verständigung unter freier Würdigung aller Umstände des Falles sowie der allgemeinen Strafzumessungserwägungen auch eine Ober- und Untergrenze der Strafe anzugeben. Damit sind nicht nur, wie vom Schuldgrundsatz gefordert, Verständigungen über den Schuldspruch wirksam ausgeschlossen, sondern es ist auch sichergestellt, dass die aus dem Gebot schuldangemessenen Strafens folgenden Grundsätze der Strafzumessung nicht zur Disposition der Verfahrensbeteiligten stehen. Dem Gericht ist es nicht gestattet, im Wege der Verständigung seine Wertungen an die Stelle derjenigen des Strafgesetzgebers zu setzen. …

[110] bb) Das Verständigungsgesetz wahrt den Schuldgrundsatz auch insoweit, als eine Verfahrensverkürzung um den Preis der Erforschung der materiellen Wahrheit ausgeschlossen ist. Wie dargestellt, enthebt die Möglichkeit einer Verständigung das Gericht nicht von der Pflicht zur Sachverhaltsermittlung von Amts wegen. Ein Geständnis darf nicht zur „Handelsware“ werden und kann als Grundlage der Zusage einer Strafobergrenze nur akzeptiert werden, wenn es – aus sich heraus oder aufgrund der Beantwortung von Fragen – überprüfbar ist. …

[111] cc) Mit den Bestimmungen zum Entfallen der Bindung des Gerichts an eine Verständigung (§ 257c Abs. 4 StPO) hat der Gesetzgeber ferner die aus dem Schuldprinzip, der Pflicht des Gerichts zur Erforschung der materiellen Wahrheit und seiner Neutralitätspflicht sowie der Unschuldsvermutung zu ziehenden Konsequenzen für die Grenzen der richterlichen Selbstbindung an gegebene Zusagen konkretisiert. Es ist gewährleistet, dass die der Verständigung beigemessene Bindung entfällt, wenn sich im Laufe der Hauptverhandlung der in Aussicht gestellte eingegrenzte Strafrahmen als nicht (mehr) tat- oder schuldangemessen erweist.

[112] dd) Der insbesondere im Grundsatz der Verfahrensfairness verankerten Forderung, dass der Angeklagte autonom darüber entscheiden kann, ob er den Schutz der Selbstbelastungsfreiheit aufgibt, sich auf eine Verständigung einlässt und mit einem Geständnis sich seines Schweigerechts begibt, genügt das Verständigungsgesetz ebenfalls. Das Strafverfahrensrecht trägt dem Anliegen, die Entscheidungsfreiheit des Angeklagten zu wahren, bereits generell in allen Verfahrensstadien Rechnung. So haben Belehrungspflichten sowie die Freiheit von Willensentschließung und Willensbetätigung in den allgemeinen Vorschriften der §§ 136, 136a StPO und – beispielsweise – für das Ermittlungsverfahren in § 163a Abs. 4 Satz 2 StPO sowie für die Hauptverhandlung in § 243 Abs. 5 Satz 1 StPO ihren Niederschlag gefunden. Wenn diese Sicherungen schon bei der Entscheidungsfindung über allgemeines Aussageverhalten greifen, so haben sie eine umso größere Bedeutung, wenn es um die Frage eines Schuldeingeständnisses geht, vor allem in der für eine Verständigung typischen Anreiz- und Verlockungssituation (vgl. oben B. II. 1. e)). Vor diesem Hintergrund kommt der in § 257c Abs. 5 StPO vorgesehenen Belehrung über die Reichweite der Bindungswirkung und die Folgen eines Scheiterns der Verständigung besondere Bedeutung zu, der auch revisionsrechtlich Rechnung zu tragen ist.

[113] Von ebenso hohem Gewicht ist, dass der Grundsatz der Selbstbelastungsfreiheit es dem Gericht verbietet, dem Angeklagten eine geständnisbedingte Strafmilderung in Aussicht zu stellen, mit der es den Boden schuldangemessenen Strafens verließe. …

[114] ee) Das Verständigungsgesetz trifft umfangreiche Vorkehrungen dahin, dass das maßgebliche Verständigungsgeschehen in die Hauptverhandlung einbezogen und dokumentiert wird, und gibt mit der in § 257c Abs. 3 Satz 4 StPOvorgesehenen Abhängigkeit der Verständigung von der Zustimmung der Staatsanwaltschaft dieser ein Mittel zur Wahrung rechtsstaatlicher Standards in die Hand, zu der die effektiv zu handhabende Überprüfung durch Rechtsmittel hinzutritt (vgl. oben B. II. 1. d). …

[115] ff) Schließlich hat der Gesetzgeber eindeutig entschieden, dass auf das Strafurteil bezogene „informelle" Absprachen unzulässig sind. Ausweislich des § 257c Abs. 1 StPO sind Verständigungen über den weiteren Fortgang und das Ergebnis des Verfahrens nur nach Maßgabe der folgenden Absätze zulässig. Intransparente, unkontrollierbare „Deals" sind im Strafprozess wegen der mit ihnen verbundenen Gefährdung des Schuldprinzips, der darin verankerten Wahrheitserforschungspflicht und des dem Rechtsstaatsprinzip innewohnenden Prinzips des fairen Verfahrens bereits von Verfassungs wegen untersagt, und der Gesetzgeber hat derartige Vorgehensweisen in unmissverständlicher Weise verworfen.

■ PRAXISBEDEUTUNG

Die vorstehende Entscheidung des BVerfG führte zwar entgegen der Hoffnung vieler Gegner einer Verständigung im Strafprozess nicht zu einem (in der Praxis der Amtsgerichte ohnehin nicht durchsetzbaren) umfassenden Verbot, jedoch zu einer gewissen Einschränkung und insbes. zu einer weiteren Verstärkung der Protokollierungspflichten des Gerichts. „Einsame" Deals zwischen Verteidigung und einem auf rationelle Erledigungen zielenden Strafkammervorsitzenden dürften damit auf Dauer ausgeschlossen sein!

■ TOPENTSCHEIDUNG

419 Es ist regelmäßig davon auszugehen, dass das Urteil auf der mit dem **Verstoß gegen die Belehrungspflicht des § 257c Abs 5 StPO** einhergehenden Grundrechtsverletzung beruht. Bei insoweit konkreten Feststellungen kann der Belehrungsfehler ausnahmsweise nicht ursächlich für das Geständnis sein; allerdings darf eine solche Feststellung erst nach eingehender Prüfung, ob belastbare Indizien für die Annahme vorgelegen haben, dass der Beschwerdeführer auch nach Belehrung ein Geständnis abgelegt hätte, ergehen.[418]

[19] 1. Mit dem Ziel, dem Angeklagten überhaupt eine autonome Entscheidung über das für ihn mit einer Mitwirkung an einer Verständigung verbundene Risiko zu ermöglichen, sieht § 257c Abs. 5 StPO vor, dass der Angeklagte vor der Verständigung über die Voraussetzungen und Folgen einer Abweichung des Gerichts von dem in Aussicht gestellten Ergebnis zu belehren ist. Hiermit wollte der Gesetzgeber die Fairness des Verständigungsverfahrens sichern und – wie sein Hinweis auf das Ziel der Ermöglichung einer autonomen Einschätzung (vgl. Begründung des Gesetzentwurfs der Bundesregierung, BT-Drucks. 16/12310, S. 15) bestätigt – zugleich die Autonomie des Angeklagten im weiten Umfang schützen (vgl. BVerfG, Urteil des Zweiten Senats vom 19. März 2013 – 2 BvR 2628/10, 2 BvR 2883/10, 2 BvR 2155/11; zitiert nach juris, Rn. 99).

[20] Eine Verständigung ist folglich regelmäßig nur dann mit dem Grundsatz des fairen Verfahrens zu vereinbaren, wenn der Angeklagte vor ihrem Zustandekommen über deren nur eingeschränkte Bindungswirkung für das Gericht belehrt worden ist. Die Belehrungspflicht verliert nicht deshalb an Bedeutung oder wird gar obsolet, weil eine Lösung des Gerichts von der Verständigung nach § 257c Abs. 4 Satz 3 StPO das infolge der Verständigung abgegebene Geständnis unverwertbar macht. Denn die Belehrung hat sicherzustellen, dass der Angeklagte vor dem Eingehen einer Verständigung, deren Bestandteil das Geständnis ist, vollumfänglich über die Tragweite seiner Mitwirkung an der Verständigung informiert ist (vgl. auch Begründung zum Regierungsentwurf, BT-Drucks. 16/12310, S. 15). Nur so ist gewährleistet, dass er autonom darüber entscheiden kann, ob er von seiner Freiheit, die Aussage zu verweigern, (weiterhin) Gebrauch macht oder eine Verständigung eingeht.

[21] Zwar muss der Angeklagte unabhängig von der Möglichkeit einer Verständigung selbständig darüber befinden, ob und gegebenenfalls wie er sich zur Sache ein-

[418] BVerfG, Kammerbeschluss vom 30.6.2013 – 2 BvR 85/13.

lässt. Mit der Aussicht auf eine Verständigung wird jedoch eine verfahrensrechtliche Situation geschaffen, in der es dem Angeklagten in die Hand gegeben wird, durch sein Verhalten spezifischen Einfluss auf das Ergebnis des Prozesses zu nehmen. So kann er anders als in einer nach der herkömmlichen Verfahrensweise geführten Hauptverhandlung mit einem Geständnis die das Gericht grundsätzlich bindende Zusage einer Strafobergrenze und damit Sicherheit über den Ausgang des Verfahrens erreichen. … Der Angeklagte muss deshalb wissen, dass die Bindung keine absolute ist, sondern unter bestimmten Voraussetzungen – die er ebenfalls kennen muss – entfällt. Nur so ist es ihm möglich, Tragweite und Risiken der Mitwirkung an einer Verständigung autonom einzuschätzen. Die in § 257c Abs. 5 StPO verankerte Belehrungspflicht ist aus diesem Grund keine bloße Ordnungsvorschrift, sondern eine zentrale rechtsstaatliche Sicherung des Grundsatzes des fairen Verfahrens und der Selbstbelastungsfreiheit.

[22] Eine Verständigung ohne vorherige Belehrung nach dieser Vorschrift verletzt den Angeklagten grundsätzlich in seinem Recht auf ein faires Verfahren und in seiner Selbstbelastungsfreiheit. Bleibt die unter Verstoß gegen die Belehrungspflicht zustande gekommene Verständigung bestehen und fließt das auf der Verständigung basierende Geständnis in das Urteil ein, beruht dieses auf der mit dem Verstoß einhergehenden Grundrechtsverletzung, es sei denn eine Ursächlichkeit des Belehrungsfehlers für das Geständnis kann ausgeschlossen werden, weil der Angeklagte dieses auch bei ordnungsgemäßer Belehrung abgegeben hätte. Hierzu müssen vom Revisionsgericht konkrete Feststellungen getroffen werden (vgl. BVerfG, Urteil des Zweiten Senats vom 19. März 2013 – 2 BvR 2628/10, 2 BvR 2883/10, 2 BvR 2155/11; zitiert nach juris, 2 BvR 2883/10, Rn. 125 ff.).

[23] 2. Diesen verfassungsrechtlichen Anforderungen an eine Verständigung im Strafverfahren werden die angefochtenen Entscheidungen nicht gerecht. Sie verkennen die besondere Funktion des § 257c Abs. 5 StPO.

[24] Nachdem der landgerichtlichen Verurteilung eine Verständigung vorausgegangen war, die ohne die nach § 257c Abs. 5 StPO erforderliche Belehrung erfolgte, hat das Oberlandesgericht anlässlich der revisionsrechtlichen Prüfung, ob das Urteil des Landgerichts auf dem Gesetzesverstoß beruht, der Bedeutung der Belehrungspflicht nach § 257c Abs. 5 StPO für die verfassungsrechtlichen Grundsätze des fairen Verfahrens und der Selbstbelastungsfreiheit nicht Rechnung getragen. Es ist nicht auszuschließen, dass es bei Anwendung der richtigen Maßstäbe zu einer anderen Entscheidung gelangt wäre.

[25] a) Das Oberlandesgericht hat seinen Beschluss vom 6. Dezember 2012 nicht mit einer eigenen Begründung versehen. Es hat sich allerdings erkennbar die Rechtsauffassung des Generalstaatsanwalts vom 8. November 2012 zu Eigen gemacht. …

[26] b) Nach den dargestellten verfassungsrechtlichen Maßstäben ist regelmäßig von einem Beruhen des Urteils auf der mit dem Verstoß einhergehenden Grundrechtsverletzung auszugehen und nur ausnahmsweise eine Ursächlichkeit des Belehrungsfehlers für das Geständnis auszuschließen. Das Oberlandesgericht hätte hierzu konkrete Feststellungen treffen müssen, was jedoch nicht geschehen ist.

[27] Im Anschluss an eine allgemeine Auseinandersetzung mit der Belehrung nach § 257c StPO erfolgen die fallbezogenen Ausführungen der Generalstaatsanwaltschaft, die sich das Oberlandesgericht zu eigen gemacht hat, zur Frage der Abgabe eines Geständnisses auch bei ordnungsgemäßer Belehrung in einem nur vier Sätze umfassenden Absatz. Diese basieren auf pauschal gehaltenen, nicht näher belegten Vermutungen und nicht – wie verfassungsrechtlich geboten – auf konkreten Feststel-

lungen: Die Aussagebereitschaft des Beschwerdeführers sei erst durch die Verständigung geweckt worden. Ferner hätten dem Gericht genügend Beweismittel vorgelegen, die auch ohne ein Geständnis zu einer Verurteilung geführt hätten. Das Oberlandesgericht hätte stattdessen eingehend prüfen müssen, ob belastbare Indizien für die Annahme vorgelegen haben, dass der Beschwerdeführer auch nach Belehrung ein Geständnis abgelegt hätte.

■ PRAXISBEDEUTUNG

Die Belehrungsverpflichtung aus § 257c Abs. 5 StPO ist, wie das BVerfG ausdrücklich feststellt, grundsätzlich nicht abdingbar, weshalb angesichts der Bedeutung dieser Belehrung regelmäßig das Urteil auf solch einem Belehrungsverstoß auch beruht. Daher kann, wie das Gericht deutlich darlegt, nur bei Vorliegen besonderer Voraussetzungen ein Beruhen des Urteils auf dem Gesetzesfehler ausgeschlossen werden!

420 Die **Belehrung gemäß § 257c Abs. 5 StPO ist eine wesentliche Förmlichkeit**, die in das Sitzungsprotokoll aufzunehmen ist (vgl. § 273 Abs. 1a Satz 2 StPO). Wenn es hieran fehlt, ergibt sich im Hinblick auf die negative **Beweiskraft des Protokolls** (§ 274 Satz 1 StPO), dass der Angeklagte nicht gemäß § 257c Abs. 5 StPO darüber belehrt wurde, unter welchen Voraussetzungen und mit welchen Folgen das Gericht von dem in Aussicht gestellten Ergebnis abweichen kann.[419]

[3] 2. Die Revision des Angeklagten hat bereits mit der Rüge der Verletzung des § 257c Abs. 5 StPO Erfolg. Auf die weiteren Rügen kommt es daher nicht mehr an.

[4] a) Der Verfahrensbeanstandung liegt folgendes Geschehen zugrunde:

[5] Dem Urteil des Landgerichts ging eine Verständigung gemäß § 257c StPO voraus. Darin sicherte das Landgericht dem Angeklagten für den Fall eines Geständnisses eine Gesamtfreiheitsstrafe von nicht mehr als drei Jahren und neun Monaten zu. Eine Belehrung im Sinne des § 257c Abs. 5 StPO wurde dem Angeklagten nicht erteilt. Im Hinblick auf die getroffene Verfahrensabsprache räumte der Angeklagte die ihm – nach Teileinstellung des Verfahrens gemäß § 154 Abs. 2 StPO noch – zur Last liegenden Tatvorwürfe vollumfänglich ein. Das Landgericht erachtete das Geständnis des Angeklagten insbesondere deshalb für glaubhaft, weil es sich mit den Angaben des Tatopfers, eines Kindes, die dieses im Ermittlungsverfahren und anlässlich einer richterlichen Videovernehmung gemacht hatte, im Kernbereich deckte (UA S. 13). Die Strafkammer hielt sich an die Verständigung und verhängte gegen den Angeklagten eine Gesamtfreiheitsstrafe von drei Jahren und neun Monaten.

[6] b) Mit seiner Revision macht der Angeklagte nun geltend, ihm sei zu Unrecht vor der Verständigung keine Belehrung über die Voraussetzungen und Folgen einer Abweichung des Gerichts von dem in Aussicht gestellten Ergebnis der Verständigung nach § 257c Abs. 4 StPO erteilt worden. Dies habe Auswirkungen auf sein Prozessverhalten gehabt. Wäre er gemäß § 257c Abs. 5 StPO belehrt worden, hätte er „in anderer Weise" (als durch ein Geständnis) auf die Beweisaufnahme eingewirkt und eventuell weitere Beweisanträge gestellt.

---

[419] BGH, Beschluss vom 11.4.2013 – 1 StR 563/12.

[7] Der Umstand, dass sich das Landgericht an die Verständigung gehalten habe, lasse ein Beruhen des Urteils auf dem Verstoß gegen die Belehrungspflicht aus § 257c Abs. 5 StPO nicht entfallen; denn bei einem Angeklagten, dem nicht bewusst sei, dass das Gericht von dem in der Verständigung in Aussicht gestellten Ergebnis unter den Voraussetzungen des § 257c Abs. 4 StPO abweichen darf, liege es nahe, dass er als Risiko seines Handelns – insbesondere seines Geständnisses – nur eine Verurteilung im Rahmen der gerichtlichen Zusage einkalkuliere. Die „Abwägungsentscheidung", ob ein Angeklagter ein Geständnis ablege, könne aber anders ausfallen, wenn dieser die Voraussetzungen kenne, unter denen die Bindung des Gerichts an die Verständigung entfalle.

[8] c) Der vom Angeklagten geltend gemachte Rechtsfehler liegt vor. Die Belehrung gemäß § 257c Abs. 5 StPO ist eine wesentliche Förmlichkeit, die in das Sitzungsprotokoll aufzunehmen gewesen wäre (vgl. § 273 Abs. 1a Satz 2 StPO). Da es hieran fehlt, ergibt sich im Hinblick auf die negative Beweiskraft des Protokolls (§ 274 Satz 1 StPO), dass der Angeklagte nicht gemäß § 257c Abs. 5 StPO darüber belehrt wurde, unter welchen Voraussetzungen und mit welchen Folgen das Gericht von dem in Aussicht gestellten Ergebnis abweichen kann. Der Angeklagte wurde daher vom Gericht nicht in die Lage versetzt, eine autonome Entscheidung über seine Mitwirkung an der Verständigung zu treffen (vgl. hierzu BVerfG, Urteil vom 19. März 2013 – 2 BvR 2628/10, 2 BvR 2883/10 und 2 BvR 2155/11 – Rn. 99, NJW 2013, 1058, 1067).

[9] d) Auf diesem Rechtsfehler beruht das Urteil. Die Voraussetzungen, unter denen nach der Rechtsprechung des Bundesverfassungsgerichts ausnahmsweise ein Beruhen des Urteils auf der Verletzung der Belehrungspflicht aus § 257c Abs. 5 StPO ausgeschlossen werden kann (vgl. BVerfG aaO Rn. 99), liegen nicht vor. Insbesondere bestehen keine Anhaltspunkte dafür, dass dem nicht vorbestraften Angeklagten auch ohne entsprechende Belehrung durch das Gericht – etwa aus anderen Strafverfahren oder Gesprächen mit seinem Verteidiger – bekannt gewesen sein könnte, wann die Bindung des Gerichts an eine Verständigung entfällt.

[10] Der Senat kann nicht ausschließen, dass sich der Verstoß gegen die Belehrungspflicht aus § 257c Abs. 5 StPO hier in der Weise ursächlich auf das Prozessverhalten des Angeklagten ausgewirkt hat, dass er kein Geständnis abgelegt und sich vielmehr gegen den Tatvorwurf verteidigt hätte, wenn er ordnungsgemäß belehrt worden wäre. Solches liegt zwar im Hinblick auf die Beweislage bei Anklageerhebung nicht nahe, ist aber angesichts des Umstandes, dass ohne das Geständnis des Angeklagten letztlich im Wesentlichen die Frage der Glaubhaftigkeit der Angaben eines Kindes zu den Vorwürfen an ihm begangener Taten (schweren) sexuellen Missbrauchs gemäß §§ 176, 176a StGB für den Tatnachweis ausschlaggebend sein könnte, auch nicht lediglich eine entfernte Möglichkeit. Insoweit in Betracht kommende Beweisanträge liegen auf der Hand. Der Umstand, dass die Bindung des Gerichts an die Verständigung hier nicht gemäß § 257c Abs. 4 StPO entfallen ist und das Landgericht die zugesagte Strafobergrenze eingehalten hat, schließt das Beruhen des Urteils auf dem Verfahrensverstoß nicht aus (vgl. BVerfG aaO Rn. 127).

TOPENTSCHEIDUNG ■

Wenn Verteidigung und Staatsanwaltschaft in Gegenwart der für die Entscheidung zuständigen Richter Anträge zur Strafart und Strafhöhe nach Teileinstellung des Verfahrens und Ablegung eines Geständnisses erörtern, im Anschluss daran das Ge- **421** richt nach dem Vortrag eines Formalgeständnisses auf eine – an sich vorgesehene – Beweisaufnahme verzichtet, den übereinstimmenden Anträgen folgt und der Angeklagte Rechtsmittelverzicht erklärt, ist in der Regel von einer **konkludent geschlossenen Urteilsabsprache** auszugehen, die dem Zweck dient, die Anforderungen und Rechtswirkungen einer Verständigung rechtswidrig zu umgehen. Bloßes Schweigen der Richter bei einem Verständigungsgespräch oder die Erklärung, das Gericht trete den Vorschlägen nicht bei, stehen dem nicht entgegen.

Dem **Protokollvermerk**, dass eine „qualifizierte Absprache" gemäß § 257c StPO nicht stattgefunden habe, steht die freibeweislichen Feststellung nicht entgegen, dass ein hiervon abweichendes Verfahren stattgefunden hat.[420]

422 Ein **Rechtsmittelverzicht** ist unwirksam, wenn dem Urteil eine informelle Verständigung vorausgegangen ist.[421]

[2] Die Revision ist zulässig. Der in der Hauptverhandlung vom 25. Februar 2013 durch den Verteidiger erklärte Rechtsmittelverzicht ist entsprechend § 302 Abs. 1 Satz 2 StPO unwirksam, denn dem Urteil lag eine (konkludente) Absprache zugrunde.

[3] 1. a) Dem Protokoll der Hauptverhandlung ist Folgendes zu entnehmen:

[4] Nach Verlesung des Anklagesatzes wurde der Angeklagte vernommen. Dieser erklärte, dass er nicht zu einer Äußerung bereit sei. Darauf wurde die Hauptverhandlung von 09.40 Uhr bis 11.10 Uhr unterbrochen. Danach wurde „gem. § 243 Abs. 4 StPO festgestellt, dass Erörterungen nach den §§ 202a, 212 StPO, deren Gegenstand die Möglichkeit einer Verständigung gem. § 257c StPO gewesen ist, stattgefunden haben, aber ohne konkrete Ergebnisse geblieben sind."

[5] Die Sitzungsvertreterin der Staatsanwaltschaft erklärte, dass ein weiteres Verfahren wegen des Vorwurfs des versuchten Betrugs zum Nachteil der Firma H. gemäß § 154 Abs. 1 StPO eingestellt werde. Im Anschluss an diese Ankündigung der Staatsanwaltschaft gab der Wahlverteidiger des Angeklagten für diesen eine Erklärung ab, worauf der Angeklagte erklärte: „Die gemachten Angaben meines Verteidigers treffen zu". Danach wurden „die persönlichen Verhältnisse" mit dem Angeklagten erörtert, und anhand des Auszugs aus dem Bundeszentralregister wurde festgestellt, dass er nicht vorbestraft sei. Die Sitzungsvertreterin der Staatsanwaltschaft beantragte hinsichtlich der Fälle 1 bis 12 und 49 bis 55 der Anklageschrift die Einstellung des Verfahrens gemäß § 154 Abs. 2 StPO. „Nach Beratung am Richtertisch" beschloss die Strafkammer dies.

[6] Der Vorsitzende erklärte anschließend, dass eine „qualifizierte Absprache gem. § 257c StPO" nicht stattgefunden habe.

[7] Hierauf wurde die Beweisaufnahme geschlossen. Die Sitzungsvertreterin der Staatsanwaltschaft und der Wahlverteidiger beantragten übereinstimmend die Verurteilung des Angeklagten zu einer Gesamtfreiheitsstrafe von zwei Jahren bei Strafaussetzung zur Bewährung und zu einer Gesamtgeldstrafe von 360 Tagessätzen zu 30 Euro.

[8] Das Landgericht verurteilte den Angeklagten zu einer Gesamtfreiheitsstrafe von zwei Jahren mit Strafaussetzung zur Bewährung und einer Gesamtgeldstrafe von

[420] BGH, Beschluss vom 24.9.2013 – 2 StR 267/13; zu den Gründen vgl. Rn. 419.

[421] BGH, Beschluss vom 24.9.2013 – 2 StR 267/13.

300 Tagessätzen zu je 30 Euro. Nach der allgemeinen Rechtsmittelbelehrung erklärten die Verteidiger mit Zustimmung des Angeklagten sowie die Sitzungsvertreterin der Staatsanwaltschaft jeweils Rechtsmittelverzicht.

[9] b) Gegen dieses Urteil hat der Angeklagte durch einen anderen Verteidiger form- und fristgerecht Revision eingelegt und diese mit der Sachrüge begründet. Er behauptet, der Rechtsmittelverzicht sei wegen einer informellen Urteilsabsprache unwirksam.

[10] Nach der Unterbrechung der Hauptverhandlung habe die Staatsanwältin ihm angekündigt, sie werde im Fall einer geständigen Einlassung eine Freiheitsstrafe von zwei Jahren mit Strafaussetzung zur Bewährung und eine Geldstrafe von 360 Tagessätzen beantragen. Dann sei es zu Erörterungen zwischen dem Gericht, der Staatsanwaltschaft und den Verteidigern im Beratungszimmer gekommen. Dort habe die Staatsanwältin ihr Angebot wiederholt. Anschließend sei ihm in der Gerichtskantine von den Verteidigern dazu geraten worden, den Vorschlag anzunehmen, „da auch das Gericht signalisiert habe, diesem Ergebnis nicht entgegen zu treten". Er habe Bedenken geäußert, sei aber von beiden Verteidigern „relativ harsch" darauf hingewiesen worden, dass er andernfalls eine zu vollstreckende Freiheitsstrafe zu erwarten habe. Deshalb habe sein Wahlverteidiger in der Hauptverhandlung für ihn ein „schlankes Geständnis" formuliert, das er bestätigt habe. Schließlich seien die übereinstimmenden Anträge gestellt worden.

[11] c) Nach der dienstlichen Erklärung des Vorsitzenden der Strafkammer haben sich die Richter bei den Erörterungen im Beratungszimmer zu den Strafmaßvorstellungen der Verfahrensbeteiligten nicht geäußert. Die Strafkammer selbst habe weder eine Obergrenze noch eine Untergrenze der im Geständnisfall zu erwartenden Strafen genannt. Zu einer Verständigung im Sinne von § 257c StPO unter Mitwirkung der Strafkammer sei es nicht gekommen. Vielmehr habe er, der Vorsitzende, in der Hauptverhandlung betont, dass die Strafkammer „etwaigen Strafmaßverabredungen anderer Beteiligter" nicht beitrete.

[12] Die Sitzungsvertreterin der Staatsanwaltschaft hat dienstlich erklärt, sie erinnere sich zwar nicht an konkrete Äußerungen der Richter. Jedenfalls habe die Strafkammer aber nicht erklärt, dass sie ihre Einschätzung für fernliegend halte.

[13] 2. Die beschriebenen Abläufe in der Hauptverhandlung lassen – auch unter Berücksichtigung der dienstlichen Erklärungen – erkennen, dass zumindest konkludent eine rechtswidrige Urteilsabsprache zustande gekommen ist, die zudem rechtsfehlerhaft nicht dokumentiert wurde.

[14] a) Der Protokollvermerk, dass eine „qualifizierte Absprache" gemäß § 257c StPO nicht stattgefunden habe, steht der freibeweislichen Feststellung nicht entgegen, dass ein hiervon abweichendes Verfahren stattgefunden hat.

[15] b) Aus der Gesamtschau der vorliegenden Umstände ergibt sich, dass eine konkludente Urteilsabsprache stattgefunden hat:

[16] Hierauf deutet schon die besondere Betonung des Fehlens einer „qualifizierten Absprache" hin, ebenso die Tatsache, dass die Strafkammer die von der Staatsanwaltschaft beantragte Teileinstellung des Verfahrens hinsichtlich 19 weiterer Fälle nur „am Richtertisch" abstimmte, bevor der Beschluss erging.

[17] Das Gericht hat sich zwar – folgt man der dienstlichen Erklärung des Vorsitzenden – verbal von den Vorschlägen und Anträgen distanziert, die (in seinem Beisein) im Beratungszimmer zwischen Verteidigung und Staatsanwaltschaft zur Verfahrensbeendigung nach einem Geständnis und Teileinstellungen erörtert wur-

den. Es ist ihnen anschließend aber in der Sache fast vollständig gefolgt, ohne dass eine diesbezügliche Änderung der Sach- und Rechtslage dies erklären könnte. Es hat zudem ein diesen Vorschlägen genau entsprechendes Verfahren gewählt.

[18] Der Angeklagte legte ein Geständnis ab, jedoch nur in der Weise, dass sein Verteidiger für ihn eine Erklärung abgab, deren Inhalt er pauschal als zutreffend bezeichnete. Das Gericht stellte keine Fragen zu den Vorwürfen der Anklage und erhob dazu keine Beweise. Von der ursprünglich vorgesehenen umfangreichen Beweisaufnahme wurde vollständig abgesehen.

[19] Die Anträge von Verteidigung und Staatsanwaltschaft, die nach Abschluss der Beweisaufnahme gestellt wurden, sind in ihrer Übereinstimmung nur damit zu erklären, dass die Antragsteller Grund zu der Annahme hatten, das Gericht werde jedenfalls nicht darüber hinaus gehen. Die Verteidiger hatten keinen Grund, dem Angeklagten zur Befolgung der Vorschläge der Staatsanwaltschaft zu raten, wenn sie nicht ihrerseits davon ausgingen, das Gericht werde im Fall des Geständnisses keine höhere als die von dieser vorgeschlagene Strafe verhängen. Die protokollierte Mitteilung des Vorsitzenden, es hätten Erörterungen „ohne konkrete Ergebnisse" stattgefunden, traf daher nicht zu.

[20] Ein bloßes Schweigen der Richter zu den in ihrer Anwesenheit erfolgten Erörterungen zwischen Staatsanwaltschaft und Verteidigern stand der Annahme einer konkludenten Absprache ebenso wenig entgegen wie eine – von diesem behauptete – Äußerung des Vorsitzenden, er – oder „die Strafkammer" – trete den Abreden nicht bei. Wenn ein solches Verhalten der Richter für die Beteiligten erkennbar nur den Sinn haben sollte, die formellen Anforderungen an eine Absprache gemäß § 257c StPO und deren Rechtsfolgen zu umgehen, kam es nicht auf ein äußeres Verhalten oder eine ausdrückliche Erklärung, sondern allein darauf an, was nach dem Gesamtzusammenhang und dem Erkenntnishorizont der Beteiligten damit gemeint war. In einer Konstellation wie der vorliegenden, in der die zuvor angeblich nicht getroffenen Absprachen anschließend fast vollständig umgesetzt werden und der Angeklagte Rechtsmittelverzicht erklärt, ist in der Regel von einer konkludenten Einigung der Beteiligten auszugehen, die einerseits Form und Inhalt der Verfahrensbeendigung, andererseits die stillschweigende Verabredung umfasst, das hierfür gesetzlich vorgeschriebene (Protokollierungs-)Verfahren in allseitiger Zustimmung zu umgehen. Eine solche – bewusst rechtswidrige – Verfahrensweise ist von vornherein nicht geeignet, die verfassungsrechtlichen Grenzen des gesetzlich geregelten Verständigungsverfahrens zu Lasten des Beschuldigten zu verschieben.

[21] 3. Die informelle Absprache gebietet eine entsprechende Anwendung von § 302 Abs. 1 Satz 2 StPO. …

[24] Ein Angeklagter, der an Erörterungen der Richter, Verteidiger und Vertreter der Staatsanwaltschaft im Beratungszimmer nicht beteiligt war, dem die für das Verständigungsverfahren vorgesehenen Informationen über den wesentlichen Inhalt der Erörterungen (§ 243 Abs. 4 Satz 1 StPO) nicht protokollfest (§ 273 Abs. 1 Nr. 1a StPO) erteilt wurden (vgl. Senat, Urteil vom 10. Juli 2013 – 2 StR 195/12, NJW 2013, 3046, 3047 f., für BGHSt bestimmt) und der nach der Urteilsverkündung vom Gericht nicht qualifiziert über seine Rechtsmittelmöglichkeit belehrt wurde (§ 35a Satz 3 StPO), ist besonders schutzwürdig. Er kann unmittelbar nach Urteilsverkündung nicht eigenverantwortlich entscheiden, ob eine Rechtsmittelmöglichkeit noch mit Aussicht auf Erfolg genutzt werden kann oder ein Rechtsmittelverzicht erklärt werden soll.

PRAXISBEDEUTUNG ■

Die vorstehende Entscheidung macht in besonderer Weise klar, dass eine wie auch immer geartete Umgehung der Vorschriften über eine Verständigung im Strafverfahren nicht hingenommen werden kann! Das Gericht soll auch nicht indirekt die Ergebnisse eines Deals akzeptieren, welcher formal ohne dessen Mitwirkung geschlossen, dann aber im Eregebnis unter Mitwirkung des Gerichts umgesetzt wurde.

TOPENTSCHEIDUNG ■

1. Einer Mitteilung gemäß § 243 Abs. 4 Satz 1 StPO bedarf es nicht, wenn **überhaupt keine** oder nur solche **Gespräche stattgefunden haben**, die dem Regelungskonzept des Verständigungsgesetzes vorgelagert und von ihm nicht betroffen sind. **423**

2. Die Verfahrensrüge, es sei rechtsfehlerhaft keine Mitteilung gemäß § 243 Abs. 4 Satz 1 StPO erfolgt, setzt den Vortrag voraus, dass tatsächlich Gespräche im Sinne dieser Vorschrift stattgefunden haben und welchen Inhalt sie hatten.[422]

[3] Die Verfahrensrügen bleiben aus den Gründen der Antragsschrift des Generalbundesanwalts ohne Erfolg. Der näheren Erörterung bedarf lediglich die Verfahrensrüge, das Landgericht habe gegen § 243 Abs. 4 StPO verstoßen.

[4] 1. Die Revision hat ausgeführt, der Vorsitzende habe entgegen § 243 Abs. 4 StPO weder zu Beginn der Hauptverhandlung noch zu einem späteren Zeitpunkt mitgeteilt, ob und gegebenenfalls in welcher Form im Vorfeld der Hauptverhandlung Verständigungsgespräche stattgefunden hätten. Zwar sei es weder zu einer Verständigung nach § 257c StPO noch zu einer unzulässigen „informellen Verständigung" gekommen. Dies schließe jedoch nicht aus, dass ohne Wissen des Angeklagten darauf abzielende Gespräche stattgefunden hätten. Hätte der Angeklagte den vom Gesetz vorgesehenen Hinweis erhalten, hätte er sein Einlassungsverhalten entsprechend einrichten können. Das gelte auch, wenn keine Gespräche stattgefunden haben sollten.

[5] 2. Die Rüge ist bereits deshalb unzulässig, weil die Revision keinen bestimmten Rechtsfehler behauptet:

[6] a) Nach dem Wortlaut des § 243 Abs. 4 Satz 1 StPO teilt der Vorsitzende mit, ob Erörterungen nach den §§ 202a, 212 StPO stattgefunden haben, wenn deren Gegenstand die Möglichkeit einer Verständigung (§ 257c StPO) gewesen ist und wenn ja, deren wesentlichen Inhalt. Dies bedeutet im Umkehrschluss, dass eine Mitteilungspflicht nicht besteht, wenn keine auf eine Verständigung hinzielende Gespräche stattgefunden haben (vgl. BGH, Beschluss vom 5. Oktober 2010 – 3 StR 287/10 = StV 2011, 72, 73 sowie Beschluss vom 20. Oktober 2010 – 1 StR 400/10 = StV 2011, 202, 203; Meyer-Goßner, StPO, 56. Aufl., § 243 Rn. 18 a; a.A. ohne nähere Begründung Becker in Löwe-Rosenberg, StPO, 26. Aufl., § 243 Rn. 52c und Mosbacher NZWiSt 2013, 201, 206).

422 BGH, Beschluss vom 10.7.2013 – 2 StR 47/13.

[7] Das erklärt sich auch aus dem Sinn und Zweck der Mitteilungs- und Dokumentationspflichten. Diese bilden einen Schwerpunkt des Verständigungsgesetzes und sollen die zentrale Vorschrift des § 257c StPO flankieren und die Transparenz der Verständigung sowie die Möglichkeit einer effektiven Kontrolle durch die Öffentlichkeit, die Staatsanwaltschaft und das Rechtsmittelgericht gewährleisten (BT-Drucks. 16/12310 S. 8 f.). Erfasst werden dabei nicht nur der formale Verständigungsakt selbst, sondern auch die auf eine Verständigung abzielenden Vorgespräche. Die Gewährleistung einer „vollumfänglichen" Kontrolle verständigungsbasierter Urteile setzt umfassende Transparenz des Verständigungsgeschehens in der öffentlichen Hauptverhandlung voraus. Die Mitteilungs- und Dokumentationspflichten dienen der „Einhegung" der den zulässigen Inhalt von Verständigungen beschränkenden Vorschriften (BVerfG NJW 2013, 1058 ff, 1064 Rn. 82 und 1066 Rn. 96). Wenn aber überhaupt keine auf eine Verständigung abzielende Gespräche stattgefunden haben, ist das Regelungskonzept des § 257c StPO nicht tangiert. Soweit die Gesetzesmaterialien zur Änderung des § 78 Abs. 2 OWiG (BT-Drucks. 16/12310 S. 16) darauf hindeuten, § 243 Abs. 4 StPO habe die Pflicht statuieren sollen, auch eine Nichterörterung mitzuteilen, hat dies im Gesetzestext letztlich keinen Ausdruck gefunden. Entgegen Frister (in SK-StPO 4. Aufl., § 243 Rn. 43) geht der Senat nicht davon aus, dass dies auf einem bloßen Redaktionsversehen des Gesetzgebers beruht.

[8] Gegenteiliges ergibt sich auch nicht aus der Entscheidung des Bundesverfassungsgerichts vom 19. März 2013 (aaO). Zwar führt das Bundesverfassungsgericht – ohne auf den entgegenstehenden Wortlaut des § 243 Abs. 4 Satz 1 StPO einzugehen – aus, wenn zweifelsfrei feststehe, dass überhaupt keine Verständigungsgespräche stattgefunden haben, könne ausnahmsweise (lediglich) ein Beruhen des Urteils auf dem Unterbleiben einer Mitteilung nach § 243 Abs. 4 Satz 1 StPO ausgeschlossen werden (BVerfG aaO, S. 1067 Rn. 98; so auch in einem obiter dictum BGH, Beschluss vom 22. Mai 2013 – 4 StR 121/13).

[9] Gleichzeitig betont das Bundesverfassungsgericht jedoch, dass die Mitteilungspflicht nur dann eingreift, wenn bei im Vorfeld oder neben der Hauptverhandlung geführten Gesprächen ausdrücklich oder konkludent die Möglichkeit und die Umstände einer Verständigung im Raum standen (BVerfG aaO, S. 1065 Rn. 85 unter Hinweis auf BT-Drucks. 16/12310 S. 12 und auf BGH, Beschluss vom 5. Oktober 2010 – 3 StR 287/10). Die Annahme des Bundesverfassungsgerichts, beim Fehlen von Vorgesprächen entfalle das Beruhen des Urteils auf dem Fehlen einer Mitteilung gemäß § 243 Abs. 4 Satz 1 StPO ist daher einfachrechtlich nicht schlüssig, da nach dem eindeutigen Wortlaut der Vorschrift in diesem Fall bereits kein Rechtsfehler vorliegt.

[10] Nach alledem bedarf es einer Mitteilung gemäß § 243 Abs. 4 Satz 1 StPO nicht, wenn überhaupt keine oder nur solche Gespräche stattgefunden haben, die dem Regelungskonzept des Verständigungsgesetzes vorgelagert und von ihm nicht betroffen sind; das „Ob" der Handlung steht unter dem Vorbehalt des „Wenn". Soweit das Bundesverfassungsgericht den Begriff „Negativmitteilung" verwendet hat, bezieht sich dieser nur auf gescheiterte Gespräche (BVerfG aaO, S. 1067 Rn. 98 unter Bezugnahme auf BGH, Beschluss vom 5. Oktober 2010 – 3 StR 287/10).

[11] b) Vor diesem Hintergrund muss ein Revisionsführer, der eine Verletzung des § 243 Abs. 4 Satz 1 StPO rügen will, – gegebenenfalls nach Einholung von Erkundigungen beim Instanzverteidiger (vgl. Meyer-Goßner, aaO, § 344 Rn. 22 m.w.N.) – bestimmt behaupten und konkret darlegen, in welchem Verfahrensstadium, in wel-

cher Form und mit welchem Inhalt Gespräche stattgefunden haben, die auf eine Verständigung abzielten (vgl. BGHSt 56, 3). Denn das bloße Fehlen einer Mitteilung reicht nach dem oben Ausgeführten nicht aus, um einen – vom Revisionsführer darzulegenden – Rechtsfehler zu begründen. An einem solchen Vortrag fehlt es vorliegend, was gemäß § 344 Abs. 2 StPO zur Unzulässigkeit der Verfahrensrüge führt.

PRAXISBEDEUTUNG ■

Die vorstehende Entscheidung des 2. Strafsenats wendet sich im Ergebnis gegen die Auffassung des Bundesverfassungsgerichts, wonach auch im Rahmen der Mitteilungspflichten nach § 243 Abs. 4 S. 1 StPO das sog. Negativattest ausgegeben werden muss,[423] d.h. eine entsprechende Mitteilung selbst dann erfolgen muss, wenn überhaupt keine Gespräche stattgefunden haben. Es bleibt abzuwarten, wie dieser Streit letztendlich ausgehen wird. Die Ansicht des 2. Strafsenats hebt außerdem die Hürden für bloße Protokollrügen an, indem der Revisionsführer zudem auch behaupten muss, dass entgegen der fehlenden Mitteilung auch Gespräche tatsächlich und mit welchem Inhalt stattgefunden haben.

Ein **Mangel des Verfahrens an Transparenz und Dokumentation** der Gespräche, die mit dem Ziel der Verständigung außerhalb der Hauptverhandlung geführt wurden, führt regelmäßig dazu, dass ein Beruhen des Urteils auf dem Rechtsfehler nicht auszuschließen ist.[424] **424**

[2] Die Revision rügt zu Recht die Verletzung von § 243 Abs. 4 Satz 1 StPO. Dem liegt folgendes in zulässiger Weise vorgetragenes (§ 344 Abs. 2 Satz 2 StPO) Verfahrensgeschehen zugrunde: Zwischen dem Verteidiger des Beschwerdeführers und dem später den Vorsitz führenden Berichterstatter fand vor der Eröffnung des Hauptverfahrens eine verständigungsbezogene Erörterung nach § 202a StPO statt. In dem Aktenvermerk über ein hierzu mit dem Verteidiger geführtes Telefonat teilte der Berichterstatter unter anderem mit: „Unter Hinweis auf die Terminslage der Kammer wurde die Möglichkeit einer einvernehmlichen Verhandlung erörtert. Nach vorläufiger Einschätzung der Kammer kann im Falle eines Geständnisses bei einem nicht vorbestraften Angeklagten eine Strafe im bewährungsfähigen Bereich zur Anwendung kommen". Zu einer Verständigung zwischen der Strafkammer und den Verfahrensbeteiligten nach § 257c StPO kam es nicht, nachdem der Verteidiger noch vor der Eröffnung des Hauptverfahrens angekündigt hatte, dass der Angeschuldigte seine Verteidigung mit dem Ziel eines Freispruchs betreiben werde. In der Hauptverhandlung unterließ es der Vorsitzende, das dokumentierte Verständigungsgespräch bekannt zu geben.

[3] Es liegt ein Verfahrensfehler vor, auf dem das Urteil beruht. Hierzu hat der Generalbundesanwalt in seiner Antragsschrift vom 23. Oktober 2013 ausgeführt:

> *[4] „Nach § 243 Abs. 4 Satz 1 StPO muss der wesentliche Inhalt verständigungsbezogener Gespräche zwischen den Verfahrensbeteiligten nach § 202a StPO im Anschluss an die Verlesung des Anklagesatzes vom Vorsitzenden mitgeteilt werden. Das ist hier nicht geschehen. Weder das Verständigungsgespräch noch*

---

[423] Vgl. hierzu auch Gorf in BeckOK-StPO § 243 StPO Rn. 25b.

[424] BGH, Beschluss vom 25.11.2013 – 5 StR 502/13.

dessen Ergebnis sind durch die Mitteilung des wesentlichen Inhalts in der Hauptverhandlung für die Öffentlichkeit und alle Verfahrensbeteiligten transparent gemacht und im Protokoll entsprechend dokumentiert worden.

[5] Ein Mangel des Verfahrens an Transparenz und Dokumentation der Gespräche, die mit dem Ziel der Verständigung außerhalb der Hauptverhandlung geführt wurden, führt jedoch regelmäßig dazu, dass ein Beruhen des Urteils auf dem Rechtsfehler nicht auszuschließen ist (vgl. BVerfG, Urteil vom 19. März 2013 – 2 BvR 2628/10 u.a., NJW 2013, 1058, 1067 Rn. 97; BGH, Urteil vom 10. Juli 2013 – 2 StR 195/12 – [NJW 2013, 3046]). Hier gilt nichts anderes. Zum einen ist für das Vorliegen eines Ausnahmefalls im Sinne der einschlägigen Rechtsprechung des Bundesverfassungsgerichts nichts ersichtlich. Zum anderen dient die Bekanntgabe verständigungsbezogener Erörterungen gerade der Unterrichtung des Angeklagten, der hieran nicht teilgenommen hat und also auf diesem Weg Kenntnis von der Sichtweise des Gerichts zum Zwecke der Einrichtung seiner Verteidigung erlangen kann (vgl. BGH, Urteil vom 10. Juli 2013 – 2 StR 195/12, [NJW 2013, 3046, 3047 f.]). Vor diesem Hintergrund kann anders als in Fällen, in denen der Angeklagte an den Erörterungen beteiligt war, ein Einfluss der unterbliebenen Unterrichtung auf sein Verteidigungsverhalten nicht ausgeschlossen werden."

[6] Dem folgt der Senat.

425 Der **Mitteilungspflicht des § 243 Abs. 4 Satz 1 StPO** ist nicht in hinreichendem Umfang entsprochen, wenn der Vorsitzende in der Hauptverhandlung lediglich mitteilt, dass Vorgespräche stattgefunden haben und es bis dato zu keiner Verständigung gekommen ist; denn jedenfalls ein vorhandener **Verständigungsvorschlag der Kammer und die zu diesem abgegebenen Erklärungen** der übrigen Verfahrensbeteiligten wären ebenfalls mitzuteilen gewesen.[425]

426 Die Grundsätze zur **Unzulässigkeit einer bloßen Protokollrüge** gelten nicht, wenn ein **Verfahrensfehler behauptet** wird, der in seinem Kern darin besteht, dass das Hauptverhandlungsprotokoll den Inhalt außerhalb der Verhandlung geführter Verständigungsgespräche nicht wiedergibt. Insoweit hat der Gesetzgeber eine Sonderregelung getroffen.

Eine entgegen § 273 Abs. 1a StPO **fehlende oder inhaltlich unzureichende Dokumentation** von außerhalb der Hauptverhandlung geführten Verständigungsgesprächen im Sinne von § 243 Abs. 4 StPO führt in der Regel dazu, dass das Beruhen des Urteils auf dem Rechtsfehler nicht auszuschließen ist.[426]

[3] Der Beschwerdeführer macht dazu geltend, die „formellen Anforderungen an eine Verständigung" seien nicht eingehalten worden, „da insbesondere die erforderlichen Protokollierungsanforderungen nicht beachtet" worden seien. Er trägt vor, anhand des Protokolls müssten zumindest die Fragen beantwortet werden können, von wem die Initiative zur Verständigung ausgegangen sei, ob alle Verfahrensbeteiligten an dem Gespräch beteiligt gewesen und von welchem Sachverhalt sie ausgegangen seien, ferner welche Vorstellungen sie vom Ergebnis der Verständigung gehabt hätten. Das Protokoll besage nichts darüber.

---

[425] BGH, Beschluss vom 23.10.2013 – 5 StR 411/13.
[426] BGH, Urteil vom 10.7.2013 – 2 StR 195/12.

[4] Diese Verfahrensrüge ist zulässig und begründet.

[5] 1. Das Vorbringen unterliegt der Auslegung. Soweit der Beschwerdeführer Ausführungen im Protokoll zur Mitteilung des Inhalts von Gesprächen mit dem Ziel einer Verständigung vermisst, die außerhalb der Hauptverhandlung geführt worden waren, geht es der Sache nach um die Nichtbeachtung der §§ 243 Abs. 4 Satz 2, 273 Abs. 1a Satz 2 StPO.

[6] Nach dem Rechtsgedanken des § 300 StPO, der auf die Auslegung von Verfahrensrügen entsprechend angewendet wird (vgl. BVerfG, Urteil vom 25. Januar 2005 – 2 BvR 656/99 u.a., BVerfGE 112, 185, 211), schadet es nicht, dass der Beschwerdeführer nur auf § 257c StPO verweist, denn die Regelungen der §§ 243 Abs. 4 Satz 2, 273 Abs. 1a Satz 2 StPO betreffen das Verfahren auf dem Weg zu einer Verständigung im Sinne von § 257c Abs. 3 StPO. Insoweit ist die Angriffsrichtung des Rügevorbringens eindeutig erkennbar.

[7] Das Vorbringen des Beschwerdeführers genügt den Darlegungsanforderungen des § 344 Abs. 2 Satz 2 StPO. Zwar ist eine Verfahrensrüge im Allgemeinen unzulässig, wenn sich dem Revisionsvorbringen nicht die bestimmte Behauptung entnehmen lässt, dass ein Verfahrensfehler vorliegt, sondern nur, dass er sich aus dem Protokoll ergebe (vgl. etwa BGH, Beschluss vom 13. Juli 2011 – 4 StR 181/11, StV 2012, 73). Dies kann aber ausnahmsweise dann nicht gelten, wenn ein Verfahrensfehler behauptet wird, der in seinem Kern gerade darin besteht, dass das Protokoll den Inhalt der Gespräche, die außerhalb der Hauptverhandlung mit dem Ziel einer Verständigung geführt wurden, nicht mitteilt. Denn dazu hat der Gesetzgeber eine Sonderregelung getroffen.

[8] Die Herstellung von Transparenz und die Dokumentation aller mit dem Ziel der Verständigung geführten Erörterungen entsprechen dem Sinn und Zweck des Gesetzes zur Regelung der Verständigung im Strafverfahren (VerstStVfÄndG, BGBl. 2009 I, S. 2353; Regierungsentwurf in BT-Drucks. 16/12310). Sie sind Elemente eines einheitlichen Konzepts (vgl. BVerfG, Urteil vom 19. März 2013 – 2 BvR 2628/10 u.a., NJW 2013, 1058, 1067 f., Tz. 96 f.). Die Einheitlichkeit dieses Regelungskonzepts hat auch Auswirkungen auf die Darlegungspflichten eines Revisionsführers gemäß § 344 Abs. 2 Satz 2 StPO. Sein Vorbringen genügt, wenn Gespräche außerhalb der Hauptverhandlung geführt wurden und eine Mitteilung des Vorsitzenden über deren wesentlichen Inhalt entweder tatsächlich nicht erfolgt ist oder jedenfalls nicht im Protokoll dokumentiert wurde, bereits dann den Anforderungen an eine hinreichend substantiierte Verfahrensrüge, wenn er nur auf das Fehlen einer Dokumentation hinweist. Denn ein Protokoll, das alleine die Tatsache einer außerhalb der Hauptverhandlung geführten Erörterung oder nur deren Ergebnis mitteilt, ist fehlerhaft, und schon dieser Verfahrensfehler kann erhebliche Auswirkungen auf das Prozessverhalten des Angeklagten entfalten (s. unten II.2.b). Mitteilungs- und Dokumentationsmängel im Hinblick auf die Anforderungen an das Verständigungsverfahren aus den §§ 243 Abs. 4, 273 Abs. 1a StPO sind dann aber auch im Sinne der Darlegungsanforderungen nach § 344 Abs. 2 Satz 2 StPO gleich zu behandeln.

[9] 2. Es liegt ein Verfahrensfehler vor, auf dem das Urteil beruht.

[10] a) Nach § 243 Abs. 4 Satz 1 StPO teilt der Vorsitzende nach Verlesung des Anklagesatzes mit, ob Erörterungen im Sinne der §§ 202a, 212 StPO stattgefunden haben, wenn deren Gegenstand die Möglichkeit einer Verständigung gewesen ist, und gegebenenfalls deren wesentlichen Inhalt (vgl. dazu auch Senat, Urteil vom 10. Juli 2013 – 2 StR 47/13). Diese Mitteilungspflicht ist gemäß § 243 Abs. 4 Satz 2 StPO weiter zu beachten, wenn Erörterungen erst nach Beginn der Hauptverhand-

lung stattgefunden haben (vgl. BT-Drucks. 16/12310 S. 12; Meyer-Goßner, StPO, 56. Aufl. 2013, § 243 Rn. 18c). Das Gesetz will erreichen, dass derartige Erörterungen stets in der öffentlichen Hauptverhandlung zur Sprache kommen und dies auch inhaltlich dokumentiert wird. Gespräche außerhalb der Hauptverhandlung dürfen kein informelles und unkontrollierbares Verfahren eröffnen (vgl. BGH, Beschluss vom 5. Oktober 2010 – 3 StR 287/10, StV 2011, 72 f.). Alle Verfahrensbeteiligten und die Öffentlichkeit sollen nicht nur darüber informiert werden, ob solche Erörterungen stattgefunden haben, sondern auch darüber, welche Standpunkte gegebenenfalls von den Teilnehmern vertreten wurden, von welcher Seite die Frage einer Verständigung aufgeworfen wurde und ob sie bei anderen Gesprächsteilnehmern auf Zustimmung oder Ablehnung gestoßen ist (vgl. BVerfG aaO NJW 2013, 1058, 1065, Tz. 85; BGH, Beschluss vom 5. Oktober 2010 – 3 StR 287/10, StV 2011, 72 f.). Zur Gewährleistung der Möglichkeit einer effektiven Kontrolle ist die Mitteilung des Vorsitzenden hierüber gemäß § 273 Abs. 1a Satz 2 StPO in das Protokoll der Hauptverhandlung aufzunehmen. Das Fehlen der Protokollierung ist ein Rechtsfehler des Verständigungsverfahrens (vgl. BVerfG aaO NJW 2013, 1058, 1067, Tz. 97); er wird durch das Protokoll der Hauptverhandlung bewiesen.

[11] Der Senat braucht hier nicht zu entscheiden, ob der Dokumentationspflicht nur dann ausreichend Genüge getan worden wäre, wenn der Protokollvermerk verlesen und genehmigt wurde (vgl. § 273 Abs. 3 Satz 3 StPO), wie es sinnvoll sein kann, weil ein erhebliches Interesse des Angeklagten (vgl. unten II.2.b) an der Feststellung des Wortlauts der Mitteilung besteht.

[12] b) Ein Mangel des Verfahrens an Transparenz und Dokumentation der Gespräche, die mit dem Ziel der Verständigung außerhalb der Hauptverhandlung geführt wurden, führt – ebenso wie die mangelhafte Dokumentation einer Verständigung – regelmäßig dazu, dass ein Beruhen des Urteils auf dem Rechtsfehler nicht auszuschließen ist (vgl. BVerfG aaO NJW 2013, 1058, 1067, Tz. 97).

[13] Das Gesetz will die Transparenz der Gespräche, die außerhalb der Hauptverhandlung geführt werden, durch die Mitteilung ihres wesentlichen Inhalts in der Verhandlung für die Öffentlichkeit und alle Verfahrensbeteiligten, insbesondere aber für den Angeklagten herbeiführen. Der Angeklagte als eigenverantwortliches Prozesssubjekt soll zuverlässig und in nachprüfbarer Form über den Ablauf und Inhalt derjenigen Verständigungsgespräche informiert werden, die außerhalb der Hauptverhandlung – in der Praxis meist in seiner Abwesenheit – geführt wurden. Durch die Mitteilung nach § 243 Abs. 4 StPO und durch deren Protokollierung gemäß § 273 Abs. 1a StPO wird nicht nur das Ergebnis der Absprache, sondern auch der dahin führende Entscheidungsprozess festgeschrieben und der revisionsgerichtlichen Kontrolle zugänglich gemacht. Die Mitteilung und deren Dokumentation sowie die Nachprüfbarkeit in einem einheitlichen System der Kontrolle sind jeweils Grundlage einer eigenverantwortlichen Entscheidung des Angeklagten darüber, ob er dem Vorschlag des Gerichts gemäß § 257c Abs. 3 Satz 4 StPO zustimmt. Für die Entscheidung des Angeklagten, die meist mit der Frage nach einem Geständnis in der Hauptverhandlung verbunden wird, ist es von besonderer Bedeutung, ob er über die Einzelheiten der in seiner Abwesenheit geführten Gespräche nur zusammenfassend und in nicht dokumentierter Weise von seinem Verteidiger nach dessen Wahrnehmung und Verständnis informiert wird oder ob ihn das Gericht unter Dokumentation seiner Mitteilungen im Protokoll der Hauptverhandlung unterrichtet. Schon durch das Fehlen der Dokumentation kann das Prozessverhalten des Angeklagten beeinflusst werden.

[14] Es mag nicht ausgeschlossen sein, dass der Angeklagte im Einzelfall auch bei fehlerhaftem Hauptverhandlungsprotokoll durch eine ebenso zuverlässige Dokumentation in anderer Weise so unterrichtet wird, dass das Beruhen des Urteils auf dem Protokollierungsfehler ausgeschlossen werden kann. Anhaltspunkte dafür liegen hier aber nicht vor.

Ein **Mangel an Transparenz und Dokumentation** der Gespräche, die mit dem Ziel der Verständigung außerhalb der Hauptverhandlung geführt wurden, führt – ebenso wie die mangelhafte Dokumentation einer Verständigung – regelmäßig dazu, dass ein Beruhen des Urteils auf dem Rechtsfehler nicht ausgeschlossen werden kann.[427] **427**

[8] b) Der vom Beschwerdeführer in der Sache gerügte Verstoß gegen § 243 Abs. 4 Satz 2 i.V.m. § 273 Abs. 1a Satz 2 StPO liegt vor.

[9] aa) Nach § 243 Abs. 4 Satz 1 StPO teilt der Vorsitzende nach Verlesung des Anklagesatzes mit, ob Erörterungen nach den §§ 202a, 212 StPO stattgefunden haben, wenn deren Gegenstand die Möglichkeit einer Verständigung (§ 257c StPO) gewesen ist und wenn ja, deren wesentlichen Inhalt (vgl. dazu BGH, Urteil vom 10. Juli 2013 – 2 StR 47/13, NStZ 2013, 610). Diese Mitteilungspflicht ist gemäß § 243 Abs. 4 Satz 2 StPO weiter zu beachten, wenn Erörterungen erst nach Beginn der Hauptverhandlung stattgefunden haben (vgl. BT-Drucks. 16/12310, S. 12; Meyer-Goßner, StPO, 56. Aufl., 2013, § 243 Rn. 18c). Das Gesetz will erreichen, dass derartige Erörterungen stets in der öffentlichen Hauptverhandlung zur Sprache kommen und dies auch inhaltlich dokumentiert wird. Gespräche außerhalb der Hauptverhandlung dürfen kein informelles und unkontrollierbares Verfahren eröffnen (vgl. BGH, Beschluss vom 5. Oktober 2010 – 3 StR 287/10, StV 2011, 72 f.). Alle Verfahrensbeteiligten und die Öffentlichkeit sollen nicht nur darüber informiert werden, ob solche Erörterungen stattgefunden haben, sondern auch darüber, welche Standpunkte gegebenenfalls von den Teilnehmern vertreten wurden, von welcher Seite die Frage einer Verständigung aufgeworfen wurde und ob sie bei anderen Gesprächsteilnehmern auf Zustimmung oder Ablehnung gestoßen ist (vgl. BVerfG, NJW 2013, 1058, 1065; BGH, Beschluss vom 5. Oktober 2010 – 3 StR 287/10, StV 2011, 72 f.). Zur Gewährleistung einer effektiven Kontrolle ist die Mitteilung des Vorsitzenden hierüber gemäß § 273 Abs. 1a Satz 2 StPO in das Protokoll der Hauptverhandlung aufzunehmen.

[10] bb) Hier weist die Niederschrift über die Hauptverhandlung vom 8. Februar 2013 den wesentlichen Inhalt des Rechtsgesprächs in dem vorstehend dargestellten Sinn nicht aus. Das Fehlen der Protokollierung ist ein Rechtsfehler des Verständigungsverfahrens (vgl. BVerfG, NJW 2013, 1058, 1067); er wird durch das Protokoll der Hauptverhandlung bewiesen.

[11] c) Ein Mangel an Transparenz und Dokumentation der Gespräche, die mit dem Ziel der Verständigung außerhalb der Hauptverhandlung geführt wurden, führt – ebenso wie die mangelhafte Dokumentation einer Verständigung – regelmäßig dazu, dass ein Beruhen des Urteils auf dem Rechtsfehler nicht ausgeschlossen werden kann (vgl. BVerfG, NJW 2013, 1058, 1067).

---

[427] BGH, Beschluss vom 8.10.2013 – 4 StR 272/13.

[12] Wie der 2. Strafsenat des Bundesgerichtshofs in seiner Grundsatzentscheidung vom 10. Juli 2013 (2 StR 195/12, NJW 2013, 3046, 3048) näher ausgeführt hat, will das Gesetz die Transparenz der Gespräche, die außerhalb der Hauptverhandlung geführt werden, durch die Mitteilung ihres wesentlichen Inhalts in der Verhandlung für die Öffentlichkeit und alle Verfahrensbeteiligten, insbesondere aber für den Angeklagten, herbeiführen: Durch die Mitteilung nach § 243 Abs. 4 StPO und durch deren Protokollierung gemäß § 273 Abs. 1a StPO werde nicht nur das Ergebnis der Absprache, sondern auch der dahin führende Entscheidungsprozess festgeschrieben und der revisionsgerichtlichen Kontrolle zugänglich gemacht. Die Mitteilung und deren Dokumentation sowie die Nachprüfbarkeit in einem einheitlichen System der Kontrolle seien jeweils Grundlage einer eigenverantwortlichen Entscheidung des Angeklagten darüber, ob er dem Vorschlag des Gerichts gemäß § 257c Abs. 3 Satz 4 StPO zustimme. Schon durch das Fehlen der Dokumentation könne das Prozessverhalten des Angeklagten beeinflusst werden.

[13] Umstände, wonach es im vorliegenden Fall ausnahmsweise anders liegen könnte, sind weder vorgetragen noch sonst ersichtlich.

428 Ein Verstoß gegen die Mitteilungspflicht aus § 243 Abs. 4 Satz 1 StPO wäre **kein absoluter Revisionsgrund** im Sinne von § 338 Nr. 6 StPO. Eine Verletzung des Gesetzes läge daher nur dann vor, wenn das Urteil auf dem Verstoß beruhte (§ 337 Abs. 1 StPO).[428]

[2] 1. Mit dieser Rüge macht der Angeklagte geltend, der Kammervorsitzende habe entgegen § 243 Abs. 4 StPO weder zu Beginn der Hauptverhandlung noch später in öffentlicher Sitzung mitgeteilt, „ob Erörterungen nach den §§ 202a, 212 StPO stattgefunden haben, deren Gegenstand die Möglichkeit einer Verständigung gewesen ist", und „ob es bislang in dem Verfahren zu Verständigungsgesprächen gekommen war" (RB S. 3). Lediglich zum Schluss der Beweisaufnahme habe der Vorsitzende zu Protokoll festgestellt, dass eine Verständigung im Sinne des § 257c StPO nicht stattgefunden habe.

[3] Der Beschwerdeführer vertritt unter Hinweis auf die Gesetzesbegründung die Auffassung, dass die Mitteilungspflicht aus § 243 Abs. 4 Satz 1 StPO auch dann greife, wenn keine Gespräche „im Hintergrund" stattgefunden haben. Da die Vorschrift des § 243 Abs. 4 StPO nach den gesetzgeberischen Motiven der Transparenz des Verfahrens gegenüber der Öffentlichkeit diene und damit den Öffentlichkeitsgrundsatz (§ 169 GVG) verwirkliche, sei bei diesem Verstoß der absolute Revisionsgrund des § 338 Nr. 6 StPO zu bejahen. Eine Beruhensprüfung komme demnach nicht in Betracht; die anderslautende Entscheidung des Senats (Beschluss vom 20. Oktober 2010 – 1 StR 400/10, NStZ 2011, 592) bedürfe nach dem Urteil des Bundesverfassungsgerichts zur Verständigung im Strafprozess vom 19. März 2013 (2 BvR 2628/10 u.a., NStZ 2013, 295) der Korrektur.

[4] 2. Ausgehend von der Rechtsprechung des 2. Strafsenats des Bundesgerichtshofs zu § 243 Abs. 4 StPO bestehen bereits Bedenken gegen die Zulässigkeit dieser Rüge. Denn der Beschwerdeführer hat nicht vorgetragen, ob Erörterungen im Sinne des § 243 Abs. 4 Satz 1 StPO stattgefunden haben. Dies durfte er aber nach dem Urteil des 2. Strafsenats vom 10. Juli 2013 im Verfahren 2 StR 47/13 nicht offenlassen,

---

[428] BGH, Beschluss vom 3.9.2013 – 1 StR 237/13.

weil danach die Verfahrensrüge, es sei rechtsfehlerhaft keine Mitteilung gemäß § 243 Abs. 4 Satz 1 StPO erfolgt, den Vortrag voraussetzt, ob Gespräche im Sinne dieser Vorschrift stattgefunden hatten und welchen Inhalt sie gegebenenfalls hatten. …

[5] 3. Die Rüge ist jedenfalls unbegründet. Ein Verstoß gegen die Mitteilungspflicht aus § 243 Abs. 4 Satz 1 StPO wäre kein absoluter Revisionsgrund im Sinne von § 338 Nr. 6 StPO (nachfolgend a). Eine Verletzung des Gesetzes läge daher nur dann vor, wenn das Urteil auf dem Verstoß beruhte (§ 337 Abs. 1 StPO). Es kann letztlich dahinstehen, ob ein Verstoß gegen § 243 Abs. 4 StPO vorliegt, da das Urteil hier jedenfalls darauf nicht beruhen kann. Denn der Senat hat im Freibeweisverfahren Beweis darüber erhoben, ob Erörterungen im Sinne des § 243 Abs. 4 Satz 1 StPO stattgefunden haben, und dabei festgestellt, dass dies nicht der Fall war (nachfolgend b). Er schließt ein Beruhen des Urteils auf der Nichtmitteilung des Umstandes, dass keine Erörterungen im Sinne des § 243 Abs. 4 Satz 1 StPO stattgefunden haben, aus (nachfolgend c).

[6] a) Entgegen der Auffassung der Revision könnte der geltend gemachte Verstoß gegen die Mitteilungspflichten aus § 243 Abs. 4 Satz 1 StPO keinen absoluten Revisionsgrund im Sinne des § 338 Nr. 6 StPO darstellen.

[7] Nach § 338 Nr. 6 StPO ist ein Urteil stets als auf einer Verletzung des Gesetzes beruhend anzusehen, wenn es auf Grund einer mündlichen Verhandlung ergangen ist, bei der die Vorschriften über die Öffentlichkeit des Verfahrens verletzt sind. Dies ist hier nicht der Fall, denn § 243 Abs. 4 Satz 1 StPO zählt nicht zu diesen Vorschriften (vgl. bereits Senat, Beschluss vom 20. Oktober 2010 – 1 StR 400/10, NStZ 2011, 592). Die Vorschrift des § 338 Nr. 6 StPO bezieht sich auf den Grundsatz der Öffentlichkeit der Hauptverhandlung, der in § 169 Satz 1 GVG normiert ist. Zwar dient auch die Vorschrift des § 243 Abs. 4 StPO der Transparenz des Strafverfahrens, weil ihr Sinn und Zweck auch ist, die Öffentlichkeit über etwaige Vorgespräche der Verfahrensbeteiligten zu informieren. Allerdings kann der Verstoß gegen Mitteilungspflichten über Vorgänge außerhalb der Hauptverhandlung nicht mit einem Verstoß gegen den Grundsatz der Öffentlichkeit der Verhandlung vor dem erkennenden Gericht (§ 169 Satz 1 GVG) gleichgesetzt werden. Denn die Mitteilungspflicht aus § 243 Abs. 4 StPO sichert in erster Linie den Informationsgleichstand sämtlicher Verfahrensbeteiligter, auch derjenigen, die an Erörterungen gemäß den §§ 202a, 212 StPO nicht beteiligt waren (vgl. dazu auch OLG Celle, Beschluss vom 30. August 2011 – 32 Ss 87/11, Rn. 14, StV 2012, 394, 395). Demgegenüber bezieht sich § 169 Satz 1 GVG auf die unmittelbare Öffentlichkeit im Sinne einer – hier nicht in Rede stehenden – Möglichkeit der Teilnahme an der Verhandlung vor dem erkennenden Gericht (vgl. BGH, Urteil vom 17. Februar 1989, 2 StR 402/88, BGHSt 36, 119, 122; Diemer in KK-StPO, 6. Aufl., § 169 GVG Rn. 1).

[8] b) Ein zur Aufhebung des Urteils nötigender Verfahrensfehler konnte deshalb nur dann vorliegen, wenn das Urteil auf der Nichtmitteilung, ob Erörterungen im Sinne des § 243 Abs. 4 Satz 1 StPO stattgefunden haben, beruhte. Der Senat hat deshalb im Freibeweisverfahren nicht nur von den beteiligten Richtern und Staatsanwälten dienstliche Erklärungen, sondern auch von den Verteidigern und vom Angeklagten Erklärungen dazu eingeholt, ob ihnen solche Erörterungen bekannt geworden sind. Dies wurde ausnahmslos – nicht nur von den Richtern und Staatsanwälten, sondern auch vom Instanzverteidiger und vom Angeklagten – verneint. Derartige Erörterungen liegen auch nicht darin, dass der Kammervorsitzende, wie er in seiner dienstlichen Erklärung mitgeteilt hat, bei der Absprache der Hauptverhandlungstermine möglicherweise gegenüber der Verteidigung eine Einschätzung

der Sach- und Rechtslage vorgenommen hat, denn dies kann nicht als Vorbereitung einer Verständigung gewertet werden (vgl. dazu BVerfG, Urteil vom 19. März 2013 – 2 BvR 2628/10 u.a., Rn. 85, NStZ 2013, 295, 297). Der Senat hat keine Zweifel an der Richtigkeit der von den Verfahrensbeteiligten hierzu abgegebenen Erklärungen.

[9] c) Da somit zweifelsfrei feststeht, dass es keinerlei Gespräche gegeben hat, in denen die Möglichkeit einer Verständigung im Raum stand, schließt der Senat ein Beruhen des Urteils auf dem Umstand aus, dass der Kammervorsitzende in der Hauptverhandlung nicht öffentlich mitgeteilt hat, ob Erörterungen im Sinne des § 243 Abs. 4 Satz 1 StPO stattgefunden haben (zum Ausschluss des Beruhens in solchen Fällen vgl. BVerfG, aaO, Rn. 98 und OLG Celle, Beschluss vom 30. August 2011 – 32 Ss 87/11, Rn. 11, 13, StV 2012, 394, 395 f.; in den Fällen eines fehlenden Negativattests gemäß § 273 Abs. 1a Satz 3 StPO vgl. BGH, Beschluss vom 22. Mai 2013 – 4 StR 121/13).

429 Es stellt jedenfalls keinen Rechtsfehler dar, wenn der Tatrichter bei einem voll umfassenden Geständnis **lediglich eine Strafuntergrenze** von bspw. drei Jahren und neun Monaten zusichert, nicht aber zugleich eine Strafobergrenze „für den Fall des Bestreitens“ benennt.[429]

[2] 1. Mit der Verfahrensrüge wird „ein Verstoß gegen § 257c StPO“ geltend gemacht. Nach dem (durch das Hauptverhandlungsprotokoll belegten) Revisionsvortrag sei dem Angeklagten „bei einem voll umfassenden Geständnis ... im Sinne der Anklage“ lediglich „eine Strafuntergrenze von drei Jahren und neun Monaten“ zugesichert, nicht aber eine Strafobergrenze „für den Fall des Bestreitens“ genannt worden. Die Rüge hat keinen Erfolg.

[3] a) Zu ihrer Begründung wird ausgeführt, ein Angeklagter könne „seinen strafprozessualen Vorteil für den Fall eines Geständnisses nur erkennen, wenn (er) die sogenannte Sanktionsschere zwischen der Untergrenze im geständigen Fall und der Obergrenze im Bestreitensfalle vor Augen“ habe.

[4] Der Senat kann offen lassen, ob das Landgericht nach dem Inkrafttreten des Gesetzes zur Regelung der Verständigung im Strafverfahren vom 29. Juli 2009 eine derartige Strafobergrenze überhaupt hätte nennen dürfen (zu dieser Frage s. Stuckenberg in Löwe-Rosenberg, StPO, 26. Aufl., § 257c Rn. 50 m.w.N.). Es stellt jedenfalls keinen Rechtsfehler dar, dass es dies nicht getan hat. Zwar sieht § 257c Abs. 3 Satz 2 StPO die Angabe einer Unter- und einer Obergrenze der Strafe vor. Damit ist nach dem Regelungsgehalt der Vorschrift aber nicht die Mitteilung der sogenannten Sanktionsschere gemeint, sondern allein der für den Fall einer erfolgreichen Verständigung – deren Bestandteil in aller Regel ein Geständnis ist (vgl. § 257c Abs. 2 Satz 2 StPO) – konkret in Betracht kommende Strafrahmen (Meyer-Goßner, StPO, 56. Aufl., § 257c Rn. 19; Stuckenberg, aaO, § 257c Rn. 49).

[5] b) Dass das Landgericht vorliegend neben der Strafuntergrenze nicht auch eine -obergrenze für den Fall eines Geständnisses angegeben habe (vgl. BGH, Urteil vom 17. Februar 2011 – 3 StR 426/10, NStZ 2011, 648), macht die Rüge – auch unter Berücksichtigung des in § 300 StPO enthaltenen Rechtsgedankens (vgl. BGH, Beschluss vom 12. Februar 2008 – 1 StR 649/07, NStZ 2008, 418) – nicht geltend.

---

[429] BGH, Urteil vom 3.9.2013 – 5 StR 318/13.

Ihr Angriff richtet sich eindeutig nur auf die seitens des Landgerichts unterlassene Mitteilung einer Strafobergrenze „im Bestreitensfalle"; sie erweist sich daher als nicht auslegungsfähig.

[6] Damit aber ist dem Senat eine Prüfung verwehrt, ob das Landgericht durch Nichtangabe einer Strafobergrenze im Sinne des § 257c Abs. 3 Satz 2 StPO rechtsfehlerhaft gehandelt haben könnte (vgl. BGH, Beschluss vom 14. Juli 1998 – 4 StR 253/98, NStZ 1998, 636; s. auch BGH, Urteil vom 26. August 1998 – 3 StR 256/98, NStZ 1999, 94). Denn die Angriffsrichtung bestimmt den Prüfungsumfang seitens des Revisionsgerichts (BGH, Beschluss vom 29. August 2006 – 1 StR 371/06, NStZ 2007, 161; s. auch BGH, Beschluss vom 12. September 2007 – 1 StR 407/07, NStZ 2008, 229; Meyer-Goßner, aaO, § 344 Rn. 20; Franke in Löwe-Rosenberg, aaO, § 344 Rn. 78). Einem Revisionsführer steht es wegen seiner Dispositionsbefugnis zu, ein Prozessgeschehen nur unter einem bestimmten Gesichtspunkt zu rügen, einen etwa zusätzlich begangenen Verfahrensverstoß aber hinzunehmen (vgl. BGH, Urteil vom 28. Mai 2003 – 2 StR 486/02, NStZ-RR 2003, 268, 269; § 352 Abs. 1 StPO).

[7] c) Soweit der Vertreter der Bundesanwaltschaft in der Hauptverhandlung darüber hinaus einen Verstoß gegen § 243 Abs. 4 StPO in Betracht gezogen hat, lässt sich der Revision eine entsprechende Rüge nicht entnehmen; sie etwa tragende Tatsachen sind nicht vorgetragen (§ 344 Abs. 2 Satz 2 StPO). Im Übrigen zwänge auch diese Bestimmung nicht zur Mitteilung einer Strafobergrenze für den Fall des Tatnachweises ohne Geständnis und ohne Verständigung.

PRAXISHINWEIS ■

Eine Revision kann nur dann Erfolg haben, wenn mit ihr klargestellt ist, worauf sich ihr Ziel richtet. Dies muss jedem Verteidiger klar sein, der sich an eine Revisionsbegründung macht; denn es hilft dem Angeklagten nicht weiter, wenn beiläufig ein möglicher Rechtsfehler zutage tritt, solange dieser – wenn es dafür einer Verfahrensrüge bedarf – nicht ausdrücklich und ordnungsgemäß gerügt ist!

Bleibt die unter Verstoß gegen die Belehrungspflicht zustande gekommene Verständigung bestehen und fließt das auf der Verständigung basierende Geständnis in das Urteil ein, beruht das Urteil regelmäßig auf dem Unterlassen der Belehrung und der hiermit einhergehenden Grundrechtsverletzung. Anders kann es in den Fällen sein, in denen eine **Belehrung nach § 257c Abs. 5 StPO**, wenngleich **verspätet**, noch vor Ablegung des Geständnisses erfolgt, und zwar unmittelbar nach der allseitigen Zustimmung zum gerichtlichen Verständigungsvorschlag. Jedenfalls ist der Angeklagte dann über die in § 257c Abs. 4 StPO geregelten Voraussetzungen und Folgen einer Abweichung des Gerichts vom in Aussicht gestellten Ergebnis unterrichtet.[430] **430**

[8] b) Die Revision rügt im Ausgangspunkt zutreffend, dass die Vorschrift des § 257c Abs. 5 StPO dadurch verletzt wurde, dass der Vorsitzende der Strafkammer es unterlassen hat, den Angeklagten bereits bei Unterbreitung des Verständigungsvorschlags über die in § 257c Abs. 4 StPO geregelte Möglichkeit eines Entfallens der Bindung des Gerichts an die Verständigung zu belehren.

---

[430] BGH, Beschluss vom 7.8.2013 – 5 StR 253/13.

[9] aa) § 257c Abs. 5 StPO sieht vor, dass der Angeklagte vor der Verständigung über die Voraussetzungen und Folgen der nach § 257c Abs. 4 StPO möglichen Abweichung des Gerichts von dem in Aussicht gestellten Ergebnis zu belehren ist. Hiermit wollte der Gesetzgeber die Fairness des Verständigungsverfahrens sichern und zugleich die Autonomie des Angeklagten in weitem Umfang schützen. Unter anderem durch die Belehrung nach § 257c Abs. 5 StPO soll ferner einer Gefährdung der Selbstbelastungsfreiheit Rechnung getragen werden, die mit der Aussicht auf eine das Gericht bindende Zusage einer Strafobergrenze und der dadurch begründeten Anreiz- und Verlockungssituation einhergeht (BVerfG NJW 2013, 1058 Rn. 99; BGH, Beschlüsse vom 19. August 2010 – 3 StR 226/10, BGHR StPO § 257c Abs. 5 Belehrung 1, und vom 11. April 2013 – 1 StR 563/12, StraFo 2013, 286). Mit dem Grundsatz des fairen Verfahrens ist eine Verständigung regelmäßig nur dann zu vereinbaren, wenn der Angeklagte vor ihrem Zustandekommen über deren nur eingeschränkte Bindungswirkung für das Gericht belehrt worden ist. Der grundlegenden Bedeutung der Belehrungspflicht für die Fairness des Verfahrens und die Selbstbelastungsfreiheit ist nur dann Rechnung getragen, wenn der Angeklagte vor dem Eingehen einer Verständigung, deren Bestandteil das Geständnis ist, vollumfänglich über die Tragweite seiner Mitwirkung an der Verständigung informiert ist. Nur so ist gewährleistet, dass er autonom darüber entscheiden kann, ob er von seiner Freiheit, die Aussage zu verweigern, (weiterhin) Gebrauch macht oder sich auf eine Verständigung einlässt (BVerfG aaO, Rn. 125).

[10] bb) Eine Heilung des Verstoßes ist nicht eingetreten. Sie hätte hier eine rechtsfehlerfreie Wiederholung des von dem Verfahrensfehler betroffenen Verfahrensabschnitts vorausgesetzt. Dafür hätte es – wie der Generalbundesanwalt in der Revisionshauptverhandlung zutreffend ausgeführt hat – eines ausdrücklichen Hinweises auf den Fehler und auf die daraus folgende gänzliche Unverbindlichkeit der Zustimmung des Angeklagten bedurft sowie einer Nachholung der versäumten Belehrung nach § 257c Abs. 5 StPO und der erneuten Einholung einer nunmehr verbindlichen Zustimmungserklärung. Dem entspräche eine von der Verteidigung in Erwägung gezogene qualifizierte Belehrung.

[11] c) Indes liegt – entgegen der Auffassung des Generalbundesanwalts – ein vom Bundesverfassungsgericht konzedierter Ausnahmefall vor, in dem aufgrund konkreter Feststellungen die Ursächlichkeit des Belehrungsfehlers für das Geständnis ausgeschlossen werden kann, weil der Angeklagte dieses auch bei ordnungsgemäßer Belehrung abgegeben hätte (BVerfG aaO, Rn. 127).

[12] aa) Freilich ist ein Ausschluss des Beruhens des Urteils auf diesem Verfahrensfehler im Hinblick auf die in einer Verständigung ohne vorherige Belehrung liegende Verletzung des Angeklagten in seinem Recht auf ein faires Verfahren und in seiner Selbstbelastungsfreiheit nur in eng begrenzten Ausnahmefällen denkbar, auch eingedenk des gesetzgeberischen Zieles einer wirksamen vollumfänglichen Kontrolle verständigungsbasierter Urteile (vgl. hierzu Begründung zum Gesetzentwurf der Bundesregierung, BT-Drucks. 16/12310, S. 9; BVerfG aaO, Rn. 94 bis 97). Bleibt die unter Verstoß gegen die Belehrungspflicht zustande gekommene Verständigung bestehen und fließt das auf der Verständigung basierende Geständnis in das Urteil ein, beruht das Urteil regelmäßig auf dem Unterlassen der Belehrung und der hiermit einhergehenden Grundrechtsverletzung.

[13] bb) Indes ist hier anders als in den vom Bundesverfassungsgericht entschiedenen Fällen, in denen eine Belehrung nach § 257c Abs. 5 StPO gänzlich fehlte, eine solche, wenngleich verspätet, vor Ablegung des Geständnisses erfolgt, und zwar

unmittelbar nach der allseitigen Zustimmung zum gerichtlichen Verständigungsvorschlag. Dadurch war der Angeklagte über die in § 257c Abs. 4 StPO geregelten Voraussetzungen und Folgen einer Abweichung des Gerichts vom in Aussicht gestellten Ergebnis unterrichtet. In Kenntnis dieses Umstands hat er das in das Urteil eingeflossene Geständnis abgelegt, und zwar nach einer ihm verbleibenden weiteren Überlegungsfrist von einer Woche. Er stand durchgehend im Beistand seines – notwendigen – Verteidigers. Dieser hatte die Verständigung selbst initiiert. An der Gestaltung des Geständnisses hat der Verteidiger – ersichtlich im Einvernehmen mit dem Angeklagten – durch die von ihm gefertigte Verteidigerschrift wesentlich mitgewirkt. Bei alledem ist eine die Selbstbelastungsfreiheit des Angeklagten berührende Drucksituation auszuschließen. Im Übrigen liegt denkbar fern, dass der Verteidiger die Initiative zur Verständigung ohne Information seines Mandanten über deren Konsequenzen ergriffen hätte.

[14] cc) Unter diesen besonderen Umständen ist davon auszugehen, dass der Angeklagte, bevor er seine Mitwirkungshandlungen vornahm, vollen Umfangs über die Tragweite seiner Mitwirkung an der Verständigung informiert war und autonom darüber entscheiden konnte, ob er von seiner Freiheit, an seiner bisherigen Einlassung festzuhalten und gegebenenfalls darüber hinaus die Aussage zu verweigern, Gebrauch machen wollte (vgl. BVerfG aaO, Rn. 125 f.). Schließlich war auch schon der in dem Verständigungsvorschlag enthaltenen Formulierung „... für den Fall, dass er ein glaubhaftes Geständnis ablegt ...“ ein klarer Hinweis darauf zu entnehmen, dass die Entscheidung hierüber ebenso wie über die Vornahme der weiteren Mitwirkungshandlungen weiterhin beim Angeklagten lag.

§ **257c Abs. 4 StPO** begründet **keine eigenständige Belehrungspflicht.**[431] **431**

[2] Seine auf eine Verfahrensrüge und die nicht ausgeführte Sachrüge gestützte Revision führt zu einer Änderung des Schuldspruchs (§ 349 Abs. 4 StPO), bleibt aber im Übrigen erfolglos (§ 349 Abs. 2 StPO).

[3] 1. Zur Verfahrensrüge:

[4] Im Laufe der Hauptverhandlung kam es zu einer Verständigung (§ 257c StPO). Soweit die Revision geltend macht, dabei sei der Angeklagte „nicht in der nach § 257c Abs. 4 StPO gebotenen Weise belehrt worden“, ist nicht erkennbar, was damit gemeint ist. BGH, Beschluss vom 24.7.2013 – 1 StR 234/13. Soweit die Revision geltend macht, darüber hinaus („ebenfalls“) sei auch die gemäß § 257c Abs. 5 StPO gebotene Belehrung (über die Voraussetzungen und Folgen einer Abweichung des Gerichts von dem in Aussicht gestellten Ergebnis nach § 257c Abs. 4 StPO) unterblieben, trifft ihr Vortrag zu.

[5] Auch wenn häufig ein Beruhen des Urteils auf diesem Verfahrensfehler bei verfassungskonformer Gewichtung dieses Mangels nicht auszuschließen sein wird (vgl. BVerfG, Urteil vom 19. März 2013 – 2 BvR 2883/10 u.a.), bleibt die Rüge hier erfolglos:

[6] a) Nachdem der Angeklagte im Rahmen der zunächst angestrebten Verständigung eine Erklärung abgegeben hatte, wurde die Sitzung unterbrochen. Nach Wiedereintritt gab der Vorsitzende ausweislich des Protokolls der Hauptverhandlung folgendes bekannt:

---

[431] BGH, Beschluss vom 24.7.2013 – 1 StR 234/13.

[7] „Der Vorsitzende gibt den rechtlichen Hinweis, dass die Kammer nicht von einem Geständnis gemäß der Verfahrensabsprache ausgeht und dass damit die Verfahrensabsprache gegenstandslos ist. Alle Beteiligten, insbesondere die ehrenamtlichen Richter, wurden darauf hingewiesen, dass die Einlassung des Angeklagten S. damit nicht als verwertbar anzusehen ist ...".

[8] Zu einer Verfahrensabsprache kam es im weiteren Verlauf des Verfahrens nicht mehr. Die Verteidigerin gab jedoch für den Angeklagten eine von diesem ausdrücklich gebilligte Sacheinlassung ab. Zuvor hatte der Vorsitzende ausweislich des Protokolls der Hauptverhandlung – nochmals – Folgendes erklärt:

[9] „Der Vorsitzende gab erneut die qualifizierte Belehrung dahingehend ab, dass er den Angeklagten S. darauf hinwies, dass das, was er bis jetzt gesagt habe, nicht verwertet werden kann ...".

[10] b) Diese beiden Hinweise sind in der Revisionsbegründung, mit der die Revision im Ergebnis vorträgt, die im Urteil berücksichtigte (zweite) Erklärung des Angeklagten beruhe darauf, dass er vor deren Abgabe im Rahmen der dann gescheiterten Absprache nicht ordnungsgemäß belehrt worden sei, verschwiegen.

[11] Damit ist die Revision ihrer Verpflichtung nicht nachgekommen, auch solche Umstände vorzutragen, die ihrem Vorbringen erkennbar zuwider laufen (vgl. BGH, Urteil vom 26. Juli 1994 – 5 StR 98/94, BGHSt 40, 218, 240).

[12] Selbst wenn man aber davon ausginge, dass sich unmittelbar im Anschluss an die Revisionsbegründung deshalb nochmals das gesamte Urteil und das gesamte Hauptverhandlungsprotokoll einschließlich aller Anlagen in der Akte befinden (SA Bd. 9 Bl. 3611–3715), würde dies nicht zur Annahme eines ordnungsgemäßen Revisionsvortrags führen, weil diese Unterlagen – dann jedenfalls ohne Hinweis in der Revisionsbegründung – der Revisionsbegründung unkommentiert beigefügt gewesen waren (vgl. zusammenfassend Kuckein in KK-StPO, 6. Aufl., § 344 Rn. 39 m.w.N.).

[13] c) Unabhängig davon ist aber auch ausgeschlossen, dass das Urteil darauf beruhen kann, dass die allein verwertete Angabe des Angeklagten, die er abgegeben hat, nachdem er mehrfach über die Unverwertbarkeit der früheren Aussage belehrt worden war, davon beeinflusst worden sein kann, dass er vor Abgabe der nicht verwerteten Aussage nicht ordnungsgemäß belehrt worden war.

432 Mit der Rüge: Nach der Urteilsurkunde beruhe das Urteil auf einer **Verständigung nach § 257c StPO**, obwohl eine solche **tatsächlich nicht stattgefunden** habe, wie sich auch aus dem Protokoll ergebe, ist ein revisibler Rechtsfehler nicht dargelegt.[432]

Die Beschwerdeführerin rügt als Verletzung von § 261 StPO, dass das Urteil nach der Urteilsurkunde auf einer Verständigung nach § 257c StPO beruhe, obwohl eine solche tatsächlich nicht stattgefunden habe, wie sich auch aus dem Protokoll ergebe. Ein revisibler Rechtsfehler ist damit nicht dargelegt. Zwar korrespondiert der Hinweis im Urteil auf eine Verständigung (vgl. § 267 Abs. 3 Satz 5 StPO) nicht mit dem Inhalt des Protokolls und den Angaben der Beschwerdeführerin, dass keine Verständigung stattgefunden hat. Der Senat schließt aber aus, dass sich dieser Fehler auf das Verfahren oder das Urteil zum Nachteil der Angeklagten ausgewirkt hat. Die Überprüfung eines verständigungsbasierten Geständnisses unterliegt grundsätzlich

[432] BGH, Beschluss vom 25.6.2013 – 1 StR 163/13.

nicht strengeren Anforderungen, als sie an eine Beweisaufnahme in der nach herkömmlicher Verfahrensweise geführten Hauptverhandlung nach Abgabe eines Geständnisses zu stellen wären (BVerfG, Urteil vom 19. März 2013 – 2 BvR 2628/10 u.a., NJW 2013, 1058, 1063 Rn. 71). Vorliegend hat das Landgericht bei seiner Beweiswürdigung das vollumfängliche Geständnis der Angeklagten durch zahlreiche sachliche und persönliche Beweismittel überprüft und bestätigt gefunden.

Es kann daher dahinstehen, ob dem „Berichtigungsbeschluss" des Landgerichts vom 22. April 2013 (Bl. 235 d.A.) Rechtswirkung zukommt, wonach der vor den eigentlichen Urteilsgründen angebrachte und in Klammern gesetzte Hinweis auf eine Verständigung, der vom weiteren Schriftbild der Urteilsgründe deutlich abweicht, wegen eines Schreibversehens entfällt (vgl. demgegenüber Meyer-Goßner, StPO, 55. Aufl., § 267 Rn. 39 m.w.N.).

Weder der **Grundsatz des fairen Verfahrens** noch sonstige Regelungen des Verfassungs- oder des Strafverfahrensrechts verbieten dem Tatgericht, das Verfahren betreffende **Gespräche mit den Verfahrensbeteiligten** zunächst getrennt zu führen. Selbst bei der Vorbereitung einer – hier ohnehin nicht vorliegenden – möglichen verfahrensbeendenden Absprache dienenden Gesprächen sind derartige Vorgespräche nicht ausgeschlossen.[433] **433**

1. Die Rüge, das Tatgericht habe gegen den Grundsatz des fairen Verfahrens dadurch verstoßen, dass dem Verteidiger des Angeklagten trotz Nachfrage die Teilnahme an einem mit anderen Verfahrensbeteiligten im Dienstzimmer des Vorsitzenden geführten Gespräch über eine Abtrennung des Verfahrens gegen mehrere Mitangeklagte verweigert worden war, ist jedenfalls unbegründet.

Weder der Grundsatz des fairen Verfahrens noch sonstige Regelungen des Verfassungs- oder des Strafverfahrensrechts verbieten dem Tatgericht, das Verfahren betreffende Gespräche mit den Verfahrensbeteiligten zunächst getrennt zu führen. Selbst bei der Vorbereitung einer – hier ohnehin nicht vorliegenden – möglichen verfahrensbeendenden Absprache dienenden Gesprächen sind derartige Vorgespräche nicht ausgeschlossen (BT-Drucks. 16/12310 S. 9 und 12; BVerfG, Urteil vom 19. März 2013 – 2 BvR 2628/10 u.a., NJW 2013, 1058, 1065 [Rn. 82]). Wie sich aus der Mitteilungspflicht des § 243 Abs. 4 Satz 1 StPO ergibt, setzt das Gesetz in Bezug auf verfahrensbeendende Absprachen die Möglichkeit solcher Vorgespräche sogar voraus. Nach der Rechtsprechung des Bundesgerichtshofs müssen eine eventuelle Verständigung betreffende Vorgespräche nicht stets mit sämtlichen Verfahrensbeteiligten zugleich geführt werden (vgl. BGH, Beschluss vom 5. Oktober 2010 – 3 StR 287/10, StV 2011, 72 f.). Allerdings bedarf es bei der Sondierung der Chancen für eine solche Absprache betreffende Gespräche der anschließenden Information sämtlicher Verfahrensbeteiligter in öffentlicher Hauptverhandlung über den Inhalt, den Verlauf und die Ergebnisse der außerhalb dieser geführten Gespräche (BGH aaO).

Diesen Anforderungen hat das Tatgericht entsprochen. Wie sich aus der diesbezüglichen dienstlichen Stellungnahme des Vorsitzenden der Strafkammer ergibt, hat dieser in öffentlicher Hauptverhandlung über das mit dem Sitzungsvertreter der Staatsanwaltschaft und den Verteidigern der Mitangeklagten geführte Gespräch unterrichtet. Danach hat die Strafkammer die von Seiten der Mitangeklagten angeregte Verfahrensabtrennung nicht erwogen. Aus der dienstlichen Stellungnahme der

[433] BGH, Beschluss vom 2.10.2013 – 1 StR 386/13.

(beisitzenden) Richterin am Landgericht Dr. E. vom 2. November 2012 lässt sich ergänzend über den Inhalt des Gesprächs entnehmen, dass das Gespräch im Dienstzimmer des Vorsitzenden sich darauf beschränkte, den Verteidigern der Mitangeklagten mitzuteilen, die Kammer verneine die von diesen angeregte Möglichkeit der Verfahrenstrennung. Diesen Gesprächsinhalt habe der Vorsitzende anschließend in der Hauptverhandlung mitgeteilt (zu nicht den gesetzlichen Regelungen über die Verständigung unterfallenden Gesprächen über die Organisation und Durchführung des Verfahrens vgl. BVerfG aaO, NJW 2013, 1058, 1065 [Rn. 84]).

434 Der Tatrichter ist weder gemäß § **257c Abs. 4 Satz 4 StPO** noch im Hinblick auf den Grundsatz des fairen Verfahrens dazu verpflichtet, einen Angeklagten **darauf hinzuweisen,** dass wegen seines späten Geständnisses die Verhängung einer Gesamtfreiheitsstrafe an der unteren Grenze des vereinbarten Strafrahmens nicht (mehr) in Betracht kommt.[434]

[19] Die Revision macht geltend, entweder habe das Landgericht entgegen seiner Verpflichtung aus § 257c Abs. 4 Satz 4 StPO nicht darauf hingewiesen, dass es sich im Hinblick auf die als lediglich „rudimentäres Teilgeständnis" gewertete Einlassung des Angeklagten am ersten Hauptverhandlungstag, das die „Anforderungen der getroffenen Absprache nicht erfüllte", nicht mehr an die Verständigung gebunden fühlte. Oder aber das Landgericht habe zwar an der Verständigung festgehalten, jedoch unter Verletzung des Rechts des Angeklagten auf ein faires Verfahren (Art. 6 EMRK, Art. 20 Abs. 3 GG) entgegen § 257c Abs. 4 Satz 4 StPO nicht mitgeteilt, dass aufgrund des Prozessverhaltens des Angeklagten eine Verhängung einer Gesamtfreiheitsstrafe an der unteren Grenze des Strafrahmens nicht mehr in Betracht gekommen sei.

[20] Es kann dahinstehen, ob es aufgrund des alternativ gestalteten Vorbringens bereits an der erforderlichen klaren Bezeichnung der Angriffsrichtung der Revision fehlt (vgl. BGH, Beschluss vom 25. Januar 2012 – 1 StR 45/11 m.w.N.). Jedenfalls erweist sich das Revisionsvorbringen in wesentlichen Punkten als unvollständig.

[21] Aus der dem Revisionsführer bekannten und ohne Widerspruch gebliebenen dienstlichen Erklärung der Vorsitzenden der Strafkammer ergibt sich, dass dem Angeklagten bereits an dem auf seine Einlassung folgenden zweiten Hauptverhandlungstag mitgeteilt wurde, dass die Kammer nach Beratung die vom Angeklagten abgegebene Erklärung als ein „rudimentäres Teilgeständnis" ansehe, das die Anforderungen der getroffenen Absprache nicht erfülle. Zudem war dem Verteidiger Rechtsanwalt Dr. S. wiederholt telefonisch mitgeteilt worden, dass die Kammer dem Angeklagten die Möglichkeit der Nachbesserung seines Geständnisses einräume und sich bis auf weiteres an die getroffene Vereinbarung gebunden sehe.

[22] Diese für die Beurteilung der Verfahrensrüge wesentlichen Umstände hätte der Revisionsführer mitteilen müssen.

[23] 2. Die Verfahrensrüge wäre zudem auch unbegründet. Zwar entsprach das Prozessverhalten des Angeklagten zunächst nicht dem Verhalten, das der Prognose des Landgerichts zugrunde gelegt worden ist. Allein dadurch entfiel die Bindung des Landgerichts an die Verständigung mit der Folge der Hinweispflicht gemäß § 257c Abs. 4 Satz 4 StPO jedoch nicht. Ein Wegfall der Bindung setzt darüber hinaus vor-

[434] BGH, Beschluss vom 21.2.2013 – 1 StR 633/12.

aus, dass das Gericht zu der Überzeugung gelangt, der in Aussicht gestellte Strafrahmen sei nicht mehr tat- oder schuldangemessen. Dies liegt ausweislich der Urteilsgründe und der dienstlichen Erklärung der Vorsitzenden fern.

[24] Die Kammer war auch weder gemäß § 257c Abs. 4 Satz 4 StPO noch im Hinblick auf den Grundsatz des fairen Verfahrens dazu verpflichtet, den Angeklagten darauf hinzuweisen, dass wegen seines späten Geständnisses die Verhängung einer Gesamtfreiheitsstrafe an der unteren Grenze des vereinbarten Strafrahmens nicht in Betracht kam.

[25] Die Angabe eines Strafrahmens durch das Gericht führt nicht dazu, dass nur die Strafuntergrenze als Strafe festgesetzt werden darf. Der Angeklagte kann nur darauf vertrauen, dass die Strafe innerhalb des angegebenen Strafrahmens liegt. Er muss daher auch damit rechnen, dass die Strafe die Strafrahmenobergrenze erreicht (BGH, Beschluss vom 27. Juli 2010 – 1 StR 345/10, BGHR StPO § 257c Abs. 3 Satz 2 Strafrahmen 1). Das Landgericht hat sich auch nicht in einer Weise unklar oder irreführend verhalten, welche den Angeklagten über Bedeutung und Folgen seines eigenen Prozessverhaltens im Unklaren ließ oder ihn zu letztlich nachteiligem Verhalten veranlasste. Die Kammer hat vielmehr den Angeklagten bereits an dem auf die Einlassung folgenden zweiten Hauptverhandlungstag darauf hingewiesen, dass das abgegebene Geständnis die Anforderungen der getroffenen Verständigung nicht erfülle, und dem Angeklagten damit die Möglichkeit gegeben, sein Verteidigungsverhalten anzupassen.

Eine **entsprechende Anwendung des § 267 Abs. 3 Satz 5 StPO** auf nicht zustande gekommene oder informelle Absprachen kommt **nicht in Betracht.**[435] **435**

[4] 2. Der Erörterung bedarf nur die mit der Verfahrensrüge erhobene Beanstandung, das Landgericht habe die mehrfach gescheiterten Verständigungsgespräche und insbesondere den dem Mitangeklagten T. unterbreiteten Verständigungsvorschlag nicht mitgeteilt. Das Landgericht habe „eine als Strafrahmenobergrenze genannte Prognose gestellt und durchgehalten", so dass § 267 Abs. 3 Satz 5 StPO aus Gründen der Transparenz entsprechend hätte zur Anwendung kommen müssen. Das Unterlassen habe möglichen Einfluss auf die Beweiswürdigung.

[5] a) Der Rüge liegt folgendes Verfahrensgeschehen zugrunde:

[6] Nachdem sich der Mitangeklagte T. bereits im Ermittlungsverfahren geständig eingelassen hatte, kam es im Zwischenverfahren zu einem Verständigungsgespräch der Verfahrensbeteiligten mit der Strafkammer, in dem die Staatsanwaltschaft ihre Strafvorstellungen zu erkennen gab. Für den Angeklagten N. beliefen sich diese für den Fall eines Geständnisses ohne Aufklärungshilfe auf zwölf bis dreizehn Jahre, für den Mitangeklagten T. wegen der bereits geleisteten Aufklärungshilfe auf sieben bis acht Jahre Freiheitsstrafe. Im Falle noch zu leistender Aufklärungshilfe wurde für N. eine Freiheitsstrafe von etwa zehn Jahren in Aussicht gestellt. Zudem wurde vereinbart, dass eine etwa nach der Eröffnung geleistete Aufklärungshilfe im Ergebnis wie eine solche vor Eröffnung behandelt werden solle. Nach Eröffnung des Hauptverfahrens erklärte der Verteidiger des Mitangeklagten T. gegenüber der Staatsanwaltschaft, sein Mandant hoffe, sich durch seine weitere Aussagebereitschaft eine Freiheitsstrafe „mit einer Vier vor dem Komma" zu verdienen, die eine Vollstreckung im

[435] BGH, Beschluss vom 6.3.2013 – 5 StR 423/12.

offenen Vollzug und eine etwaige Haftverschonung am Ende der Hauptverhandlung ermögliche. Der Staatsanwalt äußerte hierzu, im Falle weiterführender Angaben sehe er noch Raum für eine Absenkung der indes bereits sehr milde bemessenen ursprünglichen Strafvorstellungen, die erhoffte „Vier vor dem Komma" sehe er aber skeptisch; Zusagen zur Haftfrage lehnte er ab. Daraufhin erfolgte wenige Tage später eine erneute polizeiliche Vernehmung des Mitangeklagten, in der dieser unter anderem Aufklärungshilfe hinsichtlich anderer Personen aus dem Drogenmilieu leistete.

[7] Nach einer Vielzahl von Verhandlungstagen fand vor einem weiteren Hauptverhandlungstermin erneut ein Rechtsgespräch zwischen der Strafkammer und den Verfahrensbeteiligten statt. In diesem stellte die Strafkammer für den Fall von Geständnissen eine Beschränkung des Schuldspruchs auf die Lieferung der 75 kg Heroin sowie eine Vorgehensweise gemäß § 154a StPO in Aussicht, nach der die Verwendung einer Waffe „rechtlich und tatsächlich" und eine bandenmäßige Begehungsweise „als rechtlicher Gesichtspunkt" ausgeschieden werden sollten. Zudem wurden an der bisherigen Einlassung des T. orientierte konkrete Vorgaben zum Inhalt der abzulegenden Geständnisse gemacht. Auf dieser Grundlage wurde für T. eine Strafobergrenze von rund sechs Jahren Freiheitsstrafe angekündigt, für den Angeklagten N. eine solche von acht Jahren und neun Monaten. Über dieses Gespräch fertigte der Vorsitzende einen Vermerk, der im folgenden Hauptverhandlungstermin den Beteiligten im Rahmen eines erneuten Rechtsgesprächs ausgehändigt wurde. Nachdem in einem weiteren Termin der Verteidiger des Beschwerdeführers den Vorschlag abgelehnt hatte, gab die Strafkammer bekannt, dass sie sich für den Angeklagten N. an eine vorgeschlagene Strafobergrenze nicht mehr gebunden fühle.

[8] Nach Fortführung der Verhandlung erfolgten in einem mehrere Monate später stattfindenden Hauptverhandlungstermin erneute Verständigungsgespräche, nach denen die Erwartungen an den Inhalt der abzulegenden Geständnisse weiter reduziert und Strafobergrenzen von jeweils vier Jahren und neun Monaten für den Mitangeklagten T. und von sechs Jahren und neun Monaten für den Angeklagten N. angekündigt wurden. Ferner prognostizierte die Strafkammer außerhalb einer Verständigung, dass bei deren Durchführung den Angeklagten mit Urteilserlass Haftverschonung gewährt werden könne. Am selben Tag rief der Verteidiger des Mitangeklagten T. den Vorsitzenden an und erklärte diesem, sein Mandant habe sich über den Verständigungsvorschlag erfreut gezeigt. Im Falle eines entsprechenden Urteils werde dieser auf Rechtsmittel verzichten; nach Abtrennung stünde er als Zeuge zur Verfügung. Nachdem die Staatsanwaltschaft den Verständigungsvorschlag außerhalb der Hauptverhandlung schriftlich abgelehnt hatte, erklärte der Vorsitzende in einem späteren Verhandlungstermin, dass sich die Kammer an den Vorschlag nicht mehr gebunden sehe, nachdem N. nicht darauf eingegangen sei und die Staatsanwaltschaft die vorgeschlagene Verständigung ausdrücklich ablehne. In Bezug auf T. stellte er indessen klar, dass die Kammer zwar formell ebenfalls nicht an ihren letzten Vorschlag gebunden sei, nachdem die Staatsanwaltschaft auch insoweit den Strafvorschlag abgelehnt habe, dass ihre Prognose aber weiterhin den genannten Rahmen (Strafobergrenze von rund vier Jahren und neun Monaten) nicht überschreite. Der Mitangeklagte T. wiederholte und ergänzte im weiteren Verlauf der Hauptverhandlung seine unter anderem den Beschwerdeführer belastenden Angaben.

[9] b) Die Rüge ist letztlich unter keinem rechtlichen Gesichtspunkt begründet.

[10] aa) Eine entsprechende Anwendung des § 267 Abs. 3 Satz 5 StPO auf nicht zustande gekommene oder informelle Absprachen kommt nicht in Betracht.

[11] (1) Nach dem Wortlaut der Vorschrift ist diese nur auf Fälle anwendbar, in denen dem Urteil eine Verständigung – und nicht nur ein Verständigungsversuch – vorangegangen ist. Die Beschränkung des Anwendungsbereichs der Norm auf Fälle tatsächlich zustande gekommener Verständigungen kann auch nicht als planwidrige Regelungslücke angesehen werden, weil einem Verständigungsversuch – namentlich, sofern es um die Verständigung mit dem jeweiligen Revisionsführer selbst geht – regelmäßig nicht die gleiche Bedeutung zukommt wie einer zustande gekommenen Verständigung, die zumeist Grundlage des Prozessverhaltens der Beteiligten und der verhängten Rechtsfolge ist. Gegen eine derartige Ausweitung der Vorschrift des § 267 Abs. 3 Satz 5 StPO spricht auch der Umstand, dass sich hierdurch Unklarheiten über ihren Anwendungsbereich ergäben.

[12] Abgesehen davon läge ein Beruhen des Urteils auf einem unterstellten Verstoß gegen die Vorschrift des § 267 Abs. 3 Satz 5 StPO, die der Transparenz des Verständigungsverfahrens dient, fern (vgl. BGH, Beschluss vom 19. August 2010 – 3 StR 226/10, StV 2011, 76).

[13] (2) Eine womöglich zu einer erweiternden Beurteilung der Beruhensfrage führende Auslegung der Vorschrift, wonach auch Inhalt und Zustandekommen der Verständigung darzulegen wären, kommt nicht in Betracht. Sie ist entgegen der Ansicht der Revision nicht im Hinblick auf die mit der Einführung des § 267 Abs. 3 Satz 5 StPO verfolgte – indes letztlich nur sehr formal gewährte – Transparenz und die Ermöglichung einer effektiven revisionsgerichtlichen Kontrolle (vgl. BT-Drucks. 16/12310, S. 9, 15) geboten.

[14] Sofern Inhalt und Begleitumstände einer Verständigung – wie etwa bei einer Verständigung mit einem Mitangeklagten – für die Beweiswürdigung relevant sein können, ergibt sich die Notwendigkeit einer Berücksichtigung in der Hauptverhandlung stattgefundener Verständigungsgespräche bereits aus § 261 StPO. Fehlt es an einer entsprechenden Erörterung in den Urteilsgründen, ist demgemäß die Inbegriffsrüge eröffnet. Finden Verständigungsbemühungen außerhalb der Hauptverhandlung statt und werden diese trotz sich aufdrängender Relevanz für die Beweisführung nicht in die Beweisaufnahme eingeführt, kann dies mit der Aufklärungsrüge gemäß § 244 Abs. 2 StPO geltend gemacht werden. Die Vorschrift des § 267 Abs. 3 Satz 5 StPO wäre für den revisionsrechtlichen Schutz eines Angeklagten, der von einem Mitbeschuldigten im Rahmen einer mit diesem getroffenen Verfahrensabsprache belastet wird, mangels Anwendbarkeit der Norm auf Fälle gesonderter Aburteilung des von der Absprache betroffenen Mittäters von vornherein nur eingeschränkt geeignet.

[15] bb) Entsprechend der im letztgenannten Sinn geführten Stoßrichtung der Revision liegt aber eine verfahrensrechtlich zulässig gerügte Verletzung des § 261 StPO vor. Die Strafkammer hat sich im Rahmen der Beweiswürdigung nicht nur nicht ausdrücklich mit den Auswirkungen der Verständigungsversuche auf die Glaubhaftigkeit der eine wesentliche Grundlage der Verurteilung bildenden Angaben des Mitangeklagten T. auseinandergesetzt, sondern diese Umstände im Urteil nicht einmal erwähnt, obwohl die Verständigungsbemühungen jedenfalls zu einem erheblichen Teil Gegenstand der Hauptverhandlung waren. Bei der Verurteilung eines Angeklagten aufgrund des Geständnisses eines Mitangeklagten, das Gegenstand einer verfahrensbeendenden Absprache war, muss die Glaubhaftigkeit dieses Geständnisses aber in einer für das Revisionsgericht nachprüfbaren Weise gewürdigt

werden. Dazu gehört insbesondere die Erörterung von Zustandekommen und Inhalt der Absprache. Denn bei dieser Sachlage besteht auch die Gefahr, dass der Mitangeklagte den Nichtgeständigen zu Unrecht belastet, weil er sich dadurch für die eigene Verteidigung Vorteile verspricht. In einem solchen Fall hat das Tatgericht das Geständnis des anderen Angeklagten kritisch zu würdigen. Maßgeblich für die Bewertung ist die Entstehungs- und Entwicklungsgeschichte des Geständnisses. Dies schließt auch das Zustandekommen, den Inhalt, einschließlich der Zusagen der Staatsanwaltschaft zur Anwendung von § 154 StPO (auch betreffend nicht zur eigentlichen Hauptverhandlung gehörende Verfahrensgegenstände) oder § 154a StPO, und gegebenenfalls das Scheitern einer verfahrensbeendenden Absprache ein (vgl. BGH, Beschluss vom 6. November 2007 – 1 StR 370/07, BGHSt 52, 78 m.w.N.).

[16] cc) Auf dem Verfahrensverstoß beruht das Urteil jedoch nicht. Zwar sind sowohl die anfangs geführten Verständigungsgespräche als auch der letzte Verständigungsvorschlag der Strafkammer und die nach dem Scheitern der Absprache abgegebene Erklärung, dass ihre Prognose der gegen den Mitangeklagten T. zu verhängenden Strafe die in Aussicht gestellten vier Jahre und neun Monate weiterhin nicht überschreite, wegen der mit ihnen verbundenen Hoffnung des Mitangeklagten auf eine mildere Bestrafung grundsätzlich geeignet, ein Motiv für eine Falschbelastung darzustellen. Auch ist T. nach dem Verständigungsangebot zu seinen früheren, den Beschwerdeführer belastenden Angaben zurückgekehrt, die er zwischenzeitlich in einigen Teilen revidiert hatte; darüber hinaus hat er diesen betreffend einige zusätzliche Umstände offengelegt. Damit bestand in erheblichem Maße Anlass, der Frage besonders nachzugehen, ob sich der geständige Mitangeklagte, der sich durch sein Geständnis ersichtlich eigene Vorteile verschaffen wollte, zu diesem Zweck etwa nicht zutreffend eingelassen haben könnte (vgl. BGH aaO sowie Beschluss vom 15. Januar 2003 – 1 StR 464/02, BGHSt 48, 161).

[17] Wenngleich sich die Strafkammer mit diesem sich aus den Verständigungsgesprächen ergebenden Falschbelastungsmotiv in den Urteilsgründen nicht ausdrücklich auseinandersetzt, erörtert sie jedoch eingehend mögliche Gründe, die T. zu einer unwahren Belastung des Beschwerdeführers veranlasst haben könnten. Insbesondere hat sie ausdrücklich die Möglichkeit erwogen, T. könne den Angeklagten wegen der Aussicht auf eine mildere Bestrafung gemäß § 31 BtMG, § 46b StGB infolge geleisteter Aufklärungshilfe zu Unrecht belastet haben; dies hat sie mit schlüssiger Begründung verneint. Das auf diese Weise in die Beweiswürdigung eingestellte Falschbelastungsmotiv deckt sich im Kern mit demjenigen, das sich aus den Verständigungsgesprächen ergibt. Denn auch insoweit geht es um nichts anderes als um die Aussicht auf eine mildere Bestrafung, die allerdings durch die Strafmaßprognose des Landgerichts eine zusätzliche Konkretisierung erfahren hat. Dafür, dass deren gesonderte Erörterung die Überzeugung der Strafkammer von der Täterschaft des Beschwerdeführers durchgreifend in Frage gestellt hätte, sind indessen keine Anhaltspunkte ersichtlich.

[18] Die in den Urteilsgründen genannten maßgeblichen Argumente – der Mitangeklagte habe eine realistische Möglichkeit ungenutzt gelassen, die Falschbelastung auf breiter Front auszubauen, er habe sich selbst erheblich belastet und zugleich den Beschwerdeführer entlastet, indem er bekannt habe, dass er diesen dazu gebracht habe, in den Drogenhandel einzusteigen, und dass der Angeklagte sich im Laufe des Jahres 2009 aus weiteren Planungen zurückgezogen habe – lassen die Beweiswürdigung des Landgerichts als hochgradig nachvollziehbar erscheinen. Auch mit den

Schwankungen im Aussageverhalten des Mitangeklagten hat sich die Strafkammer auseinandergesetzt und diese in revisionsrechtlich nicht zu beanstandender Weise erklärt. Entscheidend fällt zudem ins Gewicht, dass seine Angaben – wie sich aus der sehr ausführlichen Beweiswürdigung ergibt – durch zahlreiche weitere Indizien, insbesondere die Protokolle der Telekommunikationsüberwachung, sowie darüber hinaus durch gravierende Widersprüche in der Einlassung des Revisionsführers und durch deren Unvereinbarkeit mit Zeugenaussagen gestützt werden. Das Landgericht hat insoweit eingehend die wechselseitigen Bezüge der verschiedenen Anhaltspunkte dargelegt und sich mit allen Einzelheiten der Einlassung des Angeklagten sowie mit in Betracht kommenden Alternativerklärungen für die sich aus den Telefongesprächsprotokollen ergebenden Äußerungen auseinandergesetzt. Hierbei hat es nachvollziehbar dargelegt, weshalb danach zu ihrer Überzeugung ein von den auf den Angaben des Mitangeklagten beruhenden Feststellungen abweichender Geschehensablauf ausscheidet.

[19] Insgesamt wird die Würdigung des Landgerichts demgemäß durch den Mangel einer ausdrücklichen Erörterung der gescheiterten Verfahrensabsprache in der Gedankenführung nicht maßgeblich beeinflusst und in ihrer Gewichtung der gegenläufigen Gesichtspunkte auch nicht etwa derart nachhaltig verschoben, dass sie im Ergebnis durch die unvollständige Auswertung relevanten Verfahrensgeschehens durchgreifend in Frage zu stellen wäre.

20. Schlussvorträge, Letztes Wort – § 258 StPO

Wird einem Angeklagten entgegen § 258 Abs. 3 StPO das **letzte Wort** nicht gewährt, kann ein Beruhen des Urteils auf diesem Verfahrensfehler nur bei Vorliegen einer **Ausnahmekonstellation** ausgeschlossen werden.[436] **436**

[1] Das Landgericht hat den Angeklagten wegen gefährlicher Körperverletzung zu einer Freiheitsstrafe von vier Jahren verurteilt. Hiergegen richtet sich seine Revision, die mit einer Verfahrensrüge Erfolg hat.

[2] Das Landgericht hat es nach wiederholter Schließung der Beweisaufnahme versäumt, dem Angeklagten im Sinne von § 258 Abs. 3 StPO das letzte Wort zu erteilen. Der Rechtsfehler wird durch das Protokoll der Hauptverhandlung bewiesen.

[3] Der Senat kann nicht ausschließen, dass das Urteil hierauf beruht. Der Angeklagte hat sich zwar teilweise geständig zur Sache eingelassen, jedoch behauptet, er habe befürchtet, der Geschädigte sei bewaffnet; er habe aus Angst vor einem Angriff des Geschädigten auf diesen geschossen. Dem ist das Landgericht nicht gefolgt. Bei dieser Sachlage ist keine Ausnahmekonstellation gegeben, in der das Beruhen des Urteils auf dem Verfahrensfehler auszuschließen wäre (vgl. BGH, Urteil vom 15. November 1968 – 4 StR 190/68, BGHSt 22, 278, 281).

Die Nichterteilung des letzten Wortes **begründet nicht ausnahmslos** die Revision, sondern nur dann, wenn und soweit das **Urteil darauf beruht.**[437] **437**

---

[436] BGH, Beschluss vom 9.10.2013 – 2 StR 395/13; siehe auch BGH, Beschluss vom 12.12.2012 – 2 StR 397/12.

[437] BGH, Beschluss vom 4.6.2013 – 1 StR 193/13; siehe auch BGH, Beschluss vom 16.9.2013 – 1 StR 380/13.

[2] a) Nach dem – den Anforderungen des § 344 Abs. 2 Satz 2 StPO genügenden – Revisionsvortrag hatte der Angeklagte nach Beendigung der Beweisaufnahme und den Schlussvorträgen das letzte Wort erhalten. Anschließend unterbrach das Gericht die Hauptverhandlung und trat danach nochmals in die Beweisaufnahme ein; die Vorsitzende gab den Hinweis, dass „bezüglich des Anklagepunktes 1 auch eine Verurteilung wegen Eindringens mit einem anderen Körperteil oder mit einem Gegenstand in Betracht kommt". Ausweislich der Sitzungsniederschrift blieben die „Verfahrensbeteiligten bei ihren Anträgen. Sodann" wurde die Beweisaufnahme wieder geschlossen. Nach Beratung verkündete das Gericht das Urteil. Der Sitzungsniederschrift lässt sich nicht entnehmen, dass dem Angeklagten nochmals das letzte Wort gewährt wurde.

[3] b) Diese Verfahrensweise entsprach nicht dem Gesetz. Denn nach der Rechtsprechung ist dem Angeklagten gemäß § 258 Abs. 2 StPO erneut das letzte Wort zu gewähren, wenn nach dem Schluss der Beweisaufnahme nochmals – wie hier – in die Verhandlung eingetreten worden ist, weil jeder Wiedereintritt den vorausgegangenen Ausführungen des Angeklagten die rechtliche Bedeutung als Schlussvortrag und letztes Wort nimmt und die erneute Beachtung des § 258 StPO erforderlich macht (Senat, Beschluss vom 4. Februar 2010 – 1 StR 3/10, NStZ-RR 2010, 152 m.w.N.).

[4] c) Der geltend gemachte Verfahrensverstoß ist auch bewiesen. Der für den Nachweis der in Rede stehenden wesentlichen Förmlichkeit (§ 274 Abs. 1 StPO) allein maßgeblichen Sitzungsniederschrift (vgl. Senat, aaO; BGH, Urteil vom 15. November 1968 – 4 StR 190/68, BGHSt 22, 278, 280) lässt sich nach Ansicht des Senats nicht entnehmen, dass dem Angeklagten nach dem erneuten Schluss der Beweisaufnahme (nochmals) das letzte Wort gewährt worden ist; dieses gilt unbeschadet dessen, dass die Vorgänge in falscher Reihenfolge protokolliert worden sind.

[5] d) Der aufgezeigte Verfahrensfehler führt zur Aufhebung des Urteils. Die Nichterteilung des letzten Wortes begründet zwar nicht ausnahmslos die Revision, sondern nur dann, wenn und soweit das Urteil darauf beruht (vgl. BGH, Beschluss vom 28. Mai 2009 – 4 StR 51/09, StraFo 2009, 333, 334 m.w.N.). Der Angeklagte hat indes die gegen ihn erhobenen Vorwürfe bestritten. Es kann daher nicht ausgeschlossen werden, dass der Angeklagte zu den Schuldvorwürfen erneut Stellung genommen und möglicherweise weitere für die Beweiswürdigung maßgebliche, ihn entlastende Umstände vorgetragen hätte.

21. Urteilsabfassung – §§ 261 ff. StPO

438 Der Tatrichter darf seiner Entscheidung zur Schuld- oder Straffrage nur das zugrunde legen, was er an **Erkenntnissen durch die Verhandlung** und in der Verhandlung **im Rahmen einer förmlichen Beweiserhebung** oder unter Berücksichtigung der Einlassung des Angeklagten gewonnen hat. Dies schließt es grundsätzlich aus, außerhalb der Hauptverhandlung erlangtes **Wissen des Richters** ohne förmliche Beweiserhebung hierüber zum Nachteil des Angeklagten zu verwerten. Eine Ausnahme kann gelten bei gerichtskundigen Tatsachen, wenn sie zuvor, auch in ihrer Wertung als „gerichtskundig", zum Gegenstand der Hauptverhandlung gemacht worden sind.[438]

---

[438] BGH, Beschluss vom 13.2.2013 – 2 StR 556/12.

[3] 2. Dagegen begegnet die Verurteilung wegen Anstiftung zum versuchten Mord in Tateinheit mit gefährlicher Körperverletzung rechtlichen Bedenken. Insoweit hat die Revision mit der Rüge der Verletzung des § 261 StPO Erfolg. Dem liegt folgendes prozessuales Geschehen zugrunde:

[4] a) Die Berufsrichter der Strafkammer nahmen während laufender Hauptverhandlung Augenschein vom Tatort, nachdem sich auch im Zusammenhang mit einem Beweisantrag der Verteidigung in der Hauptverhandlung herausgestellt hatte, dass Einzelheiten zu Tatortgegebenheiten und zu den dortigen Lichtverhältnissen zur Tatzeit für die Entscheidung von Bedeutung sein konnten. In Ergänzung zu bereits zum Gegenstand der Hauptverhandlung gemachten Fotodokumentationen und zu Wahrnehmungen von Polizeibeamten, die hierzu bereits angehört worden waren, wurde – wie sich dienstlichen Erklärungen der beteiligten Richter entnehmen lässt – der Tatort zu einer der Tatzeit vergleichbaren Uhrzeit von den Berufsrichtern ohne Information der Verfahrensbeteiligten begangen und in Augenschein genommen. Dabei wurden „in verschiedenen Szenarien möglicher Tatabläufe die Licht- und Sichtverhältnisse nachvollzogen, Laufversuche unternommen und etwaige Zeit-/ Wegeverhältnisse ermittelt". Über das Ergebnis wurden die Schöffen zeitnah informiert; die übrigen Verfahrensbeteiligten wurden ebenfalls über die Ergebnisse der Tatortbesichtigung ins Bild gesetzt.

[5] In den Urteilsgründen setzt sich die Strafkammer eingehend mit den örtlichen Verhältnissen am Tatort auseinander. Dabei führt sie u.a. aus (UA S. 29): „Die örtlichen Verhältnisse sind durch in Augenscheinnehmen von Lichtbildern und die Berichte der eingesetzten Polizeibeamten zum Gegenstand der Hauptverhandlung gemacht worden und im Übrigen gerichtsbekannt (die Berufsrichter haben sich zur Nachtzeit vor Ort einen Eindruck verschafft und dies dem Rest der Kammer vermittelt)."

[6] b) Dieses Vorgehen der Strafkammer steht mit § 261 StPO nicht in Einklang. Das Landgericht hat sich bei seiner Überzeugungsbildung auf Vorgänge gestützt, die nicht zum Inbegriff der Verhandlung gehören.

[7] Der Tatrichter darf seiner Entscheidung zur Schuld- oder Straffrage nur das zugrunde legen, was er an Erkenntnissen durch die Verhandlung und in der Verhandlung im Rahmen einer förmlichen Beweiserhebung oder unter Berücksichtigung der Einlassung des Angeklagten gewonnen hat (vgl. BGHSt 19, 193, 195; s. auch BGHSt 45, 354, 357). Dies schließt es grundsätzlich aus, außerhalb der Hauptverhandlung erlangtes Wissen des Richters ohne förmliche Beweiserhebung hierüber zum Nachteil des Angeklagten zu verwerten. Eine Ausnahme kann gelten bei gerichtskundigen Tatsachen, wenn sie zuvor, auch in ihrer Wertung als „gerichtskundig", zum Gegenstand der Hauptverhandlung gemacht worden sind (vgl. Schoreit in: Karlsruher Kommentar zur StPO, 6. Aufl., 2008, § 261, Rn. 9). Dies kommt freilich von vornherein nicht in Betracht, wenn – wie hier – aus Anlass des gegenständlichen Verfahrens erst eine dadurch veranlasste „private Beweisaufnahme" des Gerichts außerhalb der Hauptverhandlung zur Gerichtskundigkeit führt (s. auch Fischer in: Karlsruher Kommentar zur StPO, aaO, § 244, Rn. 137). Aus diesem Grund kann deshalb auch der Umstand, dass die Schwurgerichtskammer in der Hauptverhandlung Mitteilung von den Ergebnissen ihrer Augenscheinseinnahme gemacht hat, die Verfahrensverletzung nicht beseitigen.

[8] Auf diesem Gesetzesverstoß beruht das angefochtene Urteil entgegen der Ansicht des Generalbundesanwalts auch. Der Senat kann nicht ausschließen, dass das Landgericht ohne die als gerichtskundig verwerteten Tatsachen zu einer für den

Angeklagten günstigeren Entscheidung gekommen wäre. Die Kammer hat – ausweislich der Urteilsgründe auch gestützt auf durch die eigene Augenscheinseinnahme gewonnene Erkenntnisse – den vom Tatopfer geschilderten Tatablauf als unvereinbar mit den örtlichen Verhältnissen angesehen (UA S. 29). Sie hat sich infolgedessen von seiner Tatschilderung, in deren Rahmen er auch den Angeklagten als unmittelbaren Angreifer erkannt haben wollte, nicht überzeugen können und ist unter Berücksichtigung der festgestellten Tatortgegebenheiten, insbesondere auch der „tatsächlichen Lichtverhältnisse", sowie der vorgefundenen Spurenlage von einem davon abweichenden Geschehensablauf ausgegangen (UA S. 30). Danach soll sich der vom Angeklagten angestiftete Täter zunächst an einem Ort im Nahbereich des Hauseingangs verborgen gehalten haben, bevor er unmittelbar vor Angriffsbeginn auf den sich zu diesem Zeitpunkt keines Angriffs versehenden Geschädigten zugerannt sei und sofort zugeschlagen habe, weshalb der Angeklagte wegen Anstiftung zu einem versuchten Heimtückemord zu bestrafen sei (UA S. 36). Der Senat kann jedenfalls nicht ausschließen, dass die Kammer ohne Berücksichtigung der fehlerhaft verwerteten Erkenntnisse ihrer Entscheidung einen anderen Geschehensablauf zugrunde gelegt hätte, bei dem heimtückisches Handeln zu verneinen gewesen wäre.

[9] Der Gesetzesverstoß, der an sich nur die Verurteilung wegen Anstiftung zum versuchten Mord betrifft, führt auch zur Aufhebung der tateinheitlich verwirklichten Anstiftung zur gefährlichen Körperverletzung.

439 Die Beweiswürdigung ist **Sache des Tatrichters**, der sich unter dem umfassenden Eindruck der Hauptverhandlung ein Urteil über die Schuld oder Unschuld des Angeklagten zu bilden hat (§ 261 StPO). Die tatsächlichen Schlussfolgerungen des Tatgerichts müssen nicht zwingend sein; es genügt, dass sie möglich sind und das Tatgericht von ihrer Richtigkeit überzeugt ist. Zu seiner Überzeugungsbildung kann es auch allein ein einziges Beweisanzeichen wie etwa einen Fingerabdruck oder eine **DNA-Spur** heranziehen. Das Revisionsgericht ist auf die Prüfung beschränkt, ob die Beweiswürdigung des Tatrichters mit Rechtsfehlern behaftet ist, weil sie Lücken oder Widersprüche aufweist, die mit den Denkgesetzen oder gesichertem Erfahrungswissen nicht übereinstimmt oder sich soweit von einer Tatsachengrundlage entfernt, dass sich die gezogenen Schlussfolgerungen letztlich als reine Vermutung erweisen.[439]

440 **Sache des Tatrichters** ist es, die Bedeutung und das Gewicht der einzelnen be- oder entlastenden Indizien in der **Gesamtwürdigung des Beweisergebnisses** zu bewerten. Ist diese Bewertung nach den dargestellten rechtlichen Maßstäben vertretbar, so kann das Revisionsgericht nicht auf der Grundlage einer abweichenden Beurteilung der Bedeutung einer Indiztatsache in die Überzeugungsbildung des Tatrichters eingreifen.[440]

[4] b) Kann der Tatrichter auf der Grundlage dieser Gesamtbewertung aller Umstände Zweifel an der subjektiven Tatseite nicht überwinden, so hat das Revisionsgericht dies regelmäßig hinzunehmen, denn die Beweiswürdigung ist vom Gesetz dem Tatrichter übertragen (§ 261 StPO). Es obliegt allein ihm, sich unter dem umfassenden Eindruck der Hauptverhandlung ein Urteil über die Schuld oder

---

439 BGH, Urteil vom 1.10.2013 – 1 StR 403/13.
440 BGH, Urteil vom 4.4.2013 – 3 StR 37/13.

Unschuld des Angeklagten zu bilden. Seine Schlussfolgerungen brauchen nicht zwingend zu sein; es genügt, dass sie möglich sind. Die revisionsgerichtliche Prüfung beschränkt sich allein darauf, ob dem Tatrichter Rechtsfehler unterlaufen sind. Das ist in sachlich-rechtlicher Hinsicht der Fall, wenn die Beweiswürdigung widersprüchlich, unklar oder lückenhaft ist, gegen Denkgesetze oder gesicherte Erfahrungssätze verstößt oder an die Überzeugung von der Schuld des Angeklagten überhöhte Anforderungen stellt. Liegen solche Rechtsfehler nicht vor, hat das Revisionsgericht die tatrichterliche Überzeugungsbildung auch dann hinzunehmen, wenn eine abweichende Würdigung der Beweise möglich oder sogar näher liegend gewesen wäre (st. Rspr.; vgl. nur BGH, Urteil vom 26. April 2012 – 4 StR 599/11, juris Rn. 9 m.w.N.).

[5] c) Gleichermaßen Sache des Tatrichters ist es, die Bedeutung und das Gewicht der einzelnen be- oder entlastenden Indizien in der Gesamtwürdigung des Beweisergebnisses zu bewerten. Ist diese Bewertung nach den dargestellten rechtlichen Maßstäben vertretbar, so kann das Revisionsgericht nicht auf der Grundlage einer abweichenden Beurteilung der Bedeutung einer Indiztatsache in die Überzeugungsbildung des Tatrichters eingreifen (BGH, Urteil vom 9. Juni 2005 – 3 StR 269/04, NJW 2005, 2322, 2326). Dies muss insbesondere auch dann gelten, wenn der Tatrichter im Rahmen der Prüfung des bedingten Tötungsvorsatzes Gewalthandlungen des Täters festgestellt hat, die für das Opfer objektiv lebensbedrohlich sind. Zwar hat der Bundesgerichtshof die auf der Grundlage der dem Täter bekannten Umstände zu bestimmende objektive Gefährlichkeit der Tathandlung als wesentlichen Indikator sowohl für das Wissens- als auch für das Willenselement des bedingten Vorsatzes angesehen (BGH, Urteil vom 23. Februar 2012 – 4 StR 608/11, NStZ 2012, 443, 444) und bei äußerst gefährlichen Gewalthandlungen das Vorliegen beider Elemente als naheliegend bezeichnet (BGH, Urteile vom 28. Januar 2010 – 3 StR 533/09, NStZ-RR 2010, 144, 145; vom 22. März 2012 – 4 StR 558/11, NJW 2012, 1524, 1525; vom 27. August 2009 – 3 StR 246/09, NStZ-RR 2009, 372). Dies bedeutet jedoch nicht, dass der Tatrichter der objektiven Gefährlichkeit der Tathandlung bei der Prüfung der subjektiven Tatseite von Rechts wegen immer die ausschlaggebende indizielle Bedeutung beizumessen hätte. Darin läge vielmehr eine vom Einzelfall gelöste Festlegung des Beweiswerts und der Beweisrichtung eines im Zusammenhang mit derartigen Delikten immer wieder auftretenden Indizes, die einer unzulässigen Beweisregel nahekäme und deshalb dem Grundsatz der freien richterlichen Beweiswürdigung (§ 261 StPO) widerspräche.

[6] d) Nach alledem ist es bei der Prüfung des bedingten Tötungsvorsatzes – nicht anders als sonst bei der Würdigung der Beweise – aus revisionsrechtlicher Sicht erforderlich, aber auch ausreichend, sämtliche objektiven und subjektiven, für und gegen den Angeklagten sprechenden Umstände des Einzelfalles in eine individuelle Gesamtschau einzubeziehen und zu bewerten. Dies gilt auch für solche Beweisanzeichen, die sich auf den ersten Blick als ambivalent darstellen, die also dem Tatrichter, je nachdem, wie er sie im Einzelfall bewertet, rechtlich zulässige Schlüsse sowohl zu Gunsten als auch zu Lasten des Angeklagten ermöglichen. So kann eine Alkoholbeeinflussung des Täters von Rechts wegen den Schluss auf eine verminderte Hemmschwelle gegenüber der Tötung eines Menschen oder auf fehlendes Bewusstsein von Umständen, die gegen einen tödlichen Ausgang des Geschehens sprechen, ebenso tragen wie umgekehrt den Schluss auf ein unüberlegtes Handeln, bei dem sich der Täter nahe liegender tödlicher Folgen nicht bewusst wird. Eine rechtlich vertretbare tatrichterliche Entscheidung darüber, in welchem der möglichen, zueinander in einem Gegensatz stehenden Beweiszusammenhänge ein solcher Umstand im konkre-

ten Fall indizielle Bedeutung entfaltet, ist vom Revisionsgericht hinzunehmen. Der Tatrichter kann in einem solchen Falle nicht gehalten sein, denselben Umstand nochmals in dem anderen Beweiszusammenhang zu erwägen und damit Gefahr zu laufen, sich zu seinem anderweitig gewonnenen Ergebnis zu Gunsten oder zu Lasten des Angeklagten in Widerspruch zu setzen (vgl. BGH, Urteil vom 9. Juni 2005 – 3 StR 269/04, NJW 2005, 2322, 2326).

■ TOPENTSCHEIDUNG

441 Die Würdigung der Beweise ist vom Gesetz dem Tatgericht übertragen (§ 261 StPO), das sich unter dem umfassenden Eindruck der Hauptverhandlung ein Urteil über die Schuld oder Unschuld des Angeklagten zu bilden hat. Dazu kann es zu seiner **Überzeugungsbildung** auch **allein ein Beweisanzeichen** heranziehen. Von gesicherten Tatsachenfeststellungen ausgehende statistische Wahrscheinlichkeitsrechnungen gehören zu den Mitteln der logischen Schlussfolgerung, welche dem Tatrichter grundsätzlich ebenso offenstehen wie andere mathematische Methoden.

Ein allgemeiner Rechtssatz, dass das Ergebnis einer DNA-Analyse niemals allein zur Überzeugungsbildung von der Täterschaft ausreichen kann, existiert nicht. Dass das Ergebnis eines DNA-Vergleichsgutachtens lediglich ein Indiz darstellt, hindert das Tatgericht nicht, aus dem Ergebnis einen möglichen **Schluss auf die Spurenverursachung und die Täterschaft** zu ziehen.[441]

[5] II. Die Nachprüfung des Urteils auf Grund der Revisionsrechtfertigung hat keinen Rechtsfehler zum Nachteil des Angeklagten ergeben. Der näheren Erörterung bedarf, dass das Landgericht seine Überzeugung von der Täterschaft des Angeklagten allein auf die Übereinstimmung von DNA-Merkmalen gestützt hat.

[6] Die Würdigung der Beweise ist vom Gesetz dem Tatgericht übertragen (§ 261 StPO), das sich unter dem umfassenden Eindruck der Hauptverhandlung ein Urteil über die Schuld oder Unschuld des Angeklagten zu bilden hat. Dazu kann es zu seiner Überzeugungsbildung auch allein ein Beweisanzeichen heranziehen (vgl. hinsichtlich Fingerabdrücken bereits BGH, Urteil vom 11. Juni 1952 – 3 StR 229/52, juris Rn. 4 ff.; zu Schriftsachverständigengutachten BGH, Beschluss vom 24. Juni 1982 – 4 StR 183/82, NJW 1982, 2882, 2883). Das Revisionsgericht ist demgegenüber auf die Prüfung beschränkt, ob die Beweiswürdigung des Tatrichters mit Rechtsfehlern behaftet ist, etwa weil sie Lücken oder Widersprüche aufweist, mit den Denkgesetzen oder gesichertem Erfahrungswissen nicht in Einklang steht oder sich so weit von einer festen Tatsachengrundlage entfernt, dass die gezogenen Schlussfolgerungen sich letztlich als reine Vermutungen erweisen (st. Rspr.; vgl. BGH, Urteile vom 6. Dezember 2007 – 3 StR 342/07, NStZ-RR 2008, 146, 147 m.w.N.; vom 26. Juli 1990 – 4 StR 301/90, BGHR StGB § 306 Beweiswürdigung 3 m.w.N.). Dabei gehören von gesicherten Tatsachenfeststellungen ausgehende statistische Wahrscheinlichkeitsrechnungen zu den Mitteln der logischen Schlussfolgerung, welche dem Tatrichter grundsätzlich ebenso offenstehen wie andere mathematische Methoden (BGH, Urteil vom 14. Dezember 1989 – 4 StR 419/89, BGHSt 36, 320, 325). Nach diesen Prüfungsmaßstäben ist die Beweiswürdigung nicht zu beanstanden.

---

[441] BGH, Urteil vom 21.3.2013 – 3 StR 247/12.

[7] 1. Die hier festgestellte Übereinstimmung zwischen den Allelen des Angeklagten und auf Tatortspuren festgestellten Allelen in den acht untersuchten Systemen bietet angesichts der statistischen Häufigkeit des beim Angeklagten gegebenen DNA-Identifizierungsmusters eine ausreichende Tatsachengrundlage für die Überzeugungsbildung des Tatgerichts.

[8] Dabei ist davon auszugehen, dass es sich bei der Merkmalswahrscheinlichkeit (oder Identitätswahrscheinlichkeit) lediglich um einen statistischen Wert handelt. Dieser gibt keine empirische Auskunft darüber, wie viele Menschen tatsächlich eine identische Merkmalkombination aufweisen, sondern sagt lediglich etwas dazu aus, mit welcher Wahrscheinlichkeit aufgrund statistischer, von einer beschränkten Datenbasis ausgehender Berechnungen zu erwarten ist, dass eine weitere Person die gleiche Merkmalkombination aufweist. Diese Wahrscheinlichkeit lässt sich für die Bewertung einer festgestellten Merkmalsübereinstimmung heranziehen. Je geringer die Wahrscheinlichkeit ist, dass zufällig eine andere Person identische Merkmale aufweist, desto höher kann das Tatgericht den Beweiswert einer Übereinstimmung einordnen und sich – gegebenenfalls allein aufgrund der Übereinstimmung – von der Täterschaft überzeugen (vgl. einerseits BGH, Urteil vom 12. August 1992 – 5 StR 239/92, BGHSt 38, 320, 324: Wahrscheinlichkeit von 1 : 6.937 reicht allein zum Nachweis der Täterschaft nicht aus; andererseits BGH, Beschluss vom 21. Januar 2009 – 1 StR 722/08, NJW 2009, 1159: Seltenheitswert im Millionenbereich, im konkreten Fall 1: 256 Billiarden, kann ausreichen; vgl. dazu auch BGH, Beschluss vom 12. Oktober 2011 – 2 StR 362/11, NStZ 2012, 403, 404; zur Vaterschaftsfeststellung BGH, Urteil vom 12. Januar 1994 – XII ZR 155/92, NJW 1994, 1348, 1349).

[9] Dass sich auch bei einer sehr geringen Wahrscheinlichkeit (selbst im Milliarden- oder Billionenbereich) wegen der statistischen Herangehensweise die Spurenverursachung durch eine andere Person niemals völlig ausschließen lässt, hindert das Tatgericht nicht daran, seine Überzeugungsbildung gegebenenfalls allein auf die DNA-Spur zu stützen; denn eine mathematische, jede andere Möglichkeit ausschließende Gewissheit ist für die Überzeugungsbildung nicht erforderlich (vgl. BGH, Beschluss vom 24. Januar 2012 – VI ZR 132/10, juris Rn. 8; Urteil vom 20. September 2011 – 1 StR 120/11, NStZ-RR 2012, 72, 73 m.w.N.). Vielmehr genügt ein nach der Lebenserfahrung ausreichendes Maß an Sicherheit, das vernünftige Zweifel nicht aufkommen lässt. Ob sich das Tatgericht allein aufgrund einer Merkmalübereinstimmung mit einer entsprechenden Wahrscheinlichkeit von der Täterschaft zu überzeugen vermag, ist mithin vorrangig – wie die Beweiswürdigung ansonsten auch – ihm selbst überlassen (vgl. allgemein zur Bewertung des Beweiswerts einer DNA-Analyse durch das Tatgericht BVerfG, Beschluss vom 18. September 1995 – 2 BvR 103/92, NJW 1996, 771, 773 m.w.N.; weitergehend zum Beweiswert BVerfG, Beschluss vom 14. Dezember 2000 – 2 BvR 1741/99 u.a., BVerfGE 103, 21, 32). Im Einzelfall kann es revisionsrechtlich sowohl hinzunehmen sein, dass sich das Tatgericht eine entsprechende Überzeugung bildet, als auch, dass es sich dazu aufgrund vernünftiger Zweifel nicht in der Lage sieht.

[10] Dem stehen die Urteile des 5. Strafsenats vom 21. August 1990 (5 StR 145/90, BGHSt 37, 157, 159) und 12. August 1992 (5 StR 239/92, BGHSt 38, 320, 322 ff.) nicht entgegen. Zum einen gingen die Entscheidungen insbesondere hinsichtlich der Anzahl der (damals lediglich drei) untersuchten Merkmale und des Stands der Untersuchungsabläufe von anderen Grundlagen aus. Zum anderen ist ihnen kein allgemeiner Rechtssatz zu entnehmen, dass das Ergebnis einer DNA-Analyse nie-

mals allein zur Überzeugungsbildung von der Täterschaft ausreichen könne. Vielmehr weisen die Urteile darauf hin, dass einem Analyseergebnis kein unumstößlicher Beweiswert zukomme, der eine Gesamtschau der gegebenenfalls weiter vorhandenen be- und entlastenden Indizien entbehrlich mache. Dass dem Tatgericht generell versagt ist, dem als bedeutsames Indiz zu wertenden Untersuchungsergebnis die maßgebliche oder alleinige Bedeutung bei der Überzeugungsbildung beizumessen, ergibt sich daraus nicht. Hiervon ist auch der Senat in einer früheren Entscheidung (BGH, Beschluss vom 6. März 2012 – 3 StR 41/12, BGHR StPO § 261 Identifizierung 21) nicht ausgegangen. Vielmehr hat er im Anschluss an die vorgenannte Rechtsprechung hervorgehoben, dass das Ergebnis eines DNA-Vergleichsgutachtens lediglich ein Indiz darstelle, das jedoch hinsichtlich der Spurenverursachung keinen zwingenden Schluss erlaube. Dies allein hindert indes das Tatgericht nicht, aus dem Ergebnis einen möglichen Schluss auf die Spurenverursachung und die Täterschaft zu ziehen.

*[**11**] 2. Das Landgericht hat die Grundlagen zur Berechnung der Wahrscheinlichkeit in einer Weise dargelegt, die dem Revisionsgericht eine Überprüfung der Berechnung auf ihre Plausibilität ermöglicht (vgl. BGH, Beschluss vom 6. März 2012 – 3 StR 41/12, BGHR StPO § 261 Identifizierung 21 m.w.N.). Dazu sind in den Urteilsgründen tabellarisch die acht untersuchten Merkmalsysteme und die Anzahl der Wiederholungen im Einzelnen aufgeführt worden. Der Senat sieht insofern – auch zur Klarstellung und Präzisierung seiner bisherigen Rechtsprechung (vgl. BGH, Beschlüsse vom 6. März 2012 – 3 StR 41/12, aaO; vom 3. Mai 2012 – 3 StR 46/12, BGHR StPO § 261 Identifizierung 23; vom 15. Mai 2012 – 3 StR 164/12) – Anlass zu dem Hinweis, dass eine solche umfangreiche Darstellung grundsätzlich nicht erforderlich ist.*

*[**12**] Das Tatgericht hat in den Fällen, in dem es dem Gutachten eines Sachverständigen folgt, die wesentlichen Anknüpfungstatsachen und Ausführungen des Gutachters so darzulegen, dass das Rechtsmittelgericht prüfen kann, ob die Beweiswürdigung auf einer tragfähigen Tatsachengrundlage beruht und ob die Schlussfolgerungen nach den Gesetzen, den Erfahrungssätzen des täglichen Lebens und den Erkenntnissen der Wissenschaft möglich sind (vgl. BGH, Beschlüsse vom 19. August 1993 – 4 StR 627/92, BGHSt 39, 291, 296 f.; vom 21. September 2004 – 3 StR 333/04, NStZ 2005, 326). Dabei dürfen die Anforderungen, welche das Tatgericht an das Gutachten zu stellen hat, nicht mit den sachlichrechtlichen Anforderungen an den Inhalt der Urteilsgründe gleichgesetzt werden. Mögliche Fehlerquellen sind nur zu erörtern, wenn der Einzelfall dazu Veranlassung gibt (vgl. BGH, Beschluss vom 19. August 1993 – 4 StR 627/92, aaO, 297 f.). Dies beeinträchtigt die Rechtsposition des Angeklagten nicht, da er etwaige Fehler des Sachverständigengutachtens sowohl in der Hauptverhandlung als auch mit der Verfahrensrüge im Revisionsverfahren geltend machen kann.*

*[**13**] Danach reicht es für das Revisionsgericht zur Überprüfung, ob das Ergebnis einer auf einer DNA-Untersuchung beruhenden Wahrscheinlichkeitsberechnung plausibel ist, im Regelfall aus, wenn das Tatgericht mitteilt, wie viele Systeme untersucht wurden, ob diese unabhängig voneinander vererbbar sind (und mithin die Produktregel anwendbar ist), ob und inwieweit sich Übereinstimmungen in den untersuchten Systemen ergeben haben und mit welcher Wahrscheinlichkeit die festgestellte Merkmalkombination zu erwarten ist (vgl. BGH, Beschlüsse vom 12. Oktober 2011 – 2 StR 362/11, NStZ 2012, 403, 404; vom 7. November 2012 – 5 StR 517/12, NStZ 2013, 179; zu ggf. geringeren Anforderungen bei einer Vielzahl*

weiterer gewichtiger Indizien BGH, Beschluss vom 23. Oktober 2012 – 1 StR 377/12, NStZ 2013, 179, 180). Sofern der Angeklagte einer fremden Ethnie angehört, ist zudem darzulegen, inwieweit dies bei der Auswahl der Vergleichspopulation von Bedeutung war.

PRAXISBEDEUTUNG ■

Die vorstehende und die nachfolgende Entscheidung geben wichtige Hinweise, wie in der Praxis die immer mehr an Bedeutung gewinnenden DNA-Gutachten und -Nachweise zu bewerten sind. Auch wenn es sich immer nur um Indizien handelt, welche in aller Regel keinen vollen Beweis für die Täterschaft eines Angeklagten erbringen können, ist es dem Tatrichter nicht verwehrt, seine richterliche Überzeugung gerade auch auf diese zu stützen.

Die **Beweiswürdigung** soll **keine umfassende Dokumentation der Beweisaufnahme** enthalten, sondern lediglich belegen, warum bestimmte bedeutsame Umstände so festgestellt worden sind. Es ist regelmäßig untunlich, die Zeugenaussagen der Reihe nach und in ihren Einzelheiten mitzuteilen und den Inhalt der überwachten Telekommunikation wörtlich oder auch nur in einer ausführlichen Inhaltsangabe wiederzugeben. Dies kann vielmehr die Besorgnis begründen, der Tatrichter sei davon ausgegangen, eine breite Darstellung der erhobenen Beweise könne die gebotene eigenverantwortliche Würdigung ersetzen. Dies wäre rechtsfehlerhaft und könnte unter Umständen den Bestand des Urteils gefährden.[442] **442**

PRAXISBEDEUTUNG ■

Die vorstehenden Ausführungen als Annex eines Beschlusses erreichten ein deutliches Warnzeichen für manche Tatrichter, welche Urteilsgründe damit überfrachten, dass die jeweilige Beweisaufnahme bis ins kleinste Detail wiedergegeben wird, so dass kaum mehr deutlich wird, auf welchen richterlichen Überzeugungen das Urteil beruht.

Die **Bewertung eines Geständnisses** unterfällt dem Grundsatz der freien richterlichen Beweiswürdigung gemäß § 261 StPO. Das Tatgericht muss aber, will es die Verurteilung des Angeklagten auf dessen Einlassung stützen, von deren Richtigkeit überzeugt sein. Es ist deshalb stets zu untersuchen, ob das Geständnis den Aufklärungsbedarf hinsichtlich der erforderlichen Feststellungen zur Tat erfüllt, ob es in sich stimmig ist und auch im Hinblick auf sonstige Erkenntnisse keinen Glaubhaftigkeitsbedenken unterliegt.[443] **443**

[3] Diese Ausführungen belegen, dass die Strafkammer sich ihre Überzeugung von der Täterschaft des Angeklagten auf unzureichender Basis verschafft hat, was der Senat bereits auf die Sachrüge zu berücksichtigen hat (vgl. BGH, Beschluss vom 15. April 2013 – 3 StR 35/13, StV 2013, 684).

---

442 BGH, Beschluss vom 14.5.2013 – 3 StR 101/13.
443 BGH, Beschluss vom 5.11.2013 – 2 StR 265/13.

[4] Aus dem verfassungsrechtlich verankerten Schuldprinzip folgt im Strafprozess die Verpflichtung der Gerichte, von Amts wegen den wahren Sachverhalt zu erforschen (vgl. BVerfG, Urteil vom 19. März 2013 – 2 BvR 2628/10 u.a., NJW 2013, 1058, 1060). Die Amtsaufklärungspflicht darf schon wegen der Gesetzesbindung des Richters (Art. 20 Abs. 3 GG) nicht dem Interesse an einer einfachen und schnellstmöglichen Erledigung des Verfahrens geopfert werden. Es ist unzulässig, dem Urteil einen Sachverhalt zu Grunde zu legen, der nicht auf einer Überzeugungsbildung unter Ausschöpfung des verfügbaren Beweismaterials beruht. Dies gilt auch dann, wenn sich der Angeklagte geständig gezeigt hat.

[5] Zwar unterfällt auch die Bewertung eines Geständnisses dem Grundsatz der freien richterlichen Beweiswürdigung gemäß § 261 StPO. Das Tatgericht muss aber, will es die Verurteilung des Angeklagten auf dessen Einlassung stützen, von deren Richtigkeit überzeugt sein (vgl. Senat, Urteil vom 10. Juni 1998 – 2 StR 156/98, BGHR StPO § 261 Überzeugungsbildung 31). Es ist deshalb stets zu untersuchen, ob das Geständnis den Aufklärungsbedarf hinsichtlich der erforderlichen Feststellungen zur Tat erfüllt, ob es in sich stimmig ist und auch im Hinblick auf sonstige Erkenntnisse keinen Glaubhaftigkeitsbedenken unterliegt. Durchgreifende rechtliche Bedenken bestehen nach diesem Maßstab gegen die hier vorliegende Ablehnung einer Geständnisüberprüfung durch die Strafkammer, die sie im Hinblick darauf erklärt hat, dass die anwaltliche Erklärung zur Sache „nach gemeinsamer Aufarbeitung der Anklagevorwürfe" mit dem Angeklagten erfolgt sei. Diese Vorgehensweise der Verteidigung außerhalb der Hauptverhandlung gestattet dem Gericht keine Nachprüfung der Gründe für die Einzeltaten der anwaltlich formulierten Sacheinlassung. Es genügt auch nicht, das Geständnis des Angeklagten durch bloßen Abgleich des Erklärungsinhalts mit der Aktenlage zu überprüfen, weil dies keine hinreichende Grundlage für die Überzeugungsbildung des Gerichts aus dem Inbegriff der Hauptverhandlung darstellt (vgl. BVerfG, aaO, NJW 2013, 1058, 1063).

[6] Da der Angeklagte auch keine ergänzenden Fragen des Gerichts und der Verfahrensbeteiligten in der Hauptverhandlung an ihn zugelassen hat, ist bereits ein wesentliches Mittel für die Geständnisüberprüfung, die dem Gericht im Hinblick auf seine Aufklärungspflicht nicht zur Disposition gestellt ist, entfallen. Andere Mittel hat das Landgericht nicht genutzt. Dies wiegt hier umso schwerer, als gerade bei den schwersten Anklagevorwürfen ausdrücklich offen geblieben ist, ob und wie eine weitere Person an der Tatbegehung mitgewirkt hat.

444 Glaubt das Gericht in Teilen der **Aussage des Belastungszeugen**, obwohl es ihr in anderen Teilen nicht folgt, bedarf dies regelmäßig einer besonderen Begründung.[444]

[16] Die Beweiswürdigung weist durchgreifende Rechtsfehler auf.

[17] Die Beweiswürdigung ist Sache des Tatgerichts (§ 261 StPO). Ihm allein obliegt es, das Ergebnis der Hauptverhandlung festzustellen und zu würdigen. Seine Schlussfolgerungen brauchen nicht zwingend zu sein, es genügt, dass sie möglich sind. Die revisionsgerichtliche Prüfung ist darauf beschränkt, ob dem Tatgericht Rechtsfehler unterlaufen sind. Dies ist dann der Fall, wenn die Beweiswürdigung widersprüchlich, unklar oder lückenhaft ist oder gegen die Denkgesetze oder gesicherte Erfahrungssätze verstößt (st. Rspr.; vgl. BGH, Urteile vom 21. Dezember 2011 – 1 StR 400/11; vom 14. Dezember 2011 – 1 StR 501/11, NStZ-RR 2012, 148 m.w.N.).

---

[444] BGH, Urteil vom 3.9.2013 – 1 StR 206/13.

[18] An diesen Grundsätzen gemessen, hält die Beweiswürdigung der Strafkammer sachlich-rechtlicher Überprüfung nicht stand. Sie ist insgesamt lückenhaft (nachfolgend 1. a), hinsichtlich der Feststellungen zur Häufigkeit der Beschaffungsfahrten (nachfolgend 1. b) und zu den Einfuhrmengen (nachfolgend 2.) lückenhaft und nicht nachvollziehbar.

[19] 1. Da die Beschuldigung des Angeklagten im Kern allein auf der Aussage des Zeugen I. aufbaute, bedurfte diese einer besonders sorgfältigen Prüfung, und mussten die Urteilsgründe erkennen lassen, dass die Strafkammer alle Umstände, die die Entscheidung beeinflussen konnten, erkannt und in ihre Überlegungen einbezogen hatte (vgl. BGH, Beschlüsse vom 22. April 1997 – 4 StR 140/97, BGHR StPO § 261 Beweiswürdigung 13; vom 22. April 1987 – 3 StR 141/87, BGHR StPO § 261 Beweiswürdigung 1). Glaubt das Gericht in Teilen der Aussage des Belastungszeugen, obwohl es ihr in anderen Teilen nicht folgt, bedarf dies regelmäßig einer besonderen Begründung (vgl. BGH, Beschluss vom 24. Juni 2003 – 3 StR 96/03, NStZ-RR 2003, 332; Urteil vom 29. Juli 1998 – 1 StR 94/98, BGHSt 44, 153). Daran gemessen, bleibt die Beweiswürdigung insgesamt lückenhaft.

[20] a) Die Strafkammer hat zum einen nicht dargelegt, weshalb sie dem Zeugen hinsichtlich des von ihm bezeugten Kernvorwurfs Glauben geschenkt hat, obwohl andere Inhalte seiner Aussage – namentlich zum Eigenkonsum des Angeklagten – objektiv widerlegt waren, und sie die Angaben zu den Hintermännern des Angeklagten und deren Weiterveräußerungsgeschäften ebenfalls nicht glaubhaft fand.

[21] b) Vor allem aber hat sie nicht in den Blick genommen, dass die Angaben des Zeugen I. zur Häufigkeit der Beschaffungsfahrten mit den übrigen Feststellungen nicht zu vereinbaren sind.

[22] Der von der Strafkammer festgestellte Dienstplan des Angeklagten weist für Oktober 2010 zwölf und für November 2010 elf arbeitsfreie Tage aus. Unter ihrer Prämisse, Beschaffungsfahrten seien nur an dienstfreien Tagen möglich gewesen, sind die festgestellten Abwesenheitszeiten des Angeklagten weder mit der Behauptung des Zeugen I., der Angeklagte habe beginnend bereits im Oktober 2010 über einen Zeitraum von zwei bis drei Wochen tägliche und anschließend jeden zweiten Tag Beschaffungsfahrten von Cham nach Tschechien durchgeführt, noch mit seiner Angabe, der Angeklagte habe beginnend im November 2010 alle zwei Tage Einfuhrfahrten unternommen, zu vereinbaren.

[23] Danach hat der Zeuge I. den Angeklagten auf der Grundlage der Feststellungen überschießend belastet, bevor er in der zweiten Vernehmung in der Hauptverhandlung nur noch zehn Fahrten pro Monat behauptet hat. Mit diesem Umstand hätte sich die Strafkammer auseinandersetzen müssen. Dieser Erörterungspflicht genügt sie durch die Wertung, die Angaben des Zeugen I. würden „allenfalls geringfügige Restunstimmigkeiten“ aufweisen, die nicht geeignet seien, die „Richtigkeit der übrigen Angaben in Frage zu stellen“, nicht. Dies lässt vielmehr besorgen, dass sie die Unvereinbarkeit der früheren belastenden Angaben des Zeugen I. mit den Feststellungen nicht in den Blick genommen und eine sich daraus möglicherweise ergebende Belastungstendenz nicht in Erwägung gezogen hat.

[24] Auch im Übrigen bleiben die Widersprüche in den Angaben des Zeugen I. unerörtert. So soll der Angeklagte einerseits im Oktober über einen Zeitraum von zwei bis drei Wochen zunächst täglich, anschließend alle zwei Tage nach Tschechien gefahren sein, andererseits soll er im November bei einem allenfalls zweitägigen Fahrtrhythmus „sicher mindestens ebenso viele“ Fahrten wie im Oktober durchgeführt haben.

■ **PRAXISBEDEUTUNG**

Nicht nur in Verfahren wegen Vergewaltigungsvorwürfen gegen einen Beziehungs- oder Lebenspartner stehen naturgemäß Aussage-gegen-Aussage. Umso mehr nötigt die Beweiswürdigung des Tatrichters dazu, eine klare Aussage zu treffen, weshalb bspw. dem Zeugen eher geglaubt wird als dem widersprechenden Angeklagten, jedenfalls in besonderer Deutlichkeit dann, wenn der einzige Belastungszeuge sich teilweise widerspricht oder das Gericht ihm teilweise nicht glaubt. Der ausdrückliche Hinweis, dass hierauf ein besonderes Augenmerk zu legen ist, stellt das besondere Verdienst der vorstehenden Entscheidung dar.

445 Das Tatgericht hat in den Fällen, in denen es dem **Gutachten eines Sachverständigen** folgt, die **wesentlichen Anknüpfungstatsachen und Ausführungen des Gutachters** so darzulegen, dass das Rechtsmittelgericht prüfen kann, ob die Beweiswürdigung auf einer tragfähigen Tatsachengrundlage beruht und ob die Schlussfolgerungen nach den Gesetzen, den Erkenntnissen der Wissenschaft und den Erfahrungssätzen des täglichen Lebens möglich sind. Für die Überprüfung durch das Revisionsgericht, ob das Ergebnis einer auf einer DNA-Untersuchung beruhenden Wahrscheinlichkeitsberechnung plausibel ist, bedeutet dies, dass das Tatgericht jedenfalls mitteilen muss, wie viele Systeme untersucht wurden, ob diese unabhängig voneinander vererbbar sind (und mithin die Produktregel anwendbar ist), ob und inwieweit sich Übereinstimmungen in den untersuchten Systemen ergeben haben und mit welcher Wahrscheinlichkeit die festgestellte Merkmalkombination bei einer weiteren Person zu erwarten ist.[445]

446 Eine Beweiswürdigung ist rechtsfehlerhaft, wenn der Tatrichter es versäumt, sich im Urteil mit anderen **naheliegenden Möglichkeiten auseinanderzusetzen** und dadurch **über schwerwiegende Verdachtsmomente ohne Erörterung hinweggeht**. Die Schlussfolgerungen des Tatrichters müssen zudem ausreichend mit Tatsachen abgesichert sein und dürfen sich nicht so sehr von einer festen Tatsachengrundlage entfernen, dass sie letztlich bloße Vermutungen sind.[446]

447 Fehlen **zureichende tatsächliche Anhaltspunkte** für das Vorliegen einer Sachverhaltsvariante, ist es **weder im Hinblick auf den Zweifelssatz noch sonst geboten**, einen **nur abstrakt denkbaren Sachverhalt** zugunsten eines Angeklagten **zu unterstellen.**[447]

[6] Die Revision der Staatsanwaltschaft hat in vollem Umfang Erfolg.

[7] 1. Der Freispruch des Angeklagten K. hält rechtlicher Nachprüfung nicht stand.

[8] Das Revisionsgericht hat es zwar regelmäßig hinzunehmen, wenn der Tatrichter einen Angeklagten freispricht, weil er Zweifel an seiner Täterschaft nicht zu überwinden vermag. Denn die Beweiswürdigung ist Sache des Tatrichters (§ 261 StPO). Ihm obliegt es, das Ergebnis der Hauptverhandlung festzustellen und zu würdigen. Das Revisionsgericht kann und muss jedoch eingreifen, wenn dem Tatrichter – wie hier – Rechtsfehler unterlaufen sind.

---

[445] BGH, Beschlüsse vom 16.4.2013 – 3 StR 67/13 – und vom 31.7.2013 – 4 StR 270/13.

[446] BGH, Urteil vom 7.2.2013 – 3 StR 503/12.

[447] BGH, Urteil vom 20.6.2013 – 2 StR 113/13; vgl. hierzu auch BGH, Urteil vom 6.11.2013 – 2 StR 357/13.

[9] Der Angeklagte K. hat eine Tatbeteiligung bestritten und für den Tatabend einen Alibibeweis angetreten, den das Landgericht allerdings als widerlegt erachtet. Hinsichtlich des Mobilfunkanschlusses, dessen Verbindungsdaten über einen längeren Zeitraum in der fraglichen Nacht ein synchrones Bewegungsbild zu dem Mobilfunkanschluss des überführten Angeklagten W., eine räumliche Nähe zum späteren Auffindeort des Fahrzeugs und schließlich Gespräche zwischen beiden Anschlüssen belegen, hat sich der Angeklagte K. eingelassen, dieser sei auf ihn zugelassen. Gleichwohl hat ihn das Landgericht freigesprochen, weil es nicht habe ausschließen können, dass der Angeklagte das Mobiltelefon zu diesem Zeitpunkt noch nicht genutzt oder es möglicherweise an einen anderen verliehen habe oder – falls er es in Belgien genutzt habe – einen völlig anderen Zweck verfolgt oder möglicherweise den Angeklagten W. von dessen Tatbeteiligung abzubringen versucht habe. Dies erweist sich als rechtsfehlerhaft, weil das Landgericht damit nicht eher fern liegende Möglichkeiten unterstellt hat, ohne tragfähige Gründe anzuführen, die dieses Ergebnis stützen könnten (st. Rspr.: vgl. BGH NStZ 2008, 575 m.w.N.). Es gibt keine greifbaren Hinweise für das Vorliegen der in Betracht gezogenen Sachverhaltskonstellationen; selbst der Angeklagte K. hat sich auf sie nicht berufen. Fehlen zureichende tatsächliche Anhaltspunkte für das Vorliegen einer Sachverhaltsvariante, ist es weder im Hinblick auf den Zweifelssatz noch sonst geboten, einen nur abstrakt denkbaren Sachverhalt zugunsten eines Angeklagten zu unterstellen.

Die Urteilsgründe müssen in nachvollziehbarer Weise erkennen lassen, dass das Tatgericht **alle Umstände, welche die Entscheidung beeinflussen können,** erkannt und in seine Überlegungen einbezogen hat.[448] **448**

[5] b) Die Verurteilung des Angeklagten hat keinen Bestand. Die Beweiswürdigung entspricht nicht den Anforderungen, die in der vorliegenden Beweiskonstellation zu erfüllen sind. Hier ist die Aussage des einzigen Belastungszeugen einer besonderen Glaubhaftigkeitsprüfung zu unterziehen; daher müssen die Urteilsgründe in nachvollziehbarer Weise erkennen lassen, dass das Tatgericht alle Umstände, welche die Entscheidung beeinflussen können, erkannt und in seine Überlegungen einbezogen hat (vgl. BGH, Beschluss vom 5. November 1997 – 3 StR 558/97, BGHR StGB § 176 Abs. 1 Beweiswürdigung 3). Dies gilt insbesondere, wenn der einzige Belastungszeuge in der Hauptverhandlung seine Vorwürfe ganz oder teilweise nicht mehr aufrechterhält oder der anfänglichen Schilderung weiterer Taten nicht gefolgt wird (vgl. BGH, Urteile vom 29. Juli 1998 – 1 StR 94/98, BGHSt 44, 153, 159 m.w.N., und vom 10. Oktober 2012 – 5 StR 316/12).

[6] Die Urteilsgründe enthalten keine geschlossene Darstellung der Aussage des Nebenklägers mit den zugehörigen Details, die eine „hinreichende Konsistenz" (UA S. 7) überprüfbar und die angenommene Glaubhaftigkeit seiner Angaben einer revisionsgerichtlichen Kontrolle zugänglich machen. Sie legen vielmehr Abweichungen von der Erstaussage bei der Polizei dar, weil der Nebenkläger „neue Situationen, Tatörtlichkeiten und Vorgehensweisen des sexuellen Missbrauchs durch den Angeklagten geschildert hat, über die er bisher nicht berichtet hatte" (UA S. 7). Gleiches gilt für die Überprüfung des angeführten „Detailreichtums" (UA S. 12). Den

---

[448] BGH, Urteil vom 12.12.2012 – 5 StR 544/12; siehe auch BGH, Beschlüsse vom 22.8.2013 – 1 StR 378/13, vom 3.9.2013 – 1 StR 206/13, vom 30.5.2013 – 1 StR 239/13 und vom 23.1.2013 – 5 StR 625/12.

Urteilsgründen ist hierzu nichts Näheres zu entnehmen. Ob deshalb das Aussageverhalten noch als detailreich und konstant sowie die Schilderungen des Nebenklägers in der Hauptverhandlung entsprechend der tatgerichtlichen Würdigung nicht als „Widersprüche", sondern als „Weiterungen" (UA S. 7) seiner Aussage zu verstehen sind, lässt sich anhand der inhaltlich viel zu knappen, weitgehend nur wertenden Ausführungen nicht zuverlässig überprüfen. Dies gilt vor allem deshalb, weil das Landgericht nach den Angaben des Nebenklägers nunmehr nicht mehr von zehn, sondern nur noch von zwei Fällen des Analverkehrs im Wohnzimmer des Angeklagten ausgegangen ist und sich im Übrigen aufgrund neu hervorgetretener Tatmodalitäten zu einer Verurteilung außer Stande sah.

[7] c) Die Beweiswürdigung trägt auch die Teilfreisprüche nicht. Das Landgericht war zwar „davon überzeugt" (UA S. 22), dass es im Tatzeitraum zu weiteren schweren Missbrauchsfällen des Nebenklägers durch den Angeklagten gekommen sei, sah sich jedoch aufgrund der abweichenden Aussage des Nebenklägers an einer Verurteilung gehindert.

[8] Angesichts der unvollständigen Darstellung der Aussagen des Nebenklägers im Ermittlungsverfahren und in der Hauptverhandlung ist dem Senat eine revisionsgerichtliche Überprüfung auch dahingehend verwehrt, ob – insbesondere angesichts der zum Teil eher geringfügig erscheinenden Abweichungen (Schlafzimmer statt Wohnzimmer) – das Landgericht dem Gebot der erschöpfenden Beweiswürdigung (vgl. BGH, Beschluss vom 7. Februar 2012 – 5 StR 3/12, NStZ-RR 2012, 150, 151) ausreichend nachgekommen ist und danach selbst Mindestfeststellungen zu den weiteren angeklagten Taten (vgl. BGH, Urteil vom 3. Februar 2004 – 5 StR 563/03, NStZ 2005, 113, und Beschlüsse vom 25. März 1994 – 3 StR 18/94, BGHR StGB § 176 Abs. 1 Mindestfeststellungen 4, sowie vom 27. März 1996 – 3 StR 518/95, BGHSt 42, 107, 109 f.) nicht hat treffen können.

[9] 3. Die Sache bedarf daher insgesamt neuer tatgerichtlicher Würdigung. In Anbetracht des jugendlichen Alters des Hauptbelastungszeugen und der erst im Jahr 2010 offenbarten, mindestens sechs Jahre zurückliegenden Tatvorwürfe wird das neue Tatgericht ungeachtet belastender Beweismittel die Einholung eines Glaubhaftigkeitsgutachtens nachhaltig zu erwägen haben.

449 Auf die Bekundungen von **Zeugen vom Hörensagen** dürfen den Angeklagten belastende Feststellungen nur dann gestützt werden dürfen, wenn sie durch andere wichtige Gesichtspunkte bestätigt werden.[449]

[4] 2. Die tatgerichtliche Beweiswürdigung hält sachlich-rechtlicher Prüfung nicht stand.

[5] a) Das Landgericht hat sich seine Überzeugung vom Tatgeschehen aufgrund der Angaben der Vernehmungsbeamten B., Gu. und K. zum Inhalt der früheren Aussagen des ehemaligen Mitangeklagten G. verschafft. Bei den Vernehmungsbeamten handelt es sich somit um Zeugen vom Hörensagen, auf deren Bekundungen den Angeklagten belastende Feststellungen nur dann hätten gestützt werden dürfen, wenn sie durch andere wichtige Gesichtspunkte bestätigt worden wären (Sander in Löwe/Rosenberg, StPO, 26. Aufl., § 261 Rn. 83a m.w.N.; vgl. dazu BGH, Beschlüsse vom 9. April 2013 – 5 StR 138/13 – und vom 8. Mai 2007 – 4 StR 591/06).

---

[449] BGH, Beschluss vom 10.6.2013 – 5 StR 191/13.

Dies gilt hier in besonderem Maße, weil der vormalige Mitangeklagte G., von dessen Angaben die Verurteilung letztlich allein abhing, seine früheren Aussagen in der Hauptverhandlung ausdrücklich widerrufen und selbst als bewusst unwahr gekennzeichnet hat (vgl. BGH, Beschluss vom 12. September 2012 – 5 StR 401/12; Urteil vom 29. Juli 1998 – 1 StR 94/98, BGHSt 44, 153, 158 f.).

[6] Diesen Maßstäben wird das angefochtene Urteil nicht gerecht. Die vom Landgericht angeführten sonstigen Indizien bestätigen zwar in Randbereichen frühere Angaben G.s. Sie weisen jedoch sämtlich keinen unmittelbaren Bezug zum Tatgeschehen auf und stellen weder für sich betrachtet noch in ihrer Gesamtschau Beweisanzeichen von Gewicht für die Täterschaft des Angeklagten dar.

In einem Fall, in dem ein Angeklagter sich nicht einlässt, **nur die Aussage des einzigen Belastungszeugen zur Verfügung** steht und die Entscheidung allein davon abhängt, ob diesem einen Zeugen zu folgen ist, müssen die **Urteilsgründe erkennen lassen**, dass der Tatrichter alle Umstände, die die Entscheidung beeinflussen können, erkannt und in seine Überlegungen einbezogen hat.[450] **450**

[5] 2. Auch eingedenk des nur eingeschränkten revisionsrechtlichen Überprüfungsmaßstabs (vgl. hierzu BGH, Urteil vom 14. Dezember 2011 – 1 StR 501/11, NStZ-RR 2012, 148 f.; Beschluss vom 23. August 2012 – 4 StR 305/12, NStZ-RR 2012, 383 f.) weist die Beweiswürdigung wegen der Sexualdelikte Rechtsfehler auf.

[6] In einem Fall, in dem ein Angeklagter sich nicht einlässt, nur die Aussage des einzigen Belastungszeugen zur Verfügung steht und die Entscheidung allein davon abhängt, ob diesem einen Zeugen zu folgen ist, müssen die Urteilsgründe erkennen lassen, dass der Tatrichter alle Umstände, die die Entscheidung beeinflussen können, erkannt und in seine Überlegungen einbezogen hat (vgl. BGH, Beschluss vom 17. Dezember 1997 – 2 StR 591/97, StV 1998, 250; Sander in Löwe/Rosenberg, StPO, 26. Aufl., § 261 Rn. 72). Diesen Anforderungen werden die Urteilsgründe nicht gerecht.

[7] a) Das Landgericht hat die Angaben der Geschädigten deshalb als glaubhaft erachtet, weil sie detailreich, in sich schlüssig, widerspruchsfrei und nicht von übermäßigem Belastungseifer getragen seien. Es ist indes den Urteilsgründen nicht zu entnehmen und somit für das Revisionsgericht nicht nachvollziehbar, worauf es diese Bewertung der Aussage stützt. Insbesondere der angenommene Detailreichtum findet weder in der kargen Darstellung des Tatgeschehens noch in der äußerst knappen Würdigung eine Stütze. Die Angaben der Geschädigten sind dort nur insoweit dargestellt, als die Zeugin die jeweiligen sexuellen Übergriffe „eher pauschal mit ‚vaginalem Eindringen' oder ‚vaginalem Geschlechtsverkehr' beschrieb", was mit der Annahme von Detailreichtum oder Aussagegenauigkeit in einem gewissen, von der Strafkammer nicht aufgelösten Spannungsverhältnis steht.

[8] b) Auch die Feststellungen in Bezug auf die Aussageentstehung lassen eine revisionsgerichtliche Überprüfung nicht zu. Hierzu teilt das Landgericht lediglich mit, ein Zeuge S. habe erklärt, dass die Geschädigte von sich aus keine Anzeige habe erstatten wollen und er die „treibende Kraft" hierzu gewesen sei. Zum Zeugen S. wird im Rahmen der Darlegungen zu den persönlichen Verhältnissen des Angeklag-

[450] BGH, Beschluss vom 23.8.2013 – 1 StR 135/13; vgl. hierzu auch BGH, Beschluss vom 27.11.2012 – 3 StR 464/12.

ten lediglich mitgeteilt, dass im Jahr 2012 gegen den Angeklagten ein nicht rechtskräftiges amtsgerichtliches Urteil wegen gefährlicher Körperverletzung zu dessen Lasten ergangen ist.

[9] Das Landgericht sieht die Angaben des Zeugen S. allein als Beleg für den mangelnden Belastungseifer der Geschädigten. Dies lässt besorgen, dass es die Bedeutung der Entstehungs- und Entwicklungsgeschichte (vgl. hierzu BGH, Beschlüsse vom 5. November 1997 – 3 StR 558/97, BGHR StGB § 176 Abs. 1 Beweiswürdigung 3; und vom 9. Juli 2009 – 5 StR 225/09) der Angaben der Geschädigten verkannt hat. So hätte erörtert werden müssen, ob in der „treibenden Kraft" S. ein Motiv für eine Falschbelastung gelegen haben könnte.

[10] Auch hätte es der Mitteilung bedurft, ob und welche Angaben die Geschädigte während ihrer Zeit im Kinderheim zu Übergriffen des Angeklagten gemacht und wie sie sich zu einer Rückkehr in den väterlichen Haushalt verhalten hat.

[11] c) Den Urteilsfeststellungen kann zudem nicht entnommen werden, anhand welcher Anknüpfungspunkte im Beweisergebnis sich das Landgericht von der Anzahl der festgestellten Taten überzeugt hat. Das Landgericht teilt hierzu lediglich mit, dass die festgestellte Anzahl der Taten nur das „absolute Minimum" sei, wie sich aus den Angaben der Zeugin ergebe. Diese Angaben der Geschädigten zur Häufigkeit werden indes nicht mitgeteilt, so dass – auch unter Berücksichtigung dessen, dass an die Feststellung einer bestimmten Anzahl von Straftaten einer gleichförmig verlaufenden Serie sexueller Missbrauchshandlungen keine übersteigerten Anforderungen zu stellen sind (vgl. BGH, Beschlüsse vom 27. März 1997 – 3 StR 518/95, BGHSt 42, 107, 109 f.; und vom 12. November 1997 – 3 StR 559/97, BGHR StGB § 176 Serienstraftaten 8) – eine nachvollziehbare Grundlage für die dahingehende Überzeugungsbildung fehlt.

451 Eine **Beweiswürdigung** ist **nicht nachvollziehbar**, bei welcher der Tatrichter davon ausgeht, dass ein Angeklagter einerseits von einer für ihn selbst gefahrlosen späteren Entzündung des Gases aus dem Nachbarraum, andererseits aber von einem von Beginn an unkontrollierbaren Vorgang ausgegangen sein soll, der eine erhebliche Gefährdung außerhalb des Hauses befindlicher fremder Sachwerte mit sich brachte.[451]

452 Eine Beweiswürdigung ist jedenfalls **nicht rechtsfehlerfrei**, sofern diese den Schuldspruch nicht vollumfänglich trägt.[452]

[2] 1. Der Schuldspruch in den Fällen II. 10-11 wegen vorsätzlicher Körperverletzung begegnet keinen rechtlichen Bedenken. Dagegen hält die Verurteilung wegen der sexuellen Übergriffe des Angeklagten auf S. (Fälle II. 1–9) rechtlicher Nachprüfung nicht stand.

[3] Die Beweiswürdigung, die das Landgericht der Verurteilung insoweit zugrunde gelegt hat, trägt den Schuldspruch nicht. Die Strafkammer hat ihre Überzeugung von der Täterschaft des bestreitenden Angeklagten auf die Aussage des Opfers gestützt, dessen Angaben sie unter Inanspruchnahme sachverständiger Hilfe als glaub-

---

[451] BGH, Beschluss vom 16.9.2013 – 1 StR 264/13. Zu Lücken in den Urteilsgründen zur Beweiswürdigung vgl. auch BGH, Beschlüsse vom 16.10.2013 – 2 StR 66/13 – und vom 15.1.2013 – 2 StR 512/12.

[452] BGH, Beschluss vom 13.2.2013 – 2 StR 576/12.

haft angesehen hat. Es kann dahinstehen, ob sich das Landgericht, das sich das vom Sachverständigen erstattete und in den Urteilsgründen auf mehr als 15 Seiten detailliert referierte Glaubhaftigkeitsgutachten ohne weitere Erläuterung zu eigen gemacht hat, insoweit in genügender Weise die erforderliche eigene richterliche Überzeugung verschafft hat (vgl. BGHR StPO § 261 Überzeugungsbildung 17). Denn die auf die gutachterlichen Ergebnisse gestützte Beweiswürdigung rechtfertigt die Verurteilung ohnehin nicht.

[4] Es erweist sich als bedenklich, wenn die Kammer annimmt, die Schilderungen basierten „mit hoher Wahrscheinlichkeit" auf einem wahren Erlebnishintergrund, und daraus die Glaubhaftigkeit aller Angaben der Zeugin folgert. Denn in der Folge gelangt das Landgericht zu dem Schluss, dass die Angaben der Zeugin gerade nicht in vollem Umfang glaubhaft seien. Nicht anders ist es nämlich zu verstehen, wenn es mitteilt, der Sachverständige komme in seinem Gutachten zu dem Ergebnis, ihre Aussage sei insoweit als glaubhaft anzusehen, als sie angegeben habe, der Angeklagte habe sie wiederholt im Brust- und Genitalbereich angefasst, habe mindestens einmal einen Finger in ihre Vagina eingeführt, habe sie wiederholt geküsst, habe sie mindestens einmal aufgefordert, seinen Penis in ihren Mund zu nehmen und habe mindestens einmal ihre Hand zu seinem Penis geführt. Insoweit hatte die Zeugin weitergehende Angaben gemacht, die über diese als glaubhaft geschildert bewerteten Tathandlungen hinausgingen. Diesen Widerspruch zur Annahme, die Zeugin sei insgesamt glaubhaft, übersieht das Landgericht genauso wie den Umstand, dass selbst bei Zugrundelegung der als glaubhaft angesehenen Angaben der Schuldspruch hiervon nicht getragen wird. So sieht das Landgericht es als glaubhaft an, der Angeklagte habe mindestens einmal einen Finger in ihre Vagina eingeführt; es verurteilt allerdings wegen dreier Taten, in denen es zu einem Eindringen des Fingers gekommen sein soll (Fälle II. 4–6). Ähnlich verhält es sich im Hinblick auf die Aufforderung, den Penis in den Mund zu nehmen; auch hier kam es trotz der Feststellung, glaubhaft sei der Bericht über (lediglich) eine Aufforderung, den Penis in den Mund zu nehmen, zu einer Verurteilung wegen zweier gleichgelagerter Handlungen (II. 1–2). Warum die Strafkammer über die als glaubhaft angesehenen Handlungen hinaus zu Verurteilungen gelangt ist, lässt sich den Urteilsgründen nicht entnehmen.

[5] Die aufgezeigten Mängel berühren die Prüfung der Glaubhaftigkeit der Angaben der Zeugin insgesamt und führen zur Aufhebung der Verurteilung, soweit diese auf die Angaben des Tatopfers gestützt ist. Unberührt bleibt der Schuldspruch wegen der Körperverletzungen, die der Angeklagte eingeräumt hat.

Die nach Auffassung des Revisionsführers **fehlerhafte oder unzureichende Würdigung von Beweismitteln** kann nicht mit der Verfahrensrüge geltend gemacht werden.[453] **453**

[6] 2. Die auf § 261 StPO gestützten Verfahrensrügen der Staatsanwaltschaft sind unbegründet.

[7] a) Die Staatsanwaltschaft rügt, das Landgericht habe im Urkundenbeweis eingeführte SMS-Nachrichten nicht oder nicht erschöpfend gewürdigt, aus denen sich Anhaltspunkte dafür ergaben, dass im Fall 7 das Heroin nicht in A., sondern bereits zuvor in den Niederlanden erworben und von der Angeklagten eingeführt worden war.

---

453 BGH, Urteil v. 13.2.2013 – 2 StR 542/12.

[8] Die Rüge ist zulässig, aber – wie auch der Generalbundesanwalt zutreffend ausgeführt hat – unbegründet. Aus den zitierten Kurznachrichten ergab sich unmittelbar nicht mehr, als dass die Angeklagte in die Niederlande fuhr und sich dort unter konspirativen Umständen mit einer unbekannten Person traf. Das Landgericht hat die betreffenden Kurznachrichten im Urteil erwähnt und teilweise wiedergegeben. Die Annahme, es könne übersehen haben, dass sich aus ihnen – wie überhaupt aus der Fahrt in die Niederlande – Anhaltspunkte für einen Erwerb des Heroins bereits dort ergaben, liegt fern. Gegen eine Einfuhr aus den Niederlanden sprach allerdings die anschließende Fahrt nach A. Im Ergebnis mangelt es daher nicht an einer Verwertung der eingeführten Beweismittel; die Rüge der Staatsanwaltschaft richtet sich vielmehr gegen die nach ihrer Ansicht unzureichende oder fehlerhafte Würdigung. Dies kann mit der Verfahrensrüge nicht geltend gemacht werden.

[9] b) Die auf § 261 StPO gestützte Rüge, das Landgericht habe sich mit den Kurzmitteilungen Nr. 276 und 278 nicht auseinandergesetzt, obwohl sich aus ihnen Anhaltspunkte für eine eigennützige Tatmotivation der Angeklagten ergeben hätten, hat – entgegen der Ansicht des Generalbundesanwalts – keinen Erfolg. Es ist schon fraglich, ob die Rüge zulässig erhoben ist. Die beiden vorgetragenen SMS standen ersichtlich in einem Frage-/Antwortzusammenhang, ohne dessen Kenntnis die Würdigung kaum nachvollzogen werden kann. Hierzu ist nichts vorgetragen.

[10] Jedenfalls ist die Rüge unbegründet. Die Angeklagte hatte in den beiden Nachrichten vom 27. Mai 2011 an die Mitangeklagte S. zum Ausdruck gebracht, sie habe kein Geld mehr („sitze total auf dem Trockenen“); daher „wäre (es) super“, wenn S. ihr Geld gebe.

454 Die **Würdigung der Beweise** ist vom Gesetz **dem Tatgericht übertragen** (§ 261 StPO), das sich unter dem umfassenden Eindruck der Hauptverhandlung ein Urteil über die Schuld oder Unschuld des Angeklagten zu bilden hat. Dazu kann es zu seiner Überzeugungsbildung auch allein ein **Beweisanzeichen** heranziehen. Das Revisionsgericht ist demgegenüber auf die Prüfung beschränkt, ob die Beweiswürdigung des Tatrichters mit Rechtsfehlern behaftet ist. Dabei gehören von gesicherten Tatsachenfeststellungen ausgehende statistische Wahrscheinlichkeitsrechnungen zu den Mitteln der logischen Schlussfolgerung, welche dem Tatrichter grundsätzlich ebenso offenstehen wie andere mathematische Methoden.[454]

[5] II. Die Nachprüfung des Urteils auf Grund der Revisionsrechtfertigung hat keinen Rechtsfehler zum Nachteil des Angeklagten ergeben. Der näheren Erörterung bedarf, dass das Landgericht seine Überzeugung von der Täterschaft des Angeklagten allein auf die Übereinstimmung von DNA-Merkmalen gestützt hat.

[6] Die Würdigung der Beweise ist vom Gesetz dem Tatgericht übertragen (§ 261 StPO), das sich unter dem umfassenden Eindruck der Hauptverhandlung ein Urteil über die Schuld oder Unschuld des Angeklagten zu bilden hat. Dazu kann es zu seiner Überzeugungsbildung auch allein ein Beweisanzeichen heranziehen (vgl. hinsichtlich Fingerabdrücken bereits BGH, Urteil vom 11. Juni 1952 – 3 StR 229/52, juris Rn. 4 ff.; zu Schriftsachverständigengutachten BGH, Beschluss vom 24. Juni 1982 – 4 StR 183/82, NJW 1982, 2882, 2883). Das Revisionsgericht ist demgegen-

[454] BGH, Urteil vom 21.3.2013 – 3 StR 247/12; vgl. hierzu auch BGH, Urteile vom 20.2.2013 – 5 StR 466/12, vom 20.6.2013 – 4 StR 159/13 und vom 27.6.2013 – 3 StR 115/13.

über auf die Prüfung beschränkt, ob die Beweiswürdigung des Tatrichters mit Rechtsfehlern behaftet ist, etwa weil sie Lücken oder Widersprüche aufweist, mit den Denkgesetzen oder gesichertem Erfahrungswissen nicht in Einklang steht oder sich so weit von einer festen Tatsachengrundlage entfernt, dass die gezogenen Schlussfolgerungen sich letztlich als reine Vermutungen erweisen (st. Rspr.; vgl. BGH, Urteile vom 6. Dezember 2007 – 3 StR 342/07, NStZ-RR 2008, 146, 147 m.w.N.; vom 26. Juli 1990 – 4 StR 301/90, BGHR StGB § 306 Beweiswürdigung 3 m.w.N.). Dabei gehören von gesicherten Tatsachenfeststellungen ausgehende statistische Wahrscheinlichkeitsrechnungen zu den Mitteln der logischen Schlussfolgerung, welche dem Tatrichter grundsätzlich ebenso offenstehen wie andere mathematische Methoden (BGH, Urteil vom 14. Dezember 1989 – 4 StR 419/89, BGHSt 36, 320, 325). Nach diesen Prüfungsmaßstäben ist die Beweiswürdigung nicht zu beanstanden.

[7] 1. Die hier festgestellte Übereinstimmung zwischen den Allelen des Angeklagten und auf Tatortspuren festgestellten Allelen in den acht untersuchten Systemen bietet angesichts der statistischen Häufigkeit des beim Angeklagten gegebenen DNA-Identifizierungsmusters eine ausreichende Tatsachengrundlage für die Überzeugungsbildung des Tatgerichts.

[8] Dabei ist davon auszugehen, dass es sich bei der Merkmalswahrscheinlichkeit (oder Identitätswahrscheinlichkeit) lediglich um einen statistischen Wert handelt. Dieser gibt keine empirische Auskunft darüber, wie viele Menschen tatsächlich eine identische Merkmalkombination aufweisen, sondern sagt lediglich etwas dazu aus, mit welcher Wahrscheinlichkeit aufgrund statistischer, von einer beschränkten Datenbasis ausgehender Berechnungen zu erwarten ist, dass eine weitere Person die gleiche Merkmalkombination aufweist. Diese Wahrscheinlichkeit lässt sich für die Bewertung einer festgestellten Merkmalsübereinstimmung heranziehen. Je geringer die Wahrscheinlichkeit ist, dass zufällig eine andere Person identische Merkmale aufweist, desto höher kann das Tatgericht den Beweiswert einer Übereinstimmung einordnen und sich – gegebenenfalls allein aufgrund der Übereinstimmung – von der Täterschaft überzeugen (vgl. einerseits BGH, Urteil vom 12. August 1992 – 5 StR 239/92, BGHSt 38, 320, 324: Wahrscheinlichkeit von 1 : 6.937 reicht allein zum Nachweis der Täterschaft nicht aus; andererseits BGH, Beschluss vom 21. Januar 2009 – 1 StR 722/08, NJW 2009, 1159: Seltenheitswert im Millionenbereich, im konkreten Fall 1: 256 Billiarden, kann ausreichen; vgl. dazu auch BGH, Beschluss vom 12. Oktober 2011 – 2 StR 362/11, NStZ 2012, 403, 404; zur Vaterschaftsfeststellung BGH, Urteil vom 12. Januar 1994 – XII ZR 155/92, NJW 1994, 1348, 1349).

[9] Dass sich auch bei einer sehr geringen Wahrscheinlichkeit (selbst im Milliarden- oder Billionenbereich) wegen der statistischen Herangehensweise die Spurenverursachung durch eine andere Person niemals völlig ausschließen lässt, hindert das Tatgericht nicht daran, seine Überzeugungsbildung gegebenenfalls allein auf die DNA-Spur zu stützen; denn eine mathematische, jede andere Möglichkeit ausschließende Gewissheit ist für die Überzeugungsbildung nicht erforderlich (vgl. BGH, Beschluss vom 24. Januar 2012 – VI ZR 132/10, juris Rn. 8; Urteil vom 20. September 2011 – 1 StR 120/11, NStZ-RR 2012, 72, 73 m.w.N.). Vielmehr genügt ein nach der Lebenserfahrung ausreichendes Maß an Sicherheit, das vernünftige Zweifel nicht aufkommen lässt. Ob sich das Tatgericht allein aufgrund einer Merkmalübereinstimmung mit einer entsprechenden Wahrscheinlichkeit von der Täterschaft zu überzeugen vermag, ist mithin vorrangig – wie die Beweiswürdigung ansonsten auch –

ihm selbst überlassen (vgl. allgemein zur Bewertung des Beweiswerts einer DNA-Analyse durch das Tatgericht BVerfG, Beschluss vom 18. September 1995 – 2 BvR 103/92, NJW 1996, 771, 773 m.w.N.; weitergehend zum Beweiswert BVerfG, Beschluss vom 14. Dezember 2000 – 2 BvR 1741/99 u.a., BVerfGE 103, 21, 32). Im Einzelfall kann es revisionsrechtlich sowohl hinzunehmen sein, dass sich das Tatgericht eine entsprechende Überzeugung bildet, als auch, dass es sich dazu aufgrund vernünftiger Zweifel nicht in der Lage sieht.

*[**10**] Dem stehen die Urteile des 5. Strafsenats vom 21. August 1990 (5 StR 145/90, BGHSt 37, 157, 159) und 12. August 1992 (5 StR 239/92, BGHSt 38, 320, 322 ff.) nicht entgegen. Zum einen gingen die Entscheidungen insbesondere hinsichtlich der Anzahl der (damals lediglich drei) untersuchten Merkmale und des Stands der Untersuchungsabläufe von anderen Grundlagen aus. Zum anderen ist ihnen kein allgemeiner Rechtssatz zu entnehmen, dass das Ergebnis einer DNA-Analyse niemals allein zur Überzeugungsbildung von der Täterschaft ausreichen könne. Vielmehr weisen die Urteile darauf hin, dass einem Analyseergebnis kein unumstößlicher Beweiswert zukomme, der eine Gesamtschau der gegebenenfalls weiter vorhandenen be- und entlastenden Indizien entbehrlich mache. Dass dem Tatgericht generell versagt ist, dem als bedeutsames Indiz zu wertenden Untersuchungsergebnis die maßgebliche oder alleinige Bedeutung bei der Überzeugungsbildung beizumessen, ergibt sich daraus nicht. Hiervon ist auch der Senat in einer früheren Entscheidung (BGH, Beschluss vom 6. März 2012 – 3 StR 41/12, BGHR StPO § 261 Identifizierung 21) nicht ausgegangen. Vielmehr hat er im Anschluss an die vorgenannte Rechtsprechung hervorgehoben, dass das Ergebnis eines DNA-Vergleichsgutachtens lediglich ein Indiz darstelle, das jedoch hinsichtlich der Spurenverursachung keinen zwingenden Schluss erlaube. Dies allein hindert indes das Tatgericht nicht, aus dem Ergebnis einen möglichen Schluss auf die Spurenverursachung und die Täterschaft zu ziehen.*

*[**11**] 2. Das Landgericht hat die Grundlagen zur Berechnung der Wahrscheinlichkeit in einer Weise dargelegt, die dem Revisionsgericht eine Überprüfung der Berechnung auf ihre Plausibilität ermöglicht (vgl. BGH, Beschluss vom 6. März 2012 – 3 StR 41/12, BGHR StPO § 261 Identifizierung 21 m.w.N.). Dazu sind in den Urteilsgründen tabellarisch die acht untersuchten Merkmalsysteme und die Anzahl der Wiederholungen im Einzelnen aufgeführt worden. Der Senat sieht insofern – auch zur Klarstellung und Präzisierung seiner bisherigen Rechtsprechung (vgl. BGH, Beschlüsse vom 6. März 2012 – 3 StR 41/12, aaO; vom 3. Mai 2012 – 3 StR 46/12, BGHR StPO § 261 Identifizierung 23; vom 15. Mai 2012 – 3 StR 164/12) – Anlass zu dem Hinweis, dass eine solche umfangreiche Darstellung grundsätzlich nicht erforderlich ist.*

*[**12**] Das Tatgericht hat in den Fällen, in dem es dem Gutachten eines Sachverständigen folgt, die wesentlichen Anknüpfungstatsachen und Ausführungen des Gutachters so darzulegen, dass das Rechtsmittelgericht prüfen kann, ob die Beweiswürdigung auf einer tragfähigen Tatsachengrundlage beruht und ob die Schlussfolgerungen nach den Gesetzen, den Erfahrungssätzen des täglichen Lebens und den Erkenntnissen der Wissenschaft möglich sind (vgl. BGH, Beschlüsse vom 19. August 1993 – 4 StR 627/92, BGHSt 39, 291, 296 f.; vom 21. September 2004 – 3 StR 333/04, NStZ 2005, 326). Dabei dürfen die Anforderungen, welche das Tatgericht an das Gutachten zu stellen hat, nicht mit den sachlichrechtlichen Anforderungen an den Inhalt der Urteilsgründe gleichgesetzt werden. Mögliche Fehlerquellen sind nur zu erörtern, wenn der Einzelfall dazu Veranlassung gibt (vgl. BGH, Beschluss vom 19. August 1993 – 4 StR 627/92, aaO, 297 f.). Dies beeinträchtigt die Rechtsposi-*

tion des Angeklagten nicht, da er etwaige Fehler des Sachverständigengutachtens sowohl in der Hauptverhandlung als auch mit der Verfahrensrüge im Revisionsverfahren geltend machen kann.

[13] Danach reicht es für das Revisionsgericht zur Überprüfung, ob das Ergebnis einer auf einer DNA-Untersuchung beruhenden Wahrscheinlichkeitsberechnung plausibel ist, im Regelfall aus, wenn das Tatgericht mitteilt, wie viele Systeme untersucht wurden, ob diese unabhängig voneinander vererbbar sind (und mithin die Produktregel anwendbar ist), ob und inwieweit sich Überein-stimmungen in den untersuchten Systemen ergeben haben und mit welcher Wahrscheinlichkeit die festgestellte Merkmalkombination zu erwarten ist (vgl. BGH, Beschlüsse vom 12. Oktober 2011 – 2 StR 362/11, NStZ 2012, 403, 404; vom 7. November 2012 – 5 StR 517/12, NStZ 2013, 179; zu ggf. geringeren Anforderungen bei einer Vielzahl weiterer gewichtiger Indizien BGH, Beschluss vom 23. Oktober 2012 – 1 StR 377/12, NStZ 2013, 179, 180). Sofern der Angeklagte einer fremden Ethnie angehört, ist zudem darzulegen, inwieweit dies bei der Auswahl der Vergleichspopulation von Bedeutung war.

Die Beweiswürdigung ist Sache des Tatrichters (§ 261 StPO), dessen Schlussfolge- **455**
rungen nicht zwingend, sondern nur möglich sein müssen. Allerdings setzt die zur **richterlichen Überzeugungsbildung** erforderliche Gewissheit des Richters objektive Grundlagen voraus. Diese müssen aus rationalen Gründen den Schluss erlauben, dass das **festgestellte Geschehen mit hoher Wahrscheinlichkeit mit der Wirklichkeit übereinstimmt.** Das ist der Nachprüfung durch das Revisionsgericht zugänglich. Deshalb müssen die Urteilsgründe erkennen lassen, dass die **Beweiswürdigung auf einer tragfähigen, verstandesmäßig einsehbaren Tatsachengrundlage** beruht und dass die vom Gericht gezogene Schlussfolgerung nicht etwa nur eine Annahme ist oder sich als bloße Vermutung erweist, die letztlich nicht mehr als einen Verdacht zu begründen vermag.[455]

22. Kognitionspflicht – § 264 StPO

Gegenstand der Urteilsfindung ist gemäß **§ 264 Abs. 1 StPO** „die in der Anklage **456**
bezeichnete Tat, wie sie sich nach dem Ergebnis der Verhandlung darstellt. Zwar braucht eine Veränderung oder Erweiterung des Tatzeitraums die Identität zwischen Anklage und abgeurteilter Tat nicht aufzuheben, wenn die in der Anklage beschriebene Tat unabhängig von der Tatzeit nach anderen Merkmalen individualisiert und dadurch weiterhin als einmaliges, unverwechselbares Geschehen gekennzeichnet ist. Bei gleichartigen, nicht durch andere individuelle Tatmerkmale als die Tatzeit unterscheidbaren Serientaten heben dagegen Veränderungen und Erweiterungen des Tatzeitraumes die Identität zwischen angeklagten und abgeurteilten Taten auf.[456]

[1] Das Landgericht hat den Angeklagten unter Freisprechung im Übrigen wegen schweren sexuellen Missbrauchs von Kindern und wegen sexuellen Missbrauchs von Kindern in 24 Fällen, davon in einem Fall in Tateinheit mit sexuellem Miss-

[455] BGH, Beschluss vom 15.1.2013 – 2 StR 488/12; vgl. hierzu auch BGH, Urteil vom 16.1.2013 – 2 StR 299/12.

[456] BGH, Beschluss vom 21.8.2013 – 2 StR 311/13.

brauch widerstandsunfähiger Personen, zu einer Gesamtfreiheitsstrafe von drei Jahren verurteilt. Hiergegen wendet sich der Angeklagte mit der Revision, mit der er allgemein die Verletzung materiellen Rechts rügt. Das Rechtsmittel führt zur Einstellung des Verfahrens, soweit der Angeklagte in den Fällen II. 1–23 wegen sexuellen Missbrauchs von Kindern verurteilt worden ist, und zur Aufhebung des Ausspruchs über die Gesamtstrafe; im Übrigen ist es unbegründet im Sinne von § 349 Abs. 2 StPO.

[2] 1. Hinsichtlich der unter II. 1–23 der Urteilsgründe abgeurteilten Straftaten fehlt es an der Verfahrensvoraussetzung der Anklageerhebung. Mit der unverändert zur Hauptverhandlung zugelassenen Anklage vom 30. Juli 2012 wurde dem Angeklagten vorgeworfen, in der Zeit vom 5. Dezember 1995 bis zum 4. Dezember 1999 in 192 Fällen in seiner Wohnung spätabends auf der Wohnzimmercouch sexuelle Handlungen an dem Nebenkläger S. vorgenommen zu haben. Er habe seine Hand in die Hose des Kindes geführt und jeweils für kurze Dauer am Geschlechtsteil des Jungen manipuliert, wobei der Junge seinen eigenen Penis sehen konnte.

Gegenstand der Verurteilung durch das Landgericht waren 23 diesem Tatbild entsprechende Fälle „in der Zeit zwischen dem 3. November 1998 und dem 4. Dezember 2000“. Soweit dem Angeklagten weitere 168 gleichartige Taten zum Nachteil des S. zur Last gelegt worden sind, hat es den Angeklagten freigesprochen, weil es nicht die für eine Verurteilung erforderliche Überzeugung gewinnen konnte, dass „der Angeklagte bereits vor November 1998 und häufiger als zwei Mal im Monat sexuelle Handlungen an dem Zeugen S. vorgenommen hat.“

[3] 2. Das Landgericht meint, dass der der Verurteilung zugrunde liegende Tatzeitraum von der Anklage mitumfasst gewesen sei, weil die „Nämlichkeit der Tat“ trotz der zeitlichen Abweichungen noch gewahrt sei; einer Nachtragsanklage habe es daher nicht bedurft.

[4] a) Dies hält rechtlicher Prüfung nicht stand. Die 23 abgeurteilten Fälle des sexuellen Missbrauchs zum Nachteil des Nebenklägers S. waren von der zugelassenen Anklage nicht umfasst. Gemäß § 264 Abs. 1 StPO ist Gegenstand der Urteilsfindung „die in der Anklage bezeichnete Tat, wie sie sich nach dem Ergebnis der Verhandlung darstellt.“ Gegenstand der zugelassenen Anklage sind u.a. 192 Taten in der oben (Ziffer 1.) näher beschriebenen Ausführung in der Zeit vom 5. Dezember 1995 bis zum 4. Dezember 1999. Auf diese Taten erstreckte sich die Kognitionspflicht des Gerichts. Die abgeurteilten Straftaten betreffen mit dem 3. November 1998 bis zum 4. Dezember 2000 einen – zumindest teilweise (dazu anschließend b) – anderen Zeitraum. Zwar braucht eine Veränderung oder Erweiterung des Tatzeitraums die Identität zwischen Anklage und abgeurteilter Tat nicht aufzuheben (vgl. BGHR StPO § 200 Abs. 1 Satz 1 Tat 8), wenn die in der Anklage beschriebene Tat unabhängig von der Tatzeit nach anderen Merkmalen individualisiert und dadurch weiterhin als einmaliges, unverwechselbares Geschehen gekennzeichnet ist (vgl. BGHSt 46, 130; BGH, Urteil vom 28. Mai 2002 – 5 StR 55/02; BGHR StPO, § 200 Abs. 1 Satz 1 Tat 19). Bei gleichartigen, nicht durch andere individuelle Tatmerkmale als die Tatzeit unterscheidbaren Serientaten heben dagegen Veränderungen und Erweiterungen des Tatzeitraumes die Identität zwischen angeklagten und abgeurteilten Taten auf.

[5] So verhält es sich in den abgeurteilten Fällen II. 1–23 der Urteilsgründe. Diese sind durch eine jeweils gleichförmige Tatausführung an einem jeweils identischen Tatort gekennzeichnet. Die Taten sind also nicht unabhängig von der Tatzeit nach individuellen Merkmalen unverwechselbar charakterisiert. Insofern kommt dem in

der Anklageschrift genannten Tatzeitraum eine wesentliche, die Kognitionspflicht des Gerichts im Sinne des § 264 Abs. 1 StPO bestimmende und vor allem begrenzende Funktion zu.

[6] b) Da eine Nachtragsanklage nicht erhoben ist, muss das Verfahren wegen des von Amts wegen zu beachtenden Verfahrenshindernisses fehlender Anklage eingestellt werden. Dies betrifft alle Missbrauchstaten, die nach den Feststellungen im Wohnzimmer des Angeklagten verübt wurden (II. 1–23 der Urteilsgründe). Zwar überschneiden sich insoweit angeklagter und abgeurteilter Tatzeitraum teilweise. Das Landgericht geht jedoch davon aus, dass es innerhalb der angenommenen Zeitspanne vom 3. November 1998 bis zum 4. Dezember 2000 lediglich über einen Zeitraum von einem Jahr zu entsprechenden Übergriffen gekommen ist. Da dieser Ausschnitt von einem Jahr zeitlich nicht näher bestimmt ist, kann der Senat nicht ausschließen, dass die 23 abgeurteilten Straftaten insgesamt in den nicht von der Anklage erfassten Zeitraum vom 5. Dezember 1999 bis zum 4. Dezember 2000 fallen. Die Einstellung des Verfahrens bedingt eine entsprechende Änderung des Schuldspruchs sowie die Aufhebung des Ausspruchs über die Gesamtstrafe.

TOPENTSCHEIDUNG ■

Nicht zulässig ist es, aus Gründen der **Prozessökonomie** bei einer Anzahl von Taten, welche Teile eines umfangreicheren Tatgeschehens sind, in diesen Fällen die Beweiserhebung über den Taterfolg zu unterlassen und lediglich wegen Versuches zu verurteilen. Vielmehr hat das Tatgericht die von der Anklage umfasste prozessuale Tat (§ 264 StPO) im Rahmen seiner gerichtlichen **Kognitionspflicht** nach den für die Beweisaufnahme geltenden Regeln der Strafprozessordnung (vgl. § 244 StPO) aufzuklären. Die richterliche Amtsaufklärungspflicht (§ 244 Abs. 2 StPO) gebietet dabei, zur Erforschung der Wahrheit die Beweisaufnahme von Amts wegen auf alle Tatsachen und Beweismittel zu erstrecken, die für die Entscheidung von Bedeutung sind.[457] **457**

[9] 3. Die Nachprüfung des Urteils auf Grund der Revisionsrechtfertigung hat keinen Rechtsfehler zum Nachteil des Angeklagten ergeben; die von der Revision des Angeklagten erhobenen formellen und materiellen Beanstandungen sind aus den Gründen der Antragsschrift des Generalbundesanwalts unbegründet (§ 349 Abs. 2 StPO).

[10] Näherer Erörterung bedarf lediglich die Vorgehensweise des Landgerichts, nur fünfzehn Geschädigte zu vernehmen und im Übrigen hinsichtlich der weit überwiegenden Zahl der tateinheitlich begangenen Taten „aus verfahrensökonomischen Gründen" lediglich Tatversuch anzunehmen (UA S. 914, 917). Das Landgericht sah sich ersichtlich nur auf diesem Wege in der Lage, die Hauptverhandlung, die bereits nahezu fünf Monate gedauert hatte, in angemessener Zeit zu beenden.

[11] a) Die vom Landgericht mit dem Begriff der „Prozessökonomie" beschriebene Notwendigkeit, die Funktionsfähigkeit der Strafrechtspflege zu erhalten (vgl. dazu auch Landau, Die Pflicht des Staates zum Erhalt einer funktionstüchtigen Strafrechtspflege, NStZ 2007, 121), besteht. Jedoch muss ein Tatgericht im Rahmen der Beweisaufnahme die in der Strafprozessordnung dafür bereit gehaltenen Wege

[457] BGH, Beschluss vom 6.2.2013 – 1 StR 263/12.

beschreiten. Ein solcher Weg ist etwa die Beschränkung des Verfahrensstoffes gemäß den §§ 154, 154a StPO, die allerdings die Mitwirkung der Staatsanwaltschaft voraussetzen. Eine einseitige Beschränkung der Strafverfolgung auf bloßen Tatversuch ohne Zustimmung der Staatsanwaltschaft, wie sie das Landgericht hier – freilich im Rahmen gleichartiger Tateinheit mit vollendeten Delikten – vorgenommen hat, sieht die Strafprozessordnung jedoch nicht vor.

[12] b) Es trifft allerdings zu, dass in Fällen eines hohen Gesamtschadens, der sich aus einer sehr großen Anzahl von Kleinschäden zusammensetzt, die Möglichkeiten einer sinnvollen Verfahrensbeschränkung eingeschränkt sind. Denn dann sind keine Taten mit höheren Einzelschäden vorhanden, auf die das Verfahren sinnvoll beschränkt werden könnte.

[13] Dies bedeutet aber nicht, dass es einem Gericht deshalb – um überhaupt in angemessener Zeit zu einem Verfahrensabschluss gelangen zu können – ohne weiteres erlaubt wäre, die Beweiserhebung über den Taterfolg zu unterlassen und lediglich wegen Versuches zu verurteilen. Vielmehr hat das Tatgericht die von der Anklage umfasste prozessuale Tat (§ 264 StPO) im Rahmen seiner gerichtlichen Kognitionspflicht nach den für die Beweisaufnahme geltenden Regeln der Strafprozessordnung (vgl. § 244 StPO) aufzuklären. Die richterliche Amtsaufklärungspflicht (§ 244 Abs. 2 StPO) gebietet dabei, zur Erforschung der Wahrheit die Beweisaufnahme von Amts wegen auf alle Tatsachen und Beweismittel zu erstrecken, die für die Entscheidung von Bedeutung sind.

[14] c) Für das Tatbestandsmerkmal des Irrtums bei Betrug (§ 263 StGB) bedeutet dies:

[15] aa) Da der Betrugstatbestand voraussetzt, dass die Vermögensverfügung durch den Irrtum des Getäuschten veranlasst worden ist, müssen die Urteilsgründe regelmäßig darlegen, wer die Verfügung getroffen hat und welche Vorstellungen er dabei hatte. Die Überzeugung des Gerichts, dass der Verfügende einem Irrtum erlegen ist, wird dabei – von einfach gelagerten Fällen (z.B. bei standardisierten, auf massenhafte Erledigung ausgerichteten Abrechnungsverfahren) abgesehen – in der Regel dessen Vernehmung erfordern (BGH, Urteil vom 5. Dezember 2002 – 3 StR 161/02, NStZ 2003, 313, 314).

[16] bb) Allerdings stößt die praktische Feststellung des Irrtums im Strafverfahren als Tatfrage nicht selten auf Schwierigkeiten. Diese können jedoch in vielen Fällen dadurch überwunden werden, dass das Tatgericht seine Überzeugung auf Indizien (vgl. BGH, Urteil vom 26. Oktober 1993 – 4 StR 347/93, BGHR StGB § 263 Abs. 1 Irrtum 9) wie das wirtschaftliche oder sonstige Interesse des Opfers an der Vermeidung einer Schädigung seines eigenen Vermögens (vgl. Tiedemann in LK-StGB, 12. Aufl., § 263 Rn. 87) stützen kann. In Fällen eines normativ geprägten Vorstellungsbildes kann es daher insgesamt ausreichen, nur einige Zeugen einzuvernehmen, wenn sich dabei das Ergebnis bestätigt findet. Aus diesem Grund hat der Bundesgerichtshof etwa die Vernehmung der 170.000 Empfänger einer falsch berechneten Straßenreinigungsgebührenrechnung für entbehrlich gehalten (BGH, Urteil vom 17. Juli 2009 – 5 StR 394/08, wistra 2009, 433, 434; vgl. dazu auch Hebenstreit in Müller-Gugenberger/Bieneck, Wirtschaftsstrafrecht, 5. Aufl. 2011, § 47 Rn. 37).

[17] cc) Ist die Beweisaufnahme auf eine Vielzahl Geschädigter zu erstrecken, besteht zudem die Möglichkeit, bereits im Ermittlungsverfahren durch Fragebögen zu ermitteln, aus welchen Gründen die Leistenden die ihr Vermögen schädigende Verfügung vorgenommen haben. Das Ergebnis dieser Erhebung kann dann – etwa nach

Maßgabe des § 251 StPO – in die Hauptverhandlung eingeführt werden. Hierauf kann dann auch die Überzeugung des Gerichts gestützt werden, ob und gegebenenfalls in welchen Fällen die Leistenden eine Vermögensverfügung irrtumsbedingt vorgenommen haben.

[18] Ob es in derartigen Fällen dann noch einer persönlichen Vernehmung von Geschädigten bedarf, entscheidet sich nach den Erfordernissen des Amtsaufklärungsgrundsatzes (§ 244 Abs. 2 StPO) und des Beweisantragsrechts (insb. § 244 Abs. 3 StPO). In Fällen eines normativ geprägten Vorstellungsbildes kommt dabei die Ablehnung des Antrags auf die Vernehmung einer größeren Zahl von Geschädigten als Zeugen in Betracht (vgl. BGH, Urteil vom 17. Juli 2009 – 5 StR 394/08, wistra 2009, 433, 434).

[19] dd) Demgegenüber dürfte in Fällen mit individueller Motivation zur Leistung eines jeden Verfügenden die „Schätzung einer Irrtumsquote" als Methode der Überzeugungsbildung nach § 261 StPO ausscheiden. Hat ein Tatgericht in solchen Fällen Zweifel, dass ein Verfügender, ohne sich über seine Zahlungspflicht geirrt zu haben, allein deshalb geleistet hat, „um seine Ruhe zu haben", muss es nach dem Zweifelssatz („in dubio pro reo") zu Gunsten des Täters entscheiden, sofern nicht aussagekräftige Indizien für das Vorliegen eines Irrtums vorliegen, die die Zweifel wieder zerstreuen.

[20] d) Für die Strafzumessung hat die Frage, ob bei einzelnen Betrugstaten Vollendung gegeben oder nur Versuch eingetreten ist, in der Regel bestimmende Bedeutung.

PRAXISBEDEUTUNG ■

Die vorliegende Entscheidung spricht das in der Praxis nicht seltene Problem an, dass ein Schöffengericht oder eine Strafkammer durch eine sich immer weiter ausdehnende Beweisaufnahme, welcher offenbar keine Grenzen gesetzt werden können (insbes. bei mehreren gleichartigen Betrugstaten in drei- oder vierstelliger Anzahl), versuchen könnte, durch eine „praktische Beschränkung" des Streitstoffs zahlreiche weitere Verhandlungstermine dadurch „einzusparen", dass auf die Vernehmung einer großen Anzahl von Geschädigten verzichtet wird und dann letztlich nur wegen Versuchs verurteilt wird, weil die ansonsten erforderliche Täuschung und die darauf beruhende kausale Vermögensverfügung nur durch die Aussage des jeweiligen Geschädigten nachweisbar erscheint. Einem solchen Vorgehen wird eine klare Absage erteilt und – bis zu einer anderen strafprozessualen Möglichkeit – auf die derzeit vorhandenen StPO-Regelungen verwiesen.

Sind die angeklagten Taten zeitlich und örtlich nur unscharf eingegrenzt und **458**
kommt deshalb der geschilderten Begehungsweise für die Unterscheidung von ähnlichen Taten zum Nachteil desselben Opfers maßgebliche Bedeutung zu, kann bei einer **wesentlichen Veränderung der Richtung des Täterverhaltens** nicht mehr von einer fortbestehenden Tatidentität ausgegangen werden.[458]

---

[458] BGH, Beschluss vom 27.3.2013 – 4 StR 552/12.

[2] 1. Für die Verurteilung des Angeklagten wegen sexuellen Missbrauchs von Kindern im Fall II. 2 e) der Urteilsgründe fehlt es an einer Verfahrensvoraussetzung, weil die geahndete Tat von der erhobenen Anklage nicht erfasst wird.

[3] Mit der vom Landgericht am 28. Juni 2012 unverändert zur Hauptverhandlung zugelassenen Anklageschrift vom 25. Mai 2012 war dem Angeklagten neben anderem zur Last gelegt worden, seine am 29. Februar 1996 geborene Tochter V. in den Jahren 2002 bis 2009 mindestens einmal im Monat in der jeweiligen Familienwohnung unterhalb der Kleidung an der Scheide angefasst und dabei auch einen seiner Finger eingeführt zu haben (Fälle 4 bis 107 der Anklage). Nach den Feststellungen im Fall II. 2 e) der Urteilsgründe folgte der Angeklagte in dem in der Anklage bezeichneten Tatzeitraum seiner Tochter V. in das Badezimmer der Familienwohnung und veranlasste sie dazu, seinen erigierten Penis anzufassen und daran masturbierende Bewegungen auszuführen. Das festgestellte Geschehen weicht hinsichtlich der Tatmodalität (eine sexuelle Handlung des Kindes an dem Angeklagten) von den in der Anklage geschilderten Sachverhalten (sexuelle Handlungen des Angeklagten an dem Kind) so deutlich ab, dass es sich nicht mehr als eine in der Anklage bezeichnete Tat im Sinne des § 264 Abs. 1 StPO darstellt. Werden die angeklagten Taten – wie hier – zeitlich und örtlich nur unscharf eingegrenzt und kommt deshalb der geschilderten Begehungsweise für die Unterscheidung von ähnlichen Taten zum Nachteil desselben Opfers maßgebliche Bedeutung zu, kann bei einer wesentlichen Veränderung der Richtung des Täterverhaltens nicht mehr von einer fortbestehenden Tatidentität ausgegangen werden (vgl. BGH, Beschluss vom 10. November 2008 – 3 StR 433/08, NStZ-RR 2009, 146).

[4] Eine Nachtragsanklage ist nicht erhoben worden. Der vom Landgericht am 23. August 2012 erteilte Hinweis vermochte daran nichts zu ändern. Für eine sog. Umgestaltung der Strafklage ist nur Raum, wenn dabei die Tatidentität gewahrt bleibt (BGH, Urteil vom 27. Mai 1952 – 1 StR 160/52, BGHSt 2, 371, 374; KK-Engelhardt, StPO, 6. Aufl., § 264 Rn. 15 f.).

[5] Das Verfahren war daher insoweit gemäß § 354 Abs. 1, § 206a Abs. 1 StPO einzustellen. Aufgrund des damit verbundenen Wegfalls der für diese Tat verhängten Einzelstrafe war auch die Gesamtstrafe aufzuheben.

459 Eine (eindeutige) Verurteilung wegen Hehlerei oder – **auf alternativer Tatsachengrundlage** – eine wegen der in der schweren räuberischen Erpressung enthaltenen (einfachen) Erpressung gemäß § 253 StGB und der Hehlerei nach § 259 StGB ist zulässig, wenn es sich um dieselbe prozessuale Tat handelt.[459]

23. Veränderung des rechtlichen Gesichtspunkts – § 265 StPO

460 Auf den – mit dem Übergang vom versuchten zum vollendeten Delikt einhergehenden – Wegfall dieser fakultativen Milderungsmöglichkeit kann ein **Aussetzungsantrag** nach § 265 Abs. 2 und 3 StPO nicht gestützt werden.[460]

461 Die Rüge, das Landgericht habe gegen § 265 Abs. 1 StPO und die Grundsätze eines fairen Verfahrens verstoßen, weil es den Angeklagten nicht darauf hingewiesen habe, es werde den einem von der Staatsanwaltschaft wegen Strafverfol-

[459] BGH, Urteil vom 21.11.2013 – 4 StR 242/13.
[460] BGH, Beschluss vom 27.2.2013 – 2 StR 517/12.

gungsverjährung eingestellten Verfahren zugrunde liegenden Sachverhalt bei der Würdigung der Beweise zu seinem Nachteil verwerten, ist zulässig erhoben. Zum **Inhalt der Anklageschrift** muss die Revision nicht vortragen, denn diesen hat das Revisionsgericht **von Amts wegen zur Kenntnis zu nehmen.**[461]

24. Urteilsgründe – § 267 StPO

Bei einem **Freispruch aus tatsächlichen Gründen** sind grundsätzlich zunächst in einer **geschlossenen Darstellung** diejenigen Tatsachen festzustellen, die der Tatrichter in Bezug auf den gegen den Angeklagten erhobenen Schuldvorwurf für erwiesen erachtet, bevor er in der Beweiswürdigung darlegt, aus welchen Gründen die für einen Schuldspruch erforderlichen – zusätzlichen – Feststellungen nicht getroffen werden können. Zwar ist eine Darstellung in allen Einzelheiten regelmäßig nicht erforderlich. Jedoch müssen die Urteilsgründe das Revisionsgericht in die Lage versetzen, nachzuprüfen, ob der Freispruch auf rechtlich bedenkenfreien Erwägungen beruht.[462] **462**

[9] II. Die Revision der Staatsanwaltschaft hat Erfolg.

[10] Der Freispruch vom Vorwurf der Vergewaltigung hält rechtlicher Nachprüfung nicht stand.

[11] Das Urteil entspricht nicht den Anforderungen an die Gründe eines freisprechenden Urteils (§ 267 Abs. 5 Satz 1 StPO). Bei einem Freispruch aus tatsächlichen Gründen sind grundsätzlich zunächst in einer geschlossenen Darstellung diejenigen Tatsachen festzustellen, die der Tatrichter in Bezug auf den gegen den Angeklagten erhobenen Schuldvorwurf für erwiesen erachtet, bevor er in der Beweiswürdigung darlegt, aus welchen Gründen die für einen Schuldspruch erforderlichen – zusätzlichen – Feststellungen nicht getroffen werden können (st. Rspr., vgl. BGHR StPO, § 267 Abs. 5 Freispruch 2, 5 m.w.N.). Zwar ist eine Darstellung in allen Einzelheiten regelmäßig nicht erforderlich. Jedoch müssen die Urteilsgründe das Revisionsgericht in die Lage versetzen, nachzuprüfen, ob der Freispruch auf rechtlich bedenkenfreien Erwägungen beruht. Dies ist hier nicht der Fall.

[12] Es fehlt schon an der eindeutigen Mitteilung derjenigen Tatsachen, die das Landgericht für erwiesen hält. So geht die Kammer zwar davon aus, dass die Angabe der Nebenklägerin, es sei gegen ihren Willen zum Geschlechtsverkehr gekommen, glaubhaft sei. Inwieweit das Landgericht die von ihm mitgeteilten Tatumstände aber tatsächlich als belegt angesehen hat, bleibt indes offen, weil es die diesen entgegenstehenden Aussagen des Zeugen Dr. L. sowie des Sachverständigen Dr. Gr., der Angeklagte sei zum Tatzeitpunkt zu einer Erektion nicht fähig gewesen, gleichfalls als glaubhaft eingestuft und diesen Widerspruch auch nicht aufgelöst hat.

[13] Sollten die Urteilsgründe dahingehend zu verstehen sein, dass angesichts sich ausschließender, für sich aber jeweils als glaubhaft angesehener Angaben letztlich überhaupt keine verlässlichen Feststellungen zum Tatgeschehen getroffen werden konnten, fehlte es insoweit an einer erschöpfenden Beweiswürdigung des Landge-

---

[461] BGH, Beschluss vom 27.11.2012 – 3 StR 412/12.

[462] BGH, Urteil vom 30.1.2013 – 2 StR 453/12; vgl. hierzu auch BGH, Beschluss vom 23.4.2013 – 4 StR 485/12.

richts. Dieses versäumt es bei seiner Annahme, es habe nach Ausschöpfung der zur Verfügung stehenden Beweismittel nicht festgestellt werden können, ob der Angeklagte beim Vollzug des Geschlechtsverkehrs technische Hilfsmittel benutzt habe und welcher Art diese gewesen sein mögen, mitzuteilen, zu welchen Erkenntnissen die erwähnten Beweismittel geführt haben. Insbesondere wäre es danach erforderlich gewesen, mitzuteilen, welche Angaben die Nebenklägerin zum Tatgeschehen gemacht hat. Auch dem Gesamtzusammenhang der Urteilsgründe lässt sich aber nicht hinreichend zuverlässig entnehmen, wie diese das Tatgeschehen geschildert hat. Die mitgeteilten Angaben beschränken sich zunächst auf eine eher allgemeine Bestätigung des Tatvorwurfs, es sei gegen ihren Willen zum Geschlechtsverkehr mit dem Angeklagten gekommen (UA S. 15); dies wird an einer anderen Stelle zwar präzisiert durch die Wiedergabe ihrer Aussage, der Angeklagte habe sie auf das Bett gedrückt und sei mit seinem erigierten Glied in sie eingedrungen, lässt aber nicht erkennen, ob danach ein an sich eher fernliegender Geschlechtsverkehr mit Hilfsmitteln ausgeschlossen oder vielleicht deshalb möglich gewesen sein könnte, weil die Zeugin den Unterleib des Angeklagten zu keiner Zeit entkleidet gesehen hat (UA S. 12). Ohne ins Einzelne gehende Kenntnis ihrer Aussage, auch zu der Frage, ob der Vollzug des Geschlechtsverkehrs aus ihrer Sicht bzw. Erinnerung heraus mittels Hilfsmittel erfolgt sein kann, kann das Revisionsgericht nicht überprüfen, ob eine solche Möglichkeit in Betracht kommt oder ausgeschlossen ist und ob sich womöglich Hinweise für die eine oder andere Annahme ergeben haben.

[14] III. Die Revision des Angeklagten hat ebenfalls Erfolg.

[15] Die Beweiswürdigung, auf die sich das Landgericht bei seiner Verurteilung stützt, hält ebenfalls rechtlicher Nachprüfung nicht stand. Zwar hat sich das Landgericht, wie es nach der Rechtsprechung des Bundesgerichtshofs erforderlich ist, mit dem Umstand auseinandergesetzt, dass es die Verurteilung in allen Fällen im Wesentlichen auf die glaubhaften Angaben der Nebenklägerin stützt, sie diesen aber im Fall des Freispruchs nicht folgt. Dies begründet die Strafkammer aber vor allem damit, dass sie die Aussage der Nebenklägerin auch insoweit grundsätzlich für glaubhaft erachtet und es nicht nur für eine theoretische Möglichkeit hält, dass es – entsprechend den Angaben der Nebenklägerin – zum Vollzug des Geschlechtsverkehrs, wenn auch mit Hilfsmitteln, gekommen ist. Diese Erwägungen, die dem Freispruch des Angeklagten für den Vergewaltigungsvorwurf im Juni 2008 zugrunde liegen, erweisen sich freilich ihrerseits als rechtsfehlerhaft (s. oben II.), weil es insoweit an der erforderlichen Darlegung der festgestellten Tatsachen und einer erschöpfenden Beweiswürdigung mangelt. Damit stellt sich auch die die Verurteilungen tragende Würdigung der Kammer als lückenhaft dar. Der Senat kann auch mit Blick auf die weiteren Beweisergebnisse nicht ausschließen, dass die Kammer bei einer fehlerfreien Würdigung der auf alle Fälle bezogenen Angaben der Nebenklägerin zu einer abweichenden Einschätzung der Aussage der Nebenklägerin gelangt wäre.

a) Aufklärungsgrundsatz

463 Aus dem verfassungsrechtlich verankerten Schuldprinzip folgt im deutschen Strafprozessrecht die Verpflichtung der Gerichte, von **Amts wegen den wahren Sachverhalt** – die materielle Wahrheit – **zu erforschen** (§ 244 Abs. 2 StPO). Diese Pflicht bestimmt den Umfang der Beweisaufnahme in der Hauptverhandlung. Die **Würdigung der Beweise** (§ 261 StPO) bildet wiederum die Grundlage für den Schuldspruch und die Festsetzung der entsprechenden Rechtsfolgen. Die **Amtsaufklärungs-**

pflicht darf – schon wegen der Gesetzesbindung des Richters (Art. 20 Abs. 3 GG) – nicht dem Interesse an einer einfachen und schnellstmöglichen Erledigung des Verfahrens geopfert und kann nicht zur freien Disposition der Verfahrensbeteiligten und des Gerichts gestellt werden. Es ist daher unzulässig, dem Urteil einen Sachverhalt zu Grunde zu legen, der nicht auf einer Überzeugungsbildung unter vollständiger Ausschöpfung des Beweismaterials beruht. Dies gilt auch dann, wenn sich der Angeklagte geständig gezeigt hat.[463]

[7] Es ist daher unzulässig, dem Urteil einen Sachverhalt zu Grunde zu legen, der nicht auf einer Überzeugungsbildung unter vollständiger Ausschöpfung des Beweismaterials beruht. Dies gilt auch dann, wenn sich der Angeklagte – unter Umständen aufgrund einer Verständigung – geständig gezeigt hat. Zwar unterfällt auch die Bewertung eines Geständnisses dem Grundsatz der freien richterlichen Beweiswürdigung. Das Tatgericht muss aber, will es die Verurteilung des Angeklagten auf dessen Einlassung stützen, von deren Richtigkeit überzeugt sein (BGH, Urteil vom 10. Juni 1998 – 2 StR 156/98, BGHR StPO § 261 Überzeugungsbildung 31). Es ist deshalb stets zu untersuchen, ob das abgelegte Geständnis mit dem Ermittlungsergebnis zu vereinbaren ist, ob es in sich stimmig ist und ob es die getroffenen Feststellungen trägt (st. Rspr.; vgl. zuletzt BGH, Beschluss vom 7. Februar 2012 – 3 StR 335/11, NStZ-RR 2012, 256). Die Beschränkung der Beweiswürdigung im Wesentlichen auf den bloßen Hinweis, der Angeklagte sei geständig gewesen, genügt insbesondere dann nicht, wenn aufgrund der Komplexität und der zahlreichen Details des festgestellten Sachverhalts Zweifel bestehen können, dass der Angeklagte an das Tatgeschehen eine auch in den Einzelheiten genügende Erinnerung hat (BGH, Beschlüsse vom 7. Februar 2012 – 3 StR 335/11, NStZ-RR 2012, 256 f. und vom 5. Dezember 1995 – 4 StR 698/95, StV 1996, 214, 215).

b) Freisprechendes Urteil

Bei einem **Freispruch aus tatsächlichen Gründen** müssen die Urteilsgründe dem Revisionsgericht eine **umfassende rechtliche Nachprüfung** der freisprechenden Entscheidung **ermöglichen**. Dazu ist es in der Regel erforderlich, dass die für erwiesen und die nicht für erwiesen erachteten Tatsachen eindeutig bezeichnet werden.[464] **464**

[11] Der Freispruch des Angeklagten H. hat keinen Bestand, weil die Urteilsgründe den Anforderungen des § 267 Abs. 5 Satz 1 StPO nicht genügen.

[12] 1. Bei einem Freispruch aus tatsächlichen Gründen müssen die Urteilsgründe dem Revisionsgericht eine umfassende rechtliche Nachprüfung der freisprechenden Entscheidung ermöglichen (BGH, Urteil vom 26. April 1990 – 4 StR 24/90, BGHSt 37, 21, 22; Urteil vom 26. September 1989 – 1 StR 299/89, BGHR StPO § 267 Abs. 5 Freispruch 2). Dazu ist es in der Regel erforderlich, dass die für erwiesen und die nicht für erwiesen erachteten Tatsachen eindeutig bezeichnet werden (BGH, Urteil vom 17. Mai 1990 – 4 StR 208/90, BGHR StPO § 267 Abs. 5 Freispruch 4; KK-StPO/Engelhardt, 6. Aufl., § 267 Rn. 41). Hieran fehlt es.

---

[463] BGH, Beschluss vom 15.4.2013 – 3 StR 35/13.

[464] BGH, Urteil vom 13.12.2012 – 4 StR 271/11; vgl. hierzu auch BGH, Urteile vom 4.9.2013 – 5 StR 152/13 – und vom 5.2.2013 – 1 StR 405/12.

[13] In den unter II.1a) der Urteilsgründe getroffenen Feststellungen zum Sachverhalt findet sich keine Aussage darüber, was die Angeklagten vor dem Erreichen der Brückenmitte miteinander gesprochen haben (UA 5). In der sich anschließenden Beweiswürdigung gibt das Landgericht die Tatschilderung des Angeklagten H. wieder. Danach hat der Angeklagte H. angegeben, noch vor dem Erreichen der Brückenmitte von dem Angeklagten J. gefragt worden zu sein, ob er den Eimer werfen solle. Hierauf habe er unüberlegt geantwortet: „Mach doch". Nachdem er etwa in Höhe der Mitte der Autobahn den Eimer selbst in die Hand genommen und anschließend an J. zurückgegeben habe, sei er einige Schritte weiter gegangen. Dabei habe er zu J. gesagt, dass er den Eimer nicht werfen solle (UA 10). Das Landgericht geht davon aus, dass dem Angeklagten H. diese Einlassung nicht mit der für eine Verurteilung erforderlichen Sicherheit widerlegt werden kann. Eine „Überführung" allein aufgrund seiner eigenen Angaben sei jedoch nicht möglich, weil der unüberlegten oder aus Spaß getätigten Äußerung „Mach doch" weder eine Aufforderung zum Wurf des Eimers, noch das Bestärken eines bereits vorhandenen Tatentschlusses hinreichend sicher entnommen werden könne (UA 11). In der rechtlichen Würdigung heißt es dazu, dass „unabhängig vom Inhalt der Äußerung" nicht davon auszugehen sei, dass der Angeklagte H. durch die Äußerung bei dem Angeklagten J. den Entschluss zum Werfen des Eimers hervorgerufen oder einen etwaigen vorhandenen Entschluss bestärkt hat (UA 24 f.). Bei der Erörterung der Frage, ob eine Garantenpflicht aus Ingerenz bestanden hat, bezeichnet es das Landgericht als „nicht ausschließbar", dass der Angeklagte H. auf die Frage des Angeklagten J., ob er den Eimer werfen solle, mit den Worten „Mach doch" geantwortet hat (UA 25).

[14] Diese Ausführungen lassen, ungeachtet der „durchgehenden" Schilderung des Angeklagten J., dass er den Angeklagten H. vor dem Wurf dahin verstanden habe, dass er den Eimer werfen solle (UA 23), nicht mit der gebotenen Klarheit erkennen, ob die für die Beurteilung der Strafbarkeit des Angeklagten H. bedeutsame Äußerung „Mach doch" und die vorangehende Frage des Angeklagten J., ob er den Eimer werfen solle, objektiv festgestellt sind. Das Urteil bietet daher in tatsächlicher Hinsicht keine geeignete Grundlage für eine revisionsrechtliche Überprüfung, zumal für eine Anstiftung dolus eventualis ausreicht und nicht erforderlich ist, dass der Anstiftende die Anstiftung ernst meint oder die Kausalität ernstlich gewollt haben muss (BGH, Urteil vom 10. Juni 1998 – 3 StR 113/98, BGHSt 44, 99, 102).

■ PRAXISBEDEUTUNG

Der vermeintliche Siegeszug der Absprachen im Strafprozess beruht im Wesentlichen auf den Zeitproblemen von Gerichten und Prozessbeteiligten, für welche eine Absprache den sonst zu bewältigenden Beweisaufwand durch ein Geständnis vermeiden hilft. Gerade deshalb gilt es aber, solche Geständnisse umso mehr auf deren Stichhaltigkeit zu prüfen, wenn man gleichzeitig weitere Beweismittel praktisch unbenutzt zur Seite schiebt! Auch hier gilt: Aufklärung geht vor schneller Erledigung!

465 Enthalten die Urteilsgründe keine **Feststellungen zu Werdegang, Vorleben und Persönlichkeit des Angeklagten**, werden die Ausführungen des Tatrichters regelmäßig den gemäß § 267 Abs. 5 Satz 1 StPO an ein freisprechendes Urteil zu stellenden Anforderungen nicht gerecht. Zwar sind solche Feststellungen in erster Linie bei verurteilenden Erkenntnissen notwendig, um nachvollziehen zu können, ob der

Tatrichter die wesentlichen Anknüpfungstatsachen für die Strafzumessung (§ 46 Abs. 1 Satz 2, Abs. 2 Satz 2 StGB) ermittelt und berücksichtigt hat; aber auch bei freisprechenden Urteilen ist der Tatrichter aus sachlich-rechtlichen Gründen zumindest dann zu solchen Feststellungen verpflichtet, wenn diese für die Beurteilung des Tatvorwurfs eine Rolle spielen können und deshalb zur Überprüfung des Freispruchs durch das Revisionsgericht auf Rechtsfehler hin notwendig sind.[465]

[8] 2. Das Rechtsmittel hat jedoch mit der Sachrüge Erfolg. Die Ausführungen des Landgerichts werden den gemäß § 267 Abs. 5 Satz 1 StPO an ein freisprechendes Urteil zu stellenden Anforderungen nicht gerecht, weil die Urteilsgründe keine Feststellungen zu Werdegang, Vorleben und Persönlichkeit des Angeklagten enthalten.

[9] a) Derartige Feststellungen sind zwar in erster Linie bei verurteilenden Erkenntnissen notwendig, um nachvollziehen zu können, ob der Tatrichter die wesentlichen Anknüpfungstatsachen für die Strafzumessung (§ 46 Abs. 1 Satz 2, Abs. 2 Satz 2 StGB) ermittelt und berücksichtigt hat. Aber auch bei freisprechenden Urteilen ist der Tatrichter aus sachlich-rechtlichen Gründen zumindest dann zu solchen Feststellungen verpflichtet, wenn diese für die Beurteilung des Tatvorwurfs eine Rolle spielen können und deshalb zur Überprüfung des Freispruchs durch das Revisionsgericht auf Rechtsfehler hin notwendig sind (vgl. BGH, Urteile vom 13. Oktober 1999 – 3 StR 297/99, NStZ 2000, 91, vom 14. Februar 2008 – 4 StR 317/07, NStZ-RR 2008, 206, 207, vom 23. Juli 2008 – 2 StR 150/08, BGHSt 52, 314, 315, und vom 25. Oktober 2012 – 4 StR 170/12, NStZ-RR 2013, 52).

[10] b) Die Notwendigkeit, die persönlichen Verhältnisse des Angeklagten umfassend in den Blick zu nehmen, nähere Feststellungen zu dessen Lebenslauf, Werdegang und Persönlichkeit zu treffen sowie diese in den Urteilsgründen darzulegen, richtet sich stets nach den Umständen des Einzelfalles. Hier ergibt sie sich bereits aus der dem Angeklagten zum Vorwurf gemachten Straftat. Ihr liegt ersichtlich die Motivation der Täter zu Grunde, in den Besitz von Gegenständen zu gelangen, die sich rasch versilbern lassen. Daher liegt es nahe, dass den wirtschaftlichen Verhältnissen des Angeklagten Bedeutung auch für die Beurteilung des Tatvorwurfs zukommen kann. Darüber hinaus bedarf es unter dem Gesichtspunkt der entfalteten erheblichen Gewalt der Feststellung, ob eine dahin gehende Bereitschaft in der bisherigen Entwicklung des Angeklagten angelegt ist. Der Wesenszug der hier zu beurteilenden Tat, die rasche Versilberung einer nicht sehr hohen Beute zu einem geringen Preis in einem An- und Verkaufsgeschäft am Tag der Tat, legt zudem den Gedanken an Beschaffungskriminalität nahe; hierzu bedurfte es ebenfalls der ergänzenden Feststellungen.

[11] c) Auch vor dem Hintergrund der vom Angeklagten in der Hauptverhandlung vorgebrachten Einlassung hätten seine persönlichen Verhältnisse nicht unerörtert bleiben dürfen. Danach hatte er bereits Strafhaft verbüßt, so dass vom Vorliegen verwertbarer Vorstrafen auszugehen ist.

Der revisionsgerichtlichen Überprüfung unterliegt nur, ob dem Tatrichter bei der **466**
Beweiswürdigung Rechtsfehler unterlaufen sind. Das ist in sachlich-rechtlicher Hinsicht der Fall, wenn der Tatrichter die von ihm festgestellten Tatsachen nicht unter allen für die Entscheidung **wesentlichen Gesichtspunkten gewürdigt** hat oder über

[465] BGH, Urteil vom 21.11.2013 – 4 StR 242/13.

schwerwiegende Verdachtsmomente ohne Erörterung hinweggegangen ist. Der Überprüfung unterliegt es weiterhin, ob **überspannte Anforderungen** an die für eine Verurteilung **erforderliche Gewissheit** gestellt worden sind.[466]

25. Verhandlungsprotokoll, Beweiskraft des Protokolls – §§ 271 ff. StPO

467 Der authentische Wortlaut der **Urteilsformel** ergibt sich allein aus der nach § 274 StPO maßgebenden Sitzungsniederschrift.[467]

[1] Das Rechtsmittel hat lediglich einen geringfügigen Erfolg mit der Verfahrensrüge, die Urteilsformel sei anders verkündet worden, als in der Urteilsurkunde wiedergegeben.

[2] Der Beschwerdeführer beruft sich mit Recht auf eine Divergenz zwischen der Urteilsformel in der Sitzungsniederschrift (zwei Jahre und acht Monate Gesamtfreiheitsstrafe) und dem Tenor in der Urteilsurkunde (zwei Jahre und zehn Monate). Der authentische Wortlaut der Urteilsformel ergibt sich allein aus der nach § 274 StPO maßgebenden Sitzungsniederschrift (vgl. BGHSt 34, 11, 12; BGH, Beschluss vom 9. Mai 2001 – 2 StR 42/01).

[3] Zwar hat das Landgericht mit Beschluss vom 6. August 2012 den Urteilstenor der schriftlichen Urteilsgründe wegen eines offensichtlichen Schreibversehens dahingehend berichtigt, dass der Angeklagte zu einer Gesamtfreiheitsstrafe von zwei Jahren und acht Monaten verurteilt ist. Der Berichtigungsbeschluss ist jedoch unwirksam, denn das vom Landgericht angeführte Schreibversehen ist nicht offensichtlich. Enthalten die Urteilsgründe – wie hier – für sich genommen rechtlich einwandfreie Strafzumessungserwägungen, kann ein die Strafhöhe betreffender Widerspruch zwischen der (verkündeten) Urteilsformel und den Urteilsgründen des schriftlichen Urteils nicht als offenkundiges, für alle klar zu Tage tretendes Fassungsversehen aufgefasst werden, das einer nachträglichen Berichtigung zugänglich wäre.

468 Neben der **ordnungsgemäßen Protokollberichtigung** kommt eine freibeweisliche – und damit an geringere Anforderungen als in dem die Verfahrenswahrheit sichernden Protokollberichtigungsverfahren geknüpfte – Aufklärung des tatgerichtlichen Verfahrensablaufs nicht in Betracht.[468]

[2] Die Nachprüfung des Urteils aufgrund der Revisionsrechtfertigung hat einen Rechtsfehler zum Nachteil des Angeklagten nicht ergeben. Der näheren Erörterung bedarf nur die Verfahrensrüge, dass es an einer ordnungsgemäßen Feststellung des Abschlusses des Selbstleseverfahrens gemäß § 249 Abs. 2 Satz 3 StPO fehle und die Protokolle von überwachten Telefongesprächen, auf die das Landgericht seine Überzeugung von Art und Umfang der Tatbeteiligung des Angeklagten stützt, sowie zwei Gutachten über Menge und Wirkstoffgehalt der Betäubungsmittel in den Fällen 3 und 7 der Urteilsgründe somit nicht wirksam in die Hauptverhandlung eingeführt worden seien (§ 261 StPO).

---

[466] BGH, Beschluss vom 13.12.2012 – 4 StR 177/12; vgl. auch BGH, Beschlüsse vom 16.1.2013 – 2 StR 106/12 – und vom 20.11.2013 – 2 StR 460/13.

[467] BGH, Beschluss vom 6.2.2013 – 1 StR 529/12.

[468] BGH, Urteil vom 9.1.2013 – 5 StR 461/12.

[3] 1. Der Verfahrensrüge liegt folgender Sachverhalt zugrunde:

[4] Im Hauptverhandlungstermin vom 9. November 2011 ordnete die Vorsitzende der Strafkammer hinsichtlich zweier Gutachten über Menge und Wirkstoffgehalt sichergestellter Betäubungsmittel sowie mehrerer weiterer Urkunden das Selbstleseverfahren an. Ferner ordnete die Vorsitzende im Termin vom 16. November 2011 bezüglich einer Vielzahl von Wortprotokollen überwachter Telefongespräche ebenfalls das Selbstleseverfahren an. Der Verteidiger des Beschwerdeführers erhob hiergegen Widerspruch und beantragte die Entscheidung des Gerichts. Nachdem die Vorsitzende die Selbstleseanordnung im Termin vom 22. November 2011 um ein weiteres Telefonprotokoll ergänzt hatte, begründete der Verteidiger seinen Widerspruch im Termin vom 28. November 2011. Am selben Hauptverhandlungstag wurden die Selbstleseanordnungen nebst Ergänzungen durch Gerichtsbeschluss bestätigt. Im Fortsetzungstermin vom 7. Dezember 2011 wurde Folgendes protokolliert: „Es wurde festgestellt, dass die Schöffen und die Berufsrichter Kenntnis genommen haben von den jeweiligen Selbstleseanordnungen und die Verteidiger, Angeklagten und Vertreterin der Staatsanwaltschaft Gelegenheit zur Kenntnisnahme hatten." Weitere Feststellungen zur Kenntnisnahme der in den Anordnungen bezeichneten Urkunden erfolgten ebenso wenig wie eine Verlesung der Urkunden. Deren Inhalt wurde lediglich hinsichtlich einiger Telefonate durch Abspielen und Übersetzung durch den Sprachsachverständigen, im Übrigen aber nicht auf andere Weise in die Hauptverhandlung eingeführt.

[5] 2. Eine Verletzung des § 261 StPO i.V.m. § 249 Abs. 2 Satz 1 und 3 StPO liegt nicht vor. Durch die protokollierte Feststellung der Vorsitzenden sind die von den Selbstleseanordnungen umfassten Urkunden wirksam zum Gegenstand der Beweisaufnahme gemacht worden (vgl. BGH, Beschlüsse vom 14. September 2010 – 3 StR 131/10, NStZ-RR 2011, 20, und vom 20. Juli 2010 – 3 StR 76/10, BGHR StPO § 249 Abs. 2 Selbstleseverfahren 6).

[6] Allerdings ist ausweislich des Wortlauts des Hauptverhandlungsprotokolls lediglich hinsichtlich der Selbstleseanordnungen, nicht aber des Wortlauts der von diesen betroffenen Urkunden die Kenntnisnahme der Richter und die Möglichkeit der Kenntnisnahme durch die übrigen Verfahrensbeteiligten festgestellt worden. Eine von der Staatsanwaltschaft beantragte Protokollberichtigung ist nicht zustande gekommen, weil die Protokollführerin sich nicht an die Vorgänge in der Hauptverhandlung erinnern konnte. Damit bleibt hinsichtlich des Wortlauts der Feststellung der Vorsitzenden der Protokollinhalt für die revisionsgerichtliche Prüfung maßgeblich. Neben der – hier gescheiterten – ordnungsgemäßen Protokollberichtigung kommt eine freibeweisliche – und damit an geringere Anforderungen als in dem die Verfahrenswahrheit sichernden Protokollberichtigungsverfahren geknüpfte – Aufklärung des tatgerichtlichen Verfahrensablaufs nicht in Betracht (vgl. BGH, Beschlüsse vom 28. Januar 2010 – 5 StR 169/09, BGHSt 55, 31, vom 22. Dezember 2010 – 2 StR 386/10, StV 2011, 267 m.w.N., und vom 30. September 2009 – 2 StR 280/09, StV 2010, 225). Ein Fall krasser Widersprüchlichkeit oder offenkundiger Fehler- oder Lückenhaftigkeit des Protokolls, der insoweit unter Umständen eine Ausnahme zuließe (vgl. BGH aaO), liegt schon deshalb nicht vor, weil die inhaltliche Fehlerhaftigkeit der protokollierten Äußerung nicht nur auf einen Protokollierungsfehler, sondern ebenso auf ein Formulierungsversehen der Vorsitzenden zurückzuführen sein kann. Im letzteren Fall würde das Protokoll indes die Vorgänge in der Hauptverhandlung zutreffend wiedergeben. Ein freibeweislicher Rückgriff auf die der Gegenerklärung der Staatsanwaltschaft beigefügten dienstlichen Erklärungen

der Vorsitzenden und der Berichterstatterin scheidet in diesem Zusammenhang aus den vorgenannten Gründen aus.

[7] Wenngleich somit davon auszugehen ist, dass die gemäß § 249 Abs. 2 Satz 3 StPO in das Protokoll aufgenommene Feststellung der Vorsitzenden ihrem Wortlaut nach nicht die Einhaltung der in § 249 Abs. 2 StPO geregelten Verfahrensweise wiedergibt, liegt dennoch im Ergebnis ein ordnungsgemäßer Abschluss des Selbstleseverfahrens vor. Als gerichtliche Prozesserklärung ist die protokollierte Feststellung der Vorsitzenden nach allgemeinen Regeln der Auslegung zugänglich, bei der es nicht allein auf den Wortlaut, sondern vor allem auf den erkennbar gemeinten Sinn ankommt (vgl. BGH, Beschlüsse vom 20. Juli 2010 – 3 StR 76/10, BGHR StPO § 249 Abs. 2 Selbstleseverfahren 6, und vom 14. September 2010 – 3 StR 131/10, NStZ-RR 2011, 20; Urteil vom 11. Oktober 2012 – 1 StR 213/10 Rn. 23 ff.; Pfeiffer/Hannich in KK, StPO, 6. Aufl., Einleitung Rn. 125, 128; Roxin/Schünemann, Strafverfahrensrecht, 27. Aufl., § 22 B II 1; vgl. ferner zur Auslegung des Protokollinhalts: Jahn, ZWH 2012, 386).

[8] Danach war aber für alle Verfahrensbeteiligten klar ersichtlich, dass die Vorsitzende durch ihre in das Protokoll aufgenommene Erklärung die Kenntnisnahme der Berufsrichter und der Schöffen von den in den Selbstleseanordnungen bezeichneten Urkunden und die entsprechende Gelegenheit zur Kenntnisnahme der übrigen Verfahrensbeteiligten feststellen wollte. Dies folgt zum einen aus der prozessualen Sinnlosigkeit der Protokollierung einer Kenntnisnahme von Selbstleseanordnungen, die an früheren Hauptverhandlungstagen erfolgt und ihrerseits in das Protokoll aufgenommen worden waren, womit den diesbezüglichen gesetzlichen Anforderungen des § 249 Abs. 2 StPO Genüge getan ist und woraus sich im Übrigen bereits die Kenntnisnahme der Verfahrensbeteiligten von diesen Anordnungen ergibt. Zum anderen lässt der bisherige Verfahrensablauf – die Anordnung des Selbstleseverfahrens bezüglich zahlreicher Urkunden am 9. und 16. November 2011 mit Ergänzung am 22. November 2011 sowie die zeitgleiche Verteilung der diese Urkunden enthaltenden Ordner – erkennen, dass die Vorsitzende im Termin vom 7. Dezember 2011 beabsichtigte, die von den Selbstleseanordnungen erfassten Urkunden durch die Feststellung der Kenntnisnahme der Richter von den einzuführenden Urkunden bzw. der Gelegenheit zur Kenntnisnahme der übrigen Verfahrensbeteiligten zum Gegenstand der Beweisaufnahme zu machen und somit das Selbstleseverfahren abzuschließen. Zudem liegt angesichts des Wortlauts der protokollierten Äußerung „dass die Schöffen und die Berufsrichter Kenntnis genommen haben von den jeweiligen Selbstleseanordnungen und die Verteidiger, Angeklagten und Vertreterin der Staatsanwaltschaft Gelegenheit zur Kenntnisnahme hatten" ein Formulierungsversehen in Form einer Auslassung auf der Hand. Gemeint waren – für alle Verfahrensbeteiligten offensichtlich erkennbar – nicht die Selbstleseanordnungen, sondern die in den Selbstleseanordnungen bezeichneten Urkunden. Im Ergebnis fehlt es somit trotz des Formulierungs- oder Protokollierungsversehens nicht an einer ordnungsgemäßen Feststellung nach § 249 Abs. 2 Satz 3 StPO.

469 Weder für die Fertigstellung des Protokolls gemäß § 271 Abs. 1 StPO noch für die Wirksamkeit der Zustellung des Urteils nach § 273 Abs. 4 StPO ist es erforderlich, dass die von den Urkundspersonen unterschriebene **Niederschrift in tatsächlicher Hinsicht zur Akte genommen** wird.[469]

[469] BGH, Beschluss vom 13.2.2013 – 4 StR 246/12.

[5] 2. Die Urteilszustellung an die Staatsanwaltschaft am 3. Februar 2012 war entgegen der Ansicht der Beschwerdeführerin nicht wegen Verstoßes gegen § 273 Abs. 4 StPO unwirksam.

[6] a) Nach § 273 Abs. 4 StPO darf das Urteil nicht zugestellt werden, bevor das Protokoll fertiggestellt ist. Durch diese Regelung soll sichergestellt werden, dass mit dem Protokoll schon zu Beginn der regelmäßig mit der Urteilszustellung in Lauf gesetzten Revisionsbegründungsfrist eine abgeschlossene Grundlage für die Entscheidung über die Anbringung von Verfahrensrügen vorliegt, die dem Anfechtungsberechtigten während der gesamten Revisionsbegründungsfrist zur Einsichtnahme offensteht (vgl. BGH, Beschlüsse vom 3. Januar 1991 – 3 StR 377/90, BGHSt 37, 287, 288; vom 24. Oktober 2001 – 1 StR 163/01, NStZ 2002, 160, 161; vom 17. Juli 1991 – 3 StR 4/91, NStZ 1991, 502 f.; Entwurf der Bundesregierung zum StPÄG 1964, BR-Drucks. 9/62, S. 41). § 273 Abs. 4 StPO ist eine zwingende Verfahrensvorschrift, deren Verletzung zur Unwirksamkeit der Zustellung führt (vgl. BGH, Beschluss vom 16. Dezember 1976 – 4 StR 614/76, BGHSt 27, 80 f.; Stuckenberg in Löwe/Rosenberg, StPO, 26. Aufl., § 273 Rn. 65 m.w.N.; BR-Drucks. 9/62 aaO). Gemäß § 271 Abs. 1 Satz 1 StPO ist die Niederschrift über die Hauptverhandlung vom Vorsitzenden und den mit der Protokollierung befassten Urkundsbeamten der Geschäftsstelle zu unterschreiben. Die Fertigstellung des Protokolls erfolgt nach ständiger Rechtsprechung des Bundesgerichtshofs zu dem Zeitpunkt, zu dem die letzte der für die Beurkundung des gesamten Protokollinhalts erforderlichen Unterschriften geleistet wurde (vgl. BGH, Beschlüsse vom 23. April 2007 – GSSt 1/06, BGHSt 51, 298, 317; vom 4. Oktober 1991 – 1 StR 396/91, BGHR StPO § 271 Protokoll 1; vom 9. April 1991 – 4 StR 158/91, bei Kusch, NStZ 1992, 29; vom 11. Juli 1990 – 2 StR 312/90, BGHR StPO § 145a Unterrichtung 1; vom 3. Januar 1991 – 3 StR 377/90 aaO; vom 7. Oktober 1983 – 3 StR 358/83, NStZ 1984, 89; vom 15. September 1969 – AnwSt (B) 2/69, BGHSt 23, 115, 117; vgl. auch BR-Drucks. 9/62 aaO). Wie sich hier aus dem in das Teilprotokoll vom letzten Hauptverhandlungstag aufgenommenen Fertigstellungsvermerk ergibt, war die Sitzungsniederschrift mit den Unterschriften des Vorsitzenden und der jeweils zur Protokollierung herangezogenen Urkundsbeamten bereits am 21. Dezember 2011, mithin vor der Zustellung des Urteils an die Staatsanwaltschaft am 3. Februar 2012, fertiggestellt.

[7] b) Die Wirksamkeit der Urteilszustellung wird durch das zum Zeitpunkt der Zustellung noch nicht erfolgte Einheften des letzten Teilprotokolls in die Verfahrensakten nicht in Frage gestellt. Weder für die Fertigstellung des Protokolls gemäß § 271 Abs. 1 StPO noch für die Wirksamkeit der Zustellung des Urteils nach § 273 Abs. 4 StPO ist es erforderlich, dass die von den Urkundspersonen unterschriebene Niederschrift in tatsächlicher Hinsicht zur Akte genommen wird. Beide Bestimmungen enthalten bezüglich des Protokolls keine mit der für das schriftliche Urteil geltenden Vorschrift des § 275 Abs. 1 Satz StPO vergleichbare Regelung, sondern stellen ihrem Wortlaut nach bei der Fertigstellung des Protokolls allein auf die nach § 271 Abs. 1 Satz 1 StPO erforderlichen Unterschriften der Urkundspersonen und für die Wirksamkeit der Zustellung des Urteils ausschließlich auf die Fertigstellung des Protokolls ab (vgl. BGH, Beschluss vom 23. April 2007 – GSSt 1/06 aaO). Für die alleinige Maßgeblichkeit der Unterschriften für die Fertigstellung des Protokolls spricht zudem der systematische Zusammenhang, in welchem die in § 271 Abs. 1 Satz 1 und 2 StPO getroffenen Regelungen stehen. Der im Gesetz vorgesehene Vermerk über den Tag der Fertigstellung dient der Beurkundung des Fertigstellungszeitpunkts und soll eine spätere Prüfung der Wirksamkeit der Zustellung und damit regelmäßig des Laufs der Revisionsbegründungsfrist ermöglichen (vgl. BR-Drucks.

9/62 aaO). Da er nach der Regelung des § 271 Abs. 1 Satz 2 StPO in das Protokoll selbst aufgenommen werden soll, kann er sich sinnvollerweise nur auf die gemäß § 271 Abs. 1 Satz 1 StPO erforderlichen Unterschriften der Urkundspersonen, nicht aber auf nachfolgende Geschehnisse im Laufe des weiteren Geschäftsgangs beziehen. Auch der Gesetzeszweck des § 273 Abs. 4 StPO gebietet es nicht, die Wirksamkeit der Urteilszustellung von einem Einheften der Niederschrift in die Verfahrensakten abhängig zu machen. Denn mit der Fertigstellung des Protokolls wird die Niederschrift, ohne dass es auf eine äußerliche Verbindung mit den Verfahrensakten ankommt, zum Bestandteil der Akten und unterliegt dem Akteneinsichtsrecht der Verfahrensbeteiligten (vgl. BGH, Beschluss vom 29. Oktober 1980 – StB 43/80, BGHSt 29, 394; Urteil vom 15. April 1975 – 5 StR 508/74, bei Dallinger, MDR 1975, 725). Sie steht damit als Grundlage für die Revisionsbegründung uneingeschränkt zur Einsichtnahme zur Verfügung. Schließlich ist selbst zu § 275 Abs. 1 Satz 1 StPO, der für das schriftliche Urteil das Bringen zur Akte ausdrücklich vorschreibt, in der Rechtsprechung anerkannt, dass die Vorschrift nicht verlangt, dass das Urteil in tatsächlicher Hinsicht in die Sachakten eingelegt werden muss. Es genügt vielmehr, dass es fristgerecht auf den Weg zur Geschäftsstelle gebracht wird (vgl. BGH, Beschlüsse vom 9. November 2006 – 1 StR 388/06, NStZ-RR 2007, 53; vom 4. Oktober 1989 – 3 StR 155/89, BGHR StPO § 275 Abs. 1 Satz 1 Akten 1; Stuckenberg in Löwe/Rosenberg, aaO, § 275 Rn. 6 m.w.N.).

[8] c) Durch die von der Beschwerdeführerin angeführte Entscheidung des 3. Strafsenats vom 7. Oktober 1983 – 3 StR 358/83 (NStZ 1984, 89) ist der Senat nicht gehindert, wie dargelegt zu entscheiden. Es ist schon zweifelhaft, ob dem genannten Beschluss des 3. Strafsenats überhaupt eine abweichende Rechtsansicht zu entnehmen ist, weil die Frage, ob die Fertigstellung des Protokolls eine äußerliche Verbindung der Niederschrift mit den Akten voraussetzt, für den damals zu entscheidenden Fall ersichtlich keine Rolle spielte. Jedenfalls wäre eine möglicherweise abweichende Rechtsauffassung für die Entscheidung des 3. Strafsenats nicht tragend gewesen und damit für den Senat nicht bindend.

[9] 3. Durch die wirksame erste Zustellung des Urteils an die Staatsanwaltschaft am 3. Februar 2012 wurde nach § 345 Abs. 1 Satz 2 StPO die Frist zur Begründung der Revision in Lauf gesetzt, die unter Berücksichtigung des § 43 Abs. 2 StPO mit Ablauf des 5. März 2012 endete. Die weitere am 22. März 2012 angeordnete Zustellung des Urteils an die Staatsanwaltschaft war demgegenüber für das Revisionsverfahren ohne Bedeutung (vgl. BGH, Urteil vom 27. Oktober 1977 – 4 StR 326/77, NJW 1978, 60; Meyer-Goßner, StPO, 55. Aufl., § 37 Rn. 29). Der Eingang der Revisionsbegründungsschrift der Staatsanwaltschaft beim Landgericht am 26. April 2012 erfolgte daher verspätet.

26. Schriftliches Urteil, Urteilsabsetzungsfrist und Verhinderung eines Richters – § 275 StPO

470 **Vollständig zu den Akten gelangt** ist ein Urteil grundsätzlich nur dann, wenn es von allen an der Entscheidung mitwirkenden Richtern unterzeichnet ist (vgl. § 275 Abs. 2 Satz 1 StPO) bzw. eine etwaige Verhinderung unter dem Urteil ordnungsgemäß vermerkt ist (§ 275 Abs. 2 Satz 2 StPO).[470]

---

[470] BGH, Beschluss vom 26.9.2013 – 2 StR 271/13.

[2] Der Rüge liegt folgender Sachverhalt zugrunde:

[3] An der Hauptverhandlung gegen den Angeklagten vor der 2. Großen Strafkammer des Landgerichts Erfurt nahmen als berufsrichterliche Mitglieder Vorsitzender Richter am Landgericht sowie Richter am Landgericht als beisitzender Richter und Berichterstatter teil. Das ausweislich des Protokollberichtigungsbeschlusses vom 5. April 2013 am 13. Dezember 2012 nach sieben Hauptverhandlungstagen verkündete Urteil ist zwar am 30. Januar 2013 und damit vor der am 31. Januar 2013 ablaufenden siebenwöchigen Urteilsabsetzungsfrist bei der Geschäftsstelle eingegangen. Es war jedoch nicht vollständig, weil es nur von Richter am Landgericht unterzeichnet worden ist. Die Unterschrift des Vorsitzenden hat Richter am Landgericht durch den Vermerk ersetzt: „Vorsitzender Richter am Landgericht wurde zum Vorsitzenden Richter am Thüringer Oberlandesgericht in Jena ernannt. Auf telefonische Nachfrage am 29. Januar 2013 teilte er mit, dass er aufgrund der Arbeitsbelastung im Senat unabkömmlich und zeitlich nicht in der Lage ist, das hiesige Urteil noch vor Fristablauf zu unterzeichnen."

[4] Richter am Landgericht hat in seiner dienstlichen Erklärung vom 6. März 2013 angegeben, dass er dem vorsitzendem Richter am Oberlandesgericht einen vollständigen Urteilsentwurf nach Jena per E-Mail übersandt habe. Am 24. Januar 2013 habe der Vorsitzende daraufhin mit ihm Änderungswünsche besprochen. Diese habe er danach eingearbeitet und am 29. Januar 2013 den vorsitzenden Richter am Oberlandesgericht in Jena angerufen und gefragt, ob er das Urteil nochmals lesen und unterschreiben wolle. Der Vorsitzende habe ihm darauf wie aus dem aus der Urteilsurkunde ersichtlichen Verhinderungsvermerk geantwortet. In seiner dienstlichen Erklärung vom 14. März 2013 hat Vorsitzender Richter am Oberlandesgericht unter Bezugnahme zugnahme auf die dienstliche Erklärung von Richter am Landgericht ausgeführt, dass ungeachtet der dienstlich begründeten Ortsabwesenheit die hohe Belastung im Strafsenat in Jena – u.a. mit einem überdurchschnittlichen Anfall von Haftbeschwerden und Haftprüfungen – keinen Raum für eine rechtzeitige Lektüre und Unterzeichnung des nochmals überarbeiteten schriftlichen Originalurteils gelassen habe.

[5] Danach ist das Urteil nicht innerhalb der vorgeschriebenen Frist vollständig im Sinne von § 275 Absatz 1 Satz 1 StPO zu den Akten gelangt. Vollständig zu den Akten gelangt ist ein Urteil grundsätzlich nur dann, wenn es von allen an der Entscheidung mitwirkenden Richtern unterzeichnet ist (vgl. § 275 Abs. 2 Satz 1 StPO; BGHSt 26, 247, 248) bzw. eine etwaige Verhinderung unter dem Urteil ordnungsgemäß vermerkt ist (§ 275 Abs. 2 Satz 2 StPO). Die Annahme von Richter am Landgericht , dass Vorsitzender Richter am Oberlandesgericht verhindert war, seine Unterschrift beizufügen, unterliegt hier durchgreifenden rechtlichen Bedenken. Ausweislich der dienstlichen Erklärung hielt Richter am Landgericht den vorsitzenden Richter am Oberlandesgericht aus tatsächlichen Gründen an der Unterschriftsleistung gehindert. Dies war hier auch in Anbetracht des insoweit bestehenden Beurteilungsspielraums (Meyer-Goßner, StPO, 56. Aufl., 2013 § 338 Rn. 57) rechtsfehlerhaft:

[6] Die Unterzeichnung eines Strafurteils ist ein dringliches unaufschiebbares Dienstgeschäft (vgl. Senat, Beschluss vom 27. Oktober 2010 – 2 StR 331/10, NStZ 2011, 358), dessen Vornahme nur ausnahmsweise wegen anderer Dienstgeschäfte zurückzustehen hat. Mit ihrer Unterschrift beurkunden die mitwirkenden Richter, dass der Urteilstext die von ihnen verantworteten Gründe der Entscheidung dokumentiert. Die von allen Richtern getragenen Gründe sollen dem Rechtsmittelberech-

tigten eine sachgemäße Entscheidung über die Einlegung eines Rechtsmittels ermöglichen. Für das Rechtsmittelgericht, namentlich das Revisionsgericht, bilden sie die Grundlage der rechtlichen Überprüfung des Urteils. Dieser Bedeutung der schriftlichen Urteilsgründe sowie der Unterschrift der an der Entscheidung mitwirkenden Richter trägt die gesetzliche Regelung Rechnung. § 275 Absatz 2 Satz 1 postuliert den Grundsatz, dass das schriftliche Urteil von allen beteiligten Berufsrichtern zu unterzeichnen ist, während der nach § 275 Absatz 2 Satz 2 StPO mögliche Verhinderungsvermerk eine Ausnahme von dieser Regel normiert. Eine nach § 275 Abs. 2 Satz 2 StPO beurkundete Verhinderung genügt daher nur dann den rechtlichen Anforderungen, wenn sie diesem Regel-Ausnahme-Verhältnis und der Bedeutung der persönlichen Unterschriftsleistung der mitwirkenden Richter Rechnung trägt.

[7] Legt man dies zugrunde, ist vorliegend nicht hinreichend dargetan, dass es dem Vorsitzenden Richter am Oberlandesgericht nicht möglich gewesen sein soll, die Urteilsgründe zu lesen und zu unterzeichnen. Zwar kann die Versetzung an ein anderes Gericht – wie hier die Versetzung an das Thüringer Oberlandesgericht – im Einzelfall der Unterzeichnung des Urteils entgegenstehen (Senat, Beschluss vom 27. Oktober 2010 – 2 StR 331/10, NStZ 2011, 358 m.w.N.). Auch kann die Überlastung mit anderen Dienstgeschäften grundsätzlich einen Verhinderungsgrund darstellen (Meyer-Goßner, StPO, 56. Aufl., 2013 § 275 Rn. 22 m.w.N.). Jedoch hatte das Urteil hier mit 27 Seiten einen überschaubaren Umfang. Einen Urteilsentwurf hatte der versetzte Richter bereits mit dem Berichterstatter durchgesprochen, sodass eine erneute Prüfung der Urteilsgründe nur einen begrenzten Umfang haben konnte. Auch ist nicht ersichtlich, dass eine Übermittlung des fertiggestellten Urteils und seine Unterzeichnung nach Durchsicht nicht auf anderem Wege hätte durchgeführt werden können. Vor allem aber ist der Verhinderungsgrund nicht hinreichend dargelegt. Dass der Vermerk von Richter am Landgericht auf der Urteilsurkunde aus Gründen der Praktikabilität notwendigerweise allgemein gehalten ist, ist an sich rechtlich nicht zu beanstanden. Da die Revision jedoch ausdrücklich geltend macht, dass die vermerkte Verhinderung auf willkürlichen, sachfremden Erwägungen beruht, hätte es näherer Darlegung in der dienstlichen Erklärung von Vorsitzendem Richter am Oberlandesgericht bedurft, auf welchen Umständen die geltend gemachte Überlastung mit anderweitigen Dienstgeschäften beruht (vgl. BGHSt 31, 212). Insoweit ist die allgemein auf einen überdurchschnittlichen Anfall mit Haftsachen gestützte Erklärung nicht hinreichend substantiiert, um dem Senat eine Überprüfung zu ermöglichen, ob bei der Annahme der Verhinderung dem nach der gesetzlichen Regelung in § 275 Abs. 2 Satz 1 StPO erforderlichen Gewicht der persönlichen Unterschriftsleistung ausreichend Rechnung getragen wurde.

471 Nur in **Ausnahmefällen** kann bei **Überschreitung der Urteilsabsetzungsfrist** ausgeschlossen werden, dass durch die Überschreitung der Frist des § 229 Abs. 1 StPO der Eindruck von der mündlichen Verhandlung und die Zuverlässigkeit der Erinnerung an die Vorgänge in der Hauptverhandlung unbeeinträchtigt geblieben wären.[471]

[4] 2. Die Revision führt nämlich jedenfalls mit der Rüge eines Verstoßes gegen die Höchstdauer der Unterbrechung der Hauptverhandlung gemäß § 229 StPO umfassend zum Erfolg.

---

[471] BGH, Beschluss vom 24.10.2013 – 5 StR 333/13.

[5] a) Die Revision macht, wovon auch der Generalbundesanwalt unter Bezug auf die Senatsrechtsprechung (BGH, Urteil vom 12. August 1992 – 5 StR 234/92, NStZ 1992, 550; Beschluss vom 13. Oktober 1993 – 5 StR 231/93, StV 1994, 5) zutreffend ausgeht, mit Recht geltend, dass die Unterbrechungsfrist des § 229 Abs. 1 (und 2) StPO überschritten wurde, weil die Strafkammer die Hauptverhandlung nach Unterbrechung am 29. Juni 2012 unter Berufung auf eine nur bis 16. Juli 2012 andauernde Erkrankung der Vorsitzenden erst am 6. August 2012 fortgesetzt hat.

[6] b) Darauf beruht das Urteil. Solches kann nur in Ausnahmefällen ausgeschlossen werden (BGH, Urteil vom 5. Februar 1970 – 4 StR 272/68, BGHSt 23, 224, 225). Ein derartiger Ausnahmefall ist hier nicht gegeben. Besondere Umstände, die darauf schließen ließen, dass durch die Überschreitung der Frist des § 229 Abs. 1 StPO der Eindruck von der mündlichen Verhandlung und die Zuverlässigkeit der Erinnerung an die Vorgänge in der Hauptverhandlung unbeeinträchtigt geblieben wären, sind nicht ersichtlich. Eher deuten gar die Erörterungen zum Zeitpunkt des Kennenlernens des Angeklagten durch den Zeugen W. auf UA S. 42, die – wie von der Revision ebenfalls gerügt wird – in Widerstreit zu der aufgrund eines Beweisantrages als erwiesen behandelten Tatsache stehen, der Zeuge W. habe sich im Jahr 2008 mehrfach abends bei dem Angeklagten aufgehalten, auf das Gegenteil hin.

27. Rechtsmittel: Einlegung, Beschränkung, Rücknahme und Entscheidung – §§ 296 ff. StPO

Zwar reicht zur Wahrung einer Rechtsmittelfrist die Einreichung einer in **fremder Sprache** (hier: englischer Sprache) gehaltenen Rechtsmittelschrift an sich nicht. Bei dem nur aus wenigen Zeilen bestehenden Schreiben des Angeklagten ist jedoch bereits der Betreffzeile zweifelsfrei zu entnehmen, dass der Angeklagte das gegen ihn ergangene Urteil des Landgerichts mit dem dafür zulässigen Rechtsmittel (vgl. § 300 StPO) anfechten will (§ 341 Abs. 1 StPO). Dies genügte hier zur wirksamen Einlegung der Revision. Sie wurde vom Verteidiger des Angeklagten in deutscher Sprache begründet.[472] **472**

28. Zulässigkeit von Revisionsrügen, Fristen

a) Revisionsfristen

Der Antrag auf **Wiedereinsetzung** in den vorigen Stand gegen die Versäumung der Frist zur Begründung der Revision ist unzulässig. Wiedereinsetzung in den vorigen Stand ist auf Antrag demjenigen zu gewähren, der ohne Verschulden verhindert war, eine Frist einzuhalten (§ 44 Satz 1 StPO). Der Antrag ist binnen einer Woche nach Wegfall des Hindernisses zu stellen (§ 45 Abs. 1 Satz 1 StPO); innerhalb der Wochenfrist muss der Antragsteller auch Angaben über den Zeitpunkt des Wegfalls des Hindernisses machen.[473] **473**

[2] Der Antrag auf Wiedereinsetzung in den vorigen Stand gegen die Versäumnis der Revisionsbegründungsfrist sowie das gemäß § 300 StPO als Antrag auf Ent-

[472] BGH, Beschluss vom 11.4.2013 – 1 StR 563/12.
[473] BGH, Beschluss vom 29.1.2013 – 4 StR 320/12.

scheidung des Revisionsgerichts gemäß § 346 Abs. 2 StPO auszulegende Rechtsmittel der „Beschwerde" vom 3. Juli 2012 bleiben ohne Erfolg.

[3] 1. Der Antrag auf Wiedereinsetzung in den vorigen Stand gegen die Versäumung der Frist zur Begründung der Revision ist unzulässig. Wiedereinsetzung in den vorigen Stand ist auf Antrag demjenigen zu gewähren, der ohne Verschulden verhindert war, eine Frist einzuhalten (§ 44 Satz 1 StPO). Der Antrag ist binnen einer Woche nach Wegfall des Hindernisses zu stellen (§ 45 Abs. 1 Satz 1 StPO); innerhalb der Wochenfrist muss der Antragsteller auch Angaben über den Zeitpunkt des Wegfalls des Hindernisses machen (vgl. Meyer-Goßner, StPO, 55. Aufl., § 45 Rn. 5 m.w.N.).

[4] An dieser Zulässigkeitsvoraussetzung fehlt es hier. Der Antrag enthält keine Angaben dazu, wann das Hindernis, das der Fristwahrung entgegenstand, weggefallen ist (vgl. BGH, Beschlüsse vom 8. April 2003 – 3 StR 30/03, BeckRS 2003, 04641, und vom 13. September 2005 – 4 StR 399/05, NStZ 2006, 54, 55; Meyer-Goßner, aaO). Entscheidend für den Fristbeginn ist der Zeitpunkt der Kenntnisnahme durch die Angeklagte (vgl. BGH, Beschlüsse vom 3. April 1992 – 2 StR 114/92 und vom 13. September 2005, aaO). Wann der Angeklagten die Versäumung der Revisionsbegründungsfrist bekannt geworden ist, wird ungeachtet des erheblichen Zeitablaufs nicht vorgetragen. Jedenfalls in den Fällen, in denen wie hier die Wahrung der Frist des § 45 Abs. 1 StPO nach Aktenlage nicht offensichtlich ist, gehört zur formgerechten Anbringung des Wiedereinsetzungsantrags, dass die Antragstellerin mitteilt, wann das Hindernis, das der Fristwahrung entgegenstand, weggefallen ist (vgl. BGH, Beschlüsse vom 26. Februar 1991 – 1 StR 737/90, BGHR StPO § 45 Abs. 2 Tatsachenvortrag 7 m.w.N., vom 5. August 2010 – 3 StR 269/10, NStZ-RR 2010, 378 m.N., und vom 8. Dezember 2011 – 4 StR 430/11, NStZ 2012, 276, 277 m.w.N.). Dies gilt selbst dann, wenn der Verteidiger ein eigenes Verschulden geltend macht, das der Angeklagten nicht zuzurechnen wäre (vgl. BGH, Beschluss vom 4. August 2010 – 2 StR 365/10).

[5] 2. Der Antrag auf Entscheidung des Revisionsgerichts gemäß § 346 Abs. 2 StPO gegen den Verwerfungsbeschluss vom 20. Juni 2012 ist zulässig, jedoch unbegründet, weil die Revision nicht innerhalb der Frist des § 345 Abs. 1 StPO begründet wurde.

[6] Nachdem das Urteil dem Pflichtverteidiger am 2. Mai 2012 zugestellt worden war (§ 145a Abs. 1 StPO), endete die Revisionsbegründungsfrist mit Ablauf des 4. Juni 2012 (§ 345 Abs. 1 Satz 2, § 43 Abs. 1, 2 StPO). Die Revisionsbegründung ging am 20. Juli 2012 und damit verspätet beim Landgericht ein. Da der Schriftsatz des Pflichtverteidigers vom 14. März 2012, mit dem Revision gegen das Urteil eingelegt wurde, keine Ausführungen dazu enthielt, inwieweit das Urteil angefochten und dessen Aufhebung beantragt werde (Revisionsanträge), hat das Landgericht die Revision zu Recht als unzulässig verworfen.

b) Zulässigkeit von Revisionsrügen

474 Eine Revision ist gemäß § 349 Abs. 1 StPO **unzulässig,** wenn sich entgegen § 344 Abs. 1 Satz 1 StPO der Begründung des Revisionsantrags ein zulässiges **Rechtsmittelziel** nicht entnehmen lässt.[474]

---

[474] BGH, Beschluss vom 22.10.2013 – 3 StR 323/13.

Zu dem Rechtsmittel des Angeklagten R. hat der Generalbundesanwalt in seiner Zuschrift ausgeführt:

„Die Revision des Angeklagten R. ist gemäß § 349 Abs. 1 StPO unzulässig, weil sich entgegen § 344 Abs. 1 Satz 1 StPO der Begründung des Revisionsantrags ein gemäß § 55 Abs. 1 JGG zulässiges Rechtsmittelziel nicht entnehmen lässt. Ausführungen dazu, dass die Schuldfrage rechtlich oder tatsächlich falsch vom Landgericht beantwortet wurde oder die Sanktion selbst rechtswidrig ist, enthält die Revisionsbegründung nicht. Werden im angefochtenen Urteil – wie hier – lediglich Erziehungsmaßregeln oder Zuchtmittel angeordnet, stellt es gemäß § 55 Abs. 1 JGG ein unzulässiges Ziel der Anfechtung dar, wenn nur die Auswahl der Maßnahmen angefochten wird, die Anordnung anderer oder weiterer Erziehungsmaßnahmen oder Zuchtmittel erreicht werden soll oder das Rechtsmittel sich gegen den Umfang der angeordneten Maßnahmen wendet; wobei es auch einen unzulässigen Angriff gegen den Umfang der Maßnahmen bedeutet, wenn mit dem Rechtsmittel nicht nur ein geringeres Ausmaß, sondern ein gänzliches Absehen davon erreicht werden soll. Wegen dieser sachlichen Beschränkung der Anfechtungsmöglichkeit, nach der die Anfechtung nur darauf gestützt werden kann, dass die Schuldfrage rechtlich oder tatsächlich falsch beantwortet oder die Sanktion selbst rechtswidrig ist, muss das Anfechtungsziel so eindeutig mitgeteilt werden, dass die Verfolgung eines unzulässigen Ziels sicher ausgeschlossen werden kann (BGH, Beschluss vom 10. Juli 2013 – 1 StR 278/13 m.w.N.).

Diesen Anforderungen ist hier nicht genügt. Weder dem Antrag noch dem sonstigen Revisionsvorbringen lässt sich entnehmen, dass mit dem Rechtsmittel nicht ausschließlich ein unzulässiges Ziel verfolgt werden soll. Im Gegenteil wird im Rahmen der erhobenen Sachrüge ausschließlich die erfolgte Verhängung des Jugendarrests gerügt und ausgeführt, dass die Feststellungen die Verhängung eines Jugendarrests nicht trügen; dieser sei aus erzieherischen Gründen ‚schädlich' (RB S. 2 ff.). Auch am Ende der Revision heißt es, dass ‚die Verhängung des Jugendarrests den Feststellungen zur Persönlichkeit und Schuld widerspricht' (RB S. 5). Damit ist eindeutig zum Ausdruck gebracht, dass die Feststellungen und der Schuldspruch nicht angegriffen werden sollen, sondern sich die Revision allein gegen den Strafausspruch richtet.

Dass die Maßnahme der Verhängung des Jugendarrests an sich gesetzeswidrig sei (Eisenberg JGG 16. Aufl. § 55 Rn. 48), macht die Revision gerade nicht geltend. Ferner ist auch der Aufhebungsantrag nicht genauer bestimmt und gibt – ebenso wenig wie der Schriftsatz, mit dem am 22. März 2013 Revision eingelegt worden ist – keinen Aufschluss in Bezug auf das Anfechtungsziel (OLG Celle NStZ-RR 2001, 121; BVerfG NStZ-RR 2007, 385).“

Dem schließt sich der Senat an.

Soweit in der Revisionsrechtfertigung **lediglich beantragt** ist, den Beschluss über seine **einstweilige Unterbringung aufzuheben** und den Beschwerdeführer aus dem Maßregelvollzug zu entlassen, fehlt es an einem **ausdrücklichen Revisionsantrag** im Sinne des § 344 Abs. 1 StPO. Ausnahmsweise ist das Fehlen eines ausdrücklichen Antrags unschädlich, wenn sich der Umfang der Anfechtung aus dem Inhalt der Revisionsbegründung ergibt. Dabei genügt es, wenn die Ausführungen des Beschwerdeführers erkennen lassen, dass er das tatrichterliche Urteil insgesamt angreift.[475] **475**

[475] BGH, Beschluss vom 27.8.2013 – 4 StR 311/13.

476 Die **bloße Bezugnahme** auf den in keiner Weise rechtlich eingeordneten **Standpunkt des Angeklagten** lässt erkennen, dass der Verteidiger nicht – wie nach ständiger Rechtsprechung erforderlich – die volle Verantwortung für den Inhalt der Revisionsbegründungsschrift übernommen hat.[476]

[2] Die hiergegen eingelegte Revision des Angeklagten entspricht nicht den Formerfordernissen des § 345 Abs. 2 StPO und ist deshalb unzulässig im Sinne von § 349 Abs. 1 StPO.

[3] In der von dem Verteidiger des Angeklagten verfassten Revisionsbegründungsschrift vom 25. Januar 2013 wird lediglich mitgeteilt, dass der Angeklagte mit dem Strafmaß einverstanden sei und sich nur gegen die Unterbringungsanordnung wenden wolle. Er habe die Absicht, in der Strafhaft eine Berufsausbildung zu absolvieren und meine, damit allen Strafzwecken zu genügen. Eigenständige Ausführungen des unterzeichnenden Rechtsanwalts fehlen.

[4] Die bloße Bezugnahme auf den in keiner Weise rechtlich eingeordneten Standpunkt des Angeklagten lässt erkennen, dass der Verteidiger nicht – wie nach ständiger Rechtsprechung erforderlich (BGH, Beschluss vom 27. März 2012 – 2 StR 83/12, Rn. 2 m.w.N., NJW 2012, 1748) – die volle Verantwortung für den Inhalt der Revisionsbegründungsschrift übernommen hat. Auch fehlt es – wie der Generalbundesanwalt zu Recht ausgeführt hat – an einer formgültigen Behauptung fehlerhafter Anwendung des materiellen Rechts auf den festgestellten Sachverhalt, die nach § 344 Abs. 2 Satz 1, § 345 Abs. 2 StPO zu den Mindestanforderungen an eine zulässige Sachrüge gehört (BGH, Urteil vom 22. Januar 1974 – 1 StR 586/73, BGHSt 25, 272, 275).

477 Aus der Erklärung in der Rechtsmittelschrift, die **Revision werde „vollumfänglich" eingelegt**, lässt sich weder eine im Sinne von § 344 Abs. 2 S. 2 StPO zulässige Verfahrensrüge noch eine Sachrüge entnehmen, weshalb die Revision unzulässig ist.[477]

478 Das Fehlen eines **ausdrücklichen Antrags** gemäß § 344 Abs. 1 StPO ist **unschädlich** ist, wenn sich der **Umfang der Anfechtung aus dem Inhalt der Revisionsbegründung** ergibt und nach der Rechtsprechung bei Revisionen des Angeklagten in der Erhebung der uneingeschränkten allgemeinen Sachrüge regelmäßig die Erklärung zu sehen ist, dass das Urteil insgesamt angefochten werde. Von dieser Regel kann nur ausnahmsweise und beim Vorliegen besonderer Umstände abgewichen werden.[478]

... dass das Fehlen eines ausdrücklichen Antrags gemäß § 344 Abs. 1 StPO unschädlich ist, wenn sich der Umfang der Anfechtung aus dem Inhalt der Revisionsbegründung ergibt und nach der Rechtsprechung bei Revisionen des Angeklagten in der Erhebung der uneingeschränkten allgemeinen Sachrüge regelmäßig die Erklärung zu sehen ist, dass das Urteil insgesamt angefochten werde (st. Rspr.; vgl. etwa BGH, Beschluss vom 7. November 2002 – 5 StR 336/02, StV 2004, 120 m.w.N.). Unzutreffend ist aber die Ansicht des Landgerichts, dies sei im vorliegenden Fall aufgrund des Verhaltens des Angeklagten und seines Verteidigers im Verlaufe des Verfahrens und der Ankündigung im Einlegungsschriftsatz anders zu beurteilen. Die vom Landgericht herangezogenen Umstände sind nicht geeignet, ein Abweichen von der

---

[476] BGH, Beschluss vom 23.4.2013 – 4 StR 104/13.
[477] BGH, Beschluss vom 1.8.2013 – 2 StR 242/13.
[478] BGH, Beschluss vom 25.7.2013 – 3 StR 76/13.

für Angeklagtenrevisionen geltenden, oben dargelegten Regel zu begründen. Die vom Landgericht für seine Rechtsauffassung zitierte Entscheidung des Senats (Beschluss vom 31. Oktober 1989 – 3 StR 381/89, NStZ 1990, 96) besagt nichts anderes: Auch in dieser Sache hatte der Angeklagte innerhalb der Begründungsfrist allgemein die Verletzung materiellen Rechts gerügt und keinen ausdrücklichen Antrag im Sinne der § 344 Abs. 1, § 352 Abs. 1 StPO gestellt. Der Senat hat entschieden, dass dies unter den gegebenen Umständen unschädlich sei; eines besonders hervorgehobenen Antrags bedürfe es dann nicht, wenn sich das Begehren des Beschwerdeführers sicher aus der Revisionsbegründung – auch unter Berücksichtigung des bisherigen Verfahrens – ergebe. Er hat dies näher damit begründet, dass der Angeklagte die mehreren selbständigen Taten, derentwegen er verurteilt worden war, insgesamt bestritten hat. Der vom Landgericht hieraus gezogene Umkehrschluss, der im vorliegenden Verfahren umfassend geständige Angeklagte, dessen Verteidiger nur teilweise von der Verurteilung abweichende Schlussanträge gestellt hat, müsse einen solchen Antrag ausdrücklich stellen, um seine Revision zulässig zu begründen, ist rechtlich nicht zutreffend. Auch unter diesen Umständen ergibt sich hier aus der Erhebung der uneingeschränkten allgemeinen Sachrüge hinreichend sicher, dass der Angeklagte das Urteil umfassend anfechten will. Die Mitteilung im Einlegungsschriftsatz, dass „Anträge und Begründungen" einem gesonderten Schriftsatz vorbehalten bleiben, stellt eine den Angeklagten nicht bindende Ankündigung dar und vermag an dieser Beurteilung nichts zu ändern. Die vom Generalbundesanwalt zitierte Entscheidung (BGH, Beschluss vom 5. November 2009 – 2 StR 324/09, NStZ-RR 2010, 288) und der dort seinerseits zitierte Beschluss des Bundesgerichtshofes (Beschluss vom 7. November 2002 – 5 StR 336/02, NJW 2003, 839) betreffen jeweils eine Revision der Staatsanwaltschaft, für deren zulässige Begründung hinsichtlich der Erforderlichkeit eines ausdrücklichen Antrags gemäß § 344 Abs. 1, § 352 Abs. 1 StPO unter den in diesen Entscheidungen dargelegten Umständen etwas anderes gelten kann.

[6] Der Wiedereinsetzungsantrag des Angeklagten ist danach gegenstandslos.

Eine **Beschränkung der Revision** nach § 344 Abs. 1 StPO ist nur zulässig, soweit die **479** Beschwerdepunkte nach dem inneren Zusammenhang des Urteils – losgelöst von seinem nicht angefochtenen Teil – tatsächlich und rechtlich unabhängig beurteilt werden können, ohne eine Überprüfung des Urteils im Übrigen erforderlich zu machen. Weiter muss gewährleistet sein, dass die nach Teilanfechtung stufenweise entstehende Gesamtentscheidung frei von inneren Widersprüchen bleiben kann. Die Revisionsbeschränkung unter Ausklammerung eines **Maßregelausspruchs** ist deshalb unwirksam, wenn zugleich der Schuldspruch angegriffen wird, der von der Maßregelfrage nicht getrennt werden kann; die Feststellung einer Symptomtat ist unerlässliche Voraussetzung der Maßregelanordnung und damit auch für die Anordnung des Vorwegvollzugs.[479]

[3] 2. Die Anordnung des Vorwegvollzugs eines Teils der Freiheitsstrafe vor der Maßregel hat keinen Bestand.

[4] a) Dem steht nicht entgegen, dass nach dem Willen des Beschwerdeführers die Anordnung der Maßregel nach § 64 StGB sowie die Anordnung des Vorwegvollzugs vom Rechtsmittelangriff ausgenommen sein sollen.

---

[479] BGH, Beschluss vom 24.9.2013 – 2 StR 397/13.

[5] Eine Beschränkung der Revision nach § 344 Abs. 1 StPO ist nur zulässig, soweit die Beschwerdepunkte nach dem inneren Zusammenhang des Urteils – losgelöst von seinem nicht angefochtenen Teil – tatsächlich und rechtlich unabhängig beurteilt werden können, ohne eine Überprüfung des Urteils im Übrigen erforderlich zu machen. Weiter muss gewährleistet sein, dass die nach Teilanfechtung stufenweise entstehende Gesamtentscheidung frei von inneren Widersprüchen bleiben kann (vgl. BGH, Beschluss vom 21. Oktober 1980 – 1 StR 262/80, BGHSt 29, 359, 365 f.; Urteil vom 2. März 1995 – 1 StR 595/94, BGHSt 41, 57, 59). Die Revisionsbeschränkung unter Ausklammerung eines Maßregelausspruchs ist deshalb unwirksam, wenn zugleich der Schuldspruch angegriffen wird, der von der Maßregelfrage nicht getrennt werden kann (vgl. Senat, Urteil vom 18. Juli 2012 – 2 StR 605/11 m.w.N.); die Feststellung einer Symptomtat ist unerlässliche Voraussetzung der Maßregelanordnung und damit auch für die Anordnung des Vorwegvollzugs (vgl. BGH, Beschluss vom 19. Januar 2010 – 4 StR 504/09, NStZ-RR 2010, 171, 172).

[6] Der Angeklagte, der mit der Sachrüge auch den Schuldspruch angreift, kann daher mit der erklärten Rechtsmittelbeschränkung nicht wirksam auf die Anfechtung der Anordnung der Unterbringung und des Vorwegvollzugs verzichten.

[7] b) Die Dauer des vorweg zu vollziehenden Strafteils wurde rechtsfehlerhaft bemessen. Das Landgericht hat übersehen, dass die erlittene Untersuchungshaft bei der Bestimmung des teilweisen Vorwegvollzugs der Strafe nach § 67 Abs. 2 StGB außer Betracht zu bleiben hat, weil die nach § 51 Abs. 1 Satz 1 StGB anzurechnende Untersuchungshaft im Vollstreckungsverfahren auf den vor der Unterbringung zu vollziehenden Teil der Strafe angerechnet wird (vgl. BGH, Urteil vom 8. Juli 2010 – 4 StR 210/10; Beschlüsse vom 19. Januar 2010 – 4 StR 504/09, NStZ-RR 2010, 171, 172; vom 15. November 2007 – 3 StR 390/07, NStZ 2008, 213, 214).

[8] Angesichts der vom Landgericht rechtsfehlerfrei bestimmten voraussichtlich erforderlichen Behandlungsdauer von 24 Monaten, wären bei richtiger Berechnung sechs Monate der Freiheitsstrafe vorweg zu vollziehen.

[9] c) Da sich der mögliche Vorwegvollzug durch die von dem Angeklagten vom 5. September bis 27. November 2012 und seit dem 22. April 2013 erlittene Untersuchungshaft zwischenzeitlich aber bereits erledigt hat (vgl. BGH, Beschluss vom 26. Oktober 2011 – 2 StR 318/11), bleibt für eine weitere Anordnung des Vorwegvollzugs kein Raum mehr, so dass die Anordnung entfallen muss (vgl. BGH, Beschluss vom 9. Februar 2012 – 5 StR 35/12; Beschluss vom 1. September 2009 – 3 StR 349/09; Beschluss vom 30. Januar 2008 – 2 StR 4/08; vgl. auch Beschluss vom 15. November 2007 – 3 StR 390/07, NStZ 2008, 213 f.).

480 Eine Revision, welche vom Angeklagten nur **unter der Bedingung eingelegt** wird, dass die Staatsanwaltschaft oder der Nebenkläger (auch) Revision einlegen, ist unzulässig.[480]

[1] Mit Schriftsatz vom 2. Mai 2013 hat der Verteidiger „für den Fall, dass Staatsanwaltschaft und Nebenkläger Revision einlegen, für den Angeklagten ebenfalls … Revision“ eingelegt. „Für den Fall, dass die anderen … Parteien keine Revision einlegen“, wurde deren Rücknahme angekündigt.

---

[480] BGH, Beschluss vom 30.9.2013 – 1 StR 487/13.

[2] Mit Schriftsatz vom 27. Juni 2013 hat der Verteidiger ausgeführt, die Revision sichere „die Rechte des Angeklagten im Revisionsverfahren, da bekannt wurde, dass die Nebenkläger und die Staatsanwaltschaft … Revision eingelegt haben".

[3] Beantragt wurde, die Revision der Nebenkläger und die Revision der Staatsanwaltschaft zurückzuweisen.

[4] Weiter ist nur noch wiederholend ausgeführt, die eigene Revision werde zurückgenommen, wenn die übrigen Revisionen auch zurückgenommen würden.

[5] Die Revision ist unzulässig (§ 349 Abs. 1 StPO), da sie unter einer Bedingung – andere Verfahrensbeteiligte legen Rechtsmittel ein – eingelegt wurde (so schon BGH, Urteil vom 12. November 1953 – 3 StR 435/53, BGHSt 5, 183, 184; weitere Nachweise bei Frisch in SK-StPO, 4. Aufl., vor §§ 296 ff. Rn. 261 Fn. 990).

[6] Hinzu kommt, dass dem Schriftsatz vom 27. Juni 2013 allenfalls die Behauptung zu entnehmen ist, das Urteil enthielte keine Rechtsfehler zu Gunsten des Angeklagten, die auf eine zum Nachteil des Angeklagten eingelegte Revision der Staatsanwaltschaft oder der Nebenkläger zur Aufhebung des Urteils führen könnten. Es bedarf keiner näheren Darlegung, dass derartiges Vorbringen den Mindestanforderungen zur Begründung einer Revision des Angeklagten (§ 344 StPO) nicht entspricht.

[7] Letztlich liegt dem gesamten Vorbringen die rechtlich verfehlte Auffassung zu Grunde, das Ergebnis einer zum Nachteil des Angeklagten eingelegten Revision könne davon abhängen, ob er selbst Revision eingelegt hat, wobei zur Begründung dieser eigenen Revision jedoch die Behauptung genüge, die zum Nachteil des Angeklagten eingelegte Revision sei unbegründet.

[8] Darauf, dass das Vorbringen auch in tatsächlicher Hinsicht insoweit falsch ist, als die Staatsanwaltschaft keine Revision eingelegt hat, kommt es nicht mehr an.

Der Beschwerdeführer ist nach § 344 Abs. 2 Satz 2 StPO gehalten, die den **Verfahrensmangel begründenden Tatsachen** so genau anzugeben, dass das Revisionsgericht allein aufgrund der Begründungsschriften prüfen kann, ob ein Verfahrensfehler vorliegt, wenn das tatsächliche Vorbringen der Revision zutrifft. Dies gilt auch für **Rügen zur Richterablehnung**.[481] **481**

[4] 1. Die Verfahrensbeanstandungen der Revision des Angeklagten S. gehen fehl. Der Erörterung bedarf nur Folgendes:

[5] Die Revision macht eine Verletzung von § 27 Abs. 1 StPO geltend, weil die Berufsrichter der Kammer wegen Besorgnis der Befangenheit abgelehnt wurden und selbst über das Ablehnungsgesuch entschieden haben, das sie als unzulässig im Sinne von § 26a Abs. 1 Nr. 2 StPO angesehen haben. Diese Rüge ist nicht zulässig. Der Beschwerdeführer ist nach § 344 Abs. 2 Satz 2 StPO gehalten, die den Verfahrensmangel begründenden Tatsachen so genau anzugeben, dass das Revisionsgericht allein aufgrund der Begründungsschriften prüfen kann, ob ein Verfahrensfehler vorliegt, wenn das tatsächliche Vorbringen der Revision zutrifft. Dies gilt auch für Rügen zur Richterablehnung (vgl. BGH, Beschluss vom 7. Februar 2012 – 5 StR 432/11, StV 2012, 587).

---

[481] BGH, Urteil vom 30.1.2013 – 2 StR 55/12; siehe auch BGH, Beschluss vom 12.3.2013 – 2 StR 34/13.

[6] Die Richterablehnung des Angeklagten S. bezog sich auf Äußerungen der Richter in einer Entscheidung über die Fortdauer der Untersuchungshaft, die in der Revisionsbegründung nicht mit ihrem gesamten Inhalt mitgeteilt und innerhalb des – seinerseits zwar mehrfach, aber auch nur lückenhaft mitgeteilten – Ablehnungsgesuchs nur sinngemäß referiert wurden. Eine den Verfahrensgegenstand betreffende Vortätigkeit eines erkennenden Richters ist, soweit sie nicht den Tatbestand eines Ausschlussgrundes gemäß § 23 StPO erfüllt, nach ständiger Rechtsprechung regelmäßig nicht dazu geeignet, die Besorgnis der Befangenheit des Richters zu begründen, wenn nicht besondere Umstände hinzukommen, die diese Besorgnis rechtfertigen. Ob solche Umstände in Betracht kamen oder so fern lagen, dass die nach Ansicht des Landgerichts verfehlte Ablehnungsbegründung dem Fehlen einer Begründung im Sinne von § 26a Abs. 1 Nr. 2 StPO gleichzustellen war, kann vom Revisionsgericht nur geprüft werden, wenn die Revisionsbegründung auch die hierfür maßgeblichen Einzelheiten genau mitteilt. Daran fehlt es.

482 Werden im Rahmen der Begründung einer Verfahrensrüge zwei mit dem beanstandeten Vorgang zusammenhängende gerichtliche Hinweise **verschwiegen,** ist die Revision ihrer **Verpflichtung nicht nachgekommen**, auch solche Umstände vorzutragen, die ihrem Vorbringen erkennbar zuwider laufen. Der Revisionsvortrag wird in einem solchen Fall nicht dadurch ordnungsgemäß, dass sich unmittelbar im Anschluss an die Revisionsbegründung nochmals das gesamte Urteil und das gesamte Hauptverhandlungsprotokoll einschließlich aller Anlagen in der Akte befinden, weil diese Unterlagen – dann jedenfalls ohne Hinweis in der Revisionsbegründung – der Revisionsbegründung unkommentiert beigefügt gewesen waren.[482]

483 Die Rüge, ein **wesentlicher Teil der Hauptverhandlung** habe in Abwesenheit des notwendigen Verteidigers stattgefunden, ist unzulässig, da sie den Anforderungen des § 344 Abs. 2 Satz 2 StPO nicht entspricht. Es wird zwar mitgeteilt, dass eine Verfahrensabtrennung erfolgt sei, nicht aber, ob die Hauptverhandlung gegen den Angeklagten ausgesetzt oder fortgesetzt worden ist. Damit lässt der Vortrag offen, ob der geltend gemachte Verfahrensfehler vorliegt, wenn die behaupteten Tatsachen bewiesen werden.[483]

[8] 1. Die Verfahrensrügen führen nicht zu einem Erfolg des Rechtsmittels.

[9] a) Die Rüge, am 29. November 2012 habe ein wesentlicher Teil der Hauptverhandlung in Abwesenheit des notwendigen Verteidigers stattgefunden, ist unzulässig, da sie den Anforderungen des § 344 Abs. 2 Satz 2 StPO nicht entspricht. Es wird zwar mitgeteilt, dass eine Verfahrensabtrennung erfolgt sei, nicht aber, ob die Hauptverhandlung gegen den Angeklagten ausgesetzt oder fortgesetzt worden ist. Damit lässt der Vortrag offen, ob der geltend gemachte Verfahrensfehler vorliegt, wenn die behaupteten Tatsachen bewiesen werden (vgl. hierzu BGH, Urteile vom 6. Februar 1980 – 2 StR 729/79, BGHSt 29, 203; vom 30. August 2012 – 4 StR 108/12). Denn im Falle einer erfolgten Aussetzung bedeutete dies den Abbruch der Verhandlung mit der Folge, dass später eine völlig neue, selbständige Hauptverhandlung stattfinden muss (vgl. hierzu Becker in Löwe/Rosenberg, StPO, 26. Aufl., § 229 Rn. 39; zur Fortsetzung vgl. BGH, Beschluss vom 13. April 2010 – 3 StR

---

[482] BGH, Beschluss vom 24.7.2013 – 1 StR 234/13; vgl. hierzu auch BGH, Beschluss vom 27.8.2013 – 4 StR 234/13.

[483] BGH, Urteil vom 6.8.2013 – 1 StR 201/13.

24/10, BGHR StPO § 338 Nr. 5 Verteidiger 8). Der unvollständige Vortrag kann auch nicht durch den angesichts der umfassenden und zulässigen Sachrüge an sich möglichen Rückgriff auf die Urteilsgründe (vgl. hierzu BGH, Beschluss vom 27. Juli 2012 – 1 StR 68/12, StraFo 2012, 411) ergänzt werden, da diese den Beginn der Hauptverhandlung nicht ausweisen.

[10] Die Rüge wäre aber auch unbegründet, weil – was der Senat der Gegenerklärung der Staatsanwaltschaft entnommen hat – tatsächlich nach Aussetzung der Hauptverhandlung am 29. November 2012 die erneute Hauptverhandlung gegen den Angeklagten erst am 11. Januar 2013 begonnen hat, mithin der behauptete Verfahrensverstoß vom 29. November 2012 nicht in der mit dem Urteil abgeschlossenen Hauptverhandlung stattgefunden haben und deswegen nicht die Rüge des § 338 Nr. 5 StPO begründen kann.

Sofern unter Bezugnahme auf den Inhalt eines Arztbriefs eine **Verfahrensrüge gem. § 261 StPO** erhoben wird, dürfte diese bereits unzulässig sein, wenn nur ein Ausschnitt aus diesem (mehrseitigen) Brief, nicht aber dessen weiterer Inhalt vorgetragen wird.[484] **484**

[26] b) Auch die Rüge der Verletzung des § 261 StPO wegen unrichtiger Wiedergabe des Inhalts eines Arztbriefs vom 16. Mai 2006 in den schriftlichen Urteilsgründen versagt.

[27] Die Strafkammer sieht die Einlassung des Angeklagten Dr. S. zum Inhalt des zwischen ihm und dem Geschädigten am 16. Mai 2006 geführten Telefonats – insbesondere seine Behauptung, eine alternative Lebertransplantation habe der Patient ihm gegenüber abgelehnt – durch den Inhalt des von ihm im Anschluss an das Telefonat gefertigten Arztbriefs bestätigt. Hierzu beruft sie sich auf die – eher unklare – Formulierung im Arztbrief, wonach eine Lebertransplantation „bisher nicht mehr erwogen" worden sei (UA S. 15). Tatsächlich heißt es in dem Arztbrief jedoch, die Lebertransplantation sei „bisher noch nicht erwogen" worden.

[28] Es bestehen bereits Bedenken, dass die Rüge zulässig erhoben ist (§ 344 Abs. 2 Satz 2 StPO). Hiergegen spricht, dass nur der betreffende Ausschnitt des zweiseitigen Arztbriefs, nicht jedoch dessen weiterer Inhalt vorgetragen wird (vgl. auch BGH, Beschluss vom 22. Februar 2012 – 1 StR 647/11; Urteile vom 12. Juli 1995 – 3 StR 366/93, BGHR StPO § 344 Abs. 2 Satz 2 Besetzungsrüge 5; vom 28. Juni 1995 – 3 StR 99/95, BGHR StPO § 344 Abs. 2 Satz 2 Verwertungsverbot 4; vom 21. Juli 1994 – 1 StR 83/94, BGHR § 344 Abs. 2 Satz 2 Telefonüberwachung 1; Beschluss vom 16. Januar 1991 – 3 StR 414/90, BGHR § 344 Abs. 2 Satz 2 Verwertungsverbot 2).

[29] Jedenfalls ist die Rüge aber unbegründet. Das Landgericht stützt sich bezüglich einzelner Inhalte der Aufklärungsgespräche – etwa bezüglich der Bewertung der neuen Methode als Alternative zur Lebertransplantation (UA S. 14) – neben dem Arztbrief auch auf die Aussage der Witwe des Geschädigten. Eine Rekonstruktion der Hauptverhandlung zum Zwecke der Prüfung, ob sich die beanstandete Feststellung nur auf den Arztbrief oder auch auf die Aussage dieser Zeugin stützt, ist dem Revisionsgericht jedoch versagt (vgl. dazu BGH, Beschlüsse vom 7. Juni 1979 – 4 StR 441/78, BGHSt 29, 18, 21, und vom 3. September 1997 – 5 StR 237/97, BGHSt 43, 212, 214 m.w.N.).

---

[484] BGH, Urteil vom 20.2.2013 – 1 StR 320/12.

485 Die Rüge, das Landgericht habe gegen § 261 StPO verstoßen, weil es bedeutsame, zum Inbegriff der Hauptverhandlung gewordene Äußerungen des Beschuldigten gegenüber einem Zeugen unerörtert gelassen hat, ist nicht mit einem dem **Bestimmtheitserfordernis des § 344 Abs. 2 Satz 2 StPO** genügenden Tatsachenvortrag unterlegt. Die Revision führt dazu lediglich aus, es sei „davon auszugehen", dass der Zeuge auch dazu gehört wurde, was der Beschuldigte ihm gegenüber berichtet hat. Dieser Wendung kann schon **nicht die bestimmte Behauptung entnommen** werden, der Zeuge habe in der Hauptverhandlung auch tatsächlich ausgesagt, dass sich der Beschuldigte ihm gegenüber in der von der Revision für beweiserheblich erachteten Weise geäußert hat.[485]

1. Die geltend gemachten Verfahrensrügen sind nicht zulässig erhoben.
[10] a) Die Rüge, das Landgericht habe gegen § 261 StPO verstoßen, weil es bedeutsame, zum Inbegriff der Hauptverhandlung gewordene Äußerungen des Beschuldigten gegenüber dem Zeugen KHK D. unerörtert gelassen hat, ist nicht mit einem dem Bestimmtheitserfordernis des § 344 Abs. 2 Satz 2 StPO genügenden Tatsachenvortrag unterlegt (vgl. BGH, Urteil vom 22. Januar 1974 – 1 StR 586/73, BGHSt 25, 272, 274; Franke in: Löwe-Rosenberg, StPO, 26. Aufl., § 344 Rn. 85 m.w.N.). Die Revision führt dazu lediglich aus, es sei „davon auszugehen", dass der Zeuge KHK D. auch dazu gehört wurde, was der Beschuldigte ihm gegenüber berichtet hat. Dieser Wendung kann schon nicht die bestimmte Behauptung entnommen werden, der Zeuge habe in der Hauptverhandlung auch tatsächlich ausgesagt, dass sich der Beschuldigte ihm gegenüber in der von der Revision für beweiserheblich erachteten Weise geäußert hat.

[11] Dessen ungeachtet scheitert die Rüge auch deshalb, weil eine Aussage des Zeugen KHK D. mit dem von der Revision für erörterungspflichtig erachteten Inhalt verfahrensrechtlich nicht bewiesen ist. Weder dem Protokoll noch dem Urteil kann etwas dazu entnommen werden. Einem anderweitigen Nachweis stünde das vom Revisionsgericht zu beachtende Verbot der Rekonstruktion der Beweisaufnahme entgegen (BGH, Beschluss vom 11. März 2009 – 5 StR 40/09, NStZ-RR 2009, 180; Beschluss vom 3. September 1997 – 5 StR 237/97, BGHSt 43, 212, 213 f.).

486 Um den **gesetzlichen Anforderungen des § 344 Abs. 2 Satz 2 StPO** zu entsprechen, müssen die **notwendigen Angaben zum Verfahrensgeschehen** so umfassend sein, dass dem Revisionsgericht im Sinne einer vorweggenommenen Schlüssigkeitsprüfung ohne Rückgriff auf die Akten die Beurteilung ermöglicht wird, festzustellen, ob der behauptete Verfahrensverstoß vorliegt. Um dem zu entsprechen, muss bei einer auf die Verletzung von § 244 Abs. 2 StPO gestützten Rüge regelmäßig angegeben werden, welche Umstände das Tatgericht zu weiterer Aufklärung hätten drängen müssen.[486]

Die Rüge der Verletzung der gerichtlichen Amtsaufklärungspflicht wegen des Unterbleibens der Einholung eines aussagepsychologischen Gutachtens über die Glaubhaftigkeit der Aussage der Zeugin S. bleibt ohne Erfolg.

1. Sie genügt bereits nicht in jeder Hinsicht den gemäß § 344 Abs. 2 Satz 2 StPO zu stellenden Anforderungen.

---

[485] BGH, Urteil vom 10.10.2013 – 4 StR 135/13.
[486] BGH, Beschluss vom 8.1.2013 – 1 StR 602/12.

Wie der Generalbundesanwalt in seiner Antragsschrift – entgegen der Erwiderung der Revision vom 27. Dezember 2012 – zutreffend aufgezeigt hat, bedarf es nach der Rechtsprechung des Bundesgerichtshofs für die gesetzlich nicht geregelte Untersuchung von Zeugen auf ihre Glaubwürdigkeit einer Einwilligung der Betroffenen (BGH, Urteil vom 29. Juni 1989 – 4 StR 201/89, BGHSt 36, 217, 219; BGH, Beschluss vom 5. Oktober 2004 – 1 StR 284/04; BGH, Beschluss vom 11. Januar 2005 – 1 StR 498/04, NJW 2005, 1519; Senge in KK-StPO, 6. Aufl., § 81c Rn. 9 m.w.N.). Das Vorliegen einer entsprechenden Zustimmung der zu begutachtenden Person muss von der Revision dargetan werden (BGH, Beschluss vom 5. Oktober 2004 – 1 StR 284/04). Daran fehlt es vorliegend.

Die Revision teilt, worauf der Generalbundesanwalt ebenfalls zu Recht hingewiesen hat, zudem nicht sämtliche von der Verteidigung während des Strafverfahrens gestellten Anträge auf Einholung eines aussagepsychologischen Gutachtens und die daraufhin ergangenen Entscheidungen der Strafkammer mit. Dessen hätte es aber vorliegend bedurft, um den gesetzlichen Anforderungen des § 344 Abs. 2 Satz 2 StPO zu entsprechen. Danach müssen die notwendigen Angaben zum Verfahrensgeschehen so umfassend sein, dass dem Revisionsgericht im Sinne einer vorweggenommenen Schlüssigkeitsprüfung ohne Rückgriff auf die Akten die Beurteilung ermöglicht wird, festzustellen, ob der behauptete Verfahrensverstoß vorliegt (st. Rspr.; etwa BGH, Urteil vom 25. März 1998 – 3 StR 686/97, NJW 1998, 2229; Meyer-Goßner, StPO, 55. Aufl., § 344 Rn. 21 m.w.N.). Um dem zu entsprechen, muss bei einer auf die Verletzung von § 244 Abs. 2 StPO gestützten Rüge regelmäßig angegeben werden, welche Umstände das Tatgericht zu weiterer Aufklärung hätten drängen müssen (st. Rspr.; etwa BGH, Urteil vom 11. September 2003 – 4 StR 139/03, NStZ 2004, 690, 691; Kuckein in KK-StPO, 6. Aufl., § 344 Rn. 52 m.w.N.). Damit das Revisionsgericht in die Lage versetzt wird, zu überprüfen, ob sich der Tatrichter zu der begehrten Aufklärung hätte gedrängt sehen müssen, bedarf es grundsätzlich auch der Mitteilung des Inhalts darauf gerichteter Beweisanträge und der Entscheidungen des Tatgerichts über diese Anträge. Denn gerade aus dem Inhalt der gerichtlichen Entscheidungen ergeben sich Anhaltspunkte für die Beurteilung der Frage, ob die Amtsaufklärungspflicht eine weitergehende Beweiserhebung erforderte oder nicht. Angesichts dessen hätte die Revision die in der Gegenerklärung der Staatsanwaltschaft ausgeführte (erneute) Stellung eines Beweisantrags auf Einholung eines aussagepsychologischen Sachverständigengutachtens im Termin zur Hauptverhandlung vom 19. Juni 2012 und den Inhalt des Ablehnungsbeschlusses der Strafkammer vom selben Tage mitteilen müssen.

2. Die Rüge wäre auch in der Sache unbegründet. Der Einholung eines aussagepsychologischen Sachverständigengutachtens über die Zeugin S. bedurfte es nicht. Die Jugendkammer konnte die Glaubhaftigkeit der Zeugenaussage aufgrund eigener Sachkunde beurteilen und hat daher nicht gegen die Amtsaufklärungspflicht verstoßen.

Die Beurteilung der Glaubhaftigkeit von Zeugenaussagen ist grundsätzlich Aufgabe des Tatgerichts. Es ist regelmäßig davon auszugehen, dass Berufsrichter über diejenige Sachkunde bei der Anwendung aussagepsychologischer Glaubwürdigkeitskriterien verfügen, die für die Beurteilung von Aussagen auch bei schwieriger Beweislage erforderlich ist, und dass sie diese Sachkunde den beteiligten Laienrichtern vermitteln können. Dies gilt bei jugendlichen Zeugen erst recht, wenn die Berufsrichter – wie auch hier – zugleich Mitglieder der Jugendschutzkammer sind und über spezielle Sachkunde in der Bewertung der Glaubwürdigkeit von jugend-

lichen Zeugen verfügen (BGH, Urteil vom 18. August 2009 – 1 StR 155/09, NStZ 2010, 51, 52). Nach ständiger Rechtsprechung des Bundesgerichtshofs ist die Hinzuziehung eines psychologischen Sachverständigen lediglich dann geboten, wenn der Sachverhalt Besonderheiten aufweist, die Zweifel daran aufkommen lassen, ob die eigene Sachkunde des Tatgerichts zur Beurteilung der Glaubwürdigkeit unter den konkret gegebenen Umständen ausreicht (st. Rspr.; BGH, Beschluss vom 12. November 1993 – 2 StR 594/93, StV 1994, 173; BGH, Beschluss vom 25. April 2006 – 1 StR 579/05, NStZ-RR 2006, 242, 243). Solche Umstände können gegeben sein, wenn Anhaltspunkte dafür vorliegen, dass die Erinnerungsfähigkeit einer Beweisperson aus besonderen, psychodiagnostisch erfassbaren Gründen eingeschränkt ist oder dass besondere psychische Dispositionen oder Belastungen – die auch im verfahrensgegenständlichen Geschehen selbst ihre Ursache haben können – die Zuverlässigkeit der Aussage in Frage stellen könnten, und dass für die Feststellung solcher Faktoren und ihrer möglichen Einflüsse auf den Aussageinhalt eine besondere, wissenschaftlich fundierte Sachkunde erforderlich ist, über welche der Tatrichter im konkreten Fall nicht verfügt (BGH, Urteil vom 26. April 2006 – 2 StR 445/05, NStZ-RR 2006, 241 m.w.N.).

Nach diesen Maßstäben bedurfte es vorliegend keiner Einholung eines aussagepsychologischen Sachverständigengutachtens, um der Amtsaufklärungspflicht zu entsprechen. Die Jugendkammer hat sich auf der Grundlage des der Zeugin Aussagetüchtigkeit zuschreibenden psychiatrischen Sachverständigengutachtens mit der Persönlichkeit der Zeugin und möglichen für die Beurteilung der Glaubhaftigkeit relevanten Aspekten, wie ihrer zeitweiligen psychiatrischen Behandlung, den Berichten von Déjà-vu-Erlebnissen sowie einer denkbaren Übertragung einer möglicherweise während ihres Aufenthaltes in Pakistan erlebten Vergewaltigung auf das Verhalten des Angeklagten, umfassend und sorgfältig auseinandergesetzt sowie erkennen lassen, warum sie zur Beurteilung der Glaubwürdigkeit aufgrund eigener Sachkunde in der Lage war. Angesichts der mit sachverständiger Hilfe rechtsfehlerfrei ausgeschlossenen Beeinträchtigung der Aussagetüchtigkeit und dem Fehlen von Wahrnehmungsstörungen lagen in der Person der Zeugin keine solchen Besonderheiten vor, die eine in Jugendschutzsachen erfahrene Jugendkammer außer Stande gesetzt hätte, die Zuverlässigkeit der Angaben zu beurteilen. Erst recht bestanden keine Besonderheiten im genannten Sinn darin, dass Gegenstand der Aussage Straftaten gegen die sexuelle Selbstbestimmung der Zeugin waren und dass diese zur Zeit der geschilderten Vorfälle in kindlichem bzw. jugendlichem Alter war (vgl. BGH, aaO, NStZ-RR 2006, 241).

487 Verfahrensrügen, mit denen die **Verwertung erhobener Telekommunikationsverkehrsdaten beanstandet** werden, sind jeweils **nicht zulässig** ausgeführt, sofern **nicht auch mitgeteilt wird**, ob die aufgrund des gerichtlichen Beschlusses übermittelten Verkehrsdaten von den Mobilfunkbetreibern allein nach § 113a TKG oder für eigene Zwecke gemäß §§ 96 ff. TKG gespeichert waren.[487]

Die Verfahrensrügen, mit denen die Angeklagten die Verwertung erhobener Telekommunikationsverkehrsdaten beanstanden, sind jeweils nicht zulässig ausgeführt (§ 344 Abs. 2 Satz 2 StPO).

---

[487] BGH, Beschluss vom 20.11.2012 – 4 StR 443/12.

Die Revision des Angeklagten C. teilt schon nicht mit, ob die aufgrund des Beschlusses des Amtsgerichts Bielefeld vom 4. September 2008 übermittelten Verkehrsdaten von den Mobilfunkbetreibern allein nach § 113a TKG oder für eigene Zwecke gemäß §§ 96 ff. TKG gespeichert waren. Es bleibt daher offen, ob für die rechtliche Zulässigkeit der Datenübermittlung die einschränkenden Voraussetzungen maßgeblich waren, die das Bundesverfassungsgericht in der am 11. März 2008 ergangenen und am 1. September 2008 verlängerten einstweiligen Anordnung im Verfahren 1 BvR 256/08 (BVerfGE 121, 1 ff., 391 f.) für die vorläufige weitere Anwendung der Vorschriften zur Vorratsdatenspeicherung festgelegt hatte. Dem Revisionsvorbringen ist ferner ein verfahrensmäßiger Zusammenhang zwischen der Erhebung des Widerspruchs gegen die Verwertung der Verkehrsdaten und den zur Einführung dieser Daten in die Hauptverhandlung durchgeführten Beweiserhebungen nicht zu entnehmen, sodass nicht beurteilt werden kann, ob der Widerruf rechtzeitig (§ 257 StPO) erfolgte. Darüber hinaus versäumt es die Revision, den Inhalt des Spurensicherungsberichts der Polizei vom 21. August 2008 und des weiteren polizeilichen Vermerks vom 4. September 2008 mitzuteilen, auf den die Strafkammer zur Darstellung der Verdachtslage in ihrem den Widerspruch gegen die Verwertung der Verkehrsdaten zurückweisenden Beschluss Bezug genommen hat.

Die Revision des Angeklagten V. lässt schließlich jeglichen Sachvortrag zur Erhebung der zum Nachteil dieses Angeklagten verwerteten Telekommunikationsverkehrsdaten vermissen.

Eine **Verfahrensrüge**, welche u.a. damit begründet wird, der Verteidiger habe zum **488** Abspielen eines Tonmittschnitts in der Hauptverhandlung eine „Erklärung“ abgegeben, genügt nicht den **Darlegungsanforderungen** des § 344 Abs. 2 Satz 2 StPO, wenn nicht zugleich mitgeteilt wird, ob der Angeklagte durch diese „Erklärung“ des Verteidigers der Verwertung der Aufzeichnung rechtzeitig widersprochen oder ihr zugestimmt hat. Dies wäre jedoch erforderlich gewesen, weil ein etwa bestehendes Verwertungsverbot für ihn disponibel war.

Eine weitere Rüge betreffend das Abspielen des bearbeiteten Mitschnitts ist jedenfalls **unbegründet**, wenn sich aus dem weiteren Vortrag ergibt, dass der Angeklagte gerade den **Mitschnitt in die Hauptverhandlung einzuführen wünschte.**[488]

Ein Urteil, das ausschließlich ein **Zuchtmittel** (§ 13 Abs. 2 Ziffer 3 JGG) gegen den **489** Angeklagten anordnet, kann gemäß **§ 55 Abs. 1 Satz 1 JGG** nicht wegen des Umfangs der Maßnahme und nicht deshalb angefochten werden, weil andere Erziehungsmaßregeln oder (andere) Zuchtmittel hätten angeordnet werden sollen. Dementsprechend kann ein Rechtsmittel gegen ein allein derartige Rechtsfolgen des Jugendstrafrechts verhängendes Urteil lediglich darauf gestützt werden, dass die Schuldfrage aus tatsächlichen oder rechtlichen Gründen falsch beurteilt oder die verhängte Sanktion selbst rechtswidrig ist.[489]

[5] 1. Ein Urteil, das – wie hier mit der Verhängung von Jugendarrest – ausschließlich ein Zuchtmittel (§ 13 Abs. 2 Ziffer 3 JGG) gegen den Angeklagten anordnet, kann gemäß § 55 Abs. 1 Satz 1 JGG nicht wegen des Umfangs der Maßnahme und nicht deshalb angefochten werden, weil andere Erziehungsmaßregeln oder (andere) Zuchtmittel hätten angeordnet werden sollen. Dementsprechend kann ein Rechts-

[488] BGH, Berschluss vom 16.9.2013 – 1 StR 264/13.
[489] BGH, Beschluss vom 10.7.2013 – 1 StR 278/13.

mittel gegen ein allein derartige Rechtsfolgen des Jugendstrafrechts verhängendes Urteil lediglich darauf gestützt werden, dass die Schuldfrage aus tatsächlichen oder rechtlichen Gründen falsch beurteilt oder die verhängte Sanktion selbst rechtswidrig ist (OLG Celle, NStZ-RR 2001, 121 m.w.N.; OLG Dresden, Beschluss vom 31. Januar 2003 – 1 Ss 708/02 – zitiert nach juris; Laue in Meier/Rössner/Trüg/Wulf, JGG, 2011, § 55 Rn. 29; siehe auch BVerfG NStZ-RR 2007, 385, 386).

[6] a) Diese gesetzliche Beschränkung in dem zulässigen Angriffsziel eines gegen ein solches Urteil gerichteten Rechtsmittels wirkt sich bei der Revision auf die aus § 344 Abs. 1 StPO resultierenden Anforderungen an den vom Gesetz verlangten Revisionsantrag aus (vgl. Meyer-Goßner, StPO, 56. Aufl., § 344 Rn. 3a; siehe auch bereits BGH, Beschluss vom 6. Oktober 1998 – 4 StR 312/98, bei Böhm NStZ-RR 1999, 289, 291 zu Ziffer VI.). Um eine Umgehung der Begrenzung der im Rahmen von § 55 Abs. 1 Satz 1 JGG zulässigen Angriffsziele einer Revision zu verhindern, ergibt sich vor dem Hintergrund von § 344 Abs. 1 StPO, im Revisionsantrag anzugeben, inwieweit das Urteil angefochten werde, für den Revisionsführer die Notwendigkeit, eindeutig (vgl. BVerfG NStZ-RR 2007, 385, 386) klarzustellen, dass mit dem Rechtsmittel ein zulässiges Ziel verfolgt wird (OLG Celle und OLG Dresden jeweils aaO; Meyer-Goßner aaO; Laue in Meier/Rössner/Trüg/Wulf, JGG, § 55 Rn. 29 aE).

490 Der **Inhalt des Urteils** ist bei **gleichzeitig erhobener Sachrüge** vom Revisionsgericht **von Amts wegen zur Kenntnis zu nehmen** und kann daher den Sachvortrag der Revision zu einer Verfahrensrüge ergänzen, so dass die Rüge daher trotz an sich unzureichenden Vortrags (§ 344 Abs. 2 StPO) als zulässig beurteilt werden kann.[490]

29. Revisionsrügen nach § 338 StPO

491 Die nachstehenden Rügen heben die alltäglichen Fragen, mit denen die Revisionsrechtsprechung befasst wird, nur in besonderer Weise hervor. Allerdings sollte sich ein Verteidiger im Rahmen einer **Revisionsbegründung** vorher klar werden, ob er eine Rüge nach den Sonderbestimmungen des § 338 StPO oder als „normale" Verfahrensrüge erheben will. Nicht hilfreich und zumeist auch nicht weiterführend ist es regelmäßig, ein und dieselbe Rüge unter verschiedenen „Vorzeichen" geltend zu machen.

a) § 338 Nr. 1 StPO

492 Um die **Besetzungsrüge** nach § 338 Nr. 1 StPO zu erhalten, bedarf es des Besetzungseinwands gemäß § 222b Abs. 1 Satz 1 StPO dann nicht, wenn eine Besetzungsmitteilung nach § 222a Abs. 1 StPO unterblieben war.[491]

493 Die Rüge der **vorschriftswidrigen Besetzung** nach § 338 Nr. 1 StPO ist **präkludiert und damit unzulässig**. Die Revision trägt zwar vor, die Verteidigung habe den Besetzungseinwand in der Hauptverhandlung vor Verlesung der Anklage gerügt. Das Protokoll weist jedoch einen mündlich erhobenen und begründeten

---

490 BGH, Beschluss vom 18.12.2012 – 3 StR 458/12.

491 BGH, Beschluss vom 29.1.2013 – 2 StR 497/12.

Einwand – wie es bei Geltendmachung in der Hauptverhandlung erforderlich ist – erst nach der Vernehmung des Angeklagten zur Sache aus. Die vom Revisionsführer zitierte Protokollstelle belegt diesen im Hinblick auf § 222b StPO verspäteten Zeitpunkt des Einwands. Zum Vorliegen eines anderen Ausnahmegrundes für die Rügepräklusion nach § 338 Nr. 1 Halbsatz 2 StPO ist nichts vorgetragen.[492]

b) § 338 Nr. 3 StPO

Die Vernehmung von Zeugen stellt ebenso wie die Einlassung eines Mitangeklagten zur Sache einen **wesentlichen Teil der Hauptverhandlung** dar. Hat **ein Zeuge während der Abwesenheit des Verteidigers ausgesagt** und sich der Angeklagte zur Sache eingelassen, hat ein wesentlicher Teil der Hauptverhandlung vor dem Landgericht in Abwesenheit des notwendigen Verteidigers stattgefunden (§ 338 Nr. 5 StPO, § 140 Abs. 1 Nr. 1, § 145 StPO).[493] **494**

[14] 3. Die Rüge ist auch begründet, da ein wesentlicher Teil der Hauptverhandlung vor dem Landgericht in Abwesenheit des notwendigen Verteidigers stattgefunden hat (§ 338 Nr. 5 StPO, § 140 Abs. 1 Nr. 1, § 145 StPO).

[15] Wie aus dem Sitzungsprotokoll hervorgeht, war der Angeklagte D., obgleich es sich um einen Fall notwendiger Verteidigung handelte (§ 140 Abs. 1 Nr. 1 StPO), während eines Teils der Hauptverhandlung nicht verteidigt. Der Verteidiger des Angeklagten war während seiner Abwesenheit nicht gemäß § 231c StPO beurlaubt. Eine Beurlaubung des Verteidigers war weder beantragt noch von dem Beschluss des Landgerichts, mit dem es die Abwesenheit des Angeklagten während der Befragung des Zeugen N. durch Rechtsanwalt R. genehmigt hat, umfasst.

[16] Während der Abwesenheit des Verteidigers hat der Zeuge N. ausgesagt und sich der Angeklagte Do. zur Sache eingelassen. Die Vernehmung von Zeugen stellt ebenso wie die Einlassung eines Mitangeklagten zur Sache einen wesentlichen Teil der Hauptverhandlung dar (BGH, Urteil vom 29. Juni 1956 – 2 StR 252/56, BGHSt 9, 243, 244; Urteil vom 9. Oktober 1985 – 3 StR 473/84, StV 1986, 287, 288; Meyer-Goßner StPO 55. Aufl. § 338 Rn. 37). Die Rüge scheitert auch nicht daran, dass es denkgesetzlich ausgeschlossen ist, dass das Urteil gegen den Angeklagten auf der Abwesenheit seines Verteidigers während dieses Verhandlungsteils beruht (vgl. BGH, Beschluss vom 13. April 2010 – 3 StR 24/10, StV 2011, 650; Urteil vom 28. Juli 2010 – 1 StR 643/09, NStZ 2011, 233, 234). Dies wäre nur dann der Fall, wenn der in Abwesenheit erörterte Verfahrensstoff auch nicht nur mittelbar die gegen den Angeklagten erhobenen Vorwürfe berührte und damit keinen auch nur potentiellen Einfluss auf den Schuld- oder Rechtsfolgenausspruch gegen den Angeklagten haben könnte (vgl. auch BGH, Beschluss vom 16. Februar 2012 – 3 StR 462/11, NStZ 2012, 463). Da vorliegend der Zeuge KHK N. zum Nachtatverhalten des Angeklagten D. bei der Durchsuchung des Bankschließfachs Angaben gemacht hat, die das Landgericht ausweislich der Urteilsgründe zu Lasten des Angeklagten D. gewertet hat (UA S. 54), lässt sich schon deshalb nicht ausschließen, dass der Angeklagte von dem in Abwesenheit des Verteidigers stattgefundenen Verhandlungsteil betroffen war.

---

[492] BGH, Urteil vom 6.8.2013 – 1 StR 201/13; vgl. hierzu auch BGH, Beschluss vom 4.7.2013 – 4 StR 129/13.

[493] BGH, Beschluss vom 10.4.2013 – 2 StR 19/13.

c) § 338 Nr. 4 StPO

495 Die **Rüge der örtlichen Unzuständigkeit** des Gerichts (§ 338 Nr. 4 StPO) bleibt erfolglos, wenn in dem für die Zuständigkeitsbestimmung maßgeblichen Zeitpunkt der Eröffnung des Hauptverfahrens hinreichende Anhaltspunkte dafür vorlagen, dass der Angeklagte mit seiner Tätigkeit den Betäubungsmittelhandel eines anderen Täters zumindest unterstützte und diese Tat jedenfalls auch im Zuständigkeitsbereich des Tatgerichts begangen wurde. Tatort der Beihilfe zum Handeltreiben ist auch der Ort des Handeltreibens.[494]

[9] 1. Entgegen der Auffassung des Beschwerdeführers liegt der absolute Revisionsgrund der örtlichen Unzuständigkeit nach § 338 Nr. 4 StPO nicht vor. Das Landgericht München II war nach § 7 Abs. 1 StPO für das Verfahren gegen den Angeklagten örtlich zuständig.

[10] In dem für die Zuständigkeitsbestimmung maßgeblichen Zeitpunkt der Eröffnung des Hauptverfahrens lagen hinreichende Anhaltspunkte dafür vor, dass der Angeklagte mit seiner Tätigkeit den Betäubungsmittelhandel von M. unterstützte. Nach der Überzeugung des Landgerichts ist der Transport der verpackten Betäubungsmittel durch den gesondert Verurteilten M. zum Zwecke gewinnbringenden Weiterverkaufs die Haupttat des unerlaubten Handeltreibens mit Betäubungsmitteln in nicht geringer Menge. Diese Tat wurde jedenfalls auch im Zuständigkeitsbereich des Landgerichts München II begangen (§ 7 Abs. 1 StPO), weil M. mit dem Kokain zum Zweck des gewinnbringenden Weiterverkaufs unterwegs war (vgl. auch BGH, Beschluss vom 31. März 2011 – 3 StR 400/10, insoweit in NStZ 2011, 596 nicht abgedr.). An diesem Geschehen hat sich der Angeklagte durch die Verpackung des Kokains beteiligt, denn erst hierdurch war es zum Transport und auch zum Versteck in den Radkästen des Wagens geeignet. Tatort der Beihilfe zum Handeltreiben ist auch der Ort des Handeltreibens (§ 9 Abs. 2 StGB).

[11] Der Fall unterscheidet sich damit schon im Ansatz von den Konstellationen, in denen sich Veräußerer und Erwerber von Betäubungsmitteln gegenüberstehen und gegenteilige Interessen verfolgen (vgl. hierzu BGH, Beschlüsse vom 17. Juli 2002 – 2 Ars 164/02, NStZ 2003, 269; vom 31. März 2011 – 3 StR 400/10, insoweit in NStZ 2011, 596 nicht abgedr.; BGH, Urteil vom 30. September 2008 – 5 StR 215/08, NStZ 2009, 221). Soweit die Revision erwägt, der Angeklagte sei alleine auf Seiten etwaiger Veräußerer der Betäubungsmittel tätig geworden, lag dies nach den Umständen des Falls im Zeitpunkt des Eröffnungsbeschlusses angesichts der in albanisch geführten Kommunikation mit dem in den Niederlanden befindlichen Hintermann „R." vor dem Hintergrund der albanischen Staatsangehörigkeit des Angeklagten und seines Aufenthalts in den Niederlanden nicht nahe.

d) § 338 Nr. 5 StPO

496 Die **Entscheidung über die Entlassung einer Zeugin** ist **nicht mehr Teil der Vernehmung,** sondern bildet einen eigenständigen wesentlichen Bestandteil der Hauptverhandlung. Auch wenn der Angeklagte sich gemäß § 247 S. 1 StPO für die Dauer der Vernehmung aus dem Sitzungssaal zu entfernen hatte, war danach dessen

494 BGH, Urteil vom 1.10.2013 – 1 StR 403/13.

Anwesenheit im Sitzungssaal erforderlich. Nur beim Vorliegen besonderer Umstände, etwa eine Bild-Ton-Übertragung in einen Nebenraum mit Gegensprechanlage, die dem Angeklagten während seiner Abwesenheit vom Sitzungssaal ermöglicht, entweder seine Zustimmung zur Entlassung der Zeugin zu erklären oder sein Fragerecht weiter auszuüben, kann davon abgesehen werden.[495]

[2] Die Revision des Angeklagten hat mit einer Verfahrensrüge Erfolg.

[3] 1. Mit Recht rügt die Verteidigung die Verletzung des § 338 Nr. 5 StPO, weil der Angeklagte bei der Entscheidung über die Entlassung der Zeugin B., der Geschädigten im Fall 1 der Urteilsgründe, nicht im Sitzungssaal anwesend war. Zwar hatte das Landgericht gemäß § 247 Satz 1 StPO angeordnet, dass sich der Angeklagte für die Dauer der Vernehmung aus dem Sitzungssaal zu entfernen hat. Die Entscheidung über die Entlassung der Zeugin war indes nicht mehr Teil der Vernehmung, sondern bildete einen eigenständigen wesentlichen Bestandteil der Hauptverhandlung (vgl. BGH, Großer Senat für Strafsachen, Beschluss vom 21. April 2010 – GSSt 1/09, BGHSt 55, 87, 92), während dessen der Angeklagte nicht im Sitzungssaal anwesend war. Besondere Umstände, etwa eine Bild-Ton-Übertragung in einen Nebenraum mit Gegensprechanlage, die dem Angeklagten während seiner Abwesenheit vom Sitzungssaal ermöglicht hätten, entweder seine Zustimmung zur Entlassung der Zeugin zu erklären oder sein Fragerecht weiter auszuüben (vgl. dazu BGH, Urteil vom 9. Februar 2011 – 5 StR 387/10, NStZ 2011, 534), lagen hier nicht vor. Auch ist der Fehler, der vom Landgericht unbemerkt blieb, nicht im Laufe des weiteren Verfahrens geheilt worden (vgl. zur Möglichkeit einer Heilung BGH, Großer Senat für Strafsachen aaO S. 94).

[4] 2. Der Rechtsfehler führt – mit Ausnahme zum freisprechenden Teil – zur Aufhebung des Urteils insgesamt, also auch, soweit der Angeklagte in den Fällen 2. und 3. der Urteilsgründe wegen Taten zum Nachteil der Geschädigten C. verurteilt worden ist.

[5] Zwar darf auch bei einem absoluten Revisionsgrund von einer Urteilsaufhebung abgesehen werden, wenn und soweit ausnahmsweise das Beruhen des Urteils denkgesetzlich ausgeschlossen ist (vgl. hierzu Meyer-Goßner, StPO, 55. Aufl., § 338 Rn. 2 mit Nachweisen aus der Rechtsprechung des Bundesgerichtshofs). Dies ist hier jedoch nicht der Fall. Das Landgericht hat die Zeuginnen B. und C. zwar zu unterschiedlichen Tatvorwürfen vernommen; diese Vorwürfe konnten jedoch nicht völlig isoliert voneinander beurteilt werden. Das zeigt sich hier bereits darin, dass das Landgericht bei der Würdigung der Glaubhaftigkeit der Angaben beider Zeuginnen ausdrücklich in den Blick genommen hat, dass deren Aussagen bemerkenswerte Ähnlichkeiten hinsichtlich des Verhaltens des Angeklagten aufwiesen, obwohl sich die Zeuginnen nicht absprechen konnten (UA S.10).

Bei der **Betrachtung und Erörterung eines Luftbildes** vom Tatort handelt es sich um einen **Augenscheinsbeweis** und einen wesentlichen Teil der Hauptverhandlung, unabhängig davon, ob zugleich eine Bewertung der Aufnahme durch einen Zeugen vorgenommen wird, während deren Vernehmung der Angeklagte von der Anwesenheit ausgeschlossen war. Somit war das Anwesenheitsrecht des Angeklagten verletzt.[496] **497**

[495] BGH, Beschluss vom 10.4.2013 – 1 StR 11/13.
[496] BGH, Beschluss vom 19.11.2013 – 2 StR 379/13.

e) § 338 Nr. 6 StPO

498 Ein Verstoß gegen die Mitteilungspflicht aus § 243 Abs. 4 Satz 1 StPO wäre **kein absoluter Revisionsgrund** im Sinne von § 338 Nr. 6 StPO. Eine Verletzung des Gesetzes läge daher nur dann vor, wenn das Urteil auf dem Verstoß beruhte (§ 337 Abs. 1 StPO).[497]

30. Wirkung einer Revisionsentscheidung, Verschlechterungsverbot

499 Wird ein Urteil des Tatrichters auf die Revision im Schuldspruch **mit den zugehörigen Feststellungen aufgehoben** (§ 353 Abs. 2 StPO), kann ein erneuter Schuldspruch nur auf der Grundlage von neuen, in prozessordnungsgemäßer Weise getroffenen Feststellungen ergehen.[498]

[5] 2. Soweit die Angeklagten A. und R. im Fall II. 5. der Urteilsgründe wegen unerlaubten Handeltreibens mit Betäubungsmitteln in nicht geringer Menge in Tateinheit mit versuchter unerlaubter Einfuhr von Betäubungsmitteln in nicht geringer Menge (A.) bzw. Beihilfe zum unerlaubten Handeltreiben mit Betäubungsmitteln in nicht geringer Menge in Tateinheit mit Beihilfe zur versuchten unerlaubten Einfuhr von Betäubungsmitteln in nicht geringer Menge (R.) verurteilt worden sind, hat das Urteil keinen Bestand, weil das Landgericht keine den Schuldspruch tragenden Feststellungen getroffen hat.

[6] a) Der Senat hat mit Beschluss vom 7. Dezember 2011 (4 StR 517/11) das im ersten Durchgang ergangene Urteil vom 12. Juli 2011 im Fall II. 5. der Urteilsgründe hinsichtlich beider Angeklagter im Schuldspruch mit den zugehörigen Feststellungen aufgehoben (§ 353 Abs. 2 StPO). Danach konnte ein erneuter Schuldspruch nur auf der Grundlage von neuen, in prozessordnungsgemäßer Weise getroffenen Feststellungen ergehen. Hieran fehlt es, weil das Landgericht nach der Zurückverweisung rechtsfehlerhaft davon ausgegangen ist, dass es auch im Fall II. 5. der Urteilsgründe von den (insoweit aufgehobenen) Feststellungen zur Sache im Urteil vom 12. Juli 2011 „auszugehen" (UA 5 bis 7) und diese seiner Entscheidung unverändert zugrunde zu legen habe. Es hat deshalb die Feststellungen aus dem Urteil vom 12. Juli 2011 in die Urteilsgründe hineinkopiert und in Bezug auf Fall II. 5. lediglich die „ergänzende Feststellung" getroffen (UA 11 und 12), dass es sich bei dem von dem Angeklagten A. zusammen mit dem früheren Mitangeklagten S. und unter Mithilfe des Angeklagten R. in den Niederlanden angekauften und nach Deutschland verbrachten Gemisch nicht um eine Amphetaminzubereitung, sondern um ein Falsifikat gehandelt habe. Zwar wird im Rahmen der Beweiswürdigung mitgeteilt, dass sich die Angeklagten erneut geständig eingelassen und die Feststellungen zu den einzelnen Taten im Urteil vom 12. Juli 2011 bestätigt haben (UA 13), doch kann dem angesichts der eindeutigen Formulierungen auf UA 5, 7 und 11 nicht entnommen werden, dass sich das Landgericht doch seiner umfassenden Kognitionspflicht bewusst war und im Fall II. 5. lediglich gleichlautende eigene Feststellungen zur Sache getroffen hat.

---

[497] BGH, Beschluss vom 3.9.2013 – 1 StR 237/13.
[498] BGH, Beschluss vom 12.3.2013 – 4 StR 337/12.

[7] b) Da sich allein auf der Grundlage der „ergänzenden Feststellung" die Art und der Umfang der Schuld nicht erkennen lässt, ist die von dem Angeklagten A. erklärte Beschränkung seiner Revision auf den Rechtsfolgenausspruch insoweit unwirksam und steht deshalb der Aufhebung des Schuldspruchs im Fall II. 5. der Urteilsgründe nicht entgegen (BGH, Urteil vom 4. November 1997 – 1 StR 273/97, BGHSt 43, 293, 300; Beschluss vom 14. Juli 1993 – 3 StR 334/93, NStZ 1994, 130).

Das **Verschlechterungsverbot** schließt nach Zurückverweisung der Sache nicht nur eine Erhöhung der Gesamtstrafe aus, sondern lässt auch keine Erhöhung der Einzelstrafen zu.[499] **500**

[3] 1. Die neu bemessene Einzelstrafe im Falle VI. 3 der Urteilsgründe begegnet durchgreifenden rechtlichen Bedenken; dies führt zur Aufhebung des Urteils auch im Gesamtstrafenausspruch. Der Generalbundesanwalt hat insoweit ausgeführt:

> *„Der von der Revision geltend gemachte Verstoß gegen das Verbot der Schlechterstellung nach § 358 Abs. 2 Satz 1 StPO begründet wegen eines Eingriffs in eine zu Gunsten des Angeklagten wirkende Teilrechtskraft der oberen Bestrafungsgrenze ein Verfahrenshindernis, das von Amts wegen zu beachten ist (BGHSt 14, 5, 7; BGH wistra 2000, 475).*
>
> *Im Strafausspruch zu Fall VI.3 der Urteilsgründe hat die Strafkammer gegen das Verschlechterungsverbot (§ 358 Abs. 2 Satz 1 StPO) verstoßen, indem sie hierfür eine Einzelstrafe von 4 Jahren 3 Monaten verhängt hat, obwohl der erste Tatrichter lediglich eine Einzelstrafe von 4 Jahren festgesetzt hatte. Dies ist rechtsfehlerhaft, weil das Verschlechterungsverbot nach Zurückverweisung der Sache nicht nur eine Erhöhung der Gesamtstrafe ausschließt, sondern grundsätzlich auch eine Erhöhung der Einzelstrafen nicht zulässt (BGHSt 1, 252 ff.; 13, 41 f.; BGH NStZ-RR 1998, 265; StV 1999, 419; wistra 2000, 475). Diese Einzelstrafe kann daher keinen Bestand haben. Eine Herabsetzung dieser Strafe auf das zulässige Maß von 4 Jahren kommt nicht in Betracht, da der Senat nicht ausschließen kann, dass die Strafkammer bei Beachtung des Verschlechterungsverbots auf eine niedrigere als die im früheren Urteil verhängte Einzelstrafe erkannt hätte. Dies ergibt sich schon daraus, dass die Strafkammer gegenüber dem Urteil vom 6. September 2011 im Fall IV.1 der Urteilsgründe eine um 3 Monate geringere und im Fall IV.2 der Urteilsgründe eine um 9 Monate geringere Strafe verhängt hatte. Der Wegfall dieser Einzelstrafe – der Einsatzstrafe – zieht die Aufhebung der Gesamtstrafe nach sich. Die jeweils rechtsfehlerfrei getroffenen Feststellungen können bestehen bleiben. Der neue Tatrichter ist nicht gehindert, ergänzende Feststellungen zu treffen, sofern sie den bisher getroffenen nicht widersprechen."*

[4] Dem schließt sich der Senat an.

Entsprechend dem **Verschlechterungsverbot** des § 358 Abs. 2 Satz 1 StPO ist (bei einer **Divergenz** zwischen der im Tenor und den Gründen genannten Gesamtstrafe) nicht die in den Gründen genannte Strafe maßgeblich, sondern die bisher verhängte, wie sie dem Urteilstenor zu entnehmen ist.[500] **501**

---

499 BGH, Beschluss vom 3.4.2013 – 3 StR 60/13.
500 BGH, Urteil vom 11.6.2013 – 5 StR 174/13.

[2] 1. Der Ausspruch über die Gesamtfreiheitsstrafe hat keinen Bestand, weil das Urteil insoweit einen unauflöslichen Widerspruch aufweist. Nach dem Urteilstenor ist der Angeklagte zu einer Gesamtfreiheitsstrafe von zwei Jahren und zehn Monaten verurteilt worden. Den Urteilsgründen zufolge (UA S. 31) hat das Landgericht hingegen auf eine Gesamtfreiheitsstrafe von zwei Jahren und drei Monaten erkannt. Worauf dieser Widerspruch beruht, ist dem Urteil nicht zu entnehmen. Um ein offenkundiges Schreibversehen, das eine Berichtigung zuließe, handelt es sich nicht, da die Strafzumessungsgründe keinen Anhalt dafür bieten, welche der beiden Gesamtstrafen die Strafkammer für angemessen erachtet hat. Das Urteil ist daher im Gesamtstrafausspruch aufzuheben (BGH, Beschluss vom 25. Februar 2009 – 5 StR 46/09, BGHR StPO § 260 Abs. 1 Urteilstenor 5 m.w.N.), ohne dass es der Aufhebung von Urteilsfeststellungen bedürfte.

[3] 2. Zwar kann das Revisionsgericht auf die niedrigere der divergierenden Strafen durcherkennen, sofern auszuschließen ist, dass das Tatgericht auf eine noch niedrigere Strafe erkannte hätte (BGH, Beschlüsse vom 28. Februar 2012 – 2 StR 544/11 – und vom 25. Februar 2009 – 5 StR 46/09 aaO, jeweils m.w.N.). Von dieser Möglichkeit macht der Senat jedoch im vorliegenden Fall keinen Gebrauch, um dem neuen Tatgericht die Möglichkeit einzuräumen, die Gesamtstrafe neu zu bemessen. Für das hierbei zu beachtende Verschlechterungsverbot des § 358 Abs. 2 Satz 1 StPO ist nicht die in den Gründen genannte Strafe maßgeblich, sondern die bisher verhängte, wie sie dem Urteilstenor zu entnehmen ist. Das folgt aus dem Sinn und Zweck des Verschlechterungsverbots. Diesem liegt die Erwägung zugrunde, dass der Angeklagte bei seiner Entscheidung darüber, ob er von einem ihm zustehenden Rechtsmittel Gebrauch machen will, nicht durch die Besorgnis beeinträchtigt werden soll, es könne ihm durch die Einlegung des Rechtsmittels ein Nachteil in Gestalt härterer Bestrafung entstehen (Kuckein in KK, StPO, 6. Aufl., § 358 Rn. 18 m.w.N.). Ein solcher Nachteil entstünde nur dann, wenn die neu verhängte Strafe die in dem verkündeten Tenor des angefochtenen Urteils genannte überstiege. Letztere würde nämlich im Falle der Nichteinlegung oder Rücknahme des Rechtsmittels ungeachtet des in den Urteilsgründen abweichend bezeichneten Strafmaßes in Rechtskraft erwachsen (vgl. BGH, Urteil vom 6. November 1951 – 1 StR 466/51, JZ 1952, 282 [Ls]; Schoreit in KK, StPO, § 260 Rn. 8 m.w.N.; vgl. ferner zur Bedeutung des verkündeten Tenors RGSt 61, 388), weil eine Berichtigung der Urteilsformel allein wegen des Widerspruchs zu den Gründen des schriftlichen Urteils gerade nicht möglich ist (BGH, Urteil vom 19. Oktober 2011 – 1 StR 336/11, NStZ-RR 2012, 81).

502 Gemäß dem **Verschlechterungsverbot** des § 358 Abs. 2 StPO darf die Summe aus einer Freiheitsstrafe und den Tagessätzen einer Geldstrafe die frühere Gesamtfreiheitsstrafe nicht übersteigen, wenn eine aus Freiheits- und Geldstrafe gebildete Gesamtstrafe keinen Bestand hat und nunmehr auf beide Strafarten nebeneinander erkannt wird.[501]

[5] 2. Bei der vom Landgericht verhängten Einzelfreiheitsstrafe von zwei Jahren und vier Monaten kann es unter Berücksichtigung des Verschlechterungsverbotes des § 358 Abs. 2 StPO nicht verbleiben.

---

[501] BGH, Beschluss vom 7.5.2013 – 4 StR 111/13.

[6] Danach darf die Summe aus einer Freiheitsstrafe und den Tagessätzen einer Geldstrafe die frühere Gesamtfreiheitsstrafe nicht übersteigen, wenn eine aus Freiheits- und Geldstrafe gebildete Gesamtstrafe keinen Bestand hat und nunmehr auf beide Strafarten nebeneinander erkannt wird (vgl. BayObLG, Urteil vom 20. Januar 1971 – RReg. 1 St 132/70, BayObLGSt 1971, 7, 8; Meyer-Goßner, StPO, 56. Aufl., § 331 Rn. 20 m.w.N.; Bringewat, Die Bildung der Gesamtstrafe, 1987, Rn. 287 m.w.N.). Da das Landgericht den Angeklagten wegen Geldfälschung zu einer Freiheitsstrafe von zwei Jahren und vier Monaten verurteilt hat und die Gesamtgeldstrafe von 160 Tagessätzen aus dem Gesamtstrafenbeschluss des Amtsgerichts Lemgo vom 26. März 2012 wieder gesondert besteht, wäre der Angeklagte in unzulässiger Weise schlechter gestellt. Daher ist die Freiheitsstrafe für die Geldfälschung um drei Monate zu reduzieren. Der Senat kann, da wegen der besonderen Gegebenheiten des Falles diese Rechtsfolge vorgegeben ist, in entsprechender Anwendung von § 354 Abs. 1 StPO und in Übereinstimmung mit dem Antrag des Generalbundesanwalts selbst entscheiden.

31. Rücknahme der Revision

Ist der (Pflicht-)Verteidiger nicht gemäß **§ 302 Abs. 2 StPO zur Zurücknahme ausdrücklich ermächtigt,** wird eine Rechtsmittelrücknahme nicht wirksam erklärt. Die Zustimmung des Betreuers (des Angeklagten) stellt keine ausdrückliche Ermächtigung dar; denn sein Aufgabenbereich umfasst nicht auch die Vertretung in Strafsachen.[502] **503**

[6] Der als Antrag auf Entscheidung des Revisionsgerichts (§ 346 Abs. 2 StPO) zu wertende Schriftsatz vom 30. April 2013 hat im Ergebnis keinen Erfolg. Zwar ist der Beschluss des Landgerichts vom 19. April 2013 aufzuheben; doch war die Revision vom Senat als unzulässig zu verwerfen (§ 349 Abs. 1 StPO).

[7] 1. Der zulässige Antrag auf Entscheidung des Revisionsgerichts führt zur Aufhebung des Beschlusses, mit dem das Landgericht die Revision als unzulässig verworfen hat. Für diese Entscheidung war das Landgericht nicht zuständig.

[8] Seine Befugnis zur Verwerfung der Revision ist auf diejenigen Fälle beschränkt, in denen der Beschwerdeführer die für die Einlegung und Begründung des Rechtsmittels vorgeschriebenen Formen und Fristen nicht gewahrt hat (§ 346 Abs. 1 StPO). Kann sich die Unzulässigkeit der Revision aus einem anderen Grund ergeben, so hat allein das Revisionsgericht zu entscheiden, das sich nach § 349 Abs. 1 StPO umfassend mit dem Gesamtkomplex der Zulässigkeit befassen muss. Dies gilt auch dann, wenn ein solcher Grund mit Mängeln der Form- und Fristeinhaltung zusammentrifft (vgl. u.a. BGH, Beschlüsse vom 19. Februar 2008 – 3 StR 23/08, vom 17. Juli 2007 – 1 StR 271/07, vom 5. Oktober 2006 – 4 StR 375/06, vom 8. November 2000 – 2 StR 426/00 jeweils m.w.N.).

[9] Da im vorliegenden Fall auch die vorgreifliche Frage der Wirksamkeit der Rechtsmittelrücknahme zu prüfen war, obliegt die Entscheidung über die Zulässigkeit des Rechtsmittels dem Revisionsgericht (vgl. auch Meyer-Goßner, StPO, 56. Aufl., Rn. 2 zu § 346 StPO).

---

502 BGH, Beschluss vom 2.9.2013 – 1 StR 369/13.

[10] 2. Die Rechtsmittelrücknahme war nicht wirksam, da der (Pflicht-)Verteidiger nicht gemäß § 302 Abs. 2 StPO zur Zurücknahme ausdrücklich ermächtigt war. Die Zustimmung des Betreuers stellt hier keine ausdrückliche Ermächtigung dar; denn sein Aufgabenbereich umfasst nicht auch die Vertretung in Strafsachen (vgl. u.a. Radtke in Radtke/Hohmann, StPO, Rn. 4 zu § 298 StPO; Meyer-Goßner, aaO, Rn. 3 zu § 302 i.V.m. Rn. 1 zu § 298; vgl. auch OLG Hamm, NStZ 2008, 119).

[11] Die Beschuldigte selbst hat keine Ermächtigung zur Revisionsrücknahme erteilt.

504 Dem Angeklagten ist der **Widerruf** einer etwaigen, in der Vollmachtsurkunde erklärten **ausdrücklichen Ermächtigung grundsätzlich jederzeit** und unabhängig von dem Fortbestehen des Mandatsverhältnisses **gestattet**. Da eine bestimmte Form für die Widerrufserklärung im Gesetz nicht vorgesehen ist, kommt ein solcher auch durch schlüssiges Verhalten in Betracht. Adressaten des Widerrufs können sowohl das Gericht als auch der Verteidiger sein. Der Widerruf hebt die zuvor erteilte ausdrückliche Ermächtigung auf, wenn die entsprechende Widerrufserklärung zeitlich vor dem Eingang der Rücknahmeerklärung bei dem zuständigen Gericht den Adressaten erreicht.[503]

[1] Das Landgericht hat den Angeklagten wegen gewerbsmäßigen Bandenbetruges in fünf Fällen zu einer Gesamtfreiheitsstrafe von vier Jahren verurteilt. Seine dagegen gerichtete Revision ist zulässig, bleibt aber in der Sache ohne Erfolg.

I.

[2] 1. Gegen das am 11. Januar 2013 in Anwesenheit des Angeklagten verkündete Urteil haben für diesen Rechtsanwalt E. am 17. Januar 2013 (Bl. 4151 der Sachakten) sowie Rechtsanwalt Dr. En. am 18. Januar 2013 (Bl. 4155 der Sachakten) Revision eingelegt. Beide Revisionsschriften rügen die Verletzung formellen und materiellen Rechts. Nachdem das schriftliche Urteil am 6. Februar 2013 der den Angeklagten vor dem Landgericht verteidigenden Rechtsanwältin C. zugestellt worden war (Bl. 4227 der Sachakten), hat Rechtsanwalt E. die Sachrüge mit einem am 5. März 2013 eingegangenen Schriftsatz näher ausgeführt (Bl. 4295 der Sachakten).

[3] 2. Damit ist die Revision des Angeklagten zulässig eingelegt und begründet worden. Das Rechtsmittel ist nicht durch einen am 13. März 2013 bei dem Landgericht eingegangenen Schriftsatz von Rechtsanwalt Dr. En. (Bl. 4305 der Sachakten) wirksam zurückgenommen worden. Zum Zeitpunkt der Rücknahmeerklärung fehlte diesem die gemäß § 302 Abs. 2 StPO erforderliche ausdrückliche Ermächtigung des Angeklagten zur Rücknahme der Revision.

[4] a) Dabei braucht der Senat nicht zu entscheiden, ob Rechtsanwalt Dr. En. ursprünglich im Rahmen der Mandatserteilung aufgrund des Inhalts der von dem Angeklagten unter dem Datum vom 18. Juli 2011 unterzeichneten Vollmachtsurkunde (dort Ziffer 11; Bl. 795 der Sachakten) eine solche ausdrückliche Ermächtigung eingeräumt worden war. In der Rechtsprechung des Bundesgerichtshofs ist eine – wie hier – bei Übernahme des Mandats im Rahmen der Vollmachtserteilung eingeräumte allgemeine Ermächtigung zur Rücknahme von Rechtsmitteln als ausdrückliche Ermächtigung gemäß § 302 Abs. 2 StPO nicht für genügend erachtet worden (BGH, Beschluss vom 2. August 2000 – 3 StR 284/00, NStZ 2000, 665;

[503] BGH, Beschluss vom 5.6.2013 – 1 StR 168/13.

näher auch zu abweichenden Auffassungen Radtke in Radtke/Hohmann, StPO, 2011, § 302 Rn. 51 m.w.N.).

[5] b) Selbst wenn aber eine solche formularmäßig und vor Ergehen der später angefochtenen Entscheidung erklärte Ermächtigung den gesetzlichen Anforderungen genügen sollte, hat der Angeklagte die Ermächtigung gegenüber Rechtsanwalt Dr. En. wirksam und rechtzeitig widerrufen, bevor die Rücknahmeerklärung bei dem Landgericht eingegangen ist. Dem liegt folgendes Geschehen zugrunde:

[6] aa) Unter dem Datum vom 25. Februar 2013 richtete Dr. En. ein Schreiben an den Angeklagten, in dem der Verteidiger mitteilte, auftragsgemäß Revision eingelegt zu haben (Bl. 4335 der Sachakten). Weiterhin wies Dr. En. auf eine Zusage des Angeklagten hin, 1.500 Euro als Honorar zu entrichten, was bislang nicht geschehen sei. Der Verteidiger kündigte in dem Schreiben unter Hinweis auf die ausgebliebene Zahlung und die fehlende Reaktion des Angeklagten an, innerhalb der nächsten vier Tage die Revision zurücknehmen zu wollen. Mit einem weiteren, auf den 1. März 2013 datierten Schreiben an den Angeklagten führte Dr. En. aus, ein Telefonat mit dem Angeklagten mit äußerster Verärgerung zur Kenntnis genommen zu haben, weil jener in dem Telefongespräch bestritten habe, ihn (Dr. En.) mit der Einlegung der Revision beauftragt und die Zahlung von 1.500 Euro zugesagt zu haben (Bl. 4337 der Sachakten). Wörtlich heißt es in dem Schreiben:

> *[7] „... so gehe ich davon aus, dass es sich um ein Missverständnis handelt. Ich werde daher die Revision am 6. März 2013, 16.00 Uhr gegenüber dem Landgericht in Heidelberg zurücknehmen, sollte bis dahin dieses Missverständnis nicht dadurch geklärt werden, indem Sie mir die für den Fall der Einlegung der Revision zugesagten € 1.500,– überwiesen haben".*

[8] Rechtsanwalt Dr. En. hat in einem Telefonat mit dem Berichterstatter des Senats (vgl. Vermerk Bl. 4339 und 4341 der Sachakten) diesen Ablauf bestätigt und weiter erklärt, eine Zahlung des Angeklagten sei ausgeblieben, so dass er (Dr. En.) mit Schriftsatz vom 7. März 2013 die Revision zurückgenommen habe.

[9] bb) Bei dieser Sachlage hat der Angeklagte eine etwaige, in der Vollmachtsurkunde vom 18. Juli 2011 erklärte ausdrückliche Ermächtigung widerrufen. Ein solcher Widerruf ist dem Angeklagten grundsätzlich jederzeit und unabhängig von dem Fortbestehen des Mandatsverhältnisses gestattet (BGH, Beschluss vom 15. November 2006 – 2 StR 429/06, NStZ-RR 2007, 151; Cirener in Graf, StPO, 2. Aufl., 2012, § 302 Rn. 28 m.w.N.). Da eine bestimmte Form für die Widerrufserklärung im Gesetz nicht vorgesehen ist, kommt ein solcher auch durch schlüssiges Verhalten in Betracht (OLG München, NStZ 1987, 342). Adressaten des Widerrufs können sowohl das Gericht als auch der Verteidiger sein (BGH aaO). Der Widerruf hebt die zuvor erteilte ausdrückliche Ermächtigung auf, wenn die entsprechende Widerrufserklärung zeitlich vor dem Eingang der Rücknahmeerklärung bei dem zuständigen Gericht den Adressaten erreicht (BGH aaO; BGH, Beschluss vom 8. März 2005 – 4 StR 573/04, NStZ-RR 2005, 211; vgl. zum maßgeblichen Zeitpunkt auch BGH, Beschluss vom 19. Juni 2012 – 3 StR 190/12, NStZ-RR 2012, 318). So verhält es sich hier.

[10] Das Gesamtverhalten des Angeklagten mit dem von Rechtsanwalt Dr. En. selbst berichteten Bestreiten, diesen überhaupt mit der Einlegung des Rechtsmittels beauftragt und ein Honorar versprochen zu haben, sowie das Ausbleiben einer Zahlung selbst nach der Ankündigung des Verteidigers, die Revision zurückzunehmen, stellen sich als konkludente Widerrufserklärung dar. Das gilt jedenfalls angesichts des weiteren Umstandes, dass der Angeklagte nach dem Ergehen des landgerichtlichen

Urteils Rechtsanwalt E. mit der Einlegung der Revision beauftragt hatte (vgl. Bl. 4329 und Bl. 4331 der Sachakten), die dieser dementsprechend auch am 17. Januar 2013 erhoben und am 5. März 2013 zur Sachrüge näher begründet hat. Angesichts dessen kommt dem Schweigen des Angeklagten (vgl. dazu auch im Zusammenhang mit § 302 Abs. 2 StPO OLG Oldenburg StraFo 2010, 347) auf die mit der Ankündigung der Rücknahme verbundene Aufforderung zur Zahlung des Pauschalhonorars ein eindeutiger, den Widerruf der Ermächtigung beinhaltender Aussagegehalt zu. Es kann deshalb offen bleiben, ob bereits allein der Umstand der Mandatierung eines anderen Verteidigers (hier: Rechtsanwalt E.) als Widerruf der dem früheren Verteidiger erteilten ausdrücklichen Ermächtigung zu werten ist (vgl. Frisch in Systematischer Kommentar zur StPO, 3. Aufl. 16. Lfg., § 302 Rn. 75). Der konkludente Widerruf der Ermächtigung hat Rechtsanwalt Dr. En. auch vor dem erst am 13. März 2013 erfolgenden Eingang der Rücknahmeerklärung bei dem Landgericht erreicht. Denn der Widerruf liegt gerade in dem dem Verteidiger sogar vor dem Absenden der Rücknahmeerklärung bekannt gewordenen Gesamtverhalten des Angeklagten.

[11] 3. Da die Revision des Angeklagten nicht wirksam zurückgenommen worden ist, erweist sich der Beschluss des Landgerichts Heidelberg vom 13. März 2013, mit dem ihm wegen der durch Rechtsanwalt Dr. En. (unwirksam) erklärten Rücknahme des Rechtsmittels die dafür entstandenen Kosten auferlegt worden sind, als gegenstandslos. Da die Rücknahme unwirksam war, ist die Sache bei dem Senat anhängig (vgl. BGH, Beschluss vom 3. März 2009 – 1 StR 61/09), so dass dieser mit der Gegenstandslosigkeit des landgerichtlichen Beschlusses befasst ist.

[12] 4. Wegen der zulässig erhobenen und nicht wirksam zurückgenommenen Revision sind der Antrag des Angeklagten vom 2. April 2013 auf Wiedereinsetzung in den vorigen Stand gegen die Versäumung der Frist zur sofortigen Beschwerde gegen den genannten Beschluss des Landgerichts sowie die dagegen gerichtete sofortige Beschwerde ebenfalls gegenstandslos (vgl. BGH, Beschluss vom 20. Mai 2011 – 1 StR 381/10, wistra 2011, 315).

32. Verletzung des rechtlichen Gehörs / Anhörungsrüge – § 356a StPO

505 Wie bereits in den Vorjahren wurde das Institut der **Anhörungsrüge** in zahlreichen Fällen genutzt. Allerdings ist auch im vergangenen Jahr **kein Fall** bekannt geworden, in dem eine solche Rüge **erfolgreich** war.

506 Die an keine Frist gebundene **Gegenvorstellung** nach § 33a StPO ist als Rechtsbehelf gegen Revisionsentscheidungen gemäß § 349 Abs. 2 StPO nicht statthaft. Ein derartiger Beschluss kann grundsätzlich weder aufgehoben, noch abgeändert oder ergänzt werden.[504]

[2] 1. Der offensichtlich allein gegen die (teilweise) Verwerfung der Revision gerichtete, als Gegenvorstellung bezeichnete Rechtsbehelf des Verurteilten hat keinen Erfolg.

[3] a) Die an keine Frist gebundene Gegenvorstellung ist als Rechtsbehelf gegen die Entscheidung des Senats nicht statthaft.

---

[504] BGH, Beschluss vom 15.8.2013 – 4 StR 196/13; vgl. auch BGH, Beschlüsse vom 10.9.2013 – 4 StR 247/13 – und vom 14.5.2013 – 1 StR 557/12.

[4] Ein Beschluss nach § 349 Abs. 2 StPO kann jedenfalls grundsätzlich weder aufgehoben noch abgeändert oder ergänzt werden (st. Rspr.; vgl. Senatsbeschluss vom 15. August 2013 – 4 StR 196/13; Meyer-Goßner, StPO, 56. Aufl., Vor § 296 Rn. 24 f., § 349 Rn. 24 jeweils m.w.N.). Gegen Revisionsentscheidungen ist vielmehr als speziellere Regelung nur der Rechtsbehelf der Anhörungsrüge gemäß § 356a StPO statthaft. Unter welchen jedenfalls sehr ungewöhnlichen Voraussetzungen eine Gegenvorstellung ausnahmsweise zur Aufhebung einer rechtskräftigen Entscheidung führen kann, kann hier offen bleiben, da das Vorbringen des Verurteilten als Grundlage einer solchen Entscheidung offensichtlich nicht in Betracht kommt (vgl. dazu auch BGH, Beschluss vom 14. Mai 2013 – 1 StR 557/12 und den dortigen Hinweis auf Radtke in Radtke/Hohmann, StPO, § 296 Rn. 10; sowie Meyer-Goßner, aaO, Vor § 296 Rn. 24 f. jeweils m.w.N.).

Bei Erhebung der Anhörungsrüge ist **mitzuteilen und glaubhaft zu machen, wann** **507**
der Verurteilte die zugrundliegende Entscheidung **erhalten** hat. Die Erhebung eines (zusätzlichen) Antrags auf **Wiedereinsetzung** erfordert den Vortrag eines Sachverhalts, der ein Verschulden des Verurteilten an der Fristversäumnis ausschließt.[505]

[3] Mit einem am 22. April 2013 beim Bundesgerichtshof eingegangenen Schriftsatz seiner Verteidiger Rechtsanwälte Dr. B. und F. hat der Verurteilte die Anhörungsrüge gemäß § 356a StPO erhoben und geltend gemacht, der Senat habe bei der Entscheidung vom 21. Februar 2013 das rechtliche Gehör dadurch verletzt, dass er in Kenntnis der unmittelbar bevorstehenden Entscheidung des Bundesverfassungsgerichts zu § 257c StPO nicht dessen Entscheidung abgewartet habe.

[4] Der Generalbundesanwalt hat in seinem Schriftsatz vom 26. April 2013 die Anhörungsrüge des Verurteilten im Hinblick darauf für unzulässig gehalten, dass weder mitgeteilt noch glaubhaft gemacht worden sei, wann der Verurteilte die Entscheidung des Senats vom 21. Februar 2013 erhalten habe. Die genannten Verteidiger des Angeklagten haben daraufhin mit Schriftsatz vom 13. Mai 2013 mitgeteilt, der Senatsbeschluss sei dem Verurteilten erst am 15. April 2013 zugegangen. Sie haben die Auffassung vertreten, dass eine Glaubhaftmachung des Zeitpunkts der Kenntniserlangung noch bis zum Abschluss des Anhörungsrügeverfahrens möglich sei. Vorsorglich haben sie einen Antrag auf Wiedereinsetzung in den vorigen Stand wegen der Versäumung der Anhörungsrügefrist gestellt. Zur Begründung haben sie vorgetragen, entweder sei der Zeitpunkt der Kenntniserlangung entgegen sonstiger Handhabung nicht diktiert worden oder – trotz entsprechenden Diktats – versehentlich durch die seit Jahren in der Kanzlei beschäftigte Rechtsanwaltsfachangestellte nicht geschrieben worden.

[5] Mit weiterem Schriftsatz der genannten Verteidiger vom 22. April 2013 hat der Verurteilte zudem eine Gegenvorstellung erhoben, mit der er geltend gemacht hat, der Senat habe dadurch, dass er nicht die Entscheidung des Bundesverfassungsgerichts zu § 257c StPO abgewartet habe, mit dem Beschluss vom 21. Februar 2013 den „Rechtsgedanken des Art. 101 Abs. 1 Satz 1 GG" verletzt.

[6] II. Sämtliche Anträge des Verurteilten bleiben erfolglos.

[7] 1. Die Anhörungsrüge gemäß § 356a StPO wurde nicht rechtzeitig erhoben (a); der Antrag auf Wiedereinsetzung in den vorigen Stand versagt (b); unabhängig

505 BGH, Beschluss vom 16.5.2013 – 1 StR 633/12.

davon wäre die Anhörungsrüge auch dann unbegründet, wenn sie zulässig erhoben wäre (c).

[8] a) Die Anhörungsrüge wurde nicht innerhalb der Wochenfrist des § 356a Satz 2 StPO erhoben. Es fehlt an der erforderlichen Mitteilung des Zeitpunkts der Kenntniserlangung durch den Verurteilten von der Verletzung des rechtlichen Gehörs, die innerhalb der Wochenfrist zu erfolgen hat (vgl. BGH, Beschluss vom 9. März 2005 – 2 StR 444/04, BGHR StPO § 356a Frist 1). Angesichts des Verfahrensgangs ergibt sich auch nicht ohne weiteres aus dem Akteninhalt, dass die Anhörungsrüge rechtzeitig erhoben wurde (vgl. BGH, Beschlüsse vom 29. November 2012 – 3 StR 236/12, sowie vom 9. März 2005 – 2 StR 444/04, BGHR aaO).

[9] b) Der Antrag auf Wiedereinsetzung in den vorigen Stand hat keinen Erfolg. Es fehlt schon an dem Vortrag eines Sachverhalts, der ein Verschulden des Verurteilten an der Fristversäumnis ausschließt (vgl. BGH, Beschluss vom 22. April 1988 – 2 StR 653/87, BGHR StPO § 45 Abs. 2 Tatsachenvortrag 5). Ein Verschulden seiner Verteidiger wäre dem Verurteilten – anders als sonst im Strafverfahren – bei der Prüfung, ob die Versäumung der Wochenfrist des § 356a Satz 2 StPO unverschuldet war, zuzurechnen. Die Anhörungsrüge stellt sich als Vorstufe der Verfassungsbeschwerde gegen die Revisionsentscheidung auf fachgerichtlicher Ebene dar, so dass wie bei der Verfassungsbeschwerde die Zurechnung eines Verschuldens des (der) Verteidiger(s) entsprechend § 93 Abs. 2 Satz 6 BVerfGG zu erfolgen hat (BGH, Beschlüsse vom 20. Mai 2011 – 1 StR 381/10 und vom 13. August 2008 – 1 StR 162/08). Dagegen wäre ein Fehler einer sorgfältig ausgewählten und überwachten Kanzleikraft den Verteidigern – und damit auch dem Verurteilten – nicht anzulasten, da die Verteidiger grundsätzlich auf die Befolgung ihrer Anweisungen vertrauen dürfen (vgl. Hömig in Maunz/Schmidt-Bleibtreu/Klein/Bethge, BVerfGG, 39. Lfg., § 93 Rn. 58 m.w.N.).

[10] Es ist allerdings schon fraglich, ob überhaupt ein ausschließlich von der Kanzleikraft zu vertretender Fehler vorläge, wenn Verteidiger einen Schriftsatz unterschreiben und absenden lassen, ohne zu überprüfen, ob dieser Schriftsatz – zumal in einem für die Zulässigkeit des darin gestellten Antrags maßgeblichen Punkt – ihrem Diktat entspricht (vgl. demgegenüber die Beispiele bei Hömig aaO für Arbeitsvorgänge, bei denen ein Fehler der Kanzleikraft nicht dem Rechtsanwalt zuzurechnen ist).

[11] Letztlich muss der Senat dem aber nicht nachgehen. Selbst wenn man nämlich insoweit von einem ausschließlich der Kanzleikraft anzulastenden Fehler ausginge, könnte alternativer Tatsachenvortrag, wonach den Verteidigern und damit dem Verurteilten ein Verschulden an der Fristversäumung entweder zuzurechnen ist oder nicht, nicht Grundlage eines erfolgreichen Wiedereinsetzungsantrags sein.

[12] c) Unabhängig davon bliebe die Anhörungsrüge aber auch erfolglos, wenn sie zulässig erhoben wäre.

[13] Der Senat hat bei seiner Entscheidung weder Verfahrensstoff verwertet, zu dem der Verurteilte nicht gehört worden wäre, noch hat er bei der Entscheidung zu berücksichtigendes Vorbringen des Verurteilten übergangen. Dies wird auch nicht geltend gemacht. Der Vortrag, der Senat habe Vorbringen nicht berücksichtigt, das angebracht worden wäre, wenn eine zum Zeitpunkt der Entscheidung über die Revision noch nicht ergangene Entscheidung des Bundesverfassungsgerichts schon getroffen gewesen wäre, vermag die Möglichkeit einer Gehörsverletzung nicht zu verdeutlichen.

[14] Die Kostenentscheidung hinsichtlich der Anhörungsrüge folgt aus einer entsprechenden Anwendung von § 465 Abs. 1 StPO (BGH, Beschluss vom 10. Januar 2013 – 1 StR 382/10 m.w.N.).

[15] 2. Die Gegenvorstellung bleibt ebenfalls ohne Erfolg.

[16] Regelmäßig eröffnet eine Gegenvorstellung nicht die Möglichkeit, eine Entscheidung, die zum rechtskräftigen Abschluss des Verfahrens geführt hat, aufzuheben, abzuändern oder zu ergänzen (st. Rspr., vgl. zusammenfassend Radtke in Radtke/Hohmann, StPO, § 296 Rn. 9 m.w.N.). Ob und ggf. unter welchen Voraussetzungen bei (behaupteter) Verletzung (des Rechtsgedankens) von Art. 101 GG, also eines Verfahrensgrundrechts, anstelle der insoweit nicht einschlägigen Gehörsrüge (BGH, Beschluss vom 14. März 2013 – 2 StR 534/12 m.w.N.) eine Gegenvorstellung ausnahmsweise doch Grundlage der Abänderung einer rechtskräftigen Entscheidung sein könnte (vgl. Radtke aaO Rn. 10 m.w.N.), kann hier offen bleiben. Es ist nämlich auch unter Berücksichtigung des Vorbringens der Gegenvorstellung nicht ersichtlich, warum der Senat nicht, wie geschehen, am 21. Februar 2013 über die Revision des Angeklagten hätte entscheiden dürfen.

PRAXISTIPP ■

Die vorliegende Entscheidung macht deutlich, dass weder Anhörungsrüge noch Gegenvorstellung irgendwie als bloßer Annex des Revisionsverfahrens gehandhabt werden können. Vielmehr stellt die Anhörungsrüge eine Vorstufe zur Verfassungsbeschwerde dar, weshalb entsprechend der dann geltenden Regelungen ein Verteidigerverschulden dem Angeklagten zuzurechnen ist – anderes würde nur gelten bei einem Verschulden sorgfältig ausgewählter und überwachter Kanzleikräfte des Verteidigers!

Die Anhörungsrüge ist **unzulässig**, wenn nicht mitgeteilt wird, wann der Verurteilte **508**
von der behaupteten Verletzung des rechtlichen Gehörs Kenntnis erlangt hat. Da der Antrag zulässigerweise nur binnen einer Frist von einer Woche seit dem Zeitpunkt der Kenntniserlangung durch den Betroffenen von der Verletzung des rechtlichen Gehörs gestellt werden kann und das Revisionsgericht diesen Zeitpunkt im Regelfall nicht den Akten entnehmen kann, muss dieser Zeitpunkt binnen der Wochenfrist (§ 356a Satz 2 StPO) mitgeteilt werden.[506]

[1] Der Senat hatte die Revision des Verurteilten gegen das Urteil des Landgerichts Mannheim vom 16. April 2010 mit Senatsbeschluss vom 8. Februar 2011 auf Antrag des Generalbundesanwalts gemäß § 349 Abs. 2 StPO verworfen. Mit am selben Tag beim Senat eingegangenem Schreiben vom 21. Dezember 2012, hat Rechtsanwalt Prof. Dr. J. angezeigt, dass er den Verurteilten vertrete. Er hat gemäß § 356a StPO beantragt, das Verfahren in die Lage zurückzuversetzen, die vor Erlass des Senatsbeschlusses vom 8. Februar 2011 bestanden habe. Zugleich hat er beantragt, „dem Unterfertigten" gegen die Versäumung der Wochenfrist des § 356a StPOWiedereinsetzung zu gewähren.

---

506 BGH, Beschluss vom 10.1.2013 – 1 StR 382/10; vgl. auch BGH, Beschlüsse vom 19.3.2013 – 1 StR 7/13 –, vom 5.3.2013 – 1 StR 602/12 – sowie vom 9.4.2013 – 1 StR 165/12.

[2] Es liege eine Verletzung rechtlichen Gehörs zum Nachteil des Angeklagten vor, weil das Revisionsgericht „die zivilrechtliche Vorfrage der Anwendbarkeit des Werkvertragsrechts beziehungsweise des Arbeitsrechts im hiesigen Fall zur Kenntnis genommen, sie jedoch bei seiner Entscheidung insofern nicht in Erwägung gezogen (habe), als es sich trotz der Ausführungen der Verteidigung und der Bundesanwaltschaft nicht mit deren impliziten tatsächlichen Vorbringen" zu einer vertraglichen „Wortpassage" auseinandergesetzt und „insofern den Anspruch des Angeklagten auf rechtliches Gehör verletzt" habe.

[3] 1. Die Anhörungsrüge ist unzulässig, weil nicht mitgeteilt wird, wann der Verurteilte von der behaupteten Verletzung des rechtlichen Gehörs Kenntnis erlangt hat. Da der Antrag zulässigerweise nur binnen einer Frist von einer Woche seit dem Zeitpunkt der Kenntniserlangung durch den Betroffenen von der Verletzung des rechtlichen Gehörs gestellt werden kann und das Revisionsgericht diesen Zeitpunkt im Regelfall nicht den Akten entnehmen kann, muss dieser Zeitpunkt binnen der Wochenfrist (§ 356a Satz 2 StPO) mitgeteilt werden (vgl. BGHR StPO § 356a Frist 1).

[4] Der Verurteilte hat nicht mitgeteilt, wann er von der vermeintlichen Verletzung seines rechtlichen Gehörs Kenntnis erlangt hat. In der Anhörungsrüge wird allein auf die Kenntniserlangung durch seinen neuen Wahlverteidiger, Rechtsanwalt Prof. Dr. J., abgestellt, indem geltend gemacht wird, dieser Verteidiger habe erst am 19. Dezember 2012 von dem früheren Verteidiger Dr. C. die Antragsschrift des Generalbundesanwalts vom 11. Januar 2011 erhalten. Es wird weder behauptet noch glaubhaft gemacht, auch der Verurteilte habe erst zu diesem Zeitpunkt von der Antragsschrift des Generalbundesanwalts Kenntnis erlangt. Auf die Kenntnis des Verurteilten kommt es aber entscheidend an; denn gemäß § 356a Satz 1 StPO setzt die Zurückversetzung in die Lage vor dem Erlass der Entscheidung voraus, dass das Gericht bei einer Revisionsentscheidung den Anspruch eines Beteiligten auf rechtliches Gehör in entscheidungserheblicher Weise verletzt hat. In der Anhörungsrüge wird geltend gemacht, der Anspruch des Angeklagten auf rechtliches Gehör sei verletzt worden.

[5] 2. Der Antrag auf Wiedereinsetzung gegen die Versäumung der Wochenfrist des § 356a Satz 2 StPO ist ebenfalls unzulässig.

[6] Es fehlt an der Angabe und Glaubhaftmachung, zu welchem Zeitpunkt das Hindernis, das der Einhaltung der Wochenfrist für die Erhebung der Anhörungsrüge entgegengestanden haben soll, für den Antragsteller weggefallen ist. Der Wiedereinsetzungsantrag vom 21. Dezember 2012 verhält sich auch insoweit lediglich zur Kenntniserlangung durch den neuen Wahlverteidiger, Rechtsanwalt Prof. Dr. J., der nach eigenem Bekunden erst am 7. März 2011, also knapp einen Monat nach Verwerfung der Revision des Verurteilten, von diesem bevollmächtigt worden ist. Hieraus lassen sich keine Schlüsse auf den Kenntnisstand des Verurteilten ziehen, da dieser im Revisionsverfahren von den Rechtsanwälten Dr. C. und Dr. S. verteidigt worden ist. Von Rechtsanwalt Dr. C. hat der neue Wahlverteidiger Prof. Dr. J. – nach eigenem Bekunden – die Antragsschrift des Generalbundesanwalts erhalten; sie lag also offensichtlich der Verteidigung vor. Auf den Umstand, dass es Rechtsanwalt Prof. Dr. J. bereits bei seiner – in der Anhörungsrüge mitgeteilten – Einsichtnahme in die Verfahrensakten im April 2011 bewusst sein musste, dass ein Verwerfungsbeschluss gemäß § 349 Abs. 2 StPO zwingend einen entsprechenden Antrag des Generalbundesanwalts voraussetzt, kommt es daher nicht mehr an.

[7] 3. Auch in der Sache könnte die Anhörungsrüge keinen Erfolg haben. Der Senat hat das angefochtene Urteil unter Berücksichtigung der in der Revisionsrecht-

fertigung enthaltenen Beanstandungen und der von den Verfahrensbeteiligten hierzu gemachten Ausführungen umfassend geprüft. Dabei hat er auch die vom Verurteilten nun in seiner Anhörungsrüge angesprochenen Gesichtspunkte bei der Entscheidung über die Revision berücksichtigt; den Verurteilten belastende Rechtsfehler ergaben sich dabei nicht. Dass der Beschluss des Senats, der auf der Grundlage der Stellungnahme und des Antrags des Generalbundesanwalts ergangen ist, keine Begründung enthält, liegt in der Natur des Verfahrens nach § 349 Abs. 2 StPO. Eine weitergehende Begründungspflicht für die letztinstanzliche, mit ordentlichen Rechtsmitteln nicht mehr anfechtbare Entscheidung bestand nicht (vgl. auch BGHR StPO § 356a Gehörverstoß 3 m.w.N.). Art. 103 Abs. 1 GG zwingt die Gerichte nicht dazu, jedes Vorbringen eines Beteiligten ausdrücklich zu bescheiden (vgl. BVerfG, Beschluss vom 20. Juni 2007 – 2 BvR 746/07).

Die **Richterablehnung** ist im Revisionsverfahren nur solange statthaft, als dieses **509**
noch nicht durch Wirksamwerden eines Beschlusses gemäß § 349 Abs. 2 StPO beendet ist. Dies gilt auch dann, wenn die Richterablehnung mit einer Anhörungsrüge verbunden wird, die sich als unbegründet erweist. Der Sonderrechtsbehelf nach § 356a StPO ist nach seinem Wortlaut und Normzweck, eine Durchsetzungsgarantie für das „prozessuale Urrecht" auf rechtliches Gehör zu schaffen, nicht dazu bestimmt, dass damit auch behauptete Verletzungen von Art. 101 Abs. 1 Satz 2 GG geltend gemacht werden können. Das **Nachschieben** einer Richterablehnung mit einer Anhörungsrüge nach § 356a StPO ist **nicht möglich**.[507]

[4] 1. Die nachträgliche Richterablehnung derjenigen Senatsmitglieder, die am Beschluss vom 15. Februar 2012 mitgewirkt hatten, ist unzulässig.

[5] Unabhängig von der Frage einer entsprechenden Anwendung von § 25 Abs. 2 Satz 2 StPO auf das Beschlussverfahren über die Begründetheit oder Unbegründetheit der Revision ist eine Richterablehnung im Revisionsverfahren nur statthaft, solange dieses noch nicht durch Wirksamwerden eines Beschlusses gemäß § 349 Abs. 2 StPO beendet ist (vgl. BGH, Beschluss vom 15. November 2012 – 3 StR 239/12; Jahn in: Festschrift für Fezer, 2008, S. 413, 424). Dies gilt auch dann, wenn die Richterablehnung mit einer Anhörungsrüge verbunden wird, die sich als unbegründet erweist.

[6] Der Sonderrechtsbehelf nach § 356a StPO ist nach seinem Wortlaut und Normzweck, eine Durchsetzungsgarantie für das „prozessuale Urrecht" auf rechtliches Gehör zu schaffen (BVerfG, Beschluss vom 30. April 2004 – 1 PBvU 1/02, BVerfGE 107, 305, 408), nicht dazu bestimmt, dass damit auch behauptete Verletzungen von Art. 101 Abs. 1 Satz 2 GG geltend gemacht werden können. Für eine analoge Anwendung des § 356a StPO auf solche Fälle ist kein Raum (vgl. Jahn in: Festschrift für Fezer, 2008, S. 413, 427). Das Recht auf Richterablehnung ist Bestandteil des Gewährleistungsgehalts von Art. 101 Abs. 1 Satz 2 GG (vgl. BVerfG, Beschluss vom 8. Februar 1967 – 2 BvR 235/64, BVerfGE 21, 139, 145 f.; Beschluss vom 26. Januar 1971 – 2 BvR 443/69, BVerfGE 30, 149, 153), nicht desjenigen nach Art. 103 Abs. 1 GG. Daher ist das Nachschieben einer Richterablehnung mit einer Anhörungsrüge nach § 356a StPO nicht möglich.

[7] 2. Die Anhörungsrüge des Verurteilten E. ist unbegründet, weil der Senat Art. 103 Abs. 1 GG nicht verletzt hat.

---

[507] BGH, Beschluss vom 13.12.2012 – 2 StR 585/11.

[8] Dem Senat lagen zurzeit der Entscheidung gemäß § 349 Abs. 2 und Abs. 4 StPO alle Äußerungen der Verteidigung vor, die bis zu jenem Zeitpunkt abgegeben worden waren. Alle auf das Revisionsverfahren bezogenen Schriftsätze waren Gegenstand der Beratung.

[9] Der Senat war auch nicht dazu verpflichtet, die Verteidigung auf Umstände hinzuweisen, aus denen sich nach deren Ansicht Ablehnungsgründe hätten herleiten lassen. Die Selbstanzeige ist vielmehr ausschließlich nach § 30 StPO vorgesehen und danach in das Ermessen der einzelnen Richter gestellt.

510 Entscheidet das Gericht über die **Revision außerhalb der Hauptverhandlung** im Beschlusswege, kann ein **Ablehnungsgesuch** in entsprechender Anwendung des § 25 Abs. 2 Satz 2 StPO nur solange statthaft vorgebracht werden, bis die Entscheidung ergangen ist.[508]

[3] 1. Das Ablehnungsgesuch des Verurteilten ist verspätet und daher unzulässig (§ 26a Abs. 1 Nr. 1 StPO). Entscheidet das Gericht über die Revision außerhalb der Hauptverhandlung im Beschlusswege, kann ein Ablehnungsgesuch in entsprechender Anwendung des § 25 Abs. 2 Satz 2 StPO nur solange statthaft vorgebracht werden, bis die Entscheidung ergangen ist (BGH, Beschlüsse vom 31. Januar 2013 – 1 StR 595/12; vom 2. Mai 2012 – 1 StR 152/11, NStZ-RR 2012, 314; vom 7. August 2007 – 4 StR 142/07, NStZ 2008, 55; vom 13. Februar 2007 – 3 StR 425/06, BGHR StPO § 26a Unzulässigkeit 17). Etwas anderes gilt auch dann nicht, wenn die Ablehnung mit einer Anhörungsrüge verbunden wird, die sich mangels Verletzung des Anspruchs auf rechtliches Gehör gemäß Art. 103 Abs. 1 GG als unbegründet erweist. Denn die Regelung des § 356a StPO soll dem Revisionsgericht die Möglichkeit geben, einem Verstoß gegen den Anspruch auf rechtliches Gehör durch erneute Sachprüfung selbst abzuhelfen; der Rechtsbehelf dient indes nicht dazu, einem unzulässigen Ablehnungsgesuch durch die unzutreffende Behauptung der Verletzung rechtlichen Gehörs doch noch Geltung zu verschaffen (BGH, Beschlüsse vom 31. Januar 2013 – 1 StR 595/12; vom 2. Mai 2012 – 1 StR 152/11, NStZ-RR 2012, 314 m.w.N.; vgl. auch Beschluss vom 15. November 2012 – 3 StR 239/12).

[4] Da das Gesuch bereits aufgrund der Verspätung unzulässig ist, braucht nicht entschieden zu werden, ob in diesem überhaupt ein Grund zur Ablehnung angegeben ist, da eine völlig ungeeignete Begründung rechtlich einer fehlenden Begründung gleichzustellen ist (BGH, Beschluss vom 15. November 2012 – 3 StR 239/12; vgl. Meyer-Goßner, StPO, 56. Aufl., § 26a Rn. 4a m.w.N.).

511 Eine Verletzung des verfassungsrechtlich gewährleisteten **Rechts auf den gesetzlichen Richter** kann mit der Anhörungsrüge nach § 356a StPO nicht geltend gemacht werden. § 24 Abs. 3 Satz 2 StPO findet keine Anwendung, wenn das Ablehnungsgesuch ohne Ausscheiden der abgelehnten Richter (§ 26a Abs. 2 Satz 1 StPO) als unzulässig zu verwerfen ist.[509]

---

508 BGH, Beschluss vom 30.9.2013 – 1 StR 305/13; vgl. hierzu auch BGH, Beschluss vom 31.1.2013 – 1 StR 595/12.

509 BGH, Beschluss vom 14.3.2013 – 2 StR 534/12; vgl. hierzu auch BGH, Beschluss vom 11.4.2013 – 2 StR 525/11.

[1] 1. Der Senat hat mit Beschluss vom 12. Februar 2013 die von dem Verurteilten eingelegte Revision gegen das Urteil des Landgerichts Frankfurt am Main vom 22. Juni 2012 gemäß § 349 Abs. 2 StPO verworfen. Hiergegen richtet sich die Anhörungsrüge des Verurteilten vom 1. März 2013, die er mit einer Ablehnung derjenigen Richter wegen Besorgnis der Befangenheit verbindet, die bereits am Revisionsverwerfungsbeschluss mitgewirkt hatten.

[2] 2. Das Ablehnungsgesuch des Verurteilten ist verspätet und daher unzulässig (§ 26a Abs. 1 Nr. 1 StPO). Entscheidet das Gericht über die Revision außerhalb der Hauptverhandlung im Beschlusswege, so kann ein Ablehnungsgesuch in entsprechender Anwendung des § 25 Abs. 2 Satz 2 StPO nur solange statthaft vorgebracht werden, bis die Entscheidung ergangen ist. Etwas anderes gilt nach ständiger Rechtsprechung des Bundesgerichtshofs auch dann nicht, wenn die Ablehnung mit einer Anhörungsrüge nach § 356a StPO verbunden wird, die sich – wie hier – mangels Verletzung des Anspruchs auf rechtliches Gehör gemäß Art. 103 Abs. 1 GG als unbegründet erweist (vgl. BGH, Beschlüsse vom 13. Februar 2007 – 3 StR 425/06, NStZ 2007, 416, vom 7. August 2007 – 4 StR 142/07, NStZ 2008, 55, vom 24. Januar 2012 – 4 StR 469/11, vom 7. November 2009 – 5 StR 356/09, vom 4. August 2009 – 1 StR 287/09, NStZ-RR 2009, 353, vom 2. Mai 2012 – 1 StR 152/11, NStZ-RR 2012, 314, vom 31. Januar 2013 – 1 StR 595/12; Meyer-Goßner, StPO 55. Aufl., § 25 Rn. 11). Denn die Regelung des § 356a StPO soll dem Revisionsgericht die Möglichkeit geben, einem Verstoß gegen den Anspruch auf rechtliches Gehör durch erneute Sachprüfung selbst abzuhelfen; der Rechtsbehelf dient indes nicht dazu, einem unzulässigen Ablehnungsgesuch durch die unzutreffende Behauptung der Verletzung rechtlichen Gehörs doch noch Geltung zu verschaffen (BGH, Beschlüsse vom 22. November 2006 – 1 StR 180/06, BGHR StPO § 25 Abs. 2 Nach dem letzten Wort 1; vom 13. Februar 2007 – 3 StR 425/06, aaO).

[3] Dem Antrag des Verurteilten, ihm die zur Entscheidung über sein Ablehnungsgesuch berufenen Gerichtspersonen namhaft zu machen, war nicht nachzukommen. § 24 Abs. 3 Satz 2 StPO findet keine Anwendung, wenn das Ablehnungsgesuch ohne Ausscheiden der abgelehnten Richter (§ 26a Abs. 2 Satz 1 StPO) als unzulässig zu verwerfen ist (BGH, Beschluss vom 13. Februar 2007 – 3 StR 425/06, aaO; BGH, Beschluss vom 24. Oktober 2005 – 5 StR 269/05, BGHR StPO § 24 Abs. 3 Satz 2 Besetzungsmitteilung 1).

[4] 3. Die Anhörungsrüge ist jedenfalls unbegründet, da keine Verletzung rechtlichen Gehörs vorliegt. Der Senat hat bei seiner Entscheidung keinen Verfahrensstoff verwertet, zu dem der Verurteilte nicht gehört worden wäre, noch hat er bei der Entscheidung zu berücksichtigendes Vorbringen des Verurteilten übergangen.

[5] Auch die Mutmaßungen des Verurteilten über die Unterrichtung der Richter der Spruchgruppe über den Sach- und Streitstand mit der Behauptung, es hätten nicht sämtliche Richter die Akten gelesen, zeigen eine Verletzung rechtlichen Gehörs nicht auf. Zu der Frage, wie die einzelnen Mitglieder eines Spruchkörpers die erforderliche Kenntnis des Streitstoffs erlangen, enthalten weder das Verfahrens- noch das Verfassungsrecht nähere Vorgaben. Die Entscheidung, ob der Spruchkörper sich mit Blick auf die Arbeitsteilung im Kollegium darauf beschränkt, durch den Berichterstatter über den maßgeblichen Sach- und Streitstand informiert zu werden, oder die Vollständigkeit und Richtigkeit des Vortrags dadurch sichert und verstärkt, dass ein weiteres, mehrere oder alle Mitglieder des Spruchkörpers sich den Streitstoff aus den Akten selbst erarbeiten, ist ihm überlassen. Dabei ist es jedem Richter in Ausübung seiner Unabhängigkeit und persönlichen Verantwortung jederzeit unbenommen, sich

selbst unmittelbar aus den Akten kundig zu machen, wenn er dies für seine Überzeugungsbildung für erforderlich hält und nicht allein auf den Vortrag des Berichterstatters zurückgreifen möchte (vgl. BVerfG, Beschluss vom 23. Mai 2012 – 2 BvR 610/12 u. 2 BvR 625/12, NJW 2012, 2334, 2336 Tz. 25; siehe auch schon BVerfG, Beschluss vom 24. März 1987 – 2 BvR 677/86, NJW 1987, 2219, 2220; BGH, Beschluss vom 15. Februar 1994 – 5 StR 15/92, NStZ 1994, 353 f.).

[6] Eine Verletzung des verfassungsrechtlich gewährleisteten Rechts auf den gesetzlichen Richter kann mit der Anhörungsrüge nach § 356a StPO nicht geltend gemacht werden (vgl. Senat, Beschluss vom 13. Dezember 2012 – 2 StR 585/11 m.w.N.; noch offen gelassen von BGH, Beschluss vom 24. März 2011 – 4 StR 637/10). Allerdings lag die vom Verurteilten behauptete Verletzung von Art. 101 Abs.1 Satz 2 GG ohnehin nicht vor: Der Senatsvorsitzende war bei der Beratung und Beschlussfassung urlaubsbedingt verhindert und ist von dem ohnehin der betreffenden Spruchgruppe angehörenden Stellvertretenden Vorsitzenden unter Hinzuziehung des nach der internen Geschäftsverteilung zur weiteren Vertretung berufenen Senatsmitglieds vertreten worden.

512 Der Umstand, dass sich der Senat nicht ausdrücklich mit einer vom Antragsteller vertretenen, aber nicht näher begründeten Rechtsauffassung auseinandergesetzt hat, rechtfertigt nicht die Annahme, der Senat habe das Vorbringen nicht zur Kenntnis genommen und in Erwägung gezogen. Das **Schweigen des Senats** auf solches Vorbringen in der Gegenerklärung des Verteidigers offenbart nach der Sachlogik des revisionsgerichtlichen Beschlussverfahrens vielmehr, dass der neue Vortrag ungeeignet gewesen ist, die vom Generalbundesanwalt begründete Erfolglosigkeit der Revisionsrügen zu entkräften.[510]

[5] 2. Mit einer gegen diesen Senatsbeschluss gerichteten Anhörungsrüge gemäß § 356a StPO beantragt der Verurteilte nun, diesen Beschluss für gegenstandslos zu erklären und das Verfahren in den Stand vor der Entscheidung zurückzuversetzen.

[6] Der Antragsteller macht geltend, der Senat habe in der Stellungnahme der Verteidigung zum Verwerfungsantrag des Generalbundesanwalts enthaltenes, zu berücksichtigendes Vorbringen „ersichtlich übergangen". In dieser Stellungnahme sei ausgeführt worden, „dass eine Auslegung des § 358 Abs. 1 StPO, der zufolge die rechtlichen Beurteilungen des Revisionsgerichts, die nicht Basis der (Teil-)Aufhebung des Urteils sind, dennoch eine bindende Wirkung im Sinne dieser Vorschrift entfalten können sollen, einen Verstoß gegen die durch Art. 97 Abs. 1 GG geschützte richterliche Unabhängigkeit darstellen." Der Senat habe sich die Auslegung dieser Vorschrift durch den Generalbundesanwalt zu eigen gemacht, ohne dem Einwand eines damit einhergehenden Verstoßes gegen die richterliche Unabhängigkeit rechtliches Gehör geschenkt zu haben. Die Feststellung, die Revision könne mit ihren Einwendungen nicht durchdringen, lasse jede Auseinandersetzung mit dem gerügten Verstoß vermissen und offenbare deshalb die Nichtberücksichtigung des Vortrags des Antragstellers.

[7] 3. Die Rüge ist zulässig, aber unbegründet. Die vom Antragsteller geltend gemachte Verletzung rechtlichen Gehörs im Revisionsverfahren liegt nicht vor. § 356a Satz 1 StPO setzt voraus, dass das Revisionsgericht den Anspruch auf rechtliches Gehör in entscheidungserheblicher Weise verletzt hat. Dies ist hier nicht der Fall.

---

[510] BGH, Beschluss vom 10.1.2013 – 1 StR 297/12.

[8] a) Im Ausgangspunkt zutreffend geht die Verteidigung von der sich aus Art. 103 Abs. 1 GG ergebenden Verpflichtung des Gerichts aus, die Ausführungen der Prozessparteien zur Kenntnis zu nehmen und in Erwägung zu ziehen (vgl. BVerfGE 42, 364, 367 f.; 58, 353, 356; 96, 205, 216; st. Rspr.). Nach dieser Rechtsprechung des Bundesverfassungsgerichts ist aber auch grundsätzlich davon auszugehen, dass das Gericht das von ihm entgegengenommene Vorbringen eines Beteiligten auch zur Kenntnis genommen und in Erwägung gezogen hat. Art. 103 Abs. 1 GG zwingt die Gerichte nicht, sich mit jedem einzelnen Vorbringen in der Begründung seiner Entscheidung ausdrücklich zu befassen und dieses zu bescheiden (vgl. BVerfG, Beschluss vom 20. Juni 2007 – 2 BvR 746/07). Eine Verletzung des rechtlichen Gehörs kann nur dann festgestellt werden, wenn sich aus den besonderen Umständen des einzelnen Falles deutlich ergibt, dass das Gericht ein Vorbringen entweder überhaupt nicht zur Kenntnis genommen oder doch bei seiner Entscheidung ersichtlich nicht in Erwägung gezogen hat (vgl. BVerfGE 54, 86, 91).

[9] b) Solche Umstände liegen hier nicht vor. Mit der vom Generalbundesanwalt unter Hinweis auf Rechtsprechung – einschließlich solcher des Bundesverfassungsgerichts – und einschlägige Kommentarliteratur vertretenen Rechtsauffassung, dass zur Aufhebungsansicht des Revisionsgerichts, auf die sich die Bindung des neuen Tatgerichts gemäß § 358 Abs. 1 StPO erstreckt, auch die rechtliche Beurteilung vorgelagerter Fragen gehört, hat sich der Senat in seiner Revisionsentscheidung auseinandergesetzt und ist ihr gefolgt (Umdruck S. 5, Rn. 8). Er hat dabei hervorgehoben, dass eine solche die Aufhebungsansicht tragende Frage hier die der Verletzung der zugunsten der Bundes-CDU bestehenden Vermögensbetreuungspflicht war. Denn Aufhebungsgrund in der Senatsentscheidung vom 13. April 2011 war, dass das Landgericht hinsichtlich des Vermögensnachteils „allein auf das Vermögen des CDU-Kreisverbandes abgestellt“ und diesen Nachteil nicht ausreichend belegt hatte (BGH, Beschluss vom 13. April 2011 – 1 StR 94/10, BGHSt 56, 203, Rn. 33). Hätte es schon an der Verletzung einer zugunsten der Bundes-CDU bestehenden Vermögensbetreuungspflicht gefehlt, wäre dies der Aufhebungsgrund gewesen und nicht erst der fehlende rechtliche Hinweis gegenüber dem Angeklagten (vgl. § 265 Abs. 1 StPO), dass nicht erst ein beim CDU-Kreisverband Köln entstandener, sondern schon ein bei der Bundes-CDU eingetretener Vermögensnachteil eine Verurteilung wegen Untreue gemäß § 266 StGB rechtfertigen konnte (vgl. BGH aaO).

[10] Der Umstand, dass sich der Senat dabei nicht ausdrücklich mit der vom Antragsteller vertretenen, aber nicht näher begründeten Auffassung auseinandergesetzt hat, die vorgenommene Auslegung des § 358 Abs. 1 StPO verletze die „durch Art. 97 Abs. 1 GG geschützte richterliche Unabhängigkeit“, rechtfertigt nicht die Annahme, der Senat habe das Vorbringen nicht zur Kenntnis genommen und in Erwägung gezogen (vgl. BVerfGE 96, 205, 216 f.; BVerfG – Kammer – StraFo 2007, 463; BGHR StPO § 356a Gehörverstoß 3). Das Schweigen des Senats auf dieses Vorbringen in der Gegenerklärung des Verteidigers offenbart nach der Sachlogik des revisionsgerichtlichen Beschlussverfahrens vielmehr, dass der neue Vortrag ungeeignet gewesen ist, die vom Generalbundesanwalt begründete Erfolglosigkeit der Revisionsrügen zu entkräften (vgl. BGHR aaO m.w.N.).

[11] Der Senat hat die pauschal erhobenen verfassungsrechtlichen Bedenken geprüft und ist bei dieser Prüfung zum Ergebnis gelangt, dass die vom Generalbundesanwalt angenommene Reichweite der Bindungswirkung gemäß § 358 Abs. 1 StPO zutreffend bestimmt wurde und die zugrunde liegende Auslegung dieser Vorschrift

auch verfassungsrechtlich nicht zu beanstanden ist. Eine weitergehende Begründungspflicht für die letztinstanzliche, mit ordentlichen Rechtsmitteln nicht mehr anfechtbare Entscheidung bestand nicht.

513 Art. 103 Abs. 1 GG zwingt die Gerichte nicht dazu, jedes Vorbringen eines Beteiligten ausdrücklich zu bescheiden. Die Anhörungsrüge dient auch nicht dazu, wenn rechtliches Gehör gewährt worden ist, das Revisionsgericht zu veranlassen, das **Revisionsvorbringen** und die mit der Revision angegriffene Entscheidung **nochmals zu überprüfen.**[511]

[2] 1. Die auf den 7. Juni 2013 datierte Anhörungsrüge ist bereits unzulässig, weil sie nicht rechtzeitig innerhalb der Wochenfrist des § 356a Satz 2 StPO erhoben wurde. Die Senatsentscheidung vom 22. Mai 2013 ist dem Verurteilten nach eigenen Angaben am 4. Juni 2013 zugegangen. Damit endete die Wochenfrist für den Antrag, das Verfahren wegen Verletzung rechtlichen Gehörs in die Lage vor der Revisionsverwerfung durch den Senat zurückzuversetzen, am 11. Juni 2013 (§ 43 Abs. 1 Satz 1 StPO). Die Anhörungsrüge ging beim Revisionsgericht erst nach Ablauf dieser Frist am 18. Juni 2013 ein; sie ist daher verspätet.

[3] 2. Der Antrag nach § 356a StPO wäre aber auch unbegründet. Der Senat hat bei seiner Entscheidung weder Verfahrensstoff verwertet, zu denen der Verurteilte nicht gehört worden wäre, noch hat er bei der Entscheidung zu berücksichtigendes Vorbringen des Verurteilten übergangen. Die Revisionsbegründung des Verurteilten vom 24. Januar 2013 war Gegenstand der Senatsberatung. Art. 103 Abs. 1 GG zwingt die Gerichte nicht dazu, jedes Vorbringen eines Beteiligten ausdrücklich zu bescheiden (vgl. BVerfG, Beschluss vom 20. Juni 2007 – 2 BvR 746/07).

514 Aus dem Umstand, dass der Senat die Verwerfung der Revision nicht ausführlich begründet hat, kann nicht auf einen Verstoß gegen den Grundsatz der Gewährung rechtlichen Gehörs geschlossen werden. **§ 349 Abs. 2 StPO** sieht **keine Begründung** des die Revision verwerfenden Beschlusses vor. Bei diesem Verfahrensgang ergeben sich die für die Zurückweisung des Rechtsmittels maßgeblichen Gründe mit ausreichender Klarheit aus den Entscheidungsgründen des angefochtenen Urteils und dem Inhalt der Antragsschrift des Generalbundesanwalts. Eine weitere Begründungspflicht für letztinstanzliche, mit ordentlichen Rechtsmitteln nicht mehr anfechtbare Entscheidungen besteht nicht.[512]

515 Der Umstand, dass der Senat der **Rechtsauffassung der Revision nicht gefolgt** ist, begründet keinen Gehörsverstoß.[513]

[2] Die Anträge erweisen sich als unbegründet. Der Senat hat über die Revision des Angeklagten – wie sich aus dem Verwerfungsbeschluss ausdrücklich ergibt – unter Berücksichtigung der Stellungnahme der Verteidigung vom 28. Juni 2013 zu dem ausführlich begründeten Antrag des Generalbundesanwalts vom 14. Mai 2013 ein-

---

[511] BGH, Beschluss vom 2.7.2013 – 2 StR 99/13; vgl. auch Beschluss vom 5.6.2013 – 2 StR 39/13.

[512] BGH, Beschluss vom 27.8.2013 – 2 StR 87/13; vgl. auch Beschüsse vom 10.4.2013 – 4 StR 296/12 sowie vom 12.11.2013 – 3 StR 135/13.

[513] BGH, Beschluss vom 3.9.2013 – 1 StR 189/13; vgl. hierzu auch BGH, Beschluss vom 27.8.2013 – 2 StR 87/13.

gehend beraten und auf der Grundlage der Beratung dem genannten Antrag des Generalbundesanwalts (bei gleichzeitiger geringfügiger Änderung des Tenors des angefochtenen Urteils) entsprechend durch Beschluss gemäß § 349 Abs. 2 StPO entschieden. Der Senat hat bei dieser Entscheidung weder Verfahrensstoff verwertet, zu dem der Verurteilte nicht gehört worden wäre, noch hat er bei der Entscheidung zu berücksichtigendes Vorbringen des Verurteilten übergangen. Der Umstand, dass der Senat der Rechtsauffassung der Revision auch unter Einbeziehung deren Ausführungen im Schriftsatz vom 28. Juni 2013 nicht gefolgt ist, begründet keinen Gehörsverstoß (vgl. BGH, Beschluss vom 2. Mai 2012 – 1 StR 152/11, NStZ-RR 2012, 314). Den von Art. 103 Abs. 1 GG verfassungsrechtlich gewährleisteten Einflussnahmemöglichkeiten eines Revisionsführers ist im Verfahren nach § 349 Abs. 2 StPO durch die gesetzlich zwingend vorgeschriebene Übermittlung der mit Gründen versehenen Antragsschrift der Staatsanwaltschaft bei dem Revisionsgericht (§ 349 Abs. 3 Satz 1 StPO) sowie durch die Möglichkeit einer Gegenerklärung (§ 349 Abs. 3 Satz 2 StPO), von der im Revisionsverfahren durch den jetzt Verurteilten Gebrauch gemacht worden war, Genüge getan (BVerfG, Beschluss vom 20. Juni 2007 – 2 BvR 746/07, in StraFo 2007, 370 teilweise abgedruckt; siehe auch bereits BVerfG, Beschluss vom 21. Januar 2002 – 2 BvR 1225/01, NStZ 2002, 487, 489). Im Übrigen zwingt Art. 103 Abs. 1 GG die Gerichte nicht dazu, jedes Vorbringen eines Beteiligten ausdrücklich zu bescheiden (vgl. BVerfG, aaO; siehe auch etwa BGH, Beschluss vom 2. Juli 2013 – 2 StR 99/13).

33. Adhäsionsverfahren

Bleibt im Urteilstenor unklar, welcher Betrag beizutreiben sein soll, ist der Ausspruch über den Adhäsionsantrag nicht **vollstreckbar**.[514] **516**

[1] Das Landgericht hat den Angeklagten wegen sexuellen Missbrauchs von Schutzbefohlenen in 18 Fällen, davon in zwei Fällen in Tateinheit mit schwerem sexuellen Missbrauch von Kindern und in drei Fällen in Tateinheit mit sexuellem Missbrauch von Kindern, zu einer Gesamtfreiheitsstrafe von zwei Jahren und sechs Monaten verurteilt. Ferner hat es ihn verurteilt, der Adhäsionsklägerin 6.000 Euro nebst Zinsen in Höhe von 5 % über dem Basiszinssatz ab Antragstellung zu zahlen; hierauf seien „bereits geleistete Zahlungen anzurechnen". Hiergegen richtet sich die Revision des Angeklagten mit Verfahrensrügen und der Sachbeschwerde. Das Rechtsmittel führt zur Aufhebung des Ausspruchs über den Antrag im Adhäsionsverfahren; im Übrigen ist es unbegründet im Sinne von § 349 Abs. 2 StPO.

[2] Der Ausspruch über den Adhäsionsantrag ist nicht vollstreckbar, weil im Urteilstenor unklar bleibt, welcher Betrag beizutreiben sein soll. Der Angeklagte hat nach den Feststellungen Zahlungen erbracht; es bleibt aber offen, wann und in welchem Umfang dies geschehen und dadurch Erfüllung der Hauptforderung eingetreten ist. Auch die Zinsforderung (zur Höhe der gesetzlichen Verzugszinsen Hartmann NJW 2004, 1358 ff.) lässt sich anhand des Urteils nicht bestimmen.

Im Rahmen der Geltendmachung von Adhäsionsansprüchen reicht die **wechselseitige Zurechnung** der **einzelnen Tatbeiträge** nicht weiter als der gemeinsame Vor- **517**

514 BGH, Beschluss vom 21.5.2013 – 2 StR 578/12.

satz und scheidet aus, wenn einer der Mittäter im Exzess Handlungen begeht, die vom gemeinsamen Tatplan und dem Vorsatz der anderen nicht gedeckt sind.[515]

[5] 3. Schließlich sind auch – bezogen auf diesen Angeklagten – die Adhäsionsaussprüche der Strafkammer rechtsfehlerhaft. Das Landgericht hat den Beschwerdeführer als Gesamtschuldner mit den zwei nichtrevidierenden ehemaligen Mitangeklagten M. und S. zur Zahlung eines Schmerzensgeldes in Höhe von 75.000 € an den Adhäsionskläger K. und in Höhe von 10.000 € an den Adhäsionskläger H. verurteilt und jeweils festgestellt, dass er mit den ehemaligen Mitangeklagten gesamtschuldnerisch verpflichtet sei, den Adhäsionsklägern alle künftigen materiellen und immateriellen Schäden aus dem Vorfall vom 31. Juli 2011 zu ersetzen.

[6] In der rechtlichen Würdigung führt die Strafkammer bezogen auf den Adhäsionskläger K. hingegen aus, dass die Tritte gegen dessen Kopf, die zu den gravierenden Verletzungen geführt haben, dem Angeklagten als Exzess des ehemaligen Mitangeklagten M. nicht zurechenbar seien; er habe diesen Exzess auch nicht voraussehen können, so dass ihm auch ein Fahrlässigkeitsvorwurf nicht zu machen sei. Damit scheitert eine Zurechnung dieses Tatbeitrages aber auch bei der Prüfung der Frage, ob sich der Angeklagte im Sinne des § 830 Abs. 1 BGB als Mittäter an einer die zivilrechtliche Haftung begründenden deliktischen Verhaltensweise beteiligt hat, was wiederum Voraussetzung der gesamtschuldnerischen Haftung nach § 840 Abs. 1 BGB ist. Die Beurteilung insoweit richtet sich nach den für das Strafrecht entwickelten Grundsätzen. Die wechselseitige Zurechnung der einzelnen Tatbeiträge reicht dabei nicht weiter als der gemeinsame Vorsatz und scheidet aus, wenn einer der Mittäter im Exzess Handlungen begeht, die vom gemeinsamen Tatplan und dem Vorsatz der anderen nicht gedeckt sind (BGH, Beschluss vom 8. November 2005 – 4 StR 321/05, BGHR StPO § 403 Anspruch 8; BGH, Urteil vom 23. März 1999 – VI ZR 53/98, BGHR BGB § 830 Abs. 2 Teilnahme 2). Sind danach aber die sowohl für die Höhe des Schmerzensgeldanspruchs als auch für den Umfang des weiteren Schadensersatzanspruchs prägenden Verletzungen dem Angeklagten nicht zurechenbar, kann seine Verurteilung als Gesamtschuldner keinen Bestand haben.

[7] Mit Blick auf den Adhäsionskläger H. ist die Verurteilung aufzuheben, weil die Ausführungen des Landgerichts insoweit widersprüchlich sind. In der rechtlichen Würdigung der Taten zu seinem Nachteil führt die Strafkammer aus, dem Angeklagten seien körperliche Beeinträchtigungen in der Schwere, wie sie durch Schläge verursacht werden, zurechenbar, was angesichts der bei diesem Nebenkläger aufgetretenen, weit weniger gravierenden Verletzungsfolgen die volle zivilrechtliche Haftung des Angeklagten begründen könnte. In den Ausführungen betreffend den Adhäsionskläger K. heißt es hingegen: „Dass M. und S. den wehrlos am Boden liegenden Nebenklägern 2–4 kräftige, in stampfender Bewegung von oben ausgeführte Fußtritte auf den Kopf gegeben hat (sic !), ist L. als Exzess des Mittäters M. nicht zurechenbar.“ (Unterstreichungen nicht im Original). Dies könnte wiederum dafür sprechen, dass das Landgericht davon ausgegangen ist, es gebe dem Angeklagten nicht zurechenbare Verletzungen auch dieses Adhäsionsklägers. Dies kann der Senat auch vor dem Hintergrund nicht ausschließen, dass sich diese Ausführungen teilweise nicht mit den Feststellungen zum Tathergang decken.

---

[515] BGH, Beschluss vom 7.2.2013 – 3 StR 468/12.

[8] Da bei der Prüfung, in welchem Umfang der Angeklagte für Verletzungsfolgen bei den Adhäsionsklägern einzustehen hat, unter Umständen schwierige zivilrechtliche Zurechnungsfragen zu klären sind, die auch eine weitere medizinische Klärung zur Kausalität zwischen Verletzungshandlungen und -folgen erforderlich machen und so das Strafverfahren nicht unerheblich verzögern können, verweist der Senat die Sache insoweit nicht zurück, sondern sieht von einer Entscheidung über die Adhäsionsanträge ab (vgl. Meyer-Goßner, StPO, 55. Aufl., § 406 Rn. 12 m.w.N.).

Wird in der Hauptverhandlung ein **Vergleich** gem. § 405 Abs. 1 S. 1 StPO protokolliert, wird ein den zugrunde liegenden Sachverhalt betreffender Adhäsionsantrag gegenstandslos.[516] **518**

[1] Das Landgericht hat den Angeklagten wegen Geiselnahme zu einer Freiheitsstrafe von sechs Jahren und neun Monaten verurteilt und seine Unterbringung in einer Entziehungsanstalt angeordnet. Ferner wurde angeordnet, dass ein Jahr und sechs Monate der erkannten Freiheitsstrafe vor der Unterbringung zu vollziehen sind und festgestellt, dass das Adhäsionsverfahren in der Hauptsache erledigt ist. Der Angeklagte rügt mit seiner Revision die Verletzung materiellen Rechts. Das Rechtsmittel hat nur in dem aus der Beschlussformel ersichtlichen Umfang Erfolg.

[2] Die Revision ist zum Schuld- und Strafausspruch unbegründet im Sinne des § 349 Abs. 2 StPO. Dagegen kann die im Adhäsionsverfahren getroffene Entscheidung keinen Bestand haben.

[3] Durch den in der Hauptverhandlung vom 2. Juli 2012 protokollierten Vergleich (§ 405 Abs. 1 Satz 1 StPO) ist der am 29. Juni 2012 bei Gericht eingegangene Adhäsionsantrag gegenstandslos geworden. Zugleich wurde die nach § 404 Abs. 2 Satz 2 StPO mit dem Eingang des Antrages eingetretene Rechtshängigkeit des geltend gemachten Adhäsionsanspruchs beendet (HK-StPO-Kurth/Pollähne, 5. Aufl., § 405 Rn. 2; Meier/Dürre, JZ 2006, 18, 24; Zander, Das Adhäsionsverfahren im neuen Gewand, S. 163). Der daraufhin gestellte Antrag auf Feststellung der Hauptsacheerledigung ging daher ins Leere. Eine Kostenentscheidung war nicht mehr zu treffen, weil die Nebenklägerin und der Angeklagte die Kosten des Adhäsionsverfahrens in dem Vergleich geregelt haben (Meier/Dürre, JZ 2006, 18, 24; Weiner/Ferber, Handbuch des Adhäsionsverfahrens, Rn. 124).

Gemäß **§ 404 Abs. 1 Satz 1 StPO** kann der Adhäsionsantrag **nach Beginn der Schlussvorträge**, die dem den Rechtszug abschließenden Urteil vorausgehen, nicht mehr gestellt werden; diese **Präklusion** greift jedoch nicht ein, wenn das Gericht erneut in die Beweisaufnahme eingetreten ist. **519**

Kann das Revisionsgericht über den strafrechtlichen Teil des Urteils im Beschlussverfahren entscheiden, so kann es hierbei auch über das Rechtsmittel gegen die Zubilligung einer Entschädigung des Verletzten **ohne Bindung an den Antrag des Generalbundesanwalts** mitbefinden.[517]

[5] 2. Entgegen der Auffassung des Generalbundesanwalts ist die Adhäsionsentscheidung rechtsfehlerfrei ergangen. Das Landgericht hat den Angeklagten zur Zahlung eines Schmerzensgeldes in Höhe von 6.000 € verurteilt.

---

516 BGH, Beschluss vom 15.1.2013 – 4 StR 522/12.

517 BGH, Beschluss vom 22.10.2013 – 4 StR 368/13.

[6] a) Der Adhäsionskläger hat den hierauf gerichteten Zahlungsantrag nicht verspätet angebracht (§ 404 Abs. 1 Satz 1 StPO). Der Vertreter des Adhäsionsklägers hatte den Leistungsantrag, der zuvor nicht außerhalb der Hauptverhandlung zugestellt oder in ihr bereits verlesen worden war, im Termin vom 9. April 2013 zunächst erst nach dem Schlussvortrag der Vertreterin der Staatsanwaltschaft gestellt. Nach den weiteren Schlussvorträgen und dem letzten Wort des Angeklagten wurde „nochmals in die Beweisaufnahme eingetreten" und diese sodann wieder geschlossen. Anschließend wiederholten die Verfahrensbeteiligten ihre zuvor gestellten Anträge. Gemäß § 404 Abs. 1 Satz 1 StPO kann der Adhäsionsantrag nach Beginn der Schlussvorträge, die dem den Rechtszug abschließenden Urteil vorausgehen, nicht mehr gestellt werden; diese Präklusion greift jedoch nicht ein, wenn das Gericht erneut in die Beweisaufnahme eingetreten ist (Meyer-Goßner, StPO, 56. Aufl., § 404 Rn. 4); es ist stets auf den Beginn der letzten Schlussvorträge abzustellen (Hilger in Löwe-Rosenberg, StPO, 26. Aufl., § 404 Rn. 4). Danach ist der Adhäsionsantrag hier noch rechtzeitig angebracht worden; der Zweck der Regelung in § 404 Abs. 1 Satz 1 StPO, dass der Staatsanwalt Gelegenheit haben muss, zu dem geltend gemachten vermögensrechtlichen Anspruch des Verletzten Stellung zu beziehen (BGH, Beschlüsse vom 9. August 1988 – 4 StR 342/88, BGHR StPO § 404 Abs. 1 Antragstellung 1, und 9. September 2008 – 1 StR 449/08, NStZ 2009, 566, 567), ist auch in der hier gegebenen Fallgestaltung erfüllt.

[7] b) Der Senat teilt auch nicht die Auffassung des Generalbundesanwalts, dass der Adhäsionsantrag nicht den Anforderungen des § 404 Abs. 1 Satz 2 StPO genügt. Nach dieser Vorschrift muss der Adhäsionsantrag unter anderem den Gegenstand und den Grund des geltend gemachten Anspruchs bestimmt bezeichnen (vgl. dazu Hilger in Löwe-Rosenberg, StPO, 26. Aufl., § 404 Rn. 1 m.w.N.). Unter den hier gegebenen Umständen reichte dazu jedoch die im Antrag vom 12. Februar 2013 erfolgte Bezugnahme auf die in der Anklageschrift erhobenen Tatvorwürfe aus (vgl. auch BGH, Beschluss vom 13. August 2013 – 4 StR 281/13). Der der Anklage zugrunde liegende Sachverhalt ist einfach und überschaubar. In allen Fällen richteten sich die Vorwürfe ausschließlich gegen den Angeklagten; Tatopfer war in allen Fällen der Adhäsionskläger.

[8] c) Der Senat kann über die Revision des Angeklagten durch Beschluss nach § 349 Abs. 2 und 4 StPO befinden, obwohl der Generalbundesanwalt die Aufhebung des angefochtenen Urteils im Adhäsionsausspruch beantragt hat. Kann das Revisionsgericht über den strafrechtlichen Teil des Urteils im Beschlussverfahren entscheiden, so kann es hierbei auch über das Rechtsmittel gegen die Zubilligung einer Entschädigung des Verletzten ohne Bindung an den Antrag des Generalbundesanwalts mitbefinden (vgl. BGH, Beschlüsse vom 8. Juli 2009 – 2 StR 239/09, NStZ-RR 2009, 382, und 18. November 2011 – 1 StR 475/11).

520 Eine Adhäsionsentscheidung ist in dem **erforderlichen Umfang zu begründen**. Was die Bemessung des Schmerzensgeldes anbelangt, versäumt es die Strafkammer, im Hinblick auf die konkret zugrunde liegende Tat hinreichend deutlich zu machen, wie sie zu dem ausgeurteilten Betrag gelangt. Insbesondere wird nicht deutlich, ob die Strafkammer, wie regelmäßig erforderlich, die **persönlichen und wirtschaftlichen Verhältnisse der Tatbeteiligten** berücksichtigt hat.[518]

---

[518] BGH, Beschluss vom 12.3.2013 – 2 StR 603/12.

[3] 1. Das Landgericht hat seine Adhäsionsentscheidung nicht in dem erforderlichen Umfang begründet (vgl. Senatsbeschluss vom 7. Juli 2010 – 2 StR 100/10). Was die Bemessung des Schmerzensgeldes anbelangt, versäumt es die Strafkammer, im Hinblick auf die konkret zugrunde liegende Tat hinreichend deutlich zu machen, wie sie zu dem ausgeurteilten Betrag gelangt. Insbesondere wird nicht deutlich, ob die Strafkammer, wie regelmäßig erforderlich, die persönlichen und wirtschaftlichen Verhältnisse der Tatbeteiligten berücksichtigt hat.

[4] Ausführungen zu der ausgesprochenen Verpflichtung zur Erstattung weiterer immaterieller Schäden finden sich in den Urteilsgründen nicht. Verletzungen des Nebenklägers, die einen Dauer- oder Zukunftsschaden wahrscheinlich machen, sind den Urteilsgründen nicht zu entnehmen. Bei dieser Sachlage wäre es deshalb erforderlich gewesen darzutun, warum ein solcher Ausspruch gerechtfertigt ist (BGH, Beschluss vom 29. Juli 2003 – 4 StR 222/03).

Gemäß **den inhaltlichen Anforderungen des § 404 Abs. 1 S. 2 StPO** muss der Adhäsionsantrag u.a. den Gegenstand und den Grund des geltend gemachten Anspruchs bestimmt bezeichnen.[519] **521**

[7] 1. Der Adhäsionsausspruch über die Zuerkennung von Schmerzensgeld kann jedoch keinen Bestand haben.

[8] a) Der von der Nebenklägerin vor Beginn der Hauptverhandlung vor dem Landgericht gestellte Adhäsionsantrag entsprach nicht den inhaltlichen Anforderungen des § 404 Abs. 1 Satz 2 StPO. Nach dieser Vorschrift muss der Adhäsionsantrag u.a. den Gegenstand und den Grund des geltend gemachten Anspruchs bestimmt bezeichnen (vgl. dazu LR-StPO/Hilger, 26. Aufl., § 404 Rn. 1 m.w.N.). Das ist hier nicht geschehen.

[9] b) Zwar hat der Bevollmächtigte der Nebenklägerin mit einem beim Landgericht am 2. Oktober 2012 eingegangenen Schriftsatz einen einschließlich der Zinsforderung bezifferten Schmerzensgeldanspruch als Adhäsionsantrag geltend gemacht (SA II/105). In dem Schriftsatz ist zum Grund des Anspruchs aber lediglich ausgeführt, eine ausführliche Begründung werde erfolgen, wenn die Anklageschrift vorliege. Zur Höhe des verlangten Schmerzensgeldes enthält der Schriftsatz nur den allgemeinen Hinweis auf die mehrfachen und jahrelangen strafrechtlich relevanten Handlungen und die dadurch bei der Nebenklägerin hervorgerufenen sehr schweren psychischen Beeinträchtigungen. Die angekündigte ausführliche Begründung des Adhäsionsantrags ist auch nach Kenntnisnahme von der Anklageschrift nicht erfolgt, auch nicht in Form einer bloßen Bezugnahme auf die in der Anklageschrift erhobenen Tatvorwürfe. Der Senat braucht hier nicht zu entscheiden, welche generellen Anforderungen an einen wirksamen Adhäsionsantrag im Sinne von § 404 Abs. 1 Satz 2 StPO zu stellen sind. Jedenfalls im vorliegenden Fall genügte die Begründung aus dem Schriftsatz vom 1. Oktober 2012 allein nicht. Dem Angeklagten wurden in der Anklage insgesamt 30 Straftaten zum Nachteil der Nebenklägerin über einen Zeitraum von etwa sechs Jahren an verschiedenen Orten vorgeworfen. In der Abschlussverfügung hatte die Staatsanwaltschaft das Verfahren zudem wegen weiterer aktenkundiger Taten zum Nachteil der Nebenklägerin vorläufig im Hinblick auf die angeklagten Taten gemäß § 154 Abs. 1 StPO eingestellt. Schon angesichts des Umfangs der angeklagten und der eingestellten Vorwürfe hätte es genauerer Darle-

---

[519] BGH, Beschluss vom 13.8.2013 – 4 StR 281/13.

gungen der Nebenklägerin bedurft, auf welche der Taten zu ihrem Nachteil sie ihren Adhäsionsantrag auf Zahlung eines Schmerzensgeldes, der dieselben Wirkungen wie die Erhebung einer zivilrechtlichen Klage hat (BGH, Beschluss vom 17. Dezember 2003 – 1 StR 412/03, StraFo 2004, 144), stützen wollte.

[10] 2. Eine Zurückverweisung der Sache allein zur prozessordnungsgemäßen Nachholung des Adhäsionsverfahrens kommt nicht in Betracht, da ein wirksamer Antrag nicht mehr rechtzeitig gestellt werden könnte. Der Senat spricht deshalb aus, dass insoweit gemäß § 406 Abs. 1 Satz 3 und 6 StPO von einer Entscheidung abgesehen wird (vgl. auch BGH, Beschluss vom 11. Oktober 2007 – 3 StR 426/07, StV 2008, 127).

522 Bei der Entscheidung über einen Adhäsionsausspruch ist es regelmäßig erforderlich, die **persönlichen und wirtschaftlichen Verhältnisse des Angeklagten und der Nebenklägerin** zu erörtern.[520]

[19] 3. Der Adhäsionsausspruch hält dagegen rechtlicher Nachprüfung nicht stand.

[20] Soweit das Landgericht der Nebenklägerin Schmerzensgeld zuerkannt hat, ist diese Entscheidung schon deshalb rechtsfehlerhaft, weil die Strafkammer, wie es regelmäßig erforderlich ist (vgl. BGH, Beschluss vom 7. Juli 2010 – 2 StR 100/10, NStZ-RR 2010, 344), die persönlichen und wirtschaftlichen Verhältnisse des Angeklagten und der Nebenklägerin nicht erörtert hat.

[21] Im Hinblick auf die getroffene Feststellung der Strafkammer, der Angeklagte habe der Nebenklägerin sämtliche materiellen und immateriellen Schäden, die ihr in Zukunft infolge der abgeurteilten Taten entstehen würden, zu ersetzen, soweit sie nicht auf Sozialversicherungsträger übergegangen seien oder übergehen würden, sind Verletzungen der Nebenklägerin, die einen Dauer- oder Zukunftsschaden wahrscheinlich machen, den Urteilsgründen nicht zu entnehmen. Insoweit ist für ein Feststellungsurteil kein Raum (vgl. BGH, Beschluss vom 29. Juli 2003 – 4 StR 222/03).

523 Die **Feststellung einer Ersatzpflicht für künftige Schäden** setzt voraus, dass aus dem festzustellenden Rechtsverhältnis mit einer gewissen Wahrscheinlichkeit Ansprüche entstanden sind oder entstehen können. Bei schweren Verletzungen kann ein Feststellungsanspruch nur dann verneint werden, wenn aus der Sicht des Geschädigten bei verständiger Beurteilung kein Grund bestehen kann, mit Spätfolgen wenigstens zu rechnen. In diesen Fällen kann es genügen, dass eine nicht eben entfernt liegende Möglichkeit künftiger Verwirklichung der Schadensersatzpflicht durch das Auftreten weiterer Leiden besteht. Dass ein künftiger Schaden aber bloß möglich ist, reicht auch insoweit nicht aus.[521]

524 Beantragt die Adhäsionsklägerin die Feststellung der Ersatzpflicht des Angeklagten hinsichtlich der **künftigen immateriellen und materiellen Schäden**, hat das Landgericht dies in der Urteilsformel ausreichend zum Ausdruck zu bringen. Zudem ist die Adhäsionsentscheidung im Hinblick auf § 116 SGB X bzw. § 86 VVG unter den Vorbehalt zu stellen, dass eine Ersatzpflicht nur insoweit besteht, als die Ansprüche nicht auf Sozialversicherungsträger oder andere Versicherer übergegangen sind.[522]

---

520 BGH, Beschluss vom 27.2.2013 – 2 StR 206/12.
521 BGH, Beschluss vom 26.9.2013 – 2 StR 306/13.
522 BGH, Beschluss vom 17.1.2013 – 4 StR 459/12.

[5] 2. Der Senat hat auf die Sachrüge den Adhäsionsausspruch wie aus der Beschlussformel ersichtlich aus folgenden Gründen geändert und ergänzt:

[6] a) Soweit die Adhäsionsklägerin die Feststellung der Ersatzpflicht des Angeklagten hinsichtlich der künftigen immateriellen und materiellen Schäden beantragt hat, hat das Landgericht dies in der Urteilsformel nur unzureichend zum Ausdruck gebracht. Zudem ist die Adhäsionsentscheidung im Hinblick auf § 116 SGB X bzw. § 86 VVG unter den Vorbehalt zu stellen, dass eine Ersatzpflicht nur insoweit besteht, als die Ansprüche nicht auf Sozialversicherungsträger oder andere Versicherer übergegangen sind.

[7] b) Die Teileinstellung des Verfahrens durch den Senat hat zur Folge, dass der Adhäsionsausspruch zum Feststellungsantrag entsprechend angepasst werden muss. Auf die Höhe des zugesprochenen Schmerzensgeldes hat dies keinen Einfluss.

Eine im Adhäsionsverfahren auf Antrag des Verletzten (Geschädigten) gegen den Beschuldigten (Schädiger) ergehende Entscheidung entfaltet **weder Rechtskraft gegenüber dem Haftpflichtversicherer** des Schädigers **noch bindet sie das in einem Folgeprozess** zur Entscheidung berufene Gericht.[523] **525**

[9] b) Der Umfang der Bindungswirkung eines Grundurteils richtet sich danach, worüber das Gericht wirklich entschieden hat. Dies ist durch Auslegung von Urteilsformel und Entscheidungsgründen zu ermitteln (BGH, Urteile vom 14. April 1987 – IX ZR 149/86, VersR 1987, 939, 940 und vom 14. Juni 2002 – V ZR 79/01, NJW 2002, 3478, 3479, jeweils m.w.N.; MünchKommZPO/Musielak, 3. Aufl., § 304 Rn. 12).

*[**10**] c) Ob die Bindungswirkung im vorliegenden Fall, wie das Berufungsgericht annimmt, die Verneinung eines Mitverschuldens (§ 254 BGB) erfasst, kann offen bleiben (vgl. dazu OLG Karlsruhe, MDR 2011, 979). Ebenso ist nicht zu entscheiden, ob die vom Strafgericht hier bejahte fahrlässige Begehungsweise mit bindender Wirkung für das Betragsverfahren gegenüber dem Beklagten zu 2 festgestellt worden ist. Die Bindung, die ein Grundurteil nach § 318 ZPO entfaltet, ist jedenfalls – ebenso wie die Wirkung der materiellen Rechtskraft (§§ 322, 325 Abs. 1 ZPO) – grundsätzlich auf die an dem Verfahren beteiligten Parteien beschränkt (vgl. Wieczorek/Schütze/Rensen, ZPO, 3. Aufl., § 304 Rn. 69; Zöller/Vollkommer, ZPO, 29. Aufl., Vor § 322 Rn. 52 und § 325 Rn. 3). Da die Beklagte zu 1 an dem Adhäsionsverfahren nicht beteiligt war, vermag die dort ergangene Entscheidung ihr gegenüber mithin keine Bindungswirkung zu entfalten.*

*[**11**] d) Das im Adhäsionsverfahren gegen den Beklagten zu 2 ergangene Grundurteil ist für den Rechtsstreit des Klägers gegen die Beklagte zu 1 auch nicht deshalb bindend, weil diese als Haftpflichtversicherer des Beklagten zu 2 in Anspruch genommen wird. Das Berufungsgericht erwägt für die vorliegende Fallgestaltung eine entsprechende Anwendung der von der Rechtsprechung entwickelten Grundsätze zur Bindungswirkung eines vorangegangenen Haftpflichtprozesses zwischen dem Geschädigten und dem Versicherungsnehmer für den nachfolgenden Deckungsprozess zwischen dem Versicherungsnehmer und dem Versicherer. In dieser Fallgestaltung wird die Haftpflichtfrage grundsätzlich abschließend im Haftpflichtprozess entschieden (sog. Trennungsprinzip). Die – jedenfalls soweit es um den*

[523] BGH, Urteil vom 18.12.2012 – VI ZR 55/12.

Haftungstatbestand geht – geltende Bindungswirkung verhindert, dass die im Haftpflichtprozess getroffene Entscheidung und auch deren Grundlagen nochmals zwischen dem Versicherer und dem Versicherungsnehmer in Frage gestellt werden können (vgl. BGH, Urteil vom 30. September 1992 – IV ZR 314/91, BGHZ 119, 276, 278 m.w.N.). Diese Grundsätze sind auf den vorliegenden Fall, in dem der Haftpflichtversicherer nicht im Deckungsprozess von seinem Versicherungsnehmer, sondern im Wege der Direktklage durch den Geschädigten (§ 3 Nr. 1 PflVG a.F., jetzt § 115 Abs. 1 Satz 1 Nr. 1 VVG n.F.) in Anspruch genommen wird, nicht anwendbar.

*[**12**] aa) Die für das Verhältnis zwischen Haftungsprozess und nachfolgendem Deckungsprozess geltende Bindungswirkung folgt aus dem Wesen der Haftpflichtversicherung und der dort gegebenen umfassenden Abwehrzuständigkeit des Versicherers (Senatsurteil vom 13. Dezember 1977 – VI ZR 206/75, BGHZ 71, 339, 344; BGH, Urteile vom 18. März 1992 – IV ZR 51/91, BGHZ 117, 345, 350 und vom 19. Februar 1959 – II ZR 171/57, VersR 1959, 256, 257; Reiff, VersR 1990, 113, 119 f.; Fetzer, VersR 1999, 793, 797; Gottwald/Adolphsen, NZV 1995, 129, 130; Hagen, NVersZ 2001, 341 f.). Kommt es zum Prozess über den Haftpflichtanspruch, so hat der Versicherungsnehmer die Prozessführung dem Versicherer zu überlassen (§ 5 Nr. 4 Satz 1 AHB; vgl. auch §§ 100 f. VVG n.F.). Der Versicherer muss im Haftpflichtprozess die Interessen des Versicherten so wahren wie ein von diesem beauftragter Anwalt. Dem Versicherungsnehmer hingegen obliegt ein Anerkennungs- und Beweisverbot; er ist weitgehend den Weisungen des Versicherers unterworfen (§ 5 Nr. 3 AHB). Im Ergebnis bedeutet dies, dass der Haftpflichtversicherer allein die aus der Prüfung und Abwehr folgende Arbeitslast und Verantwortung trägt. Es wäre widersinnig, wenn der Haftpflichtanspruch in dem vom Versicherer für den Versicherungsnehmer geführten Haftpflichtprozess bejaht würde, dieser aber im anschließenden Deckungsprozess die Haftpflicht verneinen würde (Fetzer, aaO).*

*[**13**] bb) Wenn in einem Rechtsstreit zwischen dem Geschädigten und dem Schädiger über dessen Haftung entschieden wird und in einem Folgeprozess nicht der Schädiger, sondern der Geschädigte den Haftpflichtversicherer des Schädigers (im Wege der Direktklage) in Anspruch nimmt, ist eine andere Interessenlage gegeben, da es in diesem Folgeprozess nicht um vertragliche Ansprüche aus dem Versicherungsverhältnis, sondern um die Außenhaftung des Haftpflichtversicherers gegenüber einem Dritten (dem Geschädigten) geht. Für diesen Fall bestimmt § 3 Nr. 8 PflVG a.F. (jetzt § 124 Abs. 1 VVG n.F.), dass eine rechtskräftige Klageabweisung ihre Rechtskraft auch für das jeweils andere Prozessrechtsverhältnis entfaltet. In den Fällen des § 115 Abs. 1 VVG hat es der Dritte in der Hand, seinen Anspruch gegen den Schädiger, dessen Haftpflichtversicherer oder gegen beide als Gesamtschuldner geltend zu machen. Die dem Dritten eröffnete Möglichkeit, nach seiner Wahl gegen den Versicherer, den Schädiger oder gegen beide vorzugehen, dient der Verbesserung des Opferschutzes. Der Geschädigte soll, dem Zweck der Pflichtversicherung entsprechend, zeitnah und angemessen entschädigt werden. Ungerechtfertigten Nutzen soll er aus dieser Rechtslage aber nicht erwerben; insbesondere darf ihm der Umstand, dass er die Gesamtschuldner auch einzeln und damit möglicherweise nacheinander belangen kann, keinen über die geschuldete Entschädigung hinausgehenden Vorteil bringen (Senatsurteile vom 29. Mai 1979 – VI ZR 128/77, VersR 1979, 841 f.; vom 14. Juli 1981 – VI ZR 254/79, VersR 1981, 1156, 1157 und vom 15. Januar 2008 – VI ZR 131/07, VersR 2008, 485 Rn. 6 f.). Diesem Anliegen entspricht die in § 3 Nr. 8 PflVG a.F. (jetzt § 124 Abs. 1 VVG n.F.) angeordnete*

Rechtskrafterstreckung des gegen einen Gesamtschuldner ergangenen klageabweisenden Urteils (MünchKomm VVG/Schneider, 1. Aufl., § 124 Rn. 2; Knappmann in Prölss/Martin, VVG, 28. Aufl., § 124 Rn. 2). Mit dieser Regelung wäre eine Bindungswirkung, wie sie für den Deckungsprozess besteht, nicht vereinbar.

*[***14***] cc) Für das Adhäsionsverfahren kann nichts anderes gelten. Das auf Antrag eines Verletzten (Geschädigten) gegen den Beschuldigten (Schädiger) eingeleitete Adhäsionsverfahren entspricht dem Haftpflichtprozess des Dritten (Geschädigten) gegen den Schädiger (vgl. §§ 403, 404 Abs. 2 StPO). Die gegen diesen ergehende Entscheidung steht einem im bürgerlichen Rechtsstreit ergangenen Urteil gleich (§ 406 Abs. 3 StPO). Sie entfaltet weder Rechtskraft gegenüber dem Haftpflichtversicherer des Schädigers noch bindet es das in einem Folgeprozess zur Entscheidung berufene Gericht. Eine entsprechende Anwendung der für den Deckungsprozess geltenden Bindungswirkung auf den Haftungsprozess nach vorausgegangenem Adhäsionsverfahren ist abzulehnen. Sie würde dazu führen, dass die in § 3 Nr. 8 PflVG a.F. (jetzt § 124 Abs. 1 VVG n.F.) auch zum Schutz des Versicherers angeordnete begrenzte Rechtskrafterstreckung (MünchKomm VVG/Schneider, aaO) zu seinem Nachteil unterlaufen würde. Hinzu kommt, dass der Versicherer an dem Adhäsionsverfahren nicht beteiligt ist. Er kann – anders als in einem gegen seinen Versicherungsnehmer (Schädiger) vor dem Zivilgericht geführten Haftungsprozess – das Verfahren weder als Prozessvertreter des Beschuldigten führen (Schirmer, DAR 1988, 121, 127), noch hat er die Möglichkeit, zur Wahrung seiner Interessen dem Verfahren als Nebenintervenient beizutreten. Ersichtlich auch aus diesen Erwägungen heraus hat der Gesetzgeber bei der Einführung des Direktanspruchs (§ 3 Nr. 1 PflVG a.F.) die in § 3 Nr. 8 PflVG a.F. angeordnete Rechtskrafterstreckung auf Klage abweisende Urteile beschränkt (vgl. Begründung der Bundesregierung vom 16. Mai 1964 zum Entwurf eines Gesetzes zur Änderung von Vorschriften über die Pflichtversicherung für Kraftfahrzeughalter, BT-Drucks. IV/2252, S. 18).*

PRAXISBEDEUTUNG ■

Das vorstehende Urteil des zuständigen Zivilsenats macht deutlich, dass in bestimmten Fällen, soweit in Verkehrssachen oder sonstigen Angelegenheiten, in denen eine Haftpflichtversicherung ersatzpflichtig sein kann, es möglicherweise nicht sinnvoll ist, von Seiten des Geschädigten einen Adhäsionsanspruch geltend zu machen. Es wird eine der Pflichten von dessen Prozessbevollmächtigten sein, ihn hierbei zutreffend zu beraten.

34. Nebenklage

Wie auch in den vergangenen Jahren ist im Berichtszeitraum wieder eine größere Anzahl von Nebenklägerrevisionen als unzulässig zurückgewiesen worden, weil die erstrebten Ziele, meist eine Änderung des Strafmaßes, nach § 400 Abs. 1 StPO ausgeschlossen **oder kein zulässiges Revisionsziel angegeben** waren. Beispielhaft sei die nachfolgende Entscheidung angeführt: **526**

Die auf die allgemeine Sachrüge und die Verletzung formellen Rechts gestützte Revision des Nebenklägers ist unzulässig. Im Hinblick auf das beschränkte Anfechtungsrecht des Nebenklägers nach § 400 Abs. 1 StPO muss die Begründung der

Revision des Nebenklägers erkennen lassen, dass er mit seinem Rechtsmittel ein zulässiges Ziel verfolgt, also einen bisher unterbliebenen Schuldspruch des Angeklagten (auch) wegen einer Straftat, die die Berechtigung des Nebenklägers zum Anschluss an das Verfahren begründet. Wird eine derartige Präzisierung nicht bis zum Ablauf der Revisionsbegründungsfrist vorgenommen, so ist das Rechtsmittel unzulässig.[524]

527 Die Beanstandung der **Nichtanordnung der Unterbringung in einem psychiatrischen Krankenhaus** (§ 63 StGB) neben einer Verurteilung durch den Nebenkläer führt nicht dazu, dass dessen Revision zulässig wäre; denn damit wird das **unzulässige Ziel** der Verhängung einer weiteren Rechtsfolge verfolgt.[525]

[2] Nach § 400 Abs. 1 StPO ist der Nebenkläger nicht befugt, das Urteil mit dem Ziel anzufechten, dass eine andere Rechtsfolge der Tat verhängt wird oder dass der Angeklagte wegen einer Gesetzesverletzung verurteilt wird, die nicht zum Anschluss als Nebenkläger berechtigt. Deshalb bedarf seine Revision eines genauen Antrages oder einer Begründung, die deutlich macht, dass er eine Änderung des Schuldspruchs hinsichtlich eines Nebenklagedelikts verfolgt (st. Rspr.; vgl. etwa BGH, Beschluss vom 3. Juli 2012 – 3 StR 221/12 m.w.N.). Diese Voraussetzungen hat die Nebenklägerin vorliegend nicht erfüllt. Sie hat ihre Revision vielmehr (zunächst) allein mit der nicht ausgeführten Formalrüge und mit der in allgemeiner Form erhobenen Sachrüge begründet. In ihrer ergänzenden Rechtsmittelbegründung hat sie beanstandet, das Landgericht habe die Unterbringung des Angeklagten B. in einem psychiatrischen Krankenhaus rechtsfehlerhaft abgelehnt. Diese Rüge war indes gemäß § 345 Abs. 1 StPO verspätet und ist damit unbeachtlich, weil es sich bei der Angabe des Zieles der Revision eines Nebenklägers um eine Zulässigkeitsvoraussetzung für das Rechtsmittel handelt (vgl. BGH, Beschluss vom 9. November 2000 – 4 StR 425/00, NStZ-RR 2001, 266).

[3] Im Übrigen hätte die Einzelbeanstandung der Nichtanordnung der Unterbringung in einem psychiatrischen Krankenhaus (§ 63 StGB) neben einer Verurteilung nicht dazu geführt, dass die Revision der Nebenklägerin zulässig wäre; denn damit verfolgt sie das unzulässige Ziel der Verhängung einer weiteren Rechtsfolge (vgl. BGH, Beschluss vom 7. September 1989 – 1 StR 326/89, BGHR StPO § 397a Abs. 1 Prozesskostenhilfe 6; Meyer-Goßner, StPO, 55. Aufl., § 400 Rn. 3).

528 Das **Verschulden seines Prozessbevollmächtigten** ist dem Nebenkläger, der nach Versäumung der Revisionsbegründungsfrist Wiedereinsetzung beantragt, nach dem allgemeinen Verfahrensgrundsatz des § 85 Abs. 2 ZPO zuzurechnen.[526]

[2] Der Antrag auf Wiedereinsetzung in den vorigen Stand nach Versäumung der Revisionsbegründungsfrist ist unzulässig; dementsprechend erweist sich der Antrag auf Entscheidung des Revisionsgerichts gemäß § 346 Abs. 2 StPO als unbegründet.

[3] 1. Das Verschulden seines Prozessbevollmächtigten ist dem Nebenkläger, der nach Versäumung der Revisionsbegründungsfrist Wiedereinsetzung beantragt, nach

---

[524] BGH, Beschluss vom 17.1.2013 – 2 StR 601/12; vgl. hierzu auch BGH, Beschluss vom 28.2.2013 – 2 StR 503/12.

[525] BGH, Beschluss vom 20.12.2012 – 3 StR 426/12.

[526] BGH, Beschluss vom 28.08.2013 – 4 StR 336/13.

dem allgemeinen Verfahrensgrundsatz des § 85 Abs. 2 ZPO zuzurechnen (st. Rspr.; vgl. etwa BGH, Beschlüsse vom 11. Dezember 1981 – 2 StR 221/81, BGHSt 30, 309; vom 17. März 2010 – 2 StR 27/10; weitere Nachweise bei Meyer-Goßner, StPO, 56. Aufl., § 44 Rn. 19). Deshalb erfordert die Begründung eines Antrags auf Wiedereinsetzung in den vorigen Stand grundsätzlich eine genaue Darlegung und Glaubhaftmachung aller zwischen dem Beginn und Ende der versäumten Frist liegenden Umstände, die für die Frage bedeutsam sind, wie und gegebenenfalls durch wessen Verschulden es zur Versäumung gekommen ist; zu dem erforderlichen Tatsachenvortrag gehört dabei auch, dass der Antragsteller einen Sachverhalt vorträgt, der ein der Wiedereinsetzung entgegenstehendes Verschulden ausschließt (BGH, Beschluss vom 17. März 2010 – 2 StR 27/10 m.w.N.).

[4] 2. Daran fehlt es.

[5] Nach dem Vortrag der Nebenklägervertreterin oblag es ihrer Rechtsanwaltsgehilfin, Fristen zu überwachen und ihr die Akten rechtzeitig vor Ablauf der Revisionsbegründungsfrist vorzulegen. Dass hier – zum ersten Mal – die Revisionsbegründungsfrist versäumt wurde, habe daran gelegen, dass die Rechtsanwaltsgehilfin die Frist nicht eingetragen habe.

[6] Damit ist ein Verschulden der Nebenklägervertreterin selbst nicht ausgeschlossen. Zwar darf ein Rechtsanwalt in einfach gelagerten Fällen die Feststellung des Fristbeginns und die Berechnung einer Frist gut ausgebildeten und sorgfältig überwachten Büroangestellten überlassen (BGH, Beschlüsse vom 30. Mai 2000 – 1 StR 103/00, BGHR StPO § 44 Verschulden 7; vom 6. Juli 2004 – 5 StR 204/04, jeweils m.w.N.). Nach der ständigen Rechtsprechung des Bundesgerichtshofs darf der Rechtsanwalt aber schon das Empfangsbekenntnis über eine Urteilszustellung nur unterzeichnen und zurückgeben, wenn sichergestellt ist, dass in den Handakten die Rechtsmittelfrist festgehalten und vermerkt ist, dass die Frist im Fristenkalender notiert worden ist (BGH, Beschluss vom 2. Februar 2010 – VI ZB 58/09, NJW 2010, 1080 m.w.N.). Weist er seine Bürokraft im Einzelfall mündlich an, die Rechtsmittelfrist einzutragen, müssen ausreichende organisatorische Vorkehrungen dafür getroffen sein, dass diese Anweisung nicht in Vergessenheit gerät (BGH aaO S. 1080 f.; Beschluss vom 26. Januar 2009 – II ZB 6/08, NJW 2009, 1083).

[7] Diesen Anforderungen genügende Maßnahmen hat die Nebenklägervertreterin nicht vorgetragen. Insbesondere hat sie weder dargelegt, dass sie ihre Angestellte ausdrücklich angewiesen hat, die Revisionsbegründungsfrist einzutragen, noch waren unter Zugrundelegung ihres Vortrags in der Kanzlei Vorkehrungen, z.B. durch eine allgemeine Weisung, Aufträge zur Eintragung von Rechtsmittel- und Rechtsmittelbegründungsfristen sofort und vorrangig zu erledigen, dagegen getroffen, dass die Ausführung einer entsprechenden mündlich erteilten Weisung unterblieb (BGH aaO m.w.N.). Auch zu einer Überwachung der Fristennotierung durch ihre Angestellte fehlt jeglicher Vortrag.

Die Rechtsmittel der Nebenkläger sind unzulässig. Nach § 400 Abs. 1 StPO kann ein Nebenkläger das Urteil nicht mit dem Ziel anfechten, dass eine **andere Rechtsfolge** der Tat verhängt wird oder dass der Angeklagte wegen einer Gesetzesverletzung verurteilt wird, die nicht zum Anschluss des Nebenklägers berechtigt.[527] **529**

[527] BGH, Beschluss v. 17.7.2013 – 4 StR 214/13; vgl. auch BGH, Beschlüsse vom 12.9.2013 – 2 StR 375/13 sowie vom 5.11.2013 – 1 StR 518/13.

[1] Das Landgericht hat den Angeklagten wegen fahrlässiger Tötung in zehn rechtlich zusammentreffenden Fällen in Tateinheit mit fahrlässiger Körperverletzung in 22 rechtlich zusammentreffenden Fällen und in Tateinheit mit fahrlässiger Gefährdung des Bahnverkehrs zu einer Freiheitsstrafe von einem Jahr verurteilt und deren Vollstreckung zur Bewährung ausgesetzt. Hiergegen wenden sich die Nebenkläger mit ihren Revisionen.

[2] Die Rechtsmittel der Nebenkläger sind unzulässig. Nach § 400 Abs. 1 StPO kann ein Nebenkläger das Urteil nicht mit dem Ziel anfechten, dass eine andere Rechtsfolge der Tat verhängt wird oder dass der Angeklagte wegen einer Gesetzesverletzung verurteilt wird, die nicht zum Anschluss des Nebenklägers berechtigt. Die Revision des Nebenklägers bedarf daher eines Antrags oder einer Begründung, die deutlich macht, dass eine Änderung des Schuldspruchs hinsichtlich eines Nebenklagedelikts und damit ein zulässiges Ziel verfolgt wird (st. Rspr., vgl. BGH, Beschluss vom 3. Mai 2013 – 1 StR 637/12, Rn. 2; Beschluss vom 28. Mai 1990 – 4 StR 221/90, BGHR StPO § 400 Abs. 1 Zulässigkeit 4). Daran fehlt es hier. Die Ausführungen zur Rechtfertigung der Sachrüge zielen auf die Feststellung einer weiteren Pflichtverletzung („Telefonieren während der Fahrt") ab, der erhebliche Auswirkung auf das Strafmaß zukommen soll. Das Vorbringen zu den nicht zulässig erhobenen Verfahrensrügen lässt – selbst wenn man es zur Auslegung der Sachrüge heranzöge – nicht in der erforderlichen Deutlichkeit erkennen, dass ein zulässiges Ziel verfolgt wird.

530 Die Revision des Nebenklägers bedarf eines Antrags oder einer Begründung, die deutlich macht, dass er eine Änderung des Schuldspruchs hinsichtlich eines Nebenklagedeliktes und damit ein zulässiges Ziel verfolgt Daran fehlt es, wenn ausweislich der Revisionsbegründungen mit den Rechtsmitteln trotz formal weiterreichenden Antrags **lediglich die Verhängung anderer**, für die Angeklagten **ungünstigerer Rechtsfolgen** erreicht werden soll.[528]

[1] Das Landgericht hat die vier Angeklagten des Mordes, den Angeklagten H. zudem des unerlaubten Handeltreibens mit Betäubungsmitteln in nicht geringer Menge in Tateinheit mit unerlaubtem Besitz von Betäubungsmitteln schuldig gesprochen. Es hat die Angeklagten He. und H. zu lebenslanger Freiheitsstrafe bzw. Gesamtfreiheitsstrafe und die Angeklagten M. und P. jeweils zu neun Jahren Jugendstrafe verurteilt. Hiergegen wenden sich die Nebenkläger mit ihren auf die Verletzung materiellen Rechts gestützten Revisionen.

[2] Die Rechtsmittel der Nebenkläger sind unzulässig. Nach § 400 Abs. 1 StPO kann ein Nebenkläger das Urteil nicht mit dem Ziel anfechten, dass eine andere Rechtsfolge der Tat verhängt wird. Daher bedarf die Revision des Nebenklägers eines Antrags oder einer Begründung, die deutlich macht, dass er eine Änderung des Schuldspruchs hinsichtlich eines Nebenklagedeliktes und damit ein zulässiges Ziel verfolgt (st. Rspr.; vgl. etwa BGH, Beschluss vom 20. Dezember 2012 – 3 StR 426/12; BGH, Beschluss vom 28. Mai 1990 – 4 StR 221/90, BGHR StPO § 400 Abs. 1 Zulässigkeit 4; Meyer-Goßner, StPO, 55. Aufl., § 400 Rn. 3, 3a, 6 m.w.N.).

[3] Daran fehlt es hier. Ausweislich der Revisionsbegründungen soll mit den Rechtsmitteln trotz formal weiterreichenden Antrags lediglich die Verhängung ande-

[528] BGH, Beschluss vom 3.5.2013 – 1 StR 637/12.

rer, für die Angeklagten ungünstigerer Rechtsfolgen erreicht werden. Das Landgericht hat das Tötungsdelikt zum Nachteil des Geschädigten L.M. als Mord i.S.v. § 211 StGB gewertet. Mit dem Ziel der Annahme eines weiteren Mordmerkmals (vgl. BGH, Beschluss vom 3. Juli 1997 – 4 StR 266/97, NStZ-RR 1997, 371), der Feststellung der besonderen Schwere der Schuld i.S.d. § 57a Abs. 1 Satz 1 Nr. 2 StGB hinsichtlich des Angeklagten H. (vgl. BGH, Beschluss vom 12. Juni 2001 – 5 StR 45/01, BGHR StPO § 400 Abs. 1 Zulässigkeit 12) sowie der Anwendung des allgemeinen Strafrechts statt Jugendstrafrechts hinsichtlich der Angeklagten M. (vgl. BGH, Beschluss vom 28. Februar 2007 – 2 StR 599/06, StraFo 2007, 245) kann das Urteil nicht angefochten werden.

35. Strafvollstreckung – §§ 449 ff. StPO

Mit der Aufnahme eines Verurteilten in eine **Justizvollzugsanstalt** wird die **Strafvollstreckungskammer** des Landgerichts, in dessen Bezirk die Justizvollzugsanstalt liegt, gemäß § 462a Abs. 1 StPO (in Verbindung mit § 463 Abs. 2 und Abs. 6, § 453 StPO) auch für die bestehende Führungsaufsicht und die insoweit gemäß § 68d StGB zu treffenden Entscheidungen zuständig. Daran ändert die Tatsache nichts, dass es sich um die Vollstreckung einer Ersatzfreiheitsstrafe handelt.[529] **531**

36. Faires Verfahren

1. Nach Art. 6 Abs. 3 Buchst. b EMRK müssen vor der Verurteilung eines Angeklagten alle ihn belastenden Beweismittel grundsätzlich während einer öffentlichen mündlichen Verhandlung vor dem Angeklagten beigebracht werden, um eine **kontradiktorische Befragung** zu ermöglichen und diesem eine wirkungsvolle Gelegenheit zu geben, die gegen ihn vorgebrachten Beweise anzufechten. **532**

2. Ausnahmen dürfen die Rechte der Verteidigung nicht verletzen; diese Rechte erfordern in der Regel, dass ihr in angemessener und hinreichender Weise Gelegenheit gegeben wird, einen Belastungszeugen entweder während dessen Zeugenaussage oder zu einem späteren Verfahrenszeitpunkt zu konfrontieren und zu befragen. Wird eine Verurteilung allein oder entscheidend auf Aussagen einer Person gestützt wird, die der Angeklagte weder im Ermittlungsverfahren noch in der Hauptverhandlung Gelegenheit hatte zu befragen oder befragen zu lassen, so können die **Rechte der Verteidigung** in einem Maß eingeschränkt sein, das mit den nach Art. 6 EMRK vorgesehenen Garantien nicht vereinbar ist.

3. Eine Verletzung des Art. 6 Abs. 1 EMRK folgt jedoch nicht ohne Weiteres daraus, dass die Verwertung von im Ermittlungsstadium erlangten Aussagen (Aussagen vom Hören-Sagen) in der Hauptverhandlung als Beweismittel auch in Fällen zugelassen werden, bei denen diese Aussagen des Zeugen das alleinige oder entscheidende Beweismittel zu Lasten eines Angeklagten ist. In derartigen Fällen muss das Tatgericht, wenn eine Verurteilung allein oder entscheidend auf den Aussagen nicht anwesender Zeugen beruht, das Verfahren mit größtmöglicher Gründlichkeit prüfen. Die Frage ist in jedem Fall, ob hinreichende kompensierende Faktoren vorliegen, einschließlich Maßnahmen, die eine faire und angemessene Einschätzung der

---

[529] BGH, Beschluss vom 24.10.2013 – 2 ARs 335/13.

Verlässlichkeit dieser Aussagen ermöglichen. Danach kann eine Verurteilung nur dann auf solche Aussagen gestützt werden, wenn sie in Anbetracht ihrer Bedeutung für die Sache hinreichend verlässlich sind.

4. Hatten der Angeklagte und sein Verteidiger die Möglichkeit, den Ermittlungsrichter, die Polizeibeamten und einen Arzt in der Hauptverhandlung vor Gericht bei ihren Aussagen zu beobachten und weiter zu befragen, so stellt dies keine ausreichende Kompensation für die fehlende Gelegenheit dar, die Richtigkeit und Verlässlichkeit der entscheidenden Beweismittel, nämlich der Aussagen der einzigen Tatzeugen (die sich in der Hauptverhandlung als Familienangehörige auf ihr Zeugnisverweigerungsrecht berufen hatten) im Vorverfahren zu hinterfragen.

5. Auch die Beurteilung des Tatrichters, die Zeugenaussagen aus dem Vorverfahren seien glaubhaft und die Zeugen glaubwürdig, und es sei nicht ersichtlich, dass sie versucht hätten, den Angeklagten übermäßig zu belasten, ist kein ausreichender Ersatz für die Möglichkeit des Verteidigers oder des Tatgerichts, die Zeugen in Anwesenheit zu befragen und sich ein persönliches Urteil über deren Verhalten und Vertrauenswürdigkeit zu bilden.[530]

37. Der Gerichtshof erinnert daran, dass die Garantien in Artikel 6 Abs. 3 Buchstabe d besondere Aspekte des in Artikel 6 Abs. 1 vorgesehenen Rechts auf ein faires Verfahren sind, die bei jeder Einschätzung der Fairness eines Verfahrens in Betracht zu ziehen sind. Darüber hinaus geht es dem Gerichtshof bei Artikel 6 Abs. 1 in erster Linie darum, die Fairness des Strafverfahrens in seiner Gesamtheit einzuschätzen. …

38. In Artikel 6 Abs. 3 Buchstabe d ist der Grundsatz verankert, dass vor einer Verurteilung eines Beschuldigten alle ihn belastenden Beweismittel grundsätzlich während einer öffentlichen mündlichen Verhandlung vor dem Beschuldigten beigebracht werden müssen, um eine kontradiktorische Befragung zu ermöglichen. Das zugrunde liegende Prinzip ist, dass der Angeklagte in einem Strafprozess eine wirkungsvolle Gelegenheit haben soll, die gegen ihn vorgebrachten Beweise anzufechten. Ausnahmen hiervon sind möglich, dürfen aber die Rechte der Verteidigung nicht verletzen; diese Rechte erfordern in der Regel nicht nur, dass der Angeklagte weiß, wer ihn beschuldigt, damit er die Redlichkeit und Glaubwürdigkeit der betreffenden Personen in Zweifel ziehen kann, sondern auch, dass ihm in angemessener und hinreichender Weise Gelegenheit gegeben wird, einen Belastungszeugen entweder während dessen Zeugenaussage oder zu einem späteren Verfahrenszeitpunkt zu konfrontieren und zu befragen (siehe Lucà ./. Italien, *Individualbeschwerde Nr. 33354/96, Rdnr. 39, ECHR 2001-II und* Solakov ./. „die ehemalige jugoslawische Republik Mazedonien“, *Individualbeschwerde Nr. 47023/99, Rdnr. 57, ECHR 2001-X).*

39. Eine Zeugenaussage muss nicht stets vor Gericht und öffentlich abgegeben werden, um als Beweismittel zulässig zu sein; in bestimmten Fällen kann sich dies nämlich als unmöglich erweisen (siehe Asch ./. Österreich, *26. April 1991, Serie A Band 203). In jedem Fall sind die Vertragsstaaten nach Artikel 6 Abs. 1 i.V.m. Abs. 3 verpflichtet, positive Schritte zu unternehmen, um dem Beschuldigten insbesondere zu ermöglichen, Belastungszeugen zu befragen oder befragen zu lassen. …*

---

[530] EGMR, Urteil vom 19.7.2012 – 26171/07.

40. Der Gerichtshof erinnert in diesem Zusammenhang ferner daran, dass sich die Zulässigkeit von Beweismitteln nach dem innerstaatlichen Recht richtet und Sache der nationalen Gerichte ist und dass der Gerichtshof nur zu prüfen hat, ob das Verfahren fair geführt wurde und insbesondere die Rechte des Angeklagten nicht unzumutbar eingeschränkt waren und der bzw. die Angeklagte an dem Verfahren effektiv mitwirken konnte ... .

41. Der Gerichtshof weist zunächst darauf hin, dass es bei der vorliegenden Individualbeschwerde, wie auch der Beschwerdeführer ausgeführt hat, nicht um Zeugen geht, deren Identität oder Aufenthalt dem Beschuldigten nicht bekannt ist. Im vorliegenden Fall standen als Augenzeugen der in Rede stehenden Geschehnisse nur die Mutter, der Bruder und die Schwester des Beschwerdeführers zur Verfügung (der Vater des Beschwerdeführers hatte sich an dem Verfahren nicht beteiligt, siehe Rdnrn. 7 und 12); sie alle verweigerten in der Hauptverhandlung die Aussage, wozu sie als Familienangehörige des Beschuldigten nach § 52 StPO berechtigt waren. Sie konnten folglich weder vom Tatgericht vernommen noch von der Staatsanwaltschaft bzw. der Verteidigung in der Hauptverhandlung befragt werden. ...

42. Außerdem weist der Gerichtshof im Hinblick auf die Tatsache, dass das Landgericht den Ermittlungsrichter anhörte, der über die von den Zeugen im Vorverfahren am 8. Dezember 2003 gemachten Angaben berichtete, erneut darauf hin, dass die Verwertung von im Ermittlungsstadium erlangten Aussagen als Beweismittel an sich nicht im Widerspruch zu Artikel 6 Absätze 1 und 3 Buchstabe d steht, vorausgesetzt, dem Angeklagten wurde angemessene Gelegenheit gegeben, die Aussagen in dem Zeitpunkt, in dem sie gemacht wurden, oder in einem späteren Stadium in Zweifel zu ziehen. ... Der Gerichtshof hat in diesem Zusammenhang festgestellt, dass, wenn eine Verurteilung allein oder entscheidend auf Aussagen einer Person gestützt wird, die der Beschuldigte weder im Ermittlungsverfahren noch in der Hauptverhandlung Gelegenheit hatte zu befragen oder befragen zu lassen, die Rechte der Verteidigung in einem Maß eingeschränkt sein können, das mit den nach Artikel 6 vorgesehenen Garantien nicht vereinbar ist (die sogenannte „allein-oder-entscheidend"-Regel, aaO).

43. Der Gerichtshof stellt fest, dass zwischen den Parteien unbestritten ist, dass der Beschwerdeführer keine Gelegenheit hatte, in der Hauptverhandlung seine Mutter, seinen Bruder und seine Schwester zu befragen. Außerdem bestreitet die Regierung nicht, dass die Staatsanwaltschaft es unterlassen hat, gemäß dem innerstaatlichen Recht, so wie der Bundesgerichtshof es ausgelegt hat, vor der Zeugenvernehmung durch den Ermittlungsrichter die Bestellung eines Verteidigers zu beantragen, und dass es somit den nationalen Behörden zuzurechnen ist, dass der Verteidiger keine Gelegenheit hatte, die Zeugen im Vorverfahren zu befragen.

44. Was die Bedeutung der nicht hinterfragten Zeugenaussagen für den Strafprozess angeht, so lässt der Gerichtshof das Vorbringen der Regierung gelten, dass die im Vorverfahren gemachten Zeugenaussagen vom 8. Dezember 2003, die durch die Aussage des Ermittlungsrichters in den Prozess eingeführt wurden, nicht die alleinigen Beweismittel vor dem Landgericht waren. Das Gericht nahm u.a. auch Bezug auf Angaben der Zeugen, die diese vor ihren förmlichen Zeugenaussagen gegenüber dem Polizeibeamten gemacht hatten, der die Strafanzeige gegen den Beschwerdeführer am 26. November 2003 aufgenommen hatte, sowie auf die Nachfrage der Mutter des Beschwerdeführers vom 3. Dezember 2003, welche weiteren Maßnahmen die Polizei aufgrund der Strafanzeige ergreifen werde. Es berücksichtigte außerdem die Verletzungen des Bruders des Beschwerdeführers, die Äuße-

rungen des Arztes, der seine Wunden im Krankenhaus behandelt hatte, und das Tatwerkzeug, das der Bruder bei der Polizei abgegeben hatte. Der Gerichtshof stellt jedoch fest, dass diese bestätigenden Beweise entweder selbst vom Hörensagen oder Indizienbeweise sind und das Landgericht anscheinend sogar darin bestärkt haben, sich auf die Aussagen der Zeugen zu stützen, die der Beschwerdeführer nicht befragen konnte. Was die Erinnerungen des Beschwerdeführers an das Nachtatgeschehen angeht, so stellt der Gerichtshof fest, dass diese die Behauptung, der Beschwerdeführer habe seine Schwester und seinen Bruder angegriffen, allenfalls mittelbar stützen könnten.

Die einzigen schlüssigen Beweise dafür, dass der Beschwerdeführer die Tat begangen hat, waren folglich die Aussagen der Zeugen im Vorverfahren. In seinem Urteil vom 28. Februar 2005 betonte das Landgericht in der Tat, dass es sich bei der Feststellung des Sachverhalts nicht nur auf die ermittlungsrichterliche Aussage, sondern auch auf drei miteinander harmonisierende Zeugenaussagen gestützt habe, die ein stimmiges Bild des fraglichen Geschehens ergeben hätten und glaubhaft gewesen seien. Das Landgericht scheint sich demnach bei seinen Feststellungen zumindest in einem nicht unerheblichen Umfang auf die vom Hörensagen wiedergegebenen Aussagen der einzigen unmittelbaren Zeugen des fraglichen Geschehens gestützt zu haben, die weder von der Verteidigung noch vom Tatgericht befragt werden konnten. Diese Aussagen waren offenbar Beweismittel von großem Gewicht, und der Gerichtshof kommt deshalb zu dem Ergebnis, dass die Zeugenaussagen der Mutter, des Bruders und der Schwester des Beschwerdeführers im Vorverfahren für die Entscheidung des Tatgerichts ausschlaggebend waren (siehe Al-Khawaja und Tahery, *aaO, Rdnr. 131).*

45. Der Gerichtshof hat in seiner aktuellen Rechtsprechung betont, dass sich aus der Zulassung von Aussagen vom Hörensagen als Beweismittel in der Hauptverhandlung in Fällen, in denen diese Aussagen das alleinige oder entscheidende Beweismittel gegen einen Angeklagten sind, nicht ohne Weiteres eine Verletzung von Artikel 6 Abs. 1 ergibt. Der Gerichtshof hat gleichzeitig festgestellt, dass er in Fällen, in denen eine Verurteilung allein oder entscheidend auf den Aussagen nicht anwesender Zeugen beruht, das Verfahren mit größtmöglicher Gründlichkeit prüfen muss. Die Frage ist in jedem Fall, ob hinreichende kompensierende Faktoren vorliegen, einschließlich Maßnahmen, die eine faire und angemessene Einschätzung der Verlässlichkeit dieser Aussagen ermöglichen. Danach könnte eine Verurteilung nur dann auf solche Aussagen gestützt werden, wenn sie in Anbetracht ihrer Bedeutung für die Sache hinreichend verlässlich sind (siehe Al-Khawaja und Tahery, *aaO, Rdnr. 147). Der Gerichtshof stellt fest, dass sich ähnliche Erwägungen im Urteil des Landgerichts vom 28. Februar 2005 finden; dort heißt es unter Bezugnahme auf die einschlägige Rechtsprechung des Bundesgerichtshofs, dass das Tatgericht die Aussage des Ermittlungsrichters besonders kritisch zu würdigen habe, da weder dem Beschuldigten noch dem Verteidiger die Möglichkeit gegeben worden sei, die Belastungszeugen zu befragen, und dass das Gericht seine Entscheidung auf diese Aussage nur dann stützen könne, wenn sie durch andere wichtige Gesichtspunkte bestätigt werde.*

46. Der Gerichtshof hat daher zu prüfen, ob das Landgericht hinreichende kompensierende Faktoren eingeführt und eine faire und angemessene Einschätzung der Verlässlichkeit der vorliegenden Beweismittel vorgenommen hat. Der Gerichtshof stellt fest, dass die von der Regierung angeführten kompensierenden Faktoren im Wesentlichen darin zu sehen sind, dass das Tatgericht die erwähnten bestätigenden Beweismittel (siehe Rdnr. 44) bei seiner Entscheidungsfindung berücksichtigt hat. …

47. Unter Berücksichtigung dieser Argumente und in der Erkenntnis, dass dem Tatgericht bewusst war, dass der Beweiswert der ermittlungsrichterlichen Aussage kritisch zu würdigen war, prüft der Gerichtshof nunmehr, ob die von der Regierung angeführten Faktoren jeweils für sich allein oder in Verbindung miteinander eine hinreichende Kompensation des Nachteils waren, unter dem die Verteidigung zu leiden hatte, nachdem die ermittlungsrichterlichen Angaben über die Aussagen der Zeugen im Vorverfahren als Beweismittel zugelassen worden waren.

48. Der Gerichtshof erinnert in diesem Zusammenhang daran, dass dem Beschwerdeführer unter Verstoß gegen innerstaatliches Recht vor der Vernehmung der Zeugen durch den Ermittlungsrichter im Vorverfahren kein Verteidiger bestellt wurde. Dem Beschwerdeführer wurde folglich eine Verfahrensgarantie vorenthalten, die im innerstaatlichen Recht nach Auslegung durch die innerstaatlichen Gerichte vorgesehen ist, um der Verteidigung Gelegenheit zu geben, wichtigen Belastungszeugen im Vorverfahren Fragen zu stellen. Der Gerichtshof teilt die Auffassung der Regierung, dass dieser Verfahrensfehler im Ermittlungsstadium auch die Fairness des Hauptverfahrens berührt hat. Das Vorbringen der Regierung, das Landgericht Coburg habe die damit verbundenen Einschränkungen für die Verteidigung im Verlauf der Hauptverhandlung hinreichend kompensiert, überzeugt den Gerichtshof hingegen nicht.

49. Was die vom Landgericht angeführten und von der Regierung in Bezug genommenen Beweismittel zur Bestätigung der Zeugenaussagen angeht, so weist der Gerichtshof erneut auf seine Feststellung hin, dass solche Beweismittel die Behauptung, der Beschwerdeführer habe seine Schwester und seinen Bruder angegriffen, allenfalls mittelbar stützen und dass die Aussagen der Familienangehörigen des Beschwerdeführers die einzigen schlüssigen Beweise in dieser Hinsicht sind.

50. Der Gerichtshof stellt ferner fest, dass die Aussagen dieser Zeugen und die Umstände, unter denen sie gemacht wurden, teilweise widersprüchlich oder zumindest unstimmig waren. Er weist z.B. darauf hin, dass der Bruder, die Mutter und die Schwester des Beschwerdeführers erst am 26. November 2003, nahezu drei Monate nach dem Geschehen, Strafanzeige gegen den Beschwerdeführer erstatteten. Es ist daher fraglich, ob Angaben, die an diesem Tag oder danach gegenüber dem Polizeibeamten gemacht wurden, wie vom Tatgericht angenommen, noch als spontane Äußerungen angesehen werden können. Es überrascht auch nicht, dass die Zeugen nach diesem längeren Zeitraum, in dem sie reichlich Gelegenheit hatten, ihre Erinnerungen an die Geschehnisse zu vergleichen, den angeblichen Angriff bei ihrer Vernehmung durch den Ermittlungsrichter in ähnlicher Weise und stimmig schilderten. In Bezug auf die Verletzungen, die der Bruder des Beschwerdeführers erlitten hat, stellt der Gerichtshof fest, dass der Bruder selbst gegenüber dem Arzt, der ihn am 2. September 2003 im Krankenhaus behandelte und später in der Hauptverhandlung gegen den Beschwerdeführer als Zeuge aussagte, angegeben hat, er sei in eine Glasscheibe gestürzt. Dieser Arzt hat bei seiner Vernehmung in der Hauptverhandlung die genannte Verletzungsursache zwar angezweifelt, aber es findet sich in seiner Aussage nichts dazu, dass die Verletzungen grundsätzlich nicht Folge eines solchen Unfalls gewesen sein konnten oder dass sie tatsächlich durch die Axt, die das Tatwerkzeug gewesen sein soll, verursacht wurden. Der Gerichtshof kann außerdem nicht umhin festzustellen, dass die Schwester ihren Bruder zwar zweifelsohne ins Krankenhaus gebracht hat, aber selbst nicht von einem Arzt untersucht wurde, und dass es für Verletzungen bei ihr, wie z.B. Würgemale, keine Indizienbeweise gibt.

51. Diese Unstimmigkeiten, die das Landgericht in seinem Urteil vom 28. Februar 2005 nicht anspricht, konnten weder vom Beschwerdeführer noch vom Tatgericht durch Kreuzverhör der Zeugen geklärt werden. Außerdem waren weder das Tatgericht noch die Staatsanwaltschaft oder der Beschuldigte bzw. sein Verteidiger in der Lage, das Auftreten der unmittelbaren Tatzeugen während der Vernehmung zu beobachten und sich einen eigenen Eindruck von ihrer Redlichkeit und Glaubwürdigkeit zu verschaffen ….

Der Gerichtshof ist ferner der Auffassung, dass kaum davon auszugehen ist, dass die ermittlungsrichterliche Beurteilung, die Zeugenaussagen aus dem Vorverfahren seien glaubhaft gewesen und es gebe keine Anhaltspunkte dafür, dass sie versucht hätten, den Beschuldigten übermäßig zu belasten, die Möglichkeit der Verteidigung oder des Tatgerichts, die Zeugen in Anwesenheit zu befragen und sich selbst ein Urteil über deren Auftreten und Vertrauenswürdigkeit zu bilden, angemessen ersetzen kann …

52. Nach alledem stellt der Gerichtshof daher fest, dass die Behörden keine angemessenen Verfahren eingeleitet haben, um die Schwierigkeiten zu kompensieren, denen sich die Verteidigung gegenübersah, und dass nicht erkennbar ist, dass dem Beschwerdeführer eine hinreichende und angemessene Gelegenheit gegeben wurde, die einzigen unmittelbaren Belastungszeugen zu konfrontieren und zu befragen. Dies ist umso mehr anzunehmen, wenn man berücksichtigt, dass der Beschwerdeführer wegen des epileptischen Anfalls, den er erlitten hatte, unbestritten selbst keine Erinnerung an die in Rede stehenden Geschehnisse hatte und daher nicht einmal in der Lage war, mit einer Aussage dazu die Tatvorwürfe zu bestreiten. Der Gerichtshof erinnert in diesem Zusammenhang daran, dass ein Angeklagter nicht in eine Lage gebracht werden darf, in der ihm eine konkrete Verteidigungsmöglichkeit effektiv entzogen ist, weil er die gegen ihn erhobenen Beschuldigungen nicht bestreiten kann (siehe T. ./. Vereinigtes Königreich *[GK], aaO, Rdnr. 83 und* Stanford ./. Vereinigtes Königreich, *aaO, Rdnr. 26).*

53. Der Gerichtshof ist daher der Auffassung, dass der entscheidende Stellenwert der Zeugenaussagen, die durch die ermittlungsrichterliche Aussage eingeführt wurden, ohne dass eindeutige bestätigende Beweisanzeichen vorlagen, bedeutete, dass das Tatgericht in der vorliegenden Rechtssache keine faire und angemessene Einschätzung der Verlässlichkeit dieser Beweismittel vornehmen konnte. Bei der Prüfung der Fairness des Verfahrens insgesamt kommt der Gerichtshof zu dem Ergebnis, dass keine hinreichenden kompensierenden Faktoren gegeben waren, um die aus der Zulassung der ermittlungsrichterlichen Aussage resultierenden Schwierigkeiten der Verteidigung auszugleichen.

Der Gerichtshof stellt somit fest, dass Artikel 6 Abs. 1 in Verbindung mit Abs. 3 Buchstabe d der Konvention verletzt wurde.

533 Eine der Justiz zuzurechnende, **vorwerfbar unterbliebene Konfrontation** des Angeklagten mit der Zeugin liegt nicht schon darin, dass die Belastungszeugin nach ihrer polizeilichen Videovernehmung nicht nochmals richterlich vernommen worden ist, woran auch der Angeklagte oder seine Verteidigerin hätte teilnehmen können.[531]

Die Beweiswürdigung des Landgerichts hält auch im Lichte des Art. 6 Abs. 3 Buchstabe d MRK rechtlicher Überprüfung stand.

---

[531] BGH, Beschluss vom 12.12.2012 – 5 StR 578/12.

1. Eine der Justiz zuzurechnende, vorwerfbar unterbliebene Konfrontation des Angeklagten mit der Zeugin liegt nicht schon darin, dass die Belastungszeugin nach ihrer polizeilichen Videovernehmung nicht nochmals richterlich vernommen worden ist, woran auch der Angeklagte oder seine Verteidigerin hätte teilnehmen können (vgl. auch BGH, Beschluss vom 22. Juni 2005 – 2 StR 4/05, BGHR MRK Art. 6 Abs. 3 Buchstabe d Fragerecht 5). Im Zeitpunkt der polizeilichen Vernehmung war eine Ermittlung des Angeklagten als Täter noch nicht abgeschlossen, weswegen seine Hinzuziehung unmöglich war. Der Angeklagte machte dann im Ermittlungsverfahren von seinem Schweigerecht Gebrauch, womit sich die Notwendigkeit einer nochmaligen Vernehmung nicht aufdrängte. Dass die Verteidigung eine solche beantragt hat (vgl. dazu BGH, Urteil vom 25. Juli 2000 – 1 StR 169/00, BGHSt 46, 93, 97 mit Nachweisen aus der Rechtsprechung des Europäischen Gerichtshofs für Menschenrechte), trägt sie nicht vor und ist auch nicht ersichtlich. Schließlich wurde das Strafverfahren – wohl gerade mit Blick auf den ungesicherten Aufenthaltsstatus der Zeugin – ungewöhnlich zügig durchgeführt. Die Anklage wegen der am 15. Januar 2012 begangenen Tat wurde am 23. Februar 2012 erhoben, der Eröffnungsbeschluss erging am 3. April 2012, die Hauptverhandlung begann am 30. April 2012. Die Verfahrensgestaltung erweist sich danach bei der gebotenen Gesamtbetrachtung als fair.

2. Entsprechend den Ausführungen in der Antragsschrift des Generalbundesanwalts hat die Strafkammer auch den wegen der Nichtgewährleistung des Fragerechts geminderten Beweiswert der Zeugenaussage nicht verkannt. Außerhalb der Aussage hat es u.a. Ungereimtheiten in der Einlassung des Angeklagten (UA S. 8, 9) sowie die Bekundungen mehrerer, auch polizeilicher Zeugen zum Verhalten und Zustand der Geschädigten unmittelbar nach der Tat und im weiteren Verlauf herangezogen (UA S. 10 ff.). Bei den vernommenen Personen handelte es sich dabei entgegen der Auffassung der Revision deshalb auch nicht etwa nur um „Zeugen vom Hörensagen“.

37. Nachteilsausgleich bei unangemessener Dauer von Ermittlungs- und Gerichtsverfahren

Für die revisionsgerichtliche Prüfung, ob im Einzelfall eine Art. 6 Abs. 1 S. 1 **534**
EMRK verletzende Verfahrensverzögerung vorliegt, ist grundsätzlich **eine Verfahrensrüge** erforderlich. Diese ist gleichermaßen zu erheben, wenn ein Angeklagter beanstandet, Art, Ausmaß und Umstände einer angenommenen Verzögerung seien zu seinen Lasten nicht oder nicht genügend festgestellt. Nichts anderes kann aber gelten, wenn die **Staatsanwaltschaft zu Ungunsten** eines Angeklagten geltend macht, der Kompensationsausspruch halte sich nicht innerhalb des dem Tatgericht zustehenden Beurteilungsspielraums, weil Tatsachen, aus denen sich die vom Landgericht angenommene Verzögerung ergibt, nicht hinreichend dargelegt seien. Dies hat zur Folge, dass die Beschwerdeführerin nicht mit der Sachrüge die Nichterörterung von Umständen im Urteil beanstanden kann, die von ihr für eine zulässige Verfahrensrüge im Sinne von § 344 Abs. 2 Satz 2 StPO hätten vorgetragen werden müssen.[532]

[532] BGH, Urteil vom 23.10.2013 – 2 StR 392/13.

[7] Soweit die Revision mit der Verfahrensrüge geltend macht, dass die Darlegungen des Landgerichts zur Verzögerung des Verfahrens durch die Nichteinholung eines kinderneurologischen Gutachtens im Ermittlungsverfahren nicht die Feststellung einer rechtsstaatswidrigen Verfahrensverzögerung von zwei Jahren und neun Monaten tragen, ist diese nicht in zulässiger Weise erhoben (§ 344 Abs. 2 Satz 2 StPO). Denn die Staatsanwaltschaft hat es versäumt, den Inhalt der in der Revisionsbegründungsschrift erwähnten rechtsmedizinischen Gutachten der Sachverständigen Dr. N. und Dr. A. mitzuteilen. Dies wäre jedoch erforderlich gewesen, um dem Senat eine Prüfung der Verfahrensrüge zu ermöglichen. Der Inhalt der Gutachten konnte von erheblicher Bedeutung für die Beurteilung der Frage sein, ob die Nichteinholung eines ergänzenden kinderneurologischen Gutachtens bereits im Ermittlungsverfahren eine von der Justiz zu verantwortende Verfahrensverzögerung verursacht hat und der insoweit verstrichene Zeitraum vom Landgericht zu Recht bei seiner Kompensationsentscheidung berücksichtigt wurde.

[8] Damit kann die Revision auch sachlich-rechtlich nicht mit der im Kern identischen Beanstandung gehört werden, die Urteilsgründe ließen nicht erkennen, welche konkreten Umstände der Staatsanwaltschaft zu welchem Zeitpunkt bereits vor der Erhebung der Anklage hätten Anlass geben müssen, ein die bereits vorliegenden Gutachten ergänzendes kinderneurologisches Gutachten in Auftrag zu geben. Für die revisionsgerichtliche Prüfung, ob im Einzelfall eine Art. 6 Absatz 1 Satz 1 EMRK verletzende Verfahrensverzögerung vorliegt, ist grundsätzlich eine Verfahrensrüge erforderlich (BGHSt 49, 342, 344). Diese ist gleichermaßen zu erheben, wenn ein Angeklagter beanstandet, Art, Ausmaß und Umstände einer angenommenen Verzögerung seien zu seinen Lasten nicht oder nicht genügend festgestellt (vgl. BGH, NStZ 2004, 504 zu einer Revision des Angeklagten). Nichts anderes kann aber gelten, wenn die Staatsanwaltschaft – wie hier – zu Ungunsten einer Angeklagten geltend macht, der Kompensationsausspruch halte sich nicht innerhalb des dem Tatgericht zustehenden Beurteilungsspielraums, weil Tatsachen, aus denen sich die vom Landgericht angenommene Verzögerung ergibt, nicht hinreichend dargelegt seien. Dies hat zur Folge, dass die Beschwerdeführerin nicht mit der Sachrüge die Nichterörterung von Umständen im Urteil beanstanden kann, die von ihr für eine zulässige Verfahrensrüge im Sinne von § 344 Abs. 2 Satz 2 StPO hätten vorgetragen werden müssen.

[9] b) Auch im Übrigen lässt die Überprüfung des Kompensationsausspruches auf die Sachrüge Rechtsfehler nicht erkennen. Der Tatrichter hat zwar Art und Ausmaß der Verzögerung sowie ihre Ursachen zu ermitteln und im Urteil konkret festzustellen (BGHSt 52, 124, 146). Der sachlich-rechtlich zu fordernde Erörterungsbedarf darf jedoch mit Rücksicht auf die vielen denkbaren Verfahrensvorgänge, die für die Entscheidung eine Rolle spielen können, nicht überspannt werden (vgl. BGHSt 49, 342, 344). Es reicht deshalb aus, wenn das Revisionsgericht anhand der Ausführungen im Urteil im Sinne einer Schlüssigkeitsprüfung nachvollziehen kann, ob die festgestellten Umstände die Annahme einer rechtsstaatswidrigen Verzögerung im Sinne von Art. 6 Abs. 1 Satz 1 EMRK tragen und sich die Kompensationsentscheidung innerhalb des dem Tatrichter insoweit eingeräumten Bewertungsspielraums hält (vgl. BGH StV 2010, 228, 230 f.). Diesen Anforderungen genügt das landgerichtliche Urteil. Die Strafkammer legt den Umfang der nach ihrer Auffassung von den Strafverfolgungsorganen zu verantwortenden Verzögerung mit zwei Jahren und neun Monaten für das Revisionsgericht nachvollziehbar dar und zeigt in ausreichendem Maße die besonderen Belastungen auf, denen die Angeklagte durch das Verfahren ausgesetzt war.

[10] Soweit die Revision und der Generalbundesanwalt geltend machen, dass – was zutrifft – der für die gerichtliche Prüfung und Zustellung sowie die Durchführung des Zwischenverfahrens einschließlich der Vorbereitung der Eröffnungsentscheidung erforderliche Zeitraum nicht als Verfahrensverzögerung gewertet werden könne, ergibt sich aus den Urteilsgründen noch hinreichend (UA S. 38), dass das Verfahren ohne die beschriebenen Verzögerungen noch vor Eingang der die spätere Terminierung hindernden Haftsachen hätte terminiert werden können, mithin zwei Jahre neun Monate vor dem tatsächlichen Hauptverhandlungsbeginn im Januar 2013. Dieser Zeitraum entspricht der vom Landgericht zugrunde gelegten Verzögerung.

[11] Schließlich sind auch die Feststellungen der Strafkammer zu den besonderen Belastungen der Angeklagten durch das Verfahren nicht zu beanstanden. Aus der Begründung der Kompensationsentscheidung in Verbindung mit den Feststellungen zum Werdegang der Angeklagten nach der Tat sowie ihren gegenwärtigen Lebensverhältnissen ergibt sich, dass das Landgericht insoweit vor allem auf die Sorge der ohnehin psychisch sehr labilen Angeklagten abgestellt hat, eine Verurteilung zu einer empfindlichen Haftstrafe könne die trotz der Tat nach ihrer Haftentlassung in kleinen Schritten zumindest teilweise wieder mühsam aufgebaute Beziehung zu ihren beiden Kindern wieder zerstören. Eine besondere Belastung der Angeklagten durch die von der Justiz zu verantwortende Verzögerung des Verfahrens ist damit ohne Rechtsfehler dargetan. Mit Rücksicht darauf hält sich auch der als vollstreckt zuerkannte Zeitraum von zehn Monaten noch innerhalb des dem Landgericht zustehenden Beurteilungsspielraums.

Ob eine erhebliche **rechtsstaatswidrige Verfahrensverzögerung** vorliegt, bemisst sich **535**
nach einer auf die Verhältnisse des konkreten Einzelfalles bezogenen **Gesamtwürdigung**. Innerhalb dieser sind vor allem die durch Verhalten der Justizorgane eingetretene Verzögerungen, die Gesamtdauer des Verfahrens, die Schwere des Tatvorwurfs, der Umfang und die Schwierigkeit des Prozessstoffs sowie das Ausmaß der mit dem Andauern des Verfahrens für den Betroffenen verbundenen Belastungen zu berücksichtigen. Im Rahmen der Gesamtwürdigung sind die vorgenannten Aspekte einzelfallbezogen gegeneinander abzugrenzen. Verfahrensverzögerungen, die durch den Beschuldigten (bzw. Angeklagten) oder seine Verteidigung verursacht worden sind, können für die Begründung einer Verfahrensverzögerung selbst dann nicht herangezogen werden, wenn es sich um zulässiges Prozessverhalten handelt.[533]

2. Eine mit dem Rechtsstaatsprinzip unvereinbare Verfahrensverzögerung ergibt sich weder aus den von der Revision ausgeführten Gesichtspunkten noch stützt der mit der Rüge vorgetragene Verfahrensablauf insgesamt einen solchen Verstoß.

Zwar fordert das Rechtsstaatsprinzip des Grundgesetzes (Art. 20 Abs. 3 GG) ebenso wie das Gebot aus Art. 6 Abs. 1 Satz 1 EMRK eine Erledigung des Strafverfahrens in einer angemessenen Zeitspanne (BVerfGE 63, 45, 69). Allerdings führt nicht jede im Strafprozess vorkommende Verzögerung zu einer Verletzung des Beschleunigungsgebots im Sinne einer rechtsstaatswidrigen Verfahrensverzögerung. Eine solche liegt vielmehr erst bei von den Strafverfolgungsorganen zu verantwortenden erheblichen Verzögerungen vor (BVerfG, 1. Kammer des 2. Senats, Beschluss vom 25. September 2012 – 2 BvR 2819/11 – juris Rn. 4 m.w.N.). Ob eine derartige erhebliche Verzögerung vorliegt, bemisst sich nach einer auf die Verhältnisse des

---

533 BGH, Beschluss v 5.12.2012 – 1 StR 531/12.

konkreten Einzelfalles bezogenen Gesamtwürdigung. Innerhalb dieser sind vor allem die durch Verhalten der Justizorgane eingetretene Verzögerungen, die Gesamtdauer des Verfahrens, die Schwere des Tatvorwurfs, der Umfang und die Schwierigkeit des Prozessstoffs sowie das Ausmaß der mit dem Andauern des Verfahrens für den Betroffenen verbundenen Belastungen zu berücksichtigen. Im Rahmen der Gesamtwürdigung sind die vorgenannten Aspekte einzelfallbezogen gegeneinander abzugrenzen. Verfahrensverzögerungen, die durch den Beschuldigten (bzw. Angeklagten) oder seine Verteidigung verursacht worden sind, können für die Begründung einer Verfahrensverzögerung selbst dann nicht herangezogen werden, wenn es sich um zulässiges Prozessverhalten handelt (BVerfG aaO wiederum m.w.N.; Esser in Löwe/Rosenberg, StPO, 26. Aufl., Band 11, Art. 6 EMRK/Art. 14 IPBPR Rn. 332).

a) Bei Anlegung dieses Maßstabs liegt eine rechtsstaatswidrige Verfahrensverzögerung nicht vor. Weder die Gesamtdauer des Verfahrens seit Kenntnis des Angeklagten von der Durchführung von Ermittlungen gegen ihn (siehe Esser aaO, Art. 6 EMRK/Art. 14 IPBPR Rn. 336 m.w.N.) noch die Dauer des gerichtlichen Verfahrens allein sind unter Berücksichtigung der tatsächlichen Schwierigkeit des Verfahrensgegenstandes wegen der Einbindung zahlreicher unter Alias-Namen auftretender Personen auf Täterseite im Hinblick auf die Zuordnung von einzelnen straftatbestandsrelevanten Verhaltensweisen zu dem Angeklagten als übermäßig lang zu bewerten. Zudem beruht die Dauer des Verfahrens auch auf – allerdings zulässigem – Verhalten der Verteidigung. Wie in der Gegenerklärung der Staatsanwaltschaft unter Bezugnahme auf eine Haftfortdauerentscheidung der Strafkammer vom 17. Februar 2012 ausgeführt wird, war der Abschluss des Verfahrens seitens des Tatgerichts bereits für den 28. November 2011 in Aussicht genommen worden. Die tatsächliche Fortführung des Erkenntnisverfahrens bis Ende April 2012 beruht zu einem wesentlichen Teil darauf, dass die Verteidigung in der Hauptverhandlung vom 28. November 2011 zahlreiche Beweisanträge und Beweisermittlungsanträge gestellt hat. Erst auf diese Anträge hin sind umfangreiche weitere Beweiserhebungen erfolgt. Die tatsächlichen Umstände, an die die entsprechenden Anträge anknüpfen, haben sich im Schwerpunkt jedoch nicht erst in der Hauptverhandlung vom 28. November 2011 ergeben. Ein Teil der Beweis- und Beweisermittlungsanträge bezog sich vielmehr auf die Inhalte der Aussagen von Zeugen, die bereits in den Hauptverhandlungsterminen am 2. und 26. Oktober 2011 sowie am 8. November 2011 gehört worden waren. Die Verteidigung mag zwar prozessual nicht verpflichtet sein, weitere Beweiserhebungen unverzüglich, nachdem sich aus ihrer Sicht eine Notwendigkeit dafür ergeben hat, anzuregen oder zu beantragen. Wartet sie jedoch – zulässig – mit einem solchen Begehren ab, obwohl sie damit an bereits zeitlich früher erhobene Beweise anknüpft, begründet eine dadurch bewirkte Verlängerung der Gesamtdauer des Verfahrens nach dem im vorstehenden Absatz genannten Maßstab der rechtsstaatswidrigen Verfahrensverzögerung eine solche nicht.

536 Ist eine **Verfahrensverzögerung** nach Ablauf der Revisionsbegründungsfrist eingetreten und konnte der Angeklagte diese Gesetzesverletzung nicht form- und fristgerecht rügen, hat der Senat diesen Umstand von Amts wegen zu berücksichtigen. Der Erhebung einer Verfahrensrüge bedarf es in einem solchen Fall nicht.[534]

---

[534] BGH, Beschluss 2.7.2013 – 2 StR 179/13.

[2] Nach Übersendung der Akten an die Staatsanwaltschaft Frankfurt am Main am 21. August 2012 ist es zu einer Verletzung des Gebots zügiger Verfahrenserledigung (Art. 6 Abs. 1 Satz 1 MRK) gekommen. Bis zur Rücknahme der von der Staatsanwaltschaft eingelegten Revision am 1. März 2013 und Weiterleitung an die Generalstaatsanwaltschaft Frankfurt am Main am 26. März 2013 ist das Verfahren ohne sachlichen Grund nicht gefördert worden. Durch dieses sowie davor liegende Versäumnisse ist eine der Justiz anzulastende, unangemessene Verfahrensverzögerung von über sechs Monaten eingetreten. Diesen Umstand hat der Senat von Amts wegen zu berücksichtigen. Der Erhebung einer Verfahrensrüge bedarf es im vorliegenden Fall nicht, da die Verfahrensverzögerung nach Ablauf der Revisionsbegründungsfrist eingetreten ist und der Angeklagte diese Gesetzesverletzung nicht form- und fristgerecht rügen konnte (st. Rspr.; vgl. BGH, Beschluss vom 3. November 2011 – 2 StR 302/11, NStZ 2012, 320, 321 m.w.N.). Über die Kompensation kann der Senat in entsprechender Anwendung von § 354 Abs. 1a Satz 2 StPO selbst entscheiden (vgl. BGH, Urteil vom 6. März 2008 – 3 StR 376/07, NStZ-RR 2008, 208, 209). Auf der Grundlage der Vollstreckungslösung (BGH, Beschluss vom 17. Januar 2008 – GSSt 1/07, NJW 2008, 860) stellt der Senat fest, dass zwei Monate der verhängten Freiheitsstrafe als Entschädigung für die überlange Verfahrensdauer als vollstreckt gelten.

Auch für den Bereich der **Strafvollstreckung** gilt, dass die Strafverfolgungsbehörden im Falle einer **rechtsstaatswidrigen Verfahrensverzögerung** in jeder Lage des Verfahrens prüfen müssen, ob die Bestrafung noch in einem angemessenen Verhältnis zu dem erreichbaren Rechtsgüterschutz steht.[535] **537**

[16] Im Falle einer rechtsstaatswidrigen Verfahrensverzögerung sind die Strafverfolgungsbehörden gehalten, in jeder Lage des Verfahrens zu prüfen, ob die Bestrafung noch in einem angemessenen Verhältnis zu dem erreichbaren Rechtsgüterschutz steht (vgl. BVerfGK 2, 239 <247> m.w.N.). Dies gilt nicht nur für das Erkenntnisverfahren, sondern auch für die Vollstreckung, weil die von einer Strafe ausgehenden Wirkungen für das Leben des Verurteilten sich durch die Veränderung von Lebensumständen in Folge des Zeitablaufs seit Rechtskraft der Verurteilung verstärken können.

38. Kostenentscheidung, Rechtsbehelf, Gegenvorstellung, Erinnerung

Eine **Gegenvorstellung** gegen einen Beschluss nach § 349 Abs. 2 StPO als solche ist nicht statthaft, da ein derartiger Beschluss grundsätzlich weder aufgehoben noch abgeändert werden kann.[536] **538**

[1] 1. Durch Urteil des Landgerichts Nürnberg-Fürth vom 19. Juli 2012 wurde der Verurteilte zu einer Gesamtfreiheitsstrafe von drei Jahren und zehn Monaten verurteilt. Der Senat hat die Revision des Verurteilten gegen dieses Urteil durch Beschluss vom 2. Mai 2013 gemäß § 349 Abs. 1 StPO als unzulässig verworfen und ausgesprochen, dass der Beschwerdeführer die Kosten seiner Revision zu tragen hat.

---

[535] BVerfG, Kammerbeschluss vom 8.4.2013 – 2 BvR 2567/10.
[536] BGH, Beschluss vom 25.6.2013 – 1 StR 137/13.

[2] Mit Schreiben vom 4. Mai 2013 beantragt der Verurteilte nun beim Senat „über die Kostentragung eine zweite Überprüfung durchzuführen". Dabei vertritt er insbesondere die Auffassung, die Revisionsentscheidung des Bundesgerichtshofs müsse ebenso wie die Entscheidung über eine Verfassungsbeschwerde kostenfrei sein.

[3] 2. Der Rechtsbehelf hat keinen Erfolg.

[4] a) Eine Kostenentscheidung war gemäß § 473 StPO geboten.

[5] Im Übrigen wäre eine Gegenvorstellung gegen einen Beschluss nach § 349 Abs. 2 StPO als solche nicht statthaft; ein derartiger Beschluss kann grundsätzlich weder aufgehoben noch abgeändert werden (st. Rspr.; vgl. nur BGH, Beschluss vom 10. Februar 1988 – 3 StR 579/87, BGHR StPO § 349 Abs. 2 Beschluss 2). Eine Anhörungsrüge gemäß § 356a StPO ist nicht erhoben.

[6] b) Sofern das Schreiben als Erinnerung gegen den Kostenansatz gemäß § 66 Abs. 1 GKG auszulegen sein sollte, über die nach § 139 Abs. 1 GVG der Senat zu entscheiden hätte (vgl. BGH, Beschlüsse vom 5. April 2006 – 5 StR 569/05 und vom 11. Oktober 2006 – 1 StR 270/06), wäre auch dieser Rechtsbehelf unbegründet.

[7] Die Kostenbeamtin beim Bundesgerichtshof hat nach § 19 Abs. 2 Satz 4 i.V.m. § 3 Abs. 2 GKG zu Recht eine Gebühr in Höhe von 480 € für das Revisionsverfahren angesetzt. Die Höhe dieser Gebühr ergibt sich aus Ziffer 3131 (Faktor 1,0) i.V.m. Ziffer 3113 (Gebühr 480 €) des Kostenverzeichnisses.

E. Sonstige Verfahrensgesetze

1. Gerichtsverfassungsgesetz (GVG), Einführungsgesetz zum GVG (EGGVG)

§ 21e Abs. 3 GVG lässt eine **Änderung der Zuständigkeit** auch für bereits anhängige Verfahren zu, jedenfalls dann, wenn die Neuregelung generell gilt, zum Beispiel mehrere anhängige Verfahren und eine unbestimmte Vielzahl künftiger, gleichartiger Fälle erfasst werden und dies nicht aus sachwidrigen Gründen geschieht. In jedem Fall ist aber erforderlich, dass jede **Umverteilung während des laufenden Geschäftsjahres**, die bereits anhängige Verfahren erfasst, geeignet ist, die Effizienz des Geschäftsablaufs zu erhalten oder wiederherzustellen. Änderungen der Geschäftsverteilung, die hierzu nicht geeignet sind, können vor Art. 101 Abs. 1 Satz 2 GG keinen Bestand haben. 539

Die Entscheidung des Präsidiums nach § 21e Abs. 3 GVG unterliegt nicht lediglich einer Vertretbarkeits- oder Willkürkontrolle, sie ist vielmehr einer vollständigen revisionsgerichtlichen Überprüfung unterworfen.[537]

[14] 2. Die Rüge ist begründet. Die Übertragung des den Angeklagten betreffenden Verfahrens auf die 1. große Strafkammer ist nicht gesetzmäßig erfolgt. Diese war deshalb nicht zur Verhandlung und Entscheidung im vorliegenden Verfahren berufen, das erkennende Gericht war nicht vorschriftsmäßig besetzt (§ 338 Nr. 1 StPO).

[15] a) Das Präsidium darf gemäß § 21e Abs. 3 Satz 1 GVG die nach Abs. 1 Satz 1 dieser Bestimmung getroffenen Anordnungen im Laufe des Geschäftsjahrs ändern, wenn dies wegen Überlastung eines Spruchkörpers nötig wird. Eine solche liegt vor, wenn über einen längeren Zeitraum ein erheblicher Überhang der Eingänge über die Erledigungen zu verzeichnen ist, sodass mit einer Bearbeitung der Sachen innerhalb eines angemessenen Zeitraums nicht zu rechnen ist und sich die Überlastung daher als so erheblich darstellt, dass der Ausgleich nicht bis zum Ende des Geschäftsjahrs zurückgestellt werden kann. Die Rechtsprechungstätigkeit der Gerichte wird immer wieder mit nicht vorhersehbaren Ereignissen und Entwicklungen konfrontiert. Derartige Umstände erfordern ein Eingreifen des Spruchkörpers oder des Präsidiums, um die Effizienz des Geschäftsablaufs zu erhalten oder wiederherzustellen. Eine nachträgliche Änderung der Geschäftsverteilung kann auch verfassungsrechtlich geboten sein, wenn nur auf diese Weise die Gewährung von Rechtsschutz innerhalb angemessener Zeit, insbesondere eine beschleunigte Behandlung von Strafsachen, erreicht werden kann. Das Beschleunigungsgebot lässt indes das Recht auf den gesetzlichen Richter nicht vollständig zurücktreten. Vielmehr besteht Anspruch auf

---

[537] BGH, Beschluss vom 10.7.2013 – 2 StR 116/13.

eine zügige Entscheidung durch diesen. Daher muss in derartigen Fällen das Recht des Angeklagten auf den gesetzlichen Richter mit dem rechtsstaatlichen Gebot einer funktionstüchtigen Strafrechtspflege und dem verfassungsrechtlichen Beschleunigungsgrundsatz zu einem angemessenen Ausgleich gebracht werden (BGHSt 53, 268, 270 f.); vgl. auch BVerfG NJW 2005, 2689, 2690).

[16] § 21e Abs. 3 GVG lässt – ohne dass insoweit Art. 101 Abs. 1 Satz 2 GG entgegenstünde – eine Änderung der Zuständigkeit auch für bereits anhängige Verfahren zu, jedenfalls dann wenn die Neuregelung generell gilt, zum Beispiel mehrere anhängige Verfahren und eine unbestimmte Vielzahl künftiger, gleichartiger Fälle erfasst und nicht aus sachwidrigen Gründen geschieht. In jedem Fall ist aber erforderlich, dass jede Umverteilung während des laufenden Geschäftsjahres, die bereits anhängige Verfahren erfasst, geeignet ist, die Effizienz des Geschäftsablaufs zu erhalten oder wiederherzustellen. Änderungen der Geschäftsverteilung, die hierzu nicht geeignet sind, können vor Art. 101 Abs. 1 Satz 2 GG keinen Bestand haben (vgl. BVerfG NJW 2005, 2689, 2690 m.w.N.; BGHSt 53, 268, 272).

[17] Die Entscheidung des Präsidiums nach § 21e Abs. 3 GVG unterliegt nicht lediglich einer Vertretbarkeits- oder Willkürkontrolle, sie ist vielmehr einer vollständigen revisionsgerichtlichen Überprüfung unterworfen, insbesondere auch daraufhin, ob eine Überlastung einer Strafkammer vorgelegen hat und die vom Präsidium getroffenen Maßnahmen erforderlich waren (BGHSt 53, 268, 275 f.). Dabei sind vom Revisionsgericht nur solche Umstände heranzuziehen, die bis zur Entscheidung der neu zur Entscheidung berufenen Strafkammer über einen in der Hauptverhandlung erhobenen Besetzungseinwand (§ 222b StPO) bekannt gemacht sind (vgl. BGHSt 53, 268, 282 f.).

[18] b) Den sich danach ergebenden Anforderungen an eine Änderung der Geschäftsverteilung nach § 21e Abs. 3 GVG, durch die bereits bei einer ordentlichen Strafkammer anhängige Verfahren übertragen werden, genügt die hier beanstandete Entscheidung des Präsidiums nicht.

[19] Die in dem Vermerk des Präsidiums vom 18. Juli 2012 dargelegten Umstände belegen eine Überlastung der 6. großen Strafkammer nicht, die eine Übertragung des gegen den Angeklagten gerichteten Verfahrens mit Blick auf Art. 101 Abs. 1 Satz 2 GG rechtfertigen könnte. Insoweit kann dahinstehen, ob es sich um eine bedenkliche Zuweisung eines einzigen Verfahrens handelt.

[20] Dem Präsidiumsvermerk lässt sich zwar entnehmen, dass bei der 6. großen Strafkammer eine Auslastung vorgelegen hat, die eine Terminierung des gegen den Angeklagten gerichteten Verfahrens nicht vor dem 21. November 2012 zugelassen hätte. Es ergibt sich daraus aber keine solche Überlastung der Strafkammer mit anhängigen Verfahren, dass eine unangemessene Bearbeitungszeit von Verfahren gedroht hätte, die ein Einschreiten des Präsidiums während des laufenden Geschäftsjahres rechtfertigen hätte können. Es ist im Grundsatz nicht zu beanstanden, dass mit der Verhandlung eines gegen mehrere Angeklagte gerichteten Verfahrens nicht vor Ablauf von vier Monaten nach ihrem Eingang bei einer großen Strafkammer begonnen wird. Die Zustellung der Anklage, die Einräumung einer der Bedeutung und der Schwierigkeit des Verfahrens angemessenen Stellungnahmefrist für die Angeschuldigten und die sich anschließende, eine Kenntnis des vollständigen Aktenlage voraussetzende Entscheidung über die Eröffnung des Verfahrens erfordern ebenso einem maßgeblichen zeitlichen Aufwand wie die Vorbereitung und Terminierung einer Hauptverhandlung durch den Vorsitzenden. Vor diesem Hintergrund liegt es jedenfalls fern, eine an starren Fristen vorgegebene Betrachtung bei der Frage

zugrunde zu legen, ob eine unangemessene Bearbeitungszeit einzelner Verfahren im Raum steht.

[21] Dies gilt auch mit Blick auf den insbesondere in Haftsachen geltenden Beschleunigungsgrundsatz, der zwar vor allem auch in der Haftprüfungsfrist des § 121 Abs. 1 StPO seinen Ausdruck findet, aber keinen für alle Verfahren gleichermaßen geltenden Zeitpunkt festlegt, wann mit der Hauptverhandlung einer Sache nach Inhaftierung oder Anklageerhebung zu beginnen ist. Insofern gibt wie hier der bloße Zeitablauf zwischen Anklageerhebung und möglichem Beginn der Hauptverhandlung allein keinen tragfähigen Anhalt dafür, dass bei einem Hauptverhandlungsbeginn erst im November 2012 eine unangemessene Verzögerung des Verfahrens vorgelegen hätte. …

[22] Nichts anderes ergibt sich, soweit sich der Präsident des Landgerichts im Revisionsverfahren darauf beruft, eine Überleitung habe vorgenommen werden müssen, weil das Oberlandesgericht Köln als Haftprüfungsgericht fordere, dass eine Hauptverhandlung drei Monate nach der Eröffnung des Verfahrens begonnen haben müsse. … Selbst wenn man aber davon ausginge, liegt es auf der Hand, dass die Überschreitung eines nach Maßgabe des Oberlandesgerichts Köln berechneten Beginns der Hauptverhandlung um 12 Tage keine solche Verzögerung der Sache darstellt, die im Sinne von § 21e Abs. 3 GVG einen Eingriff in das Recht auf den gesetzlichen Richter gemäß Art. 101 Abs. 1 Satz 2 GG rechtfertigen könnte. Die abweichende Ansicht des Präsidiums des Landgerichts lässt demgegenüber erkennen, dass es in seinem Bemühen um Ausgleich zwischen dem Recht auf den gesetzlichen Richter und dem verfassungsrechtlichen Beschleunigungsgrundsatz die hohe verfassungsrechtliche Bedeutung von Art. 101 Abs. 1 Satz 2 GG aus dem Blick verloren hat.

Die **sitzungspolizeilich angeordnete Entfernung sämtlicher Zuhörer** mit Ausnahme **540**
der Pressevertreter stellt, da insoweit auch „Nichtstörer" von der Räumung betroffen sind, wegen der Berührung des Grundsatzes der Öffentlichkeit eine **sachleitende Maßnahme** im Sinne des § 238 Abs. 2 StPO dar. Eine entsprechende Revisionsrüge wäre daher nur möglich, sofern die Verteidigung die Anordnungen des Vorsitzenden beanstandet und eine Entscheidung des Gerichts nach § 238 Abs. 2 StPO herbeiführt.[538]

Zwar gilt ein Beschluss, der die Ausschließung der Öffentlichkeit für die Dauer der **541**
Vernehmung eines Zeugen anordnet, grundsätzlich **bis zur Beendigung der Vernehmung** und deckt den Öffentlichkeitsausschluss auch dann, wenn eine Vernehmung unterbrochen und an einem anderen Verhandlungstag fortgesetzt wird. Wenn jedoch derselbe Zeuge nach Beendigung der Vernehmung in der laufenden Hauptverhandlung nochmals unter Ausschluss der Öffentlichkeit vernommen werden soll, ist grundsätzlich gemäß § 174 Abs. 1 GVG ein neuer Gerichtsbeschluss erforderlich und mithin eine Anordnung des Vorsitzenden nicht ausreichend, selbst wenn in dieser, was hier nicht geschehen ist, auf den vorausgegangenen Ausschließungsbeschluss Bezug genommen wird.[539]

[7] 3. Die Revision des Angeklagten hat jedenfalls mit der Öffentlichkeitsrüge in vollem Umfang Erfolg.

---

538 BGH, Beschluss vom 14.5.2013 – 1 StR 122/13.

539 BGH, Beschluss vom 9.4.2013 – 5 StR 612/12.

[8] a) Dieser Rüge liegt folgendes Verfahrensgeschehen zu Grunde:

[9] Nachdem sich der Angeklagte bereits zur Sache eingelassen hatte, beantragte seine Verteidigerin am ersten Hauptverhandlungstag, während der beabsichtigten Einlassung des Angeklagten zu von ihm im Laufe des Ermittlungsverfahrens geleisteter Aufklärungshilfe, insbesondere zu einer umfänglichen V-Mann-Tätigkeit für das Landeskriminalamt Berlin, die Öffentlichkeit auszuschließen. Zur Begründung bezog sie sich sinngemäß auf die Vorschrift des § 171b GVG. Der öffentlichen Erörterung dieser Umstände stünden, so die Antragsbegründung, schutzwürdige Interessen des Angeklagten entgegen, nämlich das Interesse, „nicht wegen seiner sich aus § 1 VerpflG ergebenden Tätigkeit öffentlichen Anfeindungen, Repressionen oder gar weitergehenden Angriffen ausgesetzt zu sein". Zudem verwies die Verteidigerin in der Antragsbegründung auf § 172 Nr. 1 Variante 2 GVG. Diesem Antrag gab die Strafkammer mit Beschluss vom 19. Januar 2010 statt. Zur Begründung stützte sie sich zusätzlich auf § 172 Nr. 1a GVG und führte aus, dass die seitens des Angeklagten beabsichtigten Angaben womöglich allgemeine Schlüsse über den Einsatz von Vertrauenspersonen zulassen würden. Zudem sei „angesichts des angedeuteten Umfangs der geleisteten Aufklärungshilfe" eine Gefährdung von Leib oder Leben des Angeklagten durch Personen, die er belastet hat, möglich. Im Rahmen der Ermessenserwägungen stellte die Strafkammer unter anderem darauf ab, dass die Öffentlichkeit „lediglich für die Verhandlung von rechtsfolgerelevanten Vorgängen, nicht aber für die Erörterung der Schuldfrage" ausgeschlossen werde. Unter Bezugnahme auf diesen Beschluss wurde an diesem und an mehreren weiteren Hauptverhandlungstagen die Öffentlichkeit für die Dauer der Einlassung des Angeklagten zu diesem Themenkomplex ausgeschlossen.

[10] Am 16. Verhandlungstag, dem 20. Juli 2010, beantragte die Verteidigerin des Angeklagten, die Öffentlichkeit auch während der Vernehmung des Polizeibeamten zur vom Angeklagten geleisteten Aufklärungshilfe aus den bereits hinsichtlich der Einlassung des Angeklagten angeführten Gründen auszuschließen. Die Strafkammer gab diesem Antrag durch Beschluss vom gleichen Tage statt, stützte dies auf § 172 Nr. 1a GVG und nahm im Übrigen Bezug auf den Beschluss vom 19. Januar 2010 über den Ausschluss der Öffentlichkeit während der Einlassung des Angeklagten. Im weiteren Verlauf der Hauptverhandlung wurden zahlreiche andere Polizeibeamte zur vom Angeklagten geleisteten Aufklärungshilfe vernommen. Bei diesen Zeugen wurde zu Beginn der Vernehmung auf Antrag der Verteidigerin des Angeklagten die Öffentlichkeit aufgrund eines Gerichtsbeschlusses ausgeschlossen, in dessen Begründung wiederum jeweils auf den Beschluss vom 19. Januar 2010 Bezug genommen wurde. Einige dieser Vernehmungen wurden am Ende eines Hauptverhandlungstages unterbrochen und an einem späteren Hauptverhandlungstag fortgesetzt; dabei wurde die Öffentlichkeit aufgrund einer Anordnung des Vorsitzenden unter Bezugnahme auf den bereits gefassten Beschluss ausgeschlossen.

[11] Am 19. Hauptverhandlungstag, dem 14. September 2010, wurde der Polizeibeamte H. zu der vom Angeklagten geleisteten Aufklärungshilfe vernommen. Die Strafkammer fasste auch insoweit einen gleichlautenden Beschluss über den Ausschluss der Öffentlichkeit unter Bezugnahme auf den Beschluss vom 19. Januar 2010 und vernahm den Zeugen in nichtöffentlicher Sitzung. Am Ende des Hauptverhandlungstages wurde die Vernehmung des Zeugen H. unterbrochen und der Zeuge zum nächsten Verhandlungstag zwecks Fortsetzung der Vernehmung geladen. Bei dieser wurde die Öffentlichkeit unter Bezugnahme auf den bereits gefassten Kammerbeschluss ausgeschlossen. Am Ende dieses Hauptverhandlungstages wurde fest-

gestellt, dass der Zeuge H. unvereidigt bleibe. Er wurde sodann „im allseitigen Einverständnis entlassen". Anschließend wurde die Öffentlichkeit wiederhergestellt. Am folgenden 21. Hauptverhandlungstag, dem 12. Oktober 2010, wurde der Zeuge H. erneut vernommen. Nachdem er in den Saal gerufen worden war, ordnete der Vorsitzende den Ausschluss der Öffentlichkeit an. Eine Bezugnahme auf den bei der vorangegangenen Vernehmung gefassten Gerichtsbeschluss erfolgte nicht. Sodann begann das Landgericht – ohne Belehrungen und Feststellungen zur Person – in nichtöffentlicher Sitzung mit der Vernehmung des Zeugen. Nachdem diese schließlich nach einiger Zeit unterbrochen worden war, wurde die Öffentlichkeit wieder hergestellt. Die Vernehmung des Zeugen H. wurde an einem weiteren Verhandlungstag, dem 22. Oktober 2010, wiederum in nichtöffentlicher Verhandlung fortgesetzt, wobei zu Beginn vom Vorsitzenden auf den Beschluss vom 14. September 2010 Bezug genommen wurde. Anschließend wurde erneut die Nichtvereidigung des Zeugen beschlossen und der Zeuge entlassen. Sodann wurde die Öffentlichkeit wieder hergestellt.

[12] b) Die auf § 338 Nr. 6 StPO gestützte Rüge ist begründet. Die Ausschließung der Öffentlichkeit bei der Vernehmung des Zeugen H. war jedenfalls am 12. Oktober 2010 nicht durch einen den Anforderungen des § 174 Abs. 1 GVG entsprechenden Beschluss gedeckt.

[13] Zwar gilt ein Beschluss, der die Ausschließung der Öffentlichkeit für die Dauer der Vernehmung eines Zeugen anordnet, grundsätzlich bis zur Beendigung der Vernehmung und deckt den Öffentlichkeitsausschluss auch dann, wenn eine Vernehmung unterbrochen und an einem anderen Verhandlungstag fortgesetzt wird. Wenn jedoch derselbe Zeuge nach Beendigung der Vernehmung in der laufenden Hauptverhandlung nochmals unter Ausschluss der Öffentlichkeit vernommen werden soll, ist grundsätzlich gemäß § 174 Abs. 1 GVG ein neuer Gerichtsbeschluss erforderlich und mithin eine Anordnung des Vorsitzenden nicht ausreichend, selbst wenn in dieser, was hier nicht geschehen ist, auf den vorausgegangenen Ausschließungsbeschluss Bezug genommen wird (vgl. BGH, Beschluss vom 17. August 2011 – 5 StR 263/11, StV 2012, 140 m.w.N.).

[14] Diesen Anforderungen ist hier nicht Genüge getan. Am 20. Hauptverhandlungstag, dem 28. September 2010, wurde am Ende der Vernehmung des Zeugen H. zunächst festgestellt, dass dieser unvereidigt bleibe, und der Zeuge sodann ohne den – bei anderen Vernehmungsunterbrechungen verwendeten – Zusatz „für heute" entlassen. Damit war die Vernehmung des Zeugen abgeschlossen; für seine nochmalige Vernehmung in nichtöffentlicher Sitzung hätte es somit eines neuen Beschlusses gemäß § 174 Abs. 1 Satz 2 GVG bedurft. Wie sich aus dem Protokoll vom 12. Oktober 2010 ergibt, ist die Öffentlichkeit bei der an diesem Tag erfolgten erneuten Vernehmung des Zeugen H. indessen lediglich aufgrund einer Anordnung des Vorsitzenden ausgeschlossen worden, die zudem auch ihrerseits nicht etwa – anders als bei anderen fortgesetzten Vernehmungen – begründet worden war.

[15] Die von der Rechtsprechung des Bundesgerichtshofs anerkannte Ausnahme für Fälle, in denen dem Protokoll zu entnehmen ist, dass die Entlassung des Zeugen sofort zurückgenommen wurde und die für den Ausschließungsgrund maßgebliche Interessenlage fortbestand, so dass sich die zusätzliche Anhörung zusammen mit der vorausgegangenen als eine einheitliche Vernehmung darstellt (vgl. BGH aaO; BGH, Beschluss vom 30. Oktober 2007 – 3 StR 410/07, StV 2008, 126; BGH, Urteil vom 15. April 1992 – 2 StR 574/91, NStZ 1992, 447), liegt nach dem Hauptverhandlungsprotokoll vom 28. September 2010, das keine Ladung des Zeugen zu einem

weiteren Termin und auch sonst keinen Hinweis auf eine sofortige Rücknahme der Entlassung enthält, nicht vor.

[16] c) Der Rüge steht hier auch nicht entgegen, dass der Ausschluss der Öffentlichkeit ursprünglich aufgrund eines Antrages der Verteidigerin des Angeklagten erfolgte. Ein insoweit in anderen Konstellationen womöglich denkbarer Rügeverlust infolge Verwirkung (vgl. BGH, Urteil vom 4. Dezember 2007 – 5 StR 404/07, BGHR StPO § 338 Nr. 6 Ausschluss 5 m.w.N.) scheidet im vorliegenden Fall bereits deshalb aus, weil der Ausschluss der Öffentlichkeit am 12. Oktober 2010 ohne Bezugnahme auf den vorherigen Gerichtsbeschluss und den Antrag des Beschwerdeführers erfolgte. Hierdurch fehlt nicht nur der formale Zusammenhang zu dem Antrag des Angeklagten; es bleibt auch offen, ob der Zeuge in der fraglichen Vernehmung nur zu dem von Antrag und Gerichtsbeschluss umfassten Beweisthema oder aber auch zu anderen erheblichen Wahrnehmungen – etwa seinen Erkenntnissen im Rahmen der gegen den Angeklagten geführten Ermittlungen – befragt wurde.

[17] d) Der Verfahrensfehler führt zur umfassenden Aufhebung des Urteils. Eine nach der Rechtsprechung des Bundesgerichtshofs denkbare Ausnahme eines auch für einen selbständigen Teil der Entscheidung – etwa den Rechtsfolgenausspruch – möglichen denkgesetzlichen Ausschlusses des Beruhens auf dem absoluten Revisionsgrund (vgl. BGH, Beschlüsse vom 21. März 2012 – 1 StR 34/12, NStZ 2012, 587, und vom 19. Juli 2007 – 3 StR 163/07, BGHR StPO § 338 Beruhen 2, jeweils m.w.N.) kommt hier nicht in Betracht. Ein Einfluss des Verfahrensfehlers ist weder bezogen auf den Strafausspruch noch hinsichtlich des Schuldspruchs denkgesetzlich ausgeschlossen. Für einen dafür notwendigen klar begrenzten Gegenstand der in Frage stehenden Zeugenvernehmung sind hier keine ausreichend deutlichen Anhaltspunkte vorhanden. Daher steht hier einer freibeweislichen Klärung dieser Frage – ebenso wie einer entsprechenden Darlegungsobliegenheit des Revisionsführers – das revisionsrechtliche Rekonstruktionsverbot entgegen.

542 Der Antrag einer Zeugin auf **Ausschließung der Öffentlichkeit** zum Schutz ihrer Intimsphäre gemäß § 171b Abs. 2 GVG kann **auch außerhalb der Hauptverhandlung wirksam gestellt** werden.[540]

Der Antrag der Zeuginnen S. und H. auf Ausschließung der Öffentlichkeit zum Schutz ihrer Intimsphäre gemäß § 171b Abs. 2 GVG in der hier noch anwendbaren Fassung des Opferschutzgesetzes vom 18. Dezember 1986 (BGBl. I S. 2496) ist wirksam gestellt worden. Die Vorsitzende hatte den zuvor außerhalb der laufenden Hauptverhandlung angebrachten Antrag der Zeuginnen in der öffentlichen Sitzung vom 8. März 2013 mitgeteilt und den Beteiligten Gelegenheit zur Stellungnahme gegeben. Soweit in der Kommentarliteratur vertreten wird, der Antrag könne wirksam nur in der Hauptverhandlung gestellt werden (vgl. LR-Wickern, StPO, 26. Aufl., § 171b GVG Rn. 22; Meyer-Goßner, StPO, 56. Aufl., § 171b GVG Rn. 10), vermag der Senat dem nicht zu folgen. Der Wortlaut verlangt solches nicht. Im Gegenteil sieht lediglich § 171b Abs. 1 Satz 2 GVG a.F. vor, dass der Widerspruch des Betroffenen gegen den Ausschluss der Öffentlichkeit „in der Hauptverhandlung" erklärt wird; Vergleichbares setzt § 171b Abs. 2 GVG a.F. für den Ausschließungsantrag nicht voraus. Ein solches Erfordernis ist in der bisherigen Rechtsprechung des Bundesgerichtshofs demgemäß nicht aufgestellt worden; aus der

[540] BGH, Beschluss vom 22.10.2013 – 4 StR 389/13.

Gesetzgebungsgeschichte ergibt sich hierzu nichts (vgl. Entwurf eines Ersten Gesetzes zur Verbesserung der Stellung des Verletzten im Strafverfahren vom 10. April 1986, BT-Drucks. 10/5305 S. 23; Beschlussempfehlung und Bericht des Rechtsausschusses des Deutschen Bundestags vom 3. Oktober 1986, BT-Drucks. 10/6124 S. 17; Entwurf eines Gesetzes zur Stärkung der Rechte von Opfern sexuellen Missbrauchs [StORMG] vom 22. Juni 2011, BT-Drucks. 17/6261 S. 14; Beschlussempfehlung und Bericht des Rechtsausschusses des Deutschen Bundestags vom 13. März 2013, BT-Drucks. 17/12735 S. 17). Es ist auch in anderen Fällen anerkannt, dass ein Zeuge durch prozessuale Erklärungen außerhalb einer Hauptverhandlung auf deren Inhalt und Ablauf einwirken kann: So kann etwa ein Zeuge, dem ein umfassendes Auskunftsverweigerungsrecht nach § 55 StPO zusteht, dieses Recht auch außerhalb der laufenden Hauptverhandlung wirksam ausüben (BGH, Urteil vom 7. März 1995 – 1 StR 523/94, BGHR StPO § 244 Abs. 3 Satz 2 Unerreichbarkeit 17). Ein Angehöriger, der in der Hauptverhandlung von seinem Zeugnisverweigerungsrecht nach § 52 Abs. 1 StPO umfassend Gebrauch gemacht hat, kann außerhalb derselben sein Einverständnis mit der Beweiserhebung über den Inhalt einer polizeilichen Vernehmung wirksam erklären (BGH, Beschluss vom 19. Oktober 2005 – 1 StR 117/05, NStZ-RR 2006, 181).

Allerdings ergibt sich aus dem Regelungszusammenhang von § 171b Abs. 1 und 2 GVG a.F. und § 174 Abs. 1 Satz 2 und 3 GVG, dass alle Verfahrensbeteiligten sowie die Zuhörer im Gerichtssaal in der Lage sein müssen, den Ausschlussgrund eindeutig zu erkennen (vgl. BGH, Urteil vom 9. Juni 1999 – 1 StR 325/98, BGHSt 45, 117, 119 f.; Beschlüsse vom 6. November 1998 – 3 StR 511/97, BGHR GVG § 174 Abs. 1 Satz 3 Begründung 7, und 26. Juli 2001 – 3 StR 239/01, NStZ-RR 2002, 262 – bei Becker); dies ist jedoch auch bei dem von der Vorsitzenden gewählten Verfahren der Fall.

Nach der Vorschrift des § 189 GVG muss ein für die Hauptverhandlung beigezogener Dolmetscher den **Dolmetschereid** leisten (§ 189 Abs. 1 GVG) oder, sofern er für Übertragungen der betreffenden Art in einem Land nach den landesrechtlichen Vorschriften allgemein beeidigt ist, sich auf den geleisteten Eid berufen (§ 189 Abs. 2 GVG). Hierbei handelt es sich um eine für die Hauptverhandlung vorgeschriebene Förmlichkeit, deren Beachtung nach § 274 StPO nur durch das Protokoll bewiesen werden kann. Da die Sitzungsniederschrift keinen Hinweis auf eine eidliche Bekräftigung der Übertragung durch die in der Hauptverhandlung zur Verständigung mit dem Angeklagten beigezogene Dolmetscherin enthält, steht deren Fehlen für das Revisionsverfahren fest.[541] **543**

[2] Die Revision beanstandet zu Recht die Verletzung des § 189 GVG.

[3] a) Die Rüge ist zulässig erhoben (§ 344 Abs. 2 Satz 2 StPO). Entgegen der Auffassung des Generalbundesanwalts handelt es sich nicht lediglich um eine unzulässige Protokollrüge (vgl. BGH, Beschluss vom 8. Juni 2011 – 4 StR 111/11, StraFo 2011, 317; Urteil vom 20. April 2006 – 4 StR 604/05, NStZ-RR 2007, 52, 53). Dem Revisionsvorbringen ist vielmehr die bestimmte Behauptung zu entnehmen, dass die von der Strafkammer zur Verständigung mit dem der deutschen Sprache nicht mächtigen Angeklagten beigezogene Dolmetscherin in der Hauptverhandlung weder vereidigt worden sei noch sich auf einen allgemein geleisteten Eid berufen habe.

---

[541] BGH, Berschluss vom 8.10.2013 – 4 StR 273/13.

[4] b) Die Verfahrensbeanstandung ist auch begründet.

[5] Nach der Vorschrift des § 189 GVG muss ein für die Hauptverhandlung beigezogener Dolmetscher den Dolmetschereid leisten (§ 189 Abs. 1 GVG) oder, sofern er für Übertragungen der betreffenden Art in einem Land nach den landesrechtlichen Vorschriften allgemein beeidigt ist, sich auf den geleisteten Eid berufen (§ 189 Abs. 2 GVG). Hierbei handelt es sich um eine für die Hauptverhandlung vorgeschriebene Förmlichkeit, deren Beachtung nach § 274 StPO nur durch das Protokoll bewiesen werden kann (vgl. BGH, Beschluss vom 10. März 2005 – 4 StR 3/05, BGHR GVG § 189 Beeidigung 4). Da die Sitzungsniederschrift keinen Hinweis auf eine eidliche Bekräftigung der Übertragung durch die in der Hauptverhandlung zur Verständigung mit dem Angeklagten beigezogene Dolmetscherin enthält, steht deren Fehlen für das Revisionsverfahren fest.

[6] Der Senat vermag bei der gegebenen Sachlage nicht auszuschließen, dass das Urteil auf der Verletzung des § 189 GVG beruht. Konkrete Umstände, welche den Schluss zuließen, dass sich das Fehlen der eidlichen Bekräftigung im Einzelfall nicht auf die Übersetzung ausgewirkt hat (vgl. BGH, Beschlüsse vom 27. Juli 2005 – 1 StR 208/05, NStZ 2005, 705, 706; vom 15. Dezember 2011 – 1 StR 579/11, BGHR GVG § 189 Beeidigung 5; Wickern in Löwe/Rosenberg, StPO, 26. Aufl., § 189 GVG Rn. 12 m.w.N.), ergeben sich weder aus dem aus den Akten ersichtlichen Verfahrensablauf noch aus der das Rügevorbringen der Revision bestätigenden Gegenerklärung der Staatsanwaltschaft.

544 Die nach Zulassung durch das Oberlandesgericht statthafte sowie form- und fristgerecht eingelegte **Rechtsbeschwerde ist nachträglich unzulässig geworden**, weil sich das Verpflichtungsbegehren, die Vollstreckungsbehörde unter Aufhebung der staatsanwaltschaftlichen Bescheide anzuweisen, den Beschwerdeführer für die weitere Vollstreckung in das Land Berlin zu verlegen, mit dessen Verlegung in eine Justizvollzugsanstalt des Landes Berlin erledigt hat und damit das **Rechtsschutzbedürfnis entfallen** ist.[542]

Die nach Zulassung durch das Oberlandesgericht statthafte (§ 29 Abs. 1, 2 Nr. 1 EGGVG) sowie form- und fristgerecht eingelegte Rechtsbeschwerde (§ 29 Abs. 3 EGGVG i.V.m. § 71 FamFG) ist nachträglich unzulässig geworden, weil sich das – entgegen der Ansicht des Oberlandesgerichts als ursprünglich zulässig anzusehende („Versagungsgegenantrag") – Verpflichtungsbegehren (§ 23 Abs. 2 EGGVG), die Vollstreckungsbehörde unter Aufhebung der staatsanwaltschaftlichen Bescheide anzuweisen, den Beschwerdeführer für die weitere Vollstreckung in das Land Berlin zu verlegen, mit dessen Verlegung in eine Justizvollzugsanstalt des Landes Berlin erledigt hat und damit das Rechtsschutzbedürfnis entfallen ist (vgl. dazu Keidel/Meyer-Holz, FamFG, 17. Aufl., § 74 Rn. 8 f. m.w.N.; Meyer-Goßner, StPO, 56. Aufl., § 29 EGGVG Rn. 5).

Der Senat legt den Schriftsatz vom 4. Juli 2013 dahin aus, dass der Beschwerdeführer sein Anliegen nunmehr als Feststellungsbegehren weiterverfolgt. Er kann dahingestellt sein lassen, ob dessen Beurteilung in erweiternder Auslegung des § 29 Abs. 3 EGGVG wegen der dortigen Verweisung auf die Verfahrensvorschriften über die Rechtsbeschwerde nach dem Gesetz über das Verfahren in Familiensachen und in

---

[542] BGH, Beschluss vom 21.8.2013 – 5 AR (VS) 60/12.

den Angelegenheiten der freiwilligen Gerichtsbarkeit (FamFG) in entsprechender Anwendung des § 62 FamFG (vgl. zu § 62 FamFG BGH, Beschluss vom 25. Februar 2010 – V ZB 172/09, NVwZ 2010, 726, Keidel/Meyer-Holz, aaO, § 74 Rn. 9) zu erfolgen hat oder ob gemäß § 29 Abs. 3 EGGVG, § 74 Abs. 4 FamFG die zu § 28 Abs. 1 Satz 4 EGGVG entwickelten Grundsätze (vgl. LR-Böttcher, 26. Aufl., § 28 EGGVG Rn. 6, 8 ff., Meyer-Goßner, aaO, § 28 EGGVG Rn. 8 m.w.N.) heranzuziehen sind. Denn Gründe, die ein Feststellungsinteresse des Beschwerdeführers ergeben könnten, sind für beide Varianten weder dargelegt noch sonst ersichtlich. Namentlich stand nicht das „Ob", sondern das „Wo" der Haft in Frage und hatte der Beschwerdeführer die Möglichkeit, sein Begehren parallel bei der nach vom OLG München gebilligter Rechtsauffassung der Vollstreckungsbehörde zuständigen Justizvollzugsanstalt zu verfolgen. Diesen Weg ist er jedoch nicht gegangen. Vielmehr hat er sogar ausdrücklich auf eine Entscheidung der Justizvollzugsanstalt nach § 26 StVollstrO verzichtet (S. 22 des angefochtenen Beschlusses).

Die Rechtsbeschwerde ist **unstatthaft**. Der Beschluss des Oberlandesgerichts ist nicht anfechtbar, weil das Oberlandesgericht die Rechtsbeschwerde nicht zugelassen hat (§ 29 Abs. 1 EGGVG), wobei Schweigen Nichtzulassung bedeutet; auch diese ist nicht anfechtbar.[543] **545**

2. Besetzung des Gerichts

Im Falle des endgültigen **Ausscheidens eines Vorsitzenden aus dem Spruchkörper** ist § 21f Abs. 2 Satz 1 GVG entsprechend anzuwenden ist, sofern und solange die Wiederbesetzung lediglich „vorübergehend" unterbleibt, also einen angemessenen Zeitraum nicht überschreitet.[544] **546**

[3] Der Senat ist ordnungsgemäß besetzt. Dem steht nicht entgegen, dass er seit dem 1. Juli 2012 keinen planmäßigen Vorsitzenden hat.

[4] 1. Der frühere Vorsitzende des 4. Strafsenats, Vorsitzender Richter am Bundesgerichtshof Dr. Ernemann, ist mit Ablauf des 30. Juni 2012 wegen Erreichens der Altersgrenze in den Ruhestand getreten. Seitdem ist diese Stelle vakant, und der 4. Strafsenat wird von Richter am Bundesgerichtshof Dr. Mutzbauer als dem vom Präsidium bestimmten Vertreter gemäß § 21f Abs. 2 Satz 1 GVG geführt. Daran hat das Präsidium des Bundesgerichtshofs auch bei der Aufstellung des Geschäftsverteilungsplans für das Jahr 2013 (§ 21e Abs. 1 Satz 2 GVG) nichts geändert.

[5] 2. In der höchstrichterlichen Rechtsprechung besteht Einigkeit darüber, dass im Falle des endgültigen Ausscheidens eines Vorsitzenden aus dem Spruchkörper § 21f Abs. 2 Satz 1 GVG entsprechend anzuwenden ist, sofern und solange die Wiederbesetzung lediglich „vorübergehend" unterbleibt, also einen angemessenen Zeitraum nicht überschreitet (vgl. BVerfGE 18, 423, 426 f.; BVerfG, NJW 1983, 1541; BGH, Urteil vom 9. Februar 1955 – IV ZR 153/54, BGHZ 16, 254; Urteil vom 21. Juni 1955 – 5 StR 177/55, BGHSt 8, 17, 19 ff.; Beschluss vom 11. Juli 1985 – VII ZB 6/85, NJW 1985, 2337; BSG, NJW 2007, 2717, 2718; BFHE 190, 47, 52 f.;

543 BGH, Beschluss vom 20.8.2013 – 5 AR (VS) 43/13.
544 BGH, Beschluss vom 26.3.2013 – 4 StR 556/12.

BVerwG, NJW 1986, 1366, 1367; vgl. auch Breidling in LR-StPO, 26. Aufl., § 21f GVG Rn. 27). Es sei nicht in allen Fällen und ungeachtet der Dauer der mutmaßlichen Vakanz zu verlangen, dass das Präsidium den frei gewordenen Vorsitz dem Vorsitzenden eines anderen Spruchkörpers zusätzlich übertrage (BSG, NJW 2007, 2717, 2718; BFHE 190, 47, 53 f.). Wie lange das Präsidium im Falle der nicht nahtlosen Besetzung der Stelle eines Vorsitzenden mit der Entscheidung zuwarten darf, einen anderen Vorsitzenden zusätzlich mit dem vakant gewordenen Senatsvorsitz zu betrauen, lässt sich nicht „allgemeingültig“ und losgelöst von dem Grund der Verhinderung beantworten (BGH, Urteil vom 13. September 2005 – VI ZR 137/04, NJW 2006, 154, 155; vgl. auch Breidling in LR-StPO, 26. Aufl., § 21f GVG Rn. 25, 27; Kissel/Mayer, GVG, 7. Aufl., § 59 Rn. 13; Zöller/Lückemann, ZPO, 29. Aufl., § 21e GVG Rn. 39d).

[6] Für den Fall der länger dauernden Erkrankung hat der Bundesgerichtshof entschieden, dass es auf die tatsächlichen Umstände des Einzelfalls ankommt, die umfassend zu würdigen sind. Jedenfalls dann, wenn der ordentliche Vorsitzende über ein ganzes Geschäftsjahr wegen Krankheit dienstunfähig gewesen sei, habe das Präsidium vor der Aufstellung des Geschäftsverteilungsplans für das nächste Geschäftsjahr die ihm zur Verfügung stehenden Möglichkeiten zu nutzen, um die Frage nach der voraussichtlichen Fortdauer der Verhinderung zu klären. Könne hiernach nicht mit einer Wiederherstellung der Dienstfähigkeit in absehbarer Zeit gerechnet werden, müsse das Präsidium von einer dauernden Verhinderung ausgehen (BGH, Urteil vom 13. September 2005 – VI ZR 137/04, NJW 2006, 154). In einem Fall, in dem der Vorsitzende planmäßig mit Erreichung der Altersgrenze ausgeschieden war und die Ausschreibung der Stelle erst im Monat seines Ausscheidens erfolgte, ist das Bundessozialgericht davon ausgegangen, dass „zumindest im Regelfall“ der Vorsitz in einem Spruchkörper nicht länger als sechs Monate durch den vom Präsidium bestimmten stellvertretenden Vorsitzenden geführt werden darf (BSG, NJW 2007, 2717, 2718). Nach Auffassung des Bundesfinanzhofs ist § 21f Abs. 2 Satz 1 GVG nach dem endgültigen Ausscheiden eines Vorsitzenden solange anwendbar, wie durch die Vakanz im Vorsitz keine wesentlich gewichtigere Beeinträchtigung der bei ordnungsgemäßer Besetzung des Spruchkörpers zu erwartenden Arbeitsweise zu erwarten ist als bei einem längeren Urlaub oder einer „länger dauernden Erkrankung“ (BFHE 190, 47, 55). Nach der Rechtsprechung des Bundesverwaltungsgerichts ist eine ruhestandsbedingte Vakanz im Vorsitz „praktisch unvermeidbar“; allgemeingültige Fristen ließen sich weder für den Fall einer Verhinderung durch längere Krankheit noch für den Fall der dauernden Verhinderung des Vorsitzenden infolge einer Vakanz festlegen (BVerwG, NJW 1986, 1366, 1367; vgl. auch BVerwG, NJW 2001, 3493 für den besonders gelagerten Fall der geplanten Auflösung des Bundesdisziplinargerichts).

[7] 3. Der Senat hat keinen Anlass, von dieser Rechtsprechung abzuweichen. Auf ihrer Grundlage bestehen keine Bedenken gegen die ordnungsgemäße Besetzung des 4. Strafsenats.

[8] a) Das frühzeitig eingeleitete Verfahren zur Wiederbesetzung der Stelle des Vorsitzenden Richters ist noch nicht abgeschlossen, weil das Verwaltungsgericht Karlsruhe im Rahmen eines anhängigen Konkurrentenstreitverfahrens mit (nicht rechtskräftigem) Beschluss vom 17. Januar 2013 der Bundesrepublik Deutschland im Wege der einstweiligen Anordnung untersagt hat, die beabsichtigte Ernennung auszusprechen, bevor über die Bewerbung des klagenden Konkurrenten unter Beachtung der Rechtsauffassung des Gerichts eine neue Auswahlentscheidung getroffen

worden ist (Verwaltungsgericht Karlsruhe, Beschluss vom 17. Januar 2013 – 1 K 2614/12).

[9] b) Nach dem „Vermerk über die wesentlichen Erwägungen des Präsidiums des Bundesgerichtshofs zur Entscheidung über die Besetzung der Vorsitzendenstellen in den Strafsenaten" (Anlage 6 zum Protokoll über die Präsidiumssitzung vom 13. Dezember 2012) hat das Präsidium für das Geschäftsjahr 2013 selbst bei Ausschöpfung aller Ressourcen und nach Abwägung aller denkbaren Geschäftsverteilungsmodelle keine Möglichkeit gesehen, jedem Strafsenat einen Vorsitzenden Richter zuzuweisen. Der Doppelvorsitz durch gleichzeitige Leitung des 2. und 3. Strafsenats könne infolge Überlastung des mit dieser Aufgabe betrauten Vorsitzenden nicht mehr aufrechterhalten werden, so dass im Geschäftsjahr 2013 der Präsident den Vorsitz im 3. Strafsenat wahrnehme (§ 21e Abs. 1 Satz 3 GVG). Die Übertragung eines Doppelvorsitzes an einen anderen Vorsitzenden eines Strafsenats komme nicht in Betracht, da der Vorsitzende des 1. Strafsenats mit Ablauf des 30. April 2013 altersbedingt in den Ruhestand treten werde und der Vorsitzende des 5. – Leipziger – Strafsenats schon auf Grund der örtlichen Gegebenheiten nicht parallel den Vorsitz in einem Karlsruher Strafsenat übernehmen könne. Die Heranziehung der Vorsitzenden der Zivilsenate für Interimslösungen scheide ebenfalls aus. Sie seien mit den Rechtsmaterien der Strafsenate nicht in einem Maße vertraut, dass sie ohne ins Gewicht fallende Einarbeitungszeit die Funktion eines Vorsitzenden in einem zusätzlich zu übernehmenden Strafsenat erfüllen könnten.

[10] c) Da das Beförderungsverfahren zügig betrieben wurde und das Präsidium des Bundesgerichtshofs alle sinnvollen Ressourcen zur Besetzung der Vorsitzendenstellen in den Strafsenaten ausgeschöpft hat, liegen besondere Umstände vor, die es rechtfertigen, dass der 4. Strafsenat jedenfalls derzeit durch den vom Präsidium bestimmten stellvertretenden Vorsitzenden geleitet wird.

3. Gerichtskostengesetz (GKG)

Mehrere nebeneinander eingelegte **Rechtsmittel** sind kostenrechtlich voneinander zu trennen; die **Kosten eines erfolglosen Rechtsmittels** treffen den, der es eingelegt hat (§ 473 Abs. 1 Satz 1 StPO). Bleiben deshalb mehrere Rechtsmittel ohne Erfolg, trägt jeder Rechtsmittelführer die Kosten seines Rechtsmittels.[545] **547**

Der Rechtsbehelf der **Erinnerung gegen Kostenansätze** ist nach § 66 Abs. 1 GKG zulässig.[546] **548**

[1] Der Rechtsbehelf der Erinnerung gegen die bezeichneten Kostenansätze ist nach § 66 Abs. 1 GKG zulässig, jedoch jeweils unbegründet. Die Kostenbeamtin beim Bundesgerichtshof hat – was der Verurteilte hinsichtlich der rechnerischen Richtigkeit auch nicht in Abrede stellt – nach § 19 Abs. 2 Satz 4 i.V.m. § 3 Abs. 2 GKG zu Recht eine Gebühr in Höhe von 1.569 € für das Revisions- und Entschädigungsverfahren (Kostenverzeichnis Nr. 3130 i.V.m. Nr. 3114 sowie Nr. 3700) und eine solche von 50 € für das Verfahren gemäß § 356a StPO (Kostenverzeichnis Nr. 3920) angesetzt. Mangels offenkundigen oder der Kostenbeamtin sonst bekannten

[545] BGH, Beschluss vom 7.2.2013 – 1 StR 408/12.

[546] BGH, Beschluss vom 7.8.2013 – 5 StR 648/12.

Zahlungsunvermögens des Verurteilten widerstreitet der Kostenansatz auch nicht der – die Gerichte ohnehin nicht bindenden – Verwaltungsvorschrift des § 10 Abs. 1 KostVfg.

[2] Aus den Kostenansätzen muss dem Verurteilten kein Nachteil entstehen, namentlich auch nicht unter dem Aspekt des Resozialisierungsgebots. Denn seinen Interessen kann im Beitreibungsverfahren sachgerecht Rechnung getragen werden (vgl. BVerfG [Kammer], Beschluss vom 27. Juni 2006 – 2 BvR 1392/02). Eine Zuständigkeit des Senats besteht insoweit nicht.

[3] Der Senat entscheidet gemäß § 139 Abs. 1 GVG in der Besetzung von fünf Mitgliedern einschließlich des Vorsitzenden (vgl. BGH, Beschluss vom 5. April 2006 – 5 StR 569/05 m.w.N.).

4. Rechtsanwaltsvergütungsgesetz – RVG

549 Zu den Voraussetzungen der **Feststellung einer Pauschgebühr** gem. § 42 Abs. 1 S. 1 RVG.

[1] Der Wahlverteidiger hat wegen des besonderen Umfangs und der besonderen Schwierigkeit seiner Tätigkeit gemäß § 42 Abs. 1 RVG die Feststellung einer Pauschgebühr beantragt. Der Vertreter der Bundeskasse hat gegen eine über die gesetzlichen Gebühren hinausgehende Pauschgebühr für das Revisionsverfahren keine Bedenken und hält deren Festsetzung auf 1.400 Euro für angemessen.

[2] Der Senat stellt eine Pauschgebühr in Höhe von 1.400 Euro fest.

[3] Ist die für das Revisionsverfahren gesetzlich vorgesehene Verfahrensgebühr eines Wahlanwalts (VV Nr. 4130), die im vorliegenden Fall in der gemäß § 60 Abs. 1 Satz 1 RVG anzuwendenden Fassung vor Inkrafttreten des 2. Kostenrechtsmodernisierungsgesetzes vom 23. Juli 2013 (BGBl. I S. 2586) 930 Euro beträgt, wegen des besonderen Umfangs und der besonderen Schwierigkeit nicht zumutbar, hat der Wahlanwalt gemäß § 42 Abs. 1 Satz 1RVG einen Anspruch auf Feststellung einer an die Stelle der gesetzlichen Gebühr tretenden Pauschgebühr, die das Doppelte des für die Verfahrensgebühr des Wahlanwalts geltenden Höchstbetrages nicht übersteigen darf (§ 42 Abs. 1 Satz 4 RVG). Innerhalb dieses vorgegebenen Rahmens steht die Feststellung der Höhe der Pauschgebühr im pflichtgemäßen Ermessen des Gerichts. Unter Berücksichtigung des Umfangs und der Schwierigkeit der Tätigkeit des Antragstellers im Revisionsverfahren hält der Senat in Übereinstimmung mit dem Vertreter der Bundeskasse eine Pauschgebühr in Höhe von 1.400 Euro für angemessen. Die Feststellung eines höheren Betrages kommt nicht in Betracht, weil der Wahlverteidiger bereits im Verfahren vor dem Landgericht mit den entscheidungserheblichen materiell-rechtlichen Fragen befasst war.

550 Für die Vorbereitung und Wahrnehmung der **Revisionshauptverhandlung** vor dem Bundesgerichtshof kommt eine **Pauschvergütung** nach § 51 RVG nicht in Betracht.[547]

[1] 1. Rechtsanwältin W. ist durch Verfügung des Vorsitzenden des 3. Strafsenats des Bundesgerichtshofs vom 27. Juni 2012 als Beistand der Nebenklägerin für die Revisionshauptverhandlung vor dem Bundesgerichtshof bestellt worden.

---

547 BGH, Beschluss vom 17.9.2013 – 3 StR 117/12.

[2] Sie hat an dem Termin der Revisionshauptverhandlung am 18. Oktober 2012 teilgenommen, hat in dieser aber kein eigenes Plädoyer gehalten, sondern sich ausweislich des Protokolls (Bl. 197 f.) lediglich den Ausführungen des Generalbundesanwalts angeschlossen. Die Verhandlung dauerte von 9.03 Uhr bis 10.21 Uhr. Sodann wurde die Sitzung unterbrochen und um 15.02 Uhr zur Verkündung einer Entscheidung (Anberaumung eines Verkündungstermins) fortgesetzt. Dass nach Fortsetzung nicht mehr verhandelt, sondern lediglich eine Entscheidung verkündet werden würde, war den beteiligten Rechtsanwälten (Verteidigern und Beistand der Nebenklägerin) vor der Unterbrechung bekannt gemacht worden; die Verteidiger waren aus diesem Grund auch nicht mehr erschienen.

[3] Mit Schreiben vom 6. August 2013 hat Rechtsanwältin W. die Bewilligung einer Pauschvergütung für die Vertretung der Nebenklägerin in der Revisionshauptverhandlung in Höhe von 470 € (Terminsgebühr) beantragt. Sie macht geltend, die Revisionshauptverhandlung habe mit der Nebenklägerin im Vorfeld besprochen und im Anschluss erläutert werden müssen; bei der Nebenklägerin, für die die Entscheidung des Bundesgerichtshofes von eminenter Bedeutung gewesen sei, habe ein erhöhter psychologischer Betreuungsbedarf bestanden. Auch die Dauer des Termins mache eine Pauschgebühr erforderlich; die Unterbrechung habe nicht für andere Tätigkeiten genutzt werden können, weil eine so lange Pause nicht ersichtlich gewesen sei und deshalb Akten vom weit entfernten Kanzleisitz nicht mitgenommen worden waren. Schließlich gebiete die Schwierigkeit der Sach- und Rechtslage eine Erhöhung der gesetzlichen Gebühren.

[4] 2. Für die Vorbereitung und Wahrnehmung der Revisionshauptverhandlung vor dem Bundesgerichtshof – nur insoweit ist der Bundesgerichtshof zuständig (BGH, Beschluss vom 8. September 1970 – 5 StR 704/68, BGHSt 23, 324) – kommt eine Pauschvergütung nach § 51 RVG nicht in Betracht.

[5] Gemäß § 51 Abs. 1 Satz 1 und 3 RVG ist Voraussetzung der Bewilligung einer Pauschgebühr, die über die gesetzlichen Gebühren hinausgeht, dass diese wegen des besonderen Umfangs oder der besonderen Schwierigkeit der Sache bzw. des betroffenen Verfahrensabschnitts nicht zumutbar sind. Die Bewilligung einer Pauschgebühr stellt dabei die Ausnahme dar; die anwaltliche Mühewaltung muss sich von sonstigen – auch überdurchschnittlichen Sachen – in exorbitanter Weise abheben (BeckOK v. Seltmann/Sommerfeldt/Sommerfeldt, RVG, § 51 Rn. 3, 8 [Stand: 1.8.2013]).

[6] Nach dieser Maßgabe erscheinen dem Senat die gesetzlichen Gebühren der Nr. 4132 VV insbesondere mit Blick auf das geschilderte Auftreten der Rechtsanwältin im Verhandlungstermin durchaus angemessen und ausreichend. Vor- und Nachbesprechungen mit dem Mandanten werden durch die gesetzlichen Gebühren abgegolten; welcher Mehrbedarf aufgrund der psychischen Belastung der Nebenklägerin entstanden sein soll, wird nicht dargelegt. Die Dauer des Hauptverhandlungstermins kann wegen der Einführung des Längenzuschlags nach Nr. 4134 VV bei der Frage des Umfangs im Sinne von § 51 Abs. 1 RVG nicht mehr berücksichtigt werden (BeckOK v. Seltmann/Sommerfeldt/Sommerfeldt, aaO § 51 Rn 10).

Ist die für das Revisionsverfahren gesetzlich vorgesehene Verfahrensgebühr eines **551** Wahlanwalts (VV Nr. 4130) wegen des besonderen Umfangs und der besonderen Schwierigkeit der anwaltlichen Tätigkeit nicht zumutbar, hat der Wahlanwalt gemäß § 42 Abs. 1 Satz 1 RVG einen Anspruch auf Feststellung einer an die Stelle der gesetzlichen Gebühr tretenden **Pauschgebühr**, die das Doppelte des für die Verfahrensgebühr des Wahlanwalts geltenden Höchstbetrages nicht übersteigen darf

(§ 42 Abs. 1 Satz 4 RVG). Innerhalb dieses vorgegebenen Rahmens steht die Feststellung der Höhe der Pauschgebühr im pflichtgemäßen Ermessen des Gerichts. Unter Berücksichtigung des Umfangs und der Schwierigkeit der Tätigkeit des Antragstellers im Revisionsverfahren hält der Senat in Übereinstimmung mit dem Vertreter der Bundeskasse eine Pauschgebühr in Höhe von 1.400 Euro für angemessen. Die Feststellung eines höheren Betrages kommt nicht in Betracht, weil der Antragsteller bereits im Verfahren vor dem Landgericht als Wahlverteidiger des Angeklagten mit den entscheidungserheblichen Fragen befasst war.[548]

5. Internationale Rechtshilfe, Auslieferung, Beweiserhebung

■ TOPENTSCHEIDUNG

552 Ein wegen eines Verstoßes gegen den Grundsatz der Spezialität bestehendes Verfahrenshindernis entfällt gemäß Art. 14 Abs. 1 Buchst. b des Europäischen Auslieferungsübereinkommens vom 13. Dezember 1957 (EuAlÜbk) jedenfalls dann, wenn der Ausgelieferte **nach Verlassen der Bundesrepublik Deutschland dorthin zurückkehrt**, obwohl er auf die sich aus einer Wiedereinreise ergebenden Rechtsfolgen dieser Vorschrift hingewiesen worden war.[549]

[2] Ein Verfahrenshindernis besteht nicht.

[3] 1. Allerdings hatte zunächst wegen Verstoßes gegen den in Art. 14 des Europäischen Auslieferungsübereinkommens vom 13. Dezember 1957 (EuAlÜbk) normierten Grundsatz der Spezialität ein von Amts wegen zu berücksichtigendes Verfolgungsverbot (Verfahrenshindernis) bestanden.

[4] a) Dieses Abkommen findet im Rechtshilfeverkehr mit der Republik Südafrika Anwendung (vgl. dazu auch BGBl. II 2003, 1783). Der von dort ausgelieferte Angeklagte durfte deswegen nur wegen solcher vor der Auslieferung begangener Taten verfolgt werden, für die die Auslieferung bewilligt worden war. …

[5] b) Da zunächst unklar war, ob sich die Bewilligung der Auslieferung des Angeklagten auch auf die Tatvorwürfe im vorliegenden Verfahren bezog oder nur auf die Vollstreckung einer Restfreiheitsstrafe aus einem früheren Verfahren, musste der Senat den Umfang der Auslieferungsbewilligung im Freibeweisverfahren feststellen. Zwar konnte dabei nicht aufgeklärt werden, welchen Inhalt das letztlich an die Behörden der Republik Südafrika übermittelte Auslieferungsersuchen im Einzelnen hatte. Denn der Inhalt des Ersuchens war weder dem landgerichtlichen Urteil noch dem sonstigen Akteninhalt zu entnehmen; auch beim Bundesamt für Justiz waren keine weiterführenden Erkenntnisse zu erlangen. Der Senat hat sich aber auf der Grundlage einer klarstellenden Mitteilung des Ministeriums der Justiz der Republik Südafrika davon überzeugt, dass die Auslieferung allein für die Vollstreckung der Restfreiheitsstrafe erteilt wurde, weil das Ersuchen um Auslieferung dort nicht in dem Sinn verstanden worden war, dass die Auslieferung auch für die hier verfahrensgegenständlichen Taten begehrt werde.

---

[548] BGH, Beschluss vom 21.11.2013 – 4 StR 381/11.

[549] BGH, Beschluss vom 19.12.2012 – 1 StR 165/12.

[6] c) Damit lag zwar ein Verfahrenshindernis vor. Dieses war aber noch in der Revisionsinstanz behebbar (vgl. BGH, Beschlüsse vom 9. Februar 2012 – 1 StR 148/11, BGHSt 57, 138, und 1 StR 152/11 – und vom 25. Oktober 2012 – 1 StR 165/12, jeweils m.w.N.), da ein Nachtragsersuchen um Zustimmung zur Verfolgung der verfahrensgegenständlichen Taten noch möglich und von den südafrikanischen Behörden sogar angeregt worden war. Das bestehende Verfahrenshindernis hatte auch nicht zur Folge, dass das Strafurteil des Landgerichts nichtig wäre (vgl. BGH aaO). Der Senat hatte das Verfahren deswegen mit Beschluss vom 25. Oktober 2012 in entsprechender Anwendung des § 205 StPO vorläufig eingestellt (BGH, Beschluss vom 25. Oktober 2012 – 1 StR 165/12).

[7] 2. Das Verfahrenshindernis ist nachträglich weggefallen, da die Spezialitätsbindung aus Art. 14 EuAlÜbk gemäß Art. 14 Abs. 1 Buchst. b EuAlÜbk wieder entfallen ist. Der Senat kann daher – wie vom Generalbundesanwalt mit Schreiben vom 26. November 2012 beantragt – in der Sache entscheiden.

[8] a) Nach Art. 14 Abs. 1 Buchst. b EuAlÜbk darf der Ausgelieferte wegen einer anderen vor der Übergabe begangenen Handlung als derjenigen, die der Auslieferung zugrunde liegt, dann verfolgt, abgeurteilt oder einer Beschränkung seiner persönlichen Freiheit unterworfen werden, „wenn der Ausgelieferte, obwohl er dazu die Möglichkeit hatte, das Hoheitsgebiet des Staates, dem er ausgeliefert worden ist, innerhalb von 45 Tagen nach seiner endgültigen Freilassung nicht verlassen hat oder wenn er nach Verlassen dieses Gebiets dorthin zurückgekehrt ist."

[9] Wie der Senat in seinem Beschluss vom 25. Oktober 2012 im vorliegenden Verfahren (dort Rn. 13) klargestellt hat, entfällt die Spezialitätsbindung aus Art. 14 EuAlÜbk gemäß Art. 14 Abs. 1 Buchst. b EuAlÜbk unter den dort genannten Voraussetzungen jedenfalls dann, wenn der Ausgelieferte auf die Folge eines Verbleibs in dem Staat oder einer Wiedereinreise hingewiesen worden war (vgl. dazu BGH, Beschlüsse vom 9. Februar 2012 – 1 StR 148/11, BGHSt 57, 138 und 1 StR 152/11). Ob – was der Senat für zutreffend hält – diese Rechtsfolge auch ohne vorherigen Hinweis eintritt, wenn dem Ausgelieferten diese Folge aus anderen Gründen bekannt war, bedarf hier keiner abschließenden Entscheidung.

[10] b) Die Voraussetzungen für einen Wegfall der Spezialitätsbindung gemäß Art. 14 Abs. 1 Buchst. b EuAlÜbk liegen hier vor. …

[11] aa) Der Angeklagte war „endgültig freigelassen" i.S.d. Art. 14 Abs. 1 Buchst. b EuAlÜbk. Denn das Landgericht Berlin hatte den gegen den Angeklagten bestehenden Haftbefehl mit Beschluss vom 26. Oktober 2012 ohne Auflagen außer Vollzug gesetzt. Der Angeklagte wurde noch am selben Tag aus der Untersuchungshaft entlassen.

[12] Dem Vorliegen einer endgültigen Freilassung steht der Bestand des außer Vollzug gesetzten Haftbefehls nicht entgegen. Der Angeklagte war nicht durch Weisungen, Auflagen oder andere Pflichten in seiner Bewegungsfreiheit eingeschränkt. …

[13] bb) Der Angeklagte verließ nach seiner Freilassung Deutschland zunächst und kehrte dann dorthin zurück. Er begab sich am 15. November 2012 nach Zürich und reiste von dort aus wieder nach Deutschland. Hiervon ist der Senat nach Durchführung des Freibeweisverfahrens aus folgenden Gründen überzeugt:

[14] (1) In einem dem Senat in Kopie übersandten Schreiben an die Staatsanwaltschaft Berlin führte der Angeklagte aus, „vorgestern, am 15.11.2012 in Zürich gewesen" zu sein; er erwähnte darin einige Straßen, durch die ihn sein Weg in Zürich geführt hatte.

[15] (2) Seinen Aufenthalt in Zürich bestätigte er bei seiner erneuten Festnahme in Berlin nach umfassender Belehrung gegenüber einem Polizeibeamten. Ausweislich des Festnahmeberichts vom 22. November 2012 (dort S. 3) gab er an, er sei „vor kurzem tatsächlich für einen Tag in der Schweiz bei einer Treuhandgesellschaft gewesen". Nachdem ihm im Rahmen des Gesprächs bewusst wurde, dass diese Aus- und erneute Einreise der Grund für die Invollzugsetzung des Haftbefehls war, gab er an: „Dann war ich halt nicht in der Schweiz. Das kann man mir eh nicht nachweisen. An der Grenze finden ja keine Kontrollen mehr statt."

[16] (3) Bei der Eröffnung des Beschlusses, mit dem der Haftbefehl wieder in Vollzug gesetzt worden war, gab der Angeklagte an, er habe „zwar geschrieben, er sei nach seiner Entlassung in der Schweiz gewesen. Tatsächlich sei er jedoch gar nicht dort gewesen" (Niederschrift zum Haftbefehlsverkündungstermin vom 22. November 2012).

[17] (4) In einem Schreiben vom 5. Dezember 2012 an das Landgericht Berlin rückte der Angeklagte dann von dieser Einlassung wieder ab und bestätigte, am 15. November 2012 in die Schweiz gereist und am selben Tag nach Deutschland zurückgekehrt zu sein. Dies werde „nicht mehr bestritten".

[18] (5) Auch die als Zeugin vernommene und entsprechend belehrte Tochter des Angeklagten, V., gab am 22. November 2012 an, ihres Wissens sei ihr Vater zwischenzeitlich in der Schweiz gewesen, dies habe er jedenfalls erzählt.

[19] (6) Schließlich belegen die Ermittlungen des Landeskriminalamtes Berlin, dass auf den Namen des Angeklagten in einem Berliner Reisebüro für den 15. November 2012 ein Flug von Berlin-Tegel nach Zürich und zurück gebucht worden war und dass der Flug entsprechend dieser Buchung auch durchgeführt wurde (Vermerke der Staatsanwaltschaft Berlin vom 26. und vom 28. November 2012).

[20] (7) Aufgrund einer Gesamtwürdigung dieser Erkenntnisse ist der Senat davon überzeugt, dass der Angeklagte am 15. November 2012 in die Schweiz ausgereist und dann wieder in die Bundesrepublik zurückgekehrt ist.

[21] cc) Der Senat ist aufgrund des durchgeführten Freibeweisverfahrens auch davon überzeugt, dass der Angeklagte über die sich aus Art. 14 Abs. 1 Buchst. b EuAlÜbk ergebenden rechtlichen Folgen einer Wiedereinreise in die Bundesrepublik Deutschland ausreichend belehrt war.

[22] (1) Der Angeklagte behauptet, auf die Folgen einer Wiedereinreise aus dem Ausland nicht hingewiesen worden zu sein. In ihrer Gegenerklärung auf den Antrag des Generalbundesanwalts vom 26. November 2012, die Revision des Angeklagten gemäß § 349 Abs. 2 StPO zu verwerfen, macht die Verteidigung des Angeklagten am 14. Dezember 2012 ergänzend u.a. Folgendes geltend: Voraussetzung für das Entfallen der Spezialitätsbindung aus Art. 14 EuAlÜbk sei nach dem Senatsbeschluss vom 25. Oktober 2012, dass der Angeklagte über die Voraussetzungen eines Wegfalls der Spezialitätsbindung „bei seiner Freilassung" hingewiesen worden sei. Der Angeklagte sei aber bei der Haftentlassung nicht auf die Folge einer Nichtausreise bzw. Wiedereinreise hingewiesen worden. Der erforderliche Hinweis könne nicht durch Ausführungen im Senatsbeschluss vom 25. Oktober 2012 ersetzt werden, da dieser Beschluss dem Angeklagten in der Haft nicht ausgehändigt worden sei. Auch eine spätere Aushändigung sei nicht erfolgt.

[23] (2) Der Senat ist aufgrund der Erkenntnisse im Freibeweisverfahren davon überzeugt, dass der Angeklagte ausreichend auf die rechtliche Folge des Wegfalls der Spezialitätsbindung im Falle einer Ausreise und Wiedereinreise hingewiesen worden war.

[24] (a) Als Hinweis genügen bereits die Ausführungen im Senatsbeschluss vom 25. Oktober 2012 (dort Rn. 13). In diesem Beschluss hat der Senat – zur Verdeutlichung der zu beachtenden rechtlichen Grundlagen – ausdrücklich auch die Vorschrift des Art. 14 Abs. 1 Buchst. b EuAlÜbk und deren Voraussetzungen sowie die sich daraus ergebende Rechtsfolge eines nachträglichen Entfallens der Spezialitätsbindung dargelegt.

[25] (b) Der Senat ist aufgrund folgender Umstände davon überzeugt, dass der Angeklagte den Senatsbeschluss vom 25. Oktober 2012 – entgegen seiner gegenteiligen Behauptung – mit dem darin enthaltenen Hinweis erhalten und gelesen hat:

[26] (aa) In einem bereits am 5. November 2012 – also vor seiner Reise nach Zürich – an das Landgericht Berlin gerichteten „Memorandum" führte der Angeklagte selbst aus, er habe „sehr aufmerksam den Beschluss des BGH" (im vorliegenden Verfahren vom 25. Oktober 2012 betreffend die vorläufige Einstellung des Verfahrens) durchgelesen. Er machte dabei auch Ausführungen zum Inhalt des Senatsbeschlusses, sprach die dort aufgezeigte Möglichkeit eines Nachtragsersuchens an die Republik Südafrika an und verwies darauf, dass der Senat bisher noch keine Ausführungen zum Inhalt des von ihm angefochtenen Urteils gemacht habe. Zudem verwies er darauf, dass der Kammerbeschluss des Landgerichts, mit dem der Haftbefehl außer Vollzug gesetzt worden war, „sehr von dem des BGH" abweiche.

[27] (bb) Angesichts dieser Äußerungen ist der Senat davon überzeugt, dass dem Angeklagten nicht nur – wie aber die Verteidigung geltend macht – von einer der Verteidigerinnen telefonisch der Tenor des Senatsbeschlusses vom 25. Oktober 2012 vorgelesen worden ist, sondern dass der Angeklagte – jedenfalls vor Abfassung seines Schreibens vom 5. November 2012 – die Möglichkeit hatte, diesen Beschluss zu lesen, ihn auch tatsächlich gelesen und sich mit ihm inhaltlich auseinandergesetzt hat. ...

[28] (cc) Der Senat ist auch davon überzeugt, dass das Schreiben vom 5. November 2012 vom Angeklagten selbst stammt. Zwar macht die Verteidigung geltend, es fehle der Nachweis, dass das als Telefax übersandte Schreiben vom Angeklagten stamme. Die Zweifel, ob die auf dem Schreiben befindliche Unterschrift tatsächlich von dem Angeklagten stamme, weil es sich bei dem Fax nur um eine Kopie handele, teilt der Senat jedoch nicht. Es bestehen – insbesondere angesichts des Inhalts des Schreibens – keinerlei Anhaltspunkte dafür, dass eine andere Person das Schreiben erstellt oder verfälscht und dabei die Unterschrift des Angeklagten gefälscht haben könnte.

[29] (dd) Damit war der Angeklagte so deutlich über die Rechtsfolgen des Art. 14 Abs. 1 Buchst. b EuAlÜbk unterrichtet, dass er sie unschwer erfassen konnte. Besondere Anhaltspunkte dafür, der Angeklagte könnte nicht in der Lage gewesen sein, die aufgezeigten Rechtsfolgen zu verstehen (vgl. zu § 136 StPO: BGH, Urteil vom 16. März 1993 – 1 StR 888/92, NStZ 1993, 395), sind weder dargetan noch sonst ersichtlich. Ob sich der Angeklagte dieser Rechtsfolgen bei seiner Wiedereinreise oder beim Versenden des diese offenbarenden Schreibens an die Staatsanwaltschaft bewusst war, ist für die Frage, ob der Angeklagte ausreichend über die Möglichkeiten eines Wegfalls der Spezialitätsbindung gemäß Art. 14 Abs. 1 Buchst. b EuAlÜbk belehrt worden war, ohne Bedeutung.

[30] (c) Entgegen der Annahme der Verteidigung ist der Senatsbeschluss vom 25. Oktober 2012 im vorliegenden Verfahren auch nicht dahingehend zu verstehen, dass einem Hinweis auf die Vorschrift des Art. 14 Abs. 1 Buchst. b EuAlÜbk dann keine rechtliche Bedeutung zukomme, wenn er nicht unmittelbar bei der Freilassung

ergangen ist. Vielmehr hat der Zeitpunkt des Hinweises (wie sich auch aus den im Senatsbeschluss vom 25. Oktober 2012 in Bezug genommenen Senatsbeschlüssen vom 9. Februar 2012 – 1 StR 148/11 und 1 StR 152/11 ergibt) lediglich für den Lauf der 45-tägigen Schonfrist bei einer Nichtausreise nach endgültiger Freilassung, nicht aber im Falle einer Wiedereinreise Bedeutung.

■ PRAXISBEDEUTUNG

Die Entscheidung verdeutlicht die Voraussetzungen des im Auslieferungsverkehr geltenden Grundsatzes der Spezialität und die Rechtsfolgen einer freiwilligen Aus- und Wiedereinreise. Es ist in solchen Fällen nicht nur die Aufgabe des Gerichts, sondern vor allem seines Verteidigers, den Beschuldigten klar und deutlich über die Konsequenzen eines solchen Verhaltens aufzuklären. Da es sich hierbei regelmäßig um längere Freiheitsstrafen handeln dürfte, die im Raum stehen, ist insoweit von einem bedeutenden Haftungsrisiko des Verteidigers auszugehen.

■ TOPENTSCHEIDUNG

553 1. Die **Verwertbarkeit** mittels Rechtshilfe eines ausländischen Staates erlangter Beweise bestimmt sich nach dem inländischen Recht.

2. Auf diesem Weg gewonnene Beweise unterliegen trotz Nichteinhaltung der maßgeblichen rechtshilferechtlichen Bestimmungen keinem **Beweisverwertungsverbot**, wenn die Beweise auch bei Beachtung des Rechtshilferechts durch den ersuchten und den ersuchenden Staat hätten erlangt werden können.

3. Ist die **Rechtshilfe durch einen Mitgliedstaat der Europäischen Union** geleistet worden, darf bei der Beurteilung der Beweisverwertung im Inland **nur in eingeschränktem Umfang geprüft** werden, ob die Beweise nach dem innerstaatlichen Recht des ersuchten Mitgliedstaates rechtmäßig gewonnen wurden. Das gilt jedenfalls dann, wenn die dortige Beweiserhebung nicht auf einem inländischen Rechtshilfeersuchen beruht.[550]

[19] III. Es kann dahinstehen, ob die Verfahrensrügen der drei Angeklagten zulässig ausgeführt sind. Sie sind jedenfalls unbegründet (§ 349 Abs. 2 StPO).

[20] Die Inhalte der durch die tschechischen Strafverfolgungsbehörden abgehörten und aufgezeichneten Telefongespräche durfte das Landgericht verwerten. Das Fehlen der nach Art. 17 Abs. 5 i.V.m. Abs. 2 Ziffer 1 CZ-ErgV EuRhÜbk für die Herausgabe von Unterlagen aus der Telekommunikationsüberwachung an sich erforderlichen Erklärung eines Gerichts des ersuchenden Staates über das Vorliegen der Voraussetzungen der begehrten Maßnahme auch in diesem Staat steht der Verwertung nicht entgegen. Es besteht weder ein aus völkerrechtlichen Vorschriften noch aus dem deutschen Recht resultierendes Beweisverwertungsverbot.

[21] 1. Die Verwertbarkeit mittels Rechtshilfe eines ausländischen Staates gewonnener Beweise richtet sich nach der Rechtsordnung des um diese Rechtshilfe er-

[550] BGH, Beschluss vom 21.11.2012 – 1 StR 310/12.

suchenden Staates (Ambos, Beweisverwertungsverbote, 2010, S. 81; Böse ZStW 114 [2002], S. 148, 149, 152 und 180; Gleß JR 2008, S. 317, 321; Jahn, Gutachten für den 67. Deutschen Juristentag, 2008, C 117; vgl. auch Schuster, Verwertbarkeit im Ausland gewonnener Beweismittel im deutschen Strafprozess, 2006, S. 264 ff.; teilw. aA Perron ZStW 112 [2000], S. 202, 219 hinsichtlich der Verwertung der Ergebnisse im Ausland durchgeführter Telekommunikationsüberwachung). Von diesem Grundsatz geht auch die Rechtsprechung des Bundesgerichtshofs aus (implizit jeweils BGH, Beschluss vom 4. März 1992 – 3 StR 460/91, NStZ 1992, 394; BGH, Urteil vom 10. August 1994 – 3 StR 53/94, NStZ 1994, 595, 596; BGH, Beschluss vom 14. Februar 2001 – 3 StR 438/00, NStZ-RR 2002, 67; siehe auch BGH, Urteil vom 1. April 1992 – 5 StR 457/91, BGHSt 38, 263, 265 f.).

[22] Welche Gründe zu einer Unverwertbarkeit derart gewonnener Beweise im inländischen Strafverfahren führen können, ist nicht in allen Einzelheiten geklärt. Es besteht jedoch weitgehend Einigkeit darüber, dass sich Beweisverwertungsverbote im Zusammenhang mit Beweisrechtshilfe entweder aus der inländischen Rechtsordnung des ersuchenden Staates oder aus völkerrechtlichen Grundsätzen ergeben können (Ambos, aaO, S. 81; vgl. auch Gleß, Beweisrechtsgrundsätze einer grenzüberschreitenden Strafverfolgung, 2006, S. 141 ff.; dies., JR 2008, 317, 323 ff.). Der Bundesgerichtshof hat im Kontext der Beweisrechtshilfe ein aus der Verletzung des Völkerrechts abgeleitetes inländisches Verwertungsverbot bislang bei unzulässigen Eingriffen in das Souveränitätsrecht eines anderen Staates angenommen (siehe BGH, Urteil vom 8. April 1987 – 3 StR 11/87, BGHSt 34, 334, 343 f.). Protokolle einer im Ausland erfolgten Zeugenvernehmung, die die deutschen Strafverfolgungsbehörden von einer ausländischen Behörde unter Umgehung des Rechtshilfewegs unmittelbar erhalten haben, sind dementsprechend für unverwertbar gehalten worden, wenn die zuständige ausländische Behörde der Verwertung widersprochen hat (BGH, aaO, BGHSt 34, 334, 342–345).

[23] Eine Unverwertbarkeit von im Rahmen der Rechtshilfe gewonnenen Beweisen kann sich im Grundsatz zudem aus der Verletzung rechtshilferechtlicher Bestimmungen selbst ergeben. So hat der Bundesgerichtshof die Verletzung von multilateralen rechtshilferechtlichen Bestimmungen durch den ersuchten ausländischen Staat als Grund für die Unverwertbarkeit eines Beweises herangezogen (BGH, Beschluss vom 15. März 2007 – 5 StR 53/07, NStZ 2007, 417 bzgl. Art. 4 Abs. 1 EU-RhÜbk). Dem lag zugrunde, dass entgegen dem nach Art. 4 Abs. 1 EU-RhÜbk für das konkrete Rechtshilfeersuchen maßgeblichen Recht des ersuchenden Staates Deutschland in Frankreich eine richterliche Vernehmung ohne die gemäß § 168c StPO erforderliche Benachrichtigung des Verteidigers erfolgt war. Die über diese Vernehmung gefertigte Niederschrift war wegen des Verstoßes gegen die rechtshilferechtlich gebotene Einhaltung des Rechts des ersuchenden Staates unverwertbar (BGH aaO). Allerdings ergab sich der zum Verwertungsverbot führende Grund letztlich aus der Verletzung der inländischen Benachrichtigungspflicht des § 168c StPO. Lediglich die Pflicht zu dessen Beachtung durch die französischen Behörden resultierte aus der rechtshilferechtlichen Bestimmung des Art. 4 Abs. 1 EU-RhÜbk. Ist der ersuchte ausländische Staat rechtshilferechtlich zur Vornahme der erbetenen Beweiserhebung nach dem Recht des ersuchenden Staates verpflichtet, wird sich ein inländisches Beweisverwertungsverbot grundsätzlich aus der Verletzung der maßgeblichen inländischen Beweiserhebungsregeln ergeben (siehe bereits Senat, Urteil vom 19. März 1996 – 1 StR 497/95, NJW 1996, 2239, 2240 bzgl. § 168c Abs. 5 StPO).

[24] 2. Unter keinem der vorstehenden rechtlichen Gesichtspunkte besteht bezüglich der Telefonmitschnitte ein Verwertungsverbot.

[25] a) Dabei braucht der Senat nicht zu entscheiden, ob der hier vorliegende Verstoß gegen die in Art. 17 Abs. 5 i.V.m. Abs. 2 CZ-ErgV EuRhÜbk für die Gewährung von Rechtshilfe durch Herausgabe von Unterlagen aus Maßnahmen der Telekommunikationsüberwachung geforderten rechtshilferechtlichen Voraussetzungen überhaupt zu einem inländischen Beweisverwertungsverbot führen kann. Der Senat neigt insoweit der Auffassung zu, dass ein aus der Nichteinhaltung rechtshilferechtlicher Bestimmungen abgeleitetes Verwertungsverbot lediglich dann in Betracht zu ziehen ist, wenn den entsprechenden Regelungen (auch) ein individualschützender Charakter – wenigstens im Sinne eines Schutzreflexes (so bereits BGH, Urteil vom 8. April 1987 – 3 StR 11/87, BGHSt 34, 334, 343 f.) – zukommt. Vorliegend deuten die in Art. 17 des Übereinkommens festgelegten, von den Art. 17–20 EU-RhÜbk abweichenden und diesen vorgehenden (Art. 22 EU-RhÜbk) Bedingungen der Rechtshilfe in Telekommunikationsangelegenheiten darauf hin, dass diesen trotz des völkerrechtlichen Charakters eine individualschützende Komponente zukommt. Eine solche ist rechthilferechtlichen Übereinkommen auch außerhalb des EU-RhÜbk bereits in früheren Entscheidungen jedenfalls im Sinne eines völkerrechtlichen Reflexes zu Gunsten des Angeklagten im Fall einer Souveränitätsverletzung durch den ersuchenden Staat zugemessen worden (BGH, aaO, BGHSt 34, 334, 344). Es entspricht ohnehin dem mittlerweile ganz überwiegenden völkerrechtlichen Verständnis, den Einzelnen als Subjekt des Völkerrechts anzuerkennen und seine Interessen im Rahmen des Rechtshilferechts zu berücksichtigen (Ambos, aaO, S. 92 m.w.N.; vgl. auch BGH, Beschluss vom 9. Februar 2012 – 1 StR 148/11, BGHSt 57, 138, 147 Rn. 36). Auf eine auch individuelle Rechte der angehörten Personen schützende Komponente deutet zudem hin, dass die Erledigung des Rechtshilfeersuchens in Art. 17 Abs. 2 und Abs. 5 CZ-ErgV EuRhÜbk von dem Vorliegen der jeweiligen vom nationalen Recht für die Überwachung der Telekommunikation verlangten Voraussetzungen abhängig gemacht wird. Der im deutschen Strafverfahrensrecht für die Telekommunikationsüberwachung grundsätzlich bestehende Richtervorbehalt (§ 100b Abs. 1 Satz 1 StPO) bezweckt den Schutz der Grundrechte der einzelnen Betroffenen. Denn der Richtervorbehalt zielt auf eine vorbeugende rechtliche Kontrolle der konkreten, mit einem Grundrechtseingriff verbundenen strafprozessualen Maßnahme durch eine neutrale Instanz (BVerfGE 96, 44, 51 ff.; BVerfGE 103, 142, 151).

[26] b) Selbst bei Annahme einer individualschützenden Komponente der hier einschlägigen Bestimmungen des Übereinkommens resultiert aus dem Fehlen einer gerichtlichen Bestätigung eines deutschen Gerichts über das Vorliegen der Voraussetzungen i.S.v. Art. 17 Abs. 2 Ziffer 1 i.V.m. Abs. 5 CZ-ErgV EuRhÜbk im Zeitpunkt des Rechtshilfeersuchens der Staatsanwaltschaft Hamburg kein Beweisverwertungsverbot.

[27] aa) Das Übereinkommen selbst ordnet kein Verwertungsverbot für den Fall der Verletzung der in ihm enthaltenen rechtshilferechtlichen Bestimmungen an. Die Formulierung in Art. 17 Abs. 2 CZ-ErgV EuRhÜbk „Ersuchen … werden nur erledigt, wenn …" betrifft nach Wortlaut und Regelungszweck lediglich das Verhältnis der Vertragsstaaten untereinander. Es wird dem ersuchten Staat das Recht eingeräumt, dem Rechtshilfeersuchen nicht zu folgen, wenn die vertraglich vereinbarten Voraussetzungen nicht vorliegen. Eine Pflicht des ersuchten Staates, die Erfüllung des Ersuchens bei deren Fehlen abzulehnen, ist damit nicht verbunden. Die vertrag-

liche Vereinbarung von formellen und materiellen Voraussetzungen der Rechtshilfe sichert die Souveränität des Vertragsstaates dergestalt, dem Ersuchen lediglich unter den Bedingungen Folge leisten zu müssen, die die Vertragsstaaten zuvor vereinbart haben. Wie der Generalbundesanwalt in seiner Antragsschrift zu Recht aufgezeigt hat, bleibt der ersuchte Staat völkerrechtlich aber berechtigt, Rechtshilfe zu leisten, ohne dazu völkervertragsrechtlich oder sonst verpflichtet zu sein (Schuster, aaO, S. 118). Auch das ist Ausdruck seiner Souveränität. Ein eigener Rekurs der deutschen Gerichte auf tschechisches Recht ist damit unzulässig (vgl. zur Spezialitätsbindung auch BGH, Beschluss vom 11. November 2004 – 5 StR 299/03, wistra 2005, 58, 60). Das nach dem deutsch-tschechischen Übereinkommen nicht geschuldete Leisten von Rechtshilfe durch die Kreisstaatsanwaltschaft Prag als solches kann daher auch kein Verwertungsverbot im ersuchenden Staat zur Folge haben.

[28] bb) Verwertungsbeschränkungen oder -verbote aus dem das bilaterale Rechtshilferecht zwischen der Tschechischen Republik und der Bundesrepublik ergänzenden Europäischen Rechtshilferecht, etwa Art. 13 Abs. 10 EU-RhÜbk, liegen ebenfalls nicht vor. Das Europäische Rechtshilfeübereinkommen enthält ohnehin keine Regelungen über die Verwertbarkeit von im Rahmen der auf die Telekommunikationsüberwachung bezogenen Beweisrechtshilfe gewonnenen Beweise (Gleß/Schomburg, in: Schomburg/Lagodny/Gleß/Hackner, Internationale Rechtshilfe, 5. Aufl., Art. 18 EU-RhÜbk Rn. 24). Das Verwertungsverbot aus Art. 39 Abs. 2 SDÜ greift ebenfalls nicht ein.

[29] cc) Ein auf die Nichteinhaltung der rechtshilferechtlichen Bestimmungen gestütztes Verwertungsverbot ergibt sich vorliegend auch nicht aus allgemeinen völkerrechtlichen Grundsätzen wie dem allgemeinen Fairnessgebot des Art. 6 Abs. 1 EMRK. Ein Beweisverwertungsverbot käme aufgrund von Verstößen gegen rechtshilferechtliche Bestimmungen als solche allenfalls in Betracht, wenn sich das gegen den Angeklagten geführte Strafverfahren insgesamt als unfair erweisen würde. In der Rechtsprechung des Europäischen Gerichtshofs für Menschenrechte (EGMR) ist anerkannt, dass aus der Verletzung von Vorschriften des nationalen Rechts über die Beweiserhebung nicht zwingend ein Beweisverwertungsverbot resultiert, wenn das entsprechende Verfahren trotz des Verstoßes insgesamt als fair anzusehen ist (etwa EGMR, Urteil vom 25. März 1999, 25444/94 [Pélissier u. Sassi ./. Frankreich], Rn. 45 f., NJW 1999, 3545 f.; siehe auch Jahn, aaO, C 121 m.w.N. in Fn. 560). Bei Verletzung von rechtshilferechtlichen Bestimmungen über die Beweiserhebung im Ausland kann insoweit nichts anderes gelten. Es kommt nach dem Maßstab der Verfahrensfairness für im Wege der Rechtshilfe gewonnene Beweise mithin darauf an, ob unter der Geltung der inländischen Rechtsordnung eine zuverlässige Beweisführung in einem fairen Verfahren möglich ist (vgl. Gleß, aaO, S. 141 ff.; dies., JR 2008, S. 317, 321).

[30] Daran gemessen zieht die unter beiderseitiger Nichteinhaltung von Art. 17 Abs. 5 i.V.m. Abs. 2 CZ-ErgV EuRhÜbk erfolgte Überlassung der Telefonmitschnitte durch die zuständige tschechische Staatsanwaltschaft kein Verwertungsverbot nach sich. Die Aufzeichnungen der abgehörten Telefonate wären der Staatsanwaltschaft Hamburg auch bei Beachtung der maßgeblichen rechtshilferechtlichen Bestimmungen zur Verfügung gestellt worden. Die bilateral festgelegten Voraussetzungen für die Herausgabe von aus der Überwachung der Telekommunikation stammenden Unterlagen durch die Tschechische Republik waren zum Zeitpunkt des Rechtshilfeersuchens der Staatsanwaltschaft Hamburg gegeben (Gedanke des hypothetischen Ersatzeingriffs).

■ **PRAXISBEDEUTUNG**

Die vorstehende Entscheidung stellt eindeutig klar, dass es bei der Heranziehung von Beweismitteln, welche im Ausland gewonnen wurden, für die Frage der Verwertbarkeit in einem inländischen Strafverfahren nicht maßgeblich darauf ankommt, ob rechtshilferechtliche Bestimmungen eingehalten wurden, wenn diese Beweismittel auch unter Beachtung des Rechtshilferechts hätten erlangt werden können. Emtscheidender ist, dass die Verwertbarkeit solcher Beweise sich insgesamt nach dem inländischen Recht bestimmt.

6. Wiener Übereinkommen über konsularische Beziehungen (WÜK)

554 Für die **konsularische Immunität** kommt es nicht darauf an, ob die in Wahrnehmung konsularischer Aufgaben entfaltete Tätigkeit rechtmäßig war.[551]

[6] a) Die konsularische Immunität nach Art. 43 Abs. 1 WÜK erstreckt sich ausschließlich auf Handlungen, die in Wahrnehmung konsularischer Aufgaben („in the exercise of consular functions") vorgenommen worden sind. Die Abgrenzung zwischen einer konsularischen Aufgabenwahrnehmung im Sinne des Art. 5 WÜK und einer sonstigen Tätigkeit kann im Einzelnen schwierig sein (vgl. Yearbook of the International Law Commission, 1961, Vol. II, S. 117; Wagner/Raasch/Pröpstl, WÜK, 2007, S. 296 ff.). Im Zweifelsfall kommt es darauf an, ob das Handeln des Konsuls oder seiner Beamten mit ihrer dienstlichen Betätigung noch irgendwie in einem inneren Zusammenhang steht. …

[7] Der Generalbundesanwalt verdächtigt den Beschuldigten, gezielt Informationen über Angehörige des eigenen Staates, insbesondere zu solchen, die mit einer bestimmten (möglicherweise terroristischen) Organisation zusammenarbeiteten, besorgt zu haben. Eine solche Informationsgewinnung kann zur Wahrnehmung der Interessen des Entsendestaates sowie seiner Angehörigen im Empfangsstaat erforderlich sein, die zu den konsularischen Aufgaben gehört (Art. 5 Buchst. a WÜK). Eine nähere Kenntnis über die Aktivitäten etwaiger terroristischer Organisationen, die sich gegen den Entsendestaat wenden, liegt möglicherweise nicht allein im Interesse des Entsendestaates selbst, sondern auch im Interesse seiner Angehörigen im Empfangsstaat, falls diese etwa als Angriffsziele terroristischer Handlungen in Betracht kommen. …

[8] Die weiteren bislang bekannten Umstände sprechen – wie in dem angefochtenen Beschluss zutreffend ausgeführt – ebenfalls dafür, dass der Beschuldigte in Zusammenhang mit seiner konsularischen Tätigkeit handelte: So nimmt der Generalbundesanwalt an, dass der Beschuldigte auf Veranlassung des Entsendestaates handelte. Auch nutzte er bei den ihm vorgeworfenen Aktivitäten mehrfach den Telefonanschluss des Konsulats, was dem ersten Anschein nach für Telefonate in Wahrnehmung konsularischer Aufgaben spricht (vgl. dazu Polakiewicz, ZaöRV 1990, 761, 767). …

---

[551] BGH, Beschluss vom 27.6.2013 – StB 7/13.

[9] b) Für die konsularische Immunität kommt es nicht darauf an, ob die in Wahrnehmung konsularischer Aufgaben entfaltete Tätigkeit rechtmäßig war. Zwar zählt Art. 5 Buchst. a WÜK den Interessenschutz nur innerhalb der völkerrechtlich zulässigen Grenzen zu den konsularischen Aufgaben. Überdies sind die Rechtsvorschriften des Empfangsstaates allgemein zu beachten (Art. 55 Abs. 1 Satz 1 WÜK; vgl. auch Art. 36 Abs. 2 WÜK). Doch ist die Rechtmäßigkeit nicht von entscheidender Bedeutung für das Vorliegen der Immunität, da diese ansonsten im Ergebnis weitgehend wirkungslos bliebe (s. BGH, aaO S. 401 f.). Im Hinblick darauf hat die Völkerrechtskommission (International Law Commission) bei Ausarbeitung des Wiener Übereinkommens über konsularische Beziehungen bewusst davon abgesehen, die Immunität weiter zu beschränken und davon abhängig zu machen, dass die amtlichen Handlungen jeweils innerhalb der Grenzen des Konsularrechts liegen (vgl. Yearbook of the International Law Commission, 1961, Vol. II, S. 117). ...

[10] Diese Auslegung des Art. 43 Abs. 1 WÜK führt nicht zur Schutzlosigkeit des Empfangsstaates. Soweit ein konsularischer Bediensteter im Rahmen seiner Aufgabenwahrnehmung die Rechte des Empfangsstaates verletzt, ergeben sich dessen Reaktionsmöglichkeiten aber allein aus dem Konsularrecht selbst. Dieses stellt insoweit eine in sich geschlossene Ordnung – ein „self-contained régime" – dar (s. IGH, Urteil vom 24. Mai 1980 – General List No. 64, I.C.J. Reports 1980, 3, 39 ff.; zur diplomatischen Immunität BVerfG, Beschluss vom 10. Juni 1997 – 2 BvR 1516/96, BVerfGE 96, 68, 83). So kann etwa der Empfangsstaat jederzeit notifizieren, dass ein Konsularbeamter persona non grata oder dass ein anderes Mitglied des konsularischen Personals ihm nicht genehm ist (Art. 23 Abs. 1 Satz 1 WÜK), und damit dem etwaigen Missbrauch konsularischer Vorrechte begegnen (vgl. IGH, aaO S. 39 f.; BGH, Beschluss vom 4. April 1990 – StB 5/90, BGHSt 36, 396, 402; zu weiteren Reaktionsmöglichkeiten Lee/Shidlowski/Roy, Canadian Yearbook of International Law 34 [1996], 293, 299 f.).

[11] c) Einer Tätigkeit in Erfüllung konsularischer Aufgaben steht nicht entgegen, dass der Beschuldigte (lediglich) Bediensteter des Verwaltungspersonals ist. Soweit der Anwendungsbereich des Art. 43 WÜK eröffnet ist, ist unerheblich, in welcher Funktion das Mitglied der konsularischen Vertretung handelte (vgl. dazu insbesondere den Standpunkt der deutschen Delegation bei den Verhandlungen zum WÜK: United Nations, Conference on Consular Relations, Official Records, 1963, Vol. I, S. 57).

Register der BVerfG-Entscheidungen (chronologisch)

(K = Kammerbeschluss; U = Urteil)

Art	Datum	Aktenzeichen	Fußnote
U	04.05.2011	2 BvR 2333/08	2, 110
U	04.05.2011	2 BvR 2365/09	2, 110
U	04.05.2011	2 BvR 571/10	2, 110
U	04.05.2011	2 BvR 740/10	2, 110
U	04.05.2011	2 BvR 1152/10	2, 110
K	17.01.2013	2 BvR 2098/12	392
K	06.02.2013	2 BvR 2122/11	120
K	06.02.2013	2 BvR 2705/11	120
U	19.03.2013	2 BvR 2628/10	367, 417
U	19.03.2013	2 BvR 2883/10	367, 417
U	19.03.2013	2 BvR 2155/11	367, 417
K	20.03.2013	2 BvR 2595/12	90
K	28.03.2013	2 BvR 553/12	124
K	08.04.2013	2 BvR 2567/10	337, 535
K	07.05.2013	2 BvR 1238/12	366
K	16.05.2013	2 BvR 2671/11	88
K	10.06.2013	2 BvR 1541/12	88
K	30.06.2013	2 BvR 85/13	418
K	05.07.2013	2 BvR 370/13	385
K	05.07.2013	2 BvR 708/12	123
K	05.07.2013	2 BvR 2957/12	122
K	24.07.2013	1 BvR 444/13	185
K	24.07.2013	1 BvR 527/13	185
K	24.07.2013	2 BvR 298/12	122
K	26.08.2013	2 BvR 371/12	122
K	29.09.2013	2 BvR 939/13	383
K	06.11.2013	2 BvR 1066/13	88

Register der BVerfG-Entscheidungen (nach Aktenzeichen)

(K = Kammerbeschluss; U = Urteil)

Art	Datum	Aktenzeichen	Fußnote
K	24.07.2013	1 BvR 444/13	185
K	24.07.2013	1 BvR 527/13	185
U	04.05.2011	2 BvR 2333/08	2, 110
U	04.05.2011	2 BvR 2365/09	2, 110
U	04.05.2011	2 BvR 571/10	2, 110
U	04.05.2011	2 BvR 740/10	2, 110
U	04.05.2011	2 BvR 1152/10	2, 110
K	08.04.2013	2 BvR 2567/10	337, 535
U	19.03.2013	2 BvR 2628/10	367, 417
U	19.03.2013	2 BvR 2883/10	367, 417
K	06.02.2013	2 BvR 2122/11	120
U	19.03.2013	2 BvR 2155/11	367, 417
K	16.05.2013	2 BvR 2671/11	88
K	06.02.2013	2 BvR 2705/11	120
K	24.07.2013	2 BvR 298/12	122
K	26.08.2013	2 BvR 371/12	122
K	28.03.2013	2 BvR 553/12	124
K	05.07.2013	2 BvR 708/12	123
K	07.05.2013	2 BvR 1238/12	366
K	10.06.2013	2 BvR 1541/12	88
K	17.01.2013	2 BvR 2098/12	392
K	20.03.2013	2 BvR 2595/12	90
K	05.07.2013	2 BvR 2957/12	122
K	30.06.2013	2 BvR 85/13	418
K	05.07.2013	2 BvR 370/13	385
K	29.09.2013	2 BvR 939/13	383
K	06.11.2013	2 BvR 1066/13	88

Register der BGH-Entscheidungen (chronologisch)

(B = Beschluss; U = Urteil)

Art	Datum	Aktenzeichen	Fußnote
U	01.04.2010	4 StR 637/09	1
B	10.01.2012	5 StR 517/11	12
B	06.03.2012	1 StR 578/12	286
B	15.05.2012	3 StR 118/11	44
B	29.05.2012	1 StR 59/12	13
B	31.07.2012	4 StR 238/12	1
B	22.08.2012	GmS-OGB 1/10	358
B	02.10.2012	3 StR 374/12	37
U	10.10.2012	2 StR 591/11	270
B	10.10.2012	2 StR 120/12	229
U	18.10.2012	2 StR 529/11	228
B	06.11.2012	4 StR 440/12	324
B	13.11.2012	3 StR 400/12	247
B	13.11.2012	3 StR 422/12	217, 238
B	14.11.2012	3 StR 372/12	356
U	15.11.2012	2 StR 190/12	160
B	15.11.2012	3 StR 355/12	41, 320
B	20.11.2012	2 StR 257/12	167
B	20.11.2012	4 StR 443/12	487
B	21.11.2012	1 StR 310/12	550
B	22.11.2012	1 StR 378/12	244
B	22.11.2012	1 StR 537/12	349
B	22.11.2012	2 StR 435/12	135
B	27.11.2012	3 StR 412/12	461
B	27.11.2012	3 StR 433/12	235
B	27.11.2012	3 StR 464/12	450
U	29.11.2012	5 StR 493/12	242
U	04.12.2012	1 StR 336/12	193, 196
B	04.12.2012	2 StR 395/12	163
B	04.12.2012	4 StR 372/12	400
B	04.12.2012	4 StR 435/12	294
B	05.12.2012	1 StR 531/12	533
B	05.12.2012	1 StR 569/12	40, 42
B	05.12.2012	2 StR 117/12	38, 162
B	11.12.2012	5 StR 431/12	118
U	11.12.2012	5 StR 438/12	195
B	12.12.2012	2 StR 341/12	325

Art	Datum	Aktenzeichen	Fußnote
B	12.12.2012	2 StR 397/12	436
B	12.12.2012	5 StR 380/12	269
U	12.12.2012	5 StR 544/12	448
B	12.12.2012	5 StR 574/12	240
B	12.12.2012	5 StR 578/12	531
B	13.12.2012	2 StR 585/11	372, 507
U	13.12.2012	4 StR 271/11	464
U	13.12.2012	4 StR 33/12	301
U	13.12.2012	4 StR 99/12	317
B	13.12.2012	4 StR 177/12	466
U	13.12.2012	4 StR 271/12	334
B	13.12.2012	5 StR 407/12	274
B	13.12.2012	5 StR 542/12	266
U	18.12.2012	1 StR 415/12	158
B	18.12.2012	1 StR 593/12	382
B	18.12.2012	3 StR 382/12	128
B	18.12.2012	3 StR 458/12	490
U	18.12.2012	VI (ZS) ZR 55/12	523
B	19.12.2012	1 StR 165/12	549
B	19.12.2012	1 StR 590/12	263
B	19.12.2012	4 StR 94/12	93
B	19.12.2012	4 StR 384/12	305
B	19.12.2012	4 StR 417/12	152, 214
B	19.12.2012	4 StR 497/12	153, 260
U	20.12.2012	3 StR 117/12	384
B	20.12.2012	3 StR 377/12	102
U	20.12.2012	3 StR 407/12	303
B	20.12.2012	3 StR 426/12	525
B	20.12.2012	4 StR 580/11	259
U	20.12.2012	4 StR 55/12	259
U	20.12.2012	4 StR 125/12	259
B	20.12.2012	4 StR 292/12	202, 223
B	20.12.2012	4 StR 458/12	166
B	04.01.2013	StB 14/12	363
B	08.01.2013	1 StR 602/12	486
B	08.01.2013	1 StR 621/12	377
B	08.01.2013	1 StR 641/12	55
B	08.01.2013	5 StR 606/12	316
U	09.01.2013	5 StR 395/12	187
U	09.01.2013	5 StR 461/12	468
B	10.01.2013	1 StR 382/10	506
B	10.01.2013	1 StR 93/11	113
B	10.01.2013	1 StR 297/12	510
U	10.01.2013	3 StR 330/12	116
B	15.01.2013	2 StR 488/12	455
B	15.01.2013	2 StR 512/12	451

Art	Datum	Aktenzeichen	Fußnote
B	15.01.2013	2 StR 553/12	265
B	15.01.2013	4 StR 258/12	354
B	15.01.2013	4 StR 522/12	516
B	16.01.2013	2 StR 106/12	466
U	16.01.2013	2 StR 299/12	455
B	16.01.2013	2 StR 520/12	206
B	16.01.2013	4 StR 520/12	93
B	17.01.2013	2 StR 396/12	25
B	17.01.2013	2 StR 601/12	524
B	17.01.2013	4 StR 459/12	522
B	22.01.2013	1 StR 234/12	284
B	22.01.2013	1 StR 416/12	263
B	22.01.2013	1 StR 557/12	1, 380
B	22.01.2013	5 StR 378/12	99
B	23.01.2013	5 StR 625/12	448
B	24.01.2013	3 StR 398/12	280
B	24.01.2013	StB 19/12	397
B	29.01.2013	2 StR 422/12	261
B	29.01.2013	2 StR 497/12	491
B	29.01.2013	2 StR 510/12	140
B	29.01.2013	2 StR 570/12	168
B	29.01.2013	4 StR 320/12	473
B	29.01.2013	4 StR 532/12	60
U	30.01.2013	2 StR 55/12	481
U	30.01.2013	2 StR 453/12	462
U	30.01.2013	2 StR 468/12	406
B	30.01.2013	4 StR 308/12	406
B	30.01.2013	4 StR 527/12	296
B	30.01.2013	5 StR 510/12	283
B	31.01.2013	1 StR 595/12	508
B	04.02.2013	3 StR 481/12	398
U	05.02.2013	1 StR 405/12	464
B	05.02.2013	3 StR 499/12	45, 282
B	06.02.2013	1 StR 263/12	256, 258, 457
B	06.02.2013	1 StR 529/12	467
B	06.02.2013	1 StR 577/12	278
B	07.02.2013	1 StR 408/12	545
B	07.02.2013	3 StR 468/12	515
U	07.02.2013	3 StR 486/12	125, 157
U	07.02.2013	3 StR 503/12	446
B	12.02.2013	2 StR 524/12	205
B	12.02.2013	2 StR 536/12	375
B	12.02.2013	2 StR 596/13	57
B	12.02.2013	4 StR 553/12	77
B	12.02.2013	5 StR 27/13	75
U	13.02.2013	2 StR 542/12	453

Art	Datum	Aktenzeichen	Fußnote
B	13.02.2013	2 StR 556/12	438
B	13.02.2013	2 StR 576/12	452
B	13.02.2013	4 StR 246/12	469
B	13.02.2013	4 StR 557/12	14, 16
U	19.02.2013	1 StR 465/12	171
B	19.02.2013	5 StR 427/12	277
B	19.02.2013	5 StR 613/12	177
B	19.02.2013	5 StR 620/12	119
U	20.02.2013	1 StR 320/12	48, 209, 484
B	20.02.2013	1 StR 585/12	212
B	20.02.2013	3 StR 24/13	322
U	20.02.2013	5 StR 306/12	129
U	20.02.2013	5 StR 466/12	454
B	21.02.2013	1 StR 633/12	434
B	21.02.2013	3 StR 496/12	191
B	21.02.2013	3 StR 1/13	139
B	21.02.2013	3 StR 2/13	98
B	26.02.2013	2 StR 507/12	339
B	26.02.2013	2 StR 567/12	381
B	27.02.2013	2 StR 206/12	520
B	27.02.2013	2 StR 517/12	460
B	27.02.2013	4 StR 544/12	175
B	27.02.2013	4 StR 6/13	165
B	27.02.2013	4 StR 13/13	29
B	28.02.2013	2 StR 503/12	524
U	28.02.2013	4 StR 357/12	402, 403
B	28.02.2013	4 StR 537/12	85
B	05.03.2013	1 StR 602/12	506
B	05.03.2013	1 StR 35/13	328
B	05.03.2013	1 StR 52/13	131
B	05.03.2013	1 StR 73/13	350
B	05.03.2013	3 StR 438/12	268
B	05.03.2013	5 StR 25/13	21
B	05.03.2013	5 StR 39/13	410
B	06.03.2013	1 StR 654/12	95
B	06.03.2013	5 StR 423/12	435
U	06.03.2013	5 StR 597/12	94
B	12.03.2013	2 StR 583/12	239
B	12.03.2013	2 StR 603/12	518
B	12.03.2013	2 StR 16/13	325
B	12.03.2013	2 StR 34/13	481
B	12.03.2013	4 StR 337/12	498
B	12.03.2013	4 StR 42/13	19, 207
B	12.03.2013	4 StR 58/13	130
B	13.03.2013	2 StR 275/12	257
U	13.03.2013	2 StR 392/12	114

Art	Datum	Aktenzeichen	Fußnote
U	13.03.2013	2 StR 440/12	71, 190
B	13.03.2013	2 StR 474/12	257
B	13.03.2013	2 StR 586/12	252
B	13.03.2013	4 StR 547/12	308
B	14.03.2013	2 StR 534/12	509
B	19.03.2013	1 StR 318/12	347
U	19.03.2013	1 StR 647/12	27
B	19.03.2013	1 StR 7/13	506
B	19.03.2013	1 StR 8/13	181
B	19.03.2013	3 StR 7/13	316
B	19.03.2013	3 StR 26/13	414
B	19.03.2013	3 StR 56/13	100
U	19.03.2013	5 StR 575/12	234
B	19.03.2013	5 StR 79/13	415
U	20.03.2013	5 StR 344/12	253
B	21.03.2013	1 StR 667/12	68, 210
B	21.03.2013	1 StR 108/13	178
U	21.03.2013	3 StR 247/12	441, 454
B	26.03.2013	4 StR 556/12	544
U	27.03.2013	2 StR 115/12	233
B	27.03.2013	4 StR 552/12	458
B	27.03.2013	4 StR 60/13	104
B	28.03.2013	4 StR 467/12	65
B	03.04.2013	3 StR 60/13	499
B	03.04.2013	3 StR 61/13	314
U	04.04.2013	3 StR 521/12	11
U	04.04.2013	3 StR 37/13	10, 440
B	09.04.2013	1 StR 165/12	506
U	09.04.2013	1 StR 586/12	346
B	09.04.2013	4 StR 102/13	49
B	09.04.2013	5 StR 612/12	539
B	09.04.2013	5 StR 120/13	92
B	10.04.2013	1 StR 11/13	495
B	10.04.2013	1 StR 22/13	389
B	10.04.2013	1 StR 112/13	207
B	10.04.2013	2 StR 604/12	316
B	10.04.2013	2 StR 19/13	387, 493
B	10.04.2013	4 StR 296/12	512
B	10.04.2013	4 StR 90/13	302
B	11.04.2013	1 StR 563/12	419. 472
B	11.04.2013	1 StR 14/13	255
B	11.04.2013	2 StR 525/11	509
B	11.04.2013	2 StR 401/12	183
B	11.04.2013	2 StR 406/12	248
B	11.04.2013	2 StR 506/12	66
B	11.04.2013	2 StR 540/12	407

Art	Datum	Aktenzeichen	Fußnote
B	11.04.2013	4 StR 39/13	388
U	11.04.2013	5 StR 261/12	299
B	11.04.2013	5 StR 113/13	15, 198
B	15.04.2013	3 StR 35/13	463
B	16.04.2013	3 StR 67/13	445
B	23.04.2013	1 StR 131/13	329
B	23.04.2013	2 ARs 91/13	371
B	23.04.2013	2 StR 610/12	63
B	23.04.2013	4 StR 485/12	462
B	23.04.2013	4 StR 104/13	476
U	23.04.2013	5 StR 617/12	112
B	24.04.2013	1 StR 164/13	136
B	24.04.2013	2 StR 93/13	333
U	24.04.2013	5 StR 593/12	112
B	24.04.2013	5 StR 135/13	315
B	25.04.2013	2 StR 37/13	74
B	25.04.2013	2 StR 127/13	369
U	25.04.2013	4 StR 296/12	126
U	25.04.2013	4 StR 418/12	306
U	25.04.2013	4 StR 551/12	47
B	30.04.2013	3 StR 85/13	321
B	02.05.2013	1 StR 137/13	379
B	03.05.2013	1 StR 637/12	528
B	06.05.2013	1 StR 178/13	176, 340
B	07.05.2013	4 StR 111/13	501
B	08.05.2013	2 StR 558/12	231
B	08.05.2013	4 StR 336/12	355
B	08.05.2013	4 StR 165/13	415
B	14.05.2013	1 StR 557/12	504
U	14.05.2013	1 StR 573/12	117
B	14.05.2013	1 StR 122/13	56, 538
B	14.05.2013	3 StR 69/13	249
B	14.05.2013	3 StR 101/13	442
B	14.05.2013	5 StR 143/13	408
B	15.05.2013	1 StR 469/12	297
U	15.05.2013	1 StR 476/12	331
B	15.05.2013	5 StR 189/13	125, 159
B	16.05.2013	1 StR 633/12	505
U	16.05.2013	3 StR 45/13	189
B	21.05.2013	2 StR 578/12	514
B	21.05.2013	2 StR 29/13	405
B	21.05.2013	2 StR 58/13	174
B	22.05.2013	2 StR 14/13	241
B	22.05.2013	2 StR 68/13	54
B	22.05.2013	4 StR 106/13	399
B	22.05.2013	4 StR 121/13	378

Art	Datum	Aktenzeichen	Fußnote
B	22.05.2013	4 StR 151/13	395
B	22.05.2013	4 StR 170/13	30, 33
B	23.05.2013	2 StR 555/12	79
B	23.05.2013	4 StR 70/13	89
U	23.05.2013	4 StR 109/13	72
B	23.05.2013	V (ZS) ZB 201/12	365
B	28.05.2013	3 StR 437/12	357
B	28.05.2013	3 StR 80/13	263
U	28.05.2013	5 StR 551/11	272
B	30.05.2013	1 StR 239/13	448
B	30.05.2013	5 StR 309/12	43, 267
B	30.05.2013	5 StR 130/13	364
B	04.06.2013	1 StR 193/13	437
B	04.06.2013	2 StR 3/13	172
U	04.06.2013	2 StR 4/13	9
B	04.06.2013	2 StR 59/13	273, 281
B	04.06.2013	2 StR 69/13	261
B	04.06.2013	4 StR 180/13	197
B	05.06.2013	1 StR 626/12	279
B	05.06.2013	1 StR 168/13	503
B	05.06.2013	2 StR 39/13	511
B	05.06.2013	2 StR 94/13	93
B	05.06.2013	2 StR 189/13	335
B	06.06.2013	1 StR 581/12	374
B	07.06.2013	1 StR 232/13	378
B	10.06.2013	5 StR 191/13	449
U	11.06.2013	1 StR 86/13	186, 197, 226
U	11.06.2013	5 StR 124/13	289
U	11.06.2013	5 StR 174/13	500
B	12.06.2013	1 StR 6/13	348
U	12.06.2013	1 StR 48/13	121, 342
B	12.06.2013	5 StR 581/12	262
U	12.06.2013	5 StR 129/13	192
B	13.06.2013	1 StR 226/13	344
B	18.06.2013	2 StR 75/13	22
B	18.06.2013	2 StR 104/13	52
B	18.06.2013	2 StR 145/13	225
B	18.06.2013	4 StR 145/13	290
U	18.06.2013	II (ZS) ZR 217/12	275
U	19.06.2013	2 StR 498/12	336
B	19.06.2013	2 StR 117/13	58
U	20.06.2013	2 StR 113/13	224, 393, 447
U	20.06.2013	4 StR 159/13	454
B	25.06.2013	1 StR 137/13	536
B	25.06.2013	1 StR 163/13	432
B	25.06.2013	5 StR 260/13	220

Art	Datum	Aktenzeichen	Fußnote
U	27.06.2013	3 StR 115/13	454
B	27.06.2013	StB 7/13	551
B	02.07.2013	2 StR 91/13	32
B	02.07.2013	2 StR 99/13	511
B	02.07.2013	2 StR 179/13	534
B	02.07.2013	4 StR 187/12	292, 353
B	03.07.2013	4 StR 186/13	232
B	04.07.2013	4 StR 129/13	492
B	04.07.2013	4 StR 213/13	69
B	09.07.2013	1 StR 236/13	309
B	09.07.2013	3 StR 132/13	411
U	09.07.2013	5 StR 181/13	271
U	10.07.2013	1 StR 532/12	285
B	10.07.2013	1 StR 278/13	341, 489
U	10.07.2013	2 StR 195/12	426
U	10.07.2013	2 StR 47/13	416, 422
B	10.07.2013	2 StR 116/13	537
B	10.07.2013	2 StR 289/13	34
B	11.07.2013	3 StR 148/13	111
B	11.07.2013	3 StR 166/13	370
B	11.07.2013	AK 13/13	155
B	16.07.2013	2 StR 163/13	215
B	16.07.2013	4 StR 144/13	133, 304
U	17.07.2013	2 StR 139/13	10
U	17.07.2013	2 StR 176/13	188
B	17.07.2013	2 StR 255/13	412
B	17.07.2013	2 StR 259/13	306
B	17.07.2013	4 StR 208/13	388
B	17.07.2013	4 StR 214/13	527
U	18.07.2013	4 StR 84/13	300
B	18.07.2013	4 StR 168/13	200
B	18.07.2013	4 StR 171/13	67
B	23.07.2013	1 StR 204/13	184
B	23.07.2013	3 StR 96/13	264
B	23.07.2013	3 StR 205/13	31, 108
B	24.07.2013	1 StR 234/13	431, 482
B	25.07.2013	3 StR 76/13	478
B	25.07.2013	3 StR 143/13	326
B	30.07.2013	2 StR 5/13	194
B	30.07.2013	2 StR 174/13	103
B	30.07.2013	4 StR 247/13	230
B	30.07.2013	4 StR 275/13	203
U	31.07.2013	2 StR 620/12	101
B	31.07.2013	2 StR 38/13	208
B	31.07.2013	2 StR 318/13	173
B	31.07.2013	4 StR 217/13	82

Art	Datum	Aktenzeichen	Fußnote
B	31.07.2013	4 StR 223/13	80, 310
B	31.07.2013	4 StR 253/13	313
B	31.07.2013	4 StR 270/13	445
B	01.08.2013	2 StR 242/13	477
B	01.08.2013	4 StR 189/13	245
B	05.08.2013	5 StR 327/13	330
U	06.08.2013	1 StR 201/13	483, 492
B	06.08.2013	1 StR 245/13	377
B	06.08.2013	3 StR 175/13	218
B	06.08.2013	3 StR 212/13	333
B	06.08.2013	3 StR 234/13	51, 312
B	06.08.2013	5 StR 255/13	311
B	07.08.2013	1 StR 156/13	386
B	07.08.2013	5 StR 648/12	546
B	07.08.2013	5 StR 253/13	430
B	08.08.2013	3 StR 179/13	132, 390
B	08.08.2013	3 StR 226/13	138
B	08.08.2013	5 StR 316/13	35
B	13.08.2013	2 StR 128/13	96
B	13.08.2013	2 StR 180/13	10
B	13.08.2013	4 StR 249/13	106
B	13.08.2013	4 StR 281/13	519
B	13.08.2013	4 StR 288/13	61
U	14.08.2013	2 StR 574/12	52
B	14.08.2013	2 StR 143/13	318
B	14.08.2013	4 StR 255/13	276
B	14.08.2013	4 StR 308/13	26
B	15.08.2013	2 ARs 299/13	251
U	15.08.2013	4 StR 179/13	97
B	15.08.2013	4 StR 196/13	504
B	20.08.2013	3 StR 128/13	135
B	20.08.2013	3 StR 192/13	39, 246
B	20.08.2013	3 StR 222/13	179
B	20.08.2013	3 StR 228/13	136
B	20.08.2013	5 AR (VS) 43/13	543
U	20.08.2013	5 StR 248/13	59
B	20.08.2013	5 StR 352/13	15
B	21.08.2013	1 ARs 6/13	250
B	21.08.2013	1 StR 665/12	362
B	21.08.2013	1 StR 332/13	227
U	21.08.2013	1 StR 449/13	46
B	21.08.2013	2 StR 311/13	456
B	21.08.2013	5 AR (VS) 60/12	542
B	22.08.2013	1 StR 378/13	448
B	22.08.2013	3 StR 141/13	86
U	22.08.2013	3 StR 163/13	18

Art	Datum	Aktenzeichen	Fußnote
B	23.08.2013	1 StR 135/13	450
B	27.08.2013	2 StR 87/13	512, 513
B	27.08.2013	2 StR 148/13	186
B	27.08.2013	2 StR 156/13	161
B	27.08.2013	4 StR 234/13	482
B	27.08.2013	4 StR 274/13	211
B	27.08.2013	4 StR 311/13	93, 475
B	28.08.2013	4 StR 336/13	526
B	02.09.2013	1 StR 369/13	502
B	03.09.2013	1 StR 189/13	513
U	03.09.2013	1 StR 206/13	444, 448
B	03.09.2013	1 StR 237/13	428, 497
B	03.09.2013	3 StR 232/13	105
U	03.09.2013	5 StR 318/13	429
B	04.09.2013	1 StR 94/13	279
B	04.09.2013	1 StR 374/13	345, 351
U	04.09.2013	5 StR 152/13	361, 464
B	04.09.2013	5 StR 306/13	413
B	05.09.2013	1 StR 162/13	222
B	10.09.2013	2 StR 321/13	17
B	10.09.2013	2 StR 353/13	62
B	10.09.2013	4 StR 247/13	504
U	11.09.2013	2 StR 131/13	73
U	11.09.2013	2 StR 287/13	24
B	12.09.2013	2 StR 226/13	64
B	12.09.2013	2 StR 236/13	219
B	12.09.2013	2 StR 258/13	84
B	12.09.2013	2 StR 375/13	527
B	12.09.2013	4 StR 503/12	352
B	16.09.2013	1 StR 264/13	451, 488
B	16.09.2013	1 StR 380/13	437
B	17.09.2013	1 StR 372/12	338
B	17.09.2013	1 StR 370/13	83
B	17.09.2013	3 StR 117/12	547
B	17.09.2013	3 StR 209/13	76
B	17.09.2013	3 StR 259/13	79
B	17.09.2013	5 StR 258/13	128, 391
B	18.09.2013	1 StR 456/13	103
U	18.09.2013	2 StR 365/12	360
U	18.09.2013	2 StR 535/12	359
U	18.09.2013	5 StR 237/13	137
B	18.09.2013	5 StR 375/13	87
U	19.09.2013	3 StR 119/13	216
B	24.09.2013	2 StR 267/13	420, 421
B	24.09.2013	2 StR 338/13	206
B	24.09.2013	2 StR 397/13	479

Art	Datum	Aktenzeichen	Fußnote
B	24.09.2013	4 StR 324/13	293
B	25.09.2013	4 StR 351/13	127
B	26.09.2013	2 StR 256/13	323
B	26.09.2013	2 StR 271/13	470
B	26.09.2013	2 StR 306/13	401, 521
B	26.09.2013	2 StR 324/13	36, 201
B	30.09.2013	1 StR 305/13	508
B	30.09.2013	1 StR 487/13	480
U	01.10.2013	1 StR 403/13	439, 494
B	01.10.2013	3 StR 135/13	319, 404
B	01.10.2013	3 StR 299/13	204, 236
U	02.10.2013	1 StR 75/13	307
B	02.10.2013	1 StR 386/13	373, 376, 433
B	08.10.2013	2 StR 342/13	164
B	08.10.2013	4 StR 272/13	427
B	08.10.2013	4 StR 273/13	541
B	08.10.2013	4 StR 339/13	394
U	09.10.2013	2 StR 119/13	154
U	09.10.2013	2 StR 297/13	213
B	09.10.2013	2 StR 395/13	436
B	09.10.2013	4 StR 344/13	156
B	09.10.2013	4 StR 364/13	189
B	09.10.2013	4 StR 414/13	53
B	10.10.2013	2 StR 64/13	23, 288
B	10.10.2013	2 StR 355/13	169
U	10.10.2013	4 StR 135/13	91, 485
U	10.10.2013	4 StR 258/13	170
B	15.10.2013	3 StR 154/13	409
B	15.10.2013	3 StR 215/13	91
B	16.10.2013	2 StR 66/13	451
B	17.10.2013	3 StR 263/13	237
B	22.10.2013	1 StR 548/13	134
B	22.10.2013	3 StR 323/13	199, 474
B	22.10.2013	4 StR 368/13	517
B	22.10.2013	4 StR 389/13	540
U	22.10.2013	5 StR 229/13	28
U	22.10.2013	5 StR 297/13	396
U	23.10.2013	2 StR 392/13	532
B	23.10.2013	4 StR 401/13	287
U	23.10.2013	5 StR 505/12	298
B	23.10.2013	5 StR 401/13	405
B	23.10.2013	5 StR 411/13	425
B	24.10.2013	2 ARs 335/13	529
U	24.10.2013	3 StR 128/13	135
U	24.10.2013	4 StR 124/13	115
B	24.10.2013	5 StR 333/13	471

Art	Datum	Aktenzeichen	Fußnote
B	24.10.2013	5 StR 371/13	221
B	30.10.2013	2 StR 282/13	243
U	05.11.2013	1 StR 387/13	50
B	05.11.2013	1 StR 518/13	527
B	05.11.2013	2 StR 265/13	443
B	05.11.2013	2 StR 388/13	25
B	05.11.2013	4 StR 454/13	291
B	06.11.2013	1 StR 525/13	70
U	06.11.2013	2 StR 357/13	447
U	06.11.2013	5 StR 302/13	303
B	06.11.2013	5 StR 386/13	180
B	06.11.2013	5 StR 432/13	107
U	07.11.2013	5 StR 377/13	20
B	07.11.2013	5 StR 487/13	343
B	12.11.2013	3 StR 135/13	512
B	12.11.2013	3 StR 322/13	182
B	19.11.2013	2 StR 379/13	496
B	19.11.2013	2 StR 494/13	78
B	19.11.2013	4 StR 352/13	295
B	19.11.2013	4 StR 464/13	81
B	20.11.2013	2 StR 460/13	466
B	21.11.2013	4 StR 381/11	548
U	21.11.2013	4 StR 242/13	459, 465
U	22.11.2013	3 StR 162/13	254
B	25.11.2013	5 StR 502/13	424
B	26.11.2013	5 StR 521/13	332
U	28.11.2013	5 StR 576/13	327

Register der BGH-Entscheidungen (nach Aktenzeichen)

(B = Beschluss; U = Urteil)

Art	Datum	Aktenzeichen	Fußnote
B	21.08.2013	1 ARs 6/13	250
B	10.01.2013	1 StR 382/10	506
B	10.01.2013	1 StR 93/11	113
B	29.05.2012	1 StR 59/12	13
B	19.12.2012	1 StR 165/12	549
B	09.04.2013	1 StR 165/12	506
B	22.01.2013	1 StR 234/12	284
B	06.02.2013	1 StR 263/12	256, 258, 457
B	10.01.2013	1 StR 297/12	510
B	21.11.2012	1 StR 310/12	550
B	19.03.2013	1 StR 318/12	347
U	20.02.2013	1 StR 320/12	48, 209, 484
U	04.12.2012	1 StR 336/12	193, 196
B	17.09.2013	1 StR 372/12	338
B	22.11.2012	1 StR 378/12	244
U	05.02.2013	1 StR 405/12	464
B	07.02.2013	1 StR 408/12	545
U	18.12.2012	1 StR 415/12	158
B	22.01.2013	1 StR 416/12	263
U	19.02.2013	1 StR 465/12	171
B	15.05.2013	1 StR 469/12	297
U	15.05.2013	1 StR 476/12	331
B	06.02.2013	1 StR 529/12	467
B	05.12.2012	1 StR 531/12	533
U	10.07.2013	1 StR 532/12	285
B	22.11.2012	1 StR 537/12	349
B	22.01.2013	1 StR 557/12	1, 380
B	14.05.2013	1 StR 557/12	504
B	11.04.2013	1 StR 563/12	419. 472
B	05.12.2012	1 StR 569/12	40, 42
U	14.05.2013	1 StR 573/12	117
B	06.02.2013	1 StR 577/12	278
B	06.03.2012	1 StR 578/12	286
B	06.06.2013	1 StR 581/12	374
B	20.02.2013	1 StR 585/12	212
U	09.04.2013	1 StR 586/12	346

Art	Datum	Aktenzeichen	Fußnote
B	19.12.2012	1 StR 590/12	263
B	18.12.2012	1 StR 593/12	382
B	31.01.2013	1 StR 595/12	508
B	08.01.2013	1 StR 602/12	486
B	05.03.2013	1 StR 602/12	506
B	08.01.2013	1 StR 621/12	377
B	05.06.2013	1 StR 626/12	279
B	21.02.2013	1 StR 633/12	434
B	16.05.2013	1 StR 633/12	505
B	03.05.2013	1 StR 637/12	528
B	08.01.2013	1 StR 641/12	55
U	19.03.2013	1 StR 647/12	27
B	06.03.2013	1 StR 654/12	95
B	21.08.2013	1 StR 665/12	362
B	21.03.2013	1 StR 667/12	68, 210
B	12.06.2013	1 StR 6/13	348
B	19.03.2013	1 StR 7/13	506
B	19.03.2013	1 StR 8/13	181
B	10.04.2013	1 StR 11/13	495
B	11.04.2013	1 StR 14/13	255
B	10.04.2013	1 StR 22/13	389
B	05.03.2013	1 StR 35/13	328
U	12.06.2013	1 StR 48/13	121, 342
B	05.03.2013	1 StR 52/13	131
B	05.03.2013	1 StR 73/13	350
U	02.10.2013	1 StR 75/13	307
U	11.06.2013	1 StR 86/13	186, 197, 226
B	04.09.2013	1 StR 94/13	279
B	21.03.2013	1 StR 108/13	178
B	10.04.2013	1 StR 112/13	207
B	14.05.2013	1 StR 122/13	56, 538
B	23.04.2013	1 StR 131/13	329
B	23.08.2013	1 StR 135/13	450
B	02.05.2013	1 StR 137/13	379
B	25.06.2013	1 StR 137/13	536
B	07.08.2013	1 StR 156/13	386
B	05.09.2013	1 StR 162/13	222
B	25.06.2013	1 StR 163/13	432
B	24.04.2013	1 StR 164/13	136
B	05.06.2013	1 StR 168/13	503
B	06.05.2013	1 StR 178/13	176, 340
B	03.09.2013	1 StR 189/13	513
B	04.06.2013	1 StR 193/13	437
U	06.08.2013	1 StR 201/13	483, 492
B	23.07.2013	1 StR 204/13	184
U	03.09.2013	1 StR 206/13	444, 448

Art	Datum	Aktenzeichen	Fußnote
B	13.06.2013	1 StR 226/13	344
B	07.06.2013	1 StR 232/13	378
B	24.07.2013	1 StR 234/13	431, 482
B	09.07.2013	1 StR 236/13	309
B	03.09.2013	1 StR 237/13	428, 497
B	30.05.2013	1 StR 239/13	448
B	06.08.2013	1 StR 245/13	377
B	16.09.2013	1 StR 264/13	451, 488
B	10.07.2013	1 StR 278/13	341, 489
B	30.09.2013	1 StR 305/13	508
B	21.08.2013	1 StR 332/13	227
B	02.09.2013	1 StR 369/13	502
B	17.09.2013	1 StR 370/13	83
B	04.09.2013	1 StR 374/13	345, 351
B	22.08.2013	1 StR 378/13	448
B	16.09.2013	1 StR 380/13	437
B	02.10.2013	1 StR 386/13	373, 376, 433
U	05.11.2013	1 StR 387/13	50
U	01.10.2013	1 StR 403/13	439, 494
U	21.08.2013	1 StR 449/13	46
B	18.09.2013	1 StR 456/13	103
B	30.09.2013	1 StR 487/13	480
B	05.11.2013	1 StR 518/13	527
B	06.11.2013	1 StR 525/13	70
B	22.10.2013	1 StR 548/13	134
B	23.04.2013	2 ARs 91/13	371
B	15.08.2013	2 ARs 299/13	251
B	24.10.2013	2 ARs 335/13	529
B	11.04.2013	2 StR 525/11	509
U	18.10.2012	2 StR 529/11	228
B	13.12.2012	2 StR 585/11	372, 507
U	10.10.2012	2 StR 591/11	270
U	30.01.2013	2 StR 55/12	481
B	16.01.2013	2 StR 106/12	466
U	27.03.2013	2 StR 115/12	233
B	05.12.2012	2 StR 117/12	38, 162
B	10.10.2012	2 StR 120/12	229
U	15.11.2012	2 StR 190/12	160
U	10.07.2013	2 StR 195/12	426
B	27.02.2013	2 StR 206/12	520
B	20.11.2012	2 StR 257/12	167
B	13.03.2013	2 StR 275/12	257
U	16.01.2013	2 StR 299/12	455
B	12.12.2012	2 StR 341/12	325
U	18.09.2013	2 StR 365/12	360
U	13.03.2013	2 StR 392/12	114

Art	Datum	Aktenzeichen	Fußnote
B	04.12.2012	2 StR 395/12	163
B	17.01.2013	2 StR 396/12	25
B	12.12.2012	2 StR 397/12	436
B	11.04.2013	2 StR 401/12	183
B	11.04.2013	2 StR 406/12	248
B	29.01.2013	2 StR 422/12	261
B	22.11.2012	2 StR 435/12	135
U	13.03.2013	2 StR 440/12	71, 190
U	30.01.2013	2 StR 453/12	462
U	30.01.2013	2 StR 468/12	406
B	13.03.2013	2 StR 474/12	257
B	15.01.2013	2 StR 488/12	455
B	29.01.2013	2 StR 497/12	491
U	19.06.2013	2 StR 498/12	336
B	28.02.2013	2 StR 503/12	524
B	11.04.2013	2 StR 506/12	66
B	26.02.2013	2 StR 507/12	339
B	29.01.2013	2 StR 510/12	140
B	15.01.2013	2 StR 512/12	451
B	27.02.2013	2 StR 517/12	460
B	16.01.2013	2 StR 520/12	206
B	12.02.2013	2 StR 524/12	205
B	14.03.2013	2 StR 534/12	509
U	18.09.2013	2 StR 535/12	359
B	12.02.2013	2 StR 536/12	375
B	11.04.2013	2 StR 540/12	407
U	13.02.2013	2 StR 542/12	453
B	15.01.2013	2 StR 553/12	265
B	23.05.2013	2 StR 555/12	79
B	13.02.2013	2 StR 556/12	438
B	08.05.2013	2 StR 558/12	231
B	26.02.2013	2 StR 567/12	381
B	29.01.2013	2 StR 570/12	168
U	14.08.2013	2 StR 574/12	52
B	13.02.2013	2 StR 576/12	452
B	21.05.2013	2 StR 578/12	514
B	12.03.2013	2 StR 583/12	239
B	13.03.2013	2 StR 586/12	252
B	17.01.2013	2 StR 601/12	524
B	12.03.2013	2 StR 603/12	518
B	10.04.2013	2 StR 604/12	316
B	23.04.2013	2 StR 610/12	63
U	31.07.2013	2 StR 620/12	101
B	04.06.2013	2 StR 3/13	172
U	04.06.2013	2 StR 4/13	9
B	30.07.2013	2 StR 5/13	194

Art	Datum	Aktenzeichen	Fußnote
B	22.05.2013	2 StR 14/13	241
B	12.03.2013	2 StR 16/13	325
B	10.04.2013	2 StR 19/13	387, 493
B	21.05.2013	2 StR 29/13	405
B	12.03.2013	2 StR 34/13	481
B	25.04.2013	2 StR 37/13	74
B	31.07.2013	2 StR 38/13	208
B	05.06.2013	2 StR 39/13	511
U	10.07.2013	2 StR 47/13	416, 422
B	21.05.2013	2 StR 58/13	174
B	04.06.2013	2 StR 59/13	273, 281
B	10.10.2013	2 StR 64/13	23, 288
B	16.10.2013	2 StR 66/13	451
B	22.05.2013	2 StR 68/13	54
B	04.06.2013	2 StR 69/13	261
B	18.06.2013	2 StR 75/13	22
B	27.08.2013	2 StR 87/13	512, 513
B	02.07.2013	2 StR 91/13	32
B	24.04.2013	2 StR 93/13	333
B	05.06.2013	2 StR 94/13	93
B	02.07.2013	2 StR 99/13	511
B	18.06.2013	2 StR 104/13	52
U	20.06.2013	2 StR 113/13	224, 393, 447
B	10.07.2013	2 StR 116/13	537
B	19.06.2013	2 StR 117/13	58
U	09.10.2013	2 StR 119/13	154
B	25.04.2013	2 StR 127/13	369
B	13.08.2013	2 StR 128/13	96
U	11.09.2013	2 StR 131/13	73
U	17.07.2013	2 StR 139/13	10
B	14.08.2013	2 StR 143/13	318
B	18.06.2013	2 StR 145/13	225
B	27.08.2013	2 StR 148/13	186
B	27.08.2013	2 StR 156/13	161
B	16.07.2013	2 StR 163/13	215
B	30.07.2013	2 StR 174/13	103
U	17.07.2013	2 StR 176/13	188
B	02.07.2013	2 StR 179/13	534
B	13.08.2013	2 StR 180/13	10
B	05.06.2013	2 StR 189/13	335
B	12.09.2013	2 StR 226/13	64
B	12.09.2013	2 StR 236/13	219
B	01.08.2013	2 StR 242/13	477
B	17.07.2013	2 StR 255/13	412
B	26.09.2013	2 StR 256/13	323
B	12.09.2013	2 StR 258/13	84

Art	Datum	Aktenzeichen	Fußnote
B	17.07.2013	2 StR 259/13	306
B	05.11.2013	2 StR 265/13	443
B	24.09.2013	2 StR 267/13	420, 421
B	26.09.2013	2 StR 271/13	470
B	30.10.2013	2 StR 282/13	243
U	11.09.2013	2 StR 287/13	24
B	10.07.2013	2 StR 289/13	34
U	09.10.2013	2 StR 297/13	213
B	26.09.2013	2 StR 306/13	401, 521
B	21.08.2013	2 StR 311/13	456
B	31.07.2013	2 StR 318/13	173
B	10.09.2013	2 StR 321/13	17
B	26.09.2013	2 StR 324/13	36, 201
B	24.09.2013	2 StR 338/13	206
B	08.10.2013	2 StR 342/13	164
B	10.09.2013	2 StR 353/13	62
B	10.10.2013	2 StR 355/13	169
U	06.11.2013	2 StR 357/13	447
B	12.09.2013	2 StR 375/13	527
B	19.11.2013	2 StR 379/13	496
B	05.11.2013	2 StR 388/13	25
U	23.10.2013	2 StR 392/13	532
B	09.10.2013	2 StR 395/13	436
B	24.09.2013	2 StR 397/13	479
B	20.11.2013	2 StR 460/13	466
B	19.11.2013	2 StR 494/13	78
B	12.02.2013	2 StR 596/13	57
B	15.05.2012	3 StR 118/11	44
U	20.12.2012	3 StR 117/12	384
B	17.09.2013	3 StR 117/12	547
U	21.03.2013	3 StR 247/12	441, 454
U	10.01.2013	3 StR 330/12	116
B	15.11.2012	3 StR 355/12	41, 320
B	14.11.2012	3 StR 372/12	356
B	02.10.2012	3 StR 374/12	37
B	20.12.2012	3 StR 377/12	102
B	18.12.2012	3 StR 382/12	128
B	24.01.2013	3 StR 398/12	280
B	13.11.2012	3 StR 400/12	247
U	20.12.2012	3 StR 407/12	303
B	27.11.2012	3 StR 412/12	461
B	13.11.2012	3 StR 422/12	217, 238
B	20.12.2012	3 StR 426/12	525
B	27.11.2012	3 StR 433/12	235
B	28.05.2013	3 StR 437/12	357
B	05.03.2013	3 StR 438/12	268

Art	Datum	Aktenzeichen	Fußnote
B	18.12.2012	3 StR 458/12	490
B	27.11.2012	3 StR 464/12	450
B	07.02.2013	3 StR 468/12	515
B	04.02.2013	3 StR 481/12	398
U	07.02.2013	3 StR 486/12	125, 157
B	21.02.2013	3 StR 496/12	191
B	05.02.2013	3 StR 499/12	45, 282
U	07.02.2013	3 StR 503/12	446
U	04.04.2013	3 StR 521/12	11
B	21.02.2013	3 StR 1/13	139
B	21.02.2013	3 StR 2/13	98
B	19.03.2013	3 StR 7/13	316
B	20.02.2013	3 StR 24/13	322
B	19.03.2013	3 StR 26/13	414
B	15.04.2013	3 StR 35/13	463
U	04.04.2013	3 StR 37/13	10, 440
U	16.05.2013	3 StR 45/13	189
B	19.03.2013	3 StR 56/13	100
B	03.04.2013	3 StR 60/13	499
B	03.04.2013	3 StR 61/13	314
B	16.04.2013	3 StR 67/13	445
B	14.05.2013	3 StR 69/13	249
B	25.07.2013	3 StR 76/13	478
B	28.05.2013	3 StR 80/13	263
B	30.04.2013	3 StR 85/13	321
B	23.07.2013	3 StR 96/13	264
B	14.05.2013	3 StR 101/13	442
U	27.06.2013	3 StR 115/13	454
U	19.09.2013	3 StR 119/13	216
B	20.08.2013	3 StR 128/13	135
U	24.10.2013	3 StR 128/13	135
B	09.07.2013	3 StR 132/13	411
B	01.10.2013	3 StR 135/13	319, 404
B	12.11.2013	3 StR 135/13	512
B	22.08.2013	3 StR 141/13	86
B	25.07.2013	3 StR 143/13	326
B	11.07.2013	3 StR 148/13	111
B	15.10.2013	3 StR 154/13	409
U	22.11.2013	3 StR 162/13	254
U	22.08.2013	3 StR 163/13	18
B	11.07.2013	3 StR 166/13	370
B	06.08.2013	3 StR 175/13	218
B	08.08.2013	3 StR 179/13	132, 390
B	20.08.2013	3 StR 192/13	39, 246
B	23.07.2013	3 StR 205/13	31, 108
B	17.09.2013	3 StR 209/13	76

Art	Datum	Aktenzeichen	Fußnote
B	06.08.2013	3 StR 212/13	333
B	15.10.2013	3 StR 215/13	91
B	20.08.2013	3 StR 222/13	179
B	08.08.2013	3 StR 226/13	138
B	20.08.2013	3 StR 228/13	136
B	03.09.2013	3 StR 232/13	105
B	06.08.2013	3 StR 234/13	51, 312
B	17.09.2013	3 StR 259/13	79
B	17.10.2013	3 StR 263/13	237
B	01.10.2013	3 StR 299/13	204, 236
B	12.11.2013	3 StR 322/13	182
B	22.10.2013	3 StR 323/13	199, 474
U	01.04.2010	4 StR 637/09	1
U	13.12.2012	4 StR 271/11	464
B	21.11.2013	4 StR 381/11	548
B	20.12.2012	4 StR 580/11	259
U	13.12.2012	4 StR 33/12	301
U	20.12.2012	4 StR 55/12	259
B	19.12.2012	4 StR 94/12	93
U	13.12.2012	4 StR 99/12	317
U	20.12.2012	4 StR 125/12	259
B	13.12.2012	4 StR 177/12	466
B	02.07.2013	4 StR 187/12	292, 353
B	31.07.2012	4 StR 238/12	1
B	13.02.2013	4 StR 246/12	469
B	15.01.2013	4 StR 258/12	354
U	13.12.2012	4 StR 271/12	334
B	20.12.2012	4 StR 292/12	202, 223
B	10.04.2013	4 StR 296/12	512
U	25.04.2013	4 StR 296/12	126
B	30.01.2013	4 StR 308/12	406
B	29.01.2013	4 StR 320/12	473
B	08.05.2013	4 StR 336/12	355
B	12.03.2013	4 StR 337/12	498
U	28.02.2013	4 StR 357/12	402, 403
B	04.12.2012	4 StR 372/12	400
B	19.12.2012	4 StR 384/12	305
B	19.12.2012	4 StR 417/12	152, 214
U	25.04.2013	4 StR 418/12	306
B	04.12.2012	4 StR 435/12	294
B	06.11.2012	4 StR 440/12	324
B	20.11.2012	4 StR 443/12	487
B	20.12.2012	4 StR 458/12	166
B	17.01.2013	4 StR 459/12	522
B	28.03.2013	4 StR 467/12	65
B	23.04.2013	4 StR 485/12	462

Art	Datum	Aktenzeichen	Fußnote
B	19.12.2012	4 StR 497/12	153, 260
B	12.09.2013	4 StR 503/12	352
B	16.01.2013	4 StR 520/12	93
B	15.01.2013	4 StR 522/12	516
B	30.01.2013	4 StR 527/12	296
B	29.01.2013	4 StR 532/12	60
B	28.02.2013	4 StR 537/12	85
B	27.02.2013	4 StR 544/12	175
B	13.03.2013	4 StR 547/12	308
U	25.04.2013	4 StR 551/12	47
B	27.03.2013	4 StR 552/12	458
B	12.02.2013	4 StR 553/12	77
B	26.03.2013	4 StR 556/12	544
B	13.02.2013	4 StR 557/12	14, 16
B	27.02.2013	4 StR 6/13	165
B	27.02.2013	4 StR 13/13	29
B	11.04.2013	4 StR 39/13	388
B	12.03.2013	4 StR 42/13	19, 207
B	12.03.2013	4 StR 58/13	130
B	27.03.2013	4 StR 60/13	104
B	23.05.2013	4 StR 70/13	89
U	18.07.2013	4 StR 84/13	300
B	10.04.2013	4 StR 90/13	302
B	09.04.2013	4 StR 102/13	49
B	23.04.2013	4 StR 104/13	476
B	22.05.2013	4 StR 106/13	399
U	23.05.2013	4 StR 109/13	72
B	07.05.2013	4 StR 111/13	501
B	22.05.2013	4 StR 121/13	378
U	24.10.2013	4 StR 124/13	115
B	04.07.2013	4 StR 129/13	492
U	10.10.2013	4 StR 135/13	91, 485
B	16.07.2013	4 StR 144/13	133, 304
B	18.06.2013	4 StR 145/13	290
B	22.05.2013	4 StR 151/13	395
U	20.06.2013	4 StR 159/13	454
B	08.05.2013	4 StR 165/13	415
B	18.07.2013	4 StR 168/13	200
B	22.05.2013	4 StR 170/13	30, 33
B	18.07.2013	4 StR 171/13	67
U	15.08.2013	4 StR 179/13	97
B	04.06.2013	4 StR 180/13	197
B	03.07.2013	4 StR 186/13	232
B	01.08.2013	4 StR 189/13	245
B	15.08.2013	4 StR 196/13	504
B	17.07.2013	4 StR 208/13	388

Art	Datum	Aktenzeichen	Fußnote
B	04.07.2013	4 StR 213/13	69
B	17.07.2013	4 StR 214/13	527
B	31.07.2013	4 StR 217/13	82
B	31.07.2013	4 StR 223/13	80, 310
B	27.08.2013	4 StR 234/13	482
U	21.11.2013	4 StR 242/13	459, 465
B	30.07.2013	4 StR 247/13	230
B	10.09.2013	4 StR 247/13	504
B	13.08.2013	4 StR 249/13	106
B	31.07.2013	4 StR 253/13	313
B	14.08.2013	4 StR 255/13	276
U	10.10.2013	4 StR 258/13	170
B	31.07.2013	4 StR 270/13	445
B	08.10.2013	4 StR 272/13	427
B	08.10.2013	4 StR 273/13	541
B	27.08.2013	4 StR 274/13	211
B	30.07.2013	4 StR 275/13	203
B	13.08.2013	4 StR 281/13	519
B	13.08.2013	4 StR 288/13	61
B	14.08.2013	4 StR 308/13	26
B	27.08.2013	4 StR 311/13	93, 475
B	24.09.2013	4 StR 324/13	293
B	28.08.2013	4 StR 336/13	526
B	08.10.2013	4 StR 339/13	394
B	09.10.2013	4 StR 344/13	156
B	25.09.2013	4 StR 351/13	127
B	19.11.2013	4 StR 352/13	295
B	09.10.2013	4 StR 364/13	189
B	22.10.2013	4 StR 368/13	517
B	22.10.2013	4 StR 389/13	540
B	23.10.2013	4 StR 401/13	287
B	09.10.2013	4 StR 414/13	53
B	05.11.2013	4 StR 454/13	291
B	19.11.2013	4 StR 464/13	81
B	21.08.2013	5 AR (VS) 60/12	542
B	20.08.2013	5 AR (VS) 43/13	543
B	10.01.2012	5 StR 517/11	12
U	28.05.2013	5 StR 551/11	272
U	11.04.2013	5 StR 261/12	299
U	20.02.2013	5 StR 306/12	129
B	30.05.2013	5 StR 309/12	43, 267
U	20.03.2013	5 StR 344/12	253
B	22.01.2013	5 StR 378/12	99
B	12.12.2012	5 StR 380/12	269
U	09.01.2013	5 StR 395/12	187
B	13.12.2012	5 StR 407/12	274

Art	Datum	Aktenzeichen	Fußnote
B	06.03.2013	5 StR 423/12	435
B	19.02.2013	5 StR 427/12	277
B	11.12.2012	5 StR 431/12	118
U	11.12.2012	5 StR 438/12	195
U	09.01.2013	5 StR 461/12	468
U	20.02.2013	5 StR 466/12	454
U	29.11.2012	5 StR 493/12	242
U	23.10.2013	5 StR 505/12	298
B	30.01.2013	5 StR 510/12	283
B	13.12.2012	5 StR 542/12	266
U	12.12.2012	5 StR 544/12	448
B	12.12.2012	5 StR 574/12	240
U	19.03.2013	5 StR 575/12	234
B	12.12.2012	5 StR 578/12	531
B	12.06.2013	5 StR 581/12	262
U	24.04.2013	5 StR 593/12	112
U	06.03.2013	5 StR 597/12	94
B	08.01.2013	5 StR 606/12	316
B	09.04.2013	5 StR 612/12	539
B	19.02.2013	5 StR 613/12	177
U	23.04.2013	5 StR 617/12	112
B	19.02.2013	5 StR 620/12	119
B	23.01.2013	5 StR 625/12	448
B	07.08.2013	5 StR 648/12	546
B	05.03.2013	5 StR 25/13	21
B	12.02.2013	5 StR 27/13	75
B	05.03.2013	5 StR 39/13	410
B	19.03.2013	5 StR 79/13	415
B	11.04.2013	5 StR 113/13	15, 198
B	09.04.2013	5 StR 120/13	92
U	11.06.2013	5 StR 124/13	289
U	12.06.2013	5 StR 129/13	192
B	30.05.2013	5 StR 130/13	364
B	24.04.2013	5 StR 135/13	315
B	14.05.2013	5 StR 143/13	408
U	04.09.2013	5 StR 152/13	361, 464
U	11.06.2013	5 StR 174/13	500
U	09.07.2013	5 StR 181/13	271
B	15.05.2013	5 StR 189/13	125, 159
B	10.06.2013	5 StR 191/13	449
U	22.10.2013	5 StR 229/13	28
U	18.09.2013	5 StR 237/13	137
U	20.08.2013	5 StR 248/13	59
B	07.08.2013	5 StR 253/13	430
B	06.08.2013	5 StR 255/13	311
B	17.09.2013	5 StR 258/13	128, 391

Art	Datum	Aktenzeichen	Fußnote
B	25.06.2013	5 StR 260/13	220
U	22.10.2013	5 StR 297/13	396
U	06.11.2013	5 StR 302/13	303
B	04.09.2013	5 StR 306/13	413
B	08.08.2013	5 StR 316/13	35
U	03.09.2013	5 StR 318/13	429
B	05.08.2013	5 StR 327/13	330
B	24.10.2013	5 StR 333/13	471
B	20.08.2013	5 StR 352/13	15
B	24.10.2013	5 StR 371/13	221
B	18.09.2013	5 StR 375/13	87
U	07.11.2013	5 StR 377/13	20
B	06.11.2013	5 StR 386/13	180
B	23.10.2013	5 StR 401/13	405
B	23.10.2013	5 StR 411/13	425
B	06.11.2013	5 StR 432/13	107
B	07.11.2013	5 StR 487/13	343
B	25.11.2013	5 StR 502/13	424
B	26.11.2013	5 StR 521/13	332
U	28.11.2013	5 StR 576/13	327
U	18.06.2013	II (ZS) ZR 217/12	275
B	23.05.2013	V (ZS) ZB 201/12	365
U	18.12.2012	VI (ZS) ZR 55/12	523
B	11.07.2013	AK 13/13	155
B	22.08.2012	GmS-OGB 1/10	358
B	24.01.2013	StB 14/12	397
B	04.01.2013	StB 19/12	363
B	27.06.2013	StB 7/13	551

Sachregister

Die Zahlen beziehen sich auf Randnummern

www.ingramcontent.com/pod-product-compliance
Lightning Source LLC
Chambersburg PA
CBHW052115230326
41598CB00079B/3686